北碚志稿 上册

王珑 邓玉兰 梁夏夏 胡涛 校注

西南大学出版社
国家一级出版社 全国百佳图书出版单位

图书在版编目(CIP)数据

北碚志稿/王珑等校注. -- 重庆：西南大学出版社，2022.7

（巴渝文库）

ISBN 978-7-5697-1578-1

Ⅰ.①北… Ⅱ.①王… Ⅲ.①北碚区－地方志 Ⅳ.①K297.193

中国版本图书馆CIP数据核字（2022）第126310号

北碚志稿
BEIBEI ZHI GAO

王　珑　邓玉兰　梁夏夏　胡　涛　校注
王志昆　薛新力　袁佳红　　　　　学术审稿

责任编辑：李浩强　段小佳　李晓瑞　于诗琦
责任校对：何雨婷
装帧设计：王芳甜

西南大学出版社
国家一级出版社　全国百佳图书出版单位

重庆市北碚区天生路2号　邮政编码：400715　http://www.xdcbs.com
西南大学出版社制版
重庆美惠彩色印刷有限公司印刷
西南大学出版社发行
邮购电话：023-68868624
全国新华书店经销

开本：787mm×1092mm　1/16　印张：61　字数：1080千字
2022年7月第1版　2022年7月第1次印刷
ISBN 978-7-5697-1578-1
定价：366.00元（全二册）

如有印装质量问题，请向本单位物流中心调换：023-68868624

版权所有　侵权必究

《巴渝文库》编纂委员会

（以姓氏笔画为序）

主　　任　张　鸣
副 主 任　郑向东
成　　员　任　竞　刘　旗　刘文海　米加德　李　鹏　吴玉荣
　　　　　　张发钧　陈兴芜　陈昌明　饶帮华　祝轻舟　龚建海
　　　　　　程武彦　詹成志　潘　勇

《巴渝文库》专家委员会

（以姓氏笔画为序）

学术牵头人　蓝锡麟　黎小龙
成　　员　马　强　王志昆　王增恂　白九江　刘兴亮　刘明华
　　　　　　刘重来　李禹阶　李彭元　杨恩芳　杨清明　吴玉荣
　　　　　　何　兵　邹后曦　张　文　张　瑾　张凤琦　张守广
　　　　　　张荣祥　周　勇　周安平　周晓风　胡道修　段　渝
　　　　　　唐润明　曹文富　龚义龙　常云平　韩云波　程地宇
　　　　　　傅德岷　舒大刚　曾代伟　温相勇　蓝　勇　熊　笃
　　　　　　熊宪光　滕新才　潘　洵　薛新力

《巴渝文库》办公室成员

(以姓氏笔画为序)

王志昆　艾智科　刘向东　杜芝明　李远毅　别必亮
张　进　张　瑜　张永洋　张荣祥　陈晓阳　周安平
郎吉才　袁佳红　黄　璜　曹　璐　温相勇

总序

蓝锡麟

两百多万字的《巴渝文献总目》编成出版发行,一部七册,相当厚实。它标志着,历经七年多的精准设计、切实论证和辛勤推进,业已纳入《重庆市国民经济和社会发展第十三个五年规划纲要》的《巴渝文库》编纂工程,取得了第一个硕重的成果。它也预示着,依托这部重庆历史上前所未有的大书所摸清和呈显的巴渝文献的可靠家底,对巴渝文化的挖掘、阐释、传承和弘扬,都有可能进入一个崭新的阶段。

《巴渝文库》是一套以发掘梳理、编纂出版为主轴,对巴渝历史、巴渝人文、巴渝风物等进行广泛汇通、深入探究和当代解读,以供今人和后人充分了解巴渝文化、准确认知巴渝文化,有利于存史、传箴、资治、扬德、励志、育才的大型丛书。整套丛书都将遵循整理、研究、求实、适用的编纂方针,运用系统、发展、开放、创新的文化理念,力求能如宋人张载所倡导的"为天地立心,为生民立命,为往圣继绝学,为万世开太平"那样,对厘清巴渝文化文脉,光大巴渝文化精华,作出当代文化视野所能达致的应有贡献。

这其间有三个关键词,亦即"巴渝""文化"和"巴渝文化"。

"巴渝"称谓由来甚早。西汉司马相如的《上林赋》中,即有"巴俞(渝)宋蔡,淮南《于遮》"的表述,桓宽的《盐铁论·刺权篇》也有"鸣鼓巴俞(渝),交作于堂下"的说法。西晋郭璞曾为《上林赋》作注,指认"巴西阆中有俞(渝)水,僚居其上,皆刚勇好舞。初,高祖募取,以平三秦,后使乐府习之。因名'巴俞(渝)舞'也"。从前后《汉书》到新旧《唐书》等正史,以及《三巴记》《华阳国志》等方志中,都能见到"巴渝乐""巴渝舞"的记载。据之不难判定,"巴渝"是一个得名颇久远的地域历史概念,它泛指的是先秦巴国、秦汉巴郡辖境所及,中有渝水贯注的广大区域。当今重庆市,即为其间一个至关重要的组成部分,并且堪称主体部分。

关于"文化"的界说,古今中外逾百种,我们只取在当今中国学界比较通用的一种。马克思在《1844年经济学哲学手稿》里指出:"动物只生产自己本身,而人则再生产整个自然界。"因此,"自然的人化",亦即人类超越本能的、有意识地作用于自然界和社会的一切创造性活动及其物质、精神产品,就是广义的文化。在广义涵蕴上,文化与文明大体上相当。广义文化的技术体系和价值体系建构两极,两极又经由语言和社会结构组成文化统一体。其中的价值体系,即与特定族群的生产方式和生活方式相适应,构成以语言为符号传播的价值观念和行为准则,通常被称为观念形态,就是狭义的文化。文字作为语言的主要记载符号,累代相积地记录、传播和保存、认证人类文明的各种成果,即形成跨时空的基本文献。随着人类文明的进步,文献的生成形式日益增多,但任何别的形式都取代不了文字的文献主体地位。以文字为主体的文献直属于狭义文化,具有知识性特征,同时也是广义文化的价值结晶。《巴渝文库》的"文"即专指以文字为主体的文献,整部丛书都将依循上述认知从文献伸及文化。

将"巴渝"和"文化"两个概念链接起来和合为一,标举出"巴渝文化"特指概念,乃是二十世纪中后期发生的事。肇其端,在于卫聚贤主编的《说文月刊》,1941年10月在上海,1942年8月在重庆,先后发表了他本人撰写的《巴蜀文化》一文,并以"巴蜀文化专号"名义合计发表了25篇相关专题文章,破天荒揭橥了巴蜀文化的基本内涵。继其后,从五十年代到九十年代,以成渝两地的学者群作为学术研究主体,也吸引了全国学界一些专家的关注和参与,对巴蜀文化的创新探究逐步深化、丰富和拓展,并由"巴蜀文化"总体维度向"巴蜀文明""巴渝文化"两个向度切分、提升和衍进。在此基础上,以

1989年11月重庆市博物馆编辑、重庆出版社出版第一辑《巴渝文化》首树旗帜，经1993年秋在渝召开"首届全国巴渝文化学术研讨会"激扬波澜，到1999年间第四辑《巴渝文化》结集面世，确证了"巴渝文化"这一地域历史文化概念的提出和形成距今已达近三十年，且已获得全国学界的广泛认同。黎小龙所撰《"巴蜀文化""巴渝文化"概念及其基本内涵的形成与嬗变》一文，对其沿革、流变及因果考镜翔实，梳理通达，足可供而今而后一切关注巴渝文化的人溯源知流，辨伪识真。

　　从中不难看出，巴蜀文化与巴渝文化不是并列关系，而是种属关系，彼此间有同有异，可合可分。用系统论的观点考察种属，自古及今，巴蜀文化都是与荆楚文化、吴越文化同一层级的长江流域文化的一大组成部分，巴渝文化则是巴蜀文化的一个重要分支。自先秦迄于两汉，巴渝文化几近巴文化的同义语，与蜀文化共融而成巴蜀文化。魏晋南北朝以降，跟巴渝相对应的行政区划迭有变更，仅言巴渝渐次不能遍及巴，但是，在巴渝文化的核心区、主体圈和辐射面以内，巴文化与蜀文化的兼容性和互补性，或者一言以蔽之曰同质性，仍然不可移易地扎根存在，任何时势下都毋庸置疑。而与之同时，大自然的伟力所造就的巴渝山水地质地貌，又以不依任何人的个人意志为转移的超然势能，对于生息其间的历代住民的生产方式和生活方式施予重大影响，从而决定了巴人与蜀人的观念取向和行为取向不尽一致，各有特色。再加上巴渝地区周边四向，除西之蜀外，东之楚、南之黔、北之秦以及更广远的中原地区，其文化都会与之相互交流、渗透和浸润，其中楚文化与巴文化的相互作用尤其不可小觑，这就势所必至地导致了巴渝文化之于巴蜀文化会有某些异质性。既具同质性，又有异质性，共生一体就构成了巴渝文化的特质性。以此为根基，在尊重巴蜀文化对巴渝文化的统摄地位的前提下，将巴渝文化切分出来重新观照，切实评价，既合乎逻辑，也大有可为。

　　楚文化对于巴渝文化的深远影响仅次于蜀文化，历史文献早有见证。《华阳国志·巴志》指出："江州以东，滨江山险，其人半楚，姿态敦重。垫江以西，土地平敞，精敏轻疾。上下殊俗，情性不同。"这正是巴、楚两种文化交相作用的生动写照。就地缘结构和族群渊源而言,恰是长江三峡的自然连接和荆巴先民的人文交织,造成了巴、楚地域历史文化密不可分。理当毫不含糊地说,巴渝文化地域恰是巴蜀文化圈与荆楚文化圈的边缘交叉地带。既边缘,又交叉,正负两端效应都有。正面的效应,主要体现在有利于生成巴渝文化的开放、包容、多元、广谱结构走向上。而负面的效应,则集中反映在距离两大文化圈的核心地区比较远,在社会生产力和文化传播力比较低下的古往年代,无论在广义层面,还是在狭义层面,巴渝文化的演进发展都难免于相对滞后。负面效应贯穿先秦以至魏晋南北朝时期,直至唐宋才有根本的改观。

地域历史的客观进程即是构建巴渝文化的学理基石。当第四辑《巴渝文化》出版面世时,全国学界已对巴渝文化概念及其基本内涵取得不少积极的研究成果,认为巴渝文化是指以今重庆为中心,辐射川东、鄂西、湘西、黔北这一广大地区内,从夏商至明清乃至于近现代的物质文化和精神文化的总和,已然成为趋近共识的地域历史文化界说。《巴渝文库》自设计伊始,便认同这一界说,并将其贯彻编纂全过程。但在时空界线上略有调整,从有文物佐证和文字记载的商周之际开始,直至1949年9月30日为止,举凡曾对今重庆市以及周边相关的历代巴渝地区的历史进程产生过影响,留下过印记,具备文献价值,能够体现巴渝文化的基本内涵的各种信息记录,尤其是得到自古及今广泛认同的著作乃至单篇,都在尽可能搜集、录入和整理、推介之列,当今学人对于巴渝历史、巴渝人文、巴渝风物等的开掘、传扬性研究著述也将与之相辅相成。一定意义上,它也可以叫《重庆文库》,然而不忘文化渊源,不忘文化由来,还是命名《巴渝文库》顺理成章。

必须明确指出,《巴渝文库》瞩目的历代文献,并非一概出自巴渝本籍人士的手笔。因为一切文化得以生成和发展,注定都是在其滋生的热土上曾经生息过的所有人,包括历代的本籍人和外籍人,有所发现、有所创造的累积式的共生结果,不应当流于偏执和狭隘。对巴渝文化而言,珍重和恪守这一理念尤关紧要。唐宋时期和抗战时期,毫无疑义是巴渝文化最辉煌的两大时段,抗战时期尤其代表着当时中国的最高成就。在这两大时段中,非巴渝籍人士确曾有的发现和创造,明显超过了巴渝本籍人士,排斥他们便会自损巴渝文化。在其他的时段中,无分籍贯的共生共荣也是常态。所以我们对于文献的收取原则,是不分彼此,一视同仁,尊重历史,敬畏前贤。只不过,有惩于诸多发抉限制,时下文本还做不到应收尽收,只能做到尽力而为。拾遗补阙之功,容当俟诸后昆。

还需要强调一点,那就是作为观念形态的狭义的文化,在其生成和发展的过程中,必然会受到一定时空的自然条件和社会条件,尤其是后者中的经济、政治等广义文化要素的多层性多样性的制约和支配。无论是共时态还是历时态,都因之而决定,不同的地域文化会存在不平衡性和可变动性。但文化并不是经济和政治的单相式仆从,它也有自身的构成品质和运行规律。一方面,文化的发展与经济、政治的发展并不一定同步,通常呈现出相对滞后性和相对稳定性,而在特定的社会异动中又有可能凸显超前,引领未来。另一方面,不管处于哪种状态下,文化都对经济、政治等等具有能动性的反作用,特别是反映优秀传统或先进理念的价值观念和行为准则,对整个社会多维度的、广场域的渗透影响十分巨大,不可阻遏。除此而外,任何文化强势区域的产生和延续,决然都离不开文化贤良和学术精英富于创造性的引领和开拓。这一切,在巴渝文化三千多年的演进流程中都有长足的映现,而《巴渝文库》所荟萃的历代文献正是巴渝文化行进路线图的历史风貌长卷。

从这一长卷可以清晰地指认,巴渝文献为形,巴渝文化为神,历代先人所创造的巴渝地域历史文化的确堪称源远流长,根深叶茂,绚丽多姿,历久弥新。如果将殷商卜辞当中关于"巴方"的文字记载当作文献起点,那么,巴渝文献累积进程已经有3200余年。尽管文献并不能够代替文物、风俗之类对于文化也具有的载记功能和传扬作用,但它作为最重要的传承形态,载记功能和传扬作用更是无可比拟的。《巴渝文献总目》共收入著作文献7212种,单篇文献29479条,已经足以彰显巴渝文化的行进路线。特别是7212种著作文献,从商周到六朝将近1800年为24种,从隋唐至南宋将近700年为136

种,元明清三代600多年增至1347种,民国38年间则猛增到5705种,分明已经展示出了巴渝文化的四个行进阶段。即便考虑到不同历史阶段确有不少文献生存的不可比因素,这组统计数字也昭示人们,巴渝文化的发展曾经历了一个怎样的漫长过程。笼而统之地称述巴渝文化博大精深未必切当,需要秉持实事求是的学理和心态,对之进行梳理和诠释。

第一个阶段,起自商武丁年间,结于南朝终止。在这将近1800年当中,前大半段恰为上古巴国、秦汉巴郡的存在时期,因而正是巴渝文化的初始时期;后小半段则为三国蜀汉以降,多族群的十几个纷争政权先后交替分治时期,因而从文化看只是初始时期的迟缓延伸。巴国虽曾强盛过,却如《华阳国志·巴志》所记,在鲁哀公十八年(前477年)以后,即因"楚主夏盟,秦擅西土,巴国分远,故于盟会希",沦落为一个无足道的僻远弱国。政治上的边缘化,加之经济上的山林渔猎文明、山地农耕文明相交错,生产力低下,严重地桎梏了文化的根苗茁壮生长。其间最大的亮点,在于巴、楚交流、共建而成的巫、神、辞、谣相融合的三峡文化,泽被后世,长久不衰。两汉四百年大致延其续,在史志、诗文等层面上时见踪影,但表现得相当零散,远不及以成都为中心的蜀文化在辞赋、史传等领域都蔚为大观。魏晋南北朝三百多年,巴渝地区社会大动荡,生产大倒退,文化生态极为恶劣,反倒陷入了裹足不前之状。较之西向蜀文化和东向楚文化,这一阶段的巴渝文化,明显地处于后发展态势。

第二个阶段,涵盖了隋唐、五代、两宋,近七百年。其中的前三百余年国家统一,驱动了巴渝地区经济社会恢复性的良动发展,后三百多年虽然重现政治上的分合争斗,但文化开拓空前自觉,合起来都给巴渝文化注入了生机和活力。特别是科举、仕宦、贬谪、游历诸多因素,促成了包括李白、"三苏"在内,尤其是杜甫、白居易、刘禹锡、黄庭坚、陆游、范成大等文学巨擘寓迹巴渝,直接催生出两大辉煌。一是形成了以"夔州诗"为品牌的诗歌胜境,流誉峡江,彪炳汗青,进入了唐宋两代中华诗歌顶级殿堂。二是发掘出了巴渝本土始于齐梁的民歌"竹枝词",创造性转化为文人"竹枝词",由唐宋至于明清,不仅传播到全中国的众多民族和广大地区,而且传播到全世界五大洲,这一旷世奇迹实为历代中华民歌之独一无二。与之相仿佛,宋代理学大师周敦颐、程颐先后流寓巴渝,也将经学、理学以及兴学施教之风传播到巴渝,迄及明清仍见光扬。在这两大场域内,领受他们的雨露沾溉,渐次有了巴渝本土文人如李远、冯时行、度正、阳枋等的身影和行迹。尽管这些本土文人并没有跻身全国一流,但他们在局部范围的异军突起,卓尔不群,在巴渝文化史上终究有标志意义。就文化突破价值而言,丝毫不亚于1189年重庆升府得名,进而将原先只有行政、军事功能的本城建成一座兼具行政、军事、经济、文化、交通等多功能的城市。尽有理由说,这个阶段显示出巴渝文化振起突升,重新融入中华文化的大进程,并给自己确立了不可忽视的地位。

第三个阶段,贯通元明清,六百多年。在这一时期,中华民族统一国家的族群结构和版图结构最终底定,四川省内成渝之间的统属格局趋于稳固,经济社会发展进入了新的里程,巴渝文化也因之而拓宽领域沉稳地成长。特别是明清两代大量移民由东、北、南三向进入巴渝地区,晚清重庆开埠,相继带来新技术和新思想,对促进经济发展、社会开放和文化繁荣起了大作用。本地区文化名人应运而生,前驱后继,文学如邹智、张佳胤、傅作楫、周煌、李惺、李士棻、王汝璧、钟云舫,史学如张森楷,经学如来知德,佛学如破山海明,书画如龚晴皋,成就和影响都超越了一时一地。特别是邹容,其《革命军》宣传民主主义国民革命思想,更是领异于清末民初,标举着那个时代先进政治学的制高点。外籍的文化名人,诸如杨慎、曹学佺、王士禛、王尔鉴、李调元、张问陶、赵熙等,亦有多向的不俗建树。尽管除邹容一响绝尘之外,缺少了足以与唐宋高标相比并的全国顶尖级的大师与巨擘,但在总体文化实力上确乎已经超越唐宋。这就好比按照地理学分类,巴渝境内的诸多雄峰尚属中山,却已群聚成为相对高地那样,巴渝文化在这个阶段也构筑起了有体量的相对高地。

第四个阶段,本应从1891年重庆开埠算起,延伸至今仍没有终结,但按《巴渝文库》文献取舍的既定体例,只截取了从1912年中华民国成立开始,到

1949年9月30日为止的一段,共38年。虽然极短暂,社会历史的风云激荡却是亘古无二的,重庆在抗日战争时期成为全中国的战时首都更是空前绝后的。由辛亥革命到五四运动,重庆的思想、政治精英已经站在全川前列,家国情怀、革命意识已经在巴渝地区强势贲张。至抗战首都期间,数不胜数的、难以列举的全国一流的文化贤良和学术精英汇聚到了当时重庆和周边地区,势所必至地全方位、大纵深地推动文化迅猛突进,从而将重庆打造成了那个时期全中国的最大最高的文化高地,其间还耸立着不少全国性的文化高峰。其先其中其后,巴渝本籍的文化先进也竞相奋起,各展风骚,如任鸿隽、卢作孚、刘雪庵就在他们所致力的文化领域高扬过旗帜,向楚、杨庶堪、潘大逵、吴芳吉、胡长清、张锡畴、何其芳、李寿民、杨明照等也声逾夔门,成就不凡。毫无疑问,这是巴渝文化臻至鼎盛、最为辉煌的一个阶段,前无古人,后世也难以企及。包括大量文献在内,它所留下的极其丰厚的思想、价值和精神遗产,永远都是巴渝文化最珍贵的富集宝藏。

  由文献反观文化,概略勾勒出巴渝文化的四个生成、流变、发展、壮大阶段,当有助于今之巴渝住民和后之巴渝住民如实了解巴渝文化,切实增进对于本土文化的自知之明、自信之气和自强之力,从而做到不忘本来,吸收外来,面向未来,更加自觉地传承和弘扬巴渝文化,持续不懈地推动巴渝文化在新的语境中创造性转化,创新性发展。对于本土以外关注巴渝文化的各界人士,同样也具有认识意义。最先推出的《巴渝文献总目》没有按照这四个阶段划段分卷,而是依从学界通例分成"古代卷"和"民国卷",与如此分段并不相抵牾。四分着眼于细密,两分着眼于大观,各有所长,相得益彰。

  《巴渝文献总目》作为《巴渝文库》起始发凡的第一部大书,基本的编纂目的在于摸清文献家底,这一个目的已然达到。但它展现的主要是数量。回溯到文化本体,文献数量承载的多半还是文化总体的支撑基座的长度和宽度,而并不是足以代表那种文化的品格和力量的厚度和高度。文化的品格和力量蕴含在创造性发现和创新性发展中,浸透着质量,亦即思想、价值、精神的精华,任何文化形态均无所例外。因此,几乎与编纂《巴渝文献总目》

同时起步,我们业已组织专业团队,着手披沙拣金,精心遴选优秀文献,分门别类,钩玄提要,以期编撰出第二部大书《巴渝文献要目提要》。两三年以内,当《巴渝文献要目提要》也编成出版以后,两部大书合为双璧,就将对传承和弘扬巴渝文化,历久不衰地发出别的文化样式所不可替代的指南工具书作用。即便只编成出版这样两部大书,《巴渝文库》文化工程即建立了历代前人未建之功,足可以便利当代,嘉惠后世,恒久存传。

《巴渝文库》的期成目标,远非仅编成出版上述两部大书而已。今后十年内外,还将以哲学宗教、政治法律、军事、经济、文化科学教育、语言文学艺术、历史与地理、地球科学、医药卫生、交通运输、市政与乡村建设、名人名家文集、方志碑刻与报纸期刊等十三大类的架构形式,分三步走,继续推进,力争总体量达到300种左右。规划明确的项目实施大致上安排启动、主推、扫尾三个阶段,前后贯连,有序推进。2018年至2020年为启动阶段,着力做好《巴渝文库》文化工程的实施规划和项目发布两项工作,并且形成10种有影响的示范性成果。2021年至2025年为主推阶段,全面展开《巴渝文库》文化工程十三大类的项目攻关,努力完成200种左右文献的搜集、整理、编纂和出版任务,基本呈现这一工程的社会影响。2026年至2028年为扫尾阶段,继续落实《巴渝文库》文化工程的各项规则,既为前一阶段可能遗留的未尽项目按质结项,又再完成另外90种文献的搜集、整理、编纂和出版任务,促成这一工程的综合效应得到充分体现。如果届时还不能如愿扫尾,宁肯延长两三年,多花些工夫,也要坚持责任至上,质量第一,慎始慎终,善始善终,确保圆满实现各项既定目标。

应该进一步强调,《巴渝文库》是重庆有史以来规模最大、历时最长的综合性文化工程,涉及先秦至民国几乎所有的学科。与一般的文献整理和课题研究不同,它所预计整理、出版的300种左右图书,每种图书根据实际文献数量的多少,将分成单册与多册兼行,多册又将分成几册、数十册乃至上百册不等,终极体量必将达到数千册,从而蔚成洋洋大观。搜集、整理、编纂和出版如此多的文献典籍,必须依靠多学科的专家、学者通力合作,接力建功,

这其间必定会既出作品,又出人才,其社会效益注定将是难以估量的。

规划已具轮廓,项目已然启动,《巴渝文库》文化工程正在路上。回顾来路差堪欣慰,展望前景倍觉任重。从今往后的十年内外,所有参与者都极需要切实做到有抱负,有担当,攻坚克难,精益求精,前赴后继地为之不懈进取,不竟全功,决不止息。它也体现着党委意向和政府行为,对把重庆建设成为长江上游的文化高地具有不容低估的深远意义,因而也需要党委和政府高屋建瓴,贯穿全程地给予更多关切和支持。它还具备了公益指向,因而尽可能地争取社会各界关注和扶助,同样不可或缺。事关立心铸魂,必须不辱使命,前无愧怍于历代先人,后无愧怍于次第来者。初心长在,同怀勉之!

2016年12月16日初稿

2018年9月27日改定

凡例

《巴渝文库》是一套以发掘梳理、编纂出版巴渝文献为主轴,对巴渝历史、巴渝人文、巴渝风物等进行广泛汇通、深入探究和当代解读,以供今人和后人充分了解巴渝文化、准确认知巴渝文化,有利于存史、传箴、资治、扬德、励志、育才的大型丛书。整套丛书都将遵循整理、研究、求实、适用的编纂方针,运用系统、发展、开放、创新的文化理念,力求能如宋人张载所倡导的"为天地立心,为生民立命,为往圣继绝学,为万世开太平"那样,对厘清巴渝文化文脉,光大巴渝文化精华,作出当代文化视野所能达致的应有贡献。

一、收录原则

1.内容范围

①凡是与巴渝历史文化直接相关的著作文献,无论时代、地域,原则上都全面收录;

②其他著作之中若有完整章(节)内容涉及巴渝的,原则上也收入本《文库》;全国性地理总志中的巴渝文献,收入本《文库》;

③巴渝籍人士(包括在巴渝出生的外籍人士)的著作,收入本《文库》;

④寓居巴渝的人士所撰写的其他代表性著作,按情况酌定收录,力求做到博观约取、去芜存菁。

2.地域范围

古代,以秦汉时期的巴郡、晋《华阳国志》所载"三巴"为限;

民国,原则上以重庆直辖(1997年)后的行政区划为基础,参酌民国时期的行政建制适当张弛。

3.时间范围

古代,原则上沿用中国传统断代,即上溯有文字记载、有文物佐证的先秦时期,下迄1911年12月31日;民国,收录范围为1912年1月1日至1949年9月30日。

4.代表性与重点性

《巴渝文库》以"代表性论著"为主,即能反映巴渝地区历史发展脉络、对巴渝地区历史进程产生过影响、能够体现地域文化基本内涵、得到古今广泛认同且具有文献价值的代表性论著。

《巴渝文库》突出了巴渝地区历史进程中的"重点",即重大历史节点、重大历史阶段、重大历史事件、重要历史人物。就古代、民国两个阶段而言,结合巴渝地区历史进程和历史文献实际,突出了民国特别是抗战时期重庆的历史地位。

二、收录规模

为了全面、系统展示巴渝文化,《巴渝文库》初步收录了哲学宗教、政治法律、军事、经济、文化科学教育、语言文学艺术、历史与地理、地球科学、医药卫生、交通运输、市政与乡村建设、名人名家文集、方志碑刻报刊等方面论著约300余种。

其中,古代与民国的数量大致相同。根据重要性、内容丰富程度与相关性等,"一种"可能是单独一个项目,也可能是同"类"的几个或多个项目,尤以民国体现最为明显。

三、整理原则

《巴渝文库》体现"以人系文""以事系文"的整理原则,以整理、辑录、点校为主,原则上不影印出版,部分具有重要价值、十分珍贵、古今广泛认同、流传少的论著,酌情影印出版。

每一个项目有一个"前言"。"前言",包括文献著者生平事迹、文献主要内容与价值,陈述版本源流,说明底本、主校本、参校本的情况等。文献内容重行编次的,有说明编排原则及有关情况介绍。

前言

地方志，常常被看作"地方百科全书"。顾颉刚在《中国地方志综录》一书的序言中说："纪地理则有沿革、疆域、面积、分野，纪政治则有建置、职官、兵备、大事记，纪经济则有户口、田赋、物产、关税，纪社会则有风俗、方言、寺观、祥异，纪文献则有人物、艺文、金石、古迹。"但是，在今天看来，仍然不够完整，由于科技水平达不到要求，诸如气候、土壤、地形、地址等等，传统地方志基本付之阙如。

《北碚志稿》之《气候志》撰稿人宛敏渭，我国农业气象学、物候学的开创人之一，1910年出生，1931年毕业于中央研究院气象研究所气象大专班，并开始从事我国古代物候演变源流的考证研究。与竺可桢合著有《物候学》。《物候学》是科普著作中的一部上乘佳作。因为有类似宛敏渭这样的大科学家，亦有李耀曾等撰《地质志》、郭令智撰《地形志》、侯光炯撰《土壤志》、孙承烈撰《聚落志》、杨家骃撰《农业志》、钟功甫等撰《土地利用志》，加上中央研究院动物研究所撰《动物志》、国民政府主计处统计局撰《人口志》，其科学性、权威性，在整个民国年间所修地方志中，恐无出其右者。

民国《巴县志》，向楚等人纂修。在传统地方志中是公认甚佳的县志。首刊于1939年，与《北碚志稿》前后相隔不过5年左右。民国《巴县志》共23卷，附文征4卷，内容包括疆域、建置、古迹、赋役、礼俗、职官、学校、选举、官师列传、人物列传、农桑、工业、商业、交通、军警、交涉、自治、市政、物产、金石、事纪等等，内容的广泛性远胜于《北碚志稿》。但是，从内容精深、切实、

教化诸方面的用途看,《北碚志稿》远胜于民国《巴县志》。比如《气候志》中"气压与风":

> 北碚年平均气压为736.4毫米,约低于海平面24毫米,此乃高度影响所致。各月气压以12月为最高,7月为最低。中国居欧亚大陆东岸,气候颇为极端,冬严寒而夏酷暑,是以气压冬高而夏低,最高与最低平均之年,较差计15.9毫米。气压曲线自12月渐行下降,至7月而达最低点。其间1月至2月,3月至4月,5月至6月,递降之差数,约为2至3毫米。7月以后,即行上升,尤以8月至9月,9月至10月为最急,逐月上升约5毫米左右。易言之:自冬徂夏,梯度较缓;自夏徂冬,梯度较峻。此10年中绝对最高气压数为象山纪录,755.8毫米,见于民国三十二年(1943年)12月3日11时;绝对最低气压数为石子山纪录,715.5毫米,见于民国二十六年(1937年)4月12日22时。

这些科学研究总结,是所有传统地方志无法企及的。

再如,县志"物产",一般是胪陈本地物产,或略有介绍解释。《北碚志稿》中之《动物志》,却大为不同,乃"综合各处调查之结果,与吾人之经历",归纳出(一)兽类,(二)鸟类,(三)爬虫与两栖类,(四)鱼类,(五)昆虫,(六)软体动物,(七)其他无脊椎动物共7类,分为7章,如"鸟类":

> 北碚所产之鸟类,共101种或亚种,一般常住鸟为吾人所习见,而候鸟以仅于迁徙时过境或短时暂住,有非一般人所常见者。此101种之鸟类,可隶属于31科。兹即以科为单位,表列各种或亚种于下,以便检对。
>
> (一)鸭科 此科鸟类概属水禽,常群集于沼泽及水边,亦栖于冬水田中,包括一切之天鹅及野鸭之类。北碚所产者,共有6种:
>
> (甲)嘴扁而宽。嘴侧虽具横行之角齿,但不成齿形。嘴之前端圆钝。

（乙）后趾不呈叶状，或近于叶状。鼻孔与前头之距离，短于嘴长三分之一。翼长175公厘。嘴不呈铲状。上面覆两羽，非蓝色或蓝灰色。

（丙）尾之长短适中。中尾羽前端，圆钝不长。初列覆两羽具有斑带（Spculum），其一部或全部绿色或紫色。

（丁）尾羽18或20（♂20，♀18）。翼长240—290公厘。雄鸭之头与颈绿色，雌者之头与颈暗赭黄，带有黑条纹。（1）野鸭（*Anas platyrhyncha platyrhyncha*）。

（丁丁）尾羽16（18不常见）。头部不具冠。羽翼长180—195公厘。雄者之头及颈，大部分为栗红色；雌者之头及颈棕色，具有黑斑点。（2）绿翼小鸭（*Nettion crecca crecca*）。

（丙丙）尾长，中尾羽尖锐，长于侧尾羽。（3）针尾鸭（*Dafila acuta acuta*）。

（乙乙）后趾宽，并呈叶状。尾羽短于翼之一半长，上颚基部之高度短于宽度。

（丙）上颚自基部至末端，逐渐狭小。尾羽16根。（4）红凤头鸭（*Netta rufina*）。

（丙丙）上颚自基部至末端，不逐渐狭小。头有冠羽。背与肩具有斑点尾羽14根。（5）凤头泽鸭（*Nyroca fultigula*）。

（甲甲）嘴狭长，嘴之侧缘具角质之齿，前端成钩形。（6）秋沙鸭（*Mergus merganser merganser*）。

其中，"木地人对于一般鱼类之认识与传说"，颇具新意：

（1）补品　一般人咸认鱼类为滋补之食品，尤以白鳝及大鲫鱼二者为著称，对此种观念，吾人虽不能下确切之断语，然就一般情形而论，鱼肉之营养价值，确鉴甚高。

（2）药用　有谓以黄鳝加尖（折）耳根蒸食之，可治干疮（疥疮），惟其效果如何，尚待确证。

（3）鱼味　咸认江团大鲶鱼为最上品，岩鲤、鳊鱼、黄腊丁、青波等次之。

（4）迷信　据渔民称，嘉陵江中有一种鱼类，形状奇特，头部若马头，名马老棕者，渔民视为江中怪物，如捕售之，必遭大祸，故捕得时立即释诸江中，以免灾祸。该鱼究系何种，因未获标本，未能确定，或系鸭嘴棕之大者，亦未可知也。

（5）鱼类识别　有经验之渔民，对于本地所产大形鱼类，大部均能辨识，并各有名称。

（6）本区内最小之鱼类，莫过于万年鲹。该鱼体长不及1寸，常成群浮游于水面，在稻田及沟溪中常见之。本地人以其虽万年亦长不大，故以万年鲹称之。北碚鱼类最大者，当推黄牌、癞子及象鱼。川省渔民有谓：千斤癞子万斤象，黄牌大得不像样。大形之象鱼及癞子，多见于长江主流，嘉陵江甚少，虽其形不若所言之甚，然重至四五十斤之黄牌，则常事也。

而"能适应特殊环境之鱼类"，对民生多有裨益：

（1）对经常水分干涸之适应　黄鳝及泥鳅，为我国各地常见之两种鱼类，以居于稻田中者最为繁盛，俟秋季稻禾成熟，农人即行排水使干，直至翌年春夏之间，再行灌水，每年经常有一长时期干涸，而此二鱼，能特别适应此种环境。寻常鱼类，以鳃呼吸，一旦失水，即失功能，而至死亡，惟黄鳝及泥鳅，均具气呼吸器管（官），在失水之时可以直接藉此呼吸空气也。此种气呼吸器管（官），在黄鳝为口及喉部之表皮，在泥鳅则为肠管。故即在平时，鳝鱼在水中时，亦常以其吻端伸出水面吸气，贮气于口腔及喉腔内，使头部特别肿大；泥鳅在平时,亦可见其气呼吸现象,每当夏日炎热、池水干涸、水中溶氧不足之时,泥鳅即常跃出水面,吞咽空气。此二鱼因具特别之呼吸器,以利用大气中之氧,故只须保持润湿,即无虞窒息也。如逢田水完全干涸,该二鱼能钻入土中蛰居以避旱。

(2)爬石儿鱼对于急流之适应 嘉陵江水流湍急,尤以在急滩之处为最,但在此种环境之下,爬石儿鱼即栖息于此,其不致被急水冲去者,亦有原因在。盖此项鱼类之身体,由侧扁变成扁平,俯伏河底时,即呈流线形,胸腹鳍横展而强大,鳍部复具附着器,故能在急滩中石块上附着,或前后自由爬行,其变化最特殊者,而腹鳍之后端,愈合而成巨大之吸盘,吸着石面,更极安稳。

传统地方志,有疆域、地形,但是没有地质志。《地质志》来自经济部中央地质调查所野外调查成果,包括天府煤矿区万分之一地形图、北碚管理局地政科二万五千分之一北碚管理局地形图。《地质志》十分专业,如"地层":

北碚境内,以中生代地层最为常见,除嘉陵江及其支流两岸间有新生代第四纪之沉积物,观音峡背斜层轴部因受逆掩断层之影响,有古生代二叠纪地层之露出外,其余均为本代地层分布之区。爰将境内出露之地层,由老而新,列为北碚地质柱状剖面图,以示其上下层序……

即使是地方志中最传统的人口志,在精确度、科学性方面,《北碚志稿》也是普通县志无法比拟的。《人口志》由国民政府主计处统计局撰稿,在"总述"之"概说"言明:

本志所有材料,除北碚管理局所供给之官方保甲户口数字外,均系根据民国二十九年(1940年)户口普查之结果。因此次普查,事

属创举,范围普遍,方法精密,确能表示人口分配之状况。其中第二部分资料,均以常住与现住人口数字并列,以便相互比较。第三部分资料,因受原始普查报告结果之限制,仅有现住人口数字。按现住人口数,虽每较常住人口数略为偏高,然各项百分数分配,仍不致有过大差异,故本志说明各点,均能代表实际情况。

比如"人口密度":

人口之密度,系指在一定单位面积内所居住之人口数而言。北碚区之面积,因尚未举行精确之土地测量,致无确实数字可资应用。惟前区署以简易测绘方法,求得全区面积为500方公里。此项整数,虽非确数,然与实际面积相较,恐不致相差过大。根据表三之计算,知全区常住人口密度为每方公里193人以上;现住人口密度为194人以上,两者颇为接近。其密度比较全省人口密度为每方公里122人为高。全省之数字,见主计处统计局编印之二十九年(1940年)辑中华民国统计提要表五。故北碚人口集中与稠密远在全省一般县市之上。

如此结论,如果不是占有大量准确的调查数据,是无法得出来的,这就是一般地方志无法望其项背之处。

《北碚志稿》的《聚落志》,很是令人称奇。传统地方志大多在"历史"交代本地起源以及发展历史,如分沿革、户口、城郭、学校、营塞、宫宇、仓库、坊市、祠庙、园亭、乡都、官署等,《聚落志》指出地方志:

皆对聚落特别重视,特未用"聚落"一词耳。今者《北碚志》不仅首倡用"聚落"一专词,且更进而以新地理学之方法编纂之。

"以新地理学之方法编纂",表现在:

> 盖前修志,往往各志之间毫无关联,且仅记其方位道里、地名户数,即视为已尽方志之能事。夫天地间万事万物,莫不息息相关,未可加以分剖,而万事万物间,相关性之大小,复变态万殊,因地而异,修方志者,必须于变态万殊之中,描述某一地区与其他地区不同之点,使读者能了然于该地区之真实情况。欲达到此一目的,笔者曾于三十四年(1945年)12月至三十五年(1946年)1月间,遍历北碚境乡镇各地,实地调查聚落情况及其与各种地理因素之关系。文中所用材料,除历史事实外,均系调查期间之情形。文字之外,更辅以地图,以求对于聚落特性,增加了解。所用底图,系中国地理研究所与北碚管理局合测之二万五千分之一等高线地形图,及军令部陆地测量局之十万分之一地形图。

辩证唯物主义认为,世界上的一切事物都处于普遍联系之中,其中没有任何一个事物是孤立存在的,整个世界就是一个普遍联系着的统一的整体。统一的物质世界中的万事万物都处在相互作用的普遍联系之中,都处在不断产生、不断消亡的运动、变化和发展的永恒的过程之中。《聚落志》"新地理学之方法",实在是站在历史高度的认识方法。所以,《北碚志稿》的专业深度已大大超出了普通地方志的水平。《北碚志稿》中,运用了大量专业术语和图表,诸如地层剖面图、地层划分图、地质剖面、风向频数、坐标函数、人口要素统计表等。这些图表的使用,反映了《北碚志稿》在编纂过程中吸收运用了现代自然科学和社会科学的理论方法,其中包括地理学、经济学、测绘学、社会学、人口学等学科内容,从而增强了志书的实证性和科学性,其价值是传统地方志无法相提并论的。

《北碚志稿》在内容与资料来源上,"于采录群书外,兼参稽公文档案,更实地调查,实际勘查,以求为有系统之著述",包括主动勘测、田野调查,可以说是一种全新的地方志编纂方法,应该得益于田野调查。田野调查早期是属于人类学范畴的研究方法,随着时代的发展,人类学的研究视角开始注重历史,历史学研究也开始注重研究的学科交叉,人类学的田野调查方法也借此进入历史学的研究中,成为历史学研究的一种新形式、新办法。1925年,顾颉刚与容庚、容肇祖、孙伏园、庄严受"北京大学研究所国学门风俗调查会"的委托,对妙峰山进香风俗做田野调查,因各种原因,调查只进行了短短三天,虽然时间很短,但是收获不小,是中国民俗界一次大丰收,对后世影响很大。《北碚志稿》很大程度上得益于此。

1944年,经北碚管理局局长卢子英与北泉图书馆馆长杨家骆等人商议,由杨氏代为起草《创修北碚志缘起》,动员、邀集在碚机关单位团体近60家,旅居北碚人士41人,北碚地方人士12人,共同参与发起《北碚志》纂修事宜。

1944年4月7日,成立北碚修志委员会,以"协助北碚管理局纂修北碚志并实验志书之新体裁",下设常务委员会,有主任(正副)、总干事、干事助理及录事等职。同时北碚管理局设立北碚修志馆,下设馆长、总务、采访、编辑等,"与北碚修志委员会密切合作,共谋业务之推进"。因抗战胜利,大部分迁建单位和负责人员纷纷迁返原处,修志一事遂告中断,许多资料亦丢失不复。此后,卢子英将存稿寄往上海,请主修杨家骆继续完成修志事宜。杨氏遂嘱其弟杨家骃重新整理未定志稿,陆续刊登于《世界农村月刊》。时任中国地理研究所所长林超亦从杨氏处采用了"地理编"中的气候、地质、地形、土壤、动物、人口、聚落、农业等9篇分志稿,发表于《地理》杂志第5卷第3、4合期(《北碚专号》,1948年9月)。此9篇即杨家骆1977年于台北重刊《北碚九志》之原稿。本次整理,第一册依据《地理》杂志第5卷第3、4合期中国地理研究所发行的《北碚专号》,其余3册依据北碚图书馆保存的原稿。

众所周知,嘉陵江发源于秦岭北麓的陕西省凤县代王山。干流流经陕西省、甘肃省、四川省、重庆市,在重庆市朝天门汇入长江。干流流经的四川省,号称"天府之国",地方富裕,文化发达,嘉陵江流域各县市均有古代地方志传世,而且多数不止一部。如干流流经的重庆市合川,有明刘芳声修、田九垓纂《合州志》8卷;清费兆钺修、程业修等纂《合州志》16卷,郑贤书等修、张森楷纂《民国新修合川县志》83卷等。江北,传世有清福珠朗阿修、宋煊等纂《江北厅志》8卷等。

我们知道,文化是一个地区、一个民族的历史积淀,经历了数千年一代又一代人的承袭、改良和完善,构成了这个地区的文化底蕴和民族特质。它由物质文化层、制度文化层和精神文化层三大内容有机构成,地方志则记录了中华文明的物质文化、制度文化和精神文化的历史,代代相济,嘉陵江流域这些连绵不断的志书,对当代人了解嘉陵江流域历史和社会的发展进程,进而正确认识社会和自然界的发展规律,有很大的帮助。

北碚地处嘉陵江畔,民国初年,这里有200户左右人家,1000多人口,仅仅是一个隶属于巴县的规模较大但较为偏僻的山村,无论是古代的《重庆府志》抑或是《巴县志》,均只有只言片语的记载,乏善可陈。

1927年2月,已经创办民生实业公司的卢作孚被任命为四川省江(江北)巴(巴县)璧(璧山)合(合川)四县特组峡防团务局局长,其职责是清剿所辖峡区内的土匪,解决由匪患引起的严重治安问题。到任后,卢作孚提出以"化匪为民,寓兵于工"作为治理匪患的根本方案,发起嘉陵江三峡的乡村建设运动,初步目标是将"这乡村现代化起来"(凌耀伦、熊甫编:《卢作孚文集》,北京大学出版社2012年版,第282页),"经营成一个灿烂美妙的乐土"(《两年来的峡防局》,江巴璧合四县峡防团务局1929年刊,第2页)。

到1930年12月初,著名学者翁文灏与中国科学社的任鸿隽等人到重庆,并到北碚参观了中国西部科学院以及其他建设。翁文灏对卢作孚及其在北碚的建设事业赞叹不已:"于此水乡山国之中,竟有人焉,能藉练兵防匪之余,修铁路,开煤矿,兴学校,倡科学,良出意计之外。更观之川中军界政界,颇多颓败不振之气,而能布衣粗食,节饷捐薪于建设之事,无论其将来成绩如何,要其不囿环境,卓然独立之精神,良足尚焉。"(翁文灏:《四川游记(续)》,《地学杂志》1932年第1期)稍后在1934年5月前后,中国银行总经理张嘉璈到四川实地考察实业期间也参观了北碚的建设试验,为北碚建设的实际情形和北碚民众的精神面貌"感动得至于流泪"(杜重远:《由小问题讲到大问题》,《新世界》第12卷第4期)。

这个巴县的小乡场,由于连年战乱导致歹徒横行,是名副其实的穷乡僻壤。然而,自从1927年卢作孚出任江巴璧合特组峡防局局长后,利用这一治安联防机构在消除匪患的基础上进行"乡村现代化"实验,开工厂、办学校、搞城建、辟公园、建文化设施。经过短短几年的建设,北碚由歹徒横行的偏僻乡场,变成了充满现代化气息的城镇,成为与定县、邹平齐名的乡村建设实验区。抗日战争时期,北碚汇聚上百家中央机关、高等学府、国家科研机构和文艺团体,云集千名国内外著名政治家、科学家、文学艺术家于这里,被誉为"陪都的陪都"。

2005年,中国共产党第十六届中央委员会第五次全体会议作出了加快社会主义新农村建设的决定,显示了国家对"三农"问题的重视。作为全国统筹城乡综合配套改革试验区,重庆市的乡村建设成为全国关注的焦点。重庆市的统筹城乡实验与新农村建设实践关系到中国乡村建设的发展进程。现实的实践经验可以给我们较为直观的认知,然我们依然不能忽略历史上乡村建设对于当下社会发展的借鉴意义。《北碚志稿》全面记录了乡村建设的北碚以经济建设为龙头,政治、教育、交通、通信、文体、卫生并重的一体化乡村现代化建设思想,而不是单纯注重教育或经济等某一方面的建设,这种一体化乡村现代化建设的思想和实践模式,即使在今天,也是非常具有前瞻性的。

一部《北碚志稿》,全面记录了北碚的自然与社会、历史与现状,系统收录、整理了大量的北碚地方资料,对保存北碚地方文献,积累历史资料,延续历史文化,其作用是史书和历代《重庆府志》《巴县志》不可替代的。而《北碚志稿》因其独特的编纂方式和翔实的内容,正如方志学大家章学诚所言,它能"补史之阙,参史之错,详史之略,续史之无"。它的出版,无疑是重庆、北碚历史爱好者、研究者的幸事,故乐为之序。

王志昆

2022年3月20日

编辑说明

1.1944年,原北碚管理局成立北碚修志委员会及修志馆,着手纂修北碚历史上第一部志书《北碚志》。抗战胜利后,参与纂修志书的内迁学术单位和部分专家学者"复员"回迁,致使修志工作中断。其所撰写的志稿,除地理、农业等9个分志在中国地理研究所发行的《地理杂志》之《北碚专号》公开发表外,余下的手稿一直保存在北碚图书馆,也就是此次校注的原版本。

2.本次出版所辑文献仅对原稿本进行了转录,凡文字的讹、脱、衍、倒,均以底本为准进行录入。原稿本中出现的错别字、异体字、俗字、缺字方框、序号及其他特殊字符,不进行理校。偶有以"(　)"括注的形式对影响阅读的错别字进行了纠正。

3.所辑文献,不论原稿本中有无分段、标点,为方便读者阅读,在点校过程中,依点校者的理解,对原稿本进行了分段和重新标点。

4.原稿本中,年份的使用尊重原文,如原文为公元纪年者,则采用公元纪年并用阿拉伯数字表示(如1939年5月3日);原文为年号纪年或民国纪年者,括注公元纪年。

5.原书中计数的数字使用较为混乱,有用阿拉伯数字"1,2,3,4,5"者,也有用汉字数字"一、二、三、四、五"者,还有用汉字"壹、贰、叁、肆、伍"者,既

不符合现有出版规范,也不方便读者阅读和使用。除分数、引用原文或文言色彩外,本次出版统一改为阿拉伯数字"1,2,3,4,5"。

6.因种种原因,原稿本中残缺、脱落、污损、无法辨认的字用"□"代替。

7.原稿本中的"如左""如右",一律按现代阅读和排版习惯,直接改为"如上""如下",第一次出现用脚注,后不再做说明。

8.原稿本中的插图均高清扫描重新排版,尽量无损高清展示。

9.原稿本之表格中的数值,或有不正确者,不进行校正,直接照录。

目 录
CONTENTS

地理编 ◎
 气候志 ◎ 3
 地质志 ◎ 16
 地形志 ◎ 57
 土壤志 ◎ 83
 动物志 ◎ 109
 人口志 ◎ 153
 聚落志 ◎ 185
 土地利用志 ◎ 215

政治编 ◎
 政区志(上编) ◎ 259
 政区志(下编) ◎ 262
 官制志 ◎ 265
 地政志 ◎ 305
 财政志 ◎ 323
 政治略(粮政篇) ◎ 340
 政治略(警卫篇) ◎ 362
 政治略(兵役篇) ◎ 392
 政治略(参议篇) ◎ 426

党团志 ◎ 443
司法志 ◎ 450
训练志 ◎ 453
迁建志 ◎ 456

经济编 ◎
农业志(一) ◎ 481
农业志(二) ◎ 488
蚕桑志(修正稿) ◎ 528
森林志 ◎ 532
渔业志 ◎ 556
畜牧志 ◎ 578
水利志 ◎ 632
矿冶志 ◎ 640
工业志 ◎ 651
交通志 ◎ 657
水电志 ◎ 665
商业志 ◎ 675
金融志 ◎ 679
物价志 ◎ 684
合作事业志 ◎ 701

文化编 ◎
学校志 ◎ 733
新闻事业志 ◎ 757
古迹古物篇 ◎ 763
民间文艺志 ◎ 791
社会组织篇 ◎ 794
社会事业志 ◎ 818
社会生活篇(上) ◎ 846
社会生活篇(下) ◎ 874
后 记 ◎ 937

北碚志稿

地理编

北碚全境略图

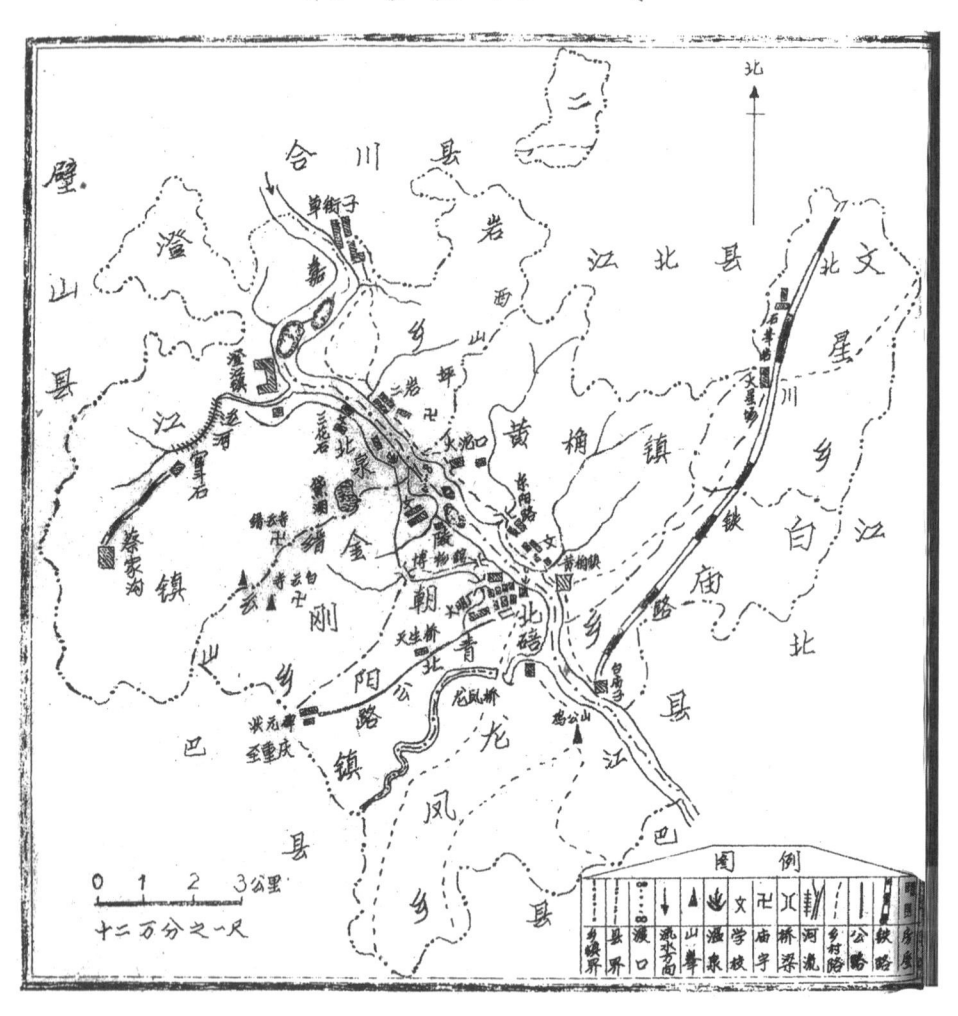

气候志

宛敏渭

绪言

北碚位于江、巴、璧、合4县交界之处,面积有160平方公里。其在地球上之位置,居北纬29°49′,东经106°20′。境界之东西两面高山,蜿蜒环绕,高度约在八九百公尺之间。境内岗峦起伏,约在200公尺至300公尺。嘉陵江自西北流,经境内穿过东西两面高山峡谷,下流至重庆,注入长江。

北碚之测候,肇始于中国西部科学院测候所。该所成立于民国二十四年(1935年),所址初设于北碚东阳镇石子山,嗣民国三十一年(1942年)2月迁移朝阳镇水岚垭山顶。前址水银气压表之水银槽高出海平面之高度为298.2公尺,后址之高度为258.5公尺。抗战军兴以后,国立中央研究院气象研究所移址北碚,亦于民国三十年(1941年)元旦起在朝阳镇水井湾象山从事观测。气压表水银槽之高度为282.2公尺。以观测纪录之年代言,中国西部科学院测候所自开始观测至三十三年(1944年)底,已满10年,时期较为悠久,用以检讨北碚之气候,亦可略言大概,故本志之取材根据前者之纪录为主,并参用后者之纪录。

一、气压与风

北碚年平均气压为736.4毫米①,约低于海平面24毫米,此乃高度影响所致。各月气压以12月为最高,7月为最低。中国居欧亚大陆东岸,气候颇为极端,冬严寒而夏酷暑,是以气压冬高而夏低,最高与最低平均之年,较差计15.9毫米。气压曲线自12月渐行下降,至7月而达最低点。其间1月至2月,3月至4月,5月至6月,递降之差数,约为2至3毫米。7月以后,即行上升,尤以8月至9月,9月至10月为最急,逐月上升约5毫米左右。易言之:自冬徂夏,梯度较缓;自夏徂冬,梯度较峻。此10年中绝对最高气压数为象山纪录,755.8毫米,见于民国三十二年(1943年)12月3日11时;绝对最低气压数为石子山纪录,715.5毫米,见于民国二十六年(1937年)4月12日22时。

(气压数皆经温度及重力订正)

第一表　北碚之各月气压

(单位:700mm+)

月份	1	2	3	4	5	6	7	8	9	10	11	12	年
平均气压	42.6	40.9	37.8	35.7	32.9	30.1	27.6	29.6	34.8	39.4	41.8	43.5	36.4

气流之运行,其方向与速率在自由空间以内,恒受制于等压线之分布。惟在山岭之中,风向与风力每因地形而改变,总观北碚全年风向频率,北风占12.9%,居于首位;南风占11.6%,居于次位;各月中风向之最大频率,除2月与8月为东南风外,1月、5月、6月及7月为南风;3月、4月及9至12月为北风。反观各月中风向之最小频率,最多为西西南风;次为西西北风,与东东北风。西西南风,全年仅占1.3%。其原因为何?盖由于北碚东西边境山岭之走向为东北及西南,境界之内,两面为山岭包围,中央系丘陵地带,低层气流仅南北为其通道,故常年多正南与正北之风,而西南风及东北风稀少也。

本区之风向虽受地形之控制,影响甚大,然季节之转变,犹属显明。冬季偏北风向,自9月至翌年4月所占频率逐渐增加,南风减少;而偏南风向则自5月至

---

① 毫米:原文作粍,千分之一米的略写mm的旧译,以下均改,不再出校。

8月渐渐增多,北风减少;1月间北风占11.3%,北北东风次之,东北风又次之,西西南风最少,仅占0.9%;7月最多风向之南风,占15.1%,东南风次之,南东南风又次之,最少风向为西西南风,不过占1.3%。

第二表　北碚风向之频率

（单位：%）

项别	N	NNE	NE	ENE	E	ESE	SE	SSE	S	SSW	SW	WSW	W	WNW	NW	NNW	C	
1月风向	11.3	7.3	7.0	1.8	3.1	1.6	12.8	6.8	13.3	1.9	4.2	0.9	2.4	1.3	8.3	2.8	13.2	100
7月风向	10.6	2.7	4.6	1.7	3.1	2.7	12.0	8.1	15.1	2.9	4.9	1.3	2.9	1.7	7.6	3.1	15.0	100
全年	12.9	4.2	6.1	1.5	2.9	2.3	11.3	6.3	11.6	2.2	3.7	1.3	2.3	1.6	8.6	3.3	17.9	100

风力全年平均为蒲氏风力表1.5级。春季最大,平均为1.7级,乃以长江类气旋在此季活跃所致。夏季较小,冬季则极为微和,系由于大陆高气压势甚稳定,平均为1.3级。北碚地处山岭之间,风力不劲,平静之频率占百分率最大计为17.9%,即无风之时为最多。但每遇寒潮线飑过境之时,6级以上之大风,亦非罕见。

第三表　北碚各月平均风力

（单位：B.S.）

月份	1	2	3	4	5	6	7	8	9	10	11	12	年
平均风力	1.4	1.6	1.7	1.7	1.8	1.3	1.8	1.7	1.5	1.7	1.3	1.1	1.5

二、温度

北碚年平均温度为18.5℃,较之同纬度附近各地,与重庆差相仿佛,而高于川西之成都,长江中游之九江,及长江下游之南京上海。我国具大陆性气候,故冬寒夏热,在北半球大陆性发达之区,最冷月概在1月;最热月约在7月。按之北碚温度,最冷与最热之月份,亦为1月与7月。温度最低之1月,平均为8.1℃,最高之7月,平均为28.8℃,年较差为20.7℃,1月温度高于重庆,7月几与重庆相同,惟重庆之最热月,不在7月,而在8月,北碚8月,温度比重庆低,年较差比重庆小。

第四表 北碚与同纬度各地之温度

(单位:℃)

月份		1	2	3	4	5	6	7	8	9	10	11	12	年	年较差	记录年份
北碚	29°49′N 106°20′E	8.1	9.9	14.0	18.5	22.8	25.0	28.8	28.6	23.9	19.3	13.6	9.4	18.5	20.7	1935—1943
重庆	29°33′N 106°33′E	7.8	9.7	14.2	18.8	22.6	25.1	28.9	29.2	24.1	18.9	14.2	10.3	18.7	21.4	1924—1937
成都	30°41′N 104°12′E	5.5	8.7	12.2	17.1	22.1	24.6	26.3	26.2	22.1	17.8	12.0	8.2	16.9	20.8	1933—1940
九江	29°45′N 106°08′E	3.4	5.5	10.5	16.3	22.3	25.9	29.7	29.5	24.7	18.6	12.3	6.5	17.1	26.3	1924—1937
南京	32°03′N 118°47′E	2.2	3.7	8.6	14.5	20.1	24.4	27.7	27.5	22.8	17.2	10.6	4.6	15.3	25.5	1905—1936
上海	31°13′N 121°24′E	2.0	4.1	7.5	12.8	19.0	23.7	28.1	27.9	23.4	18.2	12.4	6.6	15.5	26.1	1933—1936

全年温度曲线之变化,自1月起逐渐上升,至7月而达最高峰,后又逐月降低。1月至2月升高约2℃,2月直至5月逐月递升约4℃,5月至7月升高约2℃至4℃,8月比7月稍低,此后以至12月,逐月递降4℃至5℃。

春夏秋冬四季,我国之习惯分法为自年首起依次每3个月为一季,由来已久。若以天文学言之,春季自春分至夏至,夏季自夏至至秋分,余依次类推。惟气象学之分法,通常为简便起见,则以3、4、5三个月为春,6、7、8三个月为夏,9、10、11三个月为秋,12、1、2三个月为冬。此种划分,固属简便,然仍嫌不尽合理。盖气温应为分季之第一准则,仍不如依据各地温度之高低而分季比较恰当,兹依照我国通常采用之分季标准(系张宝堃先生所厘定者),以每候平均温度在10℃以下者为冬季,22℃以上者为夏季,10℃至22℃之间为春秋,得北碚四季日期如下:

第五表　北碚之四季

春季	10℃—22℃	2月15日—5月10日	85日
夏季	22℃以上	5月11日—9月27日	140日
秋季	22℃—10℃	9月28日—12月16日	80日
冬季	10℃以下	12月17日—2月14日	60日

春季自2月15日起计85日,夏季自5月11日起计140日,秋季自9月28日起计80日,冬季自12月7日起计60日。夏季最长,占四个半月;冬季最短,不过两个月。

若与同纬度附近各地比较,惟重庆四季之起讫时期及历时长短尚与北碚大致相同。北碚春之来临,比成都早5日,比长江中下游之九江、汉口及南京等地约早1个月,故农事之耕种较长江中下游约早1月。夏季之开始日期与成都相同,亦较长江中下游为早。冬之降临,则较以上各地均迟。夏季之长与长江中游相若,而冬季则特短,兹再列举于下,以示一般。

第六表　各地之四季

地名	春季		夏季		秋季		冬季		纪录年份
	开始期	日数	开始期	日数	开始期	日数	开始期	日数	
重庆	2月15日	84	5月10日	139	9月26日	82	12月18日	60	1891—1916
成都	3月20日	79	5月10日	125	9月13日	76	11月27日	85	1933—1940
九江	3月17日	60	5月16日	140	10月3日	60	12月2日	105	1885—1915
汉口	3月17日	60	5月16日	135	9月28日	60	11月27日	110	1887—1915
南京	3月17日	65	5月21日	125	9月23日	65	11月27日	110	1926—1933

北碚最高年平均温度为22.2℃,极端最高,据象山之纪录为42.8℃,见于民国三十一年(1942年)8月5日[水岚垭山顶之记录为41.9℃,见于民国三十一年(1942年)8月5日及三十二年(1943年)7月28日]。依10年来绝对最高温度之统计,4月间曾达36.6℃,10月间尤可达34.4℃,可见北碚暑热开始之早,与消退之迟。最低年平均为15.1℃,极端最低,据水岚垭山顶之纪录为2.5℃,见于三十一年(1942年)2月15日(象山绝对最低为2.2℃,日期同)。最低温度在零下之日,数

十年来冬季3个月中偶或有一二年1次或2次见之,可见冬季并无严寒。

北碚冬暖夏热,为气候特征之一。盖因地处四川盆地之中,重山环绕,冬季受西伯利亚或蒙古寒潮侵袭势力微弱,少寒风而鲜霜雪。夏季由南来之暖流,越过贵州高原而达川中下降,成干热现象。又以风力微弱,骄阳肆虐,遂致闷热难当也。

三、降水量

北碚年平均降水量为1037.7毫米,较之重庆约少60毫米。各月降水量升降之曲线,1月居最低点,2月起逐月上升,5月上升较急,至6月而达最高峰,7月以后徐徐下降,至11月而陡降,12月低于11月,而高于1月。最多雨之6月,其降水量较之最少雨之1月,约多18倍,相差之大,至足惊人,各月降水量见下:

第七表　北碚之降水量

(单位:mm)

月份	1	2	3	4	5	6	7	8	9	10	11	12	年
最多降水量	15.6	41.9	75.3	121.6	177.4	286.6	244.0	262.7	264.2	189.2	72.3	41.0	1361.6
平均降水量	9.8	20.1	49.3	77.8	124.6	174.5	152.0	139.1	129.5	102.1	38.7	20.2	1037.7
最少降水量	1.7	5.2	10.0	24.5	78.0	64.3	29.6	51.0	64.8	43.5	23.6	9.5	755.6
平均雨日	6.7	8.0	12.3	13.2	13.1	15.1	10.9	11.1	13.7	17.5	12.3	8.8	142.7
降水强度	1.46	2.51	4.00	5.89	9.51	11.56	13.95	12.53	9.45	5.78	3.14	2.21	7.26
降水频率	21.6	28.6	39.7	44.0	42.3	50.3	35.2	35.8	45.7	56.5	41.0	28.4	39.1
一小时内最大雨量	1.7	3.6	4.7	17.9	24.6	24.6	42.5	36.6	60.0	11.5	4.2	2.9	60.0

若以四季言之冬占4.8%,春24.3%,夏44.9%,秋26.0%。夏季最多,秋季次之,春季又次之,冬季最少。依涂长望先生之《中国雨量区域分类法》,北碚之降水量以全年总量论,应属于西南台地类之峡谷区,唯按四季分布言,则属于红盆地区。

北碚全年降雨日数,平均有143天(以降雨在0.1毫米以上始称为雨日,为统计之标准)。雨日最多之月份,不在多雨之6月,而在10月,平均为18天。一小时内之最大雨量,据象山自记仪器之纪录为60毫米,时在民国三十年(1941年)9月2日24时。

北碚之雷雨,年平均为281.3毫米。1月与12月雷雨绝迹,2月至11月经常见之,最盛行之月份不在雨量最丰之6月,而在7月,8月雷雨次多,居全年第二位。在四季之分布:冬占0.2%,春21.6%,夏60.9%,秋17.3%。冬季最少,春多于秋,夏季最多。北碚雷雨在全年总雨量中占27.1%,约为25%。如分月检讨,占各月雨量中之百分数则有如下表:

第八表　北碚之雷雨

(单位:mm)

月	1	2	3	4	5	6	7	8	9	10	11	12	年
雷雨总量	—	0.5	3.8	22.8	34.2	45.8	77.6	48.1	34.3	11.1	3.1	—	281.3
雷雨日数	—	0.1	0.8	2.0	2.3	1.3	4.1	3.7	1.1	0.7	0.4	—	16.5
各月雨量中雷雨所占百分率	—	2.4	7.7	29.3	27.5	26.3	51.5	34.6	26.5	10.9	8.0	—	27.1%

2月雷雨最稀,所占之百分数,尚不到3%。最多为7月,占51.5%。换言之,北碚7月降雨有50%以上为雷雨,8月约为三分之一,4月、5月及9月约为四分之一,其余3个月约为十分之一。

降水量在各种气象要素中变化为最大。北碚之降雨量最多之年,在此10年中为民国三十年(1941年),有1361.6毫米,最少之年为二十五年(1936年),仅有755.6毫米。两者相差合平均为58.4%。如一地各年降水量太多或太少,皆足以酿成旱涝而无益于农田。我国西北灾荒频仍,即由于各年降水量差异甚大故也。故欲知一地降水量之是否可靠?对于农业上之影响为何如?当推究其平均距准数及变率。兹就北碚与重庆两地1、4、7、10等月及全年之降水量距准数与变率列下,以资研讨:

第九表　北碚及重庆降水量之距准数与变率

	月份	1	4	7	10	年
北碚	平均距准数/mm	3.2	21.8	60.8	33.3	145.3
	变率/%	32.7	28.0	40.0	12.3	14.0
重庆	平均距准数/mm	9.4	31.7	68.8	27.3	155.6
	变率/%	52.7	31.8	49.7	24.3	14.2

观夫上表,北碚各季之降水量变率以春秋两季最小,冬夏最大,亦即春秋两季降水比较可靠,冬夏两季降水之准确性较小。因此北碚春季缺乏雨水之年不多见,夏季遭遇干旱之时为多也。以之与重庆比,春夏两季之降水变率同,而秋冬之降水可靠程度较大。

北碚晴雨之变化,显为对流层中寒暖气团交替之影响。每当赤道或亚热带暖气团来临时,气压低降,温度上升,天气多属晴热。虽比湿甚高,但颇稳定。在纯热带气团控制下,降雨之机会较少,惟于继续晴热数日以后,空中水分增加,温度亦高,天气闷热难耐,温湿之分布,便在饱和绝热递减率以上。藉日射之作用,常可有午后热雷雨之形成。惟藉日射作用以生不稳定温差之现象,似尚不若放射作用所生之饱和不稳定状态更为常见。当日射渐消,空气尤近于饱和不稳定状态,一受外来扰动及强迫上升,即可促致上升作用增强。西南多属山地,并临近高原气流行经此区受阻,被迫上升,亦可降雨。至冷面过境,及缘暖面上升,一如平原,亦可促致雨水下降。尤以高气压来临时降雨之频率特大,雨量丰沛,乃为暖气团被冷气团楔入抬高之所致,此异于东部平原,系属相反之现象。

巴山夜雨,自古为蜀中气候之特征。稽之北碚近年纪录,多雨之时间恒在上午5时左右,此为夜间大气温度下降,渐近饱和,而地面及冷面之影响如故也。

四、湿度云雾及日照

绝对湿度之大小,即空气中所含水汽之多少,随温度之高低而增减。通常均夏季最大,冬季最小。北碚绝对湿度,最大在8月,最小在1月。相对温(湿)度则不同,北碚年平均为78%,全年中以10、11、12三个月为大,均在80%以上,11月最大,为84%,1至9月均在70%以上,8月最小,为73%。若与各地相较,重庆各月皆在80%以上，成都亦有8个月在80%以上，故年平均比重庆小，与成都相若，而大于长江下游各地。

第十表　北碚绝对湿度及相对湿度与各地之比较

（单位：mm）

月份	1	2	3	4	5	6	7	8	9	10	11	12	年	记录年份
北碚	6.15	6.96	8.30	11.44	15.13	18.23	21.18	21.25	16.63	13.31	9.58	7.72	12.99	1936—1940年
重庆	6.08	7.56	9.00	12.69	15.49	19.24	22.32	21.88	17.46	13.14	11.33	7.31	13.62	1934—1937年
成都	5.43	6.71	8.02	10.59	14.20	17.31	20.81	20.32	16.02	12.28	8.62	6.75	12.25	1933—1940年
南京	3.92	4.60	5.92	9.11	12.77	17.03	21.84	21.32	15.32	9.81	6.75	5.07	11.12	1928—1937年

（%）

月份	1	2	3	4	5	6	7	8	9	10	11	12	年	记录年份
北碚	79	76	75	74	74	80	74	73	78	83	84	83	78	1935—1944年
重庆	84	84	84	84	86	86	82	80	84	87	88	87	85	1924—1937年
成都	80	80	76	74	74	76	83	82	82	81	82	82	79	1933—1940年
南京	76	77	69	74	72	75	77	78	74	67	69	78	74	1928—1936年

北碚之云量年平均为7.7，冬半年为多，夏半年较少。就各月言之，以1月为最多，占十分之九，7月为最少，仅占十分之六。年平均多于重庆，而少于成都，7月亦如之，惟1月比以上两地皆多。

第十一表　北碚云量与各地之比较

月份	1	2	3	4	5	6	7	8	9	10	11	12	年	记录年份
北碚	9.2	8.8	8.7	8.0	6.8	7.5	6.0	5.4	7.3	7.6	8.5	8.5	7.7	1935—1944年
重庆	8.3	8.3	7.0	7.4	6.9	7.0	4.9	4.8	7.2	8.5	8.7	8.8	7.3	1929—1937年
成都	8.3	8.7	8.3	8.2	7.8	7.9	7.4	7.1	8.6	8.2	8.3	8.1	8.1	1933—1940年

雾之观测，以能见度为标准。依照我国统一之规定，凡能见度在1公里以下时，始称雾日；2公里以下者为霭（mist）或霾日。北碚年平均有雾及湿雾日数为

34日,霭30日,低雾6日。雾日四季之分配:春占11.8%,夏18.0%,秋33.2%,冬37.0%;依四季之顺序而逐渐增多。以各月言:12月雾日最多,平均计6日;4月为最少,平均仅1日。各月之雾,以辐射雾居多。

第十二表　北碚之雾日

月份	1	2	3	4	5	6	7	8	9	10	11	12	年
雾及湿雾	4.7	1.7	1.6	0.8	1.4	2.4	2.4	1.6	2.3	4.1	5.0	6.3	34.3
霭	3.9	3.4	2.0	1.4	1.4	1.6	1.3	1.6	1.8	2.4	4.4	4.4	29.6
低雾	0.8	0.9	0.9	0.4	0.6	0.4	0.2	0.3	0.1	0.5	0.2	1.0	6.3

北碚雾日虽比重庆少,然云量则较重庆多。寇平氏(W.köppen)有云:"云为空中之雾,雾为地面之云。"云与雾之成因,殊无所异,皆可蔽日光,故云雾多则日照少。北碚全年日照只1365.8小时,仅及本纬度可能日照30%。7、8两月云雾减少,日照最多,有220至230小时,约合可能日照之50%以上。然比诸重庆之同月尚有逊色。最少日照之月为12月,该月云量虽非最多,但因雾日最多之故,全月日照仅有39.3小时,约合可能日照时数之12.2%。10年来1个月中之绝对最多日照时数为民国三十一年(1942年)之7月,达305小时。

第十三表　北碚之日照

月份	1	2	3	4	5	6	7	8	9	10	11	12	年
北碚日照时数	48.5	60.7	87.9	117.8	167.7	133.7	217.3	230.7	121.3	91.9	49.0	39.3	1365.8
合本纬度日照之百分数/%	14.8	19.4	23.7	30.6	40.1	32.2	51.3	56.9	32.9	25.9	15.2	12.2	30.8
重庆日照时数	50.3	59.2	98.3	136.1	169.3	118.0	267.2	253.7	127.5	63.2	39.4	35.3	1417.9
合本纬度日照之百分数/%	15.4	18.9	26.6	35.4	40.5	28.4	63.1	62.6	34.6	17.8	12.3	11.0	32.0
北碚最大日照时数	86.3	72.2	155.5	136.8	201.1	255.9	304.5	289.1	235.8	153.3	91.6	57.3	1611.2
年份	1942	1940	1937	1941	1939	1936	1942	1935	1936	1936	1940	1940	1941

重庆纪录为1941—1944年。

五、霜与雪

北碚冬季温暖,霜雪稀少。近10年来有霜之日计18次:

民国二十四年(1935年)1月21日

二十五年(1936年)1月18日　　　　　12月25日及26两日

二十六年(1937年)1月1日及2日

二十七年(1938年)1月9日

二十八年(1939年)1月10日

二十九年(1940年)1月25日

三十年(1941年)无霜

三十一年(1942年)1月8日

三十二年(1943年)2月8日及9日　　　　4月8日

三十三年(1944年)12月19日至23日

民国三十年(1941年)终年未见霜日,其他各年少则1年1见,多则年有5次。依平均言之,初霜期为1月10日,终霜期为1月11日。一年中平均霜期不过2日,无霜期为363日。惟绝对初霜期为12月19日,绝对终霜期为4月8日,绝对无霜期年有244日。就此言之,12月下旬以前北碚无凝霜之可能,4月上旬以后,即无霜害之危险。有霜期至多121日,故植物之生长期长。

北碚之降雪,较霜尤为罕见。10年来仅有雪9日:

民国二十四年(1935年)1月24及25两日

二十九年(1940年)1月23日

三十一年(1942年)2月13日

三十二年(1943年)2月6日　　　　　　4月6日及7日

三十三年(1944年)12月16日及17日

降雪之时期多在1、2月及12月内。惟当猛烈寒潮来袭,4月间亦可降雪,此于民国三十二年(1943年)见之。就此寥寥纪录,初雪期为12月16日,终雪期为4月7日。

六、结论

综观上述,北碚冬无严寒,夏有溽暑,霜雪稀少,植物生长期长,全年雨水丰沛,半数以上降于夏季,且各月降水比较可靠,故北碚之气候系属于副热带季风夏雨区而无疑。若依照寇平氏之气候分类法则,则为CW类。如将降水量最多在6月,最热时温度高于22℃,及雾之性质,再为表明,则其符号为CWAN,实为优良之宜农气候也。

附表

第一表　北碚气候要素平均表(1935—1944年)

年份	气压 mm 700+	气温 平均 ℃	最高平均 ℃	极端最高 ℃			最低平均 ℃	极端最低 ℃			相对湿度 平均 %	最小 %		风力 B.S. 0-12	降水量/mm 总数	一日内最大雨量	月份	日期
					月份	日期			月份	日期			月份					
1935	35.8	18.0	20.9	38.9	8	13	15.3	1	12	18	78	65.9	8	1.6	1037.1	74.2	8	28
1936	36.4	18.4	22.1	39.3	7	11	14.8	−0.6	12	26	72.3	61.9	9	1.9	755.6	49.5	7	24
1937	35.8	18.5	22.0	38.2	9	6	15.2	0.7	1	11	75	64.3	3	2.2	1189.4	117	7	16
1938	36.1	18.4	21.8	37.9	8	25	15.5	0.1	1	9	78.5	68	4	1.4	1288.8	160.1	8	19
1939	36.6	18.5	22.2	39.0	9	2	14.9	0.5	1	10	80	72.8	5	1.3	759.3	62.1	6	24
1940	36.4	18.5	22.6	39.9	7	14	15	−2	1	25	78.6	71.1	4	1.8	1011.9	62.8	7	25
1941	35.8	19.2	23.3	40.9	7	6	15.3	2	2	5	77.5	66.7	4	1.3	1361.6	106.3	8	18
1942	36.7	19.2	23.4	41.9	8	5	15.3	−2.5	2	15	77	64.4	8	1.3	998.2	106	6	18
1943	37.1	18.2	22.1	41.9	7	28	14.8	−1.4	2	8	81.2	76	8	1.2	961	63.5	6	25
1944	37.4	18.1	21.8	40.1	8	18	14.9	−2.1	12	21	79.6	66	8	1	1014.2	76.9	6	27
平均	36.4	18.5	22.2	41.9	8	5	15.1	−2.5	2	15	77.8	61.9	9	1.5	10377.1	160.1	8	19

第二表　北碚之风向频数(1935—1944年)

(单位:%)

月份	N	NNE	NE	ENE	E	ESE	SE	SSE	S	SSW	SW	WSW	W	WNW	NW	NNW	E	全月
一	11.3	7.3	7	1.8	3.1	1.6	12.8	6.8	13.3	1.9	4.2	0.9	2.4	1.3	8.3	2.8	13.2	100
二	13	4	9	1.2	3.4	2.1	14.3	8	11.4	1.8	2.6	0.5	1.5	1.1	7.8	3.1	15.2	100
三	13.2	5.5	7.5	1.2	2.7	3.4	12.5	7.5	12.8	1.5	3	1.5	1	1.5	7.1	3.9	14.2	100
四	13.7	4.7	6.6	1.7	3.2	3.7	11.3	5.2	11.2	2.2	4.4	0.8	1.7	1.8	7.9	3.5	16.4	100
五	10.7	3.5	4.8	1.6	3.3	3.1	11.5	7.2	11.7	3.2	4.7	1.9	2.4	1.8	8.9	3.2	16.5	100
六	10.4	3.4	5	2	3	1.6	9.1	5.2	12	3.9	4.9	2.1	2.1	1.4	8.1	4.3	21.7	100
七	10.6	2.7	4.6	1.7	3.1	2.7	12	8.1	15.1	2.9	4.9	1.3	2.9	1.7	7.6	3.1	15	100
八	10.7	2.6	4.7	1.5	2.8	1.9	14.1	7.7	10.4	2.4	4.1	1.3	2.9	1.7	8.4	3.7	19.1	100
九	15.3	4.4	5	1.2	3	1.2	8.3	4.9	11.2	1.8	2.9	1.9	2.7	2	11.3	3.3	19.6	100
十	14.6	4.1	7.2	1	2.4	2	10	3.9	9.8	1.1	3.1	0.9	4.2	1.4	8.9	1.7	23.7	100
十一	13	4.7	5.4	1.7	2.4	2.8	9.3	4.9	8.8	1.4	2.1	1.3	2.1	2	12	4.7	21.4	100
十二	18.1	3.1	6.7	1.8	2.9	2	10.9	5.9	11.7	2.2	3.5	0.8	1.4	0.9	6.8	2.4	18.9	100
全年	12.9	4.2	6.1	1.5	2.9	2.3	11.3	6.3	11.6	2.2	3.7	1.3	2.3	1.6	8.6	3.3	17.9	100

地质志

王朝钧　关佐蜀　靳毓贵　李耀曾

绪言

北碚位于重庆西北,两地相距不远,水道有嘉陵江,陆路有公路接成渝线,轮船汽车,均半日可达,兼以温泉驰名遐迩,煤产称盛川东,故来本区作地质观察者,颇不乏人,先后有(一)谭锡畴、李春昱,(二)常隆庆、罗正远,(三)陈秉范,(四)李春昱、常隆庆、李陶、任绩、吴景桢、李建青,(五)朱森、吴景桢,(六)谢庆辉、周泰昕,(七)李春昱、孙明善、杨登华,(八)丁骕,(九)李承三、周廷儒、郭令智、高泳源等,其所发表之文献,对于此次工作,给予便利不少。

承本所(指经济部中央地质调查所,下同)所长李春昱命,由黄汲清、岳希新两先生领导朝钧、佐蜀、毓贵、耀曾等担任此项工作,黄氏负设计督导指正之责,岳氏协助指导,笔者等则各自负责调查一区,嗣以周慕林、刘东生二君加入工作,故各人工作之地,有如地质图中所附工作区域图所示:

Ⅰ区系毓贵与周慕林君调查。

Ⅱ区系刘东生周慕林君调查。

Ⅲ区系佐蜀、朝钧、耀曾与刘东生君共同调查。

Ⅳ区系佐蜀、朝钧、毓贵等三人调查。

Ⅴ区系周慕林君调查。

Ⅵ区系耀曾调查。

Ⅶ区系毓贵调查。

Ⅷ区系朝钧调查。

Ⅸ区系佐蜀调查。

惟全部工作,遇有疑难之处,均承黄汲清先生详细指导,或由黄氏亲临其地解决,盖岳希新先生参与工作不久,即被派赴东北办理接收,故一切指导事宜,均由黄氏躬与其事。

野外调查时,天府煤矿区采用刘增乾、员鸿策、罗正义所绘该矿万分之一地形图,其余地区则用北碚管理局地政科二万五千分之一北碚管理局地形图;工作完毕后,复将前者缩入后者,合成北碚附近地质图一全幅(图一)。此次调查之区域不大,故于地质之分划力求其详,填图之前,先在嘉陵江边以皮尺详细量度地质剖面,研究地层应如何划分,决定后,始分头逐层填绘其分布状况。地质图中所有断层线,背斜轴,向斜轴等,均系逐步填绘,疑者缺之,以待他日,未敢贸然操觚也。

工作始于三十四年(1945年)12月10日,由黄汲清、岳希新两先生统率笔者等沿嘉陵江滨测绘地质剖面,研究分层方法,历时一周,将侏罗纪以上地层之分划决定,毓贵、耀曾即开始分头工作。三十五年(1946年)2月4日,两人工作告一段落,佐蜀、朝钧乃赓续出发,均系先填各自所任区域内侏罗纪以上地层。3月5日,黄汲清先生率领佐蜀、朝钧、毓贵等在白庙子江边一带实测三叠纪地层厚度,并研究三叠纪之分层。3月9日,黄氏亲率全队同赴天府煤矿区工作,当时加入工作者尚有陈梦熊、夏西蒙、刘东生、周慕林四君,先由黄氏领全队在莺儿崖至月亮崖一段工作,历两日,全体对本区之构造情形,已大致明了,乃分区负责调查,其情形前已述及。黄氏领导工作一周后,始率陈梦熊、夏西蒙、李耀曾返碚,余人继续工作。3月29日,Ⅰ、Ⅱ、Ⅲ区工作竣事,全队移往白庙子,佐蜀、朝钧、毓贵调查Ⅳ区,而刘东生、周慕林二君则渡江调查Ⅴ区。4月5日,天府煤矿区初勘工作告竣,黄汲清博士复由碚来白庙子统率全队逐区复勘。4月9日,矿区工作完成,全队返碚,笔者等复分头出发填绘各自所任区域内前所未完之工作,周慕林君嗣亦出发调查Ⅴ区,盖Ⅴ区本应由耀曾调查,但因事急于离碚,故由周君代为完成。4月底,各区工作先后完结,调查竣事,计前后共历时4月有余矣。

野外工作完成不久,政府即明令还都,所中图籍,均已装箱待运,所中同仁,亦急欲东下,致此次所采化石,未能详细鉴定,地质图中尚有少许疑问,亦无暇重往研究,殊深遗憾!本文中二叠纪及三叠纪地层系由佐蜀执笔,侏罗纪及白垩纪地层系由毓贵执笔,其余各章则均由朝钧执笔,所有附图亦系朝钧编制,笔者等学识简陋,错误恐所难免,倘蒙教正,无任欣幸。

工作期中,惠蒙黄汲清先生剀切指导,殷勤教诲,至深铭感。本文编制时复承曾鼎乾先生惠予指导,朱夏先生与以宝贵之意见,刘东生、周慕林二君出示其所绘剖面图及野外笔记,统此谨致最诚挚之感谢。

野外调查时,承天府公司及北碚地方人士招待指导,使工作得以顺利进行,谨此致谢!

第一章 地层

北碚境内,以中生代地层最为常见,除嘉陵江及其支流两岸间有新生代第四纪之沉积物,观音峡背斜层轴部因受逆掩断层之影响,有古生代二叠纪地层之露出外,其余均为本代地层分布之区。爰将境内出露之地层,由老而新,列为北碚地质柱状剖面图(图二),以示其上下层序,并再分节详述如后:

第一节 二叠纪地层

二叠纪地层,因受逆掩断层之影响出露于天府煤矿区观音峡背斜层之轴部,依其所含化石及岩石性质,可分为上、中、下三部。下部为厚层石灰岩,含燧石结核,产珊瑚及有孔虫化石,应相当于茅口石灰岩;中部为页岩,夹薄层石灰岩,含煤层,产腕足类及三叶虫类化石,相当于乐平煤系;上部为燧石石灰岩,产珊瑚及腕足类化石甚多,相当于长兴石灰岩,兹依次分述于下:

一、茅口石灰岩

茅口石灰岩为灰白色厚层状石灰岩,略含燧石结核,受雨水之溶蚀后,现显著之岩沟地形(Lapies)产 *Neoschwagerina*, *Wentzelella*, *Parafusulina*, *Michelinia* 及 *Amplysiphonella* 等化石。本石灰岩之底部,尚未出露,故其全体厚度及其与下伏之较老地层系以何种关系接触,则不得而知。此石灰岩之露头,仅见于芦梯沟、月亮崖、莺儿崖、油草坪及白岩洞等数处。各地情形,微有不同,胪举如次:

(一)芦梯沟　芦梯沟电力公司堆煤栈房屋之东,有灰白色块状石灰岩一块出露,大仅数立方公尺,层面不清晰,表面凸凹不平,周围均系乐平煤系之页岩。此石灰岩之风化面上,见有 *Neoschwagerina* 化石之横切面,呈圆形手指斗纹状,应属茅口石灰岩,似无疑问。露头太小,地层图上无法填绘,惟其在构造上之意义,则甚为重要。

(二)月亮崖　沿天府公司峰厂平洞侧小路登山,依次见飞仙关系长兴石灰岩及乐平煤系。至月亮崖有灰白色厚层石灰岩出露,略含燧石结核,产䗴科化石,如 *Neoschwagerina* 及 *Parafusulia* 等。此石灰岩下部,呈深灰色,见有 *Michelina* 及 *Amply Siphonella* 等化石。东侧呈直立悬崖,间以浮土数十公尺,复有深灰色厚层石灰岩出露,不见化石。其东复与乐平煤系接触,露出厚度约60公尺。就岩性及化石研究,自应属茅口石灰岩。至其构造关系,容于下章中再论列之。

(三)莺儿崖　在莺儿崖之小沟中一土法小煤矿之马门北首,有灰白色厚层茅口石灰岩出露,露出部分厚约十余公尺,两侧均与乐平煤系接触,风化面上见 *Neoschwagerina* 之剖面甚夥。露头之南端,复见有复体珊瑚 *Wentzelellafjn* 之横剖面,呈多角形,至为美观。

(四)油草坪　露头位于沟中,岩石性质与前述者无异,产䗴科化石甚多。此次采有整体者,大如豌豆。灰岩顶部为橘黄色粘土一层,中产 *Halloysite*,俗名滑石,实则与真正之滑石(*Talc*)不同,为白色细密之泥土状矿物。此粘土层之上,即属乐平煤系矣。

(五)白岩洞　灰白色厚层石灰岩,在沟中露出成一小山,露出部分厚约40公尺,产䗴科化石仍多,向北作条状延长,但已出北碚之辖境矣。

如上所述,茅口石灰岩,作零星小块,间或出露,排列成一长条,此盖受逆掩断层影响,沿断层线向上掀起。复因侵蚀关系,其上部之乐平煤系剥蚀,此石灰岩乃克在断层线附近沟谷中不时出露也。

二、乐平煤系

本系为区内主要含煤地层,系由页岩及燧石石灰岩所组成,夹含煤层,在背斜西翼出露较好。在后峰崖一带,天府公司曾在峰厂平洞内测得一较详剖面,全体厚度约130公尺。兹自上而下,摘述如次:

长兴石灰岩
——整合——

乐平煤系	岩石性质	厚度
上页岩(PL_5)	2 含灰质结核页岩	1.38m
	1 黄灰色页岩	7.16m
上铁板石(PL_4)	2 石灰岩	1.08m
	1 含燧石石灰岩	7.63m
上煤系(PL_3)	22 黄灰色页岩	0.46m
	21 黄灰色灰质页岩	6.85m
	20 黄灰色页岩	14.32m
	19 背连(煤层)	0.19m
	18 灰黑色页岩	2.85m
	17 小独连(煤层)	0.30m
	16 灰黑色页岩	6.16m
	15 双连子(煤层)	1.32m
	14 灰黑色页岩	6.00m
	13 臭炭(煤层)	0.30m
	12 灰黑色页岩	2.73m
	11 大独连(煤层)	1.38m
	10 灰黑色页岩	4.85m

	9 灰色石灰岩（灰质页岩？）	0.46m
	8 外石天平（煤层）	0.30m
	7 灰色页岩	3.35m
	6 灰色石灰岩（灰质页岩？）	0.96m
	5 灰色页岩	3.08m
	4 灰色石灰岩（灰质页岩？）	0.23m
	3 灰色页岩	1.84m
	2 灰色石灰岩（灰质页岩？）	1.40m
	1 含灰质结核页岩	2.54m
下铁板石（PL$_2$）	3 含燧石石灰岩	5.08m
	2 灰色页岩	0.13m
	1 含燧石石灰岩	9.85m
下煤系（PL$_1$）	12 灰黑色页岩	2.31m
	11 野炭（煤层）	0.15m
	10 灰黑色页岩	1.54m
	9 内石天平（煤层）	0.19m
	8 含灰质结核页岩	8.31m
	7 含燧石石灰岩	3.85m
	6 含灰质结核页岩	2.07m
	5 灰黑色页岩	7.70m
	4 大连子（煤层）	3.50m
	3 灰黑色页岩	3.47m
	2 假沙连（煤层）	0.30m
	1 灰色页岩	5.00m（？）
	总厚	132.77m

——假整合（橘黄色粘土，含 *Halloysite*）——

茅口石灰岩

就上述剖面而论，为详细研究煤层附近之构造起见，实可分为上述五段。本系中所含化石之种类及数量，俱甚丰富，尤以燧石石灰岩，即所谓上下铁板者，所产化石为佳。此次所采标本甚多，惜尚未详细鉴定。曾在莺儿崖沟中上铁板石上之风化面上采获完好之三叶虫 *Phillipsia* 尾板数枚，又在新窑子西首小山上见有甚多之腕足类化石，内有一种 *Spiriferina octoplicata* 保存颇完整，至于 *Lyttonia* 及 *Productus* 等化石，则上下铁板出露之地，大致均可见及。煤层上下之页岩中，尚富产植物化石。

本系岩层之分布，仍沿后峰崖逆掩断层线而成一长条状。在观音峡背斜层西翼者，即现今天府公司开采煤层之一翼，俗称正连煤系，岩层完整，倾角约50度，自石笋沟南达中麻柳湾，绵续不断，煤窑林立，出煤极盛。在背斜层东翼者，俗称为反连煤系，虽仍连续出露，但因断层割裂，故分布情形，较不规则。自麻柳湾北至何家山一段，反连煤系只最上部黄灰色页岩出露地表。月亮崖至油草坪一段，因受断层影响，反连煤系直接与三叠纪底部页岩相接触，倾角几近直立，至白岩洞附近，始渐增加露头宽度，正反连煤系露头渐成等宽（参图一）。但中麻柳湾以北，反连煤为断层割裂太甚，殊无大量开采之希望。月亮崖以南，芦梯沟以北，因受两次断裂，故正连煤系与反连煤系之间，尚夹有一狭长条带，仍属乐平煤系，煤工称之为正反连，以示区别，盖其倾角往往改变，既非正连又非反连也。

三、茅口石灰岩与乐平煤系之接触带

茅口石灰岩与乐平煤系之间，如在油草坪及月亮崖所见，风化后均有橘黄色之粘土一层，中产 *Halloysite*，土人多掘洞采之，以作炼制火泥之用。此项粘土似代表一风化期，*Halloysite*（俗名滑石）则为风化后之产物，或在茅口石灰岩沉积以后，地壳曾经上升，经过相当时期之侵蚀，始有乐平煤系之沉积，故两者实系假整合以相接触也。

四、长兴石灰岩

长兴石灰岩呈深灰色，石质坚硬，含燧石结核甚多，但易受溶蚀，表面常凸凹不平，故极易与其他岩石相区分，含化石颇多。在天府公司峰厂平洞侧之小沟

中,曾见有单体珊瑚如 *Waagenophyllum* 及 *Lophophyllum*,腕足类如 *Richthofenia* 及 *Oldhamina*,*Productus* 等。全体厚度约110公尺,整合覆于乐平煤系之上。在观音峡背斜西北翼,本层极为完整,自石笋沟至廖家坡连续不断,当其遭受溶蚀而成小谷时,居民即于其底部开凿煤洞,以采乐平煤系之煤。但在背斜东南翼,则因受逆掩断层之影响,其露头每残缺不全。自廖家坡至何家山一段,虽有连续之露头,但其厚度则远不如在西北翼者,此殆因断层之故,而致减削。月亮崖以北,则本层多为较老岩层所掩覆,故呈断续分布之状,或完全淹没,致使乐平煤系径与飞仙关系相接触,露出时亦或多或少,厚度由十余公尺至数十公尺不等。两翼长兴石灰岩在冯咀①接合,但其接合关系仍不正常,东南翼向西北略微掀起,冯嘴以南因背斜轴低落,本层遂为其上之飞仙关系所覆盖。惟因侵蚀关系,尚有零星露头两处,一在螃蟹井之西,有小沟两条,横跨背斜轴而流向西北,致将上部飞仙关系岩层侵蚀以去,遂使长兴石灰岩出露,露头不大,宽约数十方公尺,均倾向西北,盖出露之岩石,尚属背斜层之西北翼也。一在白庙子码头江边,俗名牛皮股地方,此亦因嘉陵江向下深切关系,始克出露。露出之岩石,均倾向东南,盖已属背斜层之东南翼矣。惟在白庙子对岸,则不见有本层岩石,此盖背斜轴倾没甚急之故。

第二节 三叠纪地层

三叠纪地层均分部于观音峡背斜层之两翼,或构成背斜轴部岩层。总厚达1000余公尺,可分上下两部,下部厚约500公尺,以紫色页岩及硬泥岩为主,夹石灰岩层,相当于飞仙关系;上部亦厚约500公尺,全属厚层及薄层石灰岩,相当于嘉陵江石灰岩,兹依次分述于下:

一、飞仙关系

本系岩层系由紫色页岩、硬泥岩(*Mudstone*)与石灰岩所组成,分部(布)于背斜轴部或其两翼。昔谢庆晖、周泰昕二君调查天府煤矿区地质时,曾依据岩石性

---

① 咀:同"嘴",以下均改为嘴,不再出校。

质,分本系为五组,今就野外所见,知谢周二君之分层办法,颇为适用,兹将此次在白庙子江边所量剖面列后,并附地质剖面图一幅(图五)以便对照:

嘉陵江石灰岩
——整合——

飞仙关系第五组　Tf_5……………………………………50m
　　4.紫色页岩夹薄层石灰岩下部夹黄色页岩　　　　20m
　　3.浅灰色泥质薄层石灰岩　　　　　　　　　　　2m
　　2.紫色及黄色页岩之交互层并夹薄石灰岩层　　　20m
　　1.淡黄色灰质页岩　　　　　　　　　　　　　　8m

飞仙关系第四组　Tf_4……………………………………115m
　　8.黄灰色页质灰岩含斧足类及腹足类化石甚多　　5m
　　7.浅灰色厚层白云质石灰岩　　　　　　　　　　5m
　　6.厚层深灰色石灰岩　　　　　　　　　　　　　8m
　　5.黄色灰质页岩　　　　　　　　　　　　　　　8m
　　4.薄层及厚层白云质石灰岩　　　　　　　　　　10m
　　3.厚层鲕状石灰岩　　　　　　　　　　　　　　4m
　　2.灰色薄层及厚层白云质石灰岩具缝合线构造(*Stylolite*)
　　　及方解石细脉　　　　　　　　　　　　　　　65m
　　1.浅灰色泥质厚层石灰岩,下部渐成为页岩　　　10m

飞仙关系第三组　Tf_3……………………………………216m
　　6.紫色及黄色页岩夹硬泥岩　　　　　　　　　　30m
　　5.紫色页岩夹薄石灰岩灰,岩上下均为黄色页岩　30m
　　4.紫色页岩夹硬泥岩　　　　　　　　　　　　　30m
　　3.浅灰色薄层石灰岩　　　　　　　　　　　　　1m
　　2.深紫色页岩含假髻蛤化石甚多　　　　　　　　85m
　　1.紫色页岩夹石灰岩薄层　　　　　　　　　　　40m

飞仙关系第二组　　Tf$_2$ ························ 35m
　　6.厚层灰色石灰岩　　　　　　　　　　　8m
　　5.紫色页状石灰岩　　　　　　　　　　　1m
　　4.厚层石灰岩　　　　　　　　　　　　　10m
　　3.薄层鲕状石灰岩　　　　　　　　　　　8m
　　2.浅灰色厚层及薄层石灰岩　　　　　　　5m
　　1.薄层石灰岩含 *Oxytomal sp.* 等化石　　3m

飞仙关系第一组　　Tf$_1$ ························ 100m
　　2.厚层深紫灰色硬泥岩上部含石灰质较多风化面呈浅紫色 40m
　　1.薄层深紫灰色硬泥岩　　　　　　　　　60m

——假整合——

长兴石灰岩

就上述剖面,吾人可知此五组岩层、岩性,均系逐渐变化而来,推想当时沉积情况,必相当稳定。各组岩层之特性及分布状况,不尽相同,兹分述如下:

(一)飞仙关系第一组硬泥岩　本组全系紫灰色硬泥岩所构成,厚约百公尺,岩性坚硬,风化不易,常成小山。在冯嘴以北,本组岩层分布于背斜两翼,在西北翼者完整无缺,东南翼者,则一如长兴石灰岩,为逆掩断层及横切断层所割裂,露头呈零星断续之象,至螃蟹井北首,两翼接合而成背斜轴部岩层。循此沿背斜轴向西南延伸,则本组岩层时而为其上之飞仙关系第二组鲕状石灰岩所覆盖,时而出露地表,直至嘉陵江滨,始因背斜轴向西南倾没关系而深埋地下。故在北庙子[①]码头附近,本组岩层尚在山顶,而渡江以后,则只在山脚可以见及矣。

(二)飞仙关系第二组鲕状石灰岩　本组系由石灰岩构成,因其中部石灰岩有特殊之鲕状组织,故极易识别,此石灰岩易受溶蚀,故常间于下部硬泥岩与上部页岩所成之山坡中,而形成山垭,分布情形与其下之飞仙关系第一组硬泥岩相类似,惟在其外侧或顶部而已。

---

① 北庙子,现多谓白庙子,以下均改,不再出校。

（三）飞仙关系第三组紫色页岩　本组以紫色页岩为主,仅夹少量之硬泥岩及石灰岩,岩性坚硬,抵抗风化之力特强,故常成为高山,但若一经风化,则常为碎块或粗砂而流徙,故其所造成之山坡虽高,而均作圆丘状,与石灰岩作成之山,截然不同。本组中所产化石,以假臀蛤 *Pseudomontisl sp.* 为最多,惜保存不佳,难得完整足资鉴定者。总厚约216公尺,分布情形仍与一、二组相同,但在嘉陵江南岸两翼,始相结合耳。在蓁菜田附近,本组岩层自身发生小折绉(褶皱),故其露头略宽(图六)。

（四）飞仙关系第四组石灰岩　本组岩层以石灰岩为主,夹少量黄色页岩,岩性坚硬,抵抗风化之力,较嘉陵江石灰岩为强,故常构成嘉陵江石灰岩溶蚀后所成槽谷之边缘,且为背斜轴部山岭之基脚也。本组岩层之分布情形虽仍与上述三组相象,但在背斜层之西北翼者,在水岚垭以南,因受白庙子逆掩断层之影响,常直接与嘉陵江石灰岩相接触,而其两翼结合之处,较诸上述三组更为偏南也。

（五）飞仙关系第五组页岩　本组以灰质页岩为主,夹薄层石灰岩,易受溶蚀而夷为低谷,但极易与嘉陵江石灰岩区别。本组分布之区域,全在观音峡背斜层两翼,在此次调查范围内,两翼尚未接合,与上述四组岩层相像。本组岩层亦常受逆掩断层之影响,间或一部或全部被掩没,致使下部之第四组灰岩直接与上部嘉陵江石灰岩相接触,如白庙子码头附近即是。

二、嘉陵江石灰岩

嘉陵江石灰岩多呈浅灰色薄层或厚层状,时夹白云质石灰岩,具缝合线构造,所含化石不多。此次在干洞子东山坡北川铁路之下,曾见有一层夹黄色泥土之灰色石灰岩,约厚一公尺余,内产斧足类化石尚多,经本所顾知微先生初步鉴定,知系以 *Velopectenl sp.* 为多, *Pecten(Entolium)sp.* 亦含有之。又在干洞子西山坡上厚层石灰岩之风化面上,见有大小不定之腹足类化石数群,惜已风化太甚,不能鉴定其种属矣。今将观音峡江边出露之嘉陵江石灰岩剖面表列于后,剖面图则见图五。

```
            侏罗纪底部砾岩
            ——假整合——
嘉陵江石灰岩上部 $Tc_2$                              261m
    4.泥质石灰岩,淡灰色,夹黄色泥土,甚易风化         3m
    3.厚层致密状石灰岩,深灰色有沥青臭味(c)         124m
    2.薄层石灰岩,浅灰色,具缝合线构造(b)            91m
    1.厚层石灰岩,灰色,夹白云质石灰岩(a)            61m
嘉陵江石灰岩下部 $Tc_1$                              242m
    3.薄层深灰色石灰岩,下部夹有少数厚层者,其上部有
      石灰质灰色页岩厚约半公尺                     42m
    2.薄层石灰岩,浅灰色                           155m
    1.薄层夹厚层白云质石灰岩呈浅灰色致密坚硬         45m
            ——整合——
            飞仙关系紫色页岩
```

上述剖面中,嘉陵江石灰岩上部之厚层,夹白云质石灰岩(Tc_2a),有一种特殊现象,即石灰岩之风化面上显深灰色及浅灰色二部分。深灰色者成小透镜状,排列成带,与层平行;浅灰色者则包围于其四周,此或沉积时即产生此种现象,决非由于风化之关系也。

此项石灰岩,完全分布于观音峡背斜层之两翼,因易受溶蚀,形成两大平槽,各处溪流,多汇集于此。在西翼水岚垭以北有落水洞,溪水至此伏流于地,直至干洞子始又冒出地面而注入嘉陵江中;在东翼之槽地中,又造成多数之"荡",即低注之地,而成小规模之向心水系,不似西翼之群流合汇共注入江也。此等地形上之奇观,充分表明此石灰岩之易溶性质。当风化时,此石灰岩常多垂直节理,故在嘉陵江两岸,造成峻拔之悬崖,至难攀登。

第三节　二叠纪与三叠纪地层之接触带

在后峰崖天府公司峰厂平洞旁何家沟中，显露二叠纪长兴石灰岩与三叠纪飞仙关系之接触情形，至为清晰，如图七，Pc系含燧石结核之厚层灰色石灰岩，产珊瑚及腕足类化石，应属长兴石灰岩。其上有灰白色粘土一层，厚约2英寸，未寻获化石，即图中之C。更上即系浅灰色薄层泥质石灰岩，细密坚硬，约半公尺无化石，有结晶完好之白铁矿（Marcasite）晶粒，此层之上，即系正常之飞仙关系紫色硬泥岩矣。据此剖面，吾人可知飞仙关系最底部有灰白色厚约2英寸之粘土一层，此项粘土应代表在二叠纪长兴石灰岩沉积之后，有一侵蚀时间存在，故广西、贵州等地，二叠纪与三叠纪间之过度层，所谓大垅层者，此处殆即只剩此2英寸厚之粘土矣。

另一剖面，系在万家湾拖煤土路旁，如图八，Pc为厚层燧石石灰岩，燧石结核排列不成层状，顶部风化颇剧，含化石甚多，已知者有 *Oldhamina sp.*，*Lyttonia sp.*，*Chonetes subst, ophonenoides*，*Spiriferina sp.* 等，应属长兴石灰岩。其上之a，约一英尺，为页质岩，大部被覆盖，b为灰黄色页岩，含 *Pseudomonotis sp*，e为页岩及灰岩互层，f为紫色页岩，属正常之飞仙关系矣。由此剖面，以与黔桂相比较，其间尚有缺失，益足证明上述之二叠纪以后有一侵蚀期存在，故飞仙关系实假整合于长兴石灰岩之上。

第四节　侏罗纪地层

本纪岩层以砂岩为主，间夹页岩及煤层，分布于观音峡背斜层两翼，且构成温塘峡背斜层，为区内之主要造山地层，如缙云山、鸡公山等，均系由此纪砂岩所造成。本纪岩层属陆相沉积，颇难寻获化石，为研究便利计，据其岩石性质分为四组，由上而下，列表如次：

白垩纪红色岩系

——整合——

侏罗纪

  4.厚层及薄层粗粒灰白色含高岭土砂岩,间夹页岩,顶部有

   石英砂岩一层厚约二公尺(J_4)   130公尺

  3.厚层及薄层黄灰色云母质砂岩,夹煤层,含铁质结核(J_3) 150公尺

  2.黄灰色厚层及薄层砂岩,夹砂质页岩及煤层(J_2)   90公尺

  1.灰黑色砂质页岩,夹煤层,底部有砾岩一层,厚约半公尺(J_1) 29公尺

——假整合——

三叠纪嘉陵江石灰岩

  第一组灰黑色砂质页岩,中夹煤层,俗呼为底板炭,厚度不定,间有开采者,但非专掘此层,仅为采取J_2中煤层时附带经营而已,因其变化甚大,时有时无也。本层分布于观音峡背斜之两翼,但东翼已出此次调查范围,而西翼则在后峰岩鸡公山一带,有完整露头。在缙云山背斜层东南翼之六马门白云寺一带,因受逆掩断层之影响,此层亦露出一部分。此层在鸡公山一带,厚约29公尺,在缙云山麓者似较厚,露出部分已达30余公尺矣。

  第二组砂岩露头之处,与上述者完全相同,为黄灰色块状,厚层状及薄层状砂岩,常显长达2公尺之交错层(Cross bedding)。在观音峡嘉陵江南岸,此层中部,发现夹有砾石层(Pebbly seams),砾石为黑色燧石或白色石英粒,大者如豌豆,小者似粗砂,粘合甚坚,但分布至不规则。此层上部有黄绿色及灰黑色页岩一层,厚约10至15公尺,其中夹煤一层。在鸡公山及后峰山一带,有夹沙双连炭之称。所谓夹沙者,即指两层煤间含有夹石之意。此项夹石之厚薄,随地而异。此层下部尚有独连炭一层,厚约3寸,亦常附带经营,容于第四章中再详论之。

  第三组云母质砂岩,为厚层及薄层状,受风化后呈红褐色,未风化时作黄灰色或灰色。成分中除石英细粒外,以磁铁矿碎粒为最多,白云母碎片亦甚显著。沿层面及节理(Joints),夹含氧化铁结核甚多。结核之大者如拳头,深红色具隔板状结构(Septarian structures),亦有呈圆球形者,因此分布零星,未能集成矿体,

否则以其含铁成分之高,殊值采炼也。此种铁质结核之成因,系由于本组砂岩含磁铁矿碎粒甚多,经地水之作用后,沿层面及节理而沉积所致。本组砂岩中产已经炭化之植物枝叶碎片甚多,惜以保存甚劣,未易鉴定。本组夹含煤层亦多,顶部有淡灰色及灰褐色之砂页岩一层,厚十余公尺,夹有煤层,温塘峡一带有称为正连炭者,观音峡一带则有称为泡炭者。分布较为规则,通常厚约半公尺,温塘峡及观音峡一带开采此层者甚多,而西山坪一带则尤以此为主。此组之分布情形,在观音峡背斜层与上述者相同,缙云山一带则分布较宽,低洼之处,多见此组岩层。

第四组砂岩,大部为块状及厚层状,含长石及高岭土甚多,云母片则较少,愈趋顶部,则高岭土之含量愈见增加,最顶部则为厚约二三公尺之石英砂岩(*Quartzose sandstone*),质极坚硬,极易识别。本组砂岩之下部有黑灰色砂质页岩一层,厚约4公尺,亦夹煤层,厚约2至3公寸,现有华丰煤矿从事采掘。此层在西南或较薄,俗称野炭,甚少经济价值矣。本组在观音峡背斜层,仍系分布于背斜两翼,与上述三组相同,但温塘峡背斜,则本组分布甚广,西山坪一带全系本组岩石构成,缙云山一带亦以本组岩石为主。

第五节 三叠纪与侏罗纪地层之接触带

三叠纪嘉陵江石灰岩与侏罗纪香溪煤系之接触情形,观音峡嘉陵江左岸江家沱之小屋后,有一极清晰之剖面(图六)。侏罗纪底部砾岩,厚约半公尺,砾岩中大部分皆为黑色圆角之燧石及白色之石英,并杂有极少数石灰质页岩碎块,直径约1公分,大致为具有棱角呈黄绿色,较大者在底部,渐上则渐小,在顶部者竟成粗砂岩矣。此砾岩胶结颇坚固,胶结物为石灰质,风化后成为深黄色土壤,富含铁分。此砾岩之上为侏罗纪第一组之砂质页岩,砾岩以下者为淡灰色之石灰质页岩,大部已风化成为泥土,厚约4公寸。此下为黄色之页岩,及灰色之页状石灰岩,共厚约2公尺余,均已风化甚剧。再下则为厚层状具有沥青臭味之致密石灰岩,是为正常之嘉陵江石灰岩之上部矣。由以上观察,当可确知三叠纪与侏罗纪地层乃以假整合之关系而相接触也。

此侏罗纪底部砾岩之碎块，在水岚垭至后峰崖一带之西山坡上，尚随处可见，惟不如上述剖面之清晰，但足知此砾岩之分布相当广泛。

在芭蕉湾对岸之江边，其接触处之剖面，亦尚清晰，然未见砾岩之露头，仅有一层角砾岩状之石灰岩，厚约2公尺，为白黄色泥质，与其下之深灰色嘉陵江石灰岩极易区别。此角砾岩状之石灰岩下，伏有极薄之灰色质页岩一层，约厚2公寸，上覆者仍为灰质页岩，惟大部均被河沙掩盖。本灰岩中含少许之褐铁矿结核，可能系由燧石风化而成。角砾石均为深灰色之石灰岩，直径约三四公分，与嘉陵江灰岩顶部岩石之性质相近，可能即系此种岩石经侵蚀后所成之碎块，再经胶结作用而成此角砾岩。本层与江家沱之砾岩似应属于相同时期之产物，而为三叠纪与侏罗纪间假整合接触之证据也。

第六节　白垩纪地层

本纪地层以紫红色泥页岩为主，而夹薄砂岩层，距底部约300公尺处，尚有薄层之石灰岩一层，含化石碎片甚多，其下为黄灰色绿灰色砂质页岩、紫红色泥页岩及黄灰色砂岩等。其中所含骨化石，据杨钟健先生之观察，谓似属于上侏罗纪，故此灰岩以下之岩层，究属于下白垩纪抑上侏罗纪，尚难确定，姑按以往惯例，仍归入白垩纪中。本层总厚达1750公尺，分布于北碚及扬子溪两向斜层中，所占面积至广，为研究方便计，就其岩石性质，分作九组，由上而下，列表如次：

第四纪松林坡砾石层
——不整合——

白垩纪	1756m
K_9 紫红色泥页岩夹薄层砂岩	140m
K_8 淡红色砂岩	30m
K_7 紫红色及砖红色泥页岩夹砂岩	338m
K_6 云母质砂岩	30m
K_5 紫红色泥页岩夹砂岩及砂质页岩	430m

K_4 黄褐色粗砂岩	23m
K_3 紫红色泥页岩夹砂岩及砂质页岩	450m
K_2 薄层石灰岩,含 *Cyrena* 等化石甚富	25—40m
K_1 紫红色黄灰色及绿灰色页岩夹黄灰色砂岩	290m

——整合——

侏罗纪香溪煤系

各组之岩石性质及厚度,时有变化,兹由老而新,分别述之如下:

K_1 白垩纪第一组　系由紫红色泥页岩与黄灰色及绿灰色页岩及黄灰色砂岩所构成。黄灰色砂岩厚约5公尺,下距侏罗纪顶部岩层约百公尺,产瓣鳃类化石甚多,均沿层面排列,受挤压太剧,保存欠佳。此层之上约2公尺,复有全由生物遗壳所积成之灰岩(Coquina limestone)一层,约厚10公分,破碎后有沥青臭味,惟所含化石仍保存甚劣,且种属似颇简单,均难鉴定。本组岩层分布于北碚向斜层之两翼,厚度略有变化,自200公尺至300公尺不等。在澄江镇一带下部为黄褐色页岩,上部为紫红色泥页岩,总厚约290公尺。

K_2 白垩纪第二组　系由薄层灰白色灰岩及蓝灰色石灰岩组成,下部质地较纯,上部渐变为页质灰岩,在嘉陵江边何家嘴附近及草街子附近,见有骨化石。此石灰岩中部,常夹有黄褐色页岩一层。此页岩厚薄不定,在黄桷树东北,似有愈趋东北厚度愈大之趋势,在澄江镇一带,本组似以石灰岩为主,而夹以页岩,厚约40公尺。其余地区,则普遍厚度为20余公尺。岩层走向,一般均作北35至45度东。

K_3 白垩纪第三组　系泥页岩砂质页岩及砂岩之交互层,下部多为土黄色砂质页岩及页岩,夹薄层砂岩,上部主要为紫红色泥页岩,泥页岩中常现绿灰色及杂色之斑点或条纹,而构成此斑点或条纹之石质,与泥页岩亦无大差异。其分布状况亦不规则,或沿层面,或横贯层面,随处不同。此层之分布情形,仍系在北碚向斜层之两翼及草街子以西一带,总厚约450公尺。

K_4 白垩纪第四组　为黄褐色厚层状粗砂岩,成分中除石英外,含长石甚富,黑云母及其他黑色矿物较少。本层风化后,常呈铁黑色,故极易识别,新劈之剖面上,常显有交错层(Cross bedding)。岩性坚硬,为良好建筑材料。在黑儿石龙凤桥一带,造成显著之山脊,厚约10余公尺,直至嘉陵江滨,尚突梁,但渡江以后,则本层岩石渐次减薄,构成山腰,其下之砂岩反高出而为山脊矣。北碚向斜层西翼金刚出为碑附近,亦系如此,在江南岸本层特别突出,而江北岸则系其下之砂岩挺立成为山脊,故在地质图上,此两条砂岩不相连续,此盖由于陆相沉积之易于变迁也。各地厚度,亦不相等,最厚可至40公尺左右,在澄江镇以西,相当于此组砂岩之岩层,倾角较小,走向则仍为北35度东,与北碚向斜层两翼者相同。

K_5 白垩纪第五组　主要为紫红色泥页岩,岩性极似 K_3 之上部,惟绿灰色之斑点及条纹不如其普遍而已。在缙岗新村附近,此组底部有黄褐色纸片状页岩(Papery shale)一层,厚约四五公尺,其他各处则未见及。此组岩层顶部本应与 K_6 相接,但因 K_6 有时减灭(Thinning out),故直接与 K_7 接触,本区中此种情形屡见不鲜,此组厚度约430公尺,但时厚时薄,无一定之规律可寻(循)。

K_6 白垩纪第六组　为灰褐色厚层及薄层云母质砂岩,沿层面可见甚多黑白云母碎片,长石及氧化铁之碎粒亦偶见之。此组砂岩变化极大,有时厚达三四十公尺,有时则完全减灭。其上约30公尺亦有砂岩一层,岩性与此相似,厚度变化亦巨,本组分布于北碚向斜层之两翼者,走向均在北35度东左右,但在草街子以西,则走向转变,盖扬子溪向斜层于其地潜灭也。

K_7 白垩纪第七组　以淡紫红色页岩为主,有时夹砖红色之泥页岩及薄砂岩数层,砂岩中常见有砂质结核甚多,大者直径可达1公寸,此盖沉积时即已形成者。泥页岩中绿灰色之斑点及条纹较为少见,其所夹之砂岩厚度不定,如在东阳镇东北即有透镜形之砂岩层,介于 K_8 与 K_6 之间,在水井湾附近厚约40公尺,其裸露面上并有壶洞(Pot hole)发现,或系古代溪流所成,但向西南则渐薄,抵东阳镇附近完全减灭,相距仅五六公里,变化如是其速,此殆陆相沉积特有之现象。

K_8 白垩纪第八组　为淡红色砂岩,作块状或厚层状,下部为块状,砂粒较粗,略含云母碎片及高岭土,夹含角砾岩层,砾石系紫红色泥页岩碎块及灰质结核,上部作厚层状,具美丽之交错层,角砾岩层则较少见,节理异常发育,本组岩石突入江中,构成碚石,北碚之名,即肇因于是。在北碚西南,本组岩石则形成猪背崖(Hog back),延伸甚远。东北渡嘉陵江经东阳路而至陈家坪与西翼结合,构成一

船头式地形。西翼倾角较大，倾斜方向则恰与东翼相对，两翼向西南延伸相距渐远，本组在澄江镇以西，亦因向斜层潜灭关系，走向随之转变，待讨论本区地质构造时再详述之。

K_9白垩纪第九组　为紫红色泥页岩及砂岩互层，岩性与K_5相似，造成向斜轴部岩层，经侵蚀后在天生桥一带尚余百公尺左右，但在K_8接合处陈家坪附近，则本组已尽被剥蚀，扬子溪向斜层中，此组岩石分布之地，则已出此次调查范围矣。

由上所述，得知白垩纪地层在本区内分布极广，岩性变化亦极大，其与侏罗纪之分界，向无定论，两者间无不整合或假整合现象，惟在本区内，本纪岩层易于风化，所成土壤多为良田，侏罗纪岩层则均构成高山。就地势而言，则两者极易区别，此盖由于两者岩性不同，故抵抗侵蚀之力亦异也。

第七节　第四纪地层

白垩纪岩层之上，因第三纪地层本区内全付缺如，故直接即覆以第四纪之砾石、砾岩及冲积层。其散布亦极零乱，大体系沿嘉陵江及其支流之两岸而堆积。其时代问题，亦各持一见，尚无定论。就此次观察所及，仍以为系石子山等地之砾石层先造成，其次为复旦大学所在之台地，其次为江边之砾岩，而河岸之冲积物为最新，至于温泉附近沉积之所谓乳花石者，应属局部现象，姑略而不论，以上四种，则由老而新，分述如后：

一、松林坡砾石层

在东洋[①]路北端石子山上，有砾石一层，覆盖山顶，高出现时江面约90公尺，又在上坝山坡上亦有砾石一层，高出江面约50公尺，在北碚管理局后面山坡上及江苏医学院学生食堂附近亦发现有砾石，均高出江面约五六十公尺。砾石成分，以白色石英岩为最多，黑色燧石、石灰岩及硬页岩较少，形多成扁圆状，其圆滑度与石块之大小为反比，与岩石性质无关系。砾石大小不一，大者直径逾2公寸，小者如豆，在坡顶者体积较小，与红色粘土混合，成为平台状之山顶。在石子山地

[①] 东洋：现为东阳，以下均改，不再出校。

方,砾石顺坡而下,直至山脚犹且见之,无完好剖面,因此无法测知其确实厚度。惟就观察所及,至少当有30公尺,但在上坝坡上,因建筑房舍,曾切有一剖面,则只厚数公尺,其下则为红色粘土,此或因其顶部已被侵蚀欤?本层与松林坡砾石或重庆砾石层应相当,不整合覆于白垩纪地层上,本区内仅见于上述数处。

二、黄桷树台地层

现时复旦大学所在之处,高出江面约30公尺,为一极显著之台地。自北碚公园山顶以望此台地,尤为清晰,除为少数河流切断外,表面平整如线,此项台地系由红色粘土堆积而成,嘉陵江两岸均有之,惟在本区内以江北岸较多而已。本层亦系不整合覆于白垩纪岩层之上,其上并无松林坡砾石之踪迹,故谓先有松林坡砾石之沉积,河流下切后,复有此项台地之生成,较为合理耳。

三、江北砾岩层

此项砾岩高出现时嘉陵江枯水面约10公尺,砾石成分以白色石英岩为最多,具有石英岩脉之硬页岩,黑色燧石及片麻岩等较少,间有白垩纪砂岩之碎块被胶结于内,砾石大者成椭圆形,直径有逾4公寸者,小者约二三公厘,普通则以直径约四五公分者为最多。胶结物以铁质及钙质为主,经氧化后,故呈红棕色,性极坚硬,不易击碎,分布于嘉陵江两岸,枯水时极易识别。

四、近代冲积层

嘉陵江及其支流两岸,多近代冲积层,为灰黄色之泥土、细沙及砾石,土质肥美,耕作其上者甚多。

第二章　地质构造

北碚境内山脉,均系由华蓥山分枝(支)而出,故欲明了本区内之地质构造情形,必须对华蓥山脉之整个构造情形,略事探讨。按华蓥山脉北起大竹广安之间,迤南横越嘉陵江及长江,绵亘百余公里,大致言之,为一复式背斜层(Anti-

clinorium），略呈北东至南西之走向，图九即用以表明华蓥山主峰以南，此复式背斜层分布之情形。如图所示，自西向东，有沥鼻峡、温塘峡、观音峡及龙王洞等四背斜层，均各由华蓥山分出，而以观音峡背斜层为主轴。每两背斜层间各有一向斜层，如沥鼻峡与温塘峡两背斜层间者名北碚向斜层是也。北碚辖区仅占有温塘峡及观音峡两背斜层之一段，北碚及扬子溪向斜之一小段而已。故就构造情形而论，北碚似可分为四区，即一观音峡背斜层区，二北碚向斜层区，三温塘峡背斜层区，四扬子溪向斜层区，以便叙述。兹即按照上述次序，分区叙述如次：

第一节　观音峡背斜层区

观音峡背斜层为华蓥山复式背斜之主轴，绵延甚远，此次调查只及其偏北之一小段。在此段内，构造情形相当复杂，为易于明了起见，特就其构造情形之不甚相似而各有其特性者分为四段，即一、石笋沟至中麻柳湾段，二、中麻柳湾至螃蟹井段，三、螃蟹井至白庙子江边段，四、嘉陵江南岸至干水井段，分段述明以后，再综合讨论之。

一、石笋沟至中麻柳湾段

本段为北碚境内构造最为复杂之地，亦现时煤产最盛之区。此次调查方法系先自西向东横切此背斜层一次，然后再沿其构造线向南北追踪，研究其变化情形。兹将观察所得，节述如次：

在后峰崖天府煤矿总办公处，可见西首高山之侏罗纪砂岩，走向为北30度东，作六七十度之角倾向西北，嘉陵江石灰岩伏于其下，情形相同。自此沿峰厂平洞侧小路东行，依次见飞仙关系、长兴石灰岩、乐平煤系及茅口石灰岩等，层序整齐，倾角逐渐减小至50度左右，走向一致，仍倾西北，抵月亮崖则见茅口石灰岩截然断落（参看图四），形成断崖地形，至为明显。断崖之东南，二三十公尺为浮土，浮土之东南有深灰色块状石灰岩，厚约十余公尺，倾角约50度，但系倾向东南。在此石灰岩中，未能寻获化石，惟就其岩性及其与附近岩层之关系察之，应属茅口灰岩之中部。由是茅口石灰岩构成背斜层，但两翼岩层不相连接，西翼向上掀起,即沿此背斜轴面应有一逆掩断层存在,在此地断距只三四十公尺,断层线与岩层走向平行,即图四中之T_3,如是乃足以解释何以有断岩之生成也。

在茅口石灰岩之东南,为乐平煤系之上部,煤系倾角约70余度,与上述之茅口石灰岩为50度左右者,相差甚大。其间茅口石灰岩之上部及乐平煤系之下部,均被掩没,两者接触处应有逆掩断层存在,断层面与背斜轴面平行,断距依照缺失之地层厚度计约有100公尺,断层线与岩层走向平行,即图四中之T_3。

上述乐平煤系之上部,露头宽约40公尺,其上有废煤窑数处,以前即采此所谓反连煤者也。本系东南直接与飞仙关系底部之硬泥岩接触,其间之长兴灰岩复被掩没,硬泥岩略呈倒转之象,即向西北作80余度之倾斜,两者间无疑又有一逆掩断层存在,断层面与背斜轴面近于平行,断距至少有110公尺,因长兴石灰岩已全被淹没也。断层线亦平行于走向,即图四中之T_4。

上述之硬泥岩露头极薄,东南与其上之鲕状石灰岩作正常接触,但此鲕状石灰岩仅厚约三四公尺,即与其上飞仙关系第三组之紫色页岩相接,虽两者之倾斜角并无不同,均呈倒转之状,向西北略微倾斜,但鲕状石灰岩在背斜之西北翼厚达30余公尺,此处不能减薄至如是,且与其相接之紫色页岩下部似亦被掩没,故在两者相接处,应亦有逆掩断层存在,断层面应仍与背斜轴近于平行,而断层线则大致沿走向延伸,断距至少当有40公尺,即图四中之T_5。

当由天府煤矿东行时所见之背斜西北翼飞仙关系第三组紫色页岩,厚逾200公尺,但在月亮崖东,上述之本层则只七八十公尺厚,其东南与飞仙关系第四组厚层石灰岩作不正常接触,如上所述,紫色页岩呈倒转现象,略向西北倾斜,而此石灰岩则系向东南倾斜也,加以石灰岩之厚度亦不够,盖在西北翼,此石灰岩厚度为110公尺左右,而此处则只十余公尺,故两者间应有逆掩断层存在,断层面仍与背斜轴面近于平行,断层线作东北西南向延伸,断距至少有150公尺,即图四中之T_6。

越此断层后,飞仙关系第四组石灰岩顶部与第五组页岩相接,其上覆以嘉陵江石灰岩,此石灰岩易溶蚀成为槽谷,多为浮土掩覆,再上为侏罗纪砂岩,均倾向东南,倾角亦逐渐减小,似已另无断层,而为正常之东南翼矣。

横切此段背斜层后,吾人确知在本段内背斜层西北翼倾角较小,东南翼则倾角甚大,且有倒转现象发生,为一不对称背斜层,背斜轴面倾向西北,即背斜层向东南倒头(Vergenz),顺此倾倒之趋势,故在东南翼上有鳞状断层(Schuppen)发生,均系自西北向东南逆掩,因此东南翼地层被掩没甚多,更沿各断层线南北行,以究沿背斜轴线之变化。

自月亮崖先沿 T_3 向东北行,至南山坡,断层线移至乐平煤系本身,即背斜层西北翼乐平煤系之底部,掩覆于东南翼乐平煤系之上,抵莺儿崖,沟中又见断层线之西北,露出茅口石灰岩,断层遂仍为西北翼之茅口石灰岩掩覆于东南翼乐平煤系之上。过此更向东北,则情形类似,即西北翼在低洼之处,有茅口石灰岩露出,高山上则为乐平煤系也。直出本区北界,连续不断,自月亮崖沿本断层向西南行,则断层线移至乐平煤系中后,断距逐渐减小,至芦梯沟时始潜灭。

T_3 在月亮崖断距甚大,但其延伸则不甚远,向东北尚未抵南山坡,西南则至大坡附近,即行潜灭。

T_4 在月亮崖东北,即为横切断层(Tear fault)所切断,嗣后一段地区,构造关系,尚未确知,其向东北究如何延伸,是否与偃塘湾之 T_4 相接,尚难断言,惟其位置颇为相当,本断层向西南方向则延伸甚远,断层线逐渐移至乐平煤系内,与 T_3 并行,直至中麻柳湾附近,始行潜灭。

T_5 自月亮崖向东北延伸之情形,与 T_4 相似,但向西南则时为横切断层所切割,至皮家湾附近潜灭。

T_6 向东北延伸之状况亦不甚清晰,向西南则断层线移至飞仙关系第三组与嘉陵江石灰岩间,断距加大,更向南行,则又逐渐内移,而为飞仙关系第三组与第五组或第四组接触矣。经大岚垭三官殿直至三田坎附近,始行潜灭,延伸之长,与 T_4 相侔。

由以上观察,知各断层,向西南均归潜灭,而乐平煤系亦在中麻柳湾,倾没入地中,故知在本段内背斜轴呈北30度东左右之走向,轴斜角(Pitching angle),略向西南倾没,月亮崖以北几近水平,月亮崖以南则不及5度(参图三之观音峡背斜层纵剖面图),背斜两翼地层向西南则逐渐完整而渐呈两翼对称之状矣。

二、中麻柳湾至螃蟹井段

本段内构造较为简单,自北川铁路麻站南端小路向东行,可见嘉陵江石灰岩及飞仙关系地层,走向北35度至北40度东,倾角均约50余度,抵廖家坡则见长兴石灰岩两翼接合,有向西南倾没(Pitch)之势,其接合处在冯嘴,接合时东南翼向上掀起一二十公尺(参图四、图六及图十),致使长兴石灰岩顶部与飞仙关系底部作不正常接触,断距甚小,只一二十公尺,断层面倾向东南,其影响甚微,在其东北之廖家坡即已不显著,向西南更短,旋即为飞仙关系第一组硬泥岩所覆盖,硬泥岩构成背斜轴部,所作两翼倾斜,极为明显,无动乱现象,直抵螃蟹井均甚完整。

在螃蟹井东北蒋姓屋前,背斜之东南翼飞仙关系第二组与第三组接触,有一小逆掩断层,剖面露出至为清晰。飞仙关系第二组鲕状石灰岩自西北向东南逆掩于第三组紫色页岩之上,断距仅十余公尺,断层面倾向西北约40度,影响甚微,但在蒋姓房前即有一横切断层发生,故此断层之南端完全被切断。此横切断层之断距亦只20公尺左右,影响不大,在螃蟹井背斜西南翼之飞仙关系第二组鲕状灰岩亦曾受横切断层之影响,规模均甚小。

从螃蟹井经土地堡向东行,在秦菜田附近,则飞仙关系第三组紫色页岩露头极宽,因其自身发生有小折绉(褶皱),如图六所示,惟此项褶皱向东北西南均延长不远,且其规模甚小,除其露头较西北翼增宽外,对整个背斜层实无大影响。越此局部变动更向东行,则飞仙关系第四、第五组及嘉陵江石灰岩与侏罗纪煤系等均完整露出,倾向东南,倾角50余度,走向亦系北35度东左右,与背斜西北翼者无异矣。

就上述各点而论,背斜层在本段内两翼倾角约略相等,虽有断层及褶皱发生于两翼,但规模均甚小,于大局无关,故一般而论,在本段内背斜属于对称型者。长兴石灰岩在冯嘴没入地中后,在螃蟹井之何家沟,因侵蚀较深,其顶部又行出露,故在本段内背斜轴呈北35度东左右之走向,轴斜角约近5度向西南倾没。

本段内所可注意者,即逆掩断层之方向不一定,如冯嘴断层系自东南向西北逆掩,而螃蟹井东北之断层则系自西北向东南逆掩,且有小褶皱发生,此小规模之褶皱两翼倾角相等,凡此均足证明本段曾受自东南及西北两方所来之力作用,且两者之大小近于相等。

三、螃蟹井至白庙子江边段

自黄桷镇沿江边小路向东南行,吾人可依次见侏罗纪砂岩及嘉陵江石灰岩,两者均向西北倾斜,但倾斜角甚大,嘉陵江石灰岩间或呈湾(弯)转曲折之状。将抵白庙子时,嘉陵江石灰岩与飞仙关系第五组页岩作不正常接触,如图十一所示。飞仙关系第五组页岩自东南向西北掩覆于嘉陵江石灰岩之上,显然其间有一断层,即图十一中之 F_1。断层面向东南倾斜约40度,断距约五六十公尺,断层线与背斜轴线近于平行。

此掩覆于嘉陵江石灰岩上之飞仙关系第五组页岩及第四组石灰岩,东南又为飞仙关系第四组石灰岩及第三组页岩所掩覆,且在山顶此飞仙关系第四组石灰岩之下部竟直接与嘉陵江石灰岩之下部接触,断面暴露极为清晰,俯侧上可见擦痕,断层面向东南倾斜约50度,断距最少有100公尺。断层线与背斜轴线平行,此为本段内规模最大之断层。

在上述断层之仰侧上,即飞仙关系第四组石灰岩本身,亦有一小断层发生,即图十一中之 F_3。飞仙关系第三组页岩之顶部自东南掩覆于第四组石灰岩之底部上,如在山顶则断层线位于第四组石灰岩内,断层规模甚小,断距不过10公尺。

越上述三断层后,至白庙子码头附近,房屋鳞次,不易观察,倘渡江立于南岸,以望此处,则可见飞仙关系第二组鲕状石灰岩在此作成之小褶皱甚多,均成倾倒不对称状,倾倒之趋势不一致。沿此鲕状石灰岩向东北行,在谭家沟仍可见有褶皱之影响,如图十二所示。此小褶皱向斜之处,尚为其上之飞仙关系第三组紫色页岩所覆盖。此种小褶皱之生成,朱森教授谓系由于观音峡背斜层作成时,挤压殊甚,而此石灰岩层薄易折,同时其上下岩层皆为页岩,致易流动所致。并谓此轴部褶曲之变形(Strain)与峡中所见其他各逆断层虽异,而其施力之方向实一。即此种小褶皱同为造成白庙子断层之力所作用而成。小褶皱之背斜上,张力节理甚多,排列整齐,成放射状,极为美观。

上述之飞仙关系第二组鲕状石灰岩,与其下之第一组硬泥岩接触亦不正常,硬泥岩向上掀起与石灰岩并行接触,且硬泥岩之厚度不足,其间应有一逆掩断层,但规模不大,影响甚微(图十一中之 F_4)。

更向东南,即抵牛皮股地方,在江边有长兴石灰岩出露,其西北与飞仙关系底部硬泥岩之接触情形,不甚清晰。但沿此接触带向山上行,至山顶铁路沿线,则见较老之碎屑带(Brecciated zone)断层现象。至为明显。断距约20公尺,影响不大(参图十一中之F_5)。

越过长兴石灰岩再往东行,则飞仙关系嘉陵江石灰岩与侏罗纪砂岩依次出露,均倾向东南,倾角约五六十度,层序整齐,构成完整无缺之东南翼。

除F_2外,其余各断层向东北均延伸不远,即行潜灭。沿F_2行至水岚垭附近,则为阳沟湾之小溪所切,又露出良好剖面。山顶仍为飞仙关系第四组石灰岩掩覆于嘉陵江石灰岩之上,而沟中则因侵蚀关系,所见者为飞仙关系第三组紫色页岩掩覆于第四组厚层灰岩之上矣。过水岚垭后此断层即渐潜灭。

由上所述,吾人可知在本段内背斜层向西北倒头。沿此倾倒之趋势,故在西北翼上有鳞状断层及小褶皱发生,所受之作用力应系由东南而推向西北者,背斜轴面倾向东南,呈两翼不对称状。

自螃蟹井到黄担山,背斜轴部岩层为飞仙关系第二组石灰岩,间因侵蚀关系,有第一组硬泥岩出露,故在该小段内,背斜轴呈北40度东走向,轴斜角均为六七度,向西南倾没。但黄担山以南,背斜轴部为飞仙关系第一组硬泥岩,而嘉陵江边即有长兴石灰岩出露,两地距离不远,虽系因嘉陵江下切之故,但其轴斜角亦甚大。据计算所得,约为16度。此种急剧倾没之趋势,直影响至下段之钟嘴以南。盖长兴石灰岩虽露出于江北岸,但在江南岸则不仅不见长兴石灰岩,即厚达百公尺之飞仙关系第一组硬泥岩,亦只顶部露出水面矣。

四、嘉陵江南岸至干水井段

在观音峡沿江右岸自西向东行,所见情形,与上述者类似。侏罗纪砂岩及嘉陵江石灰岩倾角甚大,约七八十度,倾向西北。至金菜碑①附近,则见飞仙关系第五组之页岩自东南向西北掩覆于嘉陵江石灰岩上。本断层似与上述之F_2(参图十一)相接,断距则略为减小,断层面则仍倾向东南。本断层延长甚远,在桂花湾附近,东南翼向西北推动颇烈,致使飞仙关系之第四组石灰岩与嘉陵江石灰岩直

---

① 金菜碑:现为金刚碑,以下均改,不再出校。

接接头,但更向西南延长,则仍为页岩与嘉陵江石灰岩相接。

上述断层东南约100公尺,飞仙关系第四组石灰岩复为其下之第三组紫色页岩所逆掩,故第四组灰岩之厚度不足,因其一部被掩没也。此断层仍系自东南向西北推进,断层面倾向东南,断距约五六十公尺,向西南延伸,渐移至第四组石灰岩之本身,在槽房街附近逐渐潜灭。

越过上述两断层,即达背斜轴部。轴部岩层在江边为飞仙关系第一组硬泥岩,稍上为第二组鲕状石灰岩,再上为第三组紫色页岩。至荒坡附近,则两翼之第四组石灰岩又接合而成背斜轴部。故在此段内,背斜轴仍在向西南急剧倾没,正如上述黄担山以南情形一样。但荒坡以南则背斜轴又近水平,无倾没趋向矣。

背斜轴东南,岩层均作北40度东左右之走向,倾向东南,倾角40度至60度,异常整齐,故在本段内背斜层仍向西北倒头,两翼不对称,逆掩断层均发生于西北翼,盖皆系受背斜倒压之力所致。本段情形与螃蟹井至江边段颇为相似,本段内之两断层,亦大致与上段之 F_2 及 F_3 相连,惟本段南端背斜轴已无向西南倾没之趋势而已。干水井以南,因地形图不全,未及填绘,惟背斜轴似有向西南跷起之趋势,可能在南端,背斜轴部再露出较古地层。

综合上述四段之情形,吾人可对观音峡背斜层在本区内者得一整个之印象,即中麻柳湾以北,背斜层向东南倒头,顺此倾倒之势,故在东南翼上发生逆掩断层。螃蟹井以南,则背斜层向西北倒头,顺其倾倒之势,故在西北翼上发生逆掩断层及小褶皱。而中麻柳湾至螃蟹井一段,则正系两者转换之处,故观音峡背斜层为一扭转不对称式构造,此段即其扭转中心之一,因此本段内两翼大致对称,而所发生之小断层,则或向东南或向西北逆掩,方向无一定也。

至于背斜轴之方向,则大致均作北东。背斜轴在黄担山至嘉陵江南岸钟嘴一段急剧倾没,其后又逐渐跷起,略呈一弧形,如图三之图四所示,其中心在钟嘴附近,嘉陵江即在背斜轴下凹之处穿越背斜层。

第二节　北碚向斜层区

北碚向斜层介于温塘峡与观音峡两背斜层间,向斜轴在北碚局治附近,因名之曰北碚向斜层。构成本向斜之轴部岩层为白垩纪红色岩系,兹分两段叙述之。

一、陈家坪至东洋路段

自黄桷镇沿嘉陵江岸向西北行,至大沱口附近,恰可横切北碚向斜层一次。黄桷镇位于白垩纪底部石灰岩附近,灰岩呈北35度东之走向,倾角70余度,倾向西北,其上之K_4、K_6及K_8等砂岩走向均相同,倾角则渐小至40度左右。至东洋路西首,K_8呈北35度东之走向,倾向东南,倾角约60度,其下岩层走向倾向均相同,倾角则逐渐增大。抵大沱口,侏罗纪岩层顶部竟成局部倒转之现象。更自东阳镇沿K_8向北东前进,至陈家坪,则与西北翼之K_8接合,接合处走向逐渐转变,极为清晰,且在地形上构成一船头状平台,极其显著。

由上述现象可知,在本段内北碚向斜层向东北有逐渐潜灭之趋势。向斜轴呈北35度东之走向,两翼不对称,向斜轴面倾向西北。

二、北碚至红石沟段

在本段内两翼不对称之情形与上节所述相同,惟K_8组砂岩自北碚向西南方向延伸时走向逐渐由北35度东转变为北5度东,倾角由40余度减至10余度,倾向则均系西北,但与其相对之西北翼K_8岩层,则始终仍保持北30余度东之走向,倾角60余度。故两者愈向西南,相距愈远,惟向斜轴并不随东南翼之K_8组岩层急速转变,如地质图中所示,仅其南端稍为偏北而已。

向斜轴部为K_8组泥页岩,在檀香山桥附近,此泥页岩倾角直立,应有局部变动发生,惟其规模甚小,在本段内其他地区亦常有小断层发现,其断距多不及10公尺,故略而不述。

本段一般情形,均与上段近似,惟在西南端向斜层逐渐开展,两翼不对称之情形,愈益显著耳。

第三节　温塘峡背斜层区

温塘峡背斜层系沥鼻峡背斜分出，在本区者仅其北端之一部。在本区内构成背斜之岩层，完全为侏罗纪砂岩，在嘉陵江东北西山坪一带与嘉陵江西南缙云山一带，情形不尽相同，故分段述之如次：

一、西山坪段

立于温泉公园附近之公路上，可见本段背斜层为嘉陵江所切之良好剖面，如图三之图二。西北翼地层倾角极小，由几度至十余度，东南翼地层则由五六十度以至直立，甚或呈倒转现象，岩层均呈北35度东之走向。背斜顶部为侏罗纪第四组砂岩，岩性坚硬，风化不易，故自缙云山下望本区，几成一平台，西山坪之名称，实颇为恰当。此项砂岩在背斜外侧部分，间为顺向河所切，但切割尚不太深，故未见有其下之侏罗纪第三组砂岩露出。

由上所述，本段内背斜层应属不对称型，背斜轴偏近于东南翼，呈北35度东之走向，轴面倾向西北，背斜轴近于水平，或略向西南方向跷起，盖嘉陵江边，已见侏罗纪第三组砂岩也。

二、缙云山段

立于二岩附近，亦可见本段为嘉陵江所切之剖面，惟侏罗纪第三组砂岩已出露甚多。其上所覆之第四组砂岩已残缺不完整，两翼仍不对称，东南翼倾角直立，或呈倒转现象，西北翼倾角十余度，背斜轴仍偏于东南翼，且向西南跷起。在缙云山麓六马门附近，据毓贵观察，侏罗纪第一组页岩与其上之侏罗纪第四组砂岩平行接触，虽其间煤层可相连续，但亦应有一断层存在，始足解释其附近之现象。盖在幺店子附近，则侏罗纪第三组砂岩复与第四组砂岩平行接触，均为同一影响所致，如图十三所示，西北翼向东南逆掩，断层面倾向西北。在幺店子附近，断距较小，向西南至六马门而断距加大，更向西南延长，则出此次调查范围矣。

本段内背斜层因受断层影响，掀起甚巨，加以侏罗纪岩层岩性坚硬，风化甚难，故断崖悬壁，在背斜东南翼屡见不鲜，且造成缙云主峰，蔚为北碚境内名山。

第四节　扬子溪向斜层区

在北碚境内，只见本斜层之东南翼，且正当其将近潜灭之处，除白垩纪下部之K_2及K_4两组岩层尚能保持一定之走向外，上部岩层之走向，均转折甚剧。所有岩层，均呈二三十度之倾角。据李承三氏之调查，本向斜轴向仍为北东南西，两翼倾角均小，且呈对称状。名称亦系李氏所定，因向斜经过扬子溪附近也。

北碚境内之构造现象，有如上述，至于造山动力及造山运动之时期，则因此文所涉范围甚小，不便以局部现象，妄加推论。

第三章　煤田

北碚境内矿产，以煤为主，其他虽尚有皂矾、火泥、陶土、石料、方解石等，但均属微量，无甚经济价值，故本章只讨论煤田地质。区内产煤地层有二叠纪乐平煤系及侏罗纪香溪煤系两层，兹分别述之于后：

第一节　二叠纪煤田

二叠纪乐平煤系在北碚境内之露头，仅见于观音峡背斜层之轴部附近，南北延长约7公里，因受沿背斜轴面发生之逆掩断层影响，煤田被分为东西二部。西部煤田完整，倾斜角约为50度，倾向西北，当地煤工称之为正连。东部被断层切割甚剧，倾斜角甚大，倾向东南，则被称为反连；因受两次割裂，故介于正连与反连之间。尚有一小段，则有所谓正反连之称。反连及正反连均无大规模开采价值。现时产煤称盛者，即背斜层之西北翼之正连煤系也。

正连煤系中，当地煤工谓含煤层有14层，上部7层称为外七连，又名硬炭；下部7层称为内七连，又名泡炭。就天府公司所测剖面观之（参第一章第二节），上煤系中如认双连子为两层，实含煤7层，下煤系中则只有野炭、内石天平、大连子、假沙连等4层。但大连子中，又有天平、直连、二连、底连之分，仍足视为7层，惟足资采掘者，则只双连子、大独连及大连子3层而已，其余均附带经营。

各层煤质及焦炭成分,据西部科学院理化研究所分析结果如下:

煤别	水分	挥发物	固定碳	灰分	硫	发热量(Ca1.)	符号
大连泡炭	1.15	17.51	67.70	16.64	1.70	6947	Bh
大独连	1.06	17.34	58.07	23.53	4.46	5959	Bh
双连子	1.14	20.06	57.80	21.00	2.44	6189	Bh
已洗焦	1.10	2.85	79.95	16.10	1.47	6983	
未洗焦	1.45	2.90	67.30	28.35	2.03	5954	

由上表可知双连子及大独连煤中所含灰分硫分均嫌太多,大连子煤则较好,经洗选后可炼焦,但焦分仍嫌太高。区内之煤储量,已见乐平煤系之露头者为石笋沟至麻柳湾段,长约7公里,在背斜西北翼,即所谓正连煤,倾角55度,煤层总厚以5公尺计,可采深度暂定为500公尺,比重为1.3,则煤储量为:

$$7000\times500\times Csc55°\times5\times1.3=27770000 \text{ 吨}$$

斜背东南翼所谓反连煤者,倾角不一致,有时呈直立状,但其下应较缓,平均以70度计,可采深度,假定为400公尺,其他与西翼相同,则煤层储量应为:

$$7000\times400\times Csc70°\times5\times1.3=19464000 \text{ 吨}$$

两者相加,得47234000吨。惟本段开采有年,已采若干,无正确数字,且因从前土法开采,损失煤量甚巨,其所遗废窑尤为现时施工时之障碍。目前天府煤矿系采西北翼之煤,日产1300吨左右,较厚煤层,均将告罄,正拟向东南发展,惟将来工程上之困难,无疑将较西北翼增加,而产量势必低降也。

自麻柳湾至白庙子江边一带,乐平煤系虽未出露地面,但埋藏不深,倘自江边背斜轴部附近向东北开一平洞,则此段背斜两翼之煤,均可开采。如第二章第一节所述,本段东南翼完整,反连煤应保存甚佳,即西北翼构造亦不如月亮崖一带复杂,且距江岸甚近,运输亦较便利。依据计算,平洞开凿后最多1300公尺,当可遇煤。由此至麻柳湾约4公里,煤层总厚假定仍为5公尺,可采深度假定为300公尺,比重为1.3,东南倾角最大为55度,则煤储量为:

$$4000\times300\times Csc50°\times5\times1.3=9521000 \text{ 吨}$$

西北翼倾角以70度计,其余同上,则煤储量为:

$$4000 \times 300 \times \csc 70° \times 5 \times 1.3 = 8299000 \text{ 吨}$$

两者共计为17820000吨，将来技术进步，可采深度增加，其量尚不仅此，实为本区内之巨大宝藏。

第二节　侏罗纪煤田

侏罗纪香溪煤系露头，本区内分布于观音峡背斜层两翼及温塘峡背斜层轴部，其中含煤7层，惟其变化甚大，故名称亦随地而异。在观音峡芭蕉湾一带，侏罗纪第四组下部煤层称为皂桷炭，第三组顶部煤层为泡炭，下部煤层为硬炭，第二组顶部煤层为夹沙双连炭，下部煤层为独连炭，第一组下部煤层为底板炭。所谓夹沙双连炭者，即两煤层间有夹石一层耳。其中可资开采者为泡炭，厚2至3公寸，夹沙双连炭厚4至5公寸，底板炭时厚时薄，厚时达3公寸，亦有人开采。

在温塘峡则侏罗纪第四组砂岩下部，有煤一层，称双连炭，现由立中公司开采。据谓除夹石不计外，煤层总厚约5公寸。侏罗纪第三组上部有煤一层，称正连炭，有和平及复兴隆两矿开采，据谓煤层厚时达5公寸。蔡家沟一带，则在侏罗纪第二组顶部有煤一层，据煤工谓最厚时可达1公尺，现由宝源燧川等公司经营。

一般而论，侏罗纪煤系煤层太薄，不适大规模开采，但煤质则甚佳，自半烟煤以至烟煤均有所见，质轻松，所含硫分灰分均合炼焦标准，燃烧时火焰甚长，工厂多喜用之，故土窑林立，产量亦复不少，惟本纪煤颇适于炼冶金焦，以之作为燃料，尚未尽其用也。

附图目录

图一、北碚附近地质图

图二、北碚地质柱状剖面图

图三、北碚地质剖面图及观音峡与温塘峡两斜背层纵剖面图

图四、天府煤矿地质剖面图（刘东生编）

图五、嘉陵江观音峡左岸白庙子东南地质剖面图

图六、土地堡地质剖面图

图七、天府公司峰厂平洞旁沟中所见地质剖面图

图八、万家湾拖煤土路旁所见地质剖面图

图九、华蓥复式背斜分布略图

图十、自廖家坡望冯嘴地质剖面图

图十一、白庙子断层连续剖面图

图十二、自北川铁路南段尽头处登山谭家沟东首地质剖面图

图十三、缙云山断层连续剖面图

参考书目

一、谭锡畴、李春昱：《四川西康地质志》（未刊稿）。

二、常隆庆、罗正远：《四川嘉陵三峡地质志》（《中国西部科学院地质研究所丛刊》第一卷第二号）。

三、陈秉范：《嘉陵江下游河阶地形之研究》（《地质评论》第三卷第四期）。

四、李春昱、常隆庆、李陶、任绩、吴景桢、李建青合著：《嘉陵江沱江下游间煤田》（《四川省地质调查所矿产专报》第一号）。

五、朱森、吴景桢：《嘉陵江观音峡及天府煤矿区之地质观察》（《地质评论》第四卷第三四合期）。

六、谢庆辉、周泰昕：《观音峡天府矿区地质》（未刊稿）。

七、李春昱、孙明善、杨登华：《华蓥山地质》（《四川省地质调查所地质丛刊》第五号）。

八、丁骕：*The Geomorphology of Changkiag and its Neighborhood*（《中国地质学会会志》第二十二卷第一至二期）。

九、李承三、周廷儒、郭令智、高泳源合著：《嘉陵江三峡区地质与地形和温泉的关系》（《中国地理研究所地理集刊》第一号）。

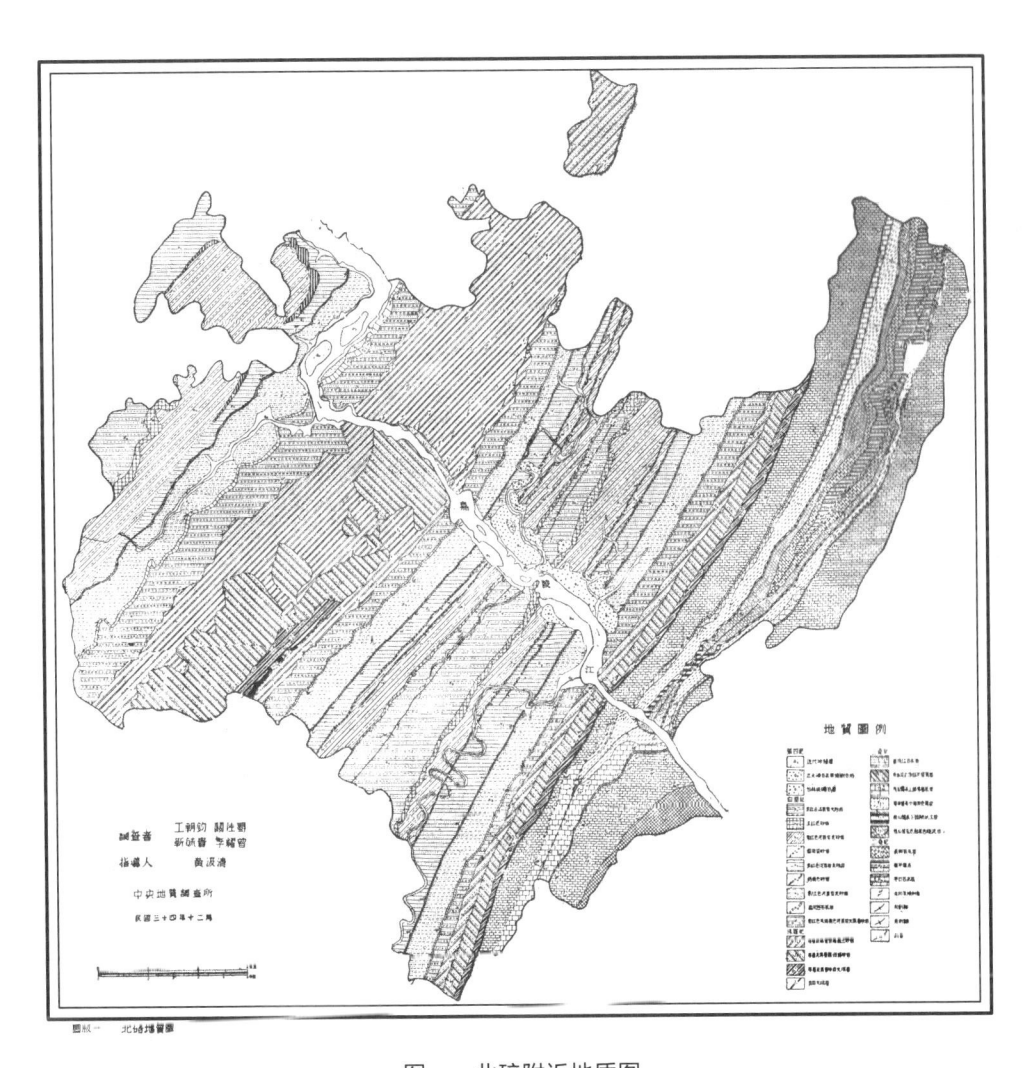

图一　北碚附近地质图

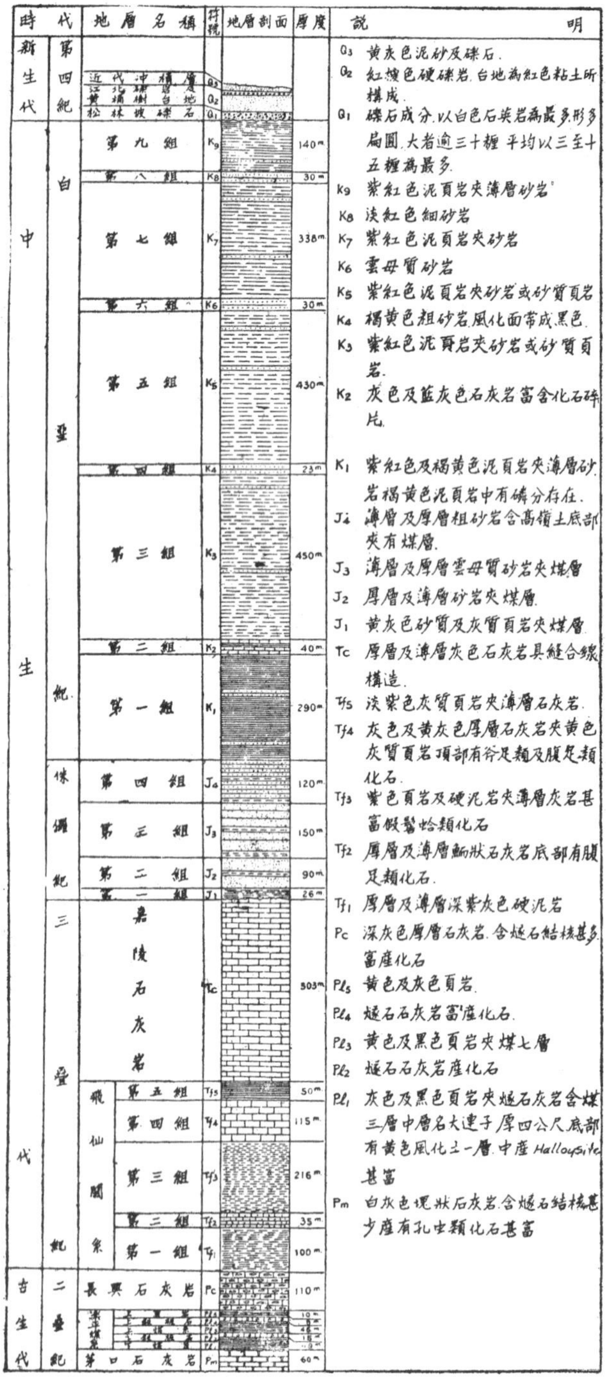

時代
地層名稱
符號
地層剖面
厚度
說明
新生代
第四紀
近代冲積層
江北砂碌層及
黄桷樹台地
松林坡碟石
Q3
Q2
Q1
中生代
白堊紀
第九組 K9 140m
第八組 K8 30m
第七組 K7 338m
第六組 K6 30m
第五組 K5 430m
第四組 K4 23m
第三組 K3 450m
第二組 K2 40m
第一組 K1 290m
侏儸紀
第四組 J4 120m
第三組 J3 150m
第二組 J2 90m
第一組 J1 26m
三疊紀
嘉陵石灰岩 Tc 303m
飛仙關系
第五組 Tf5 50m
第四組 Tf4 115m
第三組 Tf3 216m
第二組 Tf2 35m
第一組 Tf1 100m
古生代
二疊紀
長興石灰岩 Pc 110m
樂平煤系
Pl5 10m
Pl4
Pl3 46m
Pl2 18m
Pl1
茅口石灰岩 Pm 60m
Q3 黄灰色泥砂及碟石.
Q2 紅棕色硬碟岩.台地為紅色粘土所構成.
Q1 碟石成分.以白色石英岩為最多.形多扁圓.大者逾三十糎 平均以三至十五糎為最多.
K9 紫紅色泥頁岩夾薄層砂岩
K8 淡紅色細砂岩
K7 紫紅色泥頁岩夾砂岩
K6 雲母質砂岩
K5 紫紅色泥頁岩夾砂岩或砂質頁岩
K4 褐黄色粗砂岩.風化面常成黑色.
K3 紫紅色泥頁岩夾砂岩或砂質頁岩.
K2 灰色及藍灰色石灰岩富含化石碎片.
K1 紫紅色及褐黄色泥頁岩夾薄層砂.岩褐黄色泥頁岩中有磷分存在.
J4 薄層及厚層粗砂岩含高嶺土底部夾有煤層.
J3 薄層及厚層雲母質砂岩夾煤層
J2 厚層及薄層砂岩夾煤層.
J1 黄灰色砂質及灰質頁岩夾煤層.
Tc 厚層及薄層灰色石灰岩具縫合線構造.
Tf5 淡紫色灰質頁岩夾薄層石灰岩.
Tf4 灰色及黄灰色厚層石灰岩夾黄色灰質頁岩頂部有斧足類及腹足類化石.
Tf3 紫色頁岩及硬泥岩夾薄層灰岩甚富假蛤類化石
Tf2 厚層及薄層鲕狀石灰岩底部有腹足類化石.
Tf1 厚層及薄層深紫灰色硬泥岩
Pc 深灰色厚層石灰岩.含燧石結核甚多.富產化石
Pl5 黄色及灰色頁岩.
Pl4 燧石石灰岩富產化石.
Pl3 黄色及黑色頁岩夾煤七層
Pl2 燧石石灰岩產化石
Pl1 灰色及黑色頁岩夾燧石灰岩含煤三層中層名大連子厚四公尺底部有黄色風化土一層.中產Halloysite甚富
Pm 白灰色塊狀石灰岩.含燧石結核甚少產有孔虫類化石甚富

图二　北碚地质柱状剖面图

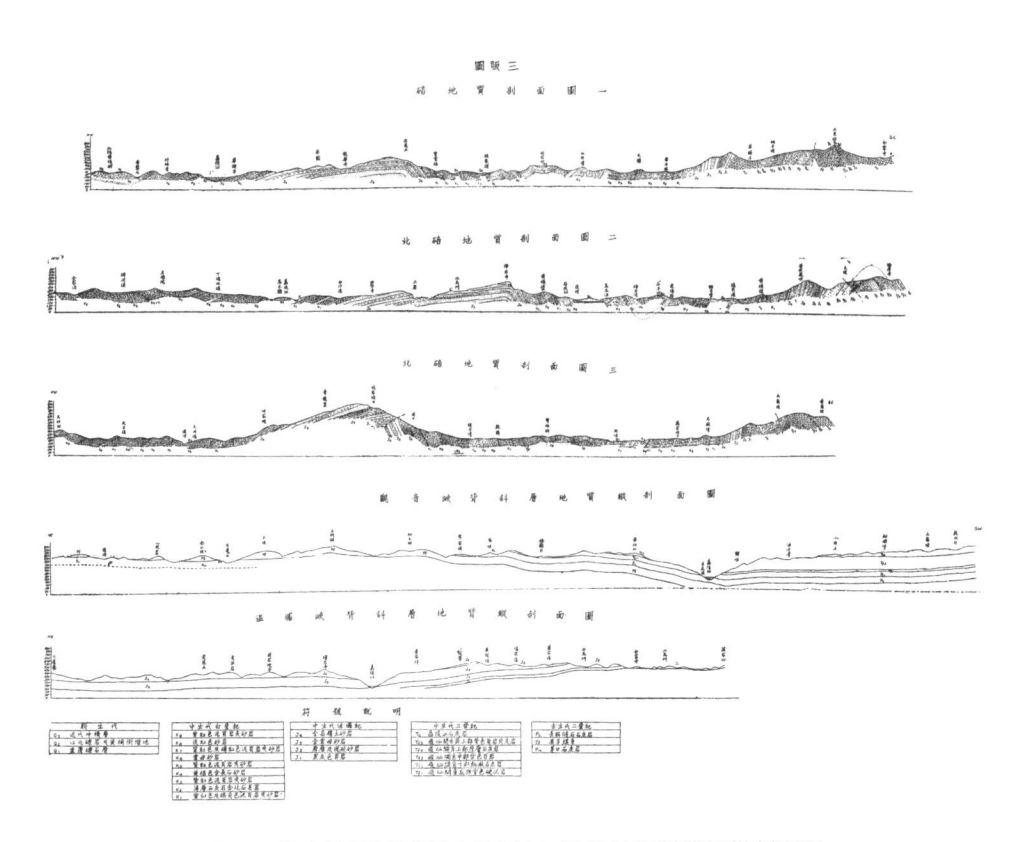

图三 北碚地质剖面图及观音峡与温塘峡两斜背层纵剖面图

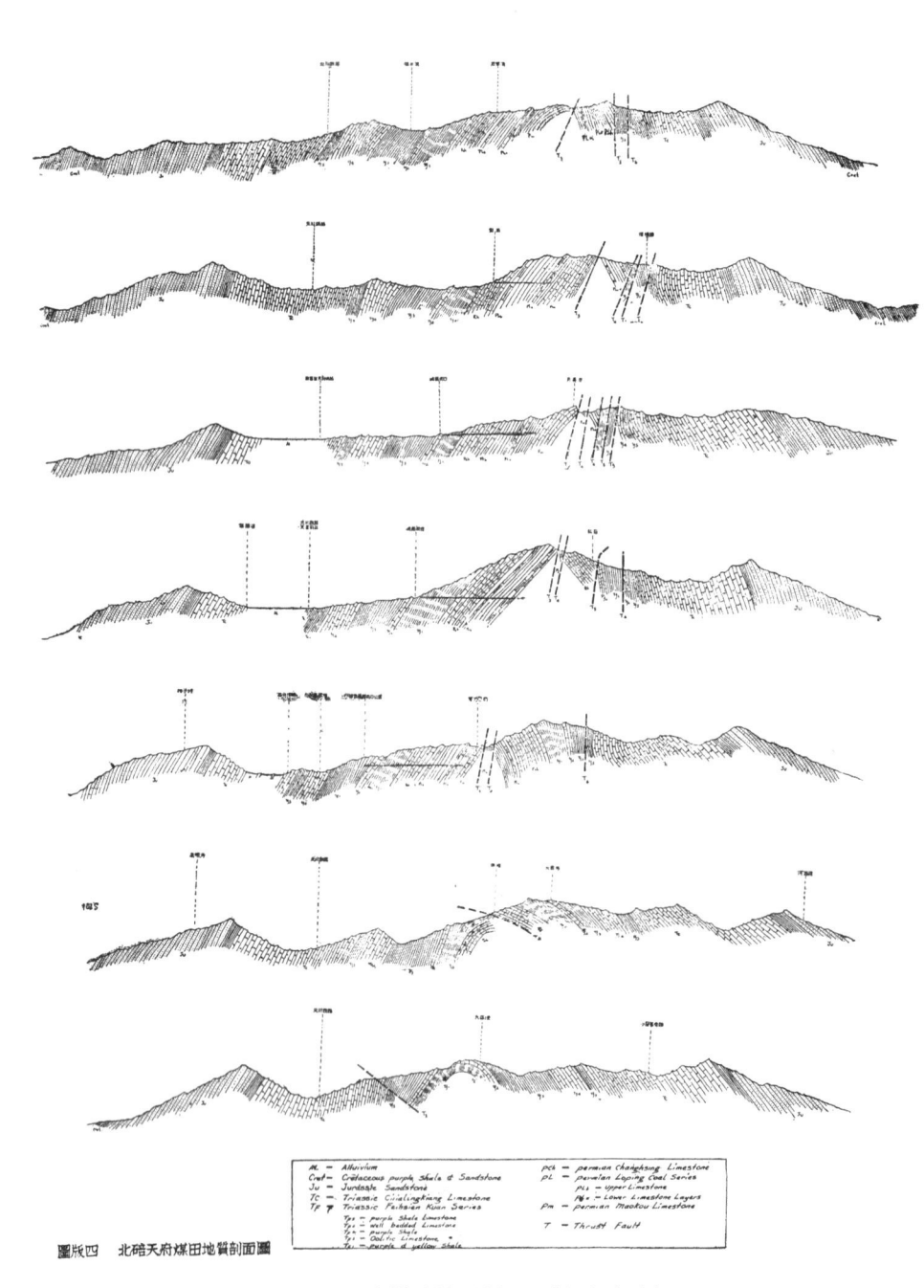

图四　天府煤矿地质剖面图（刘东生编）

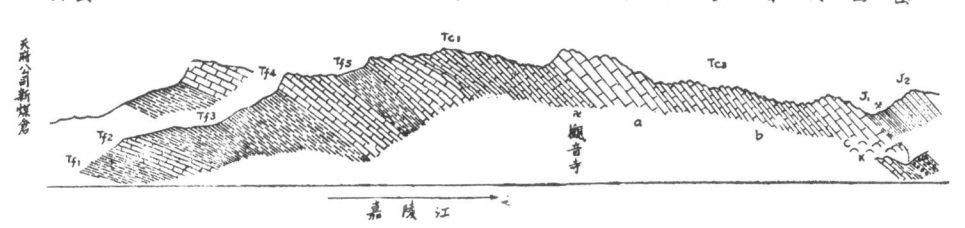

插图一　嘉陵江观音峡左岸白庙子东南地质剖面图

J₂ — 侏罗纪厚层砂岩
J₁ — 侏罗纪底部页岩砂岩及煤层
Tc₂ — 嘉陵江石灰岩上部
　c — 厚层或块状石灰岩
　b — 薄层石灰岩
　a — 块状嫩蓝石灰岩夹白云质灰岩
Tc₁ — 薄层浅灰色石灰岩
Tf₅ — 紫色及绿灰色灰质页岩
Tf₄ — 厚层及中层石灰岩
Tf₃ — 紫色页岩
Tf₂ — 鲕状石灰岩
Tf₁ — 紫色硬泥岩
K — 石灰窑

图五　嘉陵江观音峡左岸白庙子东南地质剖面图

插图二　土地堡地质剖面图　表示飞仙关第三组紫色页岩自身之小错综

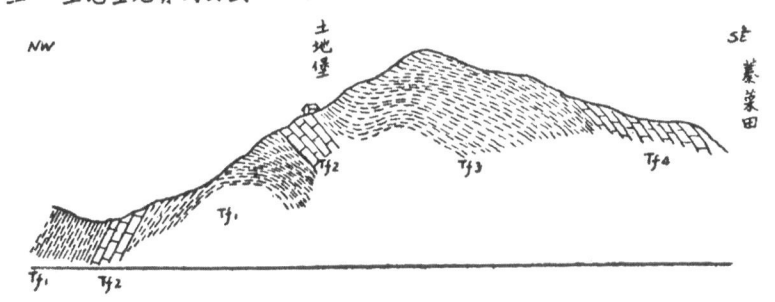

图六　土地堡地质剖面图

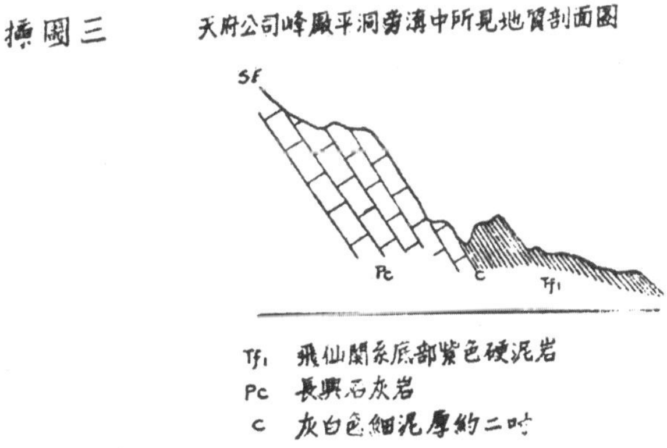

插图三　天府公司峰厂平洞旁沟中所见地质剖面图

Tf₁　飞仙关系底部紫色硬泥岩
Pc　长兴石灰岩
c　灰白色细泥厚约二吋

图七　天府公司峰厂平洞旁沟中所见地质剖面图

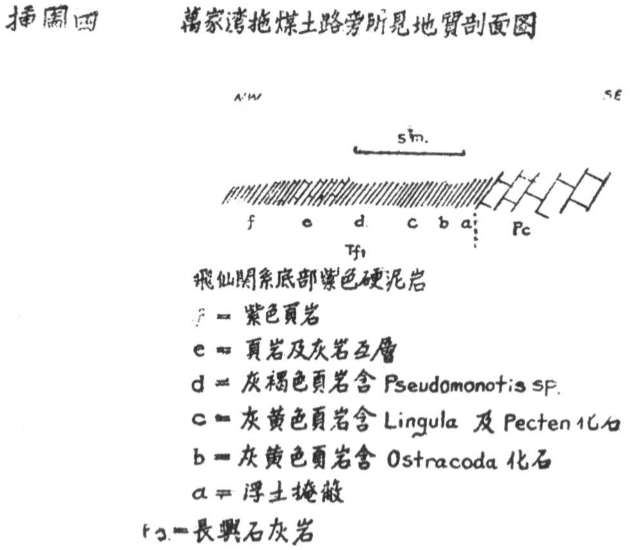

插图四　万家湾拖煤土路旁所见地质剖面图

飞仙关系底部紫色硬泥岩
f = 紫色页岩
e = 页岩及灰岩互层
d = 灰褐色页岩含 Pseudomonotis sp.
c = 灰黄色页岩含 Lingula 及 Pecten 化石
b = 灰黄色页岩含 Ostracoda 化石
a = 浮土掩盖

Pc = 长兴石灰岩

图八　万家湾拖煤土路旁所见地质剖面图

插图五　华蓥山复式背斜分佈略图

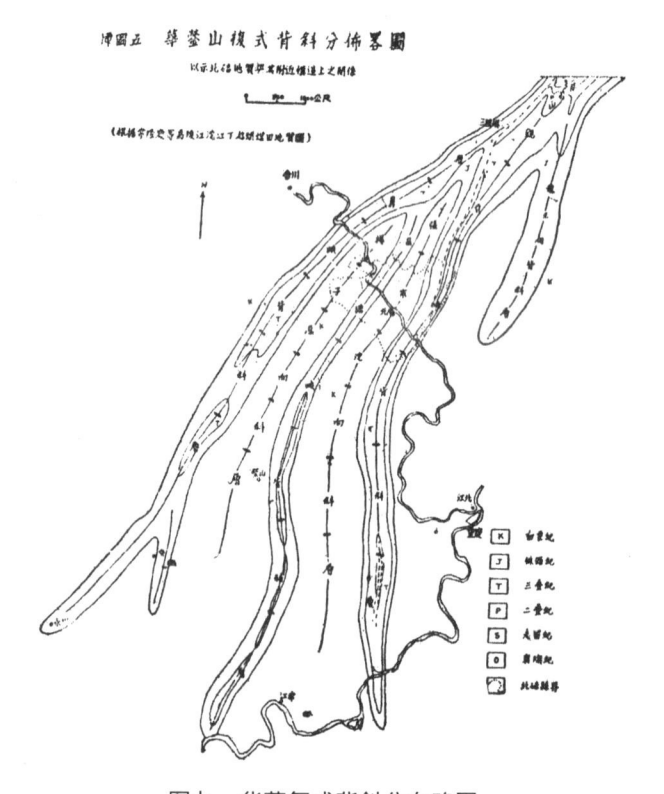

图九　华蓥复式背斜分布略图

插圖六　自廖家坡望馮咀地質剖面圖

Tf1 = 飛仙關系第一組硬泥岩
Pc = 長興石灰岩

图十　自廖家坡望冯嘴地质剖面图

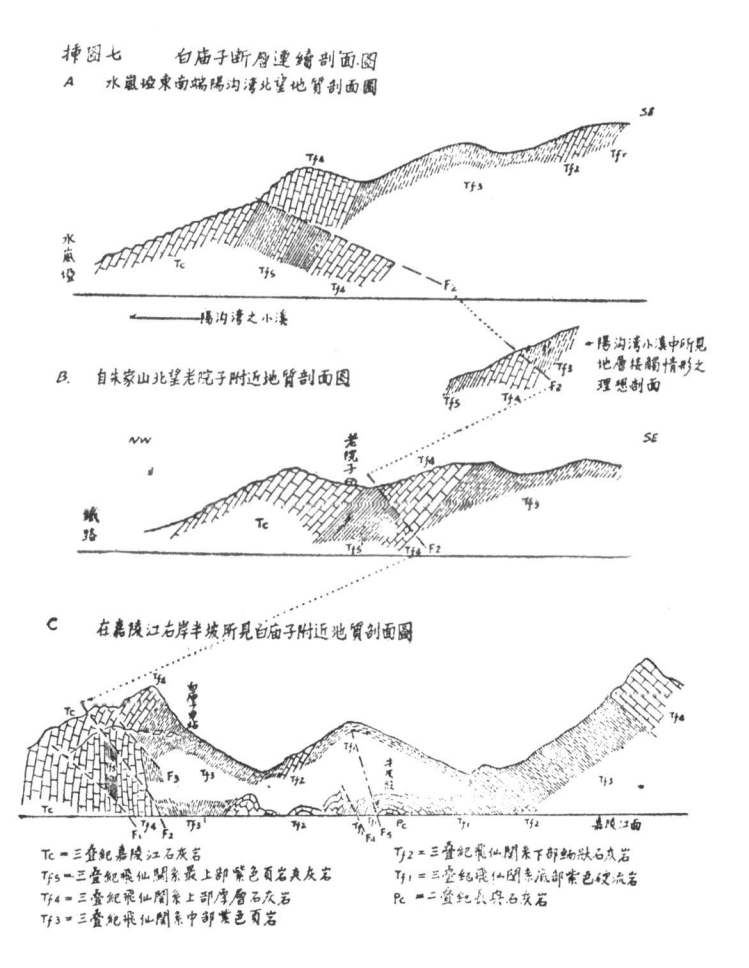

插圖七　白廟子斷層連續剖面圖
A. 水巖磴東南端陽溝灣北望地質剖面圖

B. 自朱家山北望老院子附近地質剖面圖

C. 在嘉陵江右岸半坡所見白廟子附近地質剖面圖

Tc = 三疊紀嘉陵江石灰岩
Tf5 = 三疊紀飛仙關系最上部紫色頁岩夾灰岩
Tf4 = 三疊紀飛仙關系上部厚層石灰岩
Tf3 = 三疊紀飛仙關系中部紫色頁岩
Tf2 = 三疊紀飛仙關系下部蜘蛛狀石灰岩
Tf1 = 三疊紀飛仙關系底部紫色硬泥岩
Pc = 二疊紀長興石灰岩

图十一　白庙子断层连续剖面图

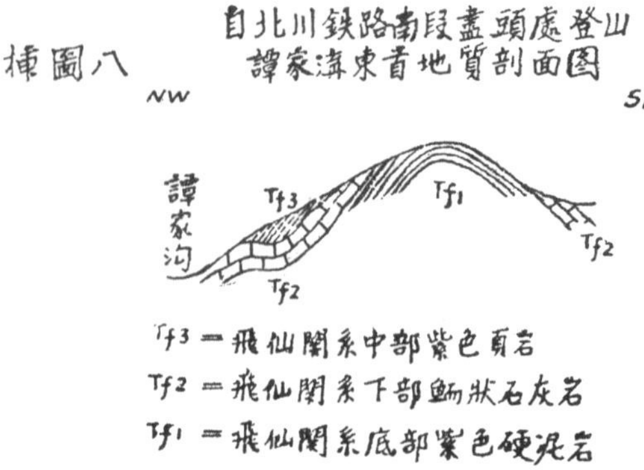

插图八　自北川铁路南段尽头处登山谭家沟东首地质剖面图

Tf3 — 飞仙关系中部紫色页岩
Tf2 — 飞仙关系下部鲕状石灰岩
Tf1 — 飞仙关系底部紫色硬泥岩

图十二　自北川铁路南段尽头处登山谭家沟东首地质剖面图

插图九　缙云山断层连续剖面图
么店子西侧地质剖面图

六马门西北地质剖面图

J_4 — 侏儸纪顶部第四组砂岩
J_3 — 侏儸纪第三组砂岩
J_2 — 侏儸纪第二组砂岩
J_1 — 侏儸纪底部第一组页岩

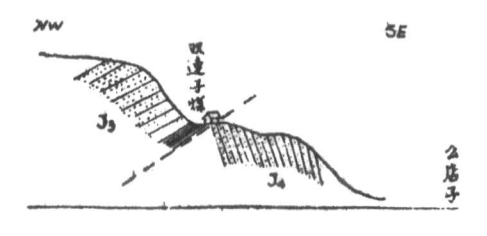

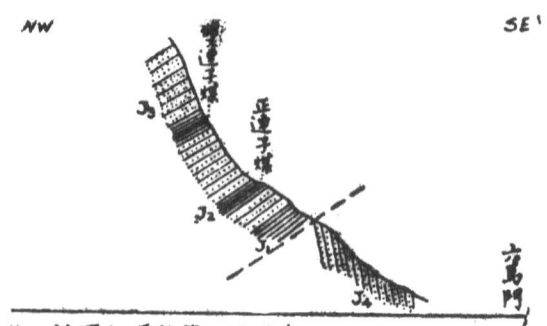

图十三　缙云山断层连续剖面图

地形志

郭令智

绪言

北碚局治所辖之范围,约位于北纬29°46′至29°54′及东经106°20′至106°29′之间。南北最长处约18公里,东西最宽处约17公里,面积约158平方公里。北碚位于嘉陵江西岸,适当温塘峡及观音峡二背斜层之间,嘉陵江横贯本局境,四境则与江、巴、璧、合接界,所占之位置,非一完整之地形单位。作者考察范围,北至天子庙,南达水口寺,西至坪坡,东抵白庙子,但为观察及研究完整计,亦曾至合川县之草街子,璧山县之石板场,巴县之歇马场,江北之静观场及水土沱。兹将野外观察所得,配合理论,阐述于后,甚冀同道予以指正。又本文经本所代理所长李承三博士多方教正,作者谨志谢忱。

第一章 地质综述

本区属川东平行褶绉区之一部,系侏罗式构造,背斜层成山,向斜层成起伏丘陵地,地层与构造均不繁复,特先扼要叙述,藉资解释地形之张本。

(一)地层

地层系统自三叠纪茅口石灰岩以迄白垩纪岩层均有露头,而第四纪之阶地,发育亦佳(注1、2、3)。二叠纪分为上、中、下三层:下层为茅口石灰岩,为灰色及灰白色块状石灰岩,夹微量燧石结核,矽质,外表有虎皮纹,厚约60公尺,分布于后峰崖附近之月亮崖及鹰[①]儿崖等处,因扭转断层而掀起。中层为乐平煤系,含煤九层,页岩,硬矽质粘土,灰色燧石石灰岩二层,各厚约10公尺,总厚约110至150公尺,分布于嘉陵江北岸观音峡背斜层之轴部,如山王庙、鹰耳崖、土门关、东梁山、天台山等地。上层为乐平石灰岩,主要岩石为灰白色坚硬石灰岩,夹燧石结核,厚约100至140公尺,分布于观音峡背斜层之轴部,如白庙子码头背斜层倾没处是。三叠纪分为二层:下层为飞仙关紫红色页岩,粘土,中夹黄灰色石灰岩,总厚约500公尺,分布于观音峡背斜层之轴部及其两侧,如中梁山所见是。上层为嘉陵江石灰岩,为薄层石灰岩及白云岩,总厚约400公尺,构成观音峡背斜层两翼槽地。侏罗纪香溪煤系:为黄色棕色坚硬粗砂岩夹煤层及页岩,厚约300公尺,组成观音峡背斜层之两翼及温塘峡背斜层之轴部。白垩纪分上、下二部:下部为紫色页岩及灰棕色砂岩,底部夹不纯石灰岩二层,下层甚薄,有时露头不佳,上层厚约15公尺。上部为红紫色及黄色坚硬砂岩夹页岩,砂岩中常夹有近似之中间角砾岩层。总厚约1500公尺上下,分布于向斜层中。新生代之山上砾石层及河谷两岸之阶地亦有发育,容后述之。

(二)构造

本区构造较为简单,包括平行之背斜层及向斜层各二。此外有扭转断层及逆断层,兹自东而西,简述于下(图版一图2):

(1)观音峡背斜层 本背斜层之轴部由二叠纪茅口石灰岩、乐平煤系、乐平石灰岩及三叠纪飞仙关层所构成,两翼则为三叠纪嘉陵江石灰岩及侏罗纪香溪

---

① 鹰:现为莺,以下均改,不再出校。

煤系。本背斜层之走向约为北25度东，向南倾没，是以乐平石灰岩仅出露于嘉陵江北之山顶部或江畔，倾没江心，江南即无露头。东南翼倾角约30至50度，西北翼倾角约70至80度，呈不对称式，过后峰崖后，西翼渐缓，东翼渐陡，略成对称。轴部有一扭转断层，名皮家山大断层（注1，实为参考文献，下同），在月亮崖一线上，西翼之二叠纪石灰岩及煤系掀起而东翼下降；此断层向北延伸，则东侧上升，西侧断落，成为一扭转断层。西翼在白庙子附近，飞仙关层向西北推进，掩覆于嘉陵江石灰岩之上，是为白庙子逆断层（注2）。

（2）张家沱向斜层　本向斜层由白垩纪岩层所组成，位于观音峡及温塘峡两背斜层间，褶轴走向约为南北，约当江家坪、张家沱、蝉腰堡及玉台山一线上，两翼倾角约30至70度，渐趋轴部渐缓，约5至20度，东翼倾角较西翼者略小。

（3）温塘峡背斜层　本背斜层系侏罗纪煤系所构成，嘉陵江石灰岩未露出。轴部走向为北22度东，向北倾没。东翼倾角约七八十度，西翼者约15至20度，亦为一不对称式。背斜层顶部平展，倒插沟以南，西翼渐陡。

（4）吴粟溪向斜层　本向斜层亦由白垩纪岩层所组成，位于温塘峡与沥鼻峡两背斜层间，轴部走向约在北22度东左右，适位于石板场、棋盘岭、马上垱、大石坝一线上，本向斜层开阔，两翼倾角亦较小，约5至40度，此与张家沱向斜层不同。

第二章　地形区划

本区属川东平行岭谷区之一部，即背斜山地及向斜丘陵地，平行成带状排列。地形以沥鼻峡（不在本区范围以内）、温塘峡及观音峡三背斜层形所成之山地为脊柱，而三者均发脉于华蓥山，有如数指骈列。华蓥山海拔1550公尺，巍峨独秀，为川东之主峰。该山脉北起于大竹、广安，南至合川三汇坝，大致成一扇形复式背斜层。走向北北东南南西，更向西南伸展，经皮家山、戴家沟，进入本局范围，迤逦而南，为牛角峰、南山坡、大坡、青岗堡、鸢子山。此段总名曰天台山。越江而南，为中梁山、柏树堡，至水口寺，出本局境。更南为歌乐山，延展至扬子江，始行倾没。华蓥山在三汇坝以南，本复式背斜层之西翼嘉陵江石灰岩复褶皱而

成另一背斜层,南延至太和场附近,复分歧为沥鼻峡及温塘峡二背斜层。前者非考察所及,不赘述。后者过老崖头,入本局境,西南伸展为官山、西山坪,逾江而为缙云山,奇峰耸翠,风景都丽,为川东名山。抵八角祠,离本局境,南展至扬子江,始倾没于江中。三背斜层间为张家沱及吴粟溪二向斜层所构成之丘陵地。山地与丘陵地之分界,约在白垩纪与侏罗纪接触线上,盖因越过白垩纪岩层,则为侏罗纪坚硬砂岩构成陡峻山坡,进入山地区。但西山坪岩层倾度较小,则属例外。两区之自然景象与人文景象,迥然不同。若就海拔高度言,则其界线约在350公尺左右。兹将山地及丘陵地二区,再细分为若干副区,详述于后:

(一)山地区

山地区依其地形特征及构造特性,剖分为观音峡背斜山及温塘峡北斜山二副区(图版一图1):

(1)观音峡背斜山副区　本背斜山地在嘉陵江北岸者总名曰大梁子,在江之南岸者总名曰东山。因岩石性质不同,抵抗侵蚀及溶蚀力各异,经过悠久之选择侵蚀及流水溶蚀,产生三种地形区:

(a)背斜轴部山脊　本轴部山脊在嘉陵江北岸总名曰天台山,南岸曰中梁山,前者由二叠纪石灰岩、煤系及三叠纪紫色页岩夹石灰岩所组成;后者仅由三叠纪紫色页岩层所构成。山脊走向约北25度东,盖与岩层走向吻合也。二叠纪石灰岩出露之处,因风化作用甚烈,致岩石沿节理破碎,石骨毕露,崎岖难行。山顶浑圆,海拔高度平均在750公尺左右。有局部石灰洞穴及岩沟(*Lapies*)发育,洞穴之著者,有台岩洞、牛滚凼、仰天窝及土门洞等。三叠纪紫色页岩夹石灰岩,易于剥蚀,风化物成碎片,堆积山坡,地形平缓。在断层所在地,亦见小型断崖,如鹰儿崖及月亮崖是。两侧水系多为横顺向河,注入两翼之次成河谷中,沟之上部窄而峻,下段开敞,涓涓细流,将山脊切割成平行横脊,山足平缓。

(b)石灰岩槽地　三叠纪嘉陵江石灰岩,薄层状,见于观音峡背斜层之两翼,厚约400公尺,富节理,小型褶绉及逆断层,故地表流水,往往循此等弱点,进行其溶蚀作用,产生小规模喀斯特地形。

观音峡背斜层之在江北者,因东西两翼之嘉陵江石灰岩被溶蚀而成槽形谷地,在西翼者曰刘家槽,或称前槽,系由多数石穿穹组合而成之乌佛拉(*Uvala*),

复由其多数组成一小型波里爱（Poljes）。刘家槽北至土地垭起，南过老龙洞车站，地面始见小溪，复经药王庙、郑家湾、沙坝、天府公司，至青龙湾，谷底海拔约400公尺许，宽约三四百公尺，底部微有起伏，石灰穴穿点缀其中，如黄泥凼，乃其著例。槽中多黄色棕色残积土，被切割而成阶地，再南行，溪水水量渐增，经文星场、古迹眼，至板桥，本段谷地坦平，宽约400公尺，溪流两岸有阶地二级：一高约5公尺，一高约15公尺，均为残积土所组成。谷坡上另有石质阶地一级，高约30公尺。过草铺子、麻柳湾，谷地渐趋窄狭，宽约250公尺左右，两旁亦有阶地发育。经青岗田至八角坝，溪流下切略深。经冯家湾，至水岚垭，谷宽约300公尺，两岸有30公尺石质阶地，溪水在水岚垭附近泻入落水洞，成为潜流，南至牛鼻子涌出，急流汹涌，沟谷幽深，呈幼年期地貌。自牛鼻子至干洞子2公里间，高度下降约190公尺，此河床坡度突降之地，乃河流之循环裂点也，是盖因嘉陵江期嘉陵江干流下切，该溪之局部基面下降，发生溯源侵蚀，切割成此幽谷，但尚未超越水岚垭，故往昔之侵蚀面得以保存。刘家槽谷地在板桥之北，甚宽敞；其南略狭窄，乃受地层倾角之影响。自嘉陵江边至板桥，地层倾角在70至80度间，面积窄，溪水循岩层面向下进行侵蚀及溶蚀作用，较为容易，但向两旁推进，颇为困难。板桥以北，倾角在40至50度间，面积广，溶蚀作用可向两侧开展，刘家槽东临背斜层轴部山脊，西接猪背脊，源自前者之顺向溪，发自后者之小逆向溪，均汇注之。顺向溪之著者，如老龙洞水、野猫洞水、枧槽沟及铁厂沟是也。溪水大部源出煤洞。

土地垭之北，以至戴家沟，地层倾角在70度以上，次成谷切割极深，穴穿发育，发至猪背脊上之顺向河，溯源侵蚀，截穿厚约二三百公尺之侏罗纪岩层，袭夺槽地中之溪流，导之西流，成翁家沟，向下流，注入向斜丘陵地之次成谷中。

嘉陵江北岸观音峡背斜层之东翼，喀斯特地形发育十二叠纪石灰岩区，与前述者有显著之区别，自北而南，述之于下：

最北者为杨家槽，亦名后槽，为一乌佛拉，长约一公里半，宽约在300公尺，谷底拔海[①]约500公尺，高出西翼之刘家槽约五六十公尺，槽中多穿穴，流水多潜入地下，地面甚干涸。槽中多残积土，两侧亦有阶地。东南有一水口，盖系顺向河切穿侏罗纪坚硬砂岩所形成也。自杨家槽向南行，越一低垭口，即至大坝沟，垭

[①] 拔海，即海拔，此后均改，不再出校。

口之旁,有一高出谷底约50余公尺之孤丘(hum),名曰尖山子。大坝沟亦为一乌佛拉,长约一公里许,宽约四百五十公尺,槽底海拔约500公尺,东南亦有一缺口,界乎聂家山柳叶寨间,其成因与上述者同。

复向南越一垭口,为胡家沟,垭口之旁有一狮子尾巴孤丘。高出谷面约70余公尺,乃喀斯特循环子遗代表也。胡家沟亦为一乌佛拉,沟底海拔约500公尺,其中有庙山孤丘,高约50余公尺。该沟向东南流为刘家沟,系一顺向河。

更南越一垭口,经皮家湾,至菽子园,垭口旁亦有二三孤丘。菽子园海拔约520余公尺,为一长圆形之乌佛拉,其东南亦有一缺口,溪水导入顺向河。其东南角更有一列石灰穿发育于海拔略低处,石灰穿土名曰凼,如叶家凼及小凼是,深陷盆形,直径在100公尺以下,底有石灰穴泄,此与上叙者不同。

再南之喀斯特地形,显有变异,与前述迥然异趣。南段之喀斯特地形似可分为二级:第一级海拔约640公尺上下,以后槽为代表,长约3公里,宽约400公尺,该槽中满布残积土,有石灰穿穴发育,孤山二三点缀其间,高出槽面约30公尺以上,如尖顶山乃其著例。过三宝殿,至长田坡,缓缓下降,经新屋基,入江北境,下至芹菜田,高差约60公尺。芹菜田为一大形之石灰穿,中有石灰穴,排泄地面流水,东南边际,孤丘林立。复逾一垭口,经大土,至石院墙,是为石子沟,坡度陡降,为一幽深之幼年期河谷,由石院墙至江边高差约250公尺以上,石院墙似为循环裂点所在地。第二级海拔约540公尺,以单独之石灰穿为代表。石灰穿土名曰凼,作椭圆形,甚为深陷,宽度约百公尺左右,底部作漏斗状,连续有十余个之多,循岩层走向分布,地形崎岖,属北碚境者有张家凼、周家凼及刘家凼。若凼中潴水,则曰天池。考第一级及第二级喀斯特地形之分布范围,东西宽约800公尺以上,而三叠纪石灰岩总厚仅400余公尺,是此二级之成因,似受逆断层重复所致也(注4)。

前槽与后槽之喀斯特地形,以一山之隔,地形发育迥然不侔,盖受岩层倾角大小之影响,可引起溶蚀及侵蚀作用之迟速与进展之方向,前已略言之矣。查观音峡背背斜层西翼之倾角,大都在七八十度左右,有时几近垂直,而东翼者则多在四五十度左右,前者倾角大,便于流水下渗,以进行其溶蚀作用;且面积窄,亦利于侵蚀作用,后者则反是。准此乃产生不同之地貌(注6)。而后槽中原为向心水系,尚未互相沟通,少煤洞供水源,益显干燥,但有数处受顺向河之袭夺,此为其特点。

嘉陵江之南岸,三叠纪石灰岩,亦构成前后二槽,前者异常狭窄,宽不足100公尺,由江边芭蕉湾至槽房口,直线距离不及2公里,上升250公尺至槽房口,此处盖系一裂点,由槽房口至桂花湾为平直之乌佛拉。其南之源沱为一大型之石灰穽,底部有石灰穴。再由桂花井南行,经中间房子、金竹湾、大田湾,为一平直较窄之乌佛拉,底部海拔在500公尺上下。高坎子下有一石灰穽,底部有石灰穴泄水,至龙洞湾流出,注冷水沟。其南之龙湾凼原系一石灰穽,乃向心水系,其后冷水沟溯源侵蚀,切过猪背脊,袭夺其水,导之入龙凤溪。最南之石家坝宽广平衍,其原来次成水系,受水口寺以下之水溯源袭夺,而引之向西流入龙凤溪。越中梁山分水岭而东,为巴县之周家坝,其开阔之状况与成因,均与前者相同,二溪相背互相发育,是以分水岭特低,海拔仅580公尺上下,高出石家坝及周家坝不过六七十公尺。

后槽比较零乱,由金钗背,向南经新苑子,至堰塘槛,长约2公里,宽不足200公尺,槽底海拔约500公尺,由多数石灰穽组合而成之乌佛拉,其中有残积土,多石灰穴。其东南侧多圆形底丘,顶坦平,高出槽底约六七十公尺,如观音山、柿子坪、生鸡堡及唐家坪是此,似代表前一喀斯特循环之侵蚀面也。龙井湾附近诸沟之水,俱没入后槽石灰穴中。

前后槽之潜水,大部由观音峡崖上之分水洞,注入嘉陵江。

本区之喀斯特地形,已如前述,其地形演化史,可分之为二期:第一期以前后槽之形成为代表,并遗黄棕色残积土充填。本期顺向河溯源侵蚀甚烈,乃有袭夺现象之发生。第二期为槽中石灰穽穴及阶地之形成(注4)。至于与常态侵蚀循环之比拟,容后论之。

(c)砂岩猪背脊 本猪背脊构成观音峡背层山之外围,屏列绵延于槽地之外侧,由侏罗纪坚硬砂岩所形成,海拔高度大都在600公尺左右,较高于内侧之槽地约在150公尺以上,高出外侧之丘陵约300公尺,猪背脊之外坡有顺向河发育,汇入次成河,上段将其切割成挺拔之高峰,下段分割成平行之横岭,内坡有小型逆向河发育,注入槽中。顺向河及逆向河,向背侵蚀,切割成较低垭口,例如堰塘垭

口及牛角庙垭口,为山地与谷地之交通要道。若顺向河溯源侵蚀极强,截穿猪背脊,进而袭夺喀斯特次成水系或向心水系,导之注入丘陵地之次成河,大路即沿之而筑,如水口寺是。猪背脊坡度大部陡峻,与丘陵地之分野至为明显。

猪背脊走向约为北25度东,与岩层走向吻合。局部名称如观音峡背斜层东南翼之聂家山、何家山及万家山等峰脊,西北翼之杉树林、尖山岭、鸡公山及马棕顶等高峰。

猪背脊之峰顶平坦,似为削平构造之侵蚀面,且其四周崚削,故适于建筑幽静寺庙及防御聚落,例如东部有柳叶寨、白云寺及大堡寨,西部有珍珠庵、天福寨及兔儿寨是也。其外侧山腰有一侵蚀面,海拔约450公尺,如狮子坪、道林寺、长坪及鸡公山侧,最为昭著,容于侵蚀面之研究章讨论之。

(2)温塘峡背斜山副区　本山脉由侏罗纪坚硬砂岩所建造,三叠纪石灰岩未露出。本山脉北段由西山坪至对岸景家坪,山顶较低而浑圆,海拔均在500公尺上下,此盖本背斜层向北倾没及嘉陵江最大河道所经历故也。南段缙云山高耸,海拔约900公尺,两坡受顺向河之分割,致尖峰嶙峋,有九峰之胜,尤以狮子、香炉、猿叫诸峰为挺秀。西山坪东坡陡峻,西坡平缓,盖与岩层倾角相符合也。缙云山东西二坡均峻削,而东坡悬崖突兀,其成因乃流水循砂岩垂直节理侵蚀而成,决非断层崖或断层线崖也。其崖麓煤矿区及白云寺所在地,为一南北延展之宽坪,为页岩及煤层所在地。侏罗纪之页岩,较易侵蚀,亦可造成缓坡,例如二岩至禅崖寺宽约十余公尺之斜坡及三花石三角形斜坡是也。

(二)丘陵区

丘陵地海拔均在350公尺以下,溪河纵横交错,分割成平行之长岗。可分为北碚附近丘陵地及澄江镇附近丘陵地二副区(图版一图2)。

(1)北碚附近丘陵地副区　本副区由张家沱向斜层白垩纪岩层所组成之起伏丘陵,因页岩、砂岩及石灰岩软硬相间,选择侵蚀之结果,页岩造成宽谷,砂岩及石灰岩成长岗,丘陵顶部高度超出枯水期江面约100公尺上下,以岩层倾角缓急之不同,分为猪背脊、单面山及方山3种地形,简述于下:

(a)猪背脊　张家沱向斜层比较紧凑,两翼倾角大部由30至70度,是以严格言之,坚硬砂岩及石灰岩所造成之长条山脊,多为猪背脊,而非单面山,此类山脊

东西各有4条,而较为显著、延续甚长者,相对各有3条,分述于下:

第一条猪背脊,以页岩所形成之低垭口与山地接界,白垩纪底部有厚约10余公尺石灰岩一层,以其质地坚硬致密,组成循约北25度东走向延展之长脊,受顺向河横切,支离破碎,成长而狭之丘陵,顶部成马鞍状,岩石裸露,风化甚烈,此类石灰岩所成之丘陵地,大率以堡名之。本丘陵地区之东侧,此背斜脊自北趋南局部名称有李子林、木鱼堡、明月堡、石灰窑、王家山、官山堡、越江而南,为木耳山、大堡及大石堡等,其海拔高度均在300至350公尺间,顶部有削平现象。其西侧之较著称者,自北徂南为大马鞍山、小马鞍山、黄桷堡,过江为五子山、尖坡岭、黄金堡、郭家山及黑石坪,海拔在320公尺至400公尺间,高度略增,似受原来构造位置较高之影响也。

第二条猪背脊,由坚硬砂岩所组成,地层倾角60至70度。东边最为明显,沿北25度东走向成脊背狭窄、两坡峻削之长岗,海拔约在270公尺左右,其局部名称自北而南是为佛耳崖、岗上,越江为江苏医学院所在地之平岗,上有砾石堆积,更南为马儿石、龙凤山、龙岗、老虎坪及大坡岭岗等。顺向河切割成窄沟,将其分割成多数段,尤遥相呼应。西边倾角较大,海拔约300公尺,自北而南为寨子坡、缙岗新村所在地之长岗、半边山、毛家岗、石岗、大石坝、二乘山及象鼻嘴是也。

第三条猪背脊,在本区之东者,海拔约250公尺上下,北始自新茅坪,延伸为石岗、学堂堡、狮子堡,江南为火焰山,再南因受龙凤溪之迂回蜿曲,将本猪背脊蚀成石质阶地。本区之西者,海拔约280公尺之谱,北起自大山坡,经半坡、齐家沟旁之低岗,长沟旁之土地岗及院堂坎、长塝、干岗及蔡家湾后之山岗。两坡甚陡,倾角坡较缓,保存完整,山脊成逼窄长条,顺向河将其切割成数段。尤可注目者,为山脊两侧之短小平沟,以砂岩略为松疏,常被切蚀成靠椅状地形,常为大院房、孤立农业聚落及沟田所在地。

各猪背脊之间为低地(*Inner Lowland*),多系长形宽沟,中间横隔以低垭;或为次成河谷发育之处。

(b)单面山 本向斜丘陵地之两翼,各有单面山一条。东部者最为完整,北起自大田坪,经幺店、石子山、越江,为北碚管理局所在之岗上、天生桥悬崖、周家崖、孔家崖、狮子崖,出本局境,以迄高坑崖。虽受嘉陵江、龙凤溪及小逆向河切

成水口,然犹遥遥相接。其东反倾斜坡为悬崖壁立,高约四五十公尺谱,自远视之有如城墙。崖麓有巨石堆积。立于崖上俯瞰龙凤溪曲流,极为美观。东坡逆向河发育完美,切成深沟,乃使单面山形成锯齿状,逆向河有时且进而袭夺顺向河,如三元溪、天生桥及十景溪是,因此悬崖凹入,坡度略缓,石板路多循此建筑。其西倾斜坡平缓,上有矮丘作波状轻微起伏,约同一峰际线,且有削平悬崖现象。如朱家坪及石螺坪,顾名思义,亦可悉地形之概观也。坡上有短小顺向溪发育。本单面山海拔约280公尺,高出江面约80公尺,因其脊上平坦,故昔日北碚大磨滩间之石板大道筑于其上。西者实介乎单面山与猪背脊之过渡式,北起长岗山,经李家坪、龙山岗,过江为金银岗、险峰崖、曾家岗、陈家嘴、状元碑低岗,以至歇马场之蒋家岗,山脊甚窄,绵延成带,海拔在270公尺上下,向南渐升高至300公尺。

(c)方山或向斜山脊 向斜层之轴部,地层倾角极小,两组垂直节理发育,雨水循节理方向长期侵蚀,益以机械风化作用分割成方山地形,山顶之坚硬砂岩若未被蚀去,则成平顶方山,建筑寨子,如玉台山是;若已完全蚀去,页岩出露,则顶部圆钝锥形,如蝉腰堡是。方山多成孤立,各不相连。由于软硬之页岩及砂岩相间成层,每成鳞次之阶梯,砂岩常成削壁,页岩则为缓坡,方山四周,沟谷宽敞,嘉陵江之北岸,轴部分割不剧,形成宽广之坪,呈船头形地貌,如陈家坪(360公尺)及江家坪是也,此或因背斜层闭合之故欤!江之南岸,离江较远之处经支流切割而成方山,保存颇佳,如坪果寨、玉台山(318公尺)及鸡公山,各成独立之方山,海拔在300公尺以上,高出江面约百余公尺。此种局部地形倒置现象,乃多次侵蚀循环之结果也。向斜层轴部且有纵顺向河之发育,如马鞍溪下段是也。

(2)澄江镇附近丘陵地副区 本区由吴粟溪向斜层所形成,亦可分为猪背脊、单面山及方山三种地形,但本向斜层开阔,地层平缓,地貌与前者颇有相异之处,分论于下:

(a)猪背脊 本丘陵区所见之猪背脊,仅最外翼各有一条。东部者北始自草街子后之小屋基,向南伸展为仰天窝、马尾岗、梭草坪,过江为澄江镇夏溪口间之低岗,逾运河为三王岩、石灰垭口、坟坝堡、仰天窝等,均系白垩纪底部之薄层石灰岩所形成,海拔在300公尺上下。上述之两个仰天窝,盖系石灰穿穴。白垩纪最底部之页岩则构成低垭口或纵谷,如望水垭及荒岚垭。顺向河将此猪背脊分割成短岗。西翼者亦为石灰岩所形成,非考察范围所及,兹从略。

(b)单面山　本丘陵区之单面山发育良好,东西各有五条之多,尤以东部岩层倾斜平缓,发育特佳。其中四条保存至为完善。

第一条单面山,由坚硬砂岩所组成,东翼者北始自蒋家院子,逾木头溪,经汤粑石、六角丘、上中下三石盘、观音崖、金银台、猪头山,以抵松林岗。本单面山北段与嘉陵江河道平行,过夏溪口,是为南段,于此悬崖绝壁上俯览运河,仰观缙云山九峰之胜,风景至为秀丽。逆向河发育特佳,如木头溪及三溪是也。顺向溪甚短小,常利用以为梯田。海拔约在300公尺上下,高出运河80公尺以上。西翼岩层倾角较大,似为猪背脊与单面山之过渡型式,约位于石鸭子、坪坡坡一带。各单面山之间及其与猪背脊间为疏松页岩所构成之低地,中多次成河发育。

第二条单面山,东部者北起赖家风火山,经张家风火山,刘家沟东岸之低丘,肖家岩及石岗子,为一绵亘之单面山,较前述者为低,削平现象甚为显著,海拔在300公尺以下。西部者为龙岗、范家堡及扒谷岭。

第三条单面山,东边者北起于袁家崖,经于家风火山、边房子、吊嘴、老马颈至罐子崖,海拔亦在300公尺上下,其与第四条单面山之间有宽广之低地,成次成河谷,例如上下滴水坝,其中稻田阡陌相连。西边者为观音庙、大屋基及崖山等长脊。

第四条单面山,最为昭著,由棕色淡红色坚硬砂岩所构成。反倾斜坡悬崖壁立;倾斜坡平衍,起伏微缓。东部由岩上、半岩、莲花石、冯家崖、后山、木耳山、李家山及新屋砦子组成一北北东至南南西走向之单面山。其间之逆向河切成深谷及悬瀑,海拔约300公尺左右。西部者位于高梯子、丁家堡及高石坎等地,海拔亦在300公尺左右。

考平行单面山间,为低地(Inner Lowland)。单面山在英国亦名曰 Wold;低地亦名曰 Vale。低地多为次成河发育之区,单面山两坡则有逆向河及顺向河,交织成格状水系,发育情形,别具一格,容后论之。

(c)方山或向斜山脊　本向斜山脊盖位于吴粟溪、上马台、长岗岭、棋盘岭、堰塘坎及石板场一条线上,原来向斜地貌,保存尚称完整,以砂岩平铺而坚实,形成高耸平衍之台状丘陵,土名曰石滩。流水沿垂直节理剥蚀而成平宽沟谷,中多良田,如土板沟是。向斜山脊四坡悬崭,自远视,甚觉雄伟。

综合言之,北碚附近及澄江镇附近二丘陵地区,因其原来之构造不同,故其常态侵蚀地形亦各异,特申论之,张家沱向斜层紧凑,东西宽不及四公里,东翼倾角复较西翼者为缓,但均较吴粟溪向斜层两翼之倾角为大。是以东西各有猪背脊五条,而单面山仅各一条,但东翼之一条单面山出露甚佳,向斜轴部分割甚剧。吴粟溪向斜层开阔,宽约五公里许,地层倾角甚缓,西翼倾角较东翼者略大,故两翼仅有猪背脊各一条,而单面山各有五条之多,东部之单面山出露特佳。向斜层轴部硬砂岩露头宽广,故向斜脊宽衍,向斜地貌保存完整。本向斜丘陵地区中,有三溪,源自沥鼻峡背斜山,横穿本区,切成深谷悬瀑,此为前区未见之现象。此二向斜丘陵区亦有相同之点:均有海拔300公尺以上及以下二侵蚀面,发育保存俱佳,容后论之。二向斜层东翼原来构造位置俱低,故龙凤溪及运河二较大次成河均发育于东侧,纵顺向河则有马鞍溪下游及吴粟溪,格状水系发育,皆颇完美。

第三章 水 系

(一)干流

本区水系以嘉陵江为主干,支流骈列,纵横交错,因受平行褶绉之支配,组合成标准之格状水系(图版二图2)。

嘉陵江源自秦岭南麓,南流至陕西略阳骆驼梁以下纳西汉水,至四川昭化会白龙江。至合川渠河嘴,渠河自东北来会,至合川县治,涪江自西北来注,水量大增,江流浩渺,蜿蜒曲折向东南流,至龙洞沱,进入三峡区,过纱溪庙,横切沥鼻峡,复经麻柳坪、吴粟溪,至草街子,东纳小湖溪,入北碚境,河道折而向南南西流,平行白垩纪红色页岩走向,河谷宽度约400公尺许,盖适应构造也。有向单斜移动(Uniclinal Shifting)现象,河道向西北进行旁蚀作用,经澄江镇,至夏溪口,受运河,复向东南流,斩切岩层走向,经白沙沱、马家沱,入温塘峡,两崖挺秀,河身约束,宽仅200公尺,峡中北岸有二岩煤矿,南岸有三花石及温泉公园胜境。出峡至大沱口,河道豁然开朗,经金刚背,至张家沱,受马鞍溪,至东阳镇,纳明家溪,经北碚,至黄桷镇,纳郑家溪,至毛背沱,受龙凤溪,进观音峡,两岸垂崖高耸,河幅宽不足200公尺,南岸有石灰岩洞,泉水分三道成瀑布一泻,悬崖飞雪,风景至奇,北岸有白庙子矿业聚落,至巴斗林出境,迂回南流至重庆,入扬子江。

嘉陵江中有滩、沱、碚三名称,颇富地形上之意义,特分述于后(注5):

滩　滩险之成因与地质及地形均有关系,兹按其性质不同,分为二类:(1)砂滩:当江流经过丘陵地区时,河道开敞,水势散漫,江水甚浅,砂砾逐渐沉积,成为长而浅之砂滩,如草街子澄江口间河道适应构造,循岩层走向发育,河幅特宽,有二郎滩、长滩及乌木滩;大沱口毛背沱间有楚石滩及狗脚湾是也。(2)石滩:坚硬岩石,如硬砂岩或石灰岩,侵蚀不易,成为礁石,伸入江心,急流回旋,成为石滩,如金刚背下之桃子石及北碚管理局公署下之白鱼石,均为坚硬砂岩所构成。

夏秋二雨季,嘉陵江上游时常山洪骤发,江水猛涨,温塘峡出口处,因河道骤然开阔,水流湍急,大型漩涡叠生,波涛汹涌,形成滩险,船只失事之事,时有所闻。此种滩险之成因盖与水位之抬高及河之宽度有关也。

沱　沱均发生在二层坚硬岩层间之软弱页岩地带,江流容易向两岸侵蚀,致江岸凹入成湾,江水生倒回流,波平如镜,河道特宽。沱大都发生于峡之入口处或出口处,如白沙沱、马家沱、大沱口、张家沱、文笔沱及毛背沱等是也。

碚　凡岸旁坚硬岩石突入江心之地形,名曰碚,一作背。"北碚"命名之来源,盖因其北有白鱼石,又名黑碚石,横亘江心,故名。"碚"字之起源甚古,宋陆游之《入蜀记》及王十朋之诗(注10)均有记载,若古脑碚、胭脂碚、媳妇碚,明月峡之虾(蛤)蟆碚,巫峡之碚石,俱为佳例。《巴船记程》则谓岩石随水曲折曰碚,北碚石梁突出江心,水随石转,曲折迂回,正如其形。本局境内之搬罾背、金刚背、金钗背,亦属此种地形。

(二)支流

本区主要支流(图版一图2),多循软弱岩层带发育,是为次成河谷,或沿向斜轴下注,是为纵顺向河。小型支流多为逆向河及次生顺向河。重要支流为吴粟溪、木头溪、运河、马鞍溪、明家溪、郑家溪、龙凤溪等,兹自上而下,分述于后:

(1)吴粟溪　本溪属璧山县境,为一短小支流,发白沥鼻峡山中,至吴粟溪场入江。其下段切割于向斜层之轴部,似为一纵顺向河。

(2)小湖溪　本溪为一源自西山坪之顺向河,向西流,至草街子入江。

(3)木头溪　本溪源自蔡家岩,向东东南流,经下滴水坝、乌龟凼,注嘉陵江,系一幼年期逆向河谷,横切单面山处,即成一小型瀑布,两侧页岩区有次生溪发育,形成较宽纵谷。

(4)运河　亦名堰河,乃宝源煤矿公司利用此次成河所建筑。在其下游梁家嘴筑一高约17公尺、宽约80公尺之石堰,藉以蓄水,堰作半月形,向内凹入。自官斗石至梁家嘴一段,河道长约4公里,宽约七八十公尺,河身挺直,水深流缓,有舟楫之利。本河源自璧山接龙场群山中,向东北流,至烟湖滩入北碚境,经状元桥至夛口山,东受源自缙云山之蔡家沟及虾(蛤)蟆石之水,折向北北东流,平行岩层走向,为一标准次成河,经圆塘、鱼剑滩,至官斗石东纳倒插沟水,至碑泥坝西纳三溪,东受大茶沟与伍家沟合流之水,至梁家嘴突折向东流,横切石灰岩走向入嘉陵江。

三溪为运河之主要支流,有东西二源,均发自沥鼻峡山脊,东源首段曰菜子沟,中段曰滩子河,下段曰刘家沟,至大官桥会西源;西源在乱坝入北碚境,经朝阳洞,至大官桥会东源,两源既会,向东南流,经大石板,入运河。三溪河道实由顺向、次成、逆向诸类河谷因袭夺作用组合而成。经过页岩区,则平行岩层走向,河谷略宽,过砂岩区,则横切岩层构成深谷。

(5)马按①溪　本溪源自缙云山东坡山腰,上源名滩子河,为一顺向河,向南东东流,经花朝门、高台丘,至状元碑转向北北东流,循岩层走向切割成次成谷,状元碑附近,□马坝阶地二级发育极佳,过楼房岗,横切一薄层坚硬砂岩形成之小瀑布,复沿走向趋北北东流,切割甚深,为一幼年期河谷。过陈家嘴,西受一较长支流,北流约半公里,又横切一薄层硬砂岩,成一小瀑布,至此名曰杨侯溪,渐接近向斜层之轴部矣,至险峰崖,西纳一支流,始名马鞍溪,沿向斜层轴部北北东流,至北碚果园入嘉陵江。小支流与马鞍溪会合之处,多成小型瀑布,此种不一致(Discordant)现象,或因岩性坚硬之故欤。本溪与支流间有袭夺现象,俟后章讨论之。

(6)明家溪　发至横断山小沟垭口,上源名雷家河,向南南西流,经清平场、土主场,入北碚境,名曰长滩河,至张家坝西纳源自西山坪之母猪滩顺向河,河道

---

① 按:现作"鞍",以下均改,不再出校。

开始迂回曲折,经井园堡、绍家坝、白蜡丸、蓝坝及上坝,至东阳镇入江。大体言之,明家溪为一次成河,因曲流发育之故,而有不符合构造之现象。其下游曲流特别发达之原因,盖系昔日曲流面之遗传,小支流向侧吸引及河流缘节理下蚀所致也。似亦有小规模逆向河袭夺作用,助其发展。又考昔日明家溪在革祖坟及上坝后小丘分支入江,后因受干流向下游之吸引,乃放弃革祖坟之河道,而切割于上坝内侧之阶地中。

(7)郑家溪　上源为胡家沟,发自观音峡背斜层西北翼之猪背脊,系顺向河,切割于侏罗纪砂岩中,坡度甚峻,呈V形谷,迨进入丘陵地,溪道逐渐开敞,横穿二层猪背脊后,折而南南西流,循岩层走向,转变为次成谷,河道逐渐潆回,经长坝、金子沟口、梭槽沟口、谢家湾、韦家湾、隋家坝,至黄桷镇会东边沟,入嘉陵江。

东边沟为一典型之次成谷,约与戴黄路平行,适位于第一、第二两条猪背脊之间,自北北东向南南西流,经新碾子、新井湾、斑竹湾、肖孔湾、盐井湾,注郑家溪。两岸有阶地发育,西岸支流均属侏罗纪猪背脊上之顺向河,如石桥沟及杨柳沟,其著者也。诸沟水源大部来自煤洞,流水潺潺,终年不竭,对稻田甚为有利;东岸则为短小逆向溪。

(8)龙凤溪　本溪位于东山与缙云山间,蜿流于丘陵地区中,乃本区最大之支流,有东西二源:西源名梁滩河,发自巴县福寿场之达摩冲(注9),曲折东流,折而北趋,两岸岗陵起伏,河道约束,至白市驿会北来之小溪,始名清水河,河道渐宽,向北流,经含谷场、永兴场、赖家桥、土主场,至四塘(高滩桥)之双河口会东源。东源亦名虎溪河,发自巴县走马场之高岗,向北流,经龙凤场、曾家场,折而东北流,经陈家桥,至双河口会西源。两河既会,更以东西二山顺向河之灌注,水势渐增,河道开展,渐臻曲折,向北流,经飞雪崖瀑布、何家桥、梁滩桥,至李官桥,曲折向东北流,至双河口,折而东流,经大磨滩,至高坑崖成为悬瀑,盖系横切单面山而成;经小坑崖,至红石桥,折而北北东流,至陈家院子,东受源自水口寺以上之顺向河,入北碚境,经大嘴、牛尾沱,至长滩东受冷水沟,河道纡(迂)曲异常,绕钱墩、狮子坝、河嘴、长坝嘴、螺丝井、杨柳嘴、马坪坝,至十景溪折而东流,横穿龙凤大桥,复折向东北流,至毛背沱汇嘉陵江。

龙凤溪自源头至大磨滩,大体左盘右旋于向斜层之中部,两侧支流均为发自东西二山之顺向河或发自猪背脊及单面山之小型逆向河,四塘以下,河道平展,蜿蜒于二百六七十公尺之侵蚀面上,经过高坑岩及小坑岩,不符合地质构造现象至为明显,其一段河道下均约60公尺许,折而循向斜层之东翼发育,大致为一次成谷,小段循逆向或顺向河道运行。河床海拔约在180公尺以上,河道纡(迂)曲,为深刻曲流型式,河道两旁之连锁山嘴上有阶地发育,东岸有顺溪来会,如水口寺沟、冷水沟及金竹沟是也。西岸则为逆向溪,如三元溪及十景溪是也。龙凤溪下游曲流特甚,盖系遗传曲流下蚀之结果。当往昔龙凤溪局部基准面稳定之后,乃有泛溢平原之生成,河道因欲维持平衡剖面,同时受支流之吸引及岩石垂直节理之控制,发生曲流,其后地面上升嘉陵江下蚀,龙凤溪亦随之发生下切作用,乃发生深切曲流(注10)。

综合言之,嘉陵江干流为一发育最早之横顺向河,支流发育较迟,多为循丘陵地域软弱岩石走向发育之次成河谷,亦见有纵顺向河。支流之小支流规模略具,则为源自背斜层山地之顺向溪或发自单面山及猪背脊之短小逆向溪或次生顺向溪,纵横交织,形成格状水系。喀斯特地形区,小部呈向心水系。本区嘉陵江之支流间之距离较远,溪河分布稀疏,故水系密度略显粗疏之势。

第四章　阶地与裂点

欲研究河流之纵横剖面,须先详测阶地之裂点与高度,而后始可明了其地文演化史,兹将主流及支流分论之(图版三图3)。

(一)主流

嘉陵江为本局境内之干流,经过丘陵地区,河谷特见宽广,阶地得以发育,可分为三级:

(1)最高级阶地　分布于东阳镇后之石子山,及昔日江苏医学院之高岗上,海拔约在260公尺以上,高出枯水期江面约85公尺,阶地面宽广,成分大部为砾石,砾石由石英岩、砂岩、矽质石灰岩、页岩、片麻岩及石英组成,直径约2至10公厘,作椭圆形,其中所夹之冲积土已变成黄壤,略带灰化。全厚约20公尺以上,不整合覆于白垩纪砂岩之上,约可与松林坡砾石层相当。

（2）中级阶地　发见于草街子后坡，上坝后低丘上，东阳镇后低岗上及昔日江苏医学院所在地。海拔约240公尺左右，高出枯水期江面约60公尺许，组成阶地之成分与上者略同，北温泉之平台及下坝后之牛岗顶似为同期产物，但砾石层均被冲刷而去，至于北温泉乳花洞之石灰华沉积，盖系温泉产物也。

（3）低级阶地　发育保存俱佳，如草街子、草街子至澄江口沿岸、上坝、下坝、杜家街及北碚操场坝均是也。阶地面平整辽阔，宽处约300公尺，海拔约205公尺，高出枯水期江面约25公尺以上。阶地上层为棕黄色及红色粘性冲积土，厚约15公尺，下层为所谓"江北砾岩"（注11）。砾石由石灰质及铁质胶结而成砾岩，甚为坚实，厚不及10公尺，不整合覆于白垩纪岩层之上。最大洪水期江水可达本阶地面上，但为稀见之事实。查本局境嘉陵江最低水位为三十二年（1943年）3月28日之海拔176公尺81公厘（注7），最高水位为距今72年前之同治九年（1870年）旧历庚午年六月十五日之217公尺（注8），沿江低级阶地上之场镇房屋多被淹没。最高最低水位之差约40公尺许。最大洪水期之后，低级阶地上常沉积一层泥沙，是洪水期与枯水期之水位变化与本阶地之成长有密切之关系也。下坝阶地内部低凹，乃因洪水期江流循小溪倒灌及枯水期下蚀之结果也。本阶地约可与上游之李渡阶地相当（注6）。上、下坝沿岸及观音峡中，尚有石质平台，高出枯水期江面约五六公尺，乃近代下蚀之新阶地也。

(二) 支流

本区支流阶地之发育完善者，特简述之，藉与干流作一比较。

（1）运河　阶地显著者有三级：最高者高出运河面约30公尺，为石质阶地，无沉积物质，见于官都石对岸之山岗及板栗树等地。中级者高出河面约10余公尺，由黄棕色砂土组成，分布十大河坝之半坡上及三溪之出口处等地。低级者高出河面在5公尺以上，由冲积土组成，发育极佳，分布于团塘、大河坝、碑泥坝及荣誉军人自治区等地，但运河之梁家嘴拦水坝高约17公尺，故上述诸阶地之高度数字，实较上计者为高也。拦水坝以下之低级阶地，高出夏溪约20公尺，三溪在大官桥一带亦有三级阶地。

（2）马鞍溪　本溪虽系一较小支流，然其高级阶地对于本区侵蚀面之研究，关系至为密切，最高级阶地海拔约260公尺，在上游高出溪面仅20公尺左右，向

下游递增,高出溪面约六七十公尺,其成分大部为黄色砂土,及侏罗纪砂岩剥蚀而成之大型砾石,零星分布。阶地面甚宽广,其上多稻田,如高台丘、状元碑对岸之石马坝、楼房岗、孟家台、大坟坝、蓝高子、唐家湾、陈家嘴、麦子田等地是也。伸展至于出口处,自状元碑高岗上,向北极目远视,本阶地极为清晰。次级阶地海拔约240公尺上下,在上游高出溪面10公尺许,向下游渐增,高出溪面约三四十公尺,阶地成分与上者同,如石马坝之下及土草湾之上所见者是。低级阶地海拔约200公尺,上游成狭窄之泛溢平原,至下游成为阶地,高出溪面约20公尺许,最大洪水期江流倒灌可淹及。本溪上下游之分野,应在孟家台下之小瀑布处,此处似为局面循环裂点,现代溯源侵蚀仅达瀑布左近也。其下游切割甚深,溪谷逼窄,两岸成悬崖,支流与其会合处为小瀑,颇不一致。故上游溪谷渐宽,切割甚浅。

(3)明家溪　本溪下游,河道潆回,阶地发育极佳,亦有三级:最高级者海拔约240公尺以上,高出溪面约60公尺,为石质阶地,分布于长滩河及后河两岸之半坡上,成狭长条带状。中级者海拔约在220公尺以上,高出溪面约40余公尺,沉积物冲蚀殆尽,如新屋基、井园堡及白蜡丸所见之石质阶地是也。低级者海拔约200公尺以上,高出溪面约20公尺,发育于曲流嘴上,洪水期江流倒灌尚可淹没,其成分大部为冲积土,中夹砾石甚少,如墩子坝、张家坝、绍家坝、蓝坝及汤家坟均是。

(4)郑家溪　阶地发育情形,与前述者相同,亦可分为三级:高级与中级者俱为石质,岩层构造被削平,分布范围狭窄;低级阶地发育较佳,为冲积土所组成,高出溪面约20公尺,如长坝及隋家坝等是。昔日戴黄铁路之一部即建筑于东边沟之低级阶地上。

(5)龙凤溪　本溪乃本区最大之支流,其下游河道曲折,各河嘴(River spur)阶地,作鳞次分布,似可分为三级:高级者海拔约240公尺以上,高出溪面约60公尺许,见于八字墙、冯家岗、上沙湾、虚脚楼等地,本阶地被蚀去大部,其高度应与西侧之单面山等高也。中级者海拔在220公尺以上,高出溪面约40公尺,见于左家湾、钱墩、狮子坝、螺丝井、沙子堡、杨柳堡、马坪坝等地。上述二级石质阶地上,时而见有砾石零星散布。低级者海拔约200公尺,高出溪面约20公尺许,由冲积土组成,分布甚广,如大沮、牛尾沱、狮子坝、河嘴、长坝嘴、杨柳嘴、马坪坝等地凸岸上之平坝均属之。现代洪水期,江流倒灌,常被淹没,且可达高坑崖下海拔约200公尺以上之处,江水退后,常遗有一薄层泥沙;年年累积,有助于阶地之成长。最大洪水期,江流倒灌可淹及中级阶地,如同治九年(1870年)大水,江流倒灌至三元溪上段石板溪桥附近(海拔约215m),可见枯水洪水水位相差之巨也。上述三级阶地大都发育于曲流之河嘴,为滑走坡阶地(Slip-off Slope Terrace)。曲流之开始发育,远在三级阶地建造之先,单面山之陡崖上隐约有曲流壁之遗迹,可为旁证。当昔日局部基面稳定,河东坡度减低,乃发生泛溢平原,而有曲流之发生,高级与中级阶地亦逐渐生成,低级阶地发育之际,地面上升,嘉陵江下刻,该溪之局部基准面降低,因此发生溯源侵蚀,形成深刻曲流。河谷型式上部开朗下部逼窄,于是乃有深刻曲流与内生曲流组合现象。

现阶段溯源侵蚀尚未超越高坑崖悬瀑,其上游河流平展,迂回于昔日壮年期侵蚀面,河流两岸为泛溢平原,其下游则为深切曲流,分界极为清楚。该瀑布因侵蚀而后退约达100公尺,依河流纵剖面观之,高坑岩似为循环裂点所在地也。

本区嘉陵江干流及其支流之阶地分为三级,可互相比拟,支流者常较主流者为低,此为应有之现象也。

第五章　侵蚀面之研究

河谷之纵横剖面,前章已加阐述,兹进而检讨本区之侵蚀面,藉明其地文发育史。本区之侵蚀阶段约可分为五期(图版三图3):

(1)秦巴期　本侵蚀面在秦岭及大巴山发育保存最为完善,故名(注6)。本区之诸背斜层山脊,若重建昔日构造,似经过长期之侵蚀也。本区内之高山,如缙云山、天台山及中梁山、鸡公山,海拔均在700至900公尺之间,时成平衍之长脊,削平构造现象至显,认其为一侵蚀面则可,若以其为一准平面,则殊难确定也。然本区邻近之华蓥山及白崖,海拔均在1200公尺以上,可能发现秦巴期之准平面也。发育时期肇始于白垩纪末始新统初燕山期造山运动以后,终止于始新统末期。

(2)西山坪期 西山坪发育特佳,故名。西山坪海拔约500至600公尺,高出枯水期嘉陵江面约300公尺以上(图版三图3),其顶平衍圆滑,起伏微缓,其上尚有砾石零星散布;石砾成分为石英岩、砂岩及石灰岩,片麻岩及火成岩则甚少,直径约15至30公厘,大部作扁体椭圆形,夹于灰化黄壤中,分布于洞坪、官山、玉皇沟、长田坡、唐家湾、天子庙、杨侯庙等地,南北长达10公里,为嘉陵江老河道之遗迹,毫无疑义。本期为一壮年期侵蚀面,由前一准平面演化而成。本区其他各地亦有发现,举如洞坪对岸之景家坪,观音峡之肩部(Shoulder),侏罗纪砂岩所构成猪背脊两坡之平台,海拔均在500公尺上下,有削平构造现象,甚少沉积物质遗留。本侵蚀面可与嘉陵江上游之剑山期(注6)及维里斯氏之秦岭期相当,其发育时期似在喜马拉亚(雅)运动之后、中新统与上新统之间也。本侵蚀面对于嘉陵江三峡之成因,至为重要,容后论之。

(3)玉台山期 本侵蚀面以张家沱向斜层轴部之玉台山(318米)、方山为代表,故名。其海拔高度自300至400公尺,高出枯水期江面约120至220公尺。本侵蚀面保存于向斜层之轴部方山及长岗,或接近山地之丘陵地区。例如澄江镇丘陵区之长岗岭及大石坝等地之石质平台,甚为宽广;北碚丘陵区中部之陈家坪(360米)、玉台山小高坪及高坪等地之平坦长脊或方山,与夫向斜层两侧石灰岩或砂岩所成之长岗等可为代表;而温塘峡两岸之三官庙、独瓦屋及三花石之平台亦属本侵蚀面。向斜层轴部之方山及坪子俱较其两侧之丘陵为高,且四坡陡峻,具坡度改变现象,此种局部地形倒置事实,洵为本区常态侵蚀多循环之旁证也。本侵蚀面似可与合川云门山(注6)及江北磁器口对岸石子山所保存者相当。是二地海拔约400公尺,高出枯水期江面约200公尺,其上砾石分布广泛,夹于灰化黄壤中,为本侵蚀面存在之最佳例证。其发育时期应在中上新统至上上新统。

(4)石螺坪期 本侵蚀面以嘉陵江南岸石螺坪保存极佳,故名。分布于石螺坪、朱家坪、桂花庄、幺店子等单面山上,构造均被削平,上有呈波状起伏之圆滑低丘,地势平展,海拔约250至280公尺,高出枯水期江面约70至100公尺。在嘉陵江畔,本侵蚀面成阶地型,其上且有砾石堆积。如江苏医学院及石子山之阶地是也。又楼房岗及孟家台一带,本侵蚀面保存亦佳。澄江镇至草街子沿江丘陵地亦有本侵蚀面之存在。在本局境外,如巴县歇马乡附近,本侵蚀面未受河流溯源侵蚀所破坏,保存尤佳。河道迂回于此平面上,成泛溢平原,河幅较宽,两岸矮丘起伏,壮年期地面,至为昭著。发育时期盖在第三纪之末第四纪之初也。而龙凤溪在高坑崖以下与马鞍溪在孟家台之下,溪流切割甚深,乃新循环之产物也。同此期,观音峡背斜山顶,因被侵蚀分割,其下之石灰岩出露,于是乃有喀斯特循环开始,形成槽状盆地,其内尚有残积土遗留。

(5)嘉陵期　本期侵蚀沉积相辅而行,代表嘉陵江之下蚀及中下级阶地之形成。石灰岩区内石灰穴窜及阶地,亦于本期完成。均属第四纪,分为三副期：

(a)中级阶地　即东阳镇后岗上,上坝后低丘之砾石阶地及支流50公尺石质阶地等是也,详见前。

(b)低级阶地　即以干流25公尺阶流及支流20公尺阶地之形成为代表。

(c)5公尺石质阶地　本副期嘉陵江下蚀作用较强,仍在继续发育中。

第六章　嘉陵江小三峡之成因

嘉陵江下游之沥鼻、温塘及观音三峡,两岸悬崖耸翠,河道逼窄,风景伟丽,素有"小三峡"之称。至其成因,前人或云为先成河,或云为叠置河,或认为袭夺所成,聚讼纷纭,莫衷一是。作者依据野外观察所得,参以理解,认为系叠置河,兹根据事实以证明之。本区自经白垩纪末燕山期第三幕造山运动后,发生侏罗式平行褶绉,背斜层紧凑,向斜层开阔。始新统开始,地面饱受长期侵蚀,夷成一准平面,此准平面在本区虽无显明遗迹,然重建本区地质构造,深知厚层岩石被剥蚀而去,700公尺以上山顶之削平现象及本区以外之华蓥山及白崖海拔1200公尺以上之准平面遗迹,可为旁证。考沥鼻峡及观音峡二背斜层向西南倾没;温塘峡背斜层向东北倾没,原来构造位置较为低凹,原始嘉陵江胚胎而流经于此凹处,甚为可能,又查今日嘉陵江流路在温塘峡向东北突出,在观音峡略向西南突出,与构造吻合无间,不为无因也。最古嘉陵江在此准平面上,进行其侵蚀工作,逐渐剥蚀成一壮年期侵蚀面,此以西山坪期为代表,时盖中新统也。同期次成河亦逐渐成长。至上新统时,嘉陵江沉积与下蚀作用相辅而行,依次造成玉台山及石螺坪二侵蚀面,小三峡适位于坚硬岩层处,河流无力从事旁蚀,乃下切成悬崖兀峙之地貌。至第四纪时,下蚀力渐增,嘉陵期肇始,递次造中级阶地、低级阶地及5公尺石质阶地。准上述之事实,吾人可知小三峡系嘉陵江叠置于一准平面或侵蚀面上,逐渐发育而成。换言之,嘉陵江乃承袭原来准平面或壮年期侵蚀面上之河道流路而发育而成长也。

第七章 河流袭夺现象

本局境内二向斜层所成之丘陵区,系硬软岩层相间组成长岗与低谷,互相交错,有次成河、小型逆向河及顺向河发育,成格状水系,利于河流袭夺之发生;背斜山岭亦有袭夺现象,兹列举其较著者,条述于下:

(1)运河之袭夺现象　运河亦名堰河(图版四图4),源自缙云山北坡,向东北流,大致平行岩层走向,为一次成河,至糖房湾突折而向南南东流,横穿白垩纪底部石灰岩层,成一小型瀑布,流出堰口,折而东流,再转向北流,入嘉陵江。糖房湾适位于曲流之处,系一伸至河心之曲流嘴(Spur)。曲流嘴有沙泥砾石沉积,然最引人注意者,厥为糖房湾对岸之垭口,名曰天堂湾,地形低凹,方向大致为南南西北北东。推考昔日之堰河,原为一次成河,径向北北东流,经天堂湾,南家湾入嘉陵江,后因夏溪口侧之逆向河发育,坡度陡峻,侵蚀力大,加之洪水期嘉陵江倒灌,溯源侵蚀力增强,渐将分水岭截穿,袭夺堰河导之南流,形成今日河道实况。糖房湾前之曲流,显为近乎直角之袭夺湾,而天堂湾为高出江面约45公尺之风口,故袭夺现象未发生之前,堰河之局部基准面较今日为高也。袭夺发生之时期,约与中级阶地形成期相当。

(2)虾(蛤)蟆坑之袭夺现象　该溪原为一顺向河,发自西山坪,向西略偏北流,经花朝门,再循今日之老鸦沟、杨柳沟,注入嘉陵江,其后以虾(蛤)蟆坑水溯源侵蚀力强烈,乃袭夺该溪上游,使之南流,循虾(蛤)蟆坑幽深峻削之峡谷,至二崖入嘉陵江。今日杨柳沟谷之不适称(Misfit)现象,至为昭明。

(3)马鞍溪之袭夺现象　考往日有一源自缙云山东坡之溪流,经象鼻嘴,至楼房岗下,折而北北东流,经曾家坝子、石龙庙垭口、院堂坎、长沟、水井湾、齐家沟,入嘉陵江,为一次成河,该溪与马鞍溪平行,中间界以长岗,后因马鞍溪发育切割较深,水量略大;河床海拔位置亦低,其支流溯源侵蚀力因此较强,于是其二支流分别在险峰崖及陈家嘴二处先后袭夺上述之次成河,导之入马鞍溪、水井湾及石龙庙垭口,盖为二风口。推求其袭夺之证据,约有三端:(a)险峰崖及陈家嘴二处以上之支流,河道作二次近乎直角之弯曲,弯曲之末端即见小型瀑布,此虽与岩石之节理及硬度不无关系,但应为袭夺湾也。(b)长沟及齐家沟挺直宽长,今为冬水田分布区,显为放弃之老河道,齐家沟下段陡峻,乃近期溯源侵蚀之结果也。(c)石龙庙垭口及水井湾二处,其高度约与楼房岗及孟家台一带马鞍溪高级阶地同高,低凹宽敞,显为风口。依据三点考证,其为袭夺河,毫无疑义,而其发生时期,约与石螺坪期相当。

(4)龙凤溪下游之袭夺现象 本溪越过高坑崖以后,蜿行于坚硬砂岩所构成之天生桥单面山与龙岗猪背脊之间,至龙凤大桥忽切穿龙岗猪背脊,折而东流,至毛背沱,入嘉陵江,此种特殊现象,似可以河流袭夺解释之。

考昔日之龙凤溪乃经青龙嘴、鱼塘湾、沙湾银丝湾,入嘉陵江,其后因一逆向溪溯源侵蚀,洪水期江水倒灌,助长其侵蚀力,乃将龙凤山截穿,使此溪循今日之河道,至毛背沱入江。其证据有三:(a)鱼塘湾、沙湾、银丝湾一带小溪两岸,有石质阶地连续分布,海拔约225公尺,约与龙凤溪之中级阶地相当,且溪谷宽广,似为老河道之遗迹。(b)今日龙凤溪在龙凤大桥以下,仅低级阶地发育甚佳,中级阶地稀见。(c)龙凤溪之曲流约束于二厚层坚硬砂岩之中,非经袭夺不克有此特殊现象。

龙凤溪两侧支流,有小规模袭夺现象甚多,不胜枚举,兹列其著者,以资说明:(a)龙凤溪内侧支流之三元溪及十景溪均为小型逆向河袭夺顺向河而成,前已述及,不赘。(b)龙凤溪东岸支流之水口寺及冷水沟,原为顺向河袭夺石灰岩槽地之水而形成今日水系,详前。

综览本区丘陵地区之支流袭夺现象,大都为东部之小支流袭夺西部之支流,如运河、马鞍溪及龙凤溪所见者均是也。推考其成因有二:(a)因向斜层原来之构造地位东部俱较西部为低,故东部河流切割甚深,河床较低,易于袭夺西部之河流。(b)因江水之关系,下流水位低于上流之故。

参考文献

（1）常隆庆、罗正远：《四川嘉陵江三峡地质志》（《中国西部科学院地质研究所丛刊》第一卷第二号，民国二十二年）。

（2）朱森、吴景桢：《嘉陵江观音峡及天府煤矿区之地质观察》（《地质论评》第四卷第三四合期，民国二十八年）。

（3）李春昱、孙明善、杨登华：《华蓥山地质》（《四川省地质调查所地质丛刊》第五号，民国三十二年）。

（4）S.Ting：The Geomorphology of Chu gki gand its Neighborhood（B.I.Geol.Soc. China Vol XXII Nos.1-2 1942）。

（5）李承三、周廷儒、郭令智、高泳源：《嘉陵江三峡区地质与地形和温泉的关系》（《中国地理研究所地理集刊》第一号，民国三十二年）。

（6）李承三、周廷儒、郭令智、高泳源：《嘉陵江流域地理考察报告上卷：地形》（《中国地理研究所地理专刊》第一号，民国三十五年）

（7）水利委员会水利示范工程处：《北碚志：水利篇》。

（8）黄子裳：《六年来嘉陵江水位之变化》（《北碚》第一卷第七期，民国二十六年）。

（9）《巴县志》

（10）邓少琴：《碚字音义》（《嘉陵江三峡游览指南》，民国二十六年）。

（11）陈秉范：《嘉陵江下游河阶地形研究》（《地质论评》第三卷第四期，民国二十七年）。

附注：本文附图四幅，详细地名请参阅二万五千分之一《北碚管理局地形图》。

郭令智　北碚地形志

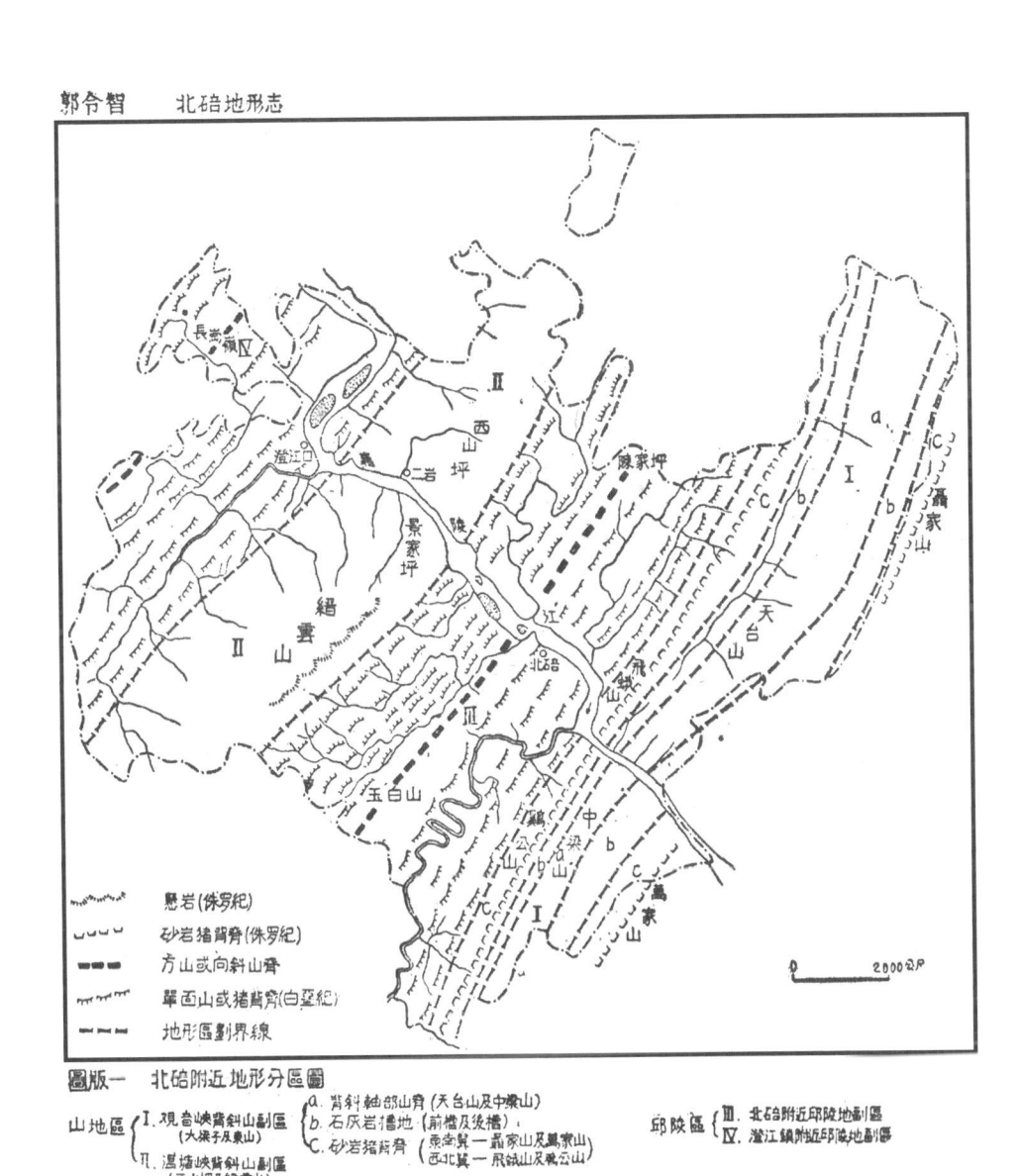

图版一　北碚附近地形分布图

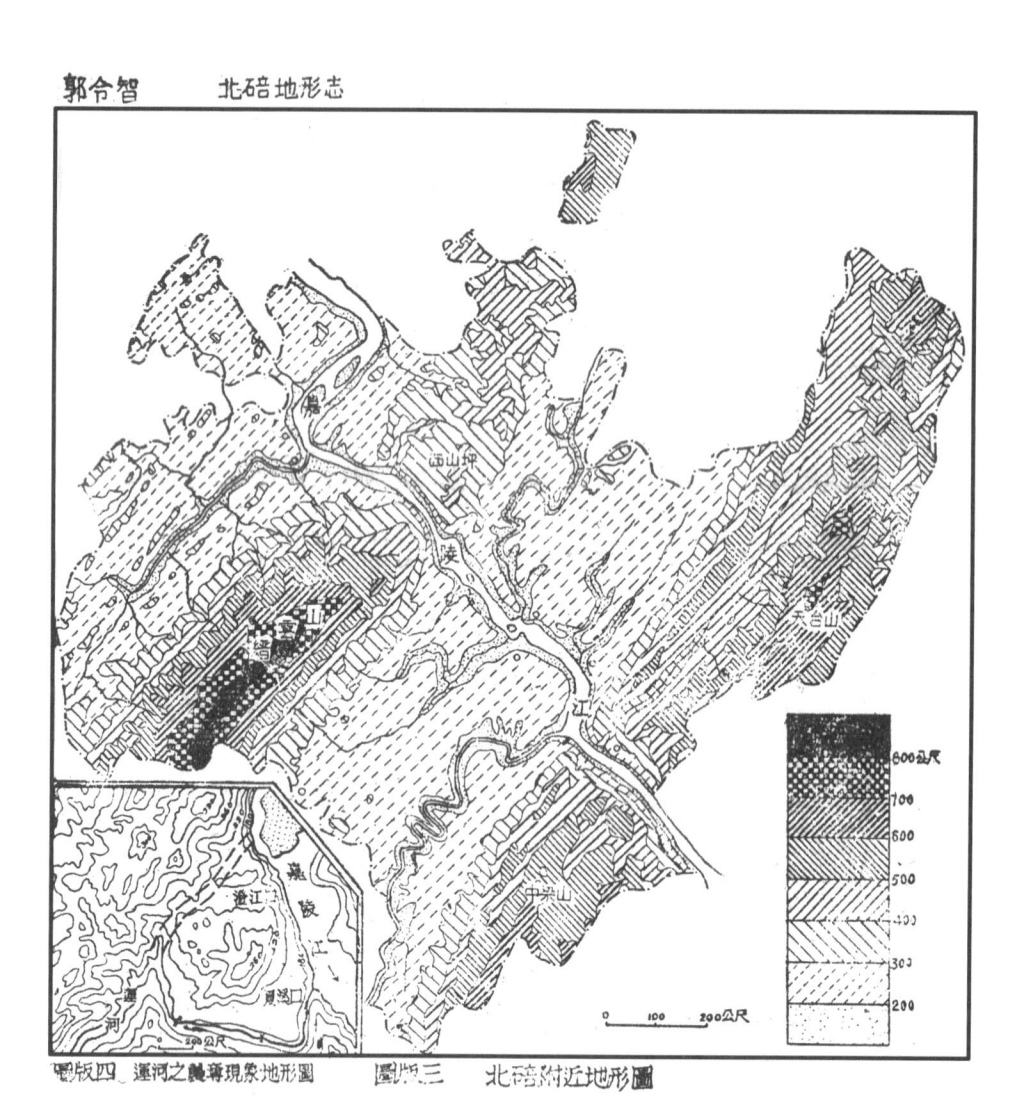

图版三、四　北碚附近地形图、运河之袭夺现象地形图

说明：本志图版二，底本原缺。第三、四为一张图

土壤志

侯光炯

一、土壤概述

北碚境内之土壤，来源复杂，种类甚繁，其主要者，有黄化性土与紫色土二类。生成前者之岩层，以侏罗纪砂页岩为主，三叠纪嘉陵灰岩次之。其分布地点，多为背斜所成之山岭平谷与槽地。生成后者之岩层，以白垩纪砂页岩为主，三叠纪飞仙关页岩次之，其地形多为山岭与丘陵，为易于明了计，兹就上述各岩层之成土方法，申述如次：

（一）侏罗纪砂页岩　此岩成整块状构造，质地粗糙，杂有长石及铁锰质矿物颇富，胶结不坚，风化层略可分为内外二部，外部厚10余公分，色自桔红至淡黄不等，组织较松，为土壤之母体。内部厚约1公尺，色灰白，多带红黄斑条，组织坚脆，为起有潜水淋溶之崩解性岩石，前者之性质，又常随地形发生剧烈之变化。一般言之，凡平坦缓倾之地，表面风化层多呈红棕之色。其酸硷（碱）度为4.0，多属棕壤；倾斜峻陡之地，表面风化层，概呈棕灰之色，其酸硷（碱）度约为5.0，多属灰棕壤。棕壤之矽铝率较低，质地每较粘重，天然肥力，亦较低劣，故其分布地带，多为贫瘠之地，至若灰棕壤及变质土，则大部为良好之林地与耕地也。

本类岩石,在40度以上之坡地,表面不见风化,几无土壤可言,但即在该地,岩体内部之潴育性淋溶层,仍颇深厚。本地居民,有凿取之以淘洗制碗者,多能察见深处所遗铁锰游离之痕迹,亦足见其渗透之易矣。

由风化残积之砂岩土壤,更易因运积或发育之变化,发生性状上之变异。前者层厚颇大,质地偏粘,依其成因,复可别为三类:一类见于平地及凹谷之间,主为局部沉积之土壤,质地为砂质粘土;一类见于岭脉顶部与边缘,主为台地状沉积,质地砂粘不一,多有上砂而下粘者;一类见于陡坡之上,乃砾石与土壤随重力下积而成,质地以砂壤土为主。以上一、三两类,分布均甚广阔,本区内植林之地,殆皆属之。

残积土与运积土受本地气候之影响,剖面形态与肥性,均起重大之变化,是名发育。本区内重要之发育作用,计有下列数种:

灰壤化作用　土壤因酸性腐殖质之堆积与移动,致盐基淋失,铁铝胶体破坏而下移者,是为灰壤化作用。本区内由侏罗纪砂岩所生成之灰壤,普通约有二式:其一见于10度以下之缓坡崩积土中,土层表面为厚约半公分之灰黑色腐殖质层,下接厚约半公分至1公分之灰白色淋溶层,更下则为厚仅半公分之黄棕色半硬固淀积层。各层排列次序,与正常灰化土相似,惟厚度均小于后者远甚(纯正灰壤之漂白层,厚自5公分至20余公分)。另一种见于残积土或崩积土所成之缓坡坪地及台地,土层表面为厚约1公分许之苔层,其下为腐殖质层及漂白层,厚共约2公分。漂白层下,土层呈色淡黄,质地与前相似,其下部之黄色往往逐渐增浓,且逐渐转呈棕红(母质为棕壤时)或灰棕(母质为灰棕壤时)之色。表示其为潜水下渗之结果,颇为显著。脍炙人口之缙云寺系黄壤,即此类土壤之代表也。由以上二种轻度灰化之分布,可知本区以往或曾有一短暂之寒期存在,灰化土殆即生成于该时。盖腐殖酸得免于氧化之损失,继而引生灰化作用者,要当为冰期内寒冷气候之赐也(按欧美境内灰壤分布之地,均有冰川活动之痕迹)。

黄壤化作用　土壤剖面因受多量地形水之潴积,致使其中游离铁质水化而变为黄色者,谓之黄壤化作用。纯正之黄壤,表层无灰化现象,黄化部中,多棕红色之小型核块。组织密实,作性不佳,复以其具有强大之固磷能力,故施用磷肥,往往不能见效,此在母质风化度高大质地粘重者,尤为显著。本区中之西山坪系,乃其一例也。

腐殖化作用 积于土面之有机质,在低温高湿之下,多变为黑色之腐殖质,储于土中,土层之一部或大部,因即随之而变为暗黑之色,是名腐殖化作用,腐殖质土在本区中多见于500公尺以上之山地,其矿性母质之风化度,大都居灰棕壤与变质土之间,依其性状,可别为三类。一类为自由淋渗性之腐殖质土壤,主见于高山顶部峰丘之低麓,土层厚在1公尺以上,表土暗棕,渐下渐淡,全剖面酸碱(碱)度均在5.0左右,惟亚表土略酸,乃自由淋渗下少量腐殖酸所起轻度灰化之结果也。一类为阻渗性之厚层腐殖质土壤,见于高山顶部平底风化岩面之上,土层厚在50至100公分之间,表面土色暗棕,递下至风化岩面,土色愈显棕褐,酸碱(碱)度亦愈见增高,示特种腐殖质(可能为部分饱和之腐殖酸盐类)集积之现象,颇为明显,是乃腐殖质之淋移,遇石面潴水层而被阻者也。一类为阻渗性之薄层腐殖质土壤,见于高山岩隙之间,土层厚在50公分以下,表土全部深黑,其内密布白色石英小粒,土层酸碱(碱)度至为低小,惟在接近岩面处,则殊高大,盖系潴育层高度阻渗之结果也。以上三者土层之下部,均无深厚之潴育性层,与上述之灰化黄壤,适属相反,足见本区灰化性土之生成,一部亦得诸潴育性底层阻渗之力也。

潴育作用 砂岩风化部中之游离铁质,经潜水潴积后,每发生氧化与还原之更迭。是时氧化如较还原为频数,则剖面中每生成红黄条斑与铁锰结核,土壤吸水吸肥力常为之大减,反之如还原较氧化为频数,则蓝绿色之低氧化铁,大量生成,土粒继之而分散,土层松度增加,灾旱无忧。若此潜育性土优于潴育性土之事实,亦土壤发育影响肥力之明证也。

潴育作用所呈之形态,恒依母质风化度而有差异。在母质为棕壤及灰棕壤者,其潜育态多呈绿色,潴育态多呈红黑杂色。其为变质土及原色土者,潜育态多呈灰黑之色,潴育态多呈黄褐色锈斑。此等变化之发生,与剖面物质之质地及坚实度,颇有关系,凡台地及坡面沉积物,其发育现象,常较深进,若系盆地沉积且成自页岩风化物质者,则发育较难,此略足示土层松脆与下渗迅速之物质,均有促进潴育之可能也。

(二)二叠三叠白垩各纪之石灰岩 本区各类石灰岩,于风化后,均变成不含游离石灰之粘土或粉砂粘土,土层浅薄,酸碱(碱)度高于同度风化之砂岩土壤约达0.5至2.0单位(例如由嘉陵灰岩所成之棕壤,其酸碱(碱)度为6.0至6.5,而侏

罗纪砂岩所成之棕壤,其酸碱(碱)度不过为4.0)。其风化程度,更常依地形而异,大抵宽广缓倾之地,风化易于深进,狭隘急倾之地,风化度低小不著。最高度之风化,多见于本境槽谷中,地形为低小之培塿,岩层属三叠纪嘉陵灰岩,层理垂直,倾角甚大。亦有见于山坡顶部者,岩层属二叠纪乐平灰岩,倾角亦大。比较以上各土分布之面积,又可知薄层石灰岩易变为棕壤,块状石灰岩,易变为红壤。白垩纪中狭条之石灰岩及泥灰岩,则仅变为灰棕壤及变质土,无变为棕壤者。

灰岩风化度愈深进,其肥力常愈见减瘠,例如灰岩棕壤之生产力,显然较低于灰棕壤,而后者则又不如变质土远甚,推其所以如此者,一方固由于风化深时养分及高活力胶质损失之增进,一方亦由于风化生成物乏涵水之力,土壤水湿状态变化频仍,遂使腐殖化作用之进行,为之阻滞耳。

灰岩土壤,易于侵蚀,亦易于沉积,故局部运积之土壤,厚度常较砂岩土壤为大。又以石灰岩易生漏洞,坡面径流速度,变化频繁,流水溶蚀岩面,呈凹凸不平之象,故无论坡地平地,土层厚度变异,均极频数而巨大。后一现象,足使农耕工作,为之增烦,而使其地天然宜于集约经营也。

灰岩土壤,由于其质地之粘重,灰壤化颇难发现,其原色土之腐殖化作用,亦殊难深进。惟由排水迟缓所引生之潴育作用及黄壤化作用,则特见普遍。此岩之棕壤及灰棕壤,经潜育者,多呈淡绿灰或浓绿灰之色,经潴育者仅生成锈斑,无结核,其经黄化者成层深厚,且可深入岩缝之内部。此黄化层如位于岩层之内,则亦可起不均匀之复钙现象。

凡有发育现象之灰岩土壤,其肥力之衰退,概不如砂岩土壤为著,故本区灰岩分布之地,除棕壤红壤之先天肥性较劣外,大抵均尚肥沃,与俗谚"灰岩区为富庶区域"一语,颇能相符。

(三)白垩纪各种岩层及三叠纪飞仙关页岩　白垩纪与三叠纪飞仙关页岩,多属紫色岩层,机械风化,特见迅速,鲜呈化学风化与发育现象。所成土壤,大抵富于矿肥。反应以中性者最为多见,石灰性与酸性者次之。此三者之变异,乃原于岩石之本性,故其中作物生长状况,并不随之而相异,此与侏罗纪岩层由微小反应变异而引起之肥瘠状况,固大有不同也。

本区土壤之利用与管理方法,亦随岩层属类而有不同,关于前者,曾由中国地理研究所刘培桐、钟功甫二氏实地调查，撰有《北碚土地利用志》，兹姑不赘。此处仅一述各土施肥习惯之差异，以明不同土类之概性。

（一）侏罗纪砂页岩　由本岩所成之土壤，大抵富含石英，而缺乏胶质。如施入过浓之肥料，则以胶质乏调节吸储之力，作物每易因之而灼伤，刻下农民依其经验所得，多施用牛骨、灰鸡毛、豕毛等缓溶而速效之肥料（牛骨灰主用于水田，鸡毛及豕毛均施于旱地，在种植西瓜之地，则以油饼与人粪尿等混合施下）。并不单施石灰、生骨粉或人粪，其用意所在，殊足令人深味也。

（二）各种石灰岩　灰岩土壤，虽均属粘土，但除变质土外，其中胶质调节吸储之力，仍不甚强，故单施过浓之肥料，仍非有利。于此农民经验，多主以油饼或糟粕性豕粪，与人粪尿、草木灰、豕粪尿、青草等物，混合施下，颇能收肥田之效。所谓糟粕性豕粪者，乃以高粱制酒时所遗之糟粕饲豕而得之粪便也。此物含未消化之有机质较多，与人粪尿合施时，似有调节浓度之效，故施用颇广。又有于人粪尿中预加桐油，使之一并腐化者，其用意似亦类是。

（三）各种紫色砂页岩　本岩所成土壤，含有效养分既富，其中胶质之吸收能力亦强，故对肥料之浓淡与多少，均能适应自如，无严格选择之弊。通常旱土施人粪尿、豕粪尿及草木灰（种蚕豆时仅施草木灰），水田施牛粪及青草（秧苗罹旱害时，亦常施人粪尿为追肥），冬水田常不施肥。年年蚕豆之种植面积，渐较小麦为广，故地力益可免于衰竭矣。

本区内已有之肥料试验结果，颇多与上述农民经验相符之处。据中央农事试验场戴弘氏报告天生桥区紫色土壤，于施用有机肥料时，呈效极高。中央地质调查所李庆逵氏就西山坪区砂岩黄壤作磷肥试验，亦知速效性磷肥，较磷石粉为有效。此外三要素试验之结果，则一般认紫色土缺乏氮质，略需磷肥。不需钾肥，与本区农民经验，亦殊相符也。

二、土壤分类

本文所称之土壤，乃指1公尺内之土层全体而言。在此深度范围内，各土层之性状及层次，均依一定规则而变化，土壤肥力，即依是而有参差。兹就观察所及，将全区土壤，作如下之分类，并一一说明其概性如次：

[Ⅰ]原色土——土壤中各层之矿质成分,概与母岩相似,原生性胶质之复分解现象及其他各种发育,均不显著。先天肥力,殊为高大。

A.遵义科——土层大部,成自均一细匀之飞仙关暗紫灰色页岩。风化物内多砾块,侵蚀不易,故在40度以上之坡地,犹可耕作,若属局部冲积之平地,则其生产力尤可臻于上乘。

1.飞仙关砾质壤土——见于陡坡,含粗砾甚富。土壤中性至石灰性,土层厚不过十余公分。在旱年作物生长不良,雨年则常有较美满之收获。

2.天台寺粉砂粘壤土——为飞仙关系之局部冲积物质,存在于坡麓平坦之地,土层厚达1公尺以上,全剖面疏松一致。其栽植水稻者,多呈紫黑之色,生产力每高于其附近之灰岩土壤。

B.重庆科——母质成自重庆层或自流井层中之棕紫色砂页岩。风化产物中,多杂有母岩之细砾,构造疏松。反应中性,含磷钾甚富,极适农耕,惟易起片状侵蚀,于无形中失去肥沃之表土,是其缺点。多数高丘之顶部,常以是而裸出绿黄色潴育性底层与小型石灰结核,致呈寸草不生之现象。此土土层厚度,在20至50公分左右,略随坡度而有异。在同一坡面之上,则下部土层,常较为深厚,产作物亦较佳。

3.会上房粘壤土——中性,不含石灰。适于苞谷、红苕、小麦等作物。

4.坡顶湾粉砂壤土——微石灰性反应,微硷(碱)性,生产力与会上房系相似。

C.北碚科——母质成自重庆层或自流井层中之暗紫棕色砂页岩,其习性与重庆科相似。所不同者,此岩之矽铝率较高,含钾量较富,含铁量较低,且较易与腐殖质结合而呈紫黑之色,故其生产力亦较高。

5.天平土粉砂壤土——中性,不含石灰。在地面平坦底岩表面凹陷处,可呈潴育现象。

6.甘家包细砂壤土——微硷(碱),呈石灰性反应。在地面平坦底岩表面凹陷处,可生成石灰磐层。

7.石塘口砂质粘土——中性,不含石灰,土色于暗紫中带淡红,粘性厚重,干后坚硬,易罹旱患。惟雨年生产甚佳。

8.鱼塘湾细砂土——中性,不含石灰,略呈淡黄色泽。

D. 巴豆林科——母质为黄灰色中性砂岩,其残积土为中性,但亦可起化学风化,变为酸硷(碱)度约5.0之灰棕壤,兹仅就其中性者言之。

9. 巴豆林砂土——粗砂质地,多处于豚背式丘陵之边缘,土层厚度,变异甚大,肥力中等。

E. 幺店子科——母质为暗紫棕色中性砂岩。风化前后土色及酸硷(碱)度之变异均大,大抵初风化者色暗紫棕,酸硷(碱)度为7.0,风化较深,则色转暗棕紫,酸硷(碱)度为5.0,后者如更经潜育,则土色转灰,酸硷(碱)度可增至5.5左右。此土分布之地,土层一般浅薄,罹旱甚易,惟其生产力则尚高于酸性岩所成之攸乐山及高兴乡二科。

10. 幺店子细砂土——中性反应,松脆不耐亢旱。

F. 黄桷树科——台地冲积物质,质地以粉砂壤土为主,反应中性至微硷(碱)性,有不含石灰者,有含石灰者,色多为淡黄棕,其位近紫色丘陵者,则呈浅紫。冲积土来源复杂,具有各种成分之矿粒,密切混杂,营养分富厚而完全,生产繁盛,为本区中最优等土壤之一。

11. 夏坝粉砂壤土——淡黄棕色,土层厚数公尺。近河岸处,表土易干竭变硬,在五六公尺以内,土层即柔软可耕。

12. 韦家湾粉砂壤土——浅紫棕色,土层甚厚。因受丘陵区域局部沉积之影响,结构稍见密实,但生产力仍属上等。

G. 龙凤桥科——此为嘉陵江最新冲积物之淤积于支流两侧者。质地概为粉砂粘壤土至粉砂粘土,呈色棕灰,地形多为坡岸与小型滩地,前者土层较薄,可以长期耕种,后者时遭泛滥,为水竹及柳之栽植区域。

13. 龙凤桥壤质粘土——见于小型滩地之下,土层厚薄无定。

H. 嘉陵江科——嘉陵江两岸之最新冲积物,具粗砂或粉砂土质地,色浅灰青灰至紫灰,呈石灰性反应。因砂质过重,且时遭泛滥,生产力甚低。

14. 猫(毛)背沱砂土——厚数公尺,内具不同之质地层次,在冬季枯水期内,可植小麦、豌豆,生长不良。种蚕豆尤属不适。区内微域地形之变异,对作物生长状况,影响甚大,凡地形稍稍凸出之处,小麦生长状况,即见恶劣,其凹形而位长坡坡麓者则反是。

［Ⅱ］变质原色土（简称变质土）——土壤中原生性胶质已起复分解作用，游离铁质已有少量析出，土壤反应转趋酸性，灰壤化作用在少数母质中，已明晰可见，土壤肥力，不如原色土富厚。

（一）渗育性土类——土中物质，不现移动现象，剖面坚实度上下一致，水分及肥分之传导，均居正常状态。

Ⅰ.嘉陵科——母质成自薄层状嘉陵灰岩或自流井灰岩。风化产物，质地粘细，构造粒状，或角块状，视风化程度而有异。其低度风化者，多呈粒状，且可起低腐化作用，高度风化者呈角块状，易起黄化作用。在本区气候及地形下，此岩之最高风化度为灰棕壤（自流井层）或棕壤。（嘉陵灰岩）不能起灰壤化作用。

15.康龙洞壤粘土——色暗棕，粒状构造，土厚1公尺以上。全体松脆，生产力甚高。

16.铁炉垩壤粘土——同上，惟50公分下，稍见坚实，松土层较浅，生产力较差。

J.状元碑科——老年冲积台地，距江颇远。质地多为细砂壤土，色浅紫棕灰。地形作缓坡状，其分布之地，现均栽植水稻，母质酸碱（碱）度约为4.0左右，潜育后碱（碱）性增高。

17.状元碑细砂壤土——浅度潜育，色棕多锈斑 pH5.5。

18.杨侯溪细砂壤土——深度潜育，色青白，浮层颇厚。pH 为5.0左右。

（二）浅灰化性类——此为具有黄化性底层之低度灰化土壤（参上灰壤化作用一节），剖面中黄化层色浅灰带黄，示游离铁质含量之低小。

K.香溪科——母质成自灰色长石质砂岩。剖面全部疏松易透，酸度极高，易起灰壤化及高腐化式发育，潴育时易生成铁子铁磐。

19.豌豆坪砂土——见于平缓短坡之上，下接陡崖，上接长坡。厚生植物为赤松刺杉青杠之混合林，林下密生羊齿及青苔。附录其剖面特性如次：

表面——苔藓层 pH4.5，厚1公分，色暗棕灰，是为 a_0。

1至3公分——pH5.0，色浅棕灰，是为 a_1。

3至5公分——pH4.5，色极浅棕灰，是为 a_2。

5至15公分——pH4.5，色带灰极浅黄棕。黄化层开始。

15至30公分——pH4.5,较上层更黄。

30至65公分——pH5.0,色极浅黄棕,下接母岩。

(三)高腐化性土类——见于尖形山顶之斜坡表面。坡向西北。土层浅薄,其性状详前节中。

K.香溪科(见前)

20.鸡公山细砂土——各层之pH均为4.5,层厚约为20公分。腐殖质层厚约10公分。

[Ⅲ]灰棕壤——略同变质土,惟矽铝率显然减小,土中游离铁质量,已显然加多。此土之pH,略同变质土,其有小于后者之pH者,惟石灰岩一物耳。

(一)渗育性土类(见前)

L.乐平科——母质成自燧石质或块状之灰岩。此岩风化物较嘉陵科为酸,风化度亦易深进,其肥力爱亦较劣。块状灰岩,较薄层灰岩,渗漏迟缓,岩表水分,易于潴积,故其风化之易于深进,原因殆即在此。

21.大坡粘土——薄层残积土,呈块粒状构造,色暗黄棕,pH为6.5左右。

Ⅰ.嘉陵科(见前)

22.桂花井粉砂粘土——块粒状构造,土层厚度无定,色暗黄棕,pH为6.5左右。本系土壤每与小坪上系(50)组成定位性复区。区中之平缓处为小坪上系,陡峻处为本系。

23.红庙子粉砂粘土——桂花井系之潜育相,色淡绿灰。

24.锅头坡粘七——见于灰岩裂隙内,呈复钙现象,pH为7.0。

K.香溪科(见前)

25.桐子山细砂土——pH4.5,色极浅棕灰,下部浅棕黄,厚约50公分,底岩略呈潴育现象,其土层厚而水源充裕者,可植水稻。多见于陡岸之侧。为崩积土之一种。

26.后山细砂壤土——pH4.5,色黄灰,见于山面凹处,土层深厚,可植水稻,乃局部冲积所成。

27.大竹林砂壤土——pH6.0,色灰,见于山面小清之中,乃灰棕壤之经潜育者,适于水稻及桃李等果树。

28. 煤炭沟砂壤土——略同27,惟潜育度尤深,色深黑,乃沟谷中砂岩水稻土之典型发育态也。

29. 数帆楼砂土——pH6.5,为山麓崩积物之一种,其底部所露红黄相杂之斑纹,乃曾经潴育之特征。

M. 三花石科——成自侏罗纪页岩之风化产物。时亦包括山坪上来源复杂之厚层冲积物在内。质地多粘土,构造密实,易起黄壤化作用,难生灰壤化作用,土层深厚,适于水稻之栽植。北碚境内新垦之荒区,其生产力较能维持久永者,大都为本科土壤之领域。

D. 巴豆科(见前)

31. 马牙石砂土——黄棕色砂土。每与巴豆林砂土混存。此土多位于平坦之处。pH为5.0,土层厚不过50公分。

E. 幺店子科(见前)

32. 石坑壤质细砂土——暗棕紫色,多位平坦之处,pH为5.0,土层厚不过50公分。此土质地细砂易于潴水,故较厚处多用以栽植水稻,不需灌溉。

(二)浅灰化性土类——正常灰化剖面与带黄化层者,均可察见。后者含游离铁质较多。其呈色亦较黄。

K. 香溪科(见前)

33. 古牛寺砂土——位陡坡表面,土层厚仅15公分,其上部10公分,色灰棕白,属淋溶层,下部色灰黄,为黄化层。pH度均在5.0左右。肥力低劣,仅适植林。其黄化层较厚者,为缙云寺砂壤土。前人已详述之,兹不赘。

34. 石龙碑细砂土——为古牛寺系之表层,受流水侵蚀后沉积于他处者,其pH值较无一定,剖面无发育征象。在本区内分布面积甚为广泛,乃重要之农用土也。

35. 关山坡细砂土——为具有a,b,c三者之薄层灰壤。发育层总厚不过2公分,接于其下者,为有潴育征象之崩积层。地形缓倾,上接陡峰,下连宽长之岭谷。肥力不佳,仅宜植林。

M. 三花石科(见前)

36. 黄泥堡粉砂粘壤土——pH为5.0,下层黄化度,较古牛寺系为明晰,灰化度则不如后者,肥力低下,小麦产量极低。

N.石子山科——石子山台地之老年冲积物质。质地为壤砂土,中杂卵石甚多。pH 为 3.5,可起轻度之灰化作用。地面密布藓苔,松林生长尚佳。

37.石子山砾石质壤砂土——表面 5 公分色淡灰棕,其下渐转浅黄棕。各层 pH 均在 3.5 左右。

(三)高腐化性土类(见前)

K.香溪科(见前)

38.狮子峰壤砂土——见于高峰两侧陡坡之上,土面苔层极厚,终年湿润,土层厚度,大都在 10 公分左右,其较厚者,石面常可见盐基淀积层与潴育层,剖面内各层之 pH,常呈下列之变化:

表面 5 公分——pH5.5(干燥较久者 pH 为 4.5),色浅棕灰。

5 至 20 公分——pH6.5,色暗棕灰。

20 至 30 公分——pH4.2,色暗黄棕。(下接岩面)

(四)低腐化性土类——见于土层较厚,坡势较平,海拔较低之处。腐殖质之集积不著。土壤呈浅棕灰色,愈下愈淡,pH 多在 5.0 左右。构造粒状,肥力富厚,农林咸宜。

K.香溪科(见前)

39.缙云山砂壤土——全土层厚约 50 公分,腐殖质层厚仅 5 公分,pH 为 5.0 左右。

40.飞蛾山细砂壤土——全土层厚约 50 公分,腐殖质层厚约 10 公分,其 pH 之变异,约如次列:

0 至 3 公分,色浅棕灰,pH 为 6.5。

3 至 10 公分,色暗黄棕,pH 为 4.5(似有灰化之迹象,但形态上完全不露)。

10 至 50 公分,色浅黄棕,pH 为 5.0。

41.太虚台细砂土——见于高峰顶部,地势较平,底岩呈潴育迹象,剖面下部各层之 pH,常有如下之变化:

0 至 1 公分,浅棕灰细砂壤土,pH 为 4.0。

1 至 4 公分,准棕色细砂壤土,pH 为 5.5。

4至34公分,中黄棕色细砂壤土,pH为6.5(似盐灰淀积层)。

34至50公分,咖啡棕色细砂壤土,pH为5.8(似为盐基淀积层)

50至65公分,呈色斑驳之浓鲜黄色风化岩石,pH为4.5,潴育性淋溶层开始。

65至90公分,同上,色略浅,pH为5.0。

(五)纯黄化性土类——参上"黄壤化作用"一节。

Ⅰ.嘉陵科(见前)

42.圆井粘土——见于漕谷内坪地之上,土层深厚,全体呈色黄棕,下层尤甚。其酸性度之变化略如次列:

0至40公分,pH为5.0。

40至100公分,pH为4.5(示灰棕壤黄化度深进时,其pH值常见减小)。

K.香溪科(见前)

43.大菜园砂土——厚1公尺以上,黄化层起自土表下15公分处。及至30公分以下,黄度增进,土色转呈黄白。剖面表层之pH为6.5,黄化层之pH为4.5。

44.颜家湾砂壤土——土层厚50公分左右,底层黄化度低小,pH在4.5左右。

45.老英岩砂质粘土——此为大菜园系之潜育相,土色绿黄,组织密实,水稻产量甚低。

46.五榕寺砂壤土——此见于砂岩崩积物所成台地之上。土层深厚,地形平坦,排水便利而迅速。其种植水稻在土中常生成多量之铁子与铁磐。生产力属中下。

M.三花石科(见前)

47.金龙寨砂质粘壤土——见于小型台地之上,黄化层开始于土表下5公分处,pH为5.0,肥力中等。

48.小窝凹粘壤土——黄化度较金龙寨系为深进,pH为4.5,肥力较劣。

[Ⅳ]棕壤——呈棕壤型之粘韧曲线,土色棕、紫或紫棕,酸砼(碱)度常在4.0左右,不易起腐殖化作用,肥力一般低劣(关于粘韧曲线之测定法及棕壤灰棕壤等分类标准,详地质调查所《土壤学刊》二卷一期)。

（一）渗育性土类（见前）

L.乐平科（见前）

49.南山坡粘土——pH5.0,土层厚约50公分。

Ⅰ.嘉陵科（见前）

50.小坪上粉砂粘土——pH6.0,位丘陵之上,厚度变化颇剧。常与桂花井系（22）成定位性复化。生产力优于油沙湾系。

51.油沙湾壤粘土——pH为5.0,色暗黄灰棕,呈角块状构造,位麓平坦之地,肥力不佳。

K.香溪科（见前）

52.广场湾砂壤土——pH为4.0,色黄棕,土层厚在1公尺左右,见于山面松杉青杠混合林之下,尚可垦殖。

53.黄木沟砂壤土——似广场湾系,惟表面有腐殖质层,故生产力亦较优。

54.水岚垭砂粘土——位山麓灰岩层界以上,因水分易于潴积之故,非特其风化度高于附近相似物质,且常呈潴育现象,肥力乃以之而减低。此土之pH在4.5左右,土层厚约50至100公分。

O.犮乐山科——母质为酸性紫灰色页岩,见于侏罗纪石质砂页岩之上,白垩纪中性紫色岩层之下。成层颇厚。风化体作浅紫灰色,质地为粉砂粘壤土,pH为4.0。潴育者,呈色紫红,质地粘重,pH为4.5。此土多盛长柏木,与中性紫色土之天然植物相似,肥力亦略可比拟。惟其潴育态殊瘠劣,分布之地,多成荒区。

55.唐家湾粉砂粘壤土——浅紫棕灰,pH为4.0,疏松易耕。

56.龙华寺壤粘土——浅紫棕,pH为4.0,较唐家湾系为坚实,虽土层较厚,然生产力不如后者远甚。

57.羊圈壤粘土——此即上称之潴育态,剖面颜色及质地均多变化,组织密实,耕可不易,多见于平缓之坡低麓与沟谷之中。其剖面约如次述：

0至3公分,淡紫灰棕壤粘土,pH为4.0,此层如未侵蚀流之失,尚可耕垦。

3至8公分,桔红夹黄白斑点之壤粘土,pH为4.0,土层密实,潴育层即开始于此。

8至70公分,暗桔红带黄紫杂斑之粉砂质粘土,pH为4.5,土层坚硬异常,潴育度亦见增进。

P.凉高山科——母质为白垩纪下部之姜黄色砂页岩,大部为机械风化产物,其质地自粉砂粘土至粉砂壤土不等。pH均在4.0左右。

58.凉高山粉砂粘土——多见于较高丘陵之表面。土质坚密,不耐抗旱,其薄层者尤甚。土壤发育,仅限于潴育及潜育二式。潴育层多见于旱土之下部,色黄白相杂,俗称之为白散泥。潜育态多为引泉植稻之结果。色深黑,与侏罗纪砂岩所衍生之潜育态(煤炭沟系)相似,惟生产力则优于后者,盖一则为风化之结果,一则为化学风化之生成物也。

Q.高兴乡科——本科土壤,首由马溶之、侯学煜、席连之三氏在邻水县高兴乡附近发现。其母岩为酸性紫红色页岩,位于白垩纪重庆层之上部(或系嘉陵层?),在其本区者,仅见于北碚向斜中轴附近石子山之西南首,占积绝小。风化物色紫红,质地为壤质粘土,pH为3.5,与幼红壤相似。著者尝就其化学行为,加以探讨,知其与幼红壤多相异之处,因暂列于棕壤中,其准确属类,当尚有待于探讨也。

59.高兴乡壤质粘土——土层深厚,组织尚松,惟其肥力不如中性紫色土远甚。分布之地,大部荒芜。曾试植油桐及除虫菊,生长状况,并不良好。在本境渗育性紫色土中,此殆为最劣者。

(二)浅灰化性土类(见前)

K.香溪科(见前)

60.禅岩寺砂壤土——此种剖面,仅见于未经人力翻动之荒区,土层厚约50公分,其上密生藓苔。灰化层厚约10公分,pH为4.0,下部潴育层色黄棕,pH为4.5,灰化层内杂有腐殖颇多,故勉可垦植,若此层经侵蚀而去,黄化性底层露出,则生产力即大衰退,虽厚施肥料,亦无济于事矣。

61.洞坪砂壤土——本系略同禅岩寺系,惟以地位斜坡坡面排水完全,故黄化现象极为轻微,土壤肥力略可与低腐化性灰棕壤相比。兹录其剖面如次:

0至5公分,暗黄棕壤土,松脆,粒状构造,pH为4.5。

5至30公分,浅鲜黄棕粘壤土,尚松,块粒构造,pH为5.0。

30至60公分,准桔红粘壤土,较坚实,pH为3.8。

62.石华寺砂壤土——本系位于山面凹坡之间,黄化与潴育同时发生,灰化现象以之不著。全剖面因潴育之故,pH大见增高,兹录其剖面如次:

0至2公分,浅黄灰棕砂壤土,pH为5.5,构造粒状杂片状。

2至10公分,浅鲜黄棕壤砂土,pH为5.5,构造块状。

10至20公分,准桔红砂壤土,pH为5.0,构造块状。

本土肥力,不如洞坪系,但较禅岩寺系为优,盖以其潴水较易也。

M.三花石科(见前)

63.葛家坡壤土——同禅岩寺系,惟以质地粘重,黄化度亦见深进,故其生产力亦较次。

(三)黄化性土类(见前)

K.香溪科(见前)

64.将军碑砂壤土——见于山面平坦之处,土层甚厚,表面不见腐殖质层。土色浅桔黄,pH为3.0,作物生长状况,殊为低劣。

M.三花石科(见前)

65.大顶壤土——本系为黄化度较浅之壤质棕壤,pH为4.0至4.5,层厚不足50公分,生产力较优于本科后列诸系。凡首层棕壤之起黄化作用者,大都生成本系。

66.西山坪粘土——本系为黄化度深进之粘质棕壤,pH7.4至4.5,层厚在1公尺以上,多位于缓倾坡面由斜转夷之处。土壤剖面之上部,色深棕黄,愈下则渐见红色条纹及结核,其组织亦愈趋坚实,土层全体,略呈整块状构造,干燥后坚硬异常,理化性均属恶劣,故其生产力之低下,亦意中事也。

67.七块田粘壤土——略同西山坪系,因质地较松,排水较易,故剖面中无条纹及结核。各层之pH,均略高于前等,其生产力亦较优。

[V]红壤——此为本区非紫色岩石之最高风化产物,具特种粘韧曲线。先天肥力,一般较劣。但其未发育者,如有疏松易透之特质,则埋性上之优点,仍可获致中常之产量,如后峰岩粘土是也。

(一)渗育性土类(见前)

L.乐平科(见前)

68.后峰岩粘土——暗桔红棕,层厚50公分左右。pH为4.0。所生玉米、小麦等作物,均较优于灰化棕壤及黄化棕壤各系。

K.香溪科(见前)

69.花朝门砂质粘土——块状结构,干后坚实异常,土层厚50至100公分,pH4.5。其薄层者多现潴育现象,乃不可耕之荒地,如为厚层而久经耕种者,其生产力略与后峰岩系相似。

(二)灰化性土类(见前)

L.乐平科(见前)

70.月亮石砂壤粘土——土层深厚,地表荆棘丛生,只生松栎。其剖面如下:

0至5公分,中棕色壤粘土,pH为4.5,块粒状构造。

5至10公分,浓棕色粘土,pH为4.0,角块状构造。

10至50公分,暗桔红色粘土,pH为5.0,角块状构造。

K.香溪科(见前)

71.六股树细砂壤土——本系土壤一系,中国地理研究所刘培桐、钟功甫二氏在缙云山梭板石附近发现。全剖面厚约百余公分,表面具腐殖质层,灰化层不甚明晰。其生产能力及利用情形,均与洞坪(61)系相似。

72.华阳沟砂质粘土——此系六股树系之底层,因侵蚀而裸出者,在坡间平坦之处。此层多呈潴育现象,组织坚实,不能耕种,惟未呈潴育之处,土质疏松,生产尚好,pH为4.5。

比较上述各系之特性,可得数概念如下:

(一)本区土壤,以壤质中性之原色土为最优,粘质酸性之棕壤及红壤均较劣。

(二)在各种发育方式中,深度之黄壤化、灰化及潴育,均足劣变土性,惟腐殖化及潜育,可助长其生产之能力。

(三)在风化与发育方法相同时,土层厚薄与质地砂粘,均足影响土壤生产之能力。是因本区春夏两季,时有旱患,如无厚层土壤,则水源易竭,还润可难,是时倘土质粘结,不易透水,则雨水入土,尤有被阻之患也。

(四)石灰岩土壤,但结粒优美,无碍渗透,其风化度如在棕壤之下,则生产力丰腴,颇可与中性紫色土及冲积土相比美。至于侏罗纪砂岩,化性恶劣,除腐殖化者外,实难免于贫瘠也。

三、土壤分区

本区有背斜层及向斜层各二,背斜层隆起成山,其度约为300至600公尺,乃侏罗纪以上各较老地层出现之地,所成土壤,强酸性至中性,风化透彻,肥力不高。向斜凹陷成谷,丘陵密布,高均不逾100公尺,为白垩地层出现之地,所成土壤,多呈微酸至微硷(碱)。全区岩层复杂,地形多变,土壤之群落性,或受地形之影响,或随地层而变化,要皆随地而殊。兹为便利读者明了计,先分段略述各区土壤之分布,次再分解每一土区之特性。

(一)温塘峡背斜 位本区中北部,呈东北西南走向,出岩层,均为侏罗纪砂页岩,山岭最高海拔可达900公尺,低处则仅400公尺,地形变化频频,土壤分布,爰亦随之而起变异。大抵在温塘峡西南者,高峰巍峨,土壤质地多偏砂性,灰壤化势力特见发达。其位峡之东北者,顶部每成坪地及低丘,棕壤及浅灰化作用皆有发生,其中黄化成程度,均甚深进。坪地顶部,且可见黄泥堡区与龙华寺区之紫棕色母质,二者均不见于他处也。

(二)观音峡背斜 位本区南部,与温塘峡背斜相平行,岭顶中央为高峰,成自三叠纪飞仙关紫页岩,两侧为嘉陵灰岩所成之槽谷,边缘则为侏罗纪砂页岩所成之豚背形山峰。自白庙子以北,中轴发生走向断层,二叠纪灰岩层露出,其地形亦为高峰。以上三处地形母质,既各有相差,土壤情形,自亦截然互异。侏罗纪岩层,多成灰化性土类,黄化不著,潴育深进,肥力一般瘠劣,漕地灰岩擅山水之利,多成为潜育性土壤,肥力较伟,惟在露石嶙峋之处,肥力亦殊贫瘠。飞仙关紫岩,则成原色土壤,随地形而异,其丰腴之程度,其平坦处,殆皆为岭(?)面富庶之区,二叠纪灰岩风化最深,多成红壤,土质地形,均属不佳,此本区土壤之大概也。

(三)杨了溪向斜 位温泉汔鼻二背斜之间,本区北部,适当此向斜之南翼。岩层倾角,约在20度至30度之间。白垩纪岩层露出于此处者,主为暗紫棕色之砂页岩,棕紫及棕黄色次之。区内地形平缓,少峻丘深谷,故鱼湾区及坡顶湾区,恒占有本区之大部,此乃其有异于张家湾向斜之处也。

(四)张家沱向斜 位温塘观音二背斜之间。两翼略呈不对称形。其东南翼之近中轴处,倾角仅10余度,余则皆在60度左右。白垩纪岩层之露出于此者,以暗紫棕色砂页岩、紫灰色砂岩及棕紫砂页岩为主,此数者均成积为各种原色土壤,肥力腴美,生产茂繁,此外棕黄色及淡紫棕色酸性岩层,亦有露出,惟其肥力均稍见低弱。本区地区侵蚀,历时较暂,片段之侵蚀面,时可察见。其较著之一侵蚀面,约高出于谷底40公尺,为天生桥水晶沟二类土区分布之地。此侵蚀面消失之处,佛耳岩区即常化有其位置,而地形遂多峻丘深谷之貌矣。

(五)嘉陵冲积区　嘉陵江在三峡中,多急流激湍,故其冲积物仅见于向斜区中。其土质地多为砂壤性,面积狭小,在农业上不如紫色丘陵土重要,惟生产力则每为后者所弗及。

在上述五个地区中,均无单一土系独成一广大地区,可明白表诸土壤首中者。笔者为适应事实计,爰依各土系之群落性,立为复区,另就复区中主要土质之特性,立为分区,由是共得复区三十有七,兹将其特性详列于次。

[Ⅰ]冲积土区类——据有河流两侧之台地,土层深厚,地表平整,雨水不易流失,但缓缓下渗于土层中,故还润力颇为强大,惟砂质过重之土,则为例外。此区中作物种类繁多,生产量一般巨大,其有不能尽符此例者,原因大都不外下例:(一)地势过低,时遭泛滥。(二)老年台地,久经侵蚀,夷为丘陵。(三)含砾过多,不能耕种。(四)河岸下部,岩层外突,土层浅薄,地面倾斜。(五)土质瘠劣,毛管力薄弱,难以御旱。

L_1石子山区——为石子山系土壤及雅安期红壤分布之地。后者在本境中,尚少出露,惟掘地二三公尺深处,始可见之。表土于检去石子后,可供种植豌豆之用。

L_2夏坝区——占有海拔200公尺之黄桷树台地。土壤以夏坝系为主,其近紫色丘陵之地,则常可见韦家湾系之踪迹。二者地形平坦,土层深厚,其深层中并无潴育之痕迹,过去似多用以栽植蔬菜,今多辟为城镇及桑林。

L_3猫(毛)背沱区——包括沿河滩地及海拔200公尺以下之河岸坡地。土壤有毛背沱龙凤桥夏坝诸系。毛背沱系多位于沿江滩地之上,冬季植小麦及豌豆,夏季植苞谷,然大部皆荒弃不用,盖受江水泛滥之影响也。夏坝系之坡地相,多见于河岸坡面,质地较细,生产力较优,可植蚕豆及菜蔬。龙凤桥系概分布于距河较远之小溪两侧,占积狭小,多植水竹及柳,本区地面,中有增高,新沉积物,现渐多紫棕色之粉砂粘壤,在本境内,为一沉积最盛之区。

[Ⅱ]残积土崩积土及局部沉积之土壤类——占有本区丘陵及山岭区域之全部。土层在山面者,厚多不逾1公尺,在谷内者,厚可达二三公尺,盖为侵蚀及局部沉积两俱剧烈之区域也。在此等区域内,地形之变化,往往足以左右岩石风化之方法与程度,后者又常直接决定土壤群落之性质,故下列土区之名称,不啻即为该地地形特性之代表也。

甲、原色土区——指原色土占积在区内为最广之土区。在此等区内,地形之影响,常可左右(一)土层之厚度、(二)水稻土之面积、(三)水稻土发育之方法及程度。大抵地势愈见平夷,则土层愈厚,带深度潴育与潜育之水稻土愈多,而肥力亦愈佳,其坡势陡峻者则反是。

P_1鱼塘湾区——本区地形,多为低丘与宽谷,坡势平缓,谷底近平,丘陵相对,高度约自10至50公尺,雨水流失迟缓,侵蚀不烈,故丘面土层,大抵厚达50公分以上。刻下区中坡地,有半数以上,均已垦为水田,轻度潴育与潜育之水稻土,随在可见,其生产能力,尽非P_2P_3所可及也。

本区有分区四,其主要母质之属类如下:

a.(在土壤首上书为P_1a,下同此。)北碚科各系。土色暗紫棕,质地为壤土至粉砂壤土。

b.重庆科各系。土色棕紫,质地壤土至粘壤土。

c.凉高山科各系。土色棕黄,质地壤土至粘壤土相伴存在者,为重庆科之坡顶湾系(4)。

h.遵义科各系。土色暗紫棕,质地砾质砂壤土。

P_2坡顶湾区——本区地形,为坡势平夷之高丘与狭谷。丘之顶部与坡面,稻田面积,约可占总积三分之一以上,其剖面多属淹育,惟田面稍宽,地位较近丘麓者,则呈轻度潜育之征象。丘面土层厚度,除水稻土区外,大抵在20公分以上、50公分以下,侵蚀势力,较P_1区为剧烈,水土保持工作,于此甚为重要。

本区有分区五,即a、b、c、h,与d是也。前四者之主要母质,已见上节。d为攸乐山科之龙华寺系及其类似之土壤系，具有与原色土相似为肥力者。

P_3佛耳岩区——地形为陡峻之高丘，其上地层厚度约在20公分左右，侵蚀剧烈，裸石嶙峋，水田仅见于深谷之中，占积不及全区三分之一，因潴水较丰，多有呈轻度之潜育者。

本区有分区六，其中a、b、c、d、h五者，已释于前，另有一区为f，乃凉高山系棕黄色土壤之单独分布区域。以上c及下二区，有时得山水流溉之利，则坡面水稻土之面积，可突增至50%以上。

P_4天生桥区——见于等高线24公尺之侵蚀面以内，地形为低丘与平底之盆状山谷。全部为稻田所占，土壤发育极深。大抵位谷底者多呈深度之潜育，位丘面者多呈深度之潴育，潜育土中表面之浮层，厚有达70余公分者。本区所在之地，旱年无欠收之患，收量稳定，为全区冠，如能厚施有机质肥料，其产量当尤可增于上乘也。

本区主要母质，大都为北碚科各系。

P_5水晶沟区——见于240公尺侵蚀之上，地形亦为平底之山谷，惟面积较狭，水源有限，故谷底田虽呈深度潜育，而两旁较高之田均仅呈轻度之潜育，甚至有呈淹育者。本境内可组成此区之母质有下列三科——变质土区、灰棕壤区、红壤区。

以上各区地形之变异，大抵诱致：

（一）土壤发育法之变异；

（二）土壤群落性之变异；

（三）土壤肥性之变异。

兹表列各区之特性如次：

一、区名	二、底岩	三、地形	四、土壤发育法及群落性与肥性之变异
乙、变质土区			
G_1鸡公山区	侏罗纪岩层	豚背形峰岭之顶部	高腐化之鸡公山系，见于陡坡薄层土壤之上，浅灰化之豌豆坪系，见于缓坡内中等厚度土壤之上，地力瘠，现为松林分布之地

续表

一、区名	二、底岩	三、地形	四、土壤发育法及群落性与肥性之变异
丙、灰棕壤区			
G_1古牛寺区	同上	坡向多面之陡长坡,坡度在30度以上	浅灰化兼薄层浅黄化之古牛寺系,见于陡坡薄层土壤之上 浅灰化兼厚层浅黄化之缙云寺系,见于较缓坡厚层土壤之上 地力瘠,现有松杉栎林密布其中
G_2天子庙区	同上	坡向坡面之缓长坡,坡度在20至50度间	浅灰化兼厚层极浅黄化之洞坪系,见于山之顶部。浅灰化兼厚层中度黄化之禅岩寺及黄泥堡系,见于下坡 地力瘠,原生植物为松杉栎林,垦区多植西瓜及水稻,苞谷劣
G_3桐子山区	同上	坡向一面之陡长坡,坡度在30度以上	灰化不著,底岩现微度潴育之桐子山系,见于坡面 陡峻处为古牛寺系 地力瘠,略优于天子庙区,多垦植西瓜及苞谷等旱作
G_4大茶沟区	同上	坡面陡峻之凹谷,坡度在30度以上	灰化不著,底岩现潴育状况之桐子山王花石诸系,见于陡处 少数灰化度及棕壤化较高之石华寺系见于较平之处 肥力中平,苞谷等旱作生长尚好
G_5温泉区	同上	陡坡坡麓	数帆楼系桐子山系及后山系相杂分布。多为桐子山系之崩积相 肥力中上,旱作生长良好
G_6狮子峰区	同上	陡峰尚峻,坡度自30度至40余度,海拔在100公尺以上	陡峰坡面,均为狮子峰系之高腐化性土壤,林木甚茂 山顶可见太虚台系,山麓为飞峨山系 肥力中上,宜林不宜农
G_7缙云寺区	同上	山顶之小型台地	多呈浅黄化现象,渗育性之缙云山系与低度黄化之缙云寺系及金龙寨系,相杂出现。在底岩凸出于台地表面之处,多为缙云寺系,在切近页岩处,多为金龙寨系,余皆为缙云山系 肥力中上,农林咸盛

续表

一、区名	二、底岩	三、地形	四、土壤发育法及群落性与肥性之变异
G_8城门沟区	同上	背斜坡岭两侧之缓陡坡,坡度自20度至30度	陡峻处多古牛寺系及关山坡系,侵蚀后呈黄白斑烂之色 小块平缓处,多石龙碑细砂土及广场湾砂壤土,稻田多煤炭沟系 肥力中下,松杉栎林颇茂盛,坡面凹处,多杉及竹,垦植红苕,生长状况优于苞谷
G_9四墩坪区	同上	山坡面之山每台地	多为桐子山崩积相及后山系土壤,土层深厚,下部土壤每略现潜育现象。肥力中上,为优良垦区,苞谷生长良好
G_{10}柿子坪区	三叠纪嘉陵灰岩	漕中之台地,表面略呈起伏	起伏较甚之处,多桂花井系与小坪上系之复域。其余均为园井系,土层甚厚。肥力上等,苞谷生长极好,其他旱作亦佳
G_{11}文星场区	同上	漕谷,底部平整宽广	全部为福田,大多为桂花井系之潜育相,色黑。小部为红庙子系,色淡棕。区内小丘陵,仍为桂花井与小坪上之复区 漕中稻田生产力以本区为最高
G_{12}两路口区	侏罗纪岩层及嘉陵灰岩等	陡峻之长坡	为香溪嘉陵诸科。渗育性灰棕壤之混合区。土层内多含石块,层厚变化颇剧 肥力中等,宜林不宜农
丁、棕壤区			
B_1西山坪区	侏罗纪岩层	坡向一面之平缓坡	深黄化之西山坪系与浅黄化之七块田系,存在于坡面由斜转平之处,薄层之浅黄化性大顶系,则存在于坡面凸出之处 肥力低劣,水稻、小麦、苞谷等均不能循规生长,如管理不当,则肥力之消失,可见于数年之间
B_2洞坪区	同上	表面略呈起伏之坪地。坡斜处坡度不逾20度	坡平处,多禅岩寺系,陡处可见洞平系,平谷多葛家坡壤土及将军岩砂壤土 肥力大劣于西山坪区,宜植林或为集约之农业经营
B_3石华寺区	同上	山面较平缓之凹谷(参G4)。坡度约自10度至20度	石华寺系占积最广,较陡处多广场湾系、黄木沟系及桐子山系 肥力中下,可植旱作及水稻
B_4龙华寺区	同上之攸乐山科酸性紫岩	山面平坦至微斜之凹谷	旱土以羊圈系为主 水稻以唐家湾系之轻度潜育相为主。伏于此土下之老英岩系,露出亦广。于此唐家湾系属砂性,老英岩系属粘性,故前者下伏后者时,肥力甚高。至于老英岩系单独出露之处,稻之生长均甚劣

续表

一、区名	二、底岩	三、地形	四、土壤发育法及群落性与肥性之变异
B_5花朝门区	侏罗纪白色沙沙页岩	山面之盆地状宽谷，谷底仍多起伏者	旱土主为广场湾系及花朝门系 水稻土主为老英岩系。黄水沟系甚属少见。其中除花朝门系为荒区，不能生产外，余皆可供农用 肥力中等
B_6石龙碑区	同上	山面缓长坡，坡度约自10度至20度	大部为广场湾系，间有石华寺系杂出于其间。较陡处多石龙碑系，可以垦殖 肥力中等
B_7三花岩区	同上	坡向一面之缓长坡，坡度约自10余度至30度	较平坦处，多石华寺系，底岩潜育极烈，陡处多广场湾及黄木沟系。本区经流溉者，全区均可辟为稻田，是时土壤多呈潜育现象，变为灰绿之色，肥力尚高
B_8小边区	三叠纪嘉陵灰岩	深狭之漕谷	谷底起伏不平，稻田与旱土相杂。旱土均为山坪上系与黄木沟系之混合物，潜育后呈暗棕之色。漕谷之侧为山坪上系，土层极薄。本区内特多灰岩陷穴，易罹旱害，惟土质颇优
B_9五榕寺区	侏罗纪岩层	山边崩积物所成台地	平坦处水田多为五榕寺系 丘陵表面为桐子山系 生产力中等
B_{10}断碑石区	同上	山麓崩积物所成台地	桐子山系与广场湾系相杂，底层呈深度潴育之象 生产力为中等
B_{11}大顶区	同上	圆顶缓坡之山岭，坡度在20至30度之间	山面概为洞坪系及黄泥堡系，山麓多大顶系及广场湾系 宜林不宜垦
B_{12}黄泥堡区	侏罗纪岩层之攸乐山紫岩	山岭顶部，坡度10至30度	本区多位于龙华寺区之四周、洞坪区及天子庙区之上侧 山面土壤以羊圈系为主，间有龙华寺系，但无唐家湾系。本区顶部，多后山系之分部，其厚可达1公尺以上 全区肥力低劣，多植西瓜及水稻
戊、红壤区			
R_1后峰岩区	三叠纪灰岩区	山岭顶部坡度自10度至30度	后峰岩系、大坡系、南山坡系交杂出现，三者受局部冲积之影响，与微地形之关系，已不易查出。肥力中等，可植苞谷、小麦等旱作

续表

一、区名	二、底岩	三、地形	四、土壤发育法及群落性与肥性之变异
R_2月亮寺区	同上	山面盆地状小谷	丘陵部有厚层之月亮等系红壤 其两侧狭谷中,多乐平科各系淹育水稻土 肥力低劣,水稻产量不丰
R_3六股树区	侏罗纪岩层	承接尖岭之宽长缓坡,坡度约自10至25度	坡上部多黄木沟系,下部土层薄处多石华寺系,厚处多六股树系 肥力中等,农林咸宜
R_4华阳沟区	同上	R3区中之平坦地带	六股树系与华阳沟系相杂出露,土层松厚处,多可垦殖

综观各土区之分布情形,吾人可获知本境土壤地理之概则,有如下列:

(一)灰化性土,大都位于海拔240公尺以上之山地。

(二)来源可以明辩(辨)之红壤(多为岩石残积土),多位于600公尺以上之山地。

(三)高腐化性土,大都位于400公尺以上之尖峰。

(四)除灰化性土、残积性红壤与高腐化性土外,各种土壤位置,大都与高度无关,而与地形有关。

(五)浅度黄化之剖面,多见于坡向多面之陡坡。

(六)中度黄化之剖面,多见于坡向多面之缓坡。

(七)深度黄化之剖面,仅见于坡向一致之缓坡。

(八)天然潴育之剖面,多见于凹谷之中或坪地区中之缓倾山坡。

(九)深度潴育或潜育之土壤,常可见于下列各处:

1.平底谷之底部。

2.梯田边岸用巨石围砌之处。

3.冬水田。

(十)灰棕壤,一般多见峻坡,棕壤多见于缓坡。在缓坡表面上邻之坡陡者,棕壤化程度较深,上邻坡缓倾者反是。

(十一)土层厚度,质地粘粗与游离铁质之数量,均足改变地形之影响。例在适于黄化作用发生之处,倘土层浅薄,质地轻松,或风化度低小者,均难产生黄化性剖面;惟有土层深厚,质地粘重,风化度达于棕壤之境界者,始易产生黄壤。

(十二)适于产灰化性之处,如土壤风化度在棕壤以上者,常不易产生灰壤。惟有土壤风化度为灰棕壤或变质土者,始易产生灰壤。

(十三)关于各土区之侵蚀状况,笔者曾作大概观察,得如下之概念:

1.坡面平整者,较坡面凹凸不平者难于侵蚀。

2.坡向多面而坡短者,较坡向一致之长坡,易于侵蚀。

3.坡向一致之山坡,如相对高度仅在10余公尺左右者,无论坡度大小,均难于侵蚀。

4.坡向多石砾者,虽坡在40度以上,亦仍为可耕之地。

5.凡深度潴育性底岩存在之处,土层多极浅薄。

北碚土壤图

动物志

国立中央研究院动物研究所

前言

民国二十年(1931年)前后,中国科学社生物研究所及前自然历史博物馆,均数度来川,采集生物标本,又以中国西部科学院,亦设立于北碚,其生物学部人员,对于本地动物,作较详细之采集。中央研究院动物研究所在抗战军兴之次年,亦迁来北碚,平时对本地之动物物产,亦复注意及之,综合各处调查之结果,与吾人之经历,对于北碚所产之脊椎动物种别之知识较详,而对于无脊椎动物,仍多遗缺,不得不待他日之增补。此盖生物科学在我国产生未久,人才尚嫌欠缺,故全国性之动物志,目前无法着手,是以此志不能即望完备而无匮缺也。此志之成,端由中央研究院动物研究所全体研究人员视各人之专门范围,分任工作,而鸟类与蚯蚓类,则由常麟定及陈义二教授分撰初稿。

此志共分7章:(一)兽类,(二)鸟类,(三)爬虫与两栖类,(四)鱼类,(五)昆虫,(六)软体动物,(七)其他无脊椎动物。

第一章 兽类

北碚地域不广,又乏森林,故兽类特少。昔时闻溯温泉峡上行于两岸悬崖,偶有黄猴(*Macaca sp.*)出没,至今人烟稠密,竟已绝迹。金钱豹(*Felis pardus fusca*)为北碚食肉兽中之最大者,偶于缙云山中猎得之。其他食肉类较为常见者,尤推果子狸(*Viverra sp.*)、红狐(*Vulpes vulpes hoole*)及黄鼠狼(*Mustela sibirica moupinensis*)三者。果子狸多产于山地树林丛莽中,红狐及黄鼠狼则常出没于村落间,为害于家禽。在沼泽洞穴中偶见水獭(*Lutra lutra chinensis*),平时以鱼为食料,嘉陵江上游之渔民,有特别施以训练,用以捕鱼。在山地土穴中,更多狗獾(*Arctonyx collaris collaris*),闻亦可为害于家禽。野猫(*Felis bengalensis chinensis*)在东南各省最为常见,在北碚则至不普通。翼手类以小蝙蝠(*Pipistrellus tralatiti stramatura*)为最普通,夏秋季每于早晨及傍晚,见其飞翔于村落上空,掠食昆虫。此种分布最广,沿长江下游以至东南各省,均产之。啮齿类多为小形兽,而以野兔(*Lepus oios tolus grabami*)为较大,栖于山地丛莽中间,出窃食农作物。松鼠类在吾国境内,种类极多,而北碚不获见之。鼠类(*Muroidea*)北碚种类至多,*Rattus* 及 *Mus* 二属均具,目前尚缺详尽之调查。有蹄类除家畜外,北碚所产种类至少。野猪(*Sus scrofa*)北碚虽产之,而不常见。食虫类以短尾鼹(*Anrourosonexsqua nipes*)为唯代表,身体短而肥,被深灰色纯毛,尾短而吻尖,最易认别也。

第二章 鸟类

北碚所产之鸟类,共101种或亚种,一般常住鸟为吾人所习见,而候鸟以仅于迁徙时过境或短时暂住,有非一般人所常见者。此101种之鸟类,可隶属于31科。兹即以科为单位,表列各种或亚种于下,以便检对。

(一)鸭科 此科鸟类概属水禽,常群集于沼泽及水边,亦栖于冬水田中,包括一切之天鹅及野鸭之类。北碚所产者,共有6种:

(甲)嘴扁而宽。嘴侧虽具横行之角齿,但不成齿形。嘴之前端圆钝。

(乙)后趾不呈叶状,或近于叶状。鼻孔与前头之距离,短于嘴长三分之一。

翼长175公厘。嘴不呈铲状。上面覆两羽,非蓝色或蓝灰色。

（丙）尾之长短适中。中尾羽前端,圆钝不长。初列覆两羽具有斑带（*Spculum*）,其一部或全部绿色或紫色。

（丁）尾羽18或20（♂20,♀18）。翼长240—290公厘。雄鸭之头与颈绿色,雌者之头与颈暗赭黄,带有黑条纹。(1)野鸭（*Anas platyrhyncha platyrhyncha*）。

（丁丁）尾羽16(18不常见)。头部不具冠。羽翼长180—195公厘。雄者之头及颈,大部分为栗红色;雌者之头及颈棕色,具有黑斑点。(2)绿翼小鸭（*Nettion crecca crecca*）。

（丙丙）尾长,中尾羽尖锐,长于侧尾羽。(3)针尾鸭（*Dafila acuta acuta*）。

（乙乙）后趾宽,并呈叶状。尾羽短于翼之一半长,上颚基部之高度短于宽度。

（丙）上颚自基部至末端,逐渐狭小。尾羽16根。(4)红凤头鸭（*Netta rufina*）。

（丙丙）上颚自基部至末端,不逐渐狭小。头有冠羽。背与肩具有斑点尾羽14根。(5)凤头泽鸭（*Nyroca fultigula*）。

（甲甲）嘴狭长,嘴之侧缘具角质之齿,前端成钩形。(6)秋沙鸭（*Mergus merganser merganser*）。

（二）鹭科　此科以白鹭为代表,常见于沼泽地带及冬水田中,头之背后及背上披线形之簑（蓑）羽,其中趾甲具栉形之刻画,为其特征。北碚所产者有5种：

（甲）尾羽12根。

（乙）颈部裸露处较内趾和爪为长。

（丙）上体及尾灰色,头冠颈及下体自胸以下者均白色。(1)灰鹭（*Ardea cinerca jouyi*）。

（丙丙）全体白色,跗跖黑色,趾常黄黑兼具。在育雏时期,有冠羽及美丽之簑（蓑）羽。(2)小白鹭（*Egretta garzetta garzetta*）。

（乙乙）胫部裸露处短于内趾和内爪。

（丙）翼与尾白色,头及冠羽栗红色,嘴长于跗跖。(3)中国池鹭（*Ardeola bacchus*）。

（丙丙）翼与尾皆灰色,头顶黑,染有绿色光泽,并具两根细而长之白冠羽。

嘴约等于跗跖长之和。(4)黑顶夜鹭(*Nycticorax nycticorax nyct corax*)。

(甲甲)尾羽10根,中趾与中爪长于跗跖,体黄褐色,有多数黑斑纹,头顶黑,头侧及颈侧土赭色。(5)鹀(*Botaurus stellaris stellaris*)。

(三)鹳科　此科之鸟类与鹭科相似,唯通常较大,背部不具簑(蓑)羽,其中趾爪亦不具栉形之构造,前三趾均有蹼以连系。北碚所产者仅有一种黑鹳(*Ciconia nigra*)。

(四)鸻科　此科之鸟类通称岸鸟,常见于水边,其嘴之前段稍肿大,跗部之后面,常具网形之画纹,是为其特征。北碚所产者有2种:

(甲)颈部无项圈,上体羽毛浅棕色,翼长168—183公厘。(1)地鸻(*Eupodella vereda*)。

(甲甲)颈部具一白项圈,上体羽毛土黄色,翼长114—121公厘。(2)小鸻(*Charadrius dubius curonicus*)。

(五)山鹬科　此科鸟类,北碚所产者有5种,与鸻科极相似,唯嘴之前段并不肿大,且较柔软,跗部前面常具有网形之画纹,且前趾均无蹼,是其特征。北碚所产者有5种:

(甲)眼之位置不偏向后,冬夏二季之羽色不同。

(乙)体小,翼不超过127公厘。

(丙)夏季其背部呈黑色,背羽具棕色边缘。(1)特氏鹬(*Erolia temminckii*)。

(丙丙)夏季背部呈灰绿色光泽。(2)矶鹬(*Tringa hypoleucos*)。

(乙乙)体较大,翼长在130与150公厘之间。(3)绿鹬(*Tringa ochropus*)。

(甲甲)眼之位置偏向后,冬夏二季均色相同。

(乙)胫部完全披羽,头部与颈背有横斑,翼长196—213公厘。(4)山鹬(*Scolopax rusticola rusticola*)。

(乙乙)颈部一部分裸出,无羽,头冠与肩部具土色直条,翼长133—135公厘。(5)扇毛鹬(*capella gallinago raddei*)。

(六)燕鸥科　此科之鸟类概为水禽,以其羽甚长,普遍向后伸越过尾端,嘴之基部概具蜡膜,为其特征,北碚所产者仅中国小燕鸥(*Sterna albifrons sinensia*)1种。

(七)秧鸡科　此科之鸟类,通常头之前额有盾形之肉冠,后趾之位比前趾之位稍高,尾羽10至14枚,是为其特征,通常见于水田中,为夏季候鸟,北碚所产者仅白胸黑水鸡(*Amaurornis phoenicura chinensis*)1种。

(八)雉科　此科之鸟类,概具圆宽之嘴峰,吾人习见之家鸡孔雀及雉,均属之。北碚所产者有3种。

(甲)初列拨风羽之第一羽,不短于第四羽及第十羽,常与第二羽相等长,尾短于翼长之一半,其长度不超过175公厘,体甚小。(1)鹑(*Coturnix coturnix japonicus*)。

(甲甲)初列拨风羽之第一羽,短于第十羽,上尾羽短于尾羽,次列拨风羽短于初列拨风羽,或等长,头无肉冠,雌雄羽毛色彩不同。

(乙)尾圆,雌雄之尾不长于翼,翼短于178公厘,尾羽14根,雌雄羽毛色彩相似,跗跖无距,背部和胸侧至腹侧,具有深红铜色。(2)竹鸡(*Bambusicola thoracica*)。

(乙乙)雌雄之尾,均长于翼,雄者之侧尾羽至中尾羽,逐次渐长,其中尾羽更长,尾无眼斑,头无冠羽,跗跖有距。(3)司饶氏野鸡(*Phasianus colchicus strauchi*)。

(九)鸽科　此科之鸟类,包含寻常所见之鸠及鸽。其嘴之后半段为皮质,而鼻孔为皮所盖,是其特征。北碚所产者有3种:

(甲)雌雄羽色相同,第二及第三根初列拨风羽最长,尾长超过125公厘,颈部具一黑色半颈圈,下尾筒土灰色。

(乙)颈侧之黑色半颈圈,具有白斑点,上体羽毛红灰色,腹部土灰色。(1)斑鸠(*Streptopelia chinensis*)。

(乙乙)颈侧之黑色半颈圈,无白斑点,但羽之边缘饰以浅蓝灰色,上体羽毛大部分灰色,有浅褐或栗色边缘,腹部白色。(2)金背鸠(*Streptopelia orientalis orientalis*)。

(甲甲)雌雄羽色不同,第一及第二根初列拨风羽最长,尾长不超过95公厘,颈部具一完全黑颈圈,下尾筒白色。(3)红鸠(*Oenopopelia tranquebarica humilis*)。

(十)鹰科　此科之鸟类,包括寻常所见之猛禽如隼鸢之类,嘴前端作钩形,爪亦锋利。北碚所见者有5种:

（甲）上颚近尖端之边缘，每边有缺刻，呈齿状，尾长至少等于翼之一半或三分之二，身体大小适中，翼长超过150公厘。

（乙）尾呈圆形，自侧尾羽至中尾羽，不逐次渐长，第二根初列拨风羽最长，第一长于第三及第四，雌雄羽毛相同，颊线比眼宽，不具颈圈，头冠浅黑，胸部普通为深赤褐色。(1)鹎鹃（*Falco peregrinus peregrinator*）。

（乙乙）侧尾羽至中尾羽，次第渐长。上体羽毛，大部分深砖红色，有显明黑斑点，下体羽毛深栗黄色，胸部及腹侧有黑条纹。雌雄羽毛色彩相异。(2)东方茶隼（*Cerchneis tinnunculus japonigrcus*）。

（甲甲）上颚近尖端之边缘，无缺刻，眼前之羽，呈刚毛状，跗跖无羽毛前面鳞片呈长方形。

（乙）身体适中，跗跖短，前面有长方形鳞片，后面无之。嘴（自嘴角至尖端）长于跗跖之半。尾叉形，上体羽毛暗褐色，头与颈深褐，有黑色条纹。(3)鸢（*Milvus migrans lineatus*）。

（乙乙）体小，或适中，跗跖后面具有长面形鳞片。

（丙）嘴长（自嘴角至尖端），约等于跗跖一半，或少于一半，又等于中趾（除爪）一半之长。第四初列拨风羽之内侧，有4个或5个浅黑色斑，上体羽灰色，头冠头侧及颈侧深灰，眼前颈背及后颈白色，尾羽具有5个棕色横斑，其末端白色。(4)鹞（*Accipiter nisus nisosimilis*）。

（丙丙）嘴（嘴自角至尖端）长于跗跖一半，跗跖下部裸出。无羽毛，翼长不超过405公厘。颊线黑，颏与喉土黄，有棕色条纹，颈背白，上体暗褐。尾棕色，有6个暗褐横狭斑。胸栗色，具有不规则斑点。腹及腹侧栗褐，带有土黄色横斑。(5)土豹（*Buteo buteo burmanicus*）。

（十一）翠鸟科　此科之鸟类，概具强大之嘴，其前三趾之基部，互相连合，是其特征，北碚常见者仅小翠鸟（*Alcedo atthis bengalensis*）1种。

（十二）戴胜科　此科之鸟类，北碚所见者仅戴胜（*Upupa epops saturata*）1种，具细长而微弯之嘴，头上戴一簇焦黄色之长羽冠，最易认别也。

（十三）鸮科　此科鸟类俗称猫头鹰，以其前面宽而眼大，嘴比普通鹰隼之嘴为短，而状耳孔特大，常为一围呈花形之羽所掩。北碚常见者仅有华南横纹小鸮

(*Glaucidium cuculoides whiteleyi*)1种,见于冬季,常昼伏夜出。

(十四)杜鹃科 此科概为候鸟,春季自南向北迁徙,及秋复南归,不自营巢,常择鸣禽类之巢而产卵,由其孵化。又其第四趾能向后移转,而成前二趾后二趾之排列,是其特征。北碚所产者2种:

(甲)翼长210—234公厘,尾之近末端无黑色斑带。翼之边缘有掺杂之白色及褐色,头与上体浅蓝灰色,喉与上胸部土灰色,翕染以棕色,下体自胸以下白色,有深灰色之狭横斑,鸣声二音(古谷古谷古谷)。(1)杜鹃(*Cuculus canorus telephonus*)。

(甲甲)翼长197—207公厘,尾近末端有黑斑带。头与后颈灰,头侧棕灰,上背灰褐,其余上体为暗褐色。下体自胸以下白色,有暗褐宽横斑,鸣声四音(古谷古谷——古谷古谷)。(2)印度杜鹃(*Cuculus micropterus micropterus*)。

(十五)䴕科 此科包括啄木鸟之类,以其嘴端成凿形,以便直劈树木为特征。北碚常见者有3种:

(甲)上体呈鲜明绿色,绝不染有灰色,下体为淡黄绿色,头甚绿,羽之直条纹甚显著。(1)长江绿䴕(*Picus canus guerini*)。

(甲甲)上体黑白兼具。

(乙)体大小适中,第二根初列拨风羽短于第六根初列拨风羽,长超过次列拨风羽,至少与上颚之长相等。下体浅红褐,无条纹,胸部具一黑斑带,下尾筒呈鲜明赤红色。(2)花啄木鸟(*Dryobastes oabanisi cabanisi*)。

(乙乙)体略小,第二根初列拨风羽长于第六根。下体褐灰,胸及腹侧,有显明黑色直条纹。(3)小䴕(*Yungipicus scintilliceps sciutillicops*)。

(十六)鹡鸰科 此科之鸟类,概见于水畔及湿地上,其尾上下摆动,至易辨认。又初列拨风羽常为9根,嘴细长,上颚前端有一缺刻,为其特征。北碚常见者有8种:

(甲)上体无条纹。

(乙)尾比翼长,中间尾羽长于侧尾羽。

(丙)后爪短于后趾,上体黑色或灰黑色,下体白色。

(丁)背下部及腰部浅灰色。喉下部与胸上部黑色,上尾羽筒之边羽灰黑色。

(1)西比利亚白鹡鸰(*Motacilla alba baicalensis*)。

(丁丁)背部及腰部黑色,面部完全白色,胸有三角形黑斑,上尾羽筒边羽之外列白色。(2)白面鹡鸰(*Motacilla lugubris leucopsis*)。

(丙丙)后爪稍长于后趾,上体蓝灰色,下体柠檬黄。(3)东方灰鹡鸰(*Motacilla cinerea caspica*)。

(乙乙)尾比翼短,中间尾羽短于侧尾羽。(4)山鹡鸰(*Dendronanthus indicus*)。

(甲甲)上体具条纹。

(乙)尾羽之尖端,多少呈圆形,腹部无条纹。

(丙)后爪稍弯曲,后趾与后爪约等于中趾与中爪之长,或稍长。

(丁)腋部白色,上体稍褐。(5)水鹨(*Anthus spinoletta blakistoni*)。

(丁丁)腋部黄色,上体暗橄榄色。(6)西玛拉亚山水鹨(*Anthus roceatus*)。

(丙丙)后爪甚弯曲,后趾与后爪短于中趾与中爪之长。上体成橄榄褐色。(7)木鹨(*Anthus hodgsoni hodgsoni*)。

(乙乙)尾羽之尖端极尖锐,腹部有条纹。(8)高原鹨(*oreocorys sylvanus*)。

(十七)燕科 此科之鸟类,吾人最为熟悉,为春季候鸟,翼常具初列拨风羽9根,嘴扁平而宽,上颚前端亦具一缺刻,是为其特征。北碚常见者有2种:

(甲)下体无条纹腰部亦无横带。(1)燕(*Hirundo rustica gutturalis*)。

(甲甲)下体具有黑色条纹,腰部有赤褐色横带。(2)赤腰燕(*Hirundo daurica japonica*)。

(十八)雀科 此科包括麻雀及蜡嘴等鸟类,以其嘴特别坚厚,前端无缺刻,初列拨风羽9根,第一根与第二根之长度相等,为其特征。北碚习见者有8种:

(甲)嘴大,上颚之后端越过眼眶之前线。(1)黑头腊嘴(*Eophona migratoria sowerbyi*)。

(甲甲)嘴较小,上颚之后端不越过眼眶之前线。

(乙)上颚之下缘稍弯,嘴之横切面上下颚,无有不相接触者。

(丙)嘴基部之厚度与嘴峰之长度相等,上颚基部扁平。

(丁)尾与翅呈金属光泽之紫黑色,下体橘红色。(2)韦氏莺(*Pyrrhula erythaca wlderi*)。

（丁丁）尾与翅不呈紫黑色，下体黄绿，头亦黄绿，翼基边缘黄色。(3)金翅（*Chloris sinica sinica*）。

（丙丙）嘴基部之厚度较嘴峰之长为次，上颚基部稍扁或隆起，自背至腰黄褐色，头侧下部分呈黑色。(4)麻雀（*Passer montanus saturatus*）。

（乙乙）上颚之下缘成角形，嘴之横切面上下颚有不互相接触者。

（丙）头无羽冠。

（丁）胸无黑色斑纹。

（戊）上体栗红，翼较长，眉及颊纯白。(5)草地鹀（*Emberiza cioldes castaneceps*）。

（戊戊）上体褐红，翼较短。(6)福建草地鹀（*Emberiza cioides fohkiensis*）。

（丁丁）胸有黑斑。(7)小鹀（*Emberiza pusilla*）。

（丙丙）头有羽冠。(8)冠鹀（*Melophus melanicterus*）。

（十九）文鸟科　此科之鸟类与麻雀相似，嘴亦坚大，呈圆锥形，但其初列拨风羽有10根，且第一根极短，而尤以鼻孔之位置特高，与一般之鸣禽不同，北碚习见者仅中国黑背文鸟（*Uroloncha straita squamicollis*）1种。

（二十）黄鹂科　此科之鸟类，以其鸣声及羽色，吾人较为熟悉，为夏季候鸟。在分类学上则以其雏鸟体上具条纹，第一根初列拨风羽长及第二根之半嘴旁，具刚毛，为其特征，北碚所见者为普通黄鹂（*Oriolus chinensis diffusus*）。

（二十一）莺科　此科之鸟类，以其雏鸟之体色与成年之雌鸟相似，唯稍淡，为其特征，北碚所产者共有5种：

（甲）上体棕红或浅棕红色，背羽有黑色条纹。

（乙）背羽黄褐色，颏与喉白色。(1)扇毛莺（*Cisticola juncidis tinnabulaus*）。

（乙乙）背羽绿褐色，颏与喉黄白色。(2)竖纹蚂蚱莺（*Locustella lanceolata*）。

（甲甲）上体橄榄绿，背羽无条纹。

（乙）嘴略狭小，腰部浅绿，具有黄色斑纹。(3)黄眉柳莺（*Phylloscopus inornatus inornatus*）。

（乙乙）嘴宽而大，腰及上尾筒羽橄榄绿。

（丙）头冠羽无条纹，初列拨风羽之第一羽约7—8公厘。(4)北极（极北）柳莺（*Acanthopneuste borealis*）。

（丙丙）头冠羽具条纹，初列拨风羽之第一羽约10—14公厘。(5)冠柳莺（*Acanthopneuste occipitalis coronata*）。

（二十二）卷尾科　此科之鸟类，体色黑，尾叉形，具10羽，其雏鸟与成鸟体色相同，是为特征。北碚所产者有2种：

（甲）前头无长发状之羽，全体银灰，头侧及颈侧具一白斑。(1)白颊卷尾（*Dicrurus leucogeny cerussatus*）。

（甲甲）前头具有一丛长发状之羽毛，全体灰黑色。(2)中国发行凤头卷尾（*Chlbia hottentotta braviostris*）。

（二十三）鵙科　此科之鸟类，亦称伯劳，嘴前端成钩形，具一缺刻，雏鸟体色具横形条纹，为其特征。北碚所产者有3种：

（甲）头冠及颈，背栗红。下体有半月形暗色斑纹。(1)牛头鵙（*Lanius bucephalus*）。

（甲甲）头冠及颈背灰色，下体无半月形之斑纹，无白色眉斑。

（乙）翼与尾棕色。(2)虎斑鵙（*Lanius tigrinus*）。

（乙乙）翼与尾黑色。(3)棕背鵙（*Lanius schach schach*）。

（二十四）鹟科　此科之鸟类，概为小鸟，捕蝇类为食。其雏鸟概具斑点，成鸟之上颚基部，多平行丛毛，直达鼻孔，或过之，是其特征。北碚常见者有2种：

（甲）尾长于翼，头有冠羽，雄之体羽白间黑，雌及幼雄土红或栗红色。(1)中国练鹊（*Terpsiphone incei*）。

（甲甲）尾短于翼，头无冠羽，上体羽褐灰色，眼前及眼之周围白色，胸及腹侧土灰色，其余下体白色。(2)宽嘴鹟（*Alseonax iatirostris pronensis*）。

（二十五）鸫科　此科之鸟类与鹟科相似，其雏鸟亦呈斑点，唯其上颚基部及鼻孔，均无丛毛。北碚所产者有11种：

（甲）体长过200公厘。

（乙）嘴之尖端稍成钩形，全体羽毛深青紫色。(1)紫蓝色箫声鸫（*Myiophoneus caeruleus*）。

（乙乙）嘴不为钩形，但嘴之尖端多少略有凹口。

（丙）全体蓝色。(2)亚东蓝色石鸫（*Monticola solitarius pandoo*）。

(丙丙)上体非蓝色。

(丁)嘴黄,全体羽毛黑色。(3)中国黑鸫(*Turdus merula mandarinus*)。

(丁丁)嘴非黄色。

(戊)无眉斑,上体纯橄榄色,下体有黑圆点。(4)中国鸣鸫(*Turdus auritus*)。

(戊戊)有眉斑,上体有条纹。

(己)背羽棕褐,羽之中央栗红,胸羽砖红,边缘白。(5)红尾鸫(*Turdus naumanni naumanni*)。

(己己)背羽褐黑,边缘棕色,胸部有一由黑点组成之带。(6)斑鸫(*Turdus naumanni lunomus*)。

(甲甲)体长不及200公厘。

(乙)羽尾大部分栗色。

(丙)尾长于跗跖之2倍,腰及下体在胸以下为栗色。

(丁)头冠与颈背白,两性相似,尾圆。(7)白顶水鹟(*Chaimarrornis leucocephalus*)。

(丁丁)头冠与颈背灰白色,背与喉黑色,两性不相似,尾几为方形。(8)朗鹟(*Phoenicurus auroreus auroreus*)。

(丙丙)尾长为跗跖之两倍,栗色,只限于尾,尾筒及肛门处,体羽石板蓝。(9)铅色水鹟(*Rhyacornis fuliginosa fuliginosa*)。

(乙乙)尾无栗色。

(丙)尾纯蓝,上体蓝色。(10)蓝尾鸲(*Tan hia cyanura*)。

(丙丙)尾黑与白,上体黑色。(11)喜鹊鸥鸲(*Copsychus saularis prolhopellus*)。

(二十六)燕尾科 此科之鸟类与鹟科极相似。北碚所产者仅中国燕尾(*Enicurus leschenaulti sinensis*)1种,其尾叉形,较翼为长,中尾羽长仅及全尾长三分之一。

(二十七)鹎科 此科包括白头翁类,概属小鸟,尾羽12根,内趾与后趾等长,嘴边均具刚毛,是为特征。北碚习见者有3种。

(甲)嘴不呈锥形,喉无白色半环形之领斑。

(乙)后颈及颈背白,下尾筒亦白。(1)白头翁(*Pycnonotus sinensis sinensis*)。

（乙乙）后头及颈背深黑，下尾筒橙黄。(2)华南黄腹鹎（*Pycnonotus aurigaster andersoni*）。

（甲甲）嘴雏形，喉有一白色半环形之领斑。(3)中国雀嘴鹎（*Spizixos semitorques semitorques*）。

（二十八）画眉科　此科包括画眉一类之鸟，与鹎科极相似，唯翼较短。北碚所见者有5种：

（甲）尾为阶级式。

（乙）鼻孔几乎完全为毛所遮掩。

（丙）头侧黑尾橄榄褐。(1)黑脸笑鸫（*Dryonastes perspicilatus*）。

（丙丙）头侧白尾栗褐。(2)白颊笑鸫（*Dryonastes sannio*）。

（乙乙）鼻孔显露，仅一部分为毛所遮掩。

（丙）嘴较头为短，不甚弯曲，末端齿状，翼赭色，与体羽同色，体羽有褐色条纹。(3)画眉（*Trochalopterum canorum*）。

（丙丙）嘴长于头，且甚弯曲，胸栗色与白色相间。(4)华东小偃月嘴噪杂鸟（*Pomatorhinus ruficollis*）。

（甲甲）尾不为阶级式，最外侧之尾羽，不短于第二对尾羽，尾叉状，头无冠羽，翼之边缘暗深红及鲜黄。(5)中国红嘴雀（*Liothrix lutea*）。

（二十九）鸟形山雀科　此科之鸟类与山雀科极相似，唯嘴短而厚，第一根初列拨风羽过于第二根之半。北碚所产者有2种：

（甲）尾长于翼，头棕红色，喉有微之羽轴纹，嘴高不及其长。(1)柑色鸟形山雀（*Sinosuthora webbiana suffusa*）。

（甲甲）尾不长于翼，头灰，喉有一黑块。(2)灰头鸟形山雀（*Psittiparus gularis fohkienensis*）。

（三十）山雀科　此科之鸟类，嘴较细长，第一根初列拨风羽决不及第二根之半。北碚所产者有2种：

（甲）翕隼绿色，下体羽色白。(1)华北山雀（*Parus major artatus*）。

（乙）翕亦为绿色，下体羽色较深。(2)福建灰山雀（*Parus major fohkienensis*）。

（三十一）鸦科　此科包括乌鸦、喜鹊之类，与前二科极相似，唯嘴长，第一根初列拨风羽之长度超过第二根长度之半。北碚所产者有5种：

（甲）尾长于翼。

（乙）中央一对尾羽极长，体羽蓝灰。(1)山鹊（*Urocissa erythrorhyncha erythrorhyncha*）。

（乙乙）中央尾羽不伸长，体羽黑白。(2)鹊（*Pica pica sericea*）。

（甲甲）尾短于翼。

（乙）嘴高过于阔，翼长，几达尾尖。

（丙）颈与胸白，其余体羽黑。(3)白颈鸦（*Corvus torquatus*）。

（丙丙）体羽完全灰黑。(4)华北大嘴鸦（*Corvus corono deshassi*）。

（乙乙）嘴高与阔等，翼长不达尾尖，翼圆覆，两羽有蓝、白、黑三色所成之斑纹，体羽葡萄棕。(5)华南松鸦（*Garrulus glandarius sinensis*）。

第三章　爬虫与两栖类

爬虫类包括蛇、蜥蜴以及龟鳖等动物，而两栖类包含蛙及蟾蜍等动物，虽在动物分类上，绝不相同，而此二者，北碚所产之种类均少，故合成一章。

（一）爬虫类

四川全省所产之爬虫类，不下40余种，而见于北碚者，仅11种。兹列表如下：

(1)壁虎守宫（*Gekko subpalmatus*）

(2)蜥蜴（*Eumeces elcgans*）

(3)蛇蜥（*Sphenomorphus indicu*）

(4)石龙子（*Takydromus septentrionalis*）

(5)黄金线小林子（*Zaocys nigromarginatus*）

(6)神皮花蛇（*Elaphe mandarinus*）

(7)画眉松（*Elaphe taeniurus*）

(8)赤练蛇（*Dinodon rufozonatum*）

(9)烙铁头（*Trimeresurus mucrosquamatus*）

(10)乌龟（*Geoclemys reevesii*）

(11)甲鱼团鱼水鱼(*Amyda sinensis*)

守宫亦称壁虎,通常爬行于墙壁窗棂间,其各趾之腹面,皆有十数平行薄板,因能于垂直平面上行走自如。壁虎因其外貌与色泽,不常与人接近,故皆以为有毒,实则不但无毒,且以其食物皆为害人类之蚊蝇,而间接有利于人类也。

蜥蜴、蛇蜴及石龙子,常见于丛莽草野之中,身披明显鳞片,如蛇者然。前二种形态,大致相似,俗称四脚蛇,其头部鳞片之排列,彼此亦略有异,细察之始能区分。蜥蜴之背部为蓝黑色,两侧及腹面为蓝色,头与尾之下方为灰白色。幼者体具五条纵行青白色条纹,中央一条最宽,至头部分为两支。此五纵行条纹,往往于个体完全成熟时,即行消灭。蛇蜥之背为浅棕色,中央及两侧各具一列黑点,沿侧背白线之下,由眼至后肢上部,有一黑色宽带,下缘镶以粗锯齿状白条,腹部色白,或微带黄色,尾柔软,四肢棕黄,上具灰白色点。

石龙子为深灰褐色,尾部、四肢及背面之四列条纹,其色尤深。体侧蓝色,腹部青色,而尾部及四肢、腹面皆白,而略显红色。第一对颚板亦白微,呈红色。其他各对,则皆为蓝色。尾部长而细,几为躯干部之两倍,极易折断,但复生力亦强。

北碚所产之蛇类,通常有5种,无毒者4种,有毒者1种。4种无毒蛇之区分,在分类学上虽尝以头与躯干部之鳞片数目与位置变异为准,然由外部视之,其差异亦甚明显。黄金线背部呈蓝黑色,有黄黑色条纹,腹面灰白。赤练蛇呈浅红色,背部有褐黑色方形大块斑纹,排列整齐,两侧有多数不整齐同色小点,腹面侧皆呈白色,此种多居于屋宅下之泥土中,习于夜出,故夏夜每易见之。画眉松背部青褐色,具梯形图案,近两侧则各具一黑色条纹,其前半段为点状,至尾部则渐成宽条,腹面青白。神皮花蛇为灰褐色,背部具显明菱形大黑圈,腹面棕黄,有短而宽之黑条,交错其间,头部有人字形条纹三。其大小不等,此蛇仅以鼠为食。

北碚所产之毒蛇,即常见之烙铁头,以其头呈三角形也。体长二尺左右,背部为浅红灰色,其上饰以一组不整齐之棕黄块斑,相连而成粗大锯齿状。两侧各具一列大形圆点,头部背面为棕黄与暗黑色混杂之图案,唇部、下颌部及喉部之色皆较背面为淡,每一腹片上常有两个以上之白色卵圆点。一般毒蛇,除生于上下颚外缘之齿外,尚有毒牙一对,其基部与毒腺相联系,毒汁即由齿槽注入被噬人畜之体内。

龟与鳖,身体皆藏于上下两块骨质甲板之内。龟甲为多数对称小板所组成;甲鱼除甲板之外,又披柔软之皮。

龟之背甲为浅褐色,前缘及侧缘小板,各具一小黄点,腹甲黑褐色,各小板之边缘浅黄色,头部、颈部及四肢,皆呈黄褐,颈部有中走纹,其两侧又各有3条。

甲鱼之背甲灰青色,间以不规则之黑点,腹面全白,或稍显红色,头部有黑色斑点。雌性之尾较短,但身体较厚。

爬虫类之生殖方法,除毒蛇外,概为卵生。蜥蜴每次产卵两三枚;蛇类每产数枚至十余枚不等;龟鳖须出水至泥沙之岸边产卵,每产数枚;蛇类卵之构造,大致与鸟类卵相同,卵黄丰富,受精作用行于输卵管中,然后被以卵白,卵壳即行产出。初产时互相胶合,每产卵一次,需3小时。卵壳粗糙,作乳白色,或浅红色,三五日后始能变硬,母蛇产卵时,蜷曲其体,感觉极为灵敏,稍触之,即似受巨警。蛇卵产出后,多埋藏于沙石草丛之间,藉气温使其孵化。毒蛇胚胎在输卵管中,发育产出时,已具蛇之形态。

(二)两栖类

四川所产之两栖类,其种类之繁,为全国冠,而尤以川西多产珍奇之种属著称;而北碚所产者,则与长江中下游各处所产者,无大殊异,共计7种,兹列表于下:

(1)蟾蜍(*Bufo bufo gargarizans*)

(2)草蛙(*Microhyla ornatu*)

(3)黑斑蛙(*Rana nigromaculata*)

(4)林蛙(*Rana japonica*)

(5)龚氏蛙(*Rana guentheri*)

(6)湖蛙(*Rana limnocharis*)

(7)树蛙(*Rhacophorus leucomystax megacephalus*)

蟾蜍背部灰黑色,皮粗糙多疣,每疣为一腺体,能分泌白色之毒液,而尤以位于眼后一对之肿疣为大。有收集此疣之分泌物,制为蟾酥丸药。蟾蜍行动迟缓,常昼伏夜出,匐行于村落间草地上,捕虫为食。冬尽即产卵,卵黑色,排列于胶质

中，成串珠状，极长。其蝌蚪亦黑色，常见于冬水田中，及江边小水泊中，约在4月间，小蟾蜍已变成，遂离水而散处草地间。

草蛙为最小形之蛙类，皮光滑，背上具多数尖角之条纹，口小眼大，舌不分叉。约在四五月间，产卵于大雨所成凹地水泊中，而以周围有草地者为多，稻田及池沼中亦见之。其卵每产数十粒，以胶质连结成小圆薄团，浮于水面。生殖期中，雄蛙鸣声甚著，声囊一个，位于喉下，其蝌蚪亦较其余之蛙为透明。

黑斑蛙为绿色，或黄绿而杂以黑色斑点，背部之两侧，各有一条金色直条，常居于水田或池沼中。暮春产卵，卵亦具胶质，球集合成一大团，沉于水底。生殖时期，鸣声甚大，其声囊一对，分位于头之两侧。其蝌蚪为黑灰色，而杂以黑色小斑点。

湖蛙在中国最普通，其体背呈土色，常在背之中央具一白色直线。生殖期在三四月间，池沼水田以及久雨而成之小泊中，皆可产卵。卵亦具胶质，互相联络，成一片圆团，浮于水面，其直径较草蛙为大，卵数亦多。其蝌蚪与金线蛙之蝌蚪相似，但较小耳。

林蛙普通见于丛林中，体极瘦长，呈褐色，而有黑斑。北碚所产之林蛙，较别处所产者，体较短而较黑，且两眼之间，有一浅色横条，故是否为同种，尚属一疑问也。北碚之林蛙，冬间即产卵于江边石隙水泊中，卵为黑色，其蝌蚪亦黑。

龚氏蛙亦瘦长，其背面呈黄褐色，最易于其他蛙类辨别也。常见于丛莽及庭园中，产卵于水田或池沼中，卵团成片，浮于水面。

树蛙以其趾端膨大成吸盘为特征，能爬行于竹树之上。生殖期在五六月间，卵亦圆胶质，产于一团之黄色泡沫中，往往产于与水面垂直之树枝草堆或石块上，孵化后，由雨水冲洗入水中。此蛙在北碚较其他各蛙为稀少。

第四章 鱼类

北碚位嘉陵江下游,附近复多急滩、溪沟、水田及小形小泊等等,是其所产鱼类,颇多稀罕珍贵之种类,即以经济观点论之,生长迅速而巨形鲜美品种,亦复不少。本章所记,虽以北碚所产者为主,其附近如重庆、合川,亦得见之。前人关于本区鱼类之记载颇多,其中以张、施、邹三氏之专载,较为详尽。张、施(注一)二氏,曾记45种;邹氏(注二)则载百余种之多。中央研究院动物研究所自二十八年(1939年)迁碚以还,对于本区各种鱼类,曾作多方面之研究(注三),各种标本,亦广为搜集,经确实检定学名者,共计70种,如加其他可靠之记录,应达80种之数。

兹为方便及易于了解计,将北碚及其附近所产之鱼类,分下列五节述之:

(一)北碚鱼类名录及其分类分布情形

北碚及其附近之鱼类,经动物研究所检定及依据其他可靠之记载,约计80种,具见下附之名称总表内,此表除载学名外,并附各鱼之本地土名,以便参考,如无土名,而或异鱼同名者,则于括弧中另用他名,以资识别。

北碚及其附近鱼类总表

(一)硬鳞亚纲　　　　　　　　　　(Ganoidei)

　(甲)软骨硬鳞目　　　　　　　　(Chondrostei)

　　Ⅰ.白鲟科　　　　　　　　　　(Polyodontidae)

　　　1.象鱼　　　　　　　　　　Pscphuyrus gladius (Martens) ★

　　Ⅱ.鲟鱼科　　　　　　　　　　(Acipenseridae)

　　　2.癞子　　　　　　　　　　Acipenser dabryanus Dumeril ×

(二)硬骨亚纲　　　　　　　　　　(Teleostei)

　(乙)合鳃目　　　　　　　　　　(Symbranchia)

　　Ⅲ.鳝科　　　　　　　　　　　(Monopteridac)

　　　3.黄鳝鳝鱼　　　　　　　　Monopterus javanensis Lecepède △

　(丙)无足目　　　　　　　　　　(Apodes)

　　Ⅳ.鳗鲡科　　　　　　　　　　(Anguillidae)

4.白鳝青鳝　　　　　　　　*Anguilla elphinstonei Sykes*◎

(丁)内颚目　　　　　　　　　(*Eventognathi*)

　Ⅴ.燕尾鱼科　　　　　　　　(*Catostomidae*)

　　5.黄牌,红袍鱼,木叶子　　*Myxocyprinus asiaticus*(*Bleeker*)△

　Ⅵ.鲤科　　　　　　　　　　(*Cyprinidae*)

　　6.马口鲹桃花鲹　　　　　　*Opsariichthys bidens Günther*△

　　7.双尾子　　　　　　　　　*Opsariicht hys platypus*(*Sclegel*)△

　　8.鳡子鱼,水鳡杆,长鱼　　*Ochetobius elongatus*(*Kner*)◎

　　9.红眼棒　　　　　　　　　*Squaliobarbus curriculus*(*Richardson*)△

　　10.杆鱼,铜头铁尾　　　　　*Elopichthys bambusa*(*Richardson*)△

　　11.江青(青鱼)　　　　　　*Mylopharyngodon aethiops*(*Basilewsky*)△

　　12.江青(鲩鱼)　　　　　　*Ctenopharyngodon idellus*(*Cuvier &*
　　　　　　　　　　　　　　　Valenciennes)△

　　13.鸭嘴棕　　　　　　　　　*Luciobrama macrocephalus*(*Lacepède*)◎

　　14.黄片帆子　　　　　　　　*Xenocypris compressus Nichols*◎

　　15.胖子鱼　　　　　　　　　*Hypophthalmichthys molitrix*(*Cuvier &*
　　　　　　　　　　　　　　　Valenciennes)△

　　16.船钉子　　　　　　　　　*Saurogobio dabryi Bleeker*△

　　17.小船钉子　　　　　　　　*Pseudogobio suifuensis Wu*×

　　18.短吻船钉　　　　　　　　*Pseudogobio obtusirostris*(*Wu & Wang*)◎

　　19.(白戈鳘)　　　　　　　　*Gobio argentatus Sauvage & Dabry*◎

　　20.(条戈鳘)　　　　　　　　*Gobiotaeniatus*(*Günther*)★

　　21.尖头棒水密子　　　　　　*Coreius styani*(*Günther*)○

　　22.麻花　　　　　　　　　　*Coreius zeni Tchang*×

　　23.鱼鳅子　　　　　　　　　*Rhinogobio dereimsi Tchang*×

　　24.土耗子　　　　　　　　　*Rhinogobio typus Bleeker*◎

　　25.(长鳍鳅子)　　　　　　　*Rhinogobio ventralis*(*Sauvage & Dabry*)◎

26. (小口鱼)   *Sarcocheilichthys sinensis Bleeker* △

27. 花花鱼   *Sarcocheilichthys nigripinnis (Günther)* △

28. 肥鯵麻杆(秆)鯵土麻杆(秆)   *Pseudorasbora parva (Schlegel)* △

29. 大眼眶   *Hemibarbus maculatus (Bleeker)* △

30. 萝卜头   *Hemibarbus longianalis Kimura* ×

31. 石胡子(鲍氏石胡子)   *Gobiobotia boulengeri Tchang* ×

32. 石胡子(宜昌石胡子)   *Gobiobotia ichangensis Fang* ×

33. (张氏白鱼)   *Sinibrama changi Chang* ×

34. (伍氏白鱼)   *Sinibrama wui (Rendahl)* ×

35. (中华细鲫)   *Aphyocypris chinensis Günther* ★

36. 乌鳊   *Parabramis terminalis (Richardson)* △

37. 草鳊白鳊   *Parabramis bramula (Cuvier & Valenciennes)* △

38. 翘壳   *Culter erythropterus Basilewsky* △

39. (鞑靼鲌鱼)   *Culter mongolicus Basilewsky* △

40. 高肩   *Culter dabryi Bleeker* ★

41. 牛尾鲹   *Hemiculter leucisculus (Basilewsky)* △

42. 毛链刀   *Parapelecus machaerius Abbott* △

43. 南打皮   *Parapelecus engraulis (Nichols)* ★

44. 青胴子   *Sinilabeo tungting (Nichols)* ★

45. 青波   *Matsya sinensis (Bleeker)* ×

46. 哈司马甲嘴   *Labeobarbus brevifilis Peters* ◎

47. 白甲   *Varicorhinus gerlachi (Peters)* △

48. 公子白甲   *Varicorhinus szechwanensis Chang* ×

49. 黑桃鱼   *Varicorhodeus cynozonum Tsou* ×

50. 磨刀片苦皮子(鳑鲏鱼)   *Rhodeus ocellatus (Kner)* △

51. (峨嵋鳑鲏鱼)   *Acanthorhodeus omeiensis Shih & Tchang* ×

52. 鲤鱼	*Cyprinus carpio Linnaeus* △
53. 鲫鱼、鲫壳	*Carassius auratus*(*Linnaeus*) △
54. 岩鲤	*Procypris rabaudi*(*Tchang*) ×
Ⅶ. 泥鳅科	(*Cobitidae*)
55. 金鳅鱼	*Botia fasciata*(*Dabry de Thiersant*) ★
56. 钢鳅	*Botia sp.* ×
57. 花鳅	*Leptobotia elongata*(*Bleeker*) ×
58.(合川花鳅)	*Leptobotia hochwanensis Tsou* ×
59. 泥鳅	*Misgurnus anguillicaudatus*(*Cantor*) △
Ⅷ. 平鳍鳅科	(*Homalopteridae*)
60. 爬石儿(壁虎子)	*Lepturichthys güntheri Hora* ×
61. 爬石儿(石爬子)	*Hemimyzon abbreviata* (*Günther*) ×
62. 爬石儿(四川石爬子)	*Sinogastromyzon szechuanensis Fang* ×
63. 爬石儿(峨嵋石爬子)	*Metahomaloptera omeiensis Chang* ×
(戊)丝颚目	(*Nematoguathi*)
Ⅸ. 鲶科	(*Siluridae*)
64. 鲶鱼	*Parasilurus asotus Linnaeus* △
Ⅹ. 鮠鮰科	*Bagridae*
65. 黄腊丁(厚唇黄腊丁)	*Leiocassis crassilabris Günther* ★
66. 江团	*Leiocassis*(*Rhinobagrus*)*dumerili* (*Bleeker*) △
67. 黄腊丁(短尾黄腊丁)	*Leiocassis truncatus Regan* ×
68. 黄腊丁(方氏鲶)	*Pseudobagrus fangi Wu* ×
69. 黄腊丁(黄腊丁)	*Pseudobagrus nitidus* (*Sauvage & Dabry*) ×
70. 石扁头	*Hemibagrus macropterus Bleeker* ★
71. 刺鲶	*Liobagrus marginatus* (*Günther*) ×
Ⅺ. 石爬鲶科	(*Sisoridae*)
72. 爬石儿(石爬鲶)	*Glyptosternum sinensis Regan* ◎

(己)齿鲤目　　　　　　　　　(Cyprinodontes)
　　XU.齿鲤科　　　　　　　(Cyprinodontidae)
　　　73.万年鲭　　　　　　 *Aplocheilus latipes*(Temminck &
　　　　　　　　　　　　　　Schlegel)◎

(庚)褶鳃目　　　　　　　　　(Labyrinthici)
　　Ⅻ.鲋科　　　　　　　　 (Osphronemidae)
　　　74.火烧斑　　　　　　 *Macropodus opercularis*(Linnaeus)△
　　XV.黑鱼科　　　　　　　(Ophiocephelidae)
　　　75.乌棒黑鱼　　　　　 *Ophiocephalus argus* Cantor △

(辛)鲈形目　　　　　　　　　(Percomorphi)
　　XV.鳜科　　　　　　　　(Ephinephelidae)
　　　76.母猪壳(金氏鳜)　　 *Siniperca chuatsi*(Basilewsky)△
　　　77.母猪壳(路氏鳜)　　 *Siniperca roulei* Wu×
　　　78.母猪壳(乔氏鳜)　　 *Siniperca scherzeri*(Steindachner)△

(壬)虾虎目　　　　　　　　　(Gobioidea)
　　XVI.杜父科　　　　　　　(Eleotridae)
　　　79.黄油鲭　　　　　　 *Hypseleotris swinhonis* Günther◎
　　XVⅡ.虾虎科　　　　　　 (Cobiidae)
　　　80.(四川虾虎)　　　　 *Gobius*(*Sinogobius*) *Szechuanensis* Liu×

根据上列总表,可知北碚及其附近之80种鱼类,分隶于57属17科8目。如分析此80种鱼类之分布情形,有三项特点,殊堪注意:(1)长江上游特产鱼类,约占全数34%弱;(2)鲤科鱼类占最多数,约61%强,与国内各地淡水鱼类分布之情形相同;(3)本地所产四川虾虎,至目前为止,他处尚未经发现或记载也。

(二)北碚普通鱼类形体略述

癞子鱼　系长江上游之特产,体长而稍侧扁,吻尖长,占头长之半,鼻孔位于眼前,口在腹面,口前有须4条,身上有5行纵走之板状硬鳞,背面一列硬鳞较大,共12至13块,腹面二列次之,各13至14块,侧面二列最小,各32至33块,头部亦有硬鳞,体背青灰色,腹面白色,春夏之交,最易捕获。此鱼大者可达1400公厘左右,多见于长江主流;在嘉陵江中,则以幼鱼为多。

黄牌　在国内之分布极广,各地名称,亦不一致,长江下游各处,常称为紫鳊鱼,或燕雀鱼;在四川则常称黄牌、红袍鱼或木叶子。此鱼之外形与鲤科鱼类极为相象,但其梳状之咽齿多至50枚以上。脊鳍甚长,有不分歧刺5,和分歧刺50至53条,侧线鳞片50至55枚,口部甚小,在下位。其体形色泽与脊鳍之形态,因年龄不同,变化至巨。体长100公厘之幼鱼,其体长仅体高之2.5至3倍,脊鳍甚大,其高几与体高相等,体呈黑褐色,常有一二灰色横斑。体长1000公厘以上之大鱼,其身体变长,故其体长为体高之5至6倍,脊鳍亦变长,最前端少数软刺,较后端者长达3倍,故鳍之最前端,呈三角形突起,最长之分歧刺,亦只合体高之三分之一耳。身体之底,色灰褐,惟两侧中央有一纵行之鲜红阔斑,其他部分,亦带红色,故有红袍鱼之称,以此种种不同。故其幼鱼,常被认为另一种鱼类,而有木叶子之称。体长(不连尾鳍)最大之记录,达1200公厘左右。

红眼棒　在国内之分布甚广,体粗壮,成棒形。眼间距甚宽,眼之上半部呈鲜红色,故有红眼棒之称。体长为体高4.5至4.8倍,为头长之4至4.5倍;头长为眼径之4.8至5.2倍,为眼间距之2至2.5倍。侧线上有鳞片46至47个,脊鳍有不分歧刺3、分歧刺7,臀鳍有不分歧刺3、分歧刺8。

黄片　亦名帆子,体侧扁而长,体长为体高之4.1至4.2倍,为头长之4.7至5倍,口小微弯下位,其下颚前缘,甚坚利,咽喉齿三列,侧线上有鳞片73枚,脊鳍有硬刺3、分歧刺7,臀鳍有不分歧刺3、分歧刺10,自腹鳍至肛门间之腹部中线,成一狭脊。

麻花　分布仅限于长江上游,体壮而略侧扁,体呈棕褐色,肉味鲜美。体长为体高之4至4.4倍,为头长之5至5.4倍,眼极小,头长为其10至11倍,口阔而略弯在下位,头长为其2.8至3.6倍,口旁有粗长须一对,脊鳍有不分歧刺3、分歧刺7,臀鳍有不分歧刺3、分歧刺6,侧线鳞片56枚。

尖头棒与麻花极相似,但其身体较为细长,眼亦较大,唯口则甚小,其体长为体高之5.2倍,头长为眼径之8至9倍,为口阔之6.5倍。

土耗子 体呈圆棒形而细长,其长为体高之5.4至5.6倍,为头长之4.2至4.3倍,眼小而略带椭圆形,有似鼠眼,头长为其6.6至7.1倍,吻尖长,占头长一半,约为眼径之3.5倍,口小,下位呈马蹄铁形,有须一对,背部为深褐色,腹面白色。鳅子与土耗子极为相似,但其眼较大,头长为其5倍左右,吻长为其2.5倍以内;色泽亦较淡。

宜昌石胡子 亦名砂胡子,体细长,头部之腹面及胸部扁平,体长约体高之5.6至6.1倍,为头长之3.9至4.1倍,口部在下面,有须四对,一对在口旁,三对在口后,脊鳍有不分歧刺3、分歧刺7,臀鳍有不分歧刺2、分歧刺3,侧线鳞片40枚,腹鳍前腹面无鳞。

白氏石胡子与宜昌石胡子极相似,惟身体较为粗短,体侧头后侧线下至腹鳍前,有无鳞处一块。

乌鯿 味鲜美,视为鱼中上品,体甚侧扁,高而长,成菱形,体长为其高之2.5倍,头甚小,体长为其4.5至5倍,口小,两颚喙俱甚坚利,腹鳍前之腹面圆形,但自腹基至肛门之腹面,窄狭成锋脊,脊鳍有硬齿3、软刺7,臀鳍延长,有不分歧刺3,及分歧刺26至28,背部暗黑,下部银白;鳞缘及鳞基有黑点鳍,俱暗黑。

草鯿与乌鯿甚相似,但在胸鳍处之腹部,亦狭窄成脊。

翘壳体侧扁而长,其长约体高之4.5倍,为头之4.2倍,头尖而微昂,上侧面凹入,项部仰起,口阔适中,作垂直形,腹鳍前之腹部圆形,自腹基至肛门间,则腹面狭窄成脊,脊鳍有硬刺3、软刺7,臀部有不分歧刺3、分歧刺22,侧线鳞片约90枚,鳔分为前、后、中三部,体色银白,臀鳍及尾鳍呈红色。

南打皮 体延长,而非常侧扁,自胸鳍基部至肛门间之腹部,狭窄成锋脊,脊鳍有不分歧刺2、分歧刺7,臀鳍有不分歧刺19至22,侧线鳞片52至54,体长为体高之5倍,为头长之3.7倍。

毛链刀与南打皮甚相似,但臀鳍有不分歧刺3、分歧刺26至27,侧线上鳞片亦较多,约60余枚。

清胴子 体粗壮,头部甚宽,尾部侧扁,全体作青黑色,但每个鳞之中央,有五彩闪光色泽,异常美丽,体长为体高之4.5倍,为头长之4.4倍,口部在下位,其下颚缘甚坚硬。

青波　脊鳍前端有一横卧向前之刺,体呈青灰色,幼鱼则全体带灰色,易于认识。

哈司　体长而侧扁,其长为体高4.2至4.6倍,为头长之3.8至4倍,吻端尖长,头长为其2.5至2.6倍,口小在下位,两唇厚而多肉,下唇复有垂肉1片。

白甲　体长为体高之4倍,为头长之5倍,身体侧扁,吻粗纯无须,脊鳍具分歧刺8,臀鳍具分歧5,侧线鳞片约50枚,背部青灰色,侧面及腹面银白色。

公子白甲与此鱼极相似,但身体比较细长,有须两对,鳃棘极多,约30至40个,身体颜色与白甲相同,但胸腹臀尾鳍,均带红色。

岩鲤　体阔而侧扁,腹面圆形,脊鳍甚长,体长约为体高之3至3.3倍,为头长之3.7至4.2倍,口部有须两对,脊鳍有硬刺4、分歧刺20至22,第三硬刺具齿,臀鳍有硬刺3、分歧刺6,第三硬刺亦有齿。

爬石儿　共计4种,均系本省之特产,壁虎子尾部特别细长,呈鞭状。石爬子较壁虎子略为粗壮,尾鳍强大,呈叉状。四川石爬子及峨嵋石爬子之体形,均较短,两腹鳍均连合成吸盘,外形极相似,惟前者之鳃孔特大,延至腹面,后者之鳃孔极小,呈半月形,位于背部。

江团　在长江流域各地,均有之,川省各地视为本地所产鱼类中之最上品。该鱼与黄腊丁等颇相似,体无鳞片,有脂鳍,但其吻尖长,眼甚小,头长为眼径之14至15倍,十余斤之大鱼,本地常见之。

万年鲹　亦名白眼青鲫,系我国淡水所产最小之鱼类,国内分布甚广,常成群浮游于稻田池塘及静水溪沟中之水面,最大者仅1寸左右,口小而向上,臀鳍甚长,有软刺18至19条,脊鳍短而位于尾部。

母猪壳　共有3种,以全氏鳜身体最高,乔氏鳜次之,路氏鳜身体最狭长,在江南常称桂花鱼或鳜鱼,味鲜嫩,惟嘉陵江中1尺左右之大形者极少见。

四川虾虎　系北碚之特产,他处尚未经发现或记载,产于歇马场之高坑岩下,体长仅33至53公厘,脊鳍两个,外形与黄油鲹极像,但腹鳍则连合成吸盘,体色灰黄或青灰。

(三)本地人对于一般鱼类之认识与传说

(1)补品　一般人咸认鱼类为滋补之食品,尤以白鳝及大鲫鱼二者为著称,对此种观念,吾人虽不能下确切之断语,然就一般情形而论,鱼肉之营养价值,确鉴甚高。

（2）药用　有谓以黄鳝加尖（折）耳根蒸食之,可治干疮（疥疮）,惟其效果如何,尚待确证。

（3）鱼味　咸认江团大鲶鱼为最上品,岩鲤、鳊鱼、黄腊丁、青波等次之。

（4）迷信　据渔民称,嘉陵江中有一种鱼类,形状奇特,头部若马头,名马老棕者,渔民视为江中怪物,如捕售之,必遭大祸,故捕得时立即释诸江中,以免灾祸。该鱼究系何种,因未获标本,未能确定,或系鸭嘴棕之大者,亦未可知也。

（5）鱼类识别　有经验之渔民,对于本地所产大形鱼类,大部均能辨识,并各有名称。

（6）本区内最小之鱼类,莫过于万年鲦。该鱼体长不及1寸,常成群浮游于水面,在稻田及沟溪中常见之。本地人以其虽万年亦长不大,故以万年鲦称之。北碚鱼类最大者,当推黄牌、癞子及象鱼。川省渔民有谓:千斤癞子万斤象,黄牌大得不像样。大形之象鱼及癞子,多见于长江主流,嘉陵江甚少,虽其形不若所言之甚,然重至四五十斤之黄牌,则常事也。

（四）能适应特殊环境之鱼类

鱼类对于环境之适应能力极大,一种特别环境,虽一般鱼类不能生存,必有特殊鱼类,能居此而无患,本节只择最显著者二例说明之:

（1）对经常水分干涸之适应　黄鳝及泥鳅,为我国各地常见之两种鱼类,以居于稻田中者最为繁盛,俟秋季稻禾成熟,农人即行排水使干,直至翌年春夏之间,再行灌水,每年经常有一长时期干涸,而此二鱼,能特别适应此种环境。寻常鱼类,以鳃呼吸,一旦失水,即失功能,而至死亡,惟黄鳝及泥鳅,均具气呼吸器管（官）,在失水之时可以直接藉此呼吸空气也。此种气呼吸器管（官）,在黄鳝为口及喉部之表皮,在泥鳅则为肠管。故即在平时,鳝鱼在水中时,亦常以其吻端伸出水面吸气,贮气于口腔及喉腔内,使头部特别肿大；泥鳅在平时,亦可见其气呼吸现象,每当夏日炎热、池水干涸、水中溶氧不足之时,泥鳅即常跃出水面,吞咽空气。此二鱼因具特别之呼吸器,以利用大气中之氧,故只须保持润湿,即无虞窒息也。如逢田水完全干涸,该二鱼能钻入土中蛰居以避旱。

(2)爬石儿鱼对于急流之适应　嘉陵江水流湍急,尤以在急滩之处为最,但在此种环境之下,爬石儿鱼即栖息于此,其不致被急水冲去者,亦有原因在。盖此项鱼类之身体,由侧扁变成扁平,俯伏河底时,即呈流线形,胸腹鳍横展而强大,鳍部复具附着器,故能在急滩中石块上附着,或前后自由爬行,其变化最特殊者,而腹鳍之后端,愈合而成巨大之吸盘,吸着石面,更极安稳。

(五)数种鱼类之生活史

一般鱼类之生活史,颇多类似,但亦有非常特殊者,兹特选择二种鱼类简述之:

1.鱼蚌之共生现象　鳑鲏鱼亦名磨刀片,或苦皮子,系小形鲤科鱼类,体长约七八公分,生长于静水渠或小溪沟中,雌鱼体形较雄者稍小,每届春夏生殖时期,雄者颇为艳丽,雌鱼成熟后,具有极长产卵管,赖此直接产卵于河蚌鳃部之水管中,幼鱼在蚌鳃中发育,在水温20℃左右,约30余日后,始能离蚌鳃而自由游泳,一年以后,即成长而能产卵。该鱼之孵化方法,与其他鱼类完全不同,且早期胚胎中,有胎动现象。更有进者,鳑鲏鱼必须产卵于河蚌鳃部之水管中,而河蚌之幼期,亦必须附着于鳑鲏鱼(或其他小鱼)之鳃部或鳍上,经一段寄生生活而后成长,故形成鱼蚌之共生现象也。

2.变态特多之黄鳝　黄鳝体长如蛇,无鳞无须,胸腹鳍咸付缺如,背鳍臀鳍亦皆退化,以其左右鳃孔移向下部,合成一个,故有单孔目及合鳃目之名称,常生长繁殖于稻田及池塘中,为最著名气呼吸鱼类之一种。其生活史中各期之变态特多,可略为介绍:(1)黄鳝在北碚之气候中,每届6、7月产卵,产卵前,雄鱼先在迫近田岸处钻成U字形隧道,然后雌鱼在隧道附近产卵。如隧道中有鱼卵者,其近旁水面必有一片泡沫,想系婚媾以前所吐出。雌鱼每次产卵约50枚,卵圆形各自分散,且下沉,直径3.2至4.6公厘,当卵在隧道中孵化期间,雄鱼常居于穴内,为之守护,当水温在28℃至32℃间,经8至10日,幼鱼即孵化出壳。(2)初孵之幼鱼,其形态与成年者极不相像,盖幼鱼具有胸鳍、背鳍及臀鳍,且腹部有一硕大卵黄囊。鱼鳍及卵黄囊以孵出时为最发达,以后即渐次退化,孵化后第4日,卵黄囊即被吸收,第8日胸鳍亦行消失;至于脊鳍及臀鳍,常至三星期以后始消失。(3)当初孵之数日内,其补助呼吸器官尚未完备,故呼吸作用由鳍及卵黄囊代理。

此鱼除幼鱼及成鱼形态及补助呼吸器官特殊之构造外,鳝鱼生活史中更有原始雌雄同体现象,幼年时全系雌性,卵巢极为发达,其后经过一个转变时期,呈雌雄同体现象,最后乃完全变成雄性。

第五章　昆虫

昆虫种类繁多,即北碚一隅,为数亦当以千计,兹以限于篇幅,仅取其常见者与人类关系密切者,择要记述之,挂漏固所不免也。

(一)常见昆虫

(1)衣鱼(*Lepisma saccharina*)一名蠹鱼,土称绵虫,为室内常见之昆虫,体形长而扁,被银白细鳞,无翅,触角长,呈鞭状,腹端有同长之尾毛3条,性畏日光,蠹衣服、书籍等,制衣时常用浆糊粘贴,尤以招引此虫之侵蚀。

(2)蜚蠊,一名蟑螂,土称偷油婆。北碚常见者为 *Blatta orientalis* 及 *Blattella germanica* 两种,前者体形较大,色赤褐,后者较小,呈淡褐色,胸面常有黑纹二条,多栖于厨房之阴暗处,昼隐,夜出盗食物,产卵于豆荚状之卵鞘内。

(3)蟋蟀,体黑褐有光泽,雄虫翅部特化,能磨擦发声,多居石块下,善斗者俗称和尚头(*Gryllodes berthellus*,*Gryllus conspersus*),大形者俗称油葫芦(*Gryllus mitratus*),斧头者俗称棺材头(*Loxoblemmus sp.*)。

(4)邯郸(*Oecanthus sp.*),体形扁长,色黄绿,或淡褐,雌雄皆有翅,殆透明,触角极长,栖于草丛或树上,至秋则鸣,鸣声极美。

(5)螽斯,呈草绿色,或淡褐色,栖于杂草中,常见者有尖头(*Conocephalus sp.*)及圆头(*Ducetia sp.*)两种,雄虫昼夜皆能鸣,作唧唧声。

(6)纺织娘(*Mecopoda elongata*),色绿或黄褐,头部较小,触角细长,翅阔,达于尾端,能发声,栖于林薮,夏初之交,至夜则鸣,鸣声唧唧嚷嚷,音韵悠长,抑扬可听。

(7)螳螂,土名猴三,体细长,腹大头小,复眼突出,前肢发达为镰状,善于捕食小虫,体呈绿色,至秋常变为枯草色,产卵于卵鞘中,鞘大如拇指,附着于草根或树枝上。北碚常见者当为 *Paratenodera sinensis* 及 *Mantis religiosa* 两种。

(8)蚱蜢种类颇多,常见者有稻蝗(*Oxya chinesis*)、棉蝗(*Chondracris rosea*)、车蝗(*Gastrimargus sp.*)、土蝗(*Patanga sp.*)、短角禾虾(*Acrida iata*)、负蝗(*Atractomorpha bedeli*)等,大都呈草绿色或枯草色,栖于稻田或草丛中。棉蝗土名油蚱蜢,体形较大,乡人有捕为食用者。

(9)蠼螋(*Anisolabis maritima*),体黑褐无翅,腹部前小后大,尾节细,铗短,雄虫之铗如老虎钳,前端弯曲,雌虫铗之前端平直,石块下阴湿处常见之。

(10)蜉蝣,种类颇多,皆未定名,幼虫栖息水中,成虫则室内外均常见之,尤以5月间灯下为多。

(11)蜻蛉,俗名丁丁猫,最常见者有下列3种:①黑蜻蛉(*Azuma elegans*),形大,飞翔力强,足黑而长,夏秋之间常见之,其飞翔空间最高,幼虫则在水底活动。②红蜻蛉(*Crocothemis servilia*),体较小,色黄,腹背中线有一黑纹,翅基金黄色,雄虫初为黄色,渐次老熟而变为鲜血色,此虫北碚最多,低飞徘徊于田埂之间,捕食小形昆虫,傍晚尤多。③棕蜻蛉(*Anax parthenope*),体大,飞翔力强,胸部绿色,上有棕色条纹,腹部棕色,唯最阔一节绿色,且有棕色条纹,幼虫常见于水塘中。

(12)白蚁,北碚常见者当为 *Odontotermes formosanus*。此虫除雌雄外,又有职蚁、兵蚁两型,雌雄成虫头部黑褐,胸部带黄褐色,职兵两型色较淡,幼虫在木材中纵横穿蛀,常使屋宇受损,它如电杆、桥梁、篱笆、室内器具等,亦常受其害。

(13)蝉(*Cryptotympana pustulata*),土名哩呀子,体色黑有光泽,翅透明,基部黑色,于六七月出现,鸣声高响,为北碚最受注目之昆虫。产卵于小枝之内,排列成行,至翌夏孵化。

(14)长尾蚁(*Ranatra chinensis*),水塘内甚多,体细长,色黄,体末有一长尾,藉此伸出水面,以行呼吸,另有较小者体黑褐,学名 *R.unicolor*。

(15)松藻虫,常见者有下列两种:①白背松藻虫(*Anisops scutellaris*),体黄色,翅半透明,带白色,后足跗节腹面黑色。此虫池塘内极多。②红背松藻虫(*Notonecta triguttata*),体较大,背部色红而有黑斑。此虫山地水溪内较多,缙云山一带常见之。松藻虫后足极长犹如小艇之双桨,仰泳于水面,捕食小虫,月夜能出水而飞,见火则扑,其口器能刺人。

（16）负子虫（*Sphaerodema rusticum*），水塘及稻田内甚多，体形卵圆，色棕黄，春夏间交尾产卵，卵皆排列于雄虫之翅背，每虫可载八九十个，故有负子虫之称。另一种学名（*S. japonicum*），体色较黑，头部较尖，且雄虫所负卵数甚少，负子虫以尾部出水呼吸，好捕食小虫及小鱼，交配之季，雄虫常浮出水面，栖于浮萍之上，腹部上下运动，拍水起波，以吸引雌虫。

（17）田鳖（*Kirkaldyia deyrollei*），体大而扁，长60余公厘，为北碚最大之半翅目昆虫，色棕黄或棕黑，前足如镰刀，腿节特别粗大，用以捕食它种水生昆虫及小鱼。

（18）黄斑蝽象（*Erthesina fullo*），体黑褐，背面密布黄色小点，前肢胫节甚侧扁。此虫在果树上，极为普遍，吸食树汁，常放恶臭，故又有臭屁虫之称。另有黑蝽象（*Scotinophora lurida*）、斯氏蝽象（*Plautia stali*）、白星椿象（*Eysarcoris guttiger*）、红条蝽象（*Graphosoma rubrolineata*）等，亦属常见。

（19）凤蝶，色彩艳丽，飞回花间，为最美之昆虫。北碚常见者有下列3种：①凤蝶（*Papilio xuthus*），体黄绿色，胸腹之背面有黑色直条纹，翅黑色，有淡黄色斑点颇多，后翅具尾状突起，其内缘有橙黄色纹。此虫有春夏二型，春型较小。后翅橙黄色纹较大，幼虫食害柑橘树叶。②金凤蝶（*P. machaon*）形似凤蝶而稍大，体色及翅斑浓黄，幼虫喜食伞形花科植物。此虫亦有春夏二型，夏日所见者较大。③玉带凤蝶（*P. polytes*），全黑，前翅外缘与后翅中段，有一列白纹，但此项白纹，常随气候季节而变异。

（20）蛱蝶（*Precis orithya*），色美，前翅大半如黑天鹅绒，尖端有一灰白带外缘，有二眼状纹，后翅大部青蓝色，内缘棕黑，外缘灰黄色，亦有二眼状纹，为北碚最美丽之蛱蝶。

（21）楠蠋蛾（*Macroglossum saga*），前翅棕黑色，后翅棕色，中央有一黄色带，四季柑开花最盛之时期，有此蛾飞来，其翅振动极速，仅见其梭状体躯，酷似蜂类。

（22）舞蛾（*Lymantria sp.*），此蛾幼虫发生于春夏之交，食害梨、苹果、杏、桑、柳、白杨、榆等之叶。幼虫体黄褐，多黑褐之点纹，又有蓝色与红色之突起，黄褐等之长毛。雌蛾体肥大。雄蛾细长，体黄白或灰色，翅黄白或黑褐，具斑纹。

(23)麦蛾(*Sitotroga cerealella*),灰褐色,翅细长,缘毛亦长,前翅色浓而有不显明之暗褐色斑纹,后翅带灰色。幼虫蠹食贮藏之麦、米、玉蜀黍、荞麦等,为积谷之大害。成虫不但产卵于仓贮中,即田间麦穗上亦产之。

(24)衣蛾(*Tinea biselliella*),体黄褐,前翅灰黄或浅黄色,其外端中部,有不甚显明之黑斑,后翅软丝状,呈白色或灰色,幼虫色白,蠹食衣服毛织物动物标本等,取食料作成袋状之巢,而栖息其中。

(25)斑蝥(*Cicindela chinensis*),体色美丽,金绿与紫色相混,闪光呈异彩。成虫栖于砂地或路旁,捕食它虫,人近则步步飞让。幼虫穿地成直孔而居,头部露于穴口,候它虫行近而捕食之。

(26)行夜(*Pheropsophus jessoensis*),俗称打屁虫,体黑色,头胸除中间部分外,翅鞘之边缘及中部横斑触及六足,均呈黄色。此虫日间隐藏于尘芥土块之下,夜晚则出捕食它虫,遇敌则腹端放出臭气成烟。

(27)龙眼蠊(*Planates bimaculatus*),体扁色黑,翅鞘有黄斑一对,常见于石块泥土之下。

(28)龙虱(*Cybister spp.*),俗名水乌龟,北碚种类颇多,最大者体黑色,带有绿光,前胸与翅鞘两边黄褐。成虫幼虫,均居水中,池塘内尤为常见,以尾部伸出水面呼吸,捕食小鱼小虫。

(29)牙虫(*Hydrophilus acuminatus*),体长,椭圆形,色黑,有光泽,长约一寸左右,成虫幼虫,皆栖于水中,成虫素食,幼虫肉食,成虫之小鳃触须极长,具有触角之功用,其触角则成为导引空气之呼吸器官。

(30)瓢虫(*Harmonia axyridis*),体呈半球状,色彩颇多变异,或黄褐色而有黑斑,或黑色而有黄斑,或全无斑点。此虫成幼各期,皆食蚜虫,春夏之交最多,麦田内尤为常见。

(31)叩头虫,北碚较常见者有 *Agriotes sp.* 及 *Melanotus sp.* 两种。此虫体长尾尖,其前中两胸能屈曲,故按其后,则叩头有声,仰其腹,则能自跳起。俗说跳高则米贵,跳低则米贱,故又有跳米虫之称。幼虫居土下,食杂草及食物之根。

(32)黑豆蚝(*Epicauta sp.*),头棕红,体黑,长约半寸,春夏间豆类植物上常见之,触之则出血伴死,能使皮肤起泡,家畜食之则中毒。

（33）枫杨萤(*Gastrolina thoracica*)，体扁色黑，稍带铜色或蓝色，前胸棕黄，四五月间于枫杨树上常见之，其蛹尾部，仍连着老幼虫之皮，附着于叶上。

（34）齿锹娘(*Eurytrachelus platymelus*)，体大而扁，色黑有光泽，雄虫之大颚甚长大，成镰刀状，其内缘有锯齿，七八月间见于树株之基干处。

（35）米象(*Calandra oryzae*)，体长2.5公厘左右，暗褐或黑褐色，而初生后数日，色较淡，翅鞘上有明晰之黄褐色或赤褐色斑纹4个。幼虫梨白色，头部淡褐色。此虫成幼两期，均蛀食米麦及其他谷类，厨房内常见之。

（36）竹象鼻虫(*Cyrtotrachelus sp.*)，体梭形，棕红有光，杂有黑斑。幼虫蛀食笋及竹之内部，或嫩竹之分枝幼芽，俗称笋子虫，农人有取为食用者。

（37）细腰蜂(*Sphex sp.*)，体黑，腹基细小，翅透明，带有棕色，筑土巢于墙壁石穴等处，以备产卵。产卵时捕青虫入巢，以为幼虫之食料。

（38）切叶蜂(*Megachile sp.*)，体黑色，胸腹密生短毛，胸毛多呈黄褐色，腹毛多呈黑褐色，惟在第二、三节之两旁及后缘者，则呈白色，常镂切蔷薇科植物之叶以筑巢，巢内贮花粉与蜜之混合物，以饲幼虫，被切之叶呈半圆形之缺刻。蔷薇科植物上常见之。

（39）胡蜂，俗称马蜂。北碚所见之种类大都属于 *Vespa* 及 *polistes* 两属。最大者为 *V. mandarina*，其腹部横斑，黄黑相间。另一种中型者名为 *V. crabro*，常筑巢于高树枝上，大如水桶，内分七八层，包含蜂室1万以上。

（40）熊蜂(*Bombus sp.*)，体形肥大，密生绒毛，毛色或黑或棕，或黑棕黑黄相间，瓜类开花时常见之。

（41）食蚜虻，种类颇多，成虫于花上常见，幼虫食蚜虫，常见于蚜虫聚生之处。北碚最普通者为 *Syrphus*，*Sphaeroboria* 及 *Volucella* 三属之种类。

(二)作物害虫

（1）蝼蛄(*Gryllotalpa africana*)，俗名土狗，雌体较大，长约四五公厘，雄者4公厘左右，体黄褐，前翅短小，后翅纵卷如带，长出腹端，前足特别发达，胫节先端，有锐利之扁距四枚，藉此掘土切根，作物时蒙其害，尤以幼苗为甚，春秋之季，活动最盛，猖獗之地土面，现纵横隆起。成虫有趋光性，入晚扑灯而来。

（2）蚜虫，北碚一带，有害作物之蚜虫，以下列3种为最烈：①桃蚜(*Myzus per-*

sicae),于春季为害桃树嫩叶,群集叶背,被害之叶片多卷曲,繁盛时更以其排泄之蜜汁诱致煤病之发生,致位于其下之桃叶桃枝全覆以黑污菌体。无翅虫赤褐,触角黑色。有翅雌虫,头部黑色,腹部绿色,翅透明。有翅雄虫暗红色,除为害桃叶及桃之嫩枝外,柑桔、莴苣、萝卜等作物,亦常被害。②桔蚜(*Aphis citricidus*)为北碚柑桔重要害虫之一,春秋二季,发生最盛,密集于嫩枝嫩叶上,亦能诱致煤(霉)病发生,被害之枝叶,不能舒展。无翅虫黑色,触角灰黑。有翅虫亦为黑色,翅透明,翅斑淡黄褐。此种蚜虫,仅生于柑桔类树上,以卵越冬。③黍蚜(*Aphis avena*),春季群集于麦穗,亦能贻害高粱及玉米。无翅虫紫黑色,略带白粉,足淡黄色,胫节末端及跗节索黑。有翅虫头胸黑色,腹部暗绿有黑纹,其幼虫淡紫色,体被白粉,故成葡萄色。

(3)介壳虫,为害园艺作物之介壳虫,种类繁多,北碚一带,以柑桔之介壳虫,最足重视,其中又以下列2种最烈:①吹绵介壳虫(*Icerya purchasi*),雄虫体小桔红色,具前翅一对,后翅退化成一卷曲细小之翅垂。雌虫桔红色,全体被细小黑毛,交尾后,腹末分泌白色蜡质,组成卵囊,高4至6公厘,长6至9公厘,上有隆起之线15条,卵即产于此囊内。雌虫幼小时,为害桔叶,然后移至枝上。②红蜡介壳虫(*Ceroplastes rubens*),雌成虫紫红色,蜡壳淡红,中央隆起,周围有4条蜡质丝带。雄成虫暗红色,翅透明,雌虫密集于柑桔叶面,即枝之向阳处。

(4)土蚕(*Agrotis sp.*),通称地老虎,盖其为害作物,猛烈如虎也。北碚一带食害作物之土蚕,有下列数种:①小地老虎(*Agrotis ypsilon*),幼虫体色深,腹部末节淡黄,上有2黑色线条。②大地老虎(*A. tokionis*),幼虫体色淡黄,腹部末节淡黑褐,其上无线条。土蚕之幼虫,于清晨或傍晚活动,常将作物幼苗咬断,曳入穴内,贮为食料;其未曳去者,倒卧地上,故极易辨认,其咬嚼苗根之部位,视苗之大小老嫩而异,苗小茎嫩,则直接于近地面处咬断;如苗大茎硬,则攀登苗上,咬取嫩枝,玉米与番茄被害最烈。

(5)螟虫,为我国最重要之稻作害虫,其幼虫嚼食稻茎,致成枯心苗或白穗,直接影响稻作之产量。北碚以三化螟(*Schoenobius bipunctifer*)为最多,蛾体淡黄,雌蛾长12公厘,雄蛾长9公厘,前翅中央有一小灰黑点,翅之外缘,有7个小黑点,并有灰色斜纹一条,卵粒暗黑,光滑无纹,叠成卵块,复以褐色茸毛,幼虫淡黄,体无条纹。二化螟(*Chilo simplex*)亦属常见,惟不及前者之盛,蛾黄褐,长13至15公厘,前翅外缘,有小黑点7个,及纵行深刻纹八九条。卵黄色,表面有网状纹,卵块无茸毛覆盖,幼虫淡褐,体部有红棕色纵纹5条。又大螟(*Nonargria inferens*)亦有发生,惟其害较小。

(6)稻苞虫(*Parnara guttatus*),成虫黑褐色,长18公厘左右,前翅具半透明之白色斑点,幼虫绿色,纺锤形,食害稻叶,烈则全田仅留枯脉残片,且其折叶吐丝成苞,有阻于稻穗之伸长。

(7)菜白蝶(*Pieris rapae*),为北碚蔬菜大敌,春秋成虫群集于菜园产卵,不数日孵化之。幼虫食害叶片,可致满园菜荒芜;成虫灰白微青,前翅白色,翅基与翅顶黑色,其中室外侧之后方,有浓黑斑点2个,后翅白色,翅基黑色,前缘有不正形之黑斑2个;卵柠檬形,色淡黄,竖于叶上,卵面有12至15条纵隆起线,线间复有横隆起线,划成多数方室;幼虫俗名青虫,初为淡黄,其后渐呈绿色,体上有多数黑色瘤状物,上生毛一或数本;蛹之色泽,因环境而异,或灰黄,或灰绿,或成褐色。

(8)茶避债蛾(*Clania minuscula*),幼虫黑色,吐丝成囊,幼虫潜伏其中,至老熟时,色紫黄;雄虫羽化后,飞出活动;雌虫成熟后无翅,仍栖于囊内;雄虫飞趋雌虫处,与囊内之雌虫交尾。幼虫食害茶叶,甚则嚼食嫩枝皮层。此虫于缙云山所植茶树上,时有发生。

(9)桃囊螟(*Dichocrocis punctiferalis*),体及翅部黄色,翅上有黑点甚多,状如豹皮。幼虫暗红色,腹面淡绿,各节有微褐之大斑点。蛾于夜间活动,在桃果上产卵,每果一粒,孵化之幼虫,蛀入果内,由蛀孔排出粪粒,且吐丝结于枝上,以防被蛀食之果跌落,所谓十桃九蛀,大都由于此虫之为害所致。

(10)天牛,俗名牵牛,为害最甚者,当推柑桔树上之星天牛(*Melanauster chinensis*)与桔天牛(*Nadezhdiella cantori*)2种,北碚一带之柑桔树,每年因天牛之害而致枯亡者甚多,至被害而不能结实者,更不知其数,是故农家于四五月间,必请专司捕杀其幼虫之技匠,为其桔园看虫。此等技匠所用工具,除一凿一锤外,主要者为钩取幼之铜丝,其先端弯曲成钩,首先循锯屑寻觅蛀孔,再将蛀孔凿大,以铜丝探入孔内转动,藉先端之钩,擒获幼虫,曳出孔外。桔天牛成虫黑褐色,被灰黄色绒毛，此绒在体之腹面，与在触角及足之下面，既长且密，在翅鞘上者，则甚疏短。幼虫乳白色，前胸背板上有横列，分为4段之棕色宽带。星天牛以成虫黑色，上有大小白点数十个，布列如星斗，故有星天牛之称。幼虫乳白色，前胸背板上有飞鸟形之棕色纹刻。夏初于北碚柑桔园内所见，以星天牛为最多。

（11）守瓜，北碚共有两种，一曰黄守瓜（*Aulacophora femoralis chinensisis*），一曰黑守瓜（*A.lewisi*）。黄守瓜土名黄虫，又称瓜萤，为瓜类植物之最重要害虫。此虫体呈橙黄色，惟腹足及头部附器等杂有黑色，成虫食性广泛，为害叶花果及嫩茎，尤以幼苗受损为大，有时兼食其他植物，幼虫伏土内食根，更能侵入髓内，向上而出，有时食害近土表之瓜果。黑守瓜体色较黄守瓜稍红，其翅鞘全为黑色，此虫仅见于丝瓜上，不食其他瓜类，幼虫习性与黄守瓜同。

（12）猿叶虫，为北碚最严重之园艺害虫，其害最烈，而外形相若者有二：一为小猿叶虫（*Phaedon brassicae*），成虫长约三四公厘，蓝黑有光泽，翅鞘上有纵列点刻11条，幼虫灰黑，体部各节，有黑色肉疣突起，腹部气门上线之肉疣上侧，每节有一小孔，虫体被触觉时，即由此等小孔，分泌黄色半透明之液体。一为大猿叶虫（*Colaphellus bowringi*），成虫长约四五公厘，青黑有光，翅鞘上之点刻散乱，幼虫淡灰黄色，体部各节，亦有黑色肉疣突起，惟触之无黄色液体分泌，芸苔类及萝卜被害最烈，每使全园蔬菜，片叶不留。

（13）黄条蚜（*Phyllotreta vittata*），成虫体长3公厘左右，色黑有光，翅鞘上有一暗黄纵条，后腿粗大，善于跳跃；幼虫在地下活动，以十字花科植物之根为食。成虫为害芸苔萝卜瓜类之叶肉，稍受惊动，即行跳遁。

（14）葡萄蚜（*Oides decempunctata*），成虫长约12公厘，形如大瓢虫，土黄色，翅鞘上有黑色圆斑，每边5个，翅鞘满布小白色突起，其中央有深黄色纵线3条；幼虫土黄色，形扁，胸部各节之两侧，有三角形纵突起二列，各突起之间，复有小突起。其幼虫与成虫，食害葡萄之嫩枝嫩叶，被害重者片叶全无。

（15）蓝花蚜（*Mimastra cyanura*），形似守瓜而大，体呈橙黄色，头胸常有黑斑，翅鞘端部蓝色，有时全翅除边缘外，均呈蓝色。此虫每年发生一次，幼虫伏土内食根，成虫于三四月间突然出现，此时个数众多，云集于桑、桃、橡、榆、芙蓉、梧桐及黄桷树等植物之上，被害之树株，常无完整之叶遗留，5月后，则渐减少，而终至完全不见。

(16)豆蜍(Pagria signata),此虫在豆叶上啃食许多孔状,黄豆上尤为常见,成虫甚小,长约2公厘左右,体色变化甚大,或全体黑色,或黄褐色杂有黑斑。

(17)豆象,蚕豆为春季农家主要食粮,绿豆象(Callosobruchus chinensis)于北碚为害蚕豆甚烈,成虫茶褐色,密生绒毛,雌虫之触角锯齿状,雄者梳状,翅鞘长方形,其后部有二并列之灰白斑点,腹末向下,成截断状,幼虫白色,长3公厘左右,卵产于豆荚上,孵化之幼虫,由荚外向内蛀食,然后在干燥之豆粒内繁殖,绿豆大豆,亦蒙其害。另有专害豌豆者,为豌豆象(Bruchus pisorum),其成虫黄褐,触角锯齿状,胸背后面之中央,有一白色圆斑翅鞘,后半部有斜形白斑一列,并有白点散布于腹部,此白点较翅鞘者长,腹部露出,翅鞘之部分白色,左右有二黑斑。

(18)二十八星瓢虫(Epilachna 28-maculata),为害茄叶最烈,瓜类番茄亦有被害者,幼虫在叶背食害叶肉,仅留叶面表皮,且呈有规则之细刻纹,成虫蚕食叶片,至叶被食尽,则害茎及果皮。成虫头部黑色,体部赤褐色,胸背有6个黑点,翅鞘上则有黑点28个,故有二十八星瓢虫之称,幼虫淡黄色,体部各节有微绿色分歧之刺。

(三)卫生害虫

(甲)蚊类

(1)蠛蠓(Lasiohelea taiwana),又称小黑蝇,属摇蚊科。成虫黑色体小,长仅1.2公厘左右,于三四月间出现,7月至9月最多,10月以后,则不常见。此虫扰人至烈,以不直晒阳光之明亮处,如屋旁及树阴下为最多,飞时依曲折路线,上下移动,先徘徊于皮肤之上,嗣后停息而吸吮血液,被刺处发痒,起红斑或泡,随人而异。蠛蠓仅雌虫吸血,其雄虫迄未发现,其幼虫大概发生于水中,然亦尚未证实。北碚农民谓蠛蠓生于黄桷树上,实则所见者系一种专为该树传布花粉之小蜂,而非蠛蠓也。

(2)库雷蚊(Culex),成虫大部棕黄色无斑翅,除一二种外,亦皆无斑,触须雌短雄长,腿寻常无白斑,栖息时,体与喙成交角,故与附着处单行,吮人多在夜间,雄虫不吸血,幼虫体后部,具细长之呼吸管,伸至水面呼吸,无棕状毛,静止时尾端近水面,头端下垂。库雷蚊种类颇多,北碚已知者有下列9种:

a.*C. fatigans*. 为北碚室内最常见之一种蚊类，1878年英人孟生氏最初发现蚊类与疾病之关系者，即系此蚊。成虫体棕黄色，口喙中部无白环，头之中部多为狭鳞片所覆盖，即有扁鳞片，亦仅限于两边或眼周，雄虫触须略长于口喙，幼虫发生于室内，或其附近之各种缸罐积水阴沟及雨水冲淡之尿缸内。

b.*C. bitaeniorhynchus*, 成虫较*C.fatigans*稍大，口喙中部有一淡白环，翅上覆有黄色与浅黄色混杂之鳞片，腿部现斑纹状，幼虫孳生于水沟、稻田、池塘、河床、积水及有草之流水中。

c.*C. tritaeniorhynchus*, 成虫之口喙中部，亦有一淡白色环，足部跗节两端，有狭窄之淡白带，中胸背板鳞片，概呈深褐色，幼虫孳生于稻田、池沼、阴沟、河床、积水两岸有草之水沟及缸罐等积水中。

d.*C. mimeticus*, 此蚊口喙之白环，与上述两种相似，惟翅上具有白斑，故易误认为按拿斐雷蚊，然雌虫触须极短，为库雷蚊之明显特征。

e.*C. fuscanus*, 成虫体较一般蚊类为大，具深棕色，后足腿节后半部，具有黑鳞片。此蚊不常飞入室内，幼虫具肉食性，常以它种或同种之孑孓为食，孳生于池沼、阴沟、室内积水、雨水冲淡之尿缸及粪窖之内。

f.*C. pipiens*, 成虫体呈黄棕色，腹部各节背面基端有白环，口喙与腿部皆无白环或白斑，幼虫孳生于居宅内及附近各种缸罐积水阴沟或污水池中。

g.*C. vagans*, 与前6种相似，惟其足部之腿节及胫节前端，具有一明显之淡白色纵行条纹，幼虫孳生地与前6种同。

h.*C. vorax*, 成虫体大灰黑色，腿节及胫节前端密布黑白斑纹，腹部各节背板之前端皆有一白环，幼虫孳生水桶、水沟有水草之水潭、室内积水及缙云山溪边之石凹积水。

i.*C. modestus*, 成虫口喙中部无淡白色环，后足第一跗节比胫节特短，幼虫发现于地上之积水潭中。

（3）按拿斐雷蚊(*Anopheles*)，一称疟蚊，因此属内有若干种类为传疟之媒介物。成虫体多呈灰色，无斑，翅除一二种外，皆有斑，触须雌雄皆长，与口喙等长，或更长，腿有白斑，或否，静止时，体与口喙略成一直线，故与附着处成斜角，吮人多不分昼夜，雄蚊不吸血，幼虫体后部无呼吸管，有棕状毛。静止时，全体居水面上,与之平行,行动时,在水面倒行。北碚已知之按拿斐雷蚊,共4种,即 *A. hyrcanus sinensis*, *A. minimus*, *A. fluviatilis* 及 *A. lindesayi pleccau*。前两种已证实为本地之传疟媒介,其特征如下:

a.中华按拿斐雷蚊(*A. hyrcanus sinensis*),一种中华疟蚊,体形较大,雌蚊触须有4窄白环,以尖端为最阔,口喙色黑,其尖端呈棕色,胸部背侧,有隐微可见之纵纹五,并有少许黄色细毛,翅前缘有两白斑穗,缘亦有两白斑,腿股及胫皆无斑,跗节有白环,幼虫孳生之范围极广,以水清而不流动,且有水藻者为最宜。北碚以稻田内为最多。此蚊为我国主要疟蚊之一,在国内分布最广,北碚疟疾之传染,亦以此蚊为最重要媒介。

b.微小按拿斐雷蚊(*A. minimus*),一称微小疟蚊。成虫体较小,长约4.5公厘,雌蚊触须有3白环,其远侧端之两白环甚宽,第三白环甚窄,口喙黑色,其尖端呈黄棕色,胸之背部灰色,无鳞片而有毛,翅之前缘根处有白点,此外前缘有4白斑穗缘,除第六纵脉外,各纵脉皆有白斑间之,惟第二纵脉之后枝及第三纵脉同向一斑,腿黑色,惟前中两对之跗节关节处,有不清晰之白环,幼虫孳生于流动之清水及阴蔽之小水池中,如山水水沟等处沿岸有水草者,为最适宜。北碚以缙云山一带为多。此蚊为华南之最重要传疟媒介,但在北碚则以个数较少,且大都分布于缙云山一带,故其传疟之重要性,不及中华疟蚊。

(4)黑斑蚊(*Aedes*),成虫体多黑色,有白斑,翅上无斑,触须雄长雌短,腿部大都有白环或白点,静止时体与喙成交角,故与附着处平行,吮人多在日间,雄蚊不吮血,幼虫体后部有粗短之呼吸管,无棕状毛,静止时尾近水面,头端下垂,活动时在水面下徐行如蛇,黑斑蚊北碚已知者有下列2种:

a.日本黑斑蚊(*A. japonicus*),成虫中胸背板有浅黄色条纹,口喙长于腿节,雄蚊之触须较口喙为短,其尖端两节膨大,末端向下,后足跗节有白环;幼虫常见于石凹内清积水中。

b.白点黑斑蚊(*A. albopictus*),成虫体黑色,布有白斑,腿部有白环,翅淡黄色无斑,此蚊之显明特征,为中胸背板上有一白条纹,及胸部两侧有白斑点。幼虫孳生于室内外各种缸罐盆钵之积水、石凹积水及树洞或竹筒内之积水。

（5）阿米哲鲁蚊（*Armigeres obturbans*），为北碚室内最常见之蚊虫，八九月间尤多，成虫昼夜吮人血，且孳生期极长，故其骚扰性亦最大，成虫体大色黑，外形极似黑斑蚊，但其口喙极为粗短，且尖端略向下弯，幼虫发生于粪窖、尿缸、竹筒及室内外其他污积水中。

（乙）蝇类

（1）家蝇（*Musca domestica*），土称饭蚊子。成虫体长6至7公厘，胸部具纵黑纹4条，腹基部3节之两侧及腹面淡黄色，幼虫发生于马粪及其他家畜之排泄物中，成虫于5月至11月见于室内，夏秋之交最多，故为传染伤寒、霍乱及痢疾等病之媒介。

（2）小家蝇（*Musca sorbens*），成虫体长4.5至5.5公厘，形似家蝇，惟腹基部与其他腹节同色，而非淡黄，幼虫多发生于猪粪中，成虫于5月底初见于室内，6月至8月最多。

（3）厩蝇（*Stomoxys calcitrans*），成虫体长6.5公厘，灰色，口吻尖而长，以别于上述蝇类，幼虫产于马粪中，成虫以其尖利之口器，刺入马骡等家畜以及人之皮肤，而吸吮血液，近马厩之家室内，常有此蝇飞入。

（4）花蝇（*Anthomyia sp.*），成虫体长4.5公厘，银灰色，中胸具一暗褐色之宽横纹，腹部每节各具黑斑3个，5月初见于室内，7月间甚多，喜吮人之汗，挥之复来，至为讨厌，夏季室温达36℃时，此蝇多停息于墙上，非触之不动。

（5）麻蝇（*Sarcophaga fuscicauda*），成虫体灰色，长10至11公厘，胸具黑纵纹，腹具灰黑相间之方块，雌蝇每喜以产卵管穿过纱罩而产蛆于食物上，如雌蝇偶堕于酱油或汤中，则立产出幼蛆，故防蝇纱罩之顶，应以木制，而酱油及汤，亦须妥为塞盖，否则不足以防范此蝇之产蛆也。此蝇不仅传染疾病，且可产蛆于人畜之伤口，或蛆被误食入肠中，而患蛆寄生病（*Myiasis*）。成虫于4月间出现，直至八九月间始逐渐敛迹。每完成一代生活史，需23至31天；9月内所生之一代，有于月底羽化者，亦有以蛹期越冬至翌年4月中旬始羽化者。

（6）青蝇（*Chrysomyia megacephala*），土称屎蚊子，成虫粗壮，长8.5至9.5公厘，面部黄色，复眼红色，体青色而有闪金光，幼虫发生于粪坑中，为数极夥，成虫多群集于人粪上，亦常入室内，故传染疾病之机会特多。

(丙)其他

蚊蝇以外，为害吾人者尚多，如臭虫（*Cimex lectularius*）、蚤（*Pulex irritans*）、虱（包含头虱 *Pediculus humanus capitis*、体虱 *Pediculus humanus corporis* 及阴虱 *Phthirius pubis*）等，在北碚一带，皆普遍发生，而尤以患虱者，比比皆是，然此等昆虫，皆为全国共有之种类，兹从略。

第六章　软体动物

软体动物，虽其本体柔软，但其体表常被一外壳，有为单一锥形之螺壳者，有为双瓣扇形之蚌壳者，要为其本体分泌物所造成，多含石灰质。

北碚所习见之软体动物，除市上所售之鱿鱼、墨鱼，为沿海各处所产运入者外，仅有10余种，多产于园林丛莽以及池沼溪涧中，可大别为螺形及蚌形二大类，以动物分类学目光察之，螺应隶腹足类，而蚌则属斧足类。

(甲)腹足类

(一)田螺（*Vivipara vivipara*），壳薄，呈圆锥形，有脐，螺层6至7级向外凸出，壳口卵圆形，具厣壳，表乌绿色，壳内蛋白色，触角稍呈三角形，眼有柄，足广大，栖于水田及池沼中，雌雄异体，胎生。

(二)卷耳螺（*Euaustenia*），壳薄而脆，透明扁平，螺层4级，右旋螺口新月形，壳表黄褐色，眼生于长触角之末端，足缘有沟，其末端具黏液线，栖于湿地。

(三)回蜗（*Amphidromus sp.*），壳扁平，顶呈扁球形，壳表光滑，黄褐色，有棕色条纹，壳唇外翻，眼位于触角之末端，口下有一孔，可以分泌黏液。当匐行时，泌出之黏液，着物而留有痕迹。足长形，不具沟。北碚所产者有2种：一为左旋，一为右旋，左旋壳口呈半月形，螺层有6至7级，右旋者壳口呈圆形，螺层5级，均栖息于林园石隙而多腐草之处。

(四)泡蜗（*Eulota sp.*），壳呈半球形，或稍扁，右旋螺层五六级，表面光滑，常具细纹，壳唇外翻。北碚所产者有2种：(1)壳之外周有褐带一条，其脐孔外露。(2)无色带，脐孔半被掩盖，均栖息于林园湿地石隙中。

(五)烟管螺（*Clausilia sp.*），壳细长，左旋壳层凸出，10至12级壳口梨形，唇向

外翻,上角具一窝,内有二皱褶,壳表褐黑色,头上有触二对,在后者较长,其末端为眼,多栖于山地树林间石隙中,常与苔藓杂生。

(六)珀螺(*Clessula sp.*),壳亦细长,呈塔形,稍透明,呈黄色,壳顶圆钝而光滑,壳口梨形,唇不外展,螺层稍凸出8级,栖于石隙墙缝及苔藓下。

(七)细米椎实螺(*Limnaea acuminata*),壳薄,浅黄色透明,右旋无厣,壳口大螺层4至5级,触角短,扁平,呈三角形,栖于池沼沟渠及水田中。

(八)大椎实螺(*Limnaea sp.*),与前种甚相似,唯螺层仅3级,壳顶较钝,栖于池塘沟渠及水田中。

(九)扁螺(*Planorbis sp.*),壳扁平,右旋黄褐色,螺层4级,壳口呈半月形,有脐,脐孔开敞,栖于池塘溪沟及水田中。

(乙)斧足类

(1)齿蚌(*Unio sp.*),壳左右两片,外形相同,通常颇厚,外表黑色,内面珍珠色,两片铰合处有齿,左瓣二主齿、二侧齿,右瓣一主齿、一侧齿。北碚所产者有二种:一为卵形,一为刀形,前端圆而后端尖,均产高滩岩。

(2)湖蚌(*Anodonta sp.*),壳左右两瓣呈长卵形,均薄,外表黑褐色,光滑,铰合处有韧带,并有一侧齿,栖于池塘溪河中。

(3)三角蚬(*Corbicula sp.*),壳左右两片,略呈三角形,外表轮纹显著,呈黑褐色,铰合处每片均有主齿三枚,左瓣主齿前后更生侧齿各一,右瓣主齿前后各具侧齿二,产于江中或溪中。

第七章　其他无脊椎动物

以上各章所述,自第一至第四章,均系脊椎动物,第五章及第六章,均属无脊椎动物,北碚所产之无脊椎动物,除昆虫及软体动物外,其余将在本章内择要述之。

(甲)甲壳动物

甲壳动物,本与昆虫类同属节肢动物门,概为水产动物,陆产者较少,尤以海产为多,吾人所习见之虾蟹之类,均属之。

(一)石蟹(*Potamon denticulatus*),常栖于溪涧中石下,冬季则穴居于土中,与江南之螃蟹相似,唯螯不着纯毛,其味亦远逊,春季产卵,卵数颇少,孵育期较长,出壳即为幼蟹,与别蟹类之有蜕变各期者不同,此蟹分布颇广,直达长江下游各省。

(二)长臂虾(*Palaemon sp.*),以其第一对足形成细长之螯得名,头胸部较大,产于江中,每届夏季泛水,渔民在江边静水处捕之,故北碚市上得见此虾者,为时甚暂,且量亦少。

(三)米虾(*Caridina sp.*),盛产沼池水田之多水草处,形小,其第一对足,虽具钳,但极不显著,此虾可供鱼类之食料,因其体过小,不堪供食。

(四)鼠妇(*Porcellis sp.*),属于等足类,体形椭圆而扁平,长十数公厘,胸部7节,每节有等长之脚一对,用于爬行,常栖息阴湿之处,如石下土中,可以见之。

(五)扁虾(*Asellus sp.*),亦属于等足类,形体与上种相似,唯常时栖于水中,爬行于水草间。

(六)金星虫(*Cypris*),体小,侧扁而椭圆,长约2公厘,分被双壳,背部连合,前端有触角,常伸出壳外,常栖息池沼、沟渠以及水田中,尤以近泥面处为多。

(七)鱼虱(*Argulus sp.*),体圆形扁平,后端有短尾,前部具大吸盘一对,藉以吸着鱼体之上,池养鱼类如鲤、鲫之类,其鳃及鳍之表面,常可见此物。

(八)剑水蚤(*Cyclops sp.*),与鱼虱同属桡足类,唯此形体细长而微小,头之正中,具一单眼,最后之腹节分叉上,具多数刚毛,雌者腹旁,常附有二卵囊,盛产于池沼及稻田之水中,为鱼类之主要食料。与此相似者,尚有 *Diaptomus* 属中各种,除此自由生活之剑水蚤外,在鱼类之鳃条上,亦常见有寄生之桡足类,种类颇繁。

(九)水蚤(*Daphnia sp.*),体微小,侧扁而透明,长仅一二公厘,除头部外,体披双壳形之甲,头部具一大形复眼及二对触角,藉第二对触角为游泳之具,此类动物,常群栖于池沼溪沟及水田中,夏季营无性生殖,秋季始营有性生殖,卵可越冬。北碚常见者,尚为 *Sida*, *Simocephalus*, *Bosmina* 及 *Chydorus* 四属。

（十）仙虾（*Branchinella sp.*），亦名丰年虫，体长十数公厘，极似小虾，惟胸部有叶形脚11对，雌雄异体，体色绿，或淡褐，春间常见于水田及池沼中，游泳时常背向下，腹向上。

(乙) 环节动物

环节动物，北碚所产者包括蚯蚓及蚂蟥二大类。

（一）毛扁蚓（*Aeolosoma sp.*），体扁，体节不明显，每节着生发形长毛，体壁中有绿色或黄色油点，头圆扁，无眼，体长约2至5公厘，行分体生殖，普通栖水中，爬行于水草上。

（二）盲丝蚓（*Dero sp.*），体细长而圆，长约10余公厘，背部之发状毛短，自第六节起即见之，腹部之叉形刚毛，则自第二节起始，无眼，尾端有鳃盘，分成数叶，普通行分体生殖，秋季始行有性生殖。

（三）有眼吻蚓（*Stylaria fossularis*），体细长而圆，且稍透明，体长约十数公厘，前六节具黄色素，头部有二眼，前端具一长吻，背部发状毛自第六节起始，生活于池沼溪沟中，作波状之游行。

（四）水丝蚓（*Limnodrilus hoffmeisteri*），体长约四五公分，圆形，尾形黄色，常伸出泥面，摇动不息，此蚓不行分体生殖，在春末行有性生殖。

（五）鳃尾丝蚓（*Branchiura sowerbyi*），体较水丝蚓为大，长约7公分，直径2公厘，体节百余，背部有少数发状毛及针状毛。生殖带位于第十节至十二节间，尾部两侧，具多数杆形之鳃条，生活于水田池沟中。

（六）杜拉蚯蚓（*Drawida japonica*），为陆栖蚯蚓之较原始者，体稍大而光滑，紫灰或紫红色，刚毛4对，生殖带在第十至第十三节之间，雄生殖孔在第十节，雌生殖孔在第十一至第十二节之间，受精囊在第七至第八节之间，生活于较干燥之土壤中，缙云山顶常见之。

（七）普通蚯蚓（*Pheretima sp.*），在中国约计百余种，北碚所产可能达20种之多。体之大小，随种类而异，刚毛为数甚多，环生每节之中部，自30枚至百余枚不等。生殖带在第十三节至第十五节间，雄生殖孔二，位于第十八节，雌孔一，在第十四节。腹面正中砂囊一，约位于第九节之处，排泄器全为分散之小肾管，其分布最广之种如 *P. differens*，*P. californica*，*P. morrisi*，*P. hawayana*，*P. hupeiensis* 等，北磕均产之。至如直隶环毛蚓（*P. tschiliensis*），形极大，见于缙云山顶，红蚯蚓（*P. bucculenta*）分布于东阳镇、黄桷镇一带沙坝上，体红色，亦较大。此外如光蚯蚓（*P. lubricata*）、青蚯蚓（*P. antefixa*），北碚亦至普通。

（八）异唇蚯蚓（*Allolobophora caliginosa trapezoides*），每节刚毛4对，生殖带在第二十五节至第三十四节间，呈马鞍形，雄生殖孔在第十五节，雌孔一对，居第十四节，受精囊二对，在第九至第十及第十至第十一节间，栖于村落中沟渠近旁之湿土中。

（九）双胸蚯蚓（*Bimastus parvus*），体细长，约二三公分，每节刚毛4对，生殖带在第二十四节至三十四节之间，雄生殖孔在第十五节，雌生殖孔在第十四节，无受精囊，生长于腐败草堆中，或阴湿肥土中。

（十）蚂蟥（*Whitmania laevis*），此种在北碚较为普通，体大，约四五寸长，有24节多环纹，吸盘甚大，色棕绿，有5直行黑条，杂以黄色点，腹面白，具黑色花斑，常见于池塘及水田中。

（丙）苔藓虫类

苔藓虫类以生活于海水中为多，北碚所产者仅羽形苔藓虫（*Plumatella sp.*），其群体附着江底石面，秋季常发生椭圆形黑色之芽胞。

（丁）腔肠动物

腔肠动物亦以生活于海水中者种类较多，北碚所见者，仅下列3种：

（一）淡水水母（*Craspedacusta sinensis*），亦名桃花鱼，或称金钱鱼，前者以出现之季节为名，后者则以其形也，屡出现于长江上下游各处，而广东、福建亦产之，北碚在民国三十三年（1944年）春季，发现于江边江苏医学院院址下浅潭中，其伞部直径为5至13公厘，触手以大小分，有3类，共计180至214条之多，均向卜生。

（二）普通水螅（*Hydra vulguris*），体长约20至50公分，触手5条至8条，伸长时达体长三分之二，主体上下粗细均匀，发芽亦不限于固定地带，精囊具乳头状之突起，卵子呈圆形，周围有极长之刺，产于水田，附着于水草上。

（三）长手水螅（*Hydra oligactis*），体较大，全部伸长时可达40至70公分，触手5至7条，3倍于其体长，主体分为上下二部，上为消化部分，下为基部，基部之颜

色较暗,两部交接之处为发芽带,往往有五六个幼体附着于此而不分离,精囊之尖端,亦呈乳头状,产于水田中,而附着水草上。

注一:张春霖、施怀仁合著:《四川嘉陵江下游鱼类之调查》(《中国西部科学院生物研究所丛刊》第一号,1934年)。

注二:邹源琳著:《合川鱼类志》(未发表论文,1941年)。

注三:散见中央研究院动植物研究所丛刊及动物研究所丛刊9至16卷。

人口志

国民政府主计处统计局

一、总述

1.概说

本志共分为三部:一为总述,包括概说、北碚户口普查办理经过及北碚历年保甲户口总数。二为人口分布,叙述人口居住集散之状况。三为人口组合,说明人口之内部性质。本志所有材料,除北碚管理局所供给之官方保甲户口数字外,均系根据民国二十九年(1940年)户口普查之结果。因此次普查,事属创举,范围普遍,方法精密,确能表示人口分配之状况。其中第二部分资料,均以常住与现住人口数字并列,以便相互比较。第三部分资料,因受原始普查报告结果之限制,仅有现住人口数字。按现住人口数,虽每较常住人口数略为偏高,然各项百分数分配,仍不致有过大差异,故本志说明各点,均能代表实际情况。且各项资料,均以全区各类户与普通户数字并列,使全区及一般住户人口之情形,均能显示无遗,而可互相比较,藉得深切之了解与认识,至于人口之增减情况,因人事登记制度尚未完全确立,出生、死亡各项登记亦未经常举办,无法取得精确之人口动态资料,故略而不论。

2.北碚户口普查办理经过

户口普查,乃以全国或一地域为对象,在指定时刻,普遍查记人口静态之调查。是项工作,欧美各国行之已久,并定期举行,藉以获得人口基本数字,为施政之参考。我国幅员广大,人力物力均受限制,全国户口普查,迄未举办,仅有少数实验县区曾经试办。前北碚三峡实验区署,以施政建设,需要人口基本数字,乃于民国二十九年(1940年)春,与国民政府主计处统计局,合作举办全区户口普查,应用科学方法,普遍查记全区之户口,并统计其结果,不仅为北碚重要政绩之一,实为四川省户口普查之首创。爰将其办理经过,叙述于后:

(一)组织与人员 此次户口普查,系由主计处统计局负技术之责,区署负行政之责。在调查期间,以全区为指导区,原有之乡镇为编查区,原有之保为编查分区。编查分区,为户口之最小调查地域单位。指导区设指导主任一人,由区长充任,指导全区户口普查之一切行政事务;副主任一人,由区长指派区署高级职员充任,协助或代表指导主任办理一切事务。每一编查区,设编查主任一人,由负实际责任之乡镇副主任充任,办理各该编查区之一切行政事务;副主任若干人,由乡镇办公处之户籍员及其辖境内之各警卫区助理员充任,分别协助或代表编查主任办理一切事务。每一编查分区,设编报员及查记员各一人,编报员由保长或副保长充任,办理编户工作;查记员由地方上知识分子充任,办理查口工作。平均每五个编查分区增设候补编报员及候补查记员各一人,亦由保长或副保长及地方上知识分子充任,以便遇必要时,递补工作。编查主任,编查副主任由指导主任直接派定,编报员、查记员及其候补人员,则由编查主任派定后呈报指导主任审查备案。此外在调查期间,另由主计处统计局派科长一人,总理户口普查之技术事务,并于每一编查区内,由统计局各派专员或科员一人,常驻该地,督促编查主任编查副主任办理一切事务,并负技术指导之责。

统计工作,因纯系技术事务,由主计处统计局负责主持,另由区署调派职员参加工作。

(二)普查标准时刻 户口普查之主要目的,在取得全体人口划时期之静态统计,然人口之迁徙、出生、死亡等变动情形,无时无刻,可以停止,是以普查标准时刻,必须规定,以便一律查询。各户人口在规定时刻下之状态,参照各国先例。

此种标准时刻,多为夜晚子时,因是时多数人民均在安息,人口状态较为定静,查询结果之重复与遗漏,较易避免。此次户口普查之标准时刻,系定为3月23日夜晚子时,农历为二月十五日。此时农历新年已过,农村人口,已由动而趋于静;且农事不忙,气候渐暖,对于调查工作,亦较适宜。

(三)调查步骤与方法　此次调查步骤,计分编户与查口两阶段,于标准时刻以前编户,标准时刻以后查口。编户时由编报员编贴普查户号,以资识别,并将各户之户主姓名、住址等填入户册,以免户之遗漏与重复,而为查口时之依据。查口时以采用由查记员代填制为原则;但如户主教育程度甚高,确能负填写之责者,则亦间采用由户主自填之制。编户方法,系以一编查分区为单位,依次挨户为之。查口方法,每一编查分区,于事前选择适当地点,设立登记处,在查口期中,查记员常川流于查记处,并不挨户查询,而于事先通知各户户主,按照规定时间,亲来查记处报到,听候查记员依次查询,并代填查记单。如查记单系由户主自填者,该户主可免来查记处报到,而于标准时刻之次晨,将查记单填就,听候查记员收取。

(四)普查问项　户口普查之功用,常随普查问项而转移;问项愈多,则普查结果之运用亦愈大。惟在我国,稽户查口,尚无良好习惯,且农村文盲又多,故初办户口普查时,其问项又应以简单为宜,以免多而不实之弊。此次普查之基本问项,计有性别、年龄、婚姻状况、教育程度、职业各项,对于务农之住户,则并兼查耕种面积、田权分配、主要作物之收成与数量、主要牲畜之雏豢数量,以便兼知农业经济概况。除上述各基本问项外,同时为校核之便利,对于户主姓名、户内常住人口与现住人口总数、户内各人对于户主之关系等,亦曾附带查询。各问项一律采用问语式,其语句通俗明了,避免模糊艰深之文字,以防因谬解误填而致结果之分歧。

(五)普查表件　普查表件共分为两大类:一为调查应用表件,一为整理应用表件。

根据调查计划,仝部调查应用表件,约可分为三类:一为基本表件,二为说明表件,三为公文书。兹分别述之;

(1)①基本表件,计有户册、普查户号、查记单、分区地域表、发还改正原由表等5种,其中查记单,又按公共户、营业户及普通户性质,印成3种格式。其中基本问项,完全相同;惟住户查记单加农业部分问项各栏,以便务农之住户填写。

(2)说明表件之拟订目的,一在规定各级编查人员之任务及其工作方法,二在解释编户查口之步骤与内容,以便利调查过程中各种事务之推进,计有户口普查须知、查记单填写须知、编查主任副主任工作纲要、编查主任副主任工作进度表、编查主任委员副主任施训方法、户册习题及答案、查记单习题及答案、户册与查记单查对要点、户册与查记单查对习题及答案、估定各分区应用表件数量标准表、编查主任副主任受训时应发表件种类与时间表、各编查区应发表件数量表等共12种。

(3)公文书包括有关此次户口普查调查时之布告、条例及其他报告通知等,计有布告、奖惩条例、受训编报员查记员名单、训练通知书、编报通知书、查记通知书、报到日期通知表、未来报到通知表、缺席呈报表等共9种。

根据整理计划,全部整理应用表件,约可分为基本表与说明表件两类,兹分别述其名称如下:

(1)基本表件计有个人卡片、分类格、整理表、统计表4种。

(2)说明表件计有查记单审查须知与个人卡片转录须知2种。

(六)编查经过　自指导区成立后,即着手调训各级编查人员。因受训人员有160余人,为免除集中训练事实上之困难,乃分级举行,先在区署所在地召集全体编查主任、编查副主任,施以集中直接之训练,然后由派驻各编查区之人员会同已受训之编查主任、编查副主任,分别集中训练。各该编查区之编报员与查记员、编查主任与编查副主任之受训时间为4日,编报员为1日,查记员为3日,训练之内容,除说明普查之意义及调查人员之责任处,并依次讲述调查之步骤、调查之方法、调查时注意事项、各种调查表件之应用,并实地测验受训人员之调查能力,以为甄别之根据。

各编查区之编报员及查记员,经训练后,即分别派赴普查分区,执行编户与查口工作。各编查分区之编户工作,规定于3日之限期内完成。其每日工作之时

---

①原文标题为"1.",编者做降级处理。

间,规定为上午8时至12小时,下午2时至5时,各编查分区完成编户工作,均未逾过限期,但其每日之起迄(讫)时间,则多参差不一,确能依照原来之规定者甚尠(鲜)。各编查分区每日工作之起迄时间,既不一致,且其户数之多寡与交通之畅阻,亦不相同,故每日可能编户之效率,亦不易作一精确之计算。根据派驻各编查区人员之观察,在密集之场镇,每日可编200户;在疏散之村落,每日约可编70户至100户不等。各编报员因系该编查分区之保长、副保长,对于所担任地域内之户口情形,原极熟谙(稔),故每至一户,无须经过访问手续,即可决定其为何种户及其户主之姓名,因之便利不少。至于被编报之各户户主,大体上均能本通力合作之精神,惟因前店后家与分爨同居兄弟作二户之规定,间有表示怀疑者。又有若干公共户,因性质秘密,拒绝编户,当经派驻指导人员,亲与接洽解释,乃另采通融办法,虽为编户,而仍隐其名称,始告解决。

各编查分区之查口工作,规定于5日之限期内完成,其每日工作时间,为上午8时至12时,下午2时至5时,其工作步骤,为先查填船上之户,然后查填陆地之户。查填时,户主一律集中于各编查分区之查记处应询。嗣以北碚、澄江、黄桷三编查区,鉴于辖境内船户较多,其流动较速,若于普查标准日晨,由其来处应询,恐事实上多已解缆他往,补查不易,乃改变办法,计北碚与黄桷,提前于前一日夜晚查记;澄江则于标准日清晨,沿江挨船查记。此外黄桷与文星,对于人口频繁之客栈旅馆,亦一律于前一日夜晚,提前办理,以防脱漏。各查记员在查口期中,虽因知识低浅,错误未能尽免,但就一般而论,其服务精神,均极振奋。原规定各编查分区之查填工作,由各该查记员负填写之专责,在查填期中,有若干具有填写能力之编报员或候补查记员,颇愿自动协助。且有若干编查分区,因人口过多,深恐难于规定期限内完成,乃斟酌选择编报员及候补查记员,参加工作。各查记员之工作效率,根据派驻各编查区人员之观察,每一查记员,每日约可查询50户。至于应来报到之户主,经保甲长之通知催促后,多能亲自或派人前来查记处应询;其始终缺席者,仅三数户而已。此种不来报到之户,均系新迁入之客籍居民,虽经再三催促,但均以不知查记处地点为搪塞。因其为数甚少,乃改于最后向其采用挨户调查之法,幸未被拒。在来报之各户当中,其系由户主亲自来者,约计不过半数,余均由妇女老弱代表出席。应询者常心存疑虑,答话含糊,而查记员亦多不愿追根究底,逐项查询,致查记结果,或不免稍有出入,但就统计结果之大量观察,则又必去事实不远。有一二公共户,确因人数多至千人或数千人以上,逐一填写,极为不易;或因性质秘密,不能公开,乃采通融办法,仅以户内总人数见告。多数编查分区之全部查口工作,均能依限结束,间有少数之编查分区,因等待一二自填公共户之查记单,结束时期,略有稽延。

(七)统计经过　户口普查所得之户册与查记单,经主计处统计局所派指导人员,分别携带回局,除加紧统计全区各乡镇之户口总数,尽先发表外,当即着手于全部整理工作之进行。其整理之方法与步骤,均依照整理计划之规定。惟关于人口部分之识字者之教育程度一项,在整理时,未将毕业与肄业划分,因其不能取得特殊之意义。又普查时原系兼查常住与现住两种人口,但因各户户主对于暂时他往之常住人口之各种问项,多有未能明了,而一时又无法问明,仅凭其臆断答复,故缺漏较多,其结果似不如现住人口之可靠。即人口数字本身之正确性亦然。故关于人口部分之统计分析,除人口总数外,均以现住人口为限。

查记单内所得之答案,虽已经各编查区分别查对,然以时间匆促,错误仍难尽免,故再度精密审查,实有必要。且每一人口职业种类等项之标注符号,亦须同时标明于每一项栏内,以便转录卡片。在审查之初,因工作不甚熟习(悉),进行较为迟缓,每日每人仅能审查及标注150户。嗣后工作效率渐见提高,最多者每日可达250户以上。

查记单经审查及标注一部分后,即同时从事人口部分个人卡片之转录,并校对其错误。该项工作,系由区署调派之人员担任,由主计处统计局派员负指导之责。各工作人员之服务精神,均极可取,惟因程度不齐,成绩略有高下;且调用人员之职务,多未经区署派定完全负责代理人,因之有缺席或未能始终其事。因上两种原因,致各人工作效率差异极大。就平均而言,每人每日转录卡片张数,约为600张;校对卡片张数,为1200张。是项工作,于15日内完成。

卡片经转录及校对后,即进一步从事分类,并制成初步整理表。是项工作,仍由区署调派之人员担任,其时有因公务繁剧,调回原职者,故参加分类及初步整理工作之人数较少。分类工作之进行,系将参加工作人员分为三组:第一组专司年龄与性别之分类;第二组专司按年龄与性别之婚姻状况、识字情形与识字者之教育程度三项分类;第三组专司按年龄与性别之学生教育程度与业别大分类及按性别之业别小分类与职别四项分类。每组均由主计处统计局另派职员一人,指导一切,并校对错误及解释疑难。遇有余暇,并同时参加分类。工作效率,平均每人每日分类卡片张数约为2300余张,全部分类及编制初步整理表工作,于13日内完成。

人口部分个人卡片,经分类并制成初步整理表后,仍由区署调派之人员,从事农业部分查记结果之划记与汇编农业初步整理表。惟参加工作人数,因区署又复调回原职数人,致人数更形减少。此项工作,于6日内完成。

初步整理表,经全部编制完成后,即由主计处统计局另派人员作进一步之总合汇编统计表,计先后制成统计表44种。

(八)经费 此次户口普查所支经费,共为4941.11元。其中1149.63元,系主计处统计局职员出差费用,由主计处统计局负担。余3791.48元,为编查与统计费用,由区署与统计局各负担一半,其详细费用项目为:训练费263.56元、编查费2017.45元、整理费1006.90元、办理户口异动费503.57元。全区普查结果,常住人口为96871人,平均每人之编查统计费用为5.1分,与欧美国家比较,实甚经济。

3.历年保甲户口总数

北碚地当渝合冲要,交通素称便捷,自抗战发生,重庆定为陪都后,以密迩陪都,地位益形重要。民国二十八年(1939年)起,以敌人滥施轰炸,复定为迁建区之一,机关厂号先后迁设北碚者日多,致人口增加甚速。此种事实,于历年保甲户口总数中,得到显明之迹象。表一之数字,系民国二十五年(1936年)至三十四年(1945年)10年间之乡镇保甲数及户口总数。查北碚原设5乡镇,嗣以人口增加,为行政上便利计,改设为8乡镇,保数与甲数约增加三分之一;户数由12000余户增为18000余户,约增二分之一;人口数由65000余人增为90000余人,约增三分之一。在增加之人口数中,女口由约30000人增至40000余人,约增10000人;男口由35000余人增至约50000人,约增15000人。是男口增加,较女口为多。就历年比较观之,在二十八年(1939年)以前,人口数变动甚小,每年约增加1000人;二十八年(1939年)以后,则呈剧速增加之趋势。其中二十九年(1940年)数字,为97000余人,为10年中最多一年之数字,此显为户口普查范围普遍,方法精密之结果,故往往较其他查报结果为高,此几为各地一致之现象;且表一中二十九年(1940年)所用之数字,为现住人口数,故又稍形偏高。除二十九年(1940年)外,其余各年之数字,均为保甲编查或清查结果。三十二年(1943年)及三十四年(1945年)之数字,均较其前一年为低,此或由于迁建区内人口变动较为频繁之故。惟保甲清查方法,尚欠严密,各乡镇之呈报,亦参差不齐,致户口之查记,难免有遗漏不实之处,此亦为重要原因,详见表一。

表一　北碚历年保甲户口总数

民国二十五年(1936年)至三十四年(1945年)

时期别	乡镇数	保数	甲数	户数	人口数			附注
					共计	男	女	
民国二十五年(1936年)	5	100	1055	12671	65284	35460	29824	4月编查保甲户口统计数
民国二十六年(1937年)	5	100	1020	12862	66264	35785	30479	7月编查户口统计数
民国二十七年(1938年)	5	100	1009	13123	67243	35822	31421	1月统计呈报数
民国二十八年(1939年)	5	100	1006	14422	74123	39686	34437	7月编查户口统计数
民国二十九年(1940年)	6	100	1024	19771	97349	58602	38747	3月户口普查数(1)
民国三十年(1941年)	8	130	1245	15564	85343	48762	36581	3月编查保甲户口统计数
民国三十一年(1942年)	8	130	1400	16299	87544	50626	36918	1月户口清查统计数
民国三十二年(1943年)	8	128	1389	17181	86158	48112	38046	5月户口统计呈报数
民国三十三年(1944年)	8	130	1434	18163	93285	52170	41115	5月清查户口统计数
民国三十四年(1945年)	8	130	1429	18229	90217	49850	40367	7月统计呈报数

材料来源:根据北碚管理局户籍室报告之数字。

说明:(1)该年户口数,系用户口普查,现住人口数与户籍室报告数,略有不同。

二、人口分布

人口分布,系指户口集散之状况而言,故分布之主要目的,在显示户口与地面之关系。此项关系之详细情形,将于《聚落志》中说明。本志仅就户口本身集散状况,略加陈述。兹分为户口总数,人口密度及户量三点述之:

1.户口总数 下表表二所列户口总数,系二十九年(1940年)户口普查之结果。全区户数,为19000余户。其中普通户,即一般住户,占86%,营业户占11%,公共户占2%。一般而论,人口数中,常住人口较现住人口约少500人,但详细观察,普通户及营业户均以现住人口为大,而公共户则反是。在三种户数中,常住与现住人口所占之百分数,极为接近,在普通户中均在75%以上,营业户中均在15%以上,公共户则均不足10%,详见表二。

表二 北碚户口总数

民国二十九年(1940年)

户类别	户数		常住人口		现住人口	
	实数	百分数	实数	百分数	实数	百分数
总计	19771	100.00	96871	100.00	97349	100.00
普通户	17192	86.96	73459	75.83	74708	76.74
营业户	2215	11.20	14887	15.37	15462	15.88
公共户	364	1.84	8525	8.80	7179	7.38

材料来源:根据民国二十九年(1940年)户口普查之结果编制。

2.人口密度 人口之密度,系指在一定单位面积内所居住之人口数而言。北碚区之面积,因尚未举行精确之土地测量,致无确实数字可资应用。惟前区署以简易测绘方法,求得全区面积为500方公里。此项整数,虽非确数,然与实际面积相较,恐不致相差过大。根据表三之计算,知全区常住人口密度为每方公里193人以上;现住人口密度为194人以上,两者颇为接近。其密度比较全省人口密度为每方公里122人为高。全省之数字,见主计处统计局编印之二十九年(1940年)辑中华民国统计提要表五。故北碚人口集中与稠密远在全省一般县市之上。

表三 北碚人口密度

民国二十九年（1940年）

类别	人口数	总面积（单位：方公里）	每方公里人口数
常住	96871	500	193.74
现住	97349	500	194.70

材料来源：人口数字系根据民国二十九年（1940年）户口普查之结果，面积数字系民国二十五年（1936年）编组保甲时区署以简易测绘方法所得之结果。

3.户量 人口之户量，系指每个人口单位组织之内所包括之人数。根据表四所列之结果，知全区每户平均人口数为4人以上，5人以下。各类户之数字较高，此因公共户及营业户每户内人数常较多，故合并计算之户量，略为提高。但户量统计之意义，在显示家庭之大小，故应用普通户户量数字，较富有意义。普通户之户量，常住人口为4.27人，现住人口为4.35人。两者至为接近。查民国三十一年（1942年）四川省选县户口普查之结果，普通户常住人口户量，彭县为4.79人，双流为4.57人，崇宁为4.55人[三县之数字见主计处统计局三十四年（1945年）辑中华民国统计提要表四]，故以北碚为略略较低。

表四 北碚户量

民国二十九年（1940年）

类别	各类户			普通户		
	户数	人口数	每户平均人口数	户数	人口数	每户平均人口数
常住	19771	96871	4.90	17192	73459	4.27
现住	19771	97349	4.92	17192	74708	4.35

材料来源：根据前表二转录及计算而得。

三、人口组合

人口之组合，通常指人口之内部性质而言，如性别、年龄、婚姻状况、教育程度及职业等是。此类性质之说明，系就标准时刻全区域内之人口剖面，分析其成分，可以表现标准时刻下人口组合之实际形态，对于社会组织、社会活动、人民生

活等,均有具体与深切之关系。兹分为性别与年龄、婚姻状况、识字情形与教育程度、职业等四点述之:

1. 性别与年龄　全区各类户之男口人数为58000余人,女口为38000余人(详见表五)。就普通户而言,男口为38000余人,女口为36000余人(详见表六)。男女人口数之比较,在普通户方面,颇为接近,仅相差约2000人。各类方面,则相差有20000人。此种现象,在表七普通性比例中,尤为明显。普通户之普通性比例为105.05,是与国内一般城市情形相似;而各类户之普通性比例为151.24,是接近国内各大都市情形。此种特殊现象之原因,系由于公共户及营业户中单身男子人数较多之影响,迁来机关学校之职员眷属,大多不在任所。又本区多煤产矿山,矿场上之矿工,亦多属单身男子。根据普通性比例及男口人数较多之现象,可知北碚经济繁荣及文化进步状况,远在一般县市之上。

表八所列之出生性比例,全区各类户为105.49,普通户为105.60,两者极为接近。根据医学家推测出生性比例,常在104至110之间,则北碚之出生性比例,亦与之相接近。惟欲求准确之出生性比例,则有待人事登记制度之健全。此处所据以推算之材料,为普查所得之零岁现在人口;此种人口已受一周年内婴孩死亡率之影响,故其应用,有其限度。不过显示出生时两性分配概况而已。

年龄分配之常态现象。吾人如将人口,依其年龄,自幼至长,次第向上。排列一行,每得向上渐少之现象;凡反乎上述之情形,则为不规则现象。根据表九之年龄分配百分比,观察年龄,则呈不规则现象。15至19岁一组起,年龄分配比率,突然减少;在15至44岁之间,各年龄组增减情形,极不一律。此种现象,在普通户方面,更为明显;而普通户男口在45至49岁一组,比率突然增高,现象尤为特殊。凡此种种不规则现象,由于抗战期间壮丁图免兵役,虚报年龄至18岁以前或45岁以后所致。又因矿工及机关学校员工,皆可缓服兵役,故在普通户中,此种现象,特别显著。

又60岁以上之人口,所占之百分数,约7%及8%之间,较之欧美及瑞典占11%至12%之情形,相差有4%或5%之多。此种老年人口减少现象,不仅影响社会生产能力,且影响人口之平均寿命;欲求精确之人口平均寿命,有待人事登记制度之确立。然据此亦可推测人口之平均寿命,不致十分过高,锻炼身体,讲求卫生,实为必须注意之事。

就孙巴克氏人口年龄三分法比较各类户人口年龄分配所示者,为接近于人口之稳定式(详见表十)。普通户方面,虽有接近人口增进式之趋势,然根据前述虚报年龄等原因,不足据以判断。

表五　北碚各类户现住人口之年龄与性别

民国二十九年(1940年)

年龄组	共计	男	女
总计	97349	58602	38747
0—4	10838	5693	5145
5—9	9838	5645	4193
10—14	10117	6395	3722
15—19	6081	3402	2679
20—24	6685	3933	2752
25—29	6962	4100	2862
30—34	7635	4488	3147
35—39	8415	5129	3286
40—44	6804	4129	2675
45—49	6431	4399	2032
50—54	5375	3591	1784
55—59	3093	1818	1275
60—64	2794	1535	1259
65—69	1464	720	744
70—74	1055	451	604
75岁及以上	848	293	555
未详	2914	2881	33

材料来源:根据民国二十九年(1940年)户口普查之结果编制。

表六　北碚普通户现住人口之年龄与性别

民国二十九年（1940年）

年龄组	共计	男	女
总计	74708	38274	36434
0—4	10783	5667	5116
5—9	9592	5486	4106
10—14	8246	4800	3446
15—19	3382	1410	1972
20—24	3579	1339	2240
25—29	4322	1667	2655
30—34	5141	2132	3009
35—39	6111	2916	3195
40—44	5255	2658	2597
45—49	5164	3176	1988
50—54	4542	2809	1733
55—59	2757	1506	1251
60—64	2556	1324	1232
65—69	1375	647	728
70—74	1025	428	597
75岁及以上	834	282	552
未详	44	27	17

材料来源：根据民国二十九年（1940年）户口普查之结果编制。

表七 北碚人口普通性比例

民国二十九年（1940年）

户类别	男	女	普通性比例（每百女子所当男子数）
各类户	58602	38747	151.24
普通户	38274	36434	105.05

材料来源：根据前表五及表六转录及计算而得。

表八 北碚人口出生性比例

民国二十九年（1940年）

户类别	零岁人口男子数	零岁人口女子数	出生性比例（每百女子所当男子数）
各类户	1229	1165	105.49
普通户	1225	1160	105.60

材料来源：根据民国二十九年（1940年）户口普查之结果及计算而得。

表九 北碚人口年龄分配之百分比[1]

民国二十九年（1940年）

年龄组	各类户			普通户		
	共计	男	女	共计	男	女
总计	100.00	100.00	100.00	100.00	100.00	100.00
0—4	11.48	10.25	13.29	14.44	14.81	14.05
5—9	10.42	10.13	10.83	12.85	14.34	11.27
10—14	10.71	11.47	9.74	11.05	12.55	9.46
15—19	6.43	6.10	6.92	4.53	3.69	5.42
20—24	7.08	7.10	7.10	4.80	3.50	6.15
25—29	7.37	7.25	7.40	5.79	4.36	7.29
30—34	8.08	8.05	8.14	6.89	5.57	8.26
35—39	8.91	9.20	8.49	8.19	7.63	8.77
40—44	7.21	7.41	6.92	7.00	6.95	7.13

续表

年龄组	各类户			普通户		
	共计	男	女	共计	男	女
45—49	6.81	7.89	5.22	6.92	8.30	5.46
50—54	5.69	6.44	4.46	6.08	7.34	4.76
55—59	3.28	3.26	3.30	3.69	3.94	3.43
60—64	2.96	2.76	3.28	3.42	3.46	3.38
65—69	1.55	1.29	1.92	1.84	1.69	2.00
70—74	1.12	0.81	1.56	1.37	1.11	1.64
75岁及以上	0.90	0.59	1.43	1.10	0.76	1.54

材料来源:根据前表五及表六计算而得。

说明:(1)年龄未详之人口未列入。

表十　北碚人口年龄依孙巴克氏人口年龄三分法分配

民国二十九年(1940年)

户类别	年龄组			
	共计	少年(0—14)	壮年(15—49)	老年(50以上)
各户类	100.00	32.61	51.89	15.50
普通户	100.00	38.34	44.16	17.50

材料来源:根据前表九计算而得。

2.婚姻状况　就表十一、表十二及表十三所列北碚全区各类户未婚者有46000余人,占50%;有配偶、丧偶及离婚三者合计之,已婚者亦占50%。其中有配偶者计39000余人,约占40%;丧偶者有7600余人,占8%;离婚者有90人,不及1%。在普通户中,未婚者百分数略形减低,有配偶者百分数则比较增高,丧偶及离婚二者均与各类户相若。若就两性间比较,未婚人数以男口为较多,有配偶及丧偶人数以女口为较多。在全区各类户与普通户中情形相同,男口未婚者占55%及56%,女口未婚者占38%及40%,有配偶及丧偶情形则以女口之百分数较高,离婚者又以女口之百分数为较低。

就表十四观察,更知婚姻状况实际情形。因婚姻状况,以可婚人口表示,更富有意义。上述两性间,比较各种现象,在可婚人口婚姻状况分配中,尤为显明,因其百分数之差异,较前更大也。但未婚者与已婚者比较,情形则不尽同,因表十三中包括14岁以下未能结婚之人口,故未婚百分数相形提高,实际上未婚者占可婚人口25%及15%,已婚者占可婚人口75%及85%,可知已婚人数,并不太少。

根据上述之种种现象,可得下列各结论:

(一)未婚人数,男子为较多,是显示男子结婚较女子为困难,与男子结婚年龄较女子为晚。又女子经济不能独立,多依赖性,故未婚者较少。

(二)有配偶者人数以女子为较多,是显示社会上有纳妾制度及壮年男子出外留妻在家之情形。

(三)丧偶者人数,亦以女子较多,是可表示女子丧夫后,多不再嫁;男子丧妻后,常多再娶。又女子恒较男子为长寿,故寡妇恒多于鳏夫。此种现象,在50岁以上各年龄组间,有显著之表示。

(四)两性间离婚人数均少,是受社会风俗及道德之限制。又女子离婚人数较少,当系离婚妇女,不愿以实情告人之故。

(五)早婚制度,盛行我国各地,北碚亦未能例外,在可婚年龄以下,即已结婚者,计有男子50人及60人,女140余人,详见表十一及表十二。

3.识字情形及教育程度　我国文盲之多,向为外人所讥笑,据估计,文盲约占全国人口80%。今就表十五、表十六及表十九观察,全区各类户中,不识字人数有79000余人,占73%。普通户中不识字之人数,有58000余人,占78%,是以接近80%。如更依两性分析之,全区各类户中,男子不识字人数有36000余人,占66%;女子不识字人数有32000余人,占84%,可见女性中不识字人数尤多。在普通户中,则此种现象,尤为显著,其女子不识字之百分数,竟高达87%以上。

表十一　北碚各类户现住人口之婚姻状况

民国二十九年（1940年）

年龄组	共计			未婚			有配偶			丧偶			离婚			未详		
	小计	男	女	小计	男	女	小计	男	女	小计	男	女	小计	男	女	小计	男	女
总计	97349	58602	33747	46692	31182	15510	39219	20936	18283	7612	2912	4700	90	70	20	3736	3502	234
14岁及以下	30793	17733	13060	30585	17669	12916	203	61	142	3	1	2	1	1	—	1	1	—
15-19	6081	3402	2579	4634	2885	1751	1297	422	875	40	13	27	4	2	2	106	82	24
20-24	6635	3933	2752	2775	2342	433	3143	1057	2086	120	51	69	8	4	4	639	479	160
25-29	6962	4100	2862	2065	1928	137	4502	1903	2599	228	120	108	9	9	—	158	140	18
30-34	7635	4488	3147	1845	1773	72	5412	2519	2893	350	174	176	8	7	1	20	15	5
35-39	8415	5129	3286	1489	1459	30	6438	3409	3029	460	243	217	13	9	4	15	9	6
40-44	6804	4129	2675	1070	1033	37	5058	2788	2270	655	288	367	10	9	1	11	11	—
45-49	6431	4399	2032	766	751	15	4946	3308	1638	705	328	377	9	8	1	5	4	1
50-54	5375	3591	1784	647	621	26	3584	2442	1142	1122	512	610	12	9	3	10	7	3
55-59	3093	1818	1275	273	250	23	1990	1275	715	818	283	535	8	7	1	4	3	1
60-64	2794	1535	1259	255	206	49	1413	941	472	1121	384	737	4	3	1	1	1	—
65-69	1464	720	744	90	85	5	640	415	225	730	217	513	3	2	1	1	1	—
70-74	1055	451	604	53	45	8	367	238	129	633	168	466	1	—	1	—	—	—
75岁及以上	848	293	555	25	23	2	198	141	57	624	168	496	—	—	—	1	1	—
未详	2914	2881	33	120	112	6	28	17	11	2	2	—	—	—	—	2764	2748	16

材料来源：根据民国二十九年（1940年）户口普查之结果编制。

表十二 北碚普通户现住人口之婚姻状况

民国二十九年(1940年)

年龄组	共计			未婚			有配偶			丧偶			离婚			未详		
	小计	男	女	小计	男	女	小计	男	女	小计	男	女	小计	男	女	小计	男	女
总计	74708	38274	36434	35254	21143	14111	32726	14990	17736	6585	2044	4541	83	63	20	60	34	26
14岁及以下	28621	15953	12668	28426	15901	12525	191	50	141	3	1	2	1	1	—	—	—	—
15—19	3382	1410	1872	2224	1124	1100	1118	276	842	34	8	26	4	2	2	2	—	2
20—24	3579	1339	2240	934	739	195	2545	571	1974	84	22	62	7	3	4	9	4	5
25—29	4322	1667	2655	637	578	59	3531	1037	2494	142	44	98	7	7	—	5	1	4
30—34	5141	2132	3009	646	597	49	4243	1454	2789	243	74	169	7	6	1	2	1	1
35—39	6111	2916	3195	557	534	23	5220	2261	2959	316	112	204	13	9	4	5	—	5
40—44	5255	2658	2597	493	462	31	4241	2024	2217	509	161	348	9	8	1	3	3	—
45—49	5164	3176	1988	395	381	14	4179	2570	1609	579	216	363	8	7	1	3	2	1
50—54	4542	2809	1733	408	382	26	3160	2041	1119	958	376	582	11	8	3	5	2	3
55—59	2757	1506	1251	197	174	23	1812	1108	704	737	215	522	8	7	1	3	2	1
60—64	2556	1324	1332	202	153	49	1309	841	468	1040	326	714	4	3	1	1	1	—
65—69	1375	647	728	61	56	5	607	383	224	703	205	498	3	2	1	1	1	—
70—74	1025	428	597	45	38	7	359	230	129	620	160	460	1	—	1	—	—	—
75岁及以上	834	282	552	23	21	2	194	137	57	617	124	493	—	—	—	—	—	—
未详	44	27	17	6	3	3	17	7	10	—	—	—	—	—	—	21	17	4

材料来源:报据民国二十九年(1940年)户口普查之结果编制。

表十三　北碚人口婚姻状况之百分比

民国二十九年（1940年）

婚姻状况	各类户			普通户		
	共计	男	女	共计	男	女
总计	100.00	100.00	100.00	100.00	100.00	100.00
未婚	49.88	56.59	40.28	47.23	55.29	38.76
有配偶	41.89	38.00	47.47	43.84	39.25	48.71
丧偶	8.13	5.28	12.20	8.82	5.35	12.48
离婚	0.10	0.13	0.05	0.11	0.16	0.05

材料来源：根据前表十一及表十二计算而得。

说明：婚姻状况未详之人口未列入。

表十四　北碚可婚人口（15岁及以上）婚姻状况之百分比

民国二十九年（1940年）

婚姻状况	各类户			普通户		
	共计	男	女	共计	男	女
总计	100.00	100.00	100.00	100.00	100.00	100.00
未婚	26.65	36.16	10.19	14.83	23.52	6.62
有配偶	62.11	55.87	71.25	70.67	67.04	74.11
丧偶	12.11	7.60	18.46	14.29	9.17	19.12
离婚	0.13	0.37	0.10	0.21	0.27	0.15

材料来源：根据前表十一及表十二计算而得。

说明：婚姻状况未详之人口未列入。

一地方识字人数之多寡，不仅直接影响每人之生活能力与幸福，且与地方建设与开发亦有密切之关系。补救之道，应根本从教育学龄儿童着手。根据表二十所列学龄儿童，识字者所占百分数为37%以上，已较前述情形为佳，是可见地方上教育设施，已有进步。惟学龄儿童不识字之百分数，仍达62%以上。如依两性间区分，男童不识字者为57%及58%；女童不识字者百分数为70%及71%，是女童不识字者，仍远较男童为多。总上所述，全区教育设施，犹有待努力改进，方能达到减少文盲之目的。

全区各类户中，识字者之教育程度，计曾入私塾者占44%，有小学程度者占33%，有中学程度者占14%，有大学程度者仅占7%。据此可知全区识字人口中以受私塾与小学教育者占绝对大多数。若以普通户而论，有大学程度者更减至4%，有中学程度者亦减至8%，曾入私塾者与各类户中相若，亦为44%，而有小学程度者则增加至42%。据此分析，可知一般贫民之子弟，能受中等及高等教育者，实属寥寥。如更依性别分析之，就实数观察，除普通户中有中学教育程度者女子人数较多外，其余均以男子人数为较多；就百分数观察，男子以曾入私塾者所占百分数为高，女子以有小学程度者所占百分数为高。是充分表示过去女子多无受教育之机会，迨学校设立后，则竞入小学读书，男子则因中年以上之人，过去只得受私塾教育也。在表十七及表十八中可以看出40岁以上各年龄组中之男子，以受私塾教育人数较多，而受其他教育者均极少，故曾入私塾者百分数相形增高。近年来私塾制度，日见没落，学校制度代兴，可以断言今后受私塾教育者所占百分数，当渐趋减低。

表十五　北碚各类户现住人口之识字情形

民国二十九年（1940年）

年龄组	共计			识字者			不识字者			未详		
	小计	男	女	小计	男	女	小计	男	女	小计	男	女
总计	97349	58602	38747	24949	18932	6017	69698	36987	32711	2702	2683	19
5岁及以下	12810	6785	6025	269	185	84	12540	6600	5940	1	—	1
6—12	14369	8612	5757	5357	3650	1725	8994	4962	4032	—		
13—14	3614	2336	1278	1510	1028	482	2103	1307	796	1	1	—
15—19	6081	3402	2679	2638	1641	997	3442	1760	1682	1	1	—
20—24	6685	3933	2752	2918	2076	842	3763	1855	1908	4	2	2
25—29	6962	4100	2862	2284	1732	552	4670	2362	2308	8	6	2
30—34	7635	4488	3147	1964	1522	442	5667	2964	2703	4	2	2
35—39	8415	5129	3286	2154	1857	297	6256	3270	2986	5	2	3
40—44	6804	4129	2675	1473	1270	203	5330	2858	2472	1	1	—
45—49	6431	4399	2032	1535	1405	130	4894	2993	1901	2	1	1
50—54	5375	3591	1784	1076	966	110	4295	2622	1673	4	3	1
55—59	3093	1818	1275	609	549	60	2484	1269	1215	—		
60—64	2794	1535	1259	471	437	34	2322	1098	1224	1	—	1

续表

年龄组	共计			识字者			不识字者			未详		
	小计	男	女	小计	男	女	小计	男	女	小计	男	女
65—69	1464	720	744	230	212	18	1232	507	725	2	1	1
70—74	1055	451	604	149	136	13	906	315	591	—	—	—
75岁及以上	848	293	555	108	99	9	740	194	546	—	—	—
未详	2914	2881	33	186	167	19	60	51	9	2668	2663	5

材料来源:根据民国二十九年(1940年)户口普查之结果编制。

表十六 北碚普通户现住人口之识字情形

民国二十九年(1940年)

年龄组	共计			识字者			不识字者			未详		
	小计	男	女	小计	男	女	小计	男	女	小计	男	女
总计	74708	38274	36434	15900	11331	4569	58786	26932	31854	22	11	11
5岁及以下	12737	6746	5991	257	180	77	12479	6566	5913	1	—	1
6—12	13362	7789	5573	4853	3258	1595	8509	4531	3978	—	—	—
13—14	2522	1418	1104	925	557	368	1596	860	736	1	1	—
15—19	3382	1410	1972	958	484	474	2424	926	1498	—	—	—
20—24	3579	1339	2240	955	529	426	2623	810	1813	1	—	1
25—29	4322	1667	2655	1098	680	418	3220	984	2236	4	3	1
30—34	5141	2132	3009	1193	804	389	3947	1328	2619	1	—	1
35—39	6111	2916	3195	1407	1131	276	4702	1785	2917	2	—	2
40—44	5255	2658	2597	1012	823	189	4243	1835	2408	—	—	—
45—49	5164	3176	1988	1101	979	122	4062	2197	1865	1	—	1
50—54	4542	2809	1733	816	714	102	3724	2094	1630	2	1	1
55—59	2757	1506	1251	487	430	57	2270	1076	1194	—	—	—
60—64	2556	1324	1232	382	350	32	2173	974	1199	1	—	1
65—69	1375	647	728	193	179	14	1180	467	713	2	1	1
70—74	1025	428	597	139	126	13	886	302	584	—	—	—
75岁及以上	834	282	552	102	93	9	732	189	543	—	—	—
未详	44	27	17	22	14	8	16	8	8	6	5	1

材料来源:根据民国二十九年(1940年)户口普查之结果编制。

表十七 北碚各类户现住人口识字者之教育程度

民国二十九年（1940年）

年龄组	共计			私塾			小学程度			中学程度			大学程度			未详		
	小计	男	女	小计	男	女	小计	男	女	小计	男	女	小计	男	女	小计	男	女
总计	24949	18932	6017	10712	9578	1134	8097	5164	2933	3622	2247	1375	1901	1464	437	617	479	138
5岁及以下	269	185	84	10	7	3	257	177	80	—	—	—	—	—	—	2	1	1
6—12	5375	3650	1725	304	258	46	5037	3368	1669	11	8	3	—	—	—	23	16	7
13—14	1510	1028	482	298	269	29	996	620	376	191	120	71	1	—	1	24	19	5
15—19	2638	1641	997	696	570	126	830	416	414	1016	611	405	52	16	36	44	28	16
20—24	2918	2076	842	925	778	147	368	215	153	791	481	310	740	528	212	94	74	20
25—29	2284	1732	552	1034	922	112	252	140	112	516	300	216	418	316	102	64	54	10
30—34	1964	1522	442	1161	1009	152	135	82	53	398	221	177	189	146	43	81	64	17
35—39	2154	1857	297	1494	1377	117	116	74	42	317	218	99	171	146	25	56	42	14
40—44	1473	1270	203	1131	1016	115	51	34	17	144	95	49	105	95	10	42	30	12
45—49	1535	1405	130	1264	1176	88	22	14	8	124	99	25	88	88	—	37	28	9
50—54	1076	966	110	937	849	88	8	5	3	50	38	12	50	49	1	31	25	6
55—59	609	549	60	538	493	45	6	3	3	22	17	5	22	22	—	21	14	7
60—64	471	437	34	441	409	32	2	2	—	9	9	—	13	12	1	6	5	1
65—69	230	212	18	223	206	17	—	—	—	3	2	1	2	2	—	2	2	—
70—74	149	136	13	142	131	11	3	2	1	4	3	1	—	—	—	—	—	—
75岁及以上	108	99	9	101	95	6	—	—	—	—	—	—	—	—	—	7	4	8
未详	186	167	19	13	13	—	14	12	2	26	25	1	50	44	6	83	73	10

材料来源：根据民国二十九年（1940年）户口普查之结果编制。

表十八 北碚普通户现住人口识字者之教育程度

民国二十九年（1940年）

年龄组	共计 小计	共计 男	共计 女	私塾 小计	私塾 男	私塾 女	小学程度 小计	小学程度 男	小学程度 女	中学程度 小计	中学程度 男	中学程度 女	大学程度 小计	大学程度 男	大学程度 女	未详 小计	未详 男	未详 女
总计	15900	11331	4569	6944	5923	1021	6543	3999	2544	1398	658	740	663	510	153	352	241	111
5岁及以下	257	130	77	8	6	2	247	173	74	—	—	—	—	—	—	2	1	1
6—12	4853	3258	1595	234	193	41	4589	3044	1545	10	7	3	—	—	—	20	14	6
13—14	925	557	368	136	108	28	729	407	322	37	25	12	1	—	1	22	17	5
15—19	958	484	474	305	212	93	455	172	283	161	80	81	8	—	8	29	20	9
20—24	955	529	426	437	304	133	170	55	115	215	67	148	80	57	23	53	46	7
25—29	1098	680	418	552	452	100	134	41	93	270	104	166	103	53	50	39	30	9
30—34	1193	804	389	685	545	140	89	44	45	254	102	152	129	92	37	36	21	15
35—39	1407	1131	276	987	877	110	64	25	39	199	109	90	124	101	23	33	19	14
40—44	1012	823	189	774	669	105	31	18	13	97	50	47	81	72	9	29	14	15
45—49	1101	979	122	914	828	86	17	9	8	84	62	22	64	64	—	22	16	6
50—54	816	714	102	713	632	81	7	4	3	39	27	12	40	40	—	17	11	6
55—59	487	430	57	430	388	42	6	3	3	17	12	5	19	19	—	15	8	7
60—64	382	350	32	353	323	30	2	2	—	9	9	—	11	10	1	7	6	1
65—69	193	179	14	187	174	13	—	—	—	3	2	1	2	2	—	1	1	—
70—74	139	126	13	133	122	11	3	2	1	3	2	1	—	—	—	—	—	—
75岁及以上	102	93	9	95	89	6	—	—	—	—	—	—	1	—	1	7	4	3
未详	22	14	8	1	1	—	1	—	1	—	—	—	—	—	—	20	13	7

材料来源：根据民国二十九年（1940年）户口普查之结果编制。

表十九　北碚人口识字与不识字之百分比[1]

民国二十九年（1940年）

识字情形	各类户			普通户		
	小计	男	女	小计	男	女
总计	100.00	100.00	100.00	100.00	100.00	100.00
识字者	26.38	33.86	15.54	21.29	29.67	12.54
不识字者	73.62	66.14	84.46	78.71	70.33	87.46

材料来源：根据前表十五及表十六计算而得。

说明：(1)识字情形未详之人口未列入。

表二十　北碚学龄儿童（6—12岁）识字与不识字之百分比

民国二十九年（1940年）

识字情形	各类户			普通户		
	小计	男	女	小计	男	女
总计	100.00	100.00	100.00	100.00	100.00	100.00
识字者	37.40	42.38	29.96	36.32	41.83	28.62
不识字者	62.60	57.62	70.04	63.68	58.17	71.38

材料来源：根据前表十五及十六计算而得。

说明：识字情形未详之人口未列入。

表二十一　北碚识字者教育程度之百分比

民国二十九年（1940年）

教育程度	各类户			普通户		
	小计	男	女	小计	男	女
总计	100.00	100.00	100.00	100.00	100.00	100.00
私塾	44.03	51.91	19.29	44.66	53.41	22.88
小学程度	33.28	27.99	49.89	42.08	36.06	57.07
中学程度	14.88	12.18	23.39	8.99	5.94	16.60
大学程度	7.81	7.92	7.43	4.27	4.59	3.45

材料来源：根据前表十七及表十八计算而得。

说明：教育程度未详之人口未列入。

4. 职业　全区各类户中,有业人数为39000余人,占41%;无业人数计有56000余人,占58%。若以普通户而论,有业人数为20000余人,占27%;无业人数计有53000余人,占72%,其详细情形见表二十二及表二十四。欧美各国,经济事业发达,有正当职业人口,即从职业可以得到工资、薪水之人口,通常均占50%左右,可知本区有业人口百分数,仍嫌过低。如更依性别分析之,男口有业百分数为63%及49%,女口有业百分数为8%及5%,可知男子有正当职业者与一般相近,惟女子有正当职业者太低,证明女子多从事家庭管理,甚少参加社会职业,致造成女子经济不能独立,依赖性重之社会病态。今后之一切建设与政治设施,应注重开发经济,以增加一般人工作机会,并应注意女子参加工作之机会。

有业人口中从事农业者,有8200余人,占20%;从事矿业者有8100余人,亦占20%。两者合并计算,共占40%以上,由此可知全区之经济状况,农矿并重,且两者地位相等。如以普通户而论,因农户属于普通户,而矿厂则为营业户,致普通户中从事农业百分数增高至38%,而从事矿业者,则比较减低至7%。全区农业人口,以从事农作物生产为主,园艺及林业,则不甚发达。矿业人口,几全部为从事煤矿业。工业以从事制造工业人口为较多。商业中以贩卖业人数为多,生活供应业次之。交通运输业中以挑挽业人数最多,是因区内煤产,多赖人力挑运之故。其他各业情形及从事各业人数详见表二十二,不再赘述。如依性别分析之,男子所从事者以农、矿、工为主要职业,尤以从事矿业之人口中,几全部为男子。女子所从事者,以人事服务所占百分数为最高,是受普通户所雇女仆及乳母之影响;从事农工者次之,因妇女多能帮助家长,从事农工之作业,其详见表二十五。

无业人口之状况,前已述及,根据表二十六,更可知其详细情形。全区无业人口中,以不事生产者所占百分数为最高,占85%;就学者为13%;慈善机关收容者则甚微。在普通户中,不事生产者之百分数更高,足以表示社会上有若干专恃祖产之收入,无须从事职业而可生活之人口。如依两性比较,因女子就学之百分数较低,致使不事生产者,比较增至92%及94%,可知幼年女子,既甚少求学,壮年妇女,亦甚少就业,此种现象,殊堪注意。

各业人口之职别情形，根据表二十七所示，可知全区农业人口中，业主占70%，助理者占16%，农工占12%，普通户中之情形，亦大致相同。如依性别区分，男口情形与上述极为接近；女口情形，则业主所占之百分数，大量减低，而助理者所占之百分数，相对增高。其他各业人口职别之情形，均详见表二十七中，不再叙述。

表二十二　北碚现住人口之业别

民国二十九年（1940年）

类别	各类户			普通户		
	共计	男	女	共计	男	女
总计	97349	58602	38747	74708	38274	36434
农业	8218	7941	277	8009	7780	229
1.农作	7917	7695	222	7905	7684	221
2.园艺	41	39	2	35	33	2
3.林业	33	31	2	32	31	1
4.渔业	4	4	—	4	4	—
5.畜业	220	169	51	30	25	5
6.狩猎	1	1	—	1	1	—
7.其他农业	2	2	—	2	2	—
矿业	8121	8078	43	1608	1584	24
8.金属矿业	—	—	—	—	—	—
9.非金属矿业	21	21	—	2	2	—
10.盐业	—	—	—	—	—	—
11.煤及石油业	8058	8015	43	1598	1574	24
12.土石业	37	37	—	3	3	—
13.其他矿业	5	5	—	5	5	—
工业	5941	5279	662	1905	1782	123
14.木材及木器制造业	699	683	16	319	315	4
15.冶炼工业	37	37	—	11	11	—
16.金属制品业	306	302	4	100	98	2
17.机械制造业	5	5	—	5	5	—

续表

类别	各类户			普通户		
	共计	男	女	共计	男	女
18.交通用具制造业	87	83	4	15	15	—
19.国防用具制造业	16	16	—	9	9	—
20.土木制造业	1213	1199	14	456	454	2
21.建筑工程业	716	713	3	215	215	—
22.水电业	54	53	1	21	20	1
23 化学工业	98	96	2	40	38	2
24.纺织工业	922	433	489	148	106	42
25.服用品制造业	522	469	53	198	159	39
26.皮革毛骨橡皮制造业	119	107	12	28	23	5
27.饮食品制造业	300	284	16	89	85	4
28.造纸及纸制品工业	259	259	—	62	62	—
29.印刷出版业	258	234	24	68	57	11
30.饰物文具仪器制造业	41	41	—	18	18	—
31.其他工业	289	265	24	103	92	11
商业	4569	4247	322	1506	1427	79
32.贩卖业	2314	2191	123	1094	1069	25
33.经济介绍业	16	14	2	8	8	—
34.金融保险业	158	153	5	51	48	3
35.生活供应业	1996	1809	187	319	269	50
36.其他商业	85	80	5	34	33	1
交通运输业	5363	5271	92	4044	4015	29
37.邮递业	43	43	—	16	16	—
38.电信业	44	43	1	16	16	—
39.陆运业	291	290	1	214	214	—
40.水运业	1776	1712	64	641	636	5
41.空运业	1	1	—	—	—	—
42.转运业	1	1	—	1	1	—
43.堆栈业	7	7	—	3	3	—
44.推挽业	3195	3169	26	3148	3124	24

续表

类别	各类户			普通户		
	共计	男	女	共计	男	女
45.其他交通运输业	5	5	—	5	5	—
公务	3421	3282	139	739	708	31
46.党务	16	13	3	7	7	—
47.政治	1516	1384	132	634	606	28
48.军警	1889	1885	4	98	95	3
自由职业	1922	1550	372	778	646	132
49.教育及学术研究事业	993	819	174	398	314	84
50.医诊业	399	319	80	146	129	17
51.律师业	2	2	—	2	2	—
52.工程师业	3	3	—	3	3	—
53.会计师业	2	2	—	2	2	—
54.新闻业	53	50	3	7	7	—
55.文学及艺术事业	38	28	10	19	10	9
56.宗教	191	144	47	87	83	4
57.社团事业	125	78	47	39	32	7
58.其他自由职业	116	105	11	75	64	11
人事服务	2296	1087	1209	2293	1086	1207
59.家庭管理	—	—	—	—	—	—
60.侍从佣役	2296	1087	1209	2293	1086	1207
无业	56834	21277	35557	53735	19165	34570
61.就学	7635	4953	2682	5315	3377	1938
62.不事生产	48543	15836	32707	48419	15787	32632
63.非法生活	—	—	—	—	—	—
64.囚犯	—	—	—	—	—	—
65.慈善机关收容者	656	488	168	1	1	—
66.老弱残废不能生产者	—	—	—	—	—	—
未详	664	590	74	91	81	10

材料来源:根据民国二十九年(1940年)户口普查之结果编制。

表二十三　北碚现住人口之职别

民国二十九年（1940年）

职别	各类户			普通户		
	共计	男	女	共计	男	女
总计	97349	58602	38747	74708	38274	36434
农业	8218	7941	277	8009	7780	229
1.场主自耕农或家长等	5801	5659	142	5798	5656	142
2.亲属或其他襄助耕耘	1375	1286	89	1352	1273	79
3.长工短工	1042	996	46	859	851	8
矿业	8121	8078	43	1608	1584	24
4.矿主或经理	247	242	5	163	158	5
5.工程师技术办事员等	772	753	19	340	337	3
6.各种劳工	7102	7083	19	1105	1089	16
工业	5941	5279	662	1905	1782	123
7.坊长或经理及作场场主	436	408	28	225	210	15
8.技术及办事人员	895	839	56	244	223	21
9.各种劳工	4610	4032	578	1436	1349	87
商业	4569	4247	322	1506	1427	79
10.业主或经理	1705	1652	51	1145	1116	29
11.助理员或店员	1303	1162	143	341	305	36
12.杂役跑街等	1561	1433	128	20	6	14
交通运输业	5363	5271	92	4044	4015	29
13.业主或经理	338	334	4	132	132	—
14.工程师技术办事员等	131	126	5	72	72	—
15.各种劳工	4894	4811	83	3840	3811	29
公务	3421	3282	139	739	708	31
16.荐任或校官以上	129	127	2	99	97	2
17.委任或尉官	1241	1141	100	500	477	23
18.差役或士兵	2051	2014	37	140	134	6
自由职业	1922	1550	372	778	646	132
19.技术家或教师等	902	665	237	499	393	106
20.事务员与技术之助理员	329	252	77	77	64	13
21.劳工杂役等	691	633	58	202	189	13

续表

职别	各类户			普通户		
	共计	男	女	共计	男	女
人事服务	2296	1087	1209	2293	1086	1207
22.家庭管理者	—	—	—	—	—	—
23.侍从佣役	2296	1087	1209	2293	1086	1207
无业	56834	21277	35557	53735	19165	34570
未详	664	590	74	91	81	10

材料来源:根据民国二十九年(1940年)户口普查之结果编制。

表二十四　北碚有业无业人口百分比

民国二十九年(1940年)

有无业别	各类户			普通户		
	共计	男	女	共计	男	女
总计	100.00	100.00	100.00	100.00	100.00	100.00
有业	41.22	63.33	8.06	27.99	49.81	5.03
无业	58.78	36.67	91.94	72.01	50.19	94.97

材料来源:根据前表二十二计算而得。

说明:有无业未详人口未列入。

表二十五　北碚各种有业人口之百分比

民国二十九年(1940年)

行业别	各类户			普通户		
	共计	男	女	共计	男	女
总计	100.00	100.00	100.00	100.00	100.00	100.00
农业	20.62	21.62	8.89	38.40	40.89	12.35
矿业	20.38	21.99	1.36	7.74	80.32	1.25
工业	14.91	14.37	21.24	9.13	9.36	6.63
商业	11.47	11.56	10.33	7.22	7.51	4.35
交通运输业	13.46	14.35	2.95	19.27	21.12	1.55
公务	8.58	8.93	4.46	3.54	3.72	1.67
自由职业	4.82	4.22	11.93	3.72	3.38	7.10
人事服务	5.76	2.96	38.84	10.98	5.70	65.10

材料来源:根据前表二十二计算而得。

表二十六　北碚各种无业人口百分比

民国二十九年（1940年）

无业类别	各类户			普通户		
	共计	男	女	共计	男	女
总计	100.00	100.00	100.00	100.00	100.00	100.00
就学	13.43	23.28	7.54	9.87	17.62	5.61
不事生产	85.41	74.43	92.00	90.11	82.37	94.37
非法生活	—	—	—	—	—	—
囚犯	—	—	—	—	—	—
慈善机构收容所	1.16	2.29	0.46	0.02	0.01	—
老弱病残不能生产者	—	—	—	—	—	—

材料来源：根据前表二十二计算而得。

表二十七　北碚现住人口之百分

民国二十九年（1940年）

职别	各类户			普通户		
	共计	男	女	共计	男	女
农业	100.00	100.00	100.00	100.00	100.00	100.00
1.场主自耕农或家长等	70.59	71.27	51.26	72.39	72.70	62.01
2.亲属或其他襄助耕种者	16.74	16.20	32.13	16.88	16.36	34.50
3.长工短工	12.67	12.53	16.61	10.73	10.94	3.49
矿业	100.00	100.00	100.00	100.00	100.00	100.00
4.矿主或经理	3.04	3.00	11.62	10.14	9.97	20.83
5.工程师技术员办事员等	9.51	9.32	44.19	21.15	21.28	12.50
6.各种劳工	87.45	87.68	44.19	68.71	68.75	66.67
工业	100.00	100.00	100.00	100.00	100.00	100.00
7.场长或经理及作场主	7.32	7.73	4.23	11.81	11.78	12.20
8.技术员及办事人员等	15.07	15.90	8.46	12.81	12.51	17.07
9.各种劳工	77.61	76.37	87.31	75.38	75.71	70.73

续表

职别	各类户			普通户		
	共计	男	女	共计	男	女
商业	100.00	100.00	100.00	100.00	100.00	100.00
10.业主或经理	37.32	38.90	16.46	76.03	78.20	36.71
11.助理员或店员	28.52	27.36	43.79	22.64	21.37	45.57
12.杂役跑街等	34.16	33.74	39.75	1.33	0.43	17.72
交通运输业	100.00	100.00	100.00	100.00	100.00	100.00
13.业主或经理	6.30	6.34	4.35	3.21	3.29	—
14.工程师技术办事员等	2.45	2.37	5.43	1.83	1.79	—
15.各种劳工	91.25	91.29	90.22	94.96	94.92	100.00
公务	100.00	100.00	100.00	100.00	100.00	100.00
16.荐任或校官以上	3.75	3.87	1.44	13.40	13.70	6.45
17.委任或尉官	36.28	34.76	71.94	67.66	67.37	74.19
18.差役或士兵	59.97	61.37	26.62	18.94	18.93	19.36
自由职业	100.00	100.00	100.00	100.00	100.00	100.00
19.技术家或教师等	46.93	42.90	63.71	64.14	60.83	80.30
20.事务员与技术之助理员	17.12	16.26	20.70	9.90	9.91	9.85
21.劳工杂役等	35.95	40.84	15.59	25.96	29.26	9.85
人事服务	100.00	100.00	100.00	100.00	100.00	100.00
22.家庭管理者	—	—	—	—	—	—
侍从佣役	100.00	100.00	100.00	100.00	100.00	100.00

材料来源:根据前表二十三计算而得。

聚落志

孙承烈

前言

《史记》五帝记："舜一年而所居成聚。"《后汉书》外国传赞："参差聚落，纡余岐（歧）道。"此为"聚落"二字之来源，盖指人类聚居之地而言也。西文地理学名词中，有"Settlement"一字，日人译为"聚落"，我国因之；用以概指都市村镇，及一切人类所聚居之处，至为洽当。盖聚者，集也；落者，定居也。聚落者，集合而定居之处也。如是则除游牧民族迁徙无定之帐幕外，包罗靡遗矣。我国方志盛于明清，举凡一地之历史地理、典章制度、风俗人物，莫不具载。而于都邑之建置沿革、城郭街衢、坛庙宫室，以及户口总数，记载尤详。最早之方志，如宋范成大之《吴郡志》分沿革、户口、城郭、学校、营塞、宫宇、仓库、坊市、祠庙、园亭等篇，明王鏊之《姑苏志》：分户口、城池、坊巷、乡都、官署、学校、仓场、坛庙、第宅、园地等篇（注一），皆对聚落特别重视，特未用"聚落"一词耳。今者《北碚志》不仅首倡用"聚落"一专词，且更进而以新地理学之方法编纂之。盖前修志，往往各志之间毫无关联，且仅记其方位道里、地名户数，即视为已尽方志之能事。夫天地间万事万物,莫不息息相关,未可加以分剖,而万事万物间,相关性之大小,复变态万殊,因地而异,修方志者,必须于变态万殊之中,描述某一地区与其他地区不同之点,使读者能了然于该地区之真实情况。欲达到此一目的,笔者曾于三十四年(1945年)12月至三十五年(1946年)1月间,遍历北碚境乡镇各地,实地调查聚落情况及其与各种地理因素之关系。文中所用材料,除历史事实外,均系调查期间之情形。文字之外,更辅以地图,以求对于聚落特性,增加了解。所用底图,系中国地理研究所与北碚管理局合测之二万五千分之一等高线地形图,及军令部陆地测量局之十万分之一地形图。野外调查时,承北碚管理局各乡镇公所、各同业公会、各煤矿公司,及绅商各界人士,特别予以方便,至深感谢。惟事属草创,瑕疵不免,尚祈海内方家教正为幸!

聚落总论

嘉陵江三峡区,为川东平行山地之一部分(图二)。三峡山脉源于合川、邻水间之华蓥山。由华蓥山向西南行,分为三平行支脉,斜贯合川、邻水、江北、北碚、巴县、璧山、永川等县而止于长江。三峡者,以嘉陵江横切三平行山地成三峡谷而得名。北曰沥鼻,中曰温塘,南曰观音。相对高度均在300至700公尺之间,宽度各约4至5公里。三者之间,介以澄江口及北碚二丘陵地。前者宽约5公里,后者宽约3公里半,丘陵之相对高度甚小,最高者不过百余公尺,北碚辖境,仅为此种平行山地之一小部分,包括温塘峡山地、观音峡山地、北碚丘陵地及一部分澄江口丘陵地。旧属江北、巴县、璧山、合川4县,位置偏僻,人迹稀少。自清初在温塘、观音两山地开始采煤以来,人口大为增加,聚落亦渐繁荣。而矿业聚落繁荣之程度,甚至起农商聚落而上之。惟终因地势偏僻,交通阻塞,清末民初,常为土匪盘据(踞)。民国十二年(1923年)峡防团务局(注二)成立,于锐意剿匪之余,努力建设,20余年来,北碚聚落大为改观。总计现在北碚之聚落,大抵不外受下列诸因素之影响,试申论之。

(一)地形　地形对北碚聚落之影响,可分起伏与坡度二方面(注三):

(1)起伏　合川以北,为方山地形区域,高低起伏,变化甚缓;聚落分布之变化,亦呈渐稀渐密之形式。合川以南,入嘉陵江三峡区,山地与丘陵地平行相间,地形变化甚骤;聚落之分布,亦呈骤变之形式。即山地聚落特稀(图三),而丘陵地聚落特密(图四)。如缙云山及东山山地之聚落,均远稀于北碚及澄江口丘陵地之聚落,是其著例也。

(2)坡度　山地坡度往往甚陡,而温塘峡山地南坡及观音峡山地北坡之上半尤为陡峻。海拔500公尺以上之地,往往为侏罗纪砂岩造成之陡崖,非森林即荒地,人类难于立足(图五)。山坡下半为白垩纪底部较软岩层,坡度稍缓,遂成为农业聚落分布之地。故农业聚落之分布,与坡度之大小有甚大之关系。

(二)土壤　土壤之性质,影响农事,农事复影响聚落(注四)。江边之冲积土及丘陵区紫色土区,农事发达,聚落稠密(图四)。粉墙瓦院,触目皆是。而缙云山北坡灰棕壤区(图三)、大梁子山顶之灰棕壤区(图六)及西山坪之棕壤区,起伏与坡度均不过大,而农事凋敝,聚落稀少者,则由于土壤肥力不高之故。

(三)水　水对人生之关系甚为密切,故聚落亦受水之限制。

(1)饮水　观音岩山地中前后槽间之石灰岩山地——天台山及中梁山,怪石峥嵘,仅有少许土壤残存于石缝间,聚落分布,极受限制,但最大之限制,不在土层之薄,而在饮水之缺乏。在此等山地中,井泉通常分布于山顶页岩地带(飞仙关页岩)及山麓低凹之地,其间高差100至200公尺之山坡,绝对干旱,因之聚落无法立足(图六)。其次,缙云山为北碚名胜区之一,但水源稀少,仅缙云寺侧有井一口,附近居民饮水赖之。离寺稍远而与寺等高之地,如缙云寺经白云寺至六马门一带,绝无水源,若干煤矿及与煤矿有关之居民,必须下降至数十公尺之陡崖下背取饮水,极为不便,故缙云山上除矿业聚落外,其他居民极少,实非无因。

(2)水灾　高地虽有缺水之忧,低地亦有泛滥之苦。嘉陵江每年夏季涨水,恒超出冬季水面20公尺,沿江低地,极易被淹。若遇非常洪水,则酿成巨灾,例如东阳镇及杜家街过去曾为北碚二主要场镇,因二地均位于冲积阶地上,土质流松,易于崩坍;杜家街于嘉庆年间被水冲毁,场市遂移北碚(注五)。东阳镇亦于同治庚午年(1870年)被水冲毁,场市遂不能复振。此外因澄江口场市曾一度于清时移设夏溪口,但因夏溪口市街于同治庚午年(1870年)毁于大水,遂又将场市迁回原处,至于澄江口,金刚背及北碚三地,洪水时虽不免有被侵之虞,但因其并非冲积平原,不至因冲刷而崩溃;且有山嘴及岩石保护,虽有泛滥,亦不致遭受巨灾(图八),例如同治庚午年(1870年)大水时,北碚水位超过平时约30公尺(北碚江边马鞍山坡上,曾勒石表示当时洪水之高度),全部市街被水淹没,然并未毁灭,以地形位置优良故也。北碚境内最低之地,乃龙凤溪沿岸一带。龙凤溪发源于巴县白市驿,在北碚境内者,直线长度大约6公里,但其水面与嘉陵江水面之高差,极为微小,每年嘉陵江稍一涨水,即向龙凤溪倒灌,加以沿岸地势起伏甚缓,其曲流振幅又达700公尺以上,故洪水时泛滥区域极广,在泛滥区域中,不惟夏作物无收获之保障,即农业聚落亦难于立足,仅在较高地带有佃农之小茅屋分布其间,此等小茅屋之四周恒无竹林掩护,与其他地方不同,盖此区土壤甚薄,不宜竹林也。

(四)矿产 北碚境内矿产甚丰,观音峡中之石灰,温塘峡中之磨石,颇为有名。惟经济价值最大而影响聚落最深者,则为煤矿,如大梁子刘家槽煤矿区为四川最大之煤矿区域。西南起水岚垭,东北起江北县界之石笋沟,包括麻柳湾、水垭厂、枧槽沟、后峰岩、老龙洞、楼梯沟、石笋沟等矿。长10公里、宽10公里之长形槽地中,共有人口约15000人。其间除矿厂、机器房、堆栈、工人宿舍外,兼有小商店小摊贩等。星罗棋布,蔚为大观(图□)。天府铁路纵贯其间,车站成为小商业聚落之核心;此外,尚有文星场为一大商业聚落。准是以观,刘家槽虽位于山地中,但因煤业发达之结果,亦能创造较丘陵地更为重要之聚落。其次如温塘峡山地之各煤矿附近,亦有同样聚落发生,但规模较小耳。煤矿能创造聚落,同时亦能毁灭聚落。天府铁路未修以前,刘家槽所有煤矿,均由黄桷树出口。刘家槽与黄桷树之间,房屋鳞次栉比,形成数十里长街。自铁路筑成后,此长街遂为煤业所弃而顿形冷落,现仅有油房、高朝门、草铺子、板桥、古井堰等少数房屋孤立其间,表示昔日繁盛之痕迹而已。此种有趣之地理事实,澄江口方面亦有之。澄江口所属蔡家沟、倒插沟等地之煤矿,现由夏溪口运河输出;但在运河未筑之前,更早之运煤大道在运河之北,大道沿线,聚落亦甚繁盛。迄今仅有断碑石、望水垭、荒岚垭、小屋基等三五店子点缀其间,正与刘家槽之荒凉长街相类似。

至于煤矿出口之地,往往成为嘉陵江边一大聚落,兹列举如下:

(a)白庙子 天府公司所属柀槽沟、后峰岩、老龙洞、楼梯沟、石笋沟等矿,重庆电力公司之水垭厂矿,以及江北大田坎一带之焦炭,均由此出口,人口约3500。

(b)干洞子 广生公司之麻柳湾矿及后槽数小矿,由此出口,人口百余。

(c)芭蕉沟 鸡公山各小矿,由此出口,人口数十。

(d)黄桷树 大梁子北坡及前后槽各小矿,由此出口,人口约3500。

(e)金刚背 缙云山南坡各小矿,由此出口,人口1500。

(f)二岩 和平公司、复兴隆公司、立中公司等煤矿,由此出口,人口1400。

(g)夏溪口 宝源公司之蔡家沟、倒插沟等及缙云山北坡各小矿,由此出口,人口约3000。

此等煤矿出口港,以离煤矿最近为原则。或在峡中,如观音峡中之白庙子,干洞子、芭蕉沟、温塘峡中之二岩是。或在峡口,如黄桷树在观音峡口,金刚背及夏溪口在温塘峡口均是。除黄桷树情形比较不同以外,此等聚落完全依赖煤业而生存,对于北碚经济极关重要。

(五)商业 北碚境内,清初原有之场镇,在澄江口丘陵地中者,右岸之澄江口与左岸之合川县草街子隔江相对。在北碚丘陵地中者,右岸之杜家街与左岸之东阳镇相对,此四地均为农业社会中之普遍场镇,均位于丘陵地之中央,与前述之煤港靠近峡口者异趣,乃二种聚落分布原则上不同之点也。今则因煤港发展之结果,逐渐侵夺商业场镇。如东阳镇场市移于黄桷树,澄江口场市有与夏溪口合并之势,是其例也。至于杜家街之为北碚所代替者,则系因北碚地形位置较佳,可免水灾之故。又因金刚背地形位置交通情况均不及北碚,且煤业亦不盛,故杜家街及北碚均未受金刚背之影响。准此可见北碚聚落之分布与发展,实与矿业有莫大关系。此外澄江口所属之蔡家沟为矿区中之一小百口场,义星场为矿区中之一定期场市。场受矿业之影响,惟文星场之农村腹地相当广大,而刘家槽矿区之商业,逐渐为白庙子之沿铁路小店子及矿业公司之合作社等所夺,故文星场之商业,对于矿区之依赖性,并不重要。

依四川一般情形,两场镇间之距离,恒为20至40华里(注六),而以30华里为最普通。若两场镇间行旅频繁,可能每隔5里或10里产生一店子,如由北碚至歇马场大道途中,5里天生桥,10里双柏树,15里回龙桥(注七),30里歇马场。亦有不限距离者,如北碚至蔡家场途中,有龙凤山、马道子、万家垭口、新槽房、长滩等店子。店子小而相距甚近。又如东阳镇至土主场途中,5里有幺店子,街长约1华里,人口约百余,为北碚最大之幺店子。惟房屋多已颓败不堪,显示与东阳填同样的命运,大概以前有一极盛之时期也。

　　(六)其他　北碚旧为江、巴、璧、合4县接壤之地,文化闭塞,建设落后,无异于4县境内之其他各地。曾几何时,北碚一切聚落,均以逐渐实施现代化之建设,如马路与房屋之改建,公用事业之创立,文化教育之提倡,工商经济之进步,诚可谓突飞猛跃,一日千里。反观北碚周围4县各地,文化闭塞与建设落后如故。推厥原因,北碚虽自有其天赋之地理特点,吾人仍不能不归功于人力,此即地理学家所谓心理因素或意志力量是也。此种意志,并非由于地理环境之影响,实由于历史条件之促成。苟非如此,何以同一地理环境,曾经历数千年之荒芜闭塞,而独于20年之间,能被人力加以迅速改进耶。其次,中日八年战争之影响,亦为不可否认者。战争曾使北碚人口突增,工商猛进,人才会集,文化提高,因而各种建设之进展更加迅速,聚落大为扩张。凡此二事皆非地理环境所能影响者也。

北碚

　　北碚位于嘉陵江右岸,温塘峡与观音峡之间,高出冬季江面20公尺。其北有马鞍山,高出江面70公尺以上。马鞍山为坚硬之白垩纪沙岩所造成,自西向东,绵亘成岭。延至江边后,为江流所切,成为岩石阶地而伸入江心,俗名白鱼石。平时露出水面,若遇洪水,则被淹没。川语:凡石梁之伸入江心者曰碚(注八),此北碚一名之由来也。江流受碚之阻,东折流向东阳镇,其南遂成一广阔之水湾,川语曰沱,北碚即位于沱畔。沱中水流平缓,遇碚而上下行之木船,莫不寄碇于此焉。

　　对岸东阳镇后之石子山,与马鞍山一脉相连。二山之脊,各有大道一条,遥遥相对。马鞍山大道为由歇马场东来者,石子山大道为由土主清平等场西来者,而东阳镇及北碚则为此二大道之渡口。北碚渡口之作用,尚在河港作用之先;盖早在杜家街时代,马鞍山即已有渡口聚落,不过北碚设场以后,马鞍山之房屋更为增多耳。

马鞍山之南坡有沟,马鞍山长街顺坡降至沟边,即藉会龙桥与沟之南侧相连。南侧地面较宽平,为北碚之主要部分。最早之北碚大街为顺沟及沿江二条,即今日之北平路及武昌路,其余大部分地面,为会馆及庙宇(图□);街市之南,为菜园;西为大沟及耕地。整个北碚面积,较今日市中心区稍小,但今已完全改观,本来面目,殆不可复认矣。

北碚市街原极狭窄,房屋亦甚低矮。且两旁有长檐伸出,街心又有遮蔽天日之过街亭。阴湿湫隘,如置身地下室中,地面崎岖不平,更无论矣,此为四川场市之标准形态,固不仅北碚一地为然。最近之移居北碚者,几曾想见今昔有天渊之别乎?

会馆庙宇之多,及其建筑之高大轩昂,与市街建筑相比,颇为不伦。此足以显示北碚移入人口之重要性及复杂性。昔日曾以会馆庙宇内部空地,作为各种货物交易市场,今已拆毁,或改作他用矣(注九)。

北碚之市容,自民国十七年(1928年)起,即按照一定计划,加以改建。迄今约20年,不断努力,其中以二十六年(1937年)至二十九(1940年)年间,市容改变最快。最重要者为修筑青北公路,北碚重庆间又多一交通孔道。街道作方格形,此与地形及岩石走向,可谓完全一致。市区内各部分之分布,亦与地形互相配合,平坦地面为商业区,亦即市中心区,较低丘陵地为学校机关区,较高丘陵地则为公园。公用事业如戏院、博物馆、图书馆、医院卫生院、自来水等,亦均配置于丘陵地中。市民享受,至为方便。以不及1方公里之面积,而万余人口得享如此完美之市政建设,非有伟大之意志力量,曷能如此也。

就全市言之,大致可分4区:(1)商业中心区,(2)河街区,(3)旧住宅区,(4)新村区。

(1)商业中心区 商业中心区系原有场市地面加以改建之,此为市内仅有之平地,面积不过5万方公尺,现在以无上毅力,以与会龙桥大沟奋斗,如将此沟完全填平,当可增加平地7万余方公尺。中正路及田坝路即所填大沟之一部分,商业中心区街道短小而整洁,街面铺以三合土,街旁植以法国梧桐。同一形式之两层楼房,掩映于梧桐中。朴实雅静,小巧玲珑,整个市容,颇为美观。

商业区一面为马鞍山,三面为运动场、公园、沙滩、绿地等所环绕,空气充足而新鲜。有益健康,与大都市之尘嚣嘈杂,迥然异趣。

各街道无过于拥挤与冷僻之差异,约略相同。大致上海路以百货、绸布及上等食店为主;南京路以成衣店、书店为主;北平路及庐山路多成衣店,武昌路多糖食、酱园、茶馆及次等食店等。商店之分布甚为均匀,其原因或与街道型式及对外交通线有关。北碚之主要对外交通线有二:一为嘉陵江水路,一为青北公路。水路码头与公路车站处于长方形对角顶点之位置。但二顶点间无相当于对角线之街道可以相连,故方格型街道中,每一街道均有约略相等之人数通过,此其特点也。至于田坝路及中正路为填平大沟后新扩展之商业区,商业情形稍逊,然街道及房屋之整洁,则无二致。

（2）河街区　河街位于河边沙砾滩上,其商业与航运及场市有关,有主要街道一条,通轮船及木船码头,为下等食店及客栈荟集之所,次要街道若干条,则为菜市、猪市、肉市、鸡鸭市、炭市及竹器、籐器、木器、陶器等市,分类而聚,有条不紊。街道宽阔,而房屋仅为一层之简单瓦房及棚户。惟地势甚低,每年洪水季节,必须全部迁至市内高地,以免汛滥。洪水退后,再为搭盖,故房屋之构造甚简单,几近活动型式。然如何始能使河街免除一年一迁之劳,斯乃市政上之一问题也。此外尚有水上居民30户,以撑小船为生,据云系为免除洪水时搬迁之劳,且可节省房租、地租之故。

（3）旧住宅区　旧住宅区即马鞍山上之长街,地位偏僻,交通不便,为北碚最不引人注意之部分,亦为十余年来未加改建之部分。此街起源何时,已不可考。在北碚设场前后,此街想系一渡口聚落,仅有一二油盐店,一二小摊及船户、力夫、小摊贩等之住宅。当时房屋甚少。自北碚设场后,房屋逐渐增多。盖北碚市中心区地面狭窄,此地遂成为北碚之一部分住宅区也。昔日北碚之对外之陆路交通线有二:一为顺马鞍山脊,经天生桥至歇马场;一为经鱼塘湾、兴隆场至蔡家场。自青北公路筑成后,至歇马场者则取道公路,马鞍山长街逐渐趋衰落矣。抗战发生后,北碚人口大为增加,而房屋有限,于是此古老破旧之长街,复成为一部分公教人员栖身之处。该区现在住户中,商人、公教人员及力夫几各占三分之一,街道狭窄,房屋大多破旧,其中虽有一二新建之房屋,然就全部言之,实难予人以欣欣向荣之感觉也。

(4)新村区 新村区包括上述三区以外之其余部分,此区内除中心小学、红十字会、国立戏剧专科学校及一二住宅尚为旧式建筑外,其余均为近十年来之新式建筑。房屋形式与排列方法,完全与商业区不同,高矮及形式颇不一致;以二层为最普遍,亦有一层及三层者。散布于丘陵地中,有如繁星点点,其间以公路及石板路联络之。本区完全为机关学校及公用事业区域,包围于商业区之外,两区间之相互交通极为方便,其间复介以公园运动场等。

新村之北,过马鞍山隧道,有大明纺织染厂、中国西部科学院、中国西部博物馆、中央研究院动物研究所、中央地质调查所、新源面粉厂等,此带似仍为北碚市区之一部,惟以马鞍山与市区隔绝,与市区联络不佳,故未列入市区之内。

由上所述,吾人当已明了北碚为如何性质之聚落。但为透彻了解计,对于北碚商业应再加叙述。北碚之金融方面,有中央、中国、中国农民、美丰、和成、北碚等银行及北碚合作金库、钱庄等。主要业务为机关学校之汇款、存款及商场农村之存放款等。商店方面,有机米厂二,米店一,绸布店十一,百货商店四,书店五,饮食店十八,旅栈十,服装店二十二,糖食店十,中药店八,药材行四。除药材行外,均为零售生意。由此可见北碚商业虽非极盛,但已非普通场市可比,每逢场期,粮食、菜蔬、布匹、百货、陶瓷、山货等摊贩杂陈,生意极盛。场期一过,则大部分变为商店生意。此外,有北碚商场一所,经常陈列布摊及百货摊。北碚米市场一所,经常陈列米摊,此足为北碚逐渐脱离场市制度之表示。各种商店,除米粮与菜蔬之一部分系本地所产外,其余均系外来,而尤以米粮为入口大宗。由上游来者有米、杂粮、蔬菜、猪、羊、鸡、鸭、蛋类、桐油、菜油、木料、药材、川绸及各种山货等,由下游来者有绸缎、呢绒、布疋(匹)、棉纱、棉花、纸张、药材、西药及日用百货等。本地出口货甚少,大明厂之布匹及新源厂之面粉,为仅有之出口货物。

北碚原名北碚场,与普通场市无异,不过与普通场市所不同者,兼为水路过道码头,江边之饮食店及客栈稍多耳。民国十五年(1926年)7月,民生公司之民生轮开辟渝合航线以后,北碚适为其中站。由于轮船之速度及客货运输效能均较木船为大,故北碚之商业渐渐改观。至十七年(1928年)左右,北碚成为煤油、盐、糖之进口港,其腹地竟可远伸至青木关及璧山、铜梁等地,自由磁器口越歌乐山之大路修成后,璧山、铜梁之商业,为磁器口所夺,北碚之腹地复退缩至仅以歇马场为限,当时棉花、棉纱进口甚多,本地织布厂连4乡在内共有400余家。织成之布匹,由静观场销邻水等地,又由重庆销遵义、贵阳等地。二十二年(1933年)以后,上海及日本布匹侵入,织布业大减,从此外来之日用货物亦逐渐侵入市场,商品种类渐加改变。二十六年(1937年),青北公路成功,重庆货物入口更易。二十七年(1938年)以后,陪都人口疏散下乡,北碚人口大量增加,商品种类及数量,亦日见扩张矣。

北碚十余年前之入口货,似以本地完全不生产而日用必须者为主。米粮菜蔬本地原可自给,毋须输入。同时以生活程度低下关系,绸呢洋布日用百货等,输入亦少。现在之商业显已较前大为改观,米粮菜蔬已不能维持现在人口之食用;较奢侈之衣料百货等,已成为市民习用之物。盖货物运输较前方便,人口性质逐渐改变,生活程度亦因之提高也。

北碚商业上之改观,可视为农村手工业品商业变为机械工业品商业之一例,亦可证明北碚已由农业社会之场镇一变而为新工业社会之商埠。但北碚商业腹地之范围,并未显著扩大。盖此地距重庆、合川均甚近,轮船汽车,均三四小时可达,故在趸售商业方面,决不能与重庆、合川竞争。即零售方面,其范围亦不过限于三四十市里范围之内。因嘉陵江及长江沿岸港口甚多,各港口各有其一定距离之商业范围,互相保持均势。若非某一港口在生产、运输、价格或其他有关方面有特殊改变,则此一港口之腹地殊难扩展至他一港口之腹地范围内。故北碚在新工业开始萌芽及交通未特殊改变之时,其商业腹地殊未能大量扩张也。

北碚之著称于世,初由于名胜风景,继由于市政建设,至其商业,殊无足称道。然由于名胜风景、市政建设而招至(致)各方游客,对于商业亦不无些微影响。北碚处于温塘、观音二峡之间,山光水色,明丽瑰伟,为重庆附近唯一游目骋怀之地,加以街道朴实雅静,小巧玲珑,更为山水增色。而市政建设完备,交通方便,餐宿舒适而经济,亦为吸引游客之一因。其实北碚风景在温塘峡,游北碚者以温塘峡为最终目的。北碚、温塘之间,有嘉陵江游艇可以直达,筑有北温公路,过北碚而游温塘者,四季不绝。闻北碚当局复有建三峡为一大公园之拟议,果属确实,则北碚其将成为四川最佳而最大之名胜区乎。

风景、市政、交通等等优点,或即为文教机关学校麇集北碚之一因(图□)(注十)。以学校言,有大学、专科学校、中学、小学等。以研究机关言,有地理、地质、气象、物理、心理、医药、植物、动物、农业、工业等研究所与实验所、编译馆及礼乐馆。以社教言,有博物馆、图书馆、民教馆、滑翔站、体育场、托儿所、儿童福利所等。此种机关,大部位于北碚市区内及其邻近。北碚得享有文化区之盛名,盖因此也。

据民国三十四年(1945年)12月之统计,北碚市区共有人口10430人(包括公教机关及各种公共户)。商业中心区及河街区约占二分之一。余为非商业区人口,由此可见非商业区人口比例之多为北碚之特色。不过非商业区中,亦有少数工商居民包括在内,但公教人员之人口数字,终可占一重要位置,则无疑义。由于公教机关之多,致人口籍贯甚为复杂。据北碚管理局三十四年(1945年)1月之统计,朝阳镇(注十一)人口中本局籍者及本省籍者各占五分之二,余为外省籍者。依分布现象,农村中几全属本局籍者,故本省及外省籍者必有十分之八九居住市区及其周围,此种人民大抵均系战时移来,可见战时移入人口之重要。若仅就商业中心区商店之籍贯而论(图□),外省籍约占30%,以湖北及江浙等省为主。本省籍约占本省24%;战时及战后移入市区者,占26%,此系三十四年(1945年)冬季之情形。最初商业区尽属本地人,抗战初期自外省及外县商人移入后,本地较落后之商人无法立足,遂逐渐减少。三十二年(1943年)以后,重庆空袭减少,外省商人逐渐退出,本地较进步之商人代之而兴。若干原为外籍之商店,现为本地人承顶,即其例也。迄至现在,北碚人口犹日在变化中,其变化情形,胥与聚落之发展有密切之关系。

附　天生桥

由北碚沿北青公路西行,一公里许至天生桥。天生桥在平缓之山坡上,原为北碚至歇马坡大道上之一小店子,居民8户。民二十五年(1936年)筑青北公路后,公路绕坡下驰过,老天生桥遂冷落,公路旁复产生一新聚落。初仅3户,其中1户自老天生桥移来。中日战事发生,重庆人口疏散下乡,天生桥地势平坦,交通便利,遂渐趋繁荣。先后迁来之机关,有税务署、中央革命勋绩审查会、国大代表选举事务处、京华印书馆、中央农业实验所等。二十七八年(1938—1939年)大加建筑,现在之天生桥长街,即于是时筑成者。各种零售商业,如饮食、旅栈、服装、日用品等交易甚盛。至三十一二年(1942—1943年),各机关及外省居民陆续离去,市面渐衰。现在除农业实验所外,居民多为附近乡下及邻县移来者。街长约1市里,人口千余,为北碚附近一大店子。

附　何家嘴

由北碚沿江边南行1公里许,至何家嘴,有棚户街道一条,位于沙滩之上。由于地势过低,每年夏季洪水时必须迁至高处。秋汛后,再返原地,居民习于此种迁移生活,因之房屋之构造必须能迅速拆卸,而室内用具亦须力求简单,以便迁移,一如北碚河街之情形。盖岸上后丘陵地中,为平行而狭小之次成河谷,殊无充分平地可供建筑市街,故不得不如此也。何家嘴正当中水时小船上行航线之冲,而黄桷树及北碚则否,故何家嘴之居民,完全与小船航业有关。在约八十余户之短街中,有船户二十余,牵藤店九,铁店十余,饮食店十余,客栈二,其余为小摊贩及力夫等,充分表示何家嘴聚落之特色。但何家嘴之存在,仅限于中水时期,若在洪水时期,其整个聚落拆迁于较高之丘陵地中,七零八落,不能成市,且小船上行航线转移其对岸,则更无商业可言矣。

附　杜家街

由北碚沿江北行,约1公里,过马鞍溪,至杜家街。杜家街为一古地名,清初曾为场市,自清嘉庆时被水冲毁后,场市移至北碚。原来市街旧址,尚有迹可寻。据云每逢大水冲毁江岸时,常有屋基及石础露出。此间地面狭窄,想从前规模,不致甚大。战前仅有住家1户及果园1所。与之相连之张家沱,则有10户左右。抗战时期,此地成为迁建机关集中地之一,先后迁来者有中央工业试验所、中央研究院物理研究所及心理研究所等,以此为中心,有酿造厂一、小食店二、杂货店一及力夫小贩等多户,共有人口千人左右,其中以工业试验所人口较多,约占二分之一以上,成为北碚一附庸区。

金刚背

金刚背在温塘峡口之南,位于嘉陵江右岸,南距北碚约5里,北距澄江口15里。其右有碚石伸入江心,一如北碚。故金刚背应作"金刚碚",俗以"背""碚"同音,遂讹碚为背。亦有作"金刚碑"者,谓其后山上有石直立如碑云云,似亦出于误会。

金刚背为一具有相当历史之煤炭出口港,相传金刚背煤业之起源,与夏溪口、二岩同时,仅略迟于黄桷树。同治时甚盛,所产之煤,销涪江流域盐区。光绪末年,重庆开办铜元局,以本地煤炭适于锅炉燃烧,大量采用之。至民国九、十年间(1920—1921年),重庆轮船亦采用之,本地煤炭遂臻极盛。民国十一二年间(1922—1923年),重庆铜元局停办,煤业渐衰。至二十四五年(1935—1936年)更衰,抗战发生后,稍呈复兴之象,终以产量有限,难与他处竞争。

金刚背之煤矿来自缙云山南坡,概为侏罗纪煤,分内七连与外七连2种。内七连煤层极薄,多已采尽,现仅城门洞一处尚在开采,但煤多夹石,且经多年开采之后,洞深已达二里半,采掘维艰,每月产量不及百吨,仅供附近农村及北碚市区之家用。外七连煤质较佳,产量亦较多。现开采者,计有屋基马门、打石湾、雪林沟等地,每月共产200至300吨,内销金刚背至北碚一带。水马门、庙背后、湾湾双连、山马门等4处,平均每月共产1000吨,由金刚背出口,运往重庆者占十分之七,事实上,煤之产销量常有显著之季节变化。以三十四年(1945年)为例,1至3月间,每月出之煤,不及300吨,10至12月间,则每月900余吨,但外七连以开采年代过久,煤洞过深,且系自山顶向下开采,施工困难,效率自低,而矿洞内部又多已与夏溪口各矿互通,故产量甚少,不但难期发展,且有逐渐衰落之势。

金刚背煤业之盛衰史,亦即金刚背聚落之盛衰史。当煤业盛时,有炭坪二三十家,驮马300余匹,现仅余炭坪7家,驮马180余匹。往昔帆樯如林,河滩成市,今则本地并无煤船,出口煤须倚赖白庙子煤船代为输出,本地仅顺江及过渡小船

30余支,河滩茅屋数椽而已。往昔商业甚为繁荣,今仅有米店四,杂货店二,茶馆二,饭面馆二,肉店三而已。就最近数年观之,金刚背一般情形稍有好转之象,盖一方面煤产略增,一方面因金刚背成为北碚附近一小迁建中心,如国府统计局、正中书局、草堂国学专科学校、教育部战区学生第三进修班、中央研究院植物研究所、中福公司、勉仁中学等,大都分布市区周围。以市街狭小,无容身之地也。此等机关所需米粮及日用百货,多由政府供给,或自向外地采办,对金刚背商业影响殊少,仅能使金刚背菜蔬肉类及饮食店生意稍佳而已。

无论如何,金刚背实以煤业为其惟一之生命线,殊难有成为普通商业聚落之可能,盖金刚背离北碚及澄江口均甚近,商业不易发展也。

金刚背市街在一狭长之沟谷中,一溪中流,街市傍溪而筑,街宽仅5市尺,除炭坪外,房屋均低小,间有较宽大者,昔日炭坪之遗迹也。有庙二:财神庙在街后,现为乡公所及中心小学,观音阁在江边,皆清时建筑。据谓前者乃炭米马牛屠力小船七帮商民共修,昔日盛况,今不可及矣。此外有高大之二层洋房一,矗立于湫隘之街市中,有鹤立鸡群之概。

街之西端有石板大路,通缙云山煤区,路分南、北、中三线,北线通主要煤区(水马门、庙背后等地),宽凡3公尺,较普通石板路宽出1倍。盖煤炭均用驴马及黄牛驮运也。路上煤屑畜粪,脏污不堪,石面亦凹凸不平,显示多年未加整理,亦煤业衰微之象征之一。

金刚背与澄江口北碚间之交通,以水路为主,盖江边沙滩小径颇不利行,又太迂远也。

由于位置、煤业、交通等等之不利条件,金刚背对于商业人口吸引力量,殊觉微小。市内及其周围之居民共计2500人左右,迁建机关及眷属学生共占二分之一,从事煤业、马业、力业、小船业者约占十分之三,所余即为经营饮食杂货之商民,由是可知金刚背之性质矣。

澄江口与夏溪口

澄江口与夏溪口俱在沥鼻峡、温塘峡间之嘉陵江右岸,分倚于一小丘之南北麓。澄江口为场市,夏溪口为煤港,二者各自发展,现已联为一体矣。

相传澄江口建场甚早,至少清初即已存在,盖不仅为附近农村之场市,且为璧山县属七塘八塘依凤临江等场之港口也。

就澄江镇所属之地而言之,包括澄江口丘陵地及缙云山山地之北坡,丘陵地中农事发达,水田稠密,为北碚境内最殷富之农村。缙云山地农事不盛,但煤业发达,竹木亦富。战前煤产量超过天府公司,故澄江镇之经济基础,实为北碚之最雄厚者。但缙云山地北坡之煤,由夏溪口出口,与澄江口无关。故澄江口之商业,仅限于粮食及日用品之交换。本镇产米甚丰,但因澄夏二市区及煤矿区食粮消费者过多,故仍嫌不敷食用。仅玉蜀黍、豌豆、蚕豆、小麦等稍有输出。另产纸壳,系以稻秆为原料之农村手工业品,可销重庆。此外须恃外地入口者,有合川之米、杂粮、菜油、桐油、食盐、花生、焊椒、木料、药材等及北碚之布匹、百货、草街子之山货等。而尤为重要者,则为璧山各场之米及蔬菜。除各煤矿工厂机关学校自向合川采购食米外,澄江口市场中,每月销璧山米约350市石,销合川米约百余市石,故璧山之米粮与澄江口关系甚大。

璧山货物由此出口者:有米粮及酒,销澄江口及附近各地;干炭及纸壳销重庆,方连纸(用竹筋制成)销遂宁,其中以纸类输出量较多。澄江口现有纸类堆店4家,每年出口约20万斤。自重庆利用慈竹竹筋建筑房屋以来,竹价提高。纸产量逐年减少,尤以抗战发生后为然。故璧山货物由此出口者,既非特产,且无大宗。而进口者,如川北及自流井之盐,北碚及重庆之布,遂宁之菜油、桐油,均为璧山所缺之日用必须(需)品。澄江口原属璧山。

油盐布匹既以销内地及璧山为主,故油盐店及布店均集中于街道之西端,街道中段多为茶酒面饭馆及旅栈,共达30余家。药店纸堆店、杂货店等均分布街内各地,闲天生意冷落。场期生意旺盛。此外有文具纸张店6家,成衣3家,照相及百货商店各1家,为一般场镇所少见者。

由大街之东端,顺嘉陵江南折,有断续河街一条,与夏溪口街道相连,除一较可观之旅馆及一戏院外,均为矮小之草房,售卖零用物品如山货、陶瓷器、竹木器等,属河街性质。顺坡下至河边,有船码头三:北为溪江口小船码头,南为夏溪口小船码头,中为煤船码头。现有煤船70余支,每支可载重4000斤至10000斤。战前小船合澄江口、夏溪口、二岩、温塘4地共不过20余支,现在增至80余支。河边沙滩地面狭小,尤以北部最狭,故三码头均偏南部,以致沙滩颇为拥挤。小草房甚多,几均为宝源煤矿公司运输工人宿舍,间有小摊数户。此外尚有数目不定之棚厂若干,利用山地苦竹编制木船所用之席棚。

澄江口之马路,与夏溪口同为三合土路面,房屋内部多旧式建筑,其外加以新式门面,大致均较夏溪口低矮而纵深,然不乏宽大之房屋,且有茶馆绸布店药店五六家为三层楼之高大洋房者,远较夏溪口为堂皇,然与澄江口平日商业之冷寂情形,以及其他低矮房屋相较,颇不调和。此种房屋多为大地主所有,建筑之初意,固不在商业上之目的,不过表示其生活享受之阔绰,及人口都市化之一微小实例耳。此外尚有一现象,或与此种事实有关,即澄江口与夏溪口四周共有碉堡及碉堡式房屋11座,数目之多,为北碚境内所仅见,系虑治安或有问题,而夏溪口为煤炭港口,必须保护周到,以免产运致受损失也。

夏溪口与澄江口之性质完全不同,整个基础建于煤业之上,与农村关系殊少。夏溪口原为荒村,自前清康雍间开采煤矿以后,始有市镇雏形。尔后曾将澄江口场市移设夏溪口,以夏溪口地势较低(高出冬季江面20公尺,澄江口高出江面35公尺以上),同治庚午年(1870年)大水时街道被水冲毁,乃复将场市移还澄江口,迄民国十六年(1927年)止,夏溪口仅有二三小矿(双河口、黄炎沟、阳泗沟),远不及白庙子、黄桷树、二岩、金刚背等地。故市街规模甚小。自宝源公司大量采煤后,夏溪口始逐渐发达。

夏溪口之煤矿,在缙云山北坡,适为金刚背矿区之反面。其矿层与金刚背者相同,但内七连仅金刚背矿区有之,外七连则两矿区均可开采。惟金刚背之矿硐,系自山顶微斜向下。夏溪口之矿硐斜向上。向上者在采掘方面较向下为易,故夏溪口方面开采较速而成本较轻,现因两方相向开采多年,若干矿硐内部业已互通。但夏溪口之矿硐尚可向左右尽量扩大,甚至将来尚可利用机器向下开采,而金刚背之煤业则以窑空煤尽,日渐萎缩,因此夏溪口、金刚背二聚落之命运,遂判若霄壤矣。

夏溪口规模最大之宝源煤矿公司,为蓝文彬氏所创办,成立于民国十七年(1928年),以矿硐离江边远达20华里,仍于二十三年(1934年)自筑运河及轻便铁路,以利运输,至二十五年(1936年)已由二厂增至五厂(双河口、黄炎沟、阳泗沟、蔡家沟、倒插沟),所产煤量占全区80%,燧川燧华等公司共占20%,兹将宝源公司二十六年(1937年)以后之产量列下:

年度	产量/公吨	年度	产量/公吨
二十六年(1937年)	57205	三十年(1941年)	120183
二十七年(1938年)	84251	三十一年(1942年)	125085
二十八年(1939年)	95598	三十二年(1943年)	114485
二十九年(1940年)	121264	三十三年(1944年)	89160

所产之煤,均由夏溪口出口,以三十一年(1942年)产量最丰。嗣后因政府限价,产量锐减,然对夏溪口之繁荣,尚无显著影响。

夏溪口有正街一,其中饮食店占40余家、旅栈6家、中西药店、油盐杂货、文具纸张、成衣理发等10余家,与澄江口相似。但澄江口仅逢三六九场期营业,供给农村消费;夏溪口每日营业,主要顾客为煤矿及车船运输职工。此外夏溪口有米店7家,澄江口仅2家,盖澄江口场市中以米摊为主也。其最大不同点,则夏溪口有运煤之轻便铁道,嘉陵江煤船码头,运河煤船码头,及煤栈车站等。另有铁店二十,棚厂十余,竹货店三,瓦厂数户,船夫70余户,力夫80余户,宝源公司工人200户左右,宝源职员数名,皆为澄江口所无者。商店集中于正街,另有一二小街则为饮店及住宅区。河边为棚厂及运输工人草房,其中以河街边及铁店街之房屋最为低陋凌乱,商业区则均为新建之二层楼洋式门面,但甚简陋,除宝源公司、镇公所及中心学校外,无何堂皇之建筑,街后山坡尚有农村大院落3所,为夏溪口最古建筑之遗迹。

夏溪口市面情况终年如一,但澄江口逢场时,夏溪口之商业,亦受有些微影响,平时煤矿运输频繁,但运煤铁路绕市外而过,故市内毫无喧嚣拥挤之感,亦无煤炭脏污痕迹。自表面观之,实不类一煤炭码头也。

抗战发生,对于澄夏二地,亦有显著影响。第一,煤产量迅速增加,人口之聚落亦随之扩展。第二,新工业随煤产之增加而迅速兴起,计有嘉陵江左岸白沙沱之玻璃厂,三花石之酒精厂,糖房嘴之肥皂厂,官都石之汽油厂,烟湖滩之纸厂等,环绕市区周围,均为轻工业工厂。根据工业区位之理论,自以厂址迁就动力为得计,且在抗战期间,工厂下乡,比较安全,何况澄江口水运方便,更为决定厂址之良好条件乎,惜自抗战胜利后,各工厂已先后停工,惟三花石之肥皂厂及烟湖滩之纸厂,乃广利实业公司所经营、宝源公司所投资,情况较好。第三,澄夏二地成为一机关学校之迁建区,如中央测量学校迁设澄夏二市区、三花石及璧山上马台等地。荣誉军人自治实验区创设于夏溪口运河口内。第四,由于种种环境之变迁,使澄夏之建设工作加速发展,如环市马路及温澄公路之修筑,利用澄夏间之山地建设公园,修电灯厂、自来水厂、体育场、新戏院等。

澄夏二地共有人口4800余人,澄江口占七分之三,夏溪口占七分之四。惟澄江口90%余为土著,仅少数店员及佣工为外县人,如璧山、合川、铜梁、潼南等县,有来此十余年者,有七八年者,但以近二三年来者为多。盖受战时征兵及煤矿增产影响所致,本地人极少,即有之,亦为数十年前由外县移入者。真正之本地人,仅数家而已。此种情形,足以显示新旧二聚落历史之不同,至于外省人,则澄夏两地均少,除公共户外,共有十余户,此亦因抗战所受之影响也。

二岩

二岩亦为煤业聚落,所采之煤与夏溪口各煤矿同属侏罗纪。但夏溪口之煤矿远在内地,距江边甚远,煤矿运至江边,须耗若干运费与时间,二岩煤矿,即在江边,一出煤硐,即可登船,煤硐虽较深远,运出较费时间,但硐内运输仍较硐外运输为经济,因此二岩煤矿成本较低。二岩煤矿开采甚早,或即由于此故。相传二岩煤矿之开采,约始于康熙年间,仅略迟于黄桷树。现有煤矿三,即和平、复兴隆、立中三公司,和平规模较大,约有矿内工人500余,每月约产煤2000余吨。复兴隆及立中较小,产量亦少,所产之矿,均系运销重庆各工厂。抗战时期,重庆工厂经常开工,故销路尚佳。二岩共有人口约1500人(第一保),其中煤矿工人约占

80%以上,其次为小摊贩及其他工人如船夫等,苟一旦煤炭销路冷落,此地人口即将大受影响。

二岩地势极窄,面临嘉陵江,背倚绝崖,绝崖划然中分为二,中断处有小径可攀崖岩,此即二崖一名之由来也。俗称"二岩",盖为"二崖"之误。二岩全部聚落位在崖足积石坡上,平地极少。所有房屋,分列坡地上下,如层楼叠阁、房屋均极简陋。近有重新建设之计划,想二岩市容之改观,必不在远矣。

二岩仅有三数小店,以其非场,故二岩乡所属人民,大多不常来二岩,盖在经济上无此必要也。二岩乡所属为温塘峡山地之一段,南坡甚陡,而北坡甚缓。距黄桷树远而距草街子近,故几乎全乡人民,均趋向草街子之场市,二岩街区,则为北碚、澄江口、黄桷树、草街子4地之商业范围,二岩本身始终毫无商业可言。

二岩南之力行中学及儿童教养院,均在温塘对岸,系战时所成立者,其位置之选择,盖与温塘峡名胜风景有关。

东阳镇

若视聚落为有机体,而可以分为幼年、壮年、老年等阶段,一如研究地形发育史者然,则东阳镇实可称为老年期之聚落。东阳镇在南齐时为东阳郡,有一千四五百年之历史。在近代史中,据谓明代确极繁盛。曾几何时,今已凋零不堪矣。

东阳镇前临嘉陵江,背倚石子山寨,位于一窄狭之冲积阶地上。向以阴历二、五、八日为场期,为嘉陵江左岸丘陵地之主要场市,往昔上下坝盛产菜蔬、甘蔗均由此出口,又为清平土主二场之出口地。以天然形势论,东阳镇停船条件不及北碚。但北碚开发甚迟,最初之场市在杜家街而不在北碚,盖杜家街居丘陵地之正中也。但杜家街之形势并不优于东阳镇,故东阳镇能成为左岸货物之出入港口,而不受杜家街之影响。

由重庆至合川大道,亦经过东阳镇,故往昔旅食业相当发达,迄今由渝至合之道行陆路者,仍以东阳镇为食宿站之一。

吾人既了然于东阳镇所以生存之条件,即不难明悉其所以衰落之原因:第一,康熙中叶以后,黄桷树以矿业为基础而逐渐发达,北碚又于嘉庆年间设场,东阳镇之商业自必大受影响。第二,东阳镇之冲积土江岸被江水冲刷,逐渐后退。同治庚午年(1870年)大水,江岸崩坍,街道被毁一半,迄今犹未恢复,现仅残存半边街之一段而已。第三,民国十五年(1926年)渝合间轮船通航以来,陆路行旅显著减少,对东阳镇亦有相当影响。

东阳镇现存之半边街,长不过400公尺。另有一更短之横街,为通土主清平之大道,尚保留数百年前坚实宽大之房屋。居民以商人、船夫、力夫为多,一百零五户中,计饮食店八、米店二、客栈二、杂货店二、药店一、船夫十八户,力夫多户,复旦大学师生三十户及其他等等。其中复旦师生,几占全部户口三分之一,此外有广益化学工厂及江南肥皂厂各一,皆战时移入者也。

东阳镇有古庙二:五显庙在正街,戏台被庚午年(1870年)大水冲毁,现存正殿。川主庙在横街,规模较小,二庙甚古,石碑模糊,不识何年建筑。此外尚有古迹二,可加叙述者。第一,上坝蚕桑制种场附近天平土中,曾于民国以来屡次被农民掘出汉砖。第二,下坝黎家湾土中曾于清末掘出明代纱帽之铜耳。此二种古物今已不存,若考古学家加以有计划之发掘,或能对东阳镇古代情形,增加了解也。

黄桷树

黄桷树在东阳镇南里许,清初名郑家溪,乃以溪名也。初为荒村,仅茅屋一椽耳。康熙中叶,湖南耒阳王氏开采大梁子刘家槽煤矿,由郑家溪出口,售煤于郑家溪江边之黄桷树下,地遂以树名。以迄于今,黄桷树为刘家槽煤矿出口最近之良港,且地势平衍,便于堆煤及从事建筑;江阔水深,便于停船;故聚落发展甚速,至光绪时达于极盛。当时有炭坪110余,运煤工万余。所产之煤,初销涪江流域盐区,供煮盐之用。销重庆及附近各地家用者,占极少数。清末,涪江盐区产量减少,销煤亦减。惟重庆新工业日渐振兴,轮船日渐发达,本地煤之销重庆者,日渐增多。及至民国十六七年(1927—1928年)时,黄桷树之炭坪,犹有80余家,但至民国十九年(1930年)北川铁路成功,刘家槽之煤改由白庙子出口,此古老之煤港,遂逐渐衰微,而为白庙子所代替矣。三十一年(1942年)三才生公司戴家沟至黄桷树运煤铁路完成通车,黄桷树之复兴,指日可待。但该公司旋于三十三年(1944年)倒闭,故黄桷树之煤业,始终未能恢复,今仅余炭坪8家而已。

在昔煤业未盛之时,丘陵地之中央,原有东阳镇为农业社会之场市,但以黄桷树煤业极为旺盛,商业亦随之发达,遂取东阳镇之场市而代之。黄桷树之设场始于同治年间,迄今将近百年,煤业虽有变迁,而场市则无殊往昔,尤以中日战事发生,上海复旦大学迁来黄桷树,初借居市内紫云宫及民房,继筑新校舍于夏坝(即下坝,复旦大学迁来后,改名夏坝),但教职员眷属及小部分学生仍多在市内赁屋以居。以是不仅黄桷树之场市更见繁荣,且赋予黄桷树以新刺激,盖浓厚之文化气息及新颖之生活习惯,均为黄桷树向日所无者也。

现在经由黄桷树出口之煤,仅大梁子山地中数小矿(注十二),质优而层薄,产量不丰,每矿仅工人数人至十数人,每月共约运千余吨,其中一部分供给本地及北碚家用,一部分运往重庆,故就煤产量而言,黄桷树之重要性,仅较金刚背稍强。但黄桷树尚有若干山地物产,为金刚背所无者。例如土主、清平二场之方连纸(金刚背虽略有出产,但为量极微)、纸壳、瓷器、玻璃、木炭、猪等。黄桷树之木炭、柴薪等均由此出口外销,成为山地货物之集中市场。

由黄桷树入口之货物,有米粮、菜蔬、盐、糖、布匹、菜油、桐油及其他日用品等,其中米粮、菜蔬、菜油、桐油等,除本地自产一部分外,均自合川来。盐糖布匹及日用品等,则多由北碚来,亦有自重庆来者。均系山地农业区及煤矿区所必需输入之生活资料,其中尤以米粮数量最大,约每月入口2000市石,其腹地范围包括土主、清平、文星等乡镇。故黄桷树之煤业虽不及夏溪口,而商业上之重要性,则有过于澄江口,是以在北川铁路修筑以后,黄桷树仍能维持相当繁荣也。

黄桷树以阴历三、六、九日为场期,逢场时摊贩极夥,米、杂粮、布匹、广货、山货、陶瓷器等摊贩,集中树人路土主路一带,菜蔬、肉类,集中中止路一带,柴薪则集中林森路,此均为往昔炭坪分布地带,即所谓背街也。

黄桷树之商业,不限于场期,每日营业之商店,不下百余,多分布于中山路一正街,如饮食店、旅栈、纸烟店、西装店、药店、西医诊所、拍卖行等。此外有陶器、瓷器、纸、玻璃等堆店共约一二十家,分布中山路及与中山路相连之河街,铁店及牵藤店十余亦在河街,炭坪则以中正路为主,土主路、树人路亦有之。

河街之重要性,已较十余年前大为减少,但仍不失为黄桷树生存因素之一,盖黄桷树仍为一货物出入港口也。河边停船,以入口之米船为主,约每场(即每隔三日之意)有十余支;次为菜蔬、水果等。出口货甚少,每场不过数支,至于过渡小船,则近年甚为发达。中日战事以前,原有渡船数支,现因人口增加,聚落发展,已增至六十余支矣。

黄桷树之街道,原非甚宽,然与北碚澄江口等地之有过街亭者不同,因过街亭乃适应市场需要之建筑,而黄桷树原非场市也。现在街道形式,颇不规则,乃近年根据旧街道重新改建者。除中正路正街一部分有新式门面外,房屋一仍旧观,但大多甚为宽阔,盖大多为昔日之炭坪房屋也。至若煤矿主人之住宅与庭园,高大恢宏,更为触目,此皆黄桷树房屋之特点。

市区中心有紫云宫,为船户祀神之所,乃黄桷树唯一之庙宇。清时建筑,现为学校所在。

由麻柳路沿江南行,为至重庆大道,沿路房屋断续成带,有火砖厂一,白矾厂一,富绅庭园数处及力夫船户等下等住宅多所。

由中山路向东山坡,亦有一断续之街道,有小商贩及力夫等住宅,此乃通刘家槽矿区之大路,宽达3公尺。刘家槽之一段石灰岩铺成,与缙云山煤路之以砂岩铺砌者不同。路面甚滑,不利牛马铁蹄行走,故往来运货均用人力。担煤下山及担米上山之力夫,络绎不绝,据云今日煤业尚不及昔日十分之一,可见昔日盛况如何矣。

黄桷树西北大溪沟畔之空地,曾辟为戴黄铁路终点车站,自三才生公司倒闭,全部产业被天府公司收买,铁路及车站即将拆毁。最短期间内行将再度变为空地。

过大溪沟登瀛桥,即至夏坝。夏坝原为北碚附近一大菜园地,现在复旦大学校舍整然排列于夏坝之上,菜地面积,遂大为缩小,校舍附近,小食店聚集成市,亦一新聚落也。

黄桷树街上约有人口3500人,若合夏坝复旦大学计之,当有6000人之谱。3500人之中,商业人口虽甚为不少,但苦力竟有200余户,当在千人左右,约占全体20%。船夫70余户,约300余人,占全体10%。实际上在黄桷树活动之苦力,尚不止此数,盖有若干苦力分布于一二十市里距离之乡间,如幺店子、天神庙及石桥店子等地也。以籍贯论之,市内外省人口亦有四五百人之多。除十分之八为复旦师生及眷属外,余为外省商民。故由人口之性质,更映证之以出入口货物之种类,商店之性质,小船之发展情形,可知黄桷树为一煤及其他山地产品之出口港,为农业社会之场市,又为战时之迁建中心,由于其背后为大片山地,除水上交通为其唯一命脉外,殊难向其背后山地建筑公路,或与重庆间建筑公路,以求改善陆地交通,此为黄桷树不及北碚之点也。

文星场

由黄桷树向东上山,过牛角庙垭口,入石灰岩槽地。顺槽地边缘北经冯家湾、草铺子、板桥、五井堰,可至文星场。槽地为狭长形,原名刘家槽,为川东最大煤矿区域。有天府公司、三才生公司、重庆电力公司等煤矿及若干小矿。往昔所有煤矿之煤,均沿石板大路经文星场挑运至黄桷树出口,亦有少数煤炭顺槽地挑至干洞子出口者,故槽中来往挑夫,不绝于途。且在煤业盛时,沿路房屋相连,形成数十里长街。上述冯家湾至五井堰各地,即昔日长街之遗迹。文星场适为北碚环境中之商业中心,故文星场之兴起,与煤业关系甚大。据云,文星场在清初仅有一二家草房,康熙时始随煤业而兴,咸丰时设场,以迄于今。自民国十五年(1926年)北川铁路成功,各大煤矿均由火车运煤至白庙子出口,仅有少数小煤矿仍挑运至黄桷树及干洞子出口,挑夫大为减少,数十里长街亦近于消灭,文星场自亦蒙受相当影响。

就现在情形而论,各小矿最大消耗品之米,均由挑煤夫自黄桷树江边挑回,至最大煤矿如天府之米、木料(支柱)油类等。均系自往合川采购;面粉、盐及其他日用品等,均系自往重庆采购,以上均在白庙子起卸,由天府铁路运入。故实际上大宗交易,与义星场毫无关系。又因铁路沿线小店甚多,故文星场零售生意亦平常,仅饮食生意稍佳而已。现场上计有布店十二家,饮食店二十三家,肉店十二家,旅栈三家,杂货十三,中药店七,西药店一,成衣店七,烟店三,理发店三,陶瓷、铁店各一。此种商店不逢场时,泰半歇业,惟每晨菜市、肉市特别兴盛,与场期无异。场期摊贩较多,但货物种类并不多于黄桷树澄江口等场,文星场所属人口极度稠密,每方公里达500余人之多,房屋分布于宽1公里之长形刘家槽地中,有如繁星点点,但几乎全为工人阶级之人口,消费力量极小。铁路沿线小食店、杂货店分布其间,而不集中于文星场一处,故文星场虽在此种环境中,并无过度拥挤之象。

文星场最大而最古之建筑为文昌宫,相传成于明时,清初曾加重修。有街一条,与槽地同向。初极狭隘,近来改修马路,并在马路南端建宽大之小学校标准校舍一所。天府铁路自街之东而通过,故又计划在铁路旁新建街道一条,以图发展,盖受铁路之吸引也。

白庙子

由文星场顺天府铁路南下,可至白庙子。白庙子为天府铁路之终点及煤船码头,全部聚落位于一颇陡峻之山坡上。民国十七年(1928年)以前,此处原为荒村,仅有一小庙及廖黄吴宾四农户。自天府铁路修筑后,白庙子骤形繁荣,而成为嘉陵江流域一大煤港。

白庙子之地形,并不适于煤港之建筑,相传天府铁路原拟自黄桷树出口,因当时黄桷树居民恐破土挖坟,有碍风水,竭力反对建筑铁路,于是白庙子遂代黄桷树当选。

白庙子之发达,实出于意外,即在今日已加以建设之际,吾人仍可感觉此处并非宜于居住之地。除沿等高线之街道外,几乎每一举步,非登即降。欲觅一较大之平坦地面极为困难。但煤矿之运输,颇能充分利用此种地形。盖车站高出江面160余公尺,煤矿运抵车站后,即利用放煤绞车道及溜煤槽,使煤炭顺坡放至江边,再装船运至各地,较用人工或其他工具,省时省力甚多。

白庙子之商业区有二:一在市中心区,为饮食店旅栈及各种杂货商店集聚处,市况颇为繁盛。一在北面山坡上,为煤工饮食店分布之区,如通过市中心之商业区,分北庙子为东西二半部,其东半部为天府公司之范围,西半部为其他煤矿公司之范围。以面积言之,商业区所占居住面积,不及十之一,而煤业区则在十之九以上。故整个白庙子之房屋,几均与煤业有关。

天府公司出口之煤,与年俱增,三十年(1941年)平均每月2000吨。三十一年(1942年)每月6000吨,三十二年(1943年)每月17000吨,三十三年(1944年)

每月30000吨,三十四年(1945年)每月则在30000吨以上。若并他公司计之,每月当在40000吨以上。运煤船达200余艘,仅船户人口,即达数百人之多。至于陆上运输之职工人口,则更数倍于船户。白庙子全部户口36000人中,水陆运工即占80%以上。但运工虽然众多,对白庙子商业之影响,并不特大。盖天府公司所属职工之消费品,均由合作社自向外地采办,与白庙子市场关系甚少,市内计有饮食店十九,旅栈五,米店十二,肉店九,炭坪十,及其他商店二三十家。因白庙子纯为煤港,无商业腹地可言,故其商业亦仅限于零星交易而已。

白庙子在陆路交通方面,亦有可堪一述者。第一,重庆至合川之川北大道,通过白庙子,轮船虽已通航多年,但由渝上行者,仍多遵行陆路。民国初年防区时代,水路苛杂太多,渠江流域如广安岳池等地商人,遂采小沔溪、三汇坝、桃子垭、瓦店子、静观场、复兴场、鸳鸯场至重庆一路。至民国二十四年(1935年)防区时代告终,此路遂衰。来往货物大多转趋陆路。当时下行货物为灯草、土布、药材、鸡鸭蛋、牛羊皮、山货等。上行货物为机布广货等。现在尚有少数货物经由陆路,如灯草、土布、山货等,多由大田坎顺北川铁路至白庙子上船。盖铁路速度甚大,且不收运费也。经营此路之货物,数量并不甚大,但无统计数字可资参考。

白庙子之北,新码头及干洞子,均距煤区较近,为小煤矿之出口地。然地位均极狭小,难于发展。新码头有炭坪四,石灰坪二,米摊五,力夫十余家。干洞子有炭坪四,面粉厂一,米摊七,力夫二十余家,此外别无其他职业之居民,即小摊贩亦不多。在性质上实可称为白庙子之第二、第三码头也。

注一、见李泰棻著:《方志学》。

注二、民国十二年成立峡防团务局,二十五年改组为嘉陵江三峡乡村建设实验区,三十年复改为北碚管理局。

注三、关于地形,参阅郭令智:《北碚地形志》及附图。

注四、关于土壤之分布及性质,参阅侯光炯:《北碚土壤志》及刘培桐、钟功甫:《北碚土地利用志》及附图。

注五、杜家街之发生较北碚为早,或系杜家街之位置较接近向斜轴心之故。相传明时之场市在义和场,在今雨台山寨之东坡,距北碚约八里。明末乱后,义和场成为废墟,今仅存有并列之陈姓三院子,每院子三重,约成九宫格形,但房屋矮小窳败,乃在明朝旧屋基上,清时重建者。传谓屋后乃古义和场遗址。庙宇、房屋、街道之原址,尚可约略指出。但已无遗迹可寻,仅田土中偶有瓦砾而已。此地田土甚厚,或者其中尚埋有屋基石碑等物,亦未可知。明末乱后,义和场衰歇,场市移至杜家街,所存房屋一部分移建于杜家街,一部分移建于重庆。故杜家街开始设场,当在清初。或谓最早场市在石龙庙,称石龙场,石龙庙与楼房岗间之岭岗,即石龙场市街原址,楼房岗之旁,有猪市岗,即古猪市。明末乱后,场市移义和场。百六七十年前,复移杜家街云云。此与前说稍有不符。究竟石龙场与义和场孰先孰后?杜家街究竟于何时开始建场?均待证。或谓义合场与石龙场同时,然则相距二三里之间,不应同时有二场市,兹志之以备他日参考。

注六、本文中之华里,系指当地习用之旧里,每华里约为一市里之五分之四。

注七、回龙桥属巴县歇马乡,现因北碚至青木关之公路不经过回龙桥,回龙桥店子已完全消灭。

注八、见邓少琴:《碚字音义》,《北碚月刊》。

注九、会馆有天上宫,即福建会馆;原为布市,今为北碚管理局社会服务处。禹庙,即湖北会馆;原为杂粮市,今拆毁。帝主宫即湖北黄州会馆,今为市政委员会。萧公庙,即江西会馆;原为鸡鸭市,今拆毁。关庙,即陕西会馆,原为米市,今拆毁。庙宇有王爷庙,祀河神;原为炭市,今为乐天茶馆,在北碚市内。文昌宫在庙嘴,即马鞍山江边,今为北碚管理局局址。东岳庙,在公园内火焰山山顶,今为北碚博物馆之一部分。

注十、北碚市区内外之迁建机关计有:国立编译馆,国立国术体育专科学校,国立江苏医学院及附属医院,国立戏剧专科学校,国立礼乐馆,社会部北碚儿童福利实验区及所属托儿所,儿童福利所,中国地理研究所,中央地质调查所,中央研究院动物研究所,中国科学社生物研究所,黄河水利委员会,行政院水利委员会示范工程处及嘉陵江工程处,国立重庆师范,滑翔总会北碚滑翔站,中山文化教育馆及基督教会,邮局、电信局、公园、运动场、银行等。

注十一、朝阳镇乃管辖北碚市区及附近乡间之保甲区域名称。

注十二、如广生厂,磨心坡、麻柳湾、鹰(莺)儿崖、吊儿崖等矿。

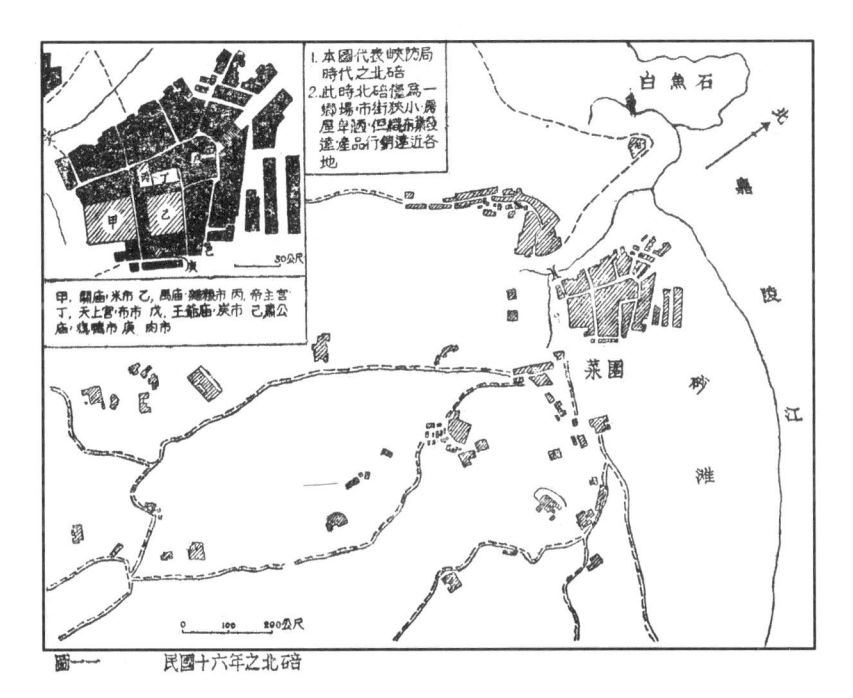

图一 民国十六年(1927年)之北碚

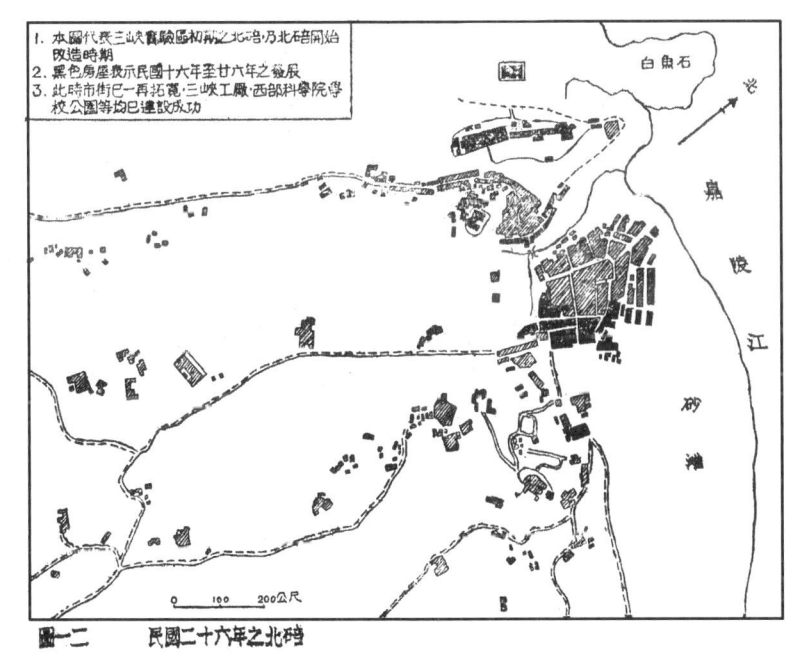

图二 民国二十六年(1937年)之北碚

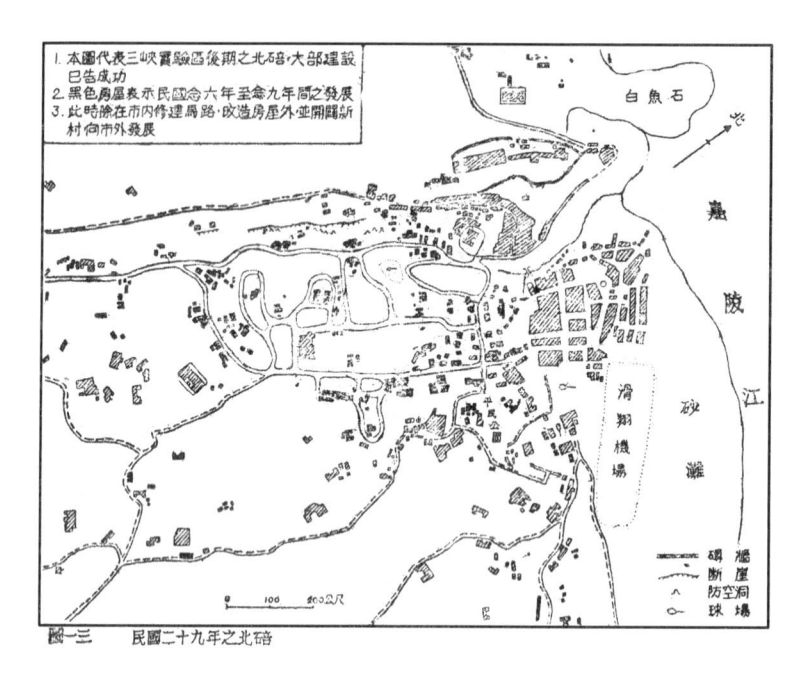

图三　民国二十九年（1940年）之北碚

图四　民国三十二年（1943年）之北碚

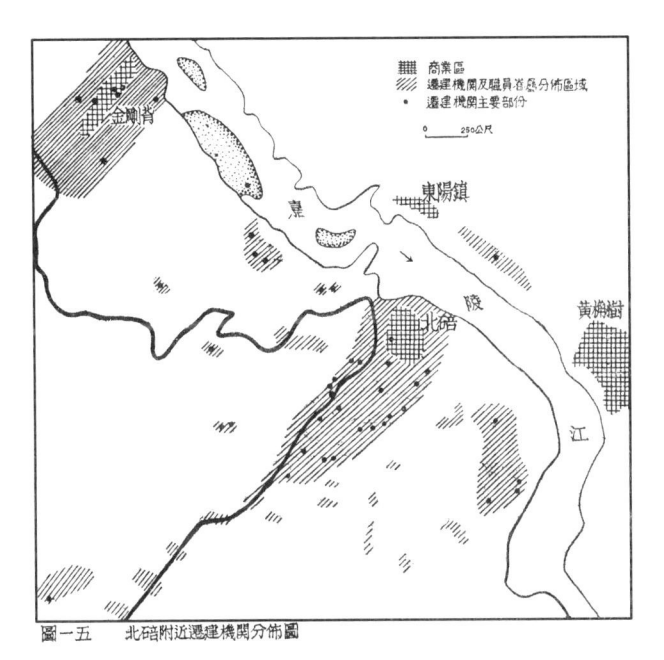

图五　北碚附近迁建机关分布图

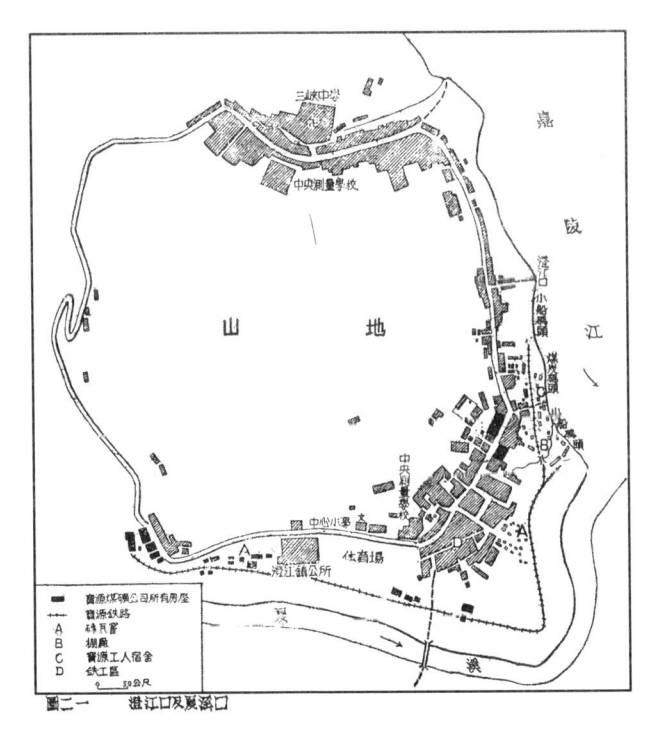

图六　澄江口及夏溪口

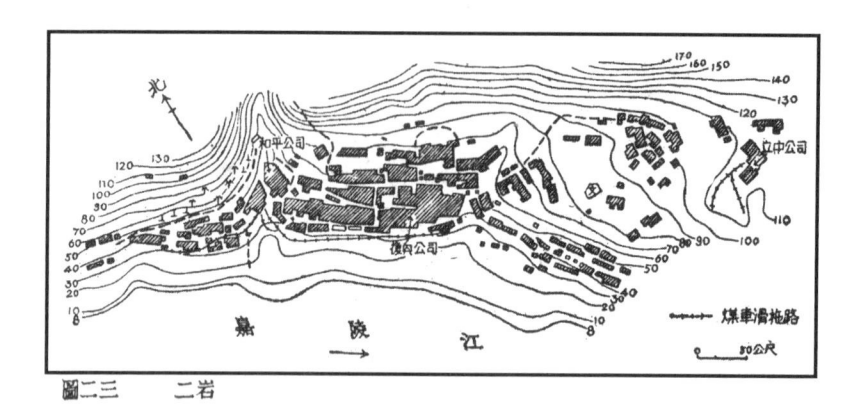

图七　二岩

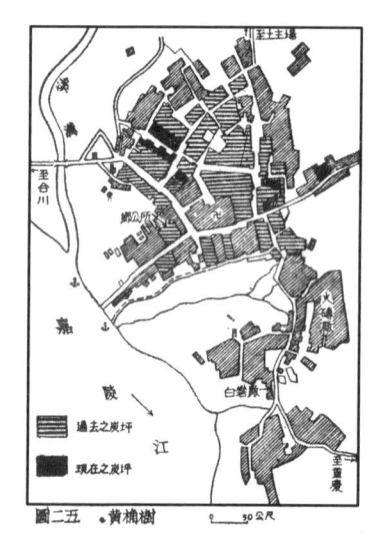

图八　黄桷树

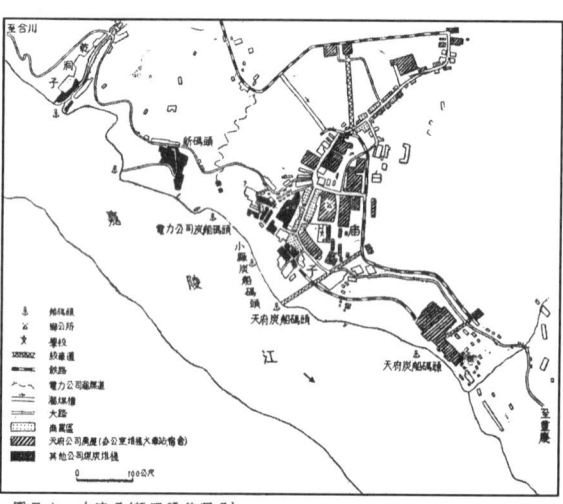

图九　白庙子（新码头，干洞子）

土地利用志

钟功甫　刘培桐

绪言

土地利用乃地理学重要之一部门,亦为经济建设最重要之一项目。前者穷其理,后者则致用之。我国土地辽阔,生产衰微,经济落后,人民生活困苦,溯其根源,实因地未尽其利。土地利用以农业为主,我国亦以农立国,欲求国家经济之改善,国民生活水准之提高,非从事农业之改进不可,为求各地土地之合理使用,以符经济建设之旨,则土地利用之研究,为首要之途。北碚踞嘉陵江之下游,人江奔流境内,向与诸平行岭谷互成直交,地势复杂,有高山、深谷、低丘、坪台,田野纵横,村落林立,实为研究土地利用之优良区域。作者承北碚管理局修志馆之委托,担任土地利用一志,同时亦为本所研究工作之一部分,故由本所与管理局合办。民国三十四年(1945年)11月,作者自状元碑本所出发,年底返所。野外调查时,二人相互合作,一人填图,一人访问,尚称便利。所填之图,乃利用本所

大地测量组与北碚管理局合测之二万五千分之一地形图,该图已算相当详尽,惟野外工作时,仍感比例尺过小,以区内地势之复杂,微细之变化,仍不能填诸图内为憾。图中量得之面积,亦难求得绝对正确之数字。编纂报告,作者各负章目:水田、林地、聚落、交通、游息地、坟地、荒地、结论、整论土地利用图及校对全文,皆由功甫担任;旱地及园地,则由培桐撰写,至于影响土地利用因子及分区两章,则由功甫与培桐共同完成之。然与土地利用有关之事实,殊为繁多,草成斯文,错误之处难免,尚望读者有以指正。出发时,得各镇乡公所之镇长及乡长,殷勤款待,并派员随同出发,引导行程,工作进行。极感顺利,谨此致谢。

一、影响本区土地利用之因子

影响本区土地利用因子甚多,大别分为自然和人文两类。

(一)自然因子

A.地质与地形　本区为川东摺(褶)曲带之一部,面积甚小,地质与地形之影响殊为显著,各种利用形态之分布,几皆与之有密切关系。概言之,境内有温塘及观音两背斜山地,及澄江与北碚两向斜丘陵地,岩层走向约为东北西南,山脉丘陵亦皆东北东南连续成岭,嘉陵江贯切而过,峡谷于焉形成,温泉涓涓而出,乃形成陪都附近名胜之区。温塘背斜山地横亘于两向斜丘陵地之间,露出层岩,仅有侏罗纪煤系,以砂岩为主,夹有页岩及极薄煤层,自西南向南北倾没。两翼不对称,东南翼倾角大,山坡陡峻,易于崩塌侵蚀。因而缙云寺后,峭壁嶙峋,九峰耸峙,海拔近900公尺,是为本区最高名山,主为林地,耕地殊少。西北翼倾角小,坡势虽缓,林地仍密,耕地点滴分布,西山坪一段尤为低平,故辟水田特多,为各山地之特殊现象。观音背斜山地较为复杂,西北翼陡峻,东南翼较缓,自东北向西南倾没,故东北段(大梁山)露出岩层较多,自外而内依次为侏罗纪煤系,嘉陵江石灰岩,飞仙关层,乐平石灰岩及乐平煤系,形成本区煤矿特盛之区;西南段(东凉山)则仅见及飞仙关层之一部,煤矿殊少,但有耕地,分布前后两槽,侏罗纪煤系以砂岩为主,多形成猪背山脊,多长松树,嘉陵江石灰岩溶蚀成槽,为山地人口聚落密集之区。前后槽之间,则为飞仙关及其下各岩脊所形成之中连山。或为旱地,或为荒地,岭谷相间,与温塘背斜山地显然不同,向斜丘陵地尽为白垩纪地层,以紫色页岩及砂岩为主,间有黄灰色砂岩、页岩及石灰岩,浅谷低进,耕地密布,尤以沿江之阶地为最平坦肥沃,吴粟溪向斜丘陵地以岩层倾角较小,砂岩分布较广,谷地宽坦,丘陵平缓,此又异于张家沱向斜丘陵者也。

B.气候　就一般言,本区温热多雨,冬无严寒,为优越之农业气候,年平均温18.5度(摄氏,下同),最高月平均温28.8度,极端高温可达42度以上,4月份之绝对高温曾达36.6度,10月份亦曾超过34度,于此可见北碚暑热之早临与迟退。夏季(候平均温在22度以上)长达140日,冬季(候平均温在0度以下)仅60日,但最低月平均温仍在8度以上,降至0度以下之低温,实属罕见,故极少冰雪,平均霜期仅2日,生长期几达全年,是以山野田间四季长青。但三四月间,时值风和日暖,本区当遭寒流来袭,温度骤减,以至结霜,作物每受其害,然据谓对桐油之发育,甚有良好之影响。

年雨量平均达1000公厘,分布极不平均,1月最少,5月骤增,六七月间达最高峰,10月以后顿减,由5月至10月之降雨量,占年雨量五分之四强,其余6月不及五分之一。以季节言,冬季雨水稀少,不及年雨量5%,但多云雾及蒙蒙细雨,足以减低蒸发及流失,春季雨量稽增,约及年雨量25%,然主降于暮春5月,且天气时朗,蒸发量亦增,夏季雨量最丰,将及年雨量之半,多雷雨,降雨强度大,雨过天晴,蒸发及流失量均大,入秋雨势渐杀,每致阴雨连绵,历久不晴,不宜棉花之生长,故本区种植者绝无仅有。惟本区地势悬殊,气候稍有差异,山地显较冷湿,风势劲强,入冬霜雪时见,且山阴山阳常迥然不同,其影响土地利用者亦甚显明。

C.土壤　本区土壤对于土地利用之影响,依土类、风化程度及侵蚀状况而异。因雨量丰沛,故凡已发育土,率皆为酸性土,其风化程度愈高,侵蚀愈烈,肥力愈低,但在向斜丘陵地,母岩松软,成土甚易,适度之侵蚀,反可使土壤迅速完成新陈代谢,滞留于幼稚阶段,肥力特高。惟侵蚀过烈,土层极薄,甚或仅留石屑(即一般农人所谓之石谷子)则非但肥力低,且耐旱力亦弱,依其与土地利用之关系,本区土壤可概括为以下9组:

(1)幼年冲积土　包括灰棕色及紫色新冲积土（夏坝及隋家坝系），分布于嘉陵江及各支流如明家溪、龙凤溪两岸，以下坝、上坝、北碚、张家沱、草街子及毛背沱一带分布最广，土层厚，质地适中，构造良好，回润迅速，耐旱力强，多呈中性式微碱性反应，肥力高，为本区上等沃壤，主用以种植一般旱作及经济作物，如菜蔬、桑树等，其分布于江边者，质地粗疏，夏季为水淹没，故只种冬作一季。

(2)紫色粘壤土　包括发育于白垩纪与三叠纪页岩之紫色幼年土，广布于向斜丘陵地及观音背斜山地，多为中性，及微碱性，酸性者亦有之质地，主为粘土，结恃力不强，构造易于破坏，亦易于重建，堆积蓬松，回润力强，肥力恢复迅速，为本区最重要之农用土壤，但以侵蚀剧烈，土层鲜达50公分，坡之上部尤为浅薄，故丘顶与丘麓生产力甚为悬殊。

(3)灰黄棕色及紫色砂质壤土　包括发育于白垩纪砂岩之幼年土，澄江向斜丘陵地及北碚向斜丘陵地之天生桥、天神庙一带皆有大面积分布，主为中性及酸性反应，质地轻松，多呈单粒构造，土层浅薄，易遭冲失，故凡此类土分布之地，皆大片岩石外露，俗呼之曰"石滩滩"，肥力深受影响，耐旱力亦低。

(4)黑色石灰土及石灰性幼年土　分布于观音背斜山地及向斜丘陵地之石灰岩区，裸岩嶙峋，土壤仅见于石隙中，质地粘重，构造尚佳，黑色石灰土表层腐殖含量甚丰，呈灰褐色，底土为黄棕色，已甚少有石灰性反应，pH值多为中性，幼年石灰性土无甚剖面发育，土色以棕为主，皆是石灰性反应，但生产力颇受地形之影响。

(5)灰化幼年土　此类土皆发育有侏罗纪砂岩，主分布于温塘背斜东南翼及观音背斜之西北翼坡度陡峻，或与岩层面平行之凸坡，土层浅薄，多不及20公分，甚或不及5公分，风化程度不高，土质粗疏，但灰化层次均甚显明，表土为暗棕色，通体酸性，富含腐殖质，其下为淡黄棕色，底土为黄棕色，一经垦殖，即行大片状冲失，故今多属林地。

(6)灰棕壤　分布于观音背斜山地石灰岩区白垩纪岩层下部接近石灰岩之砂岩与页岩区及侏罗纪砂岩区，坡度较平缓，土层深厚，率皆在50公分以上，通常多达1公尺，表土灰黄棕，底土黄棕，质地壤粘，构造团粒至核块，一般通呼之谓大眼泥（大叶泥、大烟泥），耐干旱，种玉蜀黍特佳。

(7)紫棕壤 发育于侏罗纪上部之紫棕色页岩,分布于背斜土地两侧及西山坪顶部,强酸性反应,质地粘重,干则固结成块,坚硬难破,肥力低,耕作困难,似宜辟为水田,但生产力亦不高,惟未经耕种者,表土腐殖质含量尚丰,质地构造均较佳,故在西山坪新垦耕者生产力尚高。

(8)灰化棕壤、黄壤及红壤 包括发育自侏罗纪砂岩页岩,二岩纪三叠纪石灰岩及老冲积物之灰化棕壤、灰化黄壤及灰化幼红壤,广布于温塘背斜山地之西北翼,观音背斜山地之石灰岩区及石子山顶,地形平缓,坡度多在10以下,土层深厚,率皆在50公分以上,通常多在1公尺左右,深者可达数公尺,表土由灰黄棕至灰褐色,视腐殖质含量而异,其下为灰棕色,底土依其黄化及红化情形,而呈黄棕、红棕及棕红色,大抵平缓微有隆起之地,多趋向红色,平缓而微洼之地,多趋向黄色,通体呈酸性反应,质地粘壤至粘土,表土构造由圆粒至核块,底土主为块状,初垦耕时肥力尚佳,继之以小构状侵蚀,沟浅而密,表土冲失甚速,肥力立即减低,当地农民常谓土愈红棕愈瘠恶、愈灰褐愈肥沃,即此故也。

(9)水稻土 分布甚广,凡丘陵区内之谷地,观音背斜之前后槽地,以及西山坪上皆有大面积之分布,其性状肥瘠,随地而异,大抵分布于丘陵区之谷地,发育于紫色土及冲积土者肥力高,分布于观音背斜前后槽地者次之,分布于西山坪及散见于缙云山地者又次之,惟其生产力之高低,则又甚受水源之影响,水源充足,则生产量力恒高;反之,则低而不可靠。

(二)人文因子

A.历史 北碚区成立之历史虽短,而地面事实之变迁则甚大,当民初匪风甚炽之时,农村凋敝,民不聊生。自峡防团务局及地方团队肃清匪风后,继而努力从事乡村之建设,土地利用大为变异。如当局十七年(1928年)之整饬北碚市容,辟体育场,建平民公园,十八年(1929年)之改建澄江镇街道,修筑北温泉公园,二十年(1931年)开辟澄江镇运河,逾三年并利用此运河两岸修建公园。此外又开发西山坪荒地为农场,并筑水库,又利用缙云寺、禅岩寺、石华寺、绍隆寺等辟为名胜区,凡此均为当局有计划而使地面加速改变之事实。至若变动较慢者如上坝,远在同治初年已开始种植桑树,但当时仅限于山坡一带,坝上仍种蔬菜、甘蔗、烟草等作物,蔬菜销路推及渝市,而甘蔗亦盛,昔日坝上有糖厂两家。殆及近

20余年来始由官家收买此地,辟成今日之桑园云。又如北碚昔日向以土布业特盛,布匹销至渝合各地,北碚附近各山头多种染布之蓝靛,尤以龙凤山前后槽独多。其后洋布入侵,北碚土布衰落,各山头之蓝靛亦少见,今在龙凤山后槽及缙云山九峰后仍可发现一二,凡此皆足显示北碚各阶段历史土地利用之不同,尤以峡防局成立以后,变动最大。

B.人口职业　北碚人口,一般言,逐年增加,即区内居住范围,日渐扩大,尤以抗战期间,前方疏散至此之居民,增加特别显著,当时居住方面颇成问题。由各场镇为居住中心,渐及于近郊,由农田辟为房舍基地,直接使各场镇繁荣。以北碚场言之,民国十五年(1926年)仅有200余户,人口千余,至民国二十六年(1937年)已达千户,人口5000余矣。迨及本年底,北碚镇内人口已逾万人。全区已达10万。兹将历年人口增加情形,表列如下:

北碚历年人口比较表

年别	保数	甲数	户数	口数		
				合计	男	女
二十五年(1936年)	100	1055	12671	65284	35460	29824
二十六年(1937年)	100	1020	12862	66264	35785	30479
二十七年(1938年)	100	1008	13123	67243	35822	31421
二十八年(1939年)	100	1006	14422	74123	39686	34437
二十九年(1940年)	100	1024	19871	93646	54899	38747
三十年(1941年)	130	1245	15564	85343	48762	36581
三十一年(1942年)	130	1400	16299	87544	50626	36918
三十二年(1943年)	128	1389	17181	86158	48112	38046
三十三年(1944年)	130	1434	18163	93285	52170	41115
三十四年(1945年)	130	1429	18575	100139	57459	42680
三十五年(1946年)	128	1393	17899	101795	61618	40177

观上表民国二十五年(1936年)全区人口不过60000余人,至二十八年(1939年)已达70000余人。依周立三先生调查,自二十七年(1938年)至二十八年(1939年)两年,北碚因人口增加,新建房屋亦增加60%云(注一)。至二十九年(1940年)因敌机炸重庆至烈,北碚区人口突增加三分之一,但所增加之房屋,不集中在场镇,而分散各乡间。至民国三十三年(1944年)因矿工与学校之迁入,人口稍增,新增有矿场与校舍。抗战胜利后,各机关学校先后还都,一部分机关与学校又复迁来,北碚人口仍有续增之趋势。房屋基地继续扩大,聚落景观仍在变迁中,土地使用之价值日益增高。

依管理局三十四年(1945年)1月份计算,本区籍人口占56000余人,占全人口55%,区外人口约40000人,占全人口45%。足见外来人口之众。历年人口生产率比死亡率大,亦为本区人口日见增加原因之一。

以全管理局面积160方公里计,二十九年度(1940年)人口之密度,每方公里可达585人,三十五年度(1946年)人口最多时,每方公里可达626人。去年每方公里亦564人。匪独比全省每方公里120人为密,即比成都平原亦大也(成都平原每方公里510人)。北碚区为全省人口最稠密地带之一。主要分布于嘉陵江两岸,其次为北川铁路、青北公路及北温公路沿线,其次为北碚丘陵地、澄江丘陵地,以西山坪及缙云山上最少。

职业方面 据管理局统计表计算,农业占19%,矿业10%,工占10%,商10%,交通运输4%,公务4%,自由业人2%,无业者(包括老者、幼者及学生等)34%,其他11%。除无业者比较略高之外,农、矿、工、商、交通诸业,俱相当发达,直接显示北碚经济之繁荣,间接表示北碚区土地利用之复杂。别方面无业者占34%,即谓不生产人口占全区人口三分之一强。

C.经济与交通 本区经济以农业煤矿为主,影响本区地理景观者亦以农业煤矿特著,因气候之适宜,土壤之优异,使本区农作物生长特殊茂盛,旱作物年可收获三季(详后旱地章),加以本地农人利用之精密,尤使农作耕地分布特广。近年人口激增,一部农地被辟为房屋基地或交通路线,以全区言,所占面积仍少。反使农作方法愈趋集约,由单纯变为复杂。各房屋多辟在山坡与低洼地之间,或较高干燥之地,避免占去水田或旱地之面积,故本区土地利用仍以农业最重要。

因此住民生活以农为主,聚落亦以农村聚落最为普遍,经济形式亦以农业生活方式之自给为主也。其次为煤矿。区内各侏罗纪高山,均蕴藏煤层,采煤事业特盛。抗战期间,本区曾为后方重要产煤区,区内共有大小煤窑数十家,以天府、宝源、三才生(已停)、燧川等厂规模最大。年产煤五六万吨,皆运至江边出口,沿嘉陵江两岸遂因煤矿而产生有诸市镇,如白庙子、二岩、夏溪口、金刚碑等是(详后聚落章)。据估计,本区从事煤业生活者,不下数万人。故本区工人皆以矿工为主。其次为交通,嘉陵江为本区内最大之交通动脉,北碚适当其中,又为渝合之中点,往来船只与货物,皆此集散。陆路有青北、北温、温澄诸公路。因交通之发达,即可促进商业之繁荣,交通线上复可产生商业性之街村(*Strassendorf*)。青北公路上天生桥、状元碑等,皆公路兴起后之街村。据周立三先生谓青北公路开辟后,曾兼并良田10公亩,然以青北公路之运输及沿线产生之街村等经济价值言,远胜10公亩农田之价值,土地之使用,愈益精密。

二、各类土地之利用

(一)土地利用形态之分类

依作者调查结果,适应本区土地利用之现状者,应分为如下各类:

甲、生产地

Ⅰ.耕地

A.水田

  a.一季田(冬水田)

  b.二季田(旱田)

B.旱地

  a.一季地

  b.二季地

  c.三季地

  d.两年五作地

C.园地

A.果园

　　　　b.桑园

　　　　c.菜园

　　　　d.农场

Ⅱ.林地

A.阔叶与针叶混合林

B.针叶林

C.竹林

乙、非生产地

　Ⅰ.聚落

　Ⅱ.交通路线

　Ⅲ.游息地

　Ⅳ.坟地

　Ⅴ.荒地

(二)各类土地分布及其利用

依作者调查之结果,本区各类土地分配应如下比例:

耕地种类	百分比/%
耕地	68.2
水田	25.9
旱地	40.5
园地	1.8
林地	14.6
荒地	8.2
房屋道路及其他	9.0

　　观上表可知耕地面积之广,为紫色盆地之一般共通性。与合川(65%)及璧山(70%)耕地之面积相约(注二)。反之,如与山地区如遵义相较,耕地仅占全面积之40%(注三),相去甚远。又本区旱地面积分布特广,为本区耕地之特色,此因与土壤有关,而对地形尤有密切之关系。

全区160方公里,耕地百分比占68.2,则耕地面积应有109平方里(即16300市亩)。以民国二十九年(1940年)人口93000人算(公共户除外),则每人应摊得耕地1.75亩。照普通每人每年粮食面积约需水田两亩计,今每人所得耕地不但得不到两亩水田,即水田与旱地混合之耕地亦不足两亩,足见本区粮食缺乏之甚。

上表中荒地面积之少,已显示本区土地利用开发已达相当限度。兹进而将每类利用情形分述如下:

甲、生产地

Ⅰ 耕地

A. 水田

1. 水田之分布

本区水田依地势之高低可分3种:分布于丘陵地之谷底者,当地农民称为正沟田,水源充足,土壤肥美,为水田之最优良者;分布于沟田两侧之田,称为膀田(或一膀田),水量与肥力仅次与(于)正沟田,分布广而多成阶级状排列;分布于丘陵顶部或山地者称为山田,为各种水田之最高而最荒瘠者,赖天水浇灌,一旦天旱,或雨量不足,则常转变为旱地。此种靠天水生存之田,故又称为望天水田。

依作物生长季节而分之水田则有两种:一为冬季休闲蓄水之田,通称为冬水田;全年只种水稻一季,故又称一季田,占水田之主要部分,多集中于谷底或平坝上。一为冬季仍种其他旱作物(如小麦、胡豆或蔬菜)之田称为旱田,年可两季作物,故又称为两季田。多见于各小丘之两侧、谷傍或石灰岩山地中。

稻米之生长适宜于气温较高、雨水充足及灌溉便利之地,是故区内水田之分布,以灌溉便利为主要原则。例如北碚丘陵地与澄江丘陵地,除各小丘之顶部为旱地外,其余尽属水田,其分布与地质构造及地形亦有密切之关系。大致以北北东与南南西之方向成行排列,水田行列与硬砂岩构成之小丘行列相互间隔,愈向向斜层轴心,则水田面积愈广,轴心附近海拔240公尺以下之丘顶,皆为水田,足见此带水田分布之广。本区水田除分布于丘陵间外,侏罗纪与白垩纪岩层接壤之地,每有软弱页岩一层出露,形成一列垭口,凡此垭口,必为水田,位置独高,此等水田与地质地形之关系,俱皆密切。又侏罗纪山地之两侧,有泉水喷出,或矿洞水流出之地，亦有水田。如缙云山东麓及龙凤山西麓，因有矿水及泉水灌溉，故水田皆分布于海拔450公尺上下之地。温塘峡内之三花石，乃一三角形之缓坡地，赖黛湖所储蓄之山溪水灌溉，全部尽是水田。登高远望，但见阡陌相连，极为壮观。此外山地顶部，如地形平坦，亦有辟为水田，在温塘峡山地之西山坪，其西北翼倾斜平缓，大部仍辟为水田，自三官庙起，至白沙沱、千斯湾、刘家沟、龙华寺，回至板栗园，其间十九为梯田。龙华寺东北经大岚垭、江家山、石塘沟以达天子庙东侧，沿大道之两侧，皆为水田。洞坪北面新作房至苟家院子，板栗园至黄坭堡，本已临山地之顶部，背斜之轴心，仍因地势之平衍亦有水田。观音峡山地方面大梁山之前槽（刘家磏）、后槽（杨家磏），东凉山自槽房口至桂花湾之前磏，自园井新院子至龙井湾之后磏（槽），均为石灰岩区域，地势虽高（海拔400至500公尺），因有狭长之石灰槽，槽内即为稻田。至于温塘峡山地之缙云山脊上，嘉陵农场附近，海拔800公尺，仍发现有水田，此为全区水田分布之最高者。

通常沟田较塝田好，粘土水田较砂土水田肥，土厚者较土薄者佳，平坡比陡坡胜，大块田比小块田优。依作者之观察，全区水田之最优越者有二地带：一为两向斜丘陵地之轴心部分如黄桷镇之江家坪，朝阳镇之天生桥及澄江镇之两飞地等，皆为宽平之沟田；一为向斜丘陵地两侧邻近山地之部分，水田田块大，土壤厚，肥力足，水量丰，且底部垫以坚硬砂岩之岩块，透水不易，亦区内之良田也。金刚乡之长沟，澄江镇望水垭、荒岚垭至小屋基、龙凤乡龙岗至万家垭口、桂花井至桂花湾、黄桷镇牛草坪至广生厂等，此带长沟地形，发育极佳，两旁山坡之土壤及肥料，均被雨水冲刷而积聚于田中，而长沟又极坦平，故此等田特肥，收成百分率最大。山地水田，因水源与肥料之限制，特别显示其瘦瘠，收成率最小。据统计，全区水田因水源及肥料之不足，平均收成率仅达十足年之60%。文星场前后磏，水田之底均为石灰岩，但前槽（刘家槽），因有矿洞流出之水灌溉，平均收获可达对成，后槽（如杨家槽等），则水源大感缺乏，所有水田之水，均渗透于地下，收成率仅10%—20%，甚或只生长白穗而已，西山坪梯田分布虽广，收成并不佳，最优秀之田，亦仅40%，以一二成最普遍，如遇天旱莠穗亦不生长。据农人云：同等面积之田，江家坪附近能产谷4石之田，在西山坪仅能产1石上下。黑石坪与郭家山之望天水田，较坝上之田，减收40%，遇天旱收获更差。足见稻田对水源与肥料关系之密切。

2. 水田之利用

由上文水田分布之大概,则知区内凡地势平缓或能灌溉之山坡必辟为水田,故土地之利用为水田者,已达饱和之态。水田之利用,因山地与低丘陵气候之不同,情形亦稍异:山地气候较丘陵地寒,播种栽秧与收割之期,均比丘陵地晚。丘陵地水田,通常春分播种,立夏栽秧,8月收割,在缙云山东麓与静观峡山地之水田,则播种插秧与收割之期,皆比丘陵地迟半个月。缙云山嘉陵江农场附近之水田,因其为全区水田之最高者(与丘陵地水田相对高度约550公尺),6月始栽秧,8月底至9月初打谷,较丘陵地水田竟迟1月。足见地势愈高,差异愈显。地势过高,灌溉亦难,水源全靠雨水,一遇天旱,毫无收成。稻米自分蘖至开花期需水较多,开花至成熟期间需要高温,其余时间则以干燥为佳(注四)。栽秧时,穴距大小与秧苗根数之多寡,须视田之肥瘠而定,普通田肥者穴距宽而根数宜少,栽后即须排水,如遇土薄之田(或膀田),田间需留水约半尺,以防过度之下透或蒸发作用,至转青时复灌以水,至成熟或倒伏时始将田水放干。

一季田(冬水田),多成阡陌相连之大片田园,二季田(旱田)则零碎分散,位置逐年变迁,视乎雨水与肥力而异,故其面积,亦不固定,据管理局地藉(籍)整理处之统计(注五),区内一季田20250市亩,二季田26568市亩,则一季田比二季田之面积尚少,但作者去年冬天野外填图之结果,发现冬水田之面积,还多于二季田之面积,约10与1之比(参阅总图),又陈正谟先生之估计,亦谓冬水田之面积与旱田面积比例,约等于2比1云(注六)。陈氏对冬水田面积估计仍低,冬水田因占稻田之重要部分,稻米之收成,冬水田亦比旱田佳。据农民云,同等面积内稻米之收成,旱田仅等于冬水田之六七成而已。若水量与肥料皆充足之旱田,以夏季收获之稻米,再加上冬季作物之总和,则旱田利用之价值,比冬水田为大,但实际能达到此理想之田殊少。

在利用上,一季田与二季田颇有差异,分述如下:

(a)一季田(冬水田) 冬水田自第一年收割后至第二年栽秧止,储水休闲期间达七八个月,其间经过四度犁田和四度耙田,所谓"四犁四耙",第一、二次犁田在第一年下半年,第三、四次犁田在二年上半年。犁田时多用水牛,普通犁深约50公分,愈深愈佳。为防止田水之外透,因而各田之田坎常以泥土封密,称为"封田坎",一年中封田坎3次:两次在冬水期间,一次在夏季栽秧之前,除冬水田之田坎不栽作物外,栽秧前一次之田坎,农民仍利用之以种黄豆或绿豆。在丘陵地封田坎之内侧,在缙云山上封田坎之外侧,皆表示两地土质之异同。冬水田除用以养鱼外,且常利用千百鸭群经过田间觅食田螺,即为水稻除害,其所下之粪便亦可增加田间之肥料。故放鸭者与耕主相互为利,割稻后之稻桩,与冬水期间生长之野草,当地农民皆利用之以作绿肥,放水期间,农民亦有利用田水养小鱼,及至栽秧前农民每将之捕获食用,此皆显示农民对于一季田之高度利用。

(b)二季田(旱田) 二季田之位置每较一季田为高。谷底每为冬水田,谷傍每为旱田,旱田打谷后两周,经过一度犁田、一度耙田后,即开始种植冬季作物。以小麦、胡豆为主,蔬菜次之。或于小麦、胡豆之傍种萝卜(此种萝卜仅可作饲耕或绿肥用)旱田田坎冬夏各封一次,两次田坎皆种作物:夏季以黄豆、绿豆为主,冬季则豌豆、胡豆特多。冬季作物收割后,旱田泥土极待恢复湿润,如雨水不足之时,即须自冬水田车水灌溉,以备插秧,故水田灌溉工作,独旱田特忙。旱田之灌溉,须视水源之远近及坡度之大小而异,位置过高,灌溉困难,或遇天旱,无法灌溉者则改植旱作物。旱田多因水源与肥料缺乏之影响,其收成恒不及冬水田之佳,农人无科学耕作常识,仅知稻米与小麦轮耕,或稻米与胡豆轮种,年年如是,不知同一田地,各年冬季作物需要更换,因此旱田之肥力无法调节,故稻米之收成,仅达冬水田之六七成,苟冬季作物中常以小麦、胡豆或绿肥苕子等轮植,或可弥补地土上一部分之肥料也。

3.冬水田特多之原因

本区冬水田分布特广,其原因约有4端:

(a)水源缺乏 本区年雨量约1000公厘左右,足供水田灌溉之需要,但因各月分布不匀,大部集中在5、6、7三个月,春季雨水来得迟,常直接影响旱田之插秧工作。稻田需水最甚者有三时期:一为冬水时期,一为4月间插秧时期,一为7月间稻米开花时期。此三时期水量均充足,则当年稻米定卜丰收,设若三时期中任一时期缺水,则可影响全年稻作之收成。区内灌溉设备,未臻完善,影响稻米之收成率颇大,平均仅及十足年之六成左右而已。本区灌溉水来自堰塘、泉水、矿水及冬水田4种。今全区有堰塘百余,均储蓄山水及雨水,多为日久失修,

可资利用者仅50余个,规模较大者有黛湖,可灌溉三花石之梯田800市亩;澄江镇罐子岩,周围约400公尺,水深约一丈六尺,可灌溉310石田;澄江镇飞地,高石坎附近之朝阳堰,灌溉王家湾之田,亦可百余亩。较次者如龙凤山头之三股泉水:一在水口寺,灌溉花钦岗附近及歇马场一带;一在龙洞湾,可灌溉龙凤乡属文家坡及冷水沟一带;一在白水井,灌溉彭家湾及水土湾等地。又次为矿水,可分二区:一为文星场煤矿区,灌溉刘家槽一带;一为缙云山煤矿区,由城门洞浸口及水马门流出,灌溉黑石坪至毛背项一带水田。除此以外,冬水田灌溉面积最广。据统计,全境堰塘只足灌溉四分之一稻田之面积,矿水与泉水共计不足四分之一,其余四分之二以上之面积,均须依赖雨水及冬水田(注七),足见冬水田对于本区之重要,在灌溉问题尚未彻底解决之前,冬水田盖有不可遽行废除之理由矣。

(b)肥料不足　本区紫色土极为肥沃。冬水田休闲一冬之后,次年插秧,即可不须施肥,此为他处所少见者。但旱田一年中栽种二次,即非施肥不可。通常于栽秧后施肥两次,或施基肥一次,秧苗转青时,再施肥一次。须肥本已甚多,但冬水田面积10倍于旱田,若将所有冬水田改种作物,则所需肥料当10倍于旱田。在肥料不十分充裕之本区,自必特别感觉供给困难,此亦冬水田分布甚广之由也。

(c)地权关系　佃农缴交地主佃租,限于定额之稻米,虽遇荒年,不得减少,亦不得改交豆麦,因此佃农势非尽力经营冬水田,放弃冬作以求获得等足量之稻米不可。

(d)劳力不敷　本区人口职业,虽以农为主,但并无多量之剩余劳力。况农村一切工作,端赖人力与牛力,动作缓慢,效率不高,如欲改变所有冬水田为旱田,即无异增加数倍于现在之耕地面积,则人力与牛力均须增加数倍。劳力问题,势必立即非常严重,故不得不待水田之休闲,此亦为冬水田特多之一也。

B.旱地

1.分布

旱地之分布亦与地质及地形有密切之关系,丘陵地陂陀起伏,几无废土,谷地与低坡,皆辟田种稻,已如前述;矮岗低阜,几全为旱作,大致东北西南连续成带,惟沿江冲积区旱地之分布,则率与江流平行,张家沱向斜丘陵地,以地形微有倒置之现象,旱地之分布,有四带最为明显,两带见于向斜之边缘,以地势渐高,水源缺乏,旱地广布成带,如靠近缙云山麓之黑石坪、郭家山、大连山坡、黄金堡、大岚垭、五子山及对岸靠近西山坪山麓之黄桷堡、大小马鞍山等相连为一旱地分布带;靠近大梁子山麓之山坡、芝蔴(麻)坪、磨心坡、木鱼堡、明月堡、王家山、棺山堡、黄桷镇及对岸靠近鸡公山麓之毛背沱、陈家岚垭、白羊坡、大堡,更向西南直至本区边界,亦为一旱地分布带,惟此带之西南段,因水口寺、白沙井及龙洞湾3处灌溉关系,水田面积甚广,旱地乃若断若续。另两带之分布于向斜心轴之左右:一自本区西南边界,经雨台山、蝉腰堡、杜家街、龙山岗、长岗至东北边界之长五间附近;一自本区西南边界,经天生桥、北碚、东阳镇、幺店子、天神庙至东北边界马鞍溪、龙凤溪、明家溪及郑家溪流域。海拔240至250公尺之平面分布甚广,浅谷低丘,旱地分布零散,仅各支流间之水岭处断续成带,长沟两侧即其显例,龙凤溪流域地形低洼破碎,大约海拔220公尺以上之地多为旱地,而仅龙岗、龙凤山、何家庙、老虎坪等断续成带,明家溪流域海拔约200公尺左右之平面分布甚广,如蓝坝、绍家坝等皆其一部,水光荡漾,稻田弥望,其间低丘点点,宛如岛屿,始为旱地分布所在。郑家溪流域中部低洼,四周隆起,故其上下游及两侧,皆较大面积之旱地。吴栗溪向斜丘陵地,以岩层较平缓,砂岩之分布较广,中部旱地之分布①不若张家沱向斜之规则,亦不一定呈东北西南与岩层走向相合之带,多呈大片水田与大片旱地相间之情形,但愈近向斜边缘,则愈与张家沱向斜丘陂地之情形相近似,即愈向边缘,旱地之分布愈广,东北西南成带状分布愈显明,如自澄江镇向西南沿运河两岸旱地之带状分布,实即与缙云山西南麓,自金刚碑向西南经大岚垭、黄金堡、大连坡、郑家山、黑石坪一带之旱地分布相当也。

山地区以地高气寒、土瘠人稀、耕地较少,旱地亦较稀疏,尤以温塘峡背斜之缙云山段为最显著,旱地面积小而零碎,多呈斑点状散布于林地及荒地之间,面积大者仅见于景家坪、杨家店与韩家院子附近。西山坪段地势较低平,旱地面积较大,且仍在开拓中,主分布于西北侧及洞坪与杨侯庙附近。观音峡背斜山地之旱地,主分布于中连山及后槽因缺水而不能植稻之地如大坝沟,其两侧猪背山地亦散见之。

---

① 布:原文作"部",依词义改。

2.利用

本区旱地之利用与水田之利用几成对比,本区水田大部年中只种一季,仅利用三四个月,其大半时间听其休闲,而本区旱地则大部年可三收,非但无片刻空闲,抑且同一旱地中同时种植数种作物,利用之精可谓无以复加。主要作物为玉蜀黍、甘薯、黄豆、小麦、胡豆、豌豆。此外大麦、高粱、洋芋、油菜、苦荞、小米等亦散见之。间作轮种,错综复杂,小麦、胡豆与豌豆皆秋种春收,甘薯与黄豆皆夏种秋收,玉蜀黍则为春种夏收,因而间作轮种,错综复杂,旱地利用亦随之而异,可概分为一季地、二季地、三季地及两年五作地,兹述之如下:

(a)一季地 此类地面积甚小,盖以嘉陵江水位年中变化甚大,例于10月后逐渐低落。翌年5月复上涨,农民乃利用冬季枯水期,沿江布种,从事冬作,是以此类地仅见于沿江泛滥区,略与江流平行,成狭带状分布江之两侧,而以各支流入江处,如毛背沱、张家沱、夏溪口附近较广,主种小麦、胡豆,此两种作物之播种期甚长,故小麦向有"三月种一月收"之谚,意即旧历之8、9、10三月,随时可种,而收获期则较齐一,即于3月10日内尽可先后成熟,收获也多在4月中至5月初,胡豆与之相似而稍早,是以其播种可随江水之迟退或早退而提前或错后,无碍于生长,且均能于翌年5月中以江水上涨以前,成熟收获,在时间上刚刚合适,其利久称至当,以土壤肥沃,不虞旱灾,收获可靠,产物亦丰。

(b)二季地 此类地年中二获,其原因:(一)土壤瘠薄,肥料缺乏,受地力限制,年中不能三作;(二)土层浅薄,吸水量少,回润力弱,不耐干旱,因而亦不能年中三收。前者主分布于缙云山背斜侧及西山坪一带,缘以当地多为缓斜长坡,土壤易于定积,遂得以充分发育,形成灰化棕壤、黄壤及红壤,养分淋失殆尽,惟所垦之地,表土尚未冲失者,以含腐殖质尚丰,色灰棕至灰褐,肥力尚高,是即一般所谓之黑山砂,然一俟表土被蚀去,其下之黄棕以至棕红色心土外露,土性益超瘠恶,肥力极低,而山地人口稀少,交通困难,肥料不易获得,遂不能不令土地休闲,复以地势较高,气温较低,冬多霜雪,不适于胡豆生长,而小麦又甚耗地力,需施重肥,尤以小麦与玉蜀黍轮作,更感肥料不足,且地之休闲时间较短,如与他种作物轮种,则前后衔接,根本无休闲机会,均非所宜,是以地之休闲皆在冬季,春夏秋间始利用之以种植甘薯、玉蜀黍及黄豆等,而以甘薯及玉蜀黍较丰,此外若花生、小米、苦荞等亦有之,前者曾见于缙云山背侧韩家院子与风家垭口间,后者多分布于西山坪,甘薯生长情形良好,产量丰、品质佳、块大味甘,素为人所称道,故种植面积甚广。玉蜀黍生长欠佳,杆(秆)茎纤细,产量亦低,但本区米粮不足,尤以此类地分布之缙云山与西山坪,或以水田少,或以产量低,最感缺乏,玉蜀黍成为一般贫民之主要食粮,且为旱地中缴租之作物,加以他种夏季作物之生长期大致相同,不适于前后套植轮种,玉蜀黍遂亦成为此类地中之主要作物。甘薯通常于3月间下种(较玉蜀黍为早),5、6月间遇雨随时可栽,栽后约3月余即可挖食,直至11月间始形挖尽,而玉蜀黍多于4月初清明前后播种,6月至7月间收获(视其品种而异),是以例于玉蜀黍收获之前,将甘薯栽插于行间,稍长玉蜀黍即行收获,在时间上互不相碍,但亦有于玉蜀黍窝中点种黄豆者,据谓玉蜀黍并不受何影响,但黄豆与甘薯同时,生长晚期甘薯每因受其荫蔽而生长稍差,待甘薯及黄豆收后即空下,令地休闲,翌春再种玉蜀黍。惟近年来,因受缙云山及西山坪各农场之影响,种萝卜之风甚盛,种白菜者亦有之,据称白菜因肥料不足甚差,萝卜生长尚佳,皆在冬季,如是则此类地又有渐变为三季地之趋势,但其中人为影响甚大,如复员以后陪都附近及本区人口减少,菜蔬销路稍差,此种风气是否继续维持不变,诚亦难断者也。

土层浅薄之二季地,主散布于向斜丘陵地及观音峡背斜之中梁山地,亦见于侏罗纪砂岩之急坡。分布虽广而其零散,故不易于图中表出。约言之,一般农民所谓之"石股子"与"石滩滩"多属此类。"石股子"实即为土壤侵蚀殆尽,地面所残存之薄层岩屑皆见在紫色粘壤土区丘陵,吸水力与回润力均弱;"石滩滩"皆分布于紫色与灰棕色砂质壤土及灰化幼年土区之凸坡,土壤质地轻松,回润尚属迅速。惜大部土厚不及20公分,吸水量亦少,故皆不耐干旱,是以此类地中不能种植玉蜀黍,而冬宜胡、麦,夏种甘薯,与上述之冬季休闲,夏植玉蜀黍与甘薯者迥异。盖以玉蜀黍生长适为由春徂夏,此时雨量虽增,而土壤吸收有限,雨过天晴,温度急增,蒸发甚烈,此浅薄土所吸收之少量雨水,经久不干,实非可能,苟数日不雨,玉蜀黍即遭遇旱灾,尤以扬花孕穗时为甚。据老农之经验谈,如扬花缺雨则花不易抽出,孕穗时缺雨则穗附于茎杆(秆)不易长大。民国二十九年(1940年)6月下旬,曾因7月不雨,土中水分减至枯萎点,玉蜀黍因而减收5成,

此类地中几全部无收,故农谚有"经得起十天淋雨,见不得三过(天)太阳"之语,反之秋冬则多云雾细雨,蒸发弱,虽土层薄,吸水少,但决无干旱现象,冬作生长甚佳。春季虽多晴空万里,蒸发转强,其时已届成熟,稍干而无大碍,尤利于小春之生长,惟因土壤肥瘠悬殊,作物亦稍有变化,紫色砂壤土与一部分所谓"石股子"者,多种胡豆、小麦,灰棕色砂质壤土及一部分灰化幼年土与"石股子",则种小麦、豌豆,小麦需施肥,胡豆仅于播种时施以草灰即可,并不甚耗地力,但都不宜种于瘠薄之酸性土,豌豆则比种于瘠薄之地,无需施肥,亦极少需工人照料,农人常称曰雷声草,只要翌春闻得雷声,即可有收,意即只需春季稍有雨水,豌豆即可有收获也,此类地因土壤通透,排水良好,甘薯生长亦佳,此亦于田边地角种植高粱、小米者,亦多系冬夏两收,皆可归入此类,但面积甚少而零碎。

(c)三季地 在本区中以此类为最重要,面积亦最广,主分布于丘陵地,而山地,尤以观音背斜山地之后槽,因缺水而不能植稻处,分布亦广,要言之,除灰化棕壤、黄壤及红壤之一部外,凡土厚达20公分以上者,几尽属之,作物种类繁多,而以玉蜀黍、甘薯、胡豆种植面积最广,轮种方式复杂,但皆以玉蜀黍为主,概行寄秧式夺植,例于上季作物未收前,即将下季作物播种于行间,如是年可三收,地无虚置,利用皆精,可谓无以复加,玉蜀黍一般生长良好,而尤以于冲积地,灰棕壤,土层达50公分之紫色及黑色石灰土与石灰性幼年土中最佳,依其生长可分为80日、100日、120日及140日四种,生长期愈长,产量愈丰,需肥量愈大,故多种于厚土,反之多种于薄土。且以土层厚,蓄水量大,耐旱力强,虽于炎阳之下犹能蓄备相当水分,供作物生长,故能种植生长期较长之玉蜀黍,然若土层薄,虽由春徂夏雨量日增,奈其蓄积有限,而气温高,蒸发强,如于其上植生长期较长之玉蜀黍,待扬花孕穗最怕干旱时,必至枯萎而罹旱灾,是以土层浅薄处,只宜种植生长较短之玉蜀黍,在本区以120日之玉蜀黍为最普通,80日甚至不足80日之玉蜀黍,虽有种植,但茎杆(秆)矮小,通称之曰"野鸡抓苞谷",穗小米少,但可用以"卖早"取利,多供煮食,140日及100日者甚少种植,盖以前者收获太迟,有碍甘薯生长,后者即不能丰收,又不能早熟,无何可取也,又以品质言亦极复杂,但最常见者有两种,一通呼曰"琉子锭"或"大园子",另一通呼曰"马牙瓣",前者形圆而饱满,质坚重,出粉多,产量较少,或者体大而扁,质粗松,面有绉(皱)纹,出粉少,产量较大,通常自食多种前者,交租多种后者,是以优劣并存。其轮种方式以(一)玉蜀黍—甘薯—胡豆为最常见,此类地之大部皆如此利用,(二)玉蜀黍—黄豆—胡豆亦常见之,但不如前者之普通。此二式均在前年冬,于胡豆行间预备翌年春点玉蜀黍处,以锄将土翻转是谓炕土。据云如此足以减少土蚕之害,翌春三月初再锄土一次,即准备播种,此两次锄土,其翻土方面每每相反,第一次多系向下翻,取其工作方便,且冬季无大雨无助长土壤侵蚀之虞也,第二次则多向上翻,实为抗蚀之一法,有日以向上翻之不足,尚须补以担挑,盖不如是,则坡之上部土层渐趋浅薄,久之即如复能种植玉蜀黍也。播种之前以人粪尿作基肥,然后始行点种,此与小麦、胡豆之先点种后施肥者不同,据云乃因玉蜀黍播种时,天气晴朗,气温较高,蒸发很强,土壤干燥,先施肥,然后播种其上,始可促其发芽,否则发芽不易,且出土后易于干死。小麦、胡豆播种时,适为阴雨潮湿之秋季,故情况相反,约播种后一月,胡豆收获,再一月,甘薯即开始栽插,或立即点种黄豆,待甘薯全部挖出,或黄豆全部收获,则胡豆又亭亭盈尺矣,此二式又常合并为(三)式,即仍于胡豆行间点种玉蜀黍,而玉蜀黍穴中(通称苞谷窝窝)同时点种黄豆,胡豆收后,又于玉蜀黍与黄豆行间,栽插甘薯,待玉蜀黍收获,地中仍有甘薯黄豆并存,均于10至10月收尽,收获之前即将胡豆点种于行间,收获前又行炕土,以待来春播种玉蜀黍,如是可较前二式多收一季黄豆(较第一式)或甘薯(较第二式)。据云玉蜀黍并不因此而受影响,惟甘薯或偶因黄豆生长过盛而稍受其荫蔽,利用之精似较前二者更进一层,在此三式中,亦偶有以小麦代胡豆者,但不常见,此外在西山坪一带,曾见有(四)玉蜀黍—粟—大小麦及(五)玉蜀黍—粟—荞麦等轮作方式者,但皆限于局部地方而不普通。

犹有值得称道者,即此等轮作方式虽皆系一年制,但颇能收多年轮作制之效,如以( )式为例,第一年秋于甲行甘薯尚未挖尽时,即于乙行点种胡豆,待翌春乙行胡豆尚未成熟,又于甲行播种玉蜀黍,春末夏初玉蜀黍尚孕穗,即于乙行栽种甘薯,入秋又于甲行点种胡豆,如此互相交错,致同一行间前后两年之作物不同,直至第三年,胡豆始又种于乙行。换言之,即每隔一年,同一作物始又种于原地,其他各式以此类推。

另有以玉蜀黍与蔬菜轮种者,此类地通呼之曰"小菜土",其方式有二:(一)

玉蜀黍—蔬菜，即年中除种玉蜀黍一季外，全种蔬菜，可以三收或不止三收，主散布于沿江坝地，即冲积土区，以其质地较松适宜，且肥力甚高也。(二)玉蜀黍—蔬菜—胡豆，分布广而零碎，凡丘区农舍附近几皆有之，种萝卜、白菜及青菜(菜头)，一般民家菜蔬多取于斯。

(d)两年五作地　此种利用实即二季与三季地之居间形态，主分布于西山坪，亦见于缙云寺山背侧，休闲主在冬季，利用情形与二季地及三季地相似，前述灰化棕壤、黄壤与红壤云侵蚀状况稍佳者多属此类例用。

以上为本区旱地之主要利用方式，此外犹有值得一述者，即分布于缙云山之旱地大部皆为普通农作物与多年生经济树木混种一处，在山之背侧各类旱地中皆植有黄栀子、甜茶、白茶，山之前侧更有桐树、板栗等，此种情形在他处则甚少见，又于山麓附近，往往旱地中树木林立，显然为旱地与林地间之过渡情形，以其面积小，且年有变动，故亦未另行分类绘于图中。

C.园地

本区园地可分为果园、菜园、桑园及农场等四大类，前三者主见于丘陵地，而尤以北碚向斜丘陵沿江带分布最广，后者则概分布于背斜山地，兹分述如下：

1.果园

本区果类繁多，柑、橘、桃、梨、李、葡萄等无不有之，而以柑橘类为最重要，种植面积最广，境内丘陵地区到处皆可生长，然其分布甚受人事影响，故主限沿江一带，而尤多见于北碚向斜丘陵地沿江较大村镇附近。换言之，其分布大致与人口聚落之分布相吻合，村镇愈大，人口愈密，其分布亦愈广，如北碚与天生桥附近，鱼塘湾、青龙嘴、张家湾、皂桷湾、石柱湾以及博物馆一带即其显例，此外如金银岗、野鸭塘、江左之力行中学、槽房湾、绍家坝、上坝、东阳镇、黄桷镇等附近亦皆有柑橘成林，至离江稍远，超出五里之地，则星星点点，散于金刚乡之李子林湾、蔡家湾，及龙凤乡之八字桥附近，实以无足称道。其他果树之分布甚零散，种植面积亦不若柑橘之广，除各农场及张家沱果园外，北川铁路沿线及花岭岗附近有桃，夏溪口至蔡家沟中途之荒岚垭附近有梨与李，杨家店至缙云寺间有栗，此外果树即不多见。本区果园一般之利用，除栽培果树外，尚于各季果树之下加种胡豆或小麦，据称对果树并无影响，惟胡豆与小麦生长稍差耳，果树之栽培甚费人工,尤以柑橘为甚,如修理、剪枝、检虫等工作更须有相当之技术与工具,故多有以此为专业者,例于秋冬行之,惟一般园农对于橘花、酸果等皆不甚注意,致间年歇息之现象甚为普通,歇息之年与盛结之年,产量颇为悬殊,皂桷湾一带之柑橘有整庄批发,运销重庆之外,余多零摘零售,供给当地市场。

2. 桑园

本区桑树之栽培,正不知几经沧桑,说者谓始于同治五年(1866年),由嘉定购入桑苗,散布农家,今人咸称毛桑,光绪三十二年(1906年)由官府之奖励,士绅之倡导,植桑者甚多,沿江南岸蔚然成林,是即后人谓之官桑。俟民国十六年(1927年)随世界不景气之低落,本区桑树亦日被砍伐,幸由卢作孚氏掌建设厅时,力图复兴,于民二十六年(1937年)设改良场于上坝,广事植桑,二十七年(1938年)至二十九年(1940年)进展甚速,桑园扩至550亩,今则已达六600余亩桑树10万余株,品种计分三类:(一)湖桑为鲁桑系统,民国二十六年(1937年)由江浙运来,有白皮江皮及发芽迟早之分,产量丰富,每亩每年春秋两季所产桑叶1600斤,适于壮年蚕食用,栽培面积约420亩;(二)鼠返为白桑系统,乃日本良种之一,由江苏传入,叶质薄,水分少,适于中龄蚕食用,每亩年产叶1500斤,种植面积约80亩;(三)实生桑,一部由浙江运来,一部在本地繁殖,品种杂,发芽早,水分少,成熟快。供稚蚕用最佳,每年可产1200斤,栽培面积约50亩,桑株生长皆佳,每年春秋采桑之间剪枝,年施肥2次,一在1月,一在6月,先施蚕砂,继施粪尿,每桶灌4株,冬季并于桑树间种胡豆以作绿肥,至民间桑树,自抗战军兴后,农产品供不应求,水果蔬菜获利尤厚,乃日益减少,今所有者实寥寥无几。

3. 菜园

菜园之利用,因菜蔬种类很多,生长较快,获利厚,故耕作精密,利用繁复,一般菜大约下种后两月即可开始食用,故专种菜之地,年中可收获四五次,分布广而零散,每一村舍附近几皆有之,冲积阶地上所产最丰,如上坝、下坝、师家坝、毛背沱、马鞍溪等地所产,多可运销重庆。但自上坝改作桑园,量大减,近年北碚人口增加,甚至本地所需菜蔬亦仰给合川以上各地矣,所产蔬菜之普通者为菠菜、韭菜、莴苣、茄子、黄瓜、芹菜、南瓜、冬瓜、四季豆、洋葱、青菜(菜头)、辣椒、番茄、各种萝卜、白菜等本区皆常见之,而尤以西山坪及鸡公山前后槽特产,萝卜为最优良,今仍有不少运往重庆。

4.农场

农场实为综合之园地,栗树、菜蔬、瓜类、油桐以及普通作物莫不有之,主分布于温泉峡背到山地,盖战时人口密集陪都附近,本区亦为迁建之一部,人口骤增,一般农产品皆感缺乏,水果蔬菜更甚,遂有供不应求之势,而本区温塘背斜山地,荒地广,地价廉,乃竞相垦植,今缙云山宝源第一、第二农场,嘉陵农场,西山坪则有劳资兼善二农场,至于幺店子天神庙附近黄桷镇之中心农场,几可视为一般之耕地矣。本区农场之兴起,实始于杨侯庙之兼善农场,迄今该场仍居领导地位,于民国二十一年(1932年)经卢尔勤先生之倡导及协助,得与禅岩寺僧立字契,以每年租金拾元将该场地合于中国西部科学院开垦经营,翌年峡局即抽调部队开始工作,组织完善,进行迅速,首将垦地依其环境分为四区:大竹沟七块,田狮子岩一带,泥土深厚肥美,划作物果树区;碾槽堡炉堆子厂坪一带划为油桐区;金竹沟野猫坪分水岭和尚坪等处划为森林区;白泥湾管眼沟等地划为牧畜区。然后分期进行,第一期开发大竹沟一带沃壤,亦采火垦法,将原有矮生林木以大火焚之,焚余树根,挖烧杠炭,垦出之土,光种苦荞,俟畜牧发达,肥料有来源时,改种他项作物。第二期放牧牛羊于白泥湾管眼沟一带,以扩充肥源,种玉蜀黍,然后从事养猪。第三期以大竹林开出之土种果树,作物种于果树空源间。第四期土墙院炉堆子槽碾堡牛草凼一带开垦西瓜,瓜后用植油桐。第五期整理野猫坪金竹沟一带枯林,将密布之杂草小树伐作柴薪,用以烧瓦,松林经疏伐后,乃种期其生长成材,该场垦植成绩最佳,向来最为人所注意者,今西山坪之西瓜,几成家喻户晓,尽人皆知,四川原杂种杼(籽)用西瓜,该场成立之初,即由京、沪、杭、冀等采购大批酿用西瓜种,利用荒土从事栽培试验,民国二十三年(1934年)成绩颇佳,乃决定大量推广,十数年来蒸蒸日上,种植面积日益扩大,获利甚丰,非独该场之经济基础赖以奠定,且以利之所趋,群起效力,蔚为时尚,今西山坪一带几家种之,缙云山一带亦受其影响,据谓西瓜不能连续种于一地,至少需三四年后始能再种该地,故在农事繁盛,地狭人稠之丘陵区,不易推广(依著者想象,如在沿江冲积区如上坝、下坝种之,成绩当更佳),只宜于此荒地广布,人口稀疏,地形低廉之山地区,从事此种游动式之栽培,其影响于荒地之开垦者,实莫大焉。民国二十四年(1935年)该场又在省外征购大批优良果树品种,利用种西瓜空土,约

80余亩,从事栽培实验,计有桃28种,柑橘6种,柿3种,苹果7种,梨8种,樱桃2种,杏4种,李3种,葡萄10种,石榴2种,无花果1种,杨梅1种,均已结实数年,成绩亦佳,并以大量繁殖,推及农民,蔬菜之种植,特以萝卜、白菜为大宗,另有花叶菜、地瓜、冬瓜、南瓜、黄瓜、丝瓜等数十种。近年来人口日增,需要量大,获利亦丰,农民遂亦起而竞相种植焉。此外该场又广事植桐造林,亦成效卓著,以该场垦殖之成功,其他各场亦相效法,所种作物大同小异,尤多注意果树蔬菜,如景家坪农场果树、蔬菜、油桐并丰,嘉陵农场与兼善农场正相似,而规模小,特着重于甘薯、洋芋及美烟,宝源一场特着重于果树,尤以葡萄种推最广。并自酿葡萄美酒外销,第三场种少许西瓜、蔬菜,亦盛栽甘薯、洋芋并兼植竹林焉。

Ⅱ.林地

本区山地占面积虽广,林木苍郁者殊少,荒瘠不毛者独多,原有森林多已砍伐,遗留至今者皆人工变改之残余林地。实无林可言。全区高山仅缙云山两坡、鸡公山、西山坪东坡及飞蛾山等地,有零散之林木而已,其余西山坪之大部、大梁山、东凉山等地,皆童山濯濯。树木以马尾松、云杉、柏杉、柏丝栋竹为主,罗汉松、云杉、银杏、桧、苏铁、乌桕、皂桷等次之。分布情形,因各山海拔高低、阴阳坡向与人为垦殖之关系、林地之界线,各地不同。如缙云山,林地最高限界为海拔800公尺（狮子峰海拔882公尺）,乃全区林地之最高者,最低界限在黑石坪与郭家山附近,高达500公尺,东南坡亦较他地为高,故此坡林地界线在500公尺至550公尺之间,但西北坡接受阳光不如东南坡之便。故两路口及堆石堆附近之林地界线,则降至400公尺,新煤洞杨泗沟附近林地界线低至350公尺。同样飞蛾山与鸡公山西北坡之林地界线,约350至400公尺,而鸡公山亦在400公尺左右,西山坪以地势过低,除全山最高之大子庙海拔576公尺外,其余全境高度概在500公尺以下,故境内青苍之林地殊少,仅东南坡崖壁上有自南至北成行排列之马尾松、杉及青杠等。因其地势过低,林地界限降达250至350公尺间。

海拔之高低与气温及土质有密切之关系。直接影响各种植物之分布,如本区山地,海拔最高虽仅千公尺,然植物之分布,稍有差异,加以人为破坏后,不事栽植,故区内林木残缺无全,今以人为破坏之残余林地,分为冬青阔叶与针叶混合林地、针叶林地及竹林三类,略述如下:

A. 冬青阔叶与针叶混合林地　全境只见于缙云寺及复兴寺附近蕞尔之地，其余皆被矿洞采伐净尽。阔叶林，主为丝栎、青杠、灰木、山枇杷、大头茶、交让木等为主；针叶树则以杉、马尾松较多，其下则灌木混生，种类极为复杂。据郝景盛先生云：此地一亩林地中，可见二三十种不同之树木（注八）。因地面湿、暗，气候寒冷，土质酸性重，极宜于丝栎、杉与杉柏之生长，尤以丝栎生长茂盛（杉柏树以其叶似柏干似杉，故名），以复兴寺及缙云寺门前后数株最大。丝栎与杉尤为有用之木材。

B. 针叶林地　主为杉、马尾松、柏等三种，因其适应环境之不同，三种树木分布稍异：杉之位置比较高，柏则比较低，松树介乎杉与柏之间。杉与松均喜生长酸性土壤中，柏树独喜钙性土，松柏喜干燥向阳之地，而杉树则宜湿暗寒冷之地。故杉树常分布于最高处，如缙云山山巅及缙云山西北坡、鸡公山顶、西山坪之东坡等地，皆比松树略高。又因各山向阳与背阳之不同，亦起差异。如在缙云山黑石坪与郭家山附近，550公尺始发现松树，但在鸡公山断石碑下，则在260公尺左右之地，即可发见之，两地相差，几达300公尺。盖前者面阳，后者背阳所致。松树分布较广泛，凡区内酸性之砂岩中，均可发现其踪迹，如缙云山之斩龙垭、松林坡、鸡公山、西山坪东南坡、飞蛾山等，皆以松树为主，松树坡与斩龙垭且有纯林。至于柏树因喜钙质土之故，举凡区内石灰岩分布之地，所有针叶树皆为柏树，分布虽广，而未成林，除文星场后槽、斗缝石至辣子园、黄桷镇之牛角庙附近有蕞尔之柏林外，余皆零星散布于各石灰岩土上，如文星场前后槽、鸡公山前后槽上及紫色丘陵地中，皆为柏树集中最广之地，其他如田野间或住宅旁，偶有二三孤立而生者。依郝景盛先生之试验，知杉、松、柏三种之生长，以柏树独快，松树次之，杉树最慢，如柏树20年之生长，高可达12.5公尺，同样高度之松树，需时34年；又试验各树之直径，柏树19年生长之直径，松树需35年（注九）。杉、松、柏皆为有用之材，但成材者咸被砍伐殆尽，今所存者，寥寥无几矣。

C. 竹林　竹林之分布受土壤之限制少，举凡潮湿之地，皆能生长，故山沟或河道两旁均可见之，惟缙云山竹树特多，则与人为破坏林木有关，因成材之树木均被矿硐采用，与竹混生之麻栎（青杠）又供作炼杠炭之用，剩余者，只竹树而已，竹树生长又迅速，被砍后树木之位置，一二年即为竹树所占，于是竹树面积日广，其未完全砍伐者,即今日部分之针叶与竹树之混合林。丘陵地诸小溪两岸,如龙凤溪、郑家溪、明家溪等,沿河皆种有枝叶细小之枯竹。颇有防止土壤冲刷之功。

缙云山上竹树种类甚多,以兰竹(楠竹)、斑竹、平竹、苦竹为最多,自张家垭口绵延至复兴寺,皆为苦竹,此即成材树木破坏后遗留之残余竹林也。楠竹、平竹、斑竹,则缙云山上各地及鸡公山槽房口前后皆可见之。农屋四周之竹林,慈竹独多。小溪两岸,如龙凤溪、明家溪、马鞍溪、郑家溪等地竹树亦众,除水竹特多外,次为刺竹。竹林本有防止土壤侵蚀之功,但农人因欲扩张耕地,每将沿河两岸之水竹铲除,辟为农地,如明家溪、龙凤溪等地屡见不鲜。宜当注意。

区内竹树用途甚广,成材之竹多在缙云山上,逢场日则不少负竹枝或竹器者,自山而下,赶至场镇出售,以供建民房、制家俱、矿洞用具及木船用具等,又有于竹林茂密、流水畅通之谷口,每设有制纸槽房利用当地竹树作材料,亦可见竹树利用之广泛也。

乙、非生产地

I. 聚落

聚落为人类栖息之所,随人类活动范围而扩张,聚落分布愈广,人类所占空间愈大,土地利用亦愈精,如高山林木被砍伐后,林地日缩,而聚落界限则向上伸张;或山上发现煤矿,因采煤而聚落产生,此在侏罗纪煤系山地上常可见之。本区自乡村建设实验区时代,直至抗战事起,外来人民众多,居住空间逐渐扩大,于是耕地遂为建筑物或菜园所占用,此为北碚聚落所占面积改变最剧之时期。

兹将本区聚落,仅就生产情形,分为商业聚落、矿业聚落、农村聚落三类。前两种属非粮食生产之聚落,后一种则为粮食生产之聚落,分述如下:

A.非粮食生产之商业聚落　以商业为中心之聚落,大者若场镇,如北碚场、澄江口、黄桷树、义星场,皆有一定逢场日期,小者如幺店子(即路村),如朝阳镇属之天生桥、黄桷镇属之幺店子,龙凤乡何家嘴、板桥、槽房口、澄江镇之双石鼓等,皆以商业为主,分述如下:

(1)北碚场:北碚最早之街市,为马鞍山上黑龙江路、吉林路一带之长街,山之两侧,均为耕地,自清季嘉庆年间杜家街之场市移至北碚后,北碚市场始由山上发展至平原,改平原上之菜园为房舍及街道。最初只限于北平路一隅,民国十四五年（1925—1926年），北碚仍为荒僻小村，住户二百余，街道狭小。民国十六年（1927年）前，民众体育场、民族路、中山路、蔡锷路等地，仍为耕地。民国十七年（1928年），峡防局开始整顿北碚市容，拆去过街凉亭，改修街道，开辟嘉陵江码头，将街道放宽至一丈六至两丈，改荒冢累累之火焰山为平民公园。民国二十五年（1936年），乡村建设实验区成立后，北碚市区已具雏形，住户近千，住民五千余，适逢抗战军兴，外来机关群趋于此，北碚土地引起极大之变动，商贾云集，市场扩大，自青北与北温公路完成后，市区房屋有向公路发展之趋势，原有之田野，均为房屋、街道、菜园等地所占领，旧式房舍淘汰而代以新式洋房，至今市内已有电灯、自来水、滑翔机场、工厂、学校等，俨然现代化之市镇。

（2）澄江口　澄江口为璧山八塘、七塘、临江、依凤诸场货物之出口，又为北碚、合川、重庆货物输入璧山之要地，面临嘉陵江，右倚小丘，发展颇受地形限制，但因抗战时期人口增加之影响，聚落大为扩张，原来之江边荒地，今已筑成马路，与夏溪口连成2公里长之环形市场矣。

（3）黄桷镇　黄桷树昔为沿江一重要煤业市场，又为土主场、清平场、文星场出嘉陵江必经之孔道，故煤业与商业皆盛，自北川铁路通，所有煤焦皆改由白庙子出口，黄桷镇煤业衰落。民国三十一年（1942年）三才生公司另辟有戴黄铁路，惟时期短促，仅三年即停，黄桷镇并未因此繁盛。

（4）文星场　文星场为刘家槽最大之聚落，以农村景色特著，但因位于大田坎及佛耳岩一带之煤炭至黄桷镇或白庙子之中站，商业颇为发达，自北川铁路完成后，煤炭挑夫大为减少，文星场之商业特性，亦已改变矣。

（5）其他　天生桥战前原为小路村，仅有三五房舍，自北青公路完成，国府迁到重庆后，公教人之眷属因空袭而疏散至此，一时新建之房屋如雨后新笋，各房屋均皆沿公路发展，堪称典型之路村。此外在土地利用之变迁，比较显著者，尚有东阳镇。其发展情形，与上述各场镇适得其反。前述各场镇，均渐渐自小而扩大，改农田为房屋与街道，东阳镇则市区日小，往昔曾为沿江之大市镇，今已沦落为小村，畴昔喧嚣闹热之房舍，今已回复为寂静之园野矣。何家嘴原为一冲积之沙滩，船户于低水时利用滩上建筑临时房舍，修理船只及制造船上所须（需）之一切用具（如桡、缆绳），由此遂形成一特殊聚落。

B.非粮食生产之矿业聚落　因矿业而兴起之聚落,大者如白庙子、二岩、夏溪口、金刚碑,小者如蔡家沟、蒋家码头及各煤窑、石灰窑、砖窑,分述如下:

(1)白庙子　民国十七年(1928年)前,此处只有四姓住户及一小庙,为荒凉僻静之地,自民国二十年(1931年)北川铁路修成后,此地迅速转变,天府公司辟为煤焦出口之码头,新建街道百余户,建绞车二部,筑煤栈、车站、车路、机房等,旅舍、饮食店亦乘机兴起,狭窄之崎岖山坡,今已尽为房舍遮盖,成一新兴市场,但白庙子实际已变成黑市矣。

(2)夏溪口　为蔡家沟宝源与燧川煤矿之出口,运河未通前,自蔡家沟煤运至夏溪口,取道小屋基、荒岚垭、断石碑、黄岭嘴之路,故当时之煤栈与房舍,均集中在今乡公所门前大操场附近。运河开辟后,此线荒废。今自运河下游之梁家嘴,筑有轻轨铁路至嘉陵江边,直接将运河来之煤运至江边船上,夏溪口市镇亦沿江岸向澄江口方面延伸,今两地已联成一起。

(3)二岩　居观音峡中崖足积石坡上,地势狭窄,无成立市场之可能,但因煤洞即在江边,乃依山辟煤栈,建车路,筑员工住宅与饮食店及乡公所等,至今房舍栉比,俨然一市。

(4)金刚背　其利用情形,与夏溪口相似,各距煤洞二三十华里,夏溪口之煤,来自缙云山西北麓,而金刚背之煤来自缙云山东南麓,金刚背历史颇久,昔日开采正连煤炭时,产量旺盛,堆集之煤甚多,当时街道两旁,均属煤栈,今正连煤已开采净尽,产量大减,一部分煤栈,已改变为住宅及其他房舍矣。金刚背因运煤之交通方式特殊,不用铁轨而用驮马,将煤自山上运来,转由人工挑至船上,故市内无车站机房等建筑,而街上特多马粪,此为一特殊之现象。

C.粮食产生之聚落

土为农村聚落,本区农村均属散居,多建耕地之旁,如山坡或小丘之麓,以避免占用耕地为主,区内较大之农村聚落,如张家坝、明家坝、竹林坝、张家湾等,亦不例外。

II.交通路线

聚落与交通线相互影响,皆能引起利用土地之变易,如房屋之建立,煤窑之发现,可能变易交通道路,交通路线兴起后,沿路亦能兴起聚落也。本区因煤矿而兴起之旧式交通线路为石板路,在大梁山矿区中,自大田坎经戴家沟、文星场、冯家湾、牛角庙至黄桷镇三四十华里长距离之石板路,宽约1公尺,尤其冯家湾、牛角庙至黄桷镇之山地,宽1.5公尺(15公分),几宽于普通石板路一倍,足见当日挑夫之众,为供给沿线挑夫饮食憩息而兴起之街村亦众,房屋遗址,今犹历历可寻,最大者如冯家湾、油房、板桥及牛角庙附近之房屋等是。自北川铁路完成后,因交通工具之改变,煤炭运输集中北川铁路,此线房屋大部变为荒地或耕地,而北川铁路沿线之水田旱地,则改作车站、煤炭起卸站、煤栈、发电厂、工场、办事处及工人住宅等,交通线之改变,足以影响聚落,此乃一最佳之例也。

蔡家沟至澄江口,因运煤路变动而影响土地利用,其情形与上述略同,如往昔运煤之石板路,乃自蔡家沟、小屋基、望水垭、断石碑、青岭嘴至澄江口,路宽约一公尺,至今仍见遗下之破旧房屋,状甚荒凉。据云,望水垭及断石碑附近,昔日旅舍及饮食店,密迩相连,今已变为田园矣。但在另一方面,匪独运河可以畅通木船,而铁路沿线复新建车站、煤栈,如官斗石及梁家嘴等,亦见两线土地利用相异之显著。

缙云山上与煤矿有关系之大路有四:一为白云寺、马鬃林、蔡家店、两路口、堆石堆至金刚背,此为运煤干线。以金刚背为出口,白云寺至堆石堆段,路宽约一公尺许,堆石堆至金刚背段,宽约两公尺,由其特殊之宽度可知当日之重要,现虽不及昔日旺盛,然每日挑夫与驮马之往来,从朝至暮,川流不息,仍相当重要。路基皆以砂岩铺成,便于骡马行走,沿路马粪遍地,脏污不堪,其次白云寺、大林坡、分水垭、张家坝,经龙井湾,入公路之线,与城门洞、黑石坪、象鼻嘴、双柏树,经天生桥至北碚之线,此两线之煤均以北碚为销场,煤量仅足北碚当地家用,石板路亦仅宽八九十公分左右。此外马鬃林、缙云寺、杨家店、斩龙垭、观音庙、范家沟通澄江口之石板路,今亦以运煤为主。

以上四线运煤量均不大,沿线聚落亦少,杨家店、蔡家店或为昔日繁盛时店子之遗迹,今已衰败不堪矣。此外,如青北公路完成,则北碚至歇马场原有之大石板路消失,沿石板路之幺店子亦向公路迁移。又自嘉陵江通航后,由重庆经东阳镇至川北之大道遂渐荒凉,交通线之兴废,恒涉及聚落之存亡,因此而对于土地利用之影响至大,征诸上述,足为确证。

Ⅲ.游息地

游息地,为构成现代都市必具条件之一,盖都市愈大,人口愈密,则居民需要娱乐或游息之地愈多,此与都市居民之健康有密切关系。北碚对于游息地之建设,十余年来,至力不懈,主为开辟公园,修整古刹,今已成为陪都附近之名胜风景区。重要公园有三:以北泉公园规模最大,此地原有温泉寺,历史虽久,仍属荒僻,自民国十六年(1927年)始正式辟为公园。利用天然温泉及附近荒地,营建堂宇,兴筑浴池,栽植花木,举办北泉图书馆、北泉博物馆、北泉美术馆、北泉学园等,至今已为川东名之公园;其次为平民公园,原为荒坟累积之火焰山,除将坟墓他移外,栽植花木,建之字路,筑动物园,改东岳庙为陈室,不数年间,已为秀丽之平民公园矣。其次为运河公园,民国二十三年(1934年)利用宝源运河两岸布置公园,两岸栽植杨柳,增添游艇,并于磴子河修置草坪,河水如镜,风景宜人;此外著名之古刹有四:一为缙云寺,一为石华寺,一为绍龙寺,一为禅岩寺,均为区内名胜,缙云寺自设汉藏教理院后,提倡佛学,成为陪都附近佛教中心。石华寺,以附近石笋得名,离缙云寺五六里,今为翻译经典之所。绍龙寺,位居乱山幽谷中,今为慈幼院借用,专收容战区幼童。禅岩寺在北温泉对岸,今亦利用为孤儿收容所。凡庙宇所在,有大片林地,此为构成名胜条件之一,亦土地利用之重要现象也。

Ⅳ.坟地

坟地之分布与聚落之位置有密切关系,山地房屋稀疏,坟墓极少,丘陵地区聚落稠密,则坟墓亦多,但区内坟地皆零碎,多见于住宅后面小丘陵上,或田园中,比较集中者,只见于黄桷镇之石子山,白庙乡之大坟坝,金刚乡,郭家沱之官山及朝阳镇之皂桷湾等而已。坟墓有保护土壤之功,因川境风俗每于坟旁植树,以为后代昌盛之象征,因此树木愈众,则保护土壤侵蚀之功愈著也,故 H.L.Richardson 提倡川境坟墓地,多种植树(注十)。但坟墓之弊,在于减少农田及防(妨)害耕作,据卜凯(J.Lossing Buck)之估计全国坟地占耕地面积19%,四川水稻区坟地之面积尤大,约占农田之28%,占全省总面积之16%(注十一)。本区坟地之面积,据管理局地藉(籍)整理处之统计共有2917市亩(约2平方公里),今依全区面积239134亩之计算,则坟地占全面积之12%,约占耕地面积之21%,在四川水稻区百分比虽不算高,但本区每年粮食既感不足,如能迁移坟墓于不可垦殖之地,辟为公墓,则每年当可增加耕地面积21%。

V. 荒地

本区荒地约有两种:一为裸露之岩块(Barerocks),一为林地破坏以后而未从事栽植树木者。前者完全不能利用,亦不能用人工改良,经济价值最低,但分布甚少;后者分布较广,占区内荒地最大部分,今仅生长青杠、羊齿等灌木而已。本区荒山面积,据郝景盛先生之估计,与管理局地籍之统计相差悬殊,郝先生言全区荒地面积约有64500市亩(4300公顷)(注十二),以此推算,当占全区面积之27%。但据管理局统计,则全区仅有26460市亩(注十三),以此计算,仅占全区面积11%而已。依作者调查,全区共有19000市亩,约占全区总面积8%,比上述二数均少,就作者土地利用图观之,观音峡山地荒地最多,主分布于山地两侧之猪背山上及山地中部之天台山上。其次西山坪,自官山坡、老鹰岩西南经洞坪、周家祠以达江边一带,缙云山西北,澄江镇属之桐子山、牯牛山、中嘴、范家沟坊、王家岩、甘岚垭一带皆为林木砍伐后遗留一片青杠之荒地。其他因裸露之岩块而无法利用耕作之荒地,区内分布亦广,如石灰岩区,除风化之裂缝小隙部分耕作外,大部为石面,俱不能生产。此种地带亦以观音峡山地最多,如鸡公山之槽房口,马腰杆沿江至二家梁子、狮子堡一带。东凉山、白庙子与干洞子之鸢子山、天台山以及后槽间之灰岩山地均是。至于观音峡与温塘峡之沿江两壁,缙云山脊,经张家垭口、弯弯双连、梭板石等地之断岩皆为厚层砂岩,亦不能生产之荒地也。

境地荒山虽非完全荒瘠而未利用,如荒山上适宜生长青杠,除供柴薪外,又可炼杠炭,草街子之为柴炭出口之市场,二岩之为杠炭之出口地,皆西山坪荒地产物所致。此外金刚背、夏溪口,亦为缙云山前后之杠炭集中点,麻柳湾则为天台山等地杠炭之转运地,然荒地一经开辟,亦有可耕作者,如西山坪,自西部科学院大量栽植西瓜、果类及蔬菜等,开垦颇著成效,如水源与肥料问题完全解决,则西山坪之开发,前途甚有希望也。以目前看,水田不如西瓜收获之佳,故不宜再辟水田,应增农场,较为得计。此外如不能耕种之荒地,可大量植林,如在石灰岩地带,极宜种植柏树,在侏罗纪砂岩山地,则宜种杉、松或丝栾,如是一方面可增加本区之林木,别(另一)方面可保护土壤之侵蚀。据郝景盛先生之估计,全区宜林之荒地,文星、白庙、黄桷三乡约有2000公顷,龙凤乡2000公顷,二岩乡则有2400公顷。如是则区内6400公顷之荒地可变成林地。

三、分区

依以上所述本区土地利用,可概分为以下数区:

(一)北碚丘陵地区　本区位于观音峡背斜山地与温塘峡背斜山地之间,其范围以侏罗纪上部之页岩为界,盖以其外为侏罗纪砂区所造成之山地,坡势骤变,以林地为主,耕地稀疏,自此向内则为一平缓凹坡,耕地广而林地少。全区丘陵起伏,但丘低谷浅,除边缘及少数高丘外,比高概在百公尺以下,除嘉陵江右岸向斜轴部及金刚背附近五指山一带外,比高鲜达50公尺。且全区除发育于侏罗纪上部页岩之紫棕壤外,其余如发育白垩纪岩层之紫色粘壤土、紫色砂质壤土、石灰性幼年土及灰化棕壤与江岸冲积土,肥力皆高,加以气候适宜,冬鲜霜雪,因而农事繁荣,人口稠密,遂致荒地罕见,林地稀疏,非仅耕地遍布抑且聚落、道路占地之广亦远为他区所不及,蔚为首善之区。惟以区内局部环境,大同而小异,各地利用情形亦稍有变化,大致本区边缘地带,地势较高,白垩纪底部之石灰岩层,耸起成猪背脊山,此山与侏罗纪砂岩山地之间,在缙云山、西山坪与鸡公山山麓为一缓倾斜之凹形坡地,在飞蛾山麓则低陷成谷,谷底水田成带,鸡公山麓之西南段有水口寺龙湾及白沙井之灌溉,水田分布亦广,缙云山与西山坪山麓,则水田面积少,此带虽地势较高,但坡大而缓,岩层软硬相间,宜具有保护作用,故除薄层石灰岩山脊与砂岩坡面外,大部旱地土层尚高,年可三收,而石灰岩背侧之灰棕壤(即通俗呼曰大眼泥),尤宜丁玉蜀黍之生长。惟本区边缘之紫棕壤,则粘重瘠恶,牛产力甚低,农人常呼之为死黄泥,冬季多种豌豆代胡豆,其上植油桐者亦常见之,一般谓愈靠近山,土地愈瘠薄者,亦缘于此。又以地邻大山,春季多强风,胡豆、小麦、玉蜀黍之生长每受其害。本区中部在江之左岸,长岗山与幺店了至入神庙一带之单面山,海拔约在250公尺,高出两侧之明家溪与郑家溪流域约三四十公尺。侵蚀较烈,且多为所谓之石滩滩,故冬宜胡豆、小麦,秋宜甘薯,春夏间之玉蜀黍,则每以土层薄,吸水少,而罹旱灾。江右天生桥一带之单面山,大致与此相似,此二带之间地势平凹,主为水田。本区品质最佳之米,即产于此带江家坪附近。在长岗山与西山坪山麓一带高丘之间,为明家溪流域,海拔200公尺之平面分布甚广,其上水田如镜,低丘点点,比高率皆在200公尺以下,尽为旱地。幺店子至天神庙一带单面山谷与飞蛾山山麓一带高丘之间为郑家溪流域,其地海拔200及220公尺之平面均广阔,水田主分布于200公尺之平面上,在江之右侧,向斜轴部隆起成一带连续之高丘,突立于海拔240至250公尺之平面上,此平面在天生桥一带之单面山脊与缙云山麓一带之高丘间,保存完好,水田广布于此平面及其下之浅谷。在此平面以上,有数级丘陵,皆为旱地,最低一级海拔约260公尺,马鞍溪干流及其支流两侧与石井溪、双柏树及石坎间之低丘皆属之,坡度平缓,概在10度以下,除一部石滩滩外,土厚皆达30公分以上。第二级海拔约280公尺,顺岩层之坡面平缓而长,与岩层垂直之坡面,则以岩层软硬相间而有缓急,在缓急坡面(即软硬岩层)之间,每为天然排水沟,相当于一般农人所谓之横沟,旱地皆与岩层平行成带,土厚亦达20公分以上,此二级丘陵皆可年有三获。第三级约自海拔300至330公尺,向斜轴部及靠近缙云山麓石灰岩所成猪背脊山之一带高丘皆属之,大致自本区西南边缘向嘉陵江滨高度低减,以比高较大,坡势较急,农人相度自然形势,挑挖排水沟,以至沟道纵横交错,耕地支离破碎,状若鱼鳞,土壤厚薄不一,二季地与三季地并存,小麦、胡豆、豌豆杂植。自长沟西北侧与江滨自杜家街至金刚碑间一带之丘陵,绝对高度属第二级,但因沿江新生小溪及马鞍溪支流之深切,比高亦大,其利用情形甚似第三级,在天生桥一带单面山崖下之龙凤溪流域,地形低洼破碎,其地丘顶约相当于海拔240至250公尺之平面,惟200公尺之平面痕迹,随地可见。水田主分布于此平面下之谷地,此平面以上之坡面,几全属旱地,于龙凤溪曲折最甚处,三面环水,土壤侵蚀亦烈,每见二季地与三季地杂处。至沿江一带,以嘉陵江出峡后河道放宽,冲积区广阔,尤以上坝、下坝一带为最,地平土厚,生产力高,回润迅速,向为本地上等旱地,多从事于蔬菜、甘薯及玉蜀黍之栽培,今下坝为复旦大学所在,上坝桑树成林,均迥非昔日景观矣。

本区交通以嘉陵江与北青公路为主,故本区较大聚落如北碚、黄桷树、东阳镇、天生桥、金刚背等,非靠江滨即沿公路。自此而外,皆为乡村小径,所谓之石板路,即其中之重要者。大致皆以沿江村镇为终点,沿山脊与嘉陵江成垂直状,向内伸展或斜向两旁山地(主为运煤大道),再补以土路小径,遂致支干联接,密如蛛丝,点点农舍,适若网有之结,凡此皆足显示本区人事活动之频繁与土地利用之精进。而尤有美中不足者,即冬水田之面积甚广,其成因甚复杂,其改进亦困难重重,然如欲本区土地利用渐臻于至善,以期地尽其利,则增加冬水田之利用实为首要。

(二)澄江镇丘陵地区　本区东北临嘉陵江,东南靠缙云山,仍以侏罗纪上部页岩为界,西北部以管理局范围为界。本区与北碚丘陵地区显著之不同,即本区岩层倾角小,地形简单,除靠近缙云山麓一带外,主为单面山地形。山背覆以砂岩,坡势平缓,其上为灰棕色及紫色砂质壤土,土层薄,易于冲失,大片石骨外露,页岩则仅见于单面山前侧之陡坡,其上为紫色粘壤土,前者即所谓之石滩滩,分布甚广,冬宜胡豆、小麦,秋宜甘薯,春夏间之玉蜀黍每苦干旱,或根本不能种植,后者年可三收,玉蜀黍生长良好,但面积甚小,二者之间即略宽坦之谷地,且于砂岩山背,依势筑堤成塘,积水甚易,水田面积阔,遂致本区大部与北碚丘陵地中部之天生桥与天神庙一带之情形相似,而成为大面积之水田与大面积石滩滩相间分布区域,至靠缙云山麓之边缘地带,则又成岭谷相间并列之地形。谷地水田成带,岭巅时见,松柏成林,蔡家沟至夏溪口间之运煤旧道,即循白垩纪石灰岩山脊与侏罗纪砂岩山地间之谷地进行,其时沿途村落毗连,运输频繁,然自运河筑成以后,形势日非,村舍多已坍塌而或为耕地矣。

(三)缙云山山地区　本区即温塘背斜山地之西南段,介于前述两向斜丘陵地区之间,自嘉陵江滨向西南至管理局辖区边缘间之侏罗纪砂岩山地皆属之,海拔将及900公尺,为境内最高之名山,因地势高,气候状况显与丘陵地区有别,即山前山后亦颇有差异。概言之,较为寒湿多劲风,冬季霜雪时见,胡豆深受其害,而春季寒潮来袭,冬作尤受影响,且土壤瘠薄,肥力赖表土中所含之植物性养分,一旦表土冲失,肥力顿减。而本区交通不便,人口稀疏,劳工与肥料较不易获得,遂致农事不盛,耕地点点,宛若豹斑,耕作亦较粗放,大部旱地,冬季皆须空下,一般作物产量皆低,尤以胡豆为最,往往收获量,尚不及播种量,故种者极少,小麦、豌豆及玉蜀黍约较紫色土产量差五分之一至五分之二,但薯作物特丰,约较紫色土区多产三分之□,但品质特佳,故种植面积甚广,而旱地中兼植茶树、栀子、油桐等经济树林,尤为本区之特色。栀子、茶树分布甚普遍,山前山后皆有,而栀子达面积尤广,为一种药材及黄色染料,据谓每株约可收栀子六七十斤,每三斤烘干后约可得一斤,依年初市价每百斤干栀子约值3万元,对于农家收入,亦不无小补。茶树有白茶、甜茶之分,缙云甜茶,尤负盛名,为本区特产之一。油桐畏寒畏风,故只分布于山前,山后亦曾试种,但终归失败,大部水田年中只犁二次,较丘陵地约少一半,吾人于深冬旅行其间,而犹见稻根存留田间,即自收获后,从未翼犁者也,每亩产量约较丘陵地区减少三分之一至二分之一,且不打田埂,仅修饬其外侧,其上既不种胡豆,亦不种春豆,利用远不及丘陵区水田之精。

反之,本区之天然环境,甚宜于松、杉、竹栎等之生长,故林地分布特广,但以侏罗纪岩层中蓄存数层薄煤,且于本区东南侧之绝壁下煤层外露,故开采历史甚久,相演而成为本区主要之经济活动,本区居民莫不直接间接与此有关,而对于本区土地利用之影响尤大。盖因窑内支柱、拖道、拖车等需用木竹甚多,尤以松竹需要量为大,故林地破坏甚速。今林相齐整茂密者,仅见于温泉至缙云寺一带,余皆残破芜杂,其破坏之甚者,则夷为荒地。然因砍伐过甚,不得木材不能足用,竹亦渐感缺乏,近乃有于耕地及荒地中培植竹林之趋势。是以煤矿之开采,对于本区土地利用之演变关系甚大,同时煤之开采及运输皆需要人工,致本区居民大半皆因煤矿而来。聚落及道路之分布,亦与煤矿息息相关。然其定居后,又往往予其附近垦种小片土地以为副业,故耕作初(粗)放。

依本区之环境及需要,适当之土地利用,应仍以造林为主,非仅供给竹木及其他林产品以应急需,并可保土蓄水,增广山麓地带之灌溉,至树种之选择,松、杉皆宜,竹、栎亦应培植,盖栎可供作薪炭。竹则用途更广,且其繁殖迅速,保土力强,在山之前侧,如白云寺一带之居民常谓:森林破坏后,土壤表面小沟状,侵蚀极烈,迅速变为石山,此时赶快积土植竹,一二年内即可繁殖甚广,聚土渐厚,则又可栽植他种树木也。他如茶、栀子及油桐等经济树木,尤应推广。据闻从前中茶公司,曾在杉木园附近试种茶树,结果不佳,著者等身经其境时,尤见少数幼年树迎风而立,除树株尚小外,似无何生长不良之象征。惟其地位于山脊纵谷,适为风道,风势强劲,尤以春季为最,以致幼年茶树不易成活,或为其失败之主因。此外证诸他处茶区环境及本区原有茶树之生长状况,似皆不致遭受失败者也。至油桐只宜种植于山之前侧,不能种于山顶及背侧。

(四)西山坪山地区　本区西南两面环以嘉陵江,北抵管理局辖区边界,东南接丘陵地区,大致都在海拔500公尺以下,最高处之天子庙亦不及600公尺,西北侧宽广而平缓,林地破坏殆尽,荒地分布特广,耕地面积亦大,东南侧狭而陡,急剧上升,主为灰化幼年土,不宜垦殖,故尚见松树成林,荒地亦广,耕地则少见。以岩层倾角小,地势低平,侏罗纪上部之页岩,非仅见于两侧,本区主要土壤为紫棕壤与灰棕壤、黄壤及红壤两大类,皆呈酸性反应,肥力皆低,前者以质地粘重,旱作物不佳,为表土尚未冲失,土性较佳,肥力稍高,但以积水不漏,故水田往往直达山顶,后者表土冲失后即肥力大减,其情形与缙云寺背侧相似,大多耕地须于每年或间年休闲。除甘薯外,一般作物,皆生长不佳,故甘薯种植特广,苦荞种者亦多,以其亦无须施肥也。小(水)稻产量亦甚低,且因水量缺乏,收获极不可靠,近年来,因受兼善农场之影响,本区种西瓜及蔬菜尽多,以需肥料皆由远道运来,成本之高,自在意中,战时以陪都及北碚附近人口众多,无缺乏消场之虞,今后外藉(籍)人口纷纷复员,是否能继续维持生产,实成问题,然本区销路日少,而此种产品不宜长期保存,一般贫农又无法远运。本区地势之低平,气候之适宜,荒地之广阔,弃而不用,殊属可惜。但土壤瘠薄,肥料缺乏,私人个别垦殖,实非易易,故吾人主张本尽量提倡大规模综合性农场经营,此等农场在原则上农、林、牧兼顾,生产、制造、运输并进,务期其分配得宜,互相连系,互相利用,肥料与饲料尤应力求自给,能达到高度之利用。依著者所见,地势平缓,表土厚而肥力高者辟为耕地。其表土已冲失,土性粘重瘠恶者,辟为牧场。盖此类地,如继续农作,非但事倍功半,得不偿失,所须肥力,亦非本区负担。地形峻急而土层薄者,辟为林地。乃此类地,如经垦为耕地场,必引起强烈之土壤侵蚀,致土去石出而成光山。关于土地之利用,应注意三事:(1)粮食之生能以自给,以稻米为主,玉蜀黍及小麦次之,首宜于谷类或半坡依势筑塘蓄水,俾使冬水田能予或牧季种植绿肥,以广肥源,如能予(于)塘中养鱼,自更为理想,至玉蜀黍与小麦之肥料,可尽量取给于蓄产期其类。(2)选种最适宜之作物,如甘薯既不需肥,且品质佳,产量丰,不但可佐食用,且可用作酿造原冬料,其枝叶藤蔓又可作为猪之饲料;

(3)饲料之生产,如苦荞、大麦、玉蜀黍、豆类皆可以不需大量肥料者为宜,期将体重价廉之农产品,变体质较小,价值较高之肉、乳、毛皮、蛋类,以便出口。关于牧场之利用,首应注意牧草之选择,非仅须能适应本区环境,生长得宜,且须四季分配得宜,俾使终年不断牧草。其次须注意牧放之分配。就牧场言,应分区轮流牧放,使其有复萌机会;就牲畜言,应配合适宜,俾牧草能尽其用,至若干面积之某种牧草,以多少牛与多少羊,或多少羊与多少马配合为最适宜,或以若干时日轮流一周最适宜,均须先为实验,殊不能预为断言也。关于林地之利用,则栽培松、杉、竹、栎皆宜,但须注意分批砍伐,留为更新及萌蘖机会,林木即能不可胜用也。此外如瓜、果、茶、栀子、油桐、菜蔬(以萝卜、白菜为主),自亦可因地制宜,力求推广。油桐在本区随地可长,其他似皆不宜植于粘重之紫棕壤。以上所述,皆属于生产方面,目下兼善农场,实已略具雏形,多可效法。制造方面,如榨油、制茶、利用甘薯制造酒精等,以及畜产品,似皆宜就地加工,以减少运输之困难与浪费,前曾有人主张于本区设酒精厂,著者亦甚表赞同,至运销,可利用合作社组织,已非本文范围,兹不赘。

(五)大梁山山地区 本区即观音峡山地之东北段,自江边以达戴家沟,包括文星场及白庙乡之前后槽,无论在地形上、岩石上或土地利用情形上,均与上述两山地区迥异。海拔虽不及缙云山之高,然比西山坪则雄峻(平均海拔约700公尺,比北碚丘陵地高约400余公尺),区内各山之走向,皆与地层构造有密切之关系,如本区之两侧,皆有南北走向坚硬砂岩之猪背山为界,屹立本区之中,与两猪背山相平行,而介于其间者,则为全区最高之天台山,介乎两猪背山与天台山之间者,为石灰岩溶解后之前后两槽。区内所有之人口聚落,交通道路,皆集中于两槽内,荒地面积较广,凡两侧之猪背山及天台山之顶部或邻近后槽之一侧,皆人为破坏后未经栽培荒地。但见遍山青杠及羊齿等而已,无栀子、油桐、茶树等特殊经济作物,此与缙云山上,显然有别。因地势较丘陵地区高,故作物生长,约较丘陵地区略迟半月,普通作物种类与他区无异,红苕独佳。林木之分布,与岩石有绝大关系,凡区内坚硬砂岩之猪背脊山上,所有成材或未成材之针叶树皆为松树。而槽之两侧或天台山各针叶林木,亦必为柏树,松柏之分,截然有别。但各种林除斗蓬（篷）石至辣子园一带之柏林、飞蛾山之松林外，鲜成林相。据估计宜林之地，约有400公顷（21000市亩）。前槽为著名煤矿之区域，如天府公司峰厂、枧厂、龙厂，重庆电力公司之水泥厂，及麻柳湾广生煤矿厂等，均集于前槽。北川铁路蜿蜒于前槽东侧以连贯槽内各矿洞，每于矿洞接近铁路之地则建有车站，如郑家湾站、后峰岩站、文星场站、万家湾站、麻柳湾站等，水岚垭为全线各机车转换之总站，白庙子则为全线之终站，此外各厂附近均建有炼焦或岚炭窑、矿厂办事处、员工住宅等，因煤矿而兴建房屋特多，因煤矿而增加之人口日众。运煤出坑之拖路以及运煤出口之铁路，终日运输不停，身置其他①，如进黑乡。若干面积之水田旱地，均被破坏。而尤以在抗战期间各煤厂大加扩充，因而上述地面所起之变化，亦以此时为大。后峰岩一带之田地几乎全变为房屋以及堆放煤块或建筑材料之空地矣。槽中各水田之水，虽有下透作用，但前槽矿洞之水源源不绝供给，虽遇天旱，亦无旱灾之虞。后槽则位置高于前槽百余公尺，地下水多沿矿洞流入前槽，既乏地下水灌溉，表土渗透作用复大，故在丰年，亦多干旱，因之后槽旱田甚多，旱地尤广，北自山王庙，经大坝、三官殿至武圣庙全槽之稻田中，仅水口、圈碑、童家院子、胡家沟、三官殿、斗蓬（篷）等地，见有零碎之冬水田，如在大坝广大平坝中及殷家院子长田坎等地，则完全为旱地，故后槽特别贫瘠。夏季作物，以苞谷、红苕为主，冬季则以小麦为主，蔬菜小洋芋次之，耕作面积虽广，但收成不佳。据当地第十保胡保长云：全保130余家，全年能食米者，仅8家而已，足见当地土地之贫瘠，如山王庙附近之居民，全年生活只靠油草坪（天台山内之煤窑）拖煤维持，盖旱地所产，亦不足恃也。

（六）东梁山山地区　本区即观音峡西南段山地区，自江西南以达水口寺，包括整个龙凤乡属之山地，无论在地质构造上、地形上，或岩石上，均与上区有密切之关系，因同属观音峡背峡山脊之一脉也。故区内各山脉之走向与排列，大致与上区相同。如山地之两侧，亦以猪背脊山为界，中间亦有耸起相当于天台山之东凉山（中连山），介乎两猪脊背山与东凉山之间者，亦有前后两槽，作物及林木之种类，及其生长情形，皆与上区无大差异，作物除两槽为水田外，其余各山之旱地，因石灰岩渗透性大，且土薄易旱，所产作物有小麦、胡豆、苞谷与红苕等，各作

---

① 他，似"地"之误。

物中除红苕外,生长均不佳。且植物仅能植于石灰岩之缝隙中,故耕作面积颇少,林地主要集中在陡峻之鸡公山猪背山山地,但颇为浓密。自鸡公山起,南迄水口寺,皆以松树特多,青杠等次之。据估计,林地面积约占35000市亩,其间亦有已砍伐者。

本区石灰岩分布甚广,自前槽以达后槽,除小部紫色页岩外,两槽与东梁山几完全为石灰岩所遮盖,故干燥与荒凉景象亦随地可见。石灰岩缝间,虽亦种有作物,但面积小,故本区石灰岩区内,与其谓为旱地,无(毋)宁谓为荒地也。

本区煤矿之开采,远不及上区之盛,全区仅有三五旧式开采之煤窑,如峡中之双连厂、峡丰厂、白砂井之复兴厂及砂岚垭之洪兴厂等而已。因农业不盛,至土地利用之情形至为单纯。换言之,上区农矿并盛,本区则可谓仅有农业一端矣。

本区之前槽,与后槽略有差异,前槽为石灰岩与砂岩接垠之地,狭而长,雨后两旁山地之肥料皆聚积于槽中,地下水源充裕,又可利用北碚之粪尿,故本区肥美之农田,自桂花湾、桂花井、龙洞湾至龙湾堂一带,皆为此种田地;后槽地广而旱地多,其干旱情形与上区之后槽完全相反,除圆井、仰天庙、大土湾等地有一部分水田外,余皆变为旱地,如龙井湾、小洞湾至小屋基等地,所有坦平之田原,皆属于大片之旱地。

四、结论

北碚位居诸平行岭谷之间,山川纵错,岗峡起伏,土地之利用,因地而异,但在农作上似可代表川东平行岭谷区土地利用之一般情形。此次野外调查结果,颇足称述者有如下几点:

(一)耕作方法之精良　如混耕、轮耕、条耕、横耕等法,所有优良之耕作方法,本区均有。

(二)耕地开辟之最大限度　区内凡可耕作之地,皆辟为农田,自谷底以达岗顶,无不为耕地所占据,故坡度最大者为林地外,其余皆为农作物所掩盖,足见本区之富庶,而利用之广也。

(三)防止土壤之特殊方法　农人对于天然赋予之肥厚土壤,极尽利用与保护之能事。如在山坡水沟之下,砌石筑堤,以收容上游冲下之砂土。此等小洼地,土人称为"砂塘",待雨季过后,复将塘中砂土,挑回被冲刷过剧之耕地去,继续种植作物。此法虽费人力颇多,然亦足见农民爱惜土壤之甚。此外,山坡较陡者,则于山下叠石筑田,承接山坡冲失之沙土,或种植匍枝作物(stoloniferous Crops),如红苕、黄豆、花生之类,或在田埂上种植桐树,皆有防止土壤侵蚀之功效。

(四)利用岩石低洼部分辟作堰塘　区内砂岩岩块裸露之地颇多。不少农民每利用低洼部分,稍为修理即成堰塘,岩壁与岩底皆不透水,此等堰塘俱为境内之最优者。

上述为本区现阶段土地利用之情形,耕地面积虽广,而粮产仍未达最高之限度,为增产及使其利用合理起见,应改良之点仍多:

1.灌溉事业之建设　区内堰塘,除一部分利用砂岩开辟者外,大部皆以石砌成,形状大小随地势而异,既无防漏之严密设施,且多日久失修,塘身与底部多有渗漏之弊,塘中之水皆靠雨水,今后除改良原有堰塘及新增辟者外,尤应利用溪流蓄水,引为灌溉。明家沟、猪儿滩、送子沟、芭蕉湾、龙凤溪、螺丝井、街子坝、马鞍溪之悬峰岩等地,拟定计划筑坝之工程,应早实现,将可增加灌溉稻田面积7000余亩(注七)。

2.肥料之解决　本区采用肥料,主为人粪,依据(J.L.Ricbardson)之估计,四川每年每人平均产粪半吨计(注十),则全区9万人口,每年应产粪约计45000吨,惟区内目前仍感肥料之不足,此与耕地面积之广,耕作之集约及人粪之未能保存,有密切关系。故今后一方面改良保存人粪之法,一方面应制造大量人造肥料,如骨灰、堆全及绿肥等。

3.冬水田面积之缩小　区内冬水田特多之原因,已如上述(参阅水田节),据估计,如将本区冬水田于冬季储水期间改植作物,则每年可增加粮食1万石(注十四)。改良之道,当从事水利之建设,肥料之解决,租佃制度之改良,与交通运输之改善等为第一步。

其次为推广两季谷、再生稻,为减少冬水田休闲期间方法之一。两季谷即每年增植稻作一次,早谷在春分前后播种,立夏栽秧,迟谷则播种与栽秧均比早谷迟一二十日(注十五),据中农所三十二年度(1943年)试验结果,两季谷每亩可增加收成64%。再生稻又名二活谷子,即第一期稻米收割后,由稻桩上再生谷子,其收成率虽不及两季谷之高,据四川农业推广所试验,每亩田亦可增加20%。北碚区尚未见推行,殊为憾事。

4.耕地与作物应适当利用　如西山坪上许多水田收获仅一二成,甚或完全歉收,则耕地利用之价值已至边际。故此等耕地,应改植其他旱作物较为适宜。又如高山坡上,地势过高,坡度较大者,仍多辟为旱地,每因土壤与气候之不适宜,作物生长之不良,徒费劳力。

5.林木之培植　区内林木日渐砍伐而鲜栽植,林地日缩,应于高山不宜作物生长之地,培植林木,又须视各种树木适应之环境而异,如砂岩带宜植松、杉树;石灰岩带则以柏树生长较宜。

注一、周立三:《战时移民地理之一例北碚附近参考资料战时移民之分布及其特征》(《地理》三卷一二期)。

注二、林超、楼桐茂、王成敬、孙成烈:《嘉陵江考察报告》下卷,本所出版。

注三、任美锷:《贵州遵义附近之土地利用》(《真理杂志》一卷一期)。

注四、陈正谟:《北碚一带的米谷生长成本》(《中农月刊》十一、十二合期)。

注五、《北碚地籍整理业务报告》

注六、陈正谟:《北碚一带的米谷生长成本》(《中农月刊》十一、十二合期)。

注七、林平一、刘梦阳:《三峡实验区改进农田水利及发展水力之设计》(《北碚月刊》二卷七至十期)。

注八、郝景盛:《北碚之森林》

注九、郝景盛:《北碚之森林》

注十、*H.L.Richardson:Soil and Agriculture of szechwan*

注十一、卜凯:《中国土地利用》

注十二、郝景盛:《北碚之森林》

注十三、《北碚地籍整理业务报告》

注十四、北碚管理局建设股估计

注十五、详阅中农所出版之《两季谷栽法》一书

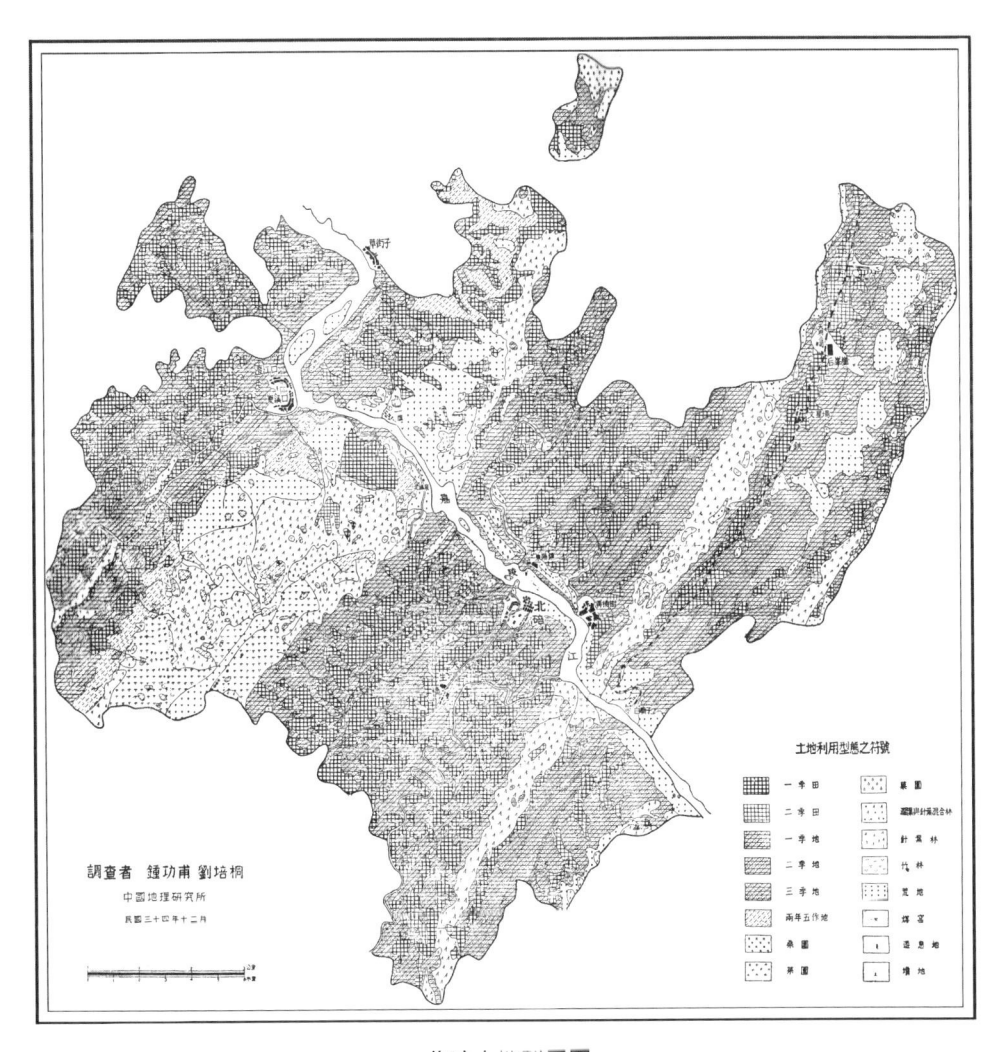

北碚土地利用图

北碚志稿

政治编

政区志（上编）

沿革

北碚管理局之前身为嘉陵江三峡乡村建设实验区署，为江、巴、璧、合峡防团务局，简称为峡防局。初本为剿匪而设，其后始进而为乡村建设之试验，今且为一行政区域，跻于一等县之列矣。其疆域虽局与区异，然皆由江北、巴县、璧山、合川边地合成。今述其疆域沿革：

北碚为故巴地，荒古九囿之一也。《通典》百七十五引谯周《巴记》：阆白二水东南流，曲折三回如巴字，故谓三巴，此巴之所由得名也。其在唐、虞、夏属梁州，于殷周为雍州域。武王克商，以其宗姬封于巴，爵之以子。战国之世，秦惠王遣张仪、司马错等救苴侯于巴，仪贪巴苴之富，因执其王以归，而置巴郡，巴即其一焉。楚汉之际，项羽分王诸将，以巴属汉王，北碚旧地，皆巴属也。

汉兴，分巴割蜀以成犍广，巴郡属益州，得县十一：一曰江州，四曰垫江（今合川）。公孙述据成都称帝，东下江州。后汉一统，益州巴郡领十六：一曰江州，八曰垫江，北碚地即江州、垫江边境也。桓帝时，太守但望以郡文学掾宕渠赵芬等前后百余人之请，郡周万余里，户四十六万四千七百八十，口百八十七万五千五百三十五,远县去郡千五百里,乡亭去县城或及千里,土界遐远,难于治理,欲分为二郡。事虽不行,而分郡之议自此始。献帝时,刘璋据蜀,初平元年(190年),分巴为三郡:以江州至临江为永宁,北碚隶焉,而三巴之名益著。建安六年(201年),纳塞胤之议,又复其旧。时巴郡得故地四县,一曰江州,而垫江则属巴西郡。魏武既灭张鲁,遣将分守三巴,任约为巴郡太守。然皆据边境,实未得其地也。先主定蜀,益州巴郡领六县,江州其一也。杨戏、赵云、费瓘皆都督江州。盖北碚故地,分属巴与巴西两郡焉。后主初年,李严屯江州,求以五郡置巴州,丞相诸葛亮不许。寻以垫江县还属巴郡,领县四。魏灭蜀,分益州为梁州,以巴郡隶焉,仍领四县。时北碚亦为江州、垫江二县边地。晋代因之。

李氏据蜀,国号成汉,于巴郡置荆州,属有四县。桓温平蜀,仍复其旧,皆为晋有。苻坚称帝,国号前秦,并梁、益二州,置宁州,巴郡领县四,北碚皆属江州。刘宋巴郡改隶益州,仍领四县,北碚隶于江州、垫江。齐立巴州。刘宋巴郡改隶之,改江州为垫江,旧垫江入东宕渠郡。巴郡仍领四县,北碚属于垫江。《舆地纪胜》引旧经云:"齐建武元年,割巴置东阳郡。"《清一统志》引旧志同,又云:"周时废,今为东阳镇。"然其郡不见《南齐志》。或云北碚东阳镇,即其故址。然踪迹无可追寻矣!梁太清四年(550年),武陵王萧纪于巴郡置楚州,纪败,地入于西魏,改楚州复为巴州,仍领巴郡。北碚皆垫江所属。旋改垫江为巴县。时巴郡所领,仅此一县而已。隋文帝时,改楚州曰渝州,寻废巴郡,以巴县隶州,州领三县。又废垫江郡,专为合州。旋改合州为涪州。炀帝改渝州为巴郡,改涪州为涪陵郡,北碚地属巴、涪二州。唐兴,高祖废巴郡为渝州,领县三:一曰巴,复改涪陵郡为合州,北碚属巴、合二州。

太宗贞观初,天下分建十道,渝州隶山南道,领四县。北碚为巴县地。玄宗开元二十一年(733年),分天下为十五道,以渝州隶山南西道。天宝元年(742年),合州改为巴川郡,渝州改为南平郡。肃宗乾元初,复为渝州。北碚属渝、合二州。至德二年(757年),分巴、江津、万寿三县地,置璧山县,仍属渝州。于是渝州领有五县。巴、璧山二县,北碚属之。乾元元年(758年),复改巴川郡为合州,北碚乃三县辖境也。五代之乱,渝州在梁时隶前蜀,其后武信节度使王宗封以遂、合、渝、泸、昌五州降于唐,庄宗因有其地。旋隶后蜀,讫于晋、汉、周不改。盖北碚隶三县也。宋平剑南西川,仍为渝州,隶西川路后仍分隶夔州路。所领县时为三,时为四,巴县及璧山、北碚实之也。太祖乾德三年(965年),石镜县改为石照。徽宗崇宁元年(1102年),赵谂以反逆伏诛,改其乡里渝州为恭州。孝宗淳熙十六年(1189年),光宗即位,恭州以帝潜藩,升为重庆府。名重庆者,以其介于绍、顺二庆之间也。盖赵宋一代,北碚实分属渝州或恭州之巴县及璧山,与潼川府路之合州、石照也。

元代立中书省十有一,其一为四川等处行中书省,四川为路九,其一为重庆路,领司一、县三、州四、州领十县。至元二十二年(1285年),省璧山,故北碚分属巴县及合州、石照也。至元末,明玉珍拟蜀,建国号曰大夏,都重庆,于属县多所改定,石照也,则省入合州焉。明代革行中书省,置十三布政使司,其一为四川布政使司,领府十三,其一为重庆府。领州十三、县十七:一曰巴,三曰璧山〔成化十九年(1483年)三月析巴县地置〕,十二曰合州。北碚即巴、璧、合间地也。

清代沿明布政使司之制,而行省之名犹承元制。四川领十五府,重庆其一也。重庆府,顺治初因明制,领州三、县十七。康熙元年(1662年),省璧山入永川,雍正六年(1728年)复置。乾隆十九年(1754年),移同知驻巴县江北镇,置江北厅,二十四年(1759年)分巴县地隶焉。时是府领厅一、州二、县十有一,而北碚辖区,实分属江、巴、璧、合也。宣统三年(1911年),革命事兴,张培爵入重庆为四川都督,夏之时副之,北碚属焉。

民国成立,地方不靖,七年(1918年)东川道谋剿匪众,委地方士绅,设立峡防营,上起嘉陵江上合川之沙溪庙,下迄江北之水沱,长凡90里,约40场,面积三四倍于今局。十二年(1923年),改组为江、巴、璧、合峡防团务局,辖境如故。各县设峡防常练大队,巴县者驻北碚,江北者驻二岩,璧山者驻澄江,合川者驻沙溪庙。及盗患肃清,乃于治安外,兼办建设事业。二十五年(1936年),正式改组为嘉陵江三峡乡村建设实验区,直隶四川省第三区行政督察专员公署,划辖北碚、文星、黄桷、二岩、澄江5乡镇。二十九年(1940年)夏,析黄桷、文星境,增置白庙镇。明年,又以北碚镇辖境颇大,更划出金刚、龙凤2乡,共凡8乡镇。

三十一年(1942年)3月,实验区改组为北碚管理局,辖境仍旧。东邻江北县之静观乡、土沱镇与巴县之歇马乡,西邻璧山县之临江、八塘、转龙等乡,北邻合川县之草街乡与江北县之土主乡,面积约203平方公里。山邱(丘)起伏,合而计之,步度或当倍之也。

政区志（下编）

疆域

北碚位于嘉陵江之下游，当陪都重庆之西北。旧为江、巴、璧、合4县属境，设局之后，析为朝阳、文星、黄桷、二岩、澄江、白庙、龙凤、金刚等8乡镇。其辖地西起东经106°28′12″，东至东经106°31′12″，南起北纬29°46′4″，北至北纬29°55′18″，而局治所在市区之中心，则为东经106°26′9″，北纬29°49′46″。截长补短，全局面积约213.9万亩有奇。

以道里计之：其东西之距离，以文星乡属后坡至澄江镇属之寨子堡之间为最长，计17公里（34华里），而以朝阳镇属之黄家南垭至龙凤乡属之碾子坡之间为最短，计1.5公里（3华里）。至其南北之距离，则以朝阳镇属之黄家南垭至二岩乡属之杨侯庙之间为最长，计18.5公里（37华里），而以白庙乡属之兴隆湾至黄桷镇属之明家沟之间为最短，计4.75公里（9.5华里）。

以其四至言之，则其东自文星乡属之岩口至江北县属之静观场，计4公里（8华里）；自文星乡属之白云寺至江北县属之滩口场，计1.5公里（3华里）；自观音峡口至江北县属之水土沱，计2.5公里（5华里）。其南自峡口至巴县属之蔡家场，计

6公里(12华里);自龙凤乡属之碾子坡至巴县属之蔡家场,计6公里(12华里);自碾子坡至巴县属之歇马场,计4公里(8华里);自朝阳镇属之状元碑至歇马场,计5公里(10华里)。其西自澄江镇属之旋窝风至璧山县属之临江场,计2.5公里(5华里);自澄江镇属之寨子堡至璧山县属之八塘镇,计6公里(12华里),而澄江镇属之蔡家沟则紧接璧山县属之石板场。其北自文星乡属之刘家沟至江北县属之土主场,计2公里(4华里),至二岩之边界,则紧接合川县属之草街子。

朝阳镇编户21保(保名以数字为序,下同)。镇公所位于局治南东方,相距0.575公里(1.15华里)。东以龙凤溪与龙凤乡分界;南以状元碑与巴县属之歇马场分界;西以马鞍溪与金刚乡分界;北以嘉陵江与黄桷镇分界。南北长而东西狭,其面积为19528亩。由镇公所至黄桷镇1.05公里,至龙凤乡2.2公里,至金刚乡2.5公里,至白庙乡2.625公里,至二岩4.875公里,至澄江镇6.175公里,以至文星乡为最远,计6.45公里。

文星乡编户16保。乡公所位于局治北东微东方,相距6.625公里。东以水口白云寺与江北县属之静观场分界;南以小岩垭白园堡与白庙乡分界;西以园堡至天福寨之山脊与黄桷镇分界,又以珍珠庵刘家沟与江北县分界;北以刘家沟与江北县属之戴家沟分界。亦东西长而南北狭,其面积为22950亩。由乡公所至黄桷镇5.625公里,至白庙乡6.625公里,至金刚乡7.65公里,至二岩乡8.3公里,至龙凤乡8.375公里,至澄江镇10.175公里。

黄桷镇编户21保。镇公所位于局治东微南方,相距1.5公里。东与文星乡分界,又以园堡至鸡冠石之山脊与白庙乡分界;南以嘉陵江文笔沱与龙凤乡属之毛背沱分背,又以嘉陵江与朝阳镇分界,再以上坝与金刚乡分界;西沿西山足至大沱口与二岩乡分界;北以明家沟、龙家沟与江北县属之土主场分界。镇境东西距离与南北距离约相当,其面积为35140亩。由镇公所至白庙乡2.1公里,至龙凤乡2.75公里,至金刚乡3.375公里,至二岩乡5.5公里,至澄江镇7公里。

二岩乡编户7保。位于局治北西北方,相距4.25公里。东与黄桷镇分界;南西二方,以嘉陵江与澄江镇分界;北以擂口、童家山、天子庙与合川县分界。乡境南北宽而东西短,别有杨侯庙飞地插入合川县境。全乡面积共23948亩。由乡公所至澄江镇1.875公里,至金刚乡2.5公里,至龙凤乡6.25公里,至白庙乡7.425公里。

澄江镇编户28保。位于局治西北方,相距5.625公里。东沿缙云山、巴山之分水岭与金刚乡分界;南以学堂堡与璧山县属之临江场分界;西以旋窝风、郭家沟、石桥坝、寨子堡、蒲家院与璧山县属之临江场、石板场分界;北与二岩乡分界,又以老渡口、嘉陵江与合川县分界,再以余家院与璧山县分界。镇境东西略长,而南北稍狭,其面积为67448亩。由镇公所至金刚乡3.625公里,至龙凤乡7.125公里,至白庙子8.75公里。

白庙乡编户12保。乡公所位于局治南东方,相距3.15公里。东以聂家荡、半边山、小屋基与江北县属之滩口场分界;南与龙凤乡分界;西与黄桷镇分界;北与文星乡分界。乡境南北宽而东西短,其面积为13444亩。由乡公所至龙凤乡2.6公里,至金刚乡5.125公里。

龙凤乡编户10保。乡公所位于局治南微偏西方,相距2.5公里。东南以马驼子、田坝子、矮子沱、文家坡、碾子坡与巴县分界;西与朝阳镇分界;北以嘉陵江与黄桷镇、白庙乡及江北县属之水土沱分界。乡境南北宽而东西短,其面积为34659亩。由乡公所至金刚乡3.75公里。

金刚乡编户12保。乡公所位于局治北西西方,相距1.925公里。东与朝阳镇分界;南以状元碑、崇家堂、迕连房与巴县属之歇马场分界;西与澄江镇分界;北与黄桷镇分界。其南有高台丘飞地插入巴县界内。县境东西长而南北狭,其面积共为22017亩。至与局属其他各乡镇之距离,已见上文,兹不赘述。[①]

主要参考资料:北碚管理局调查案卷。

[①] 北碚所有区域,原由璧山、巴县、江北3县分划而来,并未划有合川土地。合川居北碚上游,在形式上和经济上与北碚关系极为密切,因而江、巴、璧、合相连,本文和《北碚志稿》别的叙述在分划土地上与江、巴、璧共称不符合实际情况。

官制志

第一章 峡防局时代

第一节 缘起及其与地方行政机关之关系

辛亥革命后,四川受军阀割据之祸,争战连年,民不聊生。贫黠丁男,迫而走险,沦为匪徒。每一行政区划与他区毗连之地,多为匪类之聚藏薮,盖此张彼弛、步调未一,黠盗遂得出此入彼,游劫为生。三峡区地当江、巴、璧、合4县之交,且丛山深阻,啸聚为便,而嘉陵江中贯,为蜀中南北交通之动脉,来往商船甚多,故匪徒猖獗,视他区为尤甚,竟乃擅设关卡,自抽税捐,以至商旅逡巡,住民纷避。厥后地方绅士,深感蹂躏之苦,协议办团,图清匪患。民国七年(1918年),东川道尹王陵基正式委本地士绅周宝箴、王锡武成立峡防营,专负治匪责任。其时各场自由参加联防,并无一定之法定范围。大较言之,由合川南津街起至巴县磁器口止,长凡200余里,都约40场(参看《政区志》),盖为今日北碚局境之5倍。民国九年、十年(1920—1921年)间,四川陆军第一军改委吴象痴为峡防司令。十一年(1922年),又由第二军委卢诚为司令。十二年(1923年)上半年,秦汉三旅长驻峡,自任司令。其秋,峡区士绅盖不胜军队之扰,又苦匪风益炽,乃协议呈准撤销司令,改组为江、巴、璧、合4县特组峡防团务局,公推胡南先、熊明甫分任正副局

长,设治北碚场。十三年(1924年)春,援川各军前敌总司令袁祖铭复委施辉为峡防司令,旋即撤销。稍迟又有刘崇高受任某师招安团长,据澄江镇设卡抽捐,为峡防局所逐。明年立案抽收过道船捐,作常练经费,胡氏锐意经营,历大小数十战,匪风日敛,而峡防局根基于焉奠定。十五年(1926年)春,璧山人简绍雍等以私嫌呈控撤销峡局。4月18日,开峡江团务会议,呈准保留,是为一大波浪。十五年(1926年)12月中旬,胡氏告休,荐卢作孚自代。明年3月,卢氏继长峡局。5月,召集峡防会议,提出峡区改进计划,治安外兼办建设事业。不数年,峡盗肃清,社会转安,建设事业,乃得逐步实现。

然峡局为治安而设,终峡局之世,主要任务,厥在警卫,非一行政机关,其与峡区4县政府固立于平等地位,以公函往还,即于所属各场之团务办事处,有时行文,亦以公函出之。下至里长亦有如此者,惟于各场大队长用训令,盖团务办事处隶县政府,而大队长由峡局委任。前者为地方行政之基层组织,后者专司治安之责,关系职掌若此分别。峡局之性质如此,事业推行之困难亦可想矣。

第二节　峡局组织

峡局发展可分前后两期。前期可称为草创时期,专以治安为唯一任务,故其组织行政亦局限于此,极为单纯。后期可称为发展时期,于治安之外兼及其他各种建设事业。兹分述之:

(一)草创时期

十二年(1923年)秋,成立峡防局,章程系仿华防局草拟。原章程既经遗失,而华防局章程亦不可得(华局系张森楷等所创,其组织当有可观),故其详不可复晓。今惟就片纸残文中,勾沉甄微,考见其梗概而已。

(1)正副局长与参议

正副局长——峡局始创,受四川通省团练局及川东道尹之节制。置局长1人(胡南先),副局长1人(熊明甫)或2人[十三年(1924年)12月呈文中有熊及易泽生2人]。局长统筹全局,任免职员及处理对外一切事务。副局长襄理局长,规划内部,筹备款项及账目稽核、职员考核等事项。

参议——由局长延请资望素孚、富有经验学识之耆绅,商办团务,职曰参议。

其员额无定,或多至3人以上[十五年(1926年)5月档有李耀琨、胡汝航、胡月如等],又有参事者[十五年(1926年)7月档]。盖一职异称也。

驻渝代表——十五年(1926年)9月函请吴钟南为峡局驻渝代表,取便洽商。

(2)文书诸职

文书之职有文牍(赵仲舒)、司书(万少春),皆见十三年(1924年)档;有录事,见十五年(1926年)档。

(3)庶务处

庶务处有庶务员、会计员。综合诸文,其职有二:(一)发薪饷;(二)造报预决算。盖犹今财政科、会计室之比。

(4)卡捐收验员、财务监察委员会

民国十三年(1924年)6月,以4县帮款极微,且多未照付,乃仿前卢诚司令旧例,于北碚、盐井溪、干洞子设卡征收过道船挑捐。碚卡有验卡经收员2人,盐卡亦2人,干卡1人。十五年(1926年)冬,局长胡南先为示财政公开,召集4县峡区团绅开会,组织峡局财务监察委员会,负峡局经费经收、保管、支放之责。11月1日,各卡移交委员会派员经收,峡局惟于盐、碚两卡各派稽征员1人,专司稽查,以杜弊端。

(5)常练大队

十二年(1923年),峡局始创,除4县各场民团外,峡局仅常练队40名,置队长、教练各1人(二职地位相若)统率训练之。以实力过薄,明年8月补足100名,并增置教练长1人(王子谷)。又明年,成立常练第一大队,有大队长、教练长、大队附、军需员、书记、候差员各1人。各中队部有中队长1人,分队长3人(时或4人),司务长、见习生各1人。十五年(1926年)5月,改弁兵为手枪队,置队长1人;7月,废手枪队名目,仍归常练队训练。

(6)其他吏员

其他吏员尚有可考者,掇拾于次:

调查——职司侦查匪类及稽查煤铁纸捐。

军医——其员盖 二人,多义务职。

修械厂管理——峡局附设第一、第二修械厂,各设管理1人,处理厂务,并统制局境各枪厂造、修、买、卖事宜。

遂、保、渠、渝团商联合驻渝筹备处主任——盖峡区团务,其权利义务,除峡境4县外,遂、保、渠3县及渝市最为关切,有要事皆通知办理,故于十五年(1926年)特设此职,函聘渝城耆绅义务任职。

差遣、候差员——此皆散吏,职无专掌,员额亦无定。

(二)发展时期

(甲)行政机构

民国十六年(1927年)3月,卢作孚氏继任峡防局长,组织行政一仍旧规。明年,学生第一队毕业,乃改更局制,成立训练处,内分4股:曰总务,曰政治,曰军事,曰稽核。二十年(1931年)11月,以总务股之会计事宜划并稽核股,易股名曰审计。二十二年(1933年),更名军事股为督练部,以加强军事训练。二十二年(1933年)1月,又奉二十一军部训令,增置团务指导员1人(委卢尔勤任其事),襄助正副局长处理团务,职无所专,可不尽详。兹仅就各股分别略述如次:

(1)总务股

本股设主任1人,综理股务,撰拟重要文件,编辑报告书。股务原分文书、庶务、会计、保管、电话5室[十九年(1930年)档作处,盖无定名]。二十年(1931年)冬,会计室并入审计股,电话室并入军事股,总务规模大见缩小。

文书室——书记1人(一称文牍员),裁答文件;收发1人,收发文件,实为全局交通之总汇。录事1人,缮写计算书及文件等项,兼管档卷。

庶务室——有庶务1人或2人,司银款之收入与支出、器物之采买与发给。经收员4人或5人,1人或2人驻碚卡(北碚),稽收渝合上下货捐[十九年(1930年)档,有查验员2人];1驻盐卡(合川盐井溪),查验偷漏,间亦补收中路捐款;1驻白卡(白庙子);1驻黄卡(黄桷镇),前期曾于干洞子设卡,后徙设黄桷树,验收往来川北之货挑捐。二十一年(1932年),北川铁路通至白庙子,陆路货挑多取道于此,故复设白卡,专司其事,黄卡反退属补助地位,以免漏税。经收为峡局命脉攸关,其职至重,故由各机关长官轮流抽查,以免逸税而杜弊端。

会计室——有司账、统计各1人。司账一称会计,编制账簿,登记账目,保存单据,造报预算与计算。统计专司一切数字统计事项。民国二十一年(1932年)11月并稽核股。

保管室——有保管员1人或2人，全局器具除武器外，诸凡被服、文具、杂类器物皆归总于此。

电话室——十七年（1928年）秋始筹备，安设电话"磁合"及"磁渝"线，乡村电话，亦次第完成。十九年（1930年），以电话通塞不常，乃请技师专任其事。其时，本室有技士1人，司机线之安设与修理；保管1人，司器材之收发与营理；电话生二三人，司接电话；电话兵五六人，检查线道。二十年（1931年）冬，以交通最关军事，乃提交局务会议议决，改归军事股管理。

（2）政治股

本股原兼办图书馆、实用小学及《嘉陵江日报》。兹后逐步扩展，各自独立，本股乃专任政治训练及各种文件之编辑，并指导全局职员读书、运动、游艺诸事。十九年（1930年）春，组织职务略形扩展，别为5组：曰编辑，曰训练，曰公益，曰宣传，曰收发。其余有主任1人，综理股务；政治训练员1人，股务员4人或5人，分任其事［据二十年至二十三年（1931—1934年）调查表残卷及其他档案，有统计员、招待员（按即服务员）］。兹详5组职任如次：

编辑组：

会议录编印事项；

士兵教材编订事项；

月报、年报与大事日记、事业概况等编辑事项；

其他编辑事项。

训练组：

职员读书之指导与考核事项；

职员工作成绩考核事项；

生活日报、办事日记核转事项；

俱乐部指导管理事项；

其他训练事项。

公益组：

市政公园、民众学校之管理辅导事项；

户口、农矿及其他调查事项；

水码、气温、雨量等测记事项；

其他公益事项。

宣传组：

来宾招待与引导事项；

峡区事业介绍事项；

其他交际事项。

收发组：

各种生活日报、月报收订事项；

各种会议提案收订事项；

本股器物保管事项。

十九年（1930年）之际，附设民众教育办事处，主任由本股主任兼任，惟规模颇有独立性，详事业机构。

（3）军事股——督练部

军事股有主任1人，综理股务。下分4组：曰教育，曰文书，曰兵器，曰特务，各有服务员1人，任其事。惟特务组或增一人二人。二十年（1931年）冬10月，总务股电话室拨归本股，已详前。兹仅就4组分详其职如次：

教育组：

各队教育之计划与视察事项；

各队施教表册之收发事项；

新兵之招募与检验事项；

地形之侦察事项；

本局军风纪事项。

文书组：

全局职员请假登记事项；

全局职员签到事项；

士兵亡补登记事项；

文件撰拟事项；

油印事项。

兵器组：

军械弹药之调查、保管、拭擦、收发、登记诸事项；

军用器材修理事项；

修械厂管理事项。

特务组：

特种兵之教育与统率事项；

巡船马匹之管理事项；

佚役之招募与分派事项；

案件调查事项；

公物之购置、保管、领发、清查事项；

清洁卫生事项；

内务督饬事项。

军事股之主要任务为监督峡局各队之训练。民国二十二年（1933年），为加强军事训练，乃提高军事股之地位，改为督练部，直辖诸队。置督练长1人，督练员1人与服务员数人，分任其事。各队组织见后事业机构，兹不赘。

(4)稽核股——审计股

稽核股主任1人，服务员若干人，专司稽核银钱及公物各项之收支账目，如下列诸事皆属之。

日报表、日计表、月计表、粘件簿、给养表、取物件等之核算事项；

领物单、购物单之核转事项；

各卡验据之收核事宜；

成绩表之汇核事项。

民国二十年（1931年）10月[二十二年（1933年）1月17、18日报作二十一年（1932年）10月]以总务股之会计室与稽核之关系至密，乃划并本股名为审计。内分会计、审查两组，设会计、记账员、审核员各1人，查船员3人，分任其事。

峡局行政机构略如上述，兹尚有一事当附及者：十五年（1926年）夏，峡区少数人士以峡局船捐年收巨万，疑有中饱，向层峰具控，胡局长南先乃召开峡防团务会议，决呈准川康团务委员会，请江、巴、璧、合4县峡区各场各选财务监察员1人，经常驻局，专负峡局财政监察之责，以示公允。胡氏任内为巴县项体干，江北颜咫裁，合川苏汉臣，璧山蒋冶安。十六年（1927年），卢作孚继任局长后，复行改选。5月，人选决定，江北颜咫裁，巴县吕绍滨，璧山胡子贞，合川左建猷，任期

1年,得连任一次[事实至十九年(1930年)未曾改选]。每月5日以前,到局核对前月账据,于呈省计算书后签字盖章,并得随时到局到卡抽查,如有疑问,提交局长彻查,于团务会议提出报告,嗣以账目烦琐,监察员颇感不便,复呈准由峡局及直辖之学生队、常练队组织财务审察委员会,以副局长兼委员长,逐日核对账据,提交监察员复核,既免烦琐,且期周密。十九年(1930年)2月,以监察员改选问题意见纷歧,始由团务会议决撤销。盖职非常驻,照例盖章,无所用之也。

(乙)事业机构

峡局伊始,原为治安,自卢氏继任后,逐步扩展,启发民智,经营实业,机构极为复杂,兹别为治安、教育、社会、经济4类,略述其机构,至业务之进行,别详各志。其有独立经营,惟受峡局辅助者,更从略焉。

(1)治安

治安事业,为峡局之中心,而其工作,则多兼及民教、社会、经济各种实业之经营,此特色也。

(A)常备队——特务队

卢氏继长峡局,大整常练大队(大队长陈洪恩)。十七年(1928年)6月,改编为常备队,凡三中队,各有队长1人,分队长3人,司务长及工务管理各1人。9月,又置督练长一职,总督三队训练事宜(王绍业任其事)。至民国二十年(1931年)裁损。其年2月,成立特务1队,驻北川铁路。5月,复成立1队,驻北碚。二十二年(1933年)3月,成立第三队,驻夏溪口。诸队皆担任警察任务与民教工作,后逐步扩大组织,至二十四年(1935年)其组织如次:

第一特务队驻北碚,有队长1人,队附2人,书记、司务长各1人,队丁60名。

第二特务队驻北川铁路沿线,设3分驻所,有队长1人,队附4人,本部及分驻所各1人,书记、司务长各1人,士兵、夫役130名。

第三特务队驻夏溪口,分设西山坪、黄堰沟、新门洞3分驻所。有队长1人,队附4人(本部及分驻所各一),书记、司务长各1人,士兵、夫役130名。

(B)手枪队及其他

十六年(1927年)11月,成立手枪队,随时密察峡区各场及合、渝盗匪。后逐渐发展,至二十四年(1935年),有队长1人,队附4人,书记、司务长各1人,士兵80名,传令夫役9名,谍调6名。民国二十一年(1932年)11月,成立华、峡防特务队,置中队长,他员不详。盖临时创设,非恒制也。此外,随时有训练队,如模范学生队、少年义勇队、特务学生队,虽亦负治安之责,惟旨在造就干部人才,且时期短促,故入人事行政节,此不具述。

(2)教育

峡局以民智未开,特注意教育事业,俾能提高人民智识程度,促进其他事业之发展,而社会教育,尤所致重。故学校教育仅一实用学校,后且并入兼善中学,而于图书馆、民教处经营最力。《嘉陵江日报》亦寓社教之意义,与一般新闻事业有异也。兹分述其机构如次:

(A)实用小学校

十六年(1927年)12月筹备,明年2月成立。始隶政治股,其后扩展独立。至二十年(1931年),有高级2班,初级4班,主任1人,教师9人,学生130名。明年1月,划并兼善中学为附属小学。

(B)公共图书馆

十七年(1928年)5月筹办,8月成立。始名峡区图书馆,隶政治股,后扩展独立。有主任1人、服务员二三人,分组任事。至十八年(1929年),增置分馆2所,分驻土沱、澄江镇。二十二年(1933年)5月,划并中国西部科学院管理。

(C)民众教育办事处

民国十九年(1930年)夏,于火焰山麓辟露天娱乐场。明年11月,成立峡区民众教育办事处,隶政治股。设主任1人,由政治股主任兼任,服务员2人,有民众问事处、职业介绍所、民众会场、书报阅览室诸部门,又先后办有民众夜校10余所,妇女职业班、三峡厂工人学校、女子音乐班、船夫学校及力夫学校,所有教师均由峡局人员兼任。

(D)嘉陵江日报社

峡区旧有峡江通信社,旋改为《峡声报》。十六年(1927年),学生队发行《学生周刊》。明年2月,《峡声报》停刊,《学生周刊》改组为本社,始为3日刊,附带发行《新生命画刊》。二十年(1931年)1月1日,改为日刊,始由政治股编辑发行,后以业务扩展,独立经营。十九年(1930年)冬,其组织分编辑、事务两部。设社长1人,综理社务,编辑文稿。发行兼会计1人,书记1人,兼采访数人,工役4人,时或增编辑1人。至二十四年(1935年),规模如故。

（3）社会

峡局时代于社会事业最重。卫生健康，积极健身，则有体育部、体育场，消极卫生则有地方医院，皆高秩聘人以任其事。观十九、二十年（1930年、1931年）职员调查表，全局职员以体育指导员及医院院长、医生薪最高，可知当局之注意矣。兹分述其组织如次：

（A）公共体育场

民国十六年（1927年）开始辟建，供职员、民众运动之用。其后局内组织且有体育部之目。十九年（1930年）时运动之风最炽，置体育指导员1人，管理体育场，指导职员运动；巡回体育场指导员1人，倡导各场民众体育；保管员1人，保管运动器具，兼庶务、会计诸事宜。其后惟置体育主任1人。

（B）地方医院

十六年（1927年）6月，筹议设立医院。明年秋，聘置医生1人。又明年，正式成立。置院长、医生各1人，服务员3人。至二十二年（1933年），内分医务、护士、事务3部，医务部有医生、产科医生各1人，护士部有护士长1人（随增为男、女护士长各1人）、护士若干人，事务部有会计、保管各1人。

（4）经济

峡区经济事业至多，惟三峡染织工厂及消费合作社为峡区附设事业。

（A）工务股、三峡染织工厂

民国十七年（1928年）始教士兵制履（布鞋、草鞋）、织布、洗浆、印刷诸艺，既免游闲生事，且俾退伍后有以谋生。旋又设工务股，负指导监督之责，职详如次：

工具原料之采买、核发事项；

成品之验收与出售事项；

各队工作之监察、考勤事项；

作品设计事项。

又有缙云石印社者，十七年（1928年）成立，后亦并入本股。十九年（1930年），卢氏出省考察，深感欲巩固峡局事业，须从生产事业着手。乃于9月，扩大工务股为三峡染织工厂，设厂长1人，综理厂务，下设总务、工务、营业3股，并附设缝纫、石印、电灯3部。总务股有主任1人，会计、出纳、保管、文书各1人。工务股有主任1人，分设织袜、织布、毛巾、摇纱、漂染5部，有技工数人，各任一部，亦有兼摄者。营业股有门市部及合川售货处经理各1人,缝纫、石印、电灯3部亦各有管理员,规模视其他事业远为宏大。至二十二年(1933年)5月,复改隶中国西部科学院,组织略有更张,详《学术事业志》。

(B)北碚农村银行

民国十七年(1928年)10月,峡局职员合股组织北碚农村银行,选组执监委员会负责管理。二十年(1931年)7月,合作社来并,因扩大改组,成立董事会,选聘经理,专任其事。前此业务,偏于贸易,至此则旨在服务农村社会,发展农村经济,提倡农村合作,与一般农民银行不异矣。

(C)消费合作社

本社始创于民国十八年(1929年),社员初限峡局职员,其后民众亦渐次加入。由社员大会选举执行委员9人,监察委员7人,组织执行委员会与监察委员会,各自推选会长1人,执行委员会下设经理1人,分总务、营业、会计、出纳4股,各有服务员1人或2人。二十年(1931年)7月,农村银行正式成立,有专门人才经营,而合作社性质实与相类,故以并入。

第三节 场区大队部

附:峡局所辖各场行政组织

前清之制,率以十家为牌,十牌为甲,数甲为团,或数团或十余团以成一场。排(牌)有首,甲有长,团有正,场有总监正以统制之。民国以来迭遭政变,名称虽随变易,编制仍不异也。峡防团务局成立时,各县编制大体以场为单位,设团练办事处(后改团务),有团总、副团总各1人,或团总1人、团正若干人[十三年(1924年),合川龙鼎镇有团正10余人],其下有保有甲,保有董,甲有长。其后巴县、江北各场又称里,设里公所[据十八年(1929年)财政监察员改造卷]。巴县诸里有正、副里长各1人,江北诸里有里长、里正各1人,而合川团以团正为长,惟璧山仍旧制焉。十九年(1930年)以后,各县诸场多以乡镇为称,下辖保甲,盖遵民国十八年(1929年)6月国府制令也。

乡镇设公所,有乡镇长1人,大者普通有副乡镇长、团务、社会、建设、教育、财务委员各1人,或稍损其员。如同兴乡无社会委员,蔡家乡无建设委员,或因地制宜,改其名目,如歇马乡无财务委员有调解委员,小乡镇或兼或损,固无定也。其时,又或于乡镇上增区公所一级,有区长统辖数乡镇,其制不详。

峡局辖境,基层机构粗述如前。皆直隶各该县政府,任免指挥,辖局不得干涉,惟各场区大队直隶峡局,得以命令行之。

十二年(1923年)秋,峡局成立伊始,由峡区团绅会议议决,各县成立峡防常练丁一大队,另就民团编为预备丁数大队,以资辅助。江北常练大队驻二岩,巴县常练大队驻北碚,璧山常练大队驻澄江,合川常练大队驻沙溪庙。其余民团大队分驻各场要隘。经费就地筹措,旋由峡局划煤铁纸捐以资辅助。其后各县成立区队,以便统率。而大队仍为中坚机构,下辖中队分队,大率采三三制[据二十年(1931年)合川第二区队报销档]。区队部有队长、队附、督练长、书记长、庶务长诸职。大队部有队长、队附、教练长、录事、会计诸职。中队部有队长、分队长、司务长、特务长诸职,又有军械司务长、猪捐经收员、挑捐经收员、煤铁纸经收员、稽查员、军医员、差遣员、司事、服务员者,不知属区队部抑大队部也。其高级官长皆由各场自选,函请峡局委任之。

至二十年(1931年)4月,以匪风已靖,各大队率多解散,有名无实。而煤纸诸捐为地方纠纷之症结,乃承二十一军部之旨,呈准川康团务委员会撤销各区大队,各场团务由该场秉承县长、县团务委员会办理,峡局惟得于合法范围内协助之。

第二章　实验区时代

第一节　实验区署成立之经过及其与比邻各县府之关系

民国二十四年(1935年)秋,峡防团务局以峡区治安已无问题,而教育、文化、建设等事业亦皆略有基础,乃拟具改组团务局为嘉陵江三峡乡村建设实验区署之计划,呈准省政府于二十五年(1936年)4月1日正式改局为署,直隶于本省第三区行政督察专员公署,有如县府,旋以各乡镇联保之任仍由各原管县政府委任,而一切财政亦皆归县政府收支,事权不专,有碍行政。8月,呈准省政府修正区署组织规程,又以军法司法案件应否受理事,呈准委员长行营核示,10月得训令,依据兼军法官暂行条例,准予特权兼军法官,并就原组织规程略予修正,厘为定章。区署组织系统与权限,始臻确定。其地位虽与县相若,然区署组织规程云:"巴县、江北、璧山三县县政府对于已划归实验区之原属乡镇,除建设、教育及普通民政、保安等事项外,关于国税、省税、地方税之征解催收,仍由各该县径督各乡镇联保办公处办理。如联保主任于税收或县政府指定之其他事项承办不力,可函请实验区署撤换之。"又云:"实验区内原有各县立教育机关,未经明令划入,仍由县政府管辖,实验区署负监督之责。"观此可知,区署尚无完整之行政权,实不足与一县府比也。

第二节　行政机构

实验区署设区长1人,总理区政;副区长1人,协理政务,均由省政府委任之。本署旨在促进乡村新建设,故又组织乡村设计委员会为建设行政之设计指导机关,由区长聘请区内文化、经济、游览、治安、卫生各事业之领袖及区内专门人才为委员,并互推7人至11人为常务委员,每月开常务会议1次,审查或决定各公共事业之实施计划,每年开大会1次,以确定施政方针。其年5月26日聘何北衡、卢作孚、黄云龙、邓少琴、张博和、卢尔勤、李云根、戴立生、常隆庆、李乐元、曲桂龄、守而慈(丹麦人)、李贤诚、熊明甫、郑璧成、宋思度、彭瑞成、郑东琴、周雁翔为委员,何北衡、卢作孚兼正、副主席。二十七年(1938年)5月,增聘杨家骆、马客谈、李清炼、章柳泉为委员。

正、副区长下设秘书室及内务、教育、建设、财务4股,其职掌官员,时有变革,今就初成立时呈准之规程(代表初期)与二十八年(1939年)下季职员考绩表(代表中期)、三十年(1941年)11月之存档(代表末期),谱为下表,以见始末。惟规程甚略,故据区署成立第一次预算书稍详列之。盖此预算大体批准,则与本期组织之实况当不太径庭也。

机关	初期		中期		末期			备注
	规程		预算书	考绩表	职员	职掌		
	职员	职掌				个人职掌	室股职掌	
秘书室	秘书1人	承区长之命，掌理机要、核理文件、审订计划及其他不属于各股之事项	秘书1人	秘书1人 一级办事员1人 二级办事员4人 三级办事员2人	秘书1人 办事员3人 统计员1人 雇员5人	协助区长处理署务，综理本室事务 1.收发，登记，保管印信 2.管档 3.拟译机要文电，缮写文件	1.文书 2.收发 3.档案 4.统计 5.缮印	
内务股	主任1人，办事员、书记、录事若干人	1.文电收发缮印 2.编辑 3.户口调查统计与壮丁训练 4.公共卫生 5.结社集会 6.公安与消防 7.救济 8.调解民众纠纷 9.一切庶务事项	主任1人 一级、四级警务员各1人 二级卫生员1人 一级编辑员1人 二级户籍员1人 三级统计员1人 一级文书1人 三级文书2人 三级、四级庶务各1人	主任1人 副主任1人 兵役管理员1人 户籍训练员1人 一级办事员1人 二级办事员3人 三级办事员4人 见习办事员2人 服务生2人	主任1人 副主任1人 办事员5人	民政、保安等事项 协理民政 1.人事 2.保管 3.社会福利与集会结社 4.警察训练 5.防护与防空	1.人事 2.庶务 3.社会福利 4.禁烟 5.警卫 6.防空 7.自治	
警察督察室				督察长1人				
户籍室					主任1人 办事员1人 书记1人	综理室务 户口调查与登记	户籍	三十年（1941年）成立，参看三十年工作概况
兵役室					副主任1人 办事员1人	兵役册籍	兵役	主任由内务股主任兼

续表

机关	初期		中期		末期			备注
	规程		预算书	考绩表	职员	职掌		
	职员	职掌				个人职掌	室股职掌	
教育股	主任1人,办事员、书记、录事若干人	1.小学教育、民众教育之普及与改进 2.私塾教育之改良与取缔 3.职业教育之实施 4.教师训练 5.教育经费 6.学校督察 7.教育调查统计等	主任1人 一级、二级设计员各1人 一级、三级视导员各1人 二级、四级学籍员各1人	主任1人 指导员1人 一级、三级办事员各1人	主任1人	综理股务	(1)文化机关、学校团体之辅导 (2)学校行政 (3)社教推行	特设民教委员会,另详事业机构节
					副主任1人	协理股务		
					视导员2人	视察		
					办事员2人	1.教育调查、学籍登记 2.文书		
建设股	主任1人,办事员、书记、录事若干人	1.管理全区市政、道路、电话、电灯 2.农田水利 3.植物改良 4.工业改良与提倡 5.物产查验	主任1人 一级交通员1人 二级商务员1人 二级农工员2人	主任1人 一级、二级办事员各1人 三级办事员3人 服务生1人	主任1人	综理股务		二十六年(1937年)工作报告有农业技士1人
					副主任1人	协理股务 1.工矿管理与辅导 2.工贸管理 3.交通管理 4.工务管理		
合作室				主任1人 指导员2人	主任1人 指导员2人	综理室务 1.北碚、澄江镇合作社业务之指导 2.文星、黄桷、二岩合作社业务之指导	辅导合作社	
财务股	主任1人,办事员、书记、录事若干人十人	1.审编预决算 2.收支出纳 3.财务统计 4.公产登记	主任1人 一级、三级、四级会计员各1人 二级经收员2人 三级出纳员1人 一级、三级审计员各1人	主任1人 会计主任1人 审计主任1人 一级、二级、三级办事员各1人 见习试用办事员各1人	主任1人 副主任1人 办事员6人	综理股务 协理股务 1.审编预算 2.乡镇经费之会计 3.区经费之管理 4.现金出纳 5.公产查管	1.审计 2.会计 3.出纳 4.保管	

秘书及各股主任由区长呈由专员公署转请省政府核委,其他办事员由区长委任,呈报专员公署转请省政府备案。

第三节 司法机关——军法室

前峡防局职在剿匪,局长卢作孚任内,呈准国民革命军第二十一军司令部,遵惩治盗匪暂行办法处理盗匪案件。二十四年(1935年),此种特权奉令停止。二十五年(1936年),实验区署成立,复呈准军事委员会委员长行营遵据"剿匪"区内县长兼军法官暂行条例,设行营军法承审室,由区长兼任军法官,特权处理军事犯、烟犯、盗匪案件。又以本署既与县府同一待遇,故于本区行政案件亦有直接处理之权。至于民刑案件,本无受理之权,但若案情轻微、人民申请调解者,则本息事宁人之旨,固不能辞也。

本室组织,照章设承审员1人,由兼军法官甄选专习法律者呈委之,其余员额得随事委任之。今就二十六年(1937年)之员职表列如次:

兼军法官	承审员	事务员				兵丁		
		书记员	管狱员	检验员	录事	传达	庭丁	军法警察
综理审判职务	襄助军法官办理审判、宣判及撰拟判词事项	协办文书	管理羁押人犯	检验尸伤	缮写与编档	送传达票及文书	站庭维持庭务	护送人犯及取保事项

然据二十八年(1939年)考绩表,本室仅二级办事员1人,其地位且甚低。又据三十年(1941年)11月档,除承审员1人外,有书记1人,掌录供缮判词。管狱员1人,管理监狱并教育人犯。此末期之概况也。

第四节 事业机构

实验区署之设,旨在推行各种建设,故除上述普通行政与司法行政之机构外,尚有种种事业机关。据二十九年(1940年)所编集会须知及其他档案,其时事业单位凡二十有五,可大别为5类。一、教育:民众教育委员会、民教馆、博物馆、图书馆、体育场及四中心小学是也。二、社会：卫生所（戒烟所）、旅客服务处是也。三、经济（附市政）：农业推广所、合作社、屠宰场及市整会、电力厂是也。四、军警（附兵役）：三公安队、防空支会及兵役协会、国民兵团是也。五、出版：嘉陵江日报社、北碚月刊社是也。兹分述之。

一、教育

（1）民众教育委员会

峡防局时代治安为全局事业之中心，至实验区时代则以促进乡村新建设为职志，而民众教育尤所致重，乃扩大旧有民众教育办事处，由区署各主管长官、乡镇联保主任、完小校长及其他各民教团体之领袖组织民众教育委员会，推选常务委员1人，以资提高职权，增加效能，委员会亦设办事处，有办事员6人、服务生4人，负实际推动之责。其工作凡11类：

一、图书组　与图书馆联络进行巡回文库、图书担、图书巡回展览各事。

二、体育组　与民众体育场事务所联络进行区内关于民众体育各事。

三、游艺组　进行民众娱乐各事。

四、巡回展览组　与各文化经济事业联络在峡区各场巡回陈列各项标本及实物。

五、编辑组　编辑各种与民众有关文字。

六、民众学校组　进行成人、妇女、儿童及各种特种民众教育。（小先生教学，亦属于此组。）

七、生计教育组　协助峡区各生计事业机关，推行民教，如本署建设股及家畜保育所、三峡实验区、蚕桑制种场、农本局、合作金库之合作事业等。

八、卫生教育组　与地方医院联络推进保健教育。

九、服务组　办理问事、代笔、引导诸事。

十、训练组　公民训组、新生活运动，凡属于民众各种会集，均由此组推动。

十一、事务组　任公物保管及会计、庶务诸职责。

然此乃属民教实施之发动机关，而各完小、义校及各公安队实为其运动之核心。

（2）民众教育馆

二十六年（1937年）之际，民教馆主任、副主任各1人，办事员七八人，其职分5组：

一、教导组——凡民众学校讲演、休闲教育等皆属之。

二、生计组——凡合作组织、农产改良及农家副业之指导皆属之。

三、游览组——庭园之布置、标本模型珍奇之陈列、动物之饲养等皆属之。

四、抗战组——凡关于抗战之各项宣传、组织、训练等皆属之。

五、总务组——凡文书、会计及不属于他组之事项皆属之。

二十八、二十九年（1939年、1940年）之际，有馆长兼主任1人。助理员，二级、三级办事员，助理干事各1人。服务生4人。

（3）民众博物馆

民国十九年（1930年）3月，峡防局就北碚关帝庙故址培修为峡区博物馆，旋并归西部科学院。二十五年（1936年）4月，实验区署成立，仍归区署管理，改名为民众博物馆，兼辖动物园、平民公园，并在区署各乡镇筹设公园。其时职员有管理1人、助理2人、服务生及工人各若干人，分掌陈列室、动物园、平民公园诸部。以其事业实即民教馆之一部门，宜可并合经营，故二名或互见而不并存，或并称而职工实一，观二十八年（1939年）考绩表可征其事。

（4）民众图书馆

峡局时代创办峡区图书馆，二十二年（1933年）并入科学院，二十五年（1936年）4月仍归区署。职分两组：

一、事务组——凡文书、会计、庶务等皆属之。

二、图书组——凡图书之搜求、编目、装藏、出纳、阅览及图书担、巡回文库诸事皆属之。

其职员有管理1人，三级办事员1人，见习办事员1人，服务生2人，馆员3人，实习生1人，分任其事。

峡局时代本馆已有分馆3所，分设于澄江镇、黄桷镇、水土沱。区署成立，5乡镇皆有分馆，更其名为民众书报阅览室，惟北碚总馆为民众图书馆云。

(5)民众体育场

峡区时代有北碚公共体育场,区署成立,更名民众体育场。设管理1人,综理一切总务。场丁1人,管理器物,洒扫场面[参看二十六年(1937年)编一年来的民众体育场及二十八年(1939年)考绩表]。

(6)四中心小学(另详《教育志》)

二、社会

(1)地方医院

地方医院承继峡防局时代工作扩展推行,内分事务、医务、护病3部[二十六年(1937年)编一年来的卫生工作]。盖以二十七年(1938年)更名为卫生所,而员职组织略见扩展,兹分前后两期,表列如次:

医院时代职员	卫生所时代职员	职掌
院长1人	所长1人	综理院所务兼理医务
	医师3人	内外产诊断
	助产士2人	助产
护士长1人	护士长4人	处理护务,管理护士
护士4人	护士5人,助理护士1人	看护病人
会计兼事务1人	会计1人,三级办事员1人	会计;保管及庶务

[二十六年(1937年)编地方医院工作计划二十八年(1939年)考绩表]

又于澄江镇、黄桷镇、水岚垭及二岩乡各设分诊所,于文星场设戒烟医院,皆受本院直接指挥,各分所由医院派服务生1人任其事[一年来的卫生工作,二十五年(1936年)编峡区十年来的经济建设]。

(2)戒烟所

禁政(烟)本属内务股,二十五年(1936年),区署奉令成立戒烟分会,附属地方医院,10月又于文星镇创立戒烟医院1所,收容各煤矿工人之戒烟者,其经费由天府、北川两公司筹给,地方医院直接管理[二十六年(1937年)编区署一年来之工作]。二十八年(1939年)12月,复奉省政府令,组织正式戒烟所,设所长1人,副所长兼管训员1人,医师兼药剂化验师1人,助理医员1人,文牍兼事务员

1人,雇员1人,男女看护4人,所丁3人,一切如省府规程[二十九年(1940年)编戒烟所在三棱镜下,二十八年(1939年)12月考绩表]。

（3）旅客服务处

为旅客服务,本民众教育办事处之职,后以游人络绎,其事甚繁,二十七年(1938年)2月特成立旅客服务处,内分讯问、接待两组。讯问组以解答旅客及民众疑问,接待组负引导、招待、介绍、联络之责。设主任、副主任、服务生各1人,分任其事[二十七年(1938年)工作月报本处工作计划,二十八年(1939年)考绩表]。

三、经济（附市政）

（1）农业推广所

二十六年(1937年)8月,区署组织农业推广所,召集富有经验之农民共同研究,以资改进农业(峡区要闻汇志)。二十八年(1939年),更成立农业推广所,设主任1人,指导员1人,技术助理2人(考绩表)。

（2）消费合作社

合作社置经理、副经理、三级办事员各1人[二十八年(1939年)考绩表]。

（3）屠宰场

置管理1人。

（4）市场整理委员会

委员若干人,给薪委员2人,会计2人,见习办事员1人[二十八年(1939年)考绩表]。

（5）白庙子公称管理处

置管理1人[二十八年(1939年)考绩表]。

（6）电力厂

置技师1人,三级办事员1人[二十八年(1939年)考绩表]。

（7）工程处

二十八年(1939年)夏,区署以本区待兴工程甚多,特成立工程处,标橥9项工作：一、测绘地图；二、修建道路；三、整理市场；四、农田水利；五、浚河防洪；六、畅通航运；七、观测气象；八、水力发电；九、审核计划[二十八年(1939年)编实验区工程处工作计划纲要]。惜未能充实组织,开办未及1年,以经费拮据,随即撤废,惟新村工作队仍照旧工作,有中队长1人、分队长3人[二十八年(1939年)考绩表]。

四、治安

（1）公安三中队

峡防末期，三特务队总称四川省第三区保安第一独立大队（卢子英任队长）。二十五年（1936年），实验区署成立，改称公安队，仍分三中队，分驻北碚、白庙子、澄江镇，规模官佐。时有伸缩。兹据二十七八年（1938年、1939年）档，简表如次：

队别	驻地	官佐[二十八年(1939年)档]	派出所[二十七年(1938年)档]	
			所别及驻地	警士
第一中队	北碚镇	中队长1人 副中队长1人 队副（附）3人 司务长1人	第一派出所驻西山路 第二派出所驻嘉陵码头 第三派出所驻民众路	各有军士1名指挥所务；户籍警、卫生警、交通警各1名分职任事；普通警2名协助工作；清道夫1名
第二中队	白庙乡	中队长1人 队附3人 司务长1人 书记1人	第一派出所驻麻柳路 第二派出所驻癞疤路 第三派出所驻田坝路	各有警士1名指挥所务兼管户籍；警兵3人，分管卫生、交通、治安等事项；清道夫2名
第三中队	澄江镇	中队长1人 队附3人 司务长1人 书记1人	第一派出所驻新门洞 第二派出所驻黄焰沟 第三派出所驻二岩乡	各有军士1名指挥所务；户籍警、卫生警、交通警各1名，分职任事；普通警2名协助工作；清道夫澄江镇2名、二岩乡1名

（2）防空支会

二十八年（1939年）防空支会设主任、副主任、国术教官及三级办事员各1人，其后改组为防护团，团部官员略同，并于北碚、白庙子、文星、黄桷、二岩、澄江各设分团，用资防范[三十年（1941年）工作概况书]。

（3）兵役协会

本区原有兵役宣传、兵役监察及优待3委员会。二十八年（1939年）冬，合并为兵役协会，聘请本区各界领袖为委员，由区署区长为主任委员主持其事，下分宣传、监察、优待、慰问、总务5组，各设组长1人，由各委员兼任，皆无给职[二十八年（1939年）国庆检阅会特刊]。另设干事1人，二级、三级及见习办事员各1人，实任其事（考绩表）。

(4)国民兵团——后备队

二十九年(1940年)春,已有国民兵团之组织,旋撤销,其冬成立后备队,置中队长、特务长各1人,队附若干人,轮流调训各乡镇壮丁[二十九年(1940年)10月工作报告]。

五、出版

(1)嘉陵江日报社

实验区时代,报社组织略存旧规,主要人员通常有主任1人、办事员1人[二十八年(1939年)档]。

(2)北碚月刊社

嘉陵江日报社为峡区事业之报道机关,已具悠久历史,惟日报篇幅既短,且以时事为主,于峡区事业之报道弥难周详,故区署成立即创月刊社,发行月刊,以为峡区事业之总汇,故以殿□。月刊社设主任1人、编辑2人,整理各机关之稿件,按月出版[二十七年(1938年)拟工作计划及二十八年(1939年)薪给表]。

第五节 乡镇组织

实验区署成立伊始,划辖北碚、文星、黄桷、二岩、澄江5乡镇。二十九年(1940年)夏,划黄桷、文星,增置白庙乡共凡6乡镇。明年,割北碚镇,增置龙凤、金刚2乡。然未成立乡公所,则行政组织仍只6单位而已。区署成立时遵委员长行营所颁修正剿匪区内各县编查保甲户口条例,划全区为100保、1055甲。至三十年(1941年)2月改编保甲,计北碚镇43保、白庙乡12保、文星乡16保、黄桷镇22保、二岩乡7保、澄江镇30保,共130保、1345甲。

峡局时代本行乡镇长制。二十四年(1935年)8月1日,遵令改组各乡镇为联保,置主任1人,综其事[二十四年(1935年)1月2日日报]。明年,区署成立,联保制如故。8月,以警卫关系至密,行政不宜分立,特令各乡镇公安队与联保办公处联合办公,以期警察行政与自卫自治取得密切联系,增进工作效率[二十五年(1936年)下半年峡区要闻汇志10月份工作报告书]。此次调整尚未澈(彻)底至二十七年(1938年)2月复令公安队直隶于联保办公处[二十七年(1938年)内务股工作计划书及本年2月峡区要闻汇志],则其行政更由合作而并合矣。二十九年(1940年)遵令改组为乡镇公所。

联保办公处组织 区署成立之始,置主任1人、办事员若干人,一如旧制。旋以各乡镇职员因循敷衍,故于各联保办公处特置政务助理员一职,由区署指派本署职员5人分任之,名虽助理政务,实行监督之责[二十六年(1937年)编区署一年来之工作]。二十七年(1938年)2月,既并公安队于联保,提高联保主任之地位,以一事权,并分职为内务、教育、建设、财务4组,增置工作人员(峡区要闻汇志)。当时组织计划,除主任1人外,另置副主任1人,由公安队长兼任,内务、教育、建设3组各置助理员1人,内务助理员掌理内务、保甲、壮丁事项,教育助理员掌理民众教育与学校教育事项,建设助理员掌理农业之改良、家畜之保育及其他一切建设事项。财务组掌理乡镇财政,并置合作员,北碚、澄江2镇各1人,二岩、文星、黄桷3乡镇共置1人[二十七年(1938年)编内务股工作计划]。而实施情形与此不无出入,兹不具论。区署时代之乡镇组织有特点,最值注意:第一,警卫区助理员——其时联保与保之间复设警卫区一级,大抵北碚8区、澄江6区、黄桷5区、文星4区、二岩3区,共36区,所辖范围多至8保,少则3保,各设助理员1人,警士、传达各1人,其名义皆联保办公处之职员工差也。助理员多以区署久经训练之能员任之,其职不以警卫为限,举凡民政、教育、建设诸事,无不综理(联合小学区与警卫区一致,联合小学区学董即由警卫助理员兼任),保长实权甚微,此实由政府行政至地方自治过渡时代之一变通制度也(参考北碚社会调查第二章及刘忠义强迫教育的实践。各乡镇区数据考绩表推证)。第二户籍员——峡局时代已颇注意户籍调查,区署成立,尤所注意,故于联保办公处早置户籍员一职,此实他县区所无也。二十九年(1940年),既遵令改组联保办公处为乡镇公所,各置镇长、乡长各1人。兹据二十八年(1939年)冬存档,作表如次,乡镇组织略可知矣。

职别	北碚镇联保办公处	澄江镇联保办公处	黄桷镇联保办公处	文星乡联保办公处	二岩乡联保办公处
主任	1	1	1	1	1
副主任	1	1(公安第三队长兼)	1(公安第二队长兼)	1	
户籍员	1	1	1	1	
警卫员助理员	8	6	5	4	3
书记	1	1	2	1	
录事	1	1			
其他		经收员1人办事员1人			

二十九年（1940年），四川省实施新县制，本署遵令改组联保办公处为乡（镇）公所，更名联保主任为乡（镇）长，并废除警卫区制度。明年，省政府通令乡置户籍干事各1人，乃改户籍员之职称，以符规章。其下并增置助理干事，平均每4保1人，重其事也〔北碚社会调查三十年（1941年）工作概况〕。镇乡以下，保有保长，甲有甲长，皆择地方人士义务任职。兹有一事须附述者，新县制推行之初本区为遵章成立保办公处，故曾一度采行并保政策以期减少保数，节省经费。其时计北碚20保、北庙子5保、文星乡7保、黄桷镇7保、二岩乡4保、澄江镇15保，共58保。保办公处除保长外，另设保干事1人，实地办理保务，其员由前警卫区助理员降低身份任之，不足之数，择干练警士补任之，则警卫区名废而实存也。后以省府训令撤废，保甲编制，一如旧章。综上所述，全区职位都200有余（保甲长不在此列），除少数兼职，实有人员盖亦一百七八十，工役兵夫不在其列，盖亦200以上也。

第六节 行政会议

实验区既旨在实验乡村新建设计划行政皆具研究精神,故常举行会议,以便检讨得失,增进行政效率。乡村设计委员会,每年开大会1次,每月开常务会议1次,已附述于委员机构中,兹不赘(述)。

(以下根据《规程区署概况》及《我们的生活》再写。)

其他定期会议甚多。

(一)年会

区地方会议——由本署区长、副区长、秘书及各股主任、设计委员、各级学校教师、各公私事业之领袖出席。

(二)月会

(1)财务会议——例在5号、15号或25号举行,由各机关主干人员及会计员出席。

(2)教经会议——例在10号或26号举行,由区署财务、教育两股人员暨区属各镇教育经费收支员出席。

(3)全区小(学)教育研究会议——由区署有关之主干人员暨教育股主任,区立各小学校长、教师出席。

(4)全区义务教师会议——由区长或有关之各主干人(员)暨教育股主任,全区各保义务小学教师出席。

(三)周会

(1)各事业机关主干联席会议——例在星期五举行。

(2)公安会议——例在星期五举行,由区长、内务股主任及各公安队队长、司务长、书记及区属各联保小公处助理员出席。

(3)周会——即纪念周,自峡局时代起即在星期日举行,本署各机关职员、官兵一律出席[民国三十二年(1943年)始改在星期一举行]。

(四)日会

(1)一工作部门之事务会议。

(2)一机关之主干会议。

第七节　薪给与奖惩

（一）薪级

（1）级别——本署职员除区长外,可大别为6级:(一)主任;(二)一级办事员;(三)二级办事员;(四)三级办事员;(五)见习办事员;(六)服务生。

（2）薪贴——战时薪贴不定,据二十八年(1939年)下年度档案正薪如次:

(a)区长—— 80元。

(b)秘书及主任—— 80元。

(c)一级办事员—— 50元左右。

(d)二级办事员—— 40元左右。

(e)三级办事员—— 30元左右。

(f)见习办事员—— 20元左右。

(g)服务生—— 10元以上。

（二）奖惩

（1）职员奖励,计分5等:

(a)嘉奖。

(b)记功——每次加月薪十分之一。

(c)记大功——记功3次,作大功1次,凡记大功1次者,加月薪十分之三。

(d)加薪晋级——记大功3次或合加薪条件者加薪晋级1次。

(e)奖励旅行——每年6月12日,考核全体职员择其最优者奖励旅行。

（2）职员惩罚计分6等:

(a)劝戒。

(b)存记。

(c)记过——存记3次,作记过1次,凡记过1次者扣月薪十分之一。

(d)记大过——记过3次,作记大过1次,凡记大过1次者扣月薪十分之三。

(e)降级减俸——记大过3次或犯降级条例者。

(f)停职——降级3次或犯特别重大过恶者。

第三章　管理局时代

实验区本与县有同等地位，二十九年（1940年）春，四川省推行新县制，区署亦奉令实行，组织略有调整，规模愈益扩大，故旋有改县之说。省府亦派员会同区署勘察改县疆界，而其事迄未实行。至三十一年（1942年）2月，省府训令改署为局，3月1日正式成立，名曰北碚管理局，辖境与实验区时代无异（北碚社会调查第三章）。

第一节　行政机构

据组织规程，北碚管理局与普通县府无异，直隶省政府，而受第三区行政督察专员公署之监督、指挥，办理局境各项行政及自治事务，并执行上级政府委办之事项，其机构一遵县各级组织纲要及有关法令组织之。

局置荐任局长1人，职如县长，综理局务并指挥监督所属各机关团体，由省府就合格人员荐请任命之。下辖1室4科。秘书室，撰拟机要文电，综核各科室文稿与掌印信及文书之缮校保管，本局各级人员之任免考核及不属于其他室科事项。第一科，掌理民政及有关地方自治事项。第二科，掌理财政及税务行政、地方金融、公产管理、粮食调节等事项。第三科，掌理教育、社会建设等事项。第四科，掌理兵役、治安及警备联系等事项。法定职官，有秘书1人、科长4人、指导员2人、督学2人、技士2人（皆委任职），由局长选合格人员呈请省府委任之。科员8人至10人，事务员6人至8人，雇员若干人，均由局长直接委任之。此外，并得呈准省政府，设会计室、警察所、卫生所各委人员若干人。

组织规程虽制定如此，然以事实需要与历史传统之关系，法外增置之机关甚多，即管理局成立之年，已增为2室6科，曰秘书室、会计室、民政科、教育科、建设科、财政科、军事科、粮政科，并于民政科下设户籍室，建设科下设合作指导室。其后又增置统计室、社会科、地政科。兹综合三十一年（1942年）编各机关职掌表及三十三年（1944年）上期诸档厘为表式，并采其他文件，附入备注，以资考鉴（《官制志》第42页）。

机关名称	职官				备注
	职别	职称	员额	职掌	
秘书室	一、文书——缮拟、收发及保管等 二、人事行政——任免、训练、考绩、福利等 三、统计(后别置统计室)	秘书	1	襄理政务 综核文稿	（一）三十一年(1942年)3月成立 （二）三十三年(1944年)冬档,有人事、编审、资料3组,各置主任1人
		一级科员	3	一、缮写函电 一、编撰稿件 一、管理文书	
		二级科员	2	一、缮写上行文书 一、缮写油印	
		三级科员	2	一、管理档案 一、收发与登记	
		雇员工人	2	一、登记人事籍册 一、缮写平行文书	
督导室		主任兼指导员	1		三十一年(1942年)管理局成立,划朝阳、龙凤、金刚、澄江为第一指导区,黄桷、文星、白庙、二岩为第二区。明年8月改划二岩、澄江、金刚为第一区,朝阳、龙凤、文星、白庙、黄桷为第二区
		指导员	1		
会计室	一、总务——会计制度之拟定与各机关会计之督导等 二、岁计——概决算及会计报告之审核与编造 三、审计——事前审计、事后审计及票据稽核等 四、簿记——各项经费之登记	主任	1	综核室务	（一）三十一年(1942年)3月成立 （二）三十三年(1944年)冬,审核员、科员各增1人
		一级科员	2	一、指导各机关会计账务 一、本室文书	
		审核员	2	一、事前审计 一、事后审核	
		二级科员	2	一、掌理细账 一、登记时账	
民政科	一、自治 二、地政(后增置地政科) 三、户籍(置室) 四、卫生(另置专院) 五、救济——施赈教养等 六、禁烟——烟土之禁种禁售、烟民之调查劝戒及烟款之收解	科长	1	综理科务	（一）三十一年(1942年)3月成立 （二）后分置地政科
		二级科员	2		
		三级科员	1		
		事务员	3		
		户政股主任	1		本局承实验区时代置户籍室,三十二年(1943年)10月遵令改组为户政股直隶民政科

续表

机关名称	职官				备注
	职别	职称	员额	职掌	
财政科	一、总务——文书与人事 二、公款——收支与填票 三、公物——采购、保管、收发、清查等 四、公产——房屋地产等	科长	1	综理科务	（一）三十一年（1942年）3月成立 （二）后分粮政科 （三）本科人员时有增减，即三十三年（1944年）中，有减至六七人者
		一级科员	1	襄理科务	
		二级科员	1		
		三级科员	1		
		事务员	5		
		雇员	5		
教育科	一、总务——文书与事务 二、学校教育——国民教育、中等教育之督导与筹划 三、社会教育——社教设施、社会活动之筹划与督导	科长	1	综理科务	（一）三十一年（1942年）夏，教建分科，本科分总务、学校教育、社会教育3组 朝阳、龙凤、白庙、文星4乡镇为第一督学区，黄桷、二岩、金刚、澄江4乡镇为第二督学区，各设办事处
		二级科员	2	一、社会教育 一、国民教育	
		三级科员	1		
		事务员	2	学籍登记等	
		督学	2	分区督导教育	
建设科	一、农林——农政、农艺、森林、畜养 二、工矿——手工业及机械采冶、电汽工业 三、商贸——商政及金融、信托、供应诸业 四、交通——通讯及水陆运输 五、工务——市政营造、劳工工役等 六、合作（置室）	科长	1	综理科务	（一）三十一年（1942年）成立，时分农林、工矿、商贸、交通、工程、合作诸组 （二）人员时有增减，即三十三年（1944年）中，或减至4人，农业及工商技士各1人
		二级科员	1		
		三级科员	2		
		工程师	1		
		工程员兼测绘员	1		
		技士	2		
		检定员	1		
		事务员	1		
		雇员	1		
合作室		主任	1	综理室务	分局境为第一、第二两区
		指导员	2	分区指导各乡镇合作事业	
		会计员	1	掌理合作账务	
		雇员	1	业务经营	

续表

机关名称	职官				备注
	职别	职称	员额	职掌	
粮政科	一、情报——如调查、呈报事 二、管制——粮商、粮价之管理与供求之调剂 三、储备——积谷征收与分发	科长	1	综理科务	三十一年(1942年)成立，是年秋与田赋管理处合并办公
		一级科员	1		
军事科	一、军务——文书、军需、征发、测绘 二、兵役——宣传、调查、组训、优待 三、警卫——警察之编训、自卫之组训及其他警备事项 四、防空——组训	科长	1	综理科务	与局同时成立，三十四年(1945年)并入国民兵团
		一级科员	1	襄理科务	
		二级科员	1	掌理警卫	
		事务员	2	掌管役籍及其他	
		枪工	2		
社会科	(一)人民团体之组训 (二)社会运动之推行 (三)社会福利事业 (四)社会救济事业	科长	1	综理科务	三十三年(1944年)3月1日成立，以前社会行政由民政、建设、教育3科掌理
		一级科员	1	襄理科务	
		三级科员	1	掌理组训	
地政科	一、地籍之整理 二、租佃制之调整 三、荒地之清理	科长	1	测勘	(一)三十三年(1944年)3月成立 (二)三十一年(1942年)，地政署与省府商划本局为地籍整理工作实验区，成立北碚地籍整理办事处，三十三年(1944年)秋并入本科
		技士	1	测勘	
		科员	1		
经收处	经收本局一切税捐，内分租务、税务两组一会计室	主任	1	综理处务	(一)三十一年(1942年)3月遵令成立 (二)为免漏税特划督征区，朝阳、黄桷、金刚为第一区，白庙、文星、龙凤为第二区，澄江、二岩为第三区，各置督征员1人
		组长	1		
		会计员	1	征课会计	
		会计助理员	1		
		组员	1		
		朝阳镇经收员	4		
		白庙乡经收员	2		
		文星乡经收员	2		
		黄桷镇经收员	2		

续表

机关名称	职官				备注
	职别	职称	员额	职掌	
经收处		金刚乡经收员	1		
		二岩乡经收员	1		
		澄江镇经收员	1		
统计室		主任	1	综理室务	统计之职原属秘书室，后分置本室，三十一年（1942年）3月成立
		二级科员	1		

第二节 特别行政机构

另有军法室、田赋管理处、国民兵团、地方行政干部训练所，皆上级政府之支属机关而赋与局长特权兼理者也，兹别述之。据三十三年（1944年）春档案表，其职官如次，并采他档备注之。

机关	职官		备注
	职称	员额	
军法承审室	兼军法官	1	管理局长兼，沿实验区时代设立特权处理军法案件
	承审员	1	
	书记	1	
	二级事务员	1	
	庭丁	4	
军法承审室 军事人犯看守所	所长	1	
	副所长	1	
	医师	1	
	会计	1	
	看守主任	1	
	看守长	1	
	看守	4	
	警士	2	

续表

机关	职官		备注
	职称	员额	
田赋管理处	兼处长	1	管理局长兼任
	秘书	1	
	科长	2	
	助理会计员	2	
	技士	1	
	收储股长	2	三十三年(1944年)冬调查无此3职
	专任副主任	3	
	三级科员	3	
	雇员	1	
	处警	1	
	仓夫	4	三十三年(1944年)冬调查无此职
国民兵团	兼团长	1	管理局长兼
	副团长	1	
	团副	1	(一)实验区时代,曾一度成立,旋省,三十三年(1944年)1月8日又正式成立
	会计	1	(二)三十三年(1944年)调查,增置督察副官、事务员司书各1人
	书记	1	(三)三十四年(1945年)3月,军事科并入本团
	司书	1	
	司号		
后备队	中队长	1	
	副队长	1	三十三年(1944年)春档尚无本队,此据冬季调查材料
	分队长	6	
地方行政干部人员训练所	兼所长	1	管理局长兼
	教育长	1	由省训团委派,承所长命,综理所务
	教导股长	1	
	中队长	1	
	兼讲师	数人	
	会计	1	(一)三十二年(1943年)10月,奉令成立
	干事	2	(二)本所组织与省颁规程颇有出入
	医师	1	
	录事	1	
	司号	1	

第三节 附属事业机构

其他直属管理局之事业机构,尚十有八九,可略分5类。一曰教育:民众教育馆、民众博物馆、民众图书馆、民众体育场是也。二曰社会:卫生院、社会服务处是也,乡村电话管理处附之。三曰经济:农场是也,市政委员会、电力厂附之。四曰军警:警察所、防护团是也。五曰出版:嘉陵江日报社、北碚月刊社、修志馆是也。兹据档厘为下表。

(一)教育

管理局教育事业,类承实验区时代改组而成。

机关	分组与分职[三十一年(1942年)]	职员[三十三年(1944年)]		备注
		职称	员额	
民众教育馆	一、总务组——文书、事务、交际 二、教导组——识字教育、生活指导、职业训练、新知广播 三、艺术组——电化教育、乐剧与展览	馆长 馆员 馆丁	1 2 4	三十一年(1942年)3月,承实验区时代改组
民众博物馆	一、总务组——文书、事务 二、动物组——饲养、繁殖、训练 三、矿物组——征集、陈列、保管 四、植物组——征集、陈列、保管			三十一年(1942年)3月,承实验区时代成立,后并入民教馆,故三十三年(1944年)档不见
民众图书馆	一、总务组——文书、事务 二、采编组——征购、编目、索引 三、阅览组——典藏、出纳、指导 四、推广组——流通、介绍、组训	馆长 馆员 馆丁	1 3 2	三十一年(1942年)3月,承实验区时代成立
民众体育场	一、总务——文书、事务 二、指导——组训、竞赛 三、推广——宣传	场长 场丁	1 1	同前

(二)社会

机关	分组与分职	职员[三十三年(1944年)]		备注
		职称	员额	
卫生院	一、总务组——文书、会计、事务、注册 二、医疗组——门诊,住院,内、外、产、妇、儿科 三、防疫组——种痘、检疫等 四、保健——卫生、教育、设施、纠察等 [三十一年(1942年)]	院长	1	三十一年(1942年)3月,承实验区时代遵章呈请成立卫生所,11月1日改所为院
		医师	2	
		指导员	1	
		药剂员	1	
		助产士	1	
		护士	3	
		会计	1	
		事务员	1	
澄江镇卫生所		主任	1	
		助产士	1	
		事务员	1	
		护士	2	
地方病防治队	专防北碚区内之钩虫病 [三十二年(1943年)]	队长	1	三十二年(1943年)10月25日成立
		医师	2	
社会服务处	一、总务组——文书、会计、事务 二、服务组——生活、人事、文化、经济等服务工作 [三十三年(1944年)]	主任	1	三十一年(1942年)3月,承实验区时代成立
		股长	2	
		会计	1	
		干事	1	
乡村电话管理所		主任	1	三十一年(1942年),改局室属建设科。三十三年(1944年),奉省令改今名,隶四川省电话管理处以通令省属各县乡村电话均收归省有也,经费仍由地方开支
		技士	1	
		会计兼事务员	1	
		话务员	6	
		线工	5	

(三)经济(市政附)

机关	分组与分职	职员(三十三年)		备注
		职称	员额	
农业推广所		主任	1	三十一年(1942年)3月,承实验区时代置农业推广所,事分总务、作物、畜牧、森林、农村问题5组,置主任1人,指导员、助理指导员各1人,技士5人
		技术员	1	
		助理员	1	
		场丁	5	
市政委员会	一、总务组——文书、会计、经收、事务 二、工务组——设计、测绘、监工 [三十一年(1942年)]	主任委员	1	三十一年(1942年)3月,沿实验区时代置
		工程师	1	
		队长	1	
		监工	3	
		会计	1	
		文书	1	
		服务生	1	
公共电力厂		兼厂长	1	三十一年(1942年),沿实验区时代置。三十四年(1945年)冬,因富源水力发电公司成立,供给北碚电灯,电力停办
		管理	1	
		经收	1	
		会计	1	
		加油	1	
		升火	1	
		水夫	2	

(四)军警

(1)警察所

实验区时代有公安队三队。三十一年(1942年)3月,管理局成立,改组公安队为警察所。其时设朝阳、白庙、文星、黄桷、二岩、澄江6分驻所及两义勇警察队。朝阳分驻所又分为天生桥派出所,澄江镇分驻所分为蔡家沟派出所,后龙凤、金刚两乡公所正式成立,复增置两分驻所,派出所亦有增置,别有所谓手枪队者,即管理局之政警队也。兹就三十三年(1944年)组织列表如次:

所别	员额	所长	所员	巡官	警长	警士	司号	会计	书记	事务员	雇员	船夫
警察所		1	1	1	2		1	1	1	1	2	
	第一班				1	2	8					
	第二班				1	2	8					
	手枪队			1（队长）	1	8						
	朝阳镇分驻所	1			2	8						
	天生桥派出所	1			1	5						
	金刚乡分驻所				1	6						
	龙凤乡分驻所				1	5						
	白庙乡分驻所				1	8	1					
	文星乡分驻所				1	8						
	黄桷镇分驻所	1			2	14						
	二岩乡分驻所				1	6						
	澄江镇分驻所	2	1		4	1	1	1	1	2	1	
	第一班				1	9						
	第二班				1	9						
	上海新亚药厂派出所				1	3						
	火药堡派出所	1			1	6						
	新门洞派出所				1	6						

（2）防护团

实验区时代本有防空支会，后改组为防护团。管理局成立，复组防空支会，事分3股，各乡镇并有分会，旋复改为防护团，置主任、干事各1人。

五、出版

实验区时代,出版事业机关有嘉陵江日报社、北碚月刊社专司峡区事业之报道。管理局成立,仍循旧规,旋月刊停办,至三十三年(1944年)筹组修志馆,纂修《北碚志》,将20余年来之峡区经营作一总报道,是峡区事业之总汇也。

机关	分组与分职	职员		备注
		职称	员额	
嘉陵江日报社	(一)经理部——文书、会计、庶务、发行 (二)出版部——编辑、采访、校对、印刷	编辑	1	
		记者	2	
		收音员	1	
		会计	1	
		核对	1	
		刻丁	1	
		报丁	1	
修志馆	(一)总务 (二)采访 (三)编辑	馆长	1	
		干事	1	
		助理	1	
		书记	1	

第四节 乡镇组织

实验区末期已施行新县制,其时已划北碚,增置金刚、龙凤2乡,惟至管理局时代,始置乡公所,连原有6乡镇为8乡镇,保甲编制以十进为原则,数年以来,甚少更变,迄三十二年(1943年)秋,共128保1389甲,兹就其组织,略述如次:

(一)乡镇公所

乡镇公所,系于二十九年(1940年)6月施行新县制时由联保办公处改组而成。行政组织略遵新县制组织纲要,乡镇长副下分设民政、警卫、文化、经济4股及事务员1人,附设调解委员会、合作社,另有中心小学及仓储保管委员会,皆由乡镇长副兼理其事(北碚社会调查)。盖三十一年或三十二年(1942或1943年)时,曾设粮食干事,旋废,又实验区时代特设警卫区,二十九年(1940年)推行新县制时裁废,复制户籍区之法。户籍区介于乡镇与保之间,每乡镇各划为若干户籍区,每区辖境以四五保为标准(多至7保,少至2保),计朝阳8区、白庙3区、文星4区、黄桷5区、二岩3区、澄江6区,共28区,每区置助理干事1人,名义为乡镇公所之职员,派驻户籍区办理调查登记事项,实则无所不管,其意盖以久经训练之专任人员代替未经训练之兼任保长执行任务,性质与前警卫区制不异(北碚社会调查)。三十二年(1943年),其制盖废,另于乡镇公所设户籍干事1人、户籍助理干事1人至4人[三十三年(1944年)春工作报告]。次年秋,又置地籍干事,三十三年(1944年)冬季,调健全乡镇公所长副以下,有队附、民政、户籍、警卫、经济、地籍、文化、户籍助理干事及事务员诸职,传达、公差、夫役亦各一二人,惟其人员繁省以乡镇大小为断,大则股别置员,小则兼摄为多矣。兹据三十三年(1944年)冬调查材料简表如次:

乡镇	长	副长	队附	民政干事	户籍干事	地籍干事	经济干事	文化干事	警卫干事	户籍助理干事	推广员	经收员	事务员
朝阳镇	1	2		1	1	1	1	1		1			1
金刚乡	1	1		1		1	1	1	1				
龙凤乡	1			1							1		
白庙乡	1	1		1		1							
文星乡	1	1		1		1				1			1
黄桷镇	1			1		1		1		1			
二岩乡	1	1		1		1							
澄江镇	1	1	1	1	1		1	3	1	3		1	1

（二）保甲

保设保长,甲设甲长,如常制。以前保甲行政甚为空洞,盖各保虽设有保长办公处,然多在保长家中,除自己外,惟不常办公之保队附而已。管理局成立,厉行保甲制度,正式建立保办公处,人员除保长保队附外,并遵令设民政、警卫、经济、文化诸干事,但多由一二人兼任之(北碚社会调查)。三十二年(1943年),又遵令增置义务户籍干事各2人[三十三年(1944年)春工作报告]。

第五节　行政会议

局务会议为本局最高会议,由局长、秘书、科长、会计主任、各附属事业主管人及其他经局长指定人员组织之,议决事项其类有六:

1. 各科室办事细则;
2. 单行法规之制定;
3. 预决算之编制;
4. 各科室及其他机关职权之划定;
5. 上级政府饬办重要事件之推行办法;
6. 施政计划、施政报告之编制。

本会照组织规程规定每两周召开1次,实则每周开会1次,由局长、主席纪录呈报专员公署及省府备查。

此外,各种会议与实验区时代略同。

第六节　民意机关

一、甲户长会议

局属各乡镇甲户长会,共1389个单位,由各乡镇公所每月派员分保督导开会,并由各该保国民学校校长、教师为辅导会议纪(记)录,由局派指导员随时抽查,每次出席人数平均每甲缺席1人。

（二）保民大会

本局保民大会共128单位，与国民月会合并举行（国民月会举行后，接开保民大会），除由该乡镇公所派员辅导外，并由管理局派主管人员赴各保督导之，人民参加此会颇踊跃，平均约得全民15%。

（三）镇乡民代表大会

本局各乡镇于三十二年（1943年）遵章组织镇乡民代表大会，由各保选举代表1人组织之，每3月举行1次，由局派员指导之。

（四）局临时参议会

北碚管理局遵章成立局临时参议会，于三十一年（1942年）8月成立，设参议员10人，候补参议员5人中设正、副议长各1人，经常驻会参议员1人，书记1人。

地政志

盖土地为立国之本、财富之源,凡国家建设,人民生活胥赖以为营养而滋长繁营也。

人地失调,不仅经济建设受其阻碍,亦易致社会之变乱,是以土地行政尚焉。记云:"有人此有土,有土此有财,有财此有用。"与氏子云:"仁致必自经界始。"土地为经国要素,自古已然,洎乎近代孙中山先生手订建国大纲亦以"完成县土地测量,规定地价为地方自治之基本工作",民生主义更以"平均地权,耕者有其田",为其中心,盖谓此也。

二十五年(1936年),国民政府公布土地法,二十八年(1939年)9月,复公布《县各级组织纲要》,县即有地政科之设立,四川省政府所订本省各级县府组织,第七为地政科,掌理业务有六:(一)关于土地测量调查事项,(二)关于土地登记事项,(三)关于土地使用事项,(四)关于土地税事项,(五)关于土地征收事项,(六)其他有关地政事项。三十一年(1942年)3月,北碚管理局成立,其组织与县同,地政事宜初由建设科兼司。三十三年(1944年)3月,以北碚地籍整理办事处结束,始设地政科焉。

北碚管理局成立之初,与中国农民银行北碚办事处于朝阳镇十九保(天生桥)创办扶持自耕农示范区,颇著成效,地政署乃与四川省政府商划本局为地籍整理实验区。三十一年(1942年)12月4日设立四川省北碚地籍整理办事处,从事于农村市政土地之测量及土地评价、土地登记等业务。三十三年(1944年)9月,各项业务大体竣事,北碚地籍整理处奉令撤销,未完业务移交北碚管理局,由地政科继续办理。

北碚地政事宜,除土地陈报、扶植自耕农及土地税等另述外,约可分为三个时期,兹将各期办理经过及成果分述如次:

(一)第一期[自二十五年(1936年)2月至三十一年(1942年)2月]

嘉陵江三峡乡村建设实验区成立,辖域有北碚、文星、黄桷、二岩、澄江等五乡镇。是时土地调查工作之推进至为积极,以限于人力财力与客观条件之不许,所获结果颇欠确实,惟办理农贷与土地利用、土地征收等事宜,则全达预期之成效。

实验区辖地划自各县,当时所知全区面积为1800方里(约合320方公里),耕田面积约计69920亩,其中旱田面积多于水田,旱田年可收谷旧量7000石,水田收谷2万石。二十七年(1938年)春,实验区调查统计,全区年可收谷粮81747石,估值486931元,杂粮12197石,估值84593元,农户9351户,占总户数77%,惟此多为不可靠之数字,本期工作情形及成果略志如次:

全区人口土地调查统计表

乡镇别	人口			户数	土地		
	男	女	合计		水田	旱田	合计
北碚镇	14561人	14092人	28653人	5767户	12894	2207	14692
澄江镇	10348人	7221人	17669人	3522户	10824	1472	12296
黄桷镇	6717人	5854人	12571人	2603户	6165	1526	7692
文星镇	5168人	4417人	9585人	2002户	2267	1163	3431
白庙乡	3526人	5809人	5809人	1330户	765	444	1209
二岩乡	2464人	1777人	4241人	819户	3799	261	4060
合计	36013人	78536人	78526人	16043户	36204	7173	43380

农民种类及耕种亩数表

农民种类	农民百分比	每户耕种水田平均亩数	每户耕种旱田平均亩数	备考
佃农	90	20	3	本区劳农具贫无立锥地者约千余户
半自耕农	6	60	10	
自耕农	4	40	5	

农民生活以佃农最苦,经调查,二岩镇属之西山坪农家经济情形如次表:

户别	所租田面(石)	押佃银年租(两)	出产分配法	备考
佃户甲	20	120	收谷半	以该地最低利息年利2分计算,押租900两合利180两,合洋252元,以此买谷可得25石。假定185石田面丰年收获7成,得谷130石,地主分得一半。计65石,合押佃利息收入地主共得90石,几占全收获十分之七,佃户仅占十分之三
佃户乙	30	150	同	
佃户丙	30	125	同	
佃户丁	20	100	同	
佃户戊	15	70	同	
佃户己	30	150	同	
佃户庚	30	130	同	
佃户辛		55	同	
合计八户	175	900		

兹再就一般租额缴纳情形列表如次:

全局一般租额缴纳调查表

租佃种类	上田			旱田			备考
	上等	中等	下等	上等	中等	下等	
钱租				1元	5角	2角	只旱地纳钱租1成至2成,谷由5成至8成分租,以实收数各得其半
谷租	8年	6年	4年	1斗	5升	2升	
分租	5成	5成	5成				

当时土地售价不一致,大约视土地之肥瘦、水利之有无及所在位置而定。兹列二十六年(1937年)土地一般价值如次:

全区一般地价表

土地类别	上等	中等	下等	备考
水田	70元	50元	40元	以旧亩计算
旱田	30元	20元	10元	
垫地	25元	15元	7元	

兹将办理土地征收农贷水利等事宜,分述如次:

土地征收

一、蚕丝改良场:二十五年(1936年)秋,省政府令征收东阳镇之坝土地作为蚕桑改良场,9月26日,区长唐瑞五于西部科学农场召集当地保甲长,开会商讨征收办法,议决征收田土面积按亩计算(以旧营造尺60方丈作1亩)。由实验区署派人,会同地主丈量。应征之地分为四等,凡地质平坦、土质肥沃之坝地,每亩产苞谷在9斗以上者,为甲等土,每亩议价50元至60元。土地肥沃、地质倾斜,年产苞谷7斗以上者,为乙等土,每亩议价35元至50元。土地出产量较少,而且在山侧河畔者为下等,每亩议价25元至35元。凡未耕种之荒土荒山酌量给价,田则不分等级,平均每亩议价与甲等土同,房屋酌量议价,此亦可见当时地价之一班(斑)。

二、北碚新村:抗战军兴,国府西迁,以重庆为战时首都,划北碚为迁建区。北碚管理局为应各迁建事业之需要,乃于民国二十七年(1938年)1月有新村之筹划,先组织新村筹备委员会,聘请郑璧成、张博和先生充任正副主任委员,从事征购北碚附近之田地400余亩,聘请王子良先生为工程师,测绘设计,划分地号,放卖地皮,同时修筑马路,修建房屋。当时征购土地办法与前节所述议定之地价,一二业主抗不允征,以致涉讼;得完成预定之计划焉。

为扶助农民发扬民生计,二十五年(1936年),即举办种粮借贷,其年9月,区署向北碚农村银行借款,购办冬粮,又照价借于农民补种,初次举办,民多观望,借种多则2斗,少则5合。北碚黄桷二镇农家120户,借出蚕豆8石9斗3合,豌豆6斗,小麦8斗3升6合,计合洋209元7角2仙,次年在一年度生产救荒紧急会议之后,区署筹借现款400元,又于3月举办第2次借贷,先派员赴洋芋产区之巴县磁器口商店场采买洋芋,并饬员编印种植方法,拟具借贷洋芋办法,由区署令各联保主任,从事宣传,洋芋运到配发五乡镇,由联保办公处主任及助理员司借发之事,农民借到即时下种,计前后采买3次共10080斤,合计374元06仙6星,此区署扶植农民之事也。此次借发结果得下列统计:

镇别	借用农民户数	借券张数	借放斤数	备考
北碚	246	165	3300	
黄桷	130	119	1723	1.各镇有数户立借券一纸者
文星	77	62	1755	2.合计数字之10901与买入洋芋数10080相差820斤,盖以买入用大秤发出,系旧制200两秤也
二岩	65	65	1276	
澄江	170	162	2847	
合计	688	573	10901	

农田水利：本区多山，地质浇薄，人民贫困，山多煤窑，附近土地大抵均赖窑中浸水灌溉，二十六年(1937年)春，旱象初呈，实验区派员督修塘堰沟渠，4月播种之际，又特别提倡合作秧田，播种旱秧，各种秧田均得播种。计全区农家自有水田之秧田314亩，合作秧田(即农人借用有水田农家之秧田)23亩，旱秧田29亩，合计有秧田366亩，水田5609亩，全可栽种。其余无水之田亦能下种，此亦整理农田水利之效也。

(二)第二期[自三十一年(1942年)3月至三十三年(1944年)8月]

三十一年(1942年)春，三峡实验区结束，改组为北碚管理局，关于农田水利扶植自耕农与农贷等事，由建设科办理。同年12月四川省北碚地籍整理办事处(以下简称地整处)成立，专事于局属农市地之整理，该处于三十三年(1944年)9月结束，未完业务移交管理局办理，局属土地面积始确知为239134亩合159平方公里余(一期数字极不确实)，其他各项统计亦获得确实之数字。

地籍整理之程序，概言之，曰：土地测量、土地登记、规定地价。土地测量首施三角测量(包括天文测量测定经纬度)，依三角法以计算各点经纬度及纵横线，再于各三角形中插测图根点以算得各点之纵横线，进而运用此各点之结果以测绘各户土地每丘之形状及经界，是谓之曰户地图，然后按丘编号，计算每丘面积，并绘公布图与权状附图，土地登记则自收件起，审查、公告、登簿、造册，以至发给权利书状为止，规定地价则自调查、计算召开会议评定，以至公告确定止，兹分述各项工作经过事实及其成果：

(1)土地测量

甲、三角测量：

初，中国地理研究所在北碚测有二、三、四等三角网，共30点。其基线设于北碚对岸之上坝，其天文原点设在市区西北约1公里半处，曰团囗系基线之第一增大点，其成果为：

经度=106°25′4.288	横线 X=3636999.^{m}897
纬度=29°50′11.″863	纵线 Y=241404.^{m}125
指角=27°32′26.″000(至北端点)	标高=282.^{m}666(自上海吴淞零点起算)

所列纵横线系应用兰字氏统一投影法推算而得,标高系根据扬子江会所测之沿江水准点成果推算,指角系自北依顺算,上列数值实可视为决定北碚地理位置之精确原子,北碚地整处应用中国地理研究所三角成果而外,更于二岩、文星、澄江三镇乡选测三等三角锁三条,自三十二年(1943年)3月开始,至5月底结束。

乙、图根测量:

分三角图根点、交会点、导线点三种,各以地形如何而选测,是项测量自三十二年(1943年)开始至三十三年(1944年)3月完竣。

丙、户地测量:

根据三角图根成果,应用平板仪以测绘各户土地之经界与丘形,并定每丘之地目,所成之图曰户地原图,图幅为长方形,各幅幅面宽阔一定(东西长50公分)(南北长40公分),惟比例尺大小各因土地之肥瘠与丘块之零整,而有五百分之一、千分之一、二千分之一不等,是项测量自三十二年(1943年)3月开始,至三十三年(1944年)4月完成,他如编号求积等工作,则系紧随测图工作而渐进。

兹列土地测量成果如次

三角测量		图根测量				户地测量			
三等三角点	簿册	三角图根点	交会点	导线点	共装订簿册	图幅数	丘数	计积簿册	面积
22	5	113	3211	457	26	829	131946	829	239134

(2)土地登记

测量完竣之土地,不论公有私有,其所有权及他项权利,均依法予以登记:(一)收件(收受业主契约及登记申请书),(二)审查,(三)覆丈(经界有错误者),(四)公告(与邻界有错误或与人有无他项权利关系或纠纷),(五)登簿造册(编写登记总簿及造地价册),(六)颁发土地所有权状,市地登记自三十二年(1933年)4月始至10月大抵完竣,农地登记至11月始至三十三年(1944年)7月大抵完竣。兹列其成果如次:

兹列土地测量成果如次

所有权登记		他项权利登记		各项成果簿册数					备考	
号数	面积	号数	面积	申请书	登记总簿	地价册	索引簿	公有土地清册	未登记土地清册	未登记面积未登记号数
123374	190043	60	155	670	257	131	46	11	9	

上列成果无颁发土地所有权状一项,即土地登记工作未告完成、其原因与办理情形于本篇第三期内述及。

(3)规定地价

规定地价为照价抽税,涨价归公。照价收买等政策之基础,为实行平均地权之着手办法,故与测量登记配合进行,为地籍整理工作之一部,此项工作系根据非常时期地价申报条例及查定标准地价实施办法办理,自三十二年(1943年)4月1日开始,至同年9月完成,兹列农地市地地价表如次:

各乡镇农地各类土地每亩地价表

三十二年(1933年)11月评定

地目	朝阳镇	黄桷镇	澄江镇	龙凤乡	金刚乡	二岩乡	白庙乡	文星乡
水田	16000	15000	14000	13000	13000	12000	12000	12000
旱田	12000	11000	10000	10000	1000	8000	8000	8000
坝地	10000	9000	8000	8000	8000	7000	7000	7000
坡地	6000	4000	4000	4000	4000	3000	3000	4000
山地	5000	4000	3000	3000	3000	2000	2000	3000
园地	8000	8000	8000	7000	7000	7000	6000	7000
林地	5000	5000	5000	4000	4000	4000	4000	4000
池塘	6000	6000	6000	6000	6000	6000	6000	6000
基宅地	5000	5000	5000	5000	8000	5000	5000	5000
坟地	5000	6000	5000	5000	5000	5000	5000	5000
沙地	4000	4000	4000	4000	4000	3000	3000	4000
荒地	2000	2000	2000	2000	2000	2000	2000	2000
附注								

市区各类土地每亩地价表

地目及地价区	地价及辖境	评定年度乡镇别	朝阳镇 本镇 32	朝阳镇 本镇 33	朝阳镇 本镇 36	朝阳镇 天生桥 32	朝阳镇 天生桥 33	朝阳镇 天生桥 36	黄桷镇 本镇 32	黄桷镇 本镇 33	黄桷镇 本镇 36	黄桷镇 东阳路 32	黄桷镇 东阳路 33	黄桷镇 东阳路 36	澄江镇 32	澄江镇 33	澄江镇 36	金刚乡 32	文星乡 32	三岩乡 32	白庙乡 32
基宅地	甲	地价	100000	1400000	1400000	30000	40000	400000	100000	1005000	1000000	24000	30000	350000	100000	120000	1200000	40000	50000	50000	80000
		辖境	上海路为中点,东西南北一环			中街左右20公尺以内			林森路左右20公尺以内			东阳路左右10公尺以内			中山路左右15公尺以内			金刚街下段		上中下横街慈幼路等	中正路左右15公尺以内
	乙	地价	60000	90000	1100000	20000	30000	300000	70000	70000	600000	10000	20000	200000	80000	90000	800000	20000		20000	60000
		辖境	蔡洛、吉林、公园路一带		中山路左右25公尺以内	上街左右15公尺以内			中正、中山、树人、紫霞、土主等路一带			不属于甲区者为乙区			汝航路、中正路、宝源路左右15公尺以内			不属于甲区者为乙区		不属于甲区者为乙区	
	丙	地价	40000	60000	300000	1000	15000	200000	50000	50000	300000				50000	60000	300000				40000
		辖境				下街老街一带			田坝、麻柳、字藏等路一带						缙云、林森、夏溪、温泉、致和、辅仁等路						下白路、煤路、土地路、乡连路、白站路、嘉陵路一带
	丁	地价	20000	30000	200000										20000	30000	200000				20000
		辖境	温泉路、复旦路、老车站一带												运河、合川、澄江等路						中山路、上白路、口车路、白站路一带 龙洞、山车口路一带

续表

地目及地价区 地价及镇境 评定年度 乡镇别	朝阳镇 本镇			朝阳镇 天生桥			黄桷镇 本镇			黄桷镇 东阳路			澄江镇			金刚乡	文星乡	三岩乡	白庙乡
	32	33	36	32	33	36	32	33	36	32	33	36	32	33	36	32	32	32	32
水田	15000	25000	300000	15000		300000			300000		25000	300000		25000	300000				
旱田	10000	15000	200000	10000		200000			200000		15000	200000		15000	200000				
园地	9000	15000	150000	9000		150000	5000		150000	5000	15000	150000	9000	15000	150000	8000		8000	8000
地	8000	10000	100000	8000		100000	5000		100000	5000	10000	100000	5000	10000	100000	8000	8000	8000	4000
杂地	8000	10000	70000			70000		10000	70000		10000	70000	1000	10000	70000	5000	5000	4000	8000
荒地	2000		10000	2000		10000		3000	10000		3000	10000		7000	10000	2000	2000	2000	2000
水田	12000																		
旱田	10000																		
园地	8000																		
地	5000																		
荒地	2000	3000																	
坡地		7000	50000		50000	50000			50000	5000	7000	50000	5000		50000	4000		4000	4000
沙地		3000	50000		2000	50000			50000	4000	3000	50000	1500		50000			3000	

备注：
1. 朝阳镇市区以内之农地分为两地价区。在上者为甲乙区，在下者为丙丁区。
2. 文星乡之地价仅列一区，无甲乙丙丁之分。
3. 三十三年（1944年），三十六年（1947年）两次重估地价对三十二年（1943年）所定地价区之地目多有合并与取舍。
4. 本表估计地价系根据抽查及土地移转结果计算最近二年内之平均值。
5. 本表评定标准系地价评议委员会所议决。

(三)第三期[自三十三年(1944年)9月至三十六(1947年)年9月]

北碚地整处对于土地测量、规定地价工作大体办理竣事。惟土地登记事项所遗工作特多,即土地所有权状之未制颁是,其原因系该处为遵照全国性法令,分丘测量、编号、求积、登记,以至分丘制颁权状。殊北碚地势崎岖,土地丘块极为零碎,业主率皆有权状数张、数十张,甚至有达数百张者,不但缴费重与保管不便,且土地分裂太甚,每一权状究为何丘何地,无法辨认,以是人民率皆反对,致地整处未颁状而结束。

北碚管理局接办地整未完业务,对于土地所有权状,经详加研究,认以一业主之土地,地目相同,丘丘相连者,编为一号,并各号相连接者制颁权状一张(即并丘发状),如是则业主观图,即知其土地或者为田,或者为地。暨其面积与乎整个之形状,当时改进办法,请示省府与地政署,初以碍于全国通行法令,未获核准,至后经营管理局派员晋省晋署,面陈北碚土地特殊零碎情形,卒荷地政署派员莅碚调查后始予同意。

管理局办理颁状工作,自三十四年(1945年)8月开始依照改进办法,先模绘户地原图(827幅),次派员持图赴实地调查每业主土地之经界、地目等,然后改编地号、计算面积,而绘权状附图,统计面积,缮颁权状。至三十六年(1947年)9月,已颁发朝阳、龙凤、金刚、黄桷、二岩、澄江等六镇乡,白庙、文星赓即颁发,全部地籍整理工作可于三十六年(1947年)底办竣,兹列成果如下表:附表(一)。

观上二期与三期成果,可知北碚地整处办法须制颁权状13万余张者,由于北碚管理局改进之结果,则骤减不足2万张,相较之下,不但节省公币减低人民负担至巨,且便利人民保管与认识。其土地分布状况,尤非金钱之损益所可计及。

颁状完竣后,各项簿册齐备,人民土地转移、分剖、变更、销减或权利人死亡等,均随时换发其有关之权状,如是则过去地籍紊乱现象可以杜绝矣。此外对于地权之分配,公私有土地与及各类土地面积,均有详确统计,作改进农业与实施土地政策之依据,兹分别表列如次:附表(二)。

北碚管理局办理地籍整理业务成果表　附表（一）

乡镇所	模绘原图	起止年月	调查经界起数	起止年月	改编地号计积及绘附图	起止年月	缮颁权状张数	起止年月	备考
朝阳	57	三十四年(1945年)8—10月	1189	三十四年(1945年)11—12月	3828	三十五年(1946年)1—4月	1228	三十六年(1947年)3—4月	1. 调查经界起数与缮颁权状起数不合，系因于调查后或合并有分割，黄桷、白庙、文星三镇乡颁状起止月份系预定者
龙凤	126	三十四年(1945年)11—12月	2105	三十四年—三十五年(1945年—1946年)12—1月	5868	三十五年(1946年)2—6月	2182	三十六年(1947年)4—5月	
金刚	93	三十四年(1945年)11—12月	1690	三十五年(1946年)1—3月	5241	三十五年(1946年)4—6月	1684	三十六年(1947年)6—8月	
二岩	88	三十五年(1946年)1—2月	1230	三十五年(1946年)3—4月	4152	三十五年(1946年)6—9月	1252	三十六年(1947年)6—7月	
澄江	201	三十五年(1946年)2—3月	3854	三十五年(1946年)4—6月	9217	三十五年(1946年)9—12月	3938	三十六年(1947年)7—10月	
黄桷	138	三十五年(1946年)2—4月	3714	三十五年(1946年)6—8月	10298	三十六年(1947年)1—2月	3785	三十六年(1947年)8—10月	
白庙	64	三十五年(1946年)4—5月	1260	三十五年(1946年)7—8月	2705	三十六年(1947年)2—4月	1298	三十六年(1947年)11—11月	
文星	122	三十五年(1946年)5—6月	4045	三十五年(1946年)8—9月	6557	三十六年(1947年)3—6月	4198	三十六年(1947年)11—12月	
合计	889		19087		47866		19565		

北碚全区公私有类土地面积统计表　附表（二）

乡镇别	总面积	私有						公有							
		共计	田	地	山	荡	杂	共计	田	地	山	荡	杂	道路	河流
朝阳镇	19527	11426	4088	4674	417	26	2221	8101	316	558	32	16	220	1813	5146
黄桷镇	35139	27548	7716	12540	3902	55	3335	7592	223	303	12		15	1025	6014
龙凤乡	34668	29505	5372	15860	3702	34	4537	5163	223	95	46		15	597	4187
金刚乡	22015	16234	5547	5694	2381	5	2607	5781	351	613	13		129	1479	3196
澄江镇	67438	45945	13340	19590	4143	53	8819	21493	375	813	350		261	2761	16924
三圣乡	23947	21067	5995	7085	1725	100	6162	2880	88	146	12		80	518	2036
白庙乡	13443	11001	1056	7121	1126	54	1644	2442	62	91	8		54	706	1521
文星乡	22944	21295	1974	12793	1209	24	5295	1649	91	213	54	16	126	916	249
总计	239121	184021	45088	85357	18605	351	34620	55101	1729	2832	536		900	9815	39273

北碚全区各类土地面积统计表

乡镇别	总计	田			地						山		荡		杂						
		共计	水田	旱田	共计	图地	坝地	坡地	山地	林地	共计	林地	共计	池塘	共计	基宅地	坟地	沙土地	荒地	道路	河流
朝阳镇	19528	4404	2156	2248	5233	4	33	3821	899	476	449	449	42	42	9400	913	238	289	1001	1813	5146
黄桷镇	35133	7939	3798	4141	12841	379	1142	8167	1953	1200	3914	3914	55	55	10389	982	304	123	1941	1025	6014
龙凤乡	34655	5594	1888	3706	15944	3	81	7634	7117	1109	3748	3748	34	34	9335	358	126	22	4045	597	4187
金刚乡	22016	5899	2358	3543	6307		155	3668	1964	520	2395	2395	5	5	7410	385	163	50	2137	1479	3196
澄江镇	63447	13714	6280	7434	16405	46	1308	9299	3613	2137	4512	4512	53	53	28765	1282	1799	542	5457	2761	16924
三岩乡	23947	6083	2409	3674	7230	69	192	4017	2350	602	1738	1738	100	100	8796	267	127	72	5776	518	2036
白庙乡	13441	1117	543	574	7211		59	3029	4069	54	1134	1134	54	54	3925	286	24	19	1369	706	1521
文星乡	22947	2064	816	1248	13005	8	471	4929	7471	126	1268	1268	24	24	6586	546	136	4	4735	916	249
总计	235119	46817	20246	26568	84174	509	3441	44564	29436	6224	19158	19158	367	367	64606	5019	2917	1121	26461	1815	39273

附注：表列单位系市亩计。

北碚全区地权分配表

乡镇别	总计		自耕农				半自耕农				佃农			
	户数	面积	户数		面积		户数		面积		户数		面积	
			数量	占总户数百分比	数量	占总面积百分比	数量	占总户数百分比	数量	占总面积百分比	数量	占总户数百分比	数量	占总面积百分比
朝阳镇	456	12568	296	65%	5269	42%	24	5%	1002	8%	136	30%	6297	50%
黄桷镇	918	28101	433	47%	9285	34%	164	18%	8099	29%	321	35%	10717	37%
龙凤乡	731	29875	448	61%	16107	52%	30	4%	12625	41%	253	35%	1143	7%
金刚乡	760	17342	466	61%	9624	56%	79	11%	1568	9%	215	28%	6150	35%
澄江镇	997	47764	344	35%	7871	17%	132	13%	5920	12%	521	52%	53973	71%
三岩乡	319	21393	157	49%	4905	23%	40	13%	2187	10%	122	38%	14301	67%
白庙乡	342	11217	247	72%	6484	57%	21	6%	1737	16%	74	22%	2996	27%
文星乡	897	21783	627	70%	11705	54%	61	7%	2546	11%	209	23%	7532	35%
总计	5420	190043	3018	66%	71250	37%	551	11%	35684	19%	1851	33%	83109	44%

附注：本表朝阳、澄江、黄桷三镇市区户数未列入。

在本期中，中央迁碚事业甚多，征购土地事宜虽至频繁，率皆顺利完成，惟荣誉军人实验区、军政部汽油厂及国立歌剧学校等征地，迄今数载，犹有纠纷，悬未解决。荣军区于三十一年（1942年）7月征购澄江镇碑泥坝一带田地900余亩，以对附着物之补偿及迁移费等未曾顾及，致有少数业户抗不允征。汽油厂则于民国三十一年（1942年）3月在澄江镇官斗石征地500余亩，以补偿地价仅及当时市价三分之一，致使人民未肯接受，现该厂一切设备售于宝源煤矿公司，由公司负责了结土地问题，刻正商讨赔偿办法，不久即可解决。歌剧学校于民国三十二年（1943年）春，征购北碚中山路西侧土地十余亩，业主狡赖捏（捏）词向层峰诉愿，所有征收该地文件正报呈省府审核中。

又□□局鉴于若干建设须赖地图以策划之故，在本期中复致力于地图之测绘，初有北碚全境平面图之编制（二万五千分一之尺系据户地图缩绘），继有北碚市区（四千分一之尺）及北碚全境（二万五千分一之尺）地形图形图之测绘。此等工作始于三十二年（1943年）春，至三十四年（1945年）冬完成，在吾国各县级中运用三角测量、图根测量、自行测绘有等高线而合标准之地形图者恐尚以北碚为创举。

第二章　土地陈报

田赋为国库收入大宗，其在国家财政上之地位甚为重要。民国十七年（1928年），国省税划分之后，田赋又形成地方税收之骨干，三十年（1941年）田赋改征实物，尤为国家财政柱石。惟久未整理，弊端丛生，人民负担既不平均，政府收入又形缺绌，错综纷乱，莫可究诘。惟整理田赋本非易事，欲事清理，须依照土地法规明定程序，先从测量入手。然经费、仪器、人才、时日，俱为问题，欲迅赴事功，以有限之财用，收较速之效果，则舍实施土地陈报不为功。三十年（1941年）第三届全国财政会议通过"促进全国各省土地陈报计划"议案后，即由中央通令各地限于三十一年（1942年）底遵令完成，以便早日利用成果、征收实物，期达实地、实户、实粮之最终目的。土地陈报与土地登记不同，后者为清理地籍，前者为清理田赋，而非土地所有权之登记也。二十三年（1934年）6月，行政院颁布办理土地陈报纲要，原分7种手续：一、册簿编查，二、业户陈报，三、乡镇长陈报，四、审核复查或抽丈，五、县府公告，六、编造征册发给土地管业执照，七、改订科则。然施行之后，深感窘困，盖章程与社会环境难以配合，故三十年(1941年)6月第三次全国财政会议加以修正，其进行程序改订：一、筹备，二、划界分段，三、编查绘图，四、业户陈报，五、审核复查或抽丈，六、公告，七、统计，八、改订科则，九、造册，十、颁发土地管业执照。四川土地陈报始于二十七年(1938年)秋，于省府设陈报处，预定三期办竣，但未能如期完成，自三十年(1941年)8月1日，是处改隶中央，奉令举办土地陈报，先事筹备，凡调查、宣传、训练干部等工作，皆一一进行而后实行，陈报手续终于三十一年(1942年)12月完成，故利用成果征收实物毫无困难也。其后本省田赋管理处拟订"四川省各县局土地陈报改进办法"，改进工作，以期精确，凡陈报不实及新赋税率有欠公允者，准人民申请复查予以更正，积弊既清，征实效宏，而实行新科则后所收竟达9成以上。

北碚管理局辖区系划江北、巴县、璧山之一部，于三十一年(1942年)春组成。初无田赋管理处之设置，故土地陈报工作全系由划入各县办理。三十一年(1942年)冬，北碚设立田赋管理处，接收各县划入土地之陈报结果，从事征粮工作。三十二年(1943年)复利用土地陈报新科则征实，共计配分新赋为3412.97元，其间有少数粮民觉陈报亩分多于实有，嫌配粮甚重，申请复查，三十三年(1944年)4月至6月，派员一一丈量，予以更正，至是陈报结果乃臻于完善。

北碚田赋赋册接自各县，以各县当时办理陈报情况各别，不但测绘陈报精度不同，且各类地目每亩所配赋额多寡，亦各上下甚巨，因之数年以来，据以征实，各区(以各划入县土地为一征收区)之间，为其切身利益，对配粮数额多寡互有烦言，而政府办理方面亦增无谓之繁难，现在管理局办理地籍整理即将完竣，已决定以地籍整理之成果编制统一之赋册，过去之纷歧现象与困难即不再见矣。

第三章　扶植自耕农与保障佃农

民生主义之要点，在使耕者有其田，故政府令饬中国农民银行兼办土地金融业务，北碚管理局呈准四川省政府指定北碚为扶植自耕农实验区。三十一年(1942年)春该局与中国农民银行协商办理扶植自耕农示范区，盖欲利用国家资金直接创设自耕之模范:一面协助佃农个别购地自耕,一面创办示范区,曾先后选定示范区域、实施地籍整理、完成区段征收、分划单位农场,以创设自耕农制,此等阶段至三十二年(1943年)春全部告成,将北碚朝阳镇十九保1420余亩分给80户农民,承领耕种,分划80农场,于是昔日佃农占64%之区,一变而为纯粹自耕农之模范区,昔日占半数5亩以下之农户,一变而为大小相差土地平均18亩之农场,于调整人地分配、促进土地利用颇有效果,今述其经过著于篇。

一、发放地价,征购土地。三十二年(1943年)1月,示范区土地征收公告期满,乃开始发放地价补偿收购土地,其原为自耕者暂不发放,地价俟承领农场决定之后,再核计其应收或应缴地价,其原为不耕地主者,一律以现金收购,其土地,其价格均按每石核算,田3300元,地2310元,此项补偿地价系由本局向农民银行贷来,其发放亦委托该行代付,至2月止共计征收土地45起,发出补偿地价2000696元。

二、划分单位农场。三十二年(1943年)3月着手划分单位农场,每单位农场面积原以廿亩为准,但依据地形与实际之需要结果,改划全区为70农场,另有在庄地主折留之房屋及园地15起,共计85起。

三、发放农场。创设自耕农单位农场划竣后,三十二年(1943年)4月始正式放发农场,依自耕农原佃农、其他佃农及雇农等,顺序审核、放领,计创设自耕农70户,其无款向该局缴付地价者,由农行照贷,计农行贷出放款总数1989509元,农民领地缴价手续办妥后,复由该局发给领地证明书,办理接收手续,至6月底完成。

四、办理自耕农辅导事宜。为辅导示范区自耕农合理经营农业,以保障其进步与发展计,管理局商请农林部于区内设立辅导办事处负责进行,至三十二年(1943年)2月19日辅导示范区自耕农成立合作农场,以各种合作方式经营农业,颇著成效。

三十四年(1945年)夏,管理局复计划办理澄江镇25保扶植自耕农示范区向农民银行洽妥贷款4000万元,并由地政署派员会同管理局办理该保地籍图评定地价竣事,卒因少数地主顾其私利,提出异议,农民方面则又虑及偿付贷款本息等等问题,滞延时日,同时地价又随物价激涨,以致困难日增,卒使计划未得实现。

管理局鉴于直接扶植,作区段征收土地及贷款巨大之难,乃着重于间接扶植之办理。自三十二年(1943年)以来,凡佃耕土地之出售者,均依法维护佃农优先购买,同时与中国农民银行密切联系,给予贷款农人一切便利。迄今未及5年,在局属八镇乡之间接扶植者,已达200人左右,倘能继续办理,预料不到30年全碚农人皆可成为自耕农矣。

管理局除办理扶植自耕农外,并对租佃制度极为注意,过去数年对于保障佃农法令,如地主不得加租加押,非依法不得撤佃等问题,均向民间宣传且严厉执行,一扫昔日地主压制佃农、剥削佃农恶劣之习气。现在则正计划举行租约登记,严格管制租佃事宜,此外对于二五减租亦将尽最大努力促其实现。

第四章　土地税

土地须纳税,自古已然。昔日纳税为单纯之田赋,今则有地价税与土地增值税之分。地价税为依地主申报地价(即地主按评定标准地价作20%上下所报之价)按年征收,其税率为所报价15‰。土地增值税则于土地移转或虽无移转而届满10年时(自第一规定地价之日起计算)征收之,其税为照增值之实数额计算。此两税者均系用累进制,即地价增税亦随增,而对城市土地或某一地区土地因故繁荣地价激增以课增值税,实寓涨价归公之意。北碚城市土地(朝阳、黄桷、澄江三镇市地)于三十二年(1943年)秋办竣地籍整理。奉令开征土地税与增值税农地至今犹收田赋(实物)与契税。

第五章　插花飞地

吾国省县因土地、人民、政治等历史关系,所在皆有插花飞地。属区穿插,行政困难,局境亦然。江北县有管理局属之杨侯庙地区,管理局有江北县之属地,其他璧山与巴县各有数地钳入管理局属之澄江、金刚、朝阳各镇乡。此各镇乡亦有土地钳入各该县内,坐致各管乡镇保甲界域混淆不清,且于治安维持亦易发生困难与推诿情形。管理局为厘正疆域便利行政计,曾派员实地履勘,并报请第三区行政督察专员公署派员会同视察,终以各执利害,迄未解决。

财政志

前人修史,其有关经济者,统名食货,食谓农殖嘉谷可食之物,货谓布帛可衣及金刀龟贝,所以分财布利,通有无者也。盖自马、班史汉,祖述洪范,迄2000余年不更,地方修志亦然。本志创修,以近世学术,较昔加密,乃略更前人涂辙,细为分类。其农业、蚕桑、森林、渔业、畜牧、垦殖、工业、矿冶、水利、商业、金融及物价诸门,统归经济一编,各立专篇,分由专家主之。粮储一项,亦别详《粮政志》,本篇则属之政治编,所述只限人事制度,兹就行政组织、会计、税务、田赋四项,分别述之如次,其档案散佚,无可稽考者,则姑阙焉。

一、行政组织

北碚管理局前身,为峡防团务局及嘉陵江三峡乡村建设实验区署,当峡防团务局时代,事属草创,诸多因陋就简,其司财政者为庶务处,设庶务员、会计员各1员。秉局长、副局长之命,司发薪饷及造报预决算之职,是民国十二年(1923年)事也。至民十七年(1928年),峡防局改组更局制而成立训练处。其下分四股,乃易庶务为总务股,设主任1人,综理股务,分置庶务、会计等5室,庶务室置庶务1人至2人,司款项之出纳,另置经收员4人至5人,则司税收者也。会计室置司账、统计各1人,司账或称会计,司编造账簿,登记账目,保存单据及造报预决算等事项,统计则专司一切数字之统计事项。迨民国二十年(1931年),此会计室又并于稽核股,所职掌仍同。民二十五年(1936年)峡防团务局改组为嘉陵江三峡

乡村建设实验区署,乃又改总务、稽核二股为财务股,设主任、副主任各1人,综协理股务,办事员6人,分司编造预、决算及出纳,保管等事项。民国三十一年(1942年)3月,奉命改区署为北碚管理局,始设财政科,司财务行政、税务行政及地方金融等事项,设科长1人,综理科务,一级科员1人,一级事务员2人,一级雇员2人,分司全局财务行政、监督经收,并处理公产等事项。同年11月1日,依照省颁组织规程,成立经收处,设主任1人,综理本处业务,下分租务、税务2组,置组长3人,组员6人,雇员3人,会计2人,督征员2人,经收员15人,分别经收管理局一切税款及公学产租金等事项。三十二年(1943年)1月又正式呈请设立会计室,依法请由国民政府主计处令派会计主任综理该室业务,当奉令依六等县之会计室设置标准,设主任1人,综理总会计业务,审核开支报告,并监督公库收支。下置科员4人,雇员2人,审核2人,秉主任命分司会计、审核、监督等事项,其各单位机关之会计人员,均以专任为原则,并直接受该室之监督。三十三年(1944年),奉四川省政府颁发《县市总会计制度之一致规定》及《县市所属各机关普通公务单(位)会计制度之一致规定》后,即遵令划一会计制度之设计。惟以开创伊始,会计人员缺乏,故推行颇多困难,凡经年而始渐趋划一。会计室之设立经过如上述,乃为实行会计独立而置,至经收处则由于事实需要及历史传统者各半,与一般情形略异焉。本处为便于稽查偷漏,故将全局各乡镇分划为三区,各置督征员1人司其事(见《官制志》)。财政科自三十三年(1944年)1月起,并依法呈请四川省政府核准设立北碚银行,奉财政部发给营业执照,呈准代理局库。自是于收支方面,严格执行牵制组织,非经会签,不能支付,所有收入,非经核准,不得擅自征派。每月于北碚临时参议会常务会议时,由财政科长按月提出财政报告,并于事后登报公布,复交财务监察委员会加以审查,行政机构至斯乃渐臻完密,此20余年来本局财政部门组织沿革之大要也。其田赋管理处组织,则见《粮政志》,兹将现制财政科、经收处及会计室组织掌分别简表如下:

单位名称	主管人员	职员额数	掌管业务	成立年月	附记
财政科	科长	6	掌管全局财务行政并监督经收,处理公产等事项	三十一年(1942年)3月	科长1、一级科员1、一级事务员2、一级雇员2
经收处	主任	32	经收本局一切税款及公学产租金等事项	三十一年(1942年)11月1日	主任1、组长3、组员6、雇员3、会计2、督征员2、经收员15
会计室	主任	9	综理全局总会计业务及审核各机关开支、会计报告,并监督公库收支等事项	三十二年(1943年)1月	主任1、科员4、雇员2、审核2

二、会计

综核全年收支,厥惟会计是赖,而预算、决算,乃为岁计标准。纲领所在,其关系于政治计划者,至深且巨,古称冢宰制国用,月有要而岁有会,其时会计事务,实以历年为准。尔后如唐之元和,宋之景德、皇祐、治平、熙宁及元祐,其会计簿录,犹多可考。自民国初年,定政府会计年度,始每年7月1日,终次年6月30日,历年之制遂革。北碚管理局之正式有会计,自民国三十年(1942年)始。前此开支费用,在峡防团务局时代,初由江、巴、璧、合四县月补助50元,及征收峡区煤、铁、纸捐等,月支不过千余元。嗣以各县停拨补助费,而常练大队又需费孔殷。乃十三年(1924年)呈准征收过道船捐,每年收支约八九万元。二十五年(1936年)峡局改组为区署,乃停收过道船捐,而由四川省政府按月补助经费5000元,随增至13000元,凡此均无正式会计可言。迨三十一年(1942年)3月,北碚管理局成立,乃设财政科主行政事务,旋又于次年元月单独设会计室,是为北碚正式有会计之始。前此十数年间,事属草创,诸多阙略,兹将历年收支之可考者,略著于篇,其三十一年至三十四年(1942—1945年)度,因已有预决算可循,用较详备。

(一)民国十九年(1930年)度岁入岁出统计表节略

岁入		经常门
第一款	正杂各捐(北碚卡)	84894577
第二款	同上(干洞子卡)	1674440
第三款	同上(合渝卡)	无
第四款	同上(盐井溪卡)	3767830
第五款	上级机关津贴	无
第六款	官业收入	无
岁入经常门共计		90336847

岁出		经常门
第一款	俸给	3093000
第二款	总务股经费	5964165
第三款	政治股经费	2059600
第四款	军事股经费	1730723
第五款	稽核股经费	1446000
第六款	巡船经费	842960
第七款	第一中队经费	11069614
第八款	第二中队经费	10352961
第九款	特务队经费	无
第十款	手枪队经费	2758500
第十一款	义勇队经费	3080113
第十二款	文具费	2264161
第十三款	消耗费	4069954
第十四款	医院经费	6723542
第十五款	实用学校经费	3498380
第十六款	图书馆费	2618052

第十七款　电务处经费　　　　　　　　　　　　4079914

第十八款　科学院经费　　　　　　　　　　　　600000

第十九款　民众学校经费　　　　　　　　　　　无

第二十款　三中队经费　　　　　　　　　　　　12668437

第二十一款　工务股经费　　　　　　　　　　　1521500

第二十二款　嘉陵江日报社经费　　　　　　　　2536936

第二十三款　体育校经费　　　　　　　　　　　189541

岁出经常门共计　　　　　　　　　　　　　　　83165053

岁出　　　　　　　　　　　　　　　　　　　　临时门

第一款　旅费　　　　　　　　　　　　　　　　1859674

第二款　购置费　　　　　　　　　　　　　　　27840350

第三款　修补费　　　　　　　　　　　　　　　3979294

第四款　特别费　　　　　　　　　　　　　　　12609127

岁出临时门共计　　　　　　　　　　　　　　　46288445

岁出经常临时总计　　　　　　　　　　　　　　129453498

(二)民国二十年(1931年)度岁入岁出统计表节略

岁入　　　　　　　　　　　　　　　　　　　　经常门

第一款　正杂各捐(北碚卡)　　　　　　　　　　79094611

第二款　同上(干洞子卡)　　　　　　　　　　　4771732

第三款　同上(合渝卡)　　　　　　　　　　　　无

第四款　同上(盐井溪卡)　　　　　　　　　　　3649522

第五款　上级机关津贴　　　　　　　　　　　　无

第六款　官业收入　　　　　　　　　　　　　　无

岁入经常门共计　　　　　　　　　　　　　　　87515865

岁出		经常门
第一款	俸给	1761500
第二款	总务股经费	5484950
第三款	政治股经费	1687074
第四款	军事股经费	2663350
第五款	稽核股经费	1081174
第六款	巡船经费	10871031
第七款	第一中队经费	10871031
第八款	第二中队经费	13335899
第九款	特务队经费	2154949
第十款	手枪队经费	932949
第十一款	义勇队经费	3200848
第十二款	文具费	2267533
第十三款	消耗费	2173294
第十四款	医院经费	4899674
第十五款	实用学校经费	3461579
第十六款	图书馆费	1997130
第十七款	电务处经费	2083334
第十八款	科学院经费	2480000
第十九款	民众学校经费	28427
第二十款	第三中队经费	停
第二十一款	工务股经费	本年停工
第二十二款	嘉陵江日报社经费	自筹
第二十三款	体育学校经费	停
岁出经常门共计		64205498

岁出		临时门
第一款	旅费	752562
第二款	购置费	10072106

第三款　修补费　　　　　　　　　　　　　　　1417224

第四款　特别费　　　　　　　　　　　　　　　4627737

岁出临时门共计　　　　　　　　　　　　　　16869629

岁出经常临时总计　　　　　　　　　　　　　80975127

(三)民国二十一年(1932年)度岁入岁出统计表节略

岁入　　　　　　　　　　　　　　　　　　　经常门

第一款　正杂各捐(碚卡)　　　　　　　　　　58282421

第二款　同上(干洞子卡)　　　　　　　　　　6680635

第三款　同上(合渝卡)　　　　　　　　　　　8530580

第四款　同上(盐井溪卡)　　　　　　　　　　3475516

第五款　上级机关津贴　　　　　　　　　　　无

第六款　官业收入　　　　　　　　　　　　　无

岁入经常门共计　　　　　　　　　　　　　　78682082

岁出　　　　　　　　　　　　　　　　　　　经常门

第一款　俸给(包括公费)　　　　　　　　　　17857673

第二款　治安费(各队经费)　　　　　　　　　29112974

第三款　事业费　　　　　　　　　　　　　　18134403

岁出经常门共计　　　　　　　　　　　　　　65105110

岁出　　　　　　　　　　　　　　　　　　　临时门

第一款　临时费　　　　　　　　　　　　　　17342981

岁出临时门共计　　　　　　　　　　　　　　17342981

岁出经常临时总计　　　　　　　　　　　　　82448091

附注:以上各年度不敷经费概由募捐填补

(四)民国三十一年至三十四年(1942—1945年)岁出岁入预决算表

(1)北碚管理局三十一年至三十四年(1942—1945年)地方总预算岁入统计表

款目	名称	三十一年(1942年)	三十二年(1943年)	三十三年(1944年)	三十四年(1945年)	备考
第一款	税课收入	301580	1151855	4735990	19107105	
第二款	分配县市国税收入	77100	1154980	357823	648144	
第三款	国税附加收入			525000	562500	
第四款	惩罚及赔偿收入	7400	9600	10800	47000	
第五款	规税收入	3650	5100	11800	145500	
第六款	代办项下收入		2500			
第七款	财产及权利孳息收入	141333	169100	903088	1845200	
第八款	补助及协助收入	726000	14900	1214900	3514900	
第九款	地方性之捐献及赠与收入	2400	2400	24000	24000	
第十款	其他收入	831	15250	120230	6045444	
总计		1262803	2525685	7842029	31937793	

(2)北碚管理局三十一年(1942年)至三十四年(1945年)度地方总预算岁出统计表

款目	名称	三十一年(1942年)	三十二年(1943年)	三十三年(1944年)	三十四年(1945年)	备考
第一款	政权行使支出	9264				
第二款	行政支出	151438	361732	1236028	3739571	
第三款	教育及文化支出	136800	301830	774538	3432183	
第四款	经济及建设支出	28788	48320	331751	1643596	
第五款	卫生支出	24936	88888	105376	1072838	
第六款	社会及救济支出	3400	5000	66040	533503	
第七款	保安支出	110880	262222	604683	1881698	
第八款	财务支出	22528	29452	85512	893716	
第九款	公务员退休及抚恤支出				40000	
第十款	补助及协助支出			12000	24000	

续表

款目	名称	三十一年(1942年)	三十二年(1943年)	三十三年(1944年)	三十四年(1945年)	备考
第十一款	信托管理支出			26250		
第十二款	营业投资及维持支出		70000	300000	600000	
第十三款	有永久性财产购置支出			15660	43500	
第十四款	其他支出	678960	1189849	3875187	14551439	
第十五款	预备金	94809	168392	409004	3483749	
总计		1262803	2525685	7842029	31939793	

(3) 北碚管理局三十一年(1942年)至三十三年(1944年)度实际收支数目统计表

年度	本年实收数	本年预算数	备考
三十一年(1942年)	1766952.87	1262803	本年预算数内包括食米价款678960元在内(即公粮折价款)
三十二年度(1943年)	4295771.62	2525685	本年预算数内包括改善公教人员生活待遇经费1162049元在内(即公粮折价、生活补助等)
三十三年度(1944年)	25799871.02	7842029	本年预算数内包括公教员役生活补助费3832550元(即公教团警公粮费及生活补助费等)

(4) 北碚管理局三十一年(1942年)至三十三年(1944年)度实付数统计表

年度	本年实付数	本年预算数	备考
三十一年(1942年)	1707456.67	1262803	
三十二年(1943年)	5390679.52	2525685	
三十三年(1944年)	29748077.83	7842029	

(5) 北碚管理局三十一年(1942年)至三十三年(1944年)实际收付数比较表

年度	本年实收数	本年实付数	比较余绌数 余绌	备考
三十一年度(1942年)	1766952.87	2120066.67	353113.8	
三十二年度(1943年)	4295771.61	5390679.52	1095907.9	
三十三年度(1944年)	25799871.02	29748077.02	3948206.81	

三、税收

北碚管理局自三十年（1941年）11月成立经收处，主管所有税收，其所经收凡两门：一曰税捐，二曰公学产租金，税款及税票稽核，均依下列要则办理（另详附录）：

（一）随时派员密查各乡镇税收。

（二）各经收员每人置登记册，登记每日收入，以便随时查对。

（三）缴款时先由主管人核算再缴会计，出缴款书缴局库。

（四）税票由财政科编制，交会计室验印登记，发交本处，转交各经收员具领填用完毕，仍将存根缴还。

盖严防中饱舞弊，期以涓滴归公也，兹将历年经收税捐及公学产租金之可稽考者分列如下：

（一）税收：税收方面，分屠宰税、房捐、新税等3种：

（1）屠宰税：关于屠宰税之征收，其办法如下：

1. 设立屠宰场集中屠宰，以便管理。

2. 遵令照百分之五，一律从价征收。

3. 组织屠宰税监察委员会监察漏税及经收人员有无舞弊情事。

4. 所有屠宰税均由管理局自收，涓滴归公。

最近三年来，所收屠宰税，兹统计列表如下：

项别	猪		牛		羊	
年度	头数	税额	头数	税额	头数	税额
三十一年（1942年）	7747	534946.87			536	2525
三十二年（1943年）	13908	2531785.14	598	209579.9	3273	70745
三十三年（1944年）	117688	9177291.36	511	493768.28	1157	80339

（2）房捐：房捐征收之原则要点如下列：

1. 遵章凡住民聚居百户以上之市镇，悉起征房捐。

2. 营业用房屋出租者，照租金征收20%，自用者照房屋现值价征收2%，住家用房屋出租者，照租金征收10%，自用者照房屋现值价征收1%。

3.组织房屋评议委员会,评定房屋,以作收捐标准。

三十三年(1944年)度,计收入房捐1644887.2元。

(3)新税:新税包括营业牌照税、使用牌照税、筵席及娱乐税等项:

1.营业牌照税:按资本额征收5‰,三十年(1941年)度计,实收299441元。

2.使用牌照税:按使用物价值,分甲、乙、丙三等征收,至多150元,至少75元,三十三年(1944年)度,计共收40655元。

3.筵席税:照消费额附加10%。娱乐税:照票价附加30%,三十三年(1944年)度,计共收518269.5元。

此外,税收方面,尚有中央划拨之款,由省府分配,其科目有营业税、印花税、遗产税等三种,其数字未详。

(二)公学产租金:北碚管理局为便于清收公学产租金,乃先清理所有公学产面积,并测绘区域图,清理结果,计田1063.4亩,土3685.88亩,地皮8564亩,分别测绘得图26幅,其三十三年(1944年)度应收租额及实收租额如下表:

田:应收租谷773.5石,实收315.12石。

土:应收租苞谷92.94石,实收92.94石。

地皮及房屋:实收法币241514元。

此项公学产,迭经清理后,面积及租谷均续有增加,兹将历年来所整理神会庙产及绝产统计如下:(以市石为单位)

项别		原有	整理后增加	现在共有
田	面积	663	600	1263
	租谷	651.48	122.2	773.5
土	面积	291.6	14.4	306
	租苞谷	51.14	41.8	92.94
田土押金(元)		32707	11924	44631

所有上项公产田土,往往界址不明,若管理异动,则难以清查,北碚管理局为一劳永逸计,乃于三十四年(1945年)3月,派员踏勘,并监督各佃户竖立界石,以重公产,藉免纠纷云。

附录一：

经收员须知

1.各种税票存根,应妥为保护,不得污坏,以便缴处存查。

2.收据上面之数字,务须正写,并加盖经收员私章,如有添改,亦应盖经手人之章。

3.每次所缴款项,须填入缴款登记册,交会计验明盖章。

4.每次应按规定时间缴款,如逾期不缴,定予处罚。

5.各项税款若久延不收,或漏收,或收数不足,一经查出,决予严惩。

6.各经收员领缴收据,均须本人亲自办理,并于登记簿上,加盖私章,以免错误。

7.各项收据应依号裁填,以免混乱□而便查算。

8.每次缴款收据存根后面,应填收据号码、起止收款数目若干及年月日。

9.经收员收款效率优越者,除报请特别给奖外,并于考核成绩时作优良成绩论。

10.各项税票,应于未收完之前预为通知,以便准备。

11.各经收员缴款,须亲身来处缴纳,不得托人代缴,以便有此清询。

12.各经收员除每周规定时间缴款外,并于月底须结束全月应缴之税款,一齐缴楚,以便结账。

13.各经收员之簿据,非经主管人许可,不得交与外人查阅。

14.各经收员,应熟读税法,有不懂之处,须随时向税务组长询问,免发生错误。

15.每月27日午前9钟定为经收员常会,凡属经收员,务于是日来处开会,如遇礼拜即提前1日。

附录二：各项税款征收章则摘要

一、屠宰税(猪牛羊)

1.凡屠宰猪牛羊3种牲畜,无论牝牡、大小,一律从价征税。

2.屠宰税应按屠宰牲畜之时值价格征收5%。

3.各项牲畜单价,由经收机关按期调查公布之。

4.屠宰税票限1头1张,并注明牲畜种类、重量、单价及应收金额,如有一票数头或短填税款,或头大尾小,一经查实,除追缴外,并依法治罪。

5.拿获漏税,除责成补缴应纳税款外,并按其应纳税款处以3倍至10倍之罚锾,其罚锾以3成奖给告发人,7成缴交局库,如有其他机关协助查获者,应以3成奖给告发人,以1成奖给协助机关出力人员,以6成缴交局库。

6.凡华洋杂处,回汉集居之地,得屠宰食牛,但未经核准屠牛地方绝对禁止屠牛。

7.凡有屠宰场地方,一律集中屠宰场宰杀,否则以漏税论,各经收员必须逐日前往办理过秤、打印、填票、收税等事务。

二、房捐

1.房捐向房屋所有人征收之,其设有典权者,向典权人征收之。

2.房捐捐率:

甲、营业用房屋出租者为其全年租金20%,自用者为其房屋现值2%。

乙、住家用房屋出租者为其全年租金10%,自用者为其房屋现值价1%。

3.左列房屋免征房捐:

甲、政府机关及公私学校之自用房屋(但官商合办之事业如农民银行、中国银行之类,亦应照章缴纳)。

乙、毁损不堪居民之房屋。

4.调查房捐,依其租约及报价单核算。

5.出租或转租之房屋,应纳房捐,得由房客代缴。以收据抵付房租。

6.凡经调查之房捐,由经收处核定后,并交房产评议委员会评定之,即发出通知,限期缴纳,如逾期不缴者,照章加滞纳罚金。

三、营业牌照税

1.凡经营娱乐业,奢侈、化装、装饰、古玩品业、迷信品业、玩具乐器业、婚丧仪仗爆竹业、参茸燕桂银耳业、烟酒售卖业、饮食、茶馆、旅馆业、海味、糖食品业,

拍卖业、牙行业、典当业、理发浴室业、纸□轧花纺纱业，及其经财政部核准应行取缔之营业均应征收营业牌照税。

2.营业牌照税征收标准，依资本额以下列等级税率课征之。

甲等：资本在100万元，征税5000元，百万元以上者，照5‰计征。

乙等：资本在80万元以上未满100万元者，征税4000元。

丙等：资本在60万元以上未满80万元者，征税3000元。

丁等：资本在40万元以上未满60万元者，征税2000元。

戊等：资本在20万元以上未满40万元者，征税1000元。

己等：资本在10万元以上未满20万元者，征税500元。

庚等：资本在不满10万元者征税300元。

3.营业牌照税按年征收，其在每年7月1日以后开业者照全年应征税额，减半征收之。

4.同一商店，经营两种以上应纳营业牌照税之营业时，应分别纳税领照。

5.如为新开之户，其资本额由经收机关核实估计之。

四、使用牌照税

1.凡使用公共道路河流之车船、肩舆、驮兽，均须向所在县市局请领牌照，缴纳使用牌照税。

2.使用牌照税应由车船、肩舆、驮兽之营业人或自用人完纳之。

3.使用牌照税应征收税额等级如下：

驾驶种类	等级	应纳税额	备考
人力驾驶车	1	200000	每辆
同	2	180000	
同	3	160000	
兽力驾驶车	1	500000	
同	2	400000	
同	3	300000	
人力驾驶船	7	400000	每只
同	2	300000	

续表

驾驶种类	等级	应纳税额	备考
同	3	200000	
机器驾驶船	1	4500000	
同	2	4000000	
同	3	3500000	
肩舆	1	200000	每乘
同	2	180000	
同	3	160000	
驮兽	1	400000	每只
同	2	300000	
同	3	200000	

4.征收时间,每年1次,在7月1日以后营业者或自用者减半征收之。

五、公营市场使用费(斗息秤息)

1.征收范围:斗息以谷米、豆麦、高粱、菜籽、苞谷、青稞为限,秤息以灰炭、油麻、丝棉、□、药材、白蜡、牲畜及其他大宗特产为限。

2.征收税率:从价征收1%,由卖方负担。

六、筵席及娱乐税

1.筵席税依其消费总值,征收10%至20%。

2.娱乐税依票价外加30%至50%。

3.筵席及娱乐税归顾客负担,并由营业人代为征收,由经收员提取之。

4.日常饮食不满500元,免征。

七、优待膳谷代金

甲、征收范围及标准:

1.煤业,每吨8元,以出口为准。

2.工商(即住商),每年照营业税最旺月征收1月。

3.行商:照营业税征收之。(照售价3%)

乙、征收时间：

1.煤业规定每月缴纳1次。

2.工商每年11月调查征收之。

3.行商随时查征。

八、自治经费

1.照煤焦出口地价值征收1%，由卖方负担。

2.每10日查算提取1次。

四、田赋

民国三十一年（1942年），政府以抗战期间物价飞腾，影响于军食、民食者甚巨，因明令全国田赋，一律改征实物，以便管制，并供调剂。本局奉命后于是年8月12日正式成立田赋管理处，专司其事，其详别见本编《粮政志》，本节专列历年征实统计及赋款征解二项如次：

（1）征实统计[截至三十三年（1944年）底止]：

三十一年（1942年）：

应征谷3655010石，已收3595491石，未收59529石，应购谷2879600石，已收2811330石，未收68270石。

征购合计6534610石，已收6406811石，未收127799石。

三十二年（1943年）：

应征谷3655047石，已收谷3214999石，库券366277石，未收73771石。

应借谷3031180石，已收3012320石，未收18860石。

征借合计6686227石，已收6593596石，未收92631石。

三十三年（1944年）：[截至三十四年（1945年）1月底再限期止]

本年预征谷1600000石，已收1728858石，超收127858石。

应征谷3655010石，已收1892843石，预征1763120石，超收0.953石。

应借谷4929912石，已收4953460石，超收23548石。

征借合计8584922石，已收8609423石，超收24501石。

上列历年征收实物，按旬遵照规定，如数拨交北碚管理局仓库接收。

赋款征解：赋款包括契税、地价税、增值税3项：

（1）契税：

三十一年（1942年）收正税130492.95元，收附加税182351.49元，工本1068元。

三十二年（1943年）收正税851459.93元，收附加565131.06元，工本1148元，罚锾6594.38元。

三十三年（1944年）收正税320103255元，收附加1462588.21元，工本5960元，罚锾26602.8元。

（2）地价税［截至三十四年（1945年）3月中旬扫解止，征收区域系以朝阳、黄桷、澄江三镇市区为限］：

三十二年（1943年）应征数460291元，实收数260401.9元，公用土地减免146085.5元，已纳实物免征48943.5元，地籍错号337.4元，未收数4522.7元，外收罚锾8006.5元。

三十三年（1944年）应征数436090.87元，实收数361946.6元，公用土地减免1597.1元，已纳实物免征72547.17元，外收罚锾2971.6元。

（3）增值税：

本年共收5520.9元（系以朝阳、黄桷、澄江三镇市区为限）上列赋款收入，均遵照规定按月分别解拨。

政治略（粮政篇）

抗战以前,民国无专管粮政之行政机关,二十七年(1938年),四川丰稔,谷贱伤农。其明年,国人流亡西南者日多,物价高涨。战时首都所在之四川,谷价亦暴涨不已,政府乃于行政院下设全国粮食管理局,以资控制。旋改组为粮食部,加强工作,其后四川省政府设粮政局,各县设粮政科,昔日县建设科管理粮食及仓储、积谷事项,至是始有专科治之。至于乡镇,则由乡镇公所经济股办理之。北碚管理局成立,即设有粮政科,其职务初有三项:一为情报,即调查、呈报等事;二为管制,即管理粮商与调济、供应等事;三为储备,即调查积谷、征收、分发等事。今依三事,详述本管理局粮政业务。至若增加生产,减少消耗,皆关民食,亦附著于篇焉。

壹 情报

存粮、粮商、粮价等调查、登记皆情报之事也。粮食价格、收获情形及粮户存粮之调查,皆有法令可循。如三十年(1941年)秋季,各省市县及各乡镇粮食收获估计办法及说明,粮食部调查大户存粮办法纲要,四川省各县市政府调查粮户存粮应行注意事项皆是。大户粮田连阡陌，收获以后，自食无几，倘不督令出售，无异任其囤积，故尤须先事调查，而施以监视检查。北碚幅员不广，大户无多，虽经数度清查，尚无余粮可售，仅足自给。二十六年（1937年）3月，区署遵照省政府统制粮食办法，调查全区存粮数量。计北碚乡存谷1057石，玉蜀黍6石。黄桷镇谷558石，玉蜀黍1石4斗4升。澄江镇谷683石，玉蜀黍2石1斗。文星乡谷275石2斗5升，玉蜀黍33石1斗3升。二岩乡谷124石1斗，玉蜀黍1斗。计全区存谷2695石4斗5升，玉蜀黍42石7斗7升。全区人口6万余人，不敷甚巨，登记粮商，一依法令施行。凡经营粮食购销业务、粮食仓库业务、粮食加工业务（碾米、磨面）及粮食经纪业务等商人，皆先调查登记，确定其粮商资格，然后乃认为合法粮商，而保护其营运，以达到货畅其流、供需相应之目的。至于粮食业同业公会，则设法健全其组织。三十一年（1942年）12月，管理局登记粮商15家。至三十二年（1943年），有13家，加工业4家。三十三年（1944年）更作详细之调查与登记：谷米加工者6家，面粉加工者6家，由合川一带运米商人10家，零售米商72家，面粉挂面商12家，共106家。其营业状况，皆按月填表，具报管理局，且随时派员密查，监督其业务。至于粮价，今昔不同，兹表列抗战初起之年粮价如下：

民国二十六年（1937年）北碚主要粮食价格调查表

品名	6月份		7月份		8月份		9月份		10月份		11月份		备考
价格	最高	最低	最高	最低	最高	最低	最高	最低	最高	最低	最高	最低	
上米	44	43	42	38	40	30	34	34	36	34	36	34	1.以洋元为单位 2.此表之最高及最低价格以每一石计算
中米	40	38	38	36	38	30	30	30	34	34	34	34	
糙米	39	35	35	33	35	28.5	28.5	28	32	32	32	32	
黄豆	33	31	30	30	34	30	34	34	34	34	34	34	
绿豆	60	50	52	32	32	32	32	32	35	35	35	35	
饭豆	38	38	38	28	28	28	29	28	24	24	24	24	
高粱	28	22	23	23	21	13	14	14	14	14	14	14	
小麦	33	29	29	26	26	26	26	26	28	28	28	28	
苞谷	33	29	26	20	20	20	19	19	20	20	20	20	
菜子	39	33	38	32	28	28							

管理局位于峡中，山多田少，年产粮量不足2月之需，故主要粮食咸仰给于外县，而合川尤为主要米源。故米价升降，恒视合川市场为转移。粮政科每日调查合川粮价，而加以调整。每次涨落，必由粮商将米样及合川粮价通知单一并检送至管理局核定，其后再以米样纳诸米样盒，填注米价标签，置米市两端门首，俾便市民交易。

贰　管制

粮食市场，取缔囤集居奇及预买青苗，皆管制之事也。实验区皆依照法令，监督执行。三十年（1941年）设粮食管理委员会，建朝阳镇粮食市场。管理局成立，亦积极管理。兹述三十三年（1944年）情形，以见一斑。

局属粮食市场，以朝阳镇为总汇，有粮商72家。乡农临时背挑零售者不计焉。局境粮食之提汇、粮食之盈亏、价值之涨落，均以此场为转移，故其业务较他处为盛。粮商经申请汇转发有部营业机照者有17家。市场内营业之72家，均属小本经营，时有异动，不合粮商申请之规定，仅向本局申请，经查核批准，而加入公会后，始准营业。本局划分市场为若干方格，小本商人，经核准营业者，本局分配一格，其箩筐、簸箕及布置，均依照本局规定。乡农余粮，肩挑手提出售者，亦定办法。局属食粮，仰给于上河合川、广安、武胜、遂宁、潼南等县，每月约销米1万市石，杂粮约3000市石。在北碚出售者，运达朝阳镇河岸；其他粮船，均直航销地，而无转江输出者。粮价由粮食管理委员会评议；凡粮食运达本市河岸，即由粮商持同购米有关证件送局，本局根据合川市价，酌加耗缴及合法利润，核定价格，然后悬牌公布，亦于米市陈列米样及价格，以资识别，公会登记，交由公会理事长汇送本局。其他各市场，则以电话通知。局境面粉月销3000袋，除陪都民食供应处每月配售1000袋外，余数由新源面粉公司供应，其价格皆由本局核定。

叁 储备

清光绪六年(1880年),总督丁宝桢通饬各州县办理积谷,颁布章程:租1石者,出谷1升;租10石者,出谷1斗。千石、百石,由此递加。其不足1石者,免征。即于是年秋获后,慎选绅耆,按租量取簸扬鐍固,以备凶荒。宣统二年(1909年),巴县知县廷继奉督宪礼,饬清厘县仓。统计各乡积谷共有市斗48024石7斗3升2合,遭值岁歉,常以此谷办理平粜。随粜随填,并无缺额。惟自民国以来,暴军游匪,扰攘不宁,各乡所有仓谷,有重兵压境自由取食者,有勒垫军饷,刻期出粜者,有严团御匪,借购械弹者,有民工筑路,借充粮食者。败坏之由,比比皆是。二十年(1931年)调查北碚乡原有谷额为一百又八石(见民国《巴县志》赋役志镇乡积谷门)。此旧事也。

嘉陵江三峡乡村建设实验区仓库昔日多为劣绅把持。政府迭令重整仓储以备灾荒,二十六年(1937年)1月21日,国民政府颁布各省建仓集谷实施办法方案,本区乃参照永川征收集谷办法,拟定章则,分发各联保办公处,斟酌当地实际情形办理。凡有以多报少者,人人皆得而检举之。缴纳积谷,不问主佃,均由收谷人缴出,或由佃者代缴。征收积谷率:定为15石至50石征收2.5%,11石至100石征收4%,101至200石征收6%,201石至300石征收8%,301石至600石征收10%。其未及10石者免征。表面上似采累进法,实际则有减去本位数之办法,例如51石至100石者征收4%,其实除去本位数50石,仍征2%,以轻负担而得速效也。征集以联保以单位,各联保自行成立仓储保管委员会。除少数因天灾未能全数缴齐外,9月而办竣。兹录本署所定各镇储仓管理暂行办法于后:

实验区乡镇仓储管理暂行办法

第一条 本办法依部颁"各地仓储管理规则"第二十三条之规定,并参酌本区情形制定之。

第二条 本区各镇乡仓储,除依照部颁规则外,悉依本办法管理之。

第三条 各镇乡仓谷于联保办公处所在地,其有二镇乡设立二仓以上者,以数目字别之;并以区署为监督机关。

第四条 各仓筹集及补充办法,无论为动用地方公款,或派收,或募捐,办理完竣后,由各联保主任及公安队长造具收谷清册,并将出谷人或捐助人姓名,一并开列清册,呈报区备查,并榜示周知。

第五条 依前条规定,动用地方公款及劝募积谷,倘有办理不善,或舞弊者,应予依法惩处。

第六条 各镇乡仓厫,尽量利用。旧有仓厫,或改修适当房屋,仍必须建筑新仓。如无公款可支,或有不敷用时,得动用旧有积谷款,事前须拟具计划及预算,呈请区署核准,方得动支。

第七条 各联保对于下列事项,应呈请核准备案:

一、仓厫之建筑及修葺事项;

二、仓谷之派收或募捐事项;

三、仓谷出入或推陈出新事项;

四、仓谷之使用事项。

第八条 镇乡仓谷之使用,依照下列办法行之:

一、贷与;

二、平粜;

三、散放。

第九条 前条积谷之使用推陈时,得用"贷与"方法,准由民众具呈贷借,俟新谷登场,均酌加息谷(如借谷一石,应还一石一斗),连本一并归还。如延至9月尚未清缴者,由保人如数赔缴,"平粜"于荒象已成后行之,并酌定数目及价格,呈报区署备案。"散放"非至凶年万分不得已时,不得举行。"平粜"以贫民为限,"散放"以赤贫为限,数量不得超过积谷总额三分之一,亦不得同时并行。

第十条 乡镇仓储之管理,得组织管理委员会。联保主任任主任委员,另由地方推举公正士绅3人至5人为委员,公安队长为当然委员,均为义务职。委员会组织规程另订之。

第十一条 管理委员会委员,除协助管理外,并负监督检举之责。关于集谷事项之报告及公布暨交代清册,均须盖章划署,如有管理不力,或疏于稽查,应与主任委员同负责任。勾结舞弊者,并依法严惩。

第十二条 联保主任交卸时,应将经手管理仓谷之谷款,按照公务员交代条例,正式造册移交与新任,会衔呈报区署备查。

第十三条 各镇乡积谷,每年4月至7月推陈出新三分之一,由管理委员会事前陈报区署核准。

第十四条 平粜所得价款及仓储公产和追收欠谷所得之现款,均存银行生息。俟新谷登场时,将本息尽数购谷归仓。

第十五条 前项积谷款未经呈报核准挪作别用者,无论采取何种方式,联保主任当如数赔偿,管理委员并负连带责任。

第十六条 各乡镇仓谷于每年推陈后,翻晒1次,约集地方士绅协同办理。事前应呈报区署备查。其正当消耗亦应报署核准。

第十七条 区乡镇集谷及产款,因管理不善所受之损失,除不能抗力者外,应由联保主任负责赔偿,并限于3个月内如数缴清。管理委员以失于检查,亦应负连带责任。

第十八条 区乡镇仓应于每年1月将上年实际情况、集谷数量、新收集谷利息及实际存谷存款数目,分别项目,造册报请区署查核,并公布周知。

第十九条 区乡镇仓存谷多者,得酌设壮丁,工资在地方公款项下,呈准开支。

第二十条 乡镇仓以不开支经费为原则,其最低限度必需之费用,须先呈由区署核准,方可动支。

第二十一条 本办法由区署公布施行,呈报省政府备案。

本区自开始征集积谷后,历时4月,全区共收得积谷如下表所记:

镇别	旧积谷石数/旧石	新积谷石数/旧石	总计	保管地址
北碚乡	98	81.4	179.4	禹庙
黄桷镇		32.6	32.6	紫云宫
文星镇	59.22	37.25	96.47	胡源华家
二岩镇		7.16	7.16	复兴隆铁厂
澄江镇		41.2	41.2	王爷庙
合计	157.22	199.61	356.83	

二十六年（1937年），全区100保中，积谷征集71保，其余均贫苦，不合征收率。总计共收积谷146石3斗6升3合。其镇上市街各保，则以自由乐捐办法，分向殷实之家募集。

二十五年（1936年），本区清厘积谷，至二十八年（1939年）共有积谷2651.78市石余，奉令平粜1438.86市石，共得价款42523.04元，拨充抗属优待金外，余存1961.3市石。二十九年（1940年）春饥荒，全行贷与民间，至二十九年（1940年）以后，征收积谷，完全拨作公教人员膳谷，至三十年（1941年）度约收积谷3000市石。兹将二十九年（1940年）以前各镇所存积谷数列表如下：

乡镇别	现存积谷数量		备考
北碚镇	522	115	上列各镇现存积谷数字，完全因二十九年（1930年）春饥荒贷出，已于本年秋收二分之一，其余正分别追收中，至贷出每平粜报请省府有案
黄桷镇	151	70	
文星乡	144	00	
二岩乡	250	70	
澄江镇	855	25	
合计	1923	765	

按《嘉陵江日报》载区署调查本区新旧积谷，共有1839石8斗5升。计二十六年（1937年）前旧有积谷514石5升，二十六年（1937年）征收积谷531石6斗4升6合，二十七年（1938年）征收积谷814石1斗5升4合，计北碚有积谷863石3斗5升4合。黄桷镇有积谷222石5斗2升7合。文星乡有积谷404石7斗4升5合。二岩镇有积谷87石4斗9升2合。澄江镇有积谷81石7斗7升3合，与前表所记微有出入，兹并存其说。

管理局成立后，一面清理积谷，一面遵令征募。三十一年（1942年）秋，结存30市石1斗6升5合。自三十三年（1944年）1月16日起，始征募三十二年（1943年）度积谷，由各乡镇保甲长督办，临时参议会、区党部、青年团，皆派员协助。然3月之间，迄无效果。盖本局山多田寡、产米极少，而大粮户少、小粮户多，每人平均约合旧粮5分，大粮户又田少土多、有粮无谷。且上年征实，人民每买谷以完粮，自谷价猛涨，购买困难，故积谷益不易征收矣。建仓计划，终未实行。历年征粮,皆租佃民仓与借用粮食部公仓储存。三十二年(1943年)积谷借民仓十一,存2254市石,公仓三,存66市石,三十三年(1944年)积谷分存十一处,可容稻谷3500市石。现存稻谷2259.147市石,其30.156市石为三十一年(1942年)移存,2.228市石点982,乃三十三年(1944年)新收者也。

中日战起,田赋征借实物之储运,本省有四川粮食储运局管理之。局设于重庆,而各重要地方设区办事处,各地设置仓库。仓库分聚点仓及县仓2种,前者设于交通冲要之所,后者各县设之。县仓主任由县长兼理。储运局更委派副主任1人,以处理稻谷储运业务。其仓库多设于旧日祠堂、庙宇或其他公共地方,亦有新建者。本局征购粮仓22所,计公仓3所、民仓19所。前者可容4000市石,后者可容6000市石。本局三十三年(1944年)上年征借稻谷,至3月止,共实收6071710.881市石,分存朝阳、黄桷、澄江各镇公民仓,按月拨付本局公教人员食米稻谷690250市石。兹录本局三十三年(1944年)度粮食拨配表如次:

北碚管理局粮食配拨及加工数量表

民国三十三年(1944年)

项别	配发数量	加工数量	备考
合计	10503	7779	稻谷以市石计
田赋划拨	5185	7329	三十二年(1943年)、三十三年(1944年)本局田赋征借划拨
储运局拨补	2144		
公学产售拨	600	120	
自行采购	1411	330	内有联总处贷款
自行筹购	1163		教师粮米

按积谷数量,依照法令,应比照地区人口总数,积足3月民食,是为最高额。本省则实行每户积谷 石办法,分期募集,存于仓内。本局盖又本实际情形而有所变易也。仓本有县仓、市仓、区仓、乡仓、镇仓、义仓之分。本局则局乡镇等仓,皆借用公私仓廒,各设保管委员会。聘委员5人而以局长、乡镇长为主任委员。凡办理平粜,优待出征军人家属及辅助农村生产等事业,皆得用之。

肆　增产与节约

粮食增产与节约为粮食上重大问题。平时战时,俱不可忽也。抗战以来,本省消极厉行粮食消费节约,如管理糟户、糖房、酱房、粉房,除高粱、青稞外,不得以主要粮食造酒。严禁以主要粮食饲养牲畜、缩小加工消耗、规定磨面积度。公教等人员亦改食糙米,更积极提倡增产。本省与农林部粮食增产委员会合作,由建设厅及农业改进所主持增产事项,运用政治机构,配合农业技术指导,合谋增加稻麦、杂粮种植面积及单位面积。如督促各地方推广冬耕,利用休闲地、垦殖散殖地,减少不必要之农作物,皆所以求增加种植面积也。改良籽种及栽培方法,并施行防虫药剂,皆所以求提高每市亩之产量,而增广单位面积也。至于增加粮食生产,区署亦积(极)推动,不遗余力。其办法约有三种:一、推广粮食生产地之面积;二、增加每亩之生产量;三、减少农品之消耗。兹分述其办法。

甲、推广粮食生产地之面积

(一)增加冬季粮食作物面积:全区水田面积约可收2万石,如全数放干种麦,约可增加粮食1万石。惜农民□于旧习,未敢尝试。本区仅就去岁修有塘堰及水源便利之田,约计6000余亩,劝民种麦,生产3000余石。文星、黄桷、二岩、澄江等镇,荒地颇多,则经各镇联保学校、公安队等督劝农民,竭力开垦,以备造林之用。其初期仅可种马铃薯及豆科等作物。二十七年(1938年)垦荒地千亩,增加生产达400石。

(二)减少夏季工艺作物面积:区内粮食生产,每年不敷食用者,约计三分之二。因减少烟草、落花生、甘蔗、高粱、芝麻等作物,督劝农民改种粮食。

乙、增加每亩之生产量

(一)改良品种:全区农民,实行稻麦田间选种,玉蜀黍间行抽花,其结果稻增产百分之五,玉蜀黍增产2%。又举行稻作及玉蜀黍展览会,以审定优良之品种,广为播种,而淘汰其劣种。更向成都稻麦改进总所领得金陵大学二九〇五号小麦种50公斤,分发特约农家种植,而大量推广。

(二)增进地力:本区耕种之地,多在山麓。土质硗薄,是以作物生产不佳。区署以各处渣滓,就地掘坑而堆种之。于夏冬两季,以各公共厕所剩余粪水来相混合,上覆糠粃、谷草等物,储待春秋施肥时,贱价售与农人。此种肥料,至多每年可储存10万斤。增加地力,为利甚薄。他如种植绿肥、制造堆肥、处理骨骼、制造磷肥等事亦一一举办。

(三)改善耕种方法:区中农民,多仍旧习,施行连种法,坐致生产减少、病虫丛生。区署为改良计,因劝农家采精耕制,兼倡导轮作方法,更行水稻干田直播法,推广双季稻,均有效果,农具亦有改革。

(四)防止病虫害:农作物病虫害之防止,屡加试验。如稻作治螟虫,施行混合及盐水选种诸法,采用合作秧田,以采虫卵及拔除白穗焚烧,以绝将来之患。玉蜀黍大螟虫之结叶窒毙、稻作臭椿蟓之捕杀、草堆捕杀地蚕等等,均获相当效果。又曾以废车油漂染水作蔬菜之杀虫剂,亦具见成效。至于麦类黑穗病之防止,则以选种、温汤、冷水浸种法治其本,以剪除黑穗治其标。他如厉行深耕,清洁田畴等事,亦尽量指导农民,切实遵行。

(五)整顿水利:区内曾征工开凿塘堰,历时两月有半,而完成新旧塘堰水库87处,蓄水量共为1161663立方尺,可灌田谷5056石,已解决区属水稻灌溉四分之一。造林为预防水旱之彻底方法,亦积极推行。十六年(1927年)峡防局时代曾就庙嘴(即区署前)废地,命士兵除去瓦砾、辟成熟土、就地采集森林种子、从事育苗工作,以为每年造林之用。至二十七年(1938年)栽培林区达18处,栽植林65400株。平民公园内又辟大规模苗圃,育有苗木15万株,其桐苗5万株,则供给区属荒地栽培桐林之用。

丙、减少农品之消耗

(一)奖励俭德 区属地瘠民贫,一般人民多食杂粮,食米者甚少,即富裕之家,亦多食糙米。节俭美德,实堪嘉尚,区署奖励,亦消极增产之 法也!

(二)改变食物之种类 二十七年(1938年)春秋两季,以10900斤马铃薯种子,散发农民,提倡栽培。现以之为粮食者,占全区内人民十分之三。红苕亦为居民主要食品,节省稻米不少。

中日战起,区署实施战时建设及复兴农村计划。关于促进生产者,包括农业、蚕丝、畜牧、造林、工矿等事。而增进农业生产,又有三事足纪:一为水稻选种;二为提倡种麦;三为举行竞赛。

一、水稻选种

本区出产水稻，年约48000市石，本区为谋改善品质、增加生产起见，曾于二十六年（1937年）8月，成立水稻品种检定委员会，由四川稻麦改进所派员协助调查全区稻种，施以检定。计全区水稻品种40有余，其著者为：等泡（苞）齐、叶长下、小叶粘、青线粘、须须粘、南坝草、钓鱼兰、大叶粘、白阳粘、齐头黄（以上10种均系水稻粘谷）。黄壳糯、白壳糯、响壳糯（以上3种系水稻糯谷）等13种。优良者仅10种，最优者为须须粘、浮面跑、等抛（苞）齐、南坝草4种，当经通令全区，择取种植，藉以增加产量。同时施行盐水选稻种法，其法在本区历年劝导，试行以来，成效甚著。北碚徐焕林科学院农场之田，收获均较原来产量增加十分之二以上，超过寻常纪录，本区因即严格推行。二十七年（1938年）春，区署拟发放稻种256石5斗6升，每用盐1斤、水4斤，选谷1斗。计全区稻种共需盐2500余斤，合洋270余元，区署拟津贴半数。计划既定，乃派员及义务教师16人，为选种技术指导员，分赴区属各镇4乡，从事工作。以盐水选种之农家，计有1119户，盐选稻种126石2斗6升。是岁雨旸时若，普通农田收成9成、10成不等，而盐选者搭涨，多在10成以上。

二、提倡种麦

我国全国稻田面积为321566000亩。除东北10省及华北5省共占5856000亩，沿海战区各地不能耕作者约占5%，计15785000亩。其余299925000亩，姑以每亩产麦五旧斗计，可得1万5千万石弱，以此而弥补失地之损失而有余。姑定每人每年平均食麦为2.77石，则此数可供给相当日本全国人数5000余万人之粮食。以此制敌，何敌不摧？为长期抵抗计，此实要图矣！然种麦本身亦有优点。麦之为用甚广、价高利大、土质燥湿、无不宜之。麦可抗旱，久旱无虞。麦季病虫不易繁殖，丰收多望，且种植手续甚简，即下种于稻收之后，仍不为晚，是所宜提倡者也。区署有鉴于此，乃提倡推广之道。二十七年（1938年）春旱秋潦，乃倡议开放一部分水田，大量种植小麦，其耕地、选种、下种、管理肥料、轮种、留种等问题，广晓民众（见《北碚月刊》第2卷1至6期）。次年春麦果丰收。

三、举行竞赛

本区每于农作物收成之后,举行农业展览,以为竞赛。苞谷(即玉蜀黍)二十六年(1937年)8月1日至4日在区属北碚、黄桷、澄江、文星四镇轮番举行。参加农民979户,展览种类有红色、黄色、灰色、白色4大类,依其形状分为大方子、大圆子、小方子、小圆子、马牙瓣、刺苞谷等类。评判结果以黄色之大方子、大圆子为第一。是项品种,不择土质,产量亦多,颗粒丰满,颜色鲜泽,黍穗强壮,淀粉质多。以之充作食品、饲料、烤酒、熬糖,均占优势。小方子、小圆子稍逊。马牙瓣产量虽丰,但品质不佳。经此展览之后,即通令全区农民,明年尽量采购大方子、大圆子种植,期能品质改善,产量增加。

水稻于二十六年(1937年)双十节举行展览。其办法:先由区属各联保择地预赛,各以所得优良水稻,汇送各镇预赛,最后送北碚展览,决赛评判。参与决赛水稻农民146家,稻子有等苞齐、浮面跑、四股齐、红线粘、白线粘、叶下长、白脚粘、吊叶蓝、须须粘、四轮谷、四叶腔、红杨粘、黄粘、白壳粘、落花红、大叶粘、云南早(粘)、黄眼粘、罗汉谷(粘)、南霸早(粘)、白壳糯、黄壳糯、矮子糯、蛮子糯、早糯、迟糯等27种。评判结果,以官国顺之等苞齐、杨海云之落花红、蔡元亨之云南早、周兴全之四股齐、洪元清之黄壳糯为最优良,各给以特等奖品。

蔬菜于二十六年(1937年)12月25日在北碚联保办公处展览,仍先由各乡镇举行预赛,后集北碚决赛。参与决赛者81家,展览蔬菜种类,计叶菜类21种,根菜类32种,茎菜类四种,其他豆类、葱蒜类共10种。评判结果,以中国西部科学院西山坪农场红白萝卜及红苕为特等,北碚农民吴郁光(即吴大萝卜)之白萝卜、黄桷镇官守民之红萝卜、王从云之白菜、文星乡刘祝君之菱角菜、澄江镇刘文安之大头菜、二岩乡杨明清之水芋、周学良之水芹,各占其类之第一名。其余分别等第,给奖有差。

小麦于二十七年(1938年)5月11日在北碚展览,仍由区属各镇将初赛获选小麦送来陈列,参观民众达2000余人,12日始行闭会。评判结果,以推广区内之金大二九〇五小麦及本区原有之二发早、排登麦、红花麦为最优。均以抗风力强、不易倒伏、麦粒大、磨粉多,每斗重44市斤,每穗多至115粒,对于本区土质气候,亦最适宜。金大二九〇之红花麦列为第一名,其余分别给奖有差。

实验区改良农作之施行，首由区署之建设股积极研究实验。先由本区推进，以少数农民之试行，而作渐进地(的)普及，并采纳老农生平之经验，再行研究，使于古法中求得新的收获。以其结果，上之政府，进而作普遍的推广。既极慎重，故一经采行，必具良效。兹录历年农产数字，以见其改进之迹。

全区主要农作物年产估计统计表

二十五年（1936年）

作物名称	产量	每亩收获量	每挑价格	备考
稻	15700石	150升	3.6元	
麦	1610石	80升	7.5元	
苞谷	5700石	100升	6元	
杂粮	850石	100升	6元	
甘薯	600000斤	300斤	5.8元	
叶烟	100000斤	100斤	12元	每挑3斗约100斤
蔬菜	200000斤	200斤	0.1元	
花生	1200斤	100斤	11元	
巴豆	3石	50升		
黄栀子	16石	50升		
桐子	1000石	80升	9元	
果实	10000斤	300斤	10元	

全区以旱田多于水田，故农产物中，玉蜀黍产最富，而其价格亦甚昂。即以二十六七两年（1937—1938年）而论，6月间因受上年旱灾影响，每石价涨至33元，最低价亦为29元，其后市价稳定，每石亦以20元为准则。其产量与价值，有如下表：

全区玉蜀黍产量价值调查表

镇别	产地面积/石	播种量/石	收获量/石	总价值/元
北碚乡	2114100	27043	2039040	4078080
文星镇	865440	12148	642330	1284660
黄桷镇	1147600	10847	995800	1991600
二岩镇	280300	3143	250400	500800
澄江镇	1334250	16807	1204010	2208020
合计	5741690	69988	5031580	10063160

抽户调查第一季农作物产量表

物产名称	单位	北碚场总产量	文黄二(镇)总产量	澄江镇总产量	备考
麦子	斗	87.53	23.32	80.1	北碚乡抽30家，文星、黄桷、二岩3镇抽38家，澄江镇抽28家，时间为二十五年（1936年）下半年
胡豆	斗	60.33	66.23	45.4	
油菜籽	斗		100.88	3	
萝卜	个	14600	16250	5230	
青菜	斤	6300	3990	2430	
白菜	斤	580	3315		
大头菜	斤	6120	540		
莴苣	斤		220		
牛皮菜	斤	360	100		

抽户调查第二季农家作物产量表

物产名称	单位	北碚乡总产量	文星乡总产量	澄江镇总产量	备考
稻	石	148.2	407.7	226.72	抽调户数及时间与上表同
苞谷	斗	136.98	352.68	164	
红苕	斤	19231	19620	14840	
黄豆	斗	12.72	19.04	1	

续表

物产名称	单位	北碚乡总产量	文星乡总产量	澄江镇总产量	备考
海椒	斤	105	200		
南瓜	斤	135	437		
豇豆	斤	305	210	350	
四季豆	斤	230	500	350	

抽户农家作物附产收获调查表

类别	名称	单位	北碚	黄桷等	澄江	备考
作物秆秸	稻草	捆	14600	23580	16000	
	麦草	捆	2720	3411	851	
	苞谷秆	捆	386	653	282	
	油菜秆	捆		252	4	
	胡豆秆	捆	198	430	134	
	红苕藤	背	55	355		
谷果	核桃	斤		23		黄桷等即文星、黄桷、二岩3镇
	橘子	个		2000		
	橙子	个		200		
	慈竹	根		50000		
	斑竹	根		50000		
	南竹	根		300		
	桑树	根		60		
	茶叶	斤		2		
树木	柏树	根		1500		
	青杠	根		2000		

区内年产水竹统计表

产地名称	沿江产竹区域之里程/华里	年产估计/斤	备考
龙凤溪	30	100000	由毛背沱江边起至高坑岩下的小桥止，由明星桥起至落英桥止，由文星桥起至张家桥
明家溪	25	10000	
马鞍溪	5	10000	
合计	60	120000	

抽户农作物运售量及价值统计表

作物名称	单位	北碚（32家）总(石)计	文黄二、三镇（26、38家）总(石)计	澄江镇（28家）总(石)计	备考
麦子	斗元	67 103.5	196.7 301.8	46.5 71.2	
胡豆	斗元	17 21.7	37.3 47.36	15 20.4	
豌豆	斗元	2 2.4	10.3 12.48		
黄豆	斗元	2.9 5.8			
油菜籽	斗元		78 195	3 8.1	
稻子	斗元		145 1475		
苞谷	斗元		151.25 226.87	20 50	
合计	斗元	88.9 133.4	618.55 2258.51	84.5 149.8	

三峡实验区夏季作物收获表

二十七年(1938年)

乡镇别	稻谷/市石	玉米/市石	高粱/市石	红苕/市挑	黄豆/市豆
北碚乡	6421.3	1482.4	160.7	6164	45.5
澄江镇	14272.3	2191.4	19	3435	45.1

续表

乡镇别	稻谷/市石	玉米/市石	高粱/市石	红苕/市挑	黄豆/市豆
二岩镇	1188.1	79.9			11.2
文星乡	1433.7	990.5	6.8	3278	66.4
黄桷镇	3449.8	842.5	78.5	3255	87.4
白庙镇	1115.7	732.9	3.3	2555	87.4
合计	27880.9	6319.6	368.3	149603	300.8

北碚各乡镇主要作物的产量

二十八年（1939年）

乡镇别	水稻	小麦	苞谷	胡豆	豌豆	红苕
总计	57300.26	2506	84110	293.16	1500	18493.93
朝阳	22692.67	376.83	15300	1173.06	800	7179.47
文星	5153.4	512.3	45000	217.56	150	4735.53
黄桷	8678.16	337.17	18000	330.74	250	2263.49
二岩	5407	166.67	810	111.56	80	1468.5
澄江	15369.03	473.03	50000	460.24	220	2946.94

注：以石为单位。

管理局成立后，于增产事项，亦本国策，积极推动。三十二年（1943年），督导农民种植旱地作物7000亩，利用干田种植豆麦，计4500亩。是年又由中央农业实验所扶助本局，倡种双季稻。先集本局保甲人员1600人参观学习。明年乃于朝阳、黄桷、金刚三乡镇种植以示范。面积1000亩，用谷90石。更推广科学肥料，计骨粉4万斤，又垦荒200亩，而兼善公司开垦之西山坪农场，尚不计焉。兹更录本局历年农作物产量表，以见增产业务演进之迹。

北碚管理局农作物良种推广表

三十二年（1943年）

类别	新种					土种		新种比土种增加	
	品名	农户数	种植面积/市亩	贷种数量/市石	每市亩产量/市石	品名	每市亩产量/市担	担	百分比
双季稻	早稻——南特号胜利糯 晚稻——浙场几号户晚糯	5	20	1.92	9.54	吊鱼兰	5.8		
改良水稻	中农刃号	3	10	50	5.9	吊鱼兰	5.4	50	9.3

资料来源：农林部中央农业实验所稻作系稻作示范报告。

说明：此项工作，系农推所与中农所合办双季稻实验结果，宜间种，不可连种。

北碚管理局夏季农作物面积表

三十二年（1943年）

乡镇别	籼稻	糯稻	玉米	高粱	黄豆	绿豆	饭豆	伏菁	小米	红苕	洋芋	土芋	西瓜	菜蔬	花生	芝麻	甘蔗
总计	40619	6268	43645	14480	4402	2796	536	136	140	9927	470	550	1891	1912	300	70	120
朝阳	3305	1089	3144	602	300	211				475				31			
黄桷	7338	102	6798	856	762	1034				1234				477	200	70	120
澄江	10505	3230	6506	5700	2230	300	300	100		1897		300		477	200		
金刚	5519	380	3565	140	64	60	40			1960	150			528	100		
龙凤	5388	206	6694	4025	856	975				2018		250		21			
三岩	5500	583	1508	1016	16	16	16	36		1947			1891	114			
白庙	848	270	2640	2141	180	200	150		140	1216	320			140		70	120
文星	1716	408	12790											22			

资料来源：见前表，以市亩为单位。

附注：资料来源：见前表，以市亩为单位。

北碚管理局冬季农作物生产面积表

三十二年（1943年）

乡镇别	小麦	大麦	燕麦	冬苿	胡豆	豌豆	晚稻	菜蔬	油菜籽	休闲
总计	51141	18758	606	240	24633	6594	20	2590	3450	20330
朝阳	4079				2241	650	20	31		2136
黄桷	7226				4936	3995		1247		3799
澄江	9430	6370			6070	607		477	2700	
金刚	3840	2134	606		1750	400				6281
龙凤	7766	3550			4634					
二岩	5400	4020		240	260					
白庙	3480	2684			543					
文星	9920				4					

附注：以市亩为单位。

北碚管理局夏季农作物收成表

三十二年（1943年）
（单位：市石）

（一）产量估计

乡镇别	籼稻	糯稻	玉米	高粱	黄豆	绿豆	饭豆	伏荞	小米	红苕	洋芋	土芋	西瓜	菜蔬	花生	芝麻	甘蔗
总计	86646	13461	37230	24513	2201	1118	268	74	98	94968	188	220	18910	24208	520	17	60
朝阳	7271	2396	2830	5418	150	84				4750				341			

续表

乡镇别	籼稻	糯稻	玉米	高粱	黄豆	绿豆	饭豆	伏荞	小米	红苕	洋芋	土芋	西瓜	菜蔬	花生	芝麻	甘蔗
黄桷	17244	224	6118	7704	381	414				12340				6369			
澄江	23111	7106	5855	5130	1115	120	150	60		18970		120		5247	360	17	60
金刚	11038	760	2852	112	32	24	20			10260	60			5280	160		
龙凤	11854	453	6025	3623	425	390				20180		100		231			
二岩	11000	1166	1206	813	8	6	8	14		17520			18910	1140			
白庙	1636	540	2112	1713	90	80	90		98	10944	128			1400			
文星	3432	816	10232											220			

(二)每亩产量

乡镇别	籼稻	糯稻	玉米	高粱	黄豆	绿豆	饭豆	伏荞	小米	红苕	洋芋	土芋	西瓜	菜蔬	花生	芝麻	甘蔗
平均	2.1	2.1	9	9	5	4	5	5	7	10	5	4	10	11	1.7	24	5
朝、黄、澄、龙、金、二	2.2	2.2	9	9	5	4	5	6		10	5	4		11	1.8	24	5
白文	2.0	2.0	8	8	5	4	5	4	9	9	4		10	10	1.6		

北碚管理局冬季农作物收成表

三十二年(1943年)
(单位:市石)

乡镇别	小麦	大麦	燕麦	冬荞	胡豆	豌豆	菜蔬	油菜籽
(一)产量估计								
总计	43762	12802	485	120	23958	2239	25086	2430
朝阳	3761				2240	325	310	
黄桷	6503				4936	998	12470	
澄江	8487	5733			6070	304	4770	2430
金刚	3072	1707	485		1575	200	5400	
龙凤	6989				4634		210	
二岩	4320	3216		120	234	100	1026	
白庙	2784	2147			489	312	900	
文星	7936				3779			
(二)每亩产量								
平均	9	8	8	5	10	5	10	9
朝、黄、澄、龙、金、二	9	9			10	5	10	9
白、文	8	8	8	5	9	5	9	

三十三年(1944年),本局推广两季谷,由农业推广所与中央农业实验所合作办理。计朝阳、金刚、黄桷三镇乡共推广5042亩,朝阳镇每亩多收294斤,增加55%;金刚每亩多收262斤,增加48%。三十四年(1945年),热心推广,经当局特传令嘉奖者,计有朝阳镇镇长李爵如、黄桷镇杨馆长相成、朝阳镇干事魏举存、保长袁宗权、袁茂鑫、冯俊明、徐昭武;金刚乡保长蒋全善、曾荣华、王荣华;黄桷镇保长谌中清、官静德等。又晚谷单栽者,三十三年(1944年)度有朝阳、黄桷、金刚、龙凤、二岩、澄江、白庙等乡镇,共555亩,每亩增收163斤。就两季一种,每亩平均增老量1石左右。每石值法币以6000元计,本两季谷增收共收300万元。三十四年(1945年)度,拟推广3000亩,增加上年推广面积之6倍。

三十四年(1945年)3月13日,北碚、朝阳镇等十一、十二两保开国民月会,由十九保自耕农冯什斋报告,三十三年(1944年)该保种双季稻及领用中央农业推广所兰水号及红苕秧子情形,据言:产量增多。种双季稻则以袁正全成绩最佳,所种水田面积旧量5石,第一次收4石,第二次又收3石有奇。较诸十足田面,多收2石余斗。谷价值以每石以一万七八千元计,则增产收益,实为可观。又言:双季稻宜于二肥田,而顶上肥田和瘦薄之田则不宜。面行宜窄,退步行宜宽一尺一二寸之距离。应栽在路行内,不可栽五梅花形式。至于红苕,以兰水号最佳,味甜而大,一枝数斤。去年吴银全栽三挑谷田之红苕秧,收获以大箩筐计,共12挑,每挑重百四五十斤。增产之效如此!

政治略（警卫篇）

附：磨子沱记

古者寓兵于农。自唐作府兵，农得耕耨以养兵，兵务习战以卫民，民兵始分为二。清代州县兵额无多，捍卫地方，初赖保甲，其后演为团练。顺治二年（1645年）立保甲局，雍正四年（1726年）谕：逐年点团一次。咸丰间（1851—1861年），曾谕地方练团御匪。嘉庆三年（1798年）9月，白莲教教徒林党功、王光祖、徐添德等犯境。四年（1799年），璧山知县张人龙谕民筑寨练团，备防守。邑绅刘国辅率众督乡勇千余人于澄江口、北碚，轮守防之，至7年而不懈。其后四川总督宣绵通饬各州县，仿照南充知县曾自柏办理团练章程，团练自卫。乱定而团散。民国初年因之，有峡防之事。北碚警察，即起于此时。而国民自卫区队及壮丁训练，皆保甲遗规也。又清制有驿传铺设递之设。铺兵走递公文，驿递以马，水驿以舟，于传递公文外，并护送官物及官差。宣统元年（1909年），尽撤防汛，变卖塘驿，其事始度。境内陆站有温汤驿，其后裁撤。今昔制度及实施状况，不可或略。慨自中日战争发生以来，暴敌肆虐，往往以空军挟重弹毒气，滥投后方，故防空防毒，尤为一代大事。本篇所详者，守备、团练、峡防、警察、保安、防空6事。至于宪兵队，水上警察所，内政部警察大队，卫戍司令部稽查所，以行政系统有别，非兹所当著。

壹、守备

清制,县设防守,多为外委把总缺。有汛署官,每岁下乡点团一次,周历四路,名为整顿团练。先期,保正团牌首,通知花户,定地点,编造团册。至日,每户一丁,持火枪、刀、矛听点。首人预派各户出钱,供办酒席,送夫马。点团后,团牌首削竹书"协同捕盗"等字插道旁毕事。本局为四县边地,每岁亦由各县汛官下乡点团也。

境内驿传铺递,陆站有温汤铺,雍正六年(1728年)奉文裁革。一切公文,仍交塘兵递送。乾隆二年(1737年),少詹隋人鹏奏请复设。县北小路依来里,依旧复设。额设铺司兵3名,每名月支工食银五钱,在地丁银内扣留支给。咸丰四年(1854年),奉文裁汰,改设役递。

重关设险,古有明文。盖相地立防,所以诘奸究而严外户也。境内关寨,亦有可考。观音峡在文星镇,两岩石壁数仞,沿江怪石嶙峋,水涨过石,舟不敢行。蜀汉时凿有匦路,险若栈道。大水则登岸由匦路出峡,货物俱不得行。清道光十六年(1836年),合州陈大猷等捐金数万,沿岸开凿三峡大路。三峡之中,此峡尤险,路亦最长,今利赖之。天心寨亦在文星镇白云寺南。清嘉庆时,里人避贼于此,西山坪天子庙有寨,咸丰时避兵之所,与天福寨皆昔日江北厅属也。温汤峡隘口,缙云山与禅岩寺山两相夹束,两岩幽深秀削,长5里许,江水一线,渝州而上,川北而下,舟揖(楫)必由此峡,一门户也。温汤峡后山有青龙寨,咸丰初年建。又有狮子峰寨,皆人民避兵之所,按筑寨御寇之法,昉于宋末冉氏兄弟金鱼城八柱之遗规。又澄江口隘,为昔日巴县、江北、合川交界,河道要隘也。清嘉庆间璧山县知县张人龙拒教匪于此,皆昔日璧山县属也。

贰、团练

团练之制,昉于宋人王安石之保甲法。其法:10甲为保,选主户有心力者1人为保长。50家为大保,选主户最有心力及物力最高者1人为大保长。10大保为一都保,选主户最有行止心力材勇为众所服及物力最高者2人为都保正。凡选,1家2丁以上,通主客为之,谓之保丁。授以弓弩,教之战阵。每1大保逐夜轮差2人,于保分内往来巡警。遇有贼盗,昼时声鼓,报告大保长以下,同保人户,即时前去救应追捕。如贼盗入别保,即递相击鼓,应接袭逐。凡告捕所获,以赏格从事,同保犯强盗、杀人、放火、强奸、略人、传习妖教、造畜蛊毒,知而不告,并依从伍保法科罪。其余事不干己,及非敕律所听纠,皆无得告。虽知情,并不告坐。若于法邻保合坐罪者,乃坐之。其居停,强盗3人经3日,保邻虽不知情,科失觉罪。逃移死绝,同保不及5家,并他保有自外入保者,收为同保户。数足则附之,俟及10家,则别为保,置牌以书其户数姓名,此熙宁新法也。其意盖欲养成乡兵,以代招募,与乡长、里正、耆老、督赋役,平争讼者有别。后代沿之,而甲长保正,为乡民首领。清匪捕盗,尤其专责。顾炎武《天下郡国利病书》曰:"明孝宗弘治二年(1489年),设川东兵备副使于达州、调重、夔、新、梁、垫、长、铜、合、巴、蓬、营、岳、邻、大竹等卫所,州县军快1000名,团练防御。"是川东在明朝亦有团练也。清初顺治元年(1644年),令京省各州县行保甲制,立保甲局。10家为牌,有牌首。十牌为甲,有甲长。数甲为团,有团首。数团或10余团以成1场。10团为保,有保正,或置保副(官所倚任,特令监管数保曰总保正,不常设),场有总监正以统制之。又置10家连环保法:用木牌贴纸,书邻舍9家姓名于上,盖县印,挂门首。一家窝盗查出,9家连坐。每保团制旗竿、征鼓、土枪、铁炮、火药、军装。(团丁头黑帕,身红袴,腹背书某团练丁。)有警,鸣炮齐集。每家1人,执刀矛林立,曰亮团。印官下乡,排队迎送。乡户捕获盗贼,交团保具禀送官。无事日久,农工商佣各执其事,毫无教练。惟一切公事,承上达下则保正、团首、牌首、层递供办。武力薄弱涣散。有事防堵,必须派款挑丁,编制操演,特别办理。于是保甲与团练乃分为二矣!嘉庆元年(1796年),教匪徐添德等扰达州,四川总督宣绵通饬各州县,办理团练。巴县奉令,仿照南充县知县曾自柏办理团练章程办理。三年(1798年)9月,匪突忠州,旁掠长寿,遂至于江北厅悦来场,土沱鸳鸯桥,北碚震动。璧山举人刘国辅集团练,防御江北。四年(1799年)正月,匪来而复去。是后屡犯北碚、澄江等处。九年(1804年)始平,咸丰四年(1854年),黔贼目杨隆喜犯川,巴县派团勇御之。十年(1860年),大足苦匪,奏办渝城保甲团练总局。时大章复会同府县,召集八省客商等商议,另抽货厘,办理团练。11月张五麻子犯永川,攻璧山不下,分股扰城外及巴县西境,璧山依来乡绅蒋勋元父子率团练御之。巴县知县张秉堃调三里团练,防堵三十余隘。明年击退之。

民国以来迭遭政变。保甲之制,名称虽随时变易,而编制仍一沿前清。十二年(1923年)12月,峡防团务局成立。各县有团练局,设局长。其编制:各场设团练(或作务)办事处(后改团务),有团总副团总各1人。或团总1人,团正若干人。其下保有董,有团正,甲有长。其后巴县,江北各场又称里,设里公所。巴县诸里,有正副里长各1人。江北诸里有里长,里正各1人。而合川团,以团正为长。惟璧山一仍旧制。十九年(1930年)以后,各县诸场又改称乡镇,盖时制也。

叁、峡防

嘉陵江上游约百里,两山耸峙,一水中通,古之东阳峡也。今俗谓之小三峡。为涪江、渠江、商舶往来必经之地。入民国,盗匪横恣,为乡里患。盖广、岳、邻、大、匪风猖獗,与合江边地股匪,遥相呼应,武器精良,来去不定。凡中赀以上者,多避地引去。乡间无可掳掠,群窜峡中,拦江肆劫。杀人越货,日有所闻。八年(1919年),东川道尹委绅周宝箴、王锡五成峡防营,设司令,屯驻巴县北碚镇。九年(1920年),江、巴、璧、合四县合谋,特组峡防司令部,设令1人,由重庆卫戍总司令委任。调四县壮丁各一排,仍驻北碚,名曰峡防。月饷仍取给四县,四县并按月分任50元,作司令部公费。自峡防成立后,迭与盗徒激战,多所擒杀,始各扬去,江途一清。其后改归川东道尹节制,易司令名为峡防督办。十二年(1923年),改设峡防团务局,直隶通省团练总局,遂改峡防处为峡防局,易督办为局长。月饷及办公等费,则取之往来商舶。名曰过道捐。是峡防局初为治安而设,重要任务,厥为警卫,非一行政机关也。十二年(1923年)12月4日,峡区团绅开会表决:其局址以原章程经省局核准,因仍设北碚。此时北碚已为傅司令驻扎,为避免冲突计,乃暂驻上流沙溪庙,居高临下,以便控制全区。队丁编制:四县各成立峡防常练丁一大队,计40人。并于区域内民团编制预备丁教大队,以资补助。设队长、教练各1人,统率训练,防区上起沙溪庙,下讫土沱场,直进(径)100余里。两岸自江干至山内60里。江北第一大队驻二岩。其余各预备队分驻黄桷树及山内之清平场、土主场、文星场各隘口。巴县第一大队驻北碚场。其余各预备队分驻歇马、蔡家与兴隆诸场，以防东山股匪。璧山第一大队驻澄江镇。其余各预备队分驻山后、依凤、七塘、八塘、转龙诸场，清捕山内匪踪匪穴。合川第一大队驻沙溪庙。其余预备队分驻南北岸之盐井溪、南磴、草街子、麻柳坪、保和场，以裁华蓥山来路及一带江面。明年8月，队兵增至百名，教练2名。又明年，改编常练第一大队，分二中队。大队置大队长、教练长、大队附、军需员、书记、候差员各1人。中队置中队长1人，分队长三四人，司务长、见习生各1人。经费初就地筹措，旋由峡局划煤纸捐以补助之。十五年（1926年）5月，改弁兵为手枪队，设队长1人。7月省，归常练队。卢作孚长峡局，整顿常练队，淘汰士兵甚多。十六年（1927年）5月，以将训练学生队，乃改常练队二中队为一中队，分编四分队。十七年（1928年）设训练处，分为四股，三曰军事，其下复分教育、文书、兵器、特务四组。凡各队教育之计划，与视察施教，表册之收发，新兵之招募与检验，维持本局军风纪，及侦察地形等事宜，皆由教育组司之。凡全局职员请假登记，各队士兵亡补登记，撰拟文件与油印，及全局职员划到等事宜，皆由文书组司之。军械弹药之调查、保管、拭擦、收发、登记，军用器材之修理及修械厂之管理等事宜，皆由兵器组司之。凡特种兵之教育与统率，巡船、马匹之管理，伕役之募雇与分派，案件之调查，公物之购置、保管、领发、清查，清洁卫生及内务督饬等事宜，皆由特务组司之。是年8月，改编常练大队为常备队士兵129名，依陆军连排制，编为三中队，各有队长1人，分队长3人，司务长及工务管理各1人。9月又置督练长1职，总监三队训练事宜。二十年（1931年）呈报川康团务委员会，元旦成立公安队，担任北碚警察事宜。以与现行法令抵牾，2月奉令改为特务队。士兵皆兼操农工各业，既省工帑，又习技术，一旦裁撤，不致失业。第一分队任石工，二分队任泥工，三分队任缝纫。至十八年（1929年）4月，更依峡局规定，各队均编为四分队，士兵各31名。一分队织布，二分队打草鞋，三分队安设乡村电话，四分队淘滩及其他杂作。一队驻文星场川北铁路，5月复设第二队驻北碚。二十二年（1933年）3月成立第三队，驻夏溪口。其时匪风已靖，各队率多解散，有名无实，而煤纸诸捐又为地方纠纷之所在，乃承三十一军部之旨，呈准川康团务委员会，撤销各区大队。而各场团务，由该场秉承县长县团务委员会办理，峡局惟得于合法范围内协助之而已。于是诸队则又担任警察任务兼民众教育工作。军事股改为督练部,以加强军事训练。其后逐步扩充。至二十四年(1935年)略有改易。第一特务队驻北碚,有队长1人,队附2人,书记、司务长各1人,队丁60名。第二特务队驻北川铁路。沿线,设三分(队)驻所,有队长1人,队附4人(本部分驻所各1人。)书记、司务长各1人,士兵伕役130名。第三特务队驻夏溪口,分设西山坪、黄堰沟、新山洞三分驻所,有队长1人,队附4人,书记、司务长各1人,士兵伕役亦130名。是种组织,至实验区成立,始告结束。

二十五年(1936年)实验区成立,改特务队为公安队。是年12月4日,合江两县长及实验区区长在温泉举行联防会议,决议在白峡口设联防办事处。江北、合川各调民丁一中队,本区一分队,分防各地。并会委赵璧光、李炳奎分任办事处正副主任。盖峡防之后,仍有联防之事也。

民国十五年(1926年)以来,峡局随时训练各种队员,如手枪队、学生队、民团模范队、少年义勇队、华峡联防特务队、特务学生队。虽亦分负治安之责,然其主要目的在于造就青年干部人员,且皆为临时性质。手枪队成立于十五年(1926年)5月,设分队长、特务长、文书、军士各1员,中下士班长4人,上等、一等、二等兵27人,传达兵、司号各1人,炊司兵2人。随时密察峡区各场及合渝窃匪。其后历年扩充。至二十二年(1933年)3月,缩编为40人。8月置督练长。二十三年(1934年)又设服务员。二十四年(1935年)有队长1人,队附4人,书记、司务长各1人,士兵80人,传令、伕役9人,谍调6人。其性质盖与义勇警察相近。学生队训练于十六年(1927年),募集峡区境内青年学生,授以军事知识及乡村建设常识。毕业后,分派于常备队或新兴事业机关。十七年(1928年)又招募学生二队及学生模范队。民团模范队成立于十六年(1927年)11月,由峡局征调各场民丁组织之。少年义勇队成立于十七年(1928年)11月6日,委卢子英为队长。创设之初,峡局呈请川康团务委员会备案,文略称:

"职局近训练青年,一方讲学,一方捍卫乡里。仿照美国少年义勇团,即我国之童子军办法,招致高级小学毕业及有同等学力之学生50人,成立少年义勇队一队。授以初级中学及军事学科,并训练以生活必须之技能,尤注重实习。在军事基本训练完成后,即以代手枪队。局中原有手枪队,现经裁汰,人数无多。除担

任护送渝合间汽船上下外,已各令分别作工,俾学成专门职业,免致流为废人。"

其缘起如此!此队成立,而手枪队仍未能废。少年义勇队之组织:队长1人、队附3人、教官10人、助教4人、书记及司务长各1人、学生100人、司号2人、勤务及伕役11人。二十四年(1935年)训练第三批,其宗旨在养成青年服务社会之能力,期限8月。16岁以上,25岁以下,体格健全,曾在初中毕业,或有同等学力者,均可投考,供给食宿服装。其课程,第一期为政治训练。其科目为政治大要、经济大要、交通大要、文化设施大要、四川建设大纲、社会调查纲要、生物学常识、地质学常识、服务须知、应用文件、统计常识、调查服务实习。第二期为军事训练。其学科有精神教育(由刘督办湘讲授,每周1次)。战术讲话,步兵操典摘要,野外勤务摘要,射击教范摘要,夜间教育摘要,步兵工作教范,军队内务规则,陆军礼节,陆军刑法及惩罚令,卫生救济摘要,卫兵章程,军语,军队符号,简易测量,毒瓦斯防护法,步枪学,童子军要义,通讯连络,体育学,各种兵之性能等科目。术科有:(一)教练,有单人随手持枪敬礼演习,班教练,排教练,连教练诸目。(二)野外:有地形识别,距离测量,传达勤务,侦探勤务,步哨勤务,尖兵勤务,排哨勤务,前兵连勤务,连哨勤务,战斗、行军、工作。(三)夜间演习。(四)技术:有徒手体操,器械体操,持枪体练,刺枪术,拳术,游泳,操舟诸目。一二两期军事训练以后,第三期为旅行生活。旅行期中,分组游历川、康、甘、青、皖、滇考察调查,成绩颇佳。二十三年(1934年)3月,又训练第二队,以科学方法讲学,作事,应付自然,应付社会。第一期授军事学术科及童子军,兼授文书符记、统计等服务常识。第二期授警察知识、社会调查及社会教育。第三期旅行边地、调查土人生活、采集自然标本。20年前后,又有少年队者,有队长及分队长若干人,助教、书记各1人。他不详矣。

华峡联防特务队,成立于二十一年(1932年)11月。置中队长乃临时创设,非常制也。二十二年(1933年)1月,成立特务学生队,训练6个月,授以军政知识。其后分组在本省安抚委员会指导下,于川北共产党经过区域担任难民救济工作。所过10县,救济民众在百万人以上,以上所述诸队部,今惟手枪队存焉!

附文征：

团练防地说

熊正伦

己未四月二十八日,吾乡筹办团防,将练兵两支。主议者,有一驻缙云山,而一驻水岚垭之说。问诸众何知？应曰"然"。余窃谓此两地者,其所驻固当矣。然尚有未尽者焉,不观苏明允之论攻守,有所谓正道、奇道、伏道三者乎！明允曰："夫盗自正道而入者,抉门斩关者也,自奇道入者,他户之不扃键者也,伏道入者,则乘坏垣坎墙处者也,抉门斩关,而主人不之察者几希矣。他户之不扃键,而不之察者大半矣,乘坏垣坎墙址而不之察者皆是矣！"盖其言如此,然则可不知尽所备也哉！间尝即吾乡之全局论之,夫水岚垭者,正道也,为抉门之盗者也；而缙云山,则奇道也,为他户之盗者也。今皆议防之矣,独所谓伏道者则未之及。如毛背沱一带是已,此则宜为坏垣墙址之盗防者也！盖其地自江滨沿溪以入,外邻峡而内循东山之麓,最远而尤僻,虽非贼冲,而实盗径尔,苟不为之防,则其患吾不知之矣。然防之之法,非扼其中枢,则上下必不能兼顾而易疏。而龙凤山者,乃所谓中枢地者也。且距水岚垭咫尺耳,望之而可及,趋之而甚便,诚即彼区之防兵,而分其三(分)之一驻此,不过犹庭之于户,而犄角可互应,其势皆不孤,而其所防则尤密。必如此,乃可以固全局而无间,此所谓卧榻之侧,肯容他人酣睡乎？然则其于此必宜防也又明矣！夫天下之患,其显焉者,莫不知其害之甚大,而为之备也。独隐而微者,未见其大害,而常危但时一见焉,而旋即无事,此则往往不知备者也,尽以为适然而易忽之耳,岂知其易忽者,乃其最不测之害之所伏耶！近数月间,如劫张、劫陈诸贼,其来去皆自此,然则其害果如何也,此殆所谓坏垣墙址而为伏道者欤？夫出其不意,攻其无备,苟知兵者类然,由此言之,又恶可但防正道、奇道,而伏道遂不防也哉！(《潜思斋文集》)

文昌宫后建碉记

熊正伦

吾乡文昌宫,背倚马鞍山,而面临江,举一市皆在其顾盼中,洵扼要地也,曩督兵者咸居焉。庚申岁,乡绅吴君象痴,为峡防司令时,以治匪,遂率兵驻此,每暇日辄周览,久之曰:"是地前余克明君虽筑哨棚甚当,然无碉尚未为完备策也。"乃议建碉颇切。未几兵事起,而吴君去,议遂已。吴君治匪最有声,民以获苏,迨其去,而匪复炽,尤无忌,群思之甚。今年春二月,乃集议呈请川东道尹叶公,求任吴君为江巴璧合峡道联合团练督办,以逐捕匪为事,而以吾乡为所部地。道尹知民之积苦,而于拯之者之得其人也,特允之。于是吴君承命,复率兵来,仍驻旧所居者,以为惟此独便。既莅事,其锋棱一如曩时,不少贷,而民益喜且慰,盖骎骎将复敉平矣。吴群曰:"虽然,吾向所主建碉议久,筹之熟,今固不可以不申也!"乃匄工为之,而碉果成。窃谓是举也,其计可谓至深远者矣。夫吴君既已张芟剃之威,若彼而又固保障之永图者,乃如此,其所以待吾乡人者为何如!然则吾乡人又如何而忘吴君哉!观于此者,其可以穆然思所自起矣!爰记之,以为后世述焉。(《潜思斋文集》)

十家牌法宜实行议

熊正伦

余窃闻团练之基础,保甲是已,保甲之基础,则十家牌法是已。是十家牌法者,固其尤要者也。不由此以入,则必无纲领之端,而其效终莫由而收。昔王文成公当力行之,而特著为令,岂无意也哉?然则,当事者,可以知所务矣!今试行其法于此,即与吾民约曰:此十家中,或一家而不法,则九家坐,必相及,决勿贷已,而即一二犯之者,连坐而痛惩之,则众皆惴惴然俱及焉,而谁复敢匿不告矣。如是则内奸清,而薮贼之源绝,此所以谓为保甲之基础者也。由是而治团练,以防万一猝至之变,则壮夫出其中,饷需亦出其中。今试按之,曰:某强有力,某有赀,则用之取之。某文且弱,则舍之,而或令赁人贷焉。某实难于取,则亦舍之,而但责其力以助之。凡此者,胥一一备周焉,而为之制,则团练乃可为矣。盖十家牌法既已行,故保甲办,保甲办,故团练成,此所以又谓为团练之基础者是也。然则,团练必自保甲始,而保甲则自十家牌法始,无疑矣!是十家牌法,信所谓尤要者,而可苟焉已哉?今者亦尝颁其法矣,然不责实而徒具文,以为名遂相与应故事,而卒归无效,是所贵有权任者力督而实行之而毋或假焉,庶吾民其有鸠乎?(《潜思斋文集》)

与吴督办书

熊正伦

顷见执事十二日来书,已具领悉。其说似悒悒有不欲复办之意,或者一时愤激语,未可据为信耳!然窃谓执事有必宜办者五,请试陈之。夫当时起此者谓何?而督办部之立于此者又谓何?其他皆枝叶耳!独此乃根本地也。盖不知几费经营而后成,意以为继自今敝乡其将长相仗矣!而执事亦以敝乡为可厚也,故建碉以为之防,其待敝乡为何如?然则不惟敝乡不能舍执事,而执事亦岂能舍敝乡哉?其必宜办者一也。近虽倾轧渐起,然吾西里联合之诸乡,尚和集如故,以此见犹可内自固,而足以立矣。执事本里人,吾里既无纠纷,畛域之见,则即更厉之使益相坚。若其他虽明知其不可测,要当并包容之之为长,盖事有不得不然者,此小驾驭之一法耳。苟此后悉如约,则仍一视之可也。否则更组织以为计亦可也,其必宜办者二也。古之有为者,类往往坚定而不可摇,纵令百折之,然苟非心腹害,其所守亦犹是耳。若因一区而并牵动全局,乃遂仓猝顿止,彼环而仰者何限!而顾若此,是一挠之而辄动,甚非握定力而慰舆情者也,且亦尽弃前功矣,其必宜办者三也。况二岩新附,其相期必殷,若遽以此自挫,窃恐徒负其意,其谓我何?非所以示招徕之道也,其必宜办者四也。向之或此机关也,盖诸乡请之,道尹许之,固已檄告四县,而莫不知之矣。若不办,将举所联合之诸乡而解散之欤?抑注销此已成之机关欤?夫道尹方重团练之为务,而诸乡亦以此而始安,如注销与解散之也,窃谓道尹与诸乡,皆必不能从,若夫才望果谁如执事者,而又将谁属之乎?此其故亦明矣。且主之者道尹,维之者诸乡,则此一机关也,其高重

固非寻常,所可同日语矣,而宁谓真易撼耶?其必宜办者五也。凡此所陈五者,以执事卓识,诚以为何如哉?今者方略就绪,所关非浅,而执事为乡里之热忱,正不可顿消也审矣,夫以成之之难,而待之之众,然则为今计,莫若经济如初,而自养其锋。如是以持之,则以治待乱、以静待哗,其又奚不可为,而究何足校短长乎?盖据根本以为自立之地,则纲要定,而其他但因势利导之而已。惟执事图之,尚恳高轩早旋,面商一是。所谓国人望君如望岁者,此其时矣!爰市区区,切盼无极。(《潜思斋文集》)

董办峡江团防王君纪念碑铭

熊正伦

丙辰春正月,王君既卒之后,其乡人佥议曰:自嘉陵江会涪而下,牛鼻、温塘、观音三峡皆要冲地,近者屡易动而变,其孰不相危?吾乡介峡中,乃独稍安者,盖王君力也。君尝有何招降,获利炮二十余具,而费金数百,皆以私财。今其子以君之遗志,悉出而赠诸公家,以相资,窃念君之练团,既卓卓著成效,而今复赠所有利械如是,其贻惠于乡里何如是?不可以不记。言既已,因寓书抵余,请具文而才诸石。余按:君为人天姿素英迈,号知兵,历公事垂三十年,以迄于今,今世变方亟,而竟不复有君矣!方君之领峡防队也,固锐甚!尝慷慨语人曰:"吾所治虽乡兵,然必束以营伍部勒之法,乃可用耳!吾向不畏事,今既负兹任而又谁避?苟有警,吾即鞭驰往,率士卒而力御之,不克不休,如某等者皆魁杰也,或降或则缚以来,而举为我有无脱者。此我之所以卫乡里力也。"呜呼,以所言观之,则其材真足用者矣!今环峡诸乡埠,其所劫者不可一二数,而独是地卒安然无恙,其谁之力以及此?然则,如君者又曷可少哉?君虽喜兵,然知读书,能辞章,盖亦甚重学者。其卒也,以病酒,抑亦有所郁郁不自得者耶?其可惜也已!君讳国桢,其本名洪永,字锡五。夙交余,余以君乡人,欲有以纪君,乃因其请而为之辞。铭曰:维昔砥平,家肃户靓。平极而陂,枭虣乃竞。纵横猘噬,为厉曷极。田里靡宁,孰捍以力?揭揭王君,奋自峡中。乡兵是厉,督以其躬。整戎经武,厥声四震。不以自逸,而徒坐镇。一闻猝变,率士亟往。务歼厥魁,是劳是赏。苟或来降,宁肯加兵。俾安反侧,爰纳以诚。收彼利械,馈我公家。永资君惠,敢不拜嘉。君今往矣,寿之以碑。琢辞其上,惟君之思!(录《潜思斋文集》)

王锡五墓志铭

熊正伦

君讳洪永,又名国桢,字锡五,英果有为才也,甫及冠,即任公事,甚办,咸讶其年少,固已叹奇之。其后事变渐起,君乃治团练以捍乡里,其部勒甚有法,群又服其能兵,而其声遂由是震于时。已而峡防兴,为政府者授以督董其事之任,君乃所为益舒,而威棱益壮。当是时,诸乡埠被劫者不少,独此竟晏然无恙,然则其谁力哉?君向不畏事,若一旦闻警,或汹汹不易敌,即鞭马先驰,而士卒随属其后,必变定乃还。以此观之,真可谓魁杰之士矣。君任事垂三十年,其办团练,尤卓著成效如此!而忌者必欲陷君,因辞职,迄不获,乃北游入京。及归,未几而其祸又作焉。虽寻白,然自是郁郁感愤甚,恒若不自聊者,而遂病矣。居无何,而君竟卒。呜呼!君之才,甚足以有为,而乃摧挫之不已,其何所施哉?其何所施哉?方今时势益亟,乃颇思君。咸谓如君者,今则无复有斯人也,然则其真始出矣!君雅嗜酒,往往淋漓尽醉,而意气弥豪。晚岁尤耽学,为文辞,操纸笔,立书而明洁不易及。余尝笑语君曰:"古谓随陆无武,绛灌无文,君殆兼之矣!"君亦笑不答也。然则其意可知,而其才又易量哉!其亦足惜也已。君卒时,午四十有八。前配刘孺人,其子曰运昌、运□、运车、运行,女适翁□□,亦巨族。孙□□,今甘孺人,其继配也。君与余最相知,尝令运昌从余学。令营君墓,将成,乃来请铭。铭曰:才足以卫一乡,年不足以臻其长。昔也治兵,厥威奋张。屡厉士卒,偕保此疆。迄今颂之,曰君所防。爰铭墓碑,思君靡忘!(《潜思斋文集》)

肆、警察

警察之制,肇于希腊,盛行欧美。吾国警察,虽具保甲遗意,而其事实始清季。光绪末预备立宪,二十九年(1940年)诏各省先办警察。川督岑春煊在省城试办,设警察专门学堂。三十二年(1943年),改为警察传习所,饬各属选送学员。每送1名,申解学食费用40两。是年6月,开办第一班。6个月毕业,派赴省城各分局实地练习1月后,咨遣回籍,开办警政。各县初多以附团防局,典史兼警务长,局所设旧汛署。是为北碚邻县设警察之始。宣统元年(1909年)正月,巡警道奉令设高等巡警学堂,3年毕业。2月,川督赵尔巽准部咨通饬各属设巡警教练所,以为增设乡镇巡警之预备而人才益多。本局辖境,为四县乡镇,初未设警察。民国初,峡防局成立。二十年(1931年)1月5日,开始招训警察一分队,凡40人,以维持北碚市面治安,是为峡局训练警察之始。峡防局末期,三特务队总称四川省第三区保安第一独立大队。二十五年(1936年)1月,实验区署成立。内务股职务有公安、消防、防护、防空等事,其下又设警察督察室,有督察长1人,因将峡局特务队改称公安队,仍分三中队,分驻北碚、白庙子、澄江镇。规模官佐,时有变更。兹据二十七、二十八年(1938、1939年)档案,谱述其规制如次:

队别	驻地	官佐	派出所所别及驻地	警士
第一中队	北碚镇	中队长1人 副中队长1人 队附3人 司务长1人	第一派驻所驻西山路 第二派驻所驻嘉陵路马头 第三派驻所驻民众路	各有军士1名,指挥所务。户籍警、卫生警、交通警各1名,分职任事。普通警2名,协助工作,清道夫1名
第二中队	白庙乡	中队长1人 队附3人 司务长1人 书记1人	第一派驻所驻麻柳路 第二派驻所驻癞疤路 第三派驻所驻田坝路	各有警士1人,指挥所务,兼管户籍。警兵3人,分管卫生、交通、治安等事项,清道夫2名
第三中队	澄江镇	中队长1人 队附3人 司务长1人 书记1人	第一派驻所驻新山洞 第二派驻所驻黄焰沟 第三派驻所驻二岩乡	各有军士1名,指挥所务。户籍警、卫生警、交通警各1名,分职任事。普通警2名,协助工作。清道夫,澄江镇2名,二岩乡1名

三十一年(1942年)3月,管理局成立,设军事科。警察之编训,自卫之组训,与其他警备诸事,亦其职掌之一,而改原有之公安队为警察所。士兵施以3月之学术科训练,遇有集会及空袭,即出动服务。其时设朝阳、白庙、文星、黄桷、二岩、澄江六分驻所,及两义勇警察队;而朝阳分驻所又分设天生桥派出所,澄江镇分驻所分设蔡家沟派出所。其后龙凤、金刚两乡公所正式成立,复增置两分驻

所,而派出所亦有增置。三十二年(1943年),乡镇分驻所八,要隘所设派出所三。长警共327人,全年经费50227200元。又朝阳镇组织义勇警察一队,计40名。警士每两月轮番集训一次,每次20名,且常调送东川警察训练所受训,每次5名。别有所谓手枪队者,亦协助维持治安者也。

兹录三十三年(1944年)警察所组织简表如次

所别		所长	所员	巡官	警长	警士	司号	总务人员				
								会计	书记	事务员	雇员	船夫
警察所	第一班	1	1	1	2	8	1	1		1	2	
	第二班				1	2	8					
	手枪队				1	2	8					
	朝阳镇分驻所				1	2	8					
	天生桥派出所				1	1	5					
	金刚乡分驻所					1	6					
	龙凤乡分驻所					1	5					
	白庙乡分驻所					1	8	1				
	文星乡分驻所					1	8					
	黄桷镇分驻所				1	2	14					
	二岩乡分驻所					1	6					
澄江镇分驻所				2	1	4	1	1	1	1	2	1
	第一班				1	9						
	第二班				1	9						
	上海新亚药厂派出所				1	3						
	火药堡派出所			1	1	6						
	新门洞派出所				1	6						

警察所实设人数表

三十二年(1943年)

部别		共计	实设人数		
			官	警	夫
	总计	192	23	152	17
各分驻所及派出所	本所	59	11	44	4
	澄江镇	59	9	45	5
	二岩乡	12	—	11	1
	金刚乡	8	—	7	1
	黄桷镇	9	1	7	1
	文星乡	10	—	9	1
	白庙乡	11	—	10	1
	龙凤乡	7	—	6	1
	天生桥	8	1	6	1
	石子山	9	1	7	1

伍、保安

吾国行征兵制自唐始。募民为兵，民兵因分为二。宋王荆公欲省靡费、培国力，练乡兵，保家国，始创保甲之法。设为教条，多加约束，有相恤之义，有连坐之条。北碚地方团练、峡防、国民自卫区队，皆保安自卫之道，无一而非保甲遗意。兹述本区局壮丁、枪械之数与其剿匪保乡之实，著于编，为壮丁、枪械、剿匪3目。其见于本篇别章及《兵役篇》者，悉所略焉。

一、壮丁

峡局时代，以峡防队为治安自卫之武力，其组织及实力，已见前述。自实验区成立后，更积极组训民众，培植地方自卫力量。二十六年(1937年)冬，本区为推进新生活及自卫计，组织劳动服务团。北碚、黄桷、文星、澄江先后调查5镇100保丁壮，施以军事训练及公民训练，兹表列其数如次：

总动员训练全区户口及壮丁统计表

二十六年(1937年)[1]

镇别	户数	人口		男女总计	壮丁总数	壮丁实数	备考
		男	女				
北碚乡	3780	12021	10627	22648	3667	1151	除公教人员、学生及外出者外,为壮丁实数
黄桷镇	3089	7245	5943	13189	2248	1015	
文星镇	3037	6625	5059	11684	1788	491	
二岩镇	717	2376	1623	3994	563	243	
澄江镇	3390	8114	7328	15442	2684	925	
合计[1]	12013	36381	30581	66962	10950	3825	

壮丁调查之后,继以训练。自12月1日开始施训,每10日3次。复于10日内场期,集中各保小队附,训练1次,以期动作齐一,可以应变。训练既竟又于二十七年(1938年)2月25日施以检阅。其成绩优良者,分别特等、甲等奖励。其保长特等奖洋5元,甲等3元。成绩庸劣者,处7日以下之拘留或3元至5元之罚金。以其奖金购买碗筷等用品,题字发给,以为鼓励。兹将点验结果列下:

镇别	壮丁人数	枪支数目		子弹发数	受奖者		奖金数目	处罚者		拘留或罚金
		步枪	明火枪		保别	姓名		保别	姓名	
北碚	1151	253	136	1422	十二保 二十八保	蒋平川 明海清	5元 5元	十三保 二十二保	蒋锡光 何子华	3日 7日
黄桷	1015	119	31	1311	十二保 十三保	李建辉 李西北	5元 3元	十六保 十六保	李石声 刘义臣	2日 3日
文星	491	135	46	782	八保	刘银成	3元	十二保	肖玉仙	3日
二岩	243	70	13	1385	四保	周文向	3元	五保	刘合全	7日
澄江	925	236	98	4399	十四保 十五保	向炳云 王质彬	3元 3元	十保 丨保	王光武 工德明	3日 3日
合计	3825	813	324	9299	8保	8名	30元	7保	8名	

本区壮丁,一经训练,随时可用。如扩大纪念日之集合举行,如冬防守夜,如协同剿匪,均有成效,二十七年(1938年)本区又奉令自下年度起,举办社会军事训练。7月18日乃比照各县区社训组织,设立区社训队。旋奉令依照《战时国民

---

[1] 合计与实际总和不一致

军事组训整备纲领》第三条之规定,改组为国民自卫区队。其常备队,以经费无着,请准缓办。预备队共编5乡镇队、13分队。以联保主任为名誉队长,乡镇队长为副主任。队附助教即选曾受壮丁训练之优秀者充任。后备队仿照《战时国民军事组训纲领》第四条第三项之规定,以每甲设1甲队,各保设1保队,每乡镇设1乡镇队,复照同纲领第六条第四项之规定,以乡镇保甲长为队长。保训合一干部训练以经费无着,亦呈请缓办。干部人员训练依《社训纲要》第十三条规定,自是月12日起依次训练。至于准备训练第一期壮丁,则凡年满18岁至35岁者,由每保挑选30名,遵限送到受训。其经费照章移用保甲经费,或摊征。二十九年(1940年)春,本区奉令设国民兵团,不久即废。其冬复成立后备队,设中队长特务长1人,队附若干人,而轮流调训各乡镇壮丁。管理局成立后,继续推行。三十二年(1943年)春,各乡镇已受训之国民兵有两镇队6乡队,凡中队长1人,副队长1人,分队长6人,兵丁1756人,即以编成警备、侦察、交通、通讯、工务、消防、运输、救护等班,施以个别训练。每旬日集合会操1次,经常戒备,以防盗匪。本局及所属职员,曾受军训而善射击者,亦配发武器,以便加入警备勤务。更训练民众防匪及反间谍,以加强战时防御。兹列局属国民兵地区编组情形如次:

北碚管理局国民兵地区编组表

民国三十二年(1943年)

乡镇别	区队数		乡镇队数	保队数	甲班数
	队数	各种任务班数			
共计	8	72	8	130	1434
朝阳	1	9	1	22	289
黄桷	1	9	1	22	219
澄江	1	9	1	28	311
金刚	1	9	1	12	133
龙凤	1	9	1	10	100
白庙	1	9	1	13	137
文星	1	9	1	16	176
二岩	1	9	1	7	69

资料来源:依据北碚管理局军事科抄送材料编制。

二、枪械

十五年(1926年),峡局设枪厂2所,各设厂首1人,分别统制局境各枪场,其造修买卖并监督之。治安军火,有公私枪炮,其民有自卫枪械,自二十五年(1936年)12月起,由区烙印发给护照,取具联保连坐切结。二十六年(1937年)公私枪械计1348支。其敝坏不能用者70余支,乃以保甲经费修理之。本区自是兼办理枪炮异动,以迄于今。兹录历年枪械之数如次:

全区自卫枪炮表

二十六年(1937年)

镇别	步枪支数	子弹发数	明光枪支数
北碚乡	253	1422	136
文星镇	135	782	46
二岩镇	70	1385	13
黄桷镇	119	1311	31
澄江镇	336	4399	98
合计	913	9299	324

全区自卫枪炮表

二十七年(1938年)

广步枪	土步枪	广手枪	土手枪	步枪弹	手枪弹
55	226	10	11	1089	20

广步枪	土步枪	广手枪	土手枪	步枪弹	手枪弹
49	991	11	0	11816	463

备注:(一)火药枪未列入。(二)土夹板步枪19支,新式步枪2支,新式马枪1支,土毛瑟枪2支,共计24支,皆系由区外购来。

三十年(1941年)登烙民枪,全区共有民枪(土步枪)2000支、子弹25000发。

北碚管理局自卫枪炮表

民国三十二年（1943年）[①]

公有或私有	机关团队或乡镇别	枪炮/支			子弹/发		
		手提式枪	步马枪	手枪	手提式枪弹	步马枪弹	手枪弹
公有	管理局	10	176	14	1000	8800	1400
私有	朝阳镇	1	195	4	115	6825	282
	金刚乡	—	39	1	—	1362	36
	龙凤乡	—	31	—	—	1450	—
	澄江镇	—	366	4	—	12810	264
	白庙乡	1	63	4	385	2205	196
	文星乡	—	132	—	—	4620	—
	黄桷镇	—	138	—	—	4953	—
	二岩乡	—	195	—	—	6342	—
	共计	2	1159	13	500	40567	778
总计[①]		12	1335	27	1500	49367	2178

资料来源：依据军事科抄送材料编制。

说明：各乡镇私有自动步枪列入手提式枪栏。

三十三年（1944年）春，本局民枪1144支、子弹16136发。警卫使用武器，计手枪35支，步枪138支，手枪弹3960发，步枪弹7700发。辖境澄江镇枪弹清查结果：计有公私枪325支，子弹4028发，就中公枪占98支、子弹76发，私枪占227支、子弹1283发。其中，最多者为单支枪，计有130支、子弹1620发，次则为汉阳枪，有129支、子弹162发，最少者为柜盖，单马、新式马枪各1支。至连枪仅有7支，子弹247发也。

三、剿匪

三峡向为盗薮，峡局之成立，即以绥靖匪患为目的。历次兜剿悍匪，不胜枚举。惜宗卷散佚，多不可考。自实验区成立，虽着重乡村建设，然剿定匪患，亦积

[①] 合计与实际总和不一致。

极进行,不遗余力,且常协助邻县,肃清匪患。兹汇录本区局历次剿匪及警备事迹大略著于篇。

搜捕翠云寨劫案:二十五年(1936年)5月20日,合川双凤场翠云寨寨丁叛乱,联络股匪,大肆抢劫,当抢去现洋4000余元,并杀未与同谋之寨丁4人。本署闻讯,即派胡天朗率领公安队与工人义勇队共约一中队之兵力,前往缉捕。傍晚出发,次晨到达翠云寨,匪徒已潜匿无踪。我部队分为四路,大举清乡。22日,复在白峡口获嫌疑犯2名,始知是案系寨丁与当地李清辉老绅粮等所为。要犯蒋治安等,卷款远飏,捕获正匪数人,胁从10余人匪,获枪20余支。区长卢子英破案迅速,上峰记功1次。是年7月11日,江北县清平镇石缸堡发见土匪30余人,各执枪械。本区区长率公安一、二两中队剿捕。及官兵到达,匪已为清平场团队击溃分为两段。我乃分兵一向活麻寺一带警戒,一向大茅坪搜索。敌我相遇,第一分队长杨海泉与匪激战40分钟之久,匪势不支,向华蓥山一带退去。是役也,我仅伤士兵2员。

会攻大茅坪股匪,大茅坪山势险峻,易藏匪徒。二十五年(1936年)9月23日晚,又有股匪200余,盘据(踞)其间。武器精良,时出掠劫。本区电商江北第四区保安队,约定会剿办法。是晚本署会派公安两中队及保长小队附研究班两中队,前往会剿。次日午前9时,与匪接触。匪徒重伤1名,见势不佳,向李家山方面窜逃。

围剿白峡口股匪,江合边地偏岩场、狮滩场、清平场、大茅坪、白峡口一带股匪周澄清、黄鹏等,人枪号称五百。区署常派部队会同江、合两县剿办,惟匪区辽阔,东剿西窜,难竟全功。二十五年(1936年)9月下旬,实验区署又会同江合两县保安队,前往搜剿。无如山深林密,又无所获。本署以该股匪徒消息灵通,运动敏速,乃派便衣兵1队,佯装与匪徒合股,果有匪首朱斌来相接洽,并约定11日集合大小棚子在白峡口"会哨"。本署即派公安队各中队、保长、壮丁、干部研究班及工人义勇队,星夜出发,直入匪巢,击毙匪首朱斌、黄鹏等6名。余匪四散,又获手枪2支,土步枪2支。我便衣队与匪激战时,负重伤者3名。是后,计耗时4昼夜,捕获嫌疑犯7名。上峰嘉许区长,记功1次。二十五年(1936年),广安县高店场股匪,啸聚千余人,戒备高店场股匪,有棚子40余个,手枪200余支,其他新式武器亦多。匪等以秋旱歉收,民不聊生,乃四出收集苞谷多石,发给贫民,并声称即将劫武胜县沿口及合川县萧家场。或云白峡口,击毙之匪首朱彬乃高店场股匪之总管事,其老窑等闻其死耗,痛哭失声,因而偷运大批子弹,并赶制军服200余套,意欲以一部伪装军队,混迹来峡,为死者复仇。区署得息,于10月24日,召集各镇举行治安会议,特别戒备,以防万一。匪见有备,亦不复来。

巩固峡防。华蓥山匪巢毗连江合边界,纵横数十里。山谷深林,不计其数。曾用尽军事上种种方法,终难肃清。二十五年(1936年)12月,特由区署商诸合川、江北当局,组织联防办事处。4月,开会于温泉公园。本署派内务股主任参加。当经议定,经费由江、合、峡三方分担,人枪由合川筹集,由实验区协助之。办事处设于合川狮滩场,以合川士绅赵璧光为主任,李炳奎副之。凡有进剿事宜,必须与联防办事处确取联络。同时派遣壮丁队于各镇重要地方,搭设更棚,组织巡察队,轮番守夜。更不分昼夜,由署派员督饬壮丁队,规定平时警时联络"号音""警锣""打梆"等法。又演习紧急集合,以免发生匪警时仓皇失措。自是江合边境益形安谧。

联防剿匪。联防办事处成立后,会剿股匪凡4次。联络军团第一次围剿在二十六年(1937年)春。是时青黄不接,贫民多挺而走险,匪势益形猖獗。双凤场驻军一连巡逻,偶遇匪接触。双方激战甚久,机枪2挺,几为匪徒劫去,幸赖团队增援,始脱于难。其后实验区之部队与陆军四十四军第一百五十师尹团第一大队会师于杨柳坝,分四路向大毛(茅)坪围剿。及至目的地,匪已远飏。第二次围剿,亦在二十六年(1937年)。是时白峡口有警,实验区署以电话约定江北第四区署会剿。清剿三日,未见匪踪,乃搜索前进。至大柏林中,突与匪徒10余人相接,当击散匪徒,获衣被等物多件。旋会合联防作第三次围剿。盖以土匪久不敛迹,区内不靖,乃密商联防办事处,以计击毙匪首周澄清。不料周匪狡诈,戒备甚严。实验区署乃派投诚自新者4人前往,周匪亦未出面,仅击毙匪首管事杨玉如及散匪1名。余党闻枪声渐迫,且战且退,始离合川太和场而去。不久而有联防第四次之袭击。缘匪类张遂齐,以父规劝而投诚,因拟以计诱杀周匪澄清,但久而无成。嗣探知周匪住清平场属石岗堡碑垭口邓家老院子内,即秘密通知联防区署公安队,先逼匪宅,捕获匪哨,以手溜(榴)弹投入匪室。匪党30余人,突出3次,射击顽抗,伤我兵卒1名。及我援至,贼始溃退。是役当场格毙匪徒2名,夺获新式步枪1支,手提机枪弹盘1个,子弹300余发。公安二队分队长曾术华误触手溜(榴)弹,重伤不治而死。惜哉!

破获温泉窃案。温泉附近邓愚山家,澄江镇义瑞桐林公司,先后于二十六年(1937年)10月12日、11月24日被劫。区署派员侦查,于12月中旬,均破获之,捕得正匪6名,讯明枪决。堵截窜匪,二十七年(1938年)秋,邻水、广安、清乡戒严,匪首范朋等人,枪约80余,携机枪2挺,窜入峡区。本署联络江、合两县团队及壮丁队,预定符号会同本署派队,分路进剿。8月28日夜,区长率队由北川铁路经瓦店子前进,次日拂晓向大茅坪方面挺进,沿路搜索,匪闻风化整为零,逃窜无踪。

再剿白峡口等匪。二十七年(1938年)11月,白峡口、大茅坪、云间岩匪众,又形猖獗。本区派队往剿,于云间漕匪巢捕获土匪王炳之、伍锡光、申是福,解救被绑绅粮谌数之。嗣又于狮滩场捕获邓移芳、李戢顺、唐合明、秦宣华4人。又于老油房捕获艾国宝、沈文明。而惯匪邹俊臣及杨德国妻邓德贞亦在渝被捕。先后解署讯办。

迎击股匪。二十七年(1938年),峡区自卫武力雄厚,各地富室,多举家迁来,以避匪患。土匪则收买无赖,无枪者5元,携枪者15元,啸聚多人,拟大举内犯。本区乃派队至璧山八塘之狮子山岚垭等处清剿。11月,华蓥山匪徒80余人,窜至合川狮滩场,并占据倒石桥等场,掳去士绅15人,壮丁死亡10人,提去团枪数支,人民财产亦有损失。匪徒仍消遥华蓥山麓水竹林一带,势极猖獗。实验区署得报,即调集警卫队与自卫队200余人,协助合川、江北两县保安团,国民自卫队,及合川老寨子小沔溪之自卫团队,共三中队,前往江北偏岩、静观、清平、土沱,合川双风、三汇等场防堵。匪闻讯,窜回老巢。境内及邻封股匪,至二十七年(1938年)已告肃清。地方当局更严密管制户口异动,实行连保连坐。股匪散匪,皆无容身之地,职是故也。三十二年(1943年),警察所办理案件凡1028件,盗匪195件,窃盗272件。至三十三年(1944年),经办案件凡295件,而窃盗19件,盗匪无闻矣。兹附录剿匪统计表如下:

历次剿匪消耗弹药表

剿匪次数	弹药			备考
	步枪弹	手枪弹	手榴弹	
7	50	3572	2	枪弹以发数计,手榴弹以枚计

历次击匪费用统计表

队别	科目	支出金额	备考
壮丁队	奖励费	165000	奖励壮丁队夺获匪枪
	同	6000	奖励缉匪出力壮丁
	同	10000	奖励壮丁队获匪
	抚恤费	10000	抚恤因缉匪殒命之壮丁、保长人员

历次剿匪夺获械弹表

土造步枪支数	土造手枪支数	手枪支数	大快枪子弹数	大快枪弹盘	物			备考
					棉絮	磁碗	其他	
6	5	1	360	1				

历史剿匪格毙匪徒统计表

格毙人数	格毙地点			毙匪年龄			籍贯		毙匪职业				
	合川三块田	合川云润朝	合川白峡口	20至25	26至30	31至35	合川	岳池	务农	赌博	当兵	做工	游民
13	7	2	4	4	3	5	10	3	5	2	1	1	4

当二十六年(1937年)秋,区署剿平边地土匪也,定有土匪投诚自新办法。其手续:

(一)缴械投诚:凡有匪类自新者,均先瞩其缴所有棚内械弹,以示真诚。(二)觅保具结:每人须具自愿切结,表示决心,并觅妥保以作保证。(三)分派工作:专做秘密侦探匪情,建立功绩,以赎前愆,对人立自新信仰。投诚之后,先作家庭调查,明了其家庭经济状况,次与作详细谈话,明了各个人之思想、言行、能力及出身等,以作因人施教之参考。

其后再实施各种训练:(一)生计训练,由民委会教以职业生计之各种智识。(二)政治训练,由教育股教以当前国内外政治情形,及自己应有之认识与应负之责任。(三)识字训练,规定每人至少能识500字,否则罚筑马路,以示薄惩。(四)体力训练,授以徒手体操及拳术,凡染有传染病者,均送医院治疗。(五)纪律训练,如整齐、清洁、简单、朴素、确实等新生活之各要项。

区署特将设诚自新之匪专任侦探匪情,参加搜索山林,扼守要隘,与匪持久周旋,费时月余。曾击毙匪棚内外管事邓美耀、邓康林等2名。自是之后,剿抚兼施,投诚者日多,先后达41名。而周匪澄清亦投诚。联防办事处剿匪工作,遂告全功。昔日匪巢,今一变而为和平之乡矣。事定之后,自新队即行结束,投诚枪支按照法令规定处理。每名给遣散费10元。

陆、防空

三峡实验区,当水陆要冲。交通便利,地方安谧,外方机关、学校、工厂、人民纷纷迁来。于是人口激增,市面繁荣,形成京畿重镇。复以本区为敌机袭渝必经之道,又为敌我空战区域,故防空防护之事,甚为重要。其事初归区署内务股。二十八年(1939年),敌国空军,肆扰益甚。乃于2月10日,奉令组设防空支会,设正、副主任,国术教官,三级办事员各1人。其后改组为防护团,团部官佐4人。各乡镇设防护分团,分团官佐名额不一。北碚第一分团135人,第二分团1032人,白庙分团167人,文星分团65人,黄桷分团253人,二岩分团33人,澄江分团74人。合计全区团共有官佐团员1759人。此外,每保又有团员24人。又规定军警为出击部队,保甲壮丁为防守部队,以为防范敌空军陆战队之准备。北碚义勇警察亦协助之。北碚五里外□□□设医院2所,可收容百余人。防空之设备,依据防空法及本省防空司令部筹募防空设备经费办法,按当时环境之需要,造具预算,呈准征收人民附捐,作为经费。其来源有下列5种:

1.金融事业照资金原额征5‰。

2.各商号照全年营业收入征6‰。

3.房屋征房主全年收益1/12。

4.违法建筑防空捐征10%(不遵规定建筑房屋者)。

5.餐馆、旅馆消费防空捐(餐馆消费在2元以上者抽5%,旅馆消费值百抽五)。

迨管理局成立,复组防空支会,下分3股。乡镇亦设分会,旋复为防护团。团设主任、干事各1人。三十三年(1944年),改设总干事、股主任、干事各1人,兵夫3人。至于防空组训设备,则归本局军事科。乡镇9分团于三十三年(1944年)各选拔团员,成立防毒分队1队,共有官兵56名。按照军事科目,施以严格训练,期其行动整齐迅速。技术方面,则依照各班之性质与任务,施以各种技术训练。如担架、消防、救护,各授以本位训练,期其纯熟。又编印防护教材《防空须知》《救护须知》《团员守则》等小册,分发各团员,人手1册,朝夕课读。

二十八年(1939年)春季以来,敌空军屡袭四川,区境始凿防空洞。洞开于山腰,多辟洞口。口外设护洞墙二道。入口5公尺即转直角。支以坚木之架,上设木天花板。由监工员计工给资,定期发放,以免剥削。诱劝奖励,6月之间,完成公共防空洞11所,计如下表:

嘉陵江三峡乡村建设实验区防空支会公共防空洞概况表

号数	地域	容积(以公尺为单位)				可容人数	备考
		宽	高	进深	立方尺		
1	庙嘴黑龙潭	2	2	33.8	135.5	276	
2	庙嘴招商船码头			84.2	336.9	674	
3							现改为北温公路遂道
4	新村砖瓦厂对面	2	2	61.25	245	490	
5	同上	2	2	103.35	415.4	831	
6	新村电话局后山	2	2	32.25	161.25	323	
7	同上	2	2	25	100.1	202	
8	同上	3	3	20	90	180	
9	新村高坎	2	2	75.5	302	604	
10	北碚小学侧边	2	2	91	364	728	
11	体育场后山	2	2	20.1	281.8	562	

附注:除3号改作遂道外,总计可容4865人。

三十三年(1944年)春,局属公私防空洞凡28所,可容28051人。每洞坐位、照明、通风、电话、医药等设备,应有尽有。又器材百余件,至防毒方面,则编发防毒常识,散发民众传诵。各乡镇重要场所,设置毒气鼓,以备敌人施放毒气时警报民众。更商定药房,制售防毒口罩,每套60元,通知民众,前往购置。

附录:

民国新修合川县志,载邑人李昌运所撰《磨子沱记》,有关峡局保安。兹附录之,其文曰:有钱人曰肥猪,又曰绅士。呼军人曰扒壳。彼此自谓,两相诩曰:对红心。所最恶者为卖客。其不法行为有四:扫窑基,谓进屋也;批路板,谓拦劫也;清底底,谓抢船;拉小孩,谓之抢童子;拉妇人,谓之接观音,总名曰摸姜。公然谬谓出差。外管事督匪行曰摇。匪团立中设祭,一焚纸钱绕一周,谓办阴阳。交涉嘱谨细,或不嘱报名,一如军队。各执洋油竹筒,塞稻草。至时发红,群呼开旺些。要路派人防守为堵水。到门时乱呼拿进去,如一群冤鬼,寻人索命。有涂花面,或不涂,亦不一致。奸搂抄杀,门以内也。门外有曰驼生资,负戴,亦曰马儿,备票子带花听遣。直待团邻惊救,大呼水涨始去。沿路炮声灭息,大呼抬平,一字立报名如初。立缴赃,有不现者,清出立毙之。驼生捆载,听管事瓜分有差,谓端高矮墩散花场,而以老窑老板,内外管事送财神终。批路板,清底底仿此。拉肥猪,则锁暗室或深洞,用膏药贴双目,绳索扎手,夜半引疾走,呼过磡、过沟、过渡。咫尺千里,最后桎梏之,罗守之,看卷事也。迫令亟告所亲,某处有耗,需银若干。许赎不满所欲,或瘦死,或数月数年羁,或令上道,出帮差。大抵拉搕之举,皆由近奸,其人呼为点主官。嗟嗟!民国以来,遭此荼毒,秃毫难罄。丰于财而悭吝者,近是垄断独登者近是。吾邑然,不独吾邑为然,吾蜀然,不独吾蜀为然,磨了沱云乎哉?执斯狱者,口讳匪,容匪,终匪,朋匪。考峡中劫船,自民国二年二月二十日,鲤拐滩始,延及磨子沱。自是年六月始,后则间日计,连日计,以弥月计。乙卯七月,丙辰十一月,丁巳十二月,举如是。每迟明,由南岸来。南岸居民先受其灾。由北岸来,北岸居民,先受其灾。快枪制其出入,勒供饮食。舟至,快枪并发,死不免。一一舣岸,胁各水手负货去,不足又灾及居民。负戴稍有遗失及挫折等事,则群以为卖客,百口莫辩。大则殒命,小则被拉,被劫不胜纪。

夫负戴寝食，峡人均所不免，律以讳匪、容匪、纵匪、朋匪，固宜，所不解者：峡中团练，自峡防营成立，范围以广东里，葛家岩成军，尤为首屈一指，老二至今通认为王止敬兵士无让手。历年芟除，团局、公署、营队及自相残贼，约数千级。老二越杀越多，则何以故？盖尝论之：天为磨子沱辟一幅灾区，老二利于江蜀则多江，老二利于峡蜀则多峡。然而巫峡壁（壁）立，老二去来不便。大江宽广，老二炮火无功。磨子沱，东西南北老二，群奉为英雄用武之地也。本岸上游，有矿山梁子，下游有猴子石，对岸上游有隔蚕孔，下游有磨刀溪，皆石梁为之障。上达秦陇，蜀东西北山货必由，下达武汉，广洋广货运赴省垣秦陇，较外江捷。两岸山势蜿蜒，一通铜梁、大足、璧山、巴县，而有葫芦滩、茨竹沟，可住可宿，并可消赃。一通邻水、岳池、广安、江北，而有瓴子坝、华银山、太和场。其场虽不能消赃，亦可住宿。上距合川五十里，下距重庆一百四十里。重庆至北碚一站，下船由合川晓发，上船由北碚晓发，遇于磨子沱，每日均在九时、十时。匪探合川有挟重赀下行，匪由陆路召匪，少二十里行程。探重庆有挟重赀上行，乘夜宿北碚时间走报，无不及。附近三场如麻柳坪、老雅溪、凤凰溪，皆系夹两山中一面临水，兵家大忌，向来不敢驻防。江至此一束，大似桃花潭，水深千尺，非急流可勇退。江广七十丈有奇，舟行无可避，其不可为一也！天为磨子沱生一种坏人，天下未乱蜀先乱，天下既治蜀后治，固已。然路事不生老二，必不如是烈。老二者，哥老之余孽也。夫竭全川财力，不能成川汉铁路，律以铁路仍归国有，可见当日路事之非，而同志会一召，驱全川子弟入哥老，隐伏老二之根。同志会解以糊涂攫团局枪支，有老二器械，以哥老联地方子弟有老二爪牙。成则抢州夺县，人人怀督军总统思想。穷氓亦有编制希望，老二何乐而不为？况古时以名驭天下，变法后以利动天下。好名容有勉为君子，怀利则将甘为小人。是故取利之大者有大老二焉。取利之小者有小老二焉。蜀盐济食滇黔蜀楚，每年富荣公局征收七百四十万两，硬护送、软护送尚不在数内。正税副税，名目不一，其利为天下所必争。争则以招抚老二为长策。争无已日，老二即无已日，此不可为二也！天为磨子沱结一段孽缘。记者路事追悼联云："快心事，不多逢，拼一腔热血，洒向河山，尸祝自应传弈世。明眼人，当熟视，抚疮痍满目，急需雨露，领权何以慰幽魂？"为民生请命也。以磨子沱频年抢劫糜烂，一至于此！国家岂不念及？无如峡地分属江、巴、璧、合，惟合最近,余皆百余里。各县练勇百人、二百人,全县赖之,且不常驻峡。分县而治,不能立决,势非独立一营不可。初王道尹委王锡武防峡,由黄角(桷)树招丁一营,各场共招一营,统编防峡营。炮船二只,巡游上下。有擒送道署立决。时以此款出草街子猪厘,县绅出而挠之,东里葛家岩成军,议于磨子沱对岸高绝处,筑行营驻兵,以扼磨子沱,而永里人又阻之。甲寅清乡,有袁氏之变。丁巳清乡,有省城之变。各县联军以及陆军,屡有清乡之举。往往为天雨沮,至如某军官一人一枪,随身一卒,由麻柳坪上行,遇对岸数十匪,军官隐身石后,战一小时乃去,勇甚! 又军船上驶,猝遇匪,尽骇,内有七士兵,从药云弹雨中渡河登山,扼匪归路。七枪并举,匪死称是,壮甚! 又军乘小舟至石盘嘴,七匪据河,一匪立岩楞呼湾船,声未了,中炮死,复缚七匪毙于市。快甚! 凡此军人,无缘再遇。又如乙卯六月,某乘纱船,闻警问老板为谁? 答曰:扁担花。问管事为谁? 答曰:九在手。某出所谓公口,匪不承,刀伤某,劫快枪四杆及满船洋纱以去。舟人报团局甚悉,苦无如何。越三日,忽有大队宿盐井溪,是夕捉二十四匪,分别毙十六匪。丁巳十一月,远近戒严。二十六夜,有贩禁物偷渡,老二不知也。先是有老二从重庆探知,赶至下面劫去禁物。逾时,舟至上面,老二下河,舟人白曰:货物尽数被搂。上下老二战死三十余匪,奇缘又不多遇。此不可为三也! 宜乎商场损失。下货如口莱、山药、白蜡、伏耳、银耳、缫丝、牛羊皮、盐、米、油、酒,上货如海味、白糖、匹头、洋货、洋纱、洋油、玩具、铜磁以及上下银信过客银件,计数百万金。大狱之兴,某家食息某船渡济,某等挑运受害累累,然犹曰懦。试言强者:大队下游枪声,自辰至午,老二不少贬。驻防自渝而返,迂道不成队武护送倒戈,匪追十余里,至有缴枪支,被扣留,伏地乞哀,甚则殒命。近出一种办法,径向老二面说:船儿只,银几百元,皆军人也。然犹曰:等请。试言尊者:省长回籍或逻其后,团长奉差,先待于隘,县知事沈至敢于开枪,县知事胞弟敢丁枪毙而死,官威损矣。所幸吾乡煤炭外别无出产。醒醒富族,早已避城。丙辰四月十六夜劫场,后闻每人分钱三百六十文。乡居陆续被劫数十家,亦无甚钱,不足供其一掷。俗云:"老鼠不咬空仓。"我辈清贫,安知非福? 顾亦第就戊午以前云耳! 戊午己未,老二踞于下峡暨涪陵、丰、万等县,抢劫等是。庚申夏间,滇军、黔军踞川起衅。川军忿之,议欲逐出境外,老二或称招讨,或假游击司令,时有出没。洎滇黔大败溃出,老二公然为害乡里。磨子沱仍然如戊午以前。自虹门上至盐井溪,曰有卫生藤轿、皮鞍骡马、湖绉大旗、整箱子弹,人则排长、连长、营长、团长、军需、军医,兵则下士、中士、上士、号夫、马夫、火夫,炮则快火连槽,洋抬机关等类,厌厌不绝,屯集于磨子沱两岸为麻柳坪等处,已十倍于戊午以前矣。至则号召团甲索草、索被、索鸡、索鸭、索酒肉。一或不周,放肆搂抢,或拘留团甲,百般毒虐。此地居民,无不被其灾者。河下过往船只,上下搜括。如秦关百二,历历可指。一索、再索、三索,脱衣解带,剥落净尽,始能出走。在大易之占曰:或锡之鞶带,终朝三褫之,今则不锡之而褫之,且无人不占之矣。不以过客、力夫、舟子及近地贫民而或异焉。闻著名巨匪磁器罗汉之妇下渝,自谓我何如人?买舟东下及至峡口,丧其行李,丧其资斧,其妇吐称:我系某人之妇,弟兄不当如是。老二复行上船,脱去皮衣、皮裤,嗒然而去。其他剥落之人,难更仆数也。通计十月以后,一冬无一人完全无失过此峡者。于是重庆通商马头,合川繁盛口案,有某师护送货船名目,大张告示,设局征收,估定价值值百抽二,给票过关,为硬护送。又有软护送者,著名老二,亦于重庆、合川仿某师值百抽二之例,谓我队抵关交涉,较硬护送尤为可靠,商船又从而征之。可怜一般商家,既扯硬护送,又扯软护送,只冀无灾无难,清静过关。行至土沱,犹有待,直至大队起行,号令森严,仍视各船运气。航行峡口,彼此交哄,不以某师可以慑服,不以某人少有让手。二岩防营周宝珍,奉刘二师召集士卒,跃跃欲试。十月十五日,带队至麻柳湾,见匪势不盛,努力攻打,辰巳二时,驱匪四散。自谓我军奋勇,可以一战。殊知老二分作无数战线,俄而上下兜围,峡防围困在中,当毙军士六人,带伤无数,全军大败。哭天无门,哭地无路。幸临河岸小船,齐赴,登时载去不成队伍。经此一番挫折,无一军一旅,敢至峡口、麻柳坪场。居民累累,成壮丁男,率皆奔集县城。其余妇女,亦乘黑夜潜逃在县,或乘大军过境,即行出走。或由山路,匍匐避之如丧家犬,如漏网鱼。百分苦处,不堪言状!家中房屋器具,苦于不能搬运,留人看守。一经远去,相距只四十里之遥,两地暌违不相闻问。或着人探听率又被拉被劫,言之痛心!老二犹申言,此地炭有号、碗有厂,率皆成千累万。至两岸居民,皆殷实。我军驻此,并未搂抢。明春将迁驻某处,此地当筹饷银四千元,否则临去,惟有一炬,同为灰烬。无如地瘠民贫,寓县诸君,习闻此语,付之不议不论,听其延烧而已。庚申除夕,人人不能归家。先人坟墓,祖宗祭祀,为之一叹。越年正月十五,重庆大队护送船只,三百余号过峡。盖自腊月初旬,齐至土沱。兵强火硬,老二自知不敌,亦因路断人稀,本地搜括已尽,食用维艰,老二久有去志,此行故未接火。二月,我团练公局,调集全县团练,一行十四二师,分驻沙溪庙、盐井溪、麻柳坪、草街子四场。磨子沱老二,始悉数散去。虽然由磨子沱而上,涪江隶潼南,嘉陵隶李渡,渠江隶广安,以下皆磨子沱也。由磨子沱而下,近若温汤、观音等峡,远若涪陵、丰、万等县,无处不磨子沱也。老二之多,将如何而后可?无已,则清乡之说是取。十家互结无匪甘结,自新切结,以乡清乡。讵不谓然,究之百万军饷,屡次虚縻,老二不过伏处数月,远窜数月。清乡限满,老二依然老二。窃谓清乡断断以革去缴械投诚为第一义。一代改革,杀气必除。此辈之不容于世,实上应天心也。严饬招讨,各队一律归营,违者杀勿论。严禁各路招抚,向公署团局指要某人认为抚军,违者跟究。慎选不昧天良,耐劳员弁,密布各县,调查某处有无匪类。无枉无漏,一一呈报省署存记,按名分饬各县转饬保甲办到。结案不限时日,不拘生死,总以匪除结案,始卸地方责任。隐匪不报,准各场攻讦。一经攻发,或公署察实,与匪同罪。严饬地方团甲,认真办理。混淆黑白,杀无赦。然后大举清乡,先从繁盛地方清厘。临时佣工小贸投宿诸来历不明之人,窝匪者同罪。把守要隘,不许遗漏一匪。糜烂地段,督各县守备进剿勿松。如此则拒捕不可,远窜不可,伏处不可,混迹稠人亦不可。清乡日期有尽,清乡政策无尽。老二庶有尽乎?天道甚远,非人所知,记者老矣!念昔之磨子沱如彼,今之磨子沱如此,不识后之磨子沱何如?勉副在乡言乡之谊。所谓言者无罪,闻者足戒乎呜呼,亦文字之灾也。

政治略（兵役篇）

方今欧美列邦，皆行征兵制。人人皆兵，国民以服兵役为应尽之义务。平时无坐食之兵，战时有精劲之旅。昔在我国，从军为贵族特权，平民无与。逮至战国，思想、政治、经济、社会剧烈演化，古典社会，濒于崩溃。贵族阶级，莫能自固，于是平民亦得跻于披坚执锐之列，执干戈卫社稷矣，全民兵役之征兵制度，盖肇于此。历秦汉以迄隋唐，国威远播，此实其一大原因。唐府兵制坏，代以募兵，至今千有余年，卒至人不习兵，反视军人为贱役。一般士兵，平日徒耗饷糈，临难又腐坏不堪用，积弱日久，国势不振。我政府有鉴于此，乃毅然更制，复征兵之旧。民国二十二年（1933年）6月17日，国民政府公布兵役法，二十五年（1936年）5月1日，明令施行。以国人缺少征兵经验，故条文伤于简略，所定缓役范围，又失之过广，不能适合民主国家平等精神，于是行之不力。自抗战军兴，全国兵役，由傭兵制而实行征兵制。其兵政一端，大别为征募、组训、优待三项。中央由军政部兵役署总其成，各省由军管区、师管区各级负其责。各县人民团体中，有兵役协会以协助之。本省军区司令部遵照中央三十二年（1943年）3月15日所颁兵役法，会同省政府，因地制宜，别拟实施详细办法，以为征募之标准。自三十二年

(1943年)上季起,各师管区实行抽签办法,而以前估拉顶替之弊绝。国民兵团,区乡镇各级队部之组织、训练,及其与警察保甲联系防匪,维持治安,保安团队及地方政府军事科权限之划分等办法,皆有详细规定。至若出征抗敌军人家属之优待,二十七年(1938年)12月中央亦颁布办法,各县设有优待委员会专理之。三十年(1941年)下季,本省有发给优待金之决定:每年每户征属以200元为率,准各地以物价之升降而增减,每年分两次发放。旋又规定各县市每年以积谷五分之三专拨作优待之用。出征壮丁,原定筹给安家费,每人100元,三十三年(1944年)上季又予提高。壮丁中签入营,每名发给安家费2000元。各县市组设保管委员会,款由当地邮局代收代发,以杜侵蚀挪移之弊,并令饬各师区,修建营房,以供壮丁居住。一切待遇,力求改善。自是知识份(分)子逃避兵役之风气亦绝!是后优待,更分救济、权益、荣誉、生产诸种,而兵役进行,益形顺利矣!

本局国民兵团,保国民兵队,属渝江师管区,局长为局征兵官,设征兵委员会。国民兵之组织、管理、教育、召集、调拨、服务等兵役事项,由国民兵团主之。常备兵之征募,在乡军人之管理、动员、军事、保安、征用、防空、情报、马政、军人通讯、兵役之宣传解释及违兵法之处理,出征军人家居之调查、优待、慰问及抚恤,兵要地理之调查,军火之管理等行政事项,由本局军事科主之。一系兵役系统,一系行政系统,不相混淆也。三十三年(1944年)下季,中央令裁科并团,而征募组训,又归于一。兹述辖境兵役,自峡防局时代始,溯其源也。

峡防局时代

嘉陵江三峡为涪渠两江商舶往来必经之地,民国初,盗贼恣横,为乡里患,八年(1919年)东川道尹令设峡防营,置司令丁北碚。明年,江、巴、璧、合合谋,设峡防司令部,调四县壮丁各一排,常川驻碚,维持治安。十二年(1943年)改组峡防团务局,隶通省团务局,10月,又改峡防局。十六年(1927年),峡局士兵试行兵工制。凡织布,缝纫,打草鞋诸事皆兼任之。明年6月,添织鸡肠带,同时成立泥、木、石兵工3种,更协助修筑道路,架设电话。7月,试行养猪,并种植园艺、蔬菜。8月,成立浆洗房,统编二中队、三分队,凡士兵129人。十八年(1929年)2月,编制篾器。7月,添织毛葛巾。其后三经改编,此虽为地方警卫武力,亦一时兵政之大端也!

嘉陵江三峡乡村建设实验区时代

民国二十五年(1936年)4月1日,四川省政府划江、巴、璧、合四县边地为嘉陵江三峡乡村建设实验区。成立以来,即从事调查户口、编制保甲,至6月中旬而事毕。全区5场,共100保,1055甲,12477户,男女65284口,壮丁11152人。本区为严密保甲制度。养成民众自卫能力,计自9月起,即着手训练壮丁。其后奉令推行兵役。二十八年(1939年)冬,合并本区原有兵役宣传、兵役监察及优待三委员会为兵役协会。聘请各界领袖为委员,由区署区长为主任委员,下设宣传、监察、优待、慰问、总务五组,各设组长1人,由委员兼任。别设干事1人,然兵役之事,则主于区署兵役室。其业务之可述者有五:一、壮丁之调查与训练;二、兵役宣传;三、壮丁征募;四、兵役免缓;五、抗属优待。今并类列次第著于篇,而以志愿军附焉。

壹、壮丁调查与训练

二十五年(1936年)6月,本区保甲制定,即拟开始训练壮丁。惟其时正值春耕农忙,乃先于每保挑选家道充裕、年富力强之壮丁7名,每3日就场上集中训练1小时,4月为期。以后轮流征调,以完成全部受训。同时筹备训练壮丁干部人员200名,乃选保长98人,小队附99人,施以严格之军事、政治训练,用以为异日组训壮丁之准备。9月16日,开始训练,10月17日竣事,是后,本区参照省政府公布全省壮丁训练实施计划,拟具《壮丁训练实施办法三十三条》。更参照第三区行政督察专员公署编述之《壮丁队须知》指示各要点,拟订壮丁队学术科目预定表,颁给各联保,遵照施行。各联保于11月农隙,开始逐保分期训练,其农忙时受训者,亦编队受训及服务。12月,区署派员至各联保分别检阅,至二十六年(1937年)2月,受训期满,此第1期也是役共计受训者3102人。二十五年(1936年),区境旱灾奇重,人民之不能维持生活者十之八九,当局为治安计,分令各保造搭哨棚34所,晚间分派壮丁,轮流守望,昼间亦随时巡逻,并规定平时警时连(联)络信号。二十六年(1937年)2月24日举行全区壮丁大检阅,于北碚民众体育场,场西南隅,搭检阅台,前置无线电播音器,其右搭竹棚,为有声电影之机器室及无线电播音机。两者之间,即为奖品陈列处。场中悬扩音喇叭3只,放大声音,以便指挥。扩音机借自重庆蜀业社戴如镜处者也。检阅台右方,设有来宾招待席,并在大礼堂设来宾餐堂。体育场事务处内设救护队,宣检组及壮丁划到处。是日晨8钟,各乡壮丁,陆续到场。各地民众来观者约达万人。实验区署事前派定之检阅员,又分往各队讲演合作社,种洋芋,种旱稻,家畜保育,医药卫生,劝入校读书,户口异动,识字测验等事。十二钟,本区壮丁到齐,计北碚乡官长82员,壮丁868名,二岩乡官长14员,壮丁180名,澄江镇官长53员,壮丁620名,文星场官长40员,壮丁541名,黄桷镇官长45员,壮丁631名,总计官长234员,壮丁2840名,共分7营26连。实验区灾民收容所,亦到饥民100名,统计如次。

嘉陵江三峡乡村建设实验区署全区壮丁队检阅报到单

镇别	应到官长数	实到官长数	应到壮丁数	实到壮丁数	手枪支数	手枪弹夹数	步枪支数	有刀若干	有矛若干	其他若干	现有官丁军服数目	实到特殊保甲长	步枪弹夹数	备考
北碚	96	83	1028	863	3	8	458	7	170	160	497	11	849	自动步枪1支
黄桷	38	34	500	489	无	无	142	107	97	99	163	5	297	
文星	46	46	636	559	无	无	313	31	156	225	46	0	67	
二岩	16	14	198	171	6	34	129	3	9	55	86	1	405	格罩笼2支
澄江	46	38	740	576	3	2	158	44	120	204	156	36	311	
合计	242	215	3102	2658	12	14	1100	232	552	748	948	53	1929	

实验区壮丁检阅编制表

番号	评判主任	兼组长	队别	检阅员	原有保数						镇别
第一营	吴定域	刘骐良	第1中队	刘骐良	1	2	3	4	5	6	北碚
			第2中队	华文伦	7	8	9	10			同
			第3中队	杨席科	11	12	13	14			同
			第4中队	邓亮	15	16	17	18			同
第二营	刘学理	雷雅生	第5中队	彭璋礼	19	20	21	22			同
			第6中队	雷雅生	22	23	24	25			同
			第7中队	蒋琰	26	27	28	29			同
			第8中队	李干俊	30	31	32	33			同
第三营	詹正圣	梁拱北	第9中队	梁拱北	1	2	3	4	5	6	黄桷
			第10中队	赵德元	7	8	9	10			同
			第11中队	余文运	11	12	13	14			同
			第12中队	徐云	15	16	17	18			同
第四营	刘忠义	魏宣俊	第13中队	魏宣俊	19	20	21	22			黄桷
			第14中队	左明德	1	2	3	4			文星场
			第15中队	王诚宪	5	6	7	8			同
			第16中队	刘文襄	9	10	11	12			同
第五营	罗中典	张子扬	第17中队	张子扬	13	14	15	16			文星场
			第18中队	傅新波	17	18	19				文星场
			第19中队	秦洪勋	1	2	3				二岩
			第20中队	甯国均	4	5	6				二岩
第六营	陈年邵	肖蕴昆	第21中队	罗柱	19	18	20				澄江
			第22中队	符和	9	14	10				同
			第23中队	凌厚远	12	15	16	17			同
			第24中队	肖蕴昆	1	2	5				同
第七营	梁仑	陈新齐	第25中队	陈新齐	3	4	8				同
			第26中队	苏怜生	6	7	11	13			同
			第27中队	王永政							北碚服务团
			第28中队	陈斌							各镇特殊保甲长

嘉陵江三峡乡村建设实验区全区壮丁检阅人数统计表

壮丁官佚人数	检阅场工作人员数										来宾人数	团体参观人数					参观人数	总计	备考
	总务组	社交组	宣检组	卫生组	游艺组	交通组	摄影	给养	临时办事处	合计		各镇立校师生	义务教师	义务校学生	灾民收容所	合计			
2939	23	10	37	9	8	142	2	7	3	241	33	117	37	260	100	514	1500	5227	

午后1点30分,举行检阅,当由实验区署公安队队长黎纪光任指挥,第三区专员代表叶新明任检阅官。叶代表伴同关特派员吉玉,何处长北衡巡场1周,即开始检阅第1连第1排之排教练,第2排之花枪,然后检阅第7营第25连之整顿。检阅毕,即由叶新明训话,略谓:训练壮丁之意义:一、人有好战性;二、外侮日亟,侵略不已;三、土匪之滋扰;四、世界大战之将降临,故亟须训练壮丁。盖民众武力,乃为国家真正之武力,民众力量乃为国家真正力量。今后训练壮丁,亟应注意者约有四端:一、统一意志;二、服从命令;三、遵守时间;四、注意生产。对于国家之危急与敌人侵略之情形,亦详加叙述。继由关特派员训话,大意谓:壮丁训练之精义有四:一、提高国家思想;二、灌输战斗常识;三、养成协合动作习惯;四、训导严守纪律精神。词毕,即高呼口号,"我们同心协力""健全保甲组织""促进壮丁训练""彻底肃清盗匪""努力训练民众""协助普及教育""改进人民生活""完成乡村建设""拥护蒋委员长""复兴中华民族""中国国民党万岁""中华民国万岁"。声若洪钟,响彻云霄。旋由实验区署建设股主任黄子裳讲演水利合作,四川家畜保育所江巴实验区主任焦龙华讲演家畜保育,实验区署建设股技师刘选青讲演借种洋芋,地方医院院长左立梁讲演脑膜炎之传染性及治疗法,教育股副主任刘忠义讲演劝人入学。各队检查员亦检查各队壮丁精神、服装、武器等项。检阅27中队外,尚有劳动服务团1队。服务团队由4小队组成,1小队即1保也。检阅毕,又出各组负责人及区长卢了英举行复检,决定等级,分发奖品。兹将检阅成绩与分发之奖品志之于次:

嘉陵江三峡乡村建设实验区署民国二十六年(1937年)春季壮丁检阅给奖表

等级	镇别	保别	实到人数	分发奖品
	北碚乡			奖银盾1座
	黄桷镇			奖玻横推1张,优胜旗2首
特等一队	北碚镇	19保	38人	1.每人毛巾各1张。购猪奖券各1张 2.全队奖洋20元,优胜旗一首
头等	北碚镇	20保	30人	1.每人毛巾各1张,购猪奖券各1张 2.全队奖洋12元。小优胜旗1首
二等	澄江镇	20保	40人	1.每人毛巾各1张,购猪奖券各1张 2.全队奖洋12元,小优胜旗各1首
二等	北碚镇	21保	35人	1.每人毛巾各1张,购猪奖券各1张 2.全队奖洋8元
二等	澄江镇	18保	41人	同
二等	澄江镇	19保	38人	同
二等	北碚镇	1保	北碚1至6保统共200人合并声明	1.每人毛巾1张,温泉沐浴奖券各1张 2.每保奖洋8元,优胜旗各1首
九队	北碚镇	2保		同
九队	北碚镇	3保		同
九队	北碚镇	4保		同
九队	北碚镇	5保		同
九队	北碚镇	6保		同
三等	北碚镇	29保	30人	1.每人毛巾各1张,小手巾各1张 2.每保购猪奖券15张
三等	二岩镇	1保	36人	同
三等	二岩镇	4保	30人	1.每人毛巾各1张,小毛巾各1张 2.每保购猪券15张
三等	二岩镇	5保	29人	同
三等	二岩镇	6保	30人	同
三等	澄江镇	6保	31人	同
三等	黄桷镇	21保	42人	同
三等	澄江镇	11保	43人	同
	澄江镇	9保	44人	小手巾每人1张,毛巾未发
	黄桷镇	13保	45人	每人毛巾各1张,小手巾各1张
	文星镇	8保	33人	每人毛巾1张,小手巾各1张,尚欠毛巾3张
	文星镇			奖优胜旗2首

嘉陵江三峡乡村建设实验区检阅各镇壮丁队成绩纪录表

镇别	队别	保别	兼队长姓名	实到特殊保甲长	实到壮丁数	实到官长数	报到时间 午前	报到时间 午后	审检员
北碚	一营一连	1、2、3、4、5、6	冯介眉	0	124	13	9:00		刘骐良
北碚	一营二连	7、8、9、10	袁孟兴	0	130	10	9:00		华文伦
北碚	一营三连	11、12、13、14	雷森林	3	93	8	8:30		杨席科
北碚	一营四连	15、16、17、18	杨俊民	0	118	10	8:30		邓亮
北碚	二营五连	19、20、21	刘泽	0	82	10	8:30		彭彰札
北碚	二营六连	22、23、24、25	杨应祥	0	88	11	8:30		雷雅生
北碚	二营七连	26、27、28、29	肖洪全	0	96	11	8:30		蒋琰
北碚	二营八连	30、31、32、33	周嘉陵	1	94	9	8:40		李干俊
黄桷	三营九连	1、2、3、4、5、6	贺吉熙	0	143	11	8:40		梁拱北
黄桷	三营十连	7、8、9、10	唐述云	5	98	6	8:40		赵德元
黄桷	三营十一连	11、12、13、14	张文俊	0	97	8	8:40		余文运
黄桷	三营十二连	15、16、17、18	廖才元	0	100	8	8:40		徐荣
黄桷	四营十三连	19、20、21、22	徐超	0	119	5	8:40		魏大为
文星镇	四营十四连	1、2、3、4	胡慎中		98	8	11:35		左明德
文星镇	四营十五连	5、6、7、8	冯沛然		120	8	11:35		王诚宪
文星镇	四营十六连	9、10、11、12	刘祝均		116	11	11:35		刘文襄
文星镇	五营十七连	13、14、15、16	张文彬		80	8	11:35		张子扬
文星镇	五营十八连	17、18、19	将观林		54	6	11:35		傅心波
二岩	五营十九连	1、2、3	伍云成		54	6	11:35		秦鸿勋
二岩	五营二十连	4、5、6	甘学三		126	7	11:35		甯国均
澄江镇	六营廿一连	18、19、20	蒋璧光		120	9	11:35		罗柱
澄江镇	六营廿二连	9、10、14	龚少章		118	8	12:05		符和

续表

镇别	队别	保别	兼队长姓名	实到特殊保甲长	实到壮丁数	实到官长数	报到时间 午前	报到时间 午后	审检员
澄江镇	六营廿三连	12、15、16、17	王杰		54	3	12:05		凌厚远
澄江镇	六营廿四连	1、2、5	黄有良		105	8	12:05		萧蕴昆
澄江镇	七营廿五连	3、4、8	周德沛		133	7	12:05		王以政
澄江镇	七营廿六连	6、7、11、13	易位之		114	7	12:05		苏怜生
北碚	劳动服务团		梁仑		43	4	9:00		刘骐良

　　检阅之后,继以游艺。有电影、有川剧、有展览。

　　电影　检阅之前3日,实验区属特派员赴渝向上江影片公司租定有声电影片。20日运碚,23日晚在民众体育场映放。适值雨天,仅将《建设中之四川》映完。24日夜映《南极探险记》及《殖民战史》,25日夜映《热血忠魂》。影片内容、说明、编印传单,于映放时散发,观众每晚均在万人以上。

　　川剧　24日晚,在民众会场,公开表演川剧。剧目为《镇华夏》《越王回国》《狮子楼》。25日晚演《华容道》《借头打店》。表演精彩,博得掌声不少。

　　交通模型展览　民众体育场展览交通模型,系民生机器厂设计制成。模型通以电流、飞机、电车、轮船,均不断环绕前进,虽经解说员详细解释,一般乡民,仍以秘密奇趣视之也。

　　兹将壮丁队训练实施办法、学术科目预定表、壮丁队昼夜之演习办法,使用符号,附录于后。

嘉陵江三峡乡村建设实验区壮丁训练实施办法

　　第一章　总则

　　第一条　本办法遵照省府公布全省壮丁训练实施计划订定之。

　　第二条　区属各保内(18岁以上,45岁以下)之男子,均应受壮丁训练,依本办法实施教育之。

第三条　嘉陵江三峡乡村建设实验区壮丁训练,由各镇联保主任秉承区长之命实施之。

第二章　组织

第四条　嘉陵江三峡乡村建设实验区壮丁队,各级组织如下:

一、区队　合全区各镇乡之壮丁队为之。区队长由区长兼任,区队附2人,由区署内务股正副主任兼任。

二、联队　各镇乡合全镇乡内之壮丁为之。联队长由各联保主任兼任,联保附2人,由联队长保委。

三、小队　各乡镇内各保合各保内之壮丁为之,小队长由保长兼任,小队附2人,仍由联队长保委之。

四、班　各小队内分为若干班,每班少则10人,多则15人。正副班长,由各甲长或曾受军事与警察训练之壮丁充任。

第五条　各班班长,负召集壮丁之责任。小队长、小队附,负直接训练之责任。联队附负循环训练各小队之责任,联队长负训练监督指导之责任。

第六条　壮丁队名称,如小队则称为嘉陵江三峡乡村建设实验区壮丁队某镇或某乡第几保小队,联队则称为嘉陵江三峡乡村建设实验区壮丁队某镇或某乡各保联队,区队则称为嘉陵江三峡乡村建设实验区壮丁区队。

第三章　编制

第七条　凡保内年在18岁以上①,45岁以下之男子,一概编入壮丁队。切不可用从前3丁抽1,5丁抽2,穷人出力,富人出钱之坏办法。

第八条　不能编入壮丁队之人:一、未满18岁或年在45岁以上者;二、在外有职业,不能长住本乡者;三、现充公职,如教师、校董、调解委员等;四、现在学校读书的学生;五、因痼疾不堪服劳役者。

第九条　凡保内所有壮丁,先将其分为甲乙两组,每组人数,大概相等。富足或精干者为甲组,贫苦或不健全者为乙组。各组组长,由联队附充任,然后各组再分为若干班。

第十条　壮丁队编制妥善后,由保长造册,呈报联保办公处,转呈区署备查。

---

① 原文作"下",依词义改。

第四章　调查

第十一条　调查壮丁之人员,由各联队长、联队附,督率各保长、甲长、小队附担任之。

第十二条　调查时,应逐户调查,登记清楚,不得有遗漏情事。奉有公正,自干查究。

第十三条　调查表暂以即发之花名册登记,造报本署备查。

第十四条　每保之壮丁,至文到10日,容调查编制完善,呈署备查。

第十五条　调查表计3份:各保保存1份;联保办公处保存1份;另1份呈报区署。

第五章　武器服装

第十六条　武器无论各种刀、枪、棍、棒均可。

第十七条　服装概着短服。如能自做灰色军服更佳。

第十八条　旗帜符号,由区署统制发给。

第六章　训练

第十九条　小队壮丁训练,分为两期:第一期以训练27次,计108小时;第二期以训练54次,计216小时。如在街市之壮丁队,可于早晚实行,次数酌量加多。

第二十条　农忙时期,为阳历2、3、4、5、6、7、8、9、10月,每月每组各应训3次(时间由联保主任斟酌之)。农隙时期为11、12、1,每月10日,每组各应训3次(如地方宽阔,两组一齐训练亦可)。

第二十一条　训练以小队为单位,联队训练,在农隙时为之,每月至少1次,每次1日。并每次由区署派员监督指导。全区每年定期检阅。

第二十二条　训练之方针,使受训壮丁具必要之军事学识与技能,以充实民众自卫之力量,使其受训者之生活军队化、集团化,理解共同一致之价值与力量,养成负责守纪律与忍苦耐劳之习惯。

第二十三条　训练之要旨,以严密之纪律与规则,规范受训者之行动,培养其奉公守法、共同动作之习惯,以集团训练,促其克己合群之觉悟,造成协同一致之精神。

第二十四条　训练的要求：初步要能严守时间，服从命令。最后要能达到造福公众，急公众难。

第二十五条　各小队训练之地点，宜择适中宽广公私场所，由联保主任、联队附督同保长决定之。训练时间，由联保主任决定之。两者并须早日呈报区署核夺。

第二十六条　训练科目预定表，由区署规定另发。

第七章　奖惩

第二十七条　凡受训壮丁成绩优良、热心服务者，应呈报本署，传令嘉奖。设有规避训练，或不受召集者，亦应呈报本署加以严厉之处罚。

第二十八条　有拒绝编入壮丁队，或经分配工作而不遵办，以及利用作伪行为，希图自己或他人避免编入、雇用替代、虚报壮丁年龄等情事，担任训练人员，可以当众谴责，或罚立正。并可依照修正保甲条例第三十六条之规定，按照一定之手续，处以1角以上、30元以下之罚金，或折罚苦工。

第二十九条　凡壮丁在操作时有动作欠缺灵活，而非故意者，绝对不许处罚。总之，在操作时，担任训练人员，应免除体罚和粗暴之举动。应以循循善诱之精神，变其受训者畏惧受训之心灵，而踊跃参加。

第三十条　各小队应设划到簿1本，对于每次操课，由直接负训练责任之人员，点名划到。倘有迟到者，一二次可当众谴责，再犯可按其情节轻重，报请处罚。无故缺席者，并交联队长究办。

第三十一条　凡受训壮丁，倘有特殊事故，不能上操者，须事先呈明假条，由联队长查明批准，然后方能生效。但各壮丁在每期训练当中，不能请3次以上之事假。各联队长应制请假登记簿，并每月汇报本署1次。

第八章　附则

第三十二条　本办法如有未尽事宜，可随时呈请修改之。

第三十三条　本办法自公布日施行。

嘉陵江三峡乡村建设实验区壮丁训练学术科实施表

次数	日期	科目	特别注意事项	进度	备考
第一次	月日	1.立正 2.稍息 3.天然步法	1.要硬颈、挺胸、张目 2.不变上体姿势,不许谈话 3.臂腿尽量要高		立正为军人之基本姿势,故内须充溢精神,外须严肃端正
第二次	月日	1.立正、稍息 2.看齐、报数 3.解散、集合	1.头肩与上体不可前后错出足尖之位置,亦须整齐,报数应响亮,迅速 2.迅速肃静		
第三次	月日	1.立正、稍息 2.天然进行 3.原地转法 (左右)	1.方向正确,两腿挺直,上体立正姿势不可破坏		
第四次	月日	1.原地转法(后) 2.立正、稍息 3.解散、集合	1.第一动(作)须注意右足不可过于退后,和上体须仍正对原方向,转时足掌务须离地		
第五次	月日	1.立正姿势 2.天然步法 3.原地转法	同上		
第六次	月日	1.立正姿势 2.正步行进 3.原地转法	正步步长75生的(七拳多)每分钟114步		慢步演习
第七次	月日	1.立正姿势 2.室内外敬礼 3.正步行进(慢)	敬礼之两眼是否张大		如无军帽可多操注目礼
第八次	月日	学科:射击教范	瞄准击发之要领同时可施行瞄准		详壮丁队学术须知
第九次	月日	1.立正姿势 2.天然步法 3.正步行进			慢步
第十次	月日	1.立正姿势 2.齐步行进 3.原地转法	2.齐步之步速、步长与正步同,祇上勿须扬平耳		慢步
第十一次	月日	1.原地转法 2.齐步行进 3.正步行进			

续表

次数	日期	科目	特别注意事项	进度	备考
第十二次	月日	射击教练	1.瞄准演习 2.三角瞄准		分组轮流演习
第十三次	月日	1.正步行进(快) 2.齐步行进 3.立定	正步又名礼步,故每次行进不可超过50步,并行进时不可动作或转弯		
第十四次	月日	1.齐步行进 2.立正姿势 3.敬礼演习	3.注意各个是否领会目迎目送(即注目)		
第十五次	月日	1.正步行进 2.齐步行进 3.原地转法			
第十六次	月日	1.原地跑步 2.停止间跪下 3.齐步行进	1.利用足尖弹力注意上体姿势 2.上体须保持正直		
第十七次	月日	射击教练	各种射击姿势及瞄准击发之动作		
第十八次	月日	1.跑步行进 2.原地卧倒 3.齐步前进	1.跑步步长为85生的5分钟,每分钟170步		
第十九次	月日	1.行进间跪下 2.原地卧倒 3.跑步行进			
第二十次	月日	1.各种步法变换 2.行进间转法			
第二十一次	月日	1.行进间转法 2.行进间跪下 3.行进间卧倒	1.方向正确 2.(行)动作均以最迅速为佳		
第二十二次	月日	野外演习	1.地形地物之判断及利用 2.守望勤务		另详
第二十三次	月日	1.持枪立正姿势 2.持枪原地转法	持枪之臂务宜伸直并不可破坏其他姿势		
第二十四次	月日	1.操枪法 2.整齐法	枪应(动动)保持垂直,两肘不可张开		视每保枪之多少而增加该项科目

续表

次数	日期	科目	特别注意事项	进度	备考
第二十五次	月日	1.装退子弹 2.班教练	班之编成及各种队形方向变换		
第二十六次	月日	野外演习	1.搜索 2.守望		另详
第二十七次	月日	班教练			

壮丁队昼间夜间演习办法

子、昼间演习

(一)规定:

一、各镇各保,限二十五年(1936年)2月27日至31日期内,利用晨早操练时间,紧急集合一次。但前3日必须秘密通知该镇联保办公处,派员临场监视,以便品评成绩。

二、各镇大演习规定时日如下:北碚二十六年(1937年)元旦日,澄江镇二十六年(1937年)1月2日,二岩二十六年(1937年)1月3日,黄桷树二十六年(1937年)1月4日,文星场二十六年(1937年)1月5日。

(二)办法

1.实施警号:(1)每保演习,由保长小队附司警号。(2)联保演习,由联保办公处司警号。

2.使用警号:按照本署前次规定梆、锣、号音,或大声疾呼等项之符号作用。

3.壮丁行动:(1)巡察队一闻警号,由小队附率领,立赴平时各保规定紧急集合地点集合,待命出发,担任追击、围剿及截堵、应援等任务。(2)守护队一闻警号,立到平日指定隘路要道,或碉堡,担任坐地守卡之责,由小队附指挥布置。(3)假设敌昼间为红三角旗。

(三)禁令:(1)严禁狂呼乱吼,(2)严禁开玩笑,(3)严禁乱放枪,(4)严禁借故不到。

(四)注意事项:(1)壮丁行动须迅速。(2)注意发现敌情。(3)壮丁务须有军器并随身带梆。(4)各保务须依取络联巡察队,与各保尤须切取联络。(5)负责辅导人,促其壮丁,须有敌对观念,须有演习价值。(6)各壮丁须注意指挥官命令,尤须注意利用地形。第一要发扬火力,第二要遮蔽身体。

五、夜间演习

(一)规定

(1)各镇各保于二十六年(1937年)国历1月6日至15日5天之内,由各保长、小队附,任择一相宜时间,至晚间紧急集合1次,事前须密报联保办公处,派员参加指导。

(2)各联保夜间演习时间:北碚1月11日,澄江镇1月12日,二岩1月13日,黄桷树1月14日,文星镇1月15日。

(二)办法:

(1)实施警报,与昼间同。

(2)使用警号与前本署发出壮丁使用警号办法同。

(3)各保演习时,保长、小队附须注意检举各甲壮丁,有无故不到者,或行动姿势失检者。

(4)各联保演习,联保主任须注意检举各保是否一致服从命令,及遵守时间、组织严密等项。

(三)禁令

(1)不准使用火把。

(2)不准言谈、咳嗽及有音响。

(3)不准鸣枪。

(4)不准呼唤。

(5)不准违令。

(四)注意事项

1.注意守静肃。

2.注意所发符号,弄清楚是见匪的符号或去应援的符号。

3.注意自己的责务,是巡察队或守护队。

4.注意自己的位置及姿势。

5.注意敌情及指挥官的命令。

6.注意道路及联络与口令。

(五)准备事项

1.昼夜间用的红白三角旗。

2.负责辅导演习人员事项,将本署前次发下壮丁符号使用规定一一熟读详记。

3.符号使用法,在每次操演时间,须先使各壮丁辨别了解,然后演习,便有价值。

4.各壮丁定制有梆或锣或听号音,或大声疾呼,及照规之发生匪警时应呼之语句,须说得清楚,使人听之便知其原因,以便立即准备。

5.无论昼间夜间演习,各保、各联保演习负责人,须于事前密会详商。

6.各保、各联保隘路、要道、碉堡等军事重要地,或保与保之界线,或联保与联保之间毗连地等,事前务须使壮丁熟识,俾临事当机立断,免有失误。

7.各保壮丁谁有军服?谁有利枪?谁最勇敢?谁会临机应变?平时务须按刚、胆、沉着、热心、慧敏等性,应详为编制,分配妥善,俾便人尽其力。

壮丁队使用符号

一、平时集合操作

1.敲梆 连敲两响"梆梆"为1次。每次中间微歇。如是以敲至邻舍应声时为止。

2.号音 如吹集合号音时,壮丁一闻号音,即趋往规定操场,听候点名训练。

3.打锣 市街用锣,每次连打两锣。其打法与第1条敲梆同。使全市人民知道为止。

二、发生匪警

甲、警号使用法

1.不断的敲梆或不断的打锣。

2.吹紧急集合的号音。

3.大声疾呼的喊"有匪啊!""有匪抢人啊!""现在某处"或"向某处逃去了!"

4.特别警号(此种警号为见着匪的行踪,与之周旋时用之)

A.敲梆　连敲五响"梆、梆、梆、梆、梆"为1次,每次中间微歇后,又如上法再敲,足至匪踪脱离了为止。

B.打锣　有锣时,亦可打锣,其打法与上条敲梆同(仍打五响"喤、喤、喤、喤、喤"为1次,每次中间仍微歇。又如上法再敲,足匪踪脱离了为止。

C.号音　有号时吹调号,"打,打打的,的打,打的达,达打的打,达打的,达打的"。如是,在匪的周围不断的(地)吹。

乙、壮丁行动

A.闻着发生匪警警号时:

1.守护队　便照平时所指定之卡子、要地、隘道等,前往守护,不可任匪脱逃。如某守望处所发生此等情事,则担任该处守望之壮丁,应受严格之制裁。

2.巡查队　凡巡查队之壮丁,一闻警号,则立即速往平时指定之紧急集合场集合,不可迟延(各保适中地点)。

B.闻着特别警号时:

1.守护队　各壮丁在各守望处所,严密监视匪踪,尤须注意禁止行人断绝交通。如匪经过时,则竭力抵抗。不得已时,则巧用地形,尾随匪踪,使用特别警号,与之周旋,以待援队。不可畏缩不前,至要!

2.巡查队　如此种警号,发生于本保时,则循声前往围捕。如匪势甚大,则围着,使用特别警号。设此种警报发生于邻保时,则以一部留于本保使用,一部赴援,或斟酌当时情形,竟以全部赴援亦可。万不可观望、徘徊、致失机宜。

以上规定各种警号,务须令饬壮丁,随带梆、锣等件,在每次操练时,加以练习,以练熟无误为止。如无力制锣,至低限度,亦须制　竹梆。不得敷衍塞责!事关地方治安,生命财产所系,愿乡人共勉之!

二十六年(1937年)2月第1期壮丁受训期满之后,每年继续举行。二十七年(1938年)度检阅小队成绩,以北碚12保为最优,联队成绩,北碚第1,二岩第2,文星第3。成绩恶劣者,予以惩罚,优良者酌给奖品。兹将是年度壮丁检阅成绩,表报如下:

二十七年(1938年)春季壮丁检阅成绩纪录表

全区保数		100		壮丁考语	精神	51.5
实到壮丁干部		251			仪容	62.0
实到壮丁人数		3890			动作	46.7
武器	刀	180		壮丁干部考语	精神	63.9
	矛	967			动作	58.6
	棍	86			指挥能力	58.0
	枪	1030		全区号兵数		22
	弹	15269		分区检阅数		19
	警号	1589		检阅日数		19
服装	徒手	30		备注		另有火药枪286支未计入
	军服	920				
	短服	1340				
	长服	576				

二十八年(1939年),本区遵照是年度壮丁调查办法,印制壮丁适龄调查表,分发各警卫区。调查结果:全区五镇中,18岁至35岁之甲级壮丁4606人:计北碚1895人;黄桷753人;文星740人;二岩3170人,澄江901人。兹分析统计,得列表如次:

三峡实验区调查壮丁统计表

民国二十八年(1939年)9月　日调制

镇别	联保数	保数	甲数	18岁至35岁适龄壮丁人数	应免役者	应缓役者	应禁役者	已出征者			备考
								志愿	普通军征人	合计	
北碚	1	33	366	1895	17	884		158	40	198	
黄桷	1	22	22	755	13	543		78	35	113	
文星	1	19	181	740	5	455		80	14	94	
二岩	1	6	30	317	3	66		16	3	39	
澄江	1	20	22	901	13	381		28	19	137	
总计	5	100	1006	4606	55	2328		470	111	581	

四川军管区巴县团管区三峡实验区各年次壮丁人数统计报告表

级别	师管区	团管区	镇别	年次 十八(1929年)	十九(1930年)	二十(1931年)	二十一(1932年)	二十二(1933年)	二十三(1934年)	二十四(1935年)	二十五(1936年)	二十六(1937年)	二十七(1938年)	二十八(1939年)	二十九(1940年)	三十(1941年)	三十一(1942年)	三十二(1943年)	三十三(1944年)	三十四(1945年)	三十五(1946年)	小计
甲级	渝西师管	巴县团管区	北碚	156	88	160	96	119	84	118	135	127	56	136	42	96	86	113	63	76	131	1893
			黄桷	41	43	35	45	36	31	50	48	40	39	43	45	51	50	35	54	31	36	755
			文星	39	42	40	44	36	28	41	45	39	48	39	45	50	55	43	36	52	34	40	740
			二岩	19	20	17	22	18	15	14	23	16	20	21	17	15	20	18	16	15	11	317
			澄江	52	66	59	56	54	41	30	59	43	41	67	38	45	56	54	51	48	41	901
			小计	307	259	304	263	263	199	263	310	265	204	312	185	262	255	256	236	204	259	4606
合计				4606																		

三十三年(1944年)3月,本区整编保甲,清查户口,因又调查壮丁1次。全区计有甲级壮丁5618人,乙级壮丁4587人。调查竣事,乃填发国民身份证。又从事编整,地区编组先行完成,年次编组,即行着手工作。并召集19岁至25岁之国民兵130名,举行集训。依照部颁教育计划,施以2月之入营训练。11月,复以保为单位,召集18岁至45岁之国民兵,实施普通训练。民族复兴节,逐镇检阅。

贰、兵役宣传

兵役宣传,利用纪念日、集会日、寒暑假期,联络区内公民及大小学师生,相机举行。每次必劝导士绅公务人员子弟,踊跃服役,防止逃兵,优待抗属,以建立国民兵制度。

叁、征募

当本区之训练壮丁也,尚未奉明令征募壮丁,然二十七年(1938年)五六两月,此间驻军一六一师杨旅王团及保安十七团与二十二团,出川抗敌,曾函区署代募力夫,计前后共征送210名。二十九年(1940年)10月,交拨壮丁170人计。兵工署兵额50名,二十八补训处兵额120名。

其后本区遵照三十年度(1941年)征补兵员实施办法,举行抽签典礼2次,按照中签壮丁名册,先后于三十年(1941年)3月及10月初旬,共交清两期兵额,计366名,是后又于12月份,征拨310名,每人给安家费100元,共发31000元。

肆、免缓

征兵有免缓之条,区民申请者颇多。审查3月,核定竣事,其结果如次:

嘉陵江三峡乡村建设实验区免缓各役人数报告表

镇别	缓役													免役		合计
	公务员	教师	中学肄业生	疾病	同胞半营	父兄俱无	民生公司职工	技术人员	合格医师	七七前矿工	保甲长	社训助教	合作助教	独子	残废	
北碚	87	13	3	30	11	173	2	2	3		169	50	31	313	17	901
黄桷	2	2		6	6	159					164	27	10	168	13	558
文星		4	2		4	93					162	35	21	131	5	457
二岩		1		6	1	3		1		2	35			17	5	71
澄江	2	1		9		11		2			126		5	270	13	394
总计	87	21	10	51	22	441	2	5	3	2	102	107	77	849	35	2381

统计本区本年度共有适龄壮丁4606人,已出志愿兵470人,合于免役者53人,合于缓役者2328人,普通抗属12人。

伍、优待

中日战争发动以来,出征家属,无不优待。二十九年(1930年)9月,征募寒衣费1400余元,以周济之。三十年(1941年)上季,发放优待金1次,每户50元,全区计发14000余元。下季优待金每户发放150元。是年端午及中秋节,分别举行抗属慰劳。由各镇统筹礼品、现金,集合当地士绅及保甲人员,亲往抗属家中馈赠,并慰问疾苦,解决困难,更代为通讯。农民秋忙时,组织各镇民众,联络各镇驻军,代区内抗属义务收割,计收稻谷约200余石。

陆、慰劳

二十九年(1930年)国庆日,慰劳十八师将士。各机关所赠礼品,计有锦旗14面,肥猪2只,黄牛5只,信封2000个,信笺4000张,明信片600张,邮票50元,肥皂1箱,现金2523元,将士不受,转赠被炸受难同胞及各机关学校。本区推进兵役甚力,得助于兵役宣传、监查、优待三委员会者独多,其后遵令改组兵役协会,其任务有七:一、建议;二、检举;三、调解;四、劝募;五、调查;六、宣传;七、慰劳。上下合作,此役政之所以顺利进展者也!

志愿军

二十八年(1939年)春,开始征募志愿军。其经过情形,具详舒杰二十八年(1939年)度的峡区兵役及严耕望民国二十八年(1939年)北碚志愿军事记二文。兹参稽其事以记之。

志愿军之从事征集也,集合政教及其他事业机关,组织宣传委员会,以振民气,监察委员会以昭公允,优待委员会以励征士,慰问委员会以安抗属。诱导以人情,严饬以政令,以期役政能顺利推行。并规定4月22、23日两日动员政教文化团体,扩大宣传。会其时素以义勇军之母著称之赵老太太因事来渝,区署遂以陶行知之介,邀请来碚,指导役政。更于4月3日邀请区内60岁以上之老太太

500余人,开欢迎大会。赵母亲率儿孙、领导游击战争已逾10年,兼以善于辞令,群情感动。盖以父母妻子之感情,实为抽丁之极大阻碍。此次与会者数百人,皆受赵母之感召,名非兵役宣传,实为最良之宣传方法。成效之著,实非千万知识青年下乡宣传所能及。且峡区义教施行,已历数年,民智较开。既经常努力宣导,复受此次赵母激动,从军空气日浓,志愿兵运动,乃应时展开。区署原定于22日开始扩大兵役宣传,准备抽阄以定先后,不意于前1日上午8时,得文星镇联保办公处电话,谓有王德福等19人,志愿从军,此实为峡区志愿兵运动之第一声!德福,合川人,曾肄业初级中学,时年32,任峡区公安队中士。前鉴于保甲制度之腐化,驻军拉夫之强暴,早有纠合青年,投效国家之志。会文星镇开会讨论兵役问题,颇感征调之困难,乃振臂一呼,并纠合公安队之友人,坚意从军。志愿军之雏形乃具!十九人者,王德福外,则为刘华廷(文星镇公安军士),李袭寇(文星镇),刘显明(同上),陈蜀愚(北碚三峡文化印刷社练习生),萧鑫桂(文星镇公安兵),陈福国(文星小贩),雷征寇(文星炭商),唐亚明(同上),蒋准(同上),夏国钧(北碚公安队军士),刘正勋(北碚石灰业),李汉臣(黄桷联保传达),郑炳云(黄桷公安兵),丁凯臣(同上),张思益(黄桷瓦厂工人),杨操甯(黄桷公安兵),唐福轩(同上),董炳辉(文星公安兵)。是日下午,王德福等5人,代表到署。忠勇敌忾,溢于言表。自以19人为数甚少,乃参加兵役宣传,现身说法。志愿从军之热狂,为之高涨,25日,投军者增至190人,27日增至240人,28日增至400人。又一二日,且达600人。舒杰记当时之情况云:"这600多人中,有弃官从军的,重上前线的,他方逃役来此的,送子从戎的。还有泥木石帮的工匠,街房铺店的伙友,江上奔航的船夫,乡村耕作的农人,理发匠的师友,禹王庙的道士,以及工厂的工友,学校的生员。这各色各界的人们,他们为要达到志愿从军的目的,不惜夫妻反目、母子闹气、主仆吵嘴、兄弟争先。那几天弄得工厂不敢开门准假,铺店无法照常营业。街头巷尾,争论着志愿从军的故事。茶房酒店,笑谈着志愿从军的新闻。这种从军之乐、从军之狂的风尚,真使每个未报名参加志愿军的三峡民众,有(有)懦夫之感的羞惭!"此数语,足志其盛。而实有事例,非虚谈也!斯行也,北碚公安队队长兼联保主任梁仑,亦与行列。弃官从戎,亦足记也。峡区民众感于志愿从军之踊跃,敌忾同仇,自动捐资献旗者,不可胜计。5月3日,本区各事业机关法团29单位举行慰劳志愿军及征属大会。并于民众体育场,设宴招待,席凡150桌。击鼓传花,盛极一时。适其时有飞机过碚,怪而降临,迴翔上下,表演精彩,机声掌声,隆然并作。是日也,志士畅饮,征属腾欢,虽有不乐子弟出征者,亦欣然意释矣。志愿军择于5月25日离碚赴渝,转綦江受训。政教及其他机关法团,与五场民众,复举行欢送大会。悲壮激昂,行者感奋。第1期志愿军轰轰烈烈之伟绩,实为峡区民众之光辉。方此可歌可泣之故事,供人追慕赞叹之际,复有第2期志愿军运动。盖其时已开始抽丁,峡区当轴,鉴于前次志愿从军之踊跃,乃思以志愿兵代替征抽,发表告本区青年同胞书,定于七七纪念日,开始报名。江北复兴场卖花邓伯英首先登记。相继签名者,亦甚踊跃。经检查合格者,凡141人,领队者万鹏搏。鹏搏原任北碚1中队队附,与前次领队梁仑同事友好也。八月初旬,队既组成,各镇以次开会,设宴欢送。席中时有志士之父母、兄姊、师友、保甲长,火炮挂红,皆以恳挚之情,劝勉抚慰。一时爆竹声、击掌声、欢呼声,震耳不绝。此种伟大热烈之抗战情绪,纯出至诚,决非矫揉造作也。无怪外籍友人文幼章,目睹此情,慷慨陈辞,至谓:"以此精神,何战不胜?以此热血,何攻不克?余今甘弃领带,截下装以倡节约,以御暴日矣!"17日由巴县团管区检验接受,乘轮驶渝,亦转綦江受训。9月中旬,区署得巴县团管区训令,于最短期间中,应送学兵100名,入学兵大队受训,乃征集第3期志愿兵。报名周余,即达定额。检验录取60余名。23日乘轮抵渝,峡区五镇仍热烈设筵欢送如旧。而重庆欢迎之况尤烈,各赠月饼、毛巾,以示慰励,此实重庆第1次欢迎壮丁大会也!第一二两期志愿兵在綦江受训,北碚教度派人慰劳,先后赠发荣誉章、棉军服、棉背心各一,及其他财物,慰劳信,不可胜计。据慰劳人谈:"志愿军驻营,极能自治。门无卫兵,土人敬礼。虽间发生一二不良好事故,然皆长官处理不善,统驭失法,非青年之过也!"其时高级长官以志愿兵素质优良,稍事训练,可充下级干部,俾能感发壮丁,振励士气。而彼辈坚持速上前线,效命疆场。此种精神热血,实堪敬佩!北碚志愿兵在中日战史上写一新页,亦局境之光也。兹就其年龄、教育、职业作一统计,以资比较籍贯,亦为研究志愿军重要之一环,虽材料不全,亦附及之。

一、二、三期志愿兵年龄比较表

期别	18	19	20	21	22	23	24	25	26	27	28	29	30	31	32	33	34	35	合计
第一期	60	2	22	19	22	17	22	16	26	9	18	7	5	2	7	2	5	6	267
第二期	26	23	10	12	16	8	2	9	6	5	3	2	2	4	4	2	4	3	141
第三期	8	2	4	7	4	5	2	5	3	2	4	1	1	1	5			8	62
总计	94	27	34	38	42	30	26	30	35	16	25	10	8	7	16	4	9	17	470

一、二、三期志愿军职业比较表

期别	军人	农人	下力	职工	面工	泥水匠	木匠	石匠	铁匠	篾匠	裁缝	理发匠	推船	照相	小贩	学生	公务员	炭商	米商	木商	屠户	护士	道士	无业	合计
第一期	65	60	37	14	2	3	15	6	1	1	3	1	5	1	19	8	8	4	2	1	1	2	2	6	267
第二期	5	54	26	7		2	1	2			1				4	2	3	4	3					26	141
第三期	1	31	15		1	2	1	1		1	1	1	1		2		3	1							62
总计	71	145	78	21	3	7	17	9	1	2	4	3	6	1	25	10	11	11	6	1	1	2	2	32	470

一、二、三期志愿军教育程度比较表

期别	中学	高小	初小	私塾	不识字	合计
第一期	23	56	75	49	64	267
第二期	6	21	33	19	62	141
第三期		1	2	25	34	62
总计	29	78	110	93	160	470

观于上表，可得如次之结论：

（一）三期以26岁以下之青年为多，第一期几占全额五分之四，第二期亦然，第三期占三分之二，而20岁以下者尤众。第一期18岁者占全额九分之二，第二期十八九岁者占全额三分之一以上，足征愈年青愈有热情也！

（二）一般民众，文盲为多。而观上表，反以曾受教育者为众。教育足启爱国之观念，从此可知矣！惟就比率而言，识字者逐减，不识字者反有逐增之势。可知前者感觉敏锐,后者较为滞纯。一经唤发,亦见义勇为,此不背心理原则,非不识字者之果乏热情也。

(三)志愿兵倡仪人王德福,最初响应者皆公安队士兵,而一、二期之领队者梁仑、万鹏博,又皆公安队长,故参加份子军人为多,且集中于第一期。(须知各界中军人数目本小!)盖军人作战,早有认识与训练,无所慑惧。且峡区训练士兵,素重忠国爱民之思想,故一经倡导,踊跃出征。其次农民为众,第一期约占全额九分之二,第二期增至五分之二,第三期更增至二分之一。比例既大,且有逐渐增加之势。此固由农业较他业为众,然农人乐土而竟能如此,盖由内心真朴,激于大义也。

(四)志愿军不限峡区人民。第一期报名者500余名,惜资料不全,籍贯难考。其中400余人,半在北碚报名,文星、黄桷、澄江次之,二岩甚少。惟籍贯不以各该镇为限。就中巴县100有零,而北碚本市占三分之一,合川93人居次位,江北30余人,文星、黄桷本镇为多,璧山20余人,其余岳池10人,广安7人,铜梁、武胜、富顺、潼南、遂宁、邻水各三四人,綦江、隆昌、江安、忠县、安岳、简阳、罗江、万县、青神、广元、资州、荣山、渠县、中江、顺庆、涪陵、长寿、梓潼诸县各一二人。外省:江苏6人,湖南2人,河北、贵州各1人。第2次各保申送志愿兵,以文星、澄江、二岩成绩较好,北碚、黄桷较次。综观籍贯隶本区者,约当全额四分之一,余皆外籍人士。即荣膺模范母亲之刘母,亦歇马场人,非本区也。彼辈不投本县而来碚志愿从戎者,盖人各自尊。绳牵索击,非志士所堪,而峡区当局激励有方,优礼逾恒,故不强而自奋,不率而自从,至有千里逃役而欣然投效,数县跋涉,弃职来奔者。然则役政之推行,视方法之灵乘,激励之妥善,乌可苟责吾民之怯哉。

峡区志愿军报名踊跃,固由激于义愤,而地方当局与社会人士之热心,实施优待条例,亦为一重要原因。盖尊敬征属,且使无冻馁之虞,志士欣慰,无后顾之虑,故人乐从军也。兹择要述其优待之事:

(一)优待金与特别救济 优待金于志士从军出发时发给,每人20元。或以自携,或作安家费。前后逐期发给家属5元(普通抗属每期4元)。每层发放之期,集抗属于一堂,设宴招待,表演游艺,以慰其情。此外如有生活特别困难,或遭意外事变者,又酌发救济金。此等款项,皆由地方人士与事业机关自由捐赠。

（二）优先与豁免　政府所颁优待抗属条例，虽有"免服劳役并尽先享受一切公益施设"之规定，然一般情形，多未实施。峡区于此，特为着意。如农村合作社优先贷款，卫生所之免费医疗，抗属子女免费入学，皆一一实行。此外如看戏之荣待，会宴居上席，其事虽微，其影响实大。豁免一切临时捐款，又如地方保甲经费、违法罚款、防空捐、清洁费，一概豁免。减轻抗属负担不少。

（三）代谋职业　救济与豁免优待，皆属消极方面，实不足解决抗属之生活问题，乃调查各抗属之技能，介绍工作，提高待遇，创办抗属工厂，俾有固定职业与经常之收入，使征士绝内顾之忧。

（四）精神慰劳　志愿从军之壮士，深受政府与社会人士之崇敬与殷勤之慰劳，前已言之，而于征属亦然。门牌书"光荣之家"，以示旌异。每逢季节，均发动广大之送礼慰问运动，尤以二十八年（1939年）端节最为热烈。共计募赠皮蛋800只，粽子2000个，猪肉80斤，白糖50斤，温泉面60斤，法币500元，筐篮荷担，火炮礼送。佳节盛事，弥增侧慕。或恨身未请缨，或叹女非男儿。此种情绪，影响此后兵役施行不浅！

北碚管理局时代

三十二年（1943年）3月15日，国民政府颁布新兵役法。各地兵役，积极进行。是时，北碚行政组织，已改为管理局，有军事科。又设国民兵团部，则直隶渝江师管区司令部者也。国民兵团组织如次：

北碚国民兵团组织表

三十二年（1943年）

机关名称	北碚实验国民兵团	所在地址	北碚管理局
直隶上级机关名称	渝江师管区司令部	直辖下级机关名称	各乡镇队后备队
职权	兵役业务	全年经费	31176元

内部组织

单位名称	分掌事项	员额(有员额同)		
		职别	阶级	人数
兼团长室	综理全团一切事宜	兼团长		1
副团长室	协助兼团长处理一切事宜	副团长	中校	1
团附室	主管组训教育事宜	团附	少校	1
副官室	承办人事考核、奖惩及命令通报、日记、保管旗帜、公出外出事项	副官	上尉	1
事务室	保管公物办理团部事宜	事务员	上尉	1
军医室	统理全团各队卫生并负壮丁体格检查	军医佐	上尉	1
会计室	主办全团计算报销及经费领发与各队部预算审核事项	会计	上尉	1
书记室	文书之撰拟、整理校对译电、监印及要件图书等保管事项	书记	中尉	1
司书室	办理文件缮写油印及收发等事项	司书	准尉	2
文书室		文书	上士	1

明年改设副团长、团附、督察、副官、书记、会计、文书各1人，兵夫4人。别有乡镇队部，设乡镇队附8人，后备中队中队长2人，分队长6人，特务长2人，兵夫5人。三十四年（1945年）春，军事科撤销，业务移交国民兵团部。抗战胜利，国民兵团结束，又复归军事科。是时局属兵役之可述者，有普通兵役及特种兵役。普通兵役又分调查、征募、优待及免缓等事。

甲、普通兵役

一、调查

三十二年（1943年），本局推行兵役，召集乡镇队附8人，各保安队附828人，于各乡镇公所举行工作讲习会，造就兵役干部人员。其后即遵照战时征补兵员实施办法第6条之规定，举行壮丁调查。统计全区共有甲级壮丁5693名，乙级壮丁3614名，共有役龄壮丁9307名。同时又举行征属调查，统计全区计有合法征属445名。

北碚管理局壮丁人数

三十二年（1943年）12月

乡镇别	共计	甲级	乙级	役别			停役
				现役	免役	缓役	
全局	9307	5856	3451	2914	260	4935	16
朝	2270	1479	791	492	57	854	3
金	764	450	314	269	18	456	1
龙	764	526	220	224	21	380	
白	702	483	219	291	19	427	
文	1208	788	420	358		680	4
黄	1450	924	526	493		827	2
二	490	272	224	157	15	266	1
澄	1671	934	737	630	35	1095	5

北碚管理局适龄壮丁年龄统计表

三十三年（1944年）

年龄	人数
合计	10729
19	484
20	378
21	282
22	295
23	294
24	310
25	377
26	415
27	343
28	458
29	351
30	526
31	434

续表

年龄	人数
32	493
33	420
34	346
35	441
36	511
37	391
38	632
39	420
40	550
41	381
42	395
43	309
44	291
45	238

北碚管理局壮丁表

三十三年（1944年）

项别		人数
适龄壮丁	合计	10729
	甲级	6601
	乙级	4128
役别	现役	3062
	缓征	4913
	缓召	
	免役	
	禁役	200
已训	小计	5886
	普训	5368
	集训	518
未训	未训	4923

北碚管理局优待出征壮丁家属表

季别	征属		优待金/元						
			收入数			实发数	结存数	结欠款	每户发放数
	户数	人数	共计	上季结欠	本季新筹				
上季	813	528	492.162	64.658	307.524	608.722	—	236.561	1
下季	936	677	984.795	236.560	748.235	145.234	356.791	—	—

说明：下季系发给抗亡征属及伤残官兵救济费。

二、征募

兵役法规定，每年4至6月举行壮丁家身调查，7至9月施行体格检查，10月举行抽签。凡体格等位相同者，分别兵种，依抽签定其征集次序。三十一年（1942年），本局月配兵额61名，3至7月半奉令停征，9至12月又奉令每月核减41名。明年军政部核减月额30名。是年上季配拨重庆防空司令部防毒总队兵额200名，陆军独立工兵营兵额79名。6月15日召集区党部、参议会、兵役协会及各乡镇兵役监察委员与国民兵团等机关，举行抽签典礼。当场宣读中签壮丁，登记造册验印，而后征募之。18日起，照中签号顺序，填发征集票，指名征集。幸赖各级兵役人员之努力，各乡镇配征壮丁，均能依期征送足额，于6月25日，全数拨清，完成合法、合格、如期、如数之要求。旋举行壮丁入营之慰劳欢送大会。此次壮丁有黄桷镇李树高、白庙乡郓长路、刘国栋、陈国良、陈海荣5壮士自愿入营，颇受各界人士之推崇。

北碚管理局历年征送壮丁名额表

二十八年（1939年）至三十二年（1943年）

年度别	配赋壮丁额	实征壮丁额	欠征壮丁额	超出壮丁额
总计	2693	2817		119
二十八年（1939年）	470	470		
二十九年（1940年）	1020	1020		

续表

年度别	配赋壮丁额	实征壮丁额	欠征壮丁额	超出壮丁额
三十年(1941年)	687	687		
三十一年(1942年)	300	300		
三十二年(1943年)	216	335		119

三十四年(1945年)3月,征拨新兵130名,完成全年配额163名。又申送女青年13人,赴重庆入营,每人发奖金5000元。

三、优待

出征家属,依法优待。三十二年(1943年)1月27日派员分赴各乡镇发放优待金,上季每户300元,发放706户,计511人。下季每户千元,发放786户,计528人。三十三年(1944年)上季,每户300元,发放428户。下季每户千元,发放528户。他如抗战家属之流亡,过境之伤兵等救济,入营新兵之慰劳,阵亡之抚恤,皆随时办理。同时发动各乡镇公所,于夏节举行征属慰劳,发动各乡镇公所。于三十二年(1943年)端节,发动民众对征属自动捐献礼品现金馈赠。由各乡镇公所职员集合当地士绅及保甲长,新往抗属家中馈赠,并慰劳疾苦,解决困难。全区445户抗属,平均每家约得猪肉2斤,盐巴1斤。三十三年(1944年)又督导各乡镇,举行节季慰劳。如春节、夏节、秋节,督导各乡镇公所,发动民众,对征属自动捐献礼品,如猪肉、盐、糖、现金等,统筹分配,馈赠抗属。平均每户每次所得,约值国币200元。馈赠时,由各乡公所职员,集合当地士绅及保甲民众,亲往抗属家中馈赠,并协助一切。对贫苦抗属子女申请免费入学。计申请出征抗敌军人子女教养学校者12名,入区内外公私立学校者25名。对征属之失业及无业者,举行登记,介绍于各机关团体,尽先任用。介绍职业成功者有12名。是年本局劝募抗属优待金及新兵入营安家费募集1200万元。12月13日商定煤矿业共认募720万元,根据嘉陵江燃料管理处11月份各矿产销数字分配之。士绅共认募120万元,由各乡镇根据粮额分配之,并由各乡镇兵役协会及优待委员会共同办理。工商界共认募360万元。

三十四年(1945年)3月,拨发三十三年(1944年)度征属应领未领之优待金120万元,又发放新兵安家费每人1万元。

四、免缓

兵役法有免征缓召之规定。三十二年(1943年),本局利用保甲制度,确定人民身份。独子、疾病、残废民众因得免缓兵役者,计1557人。工矿技术员工之报请免缓者,计有全国度量衡局、建中电工厂、新亚药房等11处。境内煤矿42家,工人15031名,亦填发缓役证。

乙、特种兵役

壹、驻印军补充兵

三十二年(1943年)12月9日,我国驻印军总部,征选机械化兵及普通兵补充兵额。三十三年(1944年)由全国各师管区选送。本局奉令后,亦开始征募,结果选送机械化兵××名,普通兵××名。

贰、青年军

三十三年(1944年),中央发动知识青年志愿从军运动,全国各地,纷纷响应。本局亦于11月于辖区作普遍之宣传,以策动之。又于15日,成立征集委员会。男子年满18岁至届满35岁,依法缓征、缓召及应征服役,曾受中等以上之教育,或具有相当知识程度,身长达152公分,体重足46公斤,胸围满76公分,身格正常,无沙眼、痔疾及精神病者,均得志愿从军。乡镇学校党团部,均设登记处,由本局补给委员会筹集经费,招待食、宿、交通、送渝入营。先后登记84人,职业青年47人,在校学生37人。其中小学学生10人,初级中学学生40人,高级中学学生11人,大学学生1人,不详者22人。检查体格后,集中国民兵团部,各方捐赠慰劳品甚多。15、16两日,北碚平剧社演剧筹款,戏票收入188400元,除开支外,尚余64455元,以三分之二拨作慰劳青年军之用。21日,北碚各界举行欢送会,由国民兵团副团长及三民主义青年团书记护送,搭船赴渝报到。其后又有从军青年一批,26人,则于三十四年(1945年)1月20日集中转渝。

北碚管理局发动学生公教人员志愿服役人数统计表

军区		四川		总计
师区		渝江		
县名		北碚		
名 称		复旦大学学生	立信会计学校学生	
登记人数	男	86	4	90
	女	29		29
	小计	115	4	119
检查合格人数	男	39	4	43
	女	16		16
	小计	55	4	59
不合格人数	男	47		47
	女	13		13
	小计	60		60
入营人数	男	39	4	43
	女	16		16
	小计	55	4	59
备考			3月15日以前之统计	

政治略（参议篇）

地方参议之事，起于地方自治，地方自治之法，实又昉于周官乡遂之规模。秦汉以降，法制多难详考，然其事实未尽废也。宋元而后，地方自治之事益著，里社、乡约、社学、义仓，皆深合自治之义。清季内政腐坏，外患迭乘，革命风浪，弥漫全国。光绪三十三年（1907年）11月，通谕各省，试行地方自治，以缓和民气。三十四年（1908年）8月，复廷谕筹备立宪，其时又规定地方自治程序，期于7年完成。12月，宪政编查馆更奏准颁布城镇乡地方自治章程及城镇乡地方自治选举章程。宣统元年（1909年），复颁布府厅州县地方自治章程，各省即引为依据，先后成立县议会、县参事会，及城镇乡议事会、董事会，惟均无成效可言。民国初建，干戈不宁，地方自治，几形停顿，三年（1914年）2月，袁世凯帝制自为，通令停办各级自治会，而于12月29日颁布地方自治试行条例，以为延宕之计。五年（1916年）袁死，六年（1917年）1月，大总统公布地方自治令，切实推行，八年（1919年）9月，公布县自治法，十年（1921年）6月，颁布县自治施行细则，及县议会议员选举细则，7月，又以教令公布市乡等自治制，亦鲜实效。十七年（1928年），国民革命军北伐成功，国民政府成立，下令罢黜县议参两会，设县党部以代之。十八年(1929年)3月,中国国民党第三次全国代表大会本总理孙中山先生"自治制度为建设之础石"之遗训,决定扶植地方人民之自治能力,确立县以下之自治制度。6月,政府公布县组织法,其第三章后有县议参会之规定。二十一年(1932年),先后颁布县参议会组织法,县参议员选举法,以为设立县参议会之张本。二十三年(1934年),内政部参稽变通,厘订"改进地方自治原则"。二十四年(1935年),第五次全国代表大会通过"实施宪政程序暨政治制度改革案"。同时通过"切实推行地方自治,以完成训政工作案"订定办法,由中央党部组织部组织地方自治计划委员,令指导各县成立参议会,七七变作倭人入寇。二十七年(1938年)3月,国民党召开全国临时代表大会,确定抗战建国并驾齐驱之最高国策,上而成立国民参政会,下而推行地方自治,4月2日所通过之"抗战建国纲领",且明白规定"实行以县为单位民众自卫组织,施以训练,加强其能力,并加速完成地方自治条件,以巩固抗战中之政治社会基础,并为宪法实行之准备"。是月,第五届中央执行委员会第四次大会,有"改进党务并调整党政关系"之决议,其办法先由各县设立地方自治推进委员会,以筹备县参议会,而为建立地方民意机关之准备,时人因创为新县制之说。二十八年(1939年)9月19日,中枢颁布"县各级组织纲要"并正式规定设立县参议会,乡镇民代表会议与保民大会等基层民意机构,是为地方自治之复活。10月,军事委员会委员长蒋中正兼理川政,订定"四川省实施各级组织纲要三年计划大纲",分期推进,第一期为自治准备时期,第二期为自治培养时期,第三期为自治开始时期。是时,本省第一届临时参议会宣言,正式要求各县应速成立参议会。二十九年(1940年)3月第二次大会议决,各县市应限期成立临时参议会,7月,国民党七中全会对于政治报告之决议,指出地方自治,应切实施行,三十年(1941年)4月八中全会,又一致议决采纳国民参政会,设立县参议会之建议。战事结束之日,即可完成民有、民治、民享之国家,且大会宣言中,一再剖析,8月9日,国民政府即引为依据,而正式颁布县参议会组织暂行条例、议员选举条例、乡镇组织暂行条例、乡镇民代表选举条例。此等组织,皆所以集思广益,改进县乡行政,以为完成地方自治之预备也。三十年(1941年),本省第一届临时参议会于1月、3月、6月历次会议,皆议决县市应速设临时参议会,明年1月第五次大会,又通过"径电行政院,请速核定县市临时参议

会组织条例,限期实行,标举五大理由,一为增进自治效能,二为促进庶政,三为澄清吏治,剔除积弊,四为上达民情,五为顺应切需,通权达变,请政府早日成立县临时参议会"。其4月17日,本省省政府公布各县临时参议会组织规程,民政厅又拟定规则表件13种,通饬各县市局,分期筹备,于5月杪前,呈报选人名册,7月10日前公布临时参议员名单,委派各该会秘书,颁发关防,并完成开会手续。七月杪前,一律正式成立各县市局临时参议会第一次大会。

四川各县临时参议会组织规程,规定五、六等县选参议员10人,凡中华民国之男子,年满25岁,具有县籍,曾受中等教育,服务社会2年以上,著有信望者,除现任官吏外(但办理地方自治及学校人员,不在此限)均有被选为参议员之资格,其名额由住民遴选十之七,由在省依法成立之职业团体服务人员中,遴选十之三,而由省政府委员会选定之,并遴选正副议长各1人。参议员除开会时发给旅费外,皆为无给职,任期1年,必要时得由县政府呈准省政府,延长1年,参议员连选得连任,任期内因事去职,由候补当选人依次递补,有违法失职者,由省政府依法惩戒,每6个月开大会1次,为期三五日,县政府认为必要时,得延长之,或召开临时会。开会时,逾参议员总额之半数,方可开议,逾出席人半数之赞同,始得决议。以议长为主席,得以副议长代理,县政府县长、秘书、科长亦得列席。参议会本为代议机关,议决完成地方自治各事项,议决县预算,审核县决算,议决县单行规章,议决县税、县公债及其他增加县库负担等事项,议决县有财产之经营及处分事项,议决县长交议事项,建议县政兴革事项,听取县政府施政报告,并得向县政府提出询问事项,接受人民请愿事项,且有其他法律赋与之职权,参议会决议,县长延不执行,或执行不当,得请其申叙理由,如认为不能满意时,得报请省政府核办。至交议事项,参议会所不予通过者,县政府得请其复议,其会议议决案之与中央及省法令抵触者无效,其有违背三民主义及抗战纲领或国策者,省政府得解散重选,休会期间,设驻会委员会3人,正副议长为当然委员,设秘书室,置秘书1人,干事雇员数人,承议长之命,办理会务。

北碚管理局临时参议会,成立于民国三十一年(1942年)8月□日,会址设于天津路25号,参议员10人,邓少琴,张博和为正副议长,候补参议员5人,省府指派杜召棠为秘书,经常有参议员、书记各1人驻会,三十一年(1942年)□月□日至□日举行第一次大会通过议案起,其重要议案如后:

三十二年(1943年)2月12日至14日,举行第二次大会,初由秘书报告会务,管理局继报告施政情况,于三十二年(1943年)度施政计划,则组织审查委员会以审查之,更通过议决案19起,由管理局分别办理或参考,其要者如后:

(一)本政府国策,加强物资管理,取缔囤积,相机办理。

(二)国民兵团应缩小组织,以省开支,矿工及运输工人,应免受训,以利生产。

(三)建议国立复旦大学,增设矿业专修科,矿厂宜设法资助,以培人才。

(四)建议第三区行政会议,联络邻境,请交通部拨款修筑渝北直线公路。

(五)管理局应协助事业机关,创设学校,地方绅士应予补助,以推进国民教育。

(六)由党政民各界联络文化机关,设立博物馆四所。

(七)召集绅士及事业机关,募资100万元,筹设县银行。

(八)由党政民各界筹设社会服务处。

(九)月内筹设文献委员会及建设委员会。

(十)由地方党政当局依照预定计划,从速建设中山纪念堂。

(十一)二岩合记煤矿公司,设局诈骗,为害地方,由管理局彻查。

(十二)请实验法院迁建北碚。

(十三)旅碚各省县同乡会应劝其早日成立。

是年9月,举行第三次大会,9日上午开幕,管理局各科室作施政报告,下午审查议案。10日上午,局属各机关报告工作,下午讨论管理局交议各案。11日上午继续讨论,下午闭幕,并议决向党政当局拍发电报致敬,并发表宣言,综计通过议案29起,兹录其要,而以大会宣言附之。

重要决议:

(一)管理局社会科及乡镇长,应负责训导人民,树立各级民意机关。

(二)由管理局设法实施乡镇造产,并发动人民普遍造林。

(三)各界发动公务员踊跃从军,以利役政。

(四)依照物价指数,改征抗战家属优待金标准,以励士气。

(五)吁请展缓征兵时期,以利农事而安社会。

（六）整顿校产，没收绝产，劝募巨款，以为学校基金，保国民学校及中心学校初级一学级，至少应筹足基金5000元，中心学校高级每一学级至少应筹足8000元，民教部每班至少筹足3000元。

（七）由管理局创办简易师范学校。

（八）函管理局改东阳镇保国民学校为黄桷镇中心学校分校。

（九）中心学校教科书应归划一。

（十）借用民房之校舍，新舍未成，房主不得收回，新设学校之无校舍者，由其保筹划建设。

（十一）筹设教养院。

（十二）本局给水工程10月动工，每保应于本年底完成示范堰塘1所，每乡镇应建水库1所。

（十三）先由北碚建筑标准公厕以作示范，然后推及各乡镇市街及乡区据点。

（十四）由卫生院切实防治地方病。

（十五）筹设疗养院，收容肺痨病人。

（十六）防空消防器材，择其要需，尽先购置。

（十七）推选王尔昌、熊明甫、蒋受明为财政整理委员，参加本局财政整理工作。

（十八）煤产公秤使用费，改征1%，仍由管理局专案报请上峰，核准施行。

（十九）出卖租赁所得税请免征收，文化事业营业税请予豁免。

（二十）由管理局函川东盐务管理局，照人民每月所需盐量发足，以免盐荒。

（二十一）设法完成澄江镇环镇马路、公园、剧院等建设。

北碚管理局临时参议会第三次大会宣言

本会第三次大会开会之初，适逢我同盟各军节节胜利之日，意大利无条件投降之时，言念及兹，曷胜感奋！日寇凶残，犹作困兽之斗，然其所守要地，亦千钧一发，岌岌可危，吾国胜利曙光，充填宇内，抗战建国成功，实现可期。回思抗战以来所获今日之成绩,实赖我前方英勇将士,指挥用命,亿万雄兵,披坚执锐,拼头颅、洒热血,后方民众,勤国事,乐输将,有以致之。惟谋厥功之成,必须慎始而慎终,歼除虏寇,允宜再接而再厉,幸勿一篑功亏,养痈贻患,稍一放纵,隐患难消,授人以柄,祸不胜言。故当此胜利在望之时期,同盟迈进之机会,凡我国民,务须共体时艰,深明大义,政府与人民忧乐相共,把握机宜,上下和衷,共勤国是。况强敌当前,成败利钝,虽处舟樯掀簸,应期逆挽狂澜,而政府之规划,盖筹尤期妥善,纳税当兵,全民义务,出钱出力,同卫国家,以征兵言,不虑人民之规避,而在征调之平均,以征谷言,不虑全民之不踊跃输将,而在积弊之是否剔除。盖天下兴亡,匹夫有责,爱国之心,人人皆有,安危所系,共表同情,苟能同伸义愤,持以平衡,则亿万一心,事无不济。本会为人民之先声,实政府之桥梁,固应协助政府,推行政令,作政府之耳目,亦人民之楷模,尤须考察民隐,籍供刍荛,更冀政治推行,消弭隐患。故两载以来,计议全区兴革之事业,皆熟虑而深思,筹谋地方之自治,亦周详而考察。关于北碚预算之审核,均皆杜绝虚糜,力求撙节,量入为出,不尚浮夸,知无不言,言无不尽,只期有补于地方,更能裨益于邦国,早完抗建之功,大展来苏之望,收复失地,还我河山,臻国家于郅治之境,拔众庶而登诸衽席之上也。耿耿此心,实深愿于硕彦诸公,各界人士,所共鉴之,仅此宣言。

三十三年(1944年)3月18日至20日,举行第四次大会,通过议案11件,兹录其要者:

(一)组织壮丁安家费保管委员会,统筹统支,不足之数,由本局各工矿厂及殷实富家照资产额比例摊募。

(二)宣传兵役法令,务使家喻户晓,发起士绅公务员子弟当兵运动,率先亲送,以资倡导,劝勉亲友子弟服兵役,或遣送投考军事学校,切实检举逃亡,以杜刁风,躬亲参加征属慰劳,解决征属疾苦,俾大家一致协助兵役,而利抗战。

(三)抽调壮丁,应以每家有数名合格者提前抽签。

(四)本会与管理局共推5人,筹备宪政研究会。

(五)建立保办公处。

(六)乡镇调解委员,应注意人选,务须革除弊端。

(七)组织委员会,征工募料,以筹建学校,充实设备,以期发展国民教育。

(八)按照乡镇人数,实施国民义务征工,以完成填沟防洪工程。

本年9月19日至21日,举行第五次大会,通过议案17件,兹录其要案如后:

(一)提前成立真正民选的参议会,以作宪政基础,而推行民主政治。

(二)暂筹食米四百又五市石,以充后备队丁食米,以利民众组训,其分配办法,煤矿业共筹十之六,绅士工商业共筹十之四。

(三)9、10两月内,煤矿业筹款18万元,士绅工商筹12万元,以弥补部队副食马干不敷之数。

(四)追认管理局征收逃役壮丁罚金办法,以加强征属之优待。

(五)邻近家庭之中学生,应准通学入校上课。

(六)请胡源华与天府公司商洽建筑文星乡中心学校及保办公处与保国民学校。

(七)境内公共建筑,应分别缓急,先后筹办。

(八)请交通部拨款整修旧有乡道,而新道暂缓。

(九)请管理局转呈省政府,将三十三年(1944年)度积谷,全行豁免,三十三年(1944年)度积谷2150市石,仍照本会上次决议,减为1800市石,以纾农困。

(十)填沟工作,应划定范围及时间,以恤民力。

(十一)请管理局转请花纱管制局,援璧合两县领纱分织办法,以免织工废其本业而宏救济。

(十二)请花纱管制局从速供应平价布匹,以济民用。

北碚管理局,江巴璧合边地也,其镇乡议董两会,于清宣统二年(1910年)开始筹备,次年先后成立。镇设议事会、董事会、乡设议事会、乡董、乡佐。视居民人口多寡,定议员名额。又由议员中互选正副议长各1人,董事会设总董1人,董事以议员二十分之一为额,名誉董事以议员十分之二为额,乡设乡董、乡佐各1人(北碚乡属巴县第一区)依法选举,以符地方自治制。民国三年(1914年)1月,俱奉令停正,是年虽公布自治条例,然不克举办,[十九年(1930年)8月,第二十一军部委任巴县人邓守一为地方自治指导员,备员而已]。二十二年(1933年),国民政府公布县地方自治条例,于县议参会外,复有市区镇乡公民代表大会之规定,亦未实行。三十年(1941年)8月9日,国民政府既公布县参议会组织暂行条例,复公布乡镇组织暂行条例,其第二章为乡镇民代表会组织之规定,第五章为保民大会组织之规定,乡镇民代表会也,保民大会也,亦皆地方下级民意之机构也。

本局民意机关,有乡镇民代表会,有保民大会,又有甲户长会议。甲户长会议,于三十一年(1942年)8月组织,9月完成,共1389单位,由各乡镇公所每月派员分保督导开会,并由各该保国民学校校长教师为之辅导,会议记录由局派指导员随时抽查。保民大会,于三十一年(1942年)8月完全成立,共128单位,向与国民月会合并举行。国民月会举行后,即开保民大会,届时乡镇公所派员辅导,并由管理局派主管人员,赴各保督导,人民参加者,颇形踊跃,平均约占全民75%以上。乡镇民代表会,于三十一年(1942年)10月全部成立,由各保选举代表1人组织之,每3月开会1次,由局派员指导,计有代表会8单位,凡128人。

北碚管理局临时参议会参议员履历

民国三十三年(1944年)11月

选举日期（年月日）	职别	姓名	性别	年龄	籍贯	职业		党团		
						从业或服务处所	担任工作	党员或团员	党团证字号	
									字	号数
三十一年(1942年)8月4日	议长	邓少琴	男	46	北碚	温泉公园	主任			
三十一年(1942年)8月4日	副议长	唐贤轶	男	32	北碚	川江服务处	秘书			
三十一年(1942年)8月4日	参议员	熊明甫	男	60	北碚	教金委员会	主任			
三十一年(1942年)8月4日	参议员	王尔昌	男	63	北碚	公园董事会	董事长			
三十一年(1942年)8月4日	参议员	吴从周	男	53	北碚	优待金委员会	委员	党员	渝	29.268
三十一年(1942年)8月4日	参议员	王德惠	男	47	北碚	三峡中学	校长	党员		07.234
三十一年(1942年)8月4日	参议员	胡源华	男	64	北碚	文星乡	士绅			

续表

选举日期（年月日）	职别	姓名	性别	年龄	籍贯	职业		党团	党团证字号	
						从业或服务处所	担任工作	党员或团员	字	号数
三十一年(1942年)8月4日	参议员	程宗阳	男	49	北碚	天府煤矿	矿长	党员	特	17.000
三十一年(1942年)8月4日	参议员	万文卿	男	38	北碚	宝源煤矿公司	秘书	党员	川	9.750
三十一年(1942年)8月4日	参议员	蒋受明	男	65	北碚	中医医师公会	理事长			
三十一年(1942年)8月4日	候补议员	蒋少权	男	52	北碚	和平煤厂	经理			
三十一年(1942年)8月4日	候补议员	蒋祥麟	男	53	北碚	兼善中学	校董			
三十一年(1942年)8月4日	候补议员	冯智舒	男	46	北碚	红十字会	会长			
三十一年(1942年)8月4日	候补议员	严子厚	男	52	北碚	义亨钱庄	经理			

说明：已申请甲种公职候选人检复中。

资料来源：民政科。

北碚管理局参议员名录

职别	姓名	别号	年龄	性别	学历	曾任职务
正议长	邓少琴		47	男	大学毕业	大学教授秘书
副议长	张博和			男	大学毕业	中学校长
秘书	杜召棠		51	男	专科学校毕业	县党部秘书
参议员	王尔昌		63	男	旧学	镇长、县红十字会理事
	熊明甫		58	男	旧学	县团务局副局长
	王德惠		44	男	大学毕业	督署秘书、军政治主任
	唐贤轶		32	男	大学毕业	航政处秘书
	胡源华		64	男	旧学	联保主任、县调解委员
	蒋受明	鸿祺	66	男	专科学校毕业	书记、小学校长

续表

职别	姓名	别号	年龄	性别	学历	曾任职务
候补人	吴从周		51	男	专科学校毕业	小学校长、教育委员
	程宗阳		49	男	大学毕业	资源委员会专门委员
	万文卿		38	男	中学毕业	禁烟总局秘书
	严子厚		45	男	专科学校毕业	督署秘书
	蒋少权	公权	50	男	中学毕业	县调解会主任
	冯智舒	树标	39	男	高小毕业	北碚场场长
	蒋祥麟			男	旧学	中学校董

北碚管理局乡镇民代表会代表年龄

民国三十三年（1944年）11月

年龄分组	人数	年龄分组	人数	年龄分组	人数
总计	130	39	6	54	5
25	2	40	6	55	3
26	2	41	—	56	3
27	1	42	6	57	2
28	2	43	1	58	4
29	1	44	3	59	4
30	6	45	2	60	3
31	2	46	7	61	1
32	4	47	2	62	1
33	4	48	6	63	—
34	2	49	1	64	3
35	4	50	5	65	—
36	3	51	3	66	1
37	8	52	3	67	1
38	5	53	2		

说明：代表皆男性。

资料来源：民政科。

北碚管理局乡镇民代表会代表资格

民国三十三年（1944年）11月

乡镇别	乙种公职候选人检核及格者
总计	130
朝阳	22
金刚	12
龙凤	10
白庙	12
文星	16
黄桷	22
二岩	7
澄江	28

说明：代表皆男性。

资料来源：民政科。

附录文征

北碚临时参议会志

参议员蒋受明

东阳作案，北碚立场。池八角而峦九峰，云横缙岭，控二岩而引三峡，水绕嘉陵。山川钟灵，文明或应时蔚起，国家多难，抚字亦随势变更。尤以地处峡区，界连璧合，土匪不时出没，人民难保治安。所幸地方硕士正气常存，共守峡境范围，设防互助。查自民国初年，迄于现在，设治机构，名称各异。有名团防局者，有名峡防局者，有称巴璧江合邻广岳七县联合峡防司令部者，有称江巴璧合四县特组峡防团练局者。其间主办首长，如刘成蔚、周宝篆、王锡武、吴象痴、胡南先辈，类皆老成谙练、声望素孚者，督率民团，策御匪患，连封地方得以安靖。至民十六（1927年）年，卢作孚先生接防，至二十五年（1936年）则改为嘉陵江三峡乡村建设实验区，后交伊弟子英接管。越至三十一年（1942年），则奉命改为北碚管理局。

局之组织机构与小县同等。本会即于同年8月亦遵章成立焉。是时也,天气既光明发扬,人民亦热烈参加。大会开民众会场,司民间之喉舌,地址设图书馆址,假天上之殿宫。议员10名,适合周武乱臣之数,候补5位,又符虞舜揆治之人。第吾侪识浅学肤,自愧才智棉薄,力小任重,那能政教协助。徒拥言责之虚名,出言未必有中,未谙参议之实验,动议难期遵循。窃以天下安危,匹夫有责,时当国战,何敢偷安?时日害丧,赳赳武夫,自当拼头颅而与之偕亡。德意犹横,济济多士,亦应吐心血而与之舌战。呼不感发欧风,绝不缄口,挥不退暴烈东日,誓不倒戈。仗四川以复兴,人力物力财力消耗不少,撑八年之抗战,征粮借粮献粮,输将孔多。南联英美,军械固藉之以扩充,北洽苏俄,国势亦由斯而巩固。平等自由,要目的达到大同世界,兴灭继绝,扶弱小都成独立国家。本孟轲氏之主张,以不忍人之心,行不忍人之政,此参议会宗旨所以得民心也。今侵略国之图谋,以己之所不欲加人之所不愿,彼法西斯主义所以失民心也。夫天之视听在民,民之所欲天必从之,顺天者存,逆天者亡。彼德意日三国上干天怒,下结人怨,其能久乎?是以西欧崩于前,照宪法有应受之处分,东倭溃于后,自甘愿无条件以投降。此种成果,军器虽借助于盟邦,换得代价,英勇实端赖我将士。不仗全民之团结力,地利天时仍不可恃。不有坚绝(决)之自信心,最后胜利又焉能操。今者凯旋载歌,肤功克奏,胜利之鹄的已达到,自属可喜可讴。国家之建设才开始,尤贵有谋有为。河山虽还我,接收之工作方殷,敌氛未净消,复员之希望难遂,尚冀智勇兼备之人接管疆土,刚直不阿之士掌理政权。用管子治齐之术,组训民众,肃清汉奸。师孔明治蜀之绩,谨慎不遗,纵擒自若。法曾子三大纲领、八项条目,以立建国之根基,遵国父之三民主义建国大纲以作施政之方针,俾国家享长治久安之福利。登斯民乐尧天舜日之光华,则抗建完成,实现于青天白日之下,和平永奠,再不发亚雨欧风之颠废不负我还政于民,白衣参政之国策云。

四川省各县临时参议会组织规程

三十一年(1942年)4月17日公布

第一条 四川省政府在县地方自治尚未完成以前,为集思广益促进县政兴革起见,特设各县临时参议会。

第二条 中华民国之男子年满25岁,具有各县之籍贯,曾受中等学校教育(或同等教育),暨有下列资格之一者,得为临时参议会参议员。

一 曾在本省所属公私机关或团体服务2年以上著有信望者。

二 曾在本省依法成立之职业团体服务2年以上著有信望者。

第三条 县临时参议会参议员之名额:一、二等县20人,三、四等县14人,五、六等县10人。前项名额由各该县住民中遴选十分之七,"每一乡镇所出此项参议员至多不得过一人在所属之乡镇数少于七乡镇者不受此限制",由曾在本省依法成立之职业团体服务人员中遴选十分之三。

第四条 县临时参议会参议员之由各该县住民遴选者,其候选人由各该县政府于征询各该县党部及各该地方团体意见后,各就该县住民中具有第二条第一款资格者提出加倍人数于省政府委员会议决定之。

县临时参议员之由本省依法成立之职业团体服务人员中遴选者,其候选人由该县政府于征询各该县党部及各该职业团体意见后,各就本省依法成立之职业团体服务人员中具有第二条第二款资格者提出加倍人数于省政府委员会议会议决定之。

前二项候选人名单由省政府委员会议决完呈报行政院备查。

第五条 省政府委员会选定县临时参议会参议员时,得于各该县呈送之参议员候选人名单以外选定若干参议员,但此项被选定人员仍须具有第二条所有参议员资格且其名额不超过各该县参议员总额十分之二。

第六条 县政府之年度施政计划,年度地方概算,处分公学产及有关人民负担事项,应于呈请省政府核定前提□次期会议报告之。

第七条 县政府对于县临时参议会依前条所通过之议案,如认为不能执行时,应于县临时参议会时提交复议,于复议时如经法定出席参议员三分之二赞同原案或对原案予以修正,县政府对于县临时参议会复议时之决议,除呈经省政府核准免予执行者外,应予执行。

第八条 县临时参议会对于县政兴革得提出建议案,于县政府其关于处分公学产及有关人民负担事项之建议案并得适用前条之规定。

第九条 县临时参议会有听取县政府施政报告之权。

第十条　县临时参议会参议员于开会时有依议事规则向县政府提出询问之权。

第十一条　县临时参议会参议员之任期为1年,必要时得由县政府呈准省政府延长1年。

第十二条　县临时参议员每6个月开会1次,每次会期为3日至5日,县政府认为必要时得延长其会期或召开临时会。

第十三条　县临时参议会集会时有参议员总额过半数之出席始得开议,有出席人过半数之赞同始得决议。

第十四条　县临时参议会休会期间,设置县临时参议会驻会委员会,除议长、副议长为当然驻会委员外,再由参议员互选1人或3人组织之(一、二、三等县5人,四、五、六等县3人)。其任务以听取县政府各种报告及县临时参议会决议案之实施经过为限。

第十五条　县政府县长秘书及科科长得出席县县临时参议会,但不参加其表决。

第十六条　现任官吏不得为县临时参议会参议员,但办理地方自治人员及学校人员不在此限。

第十七条　县临时参议会置议长、副议长各1人,由省政府委员会就该县参议员中遴选,呈报行政院备查。

第十八条　县临时参议会开会时以议长为主席,议长因故缺席时由副议长代理之。

第十九条　县临时参议会参议员为无给职,但开会时应给旅费。

第二十条　县临时参议会置秘书室,承议长之命办理参议员一切事务。秘书室置秘书1人,由省政府指派之。置干事1人或2人(一、二、三等县2人,四、五、六等县1人),雇员2人或4人(一、二、三等县4人,四、五、六等县2人),由议长派充之。县临时参议会于开会时得临时向县政府或其他机关调用人员襄办事务。

第二十一条　县临时参议会之决议案有与中央及省之法令抵触者无效。

第二十二条　县临时参议会如违反三民主义及抗战建国纲领者,省政府得解散另选之。

第二十三条 县临时参议会参议员如有违法失职情事,由省政府依法惩戒之。

第二十四条 县临时参议会议事规则及其他相关法令由省政府另定之。

第二十五条 本规程自呈奉行政院核准公布之日施行。

四川省各县乡镇民代表会组织规程

三十一年(1942年)4月17日公布

第一条 本规程依据县各级组织纲要第四十条及乡镇组织暂行条例第二章之规定制定之。

第二条 乡镇民代表会由本乡镇之保民大会各选代表1人组织之,但未满七保之乡镇仍应选出代表7人。

第三条 乡镇民代表大会之职权如下

一 议决乡镇概算,审核乡镇决算事项。

二 议决乡镇公有财产及公营事业之经营与处分事项。

三 议决乡镇自治规约。

四 议决本镇与他乡镇间相互之公约。

五 议决乡镇长交议及本乡镇内公民建议事项。

六 选举或罢免乡镇长。

七 选举或罢免本乡镇之县参议员。

八 听取乡镇公所工作报告及向乡镇公所提出询问事项。

九 其他有关乡镇重要兴革事项。

乡镇民代表会议决之概算应经县政府核准并编入县概算,其审核之决算应经县政府复核并公布之。

本条第一项第六款开始行使之区域及日期另以命令定之。

第四条 乡镇民代表任期2年得连选连任。

第五条 乡镇民代表于任期内因事故去职或被罢免时,由该保候补当选人依法递补,无候补当选人时,依法另选其任期以补足前任未满之期为限。

乡镇民代表如会期内均未出席而无正当理由者视为辞职，依前项之规定办理。

第六条　乡镇民代表不得兼任乡镇公所及保办公处职员。

第七条　乡镇民代表为无给职，但在开会期内得酌给膳宿费。

第八条　乡镇民代表会置主席1人，由乡镇民代表互选之。

各乡镇长由乡镇民代表会选出者得由乡镇长兼任之。

乡镇民代表会开会时，主席对于本身有利害关系之事件应行回避。

第九条　乡镇民代表会主席缺席或前条第二项之规定回避时，由出乡镇民代表互推1人为临时主席。

第十条　乡镇民代表会每3个月开会1次，第1次会议由乡镇长召集之，其余会议由主席召集之。如遇特别事故，经乡镇长或乡镇民代表三分之一以上之请求，得举行临时会议，均不得逾3日。

第十一条　乡镇民代表会议场设在本乡镇公所或其所在地。

第十二条　乡镇民代表会之召集须于开会5日前将开会日期用书面通知各代表，临时会议至少于开会1日前通知。

第十三条　乡镇民代表会开会时，除通知乡镇长、副乡镇长、乡镇中心学校校长、乡镇国民兵队队长及乡镇合作社理事列席外，其余与所议事项有关之机关团体代表或其他人员得由代表会通知其列席。

第十四条　乡镇民代表会非有本乡镇全乡镇民代表过半数之出席不得开会。议案之表决以出席代表过半数之同意行之可否，同数时取决于主席。罢免案之成立应有出席代表三分之二以上之同意。

第十五条　乡镇民代表对于本身有利害关系之议案不得参与表决。

第十六条　乡镇民代表会会议公开之但经主席或代表3人以上之提议得禁止旁听。

第十七条　乡镇民代表提案以书面行之，但开会时遇有必要事件得为临时动议。

第十八条　乡镇长提交乡镇民代表会之案件以书面行之。

第十九条　本乡镇内公民向乡镇民代表会建议时应有10人以之连署。

第二十条　乡镇长对于乡镇民代表会负下列各任务。

　　一　布置议场及办理会议纪录。

　　二　报告经办事项。

　　三　答复乡镇民代表之询问。

前项会议纪录得就乡镇公所职员中调派兼办之。

第二十一条　乡镇民代表会决议事项与现行法令抵触者无效。

第二十二条　乡镇民代表求议案送请乡镇长分别执行,但须先行呈报县政府备案,其依法令须呈请县政府核准执行者,并须专案呈准,方得执行。

前项决议案如乡镇长延不执行或执行不当,得请其说明理由,如仍不满意时,得报请县政府核办。

第二十三条　乡镇长对于乡镇民代表会之决议案,如认为不当,得附理由送请复议,对于复议结果如仍认为不当时,得呈请县政府核办。

第二十四条　县政府对于乡镇民代表会之决议案认为有违反三民主义或国策情事者,得开明事实呈请省政府核准后予以解散,并应于解散后3个月内依法重选补报内政部备案。

第二十五条　乡镇民代表选举规则及乡镇民代表会议规则另定之。

第二十六条　本规程自公布之日施行。

党团志

党团志初稿

北碚毗连陪都,为抗战以来之迁建重镇。学府林立,工矿栉比,交通便利,人文荟萃,为三峡新兴市区,有小重庆之称焉。其社会结构,以实业为第一,农业次之,商务又次之,而其地方秘密社会之潜势力亦极浓厚。故一般民众文化水准较高,社会结构极为复杂。故党团之成立实刻不容缓也。

北碚中国国民党四川省直属区党部,于民国二十九年(1940年)4月,由四川省党部委任卢子英、杜召棠、陈幼涵为筹备委员,并指定杜召棠为书记,同年9月党部正式成立,截至民国三十三年(1944年)止,曾举行全体党员大会1次,代表大会4次,共5次,执监委员之以选举而产生者,在四川者殆以此为嚆矢焉,兹将历届执监委员列表于此。

第一届全体党员大会选举执监委如次[二十九年(1940年)9月8日举行]

执行委员:

卢子英(四川)、杜召棠(江苏)、陈幼涵(江苏),以杜召棠为书记。候补:何起予

监察委员:

杜英(江苏) 候补:李惕平(江苏)

第二届代表大会选举执监委员如下:[三十一年(1942年)2月1日举行]

执行委员：

杜召棠（江苏）、卢子英（四川）、吴德成（江苏），以杜召棠为书记。候补：杜杰（江苏）、赵仲舒（四川）

监察委员：

张博和（四川）　　候补：杜英（江苏）

第三届代表大会选举执监委员如下：[三十二年（1943年）2月21日举行]

执行委员：

杜召棠（江苏）、卢子英（四川）、吴德成（江苏），以杜召棠为书记。候补：李承三（河南）、章炜（浙江）

监察委员：

张博和（四川）　　候补：赵仲舒（四川）

第四届代表大会选举执监委员如下：[三十三年（1944年）4月27日举行]

执行委员：

杜召棠（江苏）、卢子英（四川）、赵仲舒（四川）。候补：吴德成（江苏）、章高炜（浙江）

监察委员：

张博和（四川）　　候补：李爵如（四川）

第五届选举执监委员如下：[三十四年（1945年）4月26日]

执行委员：杜召棠、卢子英、赵仲舒、唐贤轶，以杜召棠为书记。候补：李爵如、杜杰

监察委员：

张博和、杜英、王德惠　　候补：李承三

党部地址初附设于旅客服务处办公室，仅房屋一小间而已，三十一年（1942年）迁至火焰山民众教育馆内办公，三十四年（1945年）第四届代表大会议决自行筹募购置房屋，乃于是年6月购买中山路57、59号楼房一座，共房屋12间，又平房4间，房间由各区各部及热心士绅捐募而得。职员初设干事1人，自三十二年（1943年）起更设书记1人，干事2人，而以一兼秘书，助理干事2人，录事2人，工友1人。

三民主义青年团北碚分团,由重庆支团筹备处于民国二十九年(1940年)8月任命游香亭来碚进行筹划,二十九年(1940年)9月三峡实验区署区长卢子英复奉令协助筹建事宜,由中央团部任命为该部筹备主任,当设筹备处于北碚平民公园内火焰山之清凉亭,开始办公,团务发展,极为迅速,团员人数,达600人以上,学校团队有:

一、国立江苏医学院分队。

二、国立体育专科学校分队。

三、私立立信会计专科学校分队。

四、国立重庆师范学校分队。

五、私立兼善中学分队。

社会团队有:

一、工矿小组(以工厂职员为主)。

二、商人分队(北碚市街)。

三、职业青年区队(包括各乡镇及行会)。

四、警宪直属分队。

复于北碚上海路一号设有服务社,分服务队(总队)、诊疗所、服装部等,于乡镇亦有中正室、服务队(区队)、诊疗所(分所)等机构之普遍设置。

三十年(1941年)5月经考核成绩,始奉中央明令设立分团部干事会,选举干事,发表宣言,北碚分团部方正式成立。三十一年(1942年)岁首,干事卢子英以政务纷繁,不克兼顾团务,且规模已立,推行自易,中央乃派屈自强继任,是时倭寇正逞其凶顽,对我大后方实施疲劳轰炸,团员几全部参加服务队组织,所担任之职务有:

一、警报期中协助军警维持治安秩序。

二、担任救护、消防、情报等工作。

三、宣导民众踊跃从军,协助役政。

四、检查市街清洁,实施新生活信条。

服务队队长由书记自兼,社会团员严文彬、刘为屏为正副区队长,其组织遍及峡区各乡镇,同年10月改组为甲级分团,以熊源为干事兼书记。

三十二年(1943年)12月中央复委卢子英兼任干事长,任福履任干事兼书记,其工作之可得而言者二。

(一)整理原有组织,有:

一、立信会计专科学校(训练班由分队改建区队组织)。

二、兼善中学校(由分队改建为区队组织)。

三、社会团队(由一个区队增设为两个区队组织)。

四、澄江镇区队。

五、汉藏教理院直属分队。

(二)复新建团队若干,有:

一、立信会计专科学校。

二、歌剧学校分队。

三、立行中学分队。

四、猪鬃厂分队。

五、焦油厂分队。

六、相伯女子中学分队(女青年直属分队)。

七、战区学生工艺班分队。

八、儿童福利所分队。

推动宣传工作有:

一、组织学术讲演会(设专题讲座)。

二、成立青年业余剧社(曾公演此恨绵绵)。

三、组织参观团(参观各事业机关及分团)。

四、筹办北碚区春季运动大会(联合组织)。

五、设立标语壁报等。

中央以北碚分团工作表现尚属优越,业已树立地方团队楷模,中央于是年颁令为"示范分团",由徐东旭任书记,除调整其旧有组织外,更新建有:

一、北碚地方行政人员训练所成立区队组织。

二、劳工补习学校直属分队。

三、大明染织厂直属分队。

四、勉仁中学分队。

五、国立编译馆直属分队。

六、中央工业试验所直属分队。

七、中央银行直属分队。

其组训方针则系按团员之职业与兴趣而分别改编，使每区队及每分队均各有其特性。如戏剧队则以国立歌剧学校之团员为基础，而以青年业余剧社为其外围组织，凡对戏剧有兴趣之团员均编入之。凡爱好戏剧之青年均编入青年剧社。更如文化区队，则以国立编译馆分队及书店之团员为其基础，而以自力书店为其外围组织，更如体育区队，为爱好体育之青年们组成，以领导各类球队为外围活动。他如技术区队为社会各职业青年所组成，以服务队为外围活动等。此仅就其组织一方面论也，而其主要工作则在响应团长号召之知识青年从军运动，乃联合党政机关筹组北碚知识青年志愿从军征集委员会，内干事长卢子英任主任委员，书记徐东旭任总干事，股长以下分任宣传登记等工作，设总干事处于团部，各乡镇各区分队又分设登记处，其工作概要撮述如次：

一、扩大从军运动宣传编辑宣传小组深入乡镇宣导，党团首长则分赴各学校轮回讲演。

二、举办游艺大会（公演话剧、放映电影）。

三、组织访问团，征集物品慰劳。

四、实施集中训练（协同国民兵团管理局军事科办理）。

三十三年（1944年）3月，徐东旭辞职，颜晖继任，以市街区队长严文彬为副股长，协助组织训练，张元宾任佐理兼社宣股长，复呈准中央增设女青年股，以言之惠为股长。兹将其工作分组织、训练、宣传、服务四项述之。

关于组织工作者有：

一、合并市街两区队之组织为单一组织。

二、建立乡镇小组（均以地名冠之）。

三、设立抗属工厂直属分队（女青年）。

四、行政人员直属分队。

五、团部干事人员编组示范分队。

六、歇马乡小湾分队(直属)。

七、天府分队。

关于训练工作者有:

一、举办基层干部讲习会(调训60人)。

二、举办宪政座谈会。

三、举办时事座谈。

四、成立青年写作协会(筹组中)。

关于宣传工作者有:

一、充实团部壁报(每期以一专题作中心)。

二、建立学校区分队壁报网。

三、创办《北碚青年》半月刊,载《嘉陵江日报》。

四、扩大举行各种集会(青年军联欢大会,中训团高级班欢迎会等)。

关于服务工作者有:

一、建立北泉社会服务处一所(内设理发部及书报阅览等)。

二、筹办青年合作社一所,其分期工作计划为:

第一期工作(业已完成者):

1.青年服装部(庐山路)。

2.青年理发部(庐山路)。

3.青年摄影部(广州路)。

第二期工作(正在进行中者):

1.联谊室(拟设文化茶社、棋类、乒乓球等)。

2.中正室(征集图书杂志)。

3.大礼堂(供集会用)。

第三期工作(正在计划中者):

1.青年宿舍(拟设上海路)。

2.青年食堂(拟设中山路)。

3.青年诊疗所(拟设中医分会)。

北碚青年团之组织为设干事长、书记各1人,干事7人,候补干事2人,组织为干事会,干事会之下设四股,每股设股长1人,股员1人至2人,录事2人,工友2人,(必要时可变通任用佐理1人,副股长1人至2人,惟以不超过编制人数为原则,区队设区队长1人,副区队长1人,文化、宣传、总务干事各1人(如系学校区队当设指导员1人至2人),分队设分队长1人,副分队长1人(直属分队及学校分队当设指导员1人至2人),小组则设正副组长各1人,现有区队8队,分编为24分队,直属分队15队,小组8组,合计团员共1217人,统计如下:

北碚412人　　　　文笔沱12人　　　　毛背沱96人
金刚碑207人　　　大沱口32人　　　　北温泉154人
澄江口270人　　　黄桷树8人　　　　白庙子17人
天生桥9人

各性别职业之百分比为:

男青年82%　　　　商人2%
女青年18%　　　　军人30%
在学青年40%　　　教育3%
工矿青年5%　　　社会事业4%
行政人员16%

中央团部曾于三十年(1941年)7月举行夏令营于北温泉,男女青年,赤足草履,浸沉于大自然中,使其对国家主义暨领袖有深切之认识。由中央团部干事会书记长张治中亲兼北泉青年夏令营主任,干事会组织处处长康泽任副主任。营主任办公室设于农庄,数帆楼则为教育处办公室,天王殿为入营登记处,柏庐为体育组,琴室为医务室,乳花洞为图书馆。学员第一大队设柏林餐厅,第二大队分设大殿与花好楼,而农荫别墅则为女生大队部,草场为中央人学童军专科营地服务队,营地建有"青年之路""国家干城"之巨型标语座,环境优良。先后赴营讲授者有李惟芬、陈立夫、白崇禧、张荫梧、何应钦、王东原及美侨毕范宇诸氏,总裁兼团长亦亲临检阅,并殷殷致训,词意恳切,营中青年,颇沾教益焉。

司法志

昔仲尼以听讼犹人,必使无讼为旨,柏庐以居家戒讼,讼则终凶为训。古圣往贤,胥本德治礼治而以法治济之,是盖古代消极王道政治有以使然,爰轻法而重德礼。近世以远政治,由消极王道政治,转趋积极之建设政治,德治与礼治中心,司法建设,乃显重要。北碚畴为巴县,民气悍强务讼。民国成立后,此风未戢。当时受理初审者,为巴县审判厅及示后国民政府所移之重庆地方法院。民国二十四年(1935年)四川省政府划江巴璧合四县之一部为嘉陵江三峡乡村建设实验区,是年4月1日成立区署,综区内行政,然民刑诉讼仍属各划之原县司法机关,行政司法未能一致,辄生障故,讼者苦之。迄三十一年(1942年)3月,省府设北碚管理局,以代实验区署,遂成正式行政区域单位,与县齐等,中枢司法当局,以北碚行政区域,既经厘定,拟即设模范或实验法院1所,管辖局属境内诉讼,旋改设璧山,而于北碚设司法处,名曰北碚管理局司法处。

此议既定,乃由司法行政部派赵审判官司永魁,董筹设事,更派北碚管理局卢局长子英兼检察官职务。勘购北碚民族路12号房屋地基为处址。占地56.54市方丈,楼房1幢,共计大小房间12间。楼上大房4间,以2间为兼检察官审判官办公室。其余一为接待室,一为寝室。楼下6房,3间一辟为法庭,一为书记官办公室,一为普通办公室,其稍狭隘者则为储藏及档卷诸室。与楼房对峙者,即为现已折卸之律师休息室及缮状警卫诸室。更租定天生桥唐姓石碉楼为看守所及监狱,由四川高等法院派孙诗圃为所长兼监长主其事。处方有书记官二,司审判方面者刘旭,司行政方面者马会嘉。规模既具,遂于4月23日开始办公,6月1日受理民刑诉讼案件。至是北碚之审判机关,于以正式成立,地方司法建设始基,于以奠定。

北碚司法处之组织,遵照中枢颁发之组织规程,设审判官及兼检察官各1人、书记官2人、录事5人、执达员3人、检验员1人、法警5人、庭丁及公丁各2人,共计22人。三十四年(1945年),中枢修正组织规程增设主任审判官1人,由部派陆主任审判官熊祥充之,赵审判官永魁调任合川方地法院推事,看守所孙所长兼监长诗圃调升江苏高等法院办事,由殷异前接充。此外复增设书记官、录事、法警各1人,计共25人,较前多4人,律师登录者迄三十四年(1945年)止计15人,除省会都市外,与各县相埒,律师登录之众,要以北碚为最,且类多政府耆宿及法界知名之士,北碚为文化区域,其法治观念,由此可见一斑。

处中全年经常费由国库拨发,计三十一年(1942年)度国币9080元,三十二年(1943年)度国币23580元,三十四年(1945年)度国币227520元,员工薪饷办公杂费,胥以此数开支,其行政方面系统则隶于司法行政部,而由四川高等法院监督,目前更拟添设律师休息室、缮状室、候审室及大门等项,以期完善,内部而壮观瞻。审判方面则以四川高等法院第一分院为第二审上诉法院,以最高法院为第三审上诉法院,统计三十一年(1942年)6月1日开始受理民刑案件至12月份截止。审判方面,计受民事案90件,已结者79件,未结者11件;刑事案64件,已结者54件,未结者10件。检察方面,计受刑事侦查案76件,已结者56件,未结者20件。三十二年(1943年)度审判方面,计受新旧民事案159件,已结者150件,未结者9件;受新旧刑事案99件,已结者92件,未结者7件。检察方面,计受新旧刑事侦查案139件,已结者130件,未结者9件。三十三年(1944年)度审判方面,计受新旧民事案141件,已结者130件,未结者11件;受新旧刑事案116件,已结者109件,未结者7件;检察方面,计受新旧刑事侦查案119件,已结者118件,未结者1件。三十四年(1945年)度审判方面,计受新旧民事案218件,已结者200件,未结者18件;受新旧刑事案139件,已结者130件,未结者9件;检察方面,计受刑事侦查案193件,已结者181件,未结者12件。目前北碚人口日众,社会事业益繁,今彼诉讼案件势必逐年递增,本年11月28日,四川高等法院院长苏兆祥偕同该院

会计主任吴元荣来碚视察司法处，次日离碚时，召集全体员工训话有云，以北碚司法处数年来人少事繁，对于一切实施及工作誉为成绩优良，拟即于三十五年（1946年）度改设地方法院，届时，司法机构扩充而为容更臻完善矣。

近代立国，胥重法治，尤以我国抗战胜利，不平等条约及领事裁判权取消后，司法之消长良窳，愈为世人瞩目。人文荟萃，风物象秀，中外咸知，一时有模范区之佳誉。故中枢以迄地方当局，靡不对司法建设倍增努力。三十四年（1945年），美司法闻人海尔密克来华考察吾国司法时，曾对北碚司法处及天生桥之看守所予以奖饬。当时正值战事方殷，人物财三者均有不敷之感，犹承友邦贤达赞誉，更宜兢兢自惕，以再接再厉，并望后之来碚主持司法者，更进而增益之，使其名实更副，为邦国法治之基石焉。

训练志

本区自峡防局成立以来,即屡兴训练班,以训练各项人才,为本区建设之基本干部,其成就极大,所造就之人才,多服务于本区各部门,成绩昭著,历历在目,兹将峡防局以来各次训练,择其重要,略加纪述,为训练志焉。

(一)少年义勇队第一队

民国十七年(1928年)秋成立,其训练分三时期:

一、军事训练

二、政治训练

三、旅行生活　总其历年旅行区域如下:

(一)十八年(1929年)峨眉山、峨边、越西及大小凉山。

(二)十九年(1930年)一组赴西康,一组至青海,由甘肃绕道北平返蜀,一组参加合组考察团,赴华南华北考察。

(三)二十年(1931年)一组赴云南,一组赴安徽九华山,一组赴松、理、懋、汶。

训练期满后,多分派于峡防局、中国西部科学院、北川铁路公司及民生实业公司服务。

(二)少年义勇队第二队

民国二十二年(1934年)3月成立,目的在训练青年,以科学方法讲学,更以科学方法作事,以科学方法应付自然,以科学方法应付社会,并以适应新兴事业之需要,而培育实务人才,其组织为:

队长1人

队附2人

助教5人

书记1人

司务长1人

所收学生共96名,训练时间共为1年,分三期加以训练:

一、第一期

(一)军事学术科

(二)童子军训练

(三)服务训练(如文书、簿记、统计等)

二、第二期

(一)警察服务训练

(二)社会调查训练

(三)社会教育训练

三、第三期　施行边地调查边夷生活、采集自然标本。

(三)学生第一队

民国十六年(1927年)秋成立,就峡区境内招募青年学生授以军事知识及乡村建设常识,毕业后分派常备队或新兴事业机关服务。

(四)学生第二队

民国十七年(1928年)春成立,其训练等均同第一队,更设有学生模范队。

(五)特务学生队

民国二十二年(1933年)春成立,预定6月毕业,其训练经过为:

一、军事训练　3月

二、政治训练　2月

(一)民众教育　1月

(二)社会调查　1月

二十二年(1933年)曾因社会需要,选派学生60名,分赴川北赤区,在四川安抚委员会领导之下,作救济工作3月。

一、救济办法

(一)登记难民

(二)组织难民

(三)收容难民

二、救济区域　凡十余县

三、救济难民　在百万以上

(六)保长、小队附集中训练

成立于××年秋,以本区所属五镇保长小队附,素乏军事常识,办理保甲事务,势恐难于称职,所调集之保长、小队附计200名,就北碚施以严格之军事训练,教以军事政治常识,1月后结束。

(七)全区壮丁训练

本区为充实民众自卫力量,特将区内年龄18岁至40岁之男子编为壮丁队,施以军事训练,兹将训练经过,概说如下:

一、小队训练　自××年11月开始,分为甲乙两组,每组每10日受训3次,训练科目,由区署统一规划,并随时派员巡回各保指导帮助。

二、联队检阅　全区壮丁既已先后开始训练,本区为促小队与小队间,及联队与联队间,相互比赛前进起见,乃于是年12月分期举行联队检查1次。

三、区队检阅　于××年2月24日调集全区壮丁,就北碚举行大检阅,是日区署各镇壮丁,自午前10钟到场,午后1钟开始检阅,中间派员分组考核各队操作武器清洁等项成绩,并与讲演关于防旱、救荒、辅助义教、家畜防疫及水利、合作等问题,更测验壮丁识字,并将成绩较优之各队,提出复行检阅,比赛操作,即予评定成绩,分别给奖。至午后5钟,始行检阅完毕。

(八)保甲长分区训练

区属保甲长多智识浅陋,能力薄弱,推行保甲工作困难殊多,兹特于××年3月下旬开始训练,每逢场期,各就该属联保办公处举行1次,每次训练2小时,由区署派员讲授保甲、防旱、救荒、水利、合作、家畜防疫及辅助义教等常识及实施之技能,限期2月结束,但以后半月,仍须举行1次,以增进工作之效率。

迁建志

北碚地当江、巴、璧、合四县之交,自然条件及地理条件俱极优良,气候宜人,交通便利,且有缙云、温汤之胜,早成渝郊之名胜区。二十六年(1937年)7月,抗战发生,战区机关均相继西迁,本区复划为迁建区,纷至沓来,偏(遍)及8镇,而学校及学术机关之迁来者尤众。如国立复旦大学、国立江苏医学院、国立歌剧学校、国立戏剧学校等,先后迁来,弦歌复起。中央研究院且有动物、物理、心理、气象四所在碚,继续其研究事业,于优良之环境下,为抗战建国而埋头于实验室中。是北碚在陪都迁建区中,固为重镇,而其贡献于国家民族者亦匪浅鲜也。惟以迁从靡定,不可详征,兹仅就在本区者,分学校、研究机关、工厂,其他机关四项,略加排比,述其本末。

学校者:

国立复旦大学　　　　　　　　国立江苏医学院
国立歌剧学校　　　　　　　　国立戏剧专科学校
国立国术体育师范专科学校　　中央测量学校
私立立信专科学校

研究机关有:

中央研究院动物研究所　　　　中央研究院物理研究所
中央研究院心理研究所　　　　中央研究院气象研究所
中国地理研究所　　　　　　　经济部矿冶研究所

经济部地质调查所　　　　　　中央农业实验所

中央工业实验所　　　　　　　中山文化教育馆

国立编译馆　　　　　　　　　国立礼乐馆

中国科学社生物研究所　　　　中国哲学研究所

中国史地图书编纂社　　　　　勉仁书院

工厂有：

经济部中央工业实验所油脂实验工厂

经济部中央工业实验所纯粹化学药品制造实验工厂

其他机关有：

社会部北碚儿童福利实验区　　主计处统计局

全国度量衡局　　　　　　　　中华教育电影制片厂

行政院水利委员会水利示范工程处

国民大会代表选举总事务所　　正中书局总管理处

文史杂志社

国立复旦大学

复旦大学创于光绪乙巳年(1905年)8月,在上海吴淞成立,由马良氏为校长,后二年丁未(1907年)严复氏继任。旋改校长为监督,由夏敬观氏任之。己酉(1909年)夏去职。高凤谦氏继任,庚戌(1910年)高氏去职,马良氏复为监督。辛亥革命,弦歌中辍。至民国元年(1912年)秋,迁徐家汇李公祠。民国二年(1913年),国父孙公邀集陈英士、于右任、唐绍仪、王宠会等组织校董会,并亲任校董会主席,聘李登辉、王宠会两氏为正副校长。民国六年(1917年),扩充组织,增加学年,称大学正科。以前均称大学预科。十一年(1922年)大学部迁江湾,李公祠原址作为副中校舍。十三年(1924年)夏,李校长请假南旋,郭任远氏代理校长。民国十四(1925年)年春,李校长返国,郭任远氏乃任副校长。十六年(1927年)郭副校长辞职。十七年(1928年)奉国民政府大学院批准立案。十八年(1929年)遵照教育部颁布大学规程,设文、理、法、商四院。二十五年(1936年)秋,李校长请假休养。由校董会钱新之兼代校长,并由校董吴南轩为副校长。二十六年(1937年)抗战军兴,该校与大夏大学联合西迁,始迁庐山,继迁重庆北碚夏坝。教务长章益氏徙贵阳主持本校与大夏联合部分教务,旋与大夏划分。二十九年(1940年)钱新之辞代校长职,由校董会推吴南轩氏代理校长。是年8月增设农学院。三十年(1941年)聘江一平为副校长,三十一年(1942年)改为国立,派吴南轩氏为校长。三十二年(1943年)吴南轩氏辞职,章益氏继任校长,以迄于今。该校大学部现有1670人,计男1332人,女338人。先修班252人,男178人,女74人。研究所共计3人,男2人,女1人。其大学部人数,计文学院353人,理学院217人,法学院663人,商学院308人,农学院129人。

国立江苏医学院

国立江苏医学院,成立于二十七年(1938年)8月,系由江苏省立医政学校及南通学院医科合并改组而成。初在湖南源陵。二十八年(1939年)2月迁贵州贵阳,同年5月方迁北碚。有院长1人,下设总务、教务、训导三处及会计室,各设主任1人。该校另附设有医院、公共卫生事务所、高级护士职业学校、仪药贮藏室、北碚婴儿施诊所、动物饲养园、农场及各种实验室等。

国立歌剧学校

国立歌剧学校成立于民国三十一年(1942年)。缘民国十七年(1928年)山东省教育厅于泰安曾创办民众剧场。十八年(1929年)扩大为山东省立实验剧院,中因战争停办。三十二年(1943年)9月山东省政府教育厅委王泊生为院长,改称山东省立剧院。分中国古典戏曲、话剧、音乐三项。抗战军兴,该院奉令内迁,经山东、河南、江苏、湖北、湖南而入四川。二十九年(1940年)7月经教育部商得山东省政府同意,改隶于教育部,为实验剧院,仍以王泊生为院长,此即为该校之前身。三十二年(1943年)4月方迁移校址于北碚,分乐舞剧科、理论科、通俗剧科、乐器科四门，更有研究室及附设之实验剧团、实验剧场。其研究范围有西洋戏剧、中国戏剧、中国音乐。复采取历史人物、革命史迹、抗战史实、现代生活，编为历史剧10种、现代剧10种、歌剧20种，且整理有固有戏剧30种，后与戏剧专科学校合并。

国立戏剧专科学校

国立戏剧专科学校，成立于民国二十四年（1935年）10月，由张道藩等所创议，学生修业期限为2年，并附设有特别训练班，以6个月为1期，至二十五年（1936年）夏正科始改为三年制。二十六年（1937年）8月迁于长沙，沿途并作巡回公演。二十七年（1938年）迁校重庆，并应战时需要，附设第一期工作人员训练班。二十八年（1939年）4月再迁校址于江安，并举办第二期训练班。二十九年（1940年）7月方改为五年制专科学校，设话剧、乐剧两科，并附设高级职业科话剧组，三年修业。三十一年（1942年）夏奉令附设剧团，以辅导剧运，并提高演剧水准，且便学生收实验观摩之效，经常举行公演，均获好评。三十四年（1945年）夏结束乐剧科，专办话剧科。分理论编剧及剧场艺术两组。高级职业话剧科，则仍附设之。及与国立歌剧学校合并，方迁来北碚。该校以研究戏剧艺术，培养实用戏剧人才，推行社会教育，改善人类社会娱乐为宗旨。其行政组织于校长，下设教务、训导、总务三组，另有教学设计等会议与演出等委员会。

国立国术体育师范专科学校

国立国术体育师范专科学校，初称中央国术体育传习所，由中央国术馆馆长张之江自兼所长。于民国二十二年（1933年）12月方奉命改称为中央国术馆体育专科学校，校址设总理陵园附近，建筑设备，俱极完善。抗战军兴，随政府搬迁，初迁长沙。二十七年（1938年）奉教育部令称为国立国术体育专科学校，更自长沙经桂林、龙州，过越南，设校址于昆明。二十九年（1940年）5月始决定迁来北碚。

首在金刚乡购址建校,继于三十一年(1942年)3月方迁于朝阳镇今校址开学。三十年(1941年)春方奉教育部令改称今名,次年秋,乃增办五年制师范专科。该校以普及国民体格健康、造就国术体育师资为职志,故于国术体育二者之设施,负有双重之使命,并曾为地方民众举办星期国术训练班,举办民众夜校,并担任北泉游泳池之义务游泳指导。

中央测量学校

中央测量学校,创设于民国二十年(1931年)1月,校址在南京大石桥,系军事委员会军令部所办。抗战军兴,该校流离播迁,三十三年(1944年)末,方迁来北碚澄江镇。该校分大学部与训练班两部。大学部四年毕业,以培养高级测量人才为主。有大地测量、地形测量、航空测量、制图测量、仪器等系。训练班则在专门培养技术娴熟之测量作业人员,一年毕业,教育程度以高级中学为标准。此外,该校刻正筹备研究所,专为大学部学生深造而设,其他大学土木、天算、物理、电机等系毕业之学生亦可投考,约二年或三年毕业,教育专重高深测量学术之讲授或研究,俾能改进测量技术,以增进我国测量学术在世界测量学中之地位。

私立立信会计专科学校

私立立信会计专科学校成立于二十六年(1937年),初仅为立信会计补习学校,后方呈准教育部,易今名。该校招收二年制学生,并附设高级及初级会计短期职业训练班,三十一年(1942年)方迁来北碚。有校长1人,由董事会推选。下分设教务、训导、总务三处及会计室,各设主任1人,其工作主要在培植高深会计人才、普及会计知识,出有立信会计丛书1种。

国立中央研究院动物研究所

国立中央研究院动物研究所成立于民国十七年(1928年),初为中央研究院自然历史博物馆。至二十三年(1934年)改称动植物研究所。于二十八年(1939年)1月始迁来北碚。三十三年(1944年)扩大组织,乃分为动物研究所与植物研究所。所长1人外,更有研究员、副研究员、助理研究员、助理员、研究生、技士、技佐。其主要工作,在研究鱼类、昆虫、原生动物及寄生虫四方面之问题。出有英文丛刊1种,专刊研究结果,已出至14卷。该所宗旨在研究国产动物,阐发其学理,各定其种类,兼及其利用防治之道。故战期内,因限于人力与财力,研究范围乃集中于鱼类之研究、昆虫学之研究、原生动物之研究及寄生虫之研究四项,均发表于该所丛刊中。

国立中央研究院物理研究所

国立中央研究院物理研究所,原为国立中央研究院理化实验研究所之物理组。至民国十七年(1928年)7月始改组为国立中央研究院物理研究所。时以首都觅屋至艰,且于设备,如电力、煤气等感觉困难,乃决议将所址暂设于上海,遂与该院化学、工学两研究所合购霞飞路八九九号房屋为临时所址。民国十九年(1930年)冬,复与该院化、工两所购地自建理工实验馆于上海白利南路。民国二十一年(1932年),受一·二八沪战影响,建筑工程乃中辍。民国三十二年(1943年)方全部落成。是年秋,该所始迁移入馆,积极装修布置,历1年余始大致就绪,一切工作,方步入正轨。先后复建地磁台一座于南京紫金山,以观测国内地磁各项要素。建仪器工厂于上海与该所毗连,以制造各项,研究上需用之仪器。并渐有余力为各机关、各学校制造各种仪器。民国二十六年(1937年),沪战后,该所一部分迁桂林,一部分迁昆明,仪器工厂则以机器笨重,迁徙不易,仍留上海,托为大中和记科学仪器公司,至民国三十年(1941年)沪上环境益劣,乃全部集中桂林,而仪器工厂光学部旋应英政府之请求将设备及人力移至香港,成立一中英合办之军用光学器材工厂。是年冬,太平洋战事爆发,香港沦陷,全都器材,

损失一空，幸人员均脱险归来。民国三十三年（1944年），湘桂战事爆发，该所奉命迁黔，旋复迁渝，惟该所全部图书仪器滞留加必屯六甲及金城江一带，经全部员工抢运，始将最珍贵之一部分运抵目的地，其余均在上述地带被炸毁，全部员工则于是年12月内先后到渝。在渝觅适当房屋不得，乃购北碚果园一部分地基及房屋为所址，计可作办公室者4间、实验室者6间、工厂3间、储藏室1间、宿舍14间，自分别修缮整理。另建大门1座，并于空地建传达室1间、工役宿舍1间。又于所址毗连处租地建筑。会议所及饭厅1座。厨房、厕所、浴室各若干间，均全部完成。现正将所有运抵北碚之图书、仪器、机器等件开箱整理及装置中。故最近该所各项研究工作大半偏于理论方面，而实验工作，尚无足述者，地磁台自紫金山撤退以后，先后在昆明、桂林等处各建地磁台1座，以继续观测地磁之各项要素，至碚后亦决定重建地磁台1座，惟该台须位于地磁场均匀之处，且须不受外界磁场之影响，故台址尚未能确定，正测量勘察中。但亦趁此将北碚各处地磁数值实测一次，制成北碚地磁图三幅，预民国三十四年（1945年）内可以完成。又本所于民国三十四年（1945年）初接受同盟国联合通讯协会之请求，筹设高空电层观测台1座。查高空电离层之变化，与无线电通讯有密切之关系，而无线电通讯，又为军事上所需。最近同盟国联合通讯协会在美京华盛顿开会，讨论该项问题时，佥以作战区邻近之西南太平洋，及东南亚细亚等地高空电离层之情形。知之不详，故使该区域内无线电通讯不尽可靠，因建议在东经100度至110度与北纬30度至40度间之区域内，增设若干高空电离层测台，长期记录高空电离层之特性，以增进军用通讯之效用，并由澳洲无线电委员会通知我国驻澳公使馆，转商我国政府合作，另由我国驻澳公使馆转来该会秘书伍德先生致该所丁燮林所长一函，请考虑及计划筹设，并彼此计划合作，比由丁氏函复该会，表示接受该会之建议，应即在国内筹设成立此项观测台，兹将筹设计划分述如下：

（一）观测台数目及台址　先在重庆北碚设立观测台1所，与该所原有之地磁台观测台毗连，复与该所气象研究所近，因高空电离层各项特性之变化，与地磁及气象均有联带关系，相互间有须参差比较之处，在同地观测工作，较为便利，俟第一台成立，开始工作后，再在其他适当地点设第2台。

（二）地基及房屋　在北碚本所地磁台附近，购空地约35亩，建观测台1所，计正房9间,作观测记录研究与计算等用,另附机器间1间,安放引擎发电机调节器及其他关于电源方面之附件。又员工宿舍1所,计8间。

(三)设备 据澳洲无线电委员会伍德先生来函,高空电离层自记仪器,经该会设计制造,其他附件如引擎发电机与调节器等,亦可由澳洲就近供给,拟即订购两套,第一台用一套,在第二台成立之前,第二套亦已在第一台装置备用,以免机械发生障碍时,记录有中断之虞。关于测验研究,及修理需用之仪器工具及暗室设备等,可与该所其他部门通用,无需另行购置。

(四)人员 设主任1人、研究员1人、观测员2人、计算员2人、事务员1人、工役2人,其中技术人员可由本所原有无线电研究人员充任。是项计划,在日本无条件投降以前,则以事关军事秘密,未便发表,外间鲜有知者,现在对于军事已成过去,但于科学研究仍甚重要,故决定依照原定计划实施,虽复员工作在即,该所行将迁回上海,而是项观测台仍将设立于北碚。又地磁台虽将迁回首都紫金山原址,亦拟设一分台于北碚,是或均可为北碚文化学术更设之一助也。

中央研究院心理研究所

中央研究院心理研究所成立于民国十八年(1929年),抗战军兴,由南京溯江而上,迁长沙、南狱(岳)等处,复迁广西。三十三年(1944年)敌侵桂林,复仓卒迁至贵阳。是年年终方迁来北碚。有所长1人,更有研究员、副研究员、助理研究员、研究生及技术事务人员。该所有生理、心理、工业、心理及神经解剖等部门之研究。战时以图书仪器运转不易,新者又难购得,研究工作乃就地取材,从事行为发展之研究。该所出有丛刊,其他论义则多发表于中国生理学杂志、美国比较神经学杂志、实验生理学论刊及神经生理学杂志中。

中央研究院气象研究所

中央研究院气象研究所所址原在南京钦天山,气象台则在北极阁。抗战军兴,初迁武汉,继迁陪都,于民国二十九年(1940年)5月方迁于碚。初仅借西部科学院余屋办公，后方于水井湾自建所屋，该所组织分为三部：一、气候；二、高空；三、天气预报。藏书极富，所有论文均刊载于气象集刊中，最近编印中国气候资料，其雨量编已出版。

中国地理研究所

中国地理研究所隶属于中英庚款董事委员会。民国二十八年（1939年）12月，始着手筹备，次年8月1日在碚正式成立。所长1人，设有人生地理、自然地理、大地测量、海洋学四组，每组各设主任1人，更有研究员、副研究员、助理研究员、助理员、编辑、技正、技师、技士若干人。测量组因工作关系，全组迁往李庄，与国立同济大学测量系合作。海洋组于三十年（1941年）4月起全部迁往福建永安，与该省建设厅合作，该所以研究中国区域地理大地测量方法及内海属海之水文水产为主要工作，尤着于实地之考察与测绘。曾作嘉陵江流域，汉中盆地，涪江流域等地考察，更曾参加中央研究员之西北史地考察团、新疆考察团、中央设计局之西北建设考察团、国父实业计划研究会之蒙新考察团。该所出版之刊物有地理专刊、测量专刊、地理集刊、海洋专刊及集刊、地理季刊、测量季刊等。

经济部矿冶研究所

经济部矿冶研究所成立于民国二十七年（1938年）3月，初在湖南长沙，本年4月乃奉命迁川，该所有所长1人、技正6人至8人、技士6人、技佐6人、事务主任1人、会计员1人、事务员2人至4人。其所办理之技术研究事项分为四组：采矿组、选矿组、冶炼组、化验组。各组设主任1人，除研究采矿工程技术、调查矿产矿场、研究选矿及洗煤技术外，更接受各种委托选矿试验。该所复为试验及示范起见，创设厂矿，计有陵江炼铁厂、试验炼焦厂、试验铁矿3处。陵江炼铁厂创始于二十八年（1939年）5月，厂址在童家溪上首鸡冠对岸之高地，是年11月，第1期设备完成，二十九年（1940年）8月第2期设备完成，12月底一切设备全部完成。三十年（1941年）1月与资源委员会合办试验炼焦厂，创始于二十八年（1939年）

5月,厂址设于距该所约四公里之麻柳湾。至二十九年(1940年)3月,一切筹备就绪,乃正式开炉出焦,三十年(1941年)4月,与天府煤矿公司合作,双方组织理事会、增加资本、增加设备,产量乃大量增加,每日可产洗焦25吨,试验铁矿,该所为供给试验炼铁厂之矿沙,在童家溪附近兴隆乡及蔡家乡各划国营铁矿区1处,除自用外,尚可供给嘉陵江沿岸其他炼铁之用。该所所出书刊,有定期之矿冶半月刊1种,不定期者有燃料汇报第一号,铜铁汇报第一号,化验报告、矿冶资料索引。

中央地质调查所

中央地质调查所成立于民国五年(1916年),为中国最老之地质机关,初隶于农商部,十七年(1928年)国民政府议决,以该所隶属大学院,嗣仍改为农矿部直辖机关,惟与中央研究院有密切合作之关系,十九年(1930年)农矿工商二部合并,乃改为实业部地质调查所,所址初在北平。二十四年(1935年)12月由北平迁往南京新址办公,其留北平者称为分所。抗战军兴,初迁长沙,二十七年(1938年)再迁重庆,同年1月,实业部改为经济部,该所仍复隶于经济部,有正副所长各1人,分地质调查组、矿物岩石研究室、古生物研究室、地质采矿研究室、测绘室、土壤研究室、化验室、陈列馆、图书馆,以及文书、会计、庶务、人事等室。该所工作,注重矿产调查、矿业统计、地质图之摄制、古生物岩石矿物之研究,以及编绘地图、调查土壤等。三十年(1941年)来,工作区域除蒙古、西藏外,遍及28省,所出版之刊物有地质汇报35册,地质专报甲种18册、乙种10册,中国矿业记要6册,古生物志共110余册,土壤专报20册,土壤季刊10余册,地农专报,燃料专刊,制图汇刊及其他汇刊三四十册,各种比例尺地质图150余幅。

农林部中央农业实验所

农林部中央农业实验所,成立于民国二十一年(1932年)1月,奉实业部令所组织,分动物生产、植物生产、农业经济三科。民国二十六年(1937年)沪战发生,

11月乃全部迁湘,二十七年(1938年)实业部改经济部,该所乃隶于经济部,更由湘迁川,改组内部,分为稻作、麦作、杂粮作、棉作、畜牧兽医、森林土壤、肥料、植物病虫害、蚕桑及农业经济等9系,二十九年(1930年)中央设立农林部,乃改隶畜牧兽医系及森林系,另设实验所,该所乃裁撤。此二系三十二年(1943年)农林部令集中研究实验,乃在碚天生桥购置田地414亩,开为实验场,其组织关于技术上面者有稻作、麦作、棉作、蚕桑、农具、杂粮、特作、农业经济、园艺、土壤肥料、植物病虫害、农业化学11系,更有合办之中央油桐实验场、湄潭茶场、药剂制造厂,其关于行政方面则有文书、庶务、出纳、农场管理、图书5课,更有农报社及人事室。其主要工作,由各系分别实行,稻作部分有水稻育种、稻作品类、区域试验、稻作栽培试验、水稻抗病抗虫试验。麦作杂粮部分,则有中国小麦品种区域之确定、中农28号小麦之育成、优良杂交小麦之育成、小麦栽培实验、小麦遗传研究等。棉作部分,则有棉花区域试验、棉作育种、棉花栽培实验等。蚕桑部分,则有桑树育种试验、家蚕育种试验、非蚕人工饲化法研究。土壤肥料部分则有田间肥料实验。植物病虫害部分,则有稻虫防治实验、蝗虫防治实验、仓虫防治实验等。茶树部分则有茶树育种、茶树栽培实验。油桐部分,则有油桐品种之采集与检定、油桐杂交之实验等。农业经济部分,则有农业经营、农村工业、农情报告、与其他机关合作办理事业及农报社等,农业化学及农具两系尚在拟划中。该所主要任务在农艺、园艺、蚕桑等技术研究,改良种子、果苗、肥料、农具及病虫防治材料等之介绍与推广,农村经济之调查研究,农产品分级检验与运销制度之研究,农业技术人才之训练。

中央工业实验所

中央工业实验所成立于民国十九年(1930年),属工商部,后工商、农矿两部合并为实业部,复隶于实业部,于南京水西门金陵造币厂之旧址建为所址。抗战发生,该所奉命西迁,所有机器、图书、仪器均安运来碚。先假惠宇房屋重振工作,后方等款建设所址。该所设总办事处于重庆南区马路,内分秘书、技术、业务、人事、会计、事务6室,室内分组办理各处室厂一切事务。复于重庆沙坪坝对岸磐溪，设机械设计室及材料、电气、仪器、热工、陶业、胶体、纤维、纺织、动力等9实验室，室各设正副主任1人，指导所属各技术人员为各种试验与研究之工作。并设立机械制造电气、仪器修造、陶业原料示范、制革鞣料示范、纺织、造纸等六实验工厂，厂设正副厂长及总工程师各1人，监督指导各工程师及总务、工务、业务、会计各课，推动及依照工作进度计划所规定工作，其在北碚区则设有化学分析及油脂化学、药品、燃料、酿造等室五。油脂化学、药品制造、淀粉及酿造示范等实验工厂三，室厂内部组织及各室厂联合组织与磐溪略同，此外在嘉定及兰州亦设有室厂。该所之使命在试验与研究，以改良我国固有工业因陋就简，固步自封之陋习，创出特别成绩，以为民间各种工业之示范。

中山文化教育馆

中山文化教育馆成立于民国二十二年（1933年）3月12日，总理逝世纪念日也。馆址初在南京，民国二十六年（1937年）方迁来重庆。该馆之创办，盖在"阐明中山先生之主义与学说，树立三民主义文化与教育之基础，培养民族生命，促进世界大同"（该馆章程第二条），由孙科院长任该馆董事长，其主要工作在中国历史社会及文化思想之研究、中国社会经济状况之调查、世界学术著述之介绍与翻译。民国二十六年（1937年）7月抗日战争爆发，由于环境之变迁与人事之更动，自是年11月迄去年3月间，原定之研究工作、调查工作，收获乃寡，至翻译工作亦暂告停顿，乃加以改组，置重于战后三民主义新中国建设诸问题，乃建立民族、民权、民生三组，分别进行有关诸问题之研究。民族组之研究任务在于究明中山先生之民族主义，并寻求民族问题之实际解决方案；民权组之研究任务，在于究明中山先生之民权主义，并寻求实现民权平等之具体办法；民生组之研究任务，在于究明中山先生之民生主义，并寻求建设民生主义经济制度之正确政策，并为求明了究观之实际情况，以配合上述之研究，俾能获得问题之合理解决。该馆乃拟定首先进行下列四种调查：一、全国人民对于三民主义意见之调查；二、在过去党治下全国地方施政成绩之调查；三、中国边疆各民族社会经济状况调查；四、全国党义研究专门人才调查。该馆除撰著调查之专门问题外，更翻译世界各

著编为中山文库世界名著译丛,战时复编有抗战特刊、抗战丛刊两种。刊物则有时事类编、中山文化教育馆季刊(战时改为中山文化季刊)。

国立编译馆

国立编译馆成立于民国二十一年(1932年)。二十六年(1937年)由南京迁庐山,迁长沙。二十七年(1938年)改迁重庆。三十一年(1942年)10月方迁来北碚。该馆原设自然、人文、总务三组,复合并教育部教科用书编辑委员会及教育全书编纂处等机关,乃增设教科用书、教育及社会三组。另设大学用书、小学教育研究,翻译名著、国学整理及出版诸委员会。除馆长外,有编纂、特约编审、编审、干事、助理干事、雇员、馆医。该所工作,系审查教科图书、编订各词、编译辞典、编译图书、整理文献,主办编译大学用书。

国立礼乐馆

国立礼乐馆成立于民国三十二年(1943年),其工作盖在延聘专家学者进行古礼乐编辑及与时代配合之制礼作乐工作,并编印与礼乐有关之一切刊物。该馆组织除馆长外,有专门委员、主任、编纂、编审、副编审及助理编审、组员等。

中国科学社生物研究所

中国科学社生物研究所成立于民国十一年(1922年)8月,至今已23年[1]。该所系由秉志氏所发起,民国十五年(1926年)始分为动植二部,动物部由秉志主持,植物部则由胡先骕主持,其研究成绩多发表于科学及科学画报中。有分类学、解剖组织学、营养化学各部门之论文,战时工作乃偏于学童健康问题及桐茶害虫问题。该所藏书极富,有书籍700册、杂志284套。该所除科学外,更拟出动物图鉴、植物图鉴、中学生物学补充教材、生理卫生营养常识、保护色诸书。

---

[1]《北碚志稿》编修时间为1945年。

中国哲学研究所

中国哲学研究所成立于民国三十四年(1945年)5月,由居正、冯友兰、熊十力等所发起。有所长1人,总持全所一切事务,更设讲座,专任研究员、助理、研究生、兼任研究员、名誉研究员、总务长、事务员、秘书等。该所宗旨,在上承孔子内圣外王之规,遵守王阳明知行合一之教,及顾亭林行已有耻之训。课程分主课、旁通、兼治三类,其主课有六经、晚周诸子、宋明儒学、佛学。旁通有科学方法论、科学概论、生物学、心理学、因明学、及逻辑、西洋哲学、印度哲学,其兼治有社会科学、史学、文学等。经常费用,由北碚管理局所属嘉陵文化基金委员会按月拨助8万元,离川后,仍继续拨助,并酌量增加。

中国史地图表编纂社

中国史地图表编纂社成立于民国二十三年(1934年)5月,系由上海与地学社及亚光与地学社所组织,聘顾颉刚先生为社长,更有董事会所直属之经济委员会、设计委员会、编审委员会、考核委员会。社长之下,分为五组:历史、地理、辞典、资料、总务。现已绘制中国地理教科图及世界地理教科图,已呈请教育部审定,为国定本,中华新地图及世界新地图已送内政部审查,现在编制中者有第二次世界大战日记、抗战故事连环图画、二百万分之一中国各省分县详图、中国立体模型(附人文幅)、四川省立体模型(附人文幅),更聘专家编辑各种史地丛书、史地辞典,及中外疆域沿革图。

勉仁书院

勉仁书院成立于民国三十年(1941年),本由梁漱溟所主持之勉仁斋扩充而成。民国十年(1921年)间,梁氏讲学北京大学,讲求切已为人之学,乃与一般青年学子,同住于清华园附近大有庄,遂自然形成一以修养工作为主之学术团体。梁氏友人如林宰平,熊十力诸氏,对勉仁斋亦颇多精神上之激励。民十七年

(1928年),勉仁斋随梁氏附托于广东省立一中及山东邹平乡村建设院,二十七年(1938年)勉仁斋乃入四川,初在南充工作。二十九年(1940年)始由王平权、陈亚三、张俶知、黄艮庸等,承梁氏之意,创办勉仁中学。校址初设于璧山来凤驿,三十年(1941年)勉仁中学迁来北碚。勉仁斋方改为勉仁书院,院设院长1人,设有文哲研究室、社会科学研究室,及特设乡村建设研究室。研究员分住院与院外两种,所出刊物有师友通讯一种,系不定期刊。

经济部中央工业试验所油脂实验工厂

经济部中央工业试验所油脂实验工厂,创办于民国二十八年(1939年)9月11日,缘是年中央工业试验所奉经济部令侧重研究与指导,以改良四川省原有之各种工业。该厂乃在此种目的下,成立从事改良土法榨油并试制油布绸等防水材料,更研究副产物之利用,如以桐籽壳灰提取桐碱,以籽饼提取干酪素等。民国三十年(1941年)复添置制造肥皂设备,受交通部材料司委托,研制植物油代润滑油,藉供各公路局应用。民国三十一年(1942年),乃大批供给材料司以过热汽缸油、普通汽缸油及冬夏季车辆油。该厂组织系统有正副所长,下有四课;总务课、工务课、业务课、会计课。更有总工程师、工程师、副工程师、助理工程师及工务员。该厂设备颇为完善,所出工作产品有压榨植物油类之菜油、麻油、桐油等。植物油所制炼轻油之代汽油、代柴油等,植物油所制炼润滑油之过热汽缸油、普通汽缸油,冬季车辆、夏季车辆油等。更有利用动植物油脂之油漆、油墨、肥皂、蜡烛、硬脂酸、甘油等。利用籽饼之干酪素、电木粉等。利用籽壳之炭酸钾、苛性钾等。

经济部中央工业试验的纯粹化学药品制造实验工厂

民国二十九年(1940年),交通部重庆电信局委托经济部中央工业试验所代制蓄电瓶酸,乃成立三酸精炼厂,即为该厂之前身。嗣以制造各种纯粹化学用品,乃易称为纯粹化学药品制造工厂。田技正、李尔康氏任厂长,技士沈增祚氏任副厂长,其组织于厂长之下分为总务、工务、业务、会计4课,各设课长1人。课下分组,总务课下有文书、人事、事务、出纳4组;工务课下有制造、验装、修配、改工4组;业务课下有营业、推广、调查、保管4组;会计课下有总务、账务、成本会计、审核4组;于厂长之下,更有总工程师、工程师、副工程师、助理工程师。该厂经费来源,系由国库拨发,设备有晶体离心机、荡锤式磨机、立式植物油机等。

社会部北碚儿童福利实验区

社会部北碚儿童福利实验区,成立于民国三十一年(1942年),实验区以北碚管理局辖境为范围,将一般儿童福利及特殊儿童福利,分别作有体系之设施。设有总务、业务、推广、研究四组。各组之工作,有幼儿阅览材料、怎样做母亲连环图说、幼儿玩具图说、北碚职业儿童之研究、幼儿口语字汇之研究。其属于业务组方面者,则有托儿所、北泉托儿站、儿童福利所。其属于推广组方面者,则有儿童福利展览,儿童夏令营,儿童健康比赛,贫病儿童免费诊疗,妇婴卫生指导,调查访问,编制儿童福利幻灯片。

国民政府主计处统计局直隶国民政府主计处

国民政府主计处统计局,直隶国民政府主计处。成立于民国二十年(1931年)1月,二十八年(1939年)6月,始迁于北碚之金刚碑。该局共分五科,有局长、副局长各1人,科长5人。其主要工作,系办理政府公务统计,所出书刊有:

统计口报

中华民国统计提要

统计法规

公务统计方案之意义及其拟定程序

中央政府公务统计方案

地方政府公务统计方案

县政府公务统计方案

县户口普查方案

四川省选县户口普查方案

四川省选县户口总报告

贵州省统计资料汇编

更出有国内问题统计丛书：

中国人口问题之统计分析

中国土地问题之统计分析

中国租佃制度之统计分析

经济部全国度衡局

经济部全国度量衡局成立于民国十九年（1930年）。抗战军兴，乃随国府西迁，二十八年（1939年）始由重庆迁碚，该局分设三科及会计室，更附设有度量衡制造所及度量衡检定人员养成所。制造所设工务、业务、总务、储存4课，养成所设总务、教育、训育3组。该局主要工作在划定全国度量衡制度，编制工业标准草案，训练度政人员，制造度量衡标准器具及检定用器，代兵工、粮政、交通暨其他机关学校制造各种度量衡器具，检定各种度量衡器及温度计、酒精计。

教育部中华教育电影制造（片）厂

教育部中华教育电影制片厂成立于民国三十一年（1942年）之1月1日，缘三十年（1941年）教育部筹设教育电影制片厂，集中摄制教育影片以推广电化教育，乃聘请陈果夫、王星洲、蒋志澄、张北海、罗学濂、郑用之、罗静予、赵光涛、潘子农、余仲英、蒋星德11人为筹备委员。以陈果夫为主任委员，李清悚、余仲英2人为正副厂长，其下有总务、摄制、推广3组，更有会计室、材料室及编导委员会。已摄成之影片有家庭副业甲集、军事管理、社交礼仪、起居规律、虐疾、重九、谷雨、我们的陪都、游泳、夏令营、教育新闻、采煤、三峡风光、川北胜迹、新疆幻灯片等。

行政院水利委员会水利工程示范处

水利工程,极为重要,中国水利工程学会有鉴于此,曾于三十年(1941年)春,有兴办水利工程示范区之议,然以款项支绌,未成事实。三十年(1941年)秋,行政院水利委员会成立后,认为抗战时期,运输频繁,燃料昂贵,老弱聚集后方,壮丁抽调前线,农村劳动力大感缺乏,不惟农产收获因之减少,即简单民营工业亦蒙损失。欲图补救,当以发展农村动力为捷径,更以利用水力为最经济、最有效之方法。审时度势,尤有推动示范工程之必要。亦拟先在陪都附近成立水利示范区,举办小型水力发电、小型水利工业及小型动力灌溉。各种示范工程,旨在适合经济、便利民营,政府倡导于前、民众仿行于后,以树立水力事业,推行全国之基础,与中国水利工程学会之原议,不谋而合,旋即拟具水利示范工程处组织章程。经行政院核准后,该处遂于三十年(1941年)11月正式成立。三年以来,该处一本上述宗旨,努力协助民众及各机关办理各项水利查勘测量、设计施工诸事宜,并拟定代办民营水利工程办法。兹将3年来该处工作情形列后:

(一)查勘

(1)查勘铜梁县板桥镇水利工程

(2)查勘合川县华蓥山华蓥煤矿公司水利工程

(3)查勘江北县明家溪灌溉工程

(4)查勘北碚澄江镇菜子沟灌溉工程

(5)查勘巴县花溪河上游航道工程

(6)查勘重庆沙坪坝小龙坎给水工程

(7)查勘内江县三元井水力发电工程

(8)查勘内江县城区给水工程

(9)查勘长寿县水利工程

(10)查勘长寿县大洪河航道整理工程

(11)查勘江津县高凤岩水力发电工程

(12)查勘巴县西彭乡灌溉工程

(13)查勘璧山县临江乡高滩水力发电工程

(14)查勘合川县鱼溪水力发电工程

(15)同上

(16)查勘重庆复兴关中央训练团给水工程

(17)查勘重庆南岸给水工程

(二)测量

(1)巴县南温泉水力发电工程测量

(2)巴县高坑岩水力发电工程测量

(3)巴县兴隆场梁滩桥水力发电工程测量

(4)巴县土主场水力发电工程测量

(5)巴县土桥水力发电工程测量

(6)江津县白沙镇高洞水力发电工程测量

(7)岳池县黎子卫响水岩水力发电工程测量

(8)北碚龙凤溪水力发电及小型水力工业示范工程测量

(9)巴县新桥战时青年训练团给水及水力发电工程测量

(10)巴县独山给水工程测量

(11)璧山县青木关给水工程测量

(12)江北县水土镇给水工程测量

(13)北碚给水工程测量

(14)长寿县灌溉工程测量

(15)军政部军医署药苗种植场高地灌溉工程测量

(16)北碚八乡堰塘工程测量

(17)巴县返溪航道工程测量

(18)江北县御林河航道工程测量

(19)巴县杨公桥至磁器口整理航道工程测量

(20)巴县杨公桥水力机械示范试验场测量

(21)中央训练团团址测量

(22)其他测量

(三)计划

(1)巴县兴隆场梁滩桥水力发电厂工程计划

(2)巴县土桥镇屏都水力工业暨发电厂工程计划

(3)岳池县黎子卫水力发电厂工程计划

(4)重庆覃家岗中国红十字会重庆医院给水工程计划

(5)歌乐山八十公吨给水工程计划

(6)江北县石坝乡水力工业厂工程计划

(7)巴县歇马乡中国乡村建设育才院高地灌溉工程计划

(8)长寿县桃花街及渡舟场高地灌溉工程计划

(9)北碚八乡镇堰塘工程计划

(10)巴县杨公桥至磁器口整理航道工程计划

(四)工程

(1)巴县南泉堤坎水力发电工程

(2)北碚给水工程

(3)歌乐山蓄水池给水工程

(4)江北县龙王洞褚公堰灌溉工程

(5)北碚龙凤溪水力发电示范工程

(6)军政部军医药苗种植场高地灌溉工程

(7)沙坪坝杨公桥水利机械试验场工程

国民大会代表选举总事务所

国民大会代表选举总事务所,于民国二十五年(1936年)7月15日成立于南京,其职掌国民大会代表选举法之解释与各种关系章则之撰议,国民大会代表各项选举事务之指导、监督及国民大会开会之筹备。国民大会代表选举应于二十五年(1936年)9月完成,而于同年10月12日集会,嗣因选举发生障碍,会期奉令展延至二十六年(1937年)11月12日举行,而于延期之中,赶办未成选举。当时预计会期前均可办竣,不意日寇于二十六年(1937年)7月侵我河北,北方各省选务不能进行。至11月15日总事务所奉令随同政府迁川,12月4日行抵重庆,当

时由重庆行营,代觅定江北公园之画声馆为所址,次年1月迁至重庆观音岩义林医院办公。复于二十八年(1939年)1月15日迁来北碚天生桥之吴家祠堂,复设立国民大会筹备委员会。三十年(1941年)12月专总事务所及筹备委员会奉令结束,未完事务统交内政部接办,内政部遵令接收后,乃呈准行政院设立内政部办理国民大会代表选举事务处于原址,内部加以改组,而职掌则仍会所原有之旧。

正中书局

正中书局初在南京,及民国二十六年(1937年)抗战军兴,该局乃最先随政府西迁,由南京至汉口,汉口至重庆。该局初迁重庆,设印刷厂于东水门。二十七年(1938年)2月,总局(刻版总管理处)迁中一路(刻称中山一路),二十八年(1939年)7月为避免空袭计,编审部(时称编审处)既疏散至金谷场附近,4月后仍返渝垣。二十九年(1940年)因日机肆虐,益形猖獗,该局大部分假北碚金刚碑乡临时地址办公,城内仅少数人员司收发文件,及配发书籍等工作,金刚碑印刷所即于是秋成立。嗣以业务发展上之需要,一部分人员仍不得不冒空袭之危险,继续迁回重庆。至于今日,只编审部及其所属之第二印刷厂仍驻金刚碑,溯自迁留本区盖5年矣。该局自三十二年(1943年)4月至三十四年(1945年)10月所出新书;计初版新书315册,大致之可分为下列数类:

社会科学	108册
自然科学	31册
中小学教科书	71册
文哲	29册
文艺	18册
教育	28册
另地	23册
儿童读物	9册

文史杂志社

　　文史杂志社创始于民国三十年(1941年),初设于重庆小龙坎戴家院,嗣以其时敌寇空袭频仍,该地邻近工业区域受威胁过甚,乃于是年底移设白溪之宁静山庄。其地与中央大学分校相距甚近,环境至为幽雅,惟交通不便,工作稍受阻碍。因复于三十二年(1943年)冬季,移来北碚。先租牌坊塆22号为社址,后自置黑龙江路52号社址,即迁入办公,以迄于今。该社于社长之下,分设编辑及干事各2人,另有助理干事2人或3人,以襄理事务。该社原属中央党部,现时独立经营。所发行之文史杂志,5年来共刊载论文300余篇,对于学术上有相当贡献。其他尚有文史丛书,计野玫瑰、古优觯、西昌之行等数种。

北碚志稿 下册

王珑 邓玉兰 梁夏 胡涛 校注

西南大学出版社
国家一级出版社 全国百佳图书出版单位

北碚志稿

经济编

农业志（一）

一、引言

北碚农业在管理局积极倡导之下，确有长足之进展，举凡良法异种之推广，耕作制度之改善，农田水利之兴修，家畜保险之倡办，兽疫防治之实施，均逐步走向科学农业之途程，直接或间接为农民谋福利。倘能继续力求发展，十数年后，北碚农业必能达到理想之境域，此不但富裕农村经济，提高人民膳食营养，即工商矿诸业前途之发展，亦将利赖。

二、自然环境

自然环境最足以左右农业之盛衰，按一般言，农业之自然环境优美，其发展必速，纵人工可以改造自然环境，但收效极微。北碚全区，大都邱（丘）陵，甚少平原，除朝阳镇沿北青公路一线较为平坦外，其他均为峻岭重山，因此农业经营之发展颇受限制。惟气候土壤诸条件尚能适合，根据中央气象研究所之纪录，北碚各月份平均气压，每年10月至翌年1月4个月间最高平均约在40至41度之间，7、8两月最低，约在26至29度之间。至（高）温度则以7月为最高，其次为6、8两月。据最近6年来之记载，7月间最高温度平均为39.3摄氏度，6、8两月均38.9度。似此情形，实颇适合水稻之生长，且可作为两季谷之示范区。以雨量论，最多为6、

7、8、9四个月。虽非如他处有显著之雨季,但有集中之现象,即以最近6年平均雨量观之,约有1007公厘,足以供给一般农作物之吸收,惟其分配不常,故旱涝迭见。因之,北碚以气候区域言,系属华中区之红色盆地区,业有大陆性之一切特性,即夏季甚热,冬季颇冷。又北碚土质肥沃,对农作物之生长非常有利,倘能从事于农业科学技术之改进,未始非一良好农业区域也。

三、农作物分布情形

北碚农作物之分布,因受地理环境支配,极形简单。较高之地,大都栽种旱地杂粮,如玉米、甘薯、高粱、豆类、粟等;平坦地则多栽种水稻。其无法耕作之山坡,则为林木地带。如朝阳、黄桷、金刚、龙凤、澄江等乡镇,生产水稻及麦类、蔬果等较多。其他如二岩、文星、白庙等乡,为煤产区,农业品较少。故北碚年产食粮,据各方估计,仅能供全区人口半年食用,其不足之数,则仰给于嘉陵江上游各农产区。

四、耕地面积

北碚全区可耕地总面积,据北碚地籍整理处测查并分别统计结果,全区8乡共有水田20250市亩,旱田26568市亩,园地509市亩,坝地3441市亩,坡地44564市亩,山地33439市亩,共计128771市亩。惟此类新地之土壤,大都为紫色粘土层,土粒细致,遇水即溶。经风化后,便成紫色土,土层厚薄不一致,但含有机质成分较多,故作物生产尚佳。所可虑者,农民因感于生活之需要,其耕地已多超过一定坡度,以致雨水不能保持,土壤冲刷颇大,且在坡上栽植作物时,多行上下纵开行畦,本区农民未能例外,此种耕作方式,实足以加厉土壤之流失。本区内因受土壤冲刷之祸,致土层瘠薄或山石曝露者,固有多所,改良办法为将排水沟横开,使仅略有坡度,使积水可就下而宣泄,土壤则不致流失,作物之行列亦如之。此实永保我川省农业资源之要务,凡有可能,必须致力纠正推行,唯目前行之颇多困难,因排水沟之适宜坡度,依山坡峻缓而异,须经试验始能确定。既确定之后,又须有相当测量经验之人员,予农民以指导始克有成,而农民习俗难改,尤其余事,第悬此以为本区农业改进鹄矢之一,庶非言之过早也。

五、农作物种类及产量

北碚农作物之种类,大别之可分为主要食粮与次要食粮2类。主要食粮,即水稻、玉米、甘薯(俗称红苕)、小麦等是。次要食粮,即马铃薯、粟、大麦、高粱、蚕豆(俗称胡豆)及豌豆等是。至各种产量,据各乡公所调查统计,北碚年产水稻为81001市石、玉米84110市石、小麦2560市石、蚕豆2293市石、豌豆1500市石、甘薯18494市石。其他,大麦、高粱、粟、马铃薯等以其栽种不广,收量亦微,除大部供给饲料外,间亦用作食粮,因无法统计,兹从略。

六、栽培制度

北碚农作物之栽培制度,一如过去,农民以智识程度关系,仍多默守陈法,不知改良,致地多未尽其利。今就现状而论,普通冬水田,多为一年熟,种植水稻;较高水田(俗称榜田),凡土质较松者,每于水稻收后,即栽种大、小麦;土质黏重者,则种植蚕豆或豌豆,为一年两熟,田坎上夏季每有用以种植大豆,冬季则种植蚕豆、豌豆,又当冬季麦类及豆类尚未长大时,每多撒播萝卜于田间,于次年早春后取萝卜以喂猪,对冬作生长无妨,而增加相当数量之优良饲料。旱地类皆或峻或缓之斜坡地,夏季玉米与甘薯,每为间作物,冬季则小麦、蚕豆,有时间作,每每甘薯尚未挖掘,蚕豆已于其行间出土,甘薯掘清后,春季即播种玉米、蚕豆,收获后,则又在玉米行间种植甘薯,周而复始,亦有以小麦代替蚕豆者,亦有以大豆代替玉米或甘薯者。总之无论其为田为土,本区农家对土地之利用,极为紧凑,一年之中,播种收获数次,胼手胝足,劳作精神,良堪佩也。民国三十二年(1943年)起,农林部中央农业实验所迁此后,首创两季谷,栽培制度之推行,同时以水稻良种"中农4号"作示范。三十二年(1943年)度两季谷示范20亩,平均每亩增产374市斤,计增64%,"中农4号"示范10亩,平均每亩增产50市斤,计增9%。三十三年(1944年)两季谷示范956亩,平均每亩增产302市斤,计增56%;"中农4号"示范120亩,平均每亩增产48市斤,计增8%强。前者延长冬水田之利用,增加稻谷生产,并改善稻田栽培制度,后者为划一品种,使北碚成为一良好之中熟稻籼稻区。小麦方面,亦有小麦良种"中农28号"在本区极合风土,其产量高出土种20%,且遇风不倒,病害极轻,尤为本区农民所需求者。民三十三年(1944年)

在天生桥附近,举行示范共6户,种植6亩,成绩美满。爰于三十四年(1945年)扩大示范,在本区所辖7乡,一律举行示范,共计14户,种植40亩。以后可大量推广,管理局长卢子英氏,亦以是项改良事业之推广,可以增加农民收益,关系重要,故积极提倡。

七、农作物病害情形

北碚农作物之病虫害,近年来极形猖獗,以水稻而论,其虫害有大螟、二化螟、三化螟及稻椿象等,其为害程度则随地域之气温、雨量及时间而有所不同。其最显著者,以旱年迟栽之晚稻螟害百分率,多至40%左右,中熟籼稻受害较轻,然颇有渐趋严重之势。近来中央农业实验所与中央大学农学院从事合作研究,以期扑灭。蔬菜方面其虫害最烈者为猿叶虫、黄条菜蚤,并有少数菜青虫,若干区域被害,相当严重,按上述害虫,均可用中农砒酸钙毒毙之。民三十四年(1945年)秋,曾由中央农业实验所派员,得农业推广委员会之资助,携带该项药粉250市斤,会同北碚农业推广所进行防治工作,又因喷雾器不敷应用,乃制造简易麻布撒粉袋数十具,随即下乡实施,分发及指导防治,计先后到黄桷镇、朝阳镇、龙凤乡等处,各菜农对此简单有效之防治方法大为欢迎,若干先进农民,并提出其他农作物上之虫害问题,如守瓜虫、切根虫、玉米螟害等防治方法,咸深信科学治虫方法,足以增加生产。至病害则有稻瘟及稻胡麻斑病等。惟为害不烈,其他禾谷豆菽及菘蔬瓜瓞之类亦时有各种重要病害发生,尤以毒素病类为最烈。

八、租佃制度

租佃情形仍沿前清故例,佃农于租佃之先,须付以押金,并书立契约,始能耕种田地。地主始终居于统制地位,故其对佃农之压榨剥削,日益加重,尤以战时粮价高涨,与田赋征实,更造成地主剥削之机会。租佃制度,亦因之而起巨大之变化,加租加押随物价而高涨,是以佃农生活,每况愈下。农村经济,因而操之于少数地主手中,同时佃农亦以生计关系,互相竞佃,以至直接增加自身之痛苦,间接影响社会之不安,管理局方面深痛战时租佃制度之畸形发展,特倡办合作农场以扶植自耕农,此项办法,如能推而广之,则整个土地问题,自获解决,而租佃制度,亦将无形消减矣。目前缴租办法,计分议租、分租两种。议租即佃户于租地时先行议定其所租田地每年应纳租谷若干(旱地则以玉米或其他杂粮为标准)。分租即每年秋收时由佃农邀请地主到场共同监理,收割后按成数分之,有四六成分或对分不等。总之在任何情形之下,地主终处于有利地位,至全区地权之分配,据北碚管理局地政科之统计,自耕农约为3012户,半自耕农约为551户,佃农约为1851户,平均每户耕地仅只20亩。

九、农村副业

北碚农户除编制麦杆(秆)草帽外,无特殊之副业。编制草帽系由妇女于家务闲暇时进行之。至每年产量,尚未有精确数字,可资查考,惟知可供附近十余县之采销,裨益北碚农村经济甚大,此外则为豢养家畜家禽。在朝阳、龙凤2乡,有经营果园者,所栽果树,以柑桔类为主,朝阳以甜橙为盛,龙凤则以柚著。朝阳镇所属果园约共100亩,计3000余棵。龙凤乡以左氏柚为最,此品种系由该乡左姓引入,故名,汁多味甜,堪称上品,零星分布于该乡附近者,多则数百株,少者数十株,共约2000余株,树龄均在二三十年左右。甜橙产量,每株平均约300个,全境年产量约为90余万个,平均每个以20元计[三十四年(1945年)价格],共值1800万元;柚每株产量平均为200个,全境年产量约40余万个,每个以80元计共值3000余万元,由此可见碚地果树之收益,对于农民之经济不无小补也。北碚所产橙柚,其主要市场为重庆,以其地滨嘉陵江,顺流而下,运输简便而经济,其在本地销售者,仅占总产量百分之五六耳。北碚交通便利,地接重庆,果树栽培事业,前途希望至大,亟应尽量利用山坡隙地,广植果树,益应注意于引入优良品种,繁殖健全苗木,栽培方面须尽量采用科学管理,注意修剪施肥疏果,以及病虫害之防除,则全境产量当能于短期内倍增也。北碚傍嘉陵江,两岸多冲积土,适于蔬菜之生长,故产佳良之根类蔬菜,如萝卜、芫菁、葫(胡)萝卜、甘薯、山药等,所产西瓜,品质亦极优良,以西山坪西瓜为最著。自抗战以来,东南人士及农业机关迁至北碚者甚多,引入各类蔬菜新品种而推广于农家者亦复不少,如美国种蕃(番)茄、甘薯及马铃薯,可常见于市场。惟集体经营蔬菜业之农家,尚属罕见,虽有专业经营,类皆零星,散布于郊区,所产物品,除一部分供当地消费外,余则运渝销售。本省气候温和，病虫为害颇剧，防治方法，亟宜注意，已如前述。民三十四年（1945年）春，政府为改良士兵营养起见，选定北碚为干制蔬菜原料供应区，大量推广干制用之蔬菜，如葫（胡）萝卜、白菜、甘兰（蓝）、马铃薯达数千亩之多，除虫菊为重要杀虫剂，尤为家庭用除虫菊圣药之原料，故其经济价值甚高，而北碚风土又复适于此项作物之栽培。农林部病虫药械实验厂自民三十二年（1943年）春起，会同中央农业实验所及自耕农合作农场在袁家坝、童家溪一带试行推广种植。民三十四年（1945年）春，已有30余户农家接受指导，共计种植10万余株，均已开始采花出售，获利颇厚，惟据报其采花期间适与水稻插秧冲突，故不为业水稻之农民所欢迎，但种植杂粮者，则以其无碍于杂粮之播种，对此特感兴趣。按北碚地方，坡地多于水田，是除虫菊之推广，颇有前途，又金刚、朝阳有经营牛乳业及小规模之畜牧事业，惜资本有限，发展亦受阻碍。

十、结论

北碚农业概况，已如前述，根据目前实际情形及研究与分析之所得：北碚耕地少，出产有限，在抗战时期，北碚因属陪都迁建区，迁来中央教育学术机关甚多，人口密集，各项农产品，固感不足，即战后各机关迁走后，农产仍不敷供本地人民之需求，故宜亟谋食粮增产。其切要方法，不外力求农业技术之改良，并开垦可耕荒地，以增加产量及面积，同时兴办小型农田水利以避旱涝，提倡畜牧，并改良草帽编制，以发展农村副业，育苗造林，以调节气候，增进地力，扩充果园，增产柑柚，以加农民收入，一面积极倡办农村合作事业，将小农制度扩大，以免地主剥削，而资改善农民生活，则农业之繁荣，不可限量也。

注：土壤、森林、蚕桑、气象、自耕农等均有专篇，拟不述及。

附：垦殖志

查北碚垦殖事业，尚在创始时期，且所有土地多经利用，全境内荒地面积约计26460亩，现已垦面积计950亩：（一）西山坪500亩、（二）嘉陵农场450亩。至垦地作物种类为：（一）西瓜、（二）玉蜀黍、（三）红苕、（四）稻麦（少数）。关于两处垦民及业务进展情形分述如下：

(一)西山坪:原为峡防局士兵约100人屯垦该区,一年后交由私立兼善中学接办,除以一部分土地租给贫农外,余均由该校雇工垦殖。

(二)嘉陵农场:该场除以一部分土地租给土著农民五六家外,余由该场自雇工人垦殖。

根据以上情形,北碚社会人士对垦殖工作尚不甚注意,自亟应积极倡导,并由管理局饬各荒地地权所有人限期垦殖。如各地权所有人无力从事垦殖事业者,即由各乡镇组织垦殖合作社从事垦殖,或先选择地点,依照中央规定劳动服务法进行公地生产,以其岁收,用作经营地方人民之事业,则非仅地可尽其利矣。

农业志（二）

杨家骃　改编

关于北碚农业自然环境之论述，已见气候、地形、土壤3志；土地利用及灌溉之论述，已见土地利用、水利2志；森林、畜牧、蚕桑亦各有专志，凡此本志皆不重出。至已见地政、粮政2志者，虽互有重复之处，亦详略互见，各取其重。

北碚修志馆所撰本志初稿，仅4000余字。寄沪整编时，取与民国三十二年（1943年）社会部统计处所编《北碚社会概况调查》第四章《农业》及该馆所撰《地政志》初稿、《粮政志》初稿比阅，深觉本志初稿，过于简略；《北碚社会概况调查》"农业"章，叙述颇详，立论亦颇可取，但有若干重要事项，未能述及。至地政、粮政2志初稿中有数页统计表及数段记述，实应移入本志，且足弥补《北碚社会概况调查》"农业"章所用数字及记述之不完，现斟酌自地政、粮政2志初稿中移入本志；于2志亦酌加修改，力求互为详略，以免完全重复。

整编本志，原拟全部重写，但手头材料，因来源不一，数字多有出入，尤其困难者，为数字年份及单位之不同，且多有未注明数字年份与单位者。现如重新调查询问，事势上又所不许，故只得以《北碚社会概况调查》"农业"章为主，并就本志及地政、粮政2志初稿，斟酌去取整编。本志既多采取《北碚社会概况调查》之论述，理应尽量引用原文，以免失真。方志之可引用原文以代叙述，实系不易之例,故现整编本志所取上述资料,皆引用其原文(亦有酌加删改者),重整其次序而成,并一一注明出处,如《北碚社会概况调查》原书系语体文,现凡引用部分,亦仍其旧;惟凡引用原文,概低一格编入,俾易识别。

一、已耕地之种类与面积

《概况》(即《北碚社会概况调查》,现简称为《概况》,下同)四章一节谓:

北碚的土地面积,全区总计是203.15平方公里,合304725市亩。耕地面积因为至今尚未办过土地测量,一时无法求得精确的统计数字(按:后已办毕土地测量工作,新数字见后),这里所用的乃是北碚管理局建设科根据全区地势估计得来的。北碚耕地面积还不到总面积的四分之一,都为68920市亩。这个数字和卜凯教授在他所编《中国土地利用》里对于四川耕地的估计颇为相近;他认为四川的耕地百分率平均是24.03%。

从土地总面积里减去耕地面积,是普通所谓的荒地。北碚的荒地计有235605市亩之多。但是并非所有荒地都是不堪利用的,在这里边包括着可耕而未耕的土地,大部可以造林的山地,可供运输和渔捞的河面,以及街市房舍所占的地方。北碚可耕而未耕的土地,为数并不甚多,因为峡区多山,农产不丰,凡可耕种的地面,几乎无不有人经营,山坡土地与地面成60度角以上的,也都有人种植苞谷和豆类;河边沙地土壤极薄,但冬季河水退后,仍有人栽种豆麦。近年粮价飞涨,民生艰苦,农民有不惜花费劳力将沟边田坎农庄所有隙地尽量种植作物。还有少数农夫,在石坝上铺一层五六寸厚的泥土,就在上面种起胡豆、青菜来了。所以现时北碚可耕而未耕的荒地已甚微小,据估计只1600余市亩。我们曾向老农询问推广耕地面积的可能性,他们的回答都是"可以栽种的地方,早就有人栽种了,不可以栽种的,种了也不出粮食,白费力,无益"。当然耕地面积是随垦殖技术、灌溉方法、选择种子等事的进步而变迁的,将来农业技术若进步,北碚的耕地自然还可以增加一些。

北碚的高山上面,虽然不能耕种粮食,但大部都可培植森林,这种山地,估计约有5万市亩。可是事实上北碚成林的面积并不甚大,许多山上都是荒的。这一方面是由于保护的不力,一方面是由于造林的成效太慢,农民不愿把资本和劳力花在缓不济急的事业上。

北碚的水面约有10方公里，合15000市亩，主要是嘉陵江的江面。街市房屋所占的地面也算10方公里，合15000市亩。如果把上列4项数字加在一起，约有81600市亩，所余154000市亩，大概是不生产的荒山、乱石、河滩、溪沟之类了。

本章讨论的是农业问题，所以要特别注意已耕地的种类和利用。北碚已耕地可分水田与旱地两种：水田俗称为"田"，占全区耕地面积四分之一，合17230市亩；旱地俗称为"土"。水田又可分为四类：(一)坝田：是在广大平坝上的，此种田多蓄冬水，每年只种水稻一熟，土壤肥沃，多为粘土、重粘土，产量较高，北碚多为丘陵地，这种坝田为数不多，只当水田面积的十分之一，合1723市亩。(二)沟田(或正沟田)：是在山谷或邱(丘)陵间的低田，冬季蓄水，也是单用田，土壤也很肥沃，多为粘土、重粘土和砂壤土，产量与坝田相仿。北碚沟田较多，约当水田面积十分之二，合3446市亩。(三)膀田(或梯水田)：在较高的山坡上，也能储冬水，但多为两用田，土壤中等，以壤土及砂壤土为多，粘土次之，产力较次。这种田每块虽小，但数量甚多，约当水田面积十分之四，合6892市亩。(四)山田(或梯高干田)：在丘陵地最高处，多系砂壤，不易蓄水，种植水稻，易遭旱灾，故雨水不多时只种冬作。这类的田，约占水田十分之三，合5169市亩。旱地可以分为两类：(一)粘土：粘土大半是在水田附近的山坡上，因为地势高，坡度大，或面积太狭，不能蓄水种稻，只可栽种苞谷、红苕(即甜薯)和豆类；粘土土质尚佳，收获较高，北碚这类土约占旱地总面积四分之三，合38767市亩。(二)砂土：在河边、沟岩或山坡上土壤极薄之处，产量不丰，这种土约占旱地总面积四分之一，合12923市亩。为易于比较起见，现在再把以上所述各种耕地面积列表如下：

北碚已耕地种类面积统计表

种类别	面积/市亩	百分比/%	
总计	68920	100.0	
水田	17230	52.0	100.0
1.坝田	1723		10.0
2.沟田	3446		20.0
3.膀田	6892		40.0

续表

种类别	面积/市亩	百分比/%
4.山田	5169	30.0
旱地	51690	75.0　100.0
1.粘土	38767	75.0
2.砂土	12923	25.0

北碚已耕地的面积已如上述，现在再将这些已耕地的地权分配作一分析。因为资料不全，我们只能仍然利用估计的数字。民国二十九年（1940年）春北碚举办户口普查时，曾附带调查简单的农业事项。利用那次所得的比例，作为估计的根据，自耕面积约占20%，租佃面积约占80%。根据这种比例估计北碚已耕的地权分配，得自耕面积13784市亩，租佃面积55136市亩。

北碚各乡镇各类土地面积统计表

民国三十四年（1945年）
（单位：市亩）

乡镇别	总计	田			地						山		荡		杂						
		共计	水田	旱田	共计	园地	坝地	坡地	山地	林地	共计	林山	共计	池塘	共计	宅地	坟地	沙地	荒地	道路	河流
总计	239133	46819	20221	26568	88181	510	3442	44564	33440	6225	19159	19159	367	367	84607	5020	2917	1121	26461	9815	39273
朝阳	19528	4404	2156	2248	5233	4	33	3821	899	476	449	449	42	42	9400	913	238	289	1001	1813	5146
黄桷	35140	7939	3798	4141	12842	379	1142	8167	1954	1200	3914	3914	55	55	10390	983	304	123	1941	1025	6014
龙凤	34659	5595	1889	3706	15947	3	82	7634	7118	1110	3748	3748	34	34	9335	358	126	22	4045	597	4187
金刚	22016	5899	2356	3543	6307		155	3668	1964	520	2395	2395	5	5	7410	385	163	50	2137	1479	3196
澄江	67450	13715	6281	7434	20404	46	1308	9299	7614	2137	4513	4513	53	53	28765	1282	1799	542	5457	2761	16924
三圣	23950	6084	3674	2410	7232	70	192	4017	2351	602	1738	1738	100	100	8796	267	127	72	5776	518	2036
白庙	13442	1118	514	604	7211		59	3029	4069	54	1134	1134	54	54	3925	286	24	19	1369	706	1521
文星	22948	2065	817	1248	13005	8	471	4929	7471	126	1268	1268	24	24	6586	546	136	4	4735	916	249

上述面积的单位是市亩,但北碚人民实际使用的农田单位并非市亩而是"石"。这种单位不是根据农田的实际大小测量出来的,乃是由于收获量多寡决定的。因为如此,每单位田土面积可以因地质和土壤的好坏而有出入。农田单位不以实际大小计算的例,在西南各省中是很普遍的。云南有些地方以每一劳力单位所能经营的面积为准,每单位叫"工",如禄丰等县;有些地方以每驾牛在一天内所能犁的面积为准,每单位叫一"驾"。湖南的农田单位据说是以一石种子所播的面积为准,每单位亦叫一"石";四川省各地通用的农田单位是"石",是指能收获一石稻的水田面积,或能收获一石苞谷的旱地面积而言。但是我们必须注意所谓能收获一石的面积,并非可以跟着每年实际产量变的,譬如现在一石的水田面积实际收获的稻子也许只有八斗,但是这块田还是一石,决不能因之而改称八斗。因为田土的大小是由历史因果造成的,每块农田在最初有买卖或租佃关系的时候,就由双方和中人决定了这块农田是几石几斗,在那时决定之后,这块农田的大小便大体固定了,无论以后每年的收获是多是少,它的面积却不因之增减。在最初决定面积的时候,都是以顶好的年成为标准,所以以后每年实际收获常常不及此数。因此人民常以两者的相差,作为收获丰歉的判断,譬如某年每石田面积上只收到稻子八斗,那末某年的收获便是八成。因为农田的大小是根据收获而不根据测量的,而产量又因地势土壤而异,于是我们想把石折合为亩是很不容易的。但是据农民的意见,一石田面积大约相当于二分之一亩,换言之,即一亩相当于两石。一石土的面积比一石田大,至于大多少,因为大半的土都是坡斜的,零星的,计算起来非常困难。由于此种困难,我们在以后各节中多沿用当地通用的单位,以免因折合不当而失去事实的真相。

在上引《概况》该节最后,述及土地价格,惟不甚完全,且"地价"现已归入"地政志"内,故不引录。惟"地政志"初稿中有三十四年(1945年)北碚各乡镇各类土地面积统计表,系经实际测量后所编,虽与前引《概况》一表,项目不同,但可比阅,兹因排版关系移列于前页。

二、农户与农民

《概况》四章二节谓:

二十九年(1940年)普查所得北碚全体户数是19771户,农户总数是7695户。

其中，自耕农1852户，半自耕农241户，佃农5602户。这3种农户的界限如下：自耕自田，不租种人家土地也不出租的为自耕农；自种自田，又租种人家土地的为半自耕农；完全租种人家土地的为佃农。各种农户在地域上的分布如下：

北碚各乡镇的各种农户①

（单位：户）

乡镇别	农户数			
	合计	自耕农	半自耕农	佃农
总计	7695	1852	241	5602
朝阳	2443	595	88	1760
文星	1817	548	63	1206
黄桷	1372	380	57	935
二岩	430	49	12	369
澄江	1633	280	21	1332

北碚全体农户占总户数47.2%，这个数字较国内各地调查结果为低，然我们前已提出，北碚境内多山，农业并不发达，农业不可养活的人口，只有向其他方面去发展，因此北碚的农户不算太多。自耕农占全体农户24.1%，半自耕农占3.1%，佃农占72.7%，可知北碚农户大多数是佃农，换言之，北碚地权大部分是操在地主的手中，他们承袭着祖先遗留下来的田产，分配给几个佃户去耕种，每年坐享租谷。他们有了这种不劳而获的收入，自己多半饱食终日，无所事事，形成一般农民敬畏的"绅良"阶级。而为他们耕耘的佃农却是终岁勤劳，不得一饱。

北碚的农民据普查结果，全区共有8156人，其中男子7941人，女子277人。在这些农民之中，农主计有5801人，农主亲属1375人，农工1042人。各乡镇的情形如下：（凡不直接参加耕作的妇女，都不包括在内）。

---

①十九年（1930年）普查时，全区分5个乡镇。

北碚各乡镇农民种类与人数统计表

(单位:个)

乡镇别	农主			农主的家属			农工		
	合计	男	女	合计	男	女	合计	男	女
总计	5801	5659	142	1375	1286	89	1032	986	46
朝阳	2104	2052	52	467	449	18	339	332	7
文星	1122	1086	36	191	164	27	65	65	—
黄桷	1075	1048	27	293	267	26	243	205	38
二岩	276	273	3	102	102	—	100	100	—
澄江	1224	1200	24	322	304	18	285	234	1

上表所列的农主数目,竟较农户数少得很多,初看起来颇不合理,每一农户,按理应有一个户主,于是农主的数目应该等于农户。但是北碚许多人家只种少数旱地,户主的主要的职业却是抬滑竿、挑煤等下力工作,种土的时间有限,全家的生活也不靠农产的收入来维持,所以这种在调查时职业未以农业计,但他们家里既种着土,计农户时自然也要算进去。

在《北碚人口志》"人口组合"一章"职业分配"一节,亦曾分析北碚农业人口组合之情形;惟《人口志》侧重职业之分配,与此侧重经济状况之分配者,叙述主旨不同,故于数字采取,亦遂互异。《概况》此节,据其所述,系采取二十九年(1940年)普查数字。《人口志》全部构成,即系以二十九年(1940年)普查为依据,但于普查所有数字,自难全部列入。《概况》所采者,正其所略,所以数字虽间有差异,在构成数字之依据上,则无不同也。

又按前引《概况》"北碚各乡镇的各种农户"一表,系二十九年(1940年)数字。《地政志》初稿内,有三十二年(1943年)北碚各乡镇租佃情形统计表,及三十四年(1945年)北碚各乡镇地权分配统计表,实为对上引文字之重要补充资料,兹从《地政志》初稿中,移列于下:

北碚各乡镇租佃情形统计表

民国三十二年（1943年）

乡镇别	农户(个)及其用地面积（市亩）								租佃总数
	共计		自耕农		半自耕农		佃农		
	户数	面积	户数	面积	户数	面积	户数	面积	
总计	5420	190043	3018	71251	551	35683	1851	83109	2402
朝阳	456	12568	296	5269	24	1002	136	6297	160
黄桷	918	28101	433	9285	164	8099	321	10717	485
龙凤	731	29875	448	16108	30	12625	253	1142	283
金刚	760	17342	466	9624	79	1568	215	6150	294
澄江	997	47763	344	7871	132	5919	521	33973	653
二岩	319	21393	157	4905	40	2187	122	14301	162
白庙	342	11217	247	6484	21	1737	74	2996	95
文星	897	21784	627	11705	61	2546	209	7533	270

资料来源：北碚地籍整理办事处编印之《北碚土地整理报告》。

说明：租佃关系，(1)纳物租者占最多数，钱租者占最少数。(2)租期不一定。(3)种田租额。以主客对分者居多，次为主六客四者，又次为定租。种土租额，以纳苞谷为最多数，钱为极少的。(4)皆收押租。

北碚各乡镇地权分配统计表

民国三十四年（1945年）
（单位：户、市亩）

乡镇别	总计		自耕农				半自耕农				佃农			
	户数	面积	户数		面积		户数		面积		户数		面积	
	数量	数量	数量	占总户数百分比	数量	占总面积百分比	数量	占总户数百分比	数量	占总面积百分比	数量	占总户数百分比	数量	占总面积百分比
总计	5420	190043	3018	56	71251	37	551	11	35683	19	1851	33	83109	44
朝阳	456	12568	296	65	5269	42	24	5	1002	8	136	30	6297	50
黄桷	913	28101	433	47	9285	34	164	18	8099	29	321	35	10717	37
龙凤	731	29875	448	61	16108	52	30	4	12625	41	253	28	1142	7
金刚	760	17342	466	61	9624	56	79	11	1568	9	215	28	6150	35
澄江	997	47763	344	35	7871	17	182	13	5919	12	521	52	33973	71
三岩	319	21393	157	49	4905	23	40	13	2187	10	122	38	14301	67
白庙	342	11217	247	72	6484	57	21	6	1737	16	74	22	2996	27
文星	897	21784	627	70	11705	54	61	7	2546	11	209	23	7533	35

三、租佃制度

《地政志》初稿载北碚在嘉陵江三峡乡村建设实验区时代,曾调查全区一般租额缴纳情形如下表:

北碚全区一般租额缴纳调查表

租佃种类	水田			旱地		
	上等	中等	下等	上等	中等	下等
钱租				1元	5角	2角
谷租	8斗	6斗	4斗	1斗	5升	2升
分租	5成	5成	5成			

说明:只旱地纳钱租1成至2成,谷租由5成至8成,分租以实收数各得其半。

又曾调查西山坪佃农所缴押佃银及出产分配法如下表:

西山坪佃农所缴押佃银及出产分配法调查表

户别	所租田面/石	押佃银年缴/两	出产分配法
共计8户	185	900	
佃户甲	20	120	收各半
佃户乙	30	150	同
佃户丙	30	125	同
佃户丁	20	100	同
佃户戊	15	70	同
佃户己	30	150	同
佃户庚	30	130	同
佃户辛	10	55	同

说明:以该地最低利息年利2分计算,押租900两,合利180两,合洋252元,以此买谷,可得25石。假定185石田面,半年收获7成,得谷13石,地主分得一半,计65石,合押佃利息收入,地主共得90石,几占全收获十分之七,佃户仅得十分之三。

上引仅有数字,至租佃制度详况见《概况》四章三节:

佃农既是北碚农民的最多数,在农业章里就有一述租佃制度的必要。为说明便利,我们用下面的例子为代表。假定某地有一地主甲,有田土一股,面积约为15石,想换一个佃户(俗称佃客)耕种;同时有一佃农乙正想租种田土,于是请了中人丙向地主申请,双方交换条件,同意后便择定日期(普通在赶场的日子)和地点(普通在茶馆里)由甲、乙、丙(丙普通不只一人)三方订立租约,乙和丙在租约上画了押便交甲收执,此后乙迁入甲所供给的房屋里住,每年按时缴纳租谷。租约的内容普通包括下列几项:

1.田土的种类与数目和附带的房舍间数:譬如,"田土一股或半股"或"荒山熟土一股",所谓一股,即一幅或一段之意,并非指面积大小而言。在普通租约中多不载面积,而仅载明地主与佃农每年应分作物的比例或数量。川省地主多系供给佃农住房,地主在田土附近必建有农庄(俗称院子),将一部或全部分给佃户居住,不收房租而在租约中载明间数,如"瓦屋五间"或"草屋半院",并须注明门窗俱全,若附有牛栏猪圈也须写明。

2.押佃数目:在前清时代押佃皆用银子,故至今乡间还流行"押佃银子"一语,民国以来改用铜元,租约中多规定"即日面议押佃铜钱几百钏"。近年以来,随币制演变,押租皆用法币。数目多寡亦随物价变动,二十五年(1936年)时每石田仅数元,二十八年(1939年)已数十元,二十九年(1940年)以后涨至百余元,现在更非数百元不可了。押佃在立约时由佃户一次交付地主,等退佃时照数归还。

3.收获物的分配办法:北碚一带地主和佃户的分配办法颇不一致,租种水田按每年实际收获对分的居多,主六客四的也有,还有一种交干租的办法,每年由佃户缴纳一定数量的稻子,不论收成好坏。不过遇到十分歉收的时候,佃户还可以要求地主减少,结果如何全看"老板的人方",因此双方发生纠纷。在租约上大致规定"每年田内租谷过平均分"或"每年议纳租谷拾石正"。其缴纳时间多规定在"秋收之后"并须"晒干车净(或干扬洁净)交掇不少升合","倘有不清,押币扣除",但定额缴租的契约上多数载明,"至于年岁欠丰,主人量田掇谷",也算是一种弹性的规定。以上是租田的分法,租土的多数都是缴纳干租,且限于苞谷一种,其他作物归佃户享受。还有一种纳钱租的,每年由佃户交付地主现金若干,此外不再缴纳实物。这种办法近年来因粮价飞涨,已渐废除而都改纳实物。

4.附带事项:(1)保护房舍林木:租约中常有"房屋漏滥,务要盖整,山林竹木,务要护蓄,不得砍伐"等语,倘遇房屋漏滥,由地主买料,佃户出工,所谓"主料客工"。(2)避免是非,租约末尾必有"生是生非,自行冰消,不与主人相涉"字样,这表示地主与佃户只有租佃关系,不负其他责任。

5.佃户和中人的签名盖章:没有图章便画一"十"字或打手印。中人普通是请当地保甲长或较有名望的人充任。

租佃的期限通常是没有规定的,如果双方互守契约不生纠纷,便可以永久有效。但是租佃的问题,在平时也是常有的,在抗战之后,尤其最近数年,地价粮价俱告飞涨,地主乃纷纷要挟佃户修改契约或提出退佃,这类的纠纷在川省各县都很盛行,北碚自三十一年(1942年)春季以后也渐严重起来,一部地主,以田赋征实为口实,而加重佃户租额;一部地主以保障租额为口实而增加押金,因此换佃成为一时风气,佃户每每因此无法谋生。四川省政府因此于8月间公布调处办法5条如下:

1.佃户如无拖欠地主租额等情况,地主不得任意取回换佃。

2.地主不得任意加租加押,佃户亦不得要求减租,双方皆履行所订契约。

3.租佃加租加押须取双方同意,不得强迫执行。

4.地主收回田地自耕,经由县府调查属实者,地主有介绍原佃另租其他田地义务。

5.各乡镇之租佃纠纷,由各乡镇公所会同乡农会县府建设指导员依本办法调处。

以上5项办法虽经公布,但事实上地主向居统制地位,佃户都以"大老爷""二老爷"称之,佃户多数知识低微,性情驯顺,一向唯唯诺诺,不敢和地主抗衡;因此纠纷发生,佃户必居下风,除恳求体恤外,别无他法。因此政府虽有调处办法,也与佃户无甚实惠。

《农业志》初稿谓:

地主始终居于统制地位,故其对佃农之压榨剥削,日益加重,尤以战时粮价高涨,与田赋征实,更成地主剥削之机会。租佃制度,亦因之而起巨大之变化,加租加押随物价而高涨。是以佃农生活每况愈下，农村经济因而操之于少数地主手中。同时，佃农亦以生计关系，互相竞佃，以至直接增加自身之痛苦，间接影响社会之不安。管理局方面，深痛战时租佃制度之畸形发展，特倡办合作农场，并积极扶植自耕农，此项农法，如能推而广之，则整个土地问题，自获解决。而租佃制度，亦将无形消灭矣。

关于合作农场，见《合作志》，推行积极扶植自耕农政策，见下节。

四、自耕农之扶植

《地政志》初稿述北碚推行扶植自耕农情形谓：

三峡实验区时代，为扶助农民，发扬民生计，二十五年（1936年）即举办种粮借贷，其年9月，区署向北碚农村银行借款购办冬粮，又照价借于农民补种。初次举办，民多观望。借种多则2斗，少则5合。北碚、黄桷2镇，农家120户，借出胡豆8石9斗3合，豌豆6斗，小麦8斗3升6合，计合洋209.72元。次年在一度生产救荒紧急会议之后，区署筹借现款400元，又于3月举办第二次借贷，先派建设股职员邓伯初、胡凤梧赴洋芋产区之巴县磁器口高店场，采买洋芋。农业技士刘选青编印种植方法，建设股拟具借贷洋芋办法，并由区署训令各县保主任从事宣传。不久洋芋运到，过秤后原船分运配发5乡镇，由联保办公处主任及助理员司借发之事。农民借到下种。按其时磁器口市价每百斤价值3.56元之谱，较前上涨，且不易得。该场联保主任刘树安及联保队附皮炳帆，闻区署采买洋芋，借发农民种植救荒，允尽力协助。且言该场年产洋芋两季不下30万斤，为当地农作物第一大宗出品。产品分1、2、3、4四等，作种者须择上等。其价值每千斤不过30元至32元，计人力资船费起力杂缴，平均每千斤约34.7元。前后采买3次，共10080斤，合计374.066元。此区署扶植农民之事也。此次借发结果，得下列统计：

北碚各乡镇借发农民种植洋芋统计表

民国二十五年（1936年）

镇别	借用农民户数	借券张数	借放斤数
总计	688	573	10901
北碚	246	165	3300
黄桷	130	119	1723
文星	77	62	1755
二岩	65	65	1276
澄江	170	162	2847

说明：1.各镇有数户共券一张者。

2.合计数字之10901与买入洋芋数10080相差821斤，盖以买入用大秤，发放系旧制200两秤也。

中国农民银行奉令兼办土地金融业务，本省省政府指定北碚为扶植自耕农事业实验区域。三十一年（1942年）春，北碚管理局即与北碚中国农民银行协商办理扶植自耕农示范区。盖欲利用国家资金，实现扶植自耕农之政策也。实施办法，一面协助佃农，个别购地自耕；一面创办示范区，曾先后选定示范区域。实施地籍整理，完成区段征收，分划单位农场，以创设自耕农制。此数阶段，至三十二年（1943年）春而全部告成，将北碚朝阳镇19保1420余亩分给80农民，承领耕种，分划80农场。于是昔日佃农占64%之区，一变而为纯粹自耕农之模范区；昔日占半数5亩以下之农户，一变而为大小相若、土地平均18亩之农场，于调整人地分配关系，促进土地利用，颇有效果。今述其经过著于篇：

（1）发放地价，征购土地。三十二年（1943年）1月，示范区土地征收公告期满，乃开始发放地价。其原为自耕农者，暂不发放地价，俟承领农场决定之后，再核计其应收或应缴地价；其原为不耕地主者，一律以现金收购其土地。其价格均按每石核算，田3300元，地2310元。此项补偿地价，系由本局向农民银行贷来，其发放亦委托该行代付。至2月止，共计征收土地45起，发出补偿地价2000696元。

（2）划分单位农场。三十二年（1943年）3月，着手划分单位农场。每单位农场面积，原以20亩为准，但依据地形与实际之需要，结果划全区为70场。另有在庄地主拆留之房屋及园地15起，共计85起。

（3）放发农场。创设自耕农单位农场划竣后，三十二年（1943年）4月始正式放发农场，依自耕农、原佃农、其他佃农及雇农等顺序审核放领。计创设自耕农70户。其无款向本局缴付地价者，由农行照贷，计农行贷出放款结数1989509元。农民领地缴价手续办妥后，复由管理局发给领地证明书，办理接收手续，至6月底而完成。

（4）办理自耕农辅导事宜。为辅导示范区自耕农合理经营农事，以保障其进步与发展计，管理局商请农林部于区内设立辅导办事处，负责进行。至三十二年（1943年）2月19日，辅导示范区自耕农，成立合作农场，以各种合作方式，经营农业，颇著成效。

后管理局设地政科计划以后，关于扶植自耕农之事项有三：

（1）被征地主之生活，设法维持。

（2）人多地少，划分农场，力求合乎经营原则。

（3）示范区改善管理，使自耕农维系于久远。

五、农作物分布情形

《农业志》初稿谓：

北碚农作物之分布，因受地理环境支配，极形简单。较高之地，大都栽种旱地杂粮，如苞谷、甘薯、高粱、豆类、粟等；平原地则多栽种水稻。其无法耕作之山坡，则为林木地带。如朝阳、黄桷、金刚、龙凤、澄江等乡镇，生产水稻及麦类蔬果较多。其他如二岩、文星、白庙等乡，为煤产区，农产品较少。

六、农作物生产面积

《粮政志》初稿载三十二年（1943年）农作物生产面积如下二表：

北碚各乡镇夏季农作物生产面积表

民国三十二年（1943年）

（单位：市亩）

乡镇别	籼稻	糯稻	苞谷	高粱	黄豆	绿豆	饭豆	伏乔	小米	红苕	洋芋	土芋	西瓜	蔬菜	花生	芝麻	甘蔗
总计	40619	6268	43645	14480	4402	2796	506	136	140	9927	470	550	1891	1810	500	140	240
朝阳	3305	1089	3144	602	300	211	—	—	—	475	—	—	—	31	—	—	—
黄桷	7838	102	6798	856	762	1034	—	—	—	1234	—	—	—	477	200	70	120
澄江	10505	3230	6506	5700	2230	300	300	100	—	1897	—	300	—	477	200	70	120
金刚	5519	380	3565	140	64	60	40	—	—	1140	150	—	—	528	100	—	—
龙凤	5388	206	6694	4025	850	975	—	—	—	2018	—	250	—	21	—	—	—
二岩	5500	583	1508	1016	16	16	16	36	—	1947	—	—	1891	114	—	—	—
白庙	848	270	2640	2141	180	200	150	—	140	1216	320	—	—	140	—	—	—
文星	1716	408	12790	—	—	—	—	—	—	—	—	—	—	22	—	—	—

资料来源：农林部中央农业试验所稻作系稻作示范报告。

北碚各乡镇冬季农作物生产面积表

民国三十二年（1943年）

（单位：市亩）

乡镇别	小麦	大麦	燕麦	冬乔	胡豆	豌豆	晚稻	菜蔬	油菜籽	休闲
总计	49141	18758	606	240	20438	5652	20	1755	2700	12216
朝阳	4079	—	—	—	2241	650	20	31	—	2136
黄桷	7226	—	—	—	4936	3995	—	1247	—	3799
澄江	9430	6370	—	—	6070	607	—	477	2700	6281
金刚	3840	2134	606	—	1750	400	—	—	—	—
龙凤	7766	3550	—	—	4634	—	—	—	—	—
二岩	5400	4020	—	240	260	—	—	—	—	—
白庙	3480	2684	—	—	543	—	—	—	—	—
文星	7920	—	—	—	4	—	—	—	—	—

七、农作物产量

《粮政志》初稿载三十二年（1943年）农作物产量如下二表：

北碚管理局夏季作物收成表

民国三十二年(1943年)
(单位:市石)

乡镇别	籼稻	糯稻	苞谷	高粱	黄豆	绿豆	饭豆	伏荞	小米	红苕	洋芋	土芋	西瓜	菜蔬	花生	芝麻	甘蔗
(一)产量估计																	
总计	86636	13461	37230	24513	2201	1118	268	74	98	94964	188	220	18910	20228	520	17	60
朝阳	7271	2396	2830	5418	150	84	—	—	—	4750	—	—	—	341	—	—	—
黄桷	17244	224	6118	7704	381	414	—	—	—	12340	—	—	—	6369	—	—	—
澄江	23111	7106	5855	5130	1115	120	150	60	—	18970	—	120	—	5247	360	17	60
金刚	11038	760	2852	112	32	24	20	—	—	10260	60	—	—	5280	160	—	—
龙凤	11854	453	6025	3623	425	390	—	—	—	20180	—	100	—	231	—	—	—
二岩	11000	1166	1206	813	8	6	8	14	—	17520	—	—	18910	1140	—	—	—
白庙	1586	540	2112	1713	90	80	90	—	98	10944	128	—	—	1400	—	—	—
文星	3432	816	10232	—	—	—	—	—	—	—	—	—	—	220	—	—	—
(二)每亩产量																	
平均	2.1	2.1	0.9	0.9	0.5	0.5	0.5	0.5	0.7	10	5	4	10	11	1.7	0.24	5
朝、黄、澄、龙、金、二	2.2	2.2	0.9	0.9	0.5	0.4	0.5	0.6	—	10	5	4	—	11	1.8	0.24	5
白、文	2.0	2.0	0.8	0.8	0.5	0.4	0.5	0.4	0.7	9	4	—	10	10	1.6	—	—

北碚管理局冬季农作物收成表

民国三十二年（1943年）
（单位：市石）

乡镇别	小麦	大麦	燕麦	冬禾	胡豆	豌豆	菜蔬	油菜籽
（一）产量估计								
总计	43852	12803	485	120	23953	2239	25086	2430
朝阳	3761	—	—	—	2240	325	310	—
黄桷	6503	—	—	—	4932	998	12470	—
澄江	8487	5733	—	—	6070	304	4770	2430
金刚	3072	1707	485	—	1575	200	5400	—
龙凤	6989	—	—	—	4634	—	210	—
三岩	4320	3216	—	120	234	100	1026	—
白庙	2784	2147	—	—	489	312	900	—
文星	7936	—	—	—	3779	—	—	—
（二）每亩产量								
平均	0.9	0.8	0.8	0.5	1.0	0.5	1.0	0.9
朝、黄、澄、龙、金	0.9	0.9	—	—	1.0	0.5	1.0	0.9
三、白、文	0.8	0.8	0.8	0.5	0.9	0.5	9	—

《概况》四章九节谓：

北碚的食粮生产和消费量相差甚远，当地所产的米仅足维持4个月到半年，不足的数量，都是由嘉陵江上游各县广安、岳池、合川一带源源运下，因此价格便较上游各地都贵，贫苦人民只好依赖杂粮为生，因此苞谷、红苕、胡豆便成了北碚的主要粮食。近年来因为粮价高涨，农民对于粮食以外的作物很少耕作，就我们见闻所及，北碚的农田已可谓地尽其利，农业技术机关还有增加粮食生产的计划，不过成效未必很大。农民的靠天吃饭观念固然不对，但农业受气候的限制却是无可否认的事。在北碚一带，最可怕的便是天干，旱荒的威胁，几乎每年都有，天不落雨，任凭什么计划也归徒劳。应付天旱的办法只有兴办水利，因嘉陵江水面太低无法利用，其他小溪水源细微，要想利用，也无多大效果。北碚堰塘为数甚少，虽于民国二十五年（1936年）由实验区署发动修凿一次，但迄今多已荒废，且真遇天干，堰塘的水不久也就蒸发完了，即能利用，也不过杯水车薪，无济于事。近年以来，粮食价高，少数农民贪图小利，有把塘水放干改种作物的，于是一部堰塘便失去作用。听说不久管理局要令每保完成示范堰塘两个，并有建造水库、凿井灌田等计划，如能切实实行，或能补救天时于万一。

至关于农作物之增产与节约，另见《粮政志》。

八、栽培制度

《概况》四章九节谓：

北碚耕地分田土两种，田又可分为水田、旱田之别。水田的作物普通只有一季稻子，秋季割稻后至翌春栽秧前8个月的长时间内，水田都是休闲着，其所以然的原因，不外下列4点：

1. 北碚一带水利不兴，如不多蓄冬水，则翌年水稻颇成问题。

2. 稻的产量较高，价值也大，农人多愿牺牲冬作而保来年水稻的全收。

3. 北碚土质多粘重，稻田尤甚，排水不良，倘冬季雨水太多，则冬作生长必更不佳，往往徒劳无功。

4. 冬水田费工较少，且在冬作播种前耕作，工作不致拥挤。

因此之故，北碚水田都种稻一季，不另种植其他作物，近年虽有学者鼓吹，叫

农民冬季放水种麦,但除干田可以实行(其实农民向来如此)外,凡能蓄水的低田决不肯冒此危险。又有人提倡种两季稻,但据老农表示,"谁不愿多种多得,可是秋收之后,种上也熟不了"。原来四川的天气在中秋以后便寒冷起来,两季稻是无法成熟的。试看割稻以后田里生出的秧苗,最早的也不过可以扬花,等到结实的时候天气已经很冷了,稻壳多是空的。再生稻近来虽有人试种,但是为了上面同样的原因希望也不甚大。

干田里面每年可以栽种两季,春季种稻,冬季种麦。因为干田本来不易蓄水,又无雨水太多的危险;同时种稻的产量也不见多,冬季种了麦子,即使影响种稻,也还不甚可惜;还有一些干田,地势太高,非遇春季雨水特多的年份不能栽秧,而且栽秧之后,若遇夏季雨水稀少,仍然难保收获。三十一年(1942年)就是这样的情形,使种干田的农民空欢喜一场。干田种稻既是要看机会,农民便不敢孤注一掷,只好拿一季冬作来补偿了。干田的冬作普通是小麦、大麦,土质较差的便种胡豆、豌豆或菜籽。

土的作物在北碚春季主要的是苞谷和红苕,冬季主要的是麦子、胡豆、豌豆和菜籽,有时也有种植青菜、萝卜的。每年春季土里点种苞谷,夏季便种红苕、黄豆等,苞谷收成以后约在阳历10月初旬,便用锄或踩犁翻土一次,然后橛穴点种麦子、胡豆、豌豆,北碚农民习用的轮作制度,约有下列数种:

1.苞谷—红豆—胡豆或豌豆—亢土

2.苞谷—黄豆—胡豆或豌豆—亢土

3.苞谷—粟—小麦或大麦—苞谷

4.苞谷—粟—荞麦—苞谷

5.苞谷—各种蔬菜—苞谷

轮作的重要目的在于养分的调剂,其次为病虫害的预防,以期增加产量。如以经济为目的,则以第五种制度为佳,惟须多用肥料。合理想者为第一种,表土心的土肥料都可应用,可增进地方而不致耗竭,且亢土后可防治土蚕。第二种恐土中多积有机酸,反致为害,和三、四两种同时应加纠正。

九、农业经营

《概况》四章四节谓:

讲农业经营总不免涉及许多农业技术问题,因为学识所限,这里不能说得太专门,只好用普通的文字作一扼要的叙述。为叙述的便利,我们以水稻、苞谷两种重要的作物为主体,分别说明其经营的方法。

(一)水稻

水稻的经营方法可分下列步骤:

1.整地:普通于当年秋收后耕耙两次,翌年惊蛰又犁耙两次,所以有"四耕四耙"的俗话。但高梯田也有只在秋后耕一次的,耙平后种植冬作,明春收获后再耕耙一二次即可插秧。山区农时较平地约晚半月。

2.浸种:一般多在清明节前后浸种,平地则在春分前后,浸种方法多将种子置冷水缸中浸二三日,时常换水,间有用沸水骤加淋渍而后入冷水浸者,据说这样可以发芽齐速。

3.育苗:一般多在水秧田育苗,将秧田如上述整地法耕耙,用板平田面,待水清则将浸后的种子洒(撒)入,芽出后排水晒之,至田面干而不沾手为度,再灌适量的水,以后如秧苗生长不良,则施人粪尿稀液,30余日后苗成长即可移植。山地区秧期较多数日,秧嫩植之容易"下痨"。又大旱之年有点早谷的,即以种子直播田中。

4.施肥:视田的种类酌施牛粪、干杂草、油枯、牛骨粉等为基肥,油枯春耕施用,杂草牛粪于秋耕前施用,但干田则在春耕时施用。栽秧后一二次中耕前又酌施人畜粪尿为追肥,也有以草木灰及腐熟厩肥为追肥的。

5.移植:俗称栽秧,栽秧期平地区为立夏,山区为小满,穴距1尺,也有宽至1尺3寸或狭至6寸的,每穴由五六本至十余本,视田肥瘦而异。

6.灌排:插秧后数日即排水,等根着土已开始生长再灌水使满,直至收获很少有再排水的,只有成熟期稻本倒伏的田才排水,以免稻子发芽。

7.耘田除草:普通中耕二次,也有一次的,也有于第二次中耕后十几天又拔草一次的。栽秧后月余行初次中耕,其后10余日二次中耕。所谓中耕便是用脚踩田,用手拔草。

8.收获与脱粒:早稻中稻收获,平地多在立秋前后,山区则在处暑前后,晚稻则各较迟半月。收割时搬"打斗"入田,2人割稻成束,2人立斗前用力摔打,打下的谷子用箩斗挑回农家,晒干后用风车将空壳等物吹净保存。

9.留种与换种:多于收获时选生长好的田中的一角,割打后单独保留,有的去杂一次即行保留的,有的更行选出较好谷粒保留的。换种是向邻家换去优良种子,但逾乡逾县换取的极少。

10.稻草的处理:在收获时打结成束,如系干田即在田内晒干,水田则拖至田坎坟坪上晒干。倘人力充裕或经久不干时须翻晒一次,等干后运回住宅附近或结于树上,或堆积地面,备冬季饲牛或作燃料等用。

11.稻米调制:先将谷用砻(俗语擂子)去壳,用筛使糙米与谷壳分开,再将糙米倾入碾内用牛拖石滚(碌)碾白,或倾入石滚(碌)内,用人力前后推动扁圆石滚(碌)使之精白至预定程度,即行收集,用细孔筛(俗称糠筛)筛之,再加风车加以风扬,使一切秕壳及灰尘等物分离即得白米。

(二)苞谷

1.亢土:每年冬季将土翻转,翌年春分前10日再锄土一次,即预备播种。

2.播种:春分前后播种(俗称点苞谷),穴距视土质而定,约为2尺至2.5尺,每穴播种七八粒。

3.疏苗:俗称薅苞谷。苗出15日即薅第一次,约隔10日左右薅第二次,使每穴留苗2株,穴距2尺许,以便生长。

4.施肥:俗称淋粪,播种前先以人粪尿作基肥,以后施追肥二三次不等,视土壤肥瘠而定。肥地疏苗后即施第一次追肥,抽雄花前施第二次,瘠地须于将抽雄花时再施第三次。

5.除草:苞谷行不间种他物的,只于苞谷行间种红苕的须除草两次,第一次在苞谷高5寸时,第二次在农历四月二十左右。

6.中耕:通常三次,第一次在疏苗后举行,第二次在第二次除草后,第三次在雄花出后。

7.收获:苞谷收获期在初伏左右,待各部干枯时即告成熟。用竹箩至土内将已成熟苞谷折下运回,除去苞叶晒或晾干,至子(籽)粒疏松时即行脱粒。

8.脱粒:脱粒法有二:一种是连盖脱粒法,是法工作较速,每人每日可脱粒2石左右,惟粒基易脱,致减收获成数(普通每石少五六升);一种是人工脱粒法,每人每日约可脱二三斗。

十、种子

《概况》四章五节谓:

现在先说种子,各种作物有各种的种子,作物的种类繁多,如果把每种作物的种子详细研讨,事实必不可能;因此也只把北碚的两种主要作物水稻和苞谷的品种和农民对于种子的习惯,说明如下:

(一)水稻

1.品种:北碚的水稻品种可见下表(见四川省农业改进所编水稻品种):

北碚水稻品种表

种名	别名	特性	分布情形	备注
须须粘	二号须须粘	产丰,米佳,有微芒,宜低田、坝田	各乡镇均有且多,占全区稻种十分之五六,为三峡首要稻种	由合川输入已历40年
浮面跑		较须须粘早熟三五日,宜高田,产量中等	澄江、朝阳有之,文星最多	由合川输入已30年
马尾粘		杆(秆)硬,耐肥,穗长,粒大,产丰,怕旱,宜低肥田	朝阳、澄江有之	
红线粘		杆(秆)粗硬,早熟,饭味劣	澄江略有之	
白线粘		产丰,迟熟,宜低田,穗长杆(秆)强	朝阳略有之	
乌脚粘		米佳,饭涨性大	朝阳、澄江略有之	近5年始有之
钓鱼兰		可栽于次肥田,产量中等,宜低田	朝阳略有之	
小叶粘		易倒伏。宜高田,米佳	二岩最多,澄江略有之	
大叶粘		杆(秆)韧,宜低田,穗长,饭味劣	文星、澄江略有之,黄桷最多	

续表

种名	别名	特性	分布情形	备注
红阳粘		产丰,宜高田	文星有之	
叶下藏		产丰,成熟迟,宜低田	各镇均有	
齐头黄		穗长,产丰,米良,粒大宜磄田	黄桷微有	
等泡齐		米佳,产量低,易倒伏,较早熟,出穗齐	朝阳、澄江略有之	
四股齐		宜瘦田	澄江有之	
四轮谷		穗长,杆(秆)强,耐肥	各镇均有	合川输入
罗汉谷	白腿粘	品佳,早熟,产低,粒大	澄江微有	
大河谷子		产丰,粒大,高低田均宜	朝阳较多	
落花红		成熟极早,米佳,宜低田	朝阳略有之	最近始由合川输入
杨柳候		粒长,不择田	朝阳微有	
白阳粘	黄桷名早谷	收获早	文星、黄桷略有	
云南早		早熟,产低,米佳,宜高田	朝阳微有	
早谷		早熟,产量低	澄江微有	
二发早		成熟最早,宜较肥高田	文星、黄桷微有	
南坝早		早熟,产量低,宜高田	黄桷、澄江略有	自合川南坝输入
香谷		每穗着粒多,宜低田	文星微有	
白谷糯	响壳糯	糯性大,宜低田肥田	各乡镇均有	
矮子糯		成熟早	朝阳、黄桷微有	
黄壳糯		宜低田,不倒伏	朝阳、文星微有	
蛮子糯	澄江名大糯谷	粒大,糯性少	黄桷、澄江微有	
早糯谷		早熟,产量低,宜低田	二岩微有	
猪油糯		品质佳,抗病害虫,宜低田	黄桷微有	

2.留种习惯:在北碚有一小部分的农民是临到播种的时候在自己的或邻居的仓内取出普通的谷子,再用风车重重的风选一次,便拿来做谷种。这是顶粗放的留种法。多半是种田较少而兼作其他劳役为生,或因初次务农没有种子,或因迁移田庄将原种失去等缘故。不过他们在取种之先总不忘记询问这个谷种的名称,和宜干田抑水田,肥田抑瘦田,这两件事,这比起其他作物不问种不问性抓到手便播种的习惯已经认真多了。大部分农人的留种法是在上年水稻黄熟待收的时候,先巡视一遍自己的稻田,比较一下某一块田里某一部分的稻株发育最好,抽穗较多,子实较充满,没有倒伏,没有白穗,估计这一区或几区的收量足够下年的种子,于是便决定以这一部分留作稻种。进行收到(稻)的时候,留作的区域常是在普通田收割完工之后才另行割收,曝晒贮藏也是另在一处,而且风选也特别严格些。农家留种的习惯可说是用了相当的心力,但是他的缺点:第一,发育较好的水稻集中在一个区域内,常是由于这一区域的环境(地质、肥料、阳光、水旱、耕耘等)较好之故,由环境影响而获得的效果是不能遗传的;第二,概略的选取一区域而精细分辨,难免仍有不好的单株和单穗混杂在内,甚至有因机械的混杂,使非本品种的稻穗亦生长在内,一经留作种子则第二年的稻田内混杂的稻种更多了。

(二)苞谷

1.品种:北碚的苞谷品种约见下表。

北碚苞谷品种表

种名	别名	特性	分布情形
草白大方子		不择土壤	朝阳镇微有
金黄子	黄苞谷	子粒充实,磨粉成数较多	澄江最多
金黄小方子	同	同	各镇均有
金黄大方子	同	同	同
白圆子	白苞谷	品质优良	文星较多
白油条	同	同	各镇均有
白马牙瓣		品质较劣,产量特丰	朝阳有之

续表

种名	别名	特性	分布情形
马牙瓣		同	各镇均有
百日早		成熟期早	同
白大糯	糯苞谷	味如糯，质佳	同
刺苞谷	洋苞谷	子粒坚硬，易于爆炸	朝阳较多
可利		行列整齐，子粒充实	朝阳微有

2.留种习惯：北碚农人对苞谷的留种习惯，除开少数人亦如水稻临时向旁人随便购取外，普通都是将果穗全部摘收回家曝晒场坦的时候，在每个品种中分别选出着粒完密而硕大的穗若干个，另行脱粒晒干，贮供种用。也有更细心的人，在脱粒的时候把穗的两端部分的子粒脱去不要，而只取每穗中部的子粒为种子。这样的留种可说是穗选粒选的手续都有了。但其缺点：第一，没有顾到全株的形态和发育情势。第二，果穗的大小是与生长环境上和每株上穗数的多少有关系的，如果是因为环境特别好，或是一株上只有这一个果穗而促成它硕大的，则以此子粒留作种用，下年的苞谷苗并不能有亲代的优良性。第三，选种时没有注意到苞谷的长度和穗轴的颜色等品种的特征。

至管理局努力于农作物品种之改良，其经过及成绩，另见《粮政志》。

十一、肥料

《概况》四章六节谓：

作物的需要肥料，正如人类需要食粮，所以讲农业增产必须注意肥料的改进。因为虽有良好种子，若没有适当的肥料，也只能使作物得到一半的收获。现在把北碚农民所用肥料的种类列下，并说明其优劣之点：

1.绿肥：绿肥俗称草粪，为最简单的肥料，就是把田边生长的绿草于整田时铲下，犁入田中，藉以增加有机物改其土壤状态，以便将来作物的生长。施用绿肥的方法俗称"打青"，也有用人工特别栽培的如猪尿豆苕子等，俗称苗肥。绿肥的功效可以增加土壤有机质，保持土中可溶性养分，增加作物营养料，增加氮素等。但一般农民多囿于旧习，缺乏科学知识，除使用杂草外，很少有人培养肥料作物，他们以为，土地所产都应归为人有，还诸土地岂非太不经济。北碚近年来曾由农业推进所提倡种植苕子，系一年生草本植物，叶有卷须，高3尺至5尺，每于八九月间收稻后播种，翌春插秧之前列下作为稻田绿肥，现正逐渐推广，选出特约农家繁植（殖）苕子种子。三十年（1941年）度曾发苕子1200斤，栽培面积120亩，三十一年（1942年）度计划增加至1000亩。

2. 堆肥：堆肥是把粪尿草杆（秆）、落叶、污泥、草木灰、渣滓和农家一切废物堆积起来，使其腐烂变为肥料，也有其中不加粪尿的。堆积地方多在露天平地或坑内，使用前通常把粗硬的砖头、瓦块、木片、石头等或未经腐烂的筛去，便得一种黑褐色的碎粒堆肥。在秋冬播种小麦、菜子、胡豆的时候用之为基肥，这是一般农家最乐使用的肥料，所以夏季傍晚，山坡上常见野火燃烧，那就是农人在制草灰。堆肥的好处是原料都不要花钱买来，不但经济，并且可使地方清洁卫生，又用堆肥中包括各种植物矿物除含氮肥外，还有其他必要成分如磷、钾等。但是旧式堆肥的法子非四五个月不能完全腐熟，时间太不经济；且堆肥的地方多在露天，日晒雨淋贵重的肥分不免流失；又腐败常不完全，杂草种子仍多能发芽，虫和植物病害也常存堆内不能死灭。因此农业推广所曾根据广东中山大学教授彭家元所改良的方法（元平式）教农民采用速成堆肥法，在堆中加用一种纤维分解菌（即元平菌）即能迅速腐烂，约3个星期即可腐败完成。因为时间缩短，主要成分损失较少；因为发生高热，所以堆肥材料中的病虫害也可以杀死。

3. 粪肥：粪肥包括人和家畜的粪尿，人粪尿的来源由厕所中汲取。农家除了自己的房屋附近设立私人厕所外，还在田边路旁凿修粪池，多半是用石灰涂底，上面横担着一条木板预备人踏，池上面多数都搭着"人"字形的草棚以避日晒和雨淋。行路的人可以在这些粪池里大便，并且当施肥时农人把自己的或买来的粪肥运到这里以便使用。有些邻近镇市的农家，便花钱去头公共厕所的粪尿。至于家畜的粪尿，来源大部得自牛和猪，一小部分得自狗羊鸡鸭。牛粪有时晒成粪干，单独使用，有时和其他粪肥和在一起，粪肥多用于秋冬季小麦、胡豆、豌豆、菜蔬等下种之后，农民由粪池内将粪尿用桶挑入田中，然后以瓢浇于下种的穴内，俗称淋粪。粪肥全是来自动物体内，肥分较为丰富，但其缺点在产量有限，不能随施用量而增加，若出资购买，则价值较昂，仅能为少数富农所享用。

4.油枯：油枯多为桐果和菜子榨成的，普通每榨桐油1公石，可出油饼380斤，油饼直径为1.5尺，厚1寸许，色灰黄，现在售价每斤2角。此外尚有一种菜油饼，惟农民使用油渣者较为普通。油枯的肥分自然很好，施用和储藏也很方便，可惜价格太高，只有少数瘦田在春耕期内使用少许，不算北碚的重要肥料。

5.骨粉：骨粉在民国初年川省尚未发现，迄民十年(1921年)以后，成都东牛市口聚居回民，因屠牛弃骨的结果，道路两旁兽骨山积，后经发觉积骨附近的田土，靡不连年丰收，稻和苞谷尤甚，牛骨功用始被发现，惟当时还无人制造，到民国二十年(1931年)以后成都才有设厂制造粗骨粉的。二十八年(1939年)川省农业改进所为增加食粮生产始在合川、成都、泸县等地设立蒸骨粉制造厂，骨粉的用度由是渐广。骨粉的功用：第一是肥分完备，其中含氮4%，含磷23%，含钙30%，除氮较少外，磷、钙含量均多。作物均须磷素，尤以栽培谷类的土地最为需要，因骨粉能助种子发芽，幼根伸长，开花结实，为促进作物成熟不可少的要素。又施工用骨粉可使实大味美，产量增多，增强种子的组织和抵抗力，有人称磷肥为果肥，即此原因。北碚农业推广所因鉴于骨粉对于作物的效益，尤以区峡丘陵起伏，土壤肥料被雨水冲洗均感瘦瘠，因此自二十九年(1940年)起开始推广骨粉，首作宣传，唤起农民注意，再引用政治力量命令农民采用，惟施用作物以果树、西瓜较多，食粮较少。三十一年(1942年)度推广20000市斤，以合作社社员为对象，于春秋两季贷款时分发使用。

十二、农具

《概况》四章七节谓：

农民于耕作的工具，常因农业技术不同而有差别，所以各个地方虽属同种作物，而所用的工具颇不相同，本节叙述北碚一带农家所用的农具，因为种类繁多，恐不免遗漏，不过重要的农具，已经都在这里了。

1.犁头：犁头是旧式耕作方法中的重要工具，它的构造可分三部，一部是耕田人用手扶着的"犁把尾"，一部是翻土用的"铧口"，一部是驾牛用的"犁辕"。"犁辕"的顶端横系一"牛打脚"，两端用绳系于套在牛颈上的"驾档"和项下的"仰绊"。犁头本身约长4市尺，除"铧口"为铁制外，余皆木制，铧口长1尺许，宽六七寸,厚七八分。犁头的用度是整田,水田自先年稻谷收割后到第二年栽秧前共犁4次,也有不得已时减少1次的。旱田冬季种植小麦、胡豆前犁1次,次年收获后再犁一二次,然后栽秧。土因多在山坡之上,除大块坝土外,多不能用犁壤种。犁头的经用时间普通为10年,每具犁头可供耕作20石田之用。

2. 锄头:锄头的头是铁做的,大小均有,大的长9寸,刃宽3寸,厚5分,刃的他端有一孔,横穿一木柄,柄长4尺许。小的一头长五六寸,刃宽2寸,厚3分,柄长3尺许。锄头的用途极广,为农民日常必备的工具;大锄头多用于挖土等笨重工作,小锄头多于"点粮食""薅粮食"等轻巧工作。锄头的经用期约半年,每年平均须送铁匠铺修理两次,每一农户普通必备大小锄头各一二具,才敷应用。

3. 镰刀:镰刀普通可分两种:一种是割草用的,名叫"坡镰",镰头为新月形,刀宽约4寸,背高约1.5寸,和刀刃垂直有一段五六寸长的铁柄,下面装一段八九寸长的木柄。这种镰只能割嫩绿的杂草,农家小孩多人手一把,背筐到山坡割草,以备牲畜饲料。每把坡镰可用一年。另一种是收获用的,名叫"齿镰",镰头弧形,刃长约8寸,背宽5分,刃面有锯齿,每年须由铁匠加深一次,柄长约三四寸。齿镰的用途主要是割稻、割麦、割豆类等,有时也作割草之用。每个齿镰可用两三年,普通农户至少须备两把。

4. 耙:耙分两种:一种叫"操耙",一种叫"浪耙"。两种形状相似,都是上下两根水平棍中间为两根直棍连接。所不同者下面的平棍,操耙是铁制的,长约5尺,底下有铁齿十二三根,每根长六七寸,两齿之间相距约3寸;而浪耙下面的平棍是木制的,长约6尺,底下钉着十五六根铁齿。两种都是用于耙田的,不过操耙坚固,可耙较硬的田地,浪耙轻便可耙松的田地。使用时将牛套在耙的前面,人扶着上面的平棍随牛前进。普通壤种20石出的农家,就应自备操耙、浪耙各1具,操耙可以使用20年,浪耙可用10年。

5. 扒梳:铁头,木柄。头有4齿,齿长约七八寸,两齿的间隔约寸许。木柄长约4尺。扒梳的用途,是整田时用之提取田中的泥土,作封田坎之用。每个扒梳可用10年。

6. 砍刀:刀头是铁的,刃长约1尺,刃背宽2寸许,刃顶为方形,刃身略呈弧状,以适应砍草之用,砍刀的木柄普通长约4尺。它的用途是砍伐田坎上的杂草,一面可以在田坎上种植豆类;一面可将砍下的杂草泡在田里,增加土壤的肥分。一把砍刀普通可用4年,每隔一二年须修磨一次。

7.踩犁:犁头呈铲形,长约尺许,宽五六寸,铁制,铁柄上一面(普通在右面)有一横铁梁,预备用脚向下踩的,铁柄之上装一木柄全长约3尺,在木柄顶端垂直镶一横棍,长尺许,为双手把握之用。踩犁是用来挖土的,山坡上不便用牛犁的地方,多用踩犁代替。踩犁普通可用三四年,北碚种土的农户多有此种工具。

8.打斗:方形木制,上口每边长3尺许,底每边较小,二三寸,斗深一尺三四寸,木板厚六七分。斗的左右两面各有木把手,俗称"耳子",两对共8个,以为收获时在田中移动之用。斗内装一活动的斗架子,为一木制小梯子,顶上一格架于斗边,底下一格置于斗底,中有七八格,全体成拱桥形,收获时将稻本在架子上摔打,以便脱粒。打斗之上,用竹竿挑一躺席围住三面,以免谷粒外扬。躺席竹制高5尺至8尺不等。每一打斗可经用10年,惟躺席则三四年即需换一次。

9.风车:全部木制,上部为斗子,斗边长约3尺,宽约1尺,底留一长缝,要风的稻麦或已搋过的稻米便由这里倾入,下边一直径2尺多的圆形风箱,内有扇页4个,宽长各约7寸,摇动扇轴便有风吹向倾下的谷物,使空壳及灰尘由斗前飞出,谷物由斗内一孔漏出,沙石等重物便直接由斗缝中落到地下。风车如果扇子不坏每个可用20年。

10.搋子:搋子是上下两个圆形木磨合成的,大小不一。普通的一种直径有2.5尺,上半面厚约1尺,下半面约7寸。搋子的顶上呈漏斗状,斗底为一方口,每边长6寸,深亦6寸,横穿搋子的上半面有一木轴,两端伸出约七八寸,各有1孔。使用时将丁字形的吊棍穿入1孔,由2人前后推送,搋即转动。上下两半面的接触面都用小竹条钉成许多槽沟,孔上无数长形风孔。搋子的用途为使谷子去壳成米,使用时光将谷子倾入漏斗内,然后将磨推动,压破谷壳,米和壳子同由磨缝中漏于周围地上,再由风车使之分开。搋子颇为耐用,除槽沟有时须重钉外,其他不易损坏。

11.碾子:碾子可分三部,一是石盘,一是滚(磙)子,一是栓子。石盘多是就地面原有的石子凿平的,大小须视滚(磙)子的长短而定,普通滚(磙)子长约2尺,石盘上除了滚(磙)子的轨迹之外,外边留八九寸,内圈留2尺许,故全盘的半径约在5尺左右。滚(磙)子是坚硬的青石凿成的,为圆柱形,外头较大,半径约8寸许,里头较小,半径约7寸,滚(磙)子的中心两端都伸出2寸长的铁轴或木轴以便套牛。滚(磙)子的上面和石盘上滚(磙)子的轨迹都凿着细槽用以碾去米衣。滚(磙)子是立在石盘中心的一根木棍,高1.5尺,半径二三寸,使用时将米铺在石盘轨迹上,将牛用木辕套好拖转滚(磙)子,约1时许即能将米碾白,碾白的米再由风车扇过便成熟米,碾子是用不坏的,不过石槽每年要加深一次。

以上是农业上的几样重要用具,实际上此外还有许多简单的或次要的工具,因为篇幅所限,这里不能一一说明,只好在下面提提名字罢了。

12. 水车水斗

13. 水桶水瓢

14. 粪槽粪瓢

15. 大小箩斗

16. 扁担

17. 大扫把

18. 爪耙

19. 吊筛

20. 鸳斗

21. 联盖(打豆用)

22. 种子笸

这二十几种农具是农业必需的,但并非每家必备,凡用的时期较短或不同时用的往往可以向别家借用,例如碾子只是少数农户才有的。本来我们想把各种农具的价值一并列出,但后来发现经用的时期参差太甚,有的只能使用一季,有的可能使用几十年。凡是不止使用一季的农具,若非开始耕田的农户,他的各种农具决非同时购置,因此调查农具价格便甚困难,尤其在这物价变动极速的时候,列出许多钱数来也确是(实)毫无意义。

十三、农工

《概况》四章八节谓:

农工普通大别为家工和雇工两种。家工是农主自己和他的家属,其中自然必有精于农事的壮年男子,但也有妇女和老弱,他们都是为着自己而劳作,所以不收工资和其他的报酬。他们的工作是随着个人的性别、年龄和体质而定的,工作的时间和工作效率也随着实际的需要而变动。雇工是农户花钱雇来的,他们和农主没有感情的联系,而是为谋生而出来受雇的人。他们必须是壮年男子,而且在农事上曾经过相当时期训练的熟手,否则一定无人愿雇(放牛的牧童除外)。雇工又可分为两种:一种是短工,一种是长工。短工是按日计算的,雇用的时间多半在农忙时期内,春季栽秧和秋季打谷的时候。在这两个时期,因为劳力的需要多而且各家几乎是同时,所以工资就比平日高得多。短工的来源有的是本地种田较少或只种土的农人,有的是现时不务农业的劳力者(如挑夫、船夫、轿夫等),也有少数是从外乡镇或外县出来卖工的。长工在北碚一带多是按年计算,按季的只占少数。长工既是一年到头都在农主的家里,他们便随着农时的演进,做着各种的工作,自然有时也要做一些农事以外的事务。长工的来源,多数是由嘉陵江上游广安、岳池、武胜、合川一带沿江下来的,他们家里多很贫苦,生活不能维持,或因为兵役关系而逃出来的,所以长工工资比较低些。

上面说明了农工的种类,接着要确定农业上的劳力单位,以便于以后估计农业所需要的劳动数量。北碚的劳力单位和别的地方一样,也是以一个人在一天之内所费的劳力为一个人工。虽然这样的定义并不圆满,第一,劳动者因受年龄、性别、健康、兴趣等条件的影响,每人每日所作的工作不尽相同;第二,在农田里的工作性质并不一致,有的轻松有的笨重;第三,所谓一天又不是指着一定的时间而言。不过,在种种差别之中却也有一个习惯的标准,可以作为劳力单位的。这种标准大致是以一个男性壮年的按日雇工所能做的工作为根据。在北碚一带,农业上的工作多数是由男子来担负,妇女仅处于辅助地位。一切较重的工作如犁田、栽秧、打谷子等都是男子的事,妇女很少参加,妇女所做的只限于下种、收豆、打豆等省力的工作,最近虽然因为农工稀少,妇女也有帮着挖土割稻的,但是因为体力关系,终不及男子的成绩。乡村的儿童和老人往往也都从事农作,但他们的工作也和妇女的性质差不多,未成年的儿童普通只割草、扫晒场、点豆;乡间老人虽然不乏身体健康照常工作的,但普通年过花甲也就只能在家里做点轻便的工作。普通所谓一个人工是依按日雇工的工作效率来说的,因为长工的工作每每不能专做一种而须兼顾日常的事项,所以不便计算。同时家工的工作因为是为自己,有时一个人可以当普通雇工二三人,因此也不能作为标准。至于雇工一天内的工作时间普通约10小时,早晨是天亮后上午6时下田,8时吃早饭,休息半小时,8点半继续工作,中间总要有一二次,抽烟的时间占去半小时,到下午1时吃午饭,午饭后普通有1时半的午睡或休息,下午2时半再下田,中间再休息半小时,工作到傍晚,7时收工吃饭。总计一天之内,可以实地工作10小时。这是就一般情形计算的,实际的情形自然不免稍有出入。按农民的习惯,在栽秧、打谷的时候,每日照例要吃四餐,因此工作的时间至少又要减少半小时。

上面既说明了所谓一个人工的意义,我们就要看各种农作活动中所需的人工是多少。作物的种类繁多,这里要说的只限于北碚两种主要的作物,稻子和苞谷,其他从略。

(一)水稻

根据水稻经营的顺序,各段家事活动中所需的人工约计如下:

1.整田:北碚多用水牛犁田,水牛的速度彼此不同,且一水牛在"四犁四耙"的工作中速度也不相同。普通一条水牛在整田时每日所能犁耙的面积如下:

每一水牛整田速度调查表

(单位:石)

次数	每日犁田的面积			每日耙田的面积		
	最快	最慢	普通	最快	最慢	普通
第一次	4	2	2.5	20	6	18
第二次	8	4	7	22	6	20
第三次	8	4	7	22	6	20
第四次	8	4	7	20	6	18

犁田耙田时由一个人使牛,牛的每日工作速度就是人的工作速度。除夫最快最慢的情形不论,单以普通速度为估计的根据。现在以每石田为基础看看在各次犁耙中所用的人工是多少,然后加在一起,便是每石田整田时所需的人工了,这个数字估计出来是1.05。

在整田的时候,农人为避免水田里的水渗漏出去,须以泥土密封田坎3次,每人每日封田坎的多少随田坎的长短而异。封田坎最快的人每日可封长的8条,短的12条;最慢的人每日可封长的5条,短的10条;普通的人每日可封长的6条,短的10条。田坎的长短与多少随地势而异,每石田所需的人工颇难估计,我们今假定每石田有短的田坎一条,用普通的人封需要0.1个人工。封田坎之外还有铲除田坎上的杂草的坎田坎工作,其速度约和封田坎相等,那么每石田也应加上0.1个人工。于是每一石田在整田这段活动上全部需要1.25个人工。

2.移植:这里每个农工每日栽秧的速度,最快的是4石,最慢的是两石,普通的是二石半。那末每石田栽秧时所需人工普通的是0.4个。

3.中耕:每一农工每日除草的速度最大的是3石,最小的是1.5石,普通的是2.5石。以中耕两次计算,每石田中耕所需的人工普通是0.8个。

4.收获:收获时每4个人为一组,两个割束,两个捶打。每一组每日可打12挑,两挑半合1石,所以每人每日能收割稻子1石2斗。以收获量相当于田面积的8成计算,可收割田面积约1石5斗,于是每石田收获时所需的人工约为0.7个。

如果我们把制米的一段略去,那末每石田种植水稻所需的人工是:

1.25+0.4+0.8+0.7=3.15(个)

但是在上列数字中没有把许多零星的工作如浸种、育苗、肥施、排水等和特殊的工作如车水等加入,所以如果求其完整,应该再加上一个数目,那么每石田差不多需用4个人工的样子。

(二)苞谷

苞谷所需的劳力估计时更觉困难。第一,土的面积每每零散不堪,除了少数坝土都不能以石计算。第二,土上的作物普通不只苞谷一种,于是在亢土等工作上所用人力往往不应只归苞谷。下面是我们根据农民的意见酌加修正所得的结果:

1.亢土:在广大的坝土上,如果土硬每人每日仅可完成2斗,土松可以完成5斗,普通总在3斗左右,换言之,每收获一石苞谷的面积,亢土工作须费5个人工。

2.播种:每日普通可点3斗的面积,亦即每收获1石苞谷面积,播种工作便须3个人工。

3.施肥：每人每日普通可淋5斗的面积，亦即每收获1石苞谷的面积，施肥工作需要2个人工。

4.疏苗：每人每日可薅2斗5升的面积，亦即每收获1石苞谷的面积，疏苗工作需4个人工。

5.中耕除草：或为两次，或为3次，每石苞谷的面积中耕除共需人工约为5个。

6.收获：每人每日可收1石苞谷，换言之，即每收获1石苞谷须用1个人工。

于是每收获一石苞谷所需的人工为：5+3+2+4+5+1=20(个)，这个数字似乎太大，但是我们必须知道收获一石苞谷的土面积约相当于收获5石水稻的田面积，因此如果以实际面积的大小来说，苞谷和水稻所用的人工是相差不多的。

北碚农工的工资近年来变动甚剧，我们只知道最近的数字还不够用，应当进一步追溯抗战发生以来各年的变动情形以为研讨农工问题的参考。

(一)短工

短工的工资是按日计算的，因为每年只有在栽秧、割稻两季农忙用的短工才多，所以我们调查时只以每年国历5月和9月的情形为主。

(二)长工

长工的工资比较难于计算，因为长工多有特别情形使工资的差异甚大，譬如农家雇一个聋子来帮工，所出的代价可以比一个健全的长工少一倍；再如请一个不谙农事的"雏儿"也和请一个熟练的农工相去很远，此外，长工常和主人有着历史和感情上的关系，工资的多寡不像短工那样整齐划一。

北碚近年来农业短工工资调查表

时期别		每日实际收入/元		
年	月	总计	工资	伙食费
二十六(1937年)	5	0.70	0.50	0.20
	9	0.70	0.50	0.20
二十七(1938年)	5	0.85	0.60	0.25
	9	1.00	0.70	0.30
二十八(1939年)	5	1.30	0.80	0.50
	9	2.10	1.50	0.60

续表

时期别		每日实际收入/元		
年	月	总计	工资	伙食费
二十九(1940年)	5	3.50	2.50	1.00
	9	5.50	3.00	2.50
三十(1941年)	5	12.00	6.00	6.00
	9	13.00	8.00	5.00
三十一(1942年)	5	18.00	10.00	8.00
	9	22.00	12.00	10.00

北碚近年来农业长工工资调查表

年份别	每年实际收入/元		
	总计	工资	伙食费
二十六(1937年)	90	42	48
二十七(1938年)	96	42	54
二十八(1939年)	216	120	96
二十九(1940年)	920	500	420
三十(1941年)	1640	800	840
三十一(1942年)	2700	1200	1500

从以上两表中,可见近6年来农工工资上涨极速,这种现象的造成,主要不外下列两种因素:第一是粮价的猛涨,第二是农村壮丁的锐减。

北碚自抗战发生之后,各种物价节节上涨,其上涨之多,且较重庆为甚。二十六年(1937年)下半年至二十八年(1939年)上半年其他物价虽涨而粮价却还平稳,上涨的速度不快。农工生活简单,其他物价的涨落对他们的影响还小,惟独粮价一项和他们的关系最大,因此在二十八年(1939年)4月份以前农工工资也未见多大的变动。但自二十八年(1939年)下半年,尤其到二十九年(1940年)夏季,粮价忽然飞涨起来,至此农工工资也跟着扶摇直上,漫无止境。

我国平时因人口众多,劳力向无匮乏之虑,但自抗战发生全国实行征兵以后,农村壮丁应征入伍的为数不少,并且大量壮丁因恐被抽而纷纷逃往城市,离开农业,而战时工矿业生产紧张,需要劳力甚多,又吸收去不少的农业工人,因此之故,农村劳工便呈供不应求之势,而使工资上涨不已。

农工缺乏的现象,不但会造成工资上涨使农产成本加高,促成粮价更涨的恶果,尤有进者,农工缺乏,久之必发生农业荒芜农产降低的严重事实,那时抗战建国的前途,必遭受重大阻碍,为挽回这种危机,当局应妥筹办法督促实行,切不可等闲视之。

十四、农作物病虫害

《农业志》初稿谓:

北碚农作物之病虫害,近来极形猖獗。以水稻而论,其虫害为大螟、二化螟、三化螟及稻椿象等。其为害程度,则随地域之气温、雨量及时间而有所不同。其最显著者,以旱年迟栽之晚稻,螟害百分率多至40%左右;中熟籼稻受害较轻,然颇有渐渐严重之势。近来中央农业实验所与中央大学农学院,从事合作研究,以期扑灭。蔬菜方面,其害虫最烈者为猿叶虫、黄条菜蚤,并有少数菜青虫。若干区域,被害相当严重。按上述害虫,均可用中农砒酸钙毒毙之。民三十四年(1945年)秋,曾由中央农业实验所派员并得农业推广委员会之资助,携带该项药粉250市斤,会同北碚农业推广所进行防治工作。又因喷雾器不敷应用,乃制造简易麻布撒粉袋数十具,随即下乡实施分发及指导防治。计先后到黄桷镇、澄江镇、朝阳镇、龙凤乡等处,各菜农对此简单有效之防治方法,大为欢迎;若干先进农民,并提出其他农作物上之虫害问题,如守瓜虫、切根虫、玉米螟害等防除方法,咸深信科学治虫方法,足以增加生产。至病害则有稻瘟及稻胡麻斑病等,惟为害不烈。其他禾谷、豆菽及菘、蔬、瓜之类,亦时有各种重要病害会发生,尤以毒素病类为最烈。

十五、农村副业

《农业志》初稿谓:

北碚农户,除编制麦杆(秆)草帽外,无特殊之副业。编制草帽,系由妇女于家务闲暇时进行之。至每年产量,尚未有精确数字,可资查考,惟知可供附近十余县之采销,裨益北碚农村经济甚大。此外则为豢养家畜、家禽。在朝阳、龙凤2

乡,有经营果园者,所栽果树,以柑桔类为主。朝阳以甜橙为盛;龙凤则以柚著。朝阳镇所属果园约共100亩,计3000余株,龙凤乡以左氏柚为最著,此品种系由该乡左姓引入,故名。汁多味甜,堪称上品,零星分布于该乡附近者,多则数百株,少者数十株,共约2000余株,树龄均在二三十年左右。甜橙产量,每株平均约300个,全境年产量约为90余万个,平均每个以20元计[三十四年(1945年)价格],共值1800万元。柚每株产量平均为200个,全境年产量约40余万个,每个以80元计,共值3000余万元。由此可见碚地果树之收益,对于农民之经济,不无小补也。北碚所产橙柚,其主要市场为重庆,以其地滨嘉陵江,顺流而下,运输简便而经济;其在本地销售者,仅占总产量百分之五六耳。北碚交通便利,地接重庆,果树栽培事业,前途希望至大,亟应尽量利用山坡隙地,广植果树,益应注意于引入优良品种,繁殖健全苗木。栽培方面,须尽量采用科学管理,注意修剪、施肥、疏果以及病虫害之防除,则全境产量,当能于短期内倍增也。北碚傍嘉陵江两岸,多冲积土,适于蔬菜之生长,故产佳良之根类蔬菜如萝卜、番薯、胡萝卜、甘薯、山药等。所产西瓜,品质亦极优良,以西山坪西瓜为最著。自抗战以来,东南人士及农业机关迁至北碚者至多,引入各类蔬菜新品种而推广于农家者,亦复不少。如美国种蕃(番)茄、甘薯及马铃薯,可常见于市场。惟集体经营蔬菜业之农家,尚属罕见。虽有专业经营,类皆零星散布于郊区,所产物品,除一部分供当地消费外,余则运渝销售。本省气候温和,病虫为害颇剧,防治方法,亟宜注意。民国三十四年(1945年)春,政府为改良士兵营养起见,选定北碚为干制蔬菜原料供应区,大量推广干制用之蔬菜,如胡萝卜、白菜、甘薯、马铃薯,达数千亩之多。除虫菊为重要杀虫剂,尤为家庭用除虫菊圣药之原料,故其经济价值甚高,而北碚风土,又复适于此项作物之栽培。农林部病虫药械实验厂自民国三十二年(1943年)春起,会同中央农业实验所及自耕农合作农场,在袁家坝、童家溪一带,试行推广种植。民三十四年(1945年)春,已有30余户农家接受指导,共计种植10万余株,均已开始采花出售,获利颇厚。惟据报采花期间,适与水稻插秧冲突,故不为业水稻之农民所欢迎。但种植杂粮者,则以其无碍于杂粮之播种,对此特感兴趣。按北碚地方,坡地多于水田,是除虫菊之推广,颇有前途。又金刚、朝阳有经营牛乳业及小规模之畜牧事业,惜资本有限,发展亦受阻碍。

此外农家多以不能耕种之地，或屋旁隙地种竹。在三峡实验区时代，区内年产水竹，据《粮政志》初稿所载如下表：

北碚区内年产水竹统计表

产地名称	沿江产竹区域之里程/华里	年产估计/斤
合计	60	120000
龙凤溪①	30	100000
明家溪②	25	10000
马鞍溪③	5	10000

①由毛背沱江边起至高坑岩下的小桥止；②由明星桥起至落英桥止；③由文星桥起至张家桥。

十六、垦殖

《农业志》初稿谓：

查北碚垦殖事业，尚在创始时期，且所有土地多经利用，全境内荒地面积约计26460亩。现已垦面积计950亩：1.西山坪500亩，2.嘉陵农场450亩。至垦地作物种类为：1.西瓜，2.玉蜀黍，3.红苕，4.稻麦（少数）。关于两处垦民及业务进展情形，分述如下：

（一）西山坪：原为峡防局士兵约100人所屯垦，该区一年后交由私立兼善中学接办，除以一部分土地租给贫民外，余均由该校雇工垦殖。

（二）嘉陵农场：该场除以一部分土地租给土著农民五六家外，余由该场自雇工人垦殖。

根据以上情形，北碚社会人士对垦殖工作尚不甚注意，自亟应积极倡导，并由管理局饬各荒地地权所有人限期垦殖。如各地权所有人无力从事垦殖事业者，即由各乡镇组织垦殖合作社，从事垦殖，或先选择地点，依照中央规定劳动服务法，进行公地生产，以其岁收，用作经营地方人民之事业，则非仅地可尽其利矣。

蚕桑志（修正稿）

蜀号蚕丛，足知史前即已有原始蚕业，然已文献不足征矣。

桑树在本区之自然分布虽广，但以野桑言之，无可足称为养蚕之用者，以是可断言本区之实际蚕丝业，为时当甚浅，说者曰：本区之有蚕丝业，盖始于同治五年（1866年），缘是时有恶霸张大同、张二同昆仲横行乡里，罹罪伏诛，官府没收其大田沟煤矿，变款以兴办地方实业，遂由乡绅王小邺、王玉田、王北海、郑灵源、李春舫诸氏协议，由嘉定购入桑苗，散布农家，至今人咸称此种嘉定桑为毛桑云。

光绪三十三年（1907年），四川省劝业道道尹周善培氏由浙江运来大量湖桑苗，分发各县，奖励栽桑养蚕，当时本区栽植者甚多，沿江两岸，蔚然成林，此湖桑之性状与原始桑及嘉定桑均有别，土人以其为官府所散发也，咸称之为官桑云。

周善培氏之推广蚕桑，多借助于士林，当时巴蜀士绅，以栽桑养蚕为家庭事业者，习为时尚，本区乡绅左相成、刘东轩、杨清洲、熊绍陶、熊作宾诸氏，力加倡导，并自行大量饲育，产量日增。就区域而言，以朝阳镇之长滩、天生桥、石坑等地最盛，黄桷镇次之，白庙乡、龙凤乡又次之，二岩乡则仅西山坪少许，文星乡则仅刘姓数家而已。

推广之始,因已收效甚宏,惜尚未普遍及于一般力田者,且栽桑养蚕及制丝诸法,纯为墨守,殊不能适应本区之自然环境及市场需要。驯至蚕病蔓延,饲育日艰,缫成之土丝,品级过劣,不能得善价。在世界市场上,生丝需要量尚感不足时,固能营运。但至民国十六七年(1927年、1928年)后,本区桑树,遂不免随世界景气之低落而日被斫伐,至今本区所余桑树之在农家者,不过历史陈迹而已。

本区养蚕业虽日就衰微,但制种业则勃然兴起,不但于本区,且于四川制种业放一异彩,抗战后,中国制种业之赖以维系于不坠者,端在是焉。

民国二十五年(1936年),卢作孚氏长四川省建设厅,慨乎四川蚕丝业之衰微也,思复兴之,除于川北南充设立蚕桑改良场外,复延陶代华氏办理川东蚕桑改良事宜,旋于黄桷镇上坝勘定场址,设立四川省蚕桑改良场川东分场,专门制造健康而无毒之蚕种,扩展蚕园面积达600余亩,年产蚕种十数万张,为中国单位种场之最大者焉。

该场创办后,复改为经济经营,加入四川丝业公司,更名北碚蚕种制造场,至今已历9年,所产蚕种之毒率,均为千分之一以下,此成绩在中国前此盖未之有,以是其所产蚕种,在民间声誉日隆,恒居首位,即川外乃至国外如印度之需要四川蚕种供给者,恒指定该场产品,可谓盛矣。

旋熊季光氏继掌该场,复增设原种部,复使该场成四川原种制造之中心,辽远之中国新疆、印度等地,咸取给焉。

附:北碚蚕种制造场概况一览

一、沿革

本场于民国二十六年(1937年)初开办,为四川省立蚕桑改良场川东分场,由陶代华氏任场长,当时四川省建设厅长卢作孚先生领导有方,北碚实验区卢区长协助颇力,场址遂得勘定于此,并将附近农地收购200余亩,作为桑园,即现今之上坝桑园也。是年春,委托江苏省立蚕丝试验场熊季光氏在江浙采办桑苗20万株,由张六明氏运送来川,分植于本场上坝园地及南充改良场桑园,由王开汉氏主持栽桑技术,至夏秋之际,本场上坝桑园生长颇茂,桑园基础,于(予)以稳固。是年夏,即开始兴建第一蚕室,购置各种蚕具,由孙泽树氏主持养蚕技术,秋季育制蚕种1万余张,本场制种工作即由是发轫。翌年,本场主权由省府转移四川丝业公司,在民国二十七年(1938年)至二十九年(1940年)间进展甚速。至今桑园扩充至550余亩,植桑19万余株,蚕室扩充至座庄,均为3层,并配备养蚕附属室及员工生活房舍等大小20余幢,每季可供制种10万张之用。嗣于民国三十二年(1943年)又完成冷藏库1座,内容各项动力及冷气装置等均已齐备,可供冷藏蚕种30余万张之用。今且兼培育原蚕种以供应丝业公司各种场需用,本场规模今已初具,一切设备至此可告一段落矣。

二、本场原蚕种

本场从前所用之原蚕种由四川省蚕桑改良场配发,由三十二年(1943年)春起自行培育原蚕种。现今本场所采用之蚕品种,计一化性种为洽桂与诸桂,二化性种为华六,均为本国之优良蚕品种。概为四眠性,茧形椭圆,茧层丝量均优,为制造高级生丝之适宜原料。洽桂或诸桂与华六杂交之一代交杂种,均易饲育,茧量丝量比原种尤丰,此等品种原风行于江浙区域,四川亦可适用,惟不及在江浙推行成绩之优良耳。本场为欲改进蚕种,使其更能适合于四川之环境,此后将从事于新品种之试验与培育,预料数年之后,或有相当结果。

三、本场普通蚕种

本场现今所制之改良普通蚕种,即为洽桂或诸桂与华六之一代交杂种,体质强健,丝茧优良。早为蚕农乐于采用,此后每年春秋两季,可制种16万张。本场制种型式分框制、平附2种,框制种每张为28蛾所产之卵计28圈,卵量约10公分,卵数约13000粒,每饲育1张,需桑叶500市斤,可产鲜茧14公斤。平附种概为双张,每张卵量为框制种一张之2倍。每一双张需桑量及产茧量,亦为一单张之2倍,本场蚕种,主要推广于合川、铜梁、潼南、南充、西充、三台、盐亭一带。

四、本场桑园

本场桑树品种,为适应蚕儿大小之需要,计分3类:一为湖桑,系鲁桑系统。

于民国二十六年(1937年)由浙江购运而来,其中有白皮、红皮之分,亦有发芽迟早之别。产叶量丰富,每亩每年春秋两季可采叶1600市斤,适于壮蚕期饲用。栽植面积约为420亩。二为改良鼠返,系白桑系统,为日本流行优良桑品种之一。由江苏传入,叶质薄而水分较少,适于中龄蚕饲用。每亩产量年可1500市斤,栽培面积约80亩。三为实生桑,一部分由浙江运来,一部分在本地繁殖。其品种颇杂,惟皆发芽早,叶质水分少而成熟快,供稚蚕饲用最佳。每亩年可产叶1200市斤,栽培面积约为50亩。

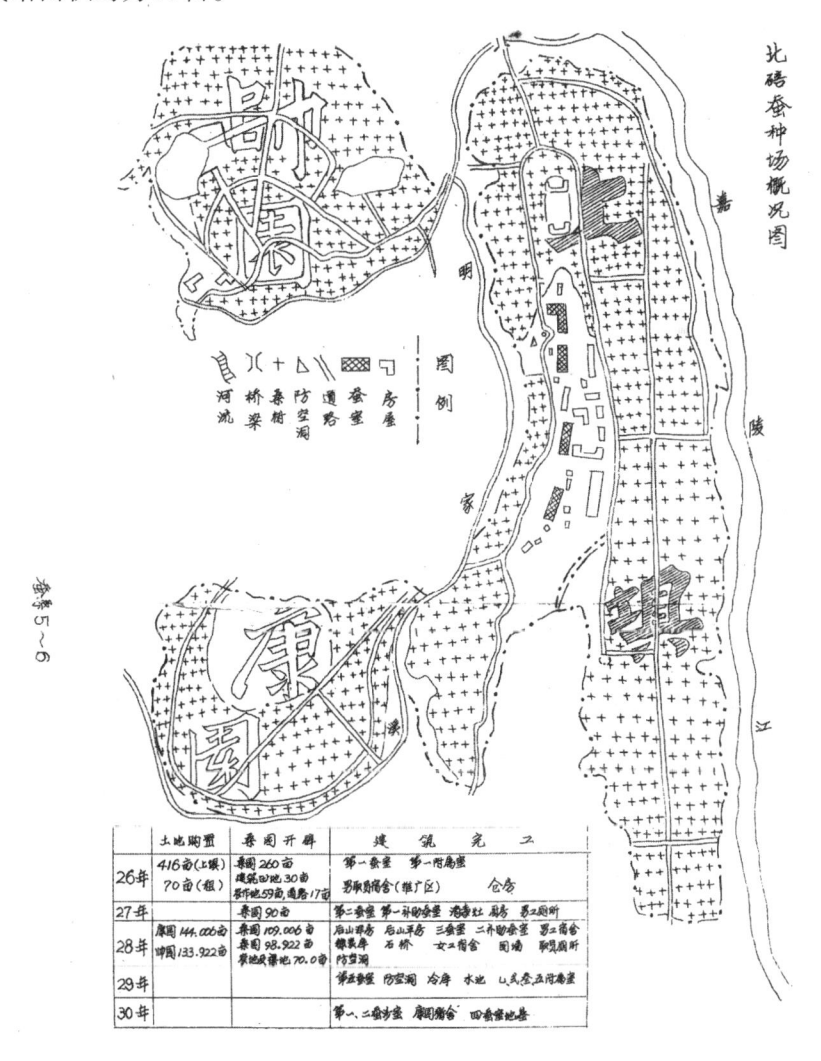

北碚蚕种场概况图

森林志

郝景盛

第一节　北碚山林概况

北碚所管辖之区域中有3条山脉，皆为嘉陵江横断，缙云山相对二岩，鸡公山对飞蛾山，杨家垭口山脊对白庙狮子峰天台山老龙洞一带，今略述如次：

一、缙云山

缙云山为本区之代表山，其植物之丰富虽不及南川县之金佛山及著名之峨眉山，然比起江油县之窦团山与灌县之青城山来，则实属复杂，故是山足以代表大重庆区所有的植物而有余。凡吾人日常在重庆市歌乐山、南山、南泉等处，自然界中所见到之树木种类，殆皆能于缙云山见到，其所拥有高等植物种类，以笔者经验目测，当在千种以上。在此只述其与森林树木有关部分，至于详细情形，宜归《植物志》内。

缙云山属于华中区，因海拔高度太低，故树木层次缺乏个性，400公尺以下山麓已几乎被人砍伐殆尽，令人难以推测原始情况。北温泉公园位于山脚，因经常有人看守保护，故树木种类相当繁盛，以法国梧桐作了行道树，冬夏常青的樟树与丝栗分生于游人不注意的角落，荷花池边垂柳依依，似柏桠柳隐约见其下，塔柏更构成了一条最美之散步行道。由公园上登即松林坡，是由马尾松构成之纯林,松涛瑟瑟,无风自响,黄色的檵花,散生于其下。由此向上,一直到斩龙垭,都为马尾松所盘踞,森林被破坏的地方,有培植的油桐、柏树及少数之杉木。

观月亭、涵碧亭、破空塔、揽胜亭,至马鬃岭、观音岩一带,为冬青阔叶树混交林,林相成分,极其复杂,一亩之林中,可以见到二三十种不同之树木,纯林不存在。猴欢喜、丝栗、飞蛾树、山礬、茶科及樟科之乔木,到处举目可见到,伯乐树、野茶、山茶、大头茶、朴树及若干攀延性蔓生灌木点缀其间,而蓝竹林、甜茶、板栗、茶林多培植于隙地,此带森林只有观赏价值而少经济价值。

由缙云寺以上,地形渐高,气候较寒,最显著之植物社会为山竹层(《缙云山志》称毛竹)。此类竹子高不过七尺,粗似笔管,非常密,人兽皆不能穿行其中。华中各省海拔较高之山地,皆有此类竹子存在,向北分布可至陕西之秦岭与甘肃之洮河南岸。聚云峰下,相思岩傍,太虚台畔多为石楠科之树木及少数茶科之冬青大叶树。林内有罕见的灌木性之远志(黄花)及攀缘丈余之蕨类植物。

西由石华寺,东至松林坡,南迄堆石堆,北达澄江镇义瑞林场一带,十数方里间,以松林所占之面积最广,阔叶混交林次之,竹林又次之。3种树木,以面积论,约占70公顷,成材株数,不过2万根,与经营森林之理想相差太大,故树木生长极坏。

二、二岩乡山地

二岩乡面积虽广,但多荒地,森林极少,除西岸一带偶尔见有小面积之松林外,几无树木存在,蓝竹、杉木,疏稀见到,未能成林,柏树几乎绝迹,有麻栗柴山,每年砍光一次,皆小灌木状丛,永远不能成材,简言之,二岩有山无林。

三、鸡公山

鸡公山树木之丰富,仅次于缙云山,故林中常有豹子隐藏。过龙凤桥,由第一保至第五保,再登山由第六、七保回到嘉陵江岸,即可看遍鸡公山。树林以马尾松为主,多生长于山之高处,有些地方与麻栗混生。北坡多杉木林。在低平之小山头上为柏树与松树,松树龄最高者不过35岁(鸡公山顶3株老松除外),密度尚大,最好之林相每亩约百株左右。杉木皆由萌芽法养成矮林,生长颇速,树龄多在20岁左右,再老者少见,柏树在第七保农田边上有达五六十岁者,高至数丈,径约尺许。

属于第八保之小山头,有柏树成林。马腰干一带,为柏与竹混生,由猫背沱到漕房口路上所见,仍多为松树幼林及不成材之阔叶小树。由第十保至蔡家场所经杨家垭一带山地,在昔日皆有大面积森林存在,以民间住房材料为证,但今已不存。

鸡公山树林所占面积不过约25公顷,余为可造林之荒山荒地。

四、飞蛾山

由白庙子延北川铁路到大田坎20余里,左侧飞蛾山,右傍为天台山,天台山光光如也,无林可言。飞蛾山只靠黄桷镇附近属于王姓的一块山头有松树,其余皆为荒地。此山树林,较鸡公山为少。

总之,北碚管理局所辖8乡镇,可谓有山无林。

第二节　北碚树木志略

一、裸子树木类

马尾松,简称松树,高可30公尺之乔木。由北碚街上向南望鸡公山顶,那3株大树即马尾松,树龄已达百年以上,为北碚区最老之松树。在鸡公山之最高处,缙云山斩龙垭一带,黄桷镇飞蛾山所有之森林,殆皆由此松构成。二针叶生于一鞘内,长可20公分,叶鞘不脱落,果长卵形,长约4至7公分,深褐色,具短柄,熟时则裂开,种子长约6公厘,有易脱落之小翅。此树产松脂,量多质佳,富松节油,但北碚区老百姓尚不知利用,通常多作木柴,民间建筑亦有用之者,可用播种法造林。

杉木,喜生长于沙岩而较湿润之处,比较不如松树耐寒,乔木,干直,寡枝,高可达30公尺,枝散生下垂,叶细披针形,颇密,旋形分生,端部特尖锐,长约3至6公分,正面有光泽,背面具两条宽白道,雄蕊穗集生于枝顶,雌花圆形,常三四枝集生于一枝;果亚圆,长约3至5公分;鳞片宽卵圆而端尖,每种片具3枚狭长之种子;子叶2枚。缙云山半腰沟处有几株年近百年之大树。在龙凤乡白沙井野猪湾,鸡公山北麓,形成森林模样,树龄皆在30岁以下。山居百姓每逢场日即砍伐肩市求售,多用作建筑材料。可用播种及插条二法造林。

柏树,多见于田野或住房附近,广被栽植,但少见成林(由黄桷镇到牛角庙,路左山坡有形成小片森林者)。乔木,高达30公尺。叶有两种,一为针状,一为鳞状,颇似平常之桧。如为针状叶,常4枚轮生,果实小,直径约1公分,圆形。由显然之3对鳞片合成,每片之中央都有突起,子叶2枚。此树喜生于干土或石灰岩上,在漕房口马腰干有纯林,或与竹类成混交林,由文星场至江北县之大田坎,沿途所见柏林山头甚多。

紫杉(即《缙云山志》中之杉柏),果如红豆,即缙云寺门口那株针形叶冬青乔木,木材红色,质颇坚硬,可作器具或笔杆。此外罗汉松、云松、桧、银杏、苏铁、孔雀松等,在北碚皆见有培植,此不多赘[关于裸子植物有欲知其详者,请参考拙作《中国裸子植物志》,正中书局出版,民三十四年(1945年)9月]。

二、罕见之珍贵树木

伯乐树,此树极为特别,首先发现在云南、贵州、湖南等省,四川尚无报告,但北碚缙云山有之,而且系野生树木,并非栽植。乔木,高可六七丈,小枝平滑无毛,叶骤看如臭椿,但近于革质。为奇数羽状复叶,小叶长椭圆状、卵形、端部渐尖,基部圆形,全缘,正面绿色,有光泽,背面粉白色;顶生总状花序,花粉红色,径约寸许;萼钟状、全绿,花瓣五片,长椭圆形,离生;雄蕊内向,花丝特长,下部有绢状短柔毛。蒴果红色,木质,常3至5瓣裂。汉藏教理院门前桥之右侧即有数株幼树,衡亭傍下方坡上有数株大树。此树为中国特产,至今为止,尚未见于四川其他县分,北碚地方当局急应保护繁殖。

甜茶,系壳斗科石栎属之灌木,小树丛生,高五六尺。叶质厚,正背面皆具光泽,椭圆披针形,味甘芳而浓厚。据《缙云山志》云:此叶长饮,可治胃病。采制过早者其味淡,春夏之间的嫩枝与大叶最好。甜茶非缙云山特产,其他乡镇之老百姓亦有采制至场求售者。

红杜鹃,四五月间登狮子峰,坐太虚台,平望香炉峰,则见相思岩一带,矗立岩隙间,点缀着极为美丽艳红之花木,只见花开,不见叶吐,即此红杜鹃也。此花之红,系红中透白,白中透红,与蔷薇科之满山红不同趣味,此花之美不见于中国其他任何名山。

鹅掌柴,为五加科之小树,常由7个以上之肥大叶片构成掌状复叶。此树见于台湾及华南各省,华中至今尚未有报告。笔者于民国十九年(1930年)春在缙云寺后聚云峰、猿啸峰下一带发现之,后来又屡次见到。此珍贵树木,望其能与缙云山共长久也。

其他灌木,如左氏柚、八角茴香、梅花、油桐、板栗、橘柑、金桂、丹桂、银桂、棕竹、牡丹、玉兰、厚朴、白兰花、腊梅、枇杷、相思树、金橘、酸橙、香椿、巴豆、乌桕柏、黄杨、摇钱树、木槿、芙蓉、茶花、梧桐、柽柳、油桉、紫薇、石榴、橲树、柿子、泡桐、梓树、栀子、胡桃、枫香、海桐、檵木、花椒、沙梨、拐枣、垂柳、白杨、栾树、化香、黄檀、榔榆、紫荆、皂荚之类,虽非本地特产,亦皆见于培植,在此无须细述。[关于树木方面,有欲知其详者,请参考拙作《中国木本植物属志》,中华书局出版,民国三十四年(1945年)5月]

三、竹类

北碚产竹种类繁多,约近20种,其主要者如次:

平竹,粗壮高直,单生,皮绿,节长而平,高可六七丈,较蓝竹更为雄壮而可爱。此竹只见于龙凤乡第七保漕房口一带,《缙云山志》亦有平竹记载,但笔者未见到。平竹为北碚产竹类中最高者。

蓝竹,亦有称楠竹者,粗壮如平竹,但皮色较黄,叶小而短。各乡镇常见有栽植,如漕房口、野猪湾、义瑞林场、金刚碑、二岩、缙云山之南麓等处,皆有小片竹林。

水竹,单生,很密,多生于龙凤桥附近沿河岸等地。约有手指粗,高仅丈余,最宜于作蚊帐杆、篱墙或铅笔之延长竿等。

刺竹,见于龙凤乡第五保,茎之基部节处生刺,为北碚产竹类中之最粗者。

慈竹,最为普遍,多见于各乡镇民房附近,丛生,叶大。

山竹,茎粗如笔杆,密生成纯林。在缙云寺附近,聚云峰、猿啸峰、莲花峰一带高地,到处可见到。其高不过六七尺,非常稠密,人不能进。

此外尚有斑竹、金竹、苦竹、黑竹等,但经济价值较次,无详写之必要。

第三节　北碚重要林木生长情形

树木之生长,由幼年至老年,速度颇有不同。一般树木,除竹类外,幼年时代树高生长较速,中年时代直径生长较速,由此二者即可计算出树木生长之材积,到老年树高生长则渐行停止,直径亦然。树木之生长起点为形成层,界于树皮与木质之间,每年由此形成层向外生长一层树皮,向内生长一层木质,若将树木之干横断即可见到环状轮层,此轮层由外向内,每年皆增长一轮,故此轮层在测树学上称为年轮。有人以为树木之生长起自中心处,错矣！在幼年松树,每年树木加长一节,由节处可以断定树龄,中年后节枝脱落不明,欲知树之年龄非横断树干细查年龄不可。阔叶树木类逐年生长无显明之节,故欲知其年龄亦只有横断树干数年轮一法。

北碚区树木种类颇为繁多,笔者在此只就松、杉、柏3种树木之生长情形,约略述之,其余树木,举一反三,可以推知梗概。

一、缙云山马尾松生长情形

中央大学森林系同事干铎教授曾带领学生到缙云山作过马尾松树干解析实习,所得结果堪可作北碚区马尾松生长情形之最好材料,松树曾作二株,A及B。兹将其所得数目字,表列于次(参考树干解析图A及B)。

A.缙云山松树生长表(根据树干解析)

	树龄	5	10	15	20	25	30	35	(35)
树高生长以公尺计	总生长	0.55	2.83	4.6	6.50	8.07	10.04	13.05	13.05
	平均生长	0.11	0.28	0.31	0.33	0.32	0.34	0.37	—
胸高直径生长以公分计	总生长	—	3.40	5.64	7.48	9.95	12.96	15.15	17.38
	平均生长	—	0.34	0.38	0.37	0.40	0.43	0.43	—

续表

	树龄	5	10	15	20	25	30	35	(35)
材积生长 以立方公寸计	总生长	—	2.4	7.3	19.2	42.9	88.7	145.2	175.2
	平均生长	—	0.2	0.5	1	1.7	3.0	4.1	—
胸高形数		—	—	0.92	0.63	0.67	0.68	0.67	0.61

注：树高生长之定期生长与连年生长，胸高直径生长之定期生长与连年生长，材积生长之定期生长与连年生长，横断面积生长以及材积之生长率等此表从略。

B.缙云山松树生长表（依据树干解析）

	树龄	5	10	15	20	25	30	31	(31)
树高生长 以公尺计	总生长	0.75	2.25	4.66	6.27	7.79	10.10	11.3	11.3
	平均生长	0.15	0.23	0.30	0.31	0.31	0.33	0.35	—
胸高直径生长 以公分计	总生长	—	1.5	6.2	8.5	11.6	16.3	17.1	19.6
	平均生长	—	0.15	0.41	0.43	0.46	0.54	—	—
材积生长 以立方公寸计	总生长	0.2	0.8	8.1	20.8	48.2	112.9	125.6	127.5
	平均生长	0.02	0.08	0.5	1.04	1.88	—	—	—
胸高形数		—	—	0.18	0.57	0.58	0.58	0.53	0.50

注：树高生长之定期生长与连年生长，胸高直径生长之定期生长与连年生长，横断面积生长，材积生长之定期生长与连年生长以及材积生长率等此表皆从略。

马尾松31年生及35年生两解析木，采自相距颇远之二林分，皆位于缙云山之南麓，约在海拔600公尺处，地位中下，林相均已疏开。

依据树干解析结果，10年生以前，生长极旺，而自10年生至25年之间，树高及胸高直径之连年生长，皆曾极速减退，其时平均生长，遂亦甚缓。因此可以推知，间伐未曾及时开始，且已一误再误，25年生前后，邻接木多数伐去，乃因受光作用，生长渐复，故此二树之材积生长，绝非正常状态，缙云山过去林业经营之粗放，亦可窥见一斑。

此二树之平均生长最高期，当在50年生以后，如曾抚育得宜，其期会当缩至5年至10年。而林木之材积，轮伐期应为45年，然此山接近重庆及北碚，如以经济上之事业为营林目标,轮伐期当选较此为短者。盖自当地松材需要观之,主为薪炭用,次为矿柱用,再次为粗制家具用、土木工用及农家建筑用。薪炭材只须胸高直径在10公分以上已足,余则以末端直径在6.7公分而材长在6至8公尺许为最需要。由此二解析图观之,如此生长不正常之31年生及35年生之二木,且已适合市场之大号需要,故在适当经营之先伐作业,如以30年为轮伐期,经济上必属有利。

二、柏木生长情形

柏树在北碚区乃重要林木之一,但其生长情形尚缺乏报告。由黄桷镇到牛角庙,经何家湾,有柏树林一片,每亩株数约200左右,属左姓山林。为了明了柏树生长情形,笔者曾将该地代表柏树砍锯一株,柏树生长良好,出人意料,20年生之柏树高可达12.5公尺,脚高直径达16.2公分,约与35年生之马尾松A相伯仲。

柏树之树干解析图从略,兹将直径生长与树高生长及树龄之关系,列表于次,以与马尾松作比较。

树龄	树之高度(以公尺计)	树之胸高径粗(以公分计)
5	4.3	4.7
10	6.7	8.8
15	9.2	12.9
20	12.5	16.2

20年生之柏树的高度12.5公尺,松树在34年生才能追上,可见北碚山地(石灰岩)生长柏树比杉树为佳。

至于直径生长,柏树亦较松树优良。

35年生之松树的径粗,柏树19年生即可达到。

北碚无较老之松树与较大之柏树,树之衰老年龄,尚无法断定。一般老百姓认为柏树生长较松树为慢,事实并非如此,盖柏树多生长于房屋之傍或田畔隙地,出门入户常常与之相见,无形中感到柏树生长慢,松树多生于高处沙岩石上,一年之中甚至数年之中才能见到一次,故感松树生长快,然此皆为常识之断语,而非科学研究之断语也。

三、杉木生长情形

龙凤乡野猪湾、鸡公山北麓杉木成林,但林木甚细,尚未成材。我择其大者砍伐一株,作了一个树干解析,树高为7.3公尺,胸高径粗为11公分,年龄32岁,显不及柏与松生长优良,但在木材市场上杉木需要颇多,故宜以合理经营方法,广为培植。

第四节　北碚造林工作经过

一、荒山面积估计

北碚区荒山面积究有多少？分布在何乡何镇？对我乃属问题。民国三十二年(1943年)9月间,为解决此问题,曾费了数日时间,步行到各乡镇山野看了一遍,兹将当时所见所感略记于次：

1. 二岩乡——9月3日

头顶草帽,手提木杖,足登(蹬)布履,在太阳刚出东山之晨,笔者与北碚管理局农业推广所主任樊宝勤君,由北碚街上,沿嘉陵江之西岸,步行至金刚碑,由该处坐小船溯江北上,经北温泉公园到二岩乡,由二岩登山,沿最高之脊岭东行至西山坪,午就餐于刘保长家,下午由草街子坐船归来。

二岩乡地广人稀,自大沱口力行中学后边之小山头起,东迄西山坪的西部科学院兼善农场一带,长可15公里,宽约3公里,皆为天然之林地。自然界所见到之树木,以马尾松为最多,其次为杉木,青杠面积虽则不小,但皆被当地居民逐年砍伐,故无一成材者。有一株大枫香,高可10余丈,直径近3尺,孤立于西山坪之山坡上。在农家又看到一株大枣树,几株柿子树,生长情况尚优良。柏树不成林,多见于路旁地边及房屋附近,皂荚树亦看到数株。至于其他树木,种类无多,且系灌木性质,在造林时大可以忽略。根据自然界固有树种,笔者认为西山坪一带可用之造林树木,应是下列9种：

马尾松（局部成林）　　　　　大枣（农家院中）

杉木（局部成林）　　　　　　柿子（房屋附近多见之）

柏树(散生) 　　　　　　皂荚树(路旁)

枫树(孤树) 　　　　　　摇钱树(在草街子附近)

青杠(柴林)

西山坪是年收成不佳,最好之水田亦不过4成。有数处稻田,因6月底天干无雨,根本没有莠穗,种子都未能收回。大豆东一株西一株,生长亦欠佳,苞谷尚能令人满意。据闻西瓜收获较丰,但以笔者对西山坪农作物的观察,当以红苕(即山药)出产为最大,满山遍野,到处皆为红苕。西瓜虽为近年试种成功的作物,对于农村经济不无小补,不过西瓜不能作正式食物,且运输方面亦困难,须经草街子(属合川管)船运至北碚及重庆。

二岩农作物生产不足所需,每月入口米约180石,年需2000石以上,杂粮尚不在内。二岩产煤炭,但已为军政部全部收买,故二岩乡农民之苦,实属北碚区各乡镇之首位。

故为二岩乡计,今后宜走两条路。第一,大面积造林,除当地见到之9种树木外,还可以输入外来林木,如云南松(飞松)、果松、油杉及板栗、大枣、柿子、柏树、枫香可以大量推广,结果不会失败。因板栗与青杠,云南松与马尾松,油杉与杉木,在自然界皆可以并存。第二,要设一个小规模的红苕制糖厂或红苕酒精厂,利用当地出产之红苕制成糖与酒精,运往各地销售,二岩收入当可增加,农民生活可望好转。

二岩乡宜林地面积,约有24方公里。

2.澄江镇——9月4日

晨7时坐小船到北温泉,登岸步行,经北温泉酒精厂、义瑞林场,沿马路到澄江镇,午饭后至夏溪口军政部汽油厂一带看荒山。晚,步回北碚。抵寓时天已黑暗矣。

澄江镇荒山不多,因宜林之地皆早已被居民开发,他们的精神是"只管耕耘,不问收获"。事实上亦正是如此,因耕耘之结果,所得甚微,例如义瑞林场主人,利用缙云山之荒地,培植油桐,结果算完全失败。因山高气寒,且位于北坡,树大而不结果,即结果而种子之含油量亦颇少,但该主人不察,以致结果不佳。

澄江镇背后山地,本可以种植橘柑、油桐类树木,但事实上种的苞谷,年收甚微,且费工颇大,间或种植红苕,然亦根细而长,收获不丰。

3. 金刚乡——9月7日

同行者仍为樊宝勤君,早7点由北碚步行出发,沿马路北行,经过缙村学校门口到金刚碑,午饭后坐小船回北碚。

金刚碑与澄江镇之管辖区域,是以缙云山之脊岭为界,岭南为金刚碑,北即澄江镇,但北温泉归澄江镇,金刚碑之荒地,即缙云山之阳坡,树木稀疏零落,宜补植使其成林。

4. 龙凤乡——9月8日

晨同樊宝勤君自李庄沿石板路前进,过龙凤桥至龙凤乡,再经野猪湾爬山,由鸡公山之正脊归来,已午后2时矣。

龙凤乡之区域,在龙凤溪之右岸,以溪水为界,左岸田地,属于朝阳镇。龙凤溪之两侧生有很密之水竹林,茎细而直,农民除取笋出售外,尚可以竹作篱等用。

由野猪湾登鸡公山,沿路所见到之乔木不多,最主要者为杉木,在山之上部北坡,密集成林,马尾松林较少,在山之最高处有一大片青杠柴林,多已结果实。

鸡公山上之3株大树为马尾松,中间1株年龄最大,在百年以上。高可25公尺,胸高直径约2尺4寸(带皮),因1人不能围抱,大者1围之外,尚余3掌,小者1围之外富余尺许,周三径一,故直径约合上数。马尾松与青杠之种子均已成熟,为量不少,尤其青杠种子,如采集得法,可收三四公石。

由3株老松之下,隔嘉陵江望飞蛾山脊及天台山,异常清楚。山之顶部为森林遮盖,山坡及山脚皆为农田。北川铁路上的小火车,宛如一条长蛇在山谷之中来往爬行。右手望去为东凉山之山脊,光光如也,已不见树木存在,其高度不在鸡公山之下,看情形,当年定有大面积森林存在,后因将树木砍光,改为农田,虽能种苞谷、红苕,但逐年雨水冲刷,山上表层土壤已顺大江东流入海,现在只剩岩石山脊,既不能种树,又不能田农。再远望为杨家垭口,山更高而更较童秃。就鸡公山之自然森林看来,马尾松、杉木、青杠3种树木,绝对能生长于东凉山及杨家垭口一带荒地。

龙凤乡以目估计,宜林面积约有20方公里。

5.黄桷镇、文星乡、白庙子——9月9日

晨7时,坐船过江,先至黄桷镇,由此沿大路经牛角庙到文星乡,回时乘北川铁路之煤炭车到白庙子,再由此坐船回北碚,天已黄昏。

所看之区域,在行政上虽有黄桷、白庙、文星3处乡镇之分,但在自然地形上完全可归入一区。本区皆为山地,人民生活颇苦,挑炭、开矿为其主要工作。试验洗焦厂与铁路上所需工人究属有限,故解决本区民生问题,第一为造林,宜尽量的发展农业。牛角庙、何家湾一带的柏树,蔚然成林,生长情形颇好。文星乡之核桃皮薄仁肥,味道鲜美,杉木林亦偶然见到,但为量极小,马尾松则少见。据说昔者文星场附近山地皆为鸦鸦无边之森林所遮盖,主要者为马尾松,后因开发煤矿,矿柱用量颇大,山上树木遂被砍伐净尽。故今后若大面积的推广造林,更设小型木材化学工厂,如木材干馏厂等,利用间伐所得之幼小树木及枝材,制成最有经济价值之商业成品与工业原料,再以之换得食物及衣料,则山地居民前途幸福无疆矣。

本区内宜林山地面积约有20方公里。

各乡镇荒山面积,文星、白庙、黄桷3乡镇,合计约20方公里,其中约七成荒,三成被辟为暂时农土,可造林之地约有14方公里即1400公顷。二岩之24方公里中,约五成荒(柴山在内),五成被开为暂时农土,即1200公顷。龙凤乡约七成荒,占地1400公顷。澄江镇及金刚碑之荒山,多在缙云山麓,约300公顷,为醒目起见,兹将乡镇别及荒山面积列于后:

乡镇别	文星、白庙、黄桷	二岩	龙凤	澄江及金刚	朝阳
荒地面积（以公顷计）	1400	1200	1400	300	甚少,可不计

8乡镇荒地面积合计4300公顷。

以上4300公顷之面积,合64500市亩,若皆能合理植树,使荒山形成森林,则每年所生产之干木材（枝干材皆在内）约可达3870万公斤至4000万公斤以上,其他果实、树皮副产品之收入,尚未在内,如此大利,对于北碚人民生活之改善方面,不无补助,其理至明。

二、播种造林工作经过

北碚区8乡镇造林乃一实际工作之尝试，一如笔者在云南大规模推动造林然。兹将工作经过，略陈于次。

(一)预备与调查

为了全区荒山荒地面积之大小及造林应用树种之确定，把全区8个乡镇所有的荒地曾作了一个普通的观测与估计，结果荒地面积最大者为文星与二岩，龙凤次之，朝阳及澄江2镇荒地最少，已如上面所述。全区可用作造林之树种颇多，在自然界中生长良好之树木吾人皆可认为优良之树种，如柿子、大枣、皂荚树、摇钱树、枫树、青杠、香樟、楠木、马尾松、柏木树、杉木(以后简称松柏杉)等，为了大面积之荒山造林，我决定了最后3种针叶树。

惟恐自己观测有错误，管理局又制定各保甲荒山荒地调查表，其中有保甲别，荒山所在地，面积大小、高度、水源及附近尚存大树之种类等，分发各保甲填写后，收回统计，结果与上文所述大致相同。

(二)宣传与训练

为了造林、森林保护及森林利用知识深入民间起见，遇有全区性质的民众团体开会的时机，我即向之宣传。例如民三十二年(1943年)8月中旬管理局召开的国民教师暑期讲习会。民三十三年(1944年)地方上举行的地方行政干部训练所，各期参加学员为保长、保队附、小学校长及教员等。还屡次利用全区乡镇长会议、对场的日子，利用茶楼举行森林展览会，有图表，有画片，有照片，有模型，有实物，造林利用各部门都有一些，老百姓在茶馆一面喝茶，一面可听吾人之宣传。

三十二年(1943年)10月5日(星期二)，带领各乡镇派来之精干人员(森林指导员)登鸡公山作采集森林种子之实习。又10月8日至14日，让各乡派来之森林指导员分头入山采集松、柏、杉各项种子，将方法带回各保去，请全区人民一律按法采集种子。我们的口号很简单：

人人采种育苗　家家植树造林

每户应采青果之数量，视距山林远近，或所住地附近有林与否而有差异。多林区每户2斗(皆以市斗计)，少林区每户1.5斗，无林区每户1斗，超过者奖，不足者罚,由保甲长负责催促,达到每户所规定之数目。工作结果,全区共采得松、杉、柏之果实计1700余石,取得纯种子646斗1升,以县分讲,在中国1900余县中算是空前。

民三十三年(1944年)3月1日至10日,我逐日到各乡镇播种示范,去时由局方派人陪往,每保有两位精干青年农夫参加观摩。4月1日至10日为抽查日期,与高科长孟先又将各保播种造林成绩抽查一遍,当时多半认为满意,只有少数保甲种植不得其法,出苗成绩欠佳。

(三)规程办法之颁布

宣传训练时说过的话,恐易被遗弃,故又按工作步骤,印出各种法令规程,分发各乡镇保甲,请其领导执行,3年来已印出之各项规则如下:

调查造林面积办法[三十二年(1943年)10月油印分发]

采集森林种子办法[三十二年(1943年)11月油印分发]

森林播种办法[三十三年(1944年)2月油印分发]

北碚造林浅说[三十二年(1943年)8月《嘉陵江日报》刊载]

苗圃经营[三十二年(1943年)8月15日《嘉陵江日报》刊载]

造林[铅印,三十三年(1944年)7月,载专题讲演辑要,北碚管理局印]

造林工作月历[三十四年(1945年)1月铅印分发]

此外,尚有各学校学生造林办法,驻区各部队、各机关砍树规则,北碚区墓地造林办法,北碚造林奖励办法,北碚森林警察服务办法,北碚森林保护办法等。

以上诸种规则,凡于北碚管理局力量能达到者,皆一律实行之。

(四)播种造林之结果

吾人之目的在造林,以上种种皆欲为达到目的所用之方法。松果采得时,正在雾季,故又自己设计制有松果烘干箱,用电力,故种子之取出,除日晒外,有些得它的助力,此箱我命名北碚式松果烘干箱。

松、杉、柏之果实大小不齐,种子形状亦异。以体积论,柏树所含之纯种子最多,果实与种子之比约为4.1%至6.5%,即100斗之柏树果实,干后所得到之纯子约4.1斗至6.5斗,松树与杉木次之。兹将三十二年(1943年)各乡镇采得之果实所得之纯种子及种子所占之百分数列表于下:

乡镇别	树种	果实(以石计)	纯种子(以斗计)	种子所占果实之百分数
朝阳镇	柏	18.87	9.0	4.7%
	松	0.066	0	0
	杉	91.68	53.0	5.7%
黄桷镇	柏	160	80.0	5.0%
	松	46	23.0	5.0%
	杉	120	60.0	5.0%
澄江镇	柏	32.4	13.5	4.1%
	松	19.2	2.7	1.4%
	杉	148.7	37.5	2.5%
文星乡	柏	433.9	48.0	1.5%
	松	94.9	81.0(笔者按:太多)	8.5%
	杉	90.4	6.0	1.0%
白庙乡	柏	19.8	13.0	6.5%
	松	44.6	10.7	2.5%
	杉	56.6	25.4	4.4%
龙凤乡	柏	缺	2.6	
	松	缺	1.5	
	杉	缺	93.0	
金刚乡	柏	缺	20.0	
	松	缺	5.0	
二岩乡	松杉合计	50.0	60.0	

以上青果量数是根据各乡报告,百分数是笔者计算出的,除金刚外,其余各乡镇笔者皆亲自检验过,实际数量与所报数目还大致相符,北碚全区共采松、柏、杉果实合计1712石有奇,共得纯种子:

柏树子　246斗1升

松树子　224斗

杉木子　276斗

	每升种子数目（笔者实验结果）	发芽率（老百姓的观察）
杉	38753	30
柏	81015	60
松	43400	80

	每升种子数目（前人已知）	发芽率
杉	34000	49
柏	22000	68
松	48000	80

笔者示范播种成绩极佳，所播无空穴。例如澄江镇，示范日期为三十三年（1944年）3月10日，检查日期为是年4月5日，树种为松（马尾松）其结果如下：

每穴出苗株数	应占穴数之百分比
空穴	无
3—4	9
5—10	3.4
11—20	38
21—30	12
多于30	7

平均每穴出苗在13株以上。

掘土宜深，愈深愈佳，种子要散开，不可集中一块，松子覆土厚度约2分，由播种到检查，中隔26天，结果如上表，此树苗在8月初旬时高约4寸。

又如文星场，三十三年（1944年）3月9日播种示范，是年4月8日检查，树种为杉木，由播种到检查时隔1月，其结果如下：

每穴所出苗数	应占穴数之百分比
空穴	无
1—5	5
6—10	30

续表

每穴所出苗数	应占穴数之百分比
11—20	49
21—30	14
30 以上	2

平均每穴出苗在11株以上。

掘穴宜深，土宜松平，覆土厚度较松树子为薄，约一分，种子宜散开，不可集中一处，为的将来移植时方便。

总之，示范成绩甚佳，除白庙失败外（笔者因事未能亲身前往），余均成功。北碚区老百姓有一个迷信，他们认为树是自己出的，人不能种之，尤其杉、柏、松绝不会种出苗来。此次示范成绩完全将迷信打破，向之反对种树者，现已赞成种树矣。

各乡镇保甲推动播种造林结果，成绩颇不一致。例如文星乡播种约130万穴，抽查第十六保所播之柏树，即发现有若干缺点，例如土未弄松散，懒省事，一锄一穴。又如二岩2保所作，泥巴未放进穴中，种子之上不曾覆土。种树与种稻不同，土壤干，不覆土，即不生苗。还有很多种子放在一块，未散开，致使很多种子失去发芽机会，草皮未除，小苗不能发育。模范成绩，当然亦有，例如澄江镇第九保、第二十五保。全区129保，笔者看过很多保，成绩还认为满意。各乡镇播种最多者为文星，约130万穴，其次是黄桷镇，约100万穴，龙凤乡约72万穴，二岩26万，澄江镇23.5万，白庙7.5万，金刚与朝阳各约5万，合计约379万穴，出苗在四五千万株以上，占荒地面积约300公顷。

以上这些数目字，系根据实际观察及统计所得结果。

但是我们遇到播种造林成功后之失败，因三十三年（1944年）五六月间天气过于干旱，幼苗几全部被枯死，殊令人惋惜，兹更将其原因略述于下：

第一，播种日期较预定时间晚了两月，原定2月播种，事实上，3月初才示范，3月底至4月初旬各乡镇保甲才实行播种，幼苗出土不久，即赶上5、6月之大旱，其苗与幼根，均非常弱嫩，酷日无情，竟遭毁灭。

第二，未利用苗圃植树法造林。我根据在云南昆明四周荒山播种造林成功之经验[见拙作《果松造林之研究》一文,载《中华农学会报》第172期1—20,民三十年(1941年)],又试行于北碚,结果失败,昆明乃雨季之前播种,北碚在播种后赶上干燥不雨之天气。

第三,督导不周,我们规定之"过干灌溉,草多铲除",皆未作到。北碚播种造林有2困难:其一,几乎年年5、6月间天气过干,山居乡民饮食用水皆成问题,若再催其山下挑水灌溉幼苗,于理于情,皆觉不便。其二,雨季一来,则乱草丛生,若不及时铲除,干季未被枯死之幼苗,常遭侵害。

三、植树造林工作经过

鉴于民国三十三年(1944年)春天播种造林之失败,三十四年(1945年)便改换办法,与卢局长、高科长、各乡镇长商讨结果,决定植树造林。我先拟了一个北碚三十四年(1945年)度造林工作月历,由管理局印了数万份,在保甲会议席上分发各乡民,务使家喻户晓、人人皆知。此表甚简单、易行,特别重要事项,又以红色字体印出使其格外清新,一目了然。这表在中国还算创举,兹抄录于次:

北碚三十四年(1945年)度造林工作月历

人人植树　　　　家家造林

月份	工作要项	备考
1	1.移植、植树(最好在"立春"前) 2.取种子(最好在"雨水"前)	立春——农历十二月二十二日 雨水——农历正月初七
2	1.抽查各乡镇移植及植树成绩 2.播种在"惊蛰"前办竣	惊蛰——农历正月二十二日
3	1.报告(用书面及表格)播种结果 2.植树节举行扩大宣传及护林运动	
4	抽查各乡镇播种成绩	
5	灌溉幼苗——在天气干燥时行之	北碚在"立夏"(农历三月二十五日)时少雨
6	灌溉——北碚"芒种"后天气最干	芒种——农历四月二十二日
7	1.灌溉、灌溉 2.报告幼苗生长状况(用书面及表格)	
8	1.抽查灌溉成绩 2.除草("处暑"后多草)	处暑——农历七月初七日

续表

月份	工作要项	备考
9	1.严禁采樵 2.除草、除草	
10	1.采种,松、柏、杉之果实成熟,约在"霜降"之后 2.准备采种	霜降——农历九月十九日
11	采种并报告采种结果	
12	1.检讨采种成绩 2.修枝—移植(植树造林最好在"大雪"至"立春")	大雪——农历十一月初三,冬至后十天为阳历年

绿化荒山　　　　　　　福国利民

附注

1.中心工作

(1)发动人民每户植树10株。

(2)督导各保普设苗圃育苗百万株(每保育苗1万株)。

(3)完成市街及公路之行道树(植法桐)。

2.造林常识

(1)普遍造林:造林要普遍,隙地利用完,播种最好在春季,移苗采种在秋天,播种要密,柏宜土(石灰岩)、杉宜湿、松宜寒(沙页岩),全区民众齐动员,不到10年,到处皆是锦绣山。

(2)育苗:要造林,先育苗,育苗要把种子找,圃地不拘形式与大小,只要平整一块土就好,四围须设垣,中间再把水池挑,圃地分划好,种子不论松、杉、柏,最好都在本地找。

(3)荒地造林:荒山丘墓地,抛弃真可惜,如皆种树木,于人多有益,柴木不胜用,风景更出奇,工业作用广,生活不可离,不但可造纸和衣,更可作出酒与蜜。

(4)苗木来源:为了风土相宜,我决定当地取苗。1月17日到龙凤乡公所与童君同至第三保保长万有终私有林地凿子岗看柏苗,苗木甚多,约三四万株,系自然生,高约尺许,傍龙凤溪,位北坡,地颇潮湿。又与第四保保长万继伦同看左姓山头,石灰岩,有柏苗数百株,苗高2尺左右,湿凹地方,有仅高四五寸许之一年生苗,密甚,每隔半寸,即有数林,此种小苗可以移入苗圃培养,以免自生自灭。白沙井左右之左姓山坡,为沙岩构成,杉林颇好,与野猪湾一带幼杉连成一片,松树生长较差。爬上坡,过高梁,即到第六保界,由桂花井南望,皆石灰岩构成之光山,极干燥,但柏树生长良好。鸡公山脉为沙岩,多松树与麻果。午后到马腰干看柏苗,苗混生于竹林之隙地,不密,树龄已大,有仅高2尺即果实累累者,据第七保张锡鑫君言,此山柏苗较三保凿子岗为多。

对龙凤乡推广造林作如次之决定:

1.各保设立苗圃。

2.保护野生幼苗。

3.雨水之后植柏,立春之前植松、杉,柏亦可在农历八九月间移植。

4.平竹与南竹亦有大量推广之必要,七保境内有平竹林,竹杆(竿)粗壮高直,为中国各省罕见之物,价值在南竹之上。

1月24日,与朝阳镇公所魏举存君步行至江北县大田坎。该处有野生柏苗甚多,约十数万株,高矮大小皆有,柏树苗既不成问题,回北碚后即决定了朝阳镇植树办法数则:

1.派民工30名,分成6组,以增加工作效力。

2.每组有一工头领导(以聪敏强干者任之),第一天全体动员挖苗运苗,假植,第二天每组3人运苗,两人植树,第三天视工作情形而定人数。

3.造林地点及组别

(1)公园后坡地,第一组负责。

(2)中心小学之前左边山头,第二组负责。

(3)儿童福利实验区后身山头,第三组负责。

(4)邮局后边山地,第四组负责。

(5)新村之旁山头,第五组负责。

(6)戏剧学校后身山头,第六组负责。

4.植树时,先由高处掘穴植起,渐及低处,用1公尺长之竹竿作比尺,方形植树,株距与行距皆为1公尺。

5.每天各组工作情形分别简报,汇存镇公所及管理局建设科。

6.工作领导人宜时刻注意下列事项:

(1)苗数、苗高及株行距。

(2)所植苗木有无不按规定者。

(3)灌溉情形。

(4)勤勉工作者与怠惰工作者之掉(调)换等。

2月1日,在黄桷镇乡镇长会议席上发造林工作月历,并决定开始挖苗植树

日期。8个乡镇同时举行,植树结果很好,只朝阳镇一处6个小土山头植柏苗在7万株以上,当时可以说全部成活,但是后来谁料其生长于好土者忽然全数枯死。笔者在可惜之余,乃研究苗枯之原因,才知道我们白天费力植树,夜间老百姓在偷着拔毁,因为他们宁可费大力开垦山头种几棵不长穗的高粱或几株小小苞谷,而不愿种马上生不出利的树苗,最初先由好土毁起,渐渐及于荒地中之树苗。现在我们走到公园后坡荒地中还可看到几株小柏树在风中舞动,那就是毁后幸存者,良足浩叹。此次植树造林又遭了人为的失败,管理局费了不少人工,若干金钱,我个人也消耗了不少时间与精神,结果完全毫无收获,所以我常大声疾呼:中国造林固不易,而保护尤难,但我们不能因为"难"而不作,惟有想法解决这"难"。此次全区发动植树造林时,勉仁中学曾以此同一来源之柏苗百余株植于该校之山坡,迄今犹生存,数目虽少,然一方以保护而得成活一方以毁坏而全归死灭,事实显然,夫复何言!

第五节　寄语北碚地方人士

抗战中,笔者因感于我国荒山荒地之废弃,连年水旱天灾之频仍,轻工业原料之缺乏,以及战后复兴建国木材之需要,曾提出"森林万能,木材万能"八字口号,以提倡造林。但战时军事第一,胜利第一,权衡缓急,自不可责之即办。现在抗战胜利了,我仍抱着"森林万能,木材万能"的坚决信念,重视造林,提倡木材化学工业。

7年前笔者曾在报端或杂志上为文,说明木材能造汽油,能制酒精,能作糖、人造丝、人造羊毛、柏油、木焦油、煤气、电气工业上所用的一切绝缘体,各色染料,各种油类、漆类、海军用的火棉药,步枪用的无烟火药,电影底板,照像(相)软片,代替液体燃料的木酮,以及其他不下万种的化学药品、医药用品等,一般人士以为我故作惊人之语,但研究化学的朋友们却信我言之不谬。

我又常对朋友们谈过建国的三大资料为钢铁、煤炭、木柴,其他物资固然亦都重要,但不如这三者之需要量多而应用普遍。在目前人类知识经验中,还不能创造钢铁,但我们用合理的造林技术可得到大量的木材,由木材可以制成煤炭或煤炭的代替品。按爱因斯坦的学说计算，一磅煤之原子力，若被破坏、爆炸，其所放出力之总和，可有100万匹马力作1000小时之工，若使之变成电力，足够600万人口的伦敦一年之用。所以基本问题，只要我们有林，就可应用无穷。

我国本以农立国，但我们的耕地（平原及盆地）只占国土14%，高原、高山、雪山占20%，沙漠、戈壁、草原占24%。至于森林面积以前约为8.3%，中国经济年鉴中统计为7%，美国人替我们估计为6.8%，抗战前笔者估计为5%，前年笔者又估计只有3.3%了；这样看来，还约有39%的大面积土地（荒山及荒地）尚未被吾人利用于生产。有人主张开垦兴水利，这样做，我绝对赞成，只要我们能开发出好田来，能得到灌溉之利，我主张造林的是那些不能开垦的、不能农作的、无人利用的荒山荒地。

荒山荒地不能种农作物，但能造林，因为农作物所需要的地下养分在质在量皆比树木为多为大，尤其氮、磷、钾三者缺一不可。所以农作物要施肥，以补足此3种原素，而森林则不然，需要养分少，用不到施肥。比如洋芋所需之磷质在农作物中为最少，但以同样面积论，还大于水青杠林3倍，大云杉林5倍，大松林9倍；所需要的钾质，亦比水青杠林大9倍，比云杉林大13倍，比松林大17倍。至于氮，农作物所需要的更多，若以公顷为单位，洋芋所需要氮量为二三十公斤至60公斤，其他农作物更多，常五六十公斤，甚至达100公斤以上。而每公顷森林所需要之氮量则常在10公斤以下（如水青杠、松树、桦木），需要氮质最多之云杉与冷杉，亦不过13公斤而已，此量由雨水自空气中带来之氮量足以补之，所以荒山造林，不要施肥，造林后，只要保护得法，即可蔚然成林。

况且无森林即无水利，无水利便无农田，所以森林是农田水利的保险者，一国森林之荒废，即一国贫弱之预兆，一国林业发达，满山青翠，即一国富强之象征，故山荒重于田荒，木荒重于粮荒，而荒山之害，可说又超过敌人外患之害。如以前南京之水灾、黄河之决口，今年嘉陵江所经各地造成之水灾及历年各省旱灾。孙中山先生在其遗著《民生主义》中特别指出，水旱天灾，治本方法，皆是"造林"。现在政府当局也曾言："不怕有山，只怕无林。"在今年最高经济委员会成立席上也云，更进一步主张，本委员会应筹划一个长期的造林计划，使我国农业区域的宝贵土壤能以保持，并可供给必要之木材，我国荒山上的造林，实在是非常重要,并且要立即开始,我以为,我国荒山荒地虽多,只要我们有计划的造林,我们又何愁无林。

我主张荒山造林之理由甚多,但其主要者不外:(一)用少量之氮磷,其所产之物资(碳氢氧化合物)大于任何农作物。(二)落叶中之氮磷钾可以补足土壤中所缺乏之原素。(三)无须施肥料。(四)森林可使荒山荒地之岩石变成沃土,因树根能穿入岩石,使之破碎,分泌有机质,化岩石为细粉。(五)根能吸收土地或岩石深处之养料,运至枝叶内,叶落后则使土壤变肥。(六)钾与铁在地球是取之不尽,用之不竭的,二者对农作物用量极少,对森林是不可或缺之主要肥料。

土地之生产能力大致相同,如粮食、水果、蔬菜、木材等,利用每亩林地在一年内所产之木材,制造成工业用的糖量,常能超过每亩糖萝卜所制造之糖量,一吨木屑所能制出的糖量,几与一吨糖蜜所含的糖量相等。笔者对农林生产量曾作过比较研究,每公顷森林每年可产5000至7000公斤之木材,如果把枝叶合计,每年约为10000公斤。最好的水田,每年产粮食与草杆(秆)合计不过5000公斤,糖萝卜不过3600公斤,约为森林生产量三分之一至二分之一。如果利用荒山荒地造起林来,化无用为大量的生产,是可断言。

森林之有形利益,种类太多,笔者虽写过《森林万能论》(曾分刊于《文化先锋》各期,正中书局单行本),不足以表示其万一。森林在无形方面也有很多利益,如有森林地方,其附近空气中之含水量常较无林地为高。一片森林对气候之调节上无异于池湖,一英亩水青杠林每年可由地下吸水2140公吨而使之放入大气中,一公顷之落叶松每年可吸水12万公斤,故有林地空气中水分多,增加降雨机会。我国西北各省荒山,如果变为森林,决不会像现在之亢旱,有林地其附近温度常较低,夏天一入林中,即感凉爽宜人,雨水落在有林荒山上,因枝叶、树根、草丛之吸收,常一二十天才能由山顶流至山下,若下小雨,雨水根本不能流至山脚。如果是无林光山,大雨一来,山水立至,波涛汹涌,如万马奔腾,方桌大的石块都会被水冲下,于是造成山洪及江河之水灾。森林又可以涵养水源,变岩石为好土,化瘠地为良田。森林本身翠绿浓荫,蓬勃苍郁,构成优美的风景。而森林附近地方空气中氧气较多,碳酸气较少,我们住在那里,不独可增长智慧,陶冶性情,且身体无形中变健康,爱国观念也会浓厚,因为国土上到处青松翠柏,风景宜人,我们觉得它更可爱。

现在抗战胜利了,每一个良好的国民,都应当替国家想想,作些什么才能对建国有点贡献。除"森林万能,木林万能"外,我更对北碚地方人士再提出下列四句口号:

  人人植树 家家造林 绿化荒山 福国利民

北碚荒山面积既如此之大,已如上节所述,而地方人民目前又相当穷困,以笔者愚见,荒山造山,实为致富之不二途径。离碚在即,不尽欲言,诸公,诸公,请三思之,然耶?否耶?

民国三十四年(1945年)12月20日于北碚旅寓

渔业志

施白南

第一章 引论

北碚位于合川、重庆两大城之间,本一山间乡场,经近20余年之建设,已成为一个治安良好、风景秀丽的现代化市镇,目前人口达10余万,地小人稠,食粮不足,北碚管理局有鉴于此,乃提倡养猪、养鸭、植桐、种桑,改良农作物,保护江河渔业,试办稻田养鱼,以冀地尽其利,而为农家增进副产。

作者承卢局长嘱,为北碚志编撰《渔业志》一文将此事作纵横面的记述,以示久远。按北碚渔业,在过去未有系统之记载,本文所根据者,一部分系年来采访所得,一部分参照拙著《四川渔业之初步调查》,及最近北碚农业推广所与北碚渔会之记录,资料缺乏,时间短促,遗漏错误之处,在所不免,容后补正之。

第二章 北碚渔业之自然环境

此区渔业可分为农田养殖与江河捕捞两部门,北碚在嘉陵江下游,江身多陡滩,江侧多山溪,两者交口而形成之湾沱亦多。江水于冬春两季,澄冽碧绿,水底多岩石,为鱼类食料、硅藻、甲壳类及螺类等之良好繁殖场所。山溪两岸多农田,田内之昆虫、幼虫及收获后之遗谷与岸坎上生活之蚯蚓杂虫,每因夏秋季节,洪水暴发,冲进江内,大量供给鱼类取食。而陡滩为沉着性鱼卵(demersal egg)之产地,湾沱为浮着性鱼卵(pelagic egg)之产地,故每值春初,鲶科鱼类及鲤科鱼类多遵水结群,来此区产卵。每值初夏,则有大量江洪冲来之鱼苗在此区生长。在毛背沱内,每年都有正在产卵之亲鱼,重10余斤者,被人捕获,有时一网可以打捞数百只未成长之幼鱼,可见江河鱼之保护,尚需倡导。在二十七年(1938年),日本轰炸北碚时曾投下巨型之硫磺弹,嘉陵江中,竟有近20斤之大鱼,浮出水面,可知江水深处,尚有用普通网具不能捕捉之鱼类,故此区之江河渔业,如果在捕鱼用具与捕鱼季节上,加以科学改进,则每年鱼产,定有增加。

北碚人稠地窄,且多山田,不甚宜于推行农田养鱼,但此区治安良好,居民之生活水准与知识水准较高,有食鱼之嗜好,有养鱼之兴趣,而盗鱼之事,亦有管制,年来新式经营之农场日多,堰塘增加,养鱼已成风尚,先后曾有多人在此设立养鱼场,最近北碚农业推广所与中国西部博物馆合作,拟在养鱼技术上加以改进。

第三章 北碚主要食用鱼类名称

北碚附近所产鱼类约80种,而体硕肉美、可供食用者,约33种,兹谨将其名称、产量及产区等,列表于后,其有关于形态及习性之描述,别见于《北碚志》内之《鱼类志》中,在此不多赘述。

名称 （中名及学名）		产区	产季及产量
象鱼	*Psephurus gladius*	江中石岩下	初春有之
獭子鱼	*Acipenser dabryanus*	江中近岸沙中	初春有之
黄鳝	*Monopterus albus*	稻田及塘内	四季皆有
黄鲌	*Myxocyprinus asiaticus*	江中沱内	春季较多
杆鱼	*Ochetobius elongatus*	江中急水处	春季较多
红眼棒	*Squaliobarbus curriculus*	江中急水处	四季皆有
鳡鱼	*Elopichthys bambusa*	江中流水处	初春有之

续表

名称（中名及学名）		产区	产季及产量
鲩鱼	*Ctenopharyngodon idellus*	江中急水中	初春有之
鸭嘴鱼	*Luciobrama macrocephalus*	江中近岸处	初春有之
黄庄	*Lenocyprix compussus*	沱内浅水处	四季皆有
船丁	*Saurogobio dabryi*	沱内浅水处	四季皆有
尖头棒	*Coreius styani*	江中急流中	四季皆有
马口鱼	*Hemibaubus maculatus*	沱内浅水中	四季皆有
乌鳊	*Parabramis terminaris*	沱内浅水处	四季皆有
翘口	*Lulter erythropterus*	沱内浅水处	四季皆有
鲌	*Lulter mongolious*	沱内浅水处	四季皆有
高肩	*Culter dabrgi*	沱内浅水处	四季皆有
牛尾鲹	*Hemiculter lecisculus*	沱内浅水处	四季皆有
毛链刀	*Parapelecus mecherius*	沱内浅水处	四季皆有
青龙棒	*Sinilabeo tungting*	岩石滩上	春冬两季多
青波	*Matsya sinensis*	岩石滩上	春冬两季多
白甲	*Varicorhinus gerlachi*	岩石滩上	春冬两季多
鲤	*Cyprinus carpio*	沱内各地	四季皆有
鲫	*Carassius auratus*	沱内各处	四季皆有
岩鲤	*Frocypris rabaudi*	岩石滩内	四季皆有
花鳅	*Deptonotia elongata*	岩石滩内	冬季较多
泥鳅	*Misgurnus anguillicaudatns*	稻田内	四季皆有
鲶	*Parasiluris asotus*	沱内各处	四季皆有
黄腊丁	*Pseudobagrus fulvidraco*	石滩近处	四季皆有
石扁头	*Hemibagrus macropterus*	石滩内	冬季有之
江团	*Leiocassis longirostris*	石滩近处	夏秋较多
乌鱼	*Ophiocephalus argus*	稻田塘内	四季皆有
母猪壳	*Siniperca chuatsi*	近河沙滩	冬季有之

第四章　北碚之江河渔业

关于北碚之江河渔业,可分为捕捞场所、捕捞用具及渔家生活各节,列项述明之如下:

第一节　捕捞场所概述

此区之捕捞场所,以嘉陵江为主,而江侧之较大山溪如龙凤溪、运河(堰河)、马鞍溪及明心溪等则只可作垂钓及鱼鸦之小规模捕捞,或于涨水天作临时捕鱼场,故不拟多所论列,其余则涓涓细流,不足道矣。

嘉陵江系穿越若干大小山脊而成之河谷,以前之脊巅即成为现在之峡与滩,而两脊之间,即成为湾与沱,故峡湾滩沱相间而列。山脊之成因不同,岩石之硬度不同,故沱滩之大小、峡湾之形状各异。按,滩有两种:在江水较宽的地方,泥沙逐渐沉积,沿岸作堤而成砂滩;在岩石较硬的地方,礁石不易侵蚀,横亘江心,而成石滩。前者为鱼类排卵之场所,后者为数种鱼类就食避难场所。至于在岩石较软的地方,江水侵入岸内,水生回流,因而成沱,在这些沱内,水之深浅合度,适于各种鱼类之生活,春天大鱼产卵后,即留栖于此,夏间洪水暴发,随江冲来之幼鱼,亦生养于此,故曰,滩为鱼之险路,沱为鱼之休止所,渔夫乘鱼之危,攻鱼不备,所以此种滩沱皆为捕鱼之良好地区。兹将本区内渔家泊船之较大滩沱列述之。

一、马家沱

马家沱位于澄江镇之南面,运河与嘉陵江之交口处,在江流之南侧作半月形,江流之北侧为砂砾浅滩,江流之上方,有虹门滩、二郎滩、长滩和乌木滩等,江流下方为温泉峡急流。沿岸居民多,沱内之有机物亦多,故鱼类之食料与鱼产之推销皆不成问题,乃一良好捕鱼场所,经年住此的渔家有17户。

二、大沱口

大沱口位于金刚乡之北面,楚石滩的上方,温泉峡湍流的下方,两岸有许多小形山溪注入,两岸同样向外切凿成为两个半月形,水波不兴,似一静湖,亦此区沱中之最大者,经年住此之渔户有12户。

三、毛背沱

毛背沱位于何家嘴,黄桷镇的下面,龙凤溪与嘉陵江之交口处,在江流之南侧,形成一大的回水沱。下有观音峡急流,上有长数里之蛮子滩,沱内水深,往来商船,多集此停泊,为此区之最优良捕鱼场所。经常住此之渔家有8户,而客籍渔户及收鱼贩经此者亦夥,并可作鲤鱼之产卵场所,北碚养鲤者,多在此采鱼苗。

四、庙嘴

庙嘴位于马鞍山下,即北碚管理局办公厅下首,与北碚之轮船码头逼近,沱口不大,惟因多数商船在此停宿。水中之鱼类食料,特别丰富,其近邻为著名之石滩碚石(白云石)所在地,乃利用鱼鸦、水猫子捕鱼之良好地点,沿江收鱼之鱼贩子即驻于此,北碚各餐馆定购大鱼者亦来此地,故庙嘴不但为一捕鱼场,亦为鱼之销售场。经年住此之渔户,计有3家,而每逢冬季,客籍渔户来此者亦多。白云石亦为北碚之鱼类产卵所,惟多为鲫鱼及杂鱼、黄鲌鱼之幼鱼即在此处首次发现。

除以上4个捕鱼场外,尚有在楚石滩与碚石间之张家沱和黄桷镇下之文笔沱,因皆无特殊之点,且无渔户常年留住,故不细述。

第二节　捕鱼方法概述

鱼类之生活习性不同,因而其所居栖之地点亦异,而所喜取食之食物亦不同,捕鱼之方法及其用具势必因地制宜,因时制用,方可有效,在此区最习见之渔具,计有12种,兹分别将其大致构造及其适用地点,与保存方法及其最多捕获之鱼类,分别述之。

一、拦河网

拦河网乃刺地网之一种,冬春两季适用于大滩沱之间,在合川之白沙沱、东津沱,江津之丁家沱、古家沱,用者最多。北碚之大沱口、毛背沱两处亦有用之者,惟因常有大船往返,放网与收网之时间常受影响,不若在少有船只之沱内为方便也。其构造分下列各部:

渔船部:用杉木或松柏木制成,长6公尺许,宽两公尺许,深约40公分,上盖有篷。船分四舱:龙头舱一、鱼舱一、太平舱一(最长大,为渔夫住室)、尾舱一(为厨房)。在捕鱼时,如果场所面积宽广,可用数船数网,合并工作。

渔网部:网身用麻线2股捻成,线径为二分之一公厘,网目12公分,高挂15至16目,横挂800至1000目,上连浮子网2条,下连沉子网2条,径用麻线2股捻成,线径为2公厘。浮子用竹筒或杉木作成,呈长方形,长16公分,阔2公分,厚1公分,间隔55公分。沉子为普通之石块,用时临时加上,每个重5两至8两。在网之两端,尚需用沉石,使网固定沉石为长圆形,系以铁圈,重11至18公斤。

网之保存法:每日捕鱼归来,必需洗涤晒干,以待明天之用,新网必需经过染色方可使用。网身用猪血染,其配合法,为血1斤与水3斤混合之,将网在染液内浸润2小时后,取出晒干。网绳及补网绳,则以石灰水染之,其配合法,石灰与开水为1与3之比,置锅中,煮2至3小时后,取出晒干。

渔捞法:此种网具所捕获之鱼类,以青龙棒、白甲、红眼棒、鮠鱼、尖头棒等棒状鱼类为多,这些鱼皆喜食生活在岩石缝中的甲壳类和硅藻。渔夫于日落后,在滩沱间之石隙处布网,随水流之缓急,而增加沉子,普通由40个至200个,最后放下沉石。次晨,于红日东升前取网,由一端慢慢提起,鱼群被惊骇,即能入网被捕。

二、旋网

旋网又名抛网或伞网、撒网,宜用于河岸无大石处,在江水正涨的时候,沿岸捕捉,尤为合宜。庙嘴、大沱口、毛背沱等地,皆有用者,论其构造如下:

渔船:用松柏木制成,长5公尺许,宽1公尺许,深1公尺许,无篷盖,前方有一鱼舱,其余皆为渔夫站立之所,亟(极)轻便,可负之陆行。

渔网：网身作园（圆）锥形，用麻线2股捻成，线径点0.18公厘，目长4.5公分，周挂70至100目，每3目缩1结，而成高挂3公尺至5公尺。网身上接网袋，用麻线2股，径1公厘捻成，目长4公分，每隔4目或5目作一结而成，高挂4公尺左右。上系手索，长4公尺，用麻线2股，径5公厘捻成。网身下周缘，系有沉子，此种沉子有用铅制者，有用熟铁制者，铁长4公分，厚2公分，每重2两，间隔15公分，铅质较重，惟不易生锈，可久用。

网之保护法：新网必需用猪血染色，与前者同，如果洗涤勤，曝晒合时，每网可用3年。

渔捞法：此网所捕之鱼多为大头扁身之种类，如鲤、鲶、鲌、翘口、鳊等，渔夫2人，1人推船，1人在船头撒网，可全日工作，惟在晨昏或大雨后，混水天捕捞最多。

三、缯网

缯又名搬缯或搬网，宜用于近河口岸边或静水沱内，在此区之毛背沱、大沱口两处最为合用，在涨水期内，庙嘴下、张家沱、明心桥下，亦有缯船捕鱼，其构造可分下列各部述明之。

渔船部：用柏木制成，长丈余，宽5公尺许，上有篷盖，其内舱之分隔与拦河网同，惟鱼舱与尾舱之功用对掉（调），渔夫全家住宿船内，共同工作。

渔网部：网身用麻线2股捻成，线径1公厘，网目5公分，网身作四方形，纵横挂各有1000至1200目。网之周缘，用粗麻绳或棕索作缘，四角悬于4根弯曲之竹杆（竿）上，如倒置之方伞。至于网架部分，构造亦相当巧妙，在船头部有一横的木枕，枕之两端，各伸出1丈余之竹杆（竿），两杆（竿）尖端交叉，下悬渔网，在木枕之两端，又有两根木杆，高6尺许，作梯形，其顶端系有石块，石之重量，可提网出水面，在系石处，又有一长索，与悬网处相连。系网之竹杆（竿）与系石之木杆，在木枕处作直角，木枕可转动，当石块高举时，网即沉入水中，石块徐徐下降，网即慢慢出水面，动作极轻便，妇儒（孺）皆可为之。

网之保存法：新网之染色，旧网之洗涤，与前者同。

渔捞法：此网所捕之鱼，多为近水面之种类，如鳑、鳅、船丁、黄龙等，有时亦可捕得较大之鲤鱼。渔夫于无风雨之晨昏工作，一人推船，一人撒网，当找到一合宜地点时，网即停止不动，得鱼后，一人用长柄杓网，由大网中取鱼，其捕获量亦无定。北碚附近，以此种网为多。

四、手缯

手缯的形状，与搬缯同，惟大小只当其半，纵横挂只有200目至500目，网部悬于一长的竹杆（竿）上，即网柄，别用一拉索，一端系于网柄，与网杆交叉处，一端握于渔夫之手，使用时，渔夫一人臀部带鱼笼，立于江岸上，将网柄插于两股间，用拉索不断的使网升降。网内置碎骨为饵，在江水猛涨时，或在小溪中，此网最为合用，所捕之鱼类，多为马虾或杂鱼。渔笼用竹皮编成，作扁壶状，颈部内侧有倒编之刺，使鱼放进后，不能自由跳出。手缯亦有作三角形者，多用于田坎堰塘，惟在此区，则属少见。

五、延绳钓

延绳钓又名横江钓，宜用于急流或峡口内，为北碚区最常见之渔具，其构造可分下列各部。

渔船部：用柏杉木制成，其大小形状与拦河网所用者相似，惟较轻便快捷，船可载2人，破浪击鲜，甚为合用。

钓部：可分钓干索、支索、钓钩3部分，别有沉子及鱼饵等。干索极长，有500至600公尺，用麻线2股，线径1公厘半捻成。下垂支索，各长20公分，径1公厘，各支索相距为1公尺半到2公尺。支索下连用铁质制成之钩，共长1公分半，径1公厘半。沉子为普通之石块，重8两至12两，系于干索上，相隔30公尺，（鱼）饵为小鱼、小虾、蚯蚓或蛆等。沉石为长圆形，重14斤至18斤，联以铁圈系于干索之两端。

渔捞法：用此钓所捕之鱼，多为肉食性之种类，如尖头棒、黄腊丁、鲶鱼、江团及石扁头等。渔娘于日间将鱼饵上安，黄昏时驾船布网，先将干索的一端加沉石，投于河边固定之，然后依水势放钓，最后将别沉石放下，于次晨顺索提鱼，有时可得长数尺之鲶与鲟。

六、垂钓

垂钓这一种捞鱼用具,宜用于静水处,洪水天,初晴后,为一般有闲人之消遣娱乐,各地皆有,故此不加详述。在此区之各沱内、堰塘内及小溪中有用之者。

七、鱼篆

鱼篆这一种渔具,在长江上游用者较多,在北碚区,于春季鲤鱼在河边产卵期间,亦有用之者。近年来因保护亲鱼,已禁止使用。篆的全部,用竹条编成,长6尺至丈余,作纺锤形,一端有口作漏斗状,其颈部亦有倒置之竹,使鱼进而不能复出。使用时,口与流水相反向,置于近岸水深四五尺处,用竹索固定于岸上,以避风浪冲去。大鱼在产卵时,群相追逐,母鱼被迫近岸,常误入篆内,而一二条公鱼,亦有时随同钻入,故所捕之鱼,皆为正在生殖之大鱼,为渔业上之大害。

八、鱼罩

鱼罩这种渔具,只用于稻田内,在播种前或割秧后用以捕田内之鲫、鲤、鳅等,最为合用。罩全用竹条编成,如侧置之坛缸,口径约3公尺,高约2公尺,缸之底部中央有大孔,为伸手入内捕鱼之处。使用时渔夫腰间带渔笼,左手持罩,右手持一长丈余之竹杆(竿),杆(竿)尖向下稍弯曲,在水田内,边走边用竹杆(竿)括水面,视水纹之波动,可定鱼之所在,乃急投罩入田,双手入罩内捕捉,捕鱼者因兴之所至,虽冬寒不计也。

九、鱼簸箕

鱼簸箕这种渔具宜用于稻田或水溪内。箕的全部由竹条编成,与家庭用之土簸箕相似,故名。箕有提柄,以便提携,使用时,渔夫左手持箕,手执逐渔器,驱鱼入箕内。逐鱼器又名鱼响,乃一由竹杆(竿)曲折成之三角形物。其底边长尺余,上装有竹环八九只,振之作声,鱼被惊赶,遂就捕。所捕之鱼,多为小形鲫、鲤、鳅、火烧板、薄刀片等。

十、鳝鱼篆

鳝鱼篆的形状构造与鱼篆同,惟长只两尺许,同时内置骨渣,放于两块稻田之交口处或堰塘底,口向与水流相反。鳝鱼喜夜间活动,常逆水行,闻骨香即入篆,有时此篆亦可捕到鲫、鳅、乌鱼等。在北碚区,除用此篆捕鳝外,尚有用徒手捕鳝者。渔夫于插秧前,腰带鱼笼,于夜间持火把,逐田寻捉,此时稻田多已耙平,鱼迹最易找到,技术高超者,用右手中指枷鳝,每夜工作一二小时,可得鳝近百尾,在昼间亦由(有)用此法者。北碚附近之歇马场,为产鳝区,每值捕鳝季,鱼市餐馆皆有大量出售。

十一、鱼老鸦

鱼老鸦又名鸬鹚,学名 *Phalacrocorax carbo*,在冬季江水澄清时最合用。此区之龙凤溪、运河内及江边之静水潭,每年冬天皆有客籍渔户,来此放鸦,惟放前多不用网围,与国内他处不同,兹分别述明之:

渔船:质料、大小形状,与钓鱼船同,惟无篷盖。

鱼鸦之形情:鱼鸦属于鸬鹚科,比家鸭体细而长,嘴纵扁,尖端有钩,羽毛灰黑色,有绿色反光,足短有蹼,步行甚拙。在附近邻水县有专门驯养之者,其驯养方法,系专门祖传。普通渔家,购已驯好之鸦,每船四五只,每日饲以小鱼或牛肉,不使其过饱,过饱则其捉鱼力减少,且易死亡。

渔法:择风平浪静天,渔夫载鸦推船,寻找合宜地点,鸦企立船头或陡(随)船游行,两目灼灼,注视水纹。鸦颈部戴有栗木制之项圈,系环于嗉囊之前,使其衔鱼后,不能吞下,渔夫手持长4尺许之竹杆(竿),用以驱鸦入水,或辅鸦登船。鸦在鱼之背鳍前伤鱼,2斤左右之鱼,一鸦可擒获,数鸦合作,可擒10斤之大鱼,平时每鸦每天可获鱼3斤。宜注意其休息,勿使之太疲劳。其所捕之鱼,多为近水面8尺许之鲤科鱼类。在夜间亦有用鸦捕鱼者,惟船上须有火光,为鸦作引导,同时水中之鱼,亦因火光之诱引而趋集于船头附近,故其捕获量常较日间为多。

十二、水猫子【水獭】

水猫子,学名 *Lutra lutra*,在冬季用以捕鱼者多。因此物与鱼老鸦同为在清水中用以捕鱼之动物,其捕鱼场所多在石滩下,深水急流处。北碚之碚石间,每冬常有客籍渔户来此放猫。在川西嘉定一带,用之捕鱼者较多,且使用之时间亦较长。在大佛岩下,有名之东坡鲤,最好用水猫子捕捉。

渔船:大小形状、质料与鱼老鸦船同。

水猫子之形性:属于鼬科,与黄鼠狼(Mustela sibirica)相似而较肥大,长可2尺,毛黄灰色,两眼大而突出,趾间有蹼,头短而扁,尾之尖端扁平,此皆宜于游泳之构造。在四川西北松潘一带出产多,而驯养之者亦多。

渔捞法:此种捕鱼法,亦分昼夜两种。放猫前,由渔夫察明地点,先将网布妥,可防鱼逃,可防水猫失踪。网之构造与拦河网相似,惟多用丝制。其染色法,用猪血法或蛋白法,以鸭蛋白8个,加3倍的白开水,匀拌后,将网浸入半小时,然后在锅中熏蒸两小时,取出晒干。当渔网布妥后,即放猫入水,猫得鱼后,即自行出水面,惟有时因鱼入石下,猫尾追之,常被困不能出,渔夫需下水施救,虽严冬不计也。所捕之鱼在此区者,多为大形之鲤科种类,如青波、青龙棒、白甲等。工作时间多在晚间或清晨,正午时使猫休息,用牛肉及鱼肉加蛋黄饲猫,不可使之过饱。

第三节　渔家生活概述

此区的渔家,依其工作性质,可分为两个不同的阶级,在重庆、合川各大市镇,可分为三阶,北碚近河边,其捕鱼场与市场相距无多远,故未若他处之特化也。

一、渔夫

凡亲自持网驾船,在江河内捕鱼的人,称之为渔夫。有一家老幼同居一船,专营此业者;有结伙合股共同经营者;更有一年四季以此为专业者;亦有于农耕忙罢,以此为临时职业者。其工作时间,随其所使用之渔具而易,一般讲来,总宜于江水平静、船只较少的时候,故自晚饭前后至次晨早饭前后,为渔夫最忙的时间,昼间休息,或修理渔具。在渔产丰收的年月,其生活相当舒适,惟近年来情形不同。据一老年渔夫谈:在民国十年(1921年)前,川江内尚无汽船,那时的鱼比现在多。近来大船往返,鱼受惊而向上游逃去,在水面上飘(漂)浮的鱼卵及小鱼常因大浪振动,冲到河边,因而干死,使渔产减少许多。又因物价高涨,同伙的人竞争亦凶,以前一天捕到的鱼到现在常10天都捕不到。言下颇多感慨。

据北碚渔会本年的调查,在北碚经年住的渔家有40户,每家平均有4口人,共计有160口人,再加上客籍渔户5家,则北碚有200人以捕鱼为生活。每人每月需3市斗(48斤)米,照现在4斤鱼可购1市斗米计算,每家每月必需捕得48斤鱼,方可过活,在此长不到20里之一段嘉陵江中,每月需产2400斤鱼,方可使这些渔家得到温饱,再加上丧、婚、病、子的开支,其生活确实不易,故其饮食衣装与穷困乡民同在饥寒线上。

二、收鱼贩

凡在捕鱼场所收买鱼货而转售于鱼市场,或市鱼贩的渔户称为收鱼贩。常一二人驾船巡游于各捕鱼场。此种渔户,对于各地鱼之行情比较清楚,货收足后,即待善价而估(沽)之。渔夫们因忙于捕鱼补网,无暇走进鱼市场,多愿就便将鱼售给收鱼贩。彼等工作清闲,人数亦少,收入即丰,因此,其生活比较优裕。在北碚区内,经常营此业者,只有一家,住在庙嘴。在古家沱、丁家沱、唐家沱、白沙沱等大渔场营此者多。

此外尚有市鱼贩,为专在鱼市场售鱼的鱼商。彼等将收鱼贩送来的鱼,依定市价发售,其价常高于收鱼价数倍。重庆的大阳沟即为此等市鱼贩集合场所。北碚迫近河岸,鱼的销售比较方便,吃鱼者多直接到鱼船上或收鱼贩处购买,渔夫们有时亲自把鱼送到菜市、餐馆,或沿街叫卖,故非有大量收获,或急于用款时,渔夫不将鱼售给收鱼贩,所以北碚没有市鱼贩,而收鱼贩亦只有一家,并且兼营捕鱼业,这样渔夫们少了一些中间人的剥削。

三、渔会

北碚渔会于民国三十五年(1946年)5月30日,奉北碚管理局令宣布成立,会址暂设于北碚商会内,计有会员40个单位,内缯网业27户,钓网业13户,分住于

澄江镇、大沱口、庙嘴、毛背沱等捕鱼场。渔会内设有理事会与监事会,并曾于三十五年(1946年)12月派员到成都参加四川省渔会。渔会有两件主要的任务,为维持本区的水上治安,及谋本区渔业之改进。因年来常有不法匪徒,昼间匿迹渔船,夜间集群行盗,并有客籍渔船,常来此区捕鱼。自该会成立后,渔家必需登记户口,凡外来渔船,只许在区内捕鱼3天,会员年纳会费2000元。每年于农历三月三日、六月六日,开交谊会一次,每月开理监事会一次,商讨会中各项工作。拟与北碚养鱼学会合作,对北碚区之养鱼、捕捞及保护亲幼鱼等工作协同进行,以冀此区渔业有合理之发展。

四、鱼市场

北碚的鱼市场在河边菜市,亦有沿街叫卖者。在春季鱼产丰富时,有干鱼商临时在街上出售咸鱼。北碚有大的餐馆四五家,平时都有鱼菜应市,粗计之,每日可销鱼40斤。

第五章　北碚之农田养鱼业

第一节　沿革

北碚的农田养鱼业,当自北碚之有稻田始。因种稻养鱼,为吾国农民有史以来的基本工作,故此悠悠古事,在此无从论述,惟自经地方行政机关,作有计划之提倡与推广,则为近四五年内事。忆昔在抗战期间,北碚人口骤增,海鱼不能入口,江鱼供应不足,人有食无鱼之叹,有志者乃创设私人养鱼场,计有魏家湾的兴华渔场、澄江镇的运河渔场,鹰嘴石有熊氏渔场,农家之自行采鱼苗在稻田堰塘内放养亦多,虽因经营不合法,成效未著,而北碚的养鱼事业,则已成风向。北碚管理局农业推广所,乃于三十一年(1942年)在毛背沱黑云石,协助农林部办理鱼苗孵化池。三十二年(1943年)春到井口农林部鱼苗推广站领鱼苗5万尾。三十四年(1945年)春到江津农林部鱼苗推广站领鱼苗5万尾。皆及时免费发给各农家。三十六年(1947年)春,与中国西部博物馆合办鱼苗孵化池,利用博物馆之鱼苗池,并在天星桥中央农事试验场开凿临时鱼苗池5方丈,于是年春3月起,在虬门滩、毛背沱、碚石3处放置鱼草,孵得鱼苗约20万尾,惟因人手未齐,设备不周,峡内气温多变化,事前未能考虑尽至,于4月间发给农家时,则只有8万余尾,但养鱼户之来索取鱼苗者尚多,乃向合川农业推广所取回鱼苗3万余尾,共计有鱼苗113510尾。

农田养鱼,以经年不涸、水质清洁之堰塘为第一,其次为坝田,又次为沟田,坎田则不能用。北碚乃一山区坎田沟田为多,雨水大则鱼易逃去,雨水少则鱼被涸死,故此区之养鱼工作,除鱼苗之本身问题外,尚需对于养鱼场所加以改进。事非一日之功,要步步从头作起。此次发给鱼苗前曾派人到各乡视察,放发后亦曾询查各乡养殖情况。惟因本年雨水太多,收获量大受影响,故只可作今后工作之参考,未可作过分之希望也。

三十六年(1947年)度推广鱼苗概况

三十六年(1947年)10月14日

乡镇	领鱼苗尾数	领养农户数	放养池		现有状况	备考
			水塘/亩	稻田/亩		
朝阳镇	38400	12	22.5	8.0	多有成效	
金刚乡	14550	30	10.0	230.0	少有成效	
龙凤乡	25500	30	16.0	94.5	少数有成效	
澄江镇	5400	8		25.0	约存五六百尾	
一岩乡	5000	8	9.5	3.5	有成效	
黄桷镇	15160	10	8.2	14.5	约存400尾	
白庙乡	2000	6		稻26.0 藕14.0	约存100尾	
文星乡	9500	2		5.5	约存300尾	
合计	115510	106	66.2	稻田407.0 外藕田14.0		

第二节　北碚农田养鱼试验记录(鲤鱼)

鱼苗又名鱼儿、鱼种、鱼秧，皆指鱼出壳后未达到成鱼期之幼鱼而言。其方出壳而尚未生鳍鳞者，川俗呼之为蒙子，湖广则名之为鱼华，蒙子死亡率高，不及鳞甲已备之鱼苗易于饲养。兹将鱼苗之孵化情形概述之：

一、鱼卵草

即采鱼卵时在河中铺放之草，以便鱼卵附着，取出孵化。在北碚可用之鱼卵草有竹叶、棕桐等，蕨萁草（羊齿植物）、□草（莎草科）及油草（又名牛草）或过江草（蔓生的莎草科）等。其中以油草为最合用，在池塘或小溪中皆可采到，用时以20根结成一束，用竹皮连20束为一排，用清水洗涤之，去其叶上附着之害虫卵块，投于河边深水处，即有大鲤在上产卵。

二、产卵场所

鲤之产卵场所，多喜在河口及滩下之沱内。在惊蛰节前后，亲鲤逆水上行，每于无风雨之清晨，或阳光较暖之次日，雌雄追逐于河之近岸，遇水草处即排出精卵。在北碚附近之产卵所有虹门滩、毛背沱、碚石及高坑岩等处。其中以虹门滩所产之鱼种最纯良，而且健壮，因其活跃易养，俗有白甲鲤之称。毛背沱所产者亦可，惟内多黄腊丁幼鱼，专吃鱼卵草上之鱼卵；又因此地商船多，放草后，须要看守，鱼草上亦多昆虫（鬼榜）卵块，常与鱼儿同时孵出，而专吃蒙子。碚石内之鱼种多为鲫鱼及其他杂鱼，尤以春分节后水藻上之鱼卵最不纯正。高坑岩下之大泊内，可于春分节前后采取鱼卵，因此时江水已涨，尚未产卵完毕之鲤，多入溪中产卵，故此地所采之鱼苗虽然体质较弱，但可作最末次补充采卵之所，是其优点也。

三、放草时间

鲤鱼的产卵时期，可分惊蛰、谷雨、清明、春分4次，江水水温在13度（摄氏表）以上的时候，即有产卵的可能。以第一批卵为佳，因鲤鱼产卵，较其他鱼为早,故此次之卵,多纯而健壮。北碚区内,气温多变化,尤于桐子开花前后为甚,第一次采之卵草,在孵化池内,饲养日期较久,偶而失慎,即有大批鱼苗冻死,是应注意者。鱼草上如已有卵,而值气温低于水温时,可暂时不取出,在3日内卵无变化,如卵已发眼(即卵内有黑点时),夜即取出,放于孵化池内,否则即成鱼华。放草后应时常检查,有无泥沙覆盖,有无黄腊丁鱼,沙多则鱼卵不能附着,黄腊丁乃吃鱼卵之鱼。

四、孵化池

池地宜近水源,排水注水皆方便,距河边勿太远,放草、取草、发苗皆方便。北碚可筑池之地点,以天星桥中央农事试验所之大塘下,及鹰嘴石、马鞍溪河畔,为适宜。池之大小为5方尺,深3尺半,应于头年冬季修妥,四周用壤土,底面铺3寸厚之细白沙,依鱼之生长而注入新鲜水,不必常换水而伤鱼苗,以待3周后,鱼苗之鳞甲略备可多换水,池口应有用稻草编成之草板作盖,以防天寒气热及害虫之飞入。

五、饲养

蒙子可于3日内不给食,待其能自由游泳作寻食状时,可给以少量豆汁,2周后给以蛋黄,宜酌量增减,不可过多,多则腐败,使水质变恶。有死鱼苗时,应马上取出,水面上发现有水蝇落下时,即将水面上之油质刮去,注少量之清水。4周后鱼苗之死亡较少,惟此时宜注意虫害,一方面要常检查,一方面要于晚间盖池口。据此次所得池大水多鱼少为防止鱼害之妙法。

发苗给农家的时期,最好在春分节以后,田秧已插下的时候。惟北碚多寒田,插秧后常再将田水排出一次,故在此区,推广农村田养鱼,除专用堰塘外,必需在稻田内作特别的布置。可于田的一角,作临时鱼苗放养处,待整田的工作一切完备后,再将鱼苗放出,而此临时鱼苗池,可再插秧,或种菜(藤藤菜)。目下打算,依此办法不发鱼苗而发鱼草,如果有成效,则北碚将来的养鱼工作可减少一层困难。

第六章　结论

关于北碚之渔业情况，概如上述，今后若求发展养鱼事业，应有一机构，在技术上作研究试验，负责提倡指导。北碚农业推广所与中国西部博物馆，近在发起组织北碚养鱼学会，由各乡镇的养鱼农家，或合作社作会员。其主要目的，为使养鱼成为北碚区之轻而易举之农家副业。其主要任务为先将养殖技术、捕捞工具，及亲鱼幼鱼之保护问题设法解决，然后组织产销合作社，就运输、储藏及加工等问题加以研究。会中设技术员、指导员皆义务职，其初期事业费暂由北碚管理局筹支。如果将来成效优良，拟就养鱼所获利益中筹款，作筑修比较近代化之养鱼池，或其他有关于养鱼之设施，因目下一切皆系因陋就简，采用土法，未可作永久计也。

此文在编纂时得农业推广所陈显钦先生及其所中同仁供给资料，多为采访调查，统此致谢！

本文参考文献

1. 施白南：《嘉陵江下游鱼类之调查》，二十三年（1934年），中国西部科学院刊
2. 施白南：《四川食用鱼类志（稿）提要》，二十五年（1936年），科学年会刊
3. 施白南：《四川渔业之初步调查》，二十四年（1935年），北平自然周报刊
4. 施白南：《养鲤》，农业推广，三十年（1941年）刊
5. 施白南：《鱼类天然食料之研究》，三十四年（1945年），中央研究院刊
6. 施白南：《六种淡水鱼之卵与幼鱼之研究》，三十六年（1947年）9月29日（中秋节）稿，三十六年（1947年），动物学年会刊
7. 李承三等：《北碚之地质与地理》，三十一年（1942年），中国地理研究所刊
8. 李象元：《浔江之渔业调查》，二十三年（1934年），广西养鱼场专刊

附：澄江镇之渔业

罗 衡

一、概述

澄江镇之有渔业，由于宝源运河之开设，宝源矿业公司为便利煤类运输，特于夏溪口建筑石坝，溪水满注，乃成运河。石坝工程浩大，民国十九年（1930年）春开工，时经三载，始告完成。二十三年（1934年）春，宝源公司在运河内之三溪口试办宝源渔场，但不久因故停办，是为澄江镇渔业之始。二十九年（1940年）3月，广安人雷忠厚向宝源承租运河，设立厚济渔场。三十二年（1943年）1月，荣誉军人自治实验区为欲提倡渔业，发展生产，乃与雷忠厚之妻雷叶玉如订立合约（其时雷忠厚已病故），成立荣军厚济渔业公司。同年10月，雷叶玉如因欲回广安，故将其股权转让与宝源公司，仍称荣军厚济渔业公司，从此乃无更替。计自宝源公司创办渔场起，迄今12年，就经营情形说，可分3个时期，即：（一）宝源渔场时期，（二）厚济渔场时期，（三）荣军厚济渔业公司时期，兹分别记述之。

二、宝源渔场时期

宝源渔场创立于二十三年（1934年）春季，聘巴县养鱼专家陈志能为渔场主任。孵化大批鱼苗，鲤鱼最多，其次为青白鱼。嗣因沿河地主出而阻扰，向璧山县府控诉，经县府调解，拟由公家主办，双方不服，未成事实，而宝源渔场，遂亦停办。时经半载，约投资万余元。

三、厚济渔场时期

二十九年（1940年）3月，雷忠厚与宝源公司订约，租用运河，每年以纯益20%为租金，充作宝源劳工子女学校之经费，并租石盘酢房湾（在三溪口附近）周联升之地约老量5石，凿池建屋，创立厚济渔场。未几，雷忠厚病故，其妻叶玉如继续办理，因经营不得其法，3年无纯益。据云，先后投资30万元，养鱼情形未详。三十二年（1943年）1月，厚济渔场因人力物力不足，乃与荣誉军人自治实验区订约合办，改组为荣军厚济渔业公司，对宝源权利关系仍旧。

四、荣军厚济渔业公司时期

荣军厚济渔业公司资本总额为50万元,荣军区出30万元,雷叶玉如出20万元。十闰月后,雷叶玉如回广安,将其股权转让与宝源,宝源又捐赠荣军区股权10万元,故荣军区与宝源股权为4与1之比,而且实际上,3年以来亦系荣军区所经营。三十二年(1943年)春,荣军区曾多方设法,促进渔业生产,聘请复旦大学农学院教授薛仲薰先生为顾问,并请求农林部渔业司拨赠鱼苗,派员协助孵化及捕鱼等各项工作。其时凿有养鱼池70余个。兹摘录荣军厚济渔业公司三十二年(1943年)春季孵化鱼苗报告一段,以供参考。

本公司成立于三十二年(1943年)1月16日,当即部署一切,从事工作,一面整顿内部,裁汰冗员,一面聘请专家,增加工人,开始养鱼事业之尝试,其步骤如次:

(一)整顿孵化池　本公司就原有之孵化池加以整顿,增加深度,巩固堤岸,并遵照技术顾问薛仲薰先生之建议,试凿三合土之孵化池3口,不料三合土孵化池之石灰与煤渣既未调和均匀,池底又未捶拍坚实,加之孵化池在未干燥以前,即行灌水,以致灰煤分解,未能使用,前功尽弃。至于土质之孵化池,除极少数可以使用,其余亦因土质松疏,池底多有裂缝,灌水时即泄漏,考其过失,不外2种:

1.公司管理人不遵照薛仲薰先生之指示,彻底工作。

2.监工人不严厉督促工人认真凿池,以致铸成大错,此孵化池虽经整顿未见效果之原因也。

(二)派员赴渠河采鱼子　本公司派遣技工2人、粗工4人,赴合川上流渠河采集鱼子,虽在水涨期间,而采子之成绩,颇为不恶,先后采获鱼子270余棚,其功绩一方面由于顾问薛仲薰先生指导有方,一方面由于技工但洪升经验丰富,鱼子满载归来,足以孵化鱼苗100万尾,故采子工作进行尚属顺利。

(三)孵化情形　鱼子分3批运回三溪口,第一批计3棚,第二批计216棚,第三批计57棚。第一批投入较为坚实之池内孵化,第三批投入但洪升新辟之池内滋养,第二批则在漏水之池中腐烂矣。考其原因有三:

第一,由于鱼草运回之时,天气过热,途中先后经过3日,经烈日之蒸晒,其中死亡颇多,盖鱼为水产动物,其子亦然,离水过久,自不免有所夭折也。

第二,由于公司管理人员不听顾问及经理之叮嘱虽再三嘱其加水,当时受命唯唯,事后因循苟且,自作主张,以致水浅草多,鱼子皆枯竭而死。

第三,由于鱼草入池,排列过密,既乏阳光与氧气,复易使鱼草本身发酵腐化,此点虽经薛仲薰先生之指示,促其分散,惟管理人员未即遵办,此乃失败之主要原因,然公司方面原有之孵化池不够分配,亦其副因也。

查此次采集鱼子,耗费颇巨,100万鱼子,损失者7成,留者仅3成,原有计划,破坏殆尽矣。

关于此次孵化失败之原因,该公司薛顾问曾有说明书2件,兹一并录之如次:

(一)荣军厚济渔业公司本年3月中旬鱼卵孵化失败之原因

荣军厚济渔业公司于本年2月下旬,派员工至合川渠嘉镇采集鱼卵,3月中旬采得鱼卵约计有200余万粒,运回放入池中孵化,但驻场职员未曾依照孵化鱼卵应注意事项处理,故夭亡甚多,考其原因如下:

1.鱼卵草放得太密 此次孵化池内所放鱼草均有三四层,过于拥挤,事前薰曾一再提及此点,鱼草应该稀放,使附在草上之鱼卵浮在水中,可以得到充分(的)阳光与氧气,但未为驻场职员所采用,以失败之原因一也。

2.水量太少 因孵化池系用稻田开辟,池底与堤防恐易开裂,保水性较次,且3月20日左右,气候炎热,蒸发率甚高,以致池水甚少,浅者只积水5寸许,薰再三主张加水与换水,藉以增加水中含氧量,然驻场职员有意延搁,致使池水含氧量甚少,发生恶味,鱼卵霉烂,已孵出之稚鱼夭亡,此失败之原因二也。

3.未尽人工保护 鱼卵放入池中后,尤其在稚鱼孵出时期,应于晚间及天气骤变之时,用篾席遮盖保护,薰于事前虽时时提及,但未经采用,此失败之原因三也。

至于水质之氢游子浓度(即pH值)对于鱼类之影响甚大,此点薰亦注意及之。薰从卵孵化池中采取水样一瓶,请国立复旦大学化学系杨明声先生化验,适宜饲养鲤鲫等鱼类(参阅附表),或云渔场孵化池内之水质,有多数碱性太强(因有3个孵化池用石灰煤渣建成之故),但经化学方法化验,并非事实也。

氢游子浓度与鱼类之关系表

pH值	定性的反应	鱼之状态
10.0	甚强碱性	死亡
9.5	强碱性	危险
9.0	稍强碱性	注意
8.5	碱性	安全
8.0	弱碱性	
7.5	微弱碱性	最适
7.0	中性	
6.5	微弱酸性	安全
6.0	弱酸性	
5.5	酸性	注意
5.0	稍强酸性	危险
4.5	强酸性	
4.0	甚强酸性	死亡

(二)荣军厚济渔业公司石灰与煤渣建筑不完善之原因

孵化池最好用钢筋水泥建成,惟此项材料,现今得之不易,价格亦昂贵。在本地可用石灰和煤渣建筑之,如北碚国立中央研究院动植物研究所养鱼试验池及国立复旦大学农场蓄水池兼养鱼池,即用石灰及煤渣建成,且甚耐用者也。薰有见及此,乃建议择孵化池3个,亦用石灰和煤渣建筑,惟以驻场职员未曾依照薰所言方法办理,致结果不佳,尤其原因,有下列3点:

1.石灰与煤渣未曾调匀。据云:工人先将煤渣铺于池底,然后再于上面铺盖石灰,此种偷工减料之办法,当然不能成功。石灰加水与煤渣调匀,打坚干燥后,成为碳酸钙之混合物,此事虽孩提之童亦知之,然职员一任工人胡作胡为,此建筑不完善之原因一也。

2.打得太薄。薰事前提议石灰与煤渣之混合物,须在1寸以上,打坚干燥后,方可保水耐用,但实际只厚三四分,与所订尺寸相差太远,此建筑不完善之原因二也。

3.在干燥前灌水。熟石灰干燥后,可成坚固之碳酸钙,乃渔场职员擅作主张,于石灰未干燥前灌水入池,致池底石灰溶解冲毁,此建筑不完善之原因三也。

以上3点,现尚有迹可寻,并可用简单之试验以证明之。

三十三年(1944年)春季,孵化鱼苗工作,成绩颇佳,准备出售大批鱼秧,以增公司收入,但因附近养鱼者不多,是以购者寥寥。三十四年(1945年)春季,鉴于过去孵化鱼苗,开支太大,渔产收入有限,资金短绌,入不敷出,因此暂停孵化,而专事捕鱼工作。该公司捕鱼器具有渔船四、撒网五、丝网四、缯网一。惟因运河两旁多树根,难以下网,每天捕获鱼量仅五六斤至十数斤不等,有时招雇外面鱼鸦船进河捞捕,得鱼较多。

五、结语

澄江镇之渔业与宝源运河相终始,10余年来,因种种关系未能发展。过去孵化鱼苗之耗用,不能取偿于渔产收入,最近一年,专捕鱼而不孵化,则除去开支,略有盈余。故就收支状况而言,其关键似在"捕"而不在"养",观于3年来该公司盈亏情形,可资证明。

荣军厚济渔业公司3年来盈亏情形一览表

年度	收入	支出	本年度盈亏情形	盈亏总结
三十二年(1943年)度	70164.85元	153757.03元	亏83592.18元	
三十三年(1944年)度	238898.75元	254482.90元	亏15584.15元	亏99176.33元
三十四年(1945年)度	780466.54元	562994.12元	盈217472.42元	盈118296.09元
合计	1089530.14元	971234.05元		盈118296.09元

总之,捕鱼技术固有待于改进,以增收入,然专事捕鱼,不投资于孵化,亦非远大之计,故今后欲谋发展,孵化与捕捞,二者未可偏废,运河两旁之树根树枝,亟待清除,运河坝口尚须设置铁网,以防大鱼之外漏,此项铁网设备需费甚巨,下年度或可从事筹措也。

畜牧志

北碚管理局辖境居民，多以畜牧为农家副业。惜地多山，无大规模之畜牧场。畜牧种类，因地而异。在家畜为猪、兔、马、骡、驴、猫、犬、牛、羊，在家禽为鸡、鸭、鹅、鸽，此其大较也。乡村最普通之副业，莫如养猪饲蚕，其次则为鸡鸭之属，以其饲料多不需大批购求于外地。二十八年（1939年）8月，管理局设农业推广所，有总务、技术、组训3股，技术股置农艺、园艺、森林、鱼牧4组。凡家畜保育、保险之事，皆鱼牧组司之。二十五年（1936年）10月，四川家畜保育所江巴实验区亦设于此。

二十五年（1936年）10月，四川省家畜保育所派焦龙华来北碚，于文星湾设立江巴实验区，调查家畜，改进品种及防治兽疫等工作。明年改为三峡实验区，缩小组织。二十七年（1938年）四川省家畜保育所合并于四川省农业改进所，而改为畜牧兽医组，而三峡实验区仍照常工作。其后农业改进所统筹推进各县农业，各县设农业推广所，北碚亦于二十八年（1939年）3月9日设之，畜牧兽医，亦其中心工作之一，更划为三峡白猪推广区，由烧酒房一带，征购荣昌猪800头，交峡区农民饲养。

三峡全区，分为6镇，即北碚、黄桷、文星、白庙、二岩与澄江镇。黄桷、文星、白庙与二岩4镇，位于嘉陵江之北，北碚与澄江两镇，位于江之南。全境1800方里，横贯大江，以其接近华蓥山麓，故境内多为山岳，岗峦起伏，气候亦甚潮湿，而晴雨无常。推广区为便利工作计，依自然形势，划分3工作单位区，设立两个工作站。北碚、黄桷两镇为第一工作地区，由本所直接工作；文星、白庙两镇为第二工作地区，在文星镇公所内设立工作站，驻员工作；澄江、二岩两镇为第三工作地区，在澄江镇公所内设立工作站，驻员工作。此皆经常工作也。此外又与农本局合作，成立峡区家畜保险社，办理猪牛保险业务。三十一年（1942年）抗战已进入第二阶段，省农业改进所经费减少三分之二有奇，本区亦奉令停办。其推广指导等业务，则移交北碚农业推广所办理，而兽疫防治及保险工作，即告停顿。其明年，北碚绅士以猪、牛为农家主要畜产，一切动力肥料，胥仰赖于此，乃联名申请各当局，设立兽疫防治工作机构。得管理局之赞同，及农林部粮食增产委员会之补助，乃由省农业改进所畜牧改良场派技佐谢有泉、吴旭东来碚筹备。三十三年（1944年）6月，北碚防疫工作站始正式成立于朝阳镇，仍以调查及诊治家畜疾疫，训练兽疫防治人员，协进家畜卫生饲养指导，与办理家畜保险等事为中心工作。兹胪举局属畜牧事业，分优生、防疫、保险、利用4章，而以历年畜牧之数，著之篇末。

第一章 优生

家畜防疫工作站曾调查局境家畜品种，结果如次：

猪：

（一）荣昌猪：品质细嫩，一年肥育，平均150斤，毛色白，约占全区猪数70%。

（二）本地猪：肉质粗，一年肥育，平均100斤，毛色黑，约占全区猪数19%。

（三）杂交猪：本地猪与隆昌猪杂交，或隆昌猪与约克县猪杂交，毛色白或黑，肉质中等，肥育颇速，10月左右即可成熟，平均重量约150斤，约占全区猪数19%。

鸡鸭：多为本地种，约三四斤，每年产卵约80枚，鲜有及150枚者。虽有少数来行鸡引入，以其抵抗力弱，易病，故养者甚少。

牛：牛有水牛、黄牛2种。局境之牛，来自广安、岳池者称为横路牛。来自綦江者称为正路牛，皆为数不多。来自南川者称为南路牛，为数尤少。其饲养最多者则为本地牛，以其价廉易得也，惟体格不甚强大耳。

山羊：多为本地羊，每头重约三四十斤，每年繁殖2次，每次1至2头，间有3头者，毛色有黑、白、黄诸种，山区农家多养之。

骡马：本区骡马，多来自南川，仅供驮载之用，因劳役过重，生殖不良。

狗、猫、兔：均为本地种，狗守门，猫捕鼠，兔则佐食用。

局境农家副业，以养猪为最盛，几无不养之，良以本地多山，宜种杂粮，猪之饲料，价廉而易得，且其肉与鬃用广而利厚，故优生改种，多施于猪。土种猪、临（邻）水猪多为黑色，又有黑、白、花者。花猪为杂交产品，朝阳、黄桷2地最多，一年生长70斤至100斤。黑猪则文星、澄江等地多有之，普通饲养14月，为重100斤至180斤，且生产每窠5至7头，非佳种也。

四川白鬃，为世界名产，本省产地10有余县而以荣昌、隆昌、合江、泸县、铜梁、大足、永川、广安、大竹、威远等地产品最上，巴县、江北、綦江、乐至次之，绵阳、安县最下。荣昌、隆昌、合江畜者，几遍全县。荣昌者优点甚多，其躯短、腹深、脊背似较黑猪阔厚，周身毛白，惟两眼周围黑色，黑块面积不一。有黑及两耳，甚至颅顶及项背左右衔接合成一片，尾帚及尾根臀部四周并无黑块者，俗称为金架眼镜（即黑块只限两眼四周者），此种最优，以其最为纯正也。通常屠宰活重约在230斤，有时可达300斤，需时仅16个月，乡民重之。其鬃又为世界名产，平均长约3.5英寸，鬃有逾6英寸者，硬度大而有光泽，强性尤大，其繁殖力亦高。二十七年（1938年）省家畜保育所调查四川各种母猪繁殖能力，北碚花猪130窠、1057仔，华阳黑猪98窠、827仔，荣昌白猪98窠、843仔，其优劣可知矣。

省政府为提倡白猪，福利农民及换取外汇计，于二十七年（1938年）即于三峡及三台两地，设法推广。三峡推广办法分为3期，二十八年（1939年）至二十九年（1940年）为第一期，注重调查与宣传，其后则侧重于推行与管理。

调查工作，始于二十五年（1936年），于5乡镇中抽保调查270家，明年又于调查全区苞谷产量时，逐户询问，二十八年（1939年）又实行猪只月报，兹分场分类以表之。

1. 各场猪只比较表

场名	猪数/头
文星	2287
黄桷	2812
澄江	3612
北碚	7086
二岩	490
总计	16287

2. 全区猪只分类比较表

类别	猪数/头
母猪	581
公猪	12
仔猪	298
架子猪	11844
肥猪	865
总计	16287

调查之后，继以宣传，使农民了解畜养白猪之利益。二十八年（1939年）以后，更依区署行政结构，以各镇警卫区为宣传单位，又由于保甲长谈话会，或由小学教师宣传，农业推广所是时成立，又调训助理员及警士，并于小学教师寒假教育研究会，授以种猪改进等教材，区署各种例会（如内政会、周会、月会以及各镇保甲长联席会）无不利用机会，广为宣传，推广白猪益行顺利矣。

二十八年（1939年）1月，本所派员赴荣昌购运白猪，至二十九年（1940年）4月，购运完毕，费时年余，共计运回种猪442头，其选购标准：(1)年龄双月。(2)体格健康正常。(3)同窠仔数8个以上，乳头整齐，至少12个以上。(4)头部有黑块或黑毛者（全白为聋子，系先天性之遗传，容易压死小猪，不能留作种用）。(5)体长而深，背直或上拱，及细而无皱纹。(6)猪鬃修密，显明而光泽。选购之后，登记耳号、农户姓名、住址、母猪情形、生日、仔猪毛色、乳头数目、窠次、同窠仔数、体重、价格，为便登载详明，并免市上不卫生环境计，多自乡间选购，往返选择，多费周折。

选购地点为荣昌产白猪区域（城区附近县属安富镇、古桥乡、清江乡、清升乡、双河乡、峰高乡等地）。选购之法，亦有可述：凡购猪均由猪贩（俗名猪媒人）介绍，在各镇乡逢场之期即上街晤猪贩，在茶馆或酒店内略为招待，取得相当联络，购猪工作即可顺利进行。每日购得之猪，均运回安富镇种猪场，分别隔离饲养，隔离至4日以上，如均系健康则与健猪合群，凡疑有病之猪，即严密隔离，并用石灰施行消毒。购足40头以上，则施行预防注射，注射之血清，有时1种或至

3种。如均属健康,即行起运,起运前购置猪笼、猪圈、棕索、水盖及铁棒等物,猪笼、棕索用以挑猪,猪圈系晚间用以围猪,铁棒用以固定猪圈,水盖系在途中盛饲养喂猪之用,人力车3日可达北碚,脚夫5日而至,兹录历次购运情形于下:

批数	头数	购运时间	运输方法	推广地点	备考
一	60	二十八年(1939年)1月份	赶走	北碚	1月14日起运,26日到达
二	40	同	人力车	北碚	共费12日
三	32	二十八年(1939年)7月份	肩挑	文星	不详
四	96	二十八年(1939年)8至9月份	肩挑	文星	文星69头,黄桷25头,北碚3头
五	84	二十八年(1939年)10月份	人力车及肩挑	黄桷	黄桷19头,北碚65头

白猪5批,共计种猪321头,到碚后分发检查登记合格领户,计有文星乡104头,黄桷镇56头,北碚场161头。二十九年(1940年)又推广149头,计如下表:

镇别	运区推广数/头	抽仔推广数/头	合计/头
澄江	40	5	45
北碚	87	6	93
文星	—	11	11
总计	127	22	149

(一)推广之法 免费发给仔母猪抽还仔猪,此种办法系根据三峡旧习,即贫农向富农领喂双月仔母猪,俟开始生产后,每窠缴还双月仔母猪1头,至11窠为止,共须缴还双月母猪10头,倘种猪不幸死亡,仍须照价赔偿,条件虽苛,领喂者仍不乏人,可见贫农经济困难及对养猪需要之迫。三峡白猪推广,即采用此法而加以改良,以期农民收得实惠。

(二)劣种猪之淘汰 为免除猪种杂交,故本地脚猪必须尽先淘汰。然饲喂脚猪者大都年老赤贫,无依之徒,为体恤其艰难起见,先免费发给荣昌双月白猪,以替代之,原有脚猪,准其使用5个月,一律去势变卖。如是农民生计不生影响,荣昌白猪得以顺利进行。目前峡区关于脚猪之统制,已完全办理妥当,饲养脚猪者亦乐于接受各种办法,每月并将配猪畜主之姓名、住址、交配日期及窝次等报告一次,由推广所派人抽查,如确能遵守条约办理,每配种1头,收大洋1角,违者则罚洋1元,连罚3次,即收回脚猪,并取消其营业资格。此外,如黑色花色或不良母猪一律去势。自荣昌白猪推广后,所有黑花母猪所生仔猪应断乳前一律去势,不许其再留作种用。

其管理规程,亦有规定:

(一)领喂种猪之手续　峡区内之居民,须先请求领喂种猪,经核准后始得有领喂之权,原饲育母猪及脚猪者有优先之权。领喂种猪者均不取费,惟每户请领公母种猪各1头为限。凡经核准之领户,应觅妥本所所认可之保证人填具保证书,交保长署名盖章后,方可领取。

(二)领喂者应守之义务及规约

1.凡领喂种母猪者,至迟应于领喂之种母猪分娩,将前原有母猪阉割,倘有仔猪或已怀胎,准其分娩断乳后阉割,至原有仔猪,不论公母,应一律去势,又土公猪应于领到公猪6个月内去势,以绝繁殖。

2.凡领喂母猪,应向就地设立之牲畜保险机关保险。

3.所领母猪,由第2窝起至第6窝止,每窝须择优缴还10日仔猪1头;领喂公猪,不在此限。

4.种猪年龄未达8月及公猪体重不及100市斤,母猪不及120市斤以上者不准交配。

5.领取种猪必须应用本所推广之荣昌公猪交配。

6.种公猪第一次配种,种母猪第一次配窝须经核准后方得利用。

7.种猪遇不堪种用或须转卖屠宰等情,应先声(申)请,经同意后,方得实行。

8.领喂之种猪或生产仔猪,本所认为不堪种用者,得令去势,以作肥猪。

9.该种猪如发生疾病,应立即报告本所,以便前往诊治,畜主不得隐匿不报,或过期报告,致遭死亡。

10.种猪如发生意外死亡,如咬死、打死、压死、烧死、淹死、被窃及杀死等,视当时情节轻重,决定酌量偿还。

11.种猪如因传染病死亡,其尸体应听从本所处理,不得自行处置或出售。

12.该种猪一切饲料管理及预防注射等事项,应接受本所指导。

11.领喂者违反本所办法之义务及规定之一者,本所得将种猪无条件收回或偿还猪本及利息,其摊还法如下:

第一年内还本金及利息,第二年内还三分之二及利息,第三年后免偿。

(三)已领喂者之权利

1.所生仔猪,除照章自第2窝至第6窝止,每窝缴还1头外,其余全归领喂者所有。

2.所领种猪,经保险后,如因患传染病及普通内外科疾病而死亡者,领喂人不负偿赔责任。

3.领喂者饲养得法,管理周到,并服从本所一切指导者,每年酌予奖金。

4.上项权利,领喂者商得本所同意后得随种猪转让他人。

是年,以母猪推广分布情形与数量,酌量适中地点,完成公猪配种供用站。北碚镇设立4处,黄桷镇设立2处,文星镇设立2处。凡公猪领喂农户(供户站)必须遵照下列规约配种:

(1)公猪年龄在8月,或体重在100市斤,方准应用。

(2)每日只准交配1次。

(3)120市斤以下之母猪不准交配。

(4)花母猪与黑母猪不准交配。

(5)交配未受孕的母猪,应再行补配,但不能另取交配金。

(6)每月份分上下两期来本所或工作站投报交配母猪的畜主、地点、配种日期及体重等以便抽查。

如能遵守上约配种,经抽查属实者,即为合法配种,每配1头,奖金5分,违者每次罚金1元,连罚3次,即收回公猪,并取消其营业资格。自去年12月份起至本年11月份止,8个公猪配种供用站逐月每头共配种次数,表列如下:

镇别	耳号	12月	1月	2月	3月	4月	5月	6月	7月	8月	9月	10月	11月	合计
		次数												
北碚	10	12	7	16	15	21	28	24	26	6	5	19	6	185
	131	—	—	10	16	18	24	10	15	17	20	10	8	148
	278	—	—	10	12	13	18	16	9	11	16	1	2	108
	77	—	—	—	—	—	4	10	6	2	6	4	1	33

续表

镇别	耳号	12月	1月	2月	3月	4月	5月	6月	7月	8月	9月	10月	11月	合计
		次数												
文星	131	19	10	6	7	9	16	10	8	4	2	2	4	97
	132	20	12	18	14	17	20	16	18	17	5	14	6	177
黄桷	289	—	4	10	8	5	9	15	8	6	8	7	2	82
	60	—	—	—	—	4	5	11	6	7	9	5	8	55
总计		51	33	70	73	87	124	112	96	70	71	62	37	885

附注：本年因推广种猪，尚未达到大量繁殖期。本地土种母猪，暂准其配种，交配头数在内。

是特种猪分发星散，无法集中管理，乃由保育所依照区署行政结构，以各镇警卫区为管理单位，每月由警备区助理员逐月督促警士及保甲人员，清查区内领种母猪人家，督催编造"种猪管理月报表"。更由保畜所或工作站出动调查种猪生长与配窝情形，并指导猪圈清洁与母仔猪饲养，文星、黄桷两镇实行较好。

荣昌白猪推广之初，以突然更换环境，改变饲料，常有择食及生长不良现象，但约在第一窠生产与第二窠交配期间之1年以后，渐上正轨，生长迅速，多可及120至200市斤，较之本地种母猪生长最重不过120市斤者，诚不可同日而语。惟白猪十之一二，生长不良，消瘦体弱，易染疾病，且多患蛔虫（糟虫）病、囊虫（水泡虫）病及疥虫病（皮癣）。卫生消毒，多依新法行之。猪圈设备，交配繁殖，饲料亦皆由保育所时时指导。是岁又淘汰劣种母猪，替换抽回仔猪，其结果如次：

镇别	保数	土种黑猪数	母猪花猪数	淘汰数	替换数	备考
北碚	21	2	152	96	5	
澄江	12	8	119	65	10	
文星	11	15	40	31	6	
合计	44	25	311	192	21	

二十九年（1940年）度本所主要工作，在于推广猪之管理与检定，强迫淘汰劣种母猪，替换抽回仔猪，统一品种，以完成全区优良荣昌猪种，以树立白猪推广之基础。乃与合川县合作金库合作，以种猪贷款办法，以合川太和镇种猪，供给合

作社社员,在峡区选购优良仔猪,推广太和镇凡600头。峡区澄江镇增加推广100头。北碚、黄桷、文星3镇,共替换土种或劣种母猪150头。于是完成峡区优良荣昌猪500头之计划。三十年(1940年)亦推广500头。三十一年(1942年)局境有猪16000头,而白者占十之八九,其成效可睹也。

美国纯种约克县(Yorkshire)猪特点多端,专家所论,可分5项:

(一)体形:约克县猪体形与本地土猪完全不同,其体态优美,鼻长适中,面微凹,耳竖直而稍向前倾,年老则耳有下倾趋势,颈长,肩峰稍向上凸,头、颈、背接合端正,背较狭但较土猪宽甚,背平直或向上呈弧形,身材较土猪高大,肋骨长而弯曲,腹下成直线,臀部长而平滑,四肢端方强健,后腿尤其发达,睾丸亦颇发达,故为腌肉式猪中最佳之一种。

(二)毛色:约克县猪毛色与隆昌猪同,全体纯白,无黑毛,然隆昌猪头尾都无黑毛,必为聋猪,约克猪则以全白为上。

(三)大小:本种在腌肉式种中身材最大,初生时体重约2斤,成年者可达600斤,初生时每窠体重及每头体重,均较我国者为强。四川家畜保育所试验结果如次。

种猪生产记录表

畜别	号数	生产头数	幼畜性别及数目		每窠体重
			雄	雌	
约克县猪	303	9	5	4	9.9公斤
内江猪	172	6	3	3	6.5公斤
内江猪	158	3	1	2	3.5公斤
荣昌猪	145	7	4	3	7.7公斤

(四)生长:约克县猪生长较四川猪快,而消耗饲料又少。兹将四川家畜保育所试验报告录之于次。

一、二两月份种猪生长率比较记录

种别	头数	平均每头每日增加体重/磅	
		二十六年(1937年)1月	二十六年(1937年)2月
约克县猪	3	0.81	1.28
内江黑猪	5	0.4	0.71
荣隆猪	2	0.48	0.27
宜宾猪	4	0.58	0.625
云南山猪	8	0.59	0.236
金华猪	6	0.51	0.648
如皋猪	2	0.80	1.05

每单位增重所需之饲料,与品种之优劣大有关系。品种愈优,所需饲料亦愈少;否则反是。吾国之猪,普通每增体重100磅,约需饲料500磅,甚至有需800磅者。外国猪耗费饲料较少,每增体重100磅,所需饲料约400磅。美国爱沃畦农场试验约克县猪肥育之结果,每增100磅,所需饲料为358磅,英国某养猪场报告,甚至只需200磅饲料。约克县猪生长之迅速,亦远非峡区猪可比。

(五)肉质:约克县猪肉优点有四:1.瘦肉多肥肉少。2.腿部肌肉特别发达。3.肌肉纤维细嫩,脂肪分布均匀,制成火腿、腊肉有特别香味。4.皮薄无皱纹。

约克县猪优点既多,三峡亦极提倡推广。二十六年(1937年)春由美国运来1头,重240斤,其后纯种公猪增至10头,更设公共交配处4所,杂交59次,产杂交猪19窠共186头。约克县猪遗传力强,故杂交种体形近于约克县猪,头、颈、耳、鼻等均与约克县相似。我国土种猪,体形缺点为背过狭而又向下凹陷,腹部极松宽下垂,皮粗厚而有皱纹。杂交种无此现象也,其背变宽,背线较平,体边变深,腹线亦较直,皮薄皱纹渐少,甚至无有皱纹,肩部臀部丰满,后腿较长而发达,足爪健状(壮),形态美观多矣。猪本为短期饲养之肉用家畜,贵于在最短期间消耗少量饲料,而变成多量美肉,杂交种之生长力较原种为高。据南京中央大学农学院于民国二十二年(1933年)用金华猪与盘克县猪杂交种之第一代,与南京土种猪生长比较试验,其结果:杂交种确较土种为优,杂交种平均每日增重1.332磅,土种日增1.244磅。又据该校民国二十四年(1935年)畜牧兽医季刊报告:金华猪与盘克县猪所生之杂交种,与南京土种猪相较,亦有极显明之差别。在同一年龄、同一环境下饲养,在7个月内,杂种猪每头较土种猪多增肉量30余磅。四川家畜保育所约克县与盘克县猪之生长记录比较:二十六年(1937年)2月份,约克县平均每头每日增重0.5806公斤,盘克县猪仅有0.2681公斤;3月份约克县猪平均每日增重0.5633公斤,而盘克县猪仅增0.0646公斤,是盘克县猪不及约克县猪生长迅速,约克县猪与本地猪杂交种,亦较盘克县杂交所生之杂交种生长为速。

附:四川省家畜保育所三峡实验区各种猪只推广办法

甲、荣昌脚猪推广法

一、调查原喂脚猪者,其脚猪经审核不合格者,则设法劝其淘汰,迫令去势。

二、施行淘汰后,由本区以育成之荣昌白公猪,予其喂养。

三、喂脚猪者来区牵猪时,当面用(20两)一斤之大秤过秤。

四、满70斤方准牵去,以便推广,而开始配种。

五、依市价对折计算:如现价每斤2角8仙,即作1角4仙。

六、依1角4仙一斤算,就后记其总值,不需现钱。

七、待该猪不作用种去势卖去后归本,不取利息。

八、目下已推广2头,计陈兴发(12元)、袁树林(10元)各1头。

九、该猪领去后,须按下列办法实行:

(一)每日只交配一次。

(二)70斤以下母猪,不准交配。

十、依法行者赏,违者罚,甚者拉回或取消其营业资格。

十一、依九条规定办法,实行者则赏,其法按其报告复查属实,则每配母猪1头,赏洋1000元。

十二、相隔3场,来区领钱1次,顺便报告一切,劝其自行记录,其记录项目列下:畜主姓名、保甲、地名、交配日期、母猪体重与毛色。

乙、约克县公猪推广办法

一、约克县猪,以价值特高,农家喂养不易,暂不向农家推广。

二、为推广第一代杂交猪起见,须保持二纯,即纯荣昌母猪与纯约克县公猪。故约克县公猪,亦须分散各场,方能普遍推广。

三、由实验区署给资二中队与三中队(即黄桷镇与澄江镇)代为饲养,推广交配。

四、由区署津贴各该镇猪舍建筑费40元,每月饲料费5元。

五、技术方面,由本区直接指导管辖。

六、本区供给每处交配架1具,体温表1支,各类应用药品数瓶,并记载簿藉(籍)2册。

七、遇有紧急事故,各该处用电话通知,随时予以解决。

八、西山坪农场及歇马场农会所领喂之约克公猪,本区予以技术上之指导,而不予以经济上之帮助。

九、以后合作社领喂公猪或母猪,均依第八条行之。

十、在本区范围以内,欲购种猪者,则按市价出售。

丙、种用猪推广法

一、凡农民或农场以及合作社与夫儿童家畜保育团,均可向本区索养母猪。

二、凡愿喂养母猪者,不论直接间接均须经本区认可后,方得将母猪牵去。

三、在50斤以上之母猪方准牵去。

四、取母猪时,无须任何信金和物件,全凭该人信用。

五、领去母猪至少须满80斤,方准交配。

六、每胞小猪交还本区1头。

七、不愿继续喂养时,归还本区,本区依时间之长短、增重之多少,配量仍以该母猪下胞所生小猪为酬。

八、饲养不善者,本区得依照脚猪推广法,随时收回之。

丁、肥用猪推广法

一、乡农要肥料而又缺少买猪本钱者,得向本区申明,经审核属实,而该农民又属忠诚守信者,本区可代其设法给肥用猪与之喂养。

二、喂养肥猪,无须现金及任何押金,全凭其族人之信用。

三、取猪时过秤,按市价五分之四作价,暂记猪本,至该猪催肥出售后,所有赢余,本区又得十分之二。

四、中途有不愿继续喂养者,可将猪归还本区,其所增体重,仍按价给予8成之报酬。

五、取猪时,每猪先行交纳猪价5%保险金。

六、凡保险费作为施行霍乱肺疫及丹毒之预防注射时,不再取费,且以后患病及死亡,均由本区负责医治。不愈尸体,全归农户处置。

七、凡不愿交保险金者,该猪瘟死后,须由喂养者赔偿本区猪本之半数。

八、是项猪之来源,即由本区在种猪中淘汰者。

戊、推广费之处置法

一、本区每月经常费内有20元之推广费,此费即作乡民猪本贷款之用。

二、每月称小架猪3头,以作推广,其办法与喂养肥用猪略同,并可作养猪保险之实验。

三、当农民向本区陈明欲养猪,而乏猪本,经审核属实,而该人向守信义者,本区可代为购猪,给之喂养。

四、还本分利及保险办法等,均与喂养肥用猪同。

今将四川省家畜保育所三峡实验区种畜场公猪交配规则附后:

1.凡母猪来本场请求配种者,概须向本区办公处取得许可证,填写声(申)请书,再经检查认可后,方得配种。

2.本场公猪,概不外出,且每日限定只交配1次。

3.本场公猪配种,不取交配费。

4.由本场公猪配种所生之仔猪,本场负责下列各项:

(1)成绩优良者,能得奖。

(2)介绍出卖,价格决不低于行市。

(3)不出火印。

(4)仔猪不致会死胎、流产及畸形。

来场配种之母猪,须受检验事项:

1.无皮肤病(如疥癣等)者。

2.无体外寄生虫者。

3.无传染性疾病者。

4.无流产症者。

5.母猪本身不太劣(如下列条件)者:

(1)生后须满8个月。

(2)体重须有80斤。

(3)年龄须在8年以下。

(4)勿骨瘦如柴。

(5)无恶癖。

选购或定种用猪的标准,就个体(即本身)来说:

1.头宜小而多肉。

2.母猪体须长,乳头多,以12至16个为标准(生殖器官发达)。

3.身体、年龄勿过小(以满两月者)。

4.春季生者较秋季生者为佳(秋生只可作肉用)。

5.同窠数宜多——须10个左右。

6.种猪勿过肥。

7.胸围须大(呼吸器官发达)。

8.耳薄毛细而多。

9.膝或背顶不屈弯。

10.背须平而宽,腹不下垂。

11.头勿长(鼻长中等)。

12.四肢勿过长。

猪应2月断奶,农民养猪不及1月即行断奶,未免太早。阉割应于6至8星期

间,而普通则或至70天始行阉割,未免太迟。猪草多用干豆科茎叶,饲料太劣,架子猪尤不讲究,又无隔离病猪办法。又母猪生后六七月体重四五十斤,便行交配。交配既早,生产小猪亦少。母猪产猪吃胎衣,往往咬死小猪,其后须经改良。

家禽种属亦经试验改良。局境人士,尝施行北平鸭与土鸭杂交结果亦佳。

北碚之东,有地名深基沟,木匠佘姓,自民国二十年(1931年)畜白鸭3只,每年腊月上旬产卵,至次年7月中旬始歇。三鸭年产卵540只,当时可售270吊。佘姓三口之家,鸭之所产,可维持6月生活。土鸭种初购自市上,据佘姓言,选购鸭子,应注意羽毛光泽,更应察其骨骼之粗细、背腹之宽狭、眼神光亮及大小,而嘴腔齿轮,尤应特别注意。齿轮生有6轮以上者,即为能多产卵之兆;6轮以下者,产卵必少。土人多用母鸡代孵小鸭,以求增加鸭之产卵量。此种土法,普遍乡间,颇有成效。萧蕴琨商得中国西部科学院之同意,以其农场所畜之北平雄鸭与佘姓雌鸭交配,结果颇佳,兹就其论文,而述其大略。

交配之成功:北平鸭与土鸭初置一地,情若冰炭,不相融洽,以体态不一,而互存畏心,土鸭身体小巧,运动迅速;北平鸭身体笨重,动作迟缓,又苦于相处。其后刺取两种血液,拌入食料,分别饲之,同处二日,始相欢爱,进而交配。

精卵之检查:土人判断受精与否,根据卵壳以为断。卵壳构造粗糙,即已经受精之表现;卵壳细腻,必未受精。又以电灯光映照,其胎珠黑点极明者,必已受精;其为透明之黄色液体,无显明之黑点胎珠,必未受精。法亦甚验。

孵化之选卵法:选卵一事,最为重要,孵雏选卵之标准如下:

一、须用精力充足之卵　雌鸭未经交配,所生之卵为"寡蛋",不能孵化。但鸭群之中,雄鸭过小(少),雌鸭过多,一雄鸭难满足雌者之性欲,雌鸭之卵精力不足,孵化亦难得完满。若卵用种鸭,其身体孤瘦,产卵最多,性欲发达,一雄可配十雌,而种鸭则身体肥胖,产卵甚少,性质迟纯,性欲淡薄,一雄仅可配五雌。又如脱毛时期所产之卵,或过老及过幼雄雌之交配,卵之受精,皆难健全,均不宜于孵化,故欲孵化,须用精力充足者。

二、须用健全之卵　鸭卵之双黄者,蛋黄不正者,外壳过软过薄或过厚者,外观上形式不正者,病鸭所产者,皆不可用。

三、裂缝之卵不可用　盖裂缝者,腐败细菌易于侵入,内部最易腐败,甚或臭液流出,污染他卵,应检出之。惟细小裂缝,肉眼难见,可以鸭卵二三枚置手掌中,全手向内外伸屈,使卵彼此相触,无裂缝者须有清脆声音,有裂缝者则有闷裂声音,耳可辨也。然珍贵种卵,虽有裂缝,弃之可惜,应于裂处涂以2%之铬化汞溶液,然后用大棉酒封之,亦可孵出也。

四、须用新卵　鸭卵新鲜为上,当日初生者尤妙,3日以内者亦佳。保存卵之处所,如温度在45度,空气流通而不过干燥,少见日光,卵小端向下,置木屑或糠皮内,防蚊虫吸吮,不受过冷过热之刺激,则卵内胎珠生活之力可延至20天。惟孵化之结果,不甚良好,侥幸孵出鸭雏均多体弱,易生疾病,不逾一月,大半夭亡,国人孵雏事业于此多不注意,故多失败也。兹将新卵、陈卵孵出成数及鸭雏育成差数,列表如下:

新卵与陈卵孵化比较表

卵产出后之日数	当日	3日	6日	9日	13日	16日	20日	30日
原有卵数	25个	20个	20个	20个	10个	15个	20个	10个
平均孵化之雏数	99%	91%	78%	70%	60%	40%	20%	无

卵之新陈与雏之成育表

试验时间	二十五年(1936年)4月6日—5月4日	二十五年(1936年)4月6日—5月4日	二十五年(1936年)4月9日—5月7日	二十五年(1936年)4月9日—5月7日	二十五年(1936年)4月10日—5月8日	二十五年(1936年)4月10日—5月8日	二十五年(1936年)4月10日—5月10日
卵产出后之日数	当日	3日	6日	9日	13日	16日	20日
成育雏数	94%	89%	80%	72%	63%	39%	18%
备考	以百个幼雏计算						

五、宜用春卵　春季万紫千红,群芳争媚,凡百动物,春情易动,交尾时多,所产之卵,精力亦强,最宜于孵化。秋季寒风肃杀,百卉凋零,雌雄融景伤情,春心顿减,交尾时少,故含精种卵,不易多得。

六、雌卵和雄卵之选择　幼鸭及老鸭所产之卵,雄性最多,壮鸭所产之卵雌性最多。形长之卵,及两端尖锐相等之卵,多属雌性;卵形长,两端尖锐不等者多属雄性。选卵不可不知也。

巢箱之设置:巢箱依据气候环境之不同而异,其形状以稻草或麦草编成上口大、下底小之圆筐较佳,上口周围约5尺,下底宜鸡孵化为适,高约2尺余,内铺以棉褥,上覆柔软之草,筐底用木架,或以砖砌之,使其稳固不动,下列事项,亦应注意:

1. 巢箱附近应安静无声。
2. 应防止鼠蚁猫犬等物。
3. 巢箱应置于清洁地方,而空气过燥过湿之处,皆不适宜。
4. 巢箱附近空气宜流畅,但光线不可太强。
5. 移换巢箱宜在孵鸡出巢饮食为佳,否则卵体最易生冷,因而停顿胎雏之发育。

巢鸡之选择:巢鸡良否,关系孵化最大,巢鸡不良,难免失败。凡不良巢鸡,就巢性弱或半日就巢半日离巢,年龄过老过幼,四肢有残废,性情粗暴,举止轻浮,皮肤有病,下痢,皆不宜用以孵雏。优良巢鸡,就巢性强,终日缩头闭目,卧伏巢内,虽烈日蒸熏,暴雨淋漓,仍死守如旧,初志不移,猫犬近前,则怒气勃发,羽毛蝟(猬)张,抵抗外侮。凡体躯肥大,羽毛丰厚,身体健全,就巢性强者,皆优良巢鸡也。

孵鸡之管理:孵鸡应按照一定时间给以适量玉蜀黍、碎米、剩饭、菜根、山螺、细沙等食料及洁水,水壶食盆亦可悬挂巢旁。抱鸡者每日至少离巢一次,使卵内空气藉此流畅,如离巢不过5分钟,卵箱不必细盖,俾卵得以收取充足空气,不致胎珠窒死,如离巢逾10分钟以上,可用被毡等物遮盖,以免失温过多。巢鸡常伏箱中,其温度易培养不洁虫菌,甚或致巢鸡死亡,传染其他巢鸡,故应时时检查巢鸡皮肤上之疾病,不时涂以亚砒酸于其毛内或巢箱缝隙,预防虫菌。每隔三四日,应使巢鸡游行于日光充足之处,孵化室之一角应堆集沙土,使巢鸡便于沙浴。抱鸡既久,两翅往往不能下垂,且巢箱每多干燥,抱鸡呼吸迫促,身体卫生两有妨碍,故每日应于巢箱之外及上口与鸡翼下喷以适当清水,而孵化室及巢箱更应常加清洁。

孵卵之检验:验卵可于第7日及第14日行之,孵化7日之卵,用日光查验,可分3种:

一、无精卵:卵内无胎珠,以其未经雄者之交尾也。无精卵,虽受7日温度,除水分减少外,并无其他变化,仍可充作食料。对光查验时与寻常卵相同样,并无黑点与血线,有时可见卵黄疏影,上下浮动。

二、死卵:卵内虽有胎珠,但因为胎珠本体太弱,或因为温度不适宜,以至胎珠死亡,对光查验时,其有一黑点之血管集成环状而无放射状态,此卵应检出之,以防腐臭而污染他卵。

三、活卵:卵内胎珠进行生长,用光查验时,中有黑点之影向外放射血线,状似蛛网,微微活动,其红血线,黑影点,白卵壳,至为分明,孵化14日之活卵及死卵照验如次。

(一)活卵:卵内除了气室而外,布满黑影,用强灯光或正午日光照验,胎珠活动情形甚为显明,如以长二三寸之厚报纸作一椭圆长筒,筒口微小于卵,一端置于目上,一端以被验之卵覆之,对日光查验,则见卵内胎珠跳跃,如活动电影然。

(二)死卵:血管凝结,黑影流动太甚,不见胎珠丝毫活动,第二次查验后,死卵应全行移出,以免腐臭崩裂,至17日可置于摄氏表40度温水内,活卵浮游水内时或转动颇有奇趣。

胎雏之发育	胎雏在28日以内发育概况略如下述		
先5日	胎珠形体增大	第6日	略现出头部形状
第7日	头部显著	第8日	心部现形
第9日	羽部现形	第10日	心房出现
第11日	肝胃略具形状	第12日	泌尿器现出
第13日	血液增多	第14日	脑髓成形
第15日	五官全现形状	第16日	胸骨现出
第17日	肋骨显出	第18日	雏体活动大增
第19日	眼之构造完成	第20日	肋骨完全
第21日	肋骨完全	第22日	内脏诸器完全成就
第23日	嘴能张闭	第24、25日	脱掉尾
第26、27日	能发声音	第28日	出壳

发育停止及笼死之原因：胎雏孵化19日以内，死于壳内者，谓之发育停止。在孵化19日至28日死于壳内者，谓之"笼死"。发育停止之原因，系受过冷过热之打击。笼死之原因，为空气不足。据萧氏经验，以摄氏寒暑表置于抱鸡之旁，9日之内温度曾一时高至42度，然尚无害于胎珠之发育，若低至35度则易停止胎珠之发育。孵化第9日至19日所需温度，虽一时低至35度，尚无大害，但如高至42度，胎珠即容易热死壳内。由19日至28日所需之温度，偶然过低过高，但胎珠生命仍能保持，惟空气不足，胎雏则立即死于壳内。

胎雏之出壳：如种卵新鲜，孵化温度适宜，胎珠可早出壳一二日。反之，种卵陈旧，孵化温度不适，则迟出一二日，雏在壳内喙破小孔，以流通空气，以免窒息。鸡体逐渐增大，壳上小孔处坼裂，壮鸡喙之，6小时即可离壳，弱雏多经过26小时，始行出壳，万不可以人工为之也。

第一代杂交鸭与北平鸭生长情况比较：在同一饲料同一管理之下，杂交鸭之生长率较北平鸭加多3%，疾病之抵抗，亦较北平鸭为强，平常健康，自亦较北平鸭为佳，兹将第一代杂交鸭与北平鸭7月来之生长情况比较如次：

第一代杂交鸭与北平鸭生长情况比较表

种别	名称	试验时间	孵出后之重量	月别	饲料	重量	备考
纯种	北平鸭	二十五年(1936年)4月6日至11月6日	5两9钱	第一月	碎米、饭、细沙、清水	16两7钱	
				第二月	碎米、饭、玉蜀黍粉、山螺、细沙、清水	23两5钱	
				第三月	玉蜀黍、谷、菜叶、细沙、山螺、清水	34两	
				第四月	玉蜀黍、谷、菜叶、山螺、细沙、清水	40两	
				第五月	玉蜀黍、谷、菜叶、细沙、山螺、清水	43两5钱	
				第六月	麦麸、谷、菜叶、细沙、山螺、清水	46两9钱	
				第七月	麦麸、谷、菜叶、细沙、山螺、清水	50两弱	
第一代杂交	第一代杂交鸭	二十五年(1936年)4月6日至11月6日	5两6钱	第一月	碎米、饭、细沙、清水	16两1钱	北平鸭系肉用种，记者调查深基沟之鸭子，系孕卵用种，此次之实验，是准备改良成卵肉两用种
				第二月	碎米、饭、玉蜀黍粉、山螺、细沙、清水	22两9钱	
				第三月	玉蜀黍、谷、菜叶、山螺、细沙、清水	34两3钱	
				第四月	玉蜀黍、谷、菜叶、山螺、细沙、清水	40两9钱	
				第五月	玉蜀黍、谷、菜叶、细沙、山螺、清水	44两7钱	
				第六月	麦麸、谷、菜叶、细沙、山螺、清水	44两8钱	
				第七月	麦麸、谷、菜叶、细沙、山螺、清水	52两	

由此观之,可知同时孵出之北平鸭及第一代之杂交鸭,饲养无异,而以7月之时期,杂交鸭比北平鸭加长2两,即可证明第一代之杂交鸭并不亚于纯种之北平鸭,以萧氏7月来之试验,估量第一代杂交鸭之产卵率决高过北平纯鸭之产卵量也。

二十六年(1937年)春,实验区畜安古拉兔18头,毛长而细,可制上等毛织品,以三四对推广农村,又公布家兔,借种办法颇有成效,兹附录之。

四川省家畜保育所三峡实验区家兔借种推广暂行条例

第一条　峡区农民及各小学校儿童家畜保育团团员得享受本条例之权利。

第二条　饲养本区之兔,每借一头须先缴纳押金,如毛兔1元,美国兔5角,杂交兔3角,本地兔1角,始得借与将来还兔时,发还押金。

第三条　本区供给之数目,每家以公母各一头为限。

第四条　借兔饲养之时间,每期以一年为限期;满后,以子兔2头归还。本区,余均归畜主所有,如无子兔者,仍以原兔归还。

第五条　凡来本区借种时,须先请该保保长或儿童家畜保育团理事长填具介绍保证书,并签名盖章,始生效力,其保证书之样式,由保区另定之。

第六条　借种者如过期不还,或不供给小兔者除没收其押金外,并责成保证人追还种兔,否则照押金加倍纳费,借种人继续请求者得续借一期。

第七条　本区所借之种兔,如发生病症时立即报告本区以便免费派员诊治。

第八条　种兔病死,须将尸体送还本区,以便解剖检验,所缴押金概不退还,如病死无尸体退还者,每头照押金数目另处一倍罚金。

第九条　凡饲养本区种兔之农民或儿童家畜保育团团员,对于饲养与管理方法,均可商请本区技术人员办理之,一切生产利益概归饲养者所得,如兔毛、兔皮、兔肉,将来大量生产时,本区代为集体筹划,组织合作社共同经营生产运销利用等事,本区不取任何佣金。

第十条　饲养种兔管理不严,致被野兽或牲畜伤害而死者,亦照第八条罚金元之规定办理之。

第十一条　本条例如有未尽事宜,得由区主任呈请本所修改之。

第十二条　本条例经家畜保育所核准后交由本区施行。

二十六年（1937年）春北碚动物园推广家畜，繁殖甚多，有纯种意大利小鸡109只，北平鸭56只，其他杂交鸡11只，更推广于乡村农家每养小鸡小鸭一对者，将来以卵16枚作酬，并信用担保等，当时推广达36家，惟复兴兔则因饲养不易，仅推广21对。

局境人民饲养家畜，多不讲求，而卫生设备尤为缺乏，乡村农家尚有畜舍，市区人民则付缺如，昼间任其出入，夜间则与人同宿一室，不但猪只容易传染疾病，即于人之卫生大有妨碍。其乡村畜舍，亦不合科学方法，光线、空气、干湿等，均不适宜。舍间大小，亦无一定，且率用木棚，下设粪坑，少有用石建筑，而将粪坑置于舍外者，故舍间常留臭气，尤以夏季为甚，其牛马骡羊之畜舍，大都附于猪舍之旁，鸡鸭鹅则用箩筐或竹笼盛之，而兔则常与人同宿。

家禽饲养之目的，在维持家畜之生命及生长劳动力与乳肉卵等产品目的不一，而饲料中所含养分应适应各种不同之需要。局境饲料，多以植物为主，大别之可分为精饲料与粗饲料两种。精饲料以玉米为主，其次为大麦、蚕豆、麦麸、豆渣、米糖（糠）、红苕、洋芋等，此等原料多用以饲养猪及家禽，间有用以饲养牛马者。粗饲料以稻草及禾本科植物为主，其次为豆糠、农场废物、厨房污水等，此等原料，多用以饲养牛、马、骡与猪、兔。各种饲料之调制，除玉米、大麦磨碎外，通常不加处理，惟猪用熟食，实为局境农民之特性，至若各种饲料，按家畜身体之需要配合，则局境人民尚无此种知识。畜牧防疫工作站之任务，本有家畜卫生及饲养指导诸事，局属民众，不明防疫卫生之重要，每存怀疑态度，甚至遇事阻扰，防疫站虽深入民间广为宣传，并作广泛之指导与监督，然仍鲜实效。

第二章　防疫

四川省农业改进所兽疫防治工作之目标，在于扑灭牛瘟与减少猪瘟。盖防治猪牛瘟疫，直接可以减少耕畜死亡率，助长其动力，促进粮食增产，维护保险业务之安全，而间接又可以孳生牲畜产品，供应肉类，消耗储备外销物资。

局境山峦起伏，土地广阔，未垦之地，土肥草茂，实一天然牧场，用得其人，可经营大规模之畜牧事业。惟民智不开，狃于成法，每忽视家畜卫生，而饲养管理，亦不讲求。沿街放牛,或病畜而入市求售,嘉陵江上游疾疫,往往传染下游,以致疾病蔓延,死亡枕藉,农村经济损失颇重。三峡实验区职司维护峡区家畜生命之安全故也,划定北碚乡第七、八、三十三等三保为表证区,表证方法系以第七保为猪之普遍预防注射,并严行畜舍卫生。第一期已于4月内施行猪霍乱预防注射,共注射猪38头,第二期于5月底施行猪丹毒(即打火印)预防注射,注射后由本区发给保证书,以资保险,但该保农人对于此项工作,似尚欠明了,全保猪只,并未能完全注射,本区除尽量劝告外,亦随农民之自愿。至于第三十三保,仅施行畜舍卫生,不为其施行预防注射,每周清洁检查一次,如有依照本区办法实行之农家,按其清洁程度给奖,以资鼓励。尚有第八保,仅调查牲畜头数与过去疫病死亡之数目,不予以预防注射,亦不督促实行清洁,以资将来在此三保中作为对照。究竟注射与不注射、清洁与不清洁,所得结果如何,即比较其发生瘟疫与死亡之程度如何,用事实来表证与一般农人观看,期树立起预防的信仰,此即划表证区之意义也。

三峡实验区,对于家畜饲养概况及疫病流行与死亡情形,亦为注意,尝加以调查,以为工作之准备。三十年(1941年)急性猪肺疫流行,春季救治61起,挽回6770元之损失。三十三年(1944年)全年均有猪肺疫、猪肠炎及鸡瘟病等流行,而冬季之耕牛,因营养不良而死亡者,亦复不少,更据家畜保险社二十八年(1939年)、二十九年(1940年)保险猪牛之生病率及每种病中之中等死亡率,估计全区之兽疫概况及死亡之情形如次。

畜别	病名	病头数	病愈头数	死亡头数	死亡率	备考
猪	猪出血性败血病	1040	208	832	80%	
	猪丹毒	165	51	114	75%	
	猪流行性肠炎	128	19	109	85%	
	猪霍乱	72	11	61	85%	
	流行性感冒	140	112	28	20%	
	猪气管肺炎	140	25	113	80%	
	产后麻痹	52	18	34	65%	
	消化不良	820	138	682	10%	

续表

畜别	病名	病头数	病愈头数	死亡头数	死亡率	备考
猪	乳房炎	250	225	25	10%	
	其他	552	276	276	50%	
	合计	3134	12183.5	16.505	67.6%	
牛	牛瘟	24	4	20	85%	
	牛炭疽	24	4	20	85%	
	牛出血性败血病	12	3	9	75%	
	流行性感冒	48	24	24	50%	
	消化不良	65	65	0	0	
	其他	50	25	25	50%	
	合计	223	125	98	43.9%	
羊	痘	45	45	0	0	
	山羊寄生虫	150	105	45	30%	
	其他	30	15	15	50%	
	合计	225	165	60	26.7%	
鸡	鸡瘟	1738	271	1467	85%	
	鸡白痢	892	714	178	20%	
	鸡出血性败血病	1856	361	1945	80%	
	其他	1254	627	627	50%	
	合计	5740	1973	2767	65.6%	

注：本表所示之死亡率系家畜病后不施诊治之天然死亡率。

上表所列猪、鸡、牛之死亡，几全部由于传染病，传染速而广，故政府对传染病之预防，确有急切推进之必要。

二十九年（1940年）三峡实验区于各工作区域及家畜保险业务区内，加紧兽疫预防工作，侧重猪、牛防疫，抱定防重于治之目标。

（1）加紧兽疫情报组织，缩小情报管制，改警卫区为保之单位，并作兽疫常识宣传。

(2)严禁屠宰病畜及买卖瘟畜肉品及皮毛,以奖惩办法督促之。

(3)定期预防猪疫注射,拟定在工作区内,预防猪肺疫400头,猪丹毒800头。

(4)免费诊治农家猪、牛病疫。

防疫工作站为积极工作计,实施家畜传染病预防及治疗,其时于猪、牛瘟之防疫方法约分下列4种。

一、登记:每年3月初,本站制定家畜预防登记表,分发各乡镇保甲长,使于3月底以前,依照农民申请预防注射数字分别登记,汇送来站。

二、防疫:4至6月本站派员会同保甲人员,集中预防注射(猪肺疫、猪丹毒等),如有病畜,即予治疗。

三、紧急救治:猪牛瘟传染病偶然发生,或当传染病流行季节,防疫站即派员分赴各乡镇治疗,并于疫区四围施行血清预防注射。

四、门诊或出诊:家畜患有普通疾病,或传染病能送站医治者,即嘱其每日携来诊治,否则即派员赴畜主家诊治。小家畜如犬、猫等,多送站诊治;大家畜如猪、牛等,多应请出诊。

二十九年(1940年)猪只预防注射表

镇别	种类		合计
	猪丹毒	猪肺疫	
北碚	187	146	333
黄桷	4	21	25
文星	8	52	36(60)
澄江	87	9	69(96)
总计	286	228	514

二十九年(1940年)诊治家畜统计表

畜别	月份												总计
	12	1	2	3	4	5	6	7	8	9	10	11	
猪	56	45	71	54	58	49	82	79	65	53	61	50	723
牛	4	—	—	1	4	2	3	1	2	—	—	—	17
马	5	—	2	—	—	—	—	—	—	—	—	—	7

续表

畜别	月份												总计
	12	1	2	3	4	5	6	7	8	9	10	11	
其他	—	—	1	3	3	1	2	1	1	1	2	2	17
合计	65	45	74	57	62	54	86	83	67	56	63	52	764

附注：其他一栏包括狗、猫、兔等兽类与禽类。

病名	猪流行性感冒	猪流行性肠炎	小猪白痢病	猪丹毒	猪肺疫	猪肠胃病	猪疥虫病	其他	牛炭疽病	牛瘟	牛肠胃病	其他
患病头数	51	4	98	6	53	14	65	473	5	8	2	2
死亡头数	—	3	12	—	27			17	4	6	—	
死亡率/%	—	75.0	12.2	16.6	50.9			3.59	80	75	—	
备考								其中仅血清医治两头		因当时血清未寄到		

三十三年(1944年)治疗统计表

畜别	病名	治疗头数	治愈头数	死亡头数	治愈百分率
猪	猪肺疫	293	215	78	73.4%
	猪丹毒	124	93	31	75.8%
	流行性肠炎	52	38	14	73.0%
	猪霍乱	70	45	25	64.3%
	流行性感冒	124	124	0	100%
	猪气管肺炎	86	63	23	73.2%
	产后麻痹	6	4	2	66.7%
	消化不良	52	52	0	100%
	其他	82	65	17	79.3%

续表

畜别	病名	治疗头数	治愈头数	死亡头数	治愈百分率
	合计	889	709	180	79.0%
牛	牛流行性感冒	2	1	1	50.0%
	牛乳房炎	2	3	0	100%
	牛消化不良	3	3	0	90%
	合计	10	7	1	66.7%
猫	呕吐病	3	2	1	66.7%
马	消化不良	1	1	0	100%

本站设于朝阳镇,故医治家畜亦以北碚为最多。其次为金刚、文星、澄江、二岩、黄桷、龙凤等镇乡,惟白庙无之。猪之疾病,2至4月肠炎、霍乱最多;5至8月肺疫、流行感冒及猪气管肺炎最多;9至10月则多为猪丹毒;10月以后,疫势稍杀,仅有杂症耳,乡间有用中药医治畜病者,除普通病外,效果欠佳。

市区猪只疾病率较农村为高,以市区养猪多任其出外放牧,并无一定畜舍,甚易传布病菌,故此风不可不革也。畜疫流行期间,防疫站时时派员赴各乡镇猪肉市检查,发觉病猪,重者则屠宰出售,轻者则赶入市场,贱价售出。如求彻底扑杀,尚难实施,盖既无扑杀经费,又无由津贴农民之损失,徒唤奈何而已。

附一:四川省家畜保育所奖励兽疫报告员暂行办法

第一条 本办法依据四川省家畜保育所民众协助家畜保育工作奖励办法制定之。

第二条 本办法所称兽疫报告员,系指本所推广委员会各实验区或家畜保育办事处特约之兽疫报告员,其报告及奖励,均依本办法之规定办理之。

第三条 本办法所称之兽疫,暂以牛、猪为范围,分下列6种:

(1)猪霍乱

(2)猪肺疫

(3)猪丹毒

(4)牛瘟

(5)炭疽

(6)口蹄症

第四条　各报告员如发现家畜罹病时,应立即将家畜之特殊或剧烈之病状详细填入报告单,向本区报告。

第五条　猪、牛因病死亡时,报告员应将其患病及治疗经过情形详细记录,按月送本区备查。

第六条　如发现当地兽疫流行时,各报告员应指挥饲养家畜各户实施消毒隔离,及尸体处理。

第七条　农民对预防兽疫有所询问时,各报告员应立即详细答复之。

第八条　为工作便利起见,现暂划各报告员所属之一保为单位,于必要时得扩大之。

第九条　各报告员所需之调查表、报告单等,概由本所各实验区制发,报告员不得向农家征取任何费用。

第十条　各报告员之工作成绩每半年统计一次,优良者由本所各实验区会同当地行政机关酌发奖品,暂定为奖状或奖章2种,均由本所制发。

第十一条　本办法得商请当地行政机关协助施行之。

第十二条　本办法如有未尽事宜,得由本所随时修改。

第十三条　本办法经本所制定后,交由各实验区或家畜保育办事处公布施行。

附二:四川省家畜保育所民众协助家畜保育工作奖励办法

第一条　本所为增加本所推广工作效率,奖励努力协助之民众起见,特制定本办法。

第二条　奖励办法分下列4种:

(1)嘉誉;(2)给奖章;(3)给奖旗;(4)奖匾额。

第三条　凡民众有下列之协助工作者,本所按照本办法第二项各种奖励之规定,酌予奖励之。

1.热心协助本所各项调查工作而具有成绩者。

2.热心协助本所改良畜种而具有成绩者。

3.热心协助本所改进家畜管理方法者。

4.热心协助推广本所一切进行工作而具有成效者。

5.热心协助本所提倡家畜及畜产品卫生运动者。

6.热心协助本所提倡民间畜牧事业者。

7.热心协助本所工作广为宣传者。

8.热心协助本所防疫事宜著(卓)有成绩者。

9.办理疾病报告迅速而确实者。

10.诚恳接受本所指导办法者。

11.参加本所各项畜牧兽医训练而成绩特优者。

12.协助各地畜产改进会或防疫委员会之进行事宜特别努力而且成绩者。

13.其他协助本所各项工作者。

第四条　各县民众之奖励事宜由各实验区主任或本所推广工作人员签呈意见送呈所长核准施行,并由本所转呈建厅备案。

第五条　本办法如有未尽事宜得随时修改之。

第六条　本办法自呈请四川省政府建设厅核准后公布施行。

四川省家畜保育所三峡实验区调查峡区农家二十四年(1935年)度因家畜罹疫死亡者,平均每户达8元之巨,以全区5场计,12500户,一年内之损失,则达10万余元,为数殊足惊人。欲谋补救是项损失,非积极普及家畜防疫常识,并实施兽疫预防注射不为功,故对于防疫人员之训练,刻不容缓。乃于二十六年(1937年)与实验区署经数度之会商,遂决定合办一家畜防疫人员训练班,由区署选调峡区各保义小教师15名来班受训,训练班之课程、技术、实习、药品、仪器等,均由本区负责,但各义小教师均各负有繁重之责任,故于商讨时,即决定以最短之时间,而能获得较大之效果为原则,遂规定训练期间为一星期,教材内容绝对要求实际,初拟定办法大纲八条。

家畜防疫训练班办法大纲

第一条　嘉陵江三峡乡村建设实验区署与四川省家畜保育所三峡实验区为造就推广家畜防疫常识起见,特合办家畜防疫人员训练班,选择实验区属之各保义小教师若干名,分期入班受训,以期达到各保均有家畜防疫之干材,指导实施防疫工作,而达到改进畜产为目的。

第二条 训练班之技术训练,由家畜保育所三峡实验区负责。

第三条 训练班训练期间,第一期暂定为一星期,自民国二十六年(1937年)4月10日开始至4月17日止,必要时得继续召集第二期训练,以增进其学识,熟习其技术。

第四条 训练班过程分讲授及实习2部分,特别注重基本防疫常识之灌输。

第五条 训练班训练期间需用之仪器及药品之消耗,均由家畜保育所三峡实验区供给之。

第六条 训练班学员期满后,仍各回其原校服务,受家畜保育所三峡实验区之指导,担任兽疫报告及实施推广家畜防疫运动等工作。

第七条 训练班训练期间学员之食宿费由区署设法,被服用具及文具等学员自备。

第八条 本大纲必要时由两机关会商后修改之。

办法既定,乃筹备进行,选定教材,家畜传染病大要,家畜育种常识,家畜饲养常识,家畜管理常识,家畜传染病预防常识,细菌学概要,家畜预防注射法,兔畜血清之原理与制造、用途及保存等8科皆讲授之资也。消毒实施、预防注射、兽病诊断、解剖实习,皆实习科目也。自4月11日开学,17日结业,学员15人(内女性3人)成绩尚佳,本区更为求峡区农民均有防疫常识起见,故有下列各种训练:

1. 峡区壮丁检阅时,予以普遍之防疫常识训练。

2. 保甲长集会时,作谈话式之训练。

3. 兼善中学校、北碚小学、表证区义务小学等,均予以畜牧兽医常识课程之训练。

4. 校长校师及义务教师开月会时,均予以各种畜产方面之常识训练。

5. 调峡区义务教师18人,于4月11日开始作第一次防疫人员训练班之防疫训练,定期一周,每日上午授4小时之学科训练,下午为4小时之技术训练。

6. 表证区农家妇女防疫常识之训练。

7. 表证区义务小学及小先生报告兽疫及宣传清洁卫生训练。

以上各项,为本区过去工作之梗概,惟时仅6月,尚觉琐碎而无头绪,挂一漏万,尤所不免,务望先进贤达,予以指导,俾作南针。

管理局成立,其时保育所实验区已改为防疫工作站,又与管理局合作,举办保育卫生人员训练,为期一月,计单独训练者,有朝阳、金刚、澄江、黄桷,以"简明家畜卫生常识"为教材,由防疫站编辑,又为建立兽疫情报网计,各保更派员一人(计共80名),集中训练。其附于地方干部训练所内训练者,有局属各乡镇正副保长、队附,及小学教师,约计400余人,由防疫站派员前往,讲授兽疫课程。

第三章　保险

家畜为农家主要副业,关系农民生计甚大,川省地势以山脉绵延,丘陵起伏,农民为耕种便利起见,散居各处,极少成为村庄,多以饲养家畜来解肥料来源之困难。其中尤以猪只为最盛。根据农本局二十八年(1939年)度川省辅设之合作金库放款用途报告,社员借款购买猪只者约占37.42%,购买耕牛者,约占20.37%,合计约占贷款总额52%,由此可以想见一班(斑)。然农民困于经济,对于畜舍不能加以改良,管理又不注意,疫病流行,死亡甚大。因此,蒙受重大损失,大有每况愈下之势。农本局有鉴于此,为提倡家饲畜保障农民副业计,认为有积极提倡家畜保险之必要。三峡为实验区,举凡各种新兴事业,莫不积极推行,乐予(于)倡导,爰于二十八年(1939年)春与四川省农业改进所三峡实验区署二方订立合约,合作试办。

合约订定后,关于行政、技术、经济3方面分别由实验区署、四川省农业改进所及农本局负责。二十八年(1939年)8月中旬,农本局即派员来三峡筹备家畜保险社,并会同区署共策进行,经一个月宣传,各镇登记社员达600元以上,乃于同年9月19日假实验区署礼堂召集代表开成立大会,嗣后为便利社员投保起见,先就北碚、黄桷、文星、澄江4镇各设立分社1所。

峡区家畜保险社,系采取合作方式办理,其内部组织,悉依合作社法规定。先就代表大会中选举理事3人至5人,组织理事会,选举监事3人,组织监事会,理事、监事各推1人为主席,再就各分社全体社员中推选5人为代表,组织分社代表会,由代表中再推1人为办事员,办理分社一切社务及业务,并聘请当地对于饲养家畜有经验之农民3人至5人为评价委员,组织评价委员会,另由农本局推荐1人,任干事,指导社务及业务。其实施办法约如下述:

(一)社员投保家畜,先向当地分社申请,登记,填写投保单,然后由分社填报健康检验申请书,送请兽医查检。

(二)兽医接到前项健康检验申请书时,即按址前往检验畜体之健康情形,根据检验所得,填具健康证明书,送交分社。

(三)分社即根据健康证明书内检查结果,分别通知社员,如检验合格,并请评价委员评定该家畜在存保期内可能肥育重量,折合当时市价,照章缴纳保费,并由评价委员填报评价单(按保险费率猪只暂定3%,耕牛暂定5%)。

(四)前项家畜评价后,社员至迟应于10天内缴纳保险费,由社填给保险单,保险即作为有效(按猪只保险期限暂定为一周年)。

(五)保险社收到保险费后,为减轻本身负担计,经农本局北碚家畜保险经理处认可后,填具再保险投保单向经理局办理再保险,其保额以不超过原保额80%为原则,亦依照3%缴纳再保险费,并由经理处填送再保险证及再保险费收据,交保险社。

(六)社员投保之家畜在保险有效期内如患疾病,应立即报告分社,并由分社填报诊治申请书送请兽医前往诊治。

(七)前项家畜经兽医诊治仍归死亡时,社员亦应报告分社,并填具赔款申请书,分社则填报死畜检验申请书送交兽医,经兽医解剖后,分别填报诊治报告单及死畜检验单。

(八)分社根据前项死畜检验单通知评价委员评定死畜当时体重,折合市价,照章付给赔偿金,并由社员出具赔偿金收据,死畜则归社方处理,同时社方填具再保险赔款申请书,向家畜保险经理处申请赔款,并出具再保险赔偿金收据。

(九)家畜投保在未满期以前,社员如出售他人,应于出售后3日内连同购买人前来分社办理过户手续,保险仍为有效。

家畜保险社自成立以后因整理内部,至10月下旬始开始业务,峡区农家,以养猪最为普遍,故其承保对象暂以猪只为限。兹将各项业务,分述于后,以明概况:

（一）投保猪只与承保猪只：社员申请投保之猪只经健康检查合格，评定价值后，应于10天之内缴纳保险费，但农家猪只变动性极大，因迫切需要费用，在未缴纳保费前即行出售者在所难免，兹为明了实际情形起见，将一年来投保猪只与承保猪只数量列表以资比较。

表一　二十八年(1939年)11月至二十九年(1940年)10月投保猪只与承保猪只逐月数量比较表

月份	11	12	1	2	3	4	5	6	7	8	9	10	合计
申请投保猪只	67	90	70	78	9	162	213	115	98	202	30	65	1199
检查投保猪只	47	43	92	89	34	126	106	58	213	190	30	65	1093
检查合格猪只	35	22	56	81	31	109	81	54	165	190	30	65	919
承保猪只	31	10	40	1	71	79	85	63	94	172	34	62	742

上表申请投保猪只总数为1199头，但经兽医检查者仅1093头，其余106头则于申请投保后即行出售或死亡，检查合格猪只之总数约占检查猪只总数81.17%，检查不合格之原因，以未达投保年龄者为多数，承保猪只之总数约占检查合格猪只总数80.74%。

（二）保额与保险费额：保额之计算，系根据投保猪只在承保期内可能肥育重量，折合当时市价而得，保费则依照额征收3%，总计一年内承保猪只为742头，保额总值为53834元，每猪平均保额为72元。

表二　二十八年(1939年)11月至二十九(1940年)10月逐月承保猪只保额与保费数量比较表

月份	11	12	1	2	3	4	5	6	7	8	9	10	合计
承保头数	31	10	40	1	71	79	85	63	94	172	34	62	742
保险金额	1253	354	1683	32	3853	5203	6110	4826	7665	14371	3049	5435	53834
平均保额	40.42	35.40	42.07	32	54.26	65.73	71.88	75.50	81.54	83.55	89.67	87.66	72.55

续表

月份	11	12	1	2	3	4	5	6	7	8	9	10	合计
保险费额	62.65	17.70	84.15	1.60	158.11	158.65	183.30	138	236.80	430.8	91.50	162.80	1726.06
平均保费额	2.02	1.77	2.10	1.60	2.22	2	2.15	2.19	2.52	2.50	2.98	2.62	2.33

（三）再保险额与再保险费额：再保险额系不超过猪只原投保额80%为原则，再保险费亦依照3%缴纳。一年来本社承保猪只742头，全部向家畜保险经理处办理再保险，其总额为43060.2元，每猪平均再保险额为50.03元，再保险费总额为1381.81元，每猪平均应缴纳再保险费为1.86元，本社所收保费除缴纳再保险费外，仅344.25元，兹将逐月数字列表于后：

表三 二十八年(1939年)11月至二十九年(1940年)10月
逐月再保险猪只保额与再保险费额数量比较表

月份	投保头数	再保险额	平均再保险额	再保险费额	平均再保险费额
11	30	970.40	32.34	48.52	1.61
12	11	315.20	28.65	15.76	1.43
1	39	1311.20	33.62	65.56	1.67
2	—	—	—	—	—
3	70	3007.20	42.86	124.96	1.78
4	82	4298.40	52.43	131.64	1.60
5	85	4888	55.17	146.67	1.72
6	60	3668	51.14	110.11	1.83
7	97	6324.20	65.19	190.13	1.96
8	172	11496.60	66.84	344.85	2.00
9	34	2439.20	71.74	73.18	2.15
10	62	4348	70.13	130.43	2.10
合计	742	43067.20	58.03	1381.8	1.86

（四）承保猪只与死亡猪只：本社承保猪只保险有效期限暂定为一年，在此期限内，如患内外科疾病，统由兽医免费诊治。按一年内承保猪只申请诊治者总数为119头，约占承保数总额60%，死亡者达42头，约占承保数额5.66%。兹将各种疾病名称及逐月死亡数量之比例列表于后，以供参考。

表四 诊治猪只疾病分析表

疾病名称	猪肺疫	猪肺炎	猪丹毒	猪肠炎	猪胃炎	疯瘫	流行性的感冒	肠胃病	消化不良	乳房炎	口膜炎	子宫炎	产后麻痹	其他	合计
诊治头数	53	9	4	6	3	5	6	14	8	1	1	1	2	6	119
痊愈头数	26	4	3	2	3	5	6	14	8	1	1	1	2	1	77
死亡头数	27	5	1	4	0	0	0	0	0	0	0	0	0	5	42

表五 二十八年(1939年)11月至二十九年(1940年)10月逐月承保猪只与死亡猪只数量及百分比

月份	11	12	1	2	3	4	5	6	7	8	9	10	合计
存保头数	31	10	40	1	71	79	85	63	94	172	34	62	742
死亡头数	0	0	0	0	1	1	1	7	6	4	11	11	42
死亡头数占本月份承保头数百分比	0	0	0	0	1.40	1.25	1.17	11.11	6.39	2.32	32.35	17.74	
死亡头数占承保头数总百分比	0	0	0	0	0.65	0.86	0.94	2.63	3.37	3.09	4.70	5.66	5.66

由表四统计数字观之，申请诊治之病猪，以患猪肺疫为最多，约占总数44.53%，肠胃病次之，约占总数11.76%，猪肺炎又次之，约占总数7.56%。由表五统计数字观之，投保猪只死亡自3月份开始，以9、10两月死亡率为最高，约占总死亡数52.38%。

（五）保险赔偿金额与再保险赔偿金额：承保猪只在规定期限内死亡时，经兽医检验后社员即可向本社申请赔款,本社则根据死亡报告向家畜保险经理处申请再保险赔偿,其赔偿金额须视死亡时体重之大小而异。统计一年内承保猪只死亡总数为42头,赔偿金总额为1515.47元,平均每头赔偿金为36.08元,再保险赔偿金总额为1229.04元,平均每猪再保险赔偿金为29.26元。兹将逐月数字列表于后:

表六 二十九年(1940年)3月至10月保险赔偿金额与再保险赔偿金额比较表

月份	3	4	5	6	7	8	9	10	合计
死亡头数	1	1	1	7	6	4	11	11	42
保险赔偿金额	20	36	40.50	225.30	203.70	197.10	382.75	410.12	1515.47
平均数	20	36	40.50	32.18	33.95	49.27	34.79	37.28	36.08
再保险赔偿金额	16	28.80	32.40	180.29	160.37	157.68	319.80	333.70	1229.04
平均数	16	28.80	32.40	25.75	26.73	38.67	29.07	30.33	29.26

(六)承保猪只性质之分析:凡社员之猪只,其年龄在4个月至5岁以内,经兽医检查合格者,皆可承保。兹将品种、年龄及性别列表于后,以资比较。

表七 二十八年(1939年)11月至二十九年(1940年)10月承保猪只性质分析表

月份	承保头数	品种			年龄			性别			
								种用		肉用	
		荣昌	本地	其他	4月至1岁	1岁以上至2岁	2岁以上至5岁	公	母	公	母
11	30	7	23	0	17	5	8	0	24	6	0
12	11	4	7	0	9	0	2	0	2	9	0
1	39	17	22	0	31	3	5	2	16	15	6
2	0	0	0	0	0	0	0	0	0	0	0
3	70	44	26	0	70	0	0	1	49	20	0
4	82	51	31	0	74	4	4	2	55	25	0
5	85	18	61	6	76	4	5	3	26	31	25
6	60	40	20	0	57	3	0	1	37	9	13

续表

月份	承保头数	品种			年龄			性别			
								种用		肉用	
		荣昌	本地	其他	4月至1岁	1岁以上至2岁	2岁以上至5岁	公	母	公	母
7	97	15	82	0	89	3	5	1	10	40	46
8	172	33	139	0	159	5	8	2	51	64	55
9	34	0	124	0	33	0	1	0	3	20	11
10	62	7	55	0	60	2	0	0	11	34	17
合计	742	336	500	6	675	29	38	12	284	273	173

由上表可以看出承保猪只之品种,以本地种为多,约占总数67.38%。年龄4个月至1岁者为多,约占总数90.97%。性别以种用母猪为多,约占总数38.28%;肉用公猪次之,约占总数36.79%。

家畜保险社以成立未久,资金缺乏,一切开支除收入保险费维持外,尚须仰赖提倡机关借入款来补足,兹为明了实际情况起见,爰将一年来经费收支概况列表于后。

表八　二十八年(1939年)11月至二十九年(1940年)10月经费收支概况表

收入部门		支出部门	
科目	金额/元	科目	金额/元
借入款	1000	职员薪金	636.79
基金	69.70	生活补助费	132.38
保险费	1726.06	司役工资	27.84
再保险赔偿费	1229.04	文具印刷	223.24
补助费	640	水电灯炭	25.71
		邮电费	4.41
		调查旅费	93.50
		药品仪器	374.80
		奖金	16.70

续表

收入部门		支出部门	
		杂费	33.86
		生财设备	33.50
		再保险费	1381.81
		保险赔偿金	1515.47
		现金	164.79
合计	4664.80	合计	4664.80

家畜保险在我国尚属初创,关于草章则以及实施办法不切实际,在所难免。综上所述,关于社务、业务方面,皆未达预定计划。峡区猪只,据调查所得,总数为16719头,每猪价值平均以50元计,则峡区猪只总价值为835950元,承保者仅达742头,保额为53834元,约占总数6.43%。农民以知识低落,推行之初,困难早在意中,目前保险社以经费有限,基础未固,其一切经营尚不能自主。

北碚管理局成立为保障农村副业,促进粮食增产,孳生牲畜产品,供应肉类需要起见,亦继续举办家畜保险,以调剂农民对家畜死亡之损失,期保险事业之普遍推进。三十二年(1943年)上半年保险者1395头,三十三年(1944年)保险猪664头、牛2头。三十四年(1945年)又积极办理而不另组织机构,即以原有行政机构负责推进之,其负责人为局长暨各乡镇长。至于各级办理人员则为建设科、农业推广所、经济干事、户籍干事及保甲长等。为求保险业务安全计,则商请四川农业推广所畜牧场北碚防疫站,施以免费预防注射及治疗,并指导家畜卫生及饲养方法之改良。办理家畜保险人员均为无给职,仅于年终结算时由获得之瀛(赢)余提成酬奖。基金初定100万元,由农民银行暂筹之。保险区限于局境,保险对象暂以猪、牛之内外科传染病为限,保险数目暂定猪为5000头、牛为500头,保险时期猪为半年、牛为一年,保险时期终了,得请求续保,保险费率暂定猪为4%、牛为5%,保险年龄依家畜之品种、性别,分别规定,猪之保险适龄为出生后2月至3年,牛之保险适龄为出生1年至7年,保险赔款按照死畜当时每斤市价上涨程度,折扣赔付。但犯应守规定者,得酌减赔或免赔。保险额计算法以投保家畜有效期终了时可能成长之重,按投保时市价估计所值价格为准。推广保险之前,于国民月会时派员宣传讲解,并印发《保险规则》及《兽医浅说》与标语散发各乡镇保甲民众,并令饬各乡镇保甲长开会督促,以利推行。三十四年(1945年)管理局又印发登记表,令发给各乡镇公所,自3月起开始登记,计保险牛500头、猪3000头。

第四章　利用

畜牧为利甚溥(薄),可载重,可生动力,其肉可食,骨可造碱,皮革可为衣、可为履,猪鬃又为出口大宗,除农民而外,其大批利用家畜之机关之可考者凡三:

一、屠宰场

二十六年(1937年)4月3次调查北碚场上年屠宰状况,计肉店10家,共宰猪1003头,每头平均体重80至120斤,皮厚2分,瘦肉较多,肥猪多来自附近农家及沿江各地,均至北碚场和睦路出售,售价每市斤2角2分。屠场有王德芳、刘炳章,2家之屠宰场在和睦路肉市街,刘之屠场在金佛路26号,一切用具、柴炭以及至屠宰之工人等,均由屠场场主供给,屠宰后之血、脾、小肠、脑髓等,则归屠场场主所得,屠场肉厘,系曾俊承包。全年包额猪只1920头,每头纳税金额1.57元,该场所属之长滩、金刚碑、天生桥、状元碑、楼房岗、观音峡等地所宰之猪只,概在包额以内,又每头猪只,买卖2家,各付佣金1角,由中间人获得。

二、民利制革厂

三、四川畜产公司猪鬃厂

(一)屠宰场

局境屠宰税之可考者,二十五年(1936年)8792元;三十二年(1943年)1至6月为707932.45元;三十三年(1944年)为10937998.45元,盖为地方税款大宗收入。二十五年(1936年)实验区宰房47家,年宰猪1417头,牛120头。三十二年(1943年)当局为避免漏税计,特设屠宰场,集中宰杀,除龙凤乡以无市场未行设置外,其余各乡镇,至三十二年(1943年)春均先后成立,其后龙凤乡亦设之。兹统计其屠宰牲畜头数如次。

北碚管理局牲畜屠宰报表

民国三十二年(1943年)(十二月)

	牲畜屠宰数量									
		黄仁			羊			猪		
	头数	重量/市斤	价值/元	头数	重量/市斤	价值/元	头数	重量/市斤	价值/元
3	61	11950	410250	775	18365	642675	757	95980	3839200
1	35	5250	193750	273	6825	236875	253	25220	1016800
—	7	1050	36750	31	775	27125	17	2380	95200
				96	2400	82000	55	7700	308000
				71	1775	62125	52	7280	291200
1	10	4300	142500	129	3215	112525	145	20300	812000
				11	275	9525	39	5460	218400
1	9	1350	47250	146	2500	87500	170	23800	952000
				24	600	21000	26	3640	145660

材料来源：根据建设科估计数字编制。乡镇计朝阳、龙凤、白庙、文星、黄桷、三岩、二岩、澄江、金刚。

北碚管理局牲畜屠宰数量

民国三十三年(1944年)

	别目	全年	1	2	3	4	5	6	7	8	9	10	11	12
牲畜屠宰头数	猪	17106	2512	1124	1350	1175	1327	1290	1069	1304	1425	1297	1538	1695
	牛	535	64	19	23	21	32	23	29	31	74	59	89	21
	羊	1047	160	30	4	—	15	—	35	149	239	137	196	82

资料来源：经收处。

关于屠宰税收及屠宰数字,则牲畜肉类利用之广大,可从而知。兹更谱述最近调查市场如次:

家畜市场分为畜肉市场与活畜交易市场两种,兹将家畜防疫站调查所得资料分别列表于后:

表一　畜肉市调查表

场名或地名	畜别	平日屠宰数	逢集屠宰数	平均每日屠宰数	全年屠宰数	肉税率	备考
朝阳镇	猪	14	27	17.80	6497	7	
	牛	1	1	1	365	7	
	羊	3	3	3	182	—	羊之屠宰期约为9至2月,故以6月计
澄江镇	猪	6	22	10.80	3942	7	
	牛	—	1	0.30	109	7	
	羊	—	2	0.60	109	—	
黄桷镇	猪	4	14	7	2555	7	
	牛	—	0.50	0.15	54.50	7	
	羊	—	2	0.60	109	—	
文星乡	猪	5	16	8.30	3028	7	
	牛	—	1	0.30	109	7	
	羊	—	2	0.60	109	—	
白庙子	猪	3	—	3	1095	7	
二岩	猪	2	—	2	730	7	
金刚碑	猪	2	—	2	730	7	
天星桥	猪	2	—	2	730	7	
蔡家沟	猪	2	—	2	730	7	
么店子	猪	1	—	1	735	7	
其他	猪				3000	7	机关学校或宰年猪

续表

场名或地名	畜别	平日屠宰数	逢集屠宰数	平均每日屠宰数	全年屠宰数	肉税率	备考
合计	猪	41	79	55.90	23767.50	7	
合计	牛	1	3.50	1.75	637.50	7	
	羊	3	9	4.80	509		

表二　牲畜市场调查表

乡镇别	猪数	鸡数	鸭数	羊数	备考
朝阳镇	45	58	35	15	
澄江镇	86	35	28	13	
黄桷镇	32	33	23	12	
文星乡	45	28	25	15	
合计	190	153	111	55	

注释：1.上表系就9月份各乡镇逢场调查之结果，欲求全年交易之数，以109乘之即得。

2.朝阳、金刚、龙凤三镇乡农民，买卖牲畜多在歇马场，二岩农民买卖牲畜多在草街子，均未计入。此外在乡间买卖者亦多。

3.猪之市场交易，小猪较大猪为多，牛、马、骡均无市。

就上表观察，峡区养猪10548头，即全数肥育，亦不敷局境肉食之半，加以兽疫流行，死亡甚多，故提倡养猪与货物给农民养猪实不可缓也。

峡区肉食不足，牲畜除由邻近场镇如草街子、歇马场等供给而外，大部均来自合川上游广安、铜梁、潼南等县，肉食消耗量大于生产量，多至1倍以上，推其原因，盖由军兴以来，国都迁至重庆，机关学校多迁局境之故也。

（二）民利制革厂　厂在金刚碑，设于民国二十七年（1938年），为振（赈）济委员会附属事业之一。资本56万元，厂长福建人方荣欣，总经理罗任一，职员7人，工匠25人，下设总务、工程、会计、营业、制革、皮件等股。制革部，领工1人、工匠3人，练习生8人。皮件部，领工1人、工匠9人、练习生3人。有汽车用发动机1座，为推动转鼓之用，制造机器有洗皮用转鼓3具等，底皮压光机、轻革压光机各1部，磨里机2部。其厂以制造牛羊皮革为主，麂皮次之，牛皮每月约产500张，羊皮千余张，麂皮数十张。底革带革多售与军政部卫生用具制造厂，面革交麂皮，

底革售与当地鞋店,其一部分供给厂内皮件部制造皮箱、皮鞋用之。兹录三十一年(1942年)6月厂中出品及其价值如下表:

民利厂制品表

品名	单位	价/元	品名	单位	价/元	品名	单位	价/元
超等各色面革	平方十吋	26	染色带革	平方十吋	15	轮带革	斤	60
特等各色面革	平方十吋	24	原色带革	平方十吋	14	超等底革	斤	45
甲等各色面革	平方十吋	20	各色麂皮	平方十吋	18	特等底革	斤	40
乙等各色面革	平方十吋	16	特等各色羊皮	平方十吋	9	甲等底革	斤	35
甲等各色绒面革	平方十吋	15	甲等各色羊皮	平方十吋	4.50	乙等底革	斤	30
乙等各色绒面革	平方十吋	13	甲等羊皮箱革	平方十吋	5	丙等底革	斤	26
甲等各色软面革	平方十吋	15	乙等羊皮箱革	平方十吋	4	水皮底革	斤	18
乙等各色软面革	平方十吋	13	特等衬里羊皮	平方十吋	2.20	各色充麂皮	平方十吋	14
箱革	平方十吋	14	甲等衬里羊皮	平方十吋	1.80			

厂中所用原料,除牛、羊皮及麂皮外,尚有石灰、青杠碗、五倍子、红矾、硫酸、酒精及各色颜料。牛、羊皮由重庆收购,麂皮来自云南、西康各地,红矾及颜料来自英、德两国。战后交通阻塞,来源断绝,价值甚高,皮革价昂,此其一大原因也。此外原料皆为本省产物,由渝购买。皮革制造程序,约如下述:

干皮浸水脱毛(用石灰)刨皮(使厚薄一致)

软制:1.用矿物浸面革、染色、上油、磨光、铲软、压光。

2.用植物浸底革、带革、上油、压光。

(三)四川畜产公司猪鬃厂

厂在黄桷镇大沱口,成立于二十八年(1939年)。经理湖南人古今佛。职员5人,工匠30人。局境猪有黑色及黑白花2种,二十七八年(1938年—1939年)以来,提倡荣昌白猪,养者日多。荣昌猪鬃,固出口大宗,亦世界名产也。此厂为四川畜产公司之一部,收受本地猪鬃,惜详况不明耳。

第五章　历年畜牧统计

一、实验区时代

实验区牧畜事业,除西山坪外,余多为农家副业,无整个计划。或三五成群,或混合饲养,无方法之可言。西山坪垦场,鉴于牧畜事业之重要,特辟牧场以为倡导。首采购区内及异地品种,并聘专家饲养,建设畜舍,各具新式装置,更用科学方法以饲养之。其牧畜场占地50亩,有鸡舍1间、鸭舍1间、羊舍15间、牛舍2间。内畜意鸡10只,北平鸭4对,波支猪2只,盘克县猪2只,隆昌猪4只,北方绵羊雌2只、雄1只,渝合各地山羊47只,本地力用牛3只。实新兴牧畜事业之模范也。

二十五年(1936年)7月,四川家畜保育所技士梁正国来峡区调查家畜,区署派员协助工作,先后调查北碚、黄桷、文星、二岩、夏溪等5乡镇。其结果如次:

全区牲畜:计水牛有3119头,黄牛374头,猪24579头,山羊3743头,马249头,骡49头,鸡35808只,鸭9856只,鹅124只,兔87头(上项数字系由每乡镇调查270农家中计算而来)。

死亡牲畜:全区每年死亡牲畜,计水牛死于牛痘者648头,牛X者49头,隔食者49头,喉封者49头;猪死于猪瘟者9826头,清水症686头,寒火症者124头,扯筋者114头,烂肠症者224头,红痧症者49头,癫病者49头;山羊死于羊瘟者87头;鸡死于鸡瘟者9108头,喉封者49头,清水症者511头;鸭死于鸭瘟者1871头;鹅死于鹅瘟者449头。

屠店统计:全区屠店共46家,年宰猪3417只,全年屠店盈利3790元,每年屠税8792元。此外有宰牛场1所,每年约宰120头,自9月开始至10月而止。

牲畜市场:全区猪、鸡、鸭、羊等,每场平均有115只,每年计有23864头。

损益统计:估计以猪一项而论,全区每年约1097头,每头以5元计之,共损失为8965元。如加改良,则以猪而论,每只获利5元,全区现有24579只,则四倍利1285元,除去死亡损失8486元,纯粹收益可达212760元。

二十五年（1936年）秋，家畜保育所三峡实验区为求表证起见，乃划北碚乡第七、八、三十三等3保为表证区，于二十五年（1936年）11月19日开始调查，二十六年（1937年）1月底完成调查事项。有保甲户口牲畜种类，牲畜头数，牲畜饲养者之经济状况，牲畜之大小与价格，牲畜之饲养状况，饲料之种类及价格，牲畜之生产效率，喂猪与农家经济之关系，喂猪与职业关系，牲畜之管理，牲畜之来源及买卖，牲畜传染病之种类，兽疫流行之时期，兽疫死亡之经济损失，牲畜死亡百分率，牲畜疫病之状态及土法治疗。尚有肉店屠场调查，种猪产地调查，各县兽疫调查，兹择其重要者列表于后，藉资参考。

表证区户口与牲畜数量之价值统计

保别	全保户口	项目						备考
		猪	牛	鸡	羊	鸭	鹅	
第七保	105	171	23	256	5	39	0	
第八保	90	126	22	293	21	61	1	
第三十三保	99	195	11	222	2	37	2	
3保合计	294	492	56	771	28	131	3	
估计牲畜	单价	7	33	0.3	2	0.6	1	
估计牲畜	总价	3444	1848	231.3	56	82.2	3	

说明：1. 表证区3保牲畜共计值洋5664.5元。

2. 表证区3保户口共计294户，平均每户29.67元。

3. 牲畜价值系以大小各种价格平均之。

表证区户口与经济状况

保别	全保户口	农家户口	下力户口	地主户口	佃农户口	种田户口	种土户口	养猪户口	养牛户口	养鸡户口	备考
第七保	105	63	36	7	66	22	58	63	19	88	
第八保	90	51	32	6	55	27	69	59	17	82	
第三十三保	99	78	37	5	83	15	86	72	11	80	
合计	294	192	105	18	204	64	213	194	47	250	

表证区牲畜死亡百分率

项目	第七保			第八保			第三十三保			合计	备考
	猪	牛	鸡	猪	牛	鸡	猪	牛	鸡		
牲畜总数	217	24	312	176	22	338	208	13	327	1637	
现有数	171	23	256	126	22	293	195	11	222	1319	
死亡数	64	1	56	50	0	45	13	2	105	318	
死亡百分率	21.2%	4.1%	17.7%	28.4%	0	13.3%	6.3%	5.4%	32%	19.4%	

表证区牲畜疫病死亡经济损失估计

畜别	猪	牛	鸡	备考
死亡头数	109	3	206	损失总价2403元,每户平均损失8.173元
每头单价/元	20	40	0.5	
总价/元	2180	120	105	

每家畜收益统计表

二十六年(1937年)

名称	类别	北碚乡		文星、二岩、黄桷3镇		澄江镇		备考
		畜类总数	畜养户数	畜类总数	畜养户数	畜类总数	畜养户数	
水牛	大	5	4	—	15	13	88	此系抽户调查结果
	小	—	—	3	2	11		
	价值/元	147		420		109		
黄牛	大	—	—	1	1	11		
	小	—	—	1		11		
	价值/元	—	—	36		40		
羊	大	—	—	5	5	11		
	小	—	—	—		33		
	价值/元	—	—	120	—	6		

续表

名称	类别	北碚乡		文星、二岩、黄桷3镇		澄江镇		备考
		畜类总数	畜养户数	畜类总数	畜养户数	畜类总数	畜养户数	
猪	大	7	6	—	27	13	33	
	小	26	12	—	28	16	1416	
	价值/元	94	—	—	201.5	—	109	
鸡	大	35	19	—	71	27	3314	
	小	11	6	—	3	1	54	
	价值/元	10.52	—	—	11.25	—	6065	
鸭	大	4	2	—	36	14	31	
	小	—	—	—	—	—	—	
	价值/元	65	—	—	4.85	—	50	
总值		316.89		1011.15		519.65		

北碚乡镇主要牲畜表

二十九年（1940年）

乡镇别	黄牛	水牛	马	驴	猪	羊
总计	159	1054	179	17	13098	814
朝阳	54	373	164	4	4631	252
文星	6	119	2	1	2948	291
黄桷	37	184	3	10	2418	111
二岩	3	121	—	—	647	51
澄江	54	257	10	2	2454	103

二、管理局时代

北碚管理局牲畜数量价值统计表

三十二年（1943年）

乡镇别	本地农家数	水牛		黄牛		羊		猪	
		头数	总价值/千元	头数	总价值/千元	头数	总价值/千元	头数	总价值/千元
共计	9035	2164	24759	208	2080	4540	3632	7830	42848
朝阳	1442	350	4200	51	510	670	536	1760	9856

续表

乡镇别	本地农家数	水牛		黄牛		羊		猪	
		头数	总价值/千元	头数	总价值/千元	头数	总价值/千元	头数	总价值/千元
龙凤	907	210	2520	24	240	920	736	1930	10808
白庙	794	370	4452	31	310	650	520	1020	5712
文星	1035	278	3336	25	25	540	432	910	5096
黄桷	1641	389	4668	23	230	390	312	560	3136
二岩	389	103	1236	15	150	400	320	510	2856
澄江	1963	351	422	28	280	450	360	690	2864
金刚	864	112	134	11	110	520	416	450	2520

说明:单位价格,水牛12000元,黄牛10000元,羊800元,猪5600元。

资料来源:乡镇公所查报材料。

三十三年(1944年)6月,局属8乡镇牲畜,以鸡与猪为最多,各在万头以上,次则为狗,近9000头(只),再次则为鸭,在2000头(只)以上,再次则为猫、水牛,各为1000余头(只),又其次则为羊与黄牛,各为数百余头(只),最少者为驴,仅1头,特表于次:

北碚各乡镇牲畜统计表

三十三年(1944年)

乡镇别	猪	黄牛	水牛	羊	兔	马	骡	驴	狗	猫	鸡	鸭	鹅	鸽
朝阳镇	1511	41	121	71	37	27	4	1	795	262	1490	305	9	23
金刚乡	1061	91	140	90	9	158	67	—	661	196	493	260	2	4
澄江镇	1907	46	272	100	5	4	—	—	1093	295	303	438	13	16
龙凤乡	781	10	118	38	—	—	—	—	641	146	940	428	—	10
二岩乡	679	18	166	59	2	—	—	—	527	106	667	135	8	8
黄桷镇	1846	83	198	54	11	2	—	—	1220	257	2049	244	3	18
白庙乡	802	6	39	72	5	1	—	—	494	113	781	64	6	29
文星乡	1972	9	111	186	23	—	—	—	1470	254	332	218	5	16
共计	10559	304	1165	670	92	192	71	1	6901	1629	7055	2092	46	124

家畜类别表

乡镇别	家畜数额									家禽数额				备考
	猪	黄牛	水牛	羊	兔	马	骡	狗	猫	鸡	鸭	鹅	鸽	
朝阳镇	1511	41	121	71	37	17	4	745	262	1497	305	9	23	
澄江镇	1884	61	246	105	7	2	—	1058	314	2063	677	26	16	
黄桷镇	1846	83	198	54	—	—	2	1220	257	2049	244	3	18	
二岩乡	679	18	166	59	2	—	—	527	106	667	135	8	8	
文星乡	1972	9	111	186	23	—	—	1470	254	2332	215	5	16	
金刚乡	1061	91	140	90	9	158	67	661	196	1493	260	2	4	
白庙乡	802	6	39	72	5	1	—	496	113	781	64	6	29	
龙凤乡	781	10	118	38	—	—	—	641	146	940	428	—	10	
合计	10548	319	1157	675	83	180	112	6316	1648	11815	2328	59	124	

由上表而知，峡区家畜以猪最多，狗猫次之。家禽以鸡为最多，鸭次之。惟于二十五年（1936年）家畜保育所梁正国等调查270户农家后之估计，则减少甚多。良以抗战军兴，粮食高涨，一般农民急于谋生，无多余粮食饲养家禽，更因历年兽疫流行，死亡枕藉，故畜者日少也。

各乡镇牲畜数

三十三年（1944年）

乡镇别	家畜数额										家禽数额			
	猪	黄牛	水牛	羊	兔	马	骡	驴	狗	猫	鸡	鸭	鹅	鸽
合计	10559	304	1165	670	92	182	71	1	6901	1629	11055	2092	46	124
朝阳	1511	41	121	71	37	17	4	1	791	262	1490	305	9	23
金刚	1061	91	140	90	9	185	67	—	661	196	493	260	2	4
澄江	1907	46	272	100	5	4	—	—	1093	295	2303	438	13	16
龙凤	781	10	118	38	—	—	—	—	641	146	943	428	—	10
二岩	679	18	166	59	2	—	—	—	527	106	667	135	8	8
黄桷	1846	83	198	54	11	2	—	—	1220	257	2049	244	3	18
白庙	802	6	39	72	5	1	—	—	494	113	781	64	6	29
文星	1972	9	111	186	23	—	—	—	1470	254	2332	218	5	16

材料来源：各乡镇公所调查材料。

养猪利厚,局境农民多饲之,兹详其统计表而首录饲料价格表如次:

种类	玉米	黄豆	麦麸	豆渣	黄豆糠	胡豆糠	酒糟	豌豆	米	高粱	潲水	红苕	无心菜	稻草	青菜叶	胡萝卜	牛皮菜	青草	盐	木草炭	石灰
单位	斗(旧制)	斗	斗	盆	挑	挑	斗	斗(旧制)	斗	斗	挑	斤	斤	个	斤	斤	斤	斤	斤	箩	挑
价格/元	3	3.8	0.9	0.1	0.12	0.4	0.6	3	3.5	2.5	0.08	0.015	0.01	0.02	0.01	0.015	0.01	0.005	0.15	0.08	0.3
每斗或挑等所合斤数(每斤16两)	34	32	19	7	30	28	40	36	37	20	80	1	1	2	1	1	1	1	1	20	100

二十六年(1937年)北碚种用公猪统制,70斤以下母猪不准交配,一公猪只准交配一次。区署发出优良荣昌公猪4头,交配215次。是时全区凡16287头,经注射防治丹毒者364头,诊治畜次780次,猪本贷款兼办保险计13头。区中纯约克县公猪10头,杂交59次,生杂交猪19窠,计186头。同时本区受家畜保育所三峡实验区请托,代行调查区内猪畜数目,其结果如次:

全区猪畜表

二十六年(1937年)秋

镇别	猪畜种类/头					合计	备考
	公猪	母猪	肥猪	架猪	奶猪		
北碚	2	171	132	2334	350	2989	
澄江	3	47	52	1082	1134	1318	
文星	114	62	31	1018	335	1460	
黄桷	1	61	56	951	425	1494	
二岩	1	12	18	310	116	457	
总计	21	353	289	5695	2360	7718	

全区猪畜统计表

二十六年（1937年）秋

镇别	北碚乡	文星镇	黄桷镇	二岩镇	澄江镇	合计
总额/头	2989	1460	1494	457	1318	7718
备考						

但猪大小不一，价值亦异，兹又分别统计如次。

全区猪畜类别及价值统计表

二十六年（1937年）秋

类别	公猪	母猪	肥猪	架猪	奶猪	合计
总额/头	21	353	289	5695	1360	7718
估计价值	210	7060	7225	85425	5440	105360
估价标准（以头计）	40斤合洋10元	80斤合洋20元	100斤合洋25元	50斤合洋15元	10元合洋4元	

三十二年（1943年）局境有猪16000头，白猪推广占十之九，至今农民几无不养白猪矣。

峡区畜产改进会简章草案　二十六年（1937年）春

第一章　总则

第一条　本会定名为峡区畜产改进会。

第二条　本会提倡民间畜牧事业及运用科学方法，改良畜种，预防兽疫，及改善牲畜之饲养与管理为宗旨。

第三条　本会会址暂设于四川省家畜保育所江巴实验区办公处内。

第二章　组织

第四条　本会由四川省家畜保育所江巴实验区发起，联络当地各机关长官、各团体主持人，及有关人士组织之。

第五条　凡赞助本会工作之当地人士及自愿参加者，经本会认可后，均得为本会会员。

第六条　本会由会员大会推选七人组织理事会，理事会互选一人为理事长，对外称会长，负本会一切责任，下分六组，每组设组长一人，由理事兼任，每组视事务之繁简，得设干事若干人，处理日常事务，各组名称如下：

(一)总务组　办理文书、会计、庶务事项。

(二)训练组　办理训练各学校及各团体受训者加以畜牧兽医训练事项。

(三)宣传组　办理本会一切应向各界民众解释畜牧兽医工作事项。

(四)调查组　办理本会一切有关于调查及组织联络等事项。

(五)畜牧组　办理育种推广事项。

(六)防疫组　办理清洁防疫事项。

兹将组织系统图列后：

```
                                    ┌─ 总务组  干事  人
                                    ├─ 训练组  干事  人
全体会员大会 ── 理事长(会长) ── 理事会执行委员会 ─┼─ 宣传组  干事  人
                                    ├─ 调查组  干事  人
                                    ├─ 畜牧组  干事  人
                                    └─ 防疫组  干事  人
```

第七条　本会于必要时就峡区各场成立分会。

第三章　事业

第八条　本会事业范围如下：

(一)奖励优良畜产及畜产品,并尽量予以协助。

(二)代理民众选购畜种。

(三)代理设计建造经济合理畜舍。

(四)负责推广四川省家畜保育所改良之种畜。

(五)预防家畜瘟疫。

(六)实施畜牧兽医教育。

(七)牲畜与畜产品之调查及统计。

(八)提倡家畜与畜产品之展览会及竞赛会。

(九)其他畜牧兽医改进之工作。

第九条　本会全体会员大会分春秋两季,每季举行一次,理事会每月举行一次,各组干事均得出席与议,由理事长召集之,遇必要时得开临时会议。

第四章　义务与权利

第十条　会员有协助推进会务之责任,并得享关于改进畜产之各种优先权利。

第十一条 本会人员,每年纳常年会费四角,分三、九两月,每次缴纳二角,其不敷之数,由峡区内各机关酌量补助或设法募捐之。

第五章 任期

第十二条 理事之任期为一年,连选得连任。

第六章 附则

第十三条 本简章如有未尽事宜,得由会员五人以上之提出,经由会员大会议决修正之,并呈准有关机关备案。

第十四条 本简章自呈准所在地之最高党政当局之日起施行。

三峡实验区儿童家畜保育团简章 二十六年(1937年)春

第一条 本团定名为三峡实验区××小学校儿童家畜保育团。

第二条 本团以改进畜产提倡兽疫防治,对农家负责宣传指导为宗旨。

第三条 本团附设于××小学校内。

第四条 凡赞助本团之工作同学,均得为本团团员。

第五条 本团设理事五人,并由学校校长兼任理事长。

第六条 理事由团员大会选举之,理事任期一年,得连选连任。

第七条 理事职权如下:

　　(一)执行团员大会之议决案。

　　(二)处理日常事务。

　　(三)召集团员大会。

第八条 本团每周举行理事常会一次,必要时得召开临时会。

第九条 本团团员大会,于每月开会一次,开会时,以理事长为主席。

第十条 本团受四川省家畜保育所之指导,办理下列业务:

　　(一)对于团员家长戚友宣传畜产改进之方法(及畜种交配规则)。

　　(二)调查农家畜牧兽医情形,报告实验区。

　　(三)担任附近农民畜牧兽医咨询工作。

　　(四)担任农家畜舍清洁及消毒隔离工作。

　　(五)报告家畜疫病死亡状况于实验区。

(六)筹备养猪比赛会。

(七)参加畜产展览会。

(八)对于家畜饲养管理之科学方法加以宣传。

第十一条　本简章如有未尽事宜,得由团员五人以上之提议修改并报告区署备案。

第十二条　本简章自呈请区署核准之日有效。

注:1.罗文信、焦龙华作:《家畜饲养与管理》(略)(载《北碚月刊》一卷十一期,62—63页)

2.乡儒作:《家畜管理述琐》(略)(载《北碚月刊》一卷十一期,83—85页)

水利志

水道

北碚地当嘉陵江流域之下游,江身整直,支流栉比,实为兴办水利之理想区域。嘉陵江流经合川与涪江渠河合,水量乃大增,至草街子而入北碚境,坡平流缓,河面宽阔,经澄江镇以入二岩峡,河流东行峡中,过北温泉,出峡背,河面复宽,经金刚碑绕大梁滩,市区即在其岸右,左岸为东阳镇(齐东阳郡故址也)。再下行,岸左有黄桷镇,右何家嘴、龙凤溪,于此注于江,东流入观音峡,两岸山峦高矗,称小三峡焉。道白庙子经龙凤乡而出碚境,嘉陵江之隶于境者凡18公里,横贯北碚,实为境内第一大川也。

航运

嘉陵江在北碚境内者,无水深不足之滩险,及有碍航行之礁石,至称安全。三十一年(1942年)冬,扬子江水利委员会于北碚市区成立嘉陵江工程处,主办广元至重庆间航道之改良。虽境内无工程实施,然碚合间之险滩,若斑鸠石,若照镜石,若蔡家滩;碚渝间之险滩,若老虎石,若黑羊石,若猪儿石,若棺材石,若红砂碛,皆建有导流石堰工程,以顺导江流之势,使枯水期中流量集中,以增加航道之水深,更辅以浚深炸礁之工程。三十三年(1944年),工程全部告竣,凡值枯水期,渝合汽轮可畅通无阻,而北碚适当其冲要,运输交通之便利乃益增矣。

水文

嘉陵江北碚水位记录,在十六年(1927年)峡防局时代即已创其端倪,嗣峡防局改为实验区署,仍赓续记录,二十六年(1937年)后因故中停。然民生公司因航行之需要,亦有所记录,惜以地点时有变迁,根据之零点亦复不同,不能作有系统之统计,兹就十六年(1927年)以后嘉陵江在北碚之洪水情形,作一概略之印象,至二十八年(1939年)前江汉工程局(后由嘉陵江工程处接管)在金刚碑设水文站后,水文测验乃日趋完善。该处实测记录,北碚境内低水日期,河宽自100至400公尺,河床比降平均为三千三百分之一,自二十八年(1939年)至三十四年(1945年),7年来高低水位差为26公尺,最高水位为三十四年(1945年)9月2日之202.81公尺,最大流量为126.923秒立方公尺,最低水位为三十二年(1943年)2月28日之176.81公尺,最小流量为235秒立方公尺。惟据民生公司之记载,推知二十七年(1938年)之洪水位较三十四年(1945年)者为尤高,至民间记忆中之最高洪水位,则在前清同治五年(1866年),北碚管理局石壁上犹留有该次之记录,高度为217公尺。按上所引高度均以吴淞零点为标准。

灌溉

北碚境内丘陵起伏,故水源虽广而大规模之灌溉工程颇难见诸实施,历来土地灌溉,端赖由地方经营之堰塘工程。堰塘之构成系用石料垂直砌石墙两道,至相当高度,中箱筑以黄土,开出水口、入水口各一二座。堰均宽约2至3公尺,长度则视地刑(形)而定,其形式亦随地形而各有不同,水源均恃天雨,鲜有取自河水者,而其建造又均不合工程原理,如本区堰塘有建于高地,土质既多风化,而上游受水面积亦极小,故在工程条件上实为未合。建筑方法又多可议,土法筑堰均未有防漏设施,故堰塘之失去其效用者,均为蓄水堰坍毁,或堤身渗漏。而最显著之损坏现象,复均在出水口部分,盖均由建造简陋,故略受冲涮(刷),即缺点毕露而影响于全体也。堰塘虽间有于塘底用石灰三合土及加于堤身迎水面作为防漏之工料者,然为数极少,且亦未为完善。总计北碚8乡镇之堰塘共得50余处,蓄水设备除堰塘外,均藉冬季蓄水田中,以备春忙之用,所谓冬水田者是也。□年管理局(其时尚称实验区署)特成立全区水利委员会,由局长(其时尚称区长)、各股主任为当然委员,并聘请区内专门工程人才及有技能经验者为名誉委员指导工事上之一切进行,且分任训练之责。更由区署抽调各部青年职员20人,组织一全区水利辅导研究会,集中区署接受训练后,再派赴各乡镇担任监督辅导凿塘筑堰工作。训练期间,定为10日,由□年12月6日开始,15日为止,地点在区署会议厅,所习科目为凿塘筑堰须知(区署印有手册)。包括本区凿塘筑堰计划书、本区义务征工修筑塘堰水库实施工程办法、工程队组织法、宣传大纲等,加习简易测绘学、水利奖惩法,余时并研读水利书籍,互为报告,并作事务讨论与工人生活之研究,拟订有管工须知,以资应用。兹将实验区署修筑堰塘管工须知列下:

一、管工须如管小学生,循循善诱,事事预防。

二、要求须以成绩为准。

三、工作时须尽力工作,随时随地求其工作与行动生活之便利。

四、须不断设计鼓舞工作之兴趣,务使人人踊跃参加,作息时间,力求规则一律。

五、分工有细微之必要者应力求其细微。

六、轻重工作须斟酌轮流交换。

七、每日早、午、晚至少应审查工程之实况各一次,并应有所奖评或赏罚。

八、凡工作人员或工具及方法等有问题时,无论解决与否,皆须有必要之登记,以备编制报告书。

九、工作效率好(高)之人,务多方予以奖励,以资倡导,随时应注意运用个别的或团体的相互竞赛办法。

十、管工应运用社会运动办法。

十一、应关切工友的生活问题,尤其是应帮助其兴利除弊。

十二、同事工友中较有活动能力之人,应特别有所识别。

十三、编制工友须如编制部队,班有班长,组有组长。

十四、毋忘此次工作是为民众谋福利,故对同事工友,切戒恶劣行动。

四川省水利局向华洋义赈会贷款举办之黛湖坝蓄水工作已于三十二年(1943年)完成,计可溉田800市亩。其已经行政院水利工程示范处查勘之渠道灌溉工程,则有市区对岸之明家沟及澄江镇菜子沟两处。明家沟源出江北县之小沟垭口,南流百余里至境内东阳镇而入嘉陵江口,初步计划为在该溪猪儿滩上游约400公尺处,筑高2.5公尺、长10余公尺之拦水坝1座。渠首工程可建于坝上游5公尺处,附属工程包括进水闸、防洪堤、溢水口等。渠道长约15公里,可溉两岸农田4000市亩。菜子沟属澄江镇,居嘉陵江之旁,为丘陵区,境内岗峦起伏,平原甚少,土壤下层多为石灰岩,上层为风化之页岩,尚属肥沃,惟渗漏颇甚,仅有少数堰塘及零星渠道戽引河水以灌一部分之田,大部田亩均赖雨水灌溉,一经旱季,则无法挽救。经勘查第三十保有菜子沟一条,其源有二:一为山溪,一为煤矿间之地下水。山溪之水在枯水期流量甚微,矿洞之水最小流量为0.06秒立方公尺左右,似皆可开发利用。该镇第三十保及第二十九保张家湾附近田地,计2500市亩,需水量0.375秒立方公尺,故需在上游筑坝蓄水,以供旱季之用。经勘得渠首可建于该沟之巴豆湾,筑3公尺高、30公尺长之蓄水坝1座,旁设进水闸及冲砂闸。干渠约长2公里,再于中途设3支渠以供直接配水之用,受益农田可得2500市亩,年可获利750万元。又境内之朝阳、黄桷、二岩、白庙、文星、澄江、龙凤、金刚8乡镇之堰塘工程,亦先后由水利工程示范处测量计划,共可兴筑堰塘25座,总蓄水量为15万立方公尺,可溉山田1319市亩。以上所举之渠道灌溉及堰塘工程,前者以经费较巨,举办有待,后者将由北碚管理局分期规划兴办。区内田亩,多为水田,仅种大春一季,但因雨水不调及原有蓄水设备不良,故平均年仅收获6成,预计蓄水兴办以后,每年每亩可增收2市石,其原有冬水田,因可不必于冬季储水,可增收小麦一季,每亩亦可增产小麦2市石。

其工程最大者,则为龙凤溪下游之高地灌溉。自高坑岩水力发电完工后,高压线路经由高坑岩依直线距离直达北碚,其间狮子坝至天生桥一段,路线约略与龙凤溪平行,但形成参错交叉之形式,因线路直行而溪流迂回曲折故也。三十四年(1945年)10月,因有沿高压线路引用电力发展高地灌溉之议,藉使农民了解提

水灌田之可能,打破昔日靠天吃饭之观念,爰由水利工程示范处派员前往该区查勘有利地形,但其条件必具有:

一、所选地点必须在高压线路之邻近,俾节省放线费用。

二、所选地区应在嘉陵江洪水位以上,庶作物不致为洪水淹没。

三、所选地点必须原为荒田或缺水之地带,俾易取示范之效。

经查勘结果,月亮田、周家岩、螺丝卷及狮子坝4处,均有可能,最后方决定以螺丝卷及狮子坝两处为兴办之地。螺丝卷及狮子坝附近,各有荒山65亩,其中各约60亩超出等高线190(按:此系以吴淞零点为据)自属适合,其设计系利用抽水机五级、六级各1具,每分钟之出水量为396,进水口径8吋,抽水灌溉螺丝卷及狮子坝两地。上述计划系以每次灌溉15日,深度0.2公尺计算,然此系指最数年度而言,设每年雨量足供水田之半,旱季则仰给于水,则共可溉田240亩,其余提水量(亦即水田不需水时之水量)作为灌溉其他作物之需(或种植两季稻之需),估计又可得360亩,总计溉田600亩。提水高度,在螺丝卷供水时期需提高23公尺,枯水时期需提高28公尺;狮子坝在洪水时期需提高18公尺,枯水时期需提高21公尺。水高损失以3吋径管200公尺计,实际约用100公尺长管(此处系包括弯迫开关等之损失),则得最大之水头为36公尺,按照五级或六级抽水机可提高50至60公尺,应付自绰有余裕。其他之设施如下:

(一)狮子坝碉堡附近提水高度20至40,抽水机最大提水高度50米,灌溉面积300亩。

(二)螺丝卷附近提水高度30至50,灌溉面积300亩。

其二经费预算,关于狮子坝部分:

(一)机械部小计400万元。

(二)土木部小计200万元。

(三)其他小计135万元。

螺丝卷部分:

(一)机械部小计429万元。

(二)土木部小计100万元。

(三)其他小计1393500元。

二地总计：狮子坝工费635万元，螺丝卷工费6683500元，合计需工费13033500元。至其收益，兹亦略可估计，所灌田600亩中，原有荒地占20%，旱田占70%，水田占10%。实行水力灌溉后，增产之值为荒田120亩，每亩增产共180万元，旱田420亩，每亩增产共420万元，水田60亩，每亩增产共30万元，合计共增产630万元，其支出为抽水机，每年以用60磅计，全日计其电力所耗应为22000K.S.B，每度电费以60元计，则全年电费应为876000元，机械折旧130万元，管理费48万元，收支相抵，全年尚盈余3644000元，与工费相较为28%，此28%，即为提高利息之数，若不计投资利息，4年即可归本矣。

给水

北碚为战后新兴域，自划入迁建区后，人口日增，机关林立，惟饮料须用人力自江中挑取，而市区与水面之高差达30余公尺，市内井泉极少，每逢旱季，居民用水殊感困难，且有取田中积水作为饮料者。复以市区上游有大片岩石，横阻江中，以致码头附近迂缓，设上游村镇有传染性疾病发生时，则北碚市区居民之卫生，实堪忧虑。管理局为提高卫生[水平]起见，于三十二年(1943年)请由水利工程示范处规划主办北碚给水工程，惟以经费措筹不易，不能作逐户供水设备。工程计划大纲系在北碚管理局上游200公尺嘉陵江右岸，设木船一艘为唧水站，利用高坑岩水电厂之白昼电力带动15匹马力电动机一部，以引动14匹马力唧水机。每日唧水220吨，经115公尺长之5时铁管输水达沉淀池之加矾间，沉淀池、清水池均分2格，沙滤池分4格，以便清除或修理时仍可照常供应。砂滤池之滤料，系用0.5公厘细砂，55公分木炭，20公分0.3至0.6公分卵石，45公分洗砂，用10匹马力电动机一座带动8匹马力唧水机，用5时铁管连接原清水管输清水池清水入砂滤池，洗砂澄清之水经704公尺长之5时瓷管送达售水站，水池容积为25公方，设2时半开关龙头4只，可同时放水，全部工程土木部分由铭宏营造厂承包，于三十三年(1944年)1月7日开工。石料原拟就地开采，因地方当局以风景关系，临时阻止，乃改向上游15公里地点采取，致时间及运费两俱增加，输水管线路及售水站地点，复因局部问题一再更改，工程进展亦受影响，更以米价陡涨，包

商无力维持,几至全部停工,复经呈准追加预算,为495万元,乃得继续进行。机电部分,由水利工程处直接向中央电工器材厂等厂家接洽订雇,自行安装,全部工程于9月间完成。至三十四年(1945年)富源公司高坑岩水力发电厂输电至北碚,接线试水,复发见输水管破裂,渗漏之处甚多,乃全部改换铁管输水,工费统计共5149990.38元,全部工程已于三十四年(1945年)10月中完成,11月1日正式售水,居民称便。工程处侧有石碑二,一为兴建北碚给水工程记,文云:"给水工程关系民族健康,节约劳力,现代国家莫不视为要政,我国抗战前,都市具给水设备者,凡二十二个,北碚则序列二十三焉,规模虽小,原则实同,器材均采国产,输水试用瓦管,盖战时节约旨在示范也,若各地继起倡办,非惟本处所望,抑亦民族之幸欤。承造者:铭宏营造厂,华新电器冶金公司,给水工务所,同仁胡兆瑛、何祚丰、刘方溶、区庆洪、黄赓祖、潘海林、史光前诸君努力监造,全工六阅月而告厥成,有足与者,是为记。中华民国三十三年水利示范工程处主任江鸿。"一为北碚给水工程落成记,记云:"北碚滨嘉陵江之右,林木清幽,为陪都附近名区,地势高出江面,居民汲水维艰,卢作孚、卢子英两先生与余商办汲水工程,以济民用,因命水利示范工程处勘测设计,先由本会垫款,于三十三年元月兴工,历时六月而工竣,所筑水池,可容水二百吨,自今以后,碚市无汲深绠短之苦矣。兴办之初,因款绌,工几辍,赖各方赞助,及在事员工之努力,卒□于成,吾人治事,顾可畏难而不奋勉耶,中华民国三十三年行政院水利委员会主任薛笃弼记。"

水电

北碚所用之电力,系自行政院水利委员会代富源水利发电厂公司建筑之高坑岩水力发电厂引来,高坑岩水力发电厂盖利用龙凤溪之水力发电。龙凤溪源于青木关,于毛背沱入江,全长50公里,上游分曾家场及白市驿两处,至土主场始汇而为一。水堰共7处,四塘可发154匹马力,鱼箭滩可发25匹马力,梁滩桥可发65匹马力,新桥40匹马力,大磨滩可发90匹马力,高坑岩720匹马力,小坑岩210匹马力,合计可发1200匹马力。其工程可分三面言之:蓄水工程于上游大磨滩至鱼箭滩4处,拦河筑坝,分段蓄水,有效总容量为300余万立方公尺,可供枯水期内电厂一部分水轮机约50日之用。大磨滩蓄水坝长为80公尺,坝顶设插闸门21

孔,上架工作桥,铺轨以利启开机开动。其余3坝,各长60公尺,坝顶设150公尺高之针式堰板,于洪水期拆卸,以利宣泄。引水工程之引水坝沿高坑岩修筑,长约75公尺,北端为渠首,附近水闸一座计3孔,冲沙闸一座计2孔,每孔各宽1公尺,引水渠依山开凿,长约200公尺,水深1公尺,宽1公尺,渠底坡度为0.3%,两端各有10公尺长之溢水堰一道,渠之尽端设平水池,藉以适应电厂需水变化。下通钢管一道,直径80公分,长54公尺,以1:2坡度下降,至厂房分3支,直接与水轮连接,厂房工程,高坑岩电厂,预留3套机器之地位,现装佛兰赛斯卧轴式水轮机两部,每部为0.7秒立方公尺,可发240匹马力,各与200开维埃式发电机直接连系,水机轮下设尾水管,直通尾水渠,渠端有堰,用以保持枯水时期尾渠水位不变。工程于三十三年(1944年)竣工,三十四(1945年)年1月开始发电,北碚市区照明及给水原动力俱仰给于此。该项工程设备所有240匹马力之水力机2部,目前仅开动一部已足敷用,尚有余电以供给境内工业之开发也。市区附近有大梁滩,为水力发电之理想地点,经卢作孚先生视察建议后,已由嘉陵江工程处作初步设计,如在该滩上拦河筑坝抬高水位,可得4万匹以上之马力,完成之后,非特北碚全境皆可电化,而合川至北碚间,因水位抬高,300吨之轮船,亦可以通行无阻矣。

运河

境内宝源公司利用澄江镇附近之天然溪沟修筑运河一道,在下游梁家嘴筑拦水坝,高15公尺,长78公尺,坝底设闸门1具,中部设闸门3具,以调节水量。自十九年(1930年)春开工,至二十二年(1933年)春完成。完成之后,水位抬高,水面宽度自40公尺至90公尺,航运可达官斗石,航线总长为3780公尺。该公司之运煤用费,较未辟运河前降低60%,运输量则自每日150吨增至700吨,尚可适应产量,随时增加。而当地所产之粮食、竹木、石灰、水果等,亦皆改由运河输出,运费平均较用人力减低50%,且自运河开辟后,波平如镜,风景如画,交通既便,各机关纷纷迁来,南岸已辟为荣誉军人实验区,资源委员会之焦油厂亦设于此,北岸则设有原济鱼场,故虽短短3公里余之宝源运河,实为北碚水利史上生色不少也。

矿冶志

四川为吾国重要煤区之一，其煤田储量，在全国各省中占第三或第四位，仅次于陕晋或豫，产量亦位列第四，仅次于燕鲁晋；但在西南则位冠各省。抗战以后，吾国工业集中后方，而以四川为主要根据地，川省煤矿尤形重要，嘉陵江下流之区，则为川省重要产煤区。

嘉陵江三峡，位于嘉陵江下游，以地形言，则为四川盆地东南部褶曲山脉之一部分，因其受嘉陵江所横切，成为三峡而著名。盆地东南诸曲褶山脉，皆为背斜所构成，走向自东北趋西南，嘉陵江自北南流经合川以后，向东南行，横贯山脉，遂成峡谷，自北而南，曰沥鼻峡、温塘峡、观音峡，俗称为头峡、二峡、三峡。三峡诸山，皆自华蓥山分出。华蓥山位于邻水、岳池、广安、合川、江北诸县交界之处，高出海面约1550公尺左右，为四川盆地中最高山，亦三峡诸山之结纽也。自华蓥山向西南共分4支，骈列如指。最北一支自三汇坝经太和场至盐井溪，为嘉陵江所切断为沥鼻峡，过峡后，经九塘至永川再分为2支，北支为东山，西南延为黄瓜山，南支为黄坡岭，西南延为果山，全长共130公里，高出海面约500公尺左右。中支自太和场分出，经西山坪至二岩，为嘉陵江所断成温塘峡，渡峡经青木关璧山县城东至长江边之油溪场，长凡90公里，高出海面约550公尺，或660公尺。南支自三汇坝经穿心店、文星场至白庙子为江所断成观音峡，西南延经歌乐山至白沙沱复为长江所切成猫儿峡，长约100公尺，高出海面约550至700公尺。更南一支，自秦家场分出至龙王洞，未抵江边即已低落，故未成峡，长仅35公尺。

以上各山脉,可以称为沥鼻山脉、温塘山脉、观音山脉、龙王洞山脉,若以手指比之,则龙王洞山脉为拇指,其他诸山脉则食指、中指与无名指也。以上诸山,皆有含煤层,因褶曲成背斜而高起,复经侵蚀作用将表层岩石削去,使煤层更接近地面,或且露出,开采甚便,故煤矿分布甚广,而三峡附近,以受嘉陵江之所切,煤层易露,且因水道交通之便利,煤矿尤为密布,或为煤矿中心。

煤之储量、产量、开采方法及煤矿分布,在在皆与地质有密切之关系,故一论及煤业,即不能不涉及地质。关于本区煤之地质,详本志《地质志》中,兹不多赘,仅举其重要者二点:一为地质,二为构造。四川盆地之煤,皆来自侏罗纪之香溪煤系及二叠纪上部之乐平煤系。故凡以岩层所在之地,即为储煤之区,而其产煤多少,则视其储量大小、露出情形及其他地理状况如交通、经济、人力而定。侏罗纪地层在本区中为主要岩层,分布最广,到处皆有。总厚约400公尺,大部为粗砂岩,中夹薄煤数层,厚自十余公分至数十公分不等。兹录诸背斜山脉代表剖面各一,以见其一斑。次序皆自上而下:

(一)沥鼻峡麻柳坪义谷厂煤层剖面(单位:公尺)

1.白色砂岩	200
2.黑色页岩(可作砚石)	10
3.青色硬砂岩	80
4.宽炭	0.20
5.青色硬砂岩	30
6.正连炭	0.20
7.硬砂岩	130
8.砂岩夹页岩,中夹劣质煤层	50
9.三叠纪石灰岩	

(二)温塘峡二岩甲子洞煤层剖面(单位:公尺)

1.灰色砂岩含铁质特多	100
2.灰色页岩	10
3.白色粗砂岩	80

4. 灰黑色页岩,中夹劣质煤层 20

5. 青色砂岩质细而硬 150

6. 灰色页岩 0.5

7. 花连炭 0.15

8. 黑页岩 0.18

9. 二连炭 0.1

10. 黑页岩 0.1

11. 底连炭 0.37

12. 灰色页岩及砂岩底部未露出

(三)观音峡背斜静观场横板凳童炳煊煤厂煤层剖面(单位:公尺)

1. 灰色砂岩 180

2. 黑色页岩,中夹煤层名三连子厚约5寸(17公分) 20

3. 白色砂岩 50

4. 青色硬砂岩 40.5

5. 黑灰色页岩,中夹薄煤数层 50

6. 硬砂岩 30

7. 黑页岩 10

8. 三叠纪石灰岩

(四)龙王洞背斜龙王洞煤层(单位:公尺)

1. 厚层砂岩(天栅) 420

2. 黑页岩 0.2

3. 正连炭(质较泡) 0.15

4. 黑页岩 0.07

5. 正连炭(质较硬) 0.16

6. 厚层砂岩(底盘)

由以上各剖面观之,可见侏罗纪煤层甚薄,然因有下列数原因,故开采者仍甚盛。(一)各煤层相距甚近,且多间以软质之黑页岩,故大都可以一次开采,合数煤层之总厚,往往可达30公分以上至1公尺长以下之厚。(二)分布甚广,到处皆有。(三)煤质甚佳,大抵挥发物高,灰分低,含硫少,粘结性大,极合于工厂轮船之用,且宜炼焦,但终因煤层薄之故,储量、产量皆不及二叠纪煤田,且乏大规模之开采,大多皆系土法开采。

二叠纪上部之煤系,在本区露出者,最厚者约300公尺,兹以观音峡背斜北川铁路旁后峰岩煤层剖面为例,以视其煤层情形。此地乐平煤系剖面全厚共304公尺,上部为灰色石灰岩,厚132公尺,下为厚层之灰岩页岩夹煤层,共可分为45层,其中煤层14层,兹仅列煤层于下:(单位:公尺)

1.背连炭	0.2
2.小独连炭	0.8
3.双连子炭上层(采)	0.6
下层(采)	0.6
4.臭炭(或采)	0.3
5.大独连炭上层(采)	0.6
下层(采)	0.3
6.外石天平炭(或采)	0.3
7.内石天平炭	0.21

以上总称为外7连,共厚3.4公尺,开采者2.1公尺,若合可以开采者则共厚2.7公尺。

8.天平炭(采)	0.6
9.子连炭(采)	0.3
10.牛肉炭(采)	0.3
11.二连炭(采)	0.6
12.底连炭(采)	0.6
13.沙连	0.3
14.夹沙炭	0.21

以上称为内七连,共厚3公尺。开采者为天平、子连、牛肉、二连、底连各炭,合称大连炭,厚2.4公尺。

在华蓥山宝顶及干河沟一带,则煤层颇不同,其中仅有煤5层,列表如下:

1. 上连炭　　　　　　　　　　　　　　　　　0.6
2. 寸口炭　　　　　　　　　　　　　　　　　0.03
3. 薄连炭　　　　　　　　　　　　　　　　　0.15
4. 腰连炭　　　　　　　　　　　　　　　　　0.4
5. 底板炭　　　　　　　　　　　　　　　　　0.24
共厚　　　　　　　　　　　　　　　　　　　1.42(公尺)

由以上二剖面可见二叠纪煤层其厚,远胜于侏罗纪,故凡二叠纪煤层露出之处,即为煤业最盛之区也。在本区中,二叠纪露出之地,以观音峡背斜为最广,故此一带或为三峡煤业中心。

煤层露出与否及煤矿之分布,与地质构造亦至有关系。本区各山脉虽皆为背斜,但高起程度不同,或高或低。例如沥鼻峡与观音峡二背斜皆较高,故江边皆可见二叠纪之上部岩石,而温塘峡背斜则否。同一背斜,因轴向关系,或东北高西南低,如观音峡与龙洞峡,或西南高东北低,如温塘峡与沥鼻峡。高处煤层易露出地面,低处则深藏地下,不易开采。试观西山坪煤矿之少,可以见矣。但影响于本区煤田之构造,尚有一更大之因子,即断层。观音峡之二叠纪煤层,纯因断层而露出,其他无断层之背斜,则仅能开采侏罗纪之煤。

本区煤矿,共计50余处,分布于各背斜山之两侧。

若以开采方法而分,则本区煤矿,可以分为两种:一为土法,占大多数;一为新法,为数极少,现仅观音峡之天府公司及温塘峡之宝源公司略有新式之设备。以产量而论,土法所产者仍超过于新法所产者,然近来已有逐渐现代化之趋向。

土法开采:本区煤洞之历史,久者一二百年,新者数十年,其始也皆以土法开采,规模大小不等,人数自数人以至数百人,产量每日数吨至百余吨。本区煤洞,普通皆在背斜两翼凿平洞,穿过煤层上部之岩石,其深浅视其岩石厚薄而定。为减少凿洞之工程,开采者往往利用背斜两翼之幼年小沟谷,因上部岩石受小沟谷之切削后，煤层更接近表面，可缩短煤洞之距离也。故各煤厂所在地，每多以沟为名者。平洞达至煤洞之后，即沿煤层走向，向两旁开掘平巷以采煤，并顺其斜坡，向平巷之上下部掘采。平巷之上部开采较下部为易，因所掘之煤自上而下，顺坡下溜，既省拖运之力，且无积水之苦。自平巷向下开采，则拖运费力，积水亦堪虞也。平巷及平洞，高宽自一二公尺至数公尺不等，视其产量及运输需要而定，普通皆用小材支柱。此等支柱，为煤区主要输入品，及公司重要支出之一也。支柱需要之多少，与煤层厚薄及其上之岩石有关，如侏罗纪煤，大都甚薄，且上部砂岩甚坚，所需要支柱较少。平洞及平巷地上，则铺木轨，行使拖车。车以竹制，普通可装数百斤。矿洞中通风则用人力风车或水力风车，抽水则用竹筒，照明则用油灯或干电池。本区各煤层中多含煤气，干电池较为普通。总之，土法开采，设备甚为简单，一切皆用人力。

新法开采：新式煤矿，以天府及宝源为代表。所谓新式煤矿，有二特点：一为组织之现代化，公司为股份组合，并合并若干旧厂而成，规模较大；二为设备之机械化，动力及运输一部以机械代替人力。天府矿业股份有限公司，初名天府煤矿有限公司，成立于民国二十二年（1933年），系合并6旧厂而成，资本24万元。合并之初，采煤仍用土法，惟管理较集中，生产效率较大。民国二十七年（1938年），抗战以后，始与北川铁路公司及河南中福公司，合组天府矿业有限公司，资本增为150万。从此以原有之矿厂，合中福公司之机器，与北川之铁路，开采与运输，大部改用新法，于川省煤业中，遂占最重要之地位。现公司有发电厂，供排水、通风、蓄电池之用，有铁路供运输。另有修理厂，规模颇大，但一部分采矿工作，仍沿用旧法。宝源公司亦由接收5旧厂而成，成立于民国十七年（1928年），资本百万左右。有小型发电机、排水机、压风机，运输有铁道与运河，但电机仅充电灯及蓄电池之用，排水机与压风机皆未用，铁道不用机车，而用人力推行，虽略具新式设备之规模，但尚未臻机械化之程度也。然其产量在三峡各矿厂中已推巨擘，仅次于天府，而在民国三十年（1941年）以前，且超过天府。除宝源外，此等规模较大之新组织，皆在二叠纪煤田区内。至于侏罗纪煤田，因煤层较薄，产量大部甚少，新法开采，恐不甚经济，故土法矿厂当仍有继续存在之需要与可能。

以各矿厂之产量而比较之,则第一为宝源公司,每日产量400吨。其次为天府,日产270吨。三才生居第三位,日产约190吨。其余则皆为日产在百吨以下之小厂矣。但近一二年来,情形稍变,天府自扩充及改良以后,最近日产已达600吨,远凌驾宝源之上,将来更可达千吨,宝源产量大约如旧,无甚变更。三才生则与天府合并,天府之规模当更大矣。

以上所述各公司,天府、三才生及华银,皆属于观音峡背斜山,且皆在二叠纪煤区内,皆为最有希望之矿厂。至于宝源与江合,前者在温塘背斜北翼嘉陵南岸,后者在龙王洞背斜,皆为侏罗纪煤层,煤层过薄,恐不易与二叠纪煤区内者竞进也。若以每一矿厂(即煤洞)而言,则二十七年(1938年)日产百吨以上之厂,计有天府之后峰崖(岩)厂,三才生之戴家沟厂,宝源蔡家沟厂,但近日后峰岩厂日产已达300吨以上矣。

销路与炼焦

煤之销路与煤质甚有关系,故吾人拟先考察北碚区之煤质。三峡区之煤,除华蓥山三汇坝一带二叠纪煤田三大连炭为无烟煤外,皆为烟煤,然其质亦不一致,因此影响至煤之用途。兹将各背斜重要煤层之分析结果录下:

	二叠纪煤	水分	挥发物	固定炭	灰分	硫分	粘性
1.观音峡背斜天府公司	双连子	1.14	20.06	57.80	21.00	2.44	
	大独连	1.06	17.34	58.07	23.53	4.46	
	大连	1.15	17.51	67.70	16.64	1.70	粘
2.沥鼻峡裕蜀公司	内连	1.24	22.47	49.29	25.00	0.56	
3.温塘峡宝源公司	正连	1.24	22.62	65.74	10.40	0.75	粘微膨

由上观之,二叠纪煤与侏罗纪煤之成分不同,主要以灰分与硫分较多,不适于炼焦。又挥发物较少,不甚适于工厂、轮船、锅炉之用。大部分用为普通家庭燃料及盐灶燃料。以天府为例,天府公司二十七年(1938年)春之销路百分数如下:

类别	百分数
渝家庭用户	30%
合川及上游	30%
民生公司轮船	18%
机器工厂	14%
铁路及砖瓦窑	8%

运往合川及上游之煤,大部皆沿涪江转往川北一带盐场,作为煮盐之用。合煮盐及渝市家用2项,共占总销额60%,其他3项计仅占40%。品质虽可决定煤之销路,而需求亦可影响销路。近年以来,因炼钢工业发达,二叠纪煤亦渐有设法炼焦者,大抵采用灰质及硫分较少之大连炭,将炭末淘洗后,再行炼焦。但损失颇大,大约末煤洗后仅得洗煤75%,焦煤又仅出洗煤50%而已。炼焦炉为盆状,直径4公尺,深半公尺,每炉可产焦炭3吨,需燃烧3日,7日可出焦一次。现沿北川铁路区之天府及三才生矿厂附近,皆可见此种炼焦炉之分布。至于侏罗纪煤,煤层虽薄而煤层甚佳,前已言之,因其挥发物较高,极合于工厂轮船锅炉之用,而灰分及硫分则较少,宜于炼焦,故三峡各侏罗纪煤厂,多兼营炼焦,供给渝市附近之冶金工业,其较大之炼铁厂,且有自营矿厂炼焦者,如兴业公司于沥鼻峡东岸磨刀溪自设炼焦厂,可见北碚之煤对于冶金工业,正逐渐发挥其吸力也。

煤之运输及交通

煤为笨重而价廉之原料,故运输问题最为重要。如运输不便,运费浩大,直接足以增高成本,影响销路,甚至使煤业整个停顿,无法开采。以本区而论,运输用费,所占成本自30%至70%,不可谓不大也。兹根据二十七年(1938年)调查本区较重要煤矿之运输成本与出产费用列表于下,以资比较。

矿名	出口地点	主要销地	每吨出产费用/元	每吨运输费用/元	总成本/元	运输成本百分数/%
燧川	夏溪口	重庆	2.60	6.75	9.35	72
天府	白庙子	重庆	3.00	4.90	7.90	62
裕蜀	临渡口	合川	5.69	3.40	9.09	37
宝源	夏溪口	重庆	5.35	2.40	7.75	31

运输费用之多少，视其运输工具及其距离市场之远近而定。煤为重货，普通以水运为最廉，铁道次之，兽力人力较昂，而汽车有时尚昂于人力。在本区中，煤之运输方法可分3种，即水运、铁道、人力是也。本区有嘉陵江横贯其中，故煤一至江边，运输即极便利。但自煤厂至江岸，则颇困难，因之陆上运输占运费之大部。兹以二十七年（1938年）天府、宝源2公司之运输分析之，列表如下：

公司名称	矿厂至江岸/元	占总运输费百分数/%	江岸至渝/元	占总运输费百分数/%	总运费/元
天府	2.8	82	0.60	18	3.40
宝源	1.445	60	0.95	40	2.40

可见陆上运费实占总运费之大部，多时竟达90%，最少亦占60%，故陆运问题，为本区煤之运输之中心问题。

自矿厂至嘉陵江岸运输方法，可分3种：一为人力，二为车道，三为运河。大抵初期之运输，皆由人力挑运。在本区中，自矿区至江边，皆可见有石板筑成之石板路，普通宽1公尺许，例如北碚对岸黄桷树至文星场，黄桷树至广生厂，夏溪口至蔡家沟皆是。其大者宽可3公尺，如三汇坝至小沔溪之大路。此等石板路皆可称之为煤路，因其为煤矿所修筑，专供运输之用，且有时远达荒僻山中，与普通连（联）络城市村镇之交通大道不同也。在此等路上，挑煤工人络绎不绝，石板为黑。在此等煤路上之另一引人注意者，则为店子之多如连珠。此等店子，专供挑煤工人之休息与住宿者也。车道运输分为两种：一曰铁道，二曰木轨车路。铁道之最重要者为观音峡背斜上之北川铁路，开始于民国十七年（1928年），完成于二十三年（1934年），起自嘉陵江边之白庙子，延长至大田坎，长16公里半，轨距2英尺。现有车头8个，自35匹马力至110马力不等，5吨煤车54辆，其他尚有客车、货车、绞车、摇车、水车共22辆,并有修理厂。每日运量可达到150吨,将来可增至1000吨,不仅为本区唯一新式之运输工具,且至今尚为四川唯一之铁道也。其次为宝源公司,筑有轻便铁道二段,外段800公尺,内段2公里半,轨距2英尺,有2吨煤车60辆,皆用人力推行。此二段铁道系与运河相连接,故可称为复式运输。关于运河一段,以下再述及之。此外尚有三才生自黄桷树至戴家沟之戴黄铁路,长12公里余。此外计划修筑之木轨道,尚有沥鼻峡旧县场林口裕蜀公司至南津关或东津沱之木轨路。最后为运河。嘉陵江三峡两岸,常有与山脉平行之小溪流入江中。此种小溪,虽源流不长,且坡度甚急,然若筑堰塞之,提高水位,亦可成为运河。前述之宝源公司,即利用此法,其堰口距江口约1公里,现用铁道与江边之夏溪口连接。自堰口以上至官斗石为运河,长4公里,水深4公尺至1公尺余,官斗石以上至蔡家沟矿厂又为铁道。运河之中,备船12只,载重20吨至40吨。

各种运输工具之运费比较:吾人试一比较各种运输方式之运费,即可了然于人力运输之糜费,而改进为新式运输之重要。兹以二十七年(1938年)运费为根据,各公司矿厂至江口之运费及距离如下:

公司	运输方式	距离/公里	运费/元	每公里每吨运费/元
宝源	运河与铁道	8.0	1.45	0.186
天府	铁道	8.9	2.80	0.314

由上表可见各公司自矿厂至江口运费,以每公里公吨计,以宝源为最廉,天府次之,但以上尚未将宝源与天府之运费按照使用工具另行分析。吾人试再加以分析,则在宝源之14.5元之运费中,运河运费仅占0.356元,实计每公里公吨之运费为0.089元。天府自后峰岩至白庙了之铁道运费实际上为1.89元,每公里公吨为0.212元,故吾人得据此以修正各大运输工具每公里公吨之运费而比较之如下:

公司	运输方式	每公里每吨运费/元
宝源	运河	0.089元

续表

公司	运输方式	每公里每吨运费/元
天府	铁道	0.212元

故运河之运费最廉,铁道高于水运2倍半,人力又高于铁道60%以上。

至于嘉陵江上之运费,虽大抵皆甚廉,然上下流亦有不同,有愈趋上流而运费愈高之势。如以上列2公司至渝之运费比较之,则如下:

公司	地点	距离/公里	运费/元	每公里公吨/元
天府	白庙子至渝	60	0.60	0.10
宝源	狮子口至渝	53	0.50	0.09

此殆因愈向上溯则航行愈困难之故,但其所差甚微,不足发生大影响耳。在此种情形之下,离主要销场之距离远近则甚重要。下游各矿厂因距渝市销场近,故可减低运输成本。

本文多据林超先生《嘉陵江三峡煤业地理》一文,刊地理研究所《地理》第二卷第一、二期合刊,谨此致谢。

工业志

顾毓珍

北碚位于嘉陵江下游,居重庆与合川两市水路之中心,循公路距重庆不过80余公里,离璧山、铜梁亦近。既得水陆交通运输之便利,又以附近有天府、宝源、三才生等大煤矿,白庙子之石灰,合川华蓥山之硫磺矿,以及江干之玻璃原料,故颇适于创办工业之条件。抗战军兴,国都迁川,北碚以与重庆邻近,故抗战爆发以来有不少工厂相继设立,有助于抗战民生,至匪浅鲜。

兹将北碚各工厂,根据调查所得,分为新式工业与手工业两类,列表统计(如附表),计新式工业有28厂,其中以化学工厂为最多,计14家,机电工厂4家,纺织与食品工厂各3家,建筑工业2家,印刷工厂1家,电影制片工厂1家,其余未经调查所得之小型工厂,当尚不少。以未及普遍调查,遗漏在所不免。根据三十五年(1946年)2月之调查,28家工厂中,尚在继续营业者有17厂,其他以胜利已临,或整理或经停办。此17工厂之资本共为1.09亿元,三十四年(1945年)度之营业数字,除大明厂、新源面粉厂与北泉酒精厂外,为5.2亿余元,估计未列入之三大工厂营业数字极大,当在25亿以上,则总数当在30亿之谱。以上所述各厂之员工数目为1600余人,在各厂未停办前,员工总数当在2000人以上。

至于业经调查之手工业有30家,计业竹器与藤器者为最多,计21家,木器次之,计有7家,铁器仅2家,此外附近有榨油坊数家,酿造作坊数家,与其他食品制造者。

综观北碚工业，将来以煤炭及原料之方便，交通之便利，人工之低廉，新设备，以使其机械化，始可与渝市各工厂并驾齐驱也。

附调查表2种。

北碚新式工业调查表

三十四年（1945年）度

	工业类别	名称	地址	重要设备	员工人数	创办年月	营业方式	资本万元	出品种类	每年营业金额万元
1	化学	经济部中央工业试验所纯粹化学药品制造实验工厂	北碚杜家街	三酸、精馏设备等	职员32 工人68	二十九年（1940年）9月	国营	530	盐酸、硝酸、硫酸、碱、黄丹、氯化铵等	2500
2	化学	经济部中央工业试验所淀粉及酿造示范实验工厂	北碚杜家街	面粉机及酒精蒸馏塔等	职员22 工人29	二十八年（1939年）9月	国营	500	酵母精、乳酸钙、糊精等	2100
3	化学	经济部中央工业试验所油脂实验工厂	北碚杜家街	榨油器、炼油、炼焦等设备	职员24 工人39	二十九年（1940年）10月	国营	510	润滑油、液体燃料、电木油墨克利沙等	2000
4	化学	北泉酒精厂	北温泉三花石	蒸馏及发酵部分	职员50 工人180	二十九年（1940年）4月	国营	210	酒精及杂醇油等	不详
5	化学	广利化学工业公司造纸厂	北碚澄江镇烟湖滩	水动力（涡）轮打浆机等	员工40	二十九年（1940年）	股份有限公司	1000	熟料、本色皮纸等	3000
6	化学	广利化学工业公司肥皂厂	北碚澄江镇糖房嘴	煮锅、搅拌锅、压花机等	员工32	十九年（1930年）	股份有限公司	5000	肥皂、药皂、香皂、洋烛等	20000
7	化学	上海新亚药厂华西分厂	北碚北温泉	动力、注射、化验等设备	职员13 工人46	三十年（1941年）9月	民营	100	葡萄糖注射及内服液等	10000

续表

工业类别		名称	地址	重要设备	员工人数	创办年月	营业方式	资本/万元	出品种类	每年营业金额/万元
8	化学	民利制革厂	北碚金刚碑	不详	员工 52	二十八年(1939年)3月	官商合股	10	帮皮、底皮、皮鞋等	200
9	化学	江南皂烛厂	北碚东阳镇	皂锅、油锅等	员工 5	二十八年(1939年)6月	股份公司	150	肥皂、洋烛	200
10	化学	陆军制药研究所	北碚北温泉	迁移						
11	化学	航空委员会炼油厂	北碚北温泉	停办						
12	化学	更生炼油厂	北碚黄桷镇文笔沱	停办						
13	化学	建国玻璃厂	北碚黄桷镇	停办						
14	化学	义大玻璃厂	北碚二岩乡	停办						
1	机电	北泉寄萍机电厂	北碚北温泉	15.H.P水力机、车床、刨床等	员工 35	二十九年(1940年)7月	独资民营	700	各式水力机、医疗器械、农村用具等	3000
2	机电	建中电工厂	北碚黄桷路字藏路	中式车床、刨床等	员工 22	三十一年(1942年)11月	有限公司	40	汽车电瓶、阴阳隔板等	500
3	机电	和平电厂	北碚二岩乡	瓦斯引擎、电机等	员工 2	三十三年(1944年)4月	租赁经营	50	电池	500

续表

工业类别		名称	地址	重要设备	员工人数	创办年月	营业方式	资本/万元	出品种类	每年营业金额/万元
机电	4	金星水电厂	北碚三岩乡	营业情况不明						
食品	1	新源实业股份有限公司面粉厂、碾米厂	北碚文星湾	磨子、砻车、麸皮车等	职员14 工人32	三十三年（1944年）7月	有限公司	1200	面粉、米	不详
食品	2	同兴酿造厂	北碚杜家街	新式制酱油设备	员工16	二十七年（1938年）8月	民营	110	酱油、醋、酒	1800
食品	3	中国粮食工业公司	北碚白庙子	停办						
纺织染	1	大明纺织染公司北碚工厂	北碚文星湾	纺机、织机、染色机等	职员47 工人769	二十六年（1937年）10月	集股商营	1000	大明蓝布、阴丹、元青等布	因纱锭未齐未确定
纺织染	2	蜀华布厂、峡区分厂	北碚黄桷镇	停办						
纺织染	3	协兴三峡染织厂	北碚金刚碑	停办						
印刷	1	正中书局第二印刷厂	北碚金刚碑	不详	员工60	二十八年（1939年）10月	民营	不详	大中小学用书及一般读物	1000
建筑	1	大鑫火砖厂	北碚黄桷镇	整形和泥机等	员工60	二十六年（1937年）10月	合伙	100	中性酸性火砖	500
建筑	2	建国代水泥公司	北碚白庙子	停办						
其他	1	教育部中华教育电影制片厂	北碚北温泉	不详	员工76	三十一年（1942年）1月	政府主办	不详	教育电影片	不详
合计					1665			10900		52200

手工业调查表

	工业种类	商店名称或主办人	地址	员工人数	资本/元	出品名称	成品销路	每年营业金额/元
1	铁器	张治民	北碚何家嘴	2	30000	船钉、桶钉等	船户及家庭用	200000
2	铁器	王明清	北碚嘉陵支路	2	30000	砍刀、切刀、火钳、菜刀、锄头、镰刀等	家庭及农民用	200000
3	竹器	廖利生	北碚嘉陵支路	2	30000	竹箱	不详	不详
4	竹器	万自云	北碚嘉陵支路	2	40000	竹床、竹凳	家庭用	400000
5	竹器	罗云生	北碚嘉陵支路	2	40000	蒸笼	家庭用	不详
6	竹器	苏存厚	北碚嘉陵支路	3	80000	箩兜	农民及力夫用	500000
7	竹器	刘树林	北碚嘉陵支路	2	20000	竹床、蒸笼等	家庭用	不详
8	竹器	刘金全	北碚嘉陵支路	2	20000	竹口子	家庭用	不详
9	竹器	刘大金	北碚嘉陵支路	2	40000	竹床、竹椅	家庭用	不详
10	竹器	陈兴全	北碚嘉陵支路	2	30000	竹椅、桌、凳等	家庭用	不详
11	竹器	刘永兴	北碚嘉陵支路	3	40000	草席	家庭用	不详
12	竹器	天府竹篓厂	北碚何家嘴	18	2000000	竹篓	供天府煤厂拖煤用	不详
13	藤器	王清山	北碚嘉陵支路	5	50000	藤椅、藤篮等	机关、家庭用	不详
14	藤器	郑国民	北碚嘉陵支路	2	40000	藤椅	机关、家庭用	不详
15	藤器	吴炳生	北碚嘉陵支路	2	40000	藤椅、竹凳等	机关、家庭用	不详
16	藤器	夏树云	北碚嘉陵支路	2	30000	棕绳、棕垫	机关、家庭用	不详

续表

工业种类	商店名称或主办人	地址	员工人数	资本/元	出品名称	成品销路	每年营业金额/元
17	竹藤	彭唐氏	北碚何家嘴	1	50000	牵藤	船户用	不详
18	竹藤	彭树全	北碚何家嘴	1	10000	牵藤	船户用	不详
19	竹藤	冯汉云	北碚何家嘴	1	30000	牵藤	船户用	不详
20	竹藤	熊彭氏	北碚何家嘴	1	30000	牵藤	船户用	不详
21	竹藤	明安富	北碚何家嘴	2	30000	牵藤	船户用	不详
22	竹藤	李银成	北碚何家嘴	2	40000	牵藤	船户用	不详
23	竹藤	甘青云	北碚何家嘴	3	50000	牵藤	船户用	不详
24	木器	王银合	北碚温泉路	2	10000	各种日用品	供市民用	不详
25	木器	徐少全	北碚温泉路	4	20000	各种日用品	供市民用	不详
26	木器	洽民木器铺	北碚温泉路	1	10000	各种日用品	供市民用	不详
27	木器	谌树元	北碚温泉路	2	20000	各种日用品	供市民用	不详
28	木器	光利祥木器铺	北碚温泉路	3	40000	各种日用品	供市民用	不详
29	木器	民生木器铺	北碚温泉路	2	10000	各种日用品	供市民用	不详
30	木器	蜀新木器铺	北碚温泉路	1	10000	各种日用品	供市民用	不详
合计			79	2920000			1300000

交通志

北碚当江北、巴县、璧山、合川4县之交,嘉陵江横贯其中,实四通八达之地也。复因有温泉、缙云诸胜,远地来游者络绎不绝,无论水陆交通均极便利,上可达川东各地,下亦可通川西平原,具有可述者焉。

嘉陵为蜀中大川,其流域盖兼秦陇南部,自北而南,流经合川后,则东南行,复横贯北碚,而达重庆,故北碚由水道可下至重庆,上达合川,有汽船通焉。初民国元年(1912年)间,有英法牧师某某氏曾驾汽船试驶嘉陵江中,至合川后,更上抵南充,结果至为圆满,沿途均甚安吉,嘉陵江之驶行汽船殆以此为嚆矢。民国三年(1914年),法海军中尉奥宾民,率军舰钢建号复航行合川,从事测量渝合间河床,事竣之后,制有河床图五大张,由我国海关翻印,分发于船业界,是为嘉陵江水道之第一次科学勘测。及民国三十二年(1943年),重庆海关更派驾驶员王伊元氏测绘由磁器口至飞缆子一段,所制河床图极为详尽精确,惜海关以经费困难,未能继续测制,殊可憾也(据民生公司北碚办事处稿)。

航行于嘉陵江中之汽船,属民生实业股份有限公司,民国十五年(1926年)7月23日,民生公司新建之"民生"轮始第一次航行重庆合川间。其后民生公司营业日趋发达,复新建汽轮多艘,迨民国三十一年(1942年),屏山、乐山等轮亦航行于嘉陵江中。令洪水之季,则出山字轮行驶,而水枯时则由民字船行驶,渝合对开之船抵北碚时,均须暂停,碚渝间复有专轮行驶,故北碚之水道交通,綦称便利(据民生公司北碚办事处稿)。

水道交通除民生公司之汽船外,更有木船,此种木船,均属船业公会,共141只,计舵船28、梢船73、住家船40。此项木船,可驶行北碚各地,由朝阳镇可至黄桷镇、东阳镇、白庙子、金刚碑、温泉、二岩乡、澄江镇诸地,由澄江镇可至二岩乡、温泉、金刚碑、大沱、东阳镇、黄桷树诸地,由二岩乡可至金刚碑、温泉、黄桷树、何家嘴、白庙子诸地,由温泉可至金刚碑,由黄桷树亦可至白庙子。此种木船,行驶均有界域,兼有上下枯水洪水之别,其船价因之亦各有异。所谓洪水系以水位涨至20尺为限,乘客除可搭船外,复可包船,以6人计价。

船业公会共1保12甲,141户,计男202人,女98人。其正保长为魏国藩、副保长为李炳光,第一甲甲长徐林全,第二甲甲长左海清,第三甲甲长李万开,第四甲甲长刘少清,第五甲甲长万启宾,第六甲甲长李述清,第七甲甲长李才源,第八甲甲长李茂荣,第九甲甲长袁德之,第十甲甲长关兴富,第十一甲甲长李树清,第十二甲甲长冯文树。每月开保民大会1次,保务会议2次,每甲开甲户长会议1次。其公会组织有理事长1人,常务理事2人,监事1人。理事会每10日1次,理事长为丁述清,常务理事为袁富贵、张伟高,监事为袁炳兴(据船业公会组织)。

北碚有公路三:一通青木关,所谓青北路者是也;一通温泉;一由温泉通澄江镇。其最重要者,厥为青北路。该路自民国十九年(1930年)始开始测量,嗣因故稍停,至二十年(1931年)春始测量完竣[据二十年(1931年)2月22日《嘉陵江日报》]。二十五年(1936年)6月,川黔公路局巴綦段段长扬子英率同该段工务员于途勘测[二十六年(1937年)1月23日《嘉陵江日报》],初拟由川黔公路局筹款兴工开筑,然以经费困难,故迄未实现[二十六年(1937年)2月3日《嘉陵江日报》]。盖公路全线次横方4座,涵洞20余个,如包工修筑,所费须在80万以上[二十六年(1937年)2月20日《嘉陵江日报》],乃于二十六年(1937年)由军事委员会委员长行营派一百六十一师担任修筑,于是年3月5日正式开工。全段共分3区,开筑每区有团员1人,择工员数人,定6月内完工,加紧赶筑,再修1里,公路局津贴洋100元,另报修路用具费2000元[二十六年(1937年)2月28日《嘉陵江日报》],果于预定期限内落成[据二十六年(1937年)3月7日《嘉陵江日报》],即开始通车。初系商办,属重庆汽车公司。二十八年(1939年)10月1日始归四川全省工路局管理,继乃移交于军委会战时运输统制局,中复拨归四川省公路局,后仍隶运输统制局,以迄于今,兹以战事胜利,复将自11月1日由统制局移交于重庆市市政府,正在办理移交手续中。青北路全长60公里,24公里,所经过之地,从北碚起如下:

天生桥(4公里)

状元碑(6公里)

独石桥(8公里)

歇马场(11公里)

小弯(14公里)

凤凰场(18公里)

最后达青木关,现有公共汽车通行,属重庆市公共汽车管理处,每日计开车4班,兹将其车次时间列下:

701	午前7时
703	午前11时半
705	午后2时半
707	午后5时半

青北路达青木关后,与成渝公路相接,故由北碚更可直达重庆,除经青北路上各地外,更经成渝段上之各站,其起点自北碚始如下:

陈家桥(32公里)	三圣宫(37公里)
赖家桥(39公里)	金刚坡(45公里)
歌乐山(49公里)	新开市(52公里)
山洞(57公里)	新桥(62公里)
高滩岩(64公里)	小龙坎(68公里)
化龙桥(73公里)	牛角沱(77公里)
两路口(80公里)	

由北碚至重庆,每日可开车5次,兹将其车次时间列后:

601	午前8点半
603	午前10点半
681	午前12点半

683　　　　　　　　　　午后2点

605　　　　　　　　　　午后3点

　　北碚至温泉间之公路,全长7公里半,中经隧道,初由公路局核足修筑预算,需建筑费69081元,呈省府批示[二十六年(1937年)7月15日《嘉陵江日报》],后省府奉行营令,转饬公路局,谓在困难期间,经费支出为体是经济状况计,该路修筑工程,应从缓议[二十六年(1937年)9月24日《嘉陵江日报》]。民国三十年(1941年),方由北碚管理局联络交通部四川省政府暨华洋义赈会合资筑成,亦可通行汽车及人力车(据《北碚月刊》三卷十一、十二期《嘉陵江三峡乡村建设实验区民国三十年工作概况》),澄江镇温泉间之公路,全长为7公里半,北温公路竣,宝源公司董事长蓝绍侣、北碚管理局局长卢子英、嘉陵江温泉公园事务所主任邓少琴及澄江镇士绅胡汝航等,会于公园,商温泉澄江镇内公路之兴筑,以接北温路而达成渝,均以10万元可竣工,蓝氏立认其半数,余则分任募集之责,遂组公路筑设委员会,以蓝氏主其事,而以邓氏副之,万文卿、黎纪光等均为委员,爰于二十九年(1940年)3月29日,鸠工兴建,期年之内,物价陡变,工程未半,耗款已逾30万元,事以中辍。三十一年(1942年)春,蓝氏自成都归,乃商于北碚管理局,呈四川省政府,得补助费10万元,军政部汽油厂亦补助15万元,而工乃复兴。次年3月,其工始竣,亦可通汽车及人力车。(据万文卿《嘉陵江三峡澄温公路竣工记》)

　　四川为吾国重要煤区之一,其煤矿储量在全国各省中占第三或第四位,而嘉陵江下游之北碚则复为川省重要产煤区。煤为笨重而价廉之原料,故运输问题极形重要,如运输不便,运费浩大,直接足以增高成本,影响于销路,甚至可使煤业整个停顿,而无法开采。本区中煤之运输可分2种,为水运与铁道。水道有嘉陵江横贯其中,自极便利,然自煤厂至江岸,则端赖各厂铁道或运河,铁道有天府煤矿之北川铁路,三才生煤矿公司之戴黄铁路,宝源实业股份有限公司之宝源铁道暨宝源运河,兹分述之:

　　北川铁道民国十六年(1927年)开始筹备,十七年(1928年)1月在沪聘请丹麦工程师守儿(尔)慈氏,来川主持工程,守氏六旬老人,精神健旺,测勘路线,凡九阅月而竟。竟日跋涉山谷间,无疲乏之态。测绘完毕,列具预算书,即于是年

10月动工建筑,由水岚垭至土地垭一段,计17华里,十八年(1929年)10月通车。十九年(1930年)复添修由水岚垭至白庙子一段,计程5里。又接修由土地垭至戴家沟段,计程3里,均于二十年(1931年)5月通车。二十二年(1933年)接修由戴家沟至大田坎段,计程8里,同时于白庙子建筑下河绞车第一段,于二十三年(1934年)4月1号,同时完成第二段绞车。复于是年3月完成铁路,起点在嘉陵江边,依山断岩而成,由白庙子迄于大田坎,全长16公里半,轨距2英尺,其主要在运输煤炭,日可运煤达150吨,更有客车货车,盖为四川之唯一火车交通焉。(据峡区事业纪要)

车旧有5部,最大者只有110马力1部;次之75马力2部;最小者35马力亦为2部。最近添造110马力者3部。兹将各机车之规范列次:

机车号数	1号	2号	11号	12号	21号	22号	23号	24号
马力	35	35	75	75	110	110	110	110
轨距/公厘	610	610	610	610	610	610	610	610
型式	0-4-2	0-4-2	0-6-0	0-6-0	0-6-0	0-6-0	0-6-0	0-6-0
汽缸直径/公厘	180	180	250	250	290	290	290	290
冲程/公厘	300	300	300	300	300	300	300	300
主轮直径/公厘	600	600	600	600	600	600	600	600
钢轮距/公厘	915	915	1600	1600	1600	1600	1600	1600
总轮距/公厘	2300	2300	1600	1600	1600	1600	1600	1600
蒸汽压力/公斤立方公分	12	12	12	12	12	12	12	12
锅炉受热面积/方公尺	11.50	11.50	23.48	23.48	36.36	36.36	36.36	36.36
炉桥面积/方公尺	0.37	0.37	0.55	0.55	0.70	0.70	0.70	0.70
贮水量/公升	6.50	6.50	11.50	11.50	15.00	15.00	15.00	15.00
50%曳引力/公斤	9.72	9.72	1.875	1.875	2.525	2.525	2.525	2.525
60%曳引力/公斤	1.166	1.166	2.250	2.250	3.630	3.630	3.630	3.630
空车重量/公吨	7.10	7.10	10.65	10.65	12.80	12.80	12.80	12.80
行车重量/公吨	8.50	8.50	13.36	13.36	16.10	16.10	16.10	16.10

续表

机车号数	1号	2号	11号	12号	21号	22号	23号	24号
最大速度/公里每小时	20	20	20	20	20	20	20	20
最小半径/公尺	22	22	22	22	22	22	22	22
贮煤量/公升	3.50	3.50	6.25	6.25	9.50	9.50	9.50	9.50

北川铁路自白庙子迄大田坎,共计16.8公里,分设11站,其各站距离、轨重、坡度以及量小曲线半径等,示于下表:

站名	各站距离	轨重	坡度	最小曲线半径	轨距	路基宽度	桥梁涵洞跨度
白庙子	00公里	35磅	4.4	55	24英寸	4公尺	0.40~3.00
水岚垭	2.6公里	35磅	2.0	60	24英寸	4公尺	
麻柳湾	2.1公里	35磅	2.0	60	24英寸	4公尺	
万家湾	2.4公里	35磅	2.0	60	24英寸	4公尺	
文星场	0.8公里	35磅	2.0	60	24英寸	4公尺	
后峰岩	1.0公里	35磅	2.0	60	24英寸	4公尺	
郑家湾	1.5公里	35磅	2.0	60	24英寸	4公尺	
土地垭	0.6公里	35磅	2.0	60	24英寸	4公尺	
戴家沟	1.4公里	35磅	1.8	60	24英寸	4公尺	
大岩湾	2.1公里	28磅	2.8	60	24英寸	4公尺	
大田坎	2.0公里	28磅	2.8	60	24英寸	4公尺	

车辆计有煤车68辆,平车3辆,货车6辆,水车1辆,客车4辆,均为载重5吨。三十二年(1943年)春向渝鑫钢铁厂订购新煤车48辆,三十二年(1943年)年底为止,已交到三分之二,三十三年(1944年)2月可以全数交齐。

戴黄铁路属三才生煤矿公司,路起自戴家沟,直达黄桷树码头,长凡12公里22公尺,勘测初定于三十年(1941年)3月开工,次年3月路基告成,庚即铺轨,5月1日即完全铺竣,其主要在便利该厂煤之运输也(据三才生煤矿概览)。

宝源铁路与宝源运河,盖为所谓复式交通,二者均属宝源实业公司,铁道分内外2段,外段长800公尺,内段2公里半,轨距2英尺,全长凡4公里。路凡三:

梁江路起梁家嘴终嘉陵江,共1370公尺。蔡官路起蔡家沟终官斗石,共2500公尺。棕官路起棕嘴终官斗石,共2687公尺,运河则起梁家嘴至官斗石,共4公里,水深1公尺至1公尺余,盖嘉陵江三峡西岸,常有与山脉平行之小溪,流入江中,此种小溪,虽源流不长,且坡度甚急,然若筑堰塞之,提高水位,则亦可成为运河。宝源公司即利用此法。其堰口距江约1公里,现用铁道与江边之夏溪口相接,自堰口以上,至官斗石为运河,官斗石以上至蔡家沟矿厂,又为铁道。运河之中,备船18只,载重20吨至40吨,每日运输量平均300吨,最高可达480吨等焉。(据宝源公司概况及林趋作《嘉陵江三峡煤业地理》)

除陆上与水道之交通外,北碚复有电信局与邮政局之设。

交通部重庆电信局北碚分局所辖之地为北碚、独石桥、歇马场、天生桥、金刚碑、北温泉、澄江口、黄桷树、水土沱9地。各机关、学校、工厂装有电话机者,约70余户。该局于民国二十八年(1939年)初,始架设电杆,至年底完成。于是乃装置市内电话,开始营业,更接收川康电信管理局北碚电报局原有之电话,合并办理,并扩充路线,加以修整。旋即开放国内长途电信,业务渐趋发达。二十三年(1934年)2月,重庆电信局改组,易名为重庆电信局,电报电话乃集于一地办理,故北碚分局亦奉令改组,接收北碚电报局,方称北碚电信分局,仍直属重庆电信局。该局组织分工务、业务、报务、话务4组,组有主任1人,助理4人,话务员20人,报务员3人,营业员9人,机线务佐8人,报差10人,工役7人(据北碚电信局稿)。

北碚邮局,为二等甲级分局,除于民族路第4号该局设有总务、营业、邮件等组外,另于天津路、杜家街、毛背沱等地,各设有邮政代办所1处,并于体育场西首设置邮亭1座,以便公众交寄邮件。该局初为邮政代办所,隶于土沱邮局,嗣因地方日渐繁荣,委托商办之邮政代办所不能应付公众之需要,乃于民国十八年(1929年)改设三等邮局。继以抗战军兴,北碚划为迁建重镇,中央党政军各机关及各学校纷纷迁来,该局业务,乃日渐增多,方改为目前之二等甲级邮局焉。该局除收寄投递各项邮件外,更兼营包裹、储金、汇兑、寿险等业务,且代售印花税票,该局自碚至渝有汽车2辆,沿碚渝公路对开,日各2次,每日到碚时间为上午8时、午后5时,离碚时间为上午11时半及下午6时30分。由碚至合有快差,沿嘉陵江往返,复木船2只,每日上下对开1次,运输邮件以助差力之不建。由碚至岭子口亦有快差,自碚经黄桷树、白庙子沿北川铁路至岭子口往返。由碚自歇马场则有打差,沿天生桥、状元碑、独石桥等地去歇马场,日往返1次。(据邮局稿)

嘉陵江三峡澄温公路竣工记

嘉陵江三峡澄江镇,渝北胜地也。抗战军兴,列入迁建区,黉舍繁兴,工厂林立,四方之游息斯土者,莫不以拱卫陪都,翊赞复兴期之。惟舟楫交通,有时而阻,乃谋有以捷其途者。民国二十九年春,北温公路竣,宝源公司董事长蓝绍侣,北碚管理局[1]局长卢子英,嘉陵江温泉公园事物所主任邓少琴,及澄江镇士绅胡汝航等,会于公园,商温泉澄江镇间公路之兴筑,以接北温路而达成渝,金以十万元可竣其工,绍侣立认半数,余则分任募集之责,遂组公路建设委员会,推绍侣主其事,而少琴副之,文卿与澄江镇镇长黎继光等,均为委员。爰于三月二十九日,鸠工兴建,期年之间,物价陡变,工程未半,耗款逾三十万元,事以中辍。三十一年春,绍侣归自省门,慨然曰:工不竟,犹废路也。商之北碚管理局,呈四川省政府,得补助费十万元,军政部汽油厂,亦补助十五万元,而工乃复。继光躬亲督率,始终其事。至翌年三月,卒告厥成。盖历时三载,支度百余万元,而绍侣及其煤业同人,所捐即达八十余万[2]。吾川以地方发起集资建公路者,实开创例,于以知兴办交通事业之不易,此举或足为乡镇倡矣。路成,水陆之交通既便,澄温文化与生产事业将益盛,于政府疏建大计,不无小补。捐款者,亦于国家得效其绵薄焉。爰议勒碑,嘱文卿为之记云。

中华民国三十二年五月璧山万文卿记

注释:

[1]二十九年(1940年)春动工之时,北碚管理局尚称嘉陵江三峡自治实验区,三十一年(1942年)3月始改称管理局。

[2]二十九年(1940年)开工时,工程师为李殿□先生,三十一年(1942年)复工及三十二年(1943年)竣工时工程师为王懋龄先生。费用共计121万元。

水电志

一、引言

北碚地当嘉陵江滨,北邻重庆,有温泉缙云之胜,风景幽(优)美,交通便利。抗战以还,划为迁建区。中央研究机关及学校团体之迁居于此者凡百余单位,人口日增,商业日繁。工厂之动力也,市场之繁荣也,学子之考读也,研究机关之分析化验也,在在需电。北碚公共电力厂备有25匹马力之煤气发电机,然不足供市场电灯之需,大明染织厂虽有135匹马力发电机,亦不足自用,故增强电力设备刻不容缓,有识之士,乃有高坑岩水力发电厂之筹设焉。

二、开发水力及水力发电股份有限公司

为开发高坑岩水力以供北碚用电之需,经行政院水利委员会薛主任委员子良、四川省水利局何局长北衡、民生实业公司卢总经理作孚等发起组织公司,举办电厂,于民国三十二年(1943年)4月开始筹备,6月2日开创立会,认定股额,选出董事监察人,定名为富源公司,聘金城银行专员谭锦韬为经理,于6月12日假民权路金城银行办事处正式成立,至8月16日始租定中二路4号附4号办公。以股东会为最高权力机构,由股东推选董事11人、监察4人,设董事会,以交通银行董事长钱永铭为董事长,下设经理、副经理、秘书、工程师及总务、业务、会计、技术4课。同年7月12日特在北碚成立办事处,由业务课长汤九星兼充主任,始租

用中国西部科学院房屋。三十三年(1944年)1月17日购得中山路89号房屋4间为办事处,于1月23日自科学院迁入办公,办理材料之检存、输运、业务之筹备,以及地方开厂与公司间之接洽及联络等事项。

高坑岩电厂所有土木工程,系委托行政院水利委员会水利示范工程处代办。工程期间直属水利委员会,以中央大学教授谢家泽为厂长,下设工程、总务、会计3股,于三十二年(1943年)8月1日开工,三十三年(1944年)12月下旬完成,×月×日交由公司接收,×××为厂长,下设发电、供电、总务3组及材料库。兹将组织系统董监姓名略历及主要职员姓名略历分别列表于后:

1.组织系统表

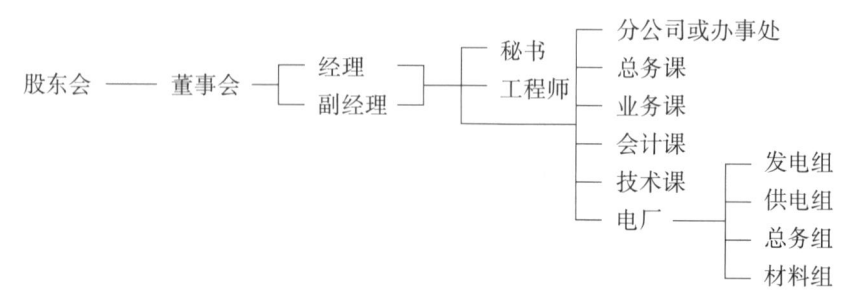

股东会——董事会—经理/副经理—秘书/工程师—分公司或办事处/总务课/业务课/会计课/技术课/电厂—发电组/供电组/总务组/材料组

2.董事及监察略历表(表见后)

3.主要职员略历表(表见后)

公司股东总额原定为1500万元,分为15000股,每股金额1000元,由各发起人一次认缴足额。嗣后以物价波动,工程费用不敷,经三十二年(1943年)8月11日第二次董监联席会议决,增资500万元,由各股东按原认股额比例增加,合以原认股金,总计股本总额为2000万元。兹特将股东姓名及股额列表于后:

股本明细表(表待补)

董事及监察略历表

姓名	籍贯	略历	备考
钱新之	浙江吴兴	交通银行董事长	
张丽门	广东	经济部工矿调整处副处长	
刘航深(琛)	四川泸县	川盐银行总经理	

续表

姓名	籍贯	略历	备考
顾季高	江苏	中国农民银行总经理	
邓鸣阶	贵州	川康实业公司总经理	
税西恒	四川泸县	川康兴业公司技术室主任	
陈防陶	四川成都	民生机器厂厂长	
薛笃弼	山西	行政院水利委员会主任委员	
戴自牧	四川江北	金城银行经理	
卢作孚	四川合川	民生公司总经理	
孙越崎		天府煤矿公司总经理	以上为董事
何伯衡	四川罗江	四川省水利局局长	常驻监察
汤筱斋		重庆交通银行经理	
宋海涵	河南林县	行政院水利委员会工务处处长	
李祖芬	浙江宁波	金城银行主任专员	以上为监察

重要职员略历表

职别	姓名	籍贯	年龄	略历	附注
经理	谭锦韬	辽宁	46	安徽省会电厂厂长,中国工业合作协会业务处副处长	
秘书	夏博泉	辽宁	50	中国工业合作协会秘书主任	
工程师	闵启杰	浙江	42	北宁铁珞电机工程师,重庆大学电机系主任	
副工程师	项益松	浙江	43	杭州电厂工程师	
总务主任	赵云路	辽宁	54	行政院水利委员会视察	
会计主任	邹至灵	四川	28	川康兴业公司会计股长	
北碚办事处主任	汤九星	四川	30	重庆轮渡公司秘书	

三、高坑岩水力发电之工程

高坑岩在巴县歇马场之东,因龙凤溪(亦名梁滩河)河流至大磨滩下半公里处,河床突降34公尺,悬岩得名,水流至此,白练千条,飞沫凝烟,有如万马奔腾,实为开发水力最理想之所。民国二十三年(1934年)民生实业公司即有高坑岩水力发电厂之筹议,并派工程师高华测量水位经年。嗣以设备费巨,用电者少,即告中止。至三十年(1941年)及三十一年(1942年)行政院水利委员会先后派队施测,拟订初步计划。

三十三年(1944年)春,由中央水利实验处派员会同水利示范工程处第一一种测量队,施行详测,并就地进行初步设计,共拟具"高坑岩水电厂设计说明书"暨设计图16张。7月6日,电厂成立。8月1日,正式开工。

龙凤溪上流分两支流:一支发源于白市驿附近,一支发源于走马岗虎溪河,合流于四塘,飞瀑而下,计18公尺。河身渐广,水流渐畅,经行东西二山岭之间,约6公里,合青木溪。又20公里,合回龙溪及磨滩溪,更两公里合砾溪。下1公里为大磨滩,河身跌降2公尺。再下半公里为高坑岩,河床突降34公尺,电厂即设于此。再下为小坑岩,又降8公尺,会(汇)流于嘉陵江毛背沱。全长凡50余公尺,入水面积约为400平方公里,所有工程,分蓄水、引水及厂房3部。

1.蓄水

龙凤溪年流量主要系因灌溉关系,而不以雨量多寡为定。每年夏季雨量最大,但以农田需水关系,故流量并非最大,冬末雨量最小,但以农田不需水之关系,故流量并不最小。电厂容量为140秒立方公尺,用两部水轮机,每部之容量为0.70秒立方公尺。依三十一年(1942年)至三十二年(1943年)之流量计,每年两部机器全开,时间为170天,一部机器全开,时间约为240天,则一年之间仅能有8个月至9个月为供电期。为解决水量不足问题,乃在高坑岩上游大磨滩、新桥、梁滩桥等地,建筑蓄水拦河坝,然不能过高,使蓄水量受其限制,兹将每坝蓄水量及工程分别说明如后:

(1)大磨滩蓄水拦河坝

距高坑半公里、太平桥上游约40公尺处有旧桥基一道,拦河坝即建于其上,分固定与活动两部。下部为固定坝,长82.4公尺,坝顶高度为243.8公尺,超出河床约2公尺;固定坝之上为活动柏木桥板,闸门厚13公分,以铁丝栓钉牢,计22孔,门宽3.4公尺,高1.2公尺。平常闸门关闭停水量,使库内水位抬至245公尺;洪水时间,闸门沿闸墩移动,向上开启,以便宣泄。闸墩厚0.8公尺,墩顶标高为248.3公尺,超出最高洪水位247.6公尺约0.7公尺。墩上架设工作桥以便工作人员来往,桥上设轨及起闸机两套。起闸机、桥轨均推动以人力,启闭闸门,则自坝顶提至桥面,经两人摇动,需时14分钟,连同安装调度费时之6分钟,共需20分钟。二机同时工作,22孔可于4小时内全部启开,即使一机失效,亦可于8小时内全部启开,纵洪水急剧增长,亦无泛滥之虞。并连泄水闸两道,其一靠近南岸,底高241.4公尺;其二靠近北岸,底高240.7公尺,用以宣泄242公尺以下之蓄水。自坝址至新桥,返水上溯距11公里,全部有效蓄水容量约为120万立方公尺,如遇大旱,溪水仅呈补充蒸发及渗漏损失。电厂需水,全赖蓄水维持时。每日一部机器,供电10小时,足供40天之用,若每日供电24小时亦足供20天之用。

(2)新桥蓄水拦河坝

坝长约70公尺,高3公尺,仍分固定与活动两部分,固定部分高1.5公尺,所有设备与大磨滩蓄水拦河坝异,自坝址至梁滩桥距2公里,蓄水容量约70万立方公尺。

(3)梁滩蓄水拦河坝

坝长70余公尺,高5公尺,固定部分高2.5公尺,蓄水容量约100万立方公尺。

以上3坝共蓄水总额量约为290万立方公尺,用以维持一部机器,每日供电10小时,可敷140天之用,每日供电24小时,可敷60天之用。若以维持两部机器,每日供电10小时,亦可敷70天之用。

2.引水

(1)引水坝

高坑岩原有古堰一道,拦水灌溉。引水坝即将古堰折(拆)除,建于堰址之上,坝顶高标为240.5公尺,与原堰标高相差无几,超出河床平均高度约1.2公尺。坝身全用1∶3洋灰、沙浆、条石砌成,断面采用矩形。坝顶下1公尺内,厚度1.3公尺,1公尺以下,厚度1.5公尺。坝长75公尺,沿坝每5公尺建桥墩1座。墩顶高

度原定为244.2公尺,超出最高洪水位约0.6公尺,原拟墩上架设木桥,则因限于经费,尚未举办。

(2)引水渠

渠首位于引水坝北岸尽头,计有进水闸1座,共3孔,冲沙闸1座,共2孔。每孔净宽皆为1公尺,各设木插板闸门1道,藉固定起闸机,用人力起闭。进水闸240公尺以上,设隔墙,以拦阻洪流及浮物。闸底标高为239.25公尺,超出冲砂闸闸底0.4公尺,进水闸前如有淤积时,可开启冲砂闸门,泄水冲刷。冲砂闸门顶高度为240.5公尺,与坝顶同一高度,门上可以溢流,洪水时可将冲沙闸全部启开,佐助泄洪。由渠首至平水池约长200公尺,始原有农渠,半凿半砌而成。断面为矩形,水深1.4公尺,渠宽1.3公尺,渠底坡降为0.003公尺,水渠内面稍加平凿,其粗造率为0.02,水面比降为0.0084时,水渠流量为1.4秒立方公尺。若水面比降为0.0017时,水渠流量为2.1秒立方公尺。若水面比降为0.003时,水渠流量为2.8秒立方公尺,足供240匹马力之3部机器及农田2000余亩灌溉之需要,而尚有余裕。渠顶标高为240.6公尺,较引水坝顶高出0.1公尺。若遇洪水,则关闭进水闸门,使渠内水位不超过240.5公尺,即可调剂用水。渠首及渠尾各设10公尺长之溢水堰1道,堰顶标高为240.5公尺,设渠内水位超过堰顶标高时,即自外溢。

(3)平水池

在引水渠尽端处建平水池1座,池长7公尺,宽3公尺,深4.5公尺,依地形用平凿半砌而成,用1:3洋灰、沙浆、条石砌作池顶,标高为241公尺,超出池静止水位约1公尺,池墙接设直径0.8公尺之钢管1道,管口装1公尺方之木插板闸门,池台上有固定起闸机操纵闸门之启闭。管门之后有通气孔,管门之前有栏任栅台,高出池底约0.6公尺。以渠首最低水位240.2公尺计,若流量为0.7秒立方公尺,则水面比降为0.0002,平水池水位将为240.6公尺;若流量为1.4秒立方公尺,则水面比降为1.00084,平水池水位将为239.93公尺。

(4)输水管

厂房与平水池间,用输水管连接,输水管上端用一吋半厚之铸铁弯头一段,上半埋没于平水池墙内,为输水管之入口,下半露明与直管活接,作成伸缩。以下为54公尺之直管,沿地形以1:2之坦坡下降,共分15节,每节长3.6公尺,上5节钢管厚度2分,中5节2分半,下5节3分,以电焊接卷而成。每一节之间,皆以铸铁活动法兰相接,每隔7.2公尺,设一混凝二鞍座托架钢管,至厂房处,有铸铁弯管两段,第一段将1:2之坡度析度为水平方,开第二段将垂直于厂房之方向度为平行,并将管径由0.8公尺缩至0.6公尺。此两段弯管,皆嵌入固定鞍座之内,将0.6公尺径之铸铁钢管于适当地点,先后分为3支,为0.4公尺径之铸铁管分别进入厂房与水轮机相连接,其末一支暂用堵眼法兰闭塞,以便日后安装第三部水轮机之用。

厂房建于高坑岩下河边,距岩约200公尺。地面标高213公尺,窗台标高214.5公尺,地面至窗台间之1.5公尺,用1:3洋灰、沙浆、条石砌墙,墙厚60公分,其余全部用石砌成,表面毛凿,不加细修,颜色天成,不加粉饰。尾渠3孔,简单整齐,在引水坝上俯视,如入画图,诚美观也。

龙凤溪寻常上游涨水,高坑岩下高水位为208公尺,但最高水位,则视嘉陵江返水情形而决定。据嘉陵江水道工程处近数年来之记录,金刚碑最高洪水位曾达194.97公尺,推算岩下最高洪水位约为214.25公尺。此种洪水,仅数十年始遇一次,且每次为期亦不过十数小时。即以三十二年(1943年)两季而论,高坑岩下水位并未受嘉陵江返水之影响,今电厂标高213公尺,窗台标高214.5公尺,当无水淹之虞。尾水渠借水堰维持,最低水位208公尺,水轮机中轴超出地面0.8公尺,即超出尾渠最低水位5.8公尺。

厂房布置,原拟建3层楼房,因限于经费,方改建砌墙。

四、高坑岩水力电厂之设备

高坑岩水力发电厂之机电器材料设备,系由富源水力发电公司自行购办,均系本厂出品,兹分述如下:

1. 水轮机

厂房建筑本可安装水轮机及发电机各3部,因经费关系,目前暂设民生机器厂制造之法兰赛卧轴式水轮机两部,与输水管垂直,利用水力之反应而转动。每具240匹马力,用水为0.7秒每立方公尺,速率每分钟1000转,每机装设手摇水门。另有油压推动之自动调速器,以便随时依速度之增减而控制水闸之启闭。水轮机与发电机之间,并装置重约1吨之飞轮1个,以供速度平稳。

2.发电机

华生电机厂出品,交流三相6900伏、200千伏之发电机两具,其转动磁极部分,为使每分钟1800转超速度时,安全无虞。特用铸钢中轴死电板,除每机各有交流总电机及直流激磁电板,各装电表及电闸外,另有死电板上装同步调整指示表周波表,电力因数表及输电线用总油开关1具。

3.输电死电材料输电死电线

直接由发电机接至三相3线6900伏之输电线,因中央电工器材厂制造之英规6分,硬稞铜线及中央电瓷厂之8000伏针形瓷瓶,装置于长35尺直径5吋之于杆上,3线分装于杆顶及柏木横担之两端,作三角形。输电线由高坑岩经天生桥之侧至北碚,长约9公里,在北碚分设华生、建新、中建各厂装造之三相变压器100及50千伏安培各1具,25千伏安培2具。供给用电低压死电线以380/220伏三捆4线为干线,单相为支线,共计长约8公里,所有低压死电线,均系中央电工厂、器材厂及中央电瓷厂制造。

五、业务概况

高坑岩电厂系应北碚所需而设,其业务范围端在供给北碚区域之电灯电热及电力为主。目前已开始者计:

1.电灯

北碚机关林立,学校尤多,市区及新村区域装灯已达3000余盏,共计用电约140千瓦。

2.电力

电力用户大者为大明染织厂,其次为中央工业试验所、自来水厂、碾米厂等,共计用电量约230余千瓦。

电厂发电量共为480匹马力,仍感供不应求,国立复旦大学、国立江苏医学院、黄桷镇等,尽量设法供应,放过江线时,全用人力,当电线被木船冲断后,淹死小工1人,加以材料不齐,经各地采购后,方完成光明也。

六、水力发电厂之展望

电之为用,关系国计民生至深且巨,近世纪来,欧美各国莫不竭力开发水利,敌人日本水力发电亦达300万匹马力。吾国实瞠乎其后。主管当局及实业金融界巨子既正力谋开发,而长江流域,到处可资利用,实不难迎头赶上水力发电最繁荣之美国。就龙凤溪流域而论,溪长仅50余公里,其可以发电者,计四塘150匹马力、无涧滩25匹马力、梁滩桥65匹马力、新桥40匹马力、大磨滩90匹马力、高坑岩720匹马力、小坑岩210匹马力,合计1300匹马力,目今开发者仅高坑岩480匹马力,不过全数二分之一而已。至于北碚附近之清溪口、两洞、高滩河等,富源水力发电公司均拟逐渐开发,未来北碚电气工业化,当可指日成功,前途当可有无限希望也。

七、结论

我国之有水电事业乃近十数年之事,战前所有水电厂之机器材料皆仰给于国外。抗战以后,运输困难,国内工业为谋自给计,皆有极长足之进步。富源公司高坑岩电厂所有设备采用国货,尤赖行政金融实业及工业各界迅速兴工,迅速完成,尤以行政院水利委员会热烈扶持,以开全国之新之纪录,良有以也。

注:高坑岩电厂所用零点,较蜈蚣零点低16.28公尺。

附:高坑岩水力发电厂筹建记

巴县歇马乡高坑岩去北碚约九华里,为龙凤溪下注所经河床至此陡降,落差达三十四公尺,悬岩飞瀑,蔚为壮观。抗战军兴后,国都西迁,划北碚为迁建区,商民辐湊(辏),工厂林立,光力之需,至为殷切。迭由专家勘测,佥谓此地瀑布水力可资发电之用。三十二年春,行政院水利委员会,经济部工矿调整处,川康兴业,民生实业,天府煤矿,重庆电力各公司,中国、农民、交通、金城各银行,倡议集资组设富源水力发电公司,建筑高坑岩水力发电厂,以应地方之需要。是年六月举行创立会,选薛子良、张丽门、卢作孚、顾季高、刘航深(琛)、邓鸣阶、戴自牧、孙越崎、陈仿陶、税西恒诸先生为董事,何北衡、汤筱斋、李祖芬、宋海涵诸先生为监察人,永铭承谬推为董事长,公司爰告成立,聘谭君锦韬为经理,筹备一切。土木工程委托水利委员会代办，由会聘谢君家泽为厂长，主持其事，设主任工程部工程师、工程师及事务人员若干人佐理之。征购土地，开采石方，傍山凿渠，拦河筑坝，泻（泄）洪蓄水，计划周详，鸠工庀材，机宜允协。自三十二年七月经始，曾未期年，举凡渠池闸坝厂房宿舍已次第落成，机电器件及输电线路，由公司自办二百千伏安发电机两部，由工矿调整处转交华生电机制造厂制造二百四十马力水轮机两部，由资源委员会长寿水力发电工程处代为设计，交由民生机器厂制造，其他装灯输电各项器材及各种机械配件分由中央电工器材厂、中央电磁厂及渝市各厂商适时供给，咸能与土木工程进度配合如期完成。三十三年十二月下旬，全工告竣，试车发电，即于三十四年元旦开始营业，北碚及其附近地区，于此大放光明，而工厂所需之动力，亦得以供应无缺。计自三十二年七月开工至三十三年十二月工竣，全部工程历时一年又六月，动支工款约七千万元。水力发电，在吾国本属新兴，斯厂之建筑，费省而效速，所需机电器材，悉采国产，不假外求，实开抗战期间工业建设之一特例，在事各员工，昕夕劳瘁，迅赴事机，固有足多。而水力委员会代为设计施工，并奖助工程费用，工矿调整处及有关各机关工厂多方赞助，廉让材料，各股东一再增资而不辞，各银行适时贷款而济用尤为斯厂成功之因。方今后方各省水力发电工程，风起云涌，萨凡奇三峡水电工程计划尤为宏伟，斯厂规模虽小，实为水力发电之嚆矢，故于工竣之日特撮叙颠末而为之记。

吴兴钱永铭撰
中华民国三十四年元月

商业志

唐圣德　王志超

商业之兴盛,赖人口之增加、交通之利便,本区自划为迁建区后,人口突增,而交通方面又复称便,有汽船上下合渝,有汽车分至渝璧,更有轻便铁道通行数十余里,交通既便,人口复多,商业自日趋繁荣也。兹就各业同业公会暨各业营业情形等各方面,略加分析,以见其梗概焉。

一、同业公会

同业公会之兴起乃近代商业之表征,朝阳镇为一新兴市镇,故各业皆先后有同业公会之组织,吾人由列举本镇绸布、糖商、国药、清油、酱园、米粮、旅食等同业公会成立之时期,会员之多寡暨其增减情形,即可见一般(斑)矣。

(一)绸布业:三十年(1941年)约5家;三十一年(1942年)约6家;三十二年(1943年)登记者约25家,摊业约50家。

(二)糖商业:三十三年(1944年)9月公会成立,会员约23家,三十四年(1945年)无增减。

(三)国药业:三十二年(1943年)5月公会成立,比时连乡镇同业会员合计约30余家,嗣经第二届改选,分别镇乡以后,朝阳镇、天生桥及金刚碑合并计算,会员数仅15家。

（四）清油业：三十一年（1942年）公会成立，比时会员仅五六家；三十二年（1943年）约10余家；三十三年（1944年）增至20余家；三十四年（1945年）增至34家，但油腊业亦包含在内。

（五）酱园业：三十三年（1944年）12月公会成立，比时会员有13家；三十四年（1945年）仅厂商五六家，门市铺商5家。

（六）米粮业：三十年（1941年）公会成立，会员约30余家；三十一年（1942年）约40家；三十二年（1943年）增至50家；三十三年（1944年）增至60余家；三十四年（1945年）增至80家，其中零售摊商占十分之八，行商占十分之二。

（七）旅食业：三十一年（1942年）公会成立，比时会员约30家；三十二年（1943年）渐增至40家；三十三年（1944年）约为40余家；三十四年（1945年）约增至60余家。

二、各业资本额及营业额举例

三十四年（1945年）9月朝阳镇各业资本额及营业额比较表

（单位：千元）

业别	旅食	书籍文具	香烟	糖商	百货	寄售	鞋店	西药	绸布	照相	杂货	服装	钟表修理	清油
商店数	19	8	5	2	5	3	4	3	3	1	3	4	5	3
资本总额	580	420	248	350	590	80	180	330	820	100	100	210	94	530
营业总额	5879	872	725	690	530	500	430	420	397	315	300	300	290	204

上表数字，并不完全正确，仅少数例证耳，但即此亦可知其大概。就家数观之，最多者为旅食业，此因本区为名胜区域，游客较多，且为一文化区，高人雅士亦较多也。再就资本额观之，资本最多者为绸布业，次之即为旅食业。就营业额观之，旅食业占第一位，书籍文具业、香烟业等次之，个中情形，亦如上述。

三、各业盈利情形

朝阳镇各业盈利情形可根据其所纳税额之多寡而知之,兹以三十二年(1943年)度各业所纳税额为例,标明如次。

三十二年(1943年)度朝阳镇各业所利得税额表

(单位:千元)

业别	税额	业别	税额
绸布	800	纸张	70
旅食	300	理发	60
糖业	300	屠宰	50
西南麻织厂	300	钟表	50
寄售	200	磁器	33
国药	180	陶器	30
木料	150	茶庄	30
酱园	150	篾货	20
银楼	150	大烟	20
西药	120	食盐	16
香烟	120	藤竹	15
服装	100	菜蔬	15
杂货	100	玻璃	14
冶炼	100	糟房	12
书店	100	洗染	10
面粉	80	车行	10
照相	80	鸡蛋	10
清油	80	电料	8
粮食	80	神香	4
鞋帽	80		

上表数额系根据摊派法,各业就其纳税能力、负担税额,大致可代表各业实际盈利实情。由上表知绸布业收入最大,次为旅食、糖业,又可为前述分析之例

证。近年税收数字日增,故自本年起,财部已将北碚直接税查征所改为二等分局矣。

四、其他各业情形

朝阳镇银行业亦极发达,先后成立者有中央[三十五年(1946年)已停业]、中国、农民、美丰、复兴、和成、北碚等7家,此外尚有聚丰钱庄[三十三年(1944年)已停业]1所。

天府煤厂为战时中南大后方之最大煤矿,设备均近代化,营业额之大,不言而喻。除天府外,尚有三才生公司(现已停业),营业额少于天府,此外尚有若干小型矿厂及煤商,散居本区各地。

大明厂为我国西南后方之一大纺织厂,其范围仅亚于豫丰等,其营业额由二十八年(1939年)之932884元,至三十三年(1944年)之153984848元,可知其地位之重要矣。

五、市场一瞥

朝阳镇街道清洁,房屋整齐,街道之命名异常新颖,如上海路、吉林路……是也,三十五年(1946年)起更将吉林路前一带荒地辟为市街,新添街道若干条。

除私家商店外,本镇尚有若干公共市场,如百货市场,聚百货摊业于一地,琳琅满目,又如肉市场、米市场等,皆足为近代化都市之表征。

本镇因习俗关系,仍有赶场之事,每逢场期,村夫村妇,纷至沓来,为市场上增色不少,赶场地点亦经指定,如江边栅户区即为猪、草帽等之市场。

六、所属各镇

上述各节,多系对朝阳镇之分析,实则本区所辖乡镇甚夥,如澄江镇、金刚碑、东阳镇、黄桷镇、天生桥、文星场、白庙子等皆是。市场情形,大致相仿,其分析请俟诸异日。

金融志

赵端源

北碚与重庆毗接,一般金融动态为重庆所左右,无论银根之紧弛、利率之高下,常随重庆为转移。虽当地经济情形之变化亦常能影响金融之活动,而赖金融之调剂,本地经济之得以开展,亦属当然之义。是以本地各国家银行及商业行庄,对于地方之繁荣与建设,皆有相当之贡献焉。

北碚之有银行当自二十八年(1939年)始。是年3月,美丰银行首先成立办事处,中国银行、中央银行兼中央信托局、中国农民银行亦于是年设立。三十年(1941年)北碚银行成立筹备处,三十一年(1942年)义享钱庄开设分庄,三十三年(1944年)复兴银行成立办事处,三十四年(1945年)10月1日和成银行办事处开幕。至是全北碚之金融单位连同邮局,计算为7行两局。

各行庄主要之业务为存、放、汇三者,就此三者分析之,则存款之中定期存款在二十八年(1939年)至三十一年(1942年)存户较多,近数年来,乃以通货膨涨(胀),币值贬落,各银行限于政令,利息较低,存户大减。而各商号秘密以高利吸收比期存款,以一个月为期,颇为风行。然就活期存款而言,则各行历年来俱有极显著之增加。此其为货币价值跌落,进出筹码数字加大,应得为原因之一。而地方经济状况逐渐改善,工商日趋繁荣,市民收入增加,实为其主要之原因也。最近10月份之各行存款,计短期定存共为$33600000,活存共为$690000000,储蓄共为$60000000,总计为$783000000,较诸二十八年(1939年)、二十九年(1940年)增加百倍之多。

工商业日益活泼之状态,亦可自放款中见之。各行放款,以贴现、抵押放款、质押透支等3种方式为之。而主要者为质押透支,贴现一项,犹未能普遍应用,此习惯所使然也。市场信用,一般言之,颇为良好。虽放款到期,常有转期延付等情,然坏账甚少,商号之倒闭清理者,为偶有之事。本年10月份各行放款总数共达$134000000,就其性质分析之,计属于:

  工业者 $30000000   约占全数之23%
  农业者 $24000000   约占全数之17%
  普通商业者 $60000000   约占全数之45%
  文化及地方机关 $20000000   约占全数之15%

各行庄放款利率大致与重庆相同,而黑市利率则无论存放,均较重庆稍低。然以本地市场之临时波动,及四乡之需求,银根之紧弛,而利率起特殊之变动,时或脱离重庆之轨范焉。

本市机关林立,煤产丰富,以是机关经费与煤价收入自重庆汇来者,为额甚巨。汇入之款,常超出汇出之款。汇出以重庆、合川两地为主,盖因日用百货来自重庆,米粮、木材等运自合川故也。兹以三十三年(1944年)1月起至三十四年(1946年)6月止,三行之汇款数目列表比较于后,亦足以见其大概。

时间	汇入款总额	内自重庆汇来者
三十三年(1944年)1—6月	合计 $ 345000000	$ 226000000
三十三年(1944年)7—12月	合计 $ 539000000	$ 379000000
三十四年(1945年)1—6月	合计 $ 1655000000	$ 1153000000
计自重庆汇来者约占70%		

时间	汇出款总额	内计汇往	
三十三年(1944年)1—6月	合计 $ 179000000	合川 $ 67000000	重庆 $ 48000000
三十三年(1944年)7—12月	合计 $ 315000000	合川 $ 99000000	重庆 $ 122000000
三十四年(1945年)1—6月	合计 $ 995000000	合川 $ 399000000	重庆 $ 397000000

汇出与汇入之比较

时间	汇入	汇出	汇入超出汇出之数
三十三年（1944年）1—6月	$345000000	$179000000	$166000000
三十三年（1944年）7—12月	$539000000	$315000000	$324000000
三十四年（1945年）1—6月	$1655000000	$995000000	$660000000

汇出既超过汇入甚巨，则必影响现钞头寸，以是各行对于重庆与合川之汇款，咸乐于承做。两地之汇率亦遂特低，或完全免收者有之。其他各地汇水，则概以重庆为标准。

本市现钞头寸虽付多于收，幸有中央银行调节其间，金融赖以安定，数年以来尚无限制提存或现钞贴水等事情发生。中央银行于三十四年（1945年）国内券料缺乏，为节用起见，曾发行定额本票，计分2000元、5000元、10000元等数种，流通市面，以代现钞，补充筹码，市民称便。

各行庄无论大小，其业务与地方之繁荣平行发展。主持人之经营，俱能取稳之态度。同业间虽不免有所竞争，而尤能合作，即竞争亦颇具运动家之风范，比诸地方风气，恰相和合。每一行庄在最初成立期间，或有损亏，然以历年平均言之，则一般为赢多于损。兹将各行庄之沿革分述于后：

中央银行，先于二十八年（1939年）10月8日成立办事处，继于同年12月改成分行。行屋购自兼善中学校，为宫殿式，气象宏伟，居公园火焰山上，成北碚风景之一。三十三年（1944年）美国华莱士副总统莅碚参观，各界即假该行招待。该行成立之时，值敌机施扰最烈之际，因而就山深凿建筑一颇为坚固之防空洞及地下库房，以策安全。防空洞则公开于地方事业机关人士。以是警笛一鸣，而群贤毕集，使各界人士，无奔避之虑，得安心从业，增益工作效能匪浅。中央银行，原为银行之银行，其业务着重推行国家金融政策，诸如办理收解，集中头寸，收存准备，对各行之监督协助，调剂金融，责无旁贷，历年来遵照该总行意旨，行之不遗余力。该行特有之国库业务，因中央各机关迁建来碚者日多，颇见繁重。其经付库款，承办汇兑，数目浩大，远非当地任何一行所能企及。该行并代理中央信托局业务，以储蓄为主体。现该行奉命结束，准备撤裁，为便利各机关之收付起见，国库业务已移交中国银行继续办理。房屋等则留交北碚地方公益机关保管利用,用以惠益地方。该行首任经理为董纯和君,现任中央银行内江分行经理,继为凌肃如君,现已改就成都永利银行经理,末任为赵端源君。

中国银行于民国二十八年(1939年)8月派陈方修君来碚设立办事处,其地址在庐山路口,地点适中,业务发达。陈君于二十九年(1940年)10月调渝,改由周仲眉君继任。本政府4行专业化之规定,该行扶助工矿,尽量贷款,促进生产,附近各厂及沿嘉陵江之煤矿,咸受其益。周君居碚5年,于三十四年(1945年)9月调渝,现由胡光明君接任主持,胡君在中国银行各分行服务已10余年,经验宏富,该行业务益将开展。

中国农民银行办事处,系于二十八年(1939年)10月10日成立。首任主任为赋达仁君,继之为俞国健君,现为吴忠忱君。副主任前为张敬绶君,现为蒋熹君。该行业务,以协助农业为目的,如土地放款及农贷等,俱属长期性质,故其经营方法,自与他行不同。其于北碚附近农民经济生活,曾具有改革性之成就。如北碚扶植自耕农示范区,作耕者有其地之试验,设非该行以低利资金参加其间,不易成功。

美丰银行,于二十八年(1939年)3月1日在民生公司办事处后进设立办事处,由合川水电厂经理李育才君为主任,办理存放业务。其时当北碚建设伊始,市场规模尚简,业务单纯,不足以言收益。旋于中山路建立新址,计办公室、宿舍、库房各1座,建筑新颖,增色市容。二十九年(1940年)4月1日迁入新址营业,是年李主任因病逝世,改调周以仕君接任,以迄今兹。该行业务,素以稳健活泼著称,富于服务精神,如对于各文化团体、学校学生存款,予以优待及便利,并代各学校代收学费。其以忠诚服务社会,以服务便利人群,以便利进展事业,为服务之信条云。

复兴银行,于民国三十二年(1943年)冬应复旦大学青年馆之请,以便利全校员生存汇及代理收付款项起见,在校分设机构,经呈准财政部设立复旦办事处,于三十三年(1944年)5月就夏坝该校青年馆开业,纯属服务性质。乃以范围过小,业务简单,且地处偏僻,与碚市隔江对峙,同业进账,事务接洽,诸感不便。为适应环境,发展业务计,复经呈准迁移北碚市区营业,并改名为北碚办事处,于同年9月迁入北平路现址营业。对于复旦,仍每日派员前往,经办业务,以符原来设立之旨。自迁入市区后,因经营得法,业务逐渐开展。主要业务着重于存放款,次为汇兑及代理收付。该行主任原为柳占章君,本年6月,柳君他调,改由彭啸秋君接任。

和成银行办事处在庐山路口,自建新屋,适在中国银行对面。以该行信誉素著,及该处主任但伯昆君之努力,故自本年10月开幕以来,虽为时未久,而营业颇盛。

北碚银行为惟一之地方代库银行,成立未久,先是北碚管理局为整理并刷新地方财政计,曾于民国三十一年(1942年)呈准四川省政府成立经收处及会计室,同时即遵照法令呈请设立公库。于民国三十二年(1943年)奉省令从速筹设北碚银行,赓即开始筹备。于是年5月5日召开第一次筹备会,推举冯智舒为筹备主任,决定筹资500万元,推由八乡镇洽募,并电邀四川省合作事业管理处专员兼研究室主任伍玉璋为经理,以其曾于民国二十年(1931年)主持北碚农村银行有日,咸得各地方之信任故也。筹备会于8月15日召开创立会,正式成立时结束,另由选定之蓝绍侣、冯智舒、熊明甫、王尔昌等21人组织之董事会负责进行。除呈请财政部发给营业执照外,并请准四川省政府于10月1日依约开始代理地方库务。营业执照于民国三十四年(1945年)6月底颁到后,经董监联席会议议决于7月1日正式开业。其经营为时尚浅,正待展开。

物价志

朱君毅

一、前言

物价,乃以货币单位表示之物品价值,各种物品之经济价值不同,其价格乃高低不一,不独各种物品之价格彼此不同,即同一物品之价格,亦因时因地而有差别。通常所谓物价问题,并不在某地、某时、某种物品价格之多少,或某种物品价格在不同时间之绝对变动,而实在于各种物品价格共同联合所形成之一般物价水准,以及各种物品价格间之相对变动。

一般而论,当一般物价水准发生变动时,产地物价变动较早,消费市场变动较迟,趸售物价变动在先,零售物价变动在后,百货价格变动较速,工资利率、租金、薪俸等则变动较缓,原料品价格变动较剧,制成品价格变动较钝,由于此种现象,每当一般物价水准变动剧烈时,社会正常之经济关系即告破坏,造成社会上种种不平衡之状态,生产消费尤不受其深刻之影响,严重之物价问题即因之而起。

一般物价水准发生变动,不外两种情形,一为向上升涨,一为向下跌落。方其上升时,农村逐渐繁荣,工商企业生产增加,人民就业增多,政府收入增加,财政情形良好,整个社会经济乃欣欣向荣。反之,物价下跌时,农村凋敝,工商不振,人民失业增多,政府收入减少,财政困难,形成社会上不景气之现象。故物价上升时,对社会之影响实较物价下落时为佳。但当物价暴涨时,由于投机事业嚣张,生产事业反形萎缩,政府财政极端困难,人民生计严受压迫,至由于社会经济失离常态,贫富悬殊,莠良颠倒,使国民道德堕落,尤为国家社会无可补偿之损失。

抗战军兴,我国各地物价均呈激烈波动,凡属因物价暴涨所能发生之恶劣现象,无不先后出现于我国各大小城市与乡村,北碚一区自不能例外。值兹修志,爰辟物价专篇,藉志抗战以来本区物价变动之情形,而供异日之参考。

二、搜集材料之经过

北碚濒嘉陵江之滨,当江、巴、璧、合4县之交,水陆交通均便,商业向甚发达,抗战发生以后,若干文化学术机关均迁居于此,商业尤见繁盛。但长期之物价变动记录仍付缺如,本志所用材料乃不得不采用追查方法取得。追查工作由管理局统计室担任,自民国三十四年(1945年)10月中旬开始,翌年2月始告完成。

各种商品之价格,多系根据北碚市历史悠久之商店账簿,惟间有某种商品无法获得此种账簿时,亦有参考同业公会之有关纪录而加以估计者。除此项估计之价格外,查录账簿时,均以每月15日左右之价格为准。查得之物价材料,均经参考有关资料加以严格审核,并经商界巨孹共同商讨审阅,但因追查时间过早,难免事过境迁,所得材料实不敢许为十分精确,然用以表示一般之物价变动趋势,当不致与事实相差过大。

三、趸售物价

趸售物价亦称批发物价,为物品大宗交易时之成交价格。本指数共包括物品33种,均为本地生产与交易数量甚多之物品,更依其用途,别为食物、衣着、燃料、金属、建筑材料、杂项等6类。各类指数包括之物品,计食物类有上米、中米、下米、面粉、玉米、黄豆、蚕豆、猪肉、鸡蛋、菜油、盐、白糖、茶叶等13种,衣着类有棉花、蓝布、白土布等3种,燃料类有焦煤、岚炭、木炭、木柴等4种,金属类有生铁、铜、铁钉等3种,建筑材料类有木条、木板、砖、石灰等4种,杂项类有纸、生牛皮、香烟、肥皂、桐油、当归等6种。总指数与分类指数均系自民国二十六年(1937

年)元月起,至三十四年(1945年)12月止。以民国二十六年(1937年)上半年为基期,采用简单算术平均法,按月编制。兹将该指数表列并绘图如后:

北碚趸售物价指数(表一)。

表一　北碚趸售物价指数

基期:民国二十六年(1937年)1—6月　　公式:算术平均

年月别	总指数	食物类指数	衣着类指数	燃料类指数	金属类指数	建筑材料类指数	杂项类指数
物品项数	33	13	3	4	3	4	6
二十六年(1937年)	105.77	103.82	120.51	101.32	104.39	104.02	102.99
1月	99.09	98.77	101.43	97.50	96.29	96.32	103.05
2月	99.36	98.58	104.31	97.50	97.37	96.32	101.67
3月	99.77	99.30	103.55	101.26	97.37	99.10	99.32
4月	101.67	99.88	121.03	101.26	98.74	99.10	99.32
5月	103.00	100.48	118.38	101.26	104.99	104.55	99.85
6月	103.83	103.12	122.33	101.26	104.99	104.55	96.7
7月	105.53	104.04	129.78	101.26	104.99	103.75	100.91
8月	107.16	106.16	130.22	101.26	109.95	103.75	99.64
9月	109.89	107.52	140.00	99.09	109.95	119.63	107.25
10月	109.33	108.25	127.80	101.17	108.12	110.39	107.78
11月	109.44	108.21	118.90	106.53	109.95	110.39	108.78
12月	121.15	111.50	128.43	106.53	109.95	110.39	111.41
二十七年(1938年)	161.70	162.49	166.33	238.63	132.02	134.12	136.08
1月	130.95	122.76	142.7	174.34	111.12	125.12	127.67
2月	131.78	124.57	142.41	174.34	111.12	125.12	128.47
3月	132.85	128.85	152.27	174.89	111.12	125.49	119.55
4月	138.43	134.41	150.49	181.14	111.12	136.61	127.46

续表

年月别	总指数	食物类指数	衣着类指数	燃料类指数	金属类指数	建筑材料类指数	杂项类指数
物品项数	33	13	3	4	3	4	6
5月	138.53	135.38	153.51	181.14	108.04	136.61	125.93
6月	142.00	141.49	159.70	181.70	112.96	136.61	126.06
7月	160.25	145.97	167.79	296.07	112.96	139.2	134.53
8月	171.03	166.89	165.99	297.18	145.07	136.81	134.21
9月	179.61	182.31	185.52	297.18	145.07	135.42	139.12
10月	193.69	203.44	188.42	299.41	153.10	137.36	157.55
11月	202.57	217.33	190.94	299.41	177.79	137.56	167.58
12月	218.66	246.43	196.27	306.77	184.78	137.56	180.81
二十八年（1939年）	366.98	380.56	260.31	532.74	374.69	174.00	407.42
1月	254.73	255.99	219.77	457.02	234.03	165.30	205.09
2月	267.15	279.36	214.42	457.02	234.03	165.30	224.76
3月	279.22	288.75	219.40	458.13	270.16	165.30	249.76
4月	293.13	316.77	220.03	459.68	294.86	168.48	250.34
5月	302.54	334.71	223.13	459.68	313.17	171.23	250.66
6月	333.27	359.55	222.41	459.68	368.58	175.06	335.97
7月	365.86	383.14	261.80	558.04	375.91	175.06	394.16
8月	407.70	418.89	286.77	588.32	383.24	179.22	493.03
9月	431.39	441.00	302.78	588.32	500.00	179.98	503.48
10月	460.62	469.78	318.32	589.98	507.44	179.98	589.34
11月	488.75	487.07	309.72	633.73	507.44	181.37	680.79
12月	519.42	531.76	325.13	683.32	507.44	181.73	711.63
二十九年（1940年）	976.02	716.15	542.82	1451.51	783.46	397.94	1905.19
1月	618.20	548.37	290.75	967.24	586.23	287.51	937.65

续表

年月别	总指数	食物类指数	衣着类指数	燃料类指数	金属类指数	建筑材料类指数	杂项类指数
物品项数	33	13	3	4	3	4	6
2月	642.43	564.84	435.02	991.61	604.55	287.51	937.65
3月	697.41	592.48	480.50	1086.27	654.51	314.29	1030.81
4月	740.49	631.89	558.31	1089.6	697.52	314.67	1139.47
5月	753.14	641.31	518.28	1097.38	790.71	338.55	1140.98
6月	896.92	654.24	542.66	1251.42	790.71	367.35	1853.70
7月	971.85	693.88	563.46	1293.29	853.16	440.20	1977.80
8月	1114.88	743.71	568.62	1556.48	853.16	440.20	2478.43
9月	1163.47	770.63	602.82	1800.00	871.47	465.07	2482.00
10月	1302.01	769.80	690.03	1845.00	899.83	488.56	2925.67
11月	1374.23	739.69	678.28	2215.99	899.83	493.56	2926.93
12月	1437.18	1042.95	685.06	2223.85	899.83	537.80	3011.20
三十年（1941年）	2594.60	1915.65	832.41	4259.12	1780.17	1026.34	6314.12
1月	1694.94	1152.50	604.18	2534.31	958.57	859.02	3781.49
2月	1765.00	1254.64	624.41	2534.31	1045.54	859.02	3891.91
3月	1910.63	1369.19	626.98	2534.31	1045.54	872.91	4434.11
4月	2062.16	1453.20	653.65	2831.81	1158.06	874.80	4816.30
5月	2245.98	1643.70	699.62	3073.32	1813.21	943.11	4857.72
6月	2304.35	1769.23	746.15	3073.32	1813.21	943.11	4883.25
7月	2528.66	1977.88	743.94	3433.46	1813.21	963.14	5425.91
8月	2669.21	2100.40	753.48	3704.29	1813.21	963.14	5734.78
9月	3099.49	2332.21	877.57	5247.12	2461.87	1241.68	5998.51
10月	3387.01	2539.78	974.01	6626.16	2480.19	1241.68	6154.42
11月	3618.31	2538.71	1240.02	7666.83	2480.19	1242.05	6600.71

续表

年月别	总指数	食物类指数	衣着类指数	燃料类指数	金属类指数	建筑材料类指数	杂项类指数
物品项数	33	13	3	4	3	4	6
12月	3849.48	2856.32	1444.86	8250.16	2480.19	1312.45	7190.34
三十一年（1942年）	7375.28	4478.32	4234.66	18156.11	4659.20	3323.19	12212.20
1月	4799.55	3002.22	1664.03	10246.96	3148.78	3051.05	8620.93
2月	5118.20	3087.40	1838.89	11627.52	3148.78	3051.05	9181.16
3月	5576.28	3286.21	2106.75	13052.25	3796.50	3124.28	9813.22
4月	5884.04	3419.74	2362.60	14371.96	4420.72	3163.17	9871.12
5月	6278.95	3869.18	2748.98	15792.47	4420.72	3163.17	9929.02
6月	6762.08	4126.33	3093.30	15792.47	4435.37	3201.43	11842.40
7月	7169.58	4736.43	4804.78	17667.27	5108.80	3201.43	13050.93
8月	8215.84	5112.96	5143.03	20139.70	5112.46	3479.21	13235.37
9月	8664.94	5371.33	6055.54	21969.30	5112.46	3498.15	13456.97
10月	9215.13	5603.98	6367.92	24538.74	5718.49	3509.51	13799.21
11月	9983.67	5755.49	7492.43	26205.41	5743.67	3703.96	15882.31
12月	10835.14	6368.59	7136.69	28469.29	5743.67	3741.84	17863.73
三十二年（1943年）	20313.71	12986.34	23973.24	40347.67	8533.39	7595.87	35226.00
1月	12754.67	6839.06	6876.26	33889.63	6410.40	6233.92	21940.32
2月	13070.86	7314.09	7107.65	34445.19	6470.27	6233.92	22133.90
3月	13729.30	7799.14	7899.60	35486.85	6970.15	6303.37	22319.08
4月	14798.25	8540.44	8903.69	35486.85	7224.39	6396.79	26899.62
5月	15822.32	9168.62	12289.25	37570.19	7471.30	6573.36	27848.10
6月	17008.99	9973.74	16917.44	37570.19	8940.86	6517.81	29622.16
7月	18514.41	11214.73	21734.37	37837.96	8933.53	6593.56	32494.95
8月	21948.62	12742.51	27419.67	42292.41	9081.68	6593.56	42240.63

续表

年月别	总指数	食物类指数	衣着类指数	燃料类指数	金属类指数	建筑材料类指数	杂项类指数
物品项数	33	13	3	4	3	4	6
9月	23838.62	15185.73	32180.37	42570.19	9237.15	8781.73	43266.59
10月	26692.18	18139.87	41912.21	47407.52	10110.78	8781.73	44031.92
11月	30913.33	23277.25	49767.00	47685.30	10604.61	11092.33	50266.21
12月	34672.74	25680.93	54671.40	52129.74	10950.30	11048.39	60128.47
三十三年（1944年）	70540.08	50029.71	145778.57	65601.69	49690.29	64285.72	95012.40
1月	43404.82	27223.65	59989.24	55046.41	13609.54	50282.10	72724.53
2月	46008.71	30668.06	67101.78	56157.52	15635.61	50282.10	74239.71
3月	51239.65	32535.22	81031.25	56713.08	23875.25	59684.09	76273.75
4月	53835.58	37629.19	91097.27	56713.08	24784.76	60446.98	78522.43
5月	58171.11	42281.08	110381.30	56713.08	32332.78	57669.20	80720.16
6月	65230.64	47227.37	129400.66	60046.41	35341.87	57850.25	95471.98
7月	73064.92	53770.73	153181.60	60324.19	45867.66	64948.48	102314.05
8月	79364.46	57891.14	171658.78	75729.08	57377.79	66545.72	103372.25
9月	85882.34	62738.31	198348.96	76006.86	65367.98	72424.57	105607.35
10月	87874.11	59468.03	211566.23	76006.86	85699.34	73132.77	106401.00
11月	97936.98	71550.88	224512.90	77729.08	93950.60	78676.82	120124.14
12月	104567.64	77372.81	251072.87	80034.64	102440.26	79485.64	124377.47
三十四年（1945年）	183353.19	161153.85	282127.20	137694.46	320631.37	143038.31	173906.62
1月	115833.73	85634.85	251854.31	97180.50	121545.26	109243.77	127227.38
2月	129793.27	105774.08	252391.13	98291.61	165813.33	111516.48	135711.49
3月	146476.84	125045.28	278187.87	99402.72	202962.22	115789.72	150654.54
4月	165961.56	142726.56	282063.88	111573.60	274852.09	127405.88	165770.78
5月	187053.67	151452.54	334927.36	115740.27	350662.21	149033.08	178337.46

续表

年月别	总指数	食物类指数	衣着类指数	燃料类指数	金属类指数	建筑材料类指数	杂项类指数
物品项数	33	13	3	4	3	4	6
6月	204450.83	166820.51	343738.61	148299.98	403714.52	155283.08	186919.86
7月	222135.17	199166.52	356073.65	150049.98	428772.18	154651.76	194658.55
8月	214537.54	190142.19	326192.27	159219.65	416654.09	149143.55	189983.10
9月	205267.81	188207.52	268704.53	159191.87	369573.17	165683.95	185467.25
10月	197406.81	181456.00	229657.14	169360.94	346716.60	165683.95	187029.79
11月	204134.36	196299.02	223719.82	170972.05	383126.88	156683.95	192529.79
12月	207186.75	200061.14	238015.83	173055.38	383126.88	156340.52	192559.39

北碚趸售物价指数（图一）。

基期：民国二十六年（1937年）1月至6月　　公式：算术平均

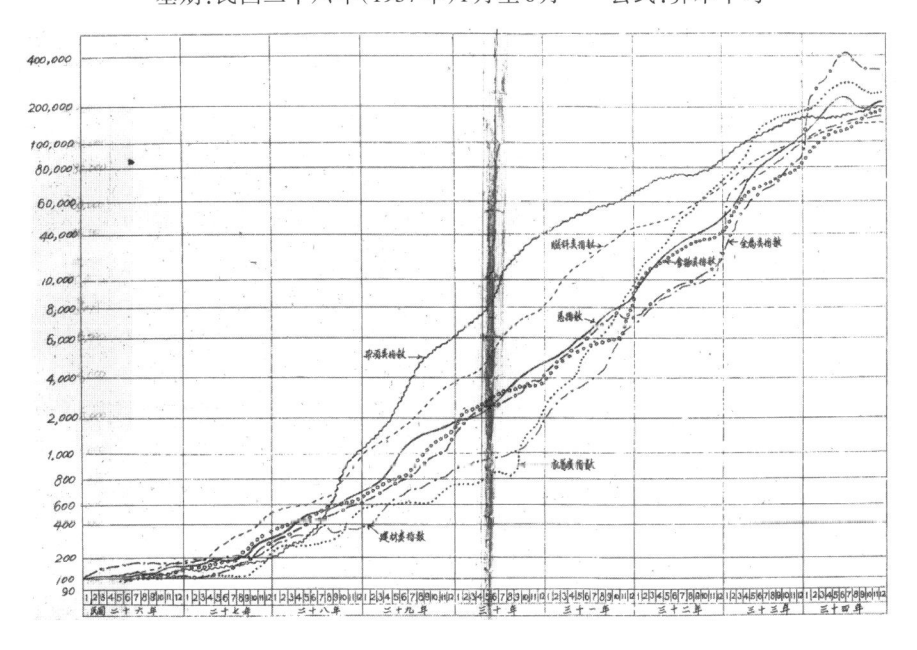

图一　北碚趸售物价指数

由上表与上图可知，9年以来，北碚一般物价水准始终呈现上涨之趋势。抗战初起时变动较微，二十六年（1937年）终，上升不过20%。二十七年（1938年）上半年上升仍缓,下半年则开始峻急,是年底已为战前之2倍有余。二十八年(1939年)底,指数已突破500大关,此后物价涨势尤峭。二十九年(1940年)12月,指数升达1437.18。三十年(1941年)12月,指数又较年前增至2412.3。至三十一年(1942年)终,指数增至10835.14,较之战前物价已上涨百倍有余。三十二年(1943年)8月,物价超过战前200倍,11月超过战前300倍。三十三年(1944年)6月终,为战前650倍,年终即达千倍以上。嗣后又猛增不已。民国三十四年(1945年)7月,指数到达222135.11之最高峰,较之战前上涨2200余倍。8月因日寇投降,物价回挫,指数落至214537.54,9月复缩为205267.81,10月最低指数为197406.81,此后物价又转趋涨,11月指数为204134.36,12月指数升至207186.75,较之战前上涨2070倍。此外,吾人更可看出总指数之对数曲线,自二十七年(1938年)下半年开始急剧上升后,各时期之上涨率几近相同,实足证明物价上涨之规律性与本指数之可靠性。

就各类指数言,变动显甚参差,截至三十四年(1945年)12月止,金属类之指数最高为383126.88,较之战前上涨3800余倍;衣着类次之,指数为238015.83;食物类又次之,指数为200061.14;杂项类更次之,指数为192559.79;燃料类及建筑材料类涨势较小,前者指数为173055.38,较之战前上涨1700余倍,后者指数为156340.52,较之战前仅上涨1500余倍。在三十四年(1945年)8月以前,各类指数,虽涨势参差不齐,但皆属向上趋涨,未尝间断。至三十四年(1945年)8月后,除燃料类外,均曾一度回跌,但11月后又复逐渐上升。

四、零售物价

零售物价为终点市场消费者之所付价格。本指数共包括人民之重要消费品34种,别为食物、衣着、燃料、杂项等4类。各类指数包括之物品,计食物类有上米、中米、下米、面粉、玉米、黄豆、蚕豆、猪肉、牛肉、母鸡、鸡蛋、菜油、盐、白糖、茶叶、豆腐、粉条等17种;衣着类有棉花、蓝布、白土布、线袜、布鞋等5种;燃料类有焦煤、岚炭、木炭、土蜡烛、火柴等5种;杂项类有纸、香烟、肥皂、毛巾、奎宁、当归、桐油等7种。总指数与分类指数,均系以民国二十六年(1937年)上半年为基期,应用简单算术平均法,按月编制,自民国二十六年(1937年)1月起,至民国三十四年(1945年)12月止,为时9年。兹将该指数表列并绘图如后：

北碚零售物价指数(表二)。

表二　北碚零售物价指数

基期：民国二十六年(1937年)1月至6月　　公式：简单算术平均

年月	总指数	食物类指数	衣着类指数	燃料类指数	杂项类指数
物品项数	34	17	5	5	7
二十六年(1937年)					
1月	99.66	99.78	100.16	98.66	100.40
2月	101.51	101.10	102.66	98.66	99.33
3月	100.41	100.51	101.11	100.00	99.97
4月	102.32	101.09	111.67	100.00	100.24
5月	102.18	100.46	110.29	101.33	101.16
6月	103.61	102.71	112.88	101.33	100.84
7月	107.59	105.28	114.76	107.66	108.03
8月	110.81	108.10	116.81	107.66	115.35
9月	113.75	108.85	129.42	110.33	116.87
10月	112.56	109.72	120.90	111.76	114.07
11月	114.13	110.59	123.64	115.42	115.02
12月	120.48	121.85	127.62	115.42	115.65
二十七年(1938年)					
1月	139.62	138.03	141.13	133.09	147.07
2月	152.39	138.90	145.23	137.38	201.01
3月	164.95	142.05	158.92	148.71	236.50
4月	174.58	148.82	166.17	158.71	254.49
5月	179.79	157.75	166.88	158.71	257.58
6月	183.35	156.72	171.58	175.71	261.91

续表

年月	总指数	食物类指数	衣着类指数	燃料类指数	杂项类指数
物品项数	34	17	5	5	7
7月	197.01	160.19	176.73	175.71	316.14
8月	213.82	183.55	184.81	196.07	320.77
9月	231.91	211.48	196.29	196.07	332.56
10月	245.69	233.17	202.73	204.40	336.27
11月	256.83	245.58	213.65	226.18	336.89
12月	274.24	280.16	219.59	241.80	337.51
二十八年（1939年）					
1月	315.12	293.72	249.97	329.76	403.17
2月	331.72	301.78	294.56	346.54	420.39
3月	352.30	307.06	330.43	366.04	468.00
4月	389.68	356.77	413.34	367.38	468.63
5月	418.43	368.23	544.78	391.66	469.25
6月	435.34	388.82	618.09	398.33	444.19
7月	519.04	410.34	720.80	398.33	546.69
8月	537.00	440.89	918.64	412.61	586.67
9月	619.78	484.86	1215.65	483.57	618.73
10月	655.55	476.96	1307.98	500.35	738.40
11月	705.09	485.43	1556.98	613.45	691.26
12月	912.48	538.95	2372.66	687.38	937.44
二十九年（1940年）					
1月	1254.05	880.01	2433.55	961.54	1528.86
2月	1332.44	890.25	2784.85	997.38	1608.22
3月	1456.98	949.43	3070.84	1022.38	1847.24

续表

年月	总指数	食物类指数	衣着类指数	燃料类指数	杂项类指数
物品项数	34	17	5	5	7
4月	1524.12	970.03	3267.53	1034.04	1974.54
5月	1637.13	977.30	3657.52	1186.90	2118.02
6月	1828.69	985.26	4124.43	1196.90	2688.48
7月	1920.45	1040.71	4259.27	1206.90	2896.08
8月	2093.25	1107.34	4460.62	1352.26	3325.89
9月	2184.29	1126.78	4476.83	1598.45	3533.47
10月	2253.33	1205.12	4672.95	1598.45	3538.43
11月	2425.33	1302.47	5074.04	1634.28	3825.39
12月	2608.80	1363.69	5561.48	1784.64	4112.35
三十年（1941年）					
1月	3636.00	1627.78	6060.90	2161.14	7834.49
2月	3925.13	1729.23	7202.48	2369.16	8028.37
3月	4844.91	1854.89	8390.78	2529.16	11227.83
4月	5055.26	1926.15	8446.29	2562.50	12012.93
5月	5277.52	2059.05	8463.43	2620.83	12715.78
6月	6007.01	2700.36	8629.83	2763.68	14480.68
7月	6743.66	2890.81	8601.40	3114.88	17365.60
8月	7035.39	3025.80	9333.08	3152.38	17905.35
9月	7796.34	3551.75	10609.20	3162.85	19405.09
10月	8187.41	3667.69	10683.79	3162.85	20969.72
11月	9301.31	3891.34	11925.10	3335.71	24921.54
12月	9560.30	4115.00	12406.41	3410.71	25144.21
三十一年（1942年）					

续表

年月	总指数	食物类指数	衣着类指数	燃料类指数	杂项类指数
物品项数	34	17	5	5	7
1月	10950.19	3790.13	15036.48	3894.04	30460.22
2月	11122.71	3790.23	15788.86	3969.04	30706.94
3月	12589.82	4093.48	16408.51	3985.71	36641.98
4月	13940.46	4165.11	18527.42	4010.71	41496.86
5月	14545.30	4701.79	17341.85	4077.38	43930.51
6月	14413.39	4898.23	17651.64	4227.38	42484.33
7月	15560.83	5569.78	18438.50	4436.90	45714.99
8月	15682.58	5983.23	21194.17	4495.23	43292.26
9月	16203.63	6159.40	22204.42	5978.57	43614.11
10月	16895.20	6728.10	23511.06	7042.85	43998.50
11月	17437.73	6849.90	24015.45	7351.18	45659.28
12月	18431.17	7685.49	24575.54	8340.47	47346.65
三十二年（1943年）					
1月	20850.76	9240.32	25739.63	8973.80	54039.04
2月	21000.86	9593.72	25996.27	9023.80	53690.80
3月	25942.51	10096.60	27351.80	16440.47	70205.95
4月	27348.37	10985.02	29092.77	17488.09	72885.04
5月	28490.26	11624.63	30265.49	20988.09	73540.32
6月	29361.21	12233.72	33422.68	21488.09	73699.13
7月	31907.18	13279.03	37933.59	26821.42	76475.05
8月	34649.94	14488.23	40868.25	28452.38	83599.28
9月	40821.47	16889.99	45346.02	42547.61	88027.85
10月	42074.78	19038.87	52821.64	43547.61	89290.79
11月	46441.84	22726.87	56883.17	50642.85	93576.50

续表

年月	总指数	食物类指数	衣着类指数	燃料类指数	杂项类指数
物品项数	34	17	5	5	7
12月	49104.30	25143.84	61969.52	51892.85	96112.73
三十三年（1944年）					
1月	55410.60	32384.14	59069.58	73988.09	95448.81
2月	58691.76	35733.26	62146.35	80500.00	96403.25
3月	68897.30	38142.90	71869.54	104500.00	116033.04
4月	73690.18	45354.58	77840.15	105928.57	116509.23
5月	82882.75	52221.70	90912.17	130690.47	117461.61
6月	91044.06	56901.41	110528.32	134790.47	128797.01
7月	101509.44	63212.55	123287.65	164023.80	134307.90
8月	106509.19	65687.88	136058.46	165452.38	135259.60
9月	115989.38	74557.35	156023.62	199642.85	128261.67
10月	124505.60	86794.90	163159.09	198171.42	135880.72
11月	122202.12	89052.95	171737.01	198154.76	142216.15
12月	136183.16	97590.55	191054.98	202261.90	143514.48
三十四年（1945年）					
1月	156232.96	121118.50	196016.35	218071.42	168923.82
2月	169479.41	139575.04	202137.21	234404.76	172402.08
3月	185452.01	154231.40	223840.17	237738.09	190754.80
4月	199739.30	168121.41	234734.01	257023.80	210611.75
5月	211235.37	175399.36	256204.88	260357.14	231057.63
6月	221317.62	187362.44	271967.01	277142.85	227726.19
7月	420452.49	201515.71	303897.87	303095.23	244950.31
8月	240572.15	194356.94	270355.23	293809.52	293508.77

续表

年月	总指数	食物类指数	衣着类指数	燃料类指数	杂项类指数
物品项数	34	17	5	5	7
9月	255046.21	195291.26	233191.54	283690.47	295315.66
10月	261050.41	198571.40	199025.08	293690.47	290917.57
11月	264019.49	208552.41	229433.73	300357.14	297473.89
12月	262656.37	208552.41	240163.33	300357.14	297473.89

北碚零售物价指数（图二）。

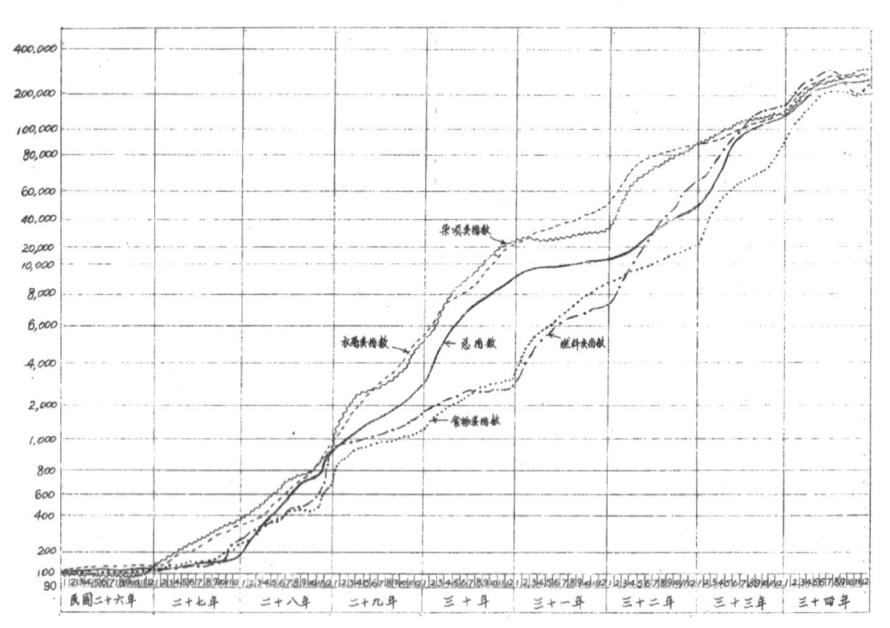

基期：民国二十六年（1937年）1月至6月　　公式：简单算术平均

图二　北碚零售物价指数

根据上表与上图，可知北碚零售物价自二十七年（1938年）初即开始迅速上升，二十六年（1937年）终指数仅上涨20%，二十七年（1938年）底即高出战前1.7倍。此后，涨势渐猛，二十八年（1939年）底，指数高达912.48。二十九年（1940年）起，指数均在战前10倍以上，8月更达20倍，年终指数为2608.8。三十年（1941年）4月，指数为战前之50倍，次年元月即超过战前百倍有余。三十三年（1944年）7月，指数升至101509.44，超过战前千倍以上。三十四年（1945年）

5月,指数复提为211235.37,乃高达战前2000余倍。8月日本投降,趸售物价回跌,零售物价因钝性之影响,仍继续上扬,惟涨势显呈迂缓,年终指数为656.37,较之战前计上涨约2600余倍。一般而论,总指数之对数曲线,除二十八年(1939年)底与三十年(1941年)初曾两度剧烈上升外,各时期之上涨率差异尚微。

按,各类指数言,其变动情形颇不一致。民国二十六年(1937年),衣着类涨势较猛,年终指数为127.62,为各类指数之冠。食物类次之,年终指数为121.85。杂项类与燃料类则比较稳健,年终指数分别为115.65及115.42。翌年,杂项类上涨极速,指数领先。食物类、燃料类次之,衣着类退居末席。此后民国二十八(1939年)、二十九(1940年)两年,衣着类价格剧烈上升,指数恢复领导地位,杂项类、燃料类分列第二、第三,食物类最次。民国三十年(1941年)初至三十二年(1943年)底之期间内,因杂项类之价格飞涨,指数又居第一位,衣着类指数则退居第二,燃料类与食物类指数则相递先后。民国三十三年(1944年)以后,燃料类之价格一再猛涨,指数争居第一,杂项类与衣着类则互递高低,食物类始终居末。至民国三十四年(1945年)终,燃料类指数高至300357.14,杂项类指数为297473.87,衣着类指数为240163.33,食物类指数则仅为208552.41。在零售物价中,除衣着类价格在三十四年(1945年)8月后曾一度暴跌外,其他各类价格所受之影响均微,足为零售物价变动迟钝之一证。

五、结论

根据以上之事实与讨论,可知在抗战期间,北碚之趸售与零售物价一如全国之普遍现象,均呈急剧上升之趋势,其影响人民生计之大,不言可喻。吾人若更进一步研究,其情形之严重,更有逾于此者。盖按普通之物价理论,当物价上升时,趸售物价多上升在先,零售物价上升较后,因而刺激生产发展,社会经济繁荣,且证之欧美国家之事实,亦无不如是,但观图三,北碚物价之状态,适与理论相反,零售物价上升领先,而趸售物价上升反在后,此种反常态之现象,在我国交通不便、管制松弛之国家内,自不足惊奇,然其结果,实足以促使生产萎缩、投机猖狂,而人民生活则愈陷于困苦耳。

北碚趸售与零售物价总指数之比较(图三)。

基期:民国二十六年(1937年)1月至6月　　公式:简单算术平均

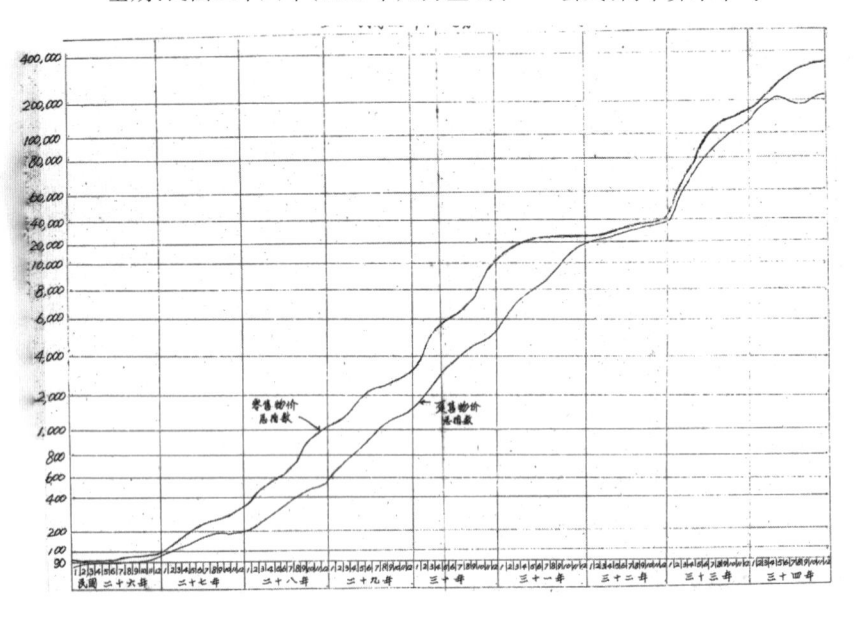

图三　北碚趸售与零售物价指数

本篇由国民政府主计处统计局副局长朱君毅主编,科长高志瑜、科员姚文协编。

合作事业志

合作事业为世界人类生活上近百年来新兴建设事业之一。彼其初,固因资本主义社会中之剥削、掠夺与榨取而作为一角落里少数人消极的共助、共利、共救、共济之具,特其发展乃逐渐达于非资本主义社会而成为普及乎全人类积极的相生、相养、相倚、相成之事。推源其成效洋溢之由,当亦有其可以致此之实。第一,从其理论言,原有他哲学的、科学的"生的道理",即自"生的源泉在心,生的延续在物,生的目的在群"到"合作社员生活,合作社团生命,合作社会生存",皆有其整个的生的基础与体系。第二,从其实际言,亦有他过去递遭、现在任务及未来目的之"行的途径",如"在实业计划上,他能完成共营使命(同公营、民营鼎足而三);在地方自治上,他更能建立民主基础;在经济改造上,尤能调和大多数人共同利益;在社会建设上,他希望由地方结社、全国联合、国际联合以树立人类亲善世界和平",皆有其整个的行的方法与步骤。其情如斯,其义为何?曰:抽象言之如一般所谓"我为人人,人人为我"是也。析而言之,合者,人之积也;作者,事业之共营也;合作者,积人以共营事业也。具体言之,合作社者,积人以共营事业之团体也;合作事业者,积人以成团体而自其共营中所表示之合作生活现象也。

我国之有合作事业,发轫于民国八年(1919年),复旦公学薛教授仙舟先生之组织上海国民合作储蓄银行及平民周刊社,而促成于国民政府奠都南京后之民生建设及其国民经济建设运动。因之,本省合作事业亦随于民国二十四年(1935年)秋开始于天灾人祸集结之川北通南巴等8县,其时系组织农村合作预备社,以为办理农贷之入手方法,并于一年之内选其成绩优良者改组为正式之合作社。然此非谓本省合作事业之发生,亦与最初合作事业之发生相若而属诸救济之事者,然殊不知考之史实并不如此。先是于民国十年(1921年)8月,有与上海国民合作储蓄银行遥相对峙之成都农工合作储蓄社之创置,及民国十一年(1922年),有与上海平民学社(其前身即平民周刊社)东西辉映之成都普益协社之设立,彼完全是受着薛教授倡导合作事业之感应的成果,而且中间亦尝保持有密切之联系。尤其是普益协社之所以竟能远绍乎于十三年(1924年)停顿之平民学社而致其研究与宣传之工作,如普益小丛书之刊行及合作潮之附民报者,当亦有其深切之渊源,只可惜其工作终不免为平民学社之续耳!特是此种行动在当时之四川,尤是在成都,获得相当时期之存在,斯固不易,然亦我国合作意识尚未形成时代不可多得之空谷足音。虽然合作思想之孕育,则更远于此,如合川张石亲先生者。据杨家骆先生函告:蚕桑公社之史料见于石亲先生所修《合川县志》之"蚕桑掌录"中。石亲先生去世后,合川人将蚕桑公社部分之板片毁去,故今日外间所见《合川志》皆非全本,弟曾借得一全本,后为郭沫若先生取去,久假未归,故其详未由奉告。查公社合作社也,为昔时未定之名,只以张先生倡非其时,遂致汩没。甚望后之修《合川县志》者,仍宜将张先生之公社部分叙入,亦吾川合作文化之蒿矢欤?次如酉阳杜用选先生之刊行蚕丝业团体组织法,所以提倡蚕业合作也,复于次年具呈蚕业改良策于农工商部时,其所附呈之共济社社则,即改良蚕业之合作社章程也(见《商务官报》己酉年第36期)。兹所追念者,在是项呈请未能及时尝试之于四川,俾早被合作之泽,遂致四川合作事业之发生迟缓10年,且又10年而始开展于北碚焉。

北碚合作事业之发展,可以分作3阶段述之:

第一阶段——江、巴、璧、合4县特组峡防团务局时代之北碚消费合作社

该社初酝酿于民国十七年(1928年),由因4县(江北、巴县、璧山、合川)峡防团务局有常备兵二大队人,在办给养的人员——司务长就常常感觉到食米成为

问题:第一是撝米的斗,因为北碚乡山多田少,平常年代生产不敷约五分之三,这不敷的食粮全由合川运来。但是合川斗小北碚斗大,相差一升一合。这相差一升一合之北碚斗为河斗,还有市斗,市斗又小于河斗三合半。于是北碚米贩购置米商运到北碚的米是用河斗起进米店,米贩卖与吃户则用市斗撝出,这每斗三合半米显然是米贩得了,然而这还是吃户的第二重剥削,尚有第一重剥削。

第一重剥削是船户与打斗匠。因为由合川运米到北碚,米户给船户之水足只有1角钱1石,将水足来缴船确实不够用,因为不够用就以撝出剩余的米为填补,叫做出合子。例如米商在合川装运99石3斗米,船户到北碚要交88石3斗7升7合米,这叫做包合子。若船户撝不起应交之石斗,就须照价赔偿米商。但是船户个个都怕赔偿,于是不得不与打斗匠取得连(联)络,原来与打斗匠取得连(联)络后就常常有规额外之收进。换言之,打斗匠对于打斗技术颇有研究,手法纯熟,要多就多,很有把握,谁能送钱就卫护谁,所以船户绝不愿意他卫护起米的人。以此之故,打斗匠只好在船户手上拿钱不必卫护他人。惟其如此,米贩亦听其自然,不必送钱给打斗匠,横顺河斗撝进市斗撝出有3合半的稳当赚项,而且加以整理工作有如掺、潮、堆,以及撝斗手法等,所得还不只此。由是说来,食米者实在受着了两重的剥削。

食米者不特必经过这两重剥削,有时因来源短缺而价值上亦常常有剥削的机会,这些剥削尤其是在食米量大的兵队里感觉至巨,为此在办给养的人员就想直接到合川去购米以求自给,但非有组织不可,就非有合作组织不可。于是北碚消费合作社乃于民国十八年(1929年)1月宣告成立。不过在当时仅仅是以给养人员为中心,附设于北碚农村银行内,业务是油、盐、柴、炭、米粮、蔬菜之购置,而且是随买随分。在这个时代,其组织正同合作购买团组织一样。至于开设门面独立经营,乃在民国十八年(1929年)12月。原以峡防局范围内之需要日用品者,不仅是各兵队,还有其他机关,如实用小学校、峡区图书馆及地方医院,以至有关之三峡染织工厂、中国西部科学院等,更顾及民众,因将组织扩大,独立经营。其定名:本社由峡防局发起,联合峡区民众组织之定名为峡区民众消费合作社(章程第一条),其宗旨:本社以供给民众消费并奖励民众储蓄为宗旨(第二条)。他如资本无定额,每股1元,入社者须经社员两人以上之介绍及执监会之认可。股份可以继配,其退社与转让亦须执监会之认可。权力机关有社员大会及执行、监察委员会,票权以人不以股。利益分配,除社股年给官息5厘外,社员分盈余50%,购买占30%,办事人酬金20%,只有盈余分配。因其时尚无全国性之合作社法作根据,致购买分配稍嫌不足耳。

该社经营至十九年(1930年)末,又经一度改组,变更章程第一条:本社联合一般民众组织之定名为:民众消费合作社,宗旨仍旧,只将营业区域:本社营业区域以合川、重庆峡区为限。实际合川、重庆两处仅仅设置人位便于进货并无社员交易,只在管理上将本社升格增设一总管理处而已。此外,于社员方面加订除名一条:不遵章程、破坏社誉、假借社名及违背执监会决议者。又改官息5厘为1分,而社股分配减为40%,让出10%为公积金。于买购分配仍未予提高,殊可惜矣。兹将其改组前后两届资产负债及损益表列后。

(甲)改组前上届[民国十八年(1929年)12月至十九年(1930年)6月]

资产负债表

负债之部		资产之部	
社股	1657000	往来欠款	1313436
往来存款	15613	商品	666896
现售商品	358293	现金	481818
纯利益	431244		
合计	2462150	合计	2462150

损益表

利益之部		损失之部	
商品损益	602880	社缴	450655
杂捐益	279019	纯利益	431244
合计	881899	合计	881899

(乙)改组前下届[民国十九年(1930年)7月至12月]

资产负债表

负债之部		资产之部	
社股	2796000	往来欠款	2313992
往来存款	82026	商品	967436
暂收款	72716	现金	367430
前期损益	431244		
本期损益	266878		
合计	3648858	合计	3648858

损益表

利益之部		损失之部	
商品损益	458645	社缴	557511
兑换损益	67045	纯利益	266872
汇水	4200		
杂损益	294493		
合计	824383	合计	824383

(丙)改组后上届[民国二十年(1931年)1月至6月]

资产负债表

负债之部		资产之部	
社股	3855000	往来欠款	4296457
往来存款	4469312	商品	4707651
现售商品	400089	押金	280000
暂收款	284407	暂付款	41500
公积金	59822	现金	377284
本期纯益	634262		
合计	9702892	合计	9702892

损益表

利益之部		损失之部	
商品损益	1847448	社缴	1352127
兑换损益	108041	纯利益	634262
汇水	30900		
合计	1986389	合计	1986389

(丁)改组后下届[民国二十年(1931年)7月至12月]

资产负债表

负债之部		资产之部	
社股	3610000	往来欠款	1612555
公积金	59822	商品	1551232
未付股息	69484	押金	280000
前期损益	634262	纯损	929781
合计	4373568	合计	4373568

损益表

利益之部		损失之部	
商品损益	257210	社缴	1187780
杂损益	789		
纯损	929781		
合计	1187780	合计	1187780

从上表观察，最触目的不是"纯益"，而是"纯损"，因为在该社的营业政策是采的平价制而不是市价制。在平价制的经营上，只有便宜的受享而没有储蓄的存留，根本就说不上利益，但是利益既少，稍遭挫折即不免于纯损，而纯损之来就是缴重之过。依上表改组后之社缴即倍半于改组前之社缴，诚然缴重亦不一定是纯损之症结所在，而为多做交易之现象表示，不过多做交易亦并不在投机，而在有正确之定量分配，投机则万万不宜。原来该社于米价腾贵之际借资进货，及

至外米入川影响米价致受损失。其实为备社员需要,亦宜于新货登场之时,不宜逢贵赶货,因为来本过高,每每是赚不足折得足,所以办理合作社的营业是该谨守范围。其次须得崇俭,因为崇俭即有积存,有积存即能填补意外损失,能填补意外损失即不会失去社员之信心。社员信心是合作社生存的命脉,亦为办理合作社者应该注意之事。何也呢?要知道合作社折本事小,失却社员信心事大。如果社员对于本社有信心,社务、业务自可顺利推行不成问题,否则很难维持,该社即为显明之证。结果把社股实足的权起划归北碚农村银行而返还最初的状态,即将该社附设于北碚农村银行,所需资金由行拨给以资运用,就现场论实已缩小范围而依然为峡防局各机关之消费合作社也(参阅《合作月刊》第4卷第3期伍玉璋所记该社之纪事)。如是又继续维持至一年之久,迄民国二十一年(1932年)冬终于宣告解散也。

在此一阶段中,北碚尚无正式之合作金融以资调剂合作事业,但就实际情况言之,北碚消费合作社自始至终均得北碚农村银行之协助,是以北碚农村银行于无形之中对北碚消费合作社成为唯一之调剂合作事业之合作金融机关也。该行发起于民国十七年(1928年)10月,其发起人和股东以及办事人均是峡防局职员。股本初无定额,每股5元,至十九年(1930年)1月,共有股本800元,由股东45人所认购,股东可以自由参加、自由退出,其为人的结合,适与信用合作组织相近似。不仅此也,当于十九年(1930年)3月加以改进时,始定股本总额为1万元,分为2000股,每股5元,除峡防局拨加提倡股2000元及原有股本800元外,余即向外募集。顾以股额小而人数多,乃限制不及20股者可以举一代表,有一议决权,此固与合作原则一人一票之制度显有不符之处,然在20股以上者每人仍只一议决权,亦不失其人的结合之立场,当与一般银行异也。又从该行业务上看,除定存定放外,有北碚消费合作社还款4319元,是收入银行暂记欠款科目内,而其商品损益278元又收入银行利息科目中,后来互以往来科目处理,由此足见行社间关系之密切也。至二十年(1931年)3月,得聚兴诚银行派员协助,复扩充股本为10万元,于同年7月10日正式开幕。迄于抗战进入第三年代时,以主持无人、经营不善,遂由民生实业公司接收。顾吾人欲一瞻仰北碚农村银行之陈迹者,即今日之民生实业公司北碚办事处是也。

第二阶段——嘉陵江三峡乡村建设实验区时代之北碚合作事业

北碚合作事业之中兴始于民国二十七年(1938年)[此为民国二十三年(1934年)国民政府公布合作社法及民国二十四年(1935年)实业部成立合作司推动合作行政之结果,非若前此之为自由组织也],先是国民政府军事委员会委员长重庆行营成立,旋根据三省"剿匪"总司令部及南昌行营所颁订之"剿匪"区内各省农村合作事业诸规章,于民国二十四年(1935年)10月10日,设置四川省农村合作委员会以为负责指导全省推进合作事业之中心。职是之故,该会曾于最初3年中推广县区达45单位,每单位均设置合作指导员办事处,二十六年(1937年)改设合作指导室以为负责指导全县区推动合作事业之枢纽。故在民国二十五年(1936年)4月由峡防局改组而来之嘉陵江三峡乡村建设实验区,于二十七年(1938年)经设之合作室,即为四川若干单位实施中之一单位实施。该区亦于4年之间指导成立合作社计81社,共有社员3925人。兹将其三十一年(1942年)2月份止之合作社概况表列如下:

嘉陵江三峡乡村建设实验区合作社概况表

项目	社数	社员数	社股数	股金总额	已缴股金	贷款数
信用社	66	2020	2103	4206	4031	138425
生产社	2	58	389	1945	1870	7500
消费社	11	1496	5712	57120	57120	
乡镇社	2	351	7480	74800	52910	
合计	81	3925	15684	138071	115931	145925

在这一阶段之合作建设中,正值我国合作行政政策之转化时期,新制未立,旧制未去,故信用合作社之社数仍占总额80.15%的绝对多数,其实此项施设乃在供"朋友有通财之义"以及"邀会、打会即合会"散漫无归,有时而穷之需,亦在济"高利借贷"情势严重下之急,是亦新制代旧习之事也。比如小农小工,其作业范围至狭,生产有限,出息亦微,常致顾得生活开支,立即短少经营资本,需要既殷,非贷不成。所以我国倡导合作事业之初,为适应环境要求计,即以信用合作为入手之策。征之亚洲同一情况之先例,如印度,如日本,又何尝不同出一辙,只

以印、日之信用合作事业施设有年,其于相关事业之协助莫不显著成绩。我国信用合作事业刚在草创时代,实效未尝表露,即遭受着亘古以来未有之巨创——七七事变。在抗战建国纲领之实践中加强合作事业诚属必然之图,自难因循,彼印、日以信用合作为中心,而期扶持相关事业之往迹,但似不宜为着加强之故,遽升兼营方式于天堂,必置专营信用于地狱而淘汰之。其实以兼营合作论,其间亦不少以信用业务为主者,此为国民经济基础未建起之果,所以三峡区信用合作社之多,正为此一阶段之特色。

乡(镇)合作社者,县单位合作系统之中心组织也。上为县合作社,下为保合作社,乃配合地方自治事业之由县各级组织纲要而建设之新县制所产生之县各级合作社组织大纲,而组成之新社团也。大纲主旨在确定县各级合作社为发展国民经济之基本机构,并且为求组织普遍而倡"每保一社"制,为求全民入社而创"每户一员"制。至于县乡(镇)保合作社之业务经营,均采兼营方式,由县乡(镇)保各视其社会环境需要条件定其业务之主从。不过此种业务之经营,大受制于经营合作贷款之金融机关,就是信用合作社可以贷款而乡(镇)合作社则少贷款,甚或不予贷款。虽然乡(镇)合作社诚在国家合作政策实施下逐渐推行,但经营合作贷款之金融机关亦尝思有以代替信用合作社者,如改进社,如经营会之类。然而经营会之在北碚即显示出他操诸胜算之一验证也(见后)。顾其间有此差异亦非无因,最大关键在以信用合作组织为无限责任,县各级合作组织为保证责任。只限于5倍以上之分担负责,究属有限,不若无限责任之连带负责,成为保障问题者一。其次则为消费业务者之为消费经营而支出似无具体收获,不若信用业务者之为生产经营而支出认保有具体收获,成为保障问题者二。证之实际合作社法之规定无限责任固连带责任也。然前实业部之法令解释则为"无限责任社社员负担亏损,以均摊为宜[民国二十五年(1936年)4月13日合字第94号]",均摊负责非连带负责也。好在合作社破产者鲜甚,只有百不得一之,既不破产又不负责之合作社,其为无限责任也,就是无现责任,保障何在?但这总是一笔坏账,不知如何处理,其将移交中央合作金库接收乎?亦抑移交当地县合作金库接收乎?如彼金融机关既然有此退步,又何致独厚于信用合作乎?次如合作组织中之消费借贷者,乃为其经营消费业务而借贷,并非将借贷来者作为消费物品而消费去之消费借贷也。易辞言之,消费借贷为转移消费物品地位之运用,斯亦不失经济原则上之生产意义,又何至虑及保障?是皆金融政策不能与合作政策密切配合之过矣。至三峡区之有新制合作社,乃依四川省政府三十年(1941年)11月公布之实施办法组成。其时尚无保合作组织者,一以时间短促,一以大纲规定"先就每乡(镇)设乡(镇)合作社,并逐渐普及各保合作组织"(第四条)。此乃由上而下之合作政策使然,亦所以有别于前此由下而上之后作原则耳①。

至于合作事业中之信用合作组织,乃是合作金融中之基层机构,允宜自助互助,厚积资金,群策群力,自我流通,而不一定凭借合作贷款者,是为组设经营之本旨。诚然国家合作政策乃因民之所利而利之之事,特只可利其一时之协助,以企由引动而进入自动之坦途,究不能悉为仰赖,往事足资借鉴也,有由矣。原来倡导合作事业之初,经济生活正常,运用合作贷款,额小效大,各社颇称裕如。惟安于环境疏于自集资金之累积。及至抗战军兴,金融机关紧缩信用,日常生活逐渐提高而合作贷款也不敷分布,遂致发展前途大受打击。证之三峡区信用合作社之贷款平均数,每一社员所贷不过68.52元,比之战前每一社员贷到之20元,约计仅增加3倍。实际上根据重庆市民简易生活指数则应为579.2元[该项指数见《西南实业通讯》11卷2期,以二十六年(1937年)2月为1.0,而三十一年(1942年)2月之定基为28.96],竟相差84倍之巨。区区贷款聊胜于无,以言发展事业则殆矣。再以股金论,信用合作社之平均数,每一社员所缴2元尚且不足,盖依然成立

---

① 所谓由上而下之合作政策与由下而上之合作原则,其上与下之殊称,绝非强迫性能与民主自由之区别,尤非民主自由随强迫性能遂致毁灭。此点可以引证当局者之声言,藉明合作政策绝非使合作失其原则而变质。他说:"国家为实现三民主义而施行经济的计划统制与合作运动似相反而实相成",所以"根据三民主义以推进合作运动不是合作运动的变质而是合作运动的进步"。但合作政策论中之强迫论终不能晓然于此者,其蔽矣。在不明行政、政策与合作原则之相互关系,诚然国家之行政行为,对于人民行动无不具有拘束力,合作政策之出于合作行政,自亦有其拘束力。不过行政政策之拘束力,必须根据法律,不是漫无边际之理论,同样合作行政及其政策之拘束力亦必有法律之根据。例如社员之居住自由,载之宪法,则其移居另一区域时,于旧社退社、新社入社依然享有自由而不受任何拘束。由于此,深觉企图发展合作事业之事,不在再作政策之雷厉风行,而在力求合作行政之知行透澈(彻)运用适宜。原来行政有法并有其讲法之学,故合作行政亦该有法之探索及其讲法之学。能有是,固不仅是属于合作学合作科学中应用科学之树立,还要将社会科学行政法学中科学体系之完成。能有是,合作行政,于学有根底,于术有渊源,其效率一经提高,实无异于是合作政策之获得演进。否则,顾此失彼,事倍功半,政策害之也。

时之数字,是其自集资金之薄弱可以概见也。若就整个之社员数与股金数而通计之,每一社员所缴仅为29.53元,合战前亦不过1.02元,相当于信用合作社初成立时应缴之半数,同时又不得金融机关合作贷款之供给,是欲经营消费与生产以尽抗战建国应有之职能者,其可得乎?惩前恐后,在合作行政上、合作组织上均宜密切注意之事也。

关于此一阶段中之办理合作贷款之合作金融机关有三,即北碚合作金库、四川省合作金库重庆汇兑处及巴县合作金库是也。我国合作金融政策初亦采行由上而下制,如本省于民国二十五年(1936年)11月成立之四川省合作金库,即依据前南昌行营于民国二十二年(1933年)1月颁行之"剿匪"区各省合作金库组织通则而来。当时系四川省政府会同中国农民银行共同投资,由四川省合作金库辅导各县合作金库直接辅助各该县合作事业之发展,而期有以调剂全省之合作金融。及至民国二十八年(1939年)秋,四川省合作金库始依据前实业部于民国二十五年(1936年)12月颁行之合作金库规程改组,而完成其由下而上之体系。当时参加组织之县合作金库,只有成都、新都两县合作金库。推厥原因,乃由县合作金库之辅导权力不尽属诸四川省合作金库而揆之。实际四川金融则无异成为中国农民银行与农本局两大势力之角逐园地,甚至四川省政府投资于四川省合作金库之股金亦被退出,而四川省合作金库乃竟于名为附设,阴受挟持之下无疾而终。他如县合作金库也,亦几被辅导机关所制造之农民借贷所取而代之。不料西康省雅安县合作金库拒绝接收,风潮激起,使当局者知难而急流勇退,各县合作金库亦暂告粗安,此乃合作金融史上可纪之事也。及至农本局被撤,复经一度调整辅导,县合作金库之权力由中国银行、交通银行及中央信托局参加,不无略分中国农民银行春色之处,一直到金融专业化之议成。而此种分裂宰割整个合作金融妨碍发展,整个合作事业之防区制乃得废除。虽然防区制固废除也,而合作金融亦式微矣。盖中央合作金库之议起,虽为金融专业化之精神表现,然彼见合作贷款之大势已去者,自不能不另寻出路,如改进社,如经营会者,此乃合作金融史上又一可纪之事也。然则三峡区之北碚合作金库,其辅导权谁属?四川省合作金库其名而已,不过北碚合作金库因组织粗疏,经营不善遂致昙花一现,其业务初则交由四川省合作金库重庆汇兑处接收,并由该处派员驻区办理[民国二十八年(1939年)],嗣则以本区合作贷款分属巴县范围,又交由新设之巴县合作金库接办,此本区合作金融及合作贷款之大概也。

第三阶段——北碚管理局时代之北碚合作事业

北碚管理局成立于三十一年(1942年)3月1日,而北碚合作事业亦即于此时转入一新阶段。原来基于合作行政策略之不同,致前乎此4年者,成为进攻高利借贷发展农民经济之专营信用合作时代,而后乎此4年者,成为建立国民经济基础促进生产供销经营之兼营乡镇合作时代,在其间确有着显著之发展与迹象。除三十四年(1945年)5月份开始设置之代替信用合作组织之农场经营协会69单位,会员4726人,集资286319元及中国农民银行贷款19762350元等之非合作组织非合作贷款不计外,所有截至三十五年(1946年)3月份止之北碚合作社概况,表列如下:

北碚管理局合作社概况表

项目	社数	社员数	社股数	股金总额(已缴)	贷款数
保合作社	33	2870	12323	123230	
乡镇合作社	6	12718	480740	4807400	2950000
生产合作社	3	72	78146	781460	
消费合作社	52	18754	317341	3173410	
局属联合社	1	43	4815	48150	
合计	95	34457	893365	8933650	

依据上表,以比较前表(第二阶段社况表),所谓有着显著之发展与迹象,固不在社数与股金数之增加,而在社员数之扩大,因为社数所增加之比率不过是14.74%,尚嫌其不足,至股金数之增加,诚是达到77.12倍,特据一般估计战前战后之币值,多数承认为1与1000之比。吾人于此,顾亦深知整个战时之币值变动,在初期固不见若何严重,即中期虽较初期加甚,但亦不若后期之激,自不能折衷于1与500之比,以为此之衡量。惟如1与250之比,即一与千之四分之一之

比,显属可能[相当于三十三年(1944年)3月重庆市民简易生活指数之273.31定基]。依此估计,各社应共有股金数为28957750元,以之比较现有金额当已多出20024100元。反之,亦即现有金额尚短少3倍又24%,故平均每一社员所担任之股金尚不到260元,仅相当于前一阶段平均每一社员分担股金29.5元,三分之八倍又77%。据此即证明其增加数量依然有限,以有限数量之增加,何能敷布需要较多较大之运用呢?是为自集资金不足分配之显然事实。

社员数之扩大比率为88.61%,平均计之,每年增加数为7633人,亦殊可观。不过此种可观之扩大量,亦仅是属于可资前进之据点而已,并不能认之为满足。质言之,此种发展仍须继续,此种迹象亦要普遍,庶期求得"每保一社"与"每户一员"策略之实现。就是说,在北碚整个合作建设中,尚缺少两个乡镇合作社,95个保合作社。以保合作社之推进论,几乎平均每4保始有1个保合作社,而且平均每乡镇亦仅有4个保合作社,是为组社不够充分之证,故在发展上必须要求其继续。又以人口数与社员数比率论,各乡镇间尚有参差。依下表,以朝阳镇之社员比率较大,占第一位,龙凤乡占第二位,黄桷镇占第三位,澄江镇占第四位,而以文星乡之比率为最小。朝阳镇地位居于中心区域,固为黄桷、澄江两镇所不及(各占其比率之半),自毋庸多论,但是龙凤乡乃一山乡,竟列于黄桷、澄江两镇之上,其次白庙乡与龙凤乡之人口相当,而其比率仅及一半,最差是金刚、二岩、文星3乡,综合其比率,始可与龙凤乡一较,尤其是最小比率与最大比率间之差,后者为前者5倍又26%。再从其总比率说:社员数为人口数43.38%,但在社员数中尚应剔除经营会会员在人口数中所占5.23%,实际上正确之总比率不过38.15%。还有,由社员数在各乡镇之平方公里中之分配情形看,亦多失其平衡,如龙凤乡仅能与金刚乡相比,不能不退居于黄桷、澄江两镇之后,但是澄江镇仍居于第四位,为黄桷镇、白庙乡之殿(自然从另一角度看,澄江镇仅次于朝阳镇而居于黄桷镇之上,如下表末栏是),而且中间最多数比较最少数,其差度为17倍又23%。据上所述,实为社员分配不匀之证,故在迹象上亦要企图其普遍,企图得迹象普遍是果,要求其发展继续是因,此因此果,固为合作行政上所期待者。

北碚管理局各乡镇人口地域与社员比较表

项目	人口数	平方公里数	社员数	社员数所占人口数之百分比	每平方公里所有社员数	各乡镇所有社员百分比
朝阳镇	18376	13	15019	81.93	1155	38.33
澄江镇	19494	44	8006	41.06	182	20.43
黄桷镇	13717	24	5698	41.54	237	14.54
龙凤乡	6585	23	3602	54.61	157	9.2
金刚乡	8991	15	2280	25.35	152	5.82
白庙乡	6562	9	1842	28.04	204	4.7
文星乡	10715	16	1666	15.55	104	4.25
二岩乡	5777	16	1070	18.52	67	2.73
合计	90217	160	39183	43.38	245	100

合作金融在这一阶段中显有卓著之进步。在前一阶段里，从金融机关之庄严过程看：始而是为农贷而农贷，自成非农不贷之势。继而是为金融困难，紧缩信用，遂至农亦不贷。今兹所谓显有卓著之进步者，不特是农得其贷而非农亦在准贷之列，在冥冥之中已把过去偏重一方之救济手段之农贷范围加以冲决而进入于全面贷款之途径。然此绝非金融活泼开放信用之果，其种因也以渐。先是中国工业合作协会领导下之工业合作，原得友邦协助，逐渐扩张，继感资金不敷，亦尝有告贷之举。终得行政院之援助，首由中国银行订约给予贷款，嗣于中国农民银行亦准成约贷款。有此一来，工农兼贷中之农贷与工农贷还非中心问题，实际是在失却信用合作组织广大贷款对象之严重情势下，竟因工业合作之贷款机会打开僵局而获得一条出路。于是乡镇合作社就在如此金融政策不能密切配合之畸形发展中便藉着这一道方便之门稍稍得点合作金融之滋润，夫然后才慢慢喘过气来而表现他欣欣向荣之象如今日者。此不仅为我国金融史不可不一纪之一件大事，而且亦是我国合作金融史上不可不一纪之一件大事。

北碚合作事业之获得合作金融之滋润者，从三十三年（1944年）起仅有乡镇合作社一类贷到中国农民银行之贷款295万元。此事，在其他不得金融机关照顾之各合作社观感中，表示异常欣羡，以为此系难逢难遇而不可希冀之一种特别惠赐。不过据实讲来,失之者无非羡其所羡而得之者亦是苦其所苦。原来上述贷款,并入农场经营协会贷款计之,前者仅占后者13%弱,若单凭69个经营会来平均分配,每会所贷得之286411元,自不如乡镇合作社平均每社所贷491666元之多。因为在比较之下,却已短少一倍又71%,似会不及社之优裕,但组织之比不如组成员之比来得确当。证之经营会会员每人平均贷到4181元者,实超出乡镇合作社社员每人平均贷到232元之18倍一点,很可置信。换言之,前者之购买量是1斗米1斤肉,而后者之购置量是半升米2两肉,其丰啬悬殊如此,不能不加深察者。然此亦非嫌及金融机关于经营会与合作社间有着厚薄之处而致不满,因为金融早经专业化,在农业金融机关之贷款业务上依其策略从人民团体之经营会转向农会发展去,是其责任所在,理无闲言。不过在目前合作事业本身所感觉到之问题只是青黄不接之合作金融问题。即是说：各合作社从来就少了自集资金之累积,不能利用累积资金造起自有自营自享之合作金融基础,以加速中央合作金库之降临。同时中央合作金库早于上年委派理事长及总经理,以受着若干事实上及环境上等问题之限制致未能及时产生而延长其筹备时期。迄至最近始有合作金融建设专款150亿元,正由中央核定分3期拨付之讯。惟其产生不易,在金融机关之分道扬镳努力前途时,于合作事业之融通调剂,不期然而然的(地)造成坐视之实。说起坐视,亦非大不了之事。据真理,要有矛盾才有统一。若没有金融防区制之矛盾又怎能有金融专业化之统一？好在旧有之各县合作金库经中国农民银行合并兼办委托代理,以至撤销之后,存者寥若辰(晨)星。而从(重)新筹备或经设立以适应迫切需要□所在多有(本省之成都市、自贡市及岳池、绵竹、大足、綦江、遂宁、江北、新都、华阳等县业已正式成立)。现在北碚管理局亦正依照四川省政府之筹设各县(市局)合作金库计划,急谋北碚合作金库之复兴,已有其进程上之积极发展,此固为北碚合作事业之福音,而亦为中央合作金库组成员之一份子也。

四川省政府之有筹设各县(市局)合作金库计划,即鉴于本省过去合作金库,全川共有121库,内中计由四川省合作金库辅导设立者76库,由农本局辅导设立者45库,实际取得合法登记手续者总共只有40库。自三十一年(1942年)9月4行专业化后,所有本省之合作贷款事宜,悉移交中国农民银行办理。惟该行接

办后,对于合作金库之贷款或透支,一面加以紧缩,而进一步裁并四川省合川金库,遂使金融与行政不能配合,一面复以中央合作金库行将成立,甚至对合作社贷款有停放待收之趋势,则其影响事业前途,殊堪忧虑。中经四川省合作事业管理处先后案呈四川省政府往复函电洽商,终无具体结果。无已,除积极加强合作社本身建立自集资金外,并依三十二年(1943年)9月国民政府公布之合作金库条例草拟该项分期筹设计划,于三十三年(1944年)末经第708次省务会议通过后通令各县施行。北碚合作金库之筹设,在该计划中原属第三期应于三十六年(1947年)度完成,其所以促成提前办理者,实因朝阳镇之合作社信用部于三十四年(1945年)末为调整人事,曾征求北碚银行予以协助。自然,依照北碚银行设立之宗旨,于发展合作事业亦负有责任,岂仅是人事上之协助? 嗣以北碚银行有增资为2000万元之成议,乃一变协助人事之意而为协助事业之念。一因人事问题之不具严重性者,至为简单,于是仍留旧人以资驾轻就熟之建议被朝阳镇之合作社采纳而告解决。一因北碚银行之增资适造成以事业养事业一机会,于是及时筹设北碚合作金库以发展合作事业之建议被北碚管理局采纳而告解决。三十五年(1946年)3月24日即召开北碚合作金库筹备人会议,推举朱霞(北碚管理局代表)、伍玉璋(北碚银行代表)、万宜之(朝阳镇镇合作社代表)、蒋笃之(澄江镇镇合作社代表)、王可均(兼善中学消费合作社代表)等为筹备人,并互推伍玉璋为筹备处主任。经于4月1日成立北碚合作金库筹备处,积极推动筹备工作:第一,决定股本为国币1000万元,分为10万股,每股100元,北碚管理局与北碚银行各占十分之四,各合作社分担十分之二,收足二分之一即行开业。第二,租定朝阳镇之合作社旧址为营业所。第三,聘定王可均为经理(曾在湖北之咸宁,四川之忠县、巴县、高县合作金库服务),并草拟第一届营业计划。第四,决定5月15日成立。虽然,北碚合作金库成立后,关于其营业之推行与整个合作事业之影响以及新社会新经济安全生活制度之建立等情势究竟若何,则有待于他日之纪(记)载为之说明耳!

合作理想——北碚合作事业之未来

从北碚之地理形势上看,一言道尽,山多田少。因为山多,只富有煤矿,以其田少,却缺少农产。如欲巩固其经济基础,繁荣其社会生活,端赖有新兴趋向以为依据。原来煤产虽富,论势终有告罄时期。无如粮食有限,怎能不仰外间供给?将来如失却生产上之唯一根据,则交换必成不可推想之困难问题。欲预为之计,势必以新生产力代替旧生产力而后交换有物生活方期安定。新生产力是甚么,据已知计划之一,便是建设巨型电力吸引新工业,藉以完成工业农村化,并期影响农村工业化之树立,是为客体之新生产力之建设,但主体的新生产力亦未可厚非。所谓主体的新生产力,其建设依然是在北碚山多田少之原有地形上。其间新旧不同者,过去是利用地藏,今后是利用地面,只因地藏有限,也就不能不转而利用地面。或谓利用地面,在山地除耕种难施外,只有林场、畜牧两途。然而义瑞林场与西山坪农场均告失败,岂能再蹈覆辙?虽然失败固属事实,而失败亦有根源。第一是害虫猖獗;第二是肥料欠缺;第三是交通不便;第四是技工缺乏,管理不善。有一于此,足为失败之症。攻其弊,致其宜,失败正是成功之母,如有坚定信仰,贯彻计划,招致专家,克服困难,组织民众,休戚与共,日居月诸,定卜成功。

70年前,世界之丹麦,本谷产国也,以受德国谷产之倾销,曾大受打击,乃经若干艰难困苦,卒以新生产力代替旧生产力,竟一变而为畜产国。顾其成功端在民教与合作。就合作言,以一乳酪之精与一鸡蛋之微,以及一腌肉之夥,无不由各合作社社员经手再透过各该合作社或合作社联合社而成装输出,伦敦即为其国际市场,以经营日增发达,故丹麦早有世界合作王国之誉。有世界之丹麦还有日本之丹麦。日本之丹麦,属日本爱知县中部之碧海郡。据江坂佐太朗之郡史称:"碧海郡之地质,均瘠弱而多酸性,且耕土极浅,自农业上评其价值,实属劣等土壤。自耕地上言之,碧海郡既非天赋优惠之地,优点绝无可称,而劣点则甚多,且碧海郡并无足称为特产之物,其产物均多属任何地亩皆能生产而又极其平常之生产品。自经营上言之,自然方面之优点绝少,苟施以普通栽培法,则其结果,值钱之物毫无所得。总之,非由努力与研究,实不能生产优良之品,故一切生产品虽谓为悉属努力与研究之结晶,亦非过甚之词。"从此简短叙述中,知其一切优良产品之收获,固悉属努力与研究之结晶。然此结晶也,言收获尚是其表,而骨子里就是以新生产力代替了旧生产力,尤是此种新生产力代替旧生产力之努力与研究,其重心还寄托在农教与合作(上)。就合作言,郡史称:"农会与合作社,改良农事实行合作社,三者名称虽异,其目的则大致相同,盖皆以振兴农村与发展农业为主要目标也。此三者间,互作密切而有机之连络(联),而其连(联)络,亦即属一种活动,一种指导,并所以完成其使命,于是遂使碧海郡突飞猛进,呈现其伟大之效能。"合作于地方建设之效能如是,殊未可忽视。据统计,该郡有:(一)普通合作社72社,社员14911人;(二)养鸡合作社65社,社员4500人;(三)园艺合作社50社,社员3500人;(四)改良农事实行社达256社,社员14595人;(五)其他如养蚕、养猪、购买、运销等,无不利用合作组织以达成其目的。"盖碧海郡农业之运用,实以合作社为基础也。"

碧海郡面积127方里,分8町8村,农家2万户,自耕农占十之三,佃农占五之一,自耕农兼佃农占半数。耕地面积339664亩,原田3倍于山田。北碚面积稍大,为56与44之比,分3镇5乡,地方组织刚少一半。至于农户呢?绝不能对比,因为地利未辟,安有"农民之自他处迁来者亦甚众多"之吸引力如碧海郡者,宜乎地方组织亦少也。换言之,在碧海郡未治时,其地"大半系小松林或杂树林,狐狸据为窟宅,盗贼占为渊薮"。盗贼渊薮无异是20年前北碚之写照,就此推想,北碚发展到今日为时还浅,比较碧海郡之成功历程50年,尚有30年可资期待,若依其所具条件,一如碧海郡之努力与研究,北碚纵不能成为中国之丹麦,至少"四川之丹麦"可期也。就合作言,依下表,四川是有希望之四川,而北碚亦是有希望之北碚。盖本省各项数字均在全国各项数字平均数比率之上。只有三十四年(1945年)之社数,因受改组信用合作社时之减削,不无降低之象,自亦不能不影响其社员数之增加,仅有38.48%,殊属轻微,惟独股金数之增加为169.76%。若就时间平均计之,每年增加额为84.88%,不能说不是进步。北碚之社员数、股金数亦超过全省社员数、股金数,平均数而占有卓越之比率,其所增加之百分数,除社员数为168.76%,亦属较欠外,而股金数则为357.93%,若就时间平均计之,每年增加额为119.31%,较全省之进步亦颇不弱,此殆加强各社自集资金建立累积合作资本之果,若今后立定发展合作计划,而严格要求之,未尝无收获也。

四川合作事业与全国合作事业比较表

项别		全国合作社概况	全国平均数	四川省合作社概况	四川省占全国平均数之比
三十二年(1943年)	省市	18	1	1	100
	社数	157192	8733	24163	276.67
	社员数	13358299	742128	1763503	237.63
	股金数	300209319	16678296	29110562	174.54
	贷款数	802376044	44576446	119014193	269.23
三十四年(1945年)	省市	20	1	1	100
	社数	172453	8603	23400	272
	社员数	17231649	861582	2378791	276.11
	股金数	1461082885	73051644	251520886	344.3
	贷款数	3355827474	167791374	581681578	346.67

北碚合作事业与四川合作事业比较表

项别		四川省合作社概况	全省平均数	北碚合作社概况	北碚占全省平均数之比
三十一年(1942年)	县市	138	1	1	100
	社数	22386	162	81	50
	社员数	1467194	10632	3925	36.92
	股金数	10926491	79177	115931	146.42
	贷款数	75388481	546293	145925	26.71
三十四年(1945年)	县市	142	1	1	100
	社数	23400	167	95	57.57
	社员数	2378791	16752	34457	205.68
	股金数	251520886	1771274	8933650	504.36
	贷款数	581681578	4096349	2950000	72.01

上列两表：四川数字，三十一年(1942年)根据四川省合作处统计，三十四年(1945年)根据社会部合作局统计。全国数字，根据合作局统计。惟三十四年(1945年)贷款数字全国与四川均不详，乃根据《中农月刊》第6卷第12期该年9月份止统计，先求得三十二年(1943年)全国之合作放款占中国农民银行全国之

农业放款50.41%,与三十一年(1942年)四川之合作放款占中国农民银行四川之农业放款30.82%,再推算得该年9月份止全国与四川之贷款数字。

北碚合作事业自然富有发展性及成功其理想北碚之条件,特是以合作金融论,固仅仅是作一般合作事业之流通调剂上之协助。以合作事业论,亦仅仅是作一般生产事业之供需要求上之联合。如期发生整体联动作用之效能以贯彻全国社会经济自治事业之发展,则仅凭单方面之合作建设力量为之,自不免失之偏颇,还须赖有生产技术科学方法之联系。有如碧海郡之整体联动作用,是从"教育之道非仅限于校门(农林学校)实应普遍指导以教育农民"起至实际以农事试验场之技术,透过合作组织以指导农民而直充裕其生活富厚其社会为止。据他们之经验,于整体联动作用曾有至富之发挥,"合作社之于共同购入必需品共同运销生产品以及对于农村金融问题,固能进行顺利,但关于农业生产方面之事业,悉假手于合作社,欲以有限之人,经营无限之事业,则尚嫌其不足"。所以农事研究改进组织应运而生。农事研究改进组织,农会自为其中之一,惟负责研究改进之唯一组织则为农事试验场:"农事试验场之业务,包括农业技术之研究及调查指导奖励,该场对于改良农具、改良米麦品种、改良施肥方法,研究防除病虫害等项,较之其他各地农事试验场,实较优胜。"计必有此优胜之实绩,而后有碧海郡优胜之表现。联动作用之伟,其义至显,其理至明。是以北碚农业推广所于此实负有巨大责任,有积极严密其组织,充实其经费,加强其人力,重订其工作之必要。因为北碚在联动作用上,不特有了农事研究改进组织,而没有宏大其职能,尤缺少如世界丹麦之葛龙特维或日本丹麦之山崎延吉其人,惟其如此。所以北碚之西瓜,虽加惠了西山坪农家,然究不能因此加惠而影响其他事项者,即缺少以校长兼场长而教导农民之山崎。以碧海郡言:若安诚梨三河西瓜趋于发达之原因,固由农林学校开其端,特其成功,则在有园艺合作社继之而组成。尤其是在园艺合作组织中不仅有成功之西瓜运销,尚有若干因西瓜运销成功后之萝卜、白菜、山芋运销。在西瓜、萝卜、白菜、山芋诸产品未改进前,向为农家自身食用之普遍产品而已。但以栽培技术进步,产品优良,方有不少产品由合作社实行运销。此尚就其园艺发展之一端言,可知一事之成至不单纯,而其成功后之影响亦不单纯。为了北碚合作事业之未来,特为揭出合作理想之旨。从事北碚建设者,留心北碚建设者,其有志于斯乎? 若然,四川之丹麦可期,更进中国之丹麦可冀,又何曾让日本之丹麦专美于前欤?

北碚管理局朝阳镇合作社概况

创立时间	民国三十三年(1944年)10月1日
社员人数	普通社员12261人,团体社员1008人,特别社员100人
社股金额	969920元正
理事主席	熊明甫(现任北碚教育基金委员会主任)
监事主席	李爵如(现任朝阳镇镇长)
经副理	万宜之(经理)、罗伯康(副理)
职员人数	主任3人,分部主任、股长6人
业务部门	三十四年(1945年)7月1日改原有门市部为消费部,分配粮食、百货、南货。增设信用部,办理存款、放款及代理收付款项。同年12月增设运输部,承运渝蓉货物。明年设璧山办事处

北碚管理局朝阳镇合作社三十四年(1945年)度决算表
甲、消费部资产负债表

科目	金额	科目	金额
流动资产		流动负债	
银行往来	10356.2	信用部往来	1055365.5
运输部往来	92518	寄售品	8880
同业往来	46967.94	应付股息	1425.4
应收账款	171065.25		
借出款	1570353.43	股本	
暂付款	166258.95	公益	43616
借用金	193382	公积	267052.15
期末存货	1250786	社股	969920
固定资产			
投资	700000	本年红利	2365954.72
认购社股	3000		
存出保证金	19000		

续表

科目	金额	科目	金额
存出公积金	98744		
存出公益金	43616		
家具及设备	203356		
□□资产			
开办费	35000		
预付费用	100000		
储耗材料	7800		
合计	4712203.77		4712203.77

乙、消费部损益计算表(全年)

科目		金额	
收入之部	销货总额	36596964.5	
	加:存货期末	1250786	37847750.5
	减:存货期初	1187806.63	
	进货	32757550.02	33945356.65
	销货毛利		3902393.85
	加:利益收入	40654.83	
	其他收益	1086192.06	1126846.89
	收入总额		5029240.74
支出之部	社务费用	1385464.56	
	业务费用	785474.18	
	财务费用	857940.69	
	商品折耗	16062	
	支出总额		3044941.43
	本期净利		1984299.31
	上期红利		381655.4
	净利总计		2365954.72

丙、消费部盈余分配表

项别	分配标准金额	分配金额	分配金百分率	说明
社股总额	969920	428939	1.463552	本期盈余2365754.72,扣公积公益酬劳40%,剩余1419573,约以30.21%与869.79之比作为社股分红及销货分红
提倡股股额	293081			
普通股股额	676839			
销货总额	44010460.5	990634	0.00225	
上期销货额	7413496			
本期销货额	36596964.50			

丁、信用部资产负债表

科目	金额	科目	金额
现金	475836.18	往来存款	2191329.5
定期放款	3653763	特别往来存款	91064
银行往来	116309.22	特种基金存款	2296180
家具及装修	382300	定期存款	2564744
什项设备	221800	代收款	183539.5
往来存款透支	3464098	借入款	430000
暂付款	212383	应付利息	91816
垫付款	4890	暂收款	50000
预付费用	20000	本期利益	839368.4
文具印刷	75890		
开办费	110772		
合计	8738041.4	合计	8738041.4

戊、信用部损益计算表(半年)

科目		金额
收入之部	利息收入	
	放款息	1435785
	存出存款息	5391.77
	透支放款息	2818590.15
	利息收入总计	4259766.92
	其他收入	
	手续费	1100
	其他收入总计	1100
	本期收入总额	4260866.92
支出之部	利息付出	
	借款息	257323
	存入存款息(包括股息)	2048668.97
	透支借款息(行庄往来)	69753.05
	利息付出总计	2375745.02
	营业费用	
	文具用费	54470.50
	什费	56930
	交际费	55330
	房租	147000
	广告费	21220
	薪津	272000
	水电费	9950
	职工膳食费	334567
	摄影费	7500
	捐费	9000
	营业费用总计	967967.5

续表

科目		金额
支出之部	其他费用	
	开办费	55386
	布置费影片	2400
	其他损失	20000
	其他费用总计	77786
	本期支出总计	3421498.52
	本期净利	839368.4

己、信用部盈余分配表

项别	分配标准金额	分配金额	分配金百分率	说明
利息付出总额	727319.49	503621	0.69055	本期盈余照前提公积公益酬劳40%，剩余约以81.181%之比作为利息分红
特种基金定期存款息	591180	408239		
往来存款息	130684	90243		
特别往来存款息	7455.49	5139		

庚、运输部资产负债表

科目	金额	科目	金额
现金	32	信用部往来	195879
应收账款	224375	消费部往来	92518
暂付款	17478	应付账款	112650
存出保证金	36000	基金	700000
房屋	148227	提倡股	320000
开办费	127575	损益	66204
家具及装修	57478		
什项设备	87086		

续表

科目	金额	科目	金额
预付费用	166000		
生财	623000		
合计	1487251	合计	1487251

辛、运输部损益计算表（1月）

科目		金额
收入之部	运费收入	395480
	手续费	7840
	存款息	964
	其他收入	9375
	收入总额	413659
支出之部	薪津	6000
	工资	6150
	利息付出	5053
	伙食	78975
	上车费	2900
	养路捐	3003
	灯油	7500
	医药	2100
	什支	18010
	出差伙食	58600
	饲料	108000
	修理费	11167
	支出总额	347455
	本期净利	66204

北碚管理局澄江镇合作社概况

创立时间	民国三十一年（1942年）7月
社员人数	民国三十四年（1945年）7月底统计为1510人。
社股金额	创立时5万元，三十四年（1945年）7月增至100万元
理事主席	王香普（现为镇民代表大会主席）
监事主席	甘孔昭（现任宝源公司第四厂厂长）
经理	万文卿
职员人数	会计1人，司库1人，业务员2人，学徒1人
业务部门	供销部以供应社员消费物品为业务。如布匹、油、盐、糖、酒、煤炭之类；生产部以提倡社员发展垦荒种植农作物为业务，如种植西瓜、荍麦及菜蔬之类。自开创至本年度，均有纯益，除提公积金外，悉分配于社员，并拟于明年增设信托部，办理社员存放款

北碚澄江镇合作社社员及社股金动态表

年度	月份	社员数	社股金额	备考
三十一年（1942年）	7月	185	50000	7月创立
三十二年（1943年）	1月	376	150000	
三十三年（1944年）	1月	914	251000	
三十四年（1945年）	1月	914	502000	每社员照原股金加1倍
三十四年（1945年）	7月	2510	1000000	
三十四年（1945年）	12月	2524	1024520	

北碚澄江镇合作社历年资产负债变迁表

科目	三十一年（1942年）底资产	三十二年（1943年）底资产	三十三年（1944年）底资产	三十四年（1945年）12月底资产	备考
货品盘存	86965	135222	213321	196210	
应收货款	12134	23961	93782	140400	
存出押金	1000	3000	3000	14000	
生财家具	5300	6027	8245	53400	

续表

科目	三十一年（1942年）底资产	三十二年（1943年）底资产	三十三年（1944年）底资产	三十四年（1945年）12月底资产	备考
库存现金	11706	89789	400207	1640601	储蓄券在内
投资北碚银行	—	1000	1000	72000	
投资澄江电灯公司	—	—	—	70000	
资产合计	117105	258999	719554	2186601	

科目	三十一年（1942年）底负债	三十二年（1943年）底负债	三十三年（1944年）底负债	三十四年（1945年）10月底负债	
社股金	50000	150000	251000	1024520	
借入款	45000				
应付货款	13270		148935		
呆账准备	1000	6000	12000	12000	
公积金	1000	12000	36000	100000	
纯益	6835	90999	271619	1050081	
负债合计	117105	258999	719554	2186601	

北碚澄江镇合作社三十一年(1942年)7月至三十四年(1945年)12月销货及开支表

年度	月份	销货收入金额	业务开支金额	备考
三十一年(1942年)	7至12月	168745	24175	
三十二年(1943年)	1至12月	743852	93451	
三十三年(1944年)	1至12月	4873511	399868	
三十四年(1945年)	1月	622919	74840	
同	2月	797902	85290	
同	3月	836921	85970	
同	4月	1612723	95180	
同	5月	1744995	96330	

续表

年度	月份	销货收入金额	业务开支金额	备考
同	6月	1873650	107180	
同	7月	1834591	115350	
同	8月	1891218	127920	
同	9月	1889053	128720	
同	10月	1964730	139300	
同	11月	1715318	141270	
同	12月	1792913	171509	
全年合计		18586933	1368859	

北碚志稿

文化编

学校志

国立复旦大学

复旦于光绪乙巳年（1905年）8月在上海吴淞成立，由马良氏担任校长。后二年由严复氏继任，旋改校长为监督，由夏敬观氏任之。己酉（1909年）夏，改由高凤谦氏继任，庚戌（1910年）高氏离校，马良氏复为监督。辛亥革命，弦歌中辍，至民元（1912年）秋季，始迁徐家汇开学。民二（1913年），国父孙公邀集陈英士、于右任、唐绍仪、王宠惠等组织校董会，并亲任校董会主席，聘李登辉、王宠惠两氏为正副校长焉。民六（1917年），扩充组织，增加学年称为大学正科。民十一年（1922年），大学部迁往江湾。民十三年（1924年），李校长请假南游，由郭任远氏代理之，至十四年（1925年）春，李校长返任，郭氏乃改任副校长，旋复于十六年（1927年）去职。民十七年（1928年），奉国民政府大学院批准立案。民十八年（1929年），遵照教育部颁布大学规程，改设文、理、法、商4学院，至此规模具备。民二十五年（1936年）秋季，李校长请假休养，由校董会主席钱新之氏兼代校长，并由校董吴南轩氏担任副校长焉。

抗战军兴，该校与大夏大学联合西迁，始迁江西庐山，继迁重庆北碚，择黄桷镇为校址，由教务长章益氏赴贵阳主持两校联合教务，旋与大夏划分。至二十九年(1940年),钱新之氏辞代校长职务,由校董会改推吴南轩氏任代理校长。是年8月,增设农学院。三十年(1941年),聘江一平氏为副校长。三十一年(1942年),该校由私立改为国立,中央派吴南轩氏为校长。三十二年(1943年)春,吴氏辞职,由章益氏继任校长。

近两年来,该校改进颇多,三十三年(1944年)5月,举行夏坝新校舍落成典礼,各方负笈来校学子,为数益众,全部校舍,包括各项建筑,共约500余间。有相伯图书馆1所,书库所藏中西文书籍与杂志期刊,已达33000册以上。

该校研究机构,计设有商科研究所、科学馆(科学馆复分为化学研究室、生物研究室与土木工程研究室)、新闻馆、文史研究室、社会研究室与茶叶研究室等。置备仪器多种,力求推进学术研究,因是学生程度得以逐渐提高。该校复编辑《复旦学报》与"复旦丛书"多种,均系精心研究之著作,文摘社所编之《文摘》,亦为国内著名期刊之一。

下附组织系统,与各院系学生人数,藉示概况。

一、复旦大学组织系统图

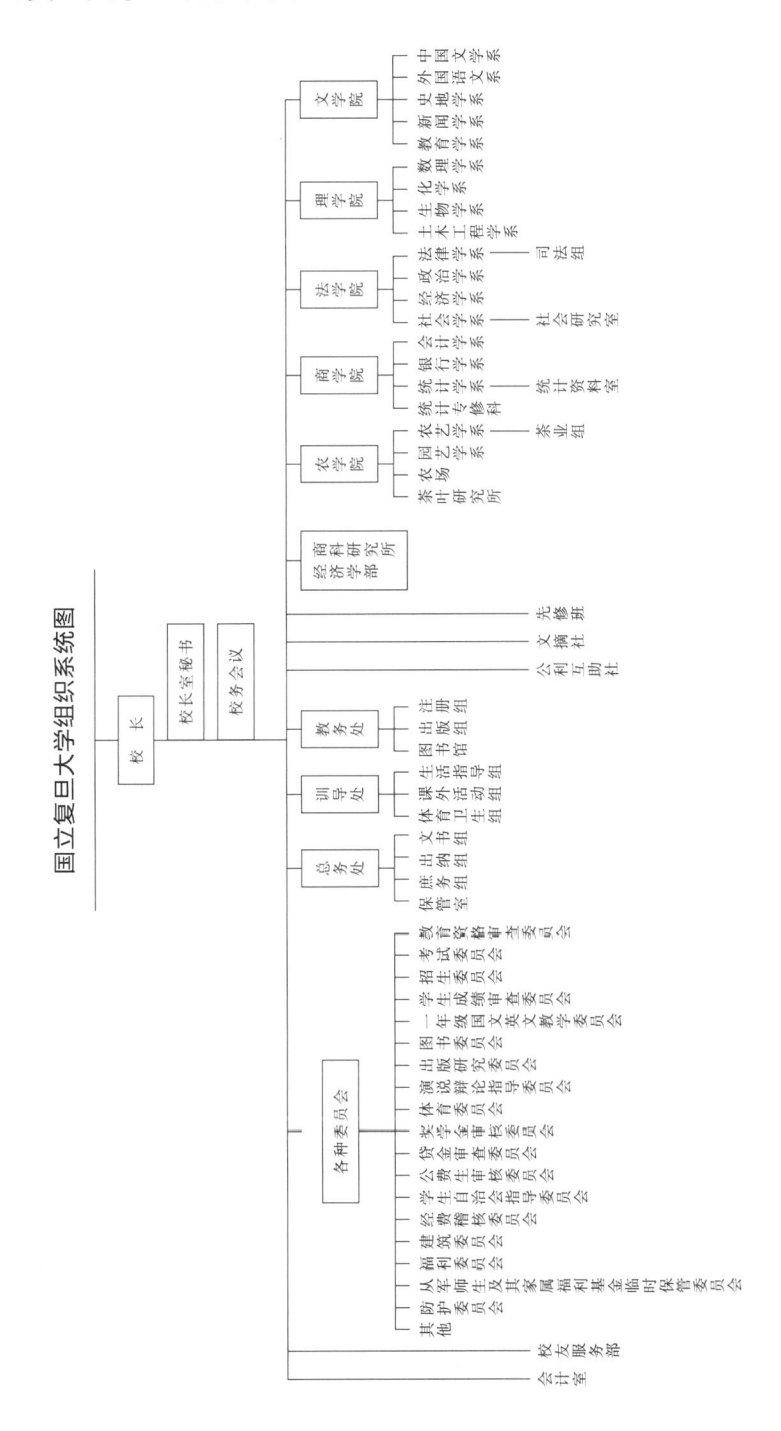

国立复旦大学组织系统图

- 校长
  - 校长室秘书
  - 校务会议
  - 经济学部
    - 商科研究所
  - 文学院
    - 中国文学系
    - 外国语文学系
    - 史地学系
    - 新闻学系
    - 教育学系
  - 理学院
    - 数理学系
    - 化学系
    - 生物学系
    - 土木工程学系
  - 法学院
    - 法律学系
    - 政治学系 —— 司法组
    - 经济学系 —— 社会研究室
    - 社会学系
  - 商学院
    - 会计学系
    - 银行学系
    - 统计学系 —— 统计资料室
    - 统计专修科
  - 农学院
    - 园艺学系
    - 农艺学系 —— 茶业组
    - 农场
    - 茶叶研究所
  - 先修班
  - 文摘社
  - 公利互助社
  - 教务处
    - 注册组
    - 出版组
    - 图书馆
  - 训导处
    - 生活指导组
    - 课外活动组
    - 体育卫生组
  - 总务处
    - 文书组
    - 出纳组
    - 事务组
    - 庶务室
    - 保管室
  - 各种委员会
    - 教育设备审查委员会
    - 考试委员会
    - 招生委员会
    - 一年级学生成绩审查委员会
    - 国文英文教学委员会
    - 图书出版研究委员会
    - 体育委员会
    - 演说辩论指导委员会
    - 奖学金审查委员会
    - 贷金审查委员会
    - 公费生审核委员会
    - 学生自治指导委员会
    - 经费稽核委员会
    - 建筑委员会
    - 福利委员会
    - 从军师生及其家属福利基金保管委员会
    - 防护委员会
    - 其他临时委员会
  - 校友服务部
  - 会计室

二、复旦大学各院系学生人数一览

该校位于黄桷镇夏坝,濒嘉陵江岸,与市区隔江相对,农场广袤,黉舍并峙,莘莘学子,攻读游息其间。自成一文化区,已使"夏坝"在后方各学区中与华西坝、沙坪坝等量齐名矣。

三十三学年(1944年)度第二学期国立复旦大学学生数报告简表

类别	全校学生数			大学部学生数			院别	系组科别	共计			一年级			二年级			三年级			四年级		
	总计	男	女	总计	男	女			计	男	女	计	男	女	计	男	女	计	男	女	计	男	女
大学部	1925	1512	413	1670	1332	338			1670	1332	338	548	456	92	447	359	88	312	243	69	363	274	89
							文学院	中国文学系	41	28	13	12	9	3	12	9	3	10	9	1	7	1	6
				353	260	93		外国语文系	95	65	30	41	29	12	24	12	12	14	11	3	16	13	3
								史地学系	52	36	16	15	8	7	14	12	2	13	7	6	10	9	1
								新闻学系	116	95	21	56	43	13	23	20	3	22	18	4	15	14	1
								职业教育系	49	36	13	23	17	6	26	19	7						
							理学院	化学系	39	27	12	12	6	6	17	13	4	4	3	1	6	5	1
				217	186	31		生物学系	31	16	15	12	7	5	11	6	5	7	3	4	1	1	
								土木工程学系	135	131	4	59	58	1	30	30		17	17		29	26	3
								数理学系	12	12		12	12										
							法学院	法律学系	79	65	14	20	19	1	11	9	2	25	20	5	23	17	6
				563	569	94		法律学系司法组	97	92	5	55	54	1	42	38	4						
先修班	252	178	74																					

续表

类别	全校学生数			院别	大学部学生数			系组科别	共计			一年级			二年级			三年级			四年级		
	总计	男	女		总计	男	女		计	男	女	计	男	女	计	男	女	计	男	女	计	男	女
	1925	1512	413		1670	1332	338		1670	1332	338	548	456	92	447	359	88	312	243	69	363	274	89
				商学院	308	227	81	政治学系	117	112	5	40	39	1	38	37	1	14	13	1	25	23	2
								经济学系	306	253	53	70	63	7	60	49	11	78	65	13	98	76	22
								社会学系	64	47	17	15	12	3	12	11	1	17	13	4	20	11	9
								银行学系	103	71	32	15	10	5	28	20	8	23	16	7	37	25	12
								会计学系	98	75	23	15	13	2	23	18	5	28	21	7	32	23	9
								统计学系	52	36	16	9	8	1	9	5	4	16	10	6	18	13	5
								统计专修科	55	45	10	31	25	6	24	20	4						
				农学院	129	90	39	农艺学系	54	47	7	21	18	3	16	15	1	10	7	3	7	7	
								园艺学系	45	22	23	15	6	9	14	8	6	9	5	4	7	3	4
								农艺学系茶业组	21	15	6				4	2	2	5	5		12	8	4
								茶业专修科	9	6	3				9	6	3						
研究所	3	2	1																				

国立江苏医学院

该院系前江苏省立医政学院与南通学院医科合并改组而成,前江苏省立医政学院创于民二十三年(1934年)9月,前南通学院医科则创于民元(1912年)至二十七年(1938年)8月,奉教育部令合并改组,更定今名。是时,设校于湖南沅陵,及二十八年(1939年)1月始迁贵阳。同年4月,再迁而至北碚。

定迁北碚以后,经院长胡定安氏锐意经营,于二十八年(1939年)9月,成立附属医院,于二十九年(1940年)1月,成立附设公共卫生事务所,于三十一年(1942年)8月,创办附设高级护士职业学校,并成立医科研究所寄生虫学部,从事寄生虫之专门研究,以上均其事业之荦荦大者。

该院复协助北碚管理局卫生院办理卫生行政有关事项,并共同防治"北碚水积病",嘉惠地方匪浅,又复协助中国育婴保健会办理妇婴卫生及婴儿施诊工作,另刊行卫生壁报,推广卫生教育,并协助北碚科学博物馆,担任医学卫生组之设计与成立。

该院组织,计设院长1人,综理院务,下分教务、训导及总务3处,各处主任均由教授兼任之。教务处分设注册、出版2组及图书馆,训导处分设生活指导、课外活动与体育卫生3组,总务处分设文书、业务、出纳与保管4组,另设会计室及人事组,人事组直属院长办公室,掌理人事。

其学生人数,计有:研究生2人,医本科239人,医专科84人,附设高级护士职业学校59人。

在碚期间,已办理医本科毕业7届,有毕业生232人,代中央政治学校办理卫生教育专修科一届,有毕业生10人,自办卫生教育专修科一届,有毕业生12人,并附设高级护士职业学校一届,有毕业生9人,各届毕业学生,均勇于进修及服务,在校学生,则勤苦攻读,各为医学本位尽力,是故学风淳朴,研究与实习,尤所重视。

该院院址位于朝阳镇属之牌坊湾。现改称苏医村。

国立国术体育师范专科学校

该校自创立迄今，已历十有二年，最初称中央国术体育传习所，由中央国术馆馆长张之江氏自兼所长，张氏鉴于当时国难日亟，种族日衰，国民精神萎靡不振，非提倡体育恢复固有国术，不足以为复兴民族之基础，乃向国府林故主席建议创设专科学校。于民国二十二年（1933年）12月，奉准成立，称中央国术馆体育专科学校，校址设于总理陵园附近，建筑设备，俱甚完善。

抗战军兴，随中央播迁，首迁长沙，民国二十七年（1938年）时奉教育部令，改称国立国术体育专科学校，嗣因武汉局势转紧，复自长沙经桂林、龙州，过越南赴昆明设校，辛苦备尝，从未中辍。民国二十九年（1940年）5月，始决定迁来北碚，首在金刚乡购置校舍，继于三十一年（1942年）3月，又迁朝阳镇现址开学。唯在三十年（1941年）春季，又奉教育部令，更定今名，称国立国术体育师范专科学校，即于三十一年（1942年）秋季开始，增办五年制师范专科。校长一职，自始迄今，均由张之江氏担任之。

该校以普及国民体格健康，造就国术体育师资为职志，故于国术与体育二者之设施，负有双重使命。并曾为地方民众举办暑期国术训练班，举办民众夜校，并担任北泉游泳池之义务游泳指导。

其学校行政组织，有系统图示如下：

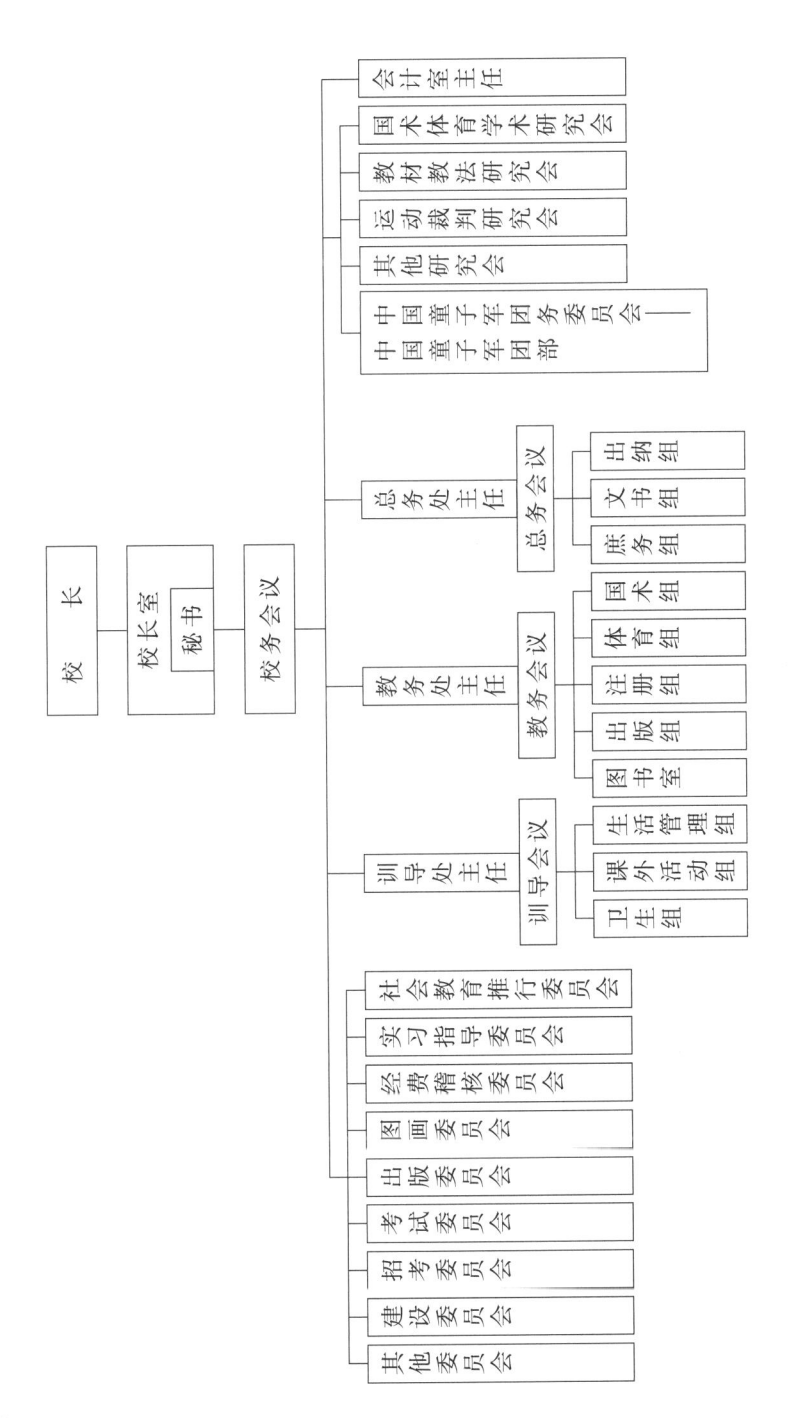

国立国术体育师范专科学校行政组织系统表

- 校　长
  - 校长室
    - 秘书
  - 校务会议
    - 会计室主任
    - 国术体育学术研究会
    - 教材教法研究会
    - 运动裁判研究会
    - 其他研究会
    - 中国童子军团务委员会
    - 中国童子军团部
    - 总务处主任 — 总务会议
      - 出纳组
      - 文书组
      - 庶务组
    - 教务处主任 — 教务会议
      - 国术组
      - 体育组
      - 注册组
      - 出版组
      - 图书室
    - 训导处主任 — 训导会议
      - 生活管理组
      - 课外活动组
      - 卫生组
    - 社会教育推行委员会
    - 实习指导委员会
    - 经费稽核委员会
    - 图画委员会
    - 出版委员会
    - 考试委员会
    - 招考委员会
    - 建设委员会
    - 其他委员会

其学生人数计有：

三年制专科一年级　　35人

三年制专科二年级　　23人

三年制专科三年级　　21人

五年制专科一年级　　17人

五年制专科二年级　　29人

五年制专科三年级　　15人

五年制专科四年级　　10人

其毕业学生，则多在各中等学校、各专科学校、各军事学校或训练机关、各体育场等处服务，即以在碚期间而论，毕业学生已有74人矣。

该校现址在北碚新村，门临渝北公路，校舍两座，位于路西，近更于路东新建中正体育馆一座，已告落成，益壮观瞻。

国立戏剧专科学校

民国二十四年（1935年）夏，中央委员张道藩等建议设立戏剧学校，同年10月在南京成立，由部派余上沅氏担任校长。学生修业期限为二年制，并附设特别训练班，以6个月为一期，至民国二十五年（1936年）夏，正科改为三年制焉。

民国二十六年（1937年）8月，迁校址于长沙，沿途并作巡回公演。民国二十七年（1938年）2月，迁校址于重庆，并应战时需要，附设第一期戏剧工作人员训练班。民国二十八年（1939年）4月，再迁校址于江安县，并举办第二期之训练班。至民国二十九年（1940年）春季，作旅渝公演，颇著成绩。是年7月，改为五年制专科学校，设话剧、乐剧两科，并附设高级职业科话剧组，三年修业。民国三十一年（1942年）夏，奉令附设剧团，以辅导剧运，并提高演剧水准，且使学生收实习观摩之效，经常举行公演，均获好评。民国三十四年（1945年）夏，结束乐剧科，专办二年制话剧科，分理论编剧及剧场艺术两组，高级职业话剧科则仍附设之，同时以北碚环境幽美，接近文化中心，乃自江安县迁来，接收国立歌剧学校原址设校开课。

该校以研究戏剧艺术，培养实用戏剧艺术人才，推行社会教育，改善人类社会娱乐为设施目标。故在戏剧教育基础之建立与戏剧教育课程之制定两方面，力求实现，并准备采用"三三"一贯之理想学制，即预备班三年，中级部三年，与戏剧院本部各系三年是也。

该校在演出方面，分试演、公演两种。试演为学生课业而设，含实习性质，公演则系指对外演出而言，颇具规模。自民国二十五年（1936年）起，已演出多幕剧百余种，独幕剧50余种，宣传剧40余种，如《奥赛罗》《哈蔓雷特》《岳飞》《杀敌报国》《烟苇港》等等，共演出700余场，均极脍炙人口。凡于重要演出，均制定演出本，为研究戏剧艺术之名贵珍本。又编撰戏剧丛书及专著或剧本多种，公诸于世，并印行《校友月刊》，设立剧教通讯社，以谋沟通消息。

该校既负有推行社教之特殊任务，故于促进各地剧运，协助社会团体之戏剧活动，与夫军营中演剧，均积极推动不遗余力。迁碚以后，亦拟举办各种活动，并常举行文艺晚会，藉以招待北碚各界人士。

其学校行政组织，于校长下设教务、训导与总务3处，另有教学设计等会议，与演出等委员会。

其现有之学生人数，计分：专科剧场艺术组19人，专科理论编剧组13人；高职话剧组一年级29人，二年级37人，三年级24人。

该校校址在市区中山路，当新村入口，校门因高岗之地势而砌，颇饶舞台艺术风味。

私立立信会计专科学校

立信学校于民国二十六年（1937年）呈准教育部立案，招收二年制专科学生，并附设会计职业训练班，先后于桂林、柳州、重庆等各地设校，其重庆之训练班，因疏散迁合川县。民国三十一年（1942年），呈准迁至北碚，继续举办专科，并增加训练班，至民国三十二年（1943年）秋，复于渝市开办市区班，民国三十四年（1945年）秋，又呈准附设高级会计职业科焉。

该校为会计专科，故其设施目标有二：曰训练会计人才，曰注重学以致用。故除本校班次以外，复奉部令办理短期公费生训练班，并附设函授部。数年以来,造就会计人才,已达千人以上,为社会及各机关团体服务。该校编有"立信会计商业丛书",都70余种,悉为实际应用不可多得之作。

其行政组织,除校董会外,校长之下,分设教务、训导与总务3处,及1秘书室,附属机构则有重庆专科市区班、附设会计职业班、函授部、毕业生职业咨询所,与其他各种委员会等。校长一职,由潘序伦氏担任之。

其各班学生人数,计有:北碚本校328人,市区班197人,高职科94人,训练班264人。

该校现在校址,位民生路,虽涉市肆,但处大路尽端,高楼数幢,亦自成范围。

国立重庆师范学校

抗战军兴,战区学生纷随政府西迁。民国二十七年(1938年)4月,为使师范学生可以继续求学起见,教育部乃择定北碚设校以容纳之,始称国立四川中学师范部。继民国二十七年(1938年)9月,改称国立第二中学师范分校,部派马客谈氏担任分校校长。其后民国二十九年(1940年)3月,部令独立设置,称国立重庆师范学校,仍由马氏担任校长,增设女子体育师范科,嗣后各年度逐有添设。至民国三十一年(1942年),按照预定计划完成,计设普通、幼稚、音乐、美术、体育等师范科,共15学级。

该校对于国民师资之培养,除详为分科外,而于师范课程,尤具实验研究性质,故其教育目标有四:曰培养国民教育师资,曰训练地方自治干部,曰实施地方教育辅导,曰实验师资训练方法。

该校根据部令,设立地方教育辅导委员会与辅导组,在北碚、重庆市暨江北、巴县、璧山、合川4县,推行国民教育辅导工作,负设计执行与示范之责。其北碚区内之工作,如调查教育概况,视察教师教学,召开研究会议,举行教学演示,供给实用资料,协办假期讲习,编辑补充教材与出版进修刊物等等,对地方教育之推进,颇有显著贡献。

又社会教育推行委员会与社教组,经常办理民众壁报、歌咏指导、健康指导、运动指导、民众夜校、常识宣传、阅读指导与农村访问等工作,并随时与北碚管理局合作,举行各种社会活动,深入民间,对地方文化之发扬,民众教育水准之提高,数年以来,亦著成绩。

又家庭教育实验区,为教育部指定该校实验之事业,在北碚各乡镇成立工作站四,经常举办家庭卫生指导、医药诊疗、健康检查,并成立母亲会、儿童会、妇女识字班与家庭工艺传习,以期改良一般社会之家庭生活。数年来,受教家庭已达3000户以上。

上列实际工作以外,该校复本教育原理之探讨,与经验之累积,编辑研究结果,以公于世。其已出版者,在地方教育辅导丛书方面,有与中华儿童教育社合编之《国民教师工作指引》第一、二集,及各种儿童读物。在教育丛书方面,有校长马氏近著《儿童教育》及各科教学研究报告,皆为对于现行师范教育之重要参考图籍。

兹再略列该校概况于后:

一、学校行政组织

国立重庆师范学校组织系统图

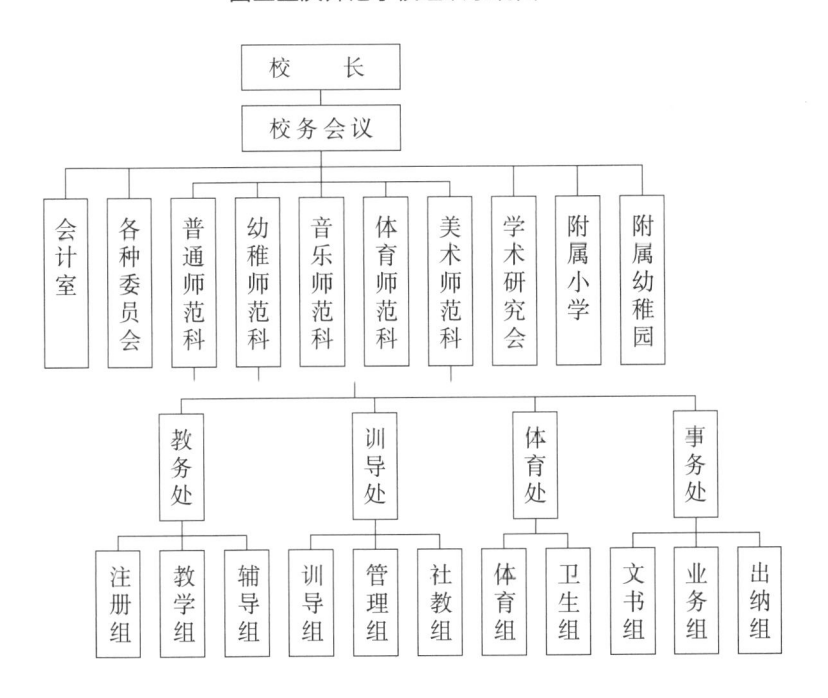

```
                          校   长
                          │
                        校务会议
   ┌──────┬──────┬──────┬──────┬──────┬──────┬──────┬──────┬──────┐
  会计室  各种  普通  幼稚  音乐  体育  美术  学术  附属  附属
          委员  师范  师范  师范  师范  师范  研究  小学  幼稚
          会    科    科    科    科    科    会          园
                 │
    ┌────────┬────────┬────────┬────────┐
   教务处    训导处    体育处    事务处
   ┌─┬─┬─┐ ┌─┬─┬─┐  ┌─┬─┐   ┌─┬─┬─┐
  注 教 辅   训 管 社   体 卫   文 业 出
  册 学 导   导 理 教   育 生   书 务 纳
  组 组 组   组 组 组   组 组   组 组 组
```

二、现有学生人数与历届毕业学生人数

国立重庆师范学校历届毕业生统计表

年次	人数	普通	体育	音乐	美术	幼稚	体育师资训练班	保育师资训练班	共计
二十七年(1938年)	7	48							48
二十八年(1939年)	7	49							49
二十九年(1940年)	7	44							44
三十年(1941年)	7	40							40
三十一年(1942年)	2		14						14
三十一年(1942年)	7	42					34		76
三十二年(1943年)	2		13						13
三十二年(1943年)	7	47		9	13		43		112
三十三年(1944年)	7	30	10	9	15	17			81
三十四年(1945年)	7	26	10	16	21	17		13	103
共计		326	47	34	49	34	77	13	580

国立重庆师范学校学生人数统计表

年级	普通	幼稚	音乐	美术	体育	保育师资训练班	总计
一	30	21	28	35	22		
二	68	26	21	27	11		
三	34	22	9	14	12		
共计	132	69	58	76	45	17	397

毕业学生,除一部分服务期满升入师范学院深造外,余多在国民教育岗位上工作,颇为各地学校所信任。年末因校友众多,成立校友总会与各地分会,以期联络云。

该校位于火焰山旁者,为校本部及教师住宅;位于新村者,乐观院为音师科、美师科教室。另有女生宿舍与教师宿舍2座,分峙于乐观院之西北两方,位于嘉陵江岸公共体育场之侧者,为大会堂与体师科教室。各部校舍,分布全镇,而各据胜地,环境清幽,学生往来其间,怡然自得。该校以提倡良师兴国运动为职志,校风朴实,尤富专业精神,与地方人士相处甚得,9年来于和谐调协之空气中,遂使北碚形成学镇焉。

私立兼善中学

兼善创于民国十九年(1930年)秋季,以火焰山之东岳庙为校址,开班授课,为北碚首创之中等学校。民国二十四年(1935年)3月,自建楼房一幢,徐图扩充。民国二十八年(1939年)5月,以奉令疏散,乃迁校址于鸡公山。民国三十一年(1942年)4月,再迁于毛背沱,建新校舍,为永久校址焉。

该校为卢作孚氏所创办,以设立者3人为校董,并聘热心人士若干人组织校董会,互推董事长1人主持会务,书记2人、会计2人,办理经常有关工作,校长一职,则聘张博和氏充任之。

该校以属私立性质,经费来源端赖附属事业筹款,其附设之兼善公司,经营公寓、餐厅、农场、石灰窑等事业,尤其公寓一项,颇为社会所称道。

其行政组织,除教务、训导、总务与医务各处外,并设经费稽核、器物设备与生活指导等委员会。自民国三十三年(1944年)8月起,附办兼善小学,并刊印《民众壁报》,开放学校图书馆,任人参观。

其各级学生人数,计高中6班,有男生256人、女生83人,初中6班,有男生179人、女生80人。历年毕业学生,计自开创迄今,已有352人矣。

该校校址,位于龙凤乡属之毛背沱,环境清幽,可使青年学子埋首攻读其间。

私立相伯女子中学

该校于民国三十年(1941年)2月开办,以后逐年增设班次,至民国三十二年(1943年)秋,成为完全初级中学,民国三十三年(1944年)秋,更增设高中部,历年添建校产,并辟学生宿舍,以便远道学子来此寄读。

该校私立,为于斌主教所创办,并担任校董会之董事长,其他校董为崔淑言、翁文灏、邵鹤亭、毛庆祥、孔祥熙、洪兰友、吴南轩、卢子英、王尔昌与赵永魁等诸氏,亦均系知名之士。

其行政组织,于校长之下,分设教务、训育与事务3处,各级则有级任导师1人,督导学生一切,校长一职,现由崔淑言氏担任。

其各级学生人数,在高中部者有45人,在初中部者有132人,并有毕业学生,已30有6人。

该校校址设于黄桷镇属之文笔沱,濒嘉陵江岸,师生生活其间,感情融洽,校风亦至纯朴。

私立勉仁中学

该校为梁漱溟氏所创办,于民国二十九年(1940年)1月组织校董会,以邵从恩、张澜、张一麐、黄炎培、卢作孚、晏阳初、卢廷栋、赖肃、梁耀祖与孙则让等诸氏为校董,呈请四川省政府教育厅立案。民国二十九年(1940年)8月,设校于璧山县属之来凤驿,翌年秋,始迁来北碚,并建筑新校舍。民国三十一年(1942年)春,奉省教育厅令,核准立案。同年秋季,校长陈亚三氏辞职,改聘张俶知氏继之,并增聘陈铭枢、鲜于英、鲜于伯良、孙越崎、李实斋、奚致和、王元枢与熊明甫等诸氏为校董焉。民国三十二年(1943年)秋季,增设高中部。民国三十三年(1944年)秋季,加设副校长1人,由黄良庸氏任之。

该校创办之初,尝议定办学旨趣,曰确立办学之真切志愿,以贯彻教育精神;曰实行导师制,注意学生整个生命之培养;曰调整教学方法,充实训育内容;曰学校与家庭力求沟通联系。故其5年以来,于设备方面,多方添置,并设勉仁书院图书馆1所,藏书可3万册以上。于教学训导方面,亦多方注意,并提倡课外活动,举办竞赛、晚会与各种休闲活动,栽花垦土,种菜灌园,几已蔚为风气。

其行政组织,除校长、副校长以外,下设教导与事务2处,另经营勉仁农场,设农场主任1人,主持其事。

该校校址位于金刚乡属之上罗家湾,与北泉为邻,校产占地300余亩,背负缙云山,俯瞰嘉陵江水,据山林之胜,堪称佳境。

私立三峡中学

该校为蓝文彬氏所创办,当邀集地方热心教育人士,以周怀清、周还浦、胡汝航、范道农、李会极、李扬五、王香普、张敏之、黎继光、欧阳致钦、童子军、洪渊荃、胡鸿燨与胡信诚等诸氏为校董,组织校董会,并筹集基金200万元,于民国三十一年(1942年)春季,就澄江镇王爷庙旧址改建,为设校地点,一面呈请立案手续,一面添建校舍,扩充校具图书,规模粗(初)具,及民国三十二年(1943年)秋季,完成立案手续,逐次添设校产,估值已达2000万元以上矣。

该校既为地方人士之所创办,故与镇人密切联系,共谋发展,于地方经济文化等事业,均努力参与。学生亦多来自乡间,习性淳朴,颇易于养成刻苦耐劳之美德,办理《峡中学生壁报》1种,榜于通衢,并经常设立民众夜校,及时作各种社会活动,以从事社会教育之推动。

其学校行政,以校务会议为最高行政机构,并于校长之下,分设教导、事务两处,另有级任导师与童军管理员,分负男女学生之日常生活指导,现任校长,由王德惠氏担任。

其学生人数,现有男生276名、女生132名,第一、二、三各班学生,已先后毕业,计53人。

该校校址在澄江镇,校舍多间,颇敷应用,附有峡中农场,亦正在垦殖之中。

私立立行中学

该校于民国三十一年(1942年)夏成立,为贺元靖、胡文澜等诸氏所创办,初以重庆慈幼院地址设校,其地在大沱口,嗣以新校舍次第落成,乃于民国三十四年(1945年)春迁移新址,现任校长为毛嘉谋氏。

该校行政组织,设正、副校长各1人,下则分设教训各处,现有学生,计高中部245人,初中部78人,其毕业学生已有72人。

其校址适当北温泉对岸,沿山麓筑屋,拾级而上,至饶风趣。

国立重庆师范附属小学

该校设于北碚朝阳书院旧址,初创于民国二十二年(1933年),为巴县区立朝阳小学,旋改为三峡实验区立北碚小学。于民国二十七年(1938年)4月,由国立四川中学师范部接收,办理附属小学。至民国三十年(1941年)秋,改称国立重庆师范第一附属小学。民国三十二年(1943年)春,接收朝阳校第一保国民学校,办理复式学级部。民国三十三年(1944年)8月,奉令将第二附属小学合并,改称现名,以历史关系,并兼为北碚管理局朝阳镇中心国民学校,校长一职由乔一乾氏任之。

该校兼负两种任务,即辅导地方学校与指导师范学生实习,故于教育方法之实验,颇多贡献。如在民国二十七年(1938年),实验卡片识字教学;民国二十八年(1939年),编造作文量表;民国二十九年(1940年),实验新二部制教学;民国三十年(1941年),编著"国民教育辅导丛书";民国三十二年(1943年),实验中心训练法,实验国常混合教学;民国三十三年(1944年),试办单级;民国三十四年(1945年),增设推广部,扩充对外各项活动。

其学校行政组织,有表列如下:

国立重庆师范附属小学北碚管理局朝阳镇中心国民学校

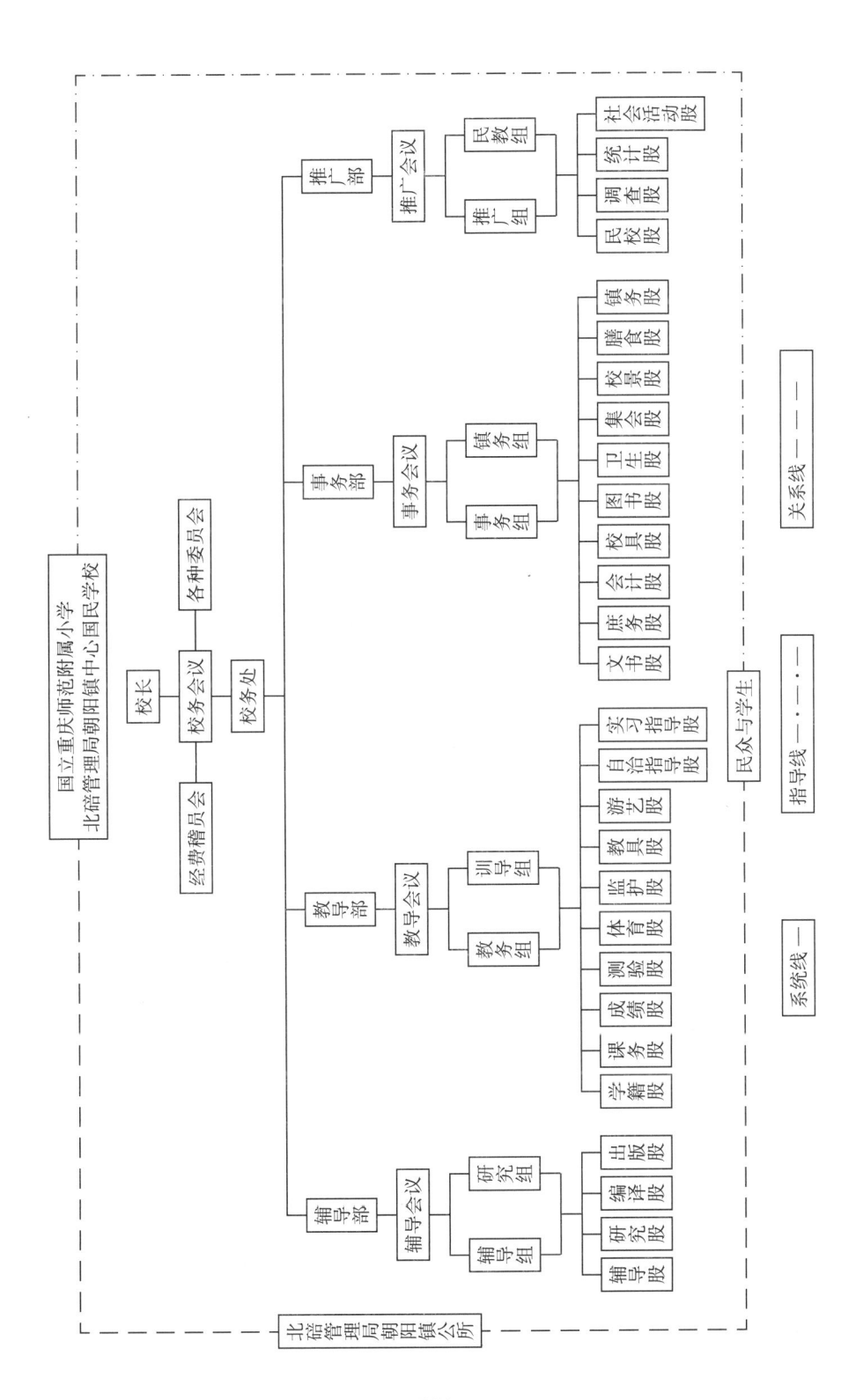

文化编

国立重庆师范附属小学
北碚管理局朝阳镇中心国民学校

组织系统图：

- 北碚管理局朝阳镇公所
- 国立重庆师范附属小学 北碚管理局朝阳镇中心国民学校
  - 校长
    - 经费稽员会
    - 校务会议
      - 各种委员会
    - 校务处
      - 推广部
        - 推广会议
          - 民教组
            - 社会活动股
            - 统计股
            - 调查股
            - 民校股
          - 推广组
      - 事务部
        - 事务会议
          - 镇务组
            - 镇务股
            - 膳食股
            - 校景股
            - 集会股
            - 卫生股
            - 图书股
            - 校具股
          - 事务组
            - 会计股
            - 庶务股
            - 文书股
      - 教导部
        - 教导会议
          - 训导组
            - 实习指导股
            - 自治指导股
            - 游艺股
            - 教具股
            - 监护股
            - 体育股
          - 教务组
            - 测验股
            - 成绩股
            - 课务股
            - 学籍股
      - 辅导部
        - 辅导会议
          - 研究组
            - 出版股
            - 编译股
            - 研究股
          - 辅导组
            - 辅导股

民众与学生

关系线 ————
指导线 —·—·—
系统线 ——

751

其学生人数,计全校21个班,有教师43人,学生922人,毕业学生,以自民国二十六年(1937年)起计算,已达748人矣。

国立重庆师范附属幼稚园

幼稚园之成立,始于民国二十七年(1938年)3月,当时隶属于国立四川中学师范部附属小学,其后名称虽数易,而事业迄仍徐徐扩充。至民国三十三年(1944年)8月,奉令独立设置,改称今名。主任一职,系由徐枫吟氏任之。

该园分幼稚园与托儿部两部分,幼稚园设大小班各2班,托儿部设1班,于主任之下,另设教导主任、保育组长与事务组长各1人,各掌所事。现有儿童110人,自民国二十七年(1938年)始,已有毕业儿童384人。

该园园址设附小之前,校舍校具与器物等设备,颇臻理想。

北碚管理局各乡镇国民学校概况

北碚管理局所辖乡镇8处,各设中心国民学校1所,除招收学龄儿童以外,另设民教部,办理民众教育,并为辅导各保国民学校起见,各于每月举行国民教育研究会与示范教学等活动,各乡镇另依住民分布情况,分设保国民学校若干校。兹以学校众多,未便分述,谨将各校之班级数、教师人数与学生人数,列表统计,于北碚国民教育之推行,可见一斑。

北碚管理局各中心国民学校及国民学校名称	校长姓名	班级数	学生总数		教师总数		备考
			男	女	男	女	
朝阳镇中心国民学校	乔一乾						
朝阳镇中心国民学校分校	甘示武	9	204	89	11	3	
第二保国民学校	蒋荣光	2	90	45	1	2	
第三保国民学校	赖克俭	2	63	45	1	1	
第四保国民学校	李朝德	2	61	41	1	3	
第七保国民学校	罗尤成	1	31	14	1		

续表

北碚管理局各中心国民学校及国民学校名称	校长姓名	班级数	学生总数		教师总数		备考
			男	女	男	女	
第十保国民学校	廖绍伯	2	49	38	1	3	
第十一保国民学校	黄涌杰	3	43	44	2	1	
第十二保国民学校	唐其禄	3	69	37	4		
第十四保国民学校	张毅	1	82	42	1		
第十九保国民学校	陈显钦	3	46	30	3		
第二十保国民学校	李瑞川	3	80	43	3		
第二十一保国民学校	陈炳源	3	37	21	1	2	
金刚乡中心国民学校	叶兆丰	6	87	69	7	2	
第三保国民学校	黄世昌	1	47	15	1		
第四保国民学校	梁彬	2	46	24	2		
第五保国民学校	张羽	1	46	20	1		
第六保国民学校	唐洁斌	2	44	37		2	
第七保国民学校	吴波	1	40	22	1		
第八保国民学校	曾祥文	2	42	20	3		
第九保国民学校	曹绍彬	4	57	38	3	2	
第十保国民学校	曹光烈	1	39	15	1		
第十一保国民学校	徐华封	2	28	18	2		
第十二保国民学校	吴明镜	3	75	41	2	2	
龙凤乡中心国民学校	邓大体	8	145	97	7	5	
第四保国民学校	何敦秩	1	25	18	1		
第五保国民学校	邓瑞祥	2	36	25	2		
第六保国民学校	周承俊	2	39	25	2		
第七保国民学校	张元伯	3	62	32	1	3	

续表

北碚管理局各中心国民学校及国民学校名称	校长姓名	班级数	学生总数 男	学生总数 女	教师总数 男	教师总数 女	备考
第八保国民学校	蒋迩中	2	35	23	2		
第九保国民学校	蒋禄江	2	26	9	2		
第十保国民学校	左中权	2	25	10	2		
白庙乡中心国民学校	陈燕英		195	113	4	5	
第六保国民学校	唐朝忠	1	38	16	1	1	
第七保国民学校	刘必光	1	42	18	1		
第十保国民学校	于康杰	1	32	25	1		
第十一保国民学校	李 岳	1	25	12	1		
第十二保国民学校	顾先美	1	34	27	1		
文星湾中心国民学校	刘之明	10	215	78	8	7	
第五保国民学校	翁成基	1	37	24	1		
第七保国民学校	邹静危	1	39	25	1		
第八保国民学校	卫伯熙	2	50	31	2		
第九保国民学校	谈 俊	1	21	12	1		
第十保国民学校	刘晏林	1	35	26	2		
第十一保国民学校	刘敏政	1	24	10	1		
第十三保国民学校	梅茂华	3	23	12	3	1	
第十四保国民学校	刘可立	3	24	78	2	1	
黄桷镇中心国民学校	王俊贤	13	318	103	12	6	
第六保国民学校	陶洪碧	6	142	98	4	5	
第九保国民学校	蔡永嵩	1	23	12	1		
第十一保国民学校	廖升恒	2	23	10	2		
第十二保国民学校	廖泽嵩	1	40	24	1		

续表

北碚管理局各中心国民学校及国民学校名称	校长姓名	班级数	学生总数		教师总数		备考
			男	女	男	女	
第十三保国民学校	鲁远步	1	22	11	1		
第十四保国民学校	袁超勤	1	52	38	1		
第十五保国民学校	刘祖汉	1	25	8	1		
第十六保国民学校	官之贤	2	38	19	2		
第十七保国民学校	汪能屈	3	37	23	2	1	
第十八保国民学校	江义林	2	24	11	1	1	
第十九保国民学校	秦建国	2	56	39	2		
第二十保国民学校	熊子奇	2	20	14	1	1	
第二十一保国民学校	冯贞祥	1	38	25	1		
第二十二保国民学校	王硕夫	2	28	6	1	1	
二岩乡中心国民学校	王永和	4	49	29	4	5	
第二保国民学校	罗树勋	2	86	40	2		
第四保国民学校	刘兴之	2	35	21	2	2	
第五保国民学校	全志儒	1	24	10	1		
第六保国民学校	万纯一	1	39	26	1		
第七保国民学校	曹敏	1	36	24	1		
澄江镇中心国民学校	袁曦农	13	334	124	11	10	
中心分校	王德根	5	158	29	6	2	
第十二保国民学校	谢邦	1	38	25	1		
第十三保国民学校	刘明清	1	38	21	1		
第十四保国民学校	何贵阶	1	40	22	2		
第十五保国民学校	蔡朝文	2	41	20	3		
第十六保国民学校	罗汉泉	1	44	22	1		

续表

北碚管理局各中心国民学校及国民学校名称	校长姓名	班级数	学生总数		教师总数		备考
			男	女	男	女	
第十八保国民学校	腾旭东	1	40	21	1		
第二十一保国民学校	罗超群	1	25	10	1		
第二十二保国民学校	冯超	2	42	21	1	1	
第二十三保国民学校	彭奎璧	2	34	27	2		
第二十四保国民学校	王华	2	60	34	2		
第二十五保国民学校	王希文	1	24	12	1		
第二十六保国民学校	蒋璧光	3	25	10	3	1	
第二十七保国民学校	李维新	1	58	30	1		
第二十八保国民学校	荆世学	1	34	19	2		

新闻事业志

魏文华

北碚新闻事业肇始于《学生周刊》,后有《嘉陵江日报》《北碚月刊》。迨抗战军兴,沿海机关学校内迁,北碚成为渝区文化中心之一,复旦大学、国立编译馆、礼乐馆等,萃集于此,颇极一时之盛。复旦大学设有新闻学系,培育新闻人才,颇负时誉,设有新闻馆、复兴[①]通讯社,出有《复兴通讯稿》《复旦学报》《文摘》等。礼乐馆出有《采风》杂志、《礼乐》杂志。私人创办刊物有《突兀文艺》及《青鸟》等。均于抗战建国,不无贡献。兹请分述于后:

一、《嘉陵江日报》

《嘉陵江日报》系于民国十七年(1928年)卢作孚氏主峡防局之际就《学生周刊》改组而成。卢氏自任社长,下设主任、编辑及会计各1人,历年主要负责人员如下:

---

① 原稿为"新",后同。

主任	编辑	任职期间	备注
	刘啸松　黄子裳	1928—1929年	
熊晏清	熊晏清	1930—1931年	
黄子裳	黄远昌　陈德	1932—1934年	
	潘学海　姚斌清	1935—1936年	
	蒙文凤	1936年上季	
	袁畔	1936年下季	
	张中兴	1937年上季	
	周远侯	1937年中季	
叶静涵	叶静涵	1937年下季	
李洪兰	李洪兰	1938年上季	
汪伦	汪伦	1938年下季	
周叔亨	周叔亨	1939年	
高孟先	宋剑琴	1939年8月至1945年10月	
黄子裳	胡弗	1945年11月	

此报日出4开纸1张，先为石印，后改为铅印。历年销行情形时有进展。十八年（1929年）前日销300份，十九年（1930年）至二十三年（1934年）日销400份，二十四年（1935年）至二十六年（1937年）日销500份，二十七年（1938年）至二十八年（1939年）日销600份，二十九年（1940年）至三十一年（1942年）日销1000份，三十二年（1943年）日销800份，三十三年（1944年）日销700份，三十四年（1945年）上季日销600份、下季日销700份，三十五年（1946年）迄今订户计可1000份，销路日达总数可1500份左右。

内容分4版：第一版，国内外新闻；第二版，地方新闻；第三、四版，下半为广告，上半为副刊或专文。新闻来源，大抵赖中央社及广播消息，设有收音机专收中央电台之广播。地方新闻，聘有专人采访，且有各乡场通讯员若干人供给消息。副刊现分3种：一曰《北碚青年》，由青年团部主编；一曰《剧专青年》，由国立戏剧专科学校主编；一曰《北碚卫生》，由江苏医学院与北碚卫生院合编。

二、《北碚月刊》

《北碚月刊》系嘉陵江三峡乡村建设实验区署主编,创刊年月不详,至民国二十五年(1936年)9月1日改为《工作月刊》,主其事者有卢作孚、唐瑞五等人。

《工作月刊》出版至2卷4期后改为《北碚月刊》,民国三十二年(1943年)以故停刊。

三、复旦大学新闻学系

复旦大学原址上海江湾,民国二十七年(1938年)西迁入川,设新址于北碚对岸夏坝。民国三十一年(1942年)改为国立。其新闻学系历史之久甲于全国。新闻系建立之先,复旦老校友及教授于右任氏于沪上先后办《神州日报》《民呼报》《民吁报》《民立报》①,已开复旦大学学生重视新闻事业之风。后邵力子氏、陈望道氏共办《民国日报》于上海,因邵、陈两氏均授课斯校中国文学科故,且同热心新闻教育,特开科讲授新闻学,设新闻学讲座,继复于中国文学科设新闻学系,至民国十八年(1929年)乃正式成立独立之新闻学系,浸假而为该校最大之系焉。复旦初至渝,新闻系有一部分在化龙桥上课,三十年(1941年)始全部迁来北碚校本部。前系主任谢六逸氏以二十八年(1939年)去职,由程沧波氏继任系主任。三十一年(1942年)程氏复辞职,系主任暂由当时任教务长之陈望道氏兼任,三十二年(1943年)陈氏辞教务长职,专任系主任迄今。

系中教授均全国知名之士。先后有于右任、邵力子、陈布雷、潘公弼、戈公振、黄天鹏、赵敏恒、谢六逸、郭步陶、刘光炎、王一之、姚蓬子、冯列山、祝秀侠、周公城、傅学文等氏。现任教授陈望道氏乃中国修辞学家,所著《修辞学发凡》,脍炙人口,流布极广。教授曹亨闻氏留学英国伦敦大学,得有新闻学硕士学位,舒宗侨氏主办《联合画报》,王研石氏主编《时事新报》,蔡兆溰氏中国速记学专家,讲师李光治氏,助教杨师曾氏、林淑英女士均由系中往届优秀毕业生中留系执教者。

全系现有学生150余人,历届毕业学生分布国内外通讯社及报馆、杂志担任要职,誉为新闻界生力军。学生以活泼而不粗俗,多艺而有所精见称。三十二年

---

①《民呼报》应为《民呼日报》,《民吁报》应为《民吁日报》。

(1943年)且以"好学力行"定为系铭。学生活动有自治性及研究性之新闻学会,干事均由全体大会选举,任期半年,负对外交涉、对内联①络感情之任。每周有新闻晚会,报告暨讨论时事,由教授指导,已开会110次以上。学生读满四年及136学分(另加伦理学3学分)者准予毕业,并授学士学位。自三十四年(1945年)起改为146学分,附加学分与年限仍同前。

学生自三年级始分组,由学生视其志趣任于"文史哲组""政治外交组""财政金融组"三组中择修其一。三组课程除共同必修科外,略有出入,多偏重于专才之训练。教学方面自陈望道氏主持系政以来,力倡"自由研究""集体学习""反对才子作风""提倡力学精神"等作风,故系风严不涩板,活泼而不流俗,历年投考学生人数递有增加。该系前途诚不可限量。

四、复旦新闻馆

复旦新闻馆位于北碚对岸夏坝小平原之上,建筑精美,足敷复旦新闻系全系师生作息活动研究之用。西式建筑凡9间,分编辑室、资料室、印刷房、图书室、阅览室、招待室,编辑实习室、新闻系办公室、学生办公室亦在焉。编辑室容有复兴社,且装置收音机,每晚收听各地中英文广播。资料室收集剪辑国内外各地报刊籍供教授学生参考。印刷房有平板4开印刷机1架。图书室书籍均系国内外书店、出版社及系中师生所捐赠者,书贮丰富,为全校各系之冠。阅览室陈列国内外各地报纸不下50余种,每日开放,任人阅览。招待室则专为招待来宾而设。

该馆倡议于三十三年(1944年)春季,同年6月开筹备会,会中决定发动劝募,亦拟藉此唤起社会人士对于新闻教育之注意。7月初,暑假开始后,新闻系全系师生出发各地募捐,在陈主任领导下,全系师生一致努力奔走,益以各界人士热切赞助,不阅月即突破原定100万元之数!迄8月捐款结束时,计数已达150万矣!

该馆之有今日,实陈望道氏一手促成者,捐款亦泰半为陈氏所募,陈氏悉心经营擘划,抱病奔走,溽暑不辍,其热心新闻教育之功不可泯也!

---

① 原稿为"连"。

9月1日,记者节行奠基礼,动工修建,至三十四年(1945年)3月间正式完工,此我国历史上第一座新闻馆,于焉告成!

同年4月5日,新闻馆开幕,重庆各大报馆、通讯社与夫政府要人,举如监察院长于右任先生、参政会秘书长邵力子先生暨夫人傅学文女士、教育部代表曹荟先生、中宣部代表赵漠野先生、中央社社长萧同兹先生、《大公报》主笔王芸生先生、《中央日报》主笔胡秋原先生、《新华日报》社长潘梓年先生、名记者及民治新闻专科学校校长陆诒先生,均莅临参加。开幕礼由傅学文女士剪彩。当日新闻系并举办报纸杂志展览,罗列国内外大小报刊不下2000余种、7000余份,参观者竟日不绝。当晚并有晚会,邵力子、萧同兹、王芸生、潘梓年、胡秋原等氏均在场发言,一致指出新闻事业机关与新闻教育机关密切联系之重要,为北碚之一空前盛会。

五、复兴通讯社

复兴通讯社附设于新闻馆,专为复旦大学新闻学系实习之所,创始于民国二十四年(1935年),在上海新闻界占有地位。抗战军兴,因学校播迁,曾一度停刊。三十二年(1943年)3月1日复刊,领有内政部登记证"警字九二五六号"。社设社长、副社长各1人,下设总务、采访、编辑等部门,社长由陈望道氏兼任,副社长为李光诒氏兼,各部人员均由新闻系学生选出及再由社长圈定若干人,3月改选一次。新闻采访以北碚为中心,每5日发稿一次,一次油印3张至5张蜡纸不等,分发全国各省市县报馆及通讯社。本埠如《大公报》《中央日报》《和平日报》《新华日报》《时事新报》《商务日报》《新民报》《世界日报》等大报,中央通讯社,外埠之《东南日报》《西北晨报》等报,均不次采用该社稿件,而"复兴社特稿",尤为各报所乐用。

六、其他

其他之可类举者如下:

甲、《文摘》——《战时文摘旬刊》,在国内销路极广,为复旦大学故教务长孙寒冰[①]氏所创办,孙氏于二十九年(1940年)5月4日被日机炸死后,由复旦大学法学院长张志让氏接办。社址设夏坝。唯出刊及编辑事宜均在重庆。

乙、《复旦学报》——亦复旦大学主办,集复旦大学教授之研究心得,汇而为该刊。出版无定期,偏重于学研究性文字,三十三年(1944年)复刊。

丙、《青鸟》——北碚自力书店发行,纯文艺性刊物。三十三年(1944年)出版,仅出1期即停刊。

丁、《突兀文艺》——兼善中学学生主办。三十三年(1944年)创刊,出3期停刊。

戊、《采风杂志》——国立礼乐馆主编。

己、《礼乐杂志》——同前。

庚、《时事论坛报》——复旦大学部分学生主编,社长刘定汉氏。三十五年(1946年)4月1日发刊,半月刊,以时事论评为主,每期容3万字左右,销行3000份,于同年6月迁上海出版。

[①] 孙寒冰(1903—1940),原名锡琪,又名锡麟、锡麒,上海南汇人。历任复旦大学社会科学系主任、劳动大学经济系主任、暨南大学政治经济系主任兼教授。抗日战争爆发后,复旦大学迁到重庆北碚,孙寒冰教授时任复旦大学教务长兼法学院院长。1940年5月27日,日机轰炸重庆时,孙寒冰教授和复旦大学其他6名师生不幸罹难。

古迹古物篇

吾人展览先民遗留之古迹古物，挹其遗芬，溯其余韵，肃然而生景仰爱慕之心，感发兴起，为用甚宏。北碚遗迹不少，今分别部居，以备观览。或摄其影片，或测绘其形迹，或摩拓其文字图像，观陈迹如神交万古也。其目如次：一、城寨；二、寺观；三、金石；四、冢墓；五、杂事。

一、城寨

东阳城

《大清一统志》云："《舆地纪胜》：东阳故城在巴县西一百里。旧云：齐建武元年割巴县置东阳郡。《旧志》：周时废，今为东阳镇。"《通志》同。按《蜀中广记》云："东阳镇，唐置东阳城。"《舆地碑目》："蜀广政十五碑在东阳镇市心，即此。"陈子昂有《入东阳峡与李明府舟前后不相及》诗（见《文征》），亦谓城南山峡也。今考《南齐书·地理志》："益州无东阳郡，旧志疑未足据。"三十三年（1944年）冬，余至东阳镇一带考之，无复踪迹。

依来镇

《元丰九域志》璧山下云:"双溪、多昆、含谷、王来、依来五镇。"①依来镇,清为依来里,局属澄江镇即其地也。

状元乡

在缙云山下五里梁滩坝,传为宋绍兴状元冯时行故里。明万历十八年(1590年)赐进士出身观吏部政癸酉解元胥从化树碑,曰"状元乡",其字至清乾隆尚存,今为状元碑。乡昔属峡防局,今不属管理局。清龙为霖诗曰:"有宋多才子,比肩两鼎元。江山曾不改,红杏尚依垣。"②故其地又呼双状元碑,盖并及开禧状元蒲国宝也。

北碚场

北碚释名:北碚管理局之名,起于北碚场。其场址,明在今义和场,入清而迁今石龙庙,其后迁双柏树,曰雨台寨。嘉庆间又迁今杜家街,曰龙门场,后始迁今朝阳镇之岗上,曰鳖背场,曰北碚场。十口相传,尚有可记,惜不能详。而文昌宫岩下之碑及肖公庙之四方碑,虽有记载,然文字磨灭,不可识矣。北碚场在巴县西山余脉山脊,其状似鳖,故曰鳖背。今称北碚者,以其地在巴县北境,或以鳖背之名,颇不雅驯,因而改名也。按"碚"不见于普通字书,而四川多有之。(新修《巴县志·疆域志》水道篇言:"江水又东至朝天门,与嘉陵江会。过鹧鸪石、弹子石至观音碚。"③其他作"背"者不胜枚举。)两宋人言夷陵胜迹,有虾(蛤)蟆碚及荆门十二碚。欧阳修居士集有《虾(蛤)蟆碚》④诗,作于景祐四年(1037年)。"碚"字见于载籍,今可考者,当以此为最早。苏轼《东坡集》亦有《虾(蛤)蟆碚》诗。黄庭坚《豫章文集》《邹松滋寄苦竹泉橙麹莲子汤》诗及《黔南道中行记》,均有虾(蛤)蟆

---

① 宋·王存等:《元丰九域志》卷八,聚珍版丛书本。
② 此诗为清康熙四十五年(1706年)进士、巴县乡贤龙为霖为重庆《双状元碑》题写的。所谓"两鼎元",指宋代重庆的状元冯时行和蒲国宝。
③ 出自民国·朱之洪、向楚等《巴县志》卷一下,疆域下水道篇,民国二十八年刻本。
④ 诗文为:石溜吐阴崖,泉声满空谷。能邀弄泉客,系舸留岩腹。阴精分月窟,水味标茶录。共约试春芽,枪旗几时绿。

碛。王十朋《梅溪后集》有《虾(蛤)蟆碛水》诗。陆游《入蜀记》有《虾(蛤)蟆碛》,其《剑南诗稿》又有《虾(蛤)蟆碛》诗。范成大《石湖诗集》《扇子峡》诗自注及《吴船录》,王象之《舆地纪胜》,荆湖北路峡州景物,皆有虾(蛤)蟆碛、荆门十二碛。则陆氏《入蜀记》,王氏《舆地纪胜》,郭允蹈《蜀鉴》引《夷陵志》皆称引之也。

"碛"字或作"背"。南宋丁朝佐校《欧阳集》云:"《虾(蛤)蟆碛》诗,诸本皆作碛。朝佐考字书无'碛'字,今秘书正字项安世尝自蜀来,云:土人写作背,字音佩。"朝佐所见苏东坡《南行集》《虾(蛤)蟆碛》之"碛"亦作"背"。王十朋《虾(蛤)蟆碛水》诗自注云:"亦由虾(蛤)蟆背。"王氏《梅溪后集》有《楚塞楼》诗,自注有荆门十二背,其诗有"荆门岩峦十二背"之句。《苏东坡集》又有《减决囚禁记经历》①诗,有虾(蛤)蟆培之名,即虾(蛤)蟆碛也。然则碛又或作培矣。"碛"字又或作"倍"。范氏《石湖诗集》《虎牙滩》诗自注云:"又名荆门十二倍。"是其征矣!

"碛"字,土人读去声,外乡人每读阳平。案丁朝佐引项安世之说,谓"碛"字蜀人写作背,字音佩,佩属并母,应读如倍。《邹松滋寄苦竹泉橙麹莲子汤》诗云:"松滋县西竹林寺,苦竹林中甘井泉。巴人谩说虾(蛤)蟆碛,试裹春芽来就煎。"七言绝句,碛在第三句末,正作仄声用。东坡《减决囚禁记经历》诗五言排律,凡50韵,共100句,自首至尾,奇句末字,未有用平声者。虾(蛤)蟆培之"培"字,在奇句末,亦读仄声。《集韵》培字,有薄亥切一读,与倍音同也。《舆地纪胜》引王十朋《楚塞楼》诗,通体用仄声韵,则"荆门岩峦十二碛"之"碛"字,亦不读平声也。由此言之,"碛"应读去声,不读阳平。前者为相沿之旧音,后者则望文之为误。昔人云:名无固宜,约之以命,约定俗成,谓之宜。则"碛"字读法,从其俗成可也。

清初黄白山撰《字诂》,有碛字条,其说曰:"陆游《入蜀记》云:过荆门十二碛。字书无碛字,不知音义云何。近见明熊相峡中行作十二背,言浪汹涌不可根,以纤若篙,即人背之故也。然则碛之音义,即同背字。必土人所作,故不见字书也。"②其言是也。洪良品《巴船纪程》言:"岩石随水曲折曰碛。"今观四川之所称为碛者,背者,皆有石梁,突出江心,水随石转,曲折迂回,正如洪氏所言。唯其然也,故水势多湍急,行船必须纤夫,故二氏之释"碛"字,其义正相同也。(以上参考

---

① 即《壬寅二月有诏令郡吏分往属县减决囚禁自十三日》。
② 宋·陆游《入蜀记》卷四,四库全书本。

丁声树[①]《"碚"字音读答问》）

北碚管理局境内嘉陵江，上起沥鼻峡，下迄观音峡，有地曰搬针背、曰白羊背、曰毛背沱、曰金莱背，皆碚也。金刚碑，同治《璧山县志·武备志》关寨门作金刚碚，则亦碚也。此等地方与北碚，皆有巨石突出江心，形势亦极相类。

故寨

民国《巴县志·建置志下》陁塞表：北碚乡有九龙寨，有雨台山寨，今考朝阳镇地名有火烧寨，黄桷、澄江各镇有寨子堡。本志《警卫篇》文星镇有天心、天福二寨，西山坪天子庙寨（清咸丰年建）。《璧山志》载：局境之青龙、狮子峰二寨，皆昔人避兵之所。

二、寺观

缙云寺

在缙云山，因而得名。《蜀中名胜记》云："《图经》：缙云山在县西北百三十里。其山高耸，多林木，下有温泉，东西分流。相传黄帝于此合药。"[②]陶宏景《水仙赋》云："增城瑶馆、缙云琼阙，黄帝所以筋百神也。"《方舆胜览》则谓之巴山矣。宋灵成侯庙碑云："此山出于禹别九州之前。黄帝时，有缙云氏不才子曰混沌。高辛氏亦有不才之子八人，投于巴寊，以御魑魅，名基于此。"山有九峰最著，亦阿育王塔八万四千之一也。迦叶尊者于九峰顶上示一十三足，又于袈裟印文于狮子峰，今峰顶石上尚有二足迹，风雾剥蚀，已模糊不可辨。按九峰朝日、香炉、玉尖、宝塔、狮子、猿啸、聚云、石照、莲花也，而尤以狮子、香炉二峰为最秀。山有相思岩，娟秀奇丽，攀其巅者，辄徘徊不忍去，故缙云寺又名相思寺。寺创于刘宋少帝景平元年（423年），僧慈应肇建庙宇。唐贞元中，住持僧幽谷净满，重事修葺，大中元年（847年）赐额相思寺，以岩名也。乾符间，僧宏济重建。宋开宝四年（971

[①] 丁声树（1909—1989），号梧梓，河南邓州人，中国杰出的语言学家，词典编纂专家。《"碚"字音读答问》写于1943年。

[②] 明·曹学佺：《蜀中名胜记》卷之十七上川东道重庆府一（巴县附郭），刘知渐点校，重庆出版社，1984年，240页。

年),僧慧环又修,今寺前为古寨门,左有洛阳桥,苔藓重封。门坊上书天间敕赐"迦叶道场"四字,在参天古木浓荫中。前进为天王殿,附近出土石像三尊,法象庄严,再进为大佛殿,殿前有敕赐蟠龙碑。东北隅建八角草亭曰华昌,东南隅建方形瓦亭,立院碑。由寺左直上,古树参天,以千百计。林木荟蔚,是为狮子峰,登其巅,则万树风烟,冥漠眼底,倏晴倏雾,朝夕数殊。北望华蓥绵延,南望歌乐起伏,而嘉陵江奔腾足下,蜿蜒如带而已。《蜀中名胜记》云:"《感通录》:缙云寺即古相思寺也。以此山有相思岩,生相思竹,形如桃钗,又有相思鸟,羽毛绮丽,巢竹树间,食宿飞鸣,雌雄相应,笼其一则其一随之。"①吴均《春秋》:"渝州西百里相思寺北,石山有佛迹十三,皆长三尺许,阔一尺一寸,深九寸,中有鱼文,在佛堂北十余步。"②贞观二十年(646年)十月,寺侧泉内,忽出红莲花,面广三尺,游旅往还,无不叹讶,经月不灭。《高僧传》:"隋无相禅师渡笠唐慈应禅师受记二龙处矣。"又云:"《缙云传胜录》云:宋初慧灌禅师住持,太宗皇帝御诵梵经二百四十函,真宗咸平元年迎至寺。景德中,敕改崇教寺,封慧灌为慈印大师。有慈印师遗诫碑,咸平三年二月二十七日立,凡十三则。有熙宁三年提点夔州路诸州刑狱江中行立石界约秘书。有权渝州事都管宋构藏经记。而绍兴状元冯时行尝读书中山,右有洗墨池,其遗迹也。则此山在唐宋时,已称盛矣。"③至明改建缙云寺,正统八年(1443年),僧永灯大修廊庑,万历间又修。大学士壬应熊亦读书于此。清顺治间,僧自然自黔来,欲修葺未果,传至破空,于康熙三十一年(1692年)始踵成之。明清来游者,多有题咏。寺今设汉藏教理学院,一切设备,颇依时尚。

灵成侯庙

在缙云山。建于宋,有碑记,见《蜀中名胜记》,今无考。

大隐寺

在缙云山西三里,始创于明,地名杉木园。相传有四十余殿,富甲一方。僧

---

① 明·曹学佺:《蜀中名胜记》卷之十七,上川东道重庆府一(巴县附郭),刘知渐点校,重庆出版社,1984年,241页。
② 同上。
③ 同上。

精武术,时为乡里患。当时有"杉木园的和尚惹不得"之谚。其后居民不堪其扰,夜间聚众入庙,佯为礼佛,乘间火其寺,歼其僧而去,其寺遂墟,今其遗迹犹存焉。

石华寺

在缙云山石照峰上,旧名石华庵,有明成化年碑。寺前有桂,数百年物也。正殿左侧,一石凌空,突高数丈,宛然如笋,俗呼石笋。寺右五峰,攒聚若笔架,缙云诸峰,以此为嵯峨。明江朝宗有记。民国二十七年(1938年)又重修葺,设译经场其中。

永兴寺

在缙云山,宋绍兴十年(1140年)建。明正统间重修。璧山侍读学士江朝宗有记,天顺四年(1460年)立也。

绍龙寺

寺在留带山幽谷中,清雍正道光先后重修。其前清流一脉,古松数株。寺中殿柱,为合抱乌木所造。殿前有石造佛像二及泥塑菩萨十,形制古而精。沿小溪行半里许,入九龙窝乱山中,忽现平地数十亩。由振(赈)济委员会贷款120万元,建筑黛湖,可灌田300亩。寺傍山面湖,又可仰望缙云山峰,风景极幽邃。现为北泉慈幼院所在,收容战区儿童500余人。

温泉寺

《璧山县志》作温汤寺,在北碚北十里宝峰山上。宋元丰间高僧志公曾住锡于此。明宣德七年(1432年),僧真金重建,塑如来罗汉诸像。弘治十年(1497年),祥海扩之,侍读学士江朝宗有记。弘治十五年(1502年),铸铁钟,崇祯间重修,清康熙五年(1666年)及同治间皆复修。入门为关圣殿,门前今为电报局、邮局及公园贩卖部。前行为接引殿,明代遗构也。接引佛色相庄严,前为明成化浮雕蟠龙香炉,高六尺,方二围,透雕花卉、云龙、人物,凡六层。一面刻祈福文,制作精工,玲珑可喜。今已毁。左右有明代题咏石刻数种。又前为大雄殿,亦明代所建。前有花圃,后有戏鱼池。池上建石桥,色彩斑驳。池周绕石,据桥可俯视游鱼,鱼能生长温水中,亦生物适应环境之一证也。更上为观音殿,上覆铁瓦及碧琉璃瓦。日光映射,晶莹夺目。殿内今设北泉图书馆金石馆。殿下有紫薇,明末植也。每届夏季,花红百日。其左右各有温泉涌出,此为寺之最高处也。寺后有五代造像数尊,寺右有宋代罗汉石造像十一尊,亦佛教艺术史良好之资料也。出寺由龙湫道观飞瀑,经兰谷入乳花洞,至洞天石室可小憩。曲折而下,天光透入,钟乳悬垂,叩之有金石声。至最深处,隐约可闻泉声。前行至洞口而出,至是乃豁然开朗矣。出洞后,下磐室,观桃花流泉,越枫岗,赏喷泉,历兰谷,上小瘦岭,凭听泉亭,经竹楼,过琴庐,出嘉陵道。世有三大寺谣曰:"温三千,禅八百,杉木园的和尚惹不得。"盖此寺全盛时,寺田所收米谷最富,多至三千石,与隔江禅岩寺皆名刹也。山上一石嵯峨,高二丈余,俗呼石老翁,里人祈祷生子,相传颇验。

崇兴寺

在宝峰山,明万历甲寅(1614年)建。

寿星祠

宝峰山顶,一石屹立如寿星状,里人因建寿星祠。

白云寺

在金刚乡白云山上,寺前一石场,经雨刷处,金色璀璨,圆似榆钱。

慈云寺

在多子山麓南数里,明季僧智卓与其徒慧仙重建,规度甚伟。有明阁部王春石题碣,清李为栋有记。

禅岩寺

寺在二岩乡西山坪,临江,下为温汤峡门。竹树密茂,殿宇两重,寺前远眺,可望四川丝业公司及北碚制种场之桑园。寺侧可俯瞰北泉公园全景。寺建于明成化四年(1468年)，清康熙五年(1666年)重修。湖南宝庆南范和尚名寂崇，由峨眉入合川方山寺而来，住锡禅岩寺终焉。寂崇工诗词，所至多留题。

北碚传旧有九宫八庙，唯难悉考。朝阳镇有关帝庙(今新市场一带)、禹王庙(今上海路一带)、东岳庙、观音庙(均在火焰山)、王爷庙(今嘉陵码头对面)、文昌宫(俗呼庙嘴，今管理局办公处)、天后宫[俗呼天上宫，即天津路25号，传建于闽人，清道光八年(1828年)重修]、地主庙(今北平路市政委员会，传建于黄州府人)、肖公庙(即万寿宫，今肉市场上，传为江西熊氏所建)、雨台山寺(见民国《巴县志·古迹志》)、石龙庙(见《巴县志·建置志》)，金刚乡有白云、歇马等寺，龙凤乡有观音庙及何家庙，文星乡有白云寺(今为民众学校)、天台寺、牛心寺、珍珠庵、天台寺(在金箭山，今设大雄中学)，黄桷镇有道明寺、禹王宫，二岩乡有阳侯庙、天子庙、周家祠、观音庙，澄江镇有关岳庙、牛尾庙、澄江寺(今三峡中学)、转龙寺(今汉藏教理院庄房)。此外又有复兴、来龙、古佛、惠民、西方(尼姑居之民国三十一年重修)等寺，王爷庙、灰坝等庙，地主宫、天善宫、紫云宫等。

附

西山坪天子庙考古记

天子庙位于嘉陵江小三峡之北，雄踞西山坪高原之脊，与合川、江北两县相接壤，为北碚管理局二岩乡第七保所管辖。地如莲花形，而庙址即在其上焉。其寺相传始建于元末，初名须弥山寺。历有修改，四周深林密集，人迹罕至。经常为一住持僧挂锡于此。神堂香火，非常黯淡。而住持生活，亦异常清苦。唯该庙环境优美，风景绝佳。游方僧常往拜谒，故数百年来，仍能保持于不坠也。

正殿竖立一长方形木牌，长仅尺余，宽径三寸，题为"须弥山募化盆颜米"楷书数字，笔风秀丽，大有"奔放出尘"之概，乃明建文帝手书也。考之史乘，建文时，臣齐泰、黄子澄，建议削诸藩王势。叔燕王棣，遂先称兵犯阙，以清君侧为名，号靖难兵，攻陷京畿。帝欲自裁，内臣云：太祖时遗有红箧，曰："急当启之。"因取而破其箧，内藏度牒、袈裟、鞋帽、剃刀等数事。帝曰："数也。"遂削发为僧，云游宇内。于永乐十八年冬入蜀，程诸臣，亦以僧徒相从，遍历蜀中名胜，登峨眉山。

有"登高不胜重翘首,但见云从故国年"之句。继至嘉陵,飞锡西山坪须弥山(即今之天子庙),驻有时日,为应寺僧之请,绶书数字,以为地方善信劝也。从僧探知其详,因以"天子"名山,盖所以纪念建文也。

庙之周围,皆石砌城垣,工程极精致,面积约二十余亩,系逊清咸丰间所筑古寨,所以避拳教之乱,至今四周城垛犹依稀尚存。

庙西二里许,有石屹立,如牛眼状,土人呼之为上马石,传为建文帝之上马处也。

庙中木牌,以故明天子遗迹所在,代远年湮,至今依然保存无恙。且该庙自从建文题名后,先增梵宇,更治沙门,香火之盛,自有超出往昔者,兹特志之,以助名山之不朽云。

三、金石

(一)古器物

北碚保存古代艺术文物之处有二:一为管理局,一为私立北泉图书馆。管理局藏汉墓砖千余方,盖合川南津街古墓之物也。北碚修建平民公园更以局境发见汉砖,砌汉砖台于清凉亭上。其砖长43.5或45.5公分,宽16.5或17.0公分,厚12.5或12.0公分。两侧有几何花纹,间有"富贵"二字者。北泉图书馆陈列金石、雕塑、陶瓷、绘画、书法、建筑、印刷、刺绣等物品,拓本、照像、模型,有局境出土汉俑、铜器数件。有所谓汉洗者,其状如盆,上有两耳,中镌四鱼,倾水满器,以手摩耳,水从鱼口分四股喷出,高可三尺,状如细雨,有声清脆。每年演摩十四次(一月一日,念五日。三月十二日、念九日,四月四日,五月十四日,六月念五日,七月七日,八月念七日,十月一日、十日,十一月十二日,十二月念五日、三十一日)。届时购券参观者,络绎不绝。

(二)石刻

蜀五代广政十五碑,在东阳镇中心,今亡。见古迹。

宋慈印禅师遗诫碑,在缙云山崇教寺,咸平三年(1000年)二月二十七日立,凡十三则,见《名胜记》。

宋推官彭应求诗石刻。

彭推官《宿温泉佛寺》诗曰：

> 公程无暇日，乍得宿清幽。
> 始觉空门客，不生浮世愁。
> 温泉喧古洞，寒磬度危楼。
> 彻晓都忘寐，心疑在汴州。

周敦颐《舣舟峡中》，刻之于石，今亡。

周敦颐《彭推官渝州温泉寺诗序》石刻

余于庆历初，为洪州分宁县主簿，被外台檄，承乏袁州卢溪镇市征之局。局鲜事，袁之进士来讲学于公斋，因谈及今朝江左律诗之工，坐中诵彭推官诗者六七，其字句信乎能觑天巧而脍炙人口矣。我闻分宁新邑宰，上未逾月而才明之誉已飞数百里。有谓惇实曰："邑宰太博思永，即向诉诵之诗推官之子也。吉与袁邻郡，父兄辈皆识，推官第为善内乐，殊忘官之高卑，齿之壮老，以至于没，其庆将发于是乎？"惇实故又知推官之德。暨还邑局，闻推官之诗益多，亦能记诵不忘。十五年而太博为刑部郎中，直史馆，益州路转运使，惇实自南昌知县，就移舍署巴川郡判官厅公事，益梓邻路也。沂流赴局，过渝州，越三舍，接巴川郡。闻有温泉佛寺，舣舟游览，忽观榜诗，乃推官之作，喜豁读讫，录本纳于转运公，公后书重谢。且曰：愿刻一石，若蒙继以短序，尤荷厚意。故序于诗后，而命工刻石，置寺之堂焉。宋嘉祐二年正月十五日云。

右序刻石，据乾隆《巴县志》录在温泉寺，今已无存。（据民国《巴县志·金石》）

宋提点夔州路诸州刑狱江中行立石界约秘书。

宋权渝州事都管宋构藏经记刻石。

右二石刻于熙宁三年（1070年），在缙云山崇教寺，见《名胜记》，今无考。

灵成侯庙碑

庙在缙云山，《蜀中名胜记》载碑云："此山出于禹别九州之前。黄帝时，有缙云氏不才子，曰混沌缙云氏，高辛氏亦有不才子八人，投出于巴寶，以御魑魅，名基于此。"云云。则明曹学佺或见全文，惜未著其年时耳。兹本民国《巴县志》例，录于宋代金石。

明·乔督府门禁碑

碑于二十六年在东阳镇发现,现藏民众博物馆。其形方,第一行题"督府军门乔",末行题"万历三十五年三月初八日立"。字多剥落不可辨。其文曰:示谕军民人等知悉,凡妇人不幸而亡其夫,再嫁者听其自便。不许指以抚子当差为名,生业招夫市棍乡豪亦不准填方入赘。明充首州土舍安竞臣以青年入赘,镇雄府土岁陇原老妇,不久并谋杀其三子,遂欲篡夺爵士,流祸甚惨,可为明戒。今后敢有等等入赘者,许地方董邻亲族首告,官司以犯谕重责枷号究罚断离,隐不举者,连坐不贷。

舍炉祈福文石刻

舍炉祈福信士吴俨,偕缘罗氏,四男吴伯懋、伯安、福缘、伯家等,但俨夫妇,同发诚心,谨捐家财,命匠制造石香炉一座,舍入敕赐崇圣寺天王殿,晨夕焚香,永充供养。祈夫妇福寿于遐昌。保子袭悉臻于余庆。延绵瓜瓞,家道兴隆,凡所营谋,悉希庇祐。大明成化二十年太簇月。

文刻温泉寺接引佛前香炉上。

北泉公园

北泉公园由温泉寺拓修而成,在缙云山下,水木明瑟,冠绝川东,游履时至,不自今始。缙云山传为黄帝会药之所,《路史》称黄帝有子曰缙云氏,是山或由此而得名,惟书简残阙,文献无征。沿及刘宋,伽蓝渐起,当时造像颇有存者。唐宋石刻,犹多可考。宋儒周濂溪,尝讲学至此。元代统一宇内,合川钓鱼城未下,宪宗亲征不克,崩殂于此。而温塘之名,乃著于史。籍今存大佛殿,为明代遗构,观音殿则成于清同治中,虽历史未久,然全宇以铁瓦石柱构成,工程伟巨。民国十六年,峡防局同人以其宜利用温泉,辟为公园,乃从事筹备,拟造成一大规模之森林公园,设立收藏极富之博物馆及图书馆,陈列我国西部文物资料,以为研究中国西部问题之中心处所。创业维艰,峡中职员官兵,浚池修路,营建堂宇,三月始,成又派常备兵一队,驻守两年。规模渐具,皆董事何北衡、郑璧城、康心如、文化成等之力也。自抗战幕启,政府西迁,其地密迩陪都,冠盖往来,休沐时至,四方学者,亦咸来游,一岁之中,过客无虑数万,现该园更拟恢宏其历史上及地理上之特征,举办文化事业,俾于川东文化上成一中心区域。正举办者,约有下列五端:

一、北泉图书馆——藏有《万有文库》第一、二集,《四库全书》珍本,《四部备要》,《丛书集成》,《四部丛刊》等,合计3万余册,报章杂志数十种。该馆除备普通书籍外,尤多下列各种图籍之搜藏:

(子)川人著述及有关川省之图籍;

(丑)本国医药图书;

(寅)各教经典及相关图籍;

二、北泉博物馆——该馆罗列下列各种物品:

(子)川省文明史上之遗物(现有殷墟出土之甲骨卜辞及汉铜洗)

(丑)四川各地之风土产品;

(寅)国药原料及成品;

(卯)各教法物及其相关物品;

按:博物馆铜洗,为汉代古物,故亦称汉洗,其状如盆,上有两耳,中镌四鱼,倾水满器,用手摩耳,水从鱼口分四股喷出,高可三尺,状如细雨,摩时声尤□,或谓为古乐器云。汉代已能运用极高深之物理学原理制此器,实文化史上之伟迹也。此中所藏,古物刺绣万件,汉洗即其一。每年演摩十四次(1月1日、25日,3月12日、29日,4月4日,5月14日,6月25日,7月7日,8月27日,10月1日、10日,11月12日,12月25日、31日),届时在馆售卷参观,于游人颇饶佳趣。

三、北泉美术馆——内分书法、国画、西画、图案、刺绣、印刷、金石、雕塑、建筑、模型、城市林园布置等部。已有字画、碑帖、刺绣等数千件,印刷部则承印外界各项文件,并备有信纸、信封、条签等物,以备游人采购。

四、北泉学园——内设托儿站幼稚园、小学部及林间学校,其小学部设于二十七年(1938年)秋,现有学童约百余人。

五、巴蜀史地、中药、中国宗教史等研究所,亦均在筹设中。

风景及建设

园之中央为旧有之温泉寺,相传创于刘宋景平元年(423年),宋敕赐崇胜禅院,周濂溪过此,留诗而去。

入门为关圣殿,门前有电报局、邮局及该园之贩卖部,出售石砚等日用品及峡区特产。

前行为接引殿,中供色相庄严之接引佛一尊,前有明浮雕蟠龙香盘一座,高与人齐,透雕精工,玲珑可爱,左右有明代题咏石刻数种。又前为大雄殿,前有花圃,后有戏鱼池,池上建石桥,古彩斑驳,殆六朝物也,池周绕石栏,可俯视游鱼,此鱼之能生长于温水中,亦生物适应环境之一例证。

更上为观音殿,上覆铁瓦及碧琉璃瓦,日光照射,晶莹夺目,殿下有三百年之紫薇,每届夏秋,花红百日,其左右各有温泉涌出,实此寺最高处也。寺后有五代石造像数尊,寺右有宋代罗汉石造像十一尊,在佛教艺术史上,甚有价值。出寺由龙湫道观飞瀑,经兰谷入乳花洞,至洞天石室可小憩,曲折而下,天光漏入,钟乳悬垂,叩之发金石声,至最深处,隐约闻泉响,折穿另一洞口而出,至是乃豁然开朗矣。出洞后,下磬室,观桃花流泉,越枫岗赏喷泉,再兰谷,上小庾岭,凭听泉亭,经竹楼,过琴庐,出嘉陵道,折回寺侧,达北泉小学。

由寺前桐荫道,经离堆旧址,出垂杨道,可浴于就温泉喷口建筑之浣尘浴室,更游泳于千顷波浴池,浴罢,整衣啸台,迂道菱亭,登数帆楼,凭濂溪小榭,赏荷观鱼,经梧桐道,绕农庄(为川省军人陈书农捐修)而至浅草坪。

沿笔柏道,看百花,过塔院(在香园旧址),数宋代石像,绕柏林,经翠微道,接澄温公路,听响泉,小憩白鸟亭(于右任院长题有绿水青山白鸟亭)或畅晚亭,经北泉新村飞来阁故址,远望上下峡门,俯视全园风景,穿松林而下,听涛声以归,游踪如此,庶□以领略北泉胜区之全矣。

重修宝峰山温泉寺记
明侍读学士　璧山　江朝宗

渝郡之西,去城百里许,内有山曰宝峰山。山之下有峡,曰大蟒峡,泉曰温泉。世传在昔有蟒为妖,扰害人物。有大茆真人者,经其地以术驱之,而后人得安堵以居。既平,因立寺于山之麓。地有温泉,遂以名。宋元丰间,高僧志公爱其静僻,住锡于此。岁久倾圮几废,国朝宣德壬子,有僧真全,初建梵宇,塑彼所谓如来以及罗汉像者不一。金饰辉煌,照耀人目。全圆寂,复得郡之缙云山敕赐崇教寺僧永纲徒祥海号月舟者,超悟禅学,有"一岛白云,千江明月"之趣,为近市居民所喜。延之前来,以续真金之绩,师徒亦欣然就道。至止于斯,协心共济。复建天王殿宇,说法香积二堂,前后丹墀,东西两廊,磐石阶级,桥路以至山门湢浴池亭,凡所阙略,悉皆增置,极其完美。宏(弘)治戊申,纲亦西归,祥海服其宿训,行彼清规。礼韦(?)者为之有所观感。兹忆创建之始,已莫得其详,徒闻诸故老之口。继是以往,寺不常新,为于后者,将由今日之于昔也,何以考其诚哉?爰欲为记,以垂永久。征言于余,予唯天下山川名胜最多,然山不能自名,因人而显。如志公之于潜山,慧远之于庐山,灿师之于皖公山,概可见矣。然寺之建也,必有其由,非以其人,则以其地,非以其地,则以其事。若前温泉梵刹之建,其殆以事欤?盖其初建之意,谓以蟒除,建寺镇摄(慑),保其患不终作。曾不知自古妖气之作,皆人事不和,而和气感召,有以位天地,育万物,奠三才,彼西方佛子者,曾能致秋毫之力哉?因诸记,特并及此以解群惑,而誓吾人修人事之和也。且以共济者之名勒诸碑阴,以激将来相与扶持兹山于无穷云。(道光《江北厅志》、民国《巴县志》所载文字不全,今据同治《璧山县志·艺文志》录之)

石华寺碑记

明　江朝宗

璧邑有寺曰石华,在缙云山,世传轩辕黄帝尝炼丹于此。山有九峰,曰朝日、香炉、狮子、聚云、猿啸、莲花、宝塔、玉尖、石照,而是寺在日照之下,旧名庵,今名寺。回顾眺焉,挺然突出,人仰瞻之,若在云表。竹木森然,一尘不到,诚天壤胜概也!有住持曰真满,号云谷,渝郡垫邑之名家子。自幼脱俗持素,礼名师,受佛教,诵诗经,参禅机,精修行。膝不及席,足不逾阃,冥心端坐者久之。尝谓得名山为住锡之地,盍思所以图报称邪!乃敝衣粝食,竭所蓄以资土木之费,其徒亦克相其役,佛殿僧堂,三门两庑,庖廪之属,次第毕备。上栋下宇,各中其度。斫雕藻绘,焕然聿新。金碧髹彤,辉映林谷。其宏丽显岩,殆胜乎昔。昕夕偕徒诵经,祝皇图巩固,圣寿无疆。且劝人为善。是寺之设,讵不有裨于世也耶?予布衣时,游习崇禅寺,荷上人尝惠茗以助精神,感感弗忘。往岁归省而憩焉,因嗟今之为佛学者,方务饰空言以相高,凡塔庙之奉,类指为非道之所存而不以屑其意。上人乃能达理事之不二,汲汲焉扶持振起之,不其难哉?兹书来谂予以记,肆记之以见寺之兴由住持者之得人云。(录同治《璧山县志·艺文志》)

状元乡碑

《巴县王志》①云:"在北碚缙云山下五里梁滩坝内,万历十八年赐进士出身观吏部政癸酉解元胥从化,为绍兴状元冯时行立。梁滩坝系冯公故里,碑镌'状元乡'三字,是乾隆时碑字犹存也。"(《巴县志·金石志》)

崇胜寺万年灯碑偈

邑人　刘远鹏

如是我闻,贫女供佛。一灯孤燃,风吹不灭。
以何因缘,而不能灭?当知是灯,出贫女故。
然灯在心,非关灯故。我游温泉,而爱其胜。
叹无名德,燃慧灯者。是故当知,灯非有二!
佛灯不灭,心灯亦然。峡雨阴阴,峡云森森。

上偈与记均立于崇祯庚辰(1640年)正月,石在温泉寺接引殿前。

汤峡口造福碑

明巡按　吴皋阳

迢迢汤峡口,人言虎横行。回磴石乱盘,飞峰云下征。祸贼凭空来,孽雄傍险生。白昼搏人食,青山度客惊。忍伤天地和?敢蔽日月明!窥树疑伏毛,听泉犹怒声。浩彼渝州道,苦兹枢星精。李禹不再见,封邵安可撄?论法当抵死,汝恶况已盈。嗟哉民何辜!而为汝所倾。愿言崇朝命,长化归太清。汝恶如不止,苛政将何平?(录同治《璧山志·艺文志》)

---

①巴县志始修于清,至民国凡三次修编,其一为清乾隆年知县王尔鉴主修,简称《王志》。

温泉纪游诗

巡按御史　卢雍　师邵　苏州

正德戊寅九月二十五日,雨中泊温泉寺下。

云山独上会江楼,又下巴渝欲送秋。江上波涛小三峡,灯前风雨一孤舟。温泉见说能除疾,浊酒沽来亦解愁。野鸟有情俱水宿,夜深清梦绕沧州。

己卯新正二日重经温泉

峡里汤池别贮春,四时和气日熏人。鱼游百弗仍倚藻,火厝重泉不待薪。病骨浴余应勿药,征衣振后已无尘。再来幸不遭风雨,我与名山有夙因。

按:二诗共刻一石,在温泉寺接引殿前。隶书,字画剥落,犹可辨识。

合阳八景

前人

东津鱼火

东津漠漠烟水平,孤蒲掩映千点明。
夜半风坐波浪涌,星斗错乱鱼龙惊。

涪江晚渡

抱郭清江烟霭横,行人两岸各喧争。
天寒日落归途远,又恐中流风波生。

金沙落雁

沙碛江心射日黄,西风吹雁落云行。
黄金虽贵不可饱,还向江田觅稻粱。

三佛滩鸣

雨洗荒崖古佛新,滩声怒吼佛应嗔。
行人尽在滩头险,不见慈航一济人。

瑞应春风

山中嘉瑞□□□,山下春风蔼瑞氛。
巴蜀连年苦征馈,愿看木笔再成文。

滩岩夜月

竹净松寒桂影长,□□林僧定月华。

□□□□岩静夜,岩下人传佛放光。

鱼城烟雨

悬崖三面隔江端,古堞摧颓烟雨寒。

磐石可能容我坐,绿蓑青笠弄长竿。

石龟晴雪

口换玄衣更好看,岂应毛宝放江干。

千年皓鹤来为伴,藏下从知不畏寒。

上①八景诗石刻在温泉寺接引殿前,行书。

温泉寺

刘大谟

绝壁摩青汉,温泉喷碧空。

客来除旧染,人道有神功。

佛国波罗岸,禅林证悟笼,

移舟长啸去,雾雨正冥蒙。

温泉留胜迹,一线转层空。

净洗尘寰苦,难名佛国功。

江河趋渤海,日月跳樊笼。

回首十年事,浑如烟雾蒙。

原注:重来次韵。

泛江喜雨

前人

春晚辞重庆,沿江景物嘉。峰峦堪入画,松竹可移家。

忽落千山雨,遥鸣万井蛙。村翁忧旱久,却漫说□车。

---

①原文作"右",根据现代排版阅读习惯,改为"上"。以下同,不再作注。

舣棹逢今雨,开篇抚旧题。温汤曾洗濯,红泪□□跻。
感慨流光逝,彷徨歧路迷。春田得饶洽,聊以慰丞黎。

按,上四诗,合刻一石,皆草书,在温泉寺接引殿后。

游温泉寺浣温汤

范永銮

一夏炎尘里,今朝濯石泉。暖蒸云屋湿,光动日轮偏。
腾沸凌空界,春客蒸俗缘。寻源饶逸兴,迎棹度晴川。

温塘寺

云梦

净业逢山寺,温泉一窍通。坤元蒸石脉,宝地散天工。
未涤传三昧,寻源向五空。白莲真自愧,犹爱竹林风。

刻石在温泉寺接引殿前。

温泉峡

四川佥事　刘成德　蒲州

我爱温汤峡,峡水一何深?上有温泉水,下有青竹林。
竹可以为杖,泉洁空人心。气□无凛秋,熙然常若春。
我来思澡濯,庶无异患侵。采彼坚中筠,恃杖扶吾身。
奈何薄奔驶?望岩不可寻!

过温泉寺

重庆知府　历川藩□　朱孟震　新淦

山如翔凤瞰江浒,灵脉中涵太古春。
永日暂分禅榻午,千年初浣客衣尘。
清池见说鱼依藻,曲径时闻鸟唤人。
多少疮痍怜未洗,可能掬取散天津?

督学使陈公惠教佳篇,并怀青溪诸子敬次一首

白下机诗意气同,返随郁恨故文穷。

春生泉线浮阶碧,色借花枝掩径红。

修袄旧传王氏记,运行重见郢人风。

路归尘口浑堪尽,何限行云马首东?

上二诗共刻一石,行书,在温泉寺接引殿后。

过云门山张养晦年丈治具见邀,时余以赍捧北上

费尚伊

斜阳古寺翠微边,折简逢君思更偏。

双履乍分灵谷色,一尊还傍大罗天。

僧留白马经千藏,客怅青骊赋几篇。

咫尺江干仍可住,名山定结宰官缘。

上刻行书,甚完整,在温泉寺接引殿前。

题温泉寺壁

四川巡抚　刘汉儒　大成

三月兴师疾如鹅,好风送我舟之轴。江声淅沥晓霞明,江水坎薄浑如辘。瞬息万状不可言,高者低者山之腹。巨如丈人美如姬,瘦者偏嫌肥者肉。绳绳小径鸟难过,樵子执柯寻猿宿。健儿报道昙花开,云间直上有天竺。摄齐仗剑叩如来,何事苍黎遭荼戮?试问谁戴进贤冠?一身积怨千家哭。上帝降罚罚我躬,免使间阎堆死触?头陀披衲撒脚迎,羞杀宰官着戎服。溶溶有水暖如汤,激我热血溅飞瀑。可能偏洒三巴间,借与流离洗疮疾!

上刻楷书,在温泉寺接引殿后。

原注:甲戌剿流寇至此书。

清重修缙云山崇教寺碑记

清·巴县　冯经

璧邑治北百余里,有山曰缙云,山之顶,有寺曰崇教。其山巍峨数万仞,绵亘数百里。碧水合流,古柏苍松,甲于天下。上有九峰,皆有物有形,秀绝寰区。世传黄帝合神丹于此,系迦叶佛道场。曩有灵物,护持此山,犹存蟒、牛、鸡等三塔云。南宋景平元年,僧慈应开创,历齐、梁、陈、隋至唐,幽谷僧说法,又传山本无水,二龙听法送水,至今水源不涸。乾符元年,僧宏济重建,赐额相思寺,历梁、唐、晋、汉、周至宋开宝四年,僧慧怀重葺。景德四年,敕赐为崇教寺。至明正统癸亥,僧永灯通释典,为名僧,大兴修建,其时正殿廊庑,不下数十间,住持僧众不下数百余人,诚胜迹也!奈明末兵燹,尽成灰烬。国朝定鼎,僧自然者,于顺治庚子年自黔白云来,雕残之后,人民寥落,修理未遑,及门破空。楚黄人,通书史,由儒归释,初创关防,住静,于康熙壬申岁建修崇教寺大雄殿,以及经楼,并佛像重新,数百年古迹一旦存什于千百。僧西归有年,而僧门人明贤者,又修天子圣殿,置常位田土。因原其始末,求志于予。予固幸僧师徒祖孙之相与有成,而名山古院之重兴为可乐也。况仙境名胜,多聚闻人,如宋状元冯先生《缙云集》,明学士江先生碑文,阁台王公,铨部倪公,肄业于此。率皆人以山传,山以人传。僧斯举也,安知继起不又有大力者与僧徒一乃心力,恢宏式廓,仍然唐、宋、元、明开建之盛也乎?是为记。

(录同治《璧山县志·艺文志》)

破空和尚墓塔

缙云寺东五十步塔院内,有清破空墓碑记。题额为"重修缙云九峰堂传临济正宗第三十三世上破下空大觉之墓塔"。其文如次:

太祖上月下印者,号破空,楚襄阳谷城人也。家世缙绅,幼工儒业,言行必正,举动无偏。当其纪年,即有声称。值明末季,避乱黔省,遇自然祖师禅化于白云,遂祝发焉。以儒家本领,参释氏秘奥,三昧精通,六如贯彻,然祖乃说偈而授以衣钵。嗣随然祖来川,开建缙云。于是瓦砾荆榛,采茶茹蘖,历数载,然祖乃黄耆示寂,及寄迹宝积,两乡先生感其道行,遂捐修关防,并置常住,延师于此讲法者数十年,□□□□远近皈依,当事每年迎奉者,师辄辞不就。维念缙云古刹,久沉蔓草,矢原重兴。一片婆心,人人感动。宫保李公,捐修经阁。□□□□,共建正殿百□□,断址荒烟,一旦璇宫甘室,师之力也！行年八十有七,奄然坐化,建塔狮子峰前,四乡缙绅及远近居士,与徒子法孙,不忍师之行实湮没不彰也,为师塔志,嘱序于余。

余因思释教之流传于今古也。以其有助于儒也。儒以诗、书、礼、乐教人为善,而释设庙貌以做不从。人即不愿畏刑政,未有不隐惧庙貌皆是释之为教,正以济儒之所不及也。今师以儒就释,而卒为释宗,两鼎建者两名山,皈依皆千百人,其戒语宏宣定令,一时之贤智俯首,其发像照垂,可使百世之奸顽回心,则师岂但为佛功臣哉？其有补于名儒之世道人心,亦非浅鲜矣！余不避固陋,因扬笔为记。清康熙五十四年,岁在乙未,仲冬月吉,吏部检选知县辛卯科举人,冯经、董沐拜撰。

天生桥贞孝坊

在朝阳镇天生桥。同治二年(1863年)为李为铉聘妻吴四姑立。

牌坊湾坊

在火焰山下,旧有坊,今佚。地即因此得名。

温泉寺纪游

重庆参军　朱世恩　石亭　钱塘

停桡登古刹,直上翠微顶,此中有温泉,曲磴双池并,梵宇回且深,烟云绕层阴。石碣苔藓封,断文杳难寻。泉声响碧落,清流闻素琴。游人竞沐浴,咸曰去疡疾。我疑修炼者,丹灶火未泯。仙源不可攀,碌碌尘世间,一时万虑绝,顿忘孤舟还。

夜过温汤峡听瀑布
合州牧　王采珍　昆岩　□州

泉飞千丈瀑,月载一舟行。岂有蛟龙窟? 而来风雨声。
冷冷醒客耳,脉脉动吟情,缅想濂溪子,新诗许载赓。

原注:周元公签判合州过渝有温泉寺诗。

温汤峡寺
孙宏　卫郊　钱塘

花窟云峰历乱堆,禅扉近接翠屏间。
千林叶扫江风起,万壑松号山雨来。
造化炉中多冷暖,乾坤镜里绝尘埃。
寻源我却忘归路,认得琳宫列上台。

游温汤寺
璧山邑令　张人龙　若泉　濮州

声鼓曾经动地来,江干筑垒效登台。
忽从宝寺明新眼,怎敢临风忘旧怀?
声绕间阶泉水活,光盈古像佛云开。
弥陀若管人间事,共指炉香问劫灰。

游温泉寺
王定轩

峡水萦回处,岚光半绕檐。舟摇双桨月,岩泻一重帘。
树老山容淡,苔深屐幽添。同来寻胜迹,踏遍万峰尖。

前题　和原韵
郑灵源

到此尘埃静,风光别有檐。渔歌声在树,江色卷于帘。
地暖龙泉活,岩定白发天。烧舟谁处火,烟雾满山尖。

前题　和原韵

廖星垣

五岳俱游遍,摇舰访画檐,醴泉穿古寺,暖气透重帘。

花自诸天坠,烟从曲水添。浴沂风宛在,笑傲倚山尖。

前题　和原韵

雷森麓

仙源寻不尽,瀑布翠流檐。水暖云三□,山寒月一帘。

泉林千树啸,风雨半江添。佛国春长在,声声玉漱尖。

上四诗共镌一石,楷书,嵌温泉寺观音殿下。

题咏

佚名

秋江□□□□,□□□□□□,□□□□□□,□□□□掬来□。游鱼跃藻春常在,丰草沿渠生意长,薄暮还舟□望远,清歌一曲寄沧浪。

峡里温汤□□□,□□□□绕禅扉。涤除□垢滋春醪,澡雪精神浸□□,□□□□□□。一尘弗染振□□,凭栏不尽□□□,江上秋风唤客归。

上刻嵌温泉寺观音殿下。

题温泉寺壁

方外　无念　西来

浊世浮生莫问年,法身三际不能迁。

温泉涤□常光现,华藏庄严在眼前。

圆明一点没遮藏,大地浮缘尽寂光。

拈起一尘含法界,更于何处觅温汤。

影落江湖不定踪,别来今已卧千峰。

谁知破尽人间梦,唯有温泉静夜钟。

大道西来本绝言,好从温水透真源。

立须参到忘机处,方见昆灵不夜天。

上刻石嵌客堂正壁。诗若干首,皆草书,兹录其一。

四、冢墓

汉墓

四川多汉墓,北碚杜家街果园及东阳镇有古墓壮大,传为汉墓。管理局下及地政科后岩上均有崖墓,俗呼蛮子洞,亦汉墓也。其在东阳镇者结构尤复杂。

明·孔北泉墓

乾隆《巴县志》云:县西北北碚。万历二年(1574年)碑题"东鲁遗徽",名爵无考。

清·破空和尚墓

在缙云寺东五十步塔院内。碑记题"重修缙云九峰堂传临济正宗第三十三世上破下空大觉之墓塔"。(见金石[①])

明·耀光墓

在东阳镇后方百余步。墓前华表二,高二丈。垣内翁仲,高仓人等。

墓右树诰敕墓表各一。今其地俗呼明家坟。

峡局旧有四大名坟:萧、汪、黎、□。汪坟在今蚕业局试验场,萧坟亦在局境。其他不可考。局境双柏树梅花山有张自忠墓,果园有陈调元墓,以有功抗战,特附于此。

---

① 即《巴县志·金石》。

五、杂事

大蟒峡

幽谷净满禅师，本浙江人，姓庄氏。幼受业于镜无垢禅师及参礼无见睹禅师，指示往蜀。贞元中，偶至缙云山下，因悟曰："吾师有言：'逢缙则止，遇云则住。'此山非耶？"随欲登山诣崇教寺。居民曰："是寺年久无僧，有毒蛇甚大，啮人。慎勿前往！"师竟登山，数日不下，惑疑且死，聚众寻求，师安然无恙。蛇亦灭迹。人皆以为奇，遂供斋粮。(见《蜀中广记》)同治《璧山县志·舆地志》宝峰山条曰："县北八十里，高四里，奇峰异谷，翠黛烟笼。山半有温泉，泉在温泉寺，寺侧有洞，深二丈，昔传有蟒为妖，大茅真人以法驱之，民获安居，今称大蟒峡。邑人江朝宗有记。"殆指此而言。《巴县乡土志》云："栖真洞在大茅峡内，相传大茅君栖真于此。"

元宪宗薨所

宋人坚守合州钓鱼城，蒙古屡攻不克。宝祐六年(1258年)二月，蒙古主蒙哥(即元宪宗)，发天下精锐，御驾亲征。次年正月，渡鸡爪滩，直薄鱼城。驻跸石子山，指示机宜。攻战五月之久，终不能下，而中宋人砲风，因病班师，阻于途次。《钓鱼城记》云："宪宗为砲风所震，因成疾班师。至愁军山，病甚。次过金剑山温汤峡而崩。"同治《璧山县志·舆地志》云："温汤峡县东北一百二十里缙云山下。金(按应作元)宪宗攻钓鱼城，兵败，崩于此。"光绪《重修钓鱼城忠义祠碑》记云："元宪宗驻跸龟山，躬冒矢石，遭砲风，败溃。行至温汤峡，而殂。"民国《合川县志》名宦王坚传云："七月，宪宗师还，至温汤峡而殂。"是宪宗薨于温汤峡也。《合川旧志》谓殂于谢女峡(即牛鼻峡)，不知何据？《元史》记云：崩于钓鱼山。则不可信。以是时鱼城尚在宋人手中也。

澄江口渡

在澄江口，清嘉庆时，教匪作乱，璧山知县张人龙拒之于此。

浴塘

清初有人于温汤寺后迎流罄地,方广四丈许,上翼以亭,为浴塘。严冬可浴。历代使节经过,多憩沐题咏于接官亭,而浴于池。今网球场其故址也。郡守陈邦器立"顿洗客尘"刻石。同治中,寺右百步,租出开设煤窑,泉水大坏,后窑停而泉分为八,汤河沟一股,泉旺而温。

明心桥

在东阳镇明家溪上。清光绪间,陈石桥倡议创修,光绪三十年(1904年)汤草药等完成之。里人吴从周有明心桥修建记,其文曰:"北碚上坝下坝为明家溪所横断。每值江水泛滥,行者苦之。清提督衔明耀光(字亮夫)虽捐资置义渡,而监督无人,形同虚设。邑人陈石桥乃倡议创建石桥。时乡中能输巨资以底于成者,殊无其人。因请于耀光,发起募捐。时耀光方丁母忧家居,是其议。因嘱石桥尅日兴工。石桥以耀光显贵,固不虞其轻诺也。遂欣然应命。乡习:兴修工程,必先祀神,且须由主持募捐者为主祀人。时耀光已迁居江北复兴镇之大树,去东阳镇约六十里,耀光如期来祀神所。甫抵黄桷镇大桥,即闻祀神炮声,遂愤然曰:'若辈既以我为主祀人,我未至即行祀神,何无礼乃尔!'于是折回大树。自此不复言建桥事。实则石桥久候耀先不至,时至中刻,始代主祀。且初不料耀光不悦之至于此也。事后悔悟,疏解无效,慨以建桥事自任。讵仅建两桥磴,而捐款已不济,竟中道而废。越数年,渝有汤志长者愿完桥工。汤氏常业草药,人常以'汤草药'呼之,或有呼汤先生者。'汤草药'三字知者甚夥。而其名号,反为人所遗忘,人未知何所感而发此宏愿也?顾汤一贫如洗,募得之款,为数甚微,恨久而无成,乃以锁贯其颈下横骨(俗称饭食骨),终日伏修桥处,逢人劝募,盖誓在必成,否则以死继之也。

下坝人吴文山,亦里中之翘楚也,闻汤挚诚,大为所动,谓之曰:"君出此,恐有生命忧。死而桥不成,事亦无济也。且往来行人,贫贱者居多,君固至诚可感,奈彼辈爱莫能助何?我愿开君锁,治创伤,我自有以完成此桥也。"汤初犹坚拒,嗣感其诚而允之。

时江西人黄义文,入川经商,富积蓄,雅好慈善事业,文山以汤之志愿白于义文。义文固素识汤,且善其志,然犹未有完成此桥之决心也,笑谓文山曰:"公能以捐款交我,我当力成之。"文山曰:"余有薄田数亩,在渝郊广阳坝,公如能践此言,余愿悉以此田典价六百金捐出。此外余无所有,而无能为力也。"义文与文山相交至厚,知文山语出至诚,始决力成之。义文又语汤曰:"我佩君侠义,而文山又以倾家之资交我,我固不能坐视此桥之不举也。顾此地人士,性多悭啬,募款难成,我愿独任之。"乃请汤兴工,甫一年而大桥竟成。时清光绪三十年(1904年)也。落成时,道府以次诸长官皆莅临,典礼隆重,颇极一时之盛。然工役等费,秘不言宣,盖为善之恐人知也。桥之中部及两侧,各刻一碑,颜曰"明心桥",旁镌"光绪甲辰年谷旦及江巴绅商建"等小字,两行而已。嗣以历年江水高涨,桥面堆积泥沙,易致损毁,邑人成立桥工会筹专款以洗涤之。斯桥历四十余年,至今仍巍然溪上,则汤、吴、黄三公之功绩,亦当随之而不朽矣!

夫建桥固一寻常事也,其最奇特而最足钦佩者,以一贫如洗之人,而慨然负此力所难胜之重任。不成,愿以死继之。吴以仅有之田典六百金,即以全数捐之,全家生活,置之度外。黄能不计历时久暂,用款多少,慨然自任,即时兴工,而功成不居,益形其伟大。慷慨好义,公而忘私,造福社会,实堪矜式。今上下两坝有大规模之蚕桑改良场,有最高学府之复旦大学,咸利赖此桥,以通往来。爰记其梗概,公之于世,俾后人有所感发而兴起焉。

抄者说明:原稿文后有"剑岚按:曾根据吴记另作一记,交局秘书黄子裳先生,可取来以代此篇"。剑岚尚未问得是何人。而这一篇另记也未被发现。复旦大学教授张默生曾写有一篇较长的汤草药锁骨修桥的事,文载《人物杂志》某期上。[1]我记得张好像是说汤草药是一个极有名的草药医,医术极高,以致远近知名,也好像有点薄产,为修桥事也就消耗几尽。他之所以锁骨,是因为愤恨"明大人"的耍身份,把众人利益置于不顾。相传明某并不是按时参加开工典礼。明有大烟癖,每天起得很晚,起身后,烧烟吃饭已费去三两小时,在家动身,已是午后,到黄桷大桥,时近黄昏,因当时迷信还深,参加典礼的当事者和建桥工人,都认为已择好的日子不能推缓,日已偏西,"明大人"还未到工地,派人数次探视,也毫无消息,认为决不会来,经一致同意,才举行典礼。吴记对明有所包涵,未谈出其丑态。明某还包庇过峡霸张四同弟兄,其为人很可想见。张默生的记后说,汤草药在桥修好之后,即不知所往。这些可能是事实。

---

[1]张默生:《汤草药与明心桥》,《人物杂志》1948年第3卷第3—4期,第2—8页。

轩辕洞

缙云山上二里,有山曰白云,峭削难登。有轩辕洞,幽邃穹深,旱久风出,声如雷,必雨,土人以此卜阴晴焉。

八角池

乾隆《巴县志》云:"在缙云山上,相传有龙甚灵,又名龙王塘。明万历时封龙为康济侯。土人遇旱,祷雨辄应。其上常有云气阴之。"①

澄江公园小志

嘉陵江三峡澄江镇,为渠、保、遂三江汇经之域,陆有澄温公路经北碚直达渝城,水有民生公司汽轮,逐日往返渝合。自抗战军兴,划为迁建区后,工商各界日增繁荣,学校机关,纷纷迁至,人口增加,倍蓰往昔。镇公所黎镇长继光及地方人士,为提高文化,使镇民业余之暇有所游憩欣赏起见,于民国三十二年(1943年)冬,发起修建公园于中山路口。所占面积约10余亩,均系租佃易姓田土,惟工程浩大,经费无从筹措。适本镇绅耆李会极先生之母赖太夫人八秩寿辰,愿将寿酒费用及平日节储共凑足国币30万元,捐作兴建费,用于提倡。当由镇公所聘请刘福泰工程师设计绘图,于三十三年(1944年)2月开工,并由军政部第四十一补充兵训练处曾继灵处长主持破土典礼。新建亭一座,筑路一条,亭建于园内松岭岗上,有长约一里之棱角石,大道蜿蜒直达,颇为雄伟。内政部张部长钟岳曾撰写碑记,勒石于亭,为公园生辉不少。自此公园建设,奠立始基。惟物价高涨,迨亭路竣工,已超出原预算50余万元。后由镇公所挪垫,继后复由该所兴建大门,开凿荷花池,广辟花圃,栽莳花木,雇工专事经营,迄今已稍具规模。每当月夕花朝,日暖风和,三五游人,情侣双双,或清谈散步,或登亭瞰江,其对于镇人之贡献,良非浅鲜。惟已用去工程费200余万之多,复由镇公所请准北碚管理局将地方财政收入项下拨付清偿。目前尚在积极进行扩展,预期不久将来,将成为本镇市区完善游憩之所,然尚有待于热心地方建设人士之努力焉。

民国三十四年(1945年)11月25日新都刘心源记。

---

①清·王尔鉴、熊峰撰修:乾隆《巴县志》卷之一疆域古迹池,嘉庆二十五年刻本。

民间文艺志

魏文华

中国传统文艺,若诗若词,若戏剧,若小说,莫不源自民间。即首由民间讴歌之、表演之,逐渐广被,登于庙堂为士夫所激赏而沿用其形式,日月既迈,而由民间文艺,浸假成为传统文艺矣。

民间文艺多有其地方性,即因地域之不同而有形式之差异,赵代之讴有异于秦楚,江南之曲不同于中原。北碚远处西南,其流行于口耳、播之于载记者,自与他处异其趣,此盖当然之理也。故北碚之民间文艺他处不经见者颇多,有足资叙述者,作《民间文艺志》。

(一)戏剧

北碚地处川东,流行之戏剧,为达官仕人以及耕夫樵子所激赏者,厥为川戏。川戏有高腔、丝弦之别,盖一用弦索,一用鼓版也。高腔曲调极繁,不下百余,即常讴者亦在二十若三十上,而其和声,复间多于正唱之句,此与丝弦异其趣者。民间酬神,多唱全折,唱者以日为计,一日一本,一本四台,晨称早台,午称午台,有上下之别,于夜者称夜台。早台三四场即毕,谓之"早三折"。夜台俗称夜戏,所演以科白较多,场面清静者为主,终场时则多以打诨之戏。而上下午台,多为连台,俗称连台戏者也。其极有演至三四十日方毕者,若《三元记》《琵琶记》《东窗》《目连》之类是也。盖以昼日较长,而观众亦极踊跃也。

(二)围唱

围唱亦称打围鼓,或曰打玩友,盖其唱者多为玩友也。玩友即票房之玩票者,非正式职业之优伶。其演唱多在婚丧场中,所重在唱白,无科,所唱剧曲多与舞台正式演出者同,其间亦略有所异。盖演唱于舞台上者,有动作、歌舞以示其演出之故事,而围唱则仅指其曲之高低、抑扬以示其故事之内容,故所演者均为以唱为主之戏,即俗称所谓"唱工戏"也。

(三)傀儡戏

傀儡戏俗称木脑壳,宋时已极流行,有悬丝连线等之别,以木刻肖人,而以小木棍为手足,用线系之,演者以手持木棍,示其动作,舞台则就地用木围成,以布作顶,令稍具规模即可。木脑壳分三类:一较人面为略小,脚色仅20余;一则为大木脑壳,其大与人面等,脚色亦较多,装具动作亦繁,今颇难睹;一则为小木脑壳,复称京木脑壳,头面极小,动作亦繁复,其脚色有多至百以上者,卸装具后全长仅尺余而已,今极流行,演出则多在庙会中。

(四)灯影

灯影以牛皮雕作生、旦、净、末之类,以线系其手脚,复浸以油,使之透明,演者以两棍使其动作,前置白布大幕,光自后入,使其影映于幕上,以黑夜灯光下为最佳,故称灯影也。灯影以牛皮雕成,故亦称牛皮灯影,约高尺余,间亦有高至3尺者,则称头灯影子,宋时已极流行。

(五)道琴

道琴亦称竹琴,所用乐器极为简单,竹板一、铃一、竹琴一。竹琴者,以皮蒙竹筒之一头,叩之作声,唱时以腕夹筒,以手指执板铃,他手则作拍筒及打铃之用,所唱曲词多系警示者,历史故事亦极多,曲白清楚易晓,极为民间所好。

(六)洋琴

洋琴者,以乐器有名洋琴,故称。琴以铜丝作弦,奏时以棍击之,更佐以拍板及铃等,演者五六人或三四人,亦有生、旦、净、丑之别,所歌多历史故事。

(七)评书

评书者,所讲多历史故事,每日敷演一段,旬月方毕,即宋之讲史也。宋人说话四科,讲史即其一,历元及明而弗衰,其话本多称评话,如《三国志评话》《五代史评话》之类。称评话者谓其有所批评也,今称评书,殆犹存宋人遗意。

(八)案证

案证亦称说"圣谕"。称"圣谕"者,盖开讲之始,必先读"圣谕"十六条。如"第一条教孝弟以重人伦,第二条和邻里以息争讼"之类。所讲都警世劝善之言。每日一事,各具首尾,宋人小说之遗也。宋人说话四科,首小说,今尚留存话本不少,盖即今所谓短篇小说也。小说子目有公案传奇之语,案证即谓公案证明之意。宋人小说多著劝惩,故冯梦龙所集书,为其诗话本及其遗裔者,亦均以《警世通言》《醒世恒言》《喻世明言》为称也。

(九)金钱板

金钱板以竹版三,或附以小钹一。演唱者以一手执两板,一手执板一,敲打说唱,兼以科白,所用材料多以时事为主,感人者至深。

(十)莲箫

莲箫以铜钱连贯穿入竹棍内,演唱时以之遍击上下身,故亦称打莲箫。以演唱于新年时为主,唱者一人,多人和之。如昔峡区民众教育办事处所作之《北碚事业》云:"一年景色容易换,忽然新春到眼前,趁着元宵热闹点,单把北碚表一翻。"

(十一)花鼓

花鼓以小鼓一、小锣一、小木棍三,当其唱时,以木棍轮流向上抛掷,盖以作节拍也。

(十二)民歌

民歌为真正之民众音乐,不惟歌唱者为民众,即制作者亦为民众也。其歌随处可闻,多以儿童为主,或一人独唱,或互为唱和,如《孟姜女哭长城》之类,几无人不能歌也。

社会组织篇

社会积人民而成，言社会组织者，应分人口、家族与社团，今以见于他篇者不详述，而厘为人口概况、秘社、行会及法团四篇。

一、人口概况

局境人口普遍调查，始于二十五年（1936年），北碚人口，则自十八年（1929年）即有统计。

据十八年（1929年）峡防局少年义勇队第一队调查统计，北碚凡475户、1595人。十九年（1930年）至二十一（1932年）年间，局属专门负责之机关，故户口之数，不可详考。二十二年（1933年）以后，特务队（即公安队）于市内户口每年均有详细调查记录。二十二年（1933年），751户、3490人。二十三年（1934年），818户、3537人。二十四年（1935年），785户、3735人。二十五年（1936年），上半年为845户、3874人。民国二十六年（1937年），新修《巴县志·赋役志·户口门》载二十五年（1936年）2月调查，北碚乡联保一，保33户、3790人，男12023口，女9998口，壮丁3036口，此其大较也。

二十五年(1936年)4月,区署职员、工人、义勇队调查各乡镇户口,惜记录不全。驻夏溪口独立第四保安大队第三中队即任其事。二十四年(1935年)末,澄江镇正户185、副户34,共1088丁口,男丁645、女口443,18至25岁壮丁共193,识字者男二分之一强、女五分之一。夏溪口正户251、副户115,男983、女662,壮丁249,识字者男五分之三。二岩镇共计200户,编为二保,总计应有830口,男464口,女366口。现有812口,男450口,女380口,内1至5岁之幼童男50口。女6岁至15岁之学龄儿童,男150,女65。16岁至40岁壮丁,男196,女15。40岁至80岁老弱,男103,女83。不识字者男288,女316。受私塾教育者,男152,女23。受初小教育者,男23,女17。受高小教育者,男6,女0。受初中教育者,男3,女0。受高中教育者,男1,女0。有职业男33,女187。未婚男245,女110。已订婚男12,女18。已结婚男172,女180。重婚男4,女4。鳏33,寡62。而澄江镇夏溪口户口半年调查一次,二十五年(1936年)区署调查结果,澄市共有632户,应有人数,男1602口,女1141口,共2740口。现有人数,男1520口,女1101口,共2627丁口。公安第三队10月公布户口数字,澄江全市共622户、男女2658口,较去年加41户、158口,内有18岁起至45岁壮丁728人,识字男女759人,不识字男女1899人。男女6岁至15岁学龄儿童531人,现就学者189人,失学者342人,女居三分之一。

中国西部科学院农林研究所第一农场调查东阳镇上坝,有45户,皆系农户。男168口,女104口,共272口。识字者96人,不识字者176人。又自耕农22户,佃农20户,半自耕农3户,副业糟房者4户,粉户1户,豆腐干业户,此外,平时大都以拉船为副业,状元碑249户。

二十六年(1937年)总计全区100保,1009甲,11689户,男34990口,女28883口,共63873口。6岁至12岁学童,男6310人,女4631人,共10941人。文盲,男13984人,女17064人,共31048人。16岁至40岁壮丁,男11272人,女10205人,共21477人。有业,男18685人,女799人,共19484人;无业,男738人,女33人,共771人。

全区户口统计表

镇别	保数	甲数	户数（户）	男丁总数（人）	女口总数（人）	男女总数（人）	备考
北碚乡	33	308	3680	11498	9986	21484	有流动性的煤矿纸厂工人、苦力、船夫，暨各新兴事业职员、公务人员、外籍（凡不属于本区者），初中小学校师生等近万人，尚不在此数内。
文星镇	19	183	2030	6335	5072	11407	
二岩镇	6	60	699	2030	1621	12655	
黄桷镇	22	229	2984	7259	5962	13221	
澄江镇	20	229	2296	7964	6242	14206	
合计	100	1009	11689	35090	28883	63873	

全区人口，集居各镇市街者为最多，次为散居四乡之农民，再次为煤矿所在地，如夏溪口、白庙子等地，多为挑夫、苦力广集之所。兹就可考者统计如次：

（一）全区船家寺庙公共处所暨其户口统计表［二十七年（1938年）4月公布］

镇别	船家			寺庙			信教人数				公共处所			备考
	户数	人数		户数	人数		佛教		道教		处数	人数		
		男	女		男	女	男	女	男	女		男	女	
北碚乡	5	12	6	8	133	8	105	8	6	0	14	591	22	
文星乡	0	0	0	5	8	6	8	6	0	0	5	456	0	
二岩乡	0	0	0	2	21	1	21	1	0	0	7	329	0	
黄葛乡	97	145	0	6	10	2	20	2	0	0	2	36	3	
澄江镇	45	80	0	5	10	4	6	6	4	0	3	1035	1	
合计	147	337	6	26	182	21	160	23	32	0	58	2447	26	

（二）全区现住他往人数统计表［二十七年（1938年）4月公布］

镇别	现住		他往		合计		备考
	男	女	男	女	男	女	
北碚乡	1600	9871	898	115	2498	9986	
文星镇	5958	5035	277	37	6235	5072	
二岩镇	1831	1614	203	7	2034	1621	
黄葛镇	6886	5925	373	37	7259	5962	
澄江镇	7595	6197	369	45	7964	6242	
总计	23870	28642	2120	241	25990	28883	

(三)全区男女壮年人数及职业有无统计表[二十七年(1938年)4月公布]

镇别	壮年人数		有职业		无职业		备考
	男	女	男	女	男	女	
北碚乡	3727	3457	5687	414	359	20	
文星镇	1827	1753	3592	109	35	0	
二岩镇	602	601	1041	24	25	0	
黄葛镇	2338	2093	3909	103	195	2	
澄江镇	2777	2301	4456	149	124	11	
合计	2272	10205	18785	699	738	33	

(四)全区成年男女嫁娶情形统计表[二十七年(1938年)4月公布]

镇别	成年总数		男人		女人		备考
	男	女	已娶	未娶	已嫁	未嫁	
北碚乡	6405	5738	5351	1054	5513	225	
文星镇	3796	3189	2955	841	3105	84	
二岩镇	1030	977	808	222	962	15	
黄葛镇	4258	3738	3361	897	3654	84	
澄江镇	4649	3938	3745	904	3849	89	
合计	20138	17580	16220	3918	17083	497	

二十六年(1937年)以后,户口两次编查。三十一年(1942年),又有举行遍查。三十三年(1944年)以来,调查尤密,兹录其结果如次:

嘉陵江三峡乡村建设实验区户口普查统计简表

二十九年(1940年)

镇别	保	甲	户	口			备考
				男	女	合计	
北碚	20	300	4500	13244	11021	24265	
白庙	5	75	1125	4586	2793	7379	
文星	7	105	1575	5003	2912	7915	
黄桷	9	135	2075	7487	3492	10979	
二岩	4	60	900	3275	1851	5126	
澄江	13	195	2925	7885	4204	12089	
合计	58	870	13050	41480	26273	67753	

四川省嘉陵江乡村建设实验区户口统计表

三十年(1941年)3月 日

			北碚镇		金刚乡		龙凤乡		白庙乡		文星乡		黄桷镇		二岩乡		澄江镇		总计		备考
户数		总数	2867		1455		1213		1278		2009		2515		789		3438		15564		北碚镇 21保 244甲 金刚乡 12保 126甲 龙凤乡 10保 101甲
		普通	2714		1388		1165		1244		1977		2425		747		3324		14984		白庙乡 12保 114甲 文星乡 18保 183甲 黄桷镇 22保 221甲
		船户	40		11		8		12				24		18		47		160		二岩乡 7保 67甲 澄江镇 28保 289甲 全区共计 130保 1345甲
		寺庙	6		7		6		4		9		8		5		7		52		
		公共处所	107		49		34		18		23		58		19		60		368		
			男	女	男	女	男	女	男	女	男	女	男	女	男	女	男	女	男	女	
口数	现住	总数	8085	6919	3734	3476	4008	3074	3115	2376	5208	4308	6499	5783	2976	1706	9317	3639	24762	34581	
		普通	5829	6158	2726	3414	3905	3037	2856	2320	4486	4142	4480	5043	2543	2632	3037	6584	33862	32330	
		船户	52	34	20	9	14	4	20	10			31	25	32	9	78	37	247	128	
		寺庙	13	11	15	2	10	3	6	3	13	6	23	6	21	5	9	1	110	37	
		公共处所	2191	716	973	51	79	30	233	43	709	160	1965	709	380	60	2013	317	8543	2086	
		有职业者	6130	1107	3199	509	2906	397	2406	303	3908	902	4531	1302	2230	397	5913	805	31223	5722	
		识字者	4198	2832	2291	1078	2023	1061	198	993	3116	1213	3814	1401	1100	401	4316	1317	22466	10296	
		壮丁	1058		810		506		704		670		793		362		1012		5618		
			男	女	男	女	男	女	男	女	男	女	男	女	男	女	男	女	男	女	
口数	他住	总数	1362	470	518	300	223	216	267	112	386	148	859	637	124	36	620	540	4123	2269	
		外乡镇	39	26	23	20	18	10	27	25	33	32	41	22	13	18	42	37			
		外县	614	210	301	170	120	85	150	29	170	40	301	303	64	16	172	229	1892	1118	
		外省	709	234	194	110	85	121	90	58	183	76	517	312	47	2	406	274	2231	1151	
		外国																			

三十一年度（1942年）编查所得户数，总计16299户，兹按乡镇总计如次：

北碚各乡镇户数统计表

乡镇别	户数				
	合计	普通户	船户	寺庙户	公共处所
总计	16299	15593	159	47	590
朝阳	5925	5664	65	14	182
白庙	1331	1281	11	6	33
文星	2074	1985		8	81
黄桷	2588	2521	9	6	52
二岩	841	805	6	8	22
澄江	3540	3337	68	5	135

北碚各乡镇二十五年（1936年）编查结果，12477户。6年之间，增加3800户之多，各乡镇中增加最大者为朝阳镇。盖自抗战军兴，政府西移，迁来北碚机关学校工厂甚多。户之种类，计有四种：一、普通户，指同居共爨，共同生活者之家庭及店铺；二、船户：陆上无定住所，纯系以船为家者；三、寺庙户：凡寺、庵、观、宫、庙、禅林、洞、刹、教堂、教会、清真寺等属之；四、公共处所：凡公署、兵、营、监狱、习艺所、学校、工厂、医院、祠堂、会馆、公所、合作社、银行、金库、堆栈等属之。当时人口数目如下：

北碚各乡镇人口数

乡镇别	人口数				
	合计	普通户	船户	寺庙户	公共处所
总计	87544	72465	413	235	14431
朝阳	31375	26288	127	147	4813
白庙	5865	5337	31	13	484
文星	12103	9803		22	2278
黄桷	13887	11684	44	20	2152
二岩	5456	4256	14	26	1160
澄江	18858	16100	207	7	3544

三十一年(1942年),北碚人口总数为87544人。在二十五年(1936年)春,同区域内仅有65284人。6年之间增加22260人,约当34%,乡镇中朝阳镇增加最多,计10500人,占全体增加数之半。其原因与前论同。

当时每户平均人口数(即户量)统计如次:

北碚各乡镇户量

乡镇别	总计	朝阳	白庙	文星	黄桷	二岩	澄江
户量	4.65	4.64	4.16	4.94	4.63	5.28	4.75

当时户口,已如上述,今更依年龄、分配、婚姻状况、教育程度、职业分配等,分别分析,而述其人口组成。

北碚各乡镇人口性比例

乡镇别	人口数			性比例
	合计	男	女	
总计	87544	50626	36918	137.1
朝阳	31375	17081	14294	119.5
白庙	5865	3392	2473	145.2
文星	12103	7506	4598	163.2
黄桷	13887	7817	6770	165.3
二岩	5456	3451	2005	172.1
澄江	18858	11380	7478	152.2

注:每一女子所当之男子数,谓之性比例。

北碚各乡镇普通户人口之性比例

乡镇别	人口数			性比例
	合计	男	女	
总计	72465	37940	34825	109.9
朝阳	26288	13273	13015	101.9
白庙	5337	2909	2428	119.8

续表

乡镇别	人口数			性比例
	合计	男	女	
文星	9803	5230	4573	114.4
黄桷	11681	6080	5001	108.4
二岩	4256	2508	1748	144.7
澄江	15100	7940	7163	110.8

北碚有业无业人数表

有业或无业	合计		男		女	
	人数	百分比	人数	百分比	人数	百分比
总计	87544	100.0	50626	100.0	36918	100.0
有业	40704	46.5	22715	44.8	17989	48.7
无业	46804	53.5	27911	55.2	18929	51.3

北碚人口职业分配

业别	合计		男		女	
	人数	百分比	人数	百分比	人数	百分比
总计	40515	100.0	37325	100.0	3190	100.0
农业	8218	20.9	7941	21.3	277	8.7
矿业	8121	20.0	8078	21.6	43	1.4
工业	5941	14.7	5279	14.1	662	20.8
商业	4569	11.2	4247	11.4	322	10.1
交通运输业	5363	13.2	5271	14.2	92	2.8
公务	3421	8.4	3282	8.8	139	4.4
自由职业	1922	4.7	1550	4.2	372	11.7
人事服务	2296	5.7	1087	2.9	1209	37.0
未详	664	1.2	590	1.5	74	2.2

北碚人民主要职业为农矿两种,工商及交通运输业次之。唯农业人口所占百分比并不太高。其原因或由峡区地面多山,农产农业不甚发达也。北碚主要矿业为煤矿,从事煤业人口达8000余人,其中矿工至少约有7500人。工业类中以土木制造业人数最多,纺织业次之,建筑工程及服用品制造业更次之。商业类中以贩卖业人数最多,生活供应业次之。生活供应业包括旅馆、饭铺、理发店、茶社等,其人数亦多。交通运输业类中,人数最高者为挑挽业。因北碚煤矿多赖人力挑运,挑夫人数3000有余。其次为水运业,多系江上船夫。公务人员中包括党、政、军三界。但北碚党务工作人员,为数甚少,政务人员及运警各1500余人。自由职业类中,以教育及学术研究人员最多,次为医生,再次为宗教事业者。人事服务类中,包括不受资薪之家庭妇女,系指侍从佣役而言。

北碚管理局户口异动数量

(1944年)

项别		户数	口数					
			性别			质素		
			共计	男	女	壮丁	识字者	有职业者
迁入	合计	2357	18239	10248	7991	6336	3359	5165
	外县	2177	16993	9562	7431	6046	3046	4755
	外省	180	1246	686	560	290	313	410
迁出	合计	2111	22967	14191	8776	3349	6735	7592
	外县	1803	19463	11744	7719	2836	5736	6831
	外省	221	3163	2248	914	441	923	673
	不详	87	342	199	143	72	76	88
出生			1141	622	519			
死亡			625	339	286	63	82	127
民国三十二年(1943年)12月总数		17523	87899	49373	38524	11947	34978	53317
民国三十三年(1944年)12月总数		17769	83685	45713	37972	14861	31569	50777
比较增(+)减(−)		+246	−4212	−3660	−552	−2914	−3409	−2540

资料来源:依据各乡镇户口异动报告编制。

北碚管理局婚姻状况

(1944年5月10日)

项别	人数		
	共计	男	女
常住人口中在18岁以上之男子及16岁以上之女子	48780	24694	24086
未婚	5785	3993	1792
有配偶	36745	18491	18254
离婚	52	37	15
孤寡	4198	2173	2025

资料来源：同前表。

北碚管理局人口职业分配

(1944年5月10日)

项别	人数		
	共计	男	女
13岁以上所住人口	53285	27590	25695
农业	11920	10018	1502
矿业	1681	1650	31
工业	3879	3510	369
商业	4321	3973	344
交通运输业	2002	1906	136
公务	2060	1807	253
自由职业	921	668	253
人事服务	19637	879	18758
无业	6828	2779	4049

资料来源：见前表。

北碚管理局人口教育程度

(1944年5月10日)

项别		人 数		
		共计	男	女
6岁以上常住人口		65759	34596	31163
学龄儿童	共计	12474	7006	5468
	失学	5094	2417	2677
	就学	7380	4589	2791
13岁以上常住人口	共计	53285	27590	25695
	不识字	31363	11528	19835
	私学	11562	9888	1674
	小学	5621	3099	2522
	中学	3621	2230	1391
	大学	1118	845	273

资料来源：见前表。

北碚管理局户口分布

(1944年12月)

乡镇别	保数	甲数	户数	口 数		
				共计	男	女
朝阳	22	289	3835	15841	8140	7701
金刚	12	133	1771	8949	4938	4011
龙凤	10	100	1239	6454	3416	3038
白庙	13	135	1522	6215	3275	2940
文星	16	179	2069	9534	4993	4541
黄桷	22	219	2660	11886	6131	5755
二岩	7	63	910	5862	3793	2069
澄江	28	312	3763	18944	11027	7917
全局	130	1430	17769	83685	45713	37972

北碚管理局人口年龄分配

(1944年5月10日)

年龄分组	人数		
	共计	男	女
总计	78895	41458	37437
5岁以下	13137	6862	6275
6—10岁	8590	4609	3981
11—15岁	7237	4141	3096
16—20岁	5236	2688	2548
21—25岁	4816	2280	2536
26—30岁	5828	2755	3073
31—35岁	5685	2820	2865
36—40岁	6047	3007	3040
41—45岁	4894	2477	2417
46—50岁	5447	3263	2184
51—55岁	4343	2556	1787
56—60岁	3641	2005	1636
60岁以上	3995	1995	2000

资料来源：依靠人口清查结果编制。

金刚乡三十四年(1945年)户口亦有可记：计12保133甲，1771户，男4915口，女3965口，壮丁2036名，有公民资格者2155名，学龄儿童1403名，识字者366名，不识字者3612名，有职业者5330人，无职业者1100人。

澄江镇共28保，312甲。该镇户口共3765户、18744口，内计男11021丁、女7723口；公民共5349人，内男3824人、女1525人。

农民为我立国基础人物，工人为我国基层干部。境内工人统计，朝阳约358人，白庙约500人，文星约6000人，黄桷约300人，二岩约600人，澄江约3200人，金刚、龙凤各约150人。其中以文星为最多，金刚、龙凤为最少，共计约11258人。

二、秘社

北碚秘社,有青帮,有红帮。抗战后来自外省者居多,而本地原有最盛行者,则为汉流,据北碚仁义永来稿称:汉流俗称哥老,今称社会。三国时,刘备、关羽、张飞结义桃园,联异姓为弟兄,以扶持正气,维系纲常。汉流即昉于此,故宗桃园之关圣,且师汉代朋友游侠之义,而集羊哀、伯桃、范式、张邰诸贤道义之大成,其呼哥老者,盖兄弟长幼之意。今社会人士,多有参加,故又称社会。

汉流发源四川,而漫衍(蔓延)于江淮河汉流域诸省,而以四川为最盛。其集结会社,旧名开山,立堂命名为做山头,而各地社会人多,职业分异,统计弟兄名号相称呼。

北碚汉流,初未有山头。四方人士,麇集既久,彼此熟识,知系汉流中人而已。清光绪间有冉子恒、但厚堂倡议做山头。冉为名举人,长北碚朝阳书院,著有《拙斋算稿》十卷行世。但为文生,又有发起人文生王卓然、乡绅张炳堂者,亦当时名士,做常峰山。文生王百川做九峰山,乡绅熊晋臣做万寿山。而北碚、黄桷两镇汉流,均归于此。即由诸人相继任首领,即今社长也。民国成立,黄桷镇尚无山头,乡绅王锡武、武生王朔海,又邀王百川合做山头,为太华山。熊秉枢、万惠廷、邓春台、张子富、卫兴发、李维新、宫子云等,先后相继为社长,今社长为冯雨苍、周炳臣、熊子恒、蒋瑞生、袁汉清、刘树清、魏子云、蒋维翰、唐柏之、龚鼎丰等。乙酉岁春,蒋少权发起仁义礼三社,合做仁义永为三社招待接洽处。民国以来,澄江、二岩、文星、白庙、东阳、金刚、白云寺等工口林立,各地名社会矣。

社会宗旨正大义气凛然,平时服务,专于排难解纷,救困济急。北碚峡山险阻,易藏盗匪。民国八年(1919年),地方居民嘉陵行旅,皆苦盗贼,昼夜不宁。幸赖社会人士,为之斡旋,得以稍安寝食,邻封乡镇,频遭抢劫,而北碚独安然无恙者以此也。

今市政建设,日就繁荣,四民百作,皆有公会。社会秩序,益臻完备,参加人士,与日增多。职业既定,生活有着,平居无事,则以慈善为目的,施茶、施药、施棺、打捞浮尸。凡所需求,靡不副意。盖汉流社会,一本桃园义气,同时亦俨然一慈善团体矣!

据社会部统计处所撰《北碚社会概况调查》第九章言:哥老会为旧式帮会之

一,其团体普遍见于四川各地,传明亡后,人民愤恨,外族侵凌,欲图恢复,因而创设之。局境内四民,皆有其信徒,各乡镇场与人口集中之区,皆一二所。闻初分十等:以威、德、福、芝、轩、松、柏、一、枝、梅十字代表之,今流行者,仅有仁、义、礼、智、信五等。局境且仅有仁、义、礼、智四等。每一团体,俗称堂口、公口或社会。社会各有名号:如"人和公""得胜公""三元公"之类。参加之社会阶级,有高低,故分等次也。如参加"仁"字团体者,多地方士绅,参加"礼"字者多农工。然旨趣组织,毫无差别也。

哥老会崇拜桃园结义故事,是以参加人众,皆以兄弟相称,会员皆"袍哥"也。会内组织,各团体相同。即将全体会员,分为十级,俗称十排。唯其中第四、第七两级,因故悬缺。各级名称及职务,如下:

第一级称"大爷",为团体中地位最高人物,其首领以"掌旗大爷"一人为正,"掌舵大爷"一人副之,主管团体事务,权力最大,"新一大爷"为新进之排,则系地方声望素著人士。入会时可不自最低级始,此外又有普通大爷数人,地位虽高,而无特殊权势。

第二级称"圣贤",二排之尊称也。昔桃园结义,壮缪居二,故有此名。关羽好读《春秋》,故又称"春秋"。春秋专司香堂规则等事,他非所司,此最清闲之职也。

第三级称"桓侯",三排之尊称也。桃园结义,桓侯居三,故得此名,以其督管钱粮,故又称"当家"。

第五级"红旗",一人,内管人事,外司交际,职权甚大。盖团体中实际负责者也,又称管事。又黑旗数人,司调查新进者身家是否清白等事。

第六级称"巡风",司采询团体内外消息,盖主情报者也。

第八级职司纪纲。袍哥有触犯纪律,经大众及拜兄认为应受轻刑者,由其执行,刑重则由"红旗"执行之。

第九级司挂牌及引导新进,并公布阶级等事。

第十级"老幺",职司迎接宾客及一切杂务,乃团体中低级干部。地位虽低,但出身正统,将来发展较易。

哥老会组织,大略如此。今更进而述其入会手续与会员守则:凡愿入会者,须由旧会员介绍,于夏历五月十三日举行单刀会时,正式入会。新会员须先向承兄及拜兄行礼，然后跪于神前。管事者向众人宣布其姓名，并向众人询其在外有无不正行为，如众人以"无有"鉴之，管事即请撑旗大爷指定编级，俗称开缺。大爷依其在社会地位编级。编级之后，新会员跪拜谢恩，再叩谢承兄拜兄，更向众人揖拜，而入会之手续毕，即向拜兄请教会员规则。管事，或带领邻近团体，访其负责人，谓之"拜码头"。此后新会员即可学习礼节及通行言语矣。

哥老会会员信条为"孝悌忠信，礼义廉耻"八字。如有违犯，经人检举，即须接受处分。重大事故如不孝父母，妻不守节，不服大爷命令，或伤害会员，始受团体处分，处分方法不等，轻者警告，重者开除，又有施以体罚者，皆会员义务也。至其权利，在消极方面，可不受人欺凌，积极方面则可得到相当便利。家境贫苦者，可向团体请求救济，行路缺乏川资者，有人招待食宿。因此，在外谋生之人，多参加之。

哥老会活动，亦有可记。成立时，须举行开山立堂典礼，甚为隆重，每年集会二次：一在夏历五月十三日（有时提前或移后一二日）之单刀会，一在夏历年终之团年。会时必聚餐事，先由管事在街上张贴通知，宣布时间、地点及聚餐应缴份金。规模较大之团体，则须于前数日办理登记手续，预缴份金。其聚餐时间，皆在正午，地点在镇上茶社，份金不一[三十一年（1942年）每人纳20元]。单刀会时聚餐，须先至当地关庙祭祀，附带报告，并讨论会务，宣布提升与受罚姓名，然后介绍新会员。

哥老会本一秘密组织，清时以标榜"反清复明"，故遭严格禁止。然其人数与活动亦潜伏发展，组织亦日趋严密。民国以来，仍为盛行。政府元年虽曾明令禁止，而无实效。北碚近年加入者益多，地方绅士，大部加入，且为其领袖。农、工、商阶级，为其干部。故欲在地方有稳固地位，或寻求工作顺利进行者，常须凭藉其力量。年来即旅居北碚外省商人，亦有加入者，其中亦有大学生员，其势力雄厚有如此者！四川清乡会议时，军事委员会委员长蒋中正，有关于哥老会问题之训示，略谓："哥老会乃一种不合法的组织和分子，绝对不能予以纵容。尤其是共产党，现在对他们到处煽动诱惑，将来难保不影响社会治安。我们政府，绝对不能让这种非法的组织蔓延滋长，来妨害社会，牵动大局，一定要彻底防止，以达到我们安定社会的目的!"政府又有明令规定,所有哥老会,一律解散,曾加入者,须具退出切结,未加入者,亦应具以未加入切结。倘有不遵令办理,或秘密活动者,即受相当处罚。10月,管理局亦奉令取缔,但无实效。

三、旧式行会

行会为旧式帮会,即职业团体,犹今同业公会也。是等团体,各乡镇场上,或商业繁盛地域,皆为盛行。主要工商业,几无不有之。局境金刚碑一地,清朝即有船帮、力帮、牛帮、马帮、炭帮、纸帮、米帮等七帮会。前四会为劳动者所组成,性质近于工会,后三者系店主所组织,性质近于商业同业公会。帮会宗旨,在议定价格、订立规章、排解纠纷及联络情感。各帮由全体会员公推1人至3人为首事,负责一切会务。任期一年,届期改选,多于每年会员聚餐时行之。改选结果,于街上张贴通告一张,上书"下次当选首事"姓名,并注明"随社公选,勿得推诿"字样。帮会平时似无活动,但改定价格,或排解纠纷时颇著成效。届时首事召集临时会议,于茶馆中。民国三十一年(1942年)春,金刚碑力夫要求炭商增加挑运力资,当晚力帮、炭帮首事,各召集全体会员,到茶馆面商解决。此外又有每年定期聚餐者。如牛帮于夏历十月一日牛王会时举行,炭帮于夏历腊月聚餐,谓之"团年"。近年以来,政府督促各业成立同业公会,于是旧式帮会,多已依法改组,保留原有形式者,仅地方偏僻,民智不开之区域而已。

四、法团

上述团体,不合法定手续。合法之人民组织,乃人民依照法定手续与形式组织而成者。此种团体之管理,在实验区时代,由北碚区党部与区署共同负责,区署内务股即掌其事。然北碚人民团体,皆系职业团体,故实际上则由建设股之工商管理组代办。北碚管理局成立后,又以此项工作移交教育科,但建设股仍协助之。而党部则居于次要地位。人民团体依照规定,应同时向党政两方申请登记,但向党部登记者,远较向区署登记者为少。三十一年(1942年)春,区党部奉上级党部命令,以管理人民团体工作,全部移交北碚管理局。兹将三十一年(1942年)7月,北碚各乡镇在管理局正式登记之人民团体,分列于下:

一、团体种类及数目：已经登记之人民团体，全为职业团体，计有商业同业公会34，职业公会17，医师公会1，总计51。此外尚有商业会1，农会8。

二、地址：各团体地域分配，以朝阳镇为最多，其数21，次为澄江镇，其数10，白庙乡8，文星乡7，黄桷镇4，二岩乡1。

三、成立日期：北碚自二十五年（1936年）开始组织布业同业公会，惟不久改组。规成团体，其二十七年（1938年）以前成立者有4，二十八年（1939年）成立者9，二十九年（1940年）成立者6，三十年（1941年）成立者17，三十一年（1942年）成立者13，日期未详者2。民国三十年（1941年）以前，成立者多在北碚市区。其后社会部通令各地同业公会，不应偏重中心地带，且应普及于重要乡镇，并限是年11月以前，组织完成。故北碚乡镇依法组织之团体，以三十年（1941年）成立者为最多。

四、会员：会员分个人会员及团体会员两种。职业公会及医师公会为个人会员，同业公会为团体会员。个人会员最多者为149人，最少者仅9人，普通以四五十人者最多，团体会员最多者为76，最少者仅7个，普通则为二三十个。是等团体中有已将同地域内同性质之行号或职工人包括在内者，如朝阳镇之书业同业公会、大力业工会，乃全体书店或挑运工人组成。又有仅有一部分参加者，更有一部分为非会员者。如朝阳镇杂货业同业公会，仅大杂货店参加，滑杆业工会，亦仅有滑杆夫43人参加。在北碚市区兜揽乘客之滑杆夫，实尚多也。

五、组织：各团体皆系按照人民团体组织法选举5人至9人为理事，其中1人为理事长，总揽一切会务，1人兼理财务，1人兼理仲裁，1人兼理评价，1人兼理组织，另选监事1人至3人，理监事每月开会1次或2次，全体大会每年开会1次。医师公会则例外也。

六、经费：各团体因规模不同，经费亦甚悬殊。其收入多赖会员入会金与常年会费，入会金多为5—10元，于入会时一次缴付。常年会费多寡不一，普通每月5元，朝阳镇米粮业与绸布业两同业公会最少，每年五元。北碚书业同业公会，经费支配则系书记、薪津、文具及开会所需等费。

七、工作：各团体主要工作，为评议价格与排解同业纠纷，物价工资有时亦经同业公会规定。米店、肉店、茶馆、理发店、木船等行业是也。有须事先呈准北碚管理局者,惟行号虽入公会,但物价仍各自为政,杂货业尤甚。同一物品,时价高低,往往相差数倍。且同业之间,时有纠纷。又有少数团体,尚保留旧式,行会照例每年举行聚餐一次。医师公会于北碚市区,设有施诊所,免费施诊,亦善政也。

三十二年(1943年)以来,社会团体皆有可考,兹依其性质,按年谱之。

北碚管理局人民团体表

(1943年)

名称	性质	成立日期（年月日）	现有会员 个人会员 共计	男	女	团体会员 会员数	会员代表数	现有职员数	工作概况
全局	计		3160	3081	103	435	1090	608	
	商		611	611	—	421	1044	398	
	工		491	491	—	14	46	90	
	农		1727	1727	—	—	—	62	
	社		157	110	40	—	—	34	
	慈		148	85	63	—	—	12	
			63	63	—	—	—	12	
北碚管理局朝阳镇民船业同业公会	商	三十一年(1942年)6月20日	105	105	—	—	—	10	
北碚管理局黄桷镇民船业同业公会	商	三十一年(1942年)6月29日	149	149	—	—	—	8	
北碚管理局白庙乡民船业同业公会	商	三十一年(1942年)6月30日	45	45	—	—	—	8	
北碚管理局澄江镇民船业同业公会	商	三十一年(1942年)4月2日	92	92	—	—	—	8	协助平抑物价
北碚管理局金刚乡民船业同业公会	商	三十二年(1943年)12月4日	30	30	—	—	—	6	协助运输
北碚管理局龙凤乡民船业同业公会	商	三十二年(1943年)12月20日	20	20	—	—	—	8	协助运输

续表

名称	性质	成立日期（年月日）	现有会员					现有职员数	工作概况
			个人会员			团体会员			
			共计	男	女	会员数	会员代表数		
北碚管理局朝阳镇米粮业同业公会	商	三十一年（1942年）6月3日	—	—	—	11	33	12	监视会员严守会规
北碚管理局黄桷镇米粮业同业公会	商	三十一年（1942年）6月29日	—	—	—	8	26	8	监视会员严守会规
北碚管理局澄江镇米粮业同业公会	商	三十一年（1942年）8月5日	—	—	—	8	25	8	
北碚管理局文星乡米粮业同业公会	商	三十二年（1943年）12月15日	—	—	—	7	21	4	
北碚管理局白庙乡米粮业同业公会	商	三十二年（1943年）12月17日	—	—	—	8	26		
北碚管理局朝阳镇旅食业同业公会	商	三十一年（1942年）6月30日	—	—	—	23	70	16	协助政府安定物价监视各会员严守会规
北碚管理局黄桷镇旅食业同业公会	商	三十一年（1942年）7月5日	—	—	—	3	21	8	
北碚管理局澄江镇旅食业同业公会	商	三十一年（1942年）7月2日	—	—	—	7	20	3	
北碚管理局文星乡旅食业同业公会	商	三十二年（1943年）12月15日	—	—	—	8	25	4	
北碚管理局白庙乡旅食业同业公会	商	三十二年（1943年）12月17日	—	—	—	7	28	8	
北碚管理局黄桷镇屠宰业同业公会	商	三十一年（1942年）7月5日	—	—	—	26	78	8	

续表

名称	性质	成立日期（年月日）	现有会员 个人会员 共计	现有会员 个人会员 男	现有会员 个人会员 女	现有会员 团体会员 会员数	现有会员 团体会员 会员代表数	现有职员数	工作概况
北碚管理局澄江镇屠宰业同业公会	商	三十一年（1942年）8月4日	—	—	—	13	40	8	
北碚管理局文星乡屠宰业同业公会	商	三十一年（1942年）9月10日	—	—	—	17	17	4	平定物价
北碚管理局朝阳镇屠宰业同业公会	商	三十二年（1943年）11月30日	—	—	—	10	30	10	
北碚管理局白庙乡屠宰业同业公会	商	三十二年（1943年）12月11日	—	—	—	15	15	4	
北碚管理局澄江镇药材业同业公会	商	三十一年（1942年）8月24日	—	—	—	8	24	8	
北碚管理局朝阳镇药材业同业公会	商	三十一年（1942年）1月6日	—	—	—	7	22	8	
北碚管理局文星乡药材业同业公会	商	三十二年（1943年）12月15日	—	—	—	4	15	4	
北碚管理局朝阳镇菜蔬业同业公会	商	三十一年（1942年）10月1日	45	45	—	—	—	10	
北碚管理局白庙乡菜蔬业同业公会	商	三十二年（1943年）12月17日	10	10	—	—	—	4	
北碚管理局白庙乡石灰业同业公会	商	三十一年（1942年）6月24日	—	—	—	13	40	12	协办议价平定物价
北碚管理局龙凤乡石灰业同业公会	商	三十二年（1943年）12月11日	—	—	—	7	20	8	
朝阳镇木料	商	三十一年（1942年）7月2日	—	—	—	6	18	8	

续表

名称	性质	成立日期（年月日）	现有会员					现有职员数	工作概况
			个人会员			团体会员			
			共计	男	女	会员数	会员代表数		
澄江镇木料	商	三十一年（1942年）8月2日	—	—	—	7	20	8	
朝阳镇绸布	商	三十一年（1942年）7月2日	—	—	—	20	20	10	
文星乡布匹	商	三十二年（1943年）12月15日	—	—	—	7	7	4	
嘉陵江区煤矿业同业分会	商	三十一年（1942年）6月26日	—	—	—	19	19	8	
北碚管理局朝阳镇冶炼业同业公会	商	三十二年（1943年）2月2日	—	—	—	—	28	7	
朝阳镇杂货	商	三十一年（1942年）7月1日	35	35	—	—	—	10	
朝阳镇面粉	商	三十一年（1942年）7月4日	—	—	—	7	20	6	协助定量分配
朝阳镇盐糖	商	三十一年（1942年）7月26日	—	—	—	8	26	10	协助政府办理公卖
朝阳镇食盐	商	三十一年（1942年）8月17日	—	—	—	6	17	8	协助政府办理公卖
澄江镇茶馆	商	三十一年（1942年）8月17日	—	—	—	6	17	8	
朝阳镇教育用品	商	三十一年（1942年）10月1日	—	—	—	10	31	6	合作统办教育用品
朝阳镇鸡鸭蛋	商	三十一年（1942年）10月13日	30	30	—	—	—	10	协助政府办理议价
北碚管理局朝阳镇清油业同业公会	商	三十一年（1942年）10月14日	—	—	—	8	25	10	督促会员遵照限价
朝阳镇纺织	商	三十二年（1943年）1月1日	—	—	—	13	10	12	
朝阳镇服装	商	三十二年（1943年）1月1日	—	—	—	12	36	7	
朝阳镇帽装制革	商	三十二年（1943年）1月2日	—	—	—	11	32	9	

续表

名称	性质	成立日期（年月日）	现有会员 个人会员 共计	现有会员 个人会员 男	现有会员 个人会员 女	现有会员 团体会员 会员数	现有会员 团体会员 会员代表数	现有职员数	工作概况
朝阳镇蔑作	商	三十二年（1943年）1月2日	—	—	—	8	25	8	
朝阳镇豆芽	商	三十二年（1943年）1月23日	20	20	—	—	—	7	协助平抑物价
北碚管理局成会业同业工会	商	三十二年（1943年）1月21日	—	—	—	48	48	12	协助政府推行
朝阳镇水果业	商	三十二年（1943年）11月20日	30	30	—	—	—	10	
管理局纸烟业	商	三十二年（1943年）11月19日	—	—	—	4	13	6	
北碚管理局藤竹职业工会	工	三十一年（1942年）3月23日	—	—	—	1	23	10	
朝阳镇滑杆业职业工会	工	三十一年（1942年）7月23日	43	43	—	—	—	6	
朝阳镇滑杆业职业工会	工	三十二年（1943年）8月1日	106	106	—	—	—	6	
二岩乡滑杆业	工	三十一年（1942年）9月18日	54	54	—	—	—	8	
澄江镇理发	工	三十一年（1942年）8月4日	—	—	—	7	23	8	
朝阳镇理发	工	三十一年（1942年）10月13日	18	18	—	—	—	6	
朝阳镇人力车	工	三十一年（1942年）8月1日	16	16	—	—	—	4	兴办补习教育
澄江镇运输	工	三十一年（1942年）8月5日	56	56	—	—	—	8	
朝阳镇泥水业职业工会	工	三十一年（1942年）10月1日	65	65	—	—	—	6	协办工资限制
北碚管理局朝阳镇厨工工业职业工会	工	三十一年（1942年）10月1日	30	30	—	—	—	8	训练厨工讲究卫生
金刚乡兽运	工	三十二年（1943年）12月4日	50	50	—	—	—	10	

续表

名称	性质	成立日期（年月日）	现有会员 个人会员 共计	男	女	团体会员 会员数	会员代表数	现有职员数	工作概况
朝阳镇石工	工	三十二年（1943年）12月6日	37	31	—	—	—	6	
朝阳镇斗量业	工	三十二年（1943年）12月21日	16	16	—	—	—	4	
隆昌旅碚同乡会	社	三十一年（1942年）10月1日	50	32	18	—	—	12	
合江旅碚同乡会	社	三十二年（1943年）1月1日	30	18	12	—	—	12	
南川旅碚同乡会	社	三十二年（1943年）11月17日	70	60	10	—	—	10	
世界红十字会北碚分会	慈	三十二年（1943年）7月21日	148	85	63	—	—	12	指导并自办慈善事业
北碚管理局中医医师公会	自	三十一年（1942年）9月7日	63	63	—	—	—	12	监视会员严守会规
黄桷镇农会	农	三十二年（1943年）5月2日	320	320	—	—	—	4	推行增产
北碚管理局文星乡农会	农	三十二年（1943年）5月8日	94	94	—	—	—	6	增进苞谷产量
龙凤乡农会	农	三十二年（1943年）5月13日	100	100	—	—	—	8	增产运动
金刚乡农会	农	三十二年（1943年）5月26日	334	334	—	—	—	10	推行增产
二岩乡农会	农	三十二年（1943年）5月28日	47	47	—	—	—	10	推行增产
澄江镇乡农会	农	三十二年（1943年）5月30日	302	302	—	—	—	8	推行优良新种
白庙乡农会	农	三十二年（1943年）6月2日	230	230	—	—	—	6	生产竞赛
朝阳镇乡农会	农	三十二年（1943年）11月7日	300	300	—	—	—	10	增加农产

说明：1.各会经费来源，临时摊派，由各分会员分担，数额不定。

2.团体性质之综语，计即共计，商即商人团体，工即工人团体，农即农人团体，社即社会团体，慈即慈善团体，自即自由职业团体。

北碚管理局人民团体表

（1944年3月）

类别		黄桷	文星	龙凤	金刚	二岩	澄江	白庙	朝阳	北碚	总计
工会	团体		1	1	1	1	1		6	1	12
工会	会员		8543	20		54	4043		281	16	12957
农会	团体	1	1	1	1	1	1	1	1	1	9
农会	会员	771	94	37	334	47	302	230	300		2118
公会	团体	4	5	1	2		10	5	19	6	52
公会	会员	271	99	20	80		234	124	630	172	1561
同学会	团体									2	2
同学会	会员									70	70
同乡会	团体									4	4
同乡会	会员									80	80
商会										1	1
慈善	团体									2	2
合计	团体										82
合计	会员										16986

北碚管理局人民团体单位及会员数目表

（1944年度）

类别		总计	社会团体	商人团体	工人团体	农人团体	自由职业团体
单位		76	13	44	9	9	9
会员数	个人	10670	31345	21694	11736	2088	227
会员数	团体	105		105			

社会事业志

朱希平

社会事业,渊源于慈善事业,嗣由慈善事业渐进而成为社会救济事业,再从社会救济事业发展到积极之福利事业。举凡儿童福利、儿童保育、贫民救济、社会服务、劳工福利、荣军福利,均于本志叙述之。北碚及所属乡镇有上述性质之机构达17所,胪叙如次,以见梗概。

社会部北碚儿童福利实验区

一、沿革

社会部以推行儿童福利,健全儿童幼苗,为建国之最基本工作;乃于三十二年(1943年)1月18日派章柳泉先生为社会部北碚儿童福利实验区筹备主任,组设筹备处,拟定实验区计划,呈奉批准。购买中山路32号民房为区本部,及基地4亩建筑托儿所、福利所,即今中山路32号社会部北碚儿童福利实验区及其业务机构托儿所、福利所也。

实验区以北碚管理局辖境为范围,将一般儿童福利业及特殊儿童福利事业,分别作有体系之设施,并研究实验其实施之方法,编印实验研究之结果,以供各地参考。此乃实验区之设置目标,用科学方法,使一切设施合理化,从多方适应中,使一切设施制度化,运用实验研究结果,使一切设施标准化,此乃实验区一切事业之设施原则。

二、组织

实验区行政部门设总务、业务、推广、研究4组。关于文书、出纳、庶务及不属其他各组室事项,由总务组掌理;关于各项儿童福利事业之规划实施事项,由业务组掌理;关于儿童福利之展览、竞赛、访问、宣传、运动及其他儿童福利事业之推广事项,由推广组掌理;关于儿童福利事业之设计、研究、试验、调查、编辑、移译事项,由研究组掌理。此外,另设会计室、人事管理员室及统计员室,分别掌理会计、人事、统计事项,并设副主任,协助主任综理全区事务。

实验区业务机构设立托儿所、托儿站、儿童福利所、儿童福利站,举办各种有关儿童福利之调查、访问及展览。洽办工厂与公务机关附设托儿所及乡镇托儿所,并从事各项儿童福利事业之研究实验工作。三年来,殚精竭虑,确已建立规模。且社会政策业经六全大会决定,儿童福利事业之待研究实验者极多。实验区当能黾勉从事,多所贡献,俾便儿童福利事业日进而未有已也。

二、业务

(一)托儿所

托儿所于三十二年(1943年)7月筹备,同年12月15日开始受托,翌年5月15日补行开幕典礼。儿童寄托半年为一期,得先申请登记。每期开始,视原有儿童缺额多寡,定期招收或依登记先后分别通知,顺序甄选递补。托儿名额定100名。入所受托儿童:依年龄计,以3岁至4岁5个月,暨5岁5个月者较多,依性别计,男性为63%,女性为37%;依费别计,全免占40%,半费及自费各为30%;依籍贯计,分属16省市,其中江苏籍占三分之一弱,次之为皖、鄂、川、浙、湘、冀、闽等省。依儿童家庭职业计,公务人员较多,约居三分之一强,教育、军警、商业、司法、工业等次之。

1.组织

托儿所设保育、教导、健康三股,分别办理关于儿童入所、出所、日常生活辅导,儿童编组,教学实设,课外活动,成绩考核、登记与展览,及儿童健康检查、缺点矫治、疾病预防与诊疗等事项。

另设下列两委员会:(1)收容儿童审查委员会———办理申请入所儿童审查事宜;(2)儿童营养指导委员会———研究有关儿童营养之各项问题,如日常膳食费用之支配、稽核及儿童营养之研究改进事项。

2.设备

建筑部分,托儿所有教室、寝室、办公室、隔离室、膳堂、盥洗室、游戏室、运动场及花园等。儿童福利所之设备,可供配合互用者,有浴室、理发室、娱乐室及大礼堂等。

游戏器具有:大型空心积木、小型积木、皮球、线球、竹圈、沙箱、傀儡戏、洋娃娃家庭、各种交通器具、布制小动物、各种小乐器及各种含有常识性之玩具,如穿孔玩具、计数彩珠、拼图板及几何形体盘等。

运动器具有:秋千、滑梯、攀登架、小推车、摇船、摇马及球类等。

卫生设施:除托儿所之隔离室外,实验区儿童福利所诊疗室及疗养室之设备,均可利用。

3.保育

儿童日常生活——晨7:00起身洗漱,7:30早餐,8:00至9:00晨间检查(日托儿童入所)。9:00至10:00教学活动(包括升旗早会),10:00至10:30点心,10:30至11:30教学活动,11:30至12:30午餐及清洁活动。12:30至2:00午睡,2:00至2:30户外活动,2:30至3:00点心及静息,3:00至4:30教学活动(包括降旗夕会)。4:30至5:00户外活动(日托儿童接回),5:00至5:30晚餐,5:30至6:00户外活动,6:00至7:00清洁活动,7:00就寝(夏令时间另订)。

儿童监护——实施保教合一。日间由教师保育员及保姆就各项活动共同负担监护,白天每人平均监护儿童6人,夜间全托部分,由保姆负责监护。保育员、护士协助指导,平均每人监护10人。

膳食管理——每日餐点,由保育、健康两股开具食物单,分别派员检查验收,并指定熟谙营养之保育员1人,专办采买监厨及餐点分配事项。

整洁活动——内衣3天换洗1次,被褥每周洗濯1次。夏令及临时遇有必要时,则更勤于洗濯,每周普浴1次(夏令每天1次)。每日晚间洗脚1次,两周理发1次。

4.教导

儿童编组——按年龄以2岁至2.5岁、2岁半至4岁、4岁至5岁、5岁至6岁者分为亲、爱、精、诚4组。并依智力测验结果及平时学习情形,酌予弹性升降。

课程内容——参考教育部所颁幼稚园课程标准,编订"我们的课程标准"一种试用。精、诚两组分音乐、故事、儿歌、游戏、常识及工作等项。而亲、爱两组,则将其科目及程度均为之减轻,以音乐、游戏及观察等3项为主。

教学法及教材——采用设计教学法。每月各组预订若干教学大单元,随时实验并修订。其教材除一部分选用一般幼稚园教材外,其余自行编订。

教学要点——亲、爱两组不采集团活动及上课形式。各组均注重作业环境之布置,并尽量利用儿童对作业之自然兴趣与其自由活动,多与自然界接触,而实施直观教学。

家庭联系——每3个月举行家庭访问1次(远程采用通讯方法)。三十三年(1944年)5月及12月并先后举办恳亲会及儿童成绩展览各1次,并将每个儿童之生活记载簿(记载儿童体格、学业、生活、技能、习惯等进展情形)及各种表册详示儿童家长,藉以征询其意见,共谋儿童教育之改进。

5.健康

健康检查——(1)每天举行晨间检查;(2)每月举行体格检查。

卫生检查——(1)每日举行膳食、饮水的卫生检查;(2)每日举行所舍环境卫生检查。

缺点矫治——凡检查有缺点,如砂眼、中耳炎、皮肤病、淋巴腺肿胀等之儿童,按时予以矫治。三十四年(1945年)一年中,砂眼已治愈者约50%,中耳炎已大部治愈,皮肤病例甚少,淋巴腺肿胀之儿童予以特别营养食品及滋补药品,进步甚速。对于龋齿、扁桃腺过度肥大、鼻耳等应送医院矫治之缺点,均通告(各)该童家属注意,早谋诊治。

疾病预防——按期举行天花、白喉、霍乱、伤寒等症之预防接种注射,凡儿童偶有精神不适、食欲不振等情况时,即由医师详细诊察,以防病于未然。

疾病治疗——视其病患轻重,设法治疗,同时通知儿童家长,如过重病,即转送医院诊治。根据三十三年(1944年)儿童疾病治疗统计,依病症种类计,以流行性感冒、麻疹、支气管炎及百日咳4种居多,疟疾与眼结合膜炎次之。依月份计,以3、4、5月份患者最多,1及7月份次之,各症治疗经过均良好,无死亡者。

(二)北泉托儿站

北温泉系风景地区,有不少机关与住户。实验区为解除北泉公务员与一般职业妇女之儿女牵累,及推广与倡导托儿事业起见,特在此设一简单经济之日间托儿站。

1.站址

托儿站自三十三年(1944年)5月成立,最初站址系借用北碚公园内大佛殿之一角,用布隔开,作为儿童室内活动间。公园每一地域都可供儿童户外活动之用。每当北泉游客见托儿在草坪上活动时,咸谓"此系天堂"。后因大殿门窗不全,冬天过于寒冷,乃设法迁至北温泉松林。站址系借用中华教育电影制片厂礼堂。房屋宽大,光线充足,窗子低而多,颇适合儿童活动。室外环境优美,并有广大草坪,可供设置户外游戏器具。

2.经费设备及组织

托儿站开办时用去3万元开办费。组织及设备均以经济为原则。站内设站长兼教师、保姆、工友各1人,均由区内调用。站长兼教师,主持行政及教导,保姆协助站长进行教导工作,并处理儿童日常生活事宜。每月办公费700元。托儿除点心费外,不缴任何费用。

设备除小桌椅及游戏器具外,尚有小床供儿童午睡,至于玩具,大都均系自制,力求经济耐用,并具教育意义。儿童对园艺颇感兴趣,于是教师便领导大组儿童开辟小园地一方,种有蔬菜,并植花木,训练儿童自己灌溉保护。

3.儿童在站情形

每日上午8时至11时半,下午1时半至5时为受托时间。上午主要课程为早会、常识、工作、餐点、静息、儿歌、音乐;下午主要课程为故事、游戏、读法、日记图等。

依照儿童年龄及学习能力,分成大小2组,以利教学。4岁至6岁为大组,4岁以下为小组,现有儿童28名,年龄自1岁至6岁。每周教学活动,均按照预定单元实施。儿童在站活动情形,教师随时记载,作教育实施参考及研究改进张本。

4.教育原则

托儿站以儿童为中心,实施活的教育,多让儿童动,多让儿童想,多让儿童看,决不主张儿童呆坐在教室内看几张挂图。尽力使儿童接近大自然、大社会,并以养成优良的习惯、健全的身体、乐观的态度为目标。

当进行教学活动时,教师只在旁协助领导,决不代替儿童做,使儿童多发表(现)机会,至于儿童之学习成绩,均按月报告家长。

5.儿童健康情形

健康最重要,6岁以下儿童之健康,更不可忽视。托儿站招收托儿时,患有传染病者决不收托。托儿站虽无医师,但区内医师每月按时来站检查儿童体格,并测量身长体重。至天花预防及传染病预防,亦由区内医师按时来站,予以预防接种。一年来尚未有患重病者,一般健康情形均甚良好。

6.家庭联络

托儿站为欲增加教育效率,并明了儿童家庭生活情形起见,常作家庭拜访,并举行恳亲会,家长亦不时来站探视。一年来,每个托儿家庭对托儿站均甚了解,感情融洽,托儿站与家庭已打成一片。

(三)儿童福利所

儿童福利所于三十三年(1944年)7月开始建筑,同年11月建筑完成。计建有大礼堂1座,化装(妆)室、诊疗室、妇婴保育咨询处、候诊室、药房各1间,儿童病室2间,日光浴台1座,娱乐室1间,电影放映间1间,球场1块,自然室1间,社会室1间,美术室1间,工作室1间,图书室2间,理发室1间,淋浴室1间,服务室1间,办公室3间。同时,拟定各项章则办法,主要者计有福利所组织章程、办事

常规、工作计划等。一切准备就绪,于11月初旬先行开放,12月25日正式开幕。兹将各部门工作情形,择要说明于次:

1. 保健部门

保健股设有医师1人,护士2人,助产士2人。日常工作为贫病儿童诊疗及妇婴保健、缺点矫治、种痘、防疫、健康检查、家庭卫生顾问等。关于妇婴保健工作之推行,分调查、检查、助产、访视、指导等步骤。一切均有记载。6月以来,计已助产30余人,妇婴皆甚安全。贫病儿童诊疗,每月就诊儿童平均300余人。

2. 康乐部门

康乐股掌理体育、游戏、音乐、戏剧各项活动。娱乐室经常活动用具,有棋类20余种,及彩签、积木等。乐器设有锣鼓全套及口琴等。游戏器具计有木马、摇船、联合运动架、巨人步、平均板、吊梯、手车等。球类分板羽球、圈网球、台球、排球、克罗克球、垒球等。儿童来所自由活动,另有儿童剧团及合唱队之组织。每周星期一有儿童晚会,放映教育电影或表演话剧与歌舞。平均每日来所参加康乐活动儿童数约有150—200人。

3. 学艺部门

学艺股工作,专以善教为范围。自然室实验工作,以兴趣为中心,从实验中获得理论。社会室研究,每月定有单元,提示研究方法,并供给研究资料。美术室注重欣赏与创作。工作室指导儿童集体地、有计划地制作工艺品。图书室不仅供给阅读书籍,并指导发现书中道理,批评书中内容。同时指导练习创作,在《儿童半月刊》中发表。每日至各室研究或习作儿童各在30人左右。至对失学儿童,设有补习班。现收容儿童30余人,按其程度施以分组教学。

4. 指导部门

指导股工作,比较广泛而重要,现有工作计分:

(1)幼儿园——集合2岁半至6岁幼儿,作团体活动。目的在培养幼儿之良好习惯与快乐活泼情绪。现在园幼儿60名,由导师3人领导,分组活动。

(2)儿童团——6足岁以上、14足岁以下儿童,组织儿童团,目的在养成儿童团结互助精神与集体活动之习惯。现有团员432人。基本组织分大队、中队、小队。团设干事会,由儿童自行选举干事,负责团务。

(3)父母会——以研究推广妇婴保健,儿童心身健康为宗旨。现有会员300余人,除经常会务由会员自选干事负责外,每月并举行座谈会1次。座谈会前先定中心问题,座谈时并请专家讲演指导。

(4)儿童行为指导——指导儿童行为,分通讯、调查、咨询、座谈4种方式。目的在指导儿童正常行为,使依一定程序发展。纠正儿童不正常行为,使趋向正常发展。此项工作,现正与父母会工作密切联系。

5.服务部门

服务股之设置,专为儿童服务。现有设施,为儿童日常生活之经理。计分理发室、浆洗房、淋浴室等。并正计划经营儿童餐室,保育用具代办部。至不幸儿童之救助,如收送弃婴、救济战区来碚儿童等工作,均积极推进中。

6.各项活动

福利所活动,经常分下列各种:

(1)儿童集会——视季节之不同,分别举行各种集会。

①新年团拜会——三十四年(1945年)元旦日曾举行儿童团拜会,参加儿童约800人,并有舞蹈、歌咏及表演等节目。

②儿童节庆祝会——三十四年(1945年)儿童节曾扩大庆祝会,凡北碚区各地儿童均来所参加,情况至为热烈。

③月光会——三十三年(1944年)9月间在福利所筹备时期,即举行秋季月光会1次,到会儿童均参加歌咏、故事及表演节目。

(2)儿童晚会——每周或间周举行儿童晚会,表演歌舞、讲笑话、演奏音乐以及放映教育电影等。

(3)各项比赛——福利所经常举办各项比赛,规模大者,北碚全境儿童均参加;规模小者,北碚市区及附近地带儿童参加。计有:踢毽子比赛,儿童健康比赛,演说比赛,体育表演。

(4)其他工作——福利所为发动社会力量并为推广儿童福利起见,曾组织各种委员会,设计并推行儿童福利业务工作如下:

①成立北碚儿童救助委员会——福利所鉴于北碚境内有不幸儿童,为救助此辈儿童,特邀请地方人士合组北碚儿童救助委员会,主持救助事宜,现在发动社会人士筹募基金。

②成立儿童福利幻灯片编制委员会——中国儿童福利协会曾委托实验区及中华教育电影制片厂,编制儿童福利幻灯片,并经指定由实验区研究组及福利所人员,会同中华教育电影制片厂人员,合组编制委员会,主持其事。计划第一期先编制幻灯片10套,现已编成3套,其中1套已摄制完成。

(四)北碚自谋生活儿童福利站

职业儿童之产生,泰半由于贫穷问题之结果。救助之道,积极方面应全国推行社会保险或举办家庭补助;消极方面,应改善彼等之生活,予以适当之教育,使之自立自助,以奠定良好公民之基础。前者非一时可以实现,后者则非较难之工作。经实验区调查,发觉北碚擦皮鞋、卖报一般职业儿童,大多数无家庭散居旅社,宿膳需费甚多,备受旅馆主人剥削,且无受教育机会。实验区依据研究之所得,因与北碚儿童救助委员会合办自谋生活儿童福利站,租得中山路69号房屋1幢,先以北碚市区职业儿童为对象,收容擦皮鞋、卖报、小贩、运力等贫苦无依儿童20人,为彼等谋求福利,并作研究与实验之中心。

1.设置目的

(1)改善并安定职业儿童之生活。

(2)实施童工之教育。

(3)治疗疾病,解决困苦。

(4)研究实验职业儿童之各种问题。

2.组织及任务

福利站设指导员1人,干事1人,由实验区主任指派之,另设顾问5人,除由实验区推广组长、业务组长、儿童福利所所长担任外,以实验区及北碚儿童救助委员会名义合聘北碚管理局社会科长、教育科长担任之。福利站之任务,有下列4项:

(1)生活改善　改善衣、食、住,并解决其困难问题。

(2)教育辅导　灌输一般知识,指导休闲活动。

(3)医疗卫生　促进环境卫生,诊治并预防生理、心理之疾病与缺陷。

(4)研究实验　研究职业儿童问题与解决之方法。

3.工作内容与实施

(1)生活改善方面

①膳食　第一步,组织膳团,向实验区包饭;第二步,办理食堂,指导儿童自理。

②住宿　第一步,租用房舍;第二步,建筑房舍,设置双人床铺,每人供给一铺位。

③被服用具　购置盖被、垫被、被单、蚊帐,每人各1床,衬衣裤、工装每人各1套,食具、盥具,每人各1副,书籍、文具酌发。

④鼓励储蓄　按各儿童每日工作所得,规定合理办法,分别办理。

(2)教育辅导方面

①补习教育　每日晚间2小时,其每周课程分配如下:

识字,6小时,发给民众学校课本,或自编教材。

计算,3小时,心算、珠算练习。

公民,1小时,着重史地常识。

时事,1小时,一周时事概述。

②自治训练　暂收儿童20名,分为4小组,采取民主方式,自选组长为该组代表,一切生活厘定规律,自动遵守。

③休闲指导

体格锻炼,如爬山、打板羽球等。

娱乐活动,如着棋、看电影等。

精神陶融,如精神谈话、指导阅读书报等。

(3)医疗卫生方面

①督促儿童自行爱好清洁,保持环境卫生。

②预防疾病及传染病。

③身体疾病之医疗。

④心理疾病之诊断与处理。

以上各项,由实验区诊疗室协同办理。

(4)实验研究方面

①关于上述各项工作进展,随时研究改进并记录。

②儿童个案之研究。

四、经费

实验区经费,以三十四年度(1945年)为标准,全年度经常费预算核定为234.8万元,临时费(房屋建筑及充实设备等项)预算核定为600万元,公务员生活补助费核定为6671.8万元,公粮费核定实物13800斗,至自谋生活儿童福利站开办费为74万元,系由美国援华会捐助,办公消耗费仍在实验区经费内匀之。

五、职员名录

主任,章柳泉;副主任,郭子通;总务组长,高宝因;业务组长,邵鹤鸣;推广组长,陈霞影;研究组长,朱希平;会计主任,李昌潭;人事管理员,陈金荣;统计员,黄正邻;主任医师,蔡中杰;研究员,范雪因;研究员,万惟祯;研究员,蔡善培;研究员,吴锦春;研究员,孙名之;指导员,黄起鸿;指导员,黄人颂;指导员,陈孝光;指导员,谢西峰;指导员,唐庆余;干事,赵景尧;干事,董育麟;干事,李淑芳;干事,童启华;干事,张文宽;干事,何朗青;干事,骆炳麒;干事,施侁;干事,潘琇瑛;助理干事,刘章;助理干事,吴少安;助理干事,许开眉;助理干事,潘志琦;佐理员,蔡纪臣;助理员,章镜影;办事员,唐强;事务员,吴大卫;事务员,杨起珪;书记,王兆蕙;书记,赵心恕;书记,韩定一;托儿所保育股长,梁仲筠;教导股长,周令本;教师,楼鸣燕;教师,刘莹瑛;教师,刘树祺;教师,卢震寰;教师,黄淑明;教师,洪文瑾;保育员,周亚民;保育员,陈嘉灿;保育员,邓利铃;保育员,费舜智;保育员,尤学尧;保育员,汤慧珊;保姆,王教臣;保姆,赵棠荫;保姆,奚曼君;保姆,许延庆;保姆,陈彰玉;保姆,刘景琴;保姆,程棂川;干事,王立本;助理干事,段学渊;书记,蔡继元;实习生,洪颐;福利所所长,徐允昭;康乐股长,徐簏;服务股长,孙鹏;学艺股长,高培俊;指导员,曹光辉;指导员,陈士炯;指导员,王德伟;干事,张光贞;干事,殷玉之;干事,黄蕴如;干事,王传声;干事,邓树峦;助理干事,范教熙;助理干事,陈兰荃;教师,李珍玉;助产士,和映芝;助产士,廖国光;护士,陈璧如;护士,王鉴明;护士,翟复;事务员,姜韵□;书记,王为华;书记,俞严德;书记,程毅;技工,陈战荣;实习生,潘绐武。

澄江镇托儿所

一、沿革

澄江镇商业繁荣,机关众多,社会部北碚儿童福利实验区为解除是镇公务员与一般职业父母之儿女牵累,分负其教养责任及推广与倡导托儿事业起见,叠向北碚管理局及澄江镇公所宣传接洽,卒获协议,着手筹备。受托儿童于三十四年(1945年)10月10日开始活动,11月12日举行开幕礼。计儿童12人,现增至42人,超过规定名额2人,该镇需要托儿所情形可知。

二、设备组织及经费

托儿所设镇公所内,房屋新建,课室一大间,餐室一小间,空气光线均甚适宜,户外活动场所宽阔,并有广大草坪,可供设置户外游戏器具。唯广场即澄江镇中心国民学校操场,儿童游戏及器具保管宜多当心,设备可敷应用,员工配备,仅教师1人,保姆1人,女工1人,开办费主办机关拨付34万元,社会部补助20万元,经常费每月薪津7.5万元,办公费4000元。

三、儿童活动情形

儿童全为日托,每日上午8时半至11时半,下午2时至4时10分为受托时间。上午主要课程为早会、常识、工作、餐点、静息、儿歌、音乐,下午主要课程为故事、游戏、读法等。教育原则,全以儿童为中心,实施活的教育,家长教师,互相访问,藉收联络功效。三十四年(1945年)12月曾举行儿童工作展览会,家长均来参观,中央测量学校学生及宝源公司工人前往参观者亦夥。

四、教师、保姆名录

教师赵纯冰,保姆张冠英。

社会部重庆第四育幼院

一、沿革

社会部重庆第四育幼院,设在北碚江北大沱口,先为难童抢救收容所,嗣改为重庆儿童教养院第三分院,自民国二十八年(1939年)11月1日改组为赈济委员会重庆第三教育院,三十四年(1945年)1月1日改隶社会部,易称现名。

二、组织

育幼院设院长1人,综理全院事务,院长下分设教导、生产、事务3组及会计、医务2室,掌理各该组室应办事宜。职员男25人、女15人,工人男32人、女8人,员工共80人。

三、业务

(一)儿童收容

儿童收容,系按照前赈济委员会规定,专收7岁至14岁由战区逃来难童暨抗属及贫苦无依儿童,规定名额300名,三十四年(1945年)因接收湘境教养所抢出之儿童,扩为500人。现在籍儿童男245人,女157人,共402人(原稿误为400人)。

(二)教养设施

1.保育概况

(1)衣:冬季发给棉大衣、棉背心、夹制服,其余各季发给制服及衬衣等。

(2)食:每人每月食米2斗2升、猪肉1斤、油盐各12两,每日蔬菜各1斤。组有膳委会,一切事宜,由儿童与职教员共同组织办理。

(3)住:每童卧具,各有被褥、被单各1件,复有单被、蚊帐及草席各1件。

(4)用具:每童备有漱洗用具,并另有盆桶、衣箱等。

2.教育概况

儿童学级编制,系依据儿童年龄及程度为标准。并依照教育部颁布之小学课程标准,编配实施。所用课本,概用国定小学课本为原则,并设有图书馆以备儿童课外阅读。

3.训育情况

儿童训育,系日常生活中实施以管、教、养、卫之生活训练,兼用童军训练方法以鼓励儿童自发学习兴趣,并实施精神与行动训练,备有简单运动器具,以为儿童游戏练习,俾能促进其体格强健。

(三)儿童安置

育幼院系完全小学教育儿童,小学毕业或年龄过大者,均由院负责保送升学或介绍习艺。除出院时被服、用品及旅费由院发给外,其入学肄业及在工厂习艺期间之一切经常费用,仍由育幼院主管机关按时径予补助,以使安心深造。

四、经费

三十四年度(1945年),经领主管机关拨给经常临时费及战时津贴计2266.868619万。

五、职员名录

院长,张景峰;教导主任,王家慧;事务主任,吴绍宁;生产主任,卫平章;会计员,陈慕松;教员,殷业诚;教员,李汉斌;教员,钱业茂;教员,罗奎生;教员,谈奇;教员,潘长城;教员,刘青萍;教员,张敏;教员,方乃斌;教员,万少玉;教员,相贵发;教员,王序芳;教员,陈桂珍;教员,丁才善;训育员,马元善;教务员,胡志国;童训员,张楚萍;保育员,章琼莹;保育员,刘静予;会计佐理,朱文贞;技术员,伍修模;生产指导员,刘致舫;生产指导员,冯德仕;生产指导员,王碧霞;医师,冯佩琼;护士,华瑾;护士,刘梦符;护士,李心平;事务员,周浩宇;事务员,李振武;事务员,桂健秋;事务员,张兴康;事务员,温敏;录事,刘陛芳。

红十字会北泉慈幼院

一、沿革

慈幼院创办于民国二十八年（1939年）5月，专收战区难童，抗属子女与无依孤儿，予以幼稚园及小学之教养。是年7月，西康教养院停办，儿童百余人并入慈幼院。三十三年（1944年），湘桂战急，慈幼院应中国急救儿童联合会之特约，代为收养该会所收儿童。三十四年（1945年），战区儿童保育会四川分会第八院停办，慈幼院代为收养儿童18名。在院及升学习艺之儿童共有873名。

二、组织

慈幼院主办机关为董事会，王正廷先生任董事长，董事会聘请院长，院长聘请教导、保育、总务主任3人及教职员17人分掌院务。全体教职员，男4人，女17人。工人，男18人，女6人。

三、业务

慈幼院院长1人，负院务总责，副院长1人，协助院长办理院务，教导处主办编级、课业教务、考试升学与就业指导等工作。现慈幼院分有婴儿院、幼稚园及小学一年级至六年级双组。毕业生升入大学者3名，专科者7名，职业学校者50名，高中者70名，初中者200名，就业者213名，现在院者330名。保育处主办儿童饮食、起居、衣着之管理与生活之指导，及卫生疾病之监护。慈幼院儿童生活标准及健康情形与普通正常儿童相等。总务处主办购置、修缮、生产、保管及工人训练与管理。慈幼院有缝纫、竹工、木工、搬运与农场等工作，夏、秋、冬三季蔬菜可以自给。

四、经费

慈幼院经费以月计，经常费（包括薪津、办公费、事业费）98万元，临时费1.5万元，共99.5万元。其来源每月政府津贴25万元，社会人士捐助34.5万元，其他收入40万元。

五、职员名录

院长,周之廉;副院长,郑金章;总务主任,田数五;保育主任,周颖;教导主任,莫美心;会计,黄矩平;出纳兼保管,申德惠;农场管理,金叔平;事务员,林昭静;事务员,王云祥;院医,王俊侃;护士,刘文淑;保育员,郭竹君;保育员,李秀珍;教员,王惠;教员,蒋寿森;教员,黄远辉;教员,胡世秀;教员,张莲芳;教员,汪恒;教员,李劲柏。

世界红十字会北碚分会

一、概况

北碚分会依据重庆世界红十字会之组织规章组成,会址在中山路55号,于三十一年(1942年)正式成立。设会长1人,副会长4人,分总务、慈善、宣传、文书、会计、庶务6股,各股庶长1人,分掌职务。经费每年俸薪13000元,办公费67000元,由主办机关拨给,另有开支需要时,悉由会员捐助,究以经费之窘乏,业务无法开展。唯夏季之施送暑药与冬季之发赈岁米,以及平时之施送棺木,办理临时赈济等,则碚地之贫病者受惠确大。

二、职员名录

会长,王尔昌;副会长,冯智舒;副会长,冯玉泉;副会长,蒋瑞生;副会长,熊明甫;总务股兼文书股长,冯戬斋;慈善股股长,李文彬;宣传股股长,刘锡丰;会计股兼庶务股长,李君实。

北碚管理局社会服务处

一、沿革与组织

服务处由北碚管理局主办,地址在天津路25号。三十二年(1943年)12月底开始筹备,三十三年(1944年)2月1日正式成立。设主任1人,下分总务、业务、服务、计核4股。每股设股长1人、干事1人、助理干事1人、服务生1人,唯因经费支绌,紧缩开支,现在仅有职员5人,工作多利用业余生活社社员推动。

二、业务

(一)生活服务

1. 旅居向导　北碚为有名之风景区,凡游艺团体及迁徙到此者,若非事前有熟悉本地情形者为之向导,往往受时间及经济上之损失,且不能游所必游或达到预定之目的,服务处针对此种情形,除于江干设立旅客休息处及交通服务站为游览人士协助解除有关旅居之困难外,并可派专人作向导工作,及为行旅者排定参观日程,代购船票等。计成立以来,答复旅居咨询5380次,领导参观团体64个单位。自本年1月份起并代购船票187张。此外交通服务站并办理:(1)行李代运;(2)代订房间;(3)代售土产;(4)供应茶水。该站系服务处委托职工福利所代办,现在正筹备开幕,另有旅客休息处亦已成立。

2. 法律顾问　北碚民众以农民及工人为多,因知识水准和社会地位关系,往往为人欺凌,而又苦于无法申诉。为保障人民法益,服务处除邀请住北碚名律师担任法律顾问,指导民众法律事宜,经常为民众解答法律疑难,指导民众缮写诉状,解除人民痛苦,并由管理局特聘上海名律师袁景唐先生为民众律师,经常住处。服务以来,工作更形紧张。实际上服务处已成为非正式的调解法庭,民事纠纷,日必数起,大有接应不暇之势。三十三年(1944年)1年,代拟诉状约据128张,调解纠纷解答法律疑难569次。此外并为贫妇万李氏代理出庭一次,并编行《民众法律常识及诉讼手册》,共3万余言。

3. 人事调查　自三十四年(1945年)1月起,服务处陆续举行各事业机关调查,2月内完竣。整理后将再联络户籍室,举行住户调查,凡有远方来碚觅寻亲友而不知其确切住址,只须述明其姓名、性别、年龄、籍贯、职业等,服务处即可协助其寻找,2月份曾因此护送难童二人赴教养院。

4. 代理租佃　田土房屋之出租、觅租、售出、买入等,按一般旧例,往往经中人之介绍始得成交,并必须付出中人费、契约代写费、吃合食等。服务处为便利民众节省上项糜费计,凡有出租、觅租、售出、买入等,只须至服务处登记,即可为之介绍,并有律师为之作证人,代为缮写各种约据,完全不取费用。三十三年(1944年),出租者122人,觅租者588人。三十四年(1945年)1月至3月,出租者11人,觅租者49人。

5.行李寄存　为便利游居本地携带重量行李觅人或工作不便者短时之置放而设,不取任何费用。三十三年(1944年)行李寄存者,计大件共692件,小件共2088件。三十四年(1945年)1月至3月大件50件,小件174件。

6.迁移登记　为便利住户或商家迁移后有人寻问而设,计登记者16户。

7.其他　代写书信、邮件留转、遗物登记、失物招领等,不胜详举。

(二)文化服务

1.图书阅览　北碚为文化区域,但市内较充实之公共图书阅览地方,除管理局民众图书馆外,职业民众一到休息时间,一无消闲之地。服务处成立后,同时设立公共阅览室1所,经常置有报纸14种、刊物76种,供人阅览。以上书刊,完全系服务处征募得来,以内容充实,阅览人数颇形踊跃,又为吸引读者明了各书刊内容计,每周并有新到书刊内容介绍。刻正着手《论文索引》之编辑。年来到处阅览人数,共计30604人。

2.文化展览　艺术品及古物之欣赏,往往为少数人士所独享。服务处为推广普及以提高民众艺术兴趣及对事问题有深刻之了解起见,特邀请名画家,收藏家及英、美大使馆,每月举行古物展、画展及战时画片展览1次,参观人数迄今共达119040人。

3.补习教育　为指导青年升学及业余进修起见,服务处设有补习夜校,分英语专修班、普通班、中级班、高级班。

(1)英语专修班:系以养成通译人员为宗旨,适合大学程度,现已开课,有学生25人,于每周一、三、五授课两小时。

(2)普通班:系以商店店员及各公会会员为对象,授以初中一年级课程。

(3)普通班修业期满,可升入适合于初中三年级之班次之中级班,该两班共有学生116人。

(4)高级班:适合于高中毕业程度,而准备升入大学者,故课程着重于升学指导方面,有学生22人,已行课1月,俟办理成绩优良时,按夜课学校办法,正式立案,毕业学生即可取得学籍。

4.文化娱乐 正当娱乐地方及工具,在北碚为不可多得,应积极倡导。服务处之文化娱乐室,系适应社会之需要及各方面请求而设。全部娱乐器具如围棋、跳棋、军棋、象棋、台棋等,均为社会人士所捐助。三十四年(1945年)4月1日开放以来,座无虚设,尤以公务员为多。截至目前止,参加娱乐者已有160人,甚至有要求晚间亦照常开放者。

5.电化教育 服务处为普及电化教育计,曾先后在本市及澄江镇、文星乡放映电影10日,观众在10万人以上。刻正与联合国影闻宣传实验区商量,于每周在服务处放映战时新闻一次,由该处派人讲解,以帮助夜校学生对时事的了解。

6.代办招生 为便利远道学校招生不发生场地及种种困难计,服务处代办招生方法:(1)招生学校不必直接派人,可由服务处负责;(2)只须将试题及录取名额函寄服务处,当负责公正办理完竣,将取录名额及代阅之试题寄至原校。三十三年(1944年),四川省立实业职业学校曾委托代办招生1次,计取录学生20人。

(三)职业介绍

职业介绍是积极的社会工作,利用种种方法协助无业者有业,有业者乐业,使人与事配合,事与人相当,以达到人尽其才、才尽其用的理想。服务处介绍之程序为:(1)先登记;(2)谈话;(3)检阅求业卡片;(4)配合或代征求;(5)再谈话;(6)介绍面洽;(7)调查结果,均由专人办理。唯在我国人事制度未正式进入轨道之前,职业介绍工作,如完全凭靠介绍机构而得以求业无虑,是为过分奢求,加以近年来政府裁减机构及人员,服务处介绍工作之无法展开,即受其极大之影响。三十三年(1944年)3月至12月职业介绍情形,是职业类别,有文书工作,教师、会计工作、技术人员、普通行政人员、护士、普通工人等。求业登记人数计142人,介绍成功人数计70人。求才登记人数计151人,介绍成功人数计119人。

(四)公共救济

1.贫病治疗 服务处为便利贫病民众治疗起见,特联合本市各名医,每日午后2至4时,轮流至处参加服务,为人诊疗(远道民众及急病者随时均可申请诊治)、看病、吃药、住院,只须赤贫者皆可免费。开始以来,尤以社会部委托之贫病儿童治疗,更为病家所称颂。成人仅限于中医,刻正设法推广,普及于管理局直辖区内。三十三年(1944年)3月至三十四年(1945年)3月,一年来计诊疗成人

634人,儿童2233人,其中仅病死病兵1人,随为掩埋。

2. 弃婴收容　年来生活高涨,本市随时发现弃婴,不特惨无人道,且损减国家人口。服务处乃会同儿童福利所等机关会商救济办法,决定凡发现弃婴,皆可护送服务处,设法送往社会部歌乐山育婴院收养。实施以来,服务处即先后派人护送8人至该院收养,情况较佳。

3. 难胞救济　服务处为救济过境难胞,曾呼吁本市各机关发动捐献运动。于第一批难胞过境时,即由中央工业试验所偕同服务处及管理局社会科派员,曾发放赈款4万元、赈米5石。此后并协助难胞来渝招待所工作,共募得捐款16627731元,均扫数汇交大公报馆。

三、经费

服务处经费每年俸薪482766元,办公费132756元,临时费164164元,食米代金779686元,总计615522元。除社会部每年津贴60000元,余由管理局拨给714686元,收支略可相抵。唯求事业之全部推动与进展,则尚须经费之逐渐增加耳。

四、职员

主任,陈治谟;总务股长,张惠生;计核股干事,刘明淑;服务股干事,李文达;服务股干事,刘子良。

重庆市党部黄桷树区社会服务处

一、沿革与组织

服务处自二十七年(1938年)奉令由王荫槐负责筹组,以黄桷镇中山路55号为处址,于是年10月正式成立。后以复旦大学迁至夏坝,聘请该校同学多人义务任职,分担总务、生活、人事、咨询、设计各组事务。

二、业务与经费

服务处业务有下列数项:(一)设中山室,为镇民阅览书报之唯一场所,阅览者日以百计。(二)发行《服务周报》(油印),专载镇中一切情形,并经常刊出壁报,着重常识之灌输与时事之报道。(三)设民众代笔处及法律咨询处,义务扶助镇民。(四)设医药卫生指导处,负责介绍贫民儿童及镇民至指定医馆及医院就医。服务处成立以来,迄已八载,为黄桷镇之唯一义务服务机关,经费除募得基金50000元外,每月仅由主办机关发给200元,开支不足时,多由主任捐付。经费既无固定,工作自难开展,幸赖地方人士之资助及复旦学生之义务服务,业务得以推动,而地方文化事业,影响所及,亦因而有进步。

三、职员名录

主任,王荫槐;副主任,孙道远;副主任,左德馨;总干事,周晋;文化组组长,王克敬;文化副组长,何明璧;生活组组长,郑思铭;生活副组长,吴楫唐;总务组长,李学渊;总务副组长,刘永福;中山室干事,周士如;设计组长,马斯迪;人事咨询组长,李远辉;人事咨询副组长,张厚荣。

三民主义青年团复旦青年馆

一、概况

三民主义青年团为举办青年福利事业,倡导文化、康乐等活动,以促进青年身心之健全发展,特设立青年馆。复旦青年馆于三十一年(1942年)8月奉令筹备,地址勘定北碚夏坝,鸠工庀材,建筑馆舍,三十二年(1943年)3月落成。青年馆业务,包括青年之学习指导、生活指导、工作指导、卫生指导、康乐生活、升学就业辅导及青年辅助与招待室等,经常供应青年活动,并定期举办座谈会、学术讲座、音乐会、集体旅行及各种球类比赛。职员5人,总干事主持馆务,开办以来,收容人数计1.5万人,活动人数计2.1万人,经费年支236.4万元,什九由主办机关三民主义青年团中央团部拨给。

二、职员名录

总干事,汪义方;干事,王平珍;干事,魏传恕;干事,黄文卿;服务员,何俊。

中国旅行社北泉招待所

一、概况

招待所于民国三十二年(1943年)4月设立,中国旅行总社主办,有柏林客房39间,数帆楼客房13间。职员:经理1人,会计1人,办事员2人,共4人。男女工人15人。夏季游客较多,收入勉可维持,春、秋、冬三季亏累甚巨。然为服务社会、便利行旅计,不得不艰苦支持。

二、职员名录

经理,王振旅;会计,汤佐之;办事员,夏正;办事员,杨葆芳。

北碚工人福利社

一、沿革

中国劳动协会,鉴于嘉陵江矿区林立,尤以北碚附近为最,且一般矿工,常无福利可言,特于民国三十二年(1943年)秋,择定北碚澄江镇成立北碚工人福利社筹备处,旋于11月正式成立,任命姚宝定为主任。

二、组织

福利社秉承总会意旨,设主任1人,主持各项有关工人福利事宜,并依实际环境与工作需要,分设总务、服务、康乐、学术4组及诊疗室。各组设干事1人,诊疗室设医师1人及助产士、护士、助理护士各1人,计职员10人,工人5人。

三、业务

福利社以地近宝源公司,服务对象大抵系该公司矿工,唯新亚药厂、大明染纺织厂及附近各矿山工厂之工人,亦常来参加活动,或医疗、住宿等。业务有各种服务与各种活动,分述如次:

(一)各种服务:各种服务,以解除工人痛苦为中心,重要者有下列2项:

1. 儿童医疗 以三十三年度(1944年)为标准,受诊者共4307人,计内科1221人,外科1934人,妇科307人,产科45人,儿科285人。

2. 生活服务 三十三年度(1944年)服务16230人,计住宿1330人,淋浴1885人,茶水294人,理发4730人。

(二)各种活动:各种活动,以提倡工人正常娱乐,提高工人文化水准为中心。

1. 康乐方面 三十三年度(1944年)共20801人,计球赛9426人,歌咏8941人,戏剧1697人,国术737人。

2. 学术方面 三十三年度(1944年)共20469人,计阅览者3149人,补习者2823人,入识字班者7749人,参加研究会者1899人,参加座谈会者2498人,参加读书会者800人,参加旅行团者284人,请求代笔者776人,咨询者491人。

四、经费

福利社经费由主办机关中国劳动协会拨给。三十四年(1945年)10月份止,支出经常费51万元,战时津贴42万元,共计93万元。

五、职员名录

主任,姚宝定;干事,段金才;干事,吴克海;干事,李顺增;会计,陶福履;医师,包海容;护士长,孔繁基;护士,冯开碧;助产士,赵宗良;录事,丁时香。

北碚工人福利社附设蔡家沟服务站

一、沿革

蔡家沟系宝源煤矿公司矿场所在地,离澄江口10余华里,矿工生活清苦而无规律,北碚工人福利社见此情形,特于三十四年(1945年)10月15日在该地成立服务站1所,藉收直接福利矿工之效。

二、组织

服务站组织与福利社相同,唯机构缩小,具体而微。由福利社派总干事1人,综理全站内外事务,总干事下分总务、服务2组,各设干事1人,兼揽其事。康乐、学术2组亦如之。另设诊疗室,置医师、护士各1人。

三、业务

服务站业务,因成立伊始,尚未正式展开。

四、经费

服务站经费,由主办机关中国劳动协会发给,经临两费及战时津贴全年共23.8万元。

五、职员名录

总干事,王华萍;干事,工荣卿;干事,杭凯;医师,高青山;护士,丁恩惠。

北碚工人福利社附设二岩乡服务站

一、沿革

二岩乡大小煤矿矿场林立,因非大公司主持,矿工无福利可言。尤以童工众

多,需要福利更为迫切。北碚工人福利社有见及此,因于三十四年(1945年)冬,派张卓儒前往筹备福利站,旋即正式成立。

二、组织

福利站因环境关系,规模狭小,仅设总干事1人,干事1人及医师1人,办理全站事务。

三、业务

服务站业务,亦因成立伊始,尚未正式展开,与蔡家沟服务站情形相同。

四、经费

服务站经费,亦由主办机关中国劳动协会发给,本年内经临及战时津贴仅15.3万元,内数实觉过少。

五、职员

总干事,张卓儒;干事,赵宗炽;医师,王毓材。

中国妇女慰劳总会荣誉军人自治实验区

一、沿革

民国三十年(1941年)12月9日,中国妇女慰劳总会主任委员蒋夫人授命罗衡,筹备荣誉军人自治实验区,并令前赴湘南郴县、宜章等地勘察区址,旋因战局关系,不果行。嗣罗衡复受命至四川勘寻区址,终于陪都附近北碚澄江镇觅得。地址名碑泥坝者,土地肥沃,交通便利,地点适中,风景优美,遂成立筹备处于该地。三十一年(1942年)7月1日,开始筹备工作。至三十二年(1943年)10月15日,正式成立荣誉军人自治实验区,任命罗衡为主任。

二、组织

实验区之组织,分下列4项说明之:

(一)实验区设主任1人,秉承总会意旨,综理区内外事务,下设秘书室,聘秘书1人、干事4人,协助主任处理区内事务。

(二)秘书室下分总务、财务、生产、教育4组,各组设组长1人,干事2人或3人,助干1人或2人。总务组设警务室、医务室、保管室,分掌各该室事宜;财务组设会计、出纳、稽核,分司所事;生产组办有农场、工厂,农场分农艺班、园艺班、畜牧班,工厂分皮鞋部、雨伞部、藤器部、推销部,各有其专业;教育组设公民教育班、自治工作人员训练班、生产技术训练班,各有其训练目标。

(三)实验区特设设计委员会、考核委员会、顾问室,由主任聘请海内外专家组织之。

(四)实验区另组劳动荣军学校、棉织厂、荣军厚济渔业公司、消费合作社、荣军中队部,以辅助荣军业务之进行。

三、业务

实验区业务,由下面3项所述,可知其概况:

(一)管理情形　由军政部指设中队部,主管全区荣军之生活,并提高自治精神。

(二)生产情形　自三十三年(1944年)1月至三十四年(1945年)8月,计有下列之产量:

(1)农作物,计值121870元。

(2)渔产,计获3485斤。

(3)手工业,计皮鞋1699双、雨伞11218把、棉布2522尺。

(三)教育情形

(1)公民教育:工厂1班,农场3班,棉织厂1班,科目有识字、常识、算术三科,取政教合一制。

(2)职业教育:自荣军中挑选优秀者入自治工作人员训练班,第一期18人,内分文书、事务、会计3组,以性之所近,学习6个月毕业,见习6个月后,即升为本区服务员,现有17人在区内各部门服务。

(3)技术教育:由工厂各部门训练,6个月毕业。已训练之荣军,计藤器班18人、雨伞班22人、皮鞋班6人、棉织班12人,使无技能者获得技能。

实验区业务情形已如上述。唯现以战争荣获胜利,区务拟由总会拨交军政部接办。荣军亦多思归故里,已着手赶办移交矣。

四、经费

实验区经费,由主办机关中国妇女慰劳总会拨给,经常费173690元,临时费10万元,系三十四年度(1945年)之预算。职员生活补助费244650元,战时津贴22万元,工友伙食津贴27200元,均以月计。系依据中央机关三十四年(1945年)7月份以前者为标准。食米每员每月得实物8斗,亦由总会拨给。至荣军待遇,全部由军政部拨给,与区并无关联。荣军生产所获纯利,除60%至70%分给荣军为奖助金外,余均由区中经管,用于荣军福利,未曾列入经费数目内。

五、职员名录

主任,罗衡。秘书兼教育组长,葛三立;干事,蒋志云;干事,李成蹊;干事,李树勋;干事,王泽霖。总务组长,方元;干事,王逸贤;干事,袁其英;助干,任家兰;助干,陈培华。财务组长,罗灿宇;稽核,罗锦燊;干事,文淑华;助干,涂植永;助干,葛文林。教育组干事,朱采珍;教育组干事,冷永刚。生产组长兼工厂厂长,吴云初;干事,郭文华;干事,黄伟岳;干事,刘棠;助干,王显卿;助干,郭庆成。农场场长,胡寿荣;干事,金耀焘;办事员,刘培尧。

结言

上述之10余社会事业机构,属于儿童福利者,有社会部北碚儿童福利实验区及其附属机构儿童福利所,与自谋生活儿童福利站之设立,属于儿童保育者,有社会部北碚儿童福利实验区托儿所、北泉托儿站及澄江镇托儿所、社会部重庆第四育幼院、红十字会北泉慈幼院之设立。以上区、所、站、院,在国家战时,实际培育民族幼苗,使能健全成长,同时唤起社会普遍注意儿童之生活与教养,诚以种族强弱,国运攸系,而儿童福利之建设与教养之得失,尤为民族兴衰所由判。故欲发扬民族之历史,坚固民族之生存,不独有赖于吾人及身之努力,尤必须致其深望于次代国民之踵继,故竭力培养儿童之精神基础,改进其体格,涵养其品性,发展其知能,使普遍沐浴合理之陶冶,实为复兴民族之最基本工作。本志于此,叙述特详,意在斯欤!属于贫民救济者,有世界红十字会北碚分会之设立,以及社会部委托儿童福利所诊疗室、江苏医学院附属医院、北碚卫生院之贫病治疗,确使碚地贫病之人得有依助,恫念艰苦,胞与为怀,景仰地方贤达之倡导,益冀社会群众之合力。属于社会服务者,有北碚管理局社会服务处、重庆市党部黄桷树区社会服务处、三民主义青年团复旦青年馆、中国旅行社北泉招待所之设立,举凡生活指导、学术讲座、补习教育、职业介绍、文化娱乐、行旅招待,无一而非服务社会,造福地方,提高人民生活之水准。属于劳工福利者,有北碚工人福利社及其附设蔡家沟福利站、二岩乡服务站之设立,使嘉陵江矿区林立之大量矿工,疾病诊疗、康乐活动、业余补习,实有甚大之裨益。属于荣军福利者,有中国妇女慰劳总会荣誉军人自治实验区之设立。荣军效命疆场,为捍卫国家,保障民族,尽最大之责任,然而锋镝余生,断肢体,成残废,顾念家园,欲归不得,兼以生活艰虞,衣食不周,其心情之烦闷,毋庸觊缕。荣誉军人自治实验区集中管理,提高自治精神,训练技术,增加生产受益,使之生活安定,精神慰藉,福利荣军,安辑社会,该区发挥之效用,匪浅甚少也。

北碚以抗战军兴,密迩陪都,中央机关及公私学术组织咸集于此,昔曰股匪啸聚之渊薮,今为迁建之重镇,社会新兴事业,次第举办,成效日著,蔚为乡村建设之首区。编者羁迹北碚,于役儿童福利实验区欣逢战事胜利,乡耆寓贤,创修北碚志书,猥承主管章公柳泉,以是区所分任《社会事业志》属稿见嘱,因于公暇勉为缀成,只求记述之翔实,不计文字之拙劣也。唯幸出川之前,得以完稿,惜别斯土,依依不忍遽去。预想今后十年二十年,地方当局,社会人士,发扬高度地方自治精神,必使社会事业,益显进步,益臻完善。裕民生,富国用,人人获享,毋须恐惧,不虞匮乏之自由,其郅治之境,尤非今日之社会情状所可比拟,将见社会事业志之记述,更占光荣篇册而无疑,则此区区稿本,请从覆瓿,息壤长存,刮目俟之!

社会生活篇(上)

生活方式

一、服饰

前代服制,与古不同。清人礼冠:夏季戴凉帽,形上锐下阔而圆,如覆釜,内有缕结领下。又有俗所谓凉帽者,编草为蓬(篷),圆周无舷,染氅为蕤,自顶四披下垂,平民着之。又有纬帽者,形式如前。圆周有舷,编篾为篷,外蒙以罗,内蒙以绫绸之属,外或用极细之竹丝、红线为蕤,士绅及官吏着之。秋季戴暖帽,一名冬帽。其形外圆,下小上阔如仰盂,中隆起,高与外檐齐,或稍高,适足覆首,亦以红线为蕤,则官绅平民通用之。檐之深浅椭圆,屡变其式。礼衣:内袍外套,四面开岔,顶围高领,领在衣外,结于领下,长条下垂,腰束和带。足着缎靴,初有护膝者博寸余,长数寸,两端有带束膝,以便久跪,后废。搭辫,自顶垂背,衣服通体尚宽博,下垂足骭。长辈虽不居城市,而岁时谒见祖先,期会庆贺亲友,必着礼冠。

凉帽虽不能尽有,则以冬帽代。光绪以来,渐趋苟简。唯首不冠而帕,尚礼者犹訾之。旧时唯山僻劳民束帕,近百年来,束帕成风,而首冠者日少矣。其时有瓜皮帽者,亦曰六合帽,或云创于清太祖,今仍有着之者。相传满清初入关,明臣金之俊降之,当建议:服制俗从僧道不从,男从女不从,生从死不从,长从幼不从,故妇孺僧道服饰,仍明制也。

民国冠服:初取西洋之式,以期大同,嗣参议院会议以为官服尽用洋式,一时官吏无所因袭,更制为难,且国货必蒙不利,乃议决仅大礼服采用西洋式,革履。常服分甲、乙两种:甲种服仍西洋式,帽顶圆,下沿如椭圆,色皆黑,仍革履。乙种服纯中国式,外褂色青,对襟,用领,袖与手脉齐,左右及后下端开,袍色蓝,袖齐褂袖,用领,左右下端开,靴高及胫,帽与甲种同。 女礼服:长与膝齐,袖与手脉齐,对襟,用领,左右及后下端开;裙前后中幅平,左右有裥,上缘两端用带。凡遇丧礼,应服礼服时,于左腕围黑纱结,或胸际缀黑结。凡服皆用中国丝织品,服制改而拜跪之习亦不能不变为鞠躬矣。抗战以来,外方机关学校事业团体迁建北碚,而服装亦受其影响。奇装异服,花样百出。中山装、制服、西装,青年尚焉。革履、呢帽,亦为中上层阶级所乐用;而中下层阶级则又有不同。普通男子,几皆着长衫,亦称大褂。下至劳民,亦莫不如是。赤足草履,而着长衫者,屡见不鲜。色或兰(蓝),或灰,四季用之。长衫之内,为短褂,为长裤。冬多着棉褂,而裤多单。短褂有右襟、对襟二种。右襟者渐少,对襟亦有新旧二种:旧者身长而袖口宽,钮扣五或七;新式长可及臂,袖狭而长,钮扣七或九,着制服者多用之,衣色夏尚白,余季或黑或灰,女子衣服则尚杂色焉。少年多不冠,年长则长帕缠头,色白、黑、兰(蓝)不一。亦有戴瓜皮小帽或呢帽者,雨季则必用斗笠,以竹或草鞭(编)为之。边缘甚宽,大与伞同。履或用单或用布,赤足者最多。旧时前履有单梁,有双梁,蒙以黑或绿色之皮,唯用布缎层叠盘旋作云状者,无梁。清季已改为浅履,入民国则无梁。钉鞋靴,雨具也。自橡皮鞋出,轻便离水,旧式尽行淘汰矣。农民长衫之外,常横布带,胫缠裹腿,所以便于操作也。女子年少者多着旗袍,老者多短衣裤。旗袍方式,时有变更。时长时短,时狭时博。领有高低,袖有肥瘦。着旗袍者,冬季多外加大衣,或套以毛线短衣。男女衣料多用布,丝品较少。抗战后,布之来源不易,平价粗布,已成上品。一般公教人员,多无力购制新

衣,褴褛补缀,用以蔽体保暖而已。儿童衣服与成年者较,盖具体而微,无大差异,唯颜色鲜艳耳。

清代人蓄发辫,剃发四周,留其中,发长编为辫,自项垂背。童子八九岁即蓄之。初缠以绳索,十五六时,发长下垂,蓄满发,分为三股,辫之,纠以线。女童亦然,将嫁,然后挽发为髻。宣统二年(1910年),资政院议决:许臣民剪发,奏上,军机大臣奕劻难之,载洋则以祭太庙无颜对祖宗为祠,事竟阻隔不行。三年(1911年)冬,资政院复清。姑许臣民自由剪发,而行者亦稀。农历八月十九日,辛亥革命,十月初二,巴县士大夫于廷众间公然剪发,纷纷剪之。乡僻难以理喻,奖诱解譬无效,多从强迫。久之,无一发辫存矣。今则市镇乡村,即女子亦皆剪发。短发覆额,有偏分者,有中分者,有不分者,而女子发式之新,尤多奇致矣。按旧时女子八九岁必穿带耳环,挽髻,缠足。民国十七年(1928年),内政部于5月颁《禁蓄发辫条例》,又颁《禁止妇女缠足条例》,8月,又颁《严禁女子穿耳带环令》,于是女子缠足、穿耳之俗绝,而剪发烫发,又成一风气焉。

旧时新妇头覆红绫,俗呼盖头帕。身披红衣,俗呼坐轿衣。交拜后,男子亲手揭之。送终之服,忌用皮缎,皮则拟于兽畜,生虽着之,而死独忌之,缎俗呼缎子,盖与"断子"声音同,故讳之。习俗相沿,至今仍之。

二、饮食

局境人民一日三餐,且质量相等,而尤重早餐。俗言:早饭不饱,一日无力也。民国二十五年(1936年),实验区以年旱粮贵,倡两餐制,然不久即废。早餐俗曰"过早",约在上午八九时之间。中餐俗曰"吃少午",约在下午一二时之间,晚餐俗曰宵夜,约在晚八九时之间。农忙及木船上驶,一日四餐,盖三餐之外,加稀饭一顿也。中上层阶级大多食米,中下之家,则多食苞谷、胡豆等杂粮。谚云:"来啥子,吃啥子。"盖麦熟食麦,红苕熟则食红苕也。佐餐菜蔬,每顿一桌二三菜,泡菜之外,如萝卜、白菜、青菜、空中菜、苋菜、茄子、粉丝、魔芋、猪血、豆腐、榨菜,其常品也。洋芋、蕃(番)茄、藤菜,昔多饲猪。抗战后,外省人入川,常佐食用。故局境人民亦渐食之矣。炒菜必加豆瓣酱或辣椒粉,谓可祛湿气也。一般农家,土屋置泡菜。春季多泡青菜头,夏季泡豇豆,冬季泡萝卜,皆以罐储藏,以备日常食用。平民仅以泡咸菜及泡豇豆或炒胡豆下饭,无其他兼味也。普通多素食,信佛者尤不沾腥荤。新年、端阳、中秋三节,则不在此例。工商各界,每月肉食两次,谓之打牙祭。牛肉与鳝,甚少食者。农历新年前,农家宰所饲猪食之,兼以飨亲友,或为腊肉,以备平日之需。有所谓回锅肉者,煮熟切为薄片,加辣椒葱蒜炒之,最为通行。农忙时,佣工佐操作,酒肉必丰。近年农工寻觅不易,饮食待遇,较诸抗战前尤须优厚。酒有老酒、大曲酒,又有葡萄、青梅等酒,市民所通用者,则曲酒为多也。

以上为局境人民一般饮食习尚。此外又有饮食于餐馆、酒肆、饭摊者,按士民旧俗肥甘之养,菽水之欢,鸡黍之约,杯酒之聚,大抵无故不杀,俭以养德。唯乡居易简,城市易奢。酒肉饷客,乡率八簋,多为平头席、干菜席。城市酬酢,海物则有参翅,燔炙则有烧烤。及重庆互市,民国光复,罐头之品,番餐之味,五方来会,烦费日增。欧酒巴菰,输自来舶,关税漏卮,外溢增巨,城追西俗,乡染市风,小食几偏通衢,远物以供日用。据三十二年(1943年)局境统计:商店223家,其中饮食业29家,烟酒业15家。三十三年(1944年),商店共621家,其中饮食业235家,烟酒业98家。民国二十二年(1933年)1月,内政部曾一度议决:限制社会酬酢,以裕国民经济。案其理由云:海通以还,欧风东渐。淳朴之德日离,侈靡之习日长。举凡婚丧之庆吊,岁时之馈遗,朋友之宴会,无不铺张扬厉,踵事增华。而今之所谓达官贵人,豪商买办者,此风尤甚。每遇婚丧,即夸耀矜奇穷极奢华。一宴之费,不惜兼金。一事之耗,动辄巨万,甚至鄙夷国产,重视洋货,以为非舶来无以显其尊贵,浸至世俗日偷,人欲愈炽,富厚者竞以挥霍相尚,中产者亦举步效颦,国民经济濒于破产,社会状况亦失平衡。又云:"本部职司礼俗,有纠正风俗,纳民轨物之责,爰拟就社会限制酬酢办法,咨行各省市政府,斟酌地方情形,详为规定。"言之可谓切中时弊。但人事往来,燕集迎送,以酒联欢,此在交际恒情中,亦所难免,唯一县士夫,扭于风气,生日辄发寿启,洗儿必聚晬盘,穷奢极侈,此风宜汰。然而积习相因,未能尽蠲也。

三、居处

郦道元《水经注》称:"江州地势险侧,皆重屋累居,数有大害。"王士祯《蜀道驿程记》云:"濒江人编竹为屋,架木为砦,以防暴涨,盖地势然也。"局境居室,除一部分公共建筑及富室显要别墅林园而外，一般情形，大略类此。普通房屋，可分场上及乡间二种。场上房屋，多为商家铺面。铺面之后或楼上家属居之。房舍密集，空气与光线均感不足。房租既高，租赁也难。乡间房舍屋基，星罗棋布，多为地主所建，相去多为一二里，则空气光线较为充足。地主与佃户分住其中，或全由佃户居住，而地主住市镇中。佃户不纳房租，遇有修缮，主料客工，此恒例也。抗战后，市民多有避空袭疏散乡居者，则亦纳租金矣。

乡户散居，木材陶瓦曩时敷用，故多木架房屋。旧式有四大头、三大头、四合天井（前后厢房、乐楼、下厅），九柱长五间，七柱三间，一正两横，单间，三重堂，两重堂等名目。普通家屋，周有竹林，门前或院中心有晒场，或就地上原有山石平铺而成，或以三合土为之。屋舍常为三间，正中一间，俗呼堂屋。正中墙上供祖先，屋中桌凳数事，饮食待客皆在焉。农具亦杂置其中。堂屋左右，卧室各一间，箱笼日用什物藏焉。其床宽大，质坚，其前附带木廊，宽可二尺，上雕刻花饰，颇为美丽，两端安置座位及小箱。床帐四季不去，亦有竹床而铺以稻草者。卧室左右为耳房，一为灶房，中设双孔锅台及水池；一则杂堆柴草，牛猪饲其中，其后则厕所也。室之穴牖，高而小，光线不足，则于屋顶辟洞，置亮瓦焉。

北碚建筑，其初一为农村。实验区成立后，市政始新。近年场市建屋，多为两层楼房。最上为晾台，砖石不给，代以条墙。条墙者，折小木条横密钉之为复壁加以垩墁也。填淘拓土，市区渐大，而公路、电灯、新式厕所，皆应运完成。至若温泉游览之区，建设尤称精美，今已成为迁建名区矣！

北碚当嘉陵江下游水路交通之冲，旅客往来甚繁，局境大小旅舍亦多。三十二年（1943年）有10家，三十三年（1944年）32家，其中以中国旅行社、北泉招待所、北碚兼善公寓三处设备较优。

坟墓有石函、灰坟、土坟三种。承平之世，富人积财，无所用之，恒以购置田地，建造房屋及墓地。墓地之讲究者，多以石为之，佳城郁密，华表巍巍，修整之宏壮，不亚五侯也。

四、婚嫁礼俗

夫妇为人伦之始。君子之道，造端乎夫妇。《诗》序言："经夫妇，成孝敬，厚人伦,美教化,移风俗。"《周南》《召南》:正始之道,风化之基也。孔子言治礼,敬为大,敬之至,昏为大。弗爱不亲,弗敬不正,爱与敬,政之本也。故婚礼合二姓之好,上以承先,下以启后,君子重之。古之六礼,所以敬慎重正,成男女之别,立夫妇之义,盖慎其始也。古今世殊,礼仪或异,其义则一。婚仪六礼,今古相沿。乾隆《巴县志》载:"县行六礼,惟不问名。媒妁通之,即行纳采。中有纳币、请庚、报期、亲迎、匜事、丰啬、称家之有,绝无以财行聘者。其后,六礼之名渐变,问名、纳采,则曰过庚。谢允、纳吉、纳征,则曰插定。请期,则曰报期。届期由媒妁及婿家亲戚往迎曰接亲。成礼,婿至女家谢亲。士大夫间有亲迎者。"《民国志》云:"入民国,其仪又变,或临时酌定,曰文明结婚。"管理局,巴县旧地也,其俗大略不殊。按今婚礼,亦有新旧之不同,今举所通用者,试为言之。

旧俗:婚姻多由父母之命,媒妁之言。男女十余岁,即有人议婚。初由媒妁向男家提议,或男家招媒氏示意,求某氏第几女为第几子妇。媒氏往女家请婚,女家必托人密访,数次乃约期受聘。及期,男家用媒氏充使,具书柬聘礼,奉香烛、爆竹、酒脯、茶果、鸡鱼、钗镯等物,丰俭视其力所能为。省约者,布数端,锦数色。尤约者,香帛、炬爆、食品而已。女家亦以书柬、食物及婿冠带或翰墨数事,付媒还报,丰俭亦必称其力。谓之插香,又谓之递书,即古礼之纳采、名问、纳征也。亦有由男家假公地设宴,邀请女家亲戚会合,谓之合庚酒,又谓之会亲。聘定后,男家欲娶,具庚帖,遣媒或婿亲往女家,求示女生年月日时,谓之请庚。女家书示,谓之发庚。不欲速嫁,则不发庚。男家得庚,倩卜人择取吉日,开列期单,上写加笄、踏宅、出阁、周堂日时,略备礼物,倩媒氏送至女家,谓之报期。古礼之所谓请期也。喜期前数日,男家备衣饰、酒脯、果品、豚肩、鸡鱼、香烛、爆竹等物,送于女家。民国初年,茶果概用蜜饯,至少亦须费钱十数千文。肘脾今少不用,而用肥猪一只分半盒送女家,回具奁仪,如帐被、衣服、首饰、箱匣、陈设、器物,富室有费千金,无力者亦非二百金、百余金不可。中日战后,百物昂贵,普通亦需数万金也。帐被以十二床为荣,次亦八床或六床、四床,至一床而止,谓之过礼。有亲友偕往,谓之押礼。亦有于婚期日女家奁物,随彩轿送之,谓之随轿礼。女家加笄,依期单择定日时,倩尊属老妇,生命相合者为之。开容梳髻,谓之上梳。女必历述亲属恩爱,尽情哭泣,衣景(俗名坐轿衣),红巾蒙面,然后升舆。

吉期前夕，男家设筵于庭，邀亲友年少未冠者数人，酌酒欢饮，谓之伴郎。婚期，男家请媒氏夫妇或亲眷之齐眉者，随彩舆鼓吹旗傲，诣女家亲迎，谓之娶亲。婿不皆至岳家亲迎也，预坐小儿于彩舆，至女家异舆以返，以示不空，谓之押轿。彩舆至女家，扶女辞拜祖先及父母，谓之辞祖。哭别，以示依依之意。诸姑姊及伯叔兄弟夫妇齐眉者送至男家，谓之送亲。彩舆至男家，入门稍停，男家陈酒醴香烛，庖人割牲于门外，奠姜太公于阶下，一人跪祝，谓之回车马。就送亲女眷中择年少者，扶新妇降舆，谓之牵拜，或曰牵新。男家诸亲族夫妇齐眉二人，燃点香烛，谓之结婚。婿左妇右，对家龛行伏兴四礼，谓之周堂。周堂即入室。新妇预携百果于巾，至时掷于地，谓之撒喜果。更入室合卺，于案上设酒二盏，喜蛋二盘，红烛双辉。婿与新妇并坐，互相举盏，谓之交杯，又谓之坐烛。合卺后，参拜亲族。择夫妇齐眉先拜，谓之开拜。拜毕，谓之收拜。卑幼向婿与新妇罗拜，谓之互拜。凡尊长受拜，必答以财物，谓之拜钱。是夕设宴于房中，令新妇酌诸亲友。有以诗词相贺，有以俚说取笑者，谓之贺房，俗谓闹房。翌晨，主婚夫妇率婿女谒香龛，有祝词，曰庙见。然后遍拜族姻。送女者致寄托词，谓之拜客。新妇又入厨拜灶，谓之下厨。新妇拜舅姑及亲长，均必呈具男女鞋各一双，谓之拜鞋。新妇拜舅姑时，亲眷预藏灰面，暗向其首撒之，谓腌间婆。其后择吉日婿偕新妇备礼物往拜父母。往有馈，归有遗，谓之回门。即《春秋传》之反焉。而婚礼毕矣。又择吉日，婿妇具茶点，财物，诣媒氏，谓之谢媒。无论富贫，亦必具男女鞋各一双，谓之媒鞋。《吟香书屋笔记》曰："两江开、广等处，凡吉凶事，脚夫土工，专备彩舆丧帕，高抬价资。又丐首率蓬头跣足之叫花多人，登门共索。"此等风俗，局境亦有之。

中国旧式婚姻之失约有数端，而家庭专制不与焉。一曰年龄太早，一曰义物太侈，一曰有嗣纳妾，一曰怨偶强合，讳言离婚。（旧习以为人书离婚约，官长判人离婚，俱为损阴德。）局境均难免焉。旧式婚姻，有所谓童养媳者，女子家贫，定婚太早，亲属尽亡，舅姑不得已迎之至家养之，谓之闲坐。俟男女及时，乃择吉延宾，与子完婚，俗曰小抱媳。此由早聘为累，然遇舅姑仁慈善教，习于勤俭，后多能佐夫成家。又有俗所谓上门者，小户妇人，夫死得有资产，有子女不乐再适，依人则招鳏夫入门，行夫妇礼，倚之应外。以后生育子女，乃为后夫之裔。然上门之夫，多游荡无业，或为妇所弃，或为族人所逐，易合易离，不敢争较，不如正式童婚之能偕百年之好也。又有小叔承嫂者，弟与兄同居，兄死即就妻作室，亦小户所为，俗谓之转房。又有大转房之俗，即伯叔亡，而妇与伯母婶母同居。此等陋俗，今几绝迹矣。至于赘婿之制，亦各地有之也。民国二十六年（1937年），东阳镇发现明万历三十五年（1607年）三月初八日督府军门乔碑（见《古迹古物志》），禁填房入赘，盖其俗由来已久也。

民国礼制，屡次修订，迄未有成。十七年（1928年），礼制服章审定委员会及大学院长蔡元培、内政部长薛笃弼，以各地行礼，自为风气，或仍沿满清旧习，或滥用缛节繁文，新旧庞杂，漫无标准，乃将所拟现行礼制草案会呈国民政府，请核定颁布。俾全国民众，有所适从。原呈厘订婚丧诸礼，其要旨在矫正奢侈、消弭诈伪、破除迷信、提倡质朴，并酌采可以保存之旧制，然未有定论。三十二年（1943年）5月，教育部设立礼乐馆，内分礼制、永典二组。8月27日，举行礼制谈话会于北碚北温泉，会期10日，又加以润色，而成《中华民国礼制草案》，民国吉、嘉、军、宾、凶等礼制之基大定。其《嘉礼篇》分崇教、庆祝、就职、觐谒、荣典、乡宴、抚幼、婚礼、学礼、考试、集会等11章。其婚礼分订婚、请期与结婚3节，存敬慎之意，其义则简于古，盖有不同，则有取于优生之旨。今录列如下。

五、婚礼

第一节　订婚

一、凡男女已属法定订婚年龄，同意缔婚时，得择期订定婚约，其式如次：

　　　　　省　　市
〇〇〇（男）〇〇　　　〇〇县人年〇〇岁现住〇〇
　　　　　省　　市
〇〇〇（女）〇〇　　　〇〇县人年〇〇岁现住〇〇

兹因双方同意缔婚，特于中华民国〇〇〇年〇〇月〇〇〇日在〇〇订立婚约，同资信守。

　　　　　　　　　　　　　　　　○○○
　　　　　　　　　　　　订婚人　　　（署名或盖章）
　　　　　　　　　　　　　　　　○○○

　　　　　　　　　　　　　　　　○○○
　　　　　　　　　　　　介绍人　　　（署名或盖章）
　　　　　　　　　　　　　　　　○○○

　　　　　　　　　　　　　　　　　　　○○○
　　　　　　　　　　　双方父母或法定代理人　　（署名或盖章）
　　　　　　　　　　　　　　　　　　　○○○

二、订婚之约,应附男女双方世系表,其式如次:

　　　　　　父　　　　　　父○○　　父○○
　　　　　　○○
曾祖　　　　　　　　祖　　母○氏　　母○氏
　　　　　　母○氏

　　　　　　父　　　　　　父○○
外曾祖　　○○　　　祖
　　　　　　母○氏　　　　母○氏

三、男女订婚须向父丹预告,请求指导。

第二节　请期

一、婚约既订,如一方拟定期结婚时,应以书帖商请对方同意,其式如次:

甲式（由家长署名商请者用之）

兹拟于○○年○月○日,为令嫒（或令郎）○○与小儿（或小女）○○举行结婚礼,特先奉商,敬请同意。

○○先生
○○夫人

　　　　　　　　　　　　　　　　○○○
　　　　　　　　　　　　　　率男（或女）○○敬启
　　　　　　　　　　　　　　　　○○○

　　　　　　　　　　　　　　　　○○年○月○日

乙式(由婚姻当事人具名商请者用之)

兹拟于○○年○月○日,举行结婚礼,特先商请同意。此致
○○女士(或先生)

○○○敬启

○○年○月○日

二、对方同意时,应具书答复,其式如次:

甲式(家长署名者用之)

承　示于○○年○月○日为令郎(或令嫒)○○与小女(或小儿)○○举行结婚礼,敬表同意,此复
○○先生
○○夫人

○○○

率女(或男)○○敬启

○○○

○○年○月○日

乙式(婚姻当事人署名者用之)

承　示于○○年○月○日举行结婚礼,谨表同意,此复
○○先生(或女士)

○○○敬启

○○年○月○日

三、请期时应附送体格检查证书。

第三节　结婚

一、婚期既定,应先期柬请证婚人、介绍人、司仪及傧相,并得柬近亲至友观礼。

二、结婚礼应崇俭约,凡不必要之费用,概宜节省。

三、结婚以敬爱为本,不得议及财物。

四、亲迎之礼从地方习惯者,听。

五、结婚礼之仪节如次：

（一）结婚礼开始；（二）奏乐；（三）证婚人入席；（四）介绍人入席；（五）来宾及亲属入席；（六）主婚人入席；（七）傧相引新郎、新妇入席；（八）全体肃立；（九）向国、党旗暨国父遗像行三鞠躬礼；（十）证婚人宣读结婚证书；（十一）新郎、新妇署名（或盖章）；（十二）证婚人署名（或盖章）；（十三）介绍人署名（或盖章）；（十四）主婚人署名（或盖章）；（十五）新郎、新妇交换饰物；（十六）新郎、新妇相向行三鞠躬礼；（十七）证婚人训词；（十八）主婚人谢词；（十九）新郎、新妇谢证婚人三鞠躬，证婚人答礼，退；（二十）新郎、新妇谢介绍人三鞠躬，介绍人答礼，退；（二十一）新郎、新妇谢来宾一鞠躬，来宾答礼；（二十二）新郎、新妇向主婚人敬礼，三鞠躬，主婚人答礼，退；（二十三）奏乐；（二十四）傧相引新郎、新妇退席；（二十五）礼成。

结婚证书之式如次：

结婚证书

○○○年○○岁　　○○年○月○日○午○时生，

○○省（市）○○县人　　现住

○○○年○○岁　　○○年○月○日○午○时生，

○○省（市）○○县人　　现住

兹经双方同意于○○年○月○日在○○结婚

此证

结婚人
证婚人
介绍人
主婚人
中华民国（花印）
年　　月　　日

以上礼仪，未遑颁布。今所谓新式婚礼，传自西人，称为文明结婚。此风渐开，行者日多。其手续有定婚，有结婚。成婚之礼有证婚人、主婚人、介绍人、男女宾、男女亲党，各有位次。证婚人宣读结婚证书，证婚人、介绍人、主婚人、新郎、新妇皆盖章，新郎新妇交换饰物，相向行。礼毕，尊者致训词，宾客致祝词，新郎、新妇答谢，并致词。济济一堂，雍容大雅。

丧葬礼俗

一、丧葬

古代儒家,最重丧制。孔氏弟子子游、子夏、曾子尤专精讲习。《礼记》《仪礼》《上经》,丧服学几居半。后世编纂礼书,亦载之綦详。节文虽繁,概要可举。病者告终,子孙妇女,擗踊号哭,急使人持死者衣,登屋呼号,招其魂气来归,曰复。浴尸停床,去旧衣,加新衣,曰袭。以金玉实口曰含,稻米实口曰饭。

越日,更加衣及绫衿衾帽,谓之小敛(殓)。迁尸床堂中三日,舁尸入棺谓之大殓。用帛一匹,结为人形,以象死者,曰魂帛。于棺东设灵床,棺前设灵座,画奉魂帛于灵座,朝夕设酒脯饭浆而奉之,曰朝夕奠。夜奉魂帛入灵床,置枕席,象其睡眠。用帛长六尺,大书死者称号,曰某某之柩,以竹竿悬灵座右,曰铭旌。自此当受宾客吊祭。丧家内外成服,各就丧次。服制区别甚繁,最重者古时子为父斩衰三年,为母齐衰三年。明太祖以父母恩无轻重,同为斩衰三年,自此齐衰无三年服。由是递推期年齐衰,九月大功,五月小功,三月缌麻。亲近者布粗,期久而哀重,疏远者布细,期短而哀轻。由本身上推四世至高祖,旁数四房至统于高祖之兄弟,下推四世至玄孙,皆含本身计,为五服,为正服。以其人于我至亲死当哀痛也。然高祖服三月,曾祖服五月,皆齐衰,以其为直系尊亲也。高尊祖父对子孙曾玄报服,我死后为我重服,彼死我出服以报之。特以其为卑幼,比正服降一等。服莫重于三年,子先父母殁,未及服,则嫡长孙代之,为承重,为加服三年,以外服不重则不承也。出继他人为后,对所生父母及亲属服皆降一等,为降服,以重在彼则轻在此。不然名为出继,实无区别矣。唯于本身父母称号,经宋明两朝议定,仍为父母,不改称伯叔,所谓服可降,名不可没也。女子出嫁,为夫家之亲服重,故对于本生亦降而减等也。若未嫁或既嫁而大归,终老于母家者,即与男子无别,以同受养育之恩,且别无重服也。妇为夫家之亲,子为继母,庶子为嫡母,侄为伯叔父母,父母为媳,祖父母为孙媳之类,非直接之亲。因父母,因夫、因子而推及之,曰义服,恩轻而义重也。父族、母族、妻族、外姓之亲,唯最近者有服,亦比本宗减二三等。稍远即无,以彼自有人服重也。期服中之恩深者杖,以哀痛之切,杖而后能起也。虽当服期年而不杖者,不至过哀也。服制纷繁,礼图分为九类,此其大较也。成服后,葬地既定,葬期已临,制明器,制功布引布,奉柩或魂帛,辞香龛,曰朝祖。具馔哭告饯行,曰祖奠。柩车即驾,复设奠哭告,曰遣奠。至葬所,祀后土,题神主,然后入圹下棺,曰窆。加铭旌于棺上,然后掩泥,曰复土。神既有主,魂帛勿用,埋之墓侧,即以灵车载主还家,内外大哭,曰反哭。于堂中设几筵奉主,即于是日行三献之祭,曰虞祭。虞者,安也,恐魂魄之彷徨失所而安之也。其祝文曰:"日月不居,奄及初虞。夙兴寝处,哀慕不宁。"自此罢朝夕奠,柔日再虞,刚日三虞,百日而卒哭。哀痛有节,以后心中思慕而不复哭也。自初丧计算,交13月而小祥,言哀毁已久,渐去凶恶就吉祥也。又曰练,去麻衰经服练衣练冠也。交25月而大祥,去凶从吉也。然余哀未亡,又逾1月共27月,而行禫祭。禫者,淡也,思亲而不甚哀,淡淡然也。祭后,乃举丧服、丧器,焚之毁之,是谓除服,此旧制也。

民国十七年(1928年)草定婚丧诸礼,其丧礼草案如下:

(一)报丧　死者没后,家属通知亲友,或用讣帖或登报。

(二)亲敛　1.告敛,丧主行告敛礼,向死者行鞠躬礼。2.陈敛、具。3.入敛(殓)。4.盖棺。5.丧主向灵前行三鞠躬礼,亲友向灵前行一鞠躬礼,丧主谢襄敛者,行一鞠躬礼,礼成。

(三)受吊　来宾至灵前行三鞠躬礼,行礼时奏哀乐。礼毕,丧主致谢,行一鞠躬礼。

(四)祭式　1.序立;2.奏哀乐,3.主祭者就位;4.参灵,向灵前行三鞠躬礼;5.献祭品(限香花酒果等),奏乐;6.读祭文;7.辞灵向灵前一鞠躬礼;8.奏哀乐,礼成。

(五)别灵　甲、来宾辞灵礼:1.就位;2.奏哀乐;3.向灵前行三鞠躬礼。礼毕,丧主致谢,行一鞠躬礼。乙、丧主辞灵礼:1.就位;2.奏乐;3.向灵前行三鞠躬礼。

(六)出殡　铭旌在前,次挽联、花圈次。乐队,次像亭,次送者,次丧主,次灵柩(挽联、花圈、乐队、像亭等,不用者听)。

(七)葬仪　甲、丧主行告窆礼:1.就位;2.奏哀乐;3.读告窆文;4.行三鞠躬礼。乙、丧主祭墓礼:1.就位;2.奏哀乐;3.向墓前行三鞠躬礼。丙、送葬者参墓礼同上。礼毕,丧主致谢,行一鞠躬礼。

附则

一、敛服、礼服,或军服附身,以衾为限,不得用金玉珍玩等物。

二、丧服:白衣白冠。

三、旧俗所用僧道建醮一切纸扎冥器、龙帧、衔牌及旗锣缴扇等一概废除。

四、纪念死者,可用遗像,载明生卒年月及年岁等。神主、题主旧礼应即废除。

五、丧事从俭,奠仪、挽联、挽幛、赙仪、花圈等为限。此外如锡箔、纸烛、纸盘、冥器等物,一概废除。

以上仪节,矫枉过正,世俗难尽行也。其后内政、教育两部,时有修正。二十五年(1936年),省府奉命公布婚丧仪仗暂行办法,规定:各地方婚丧仪仗,应不违碍公共秩序、善良风俗。宗教徒得从教规限制。普通不得使用党国旗,不得军队迎送。凡含有封建色彩、迷信性质,由地方主管机关分别销毁或没收。但地方主管机关可斟酌民情习惯,拟具体施行细则。国立礼乐馆成立后,时时商讨礼制乐典。三十二年(1943年)10月3日,礼制讨论会举行于北温泉,草拟礼制。其凶礼篇分:丧礼、恤荒二章。丧礼有特点,有通用。通用丧礼之制议如次:

通用丧礼

第一目 始丧

1.始丧家属为死者净浴易服、安置尸床、行礼举哀、立丧主。

2.家属即去华服,遣人向亲友报丧。

第二目 入殓

1.将殓家属为之易礼服毕,家属及亲友以次瞻视遗容,行告殓礼,然后舁尸入棺,盖封,自始丧至入殓不得过三日。

2.即殓设帷置案,立死者灵位或遗像,家属依丧服及丧期目之规定分别成服。

第三目 讣告

1.既殓,家属讣告亲友,其式如次:(讣告尊亲属之丧用之)

先○○(先亲属关系分别称谓如先祖父、先祖母、先父、先母)○○公(○○太○○)于中华民国○年○月○日○时逝世距生于民国前(民国)○年○月○日○时,享年○○岁,○○等遵礼成服。

  民国敬谨治丧

兹择于○月○日○时设奠,○月○日○时出殡,安葬于○○,谨此哀告。

称谓○○○等哀启

(注:一、父在不称太夫人,二、称谓为孤子、哀子等。)

2.讣告同辈或配偶之丧用之。

先○○○(从其关系分别称谓如先兄或先弟先夫先妻)于○年○月○日○时逝世距生于民国前(民国)○年○月○日○时,享年○○岁,兹择于○月○日○时设奠,○月○日○时出殡安葬。

  ○○谨此泣告。

○○○泣告

3.讣告晚辈之丧用之。

亡○(从其关系分别称谓如亡男亡女或亡媳)○○年○○岁于○年○月○时去世,兹择于○月○日○时设奠,○月○时出殡,葬于○○,谨此泣告。

○○○泣启

讣告应以近亲至友为限,如死者有勋劳于国家社会,得撰状附送。

第四目　家奠

出殡前家属举行家奠,其仪节如次:

1.奠礼开始;2.丧主及有服者以次就位;3.上香;4.献奠品;5.读祭文(不用者略);6.向灵位行礼;7.举哀;8.礼成。

第五目　吊奠

亲友吊奠之仪节如次:

1.奠礼开始;2.吊奠者就位;3.奏哀乐(不用者略);4.上香;5.奠祭品;6.读祭文(不用者略);7.向灵位行三鞠躬礼;8.默哀;9.家属谢礼;10.礼成。

亲友闻讣,得致书唁丧主或死者家属,以文简情挚为主。

第六目 出殡

举殡时,先立木主,家属就木主前行移灵礼,乃撤帷舁柩启行,其序如次:

1.仪仗(如铭旌等类不用者略);2.灵位或遗像;3.执绋者;4.重服亲属;5.灵柩;6.家属。

死者之功绩纪念品或其遗物足资观感者并得列于仪仗之后。

2.出殡时,执绋者全体肃敬,柩所过处,遇之者,应脱帽致敬。

第七目 安葬

柩至葬所,家属及执绋者就柩前行安葬礼,执绋者行礼,家属谢礼。毕,移柩入圹,掩土封墓,家属再向墓行礼。

凡死者,应速安葬,如有特殊情形,得延至3个月内举行,但至迟不宜超过5个月。

第八目 丧服及丧期

1.丧服分斩衰、齐衰、大功、小功、缌麻5等,各分正服、义服,以麻制用。

2.五等之服其丧期如次:

甲、父母之丧,斩衰3年,正服(首尾27月而除。凡国有大兵、大灾、大疫时从荒礼)。祖父母、伯叔父母、姑、兄弟、姊妹、子女之丧,齐衰期,正服(首尾13月)。媳之丧,齐衰期义服。曾祖父母之丧,齐衰5月,正服。高祖父母之丧,齐衰3月,正服。从兄弟姊妹之子女,孙子女之丧,大功9月,正服。孙媳之丧大功9月,义服。伯叔祖父、祖姑、从伯叔父、从姑、从兄弟子女、兄弟孙子女,小功服5月,正服。伯叔祖母、从伯叔母、兄弟之妻之丧,小功服5月,义服。女之子女、曾孙子女、玄孙子女,缌麻3月,义服。

乙、母之父母之丧,大功9月,正服。母之兄弟姊妹之丧,小功5月,义服。母之祖父母之丧,缌麻3月,正服。母之兄弟姊妹之子女、姑之子女之丧,缌麻3月,义服。

丙、夫妻之丧,齐衰3年,义服(首尾27月而除,凡国有大兵、大灾、大疫时,从荒礼)。

丁、夫父母之丧,齐衰期(首尾13月),义服(妻嫁夫从夫居者,对于夫父母之丧期与夫同)。夫祖父母、夫伯叔父母、夫之姑之丧大功9月,义服。夫兄弟及其

妻、夫姊妹之丧小功5月,义服。夫高祖父母、曾祖父母、夫伯叔祖父母、夫祖姑之丧缌麻3月,义服。

戊,妻父母之丧,齐衰期(首尾13月)义服。(夫赘于妻家从妻居者,对于妻父母之丧妻与妻同。)

3.为人后者,为其本生父母齐衰3年,降服。

4.认领之子女,对于父母及生母,斩衰3年,正服。

5.养子女对于养父母之丧,服丧期与婚生子女同,义服。

6.前妻之子女,对与继母之丧,为大功9月,义服。(愿服斩衰3年者,听。)

7.前妻之子女,对于同居继父之丧,为大功9月,义服。

8.婚生子女对于□认领子女之□□之丧□功五月,但以其与父永久共同生活者为限,义服。

9.本章未规定丧服丧期之亲属,曾受死之抚养或监护者,得服小功5月之丧,义服。

10.对于未成年之死者,丧服丧期降一等,但已结婚者不在此限。

11.出殡后服丧期未满者,除行礼时外改用素服,但应于左肘以上缠黑布一道志哀,服丧期满,应行礼释服。

12.凡因非常事故,服丧期已满而后扶柩回籍安葬者,启殡及安葬时仍用丧服,葬毕乃除。

13.服斩衰三年之丧,在27月以内停止婚嫁。其在职务上有特殊情形者,及国有大兵、大灾、大疫时,从荒礼。

14.公务员有父母之丧者,得辞职守制,其不得读者,得在任给假治丧,坚辞者,听辞职。

以上仪式将颁之全国上下通行。然北碚峡区所用者,与此稍异。

世俗治丧,衣衾棺椁以敛其身,哭泣祭奠以哀其死,俱称家之有无。至若延堪舆,觅葬地,日者择葬期,请道士通告上下神祇,禳凶邪,开道路,则所以安死者之魂魄,谋生者之吉利也。其有为死者多诵经忏,焚纸钱,消罪愆,作功德,一以求解脱而离地狱,一以求超度而升天堂。一若世人一死即有无数凶煞恶鬼丛集其间,又有无限冤孽债负将与对簿者。而一祈祷间即万恶俱释,九天立登。岂转殡之易如此耶？管理局辖境习俗：初病危将绝，所亲守候，扶之坐，彻卧帐。既逝沐浴尸身，含敛，着寿衣。焚楮包。计死者之年，一岁一帙，曰烧老赗。环哭毕，移尸凉床或木板上，纸以掩面，燃灯其下。其后，招僧道，置魂幡，设灵位。灵前设祭桌，中置红纸灵牌，上书"新逝某某人（冠以称呼），受食之灵位"。桌上陈香烛酒茶等品，曰开灵，又曰开路。考古魂帛之制，以本为之，纵横交贯。司马仪始用许郑束帛依神之说，其意则取北面左衽，以象死者也。末俗变魂帛魂幡，且用僧道为之。设三献礼，曰开奠。依选择家言，推查亡命于某时出魄，孝家备香烛供果，于死者告终之时与地，举家远避，曰回殃，又曰回煞。《俞文豹吹剑录》唐太常博士李才百忌历载："丧煞捐害法，如巳日死者雄煞，四十七日回煞。十三四岁女，雌煞，出南方第三家，煞白色。男子二十日及二十九日，两次回家。至期必避。于是阴阳家有回殃、避殃之说。世俗相戒，虽孝子亦避之。古者人子之于亲也，始死充充如有穷，即殡瞿瞿如有求而弗得，既葬皇皇如有望而弗至。其祭也，俨然见乎其位，肃然闻其容声，忾然闻其叹息。今忍加以殃名，而举家避之。阴阳吉凶之说，中于人心久矣！"道士棺旁作法，或诵经，或鸣锣鼓。为首者道袍法冠，立于法坛，手持响铃，高唱死者姓氏年龄及死亡情形，以告上天。孝子执"领灵牌"旁侍，为礼是日作道场。如是一至三日，金鼓喧天，坐唱戏剧，曰打围鼓。乡间有以男扮女，入丧次，自称寄女或寄孙女，诣灵前跪地哭泣，挪劝不已，必待孝家给以孝衣，而后破涕为笑者，曰噫嘻。书死者生卒年月及奠期、葬期、孝子名，张贴门外，曰告白。竖白纸钱幡于门外，曰望山钱。大殓入棺，棺内铺垫柏杖。孝子孝孙及五服之人，各服其服，曰成服。有财力者，子妇以生麻布为衰，草索束腰为带，竹圈粘白纸，加于白布帕上为丧冠。截小竹筒粘白纸为杖。以外至亲卑幼，则以白棉纱布为衰，视葬具之备否及葬期之远近。出服一世则免。盖六世亲属竭矣。服制之所不及，为吊客。丧家于吊丧助丧之人，普给以白布，裹头垂背，曰散孝帕。家富者于外姻卑弱，亦为制孝衣，名曰开普孝。揆之礼意，已属不合。究其实，乃以酬答赗赠，怀利相交，当给不给，辄相怨怒，讽之为吝。及其得之，当场一著，旋作他用，此亦非礼之礼也。近有易以黑纱五寸束袖，纸花一朵佩胸者，大雅简便，治丧者所当提倡者也。以红绫绋亲友之贵者，粉书死者姓名竖于门外，曰铭族。请通礼以绛帛为之，以粉书之，帛幅长短，以品为差。用另纸书题者姓名,黏于旌下。葬时去其名纸。士丧不借衔题,则称显考显妣。庶人之丧,不用铭旌。入民国多沿用之。铭旌长短无差等。今人吊挽用祭幛联额以旌死者,皆铭旌之遗制所推而衍之也。讣于亲友家,曰讣文,亦曰讣书。简单者仅书孝子孝孙等名,曰孝帖,即报单也。有官阶者或由治丧处,或由丧主,署棘人报丧。或服后具讣,则告奠期及殡葬。丧主护丧者以服之轻重次列之。附讣而致于僚友者,有行述,即唐宋人之行状也。古行状为请谥而作,亦有求铭而作者。在唐宋皆以异姓之能文者为之。明以来有事略,则丧主自为之。晚近致讣多附哀启。今人讣首,每用死者遗像,尸制废而有像,亦深合见似目瞿之义。唯广征像赞,成为风气,题辞多不足存。亲友于奠期前具香帛楮钱,醴馈往,曰吊孝。富者或备羊豕、彩帷、祭屏、挽联于丧家,曰上祭。作木主,请亲友善书题之,曰题主。刺孝家指血,请贵者和朱点神主字,曰点主。朱子家礼始有主,程伊川氏定作主用栗,取法于时日月辰。趺方四寸,象岁之四时,高尺有二寸,象十二月,身博三十分,象月之日,厚十二分,象日之辰,身趺皆厚一寸二分,刻上五分为圆首,寸之下,勒前为颔而判之,一居前,一居后,前四分,后八分,陷中长六寸,阔一寸,深四分,合之植于趺(身去趺上一尺八分,并趺高三寸),趺在七寸二分之上,窍其旁以通中,圆径四分,粉涂其前面以书属称(属为高曾祖者,称谓官或号行)。旁题主祀之名(曰孝子某奉祀)。陷中书姓名字及行弟,左书生卒年月日时,右书葬地方向加赠易谥,则笔涤粉面改书之。外改中不改,积高广以容主为度。唐宋制积,外别有轮藉,今用红绫冒之。未葬前数夕,招僧道焚化楮钱,曰烧更纸。清通礼丧祭用楮币,即纸钱及金银楮锭也。纸钱唐名曰寓钱,言其寓形于钱也。唐书王玙传云:"汉以来,丧葬皆有瘗钱,后世以纸寓钱为鬼事。"夫楮币,初由瘗钱而寓以纸备物而不可用,明器之道也。习俗相沿既久,以为果资于冥途,则迷信矣。

葬之前夕,绕棺招亡。延道士执火,环室以于香屑泼之,曰清宅。葬之日,道士杀雄鸡一,淋血棺头,拔鸡毛一束,粘血上,然后投鸡于地,高声祷告,以一瓦壶向空抛去,以刀碎之,而后八人舁棺去,扶柩于门外,曰发引。孝子跪拜舁者,请慎重将事。孝子麻冠孝服,捧灵牌及引灵幡前导,棺柩随之。送丧者执绋其后。更具牲醴于柩前祭奠,曰祭丧舆。沿路燃爆竹,抛撒钱纸,曰买路钱。柩至桥梁设祭,曰祭桥梁。至津渡亦然,曰祭河伯。葬后祭于墓前,曰祭后土。以无服之绅士,着礼服代祭。至墓所,孝子祭毕,葬之而归。

人之始卒也,家属谋及堪舆,择地定期而葬,无停柩不葬之陋习。葬后修砌三尺崇封,费之大小,各视其力。郑珍曰:"《华阳国志》有蜀侯蚕丛,其目纵始称王,死作石棺石椁,国人怪之。俗以石棺椁为纵目人家,明俗犹尚此风。凡高原坡陀,锄垦雨洗,十九露出,无山无之。往往方丈之地,有多至数十椁者。"(见《遵义府志》)今俗不尚石棺石椁,而乡里古墓,卒多有此。书之,以存古制之遗。葬后三日,每夜必燃火香烛于墓前,曰送火。至三日,买山纳契,以香烛帛焚于墓,曰复山。

人始死七日至七七日,均焚化楮钱,曰烧七日。富者延道士行之谓之荐七。至近族姻,有代主荐七以伸哀敬者。《北齐书·孙灵晖传》:南阳王绰死,每至七日至百日,灵晖为请僧设斋行道。①《北史·胡国珍传》:诏自薨至七七,皆为设千僧斋,百日设万人斋。②汉明帝营寿陵,诏遇百日,唯四时设奠。是七七、百日皆浮屠法,自汉时初入中国,明帝已用其教。按《瑜珈师地论本地分中五识身相应地第一》云:诸众生将命终时,乃至未到惛昧,想住长时所习我爱,现行由此力,故谓我当无便爱自身,由此建立中有生报。又此中有若未得生缘,极七日住,有得生缘,即不决定。若极七日未得生缘,死而复生,极七日住。如是辗转未得生缘,乃至七七日住。自此以后,决得生缘。又此中有七日死,已于此类生,若由余业,可转中有种子,转者便于余类中生。又《地藏本愿经·利益存亡品亡》。若有男子女人,不修善因,多造众罪,命终之后,眷属大小,为造福利一切圣事,七分之中而乃获一大分功德,生者自利,无常大鬼,不期而到,冥冥游神,未知罪福。七七日内,如痴如聋,或往诸司辩论,业果审定之后,据业受生未测之间,千万愁苦,何况堕于诸恶趣等,是命终人未得受生,在七七内念念之间,望诸骨肉眷属,兴造福力救拔。过是日后,随等受报。若是罪人,动经千百岁中无解脱日,是故长者阎浮众生,若能为其父母,乃至眷属,命终之后,设斋供养,志心勤恳,如是之人,存亡获利,上来所云。世俗七七百日,皆本于此。而汉梵诸钞,有卜王司七及百日之说,则附会谬悠,不可究诘矣。

---

① 清·周郁滨:《珠里小志》卷三,嘉庆本。
② 唐·李延寿:《北史》卷八十·列传第六十八,武英殿本。

周年，富者或作道场，贫者亦焚楮帛。死者生日旬期为阴寿。三年中，择吉延请僧道诵经拜忏，上表投诚，盛造冥器，荐死者。焚原设灵位，曰除灵道场。延僧道于家，悬神像，设香案，供茗果，曰安师。是夕具浴器于门外，覆以伞，围以席，旁置死者衣服，曰招魂。次夕，于地用石灰画作狱形，以一人扮作目连尊者，手执锡杖，金鼓随后，绕地而行，曰破地狱（女曰破血河狱）。马镇峦谓地狱之说，本于宋玉招魂。长人土伯，则夜叉罗刹之伦也。烂土雷渊，则刀山剑树之地也。虽文人寓言，而意已近之。晋魏以下，遂演其说，而附之释氏之书。又次夕，搭高台于门外，僧道登台，讽释谈章普安咒，以米团撒地，曰放焰口。又遣人于路插烛焚楮，曰放路烛。有于江下雇船，僧道踞船头作法事，以纸为烛放河中，多至一千，少亦数百，顺流而下，曰放河灯。有用篾扎大圈，作骨，径二尺许。以铁丝架十字，牢系圈中作十字架，缠以破布，菜油浸透，外糊纸如桶，长五尺，上有顶帘，用黄用红，以无破损，无隙缝漏烟为度。二人双手擒圈，以火燃之，竣烟熏满，二人之力不能制，松之，则高飞飞至空际，顺风而行，数十里外皆见之，曰放孔明灯。散斋之日，于五更后，具茗果米餐，对天燃点小烛百余支，朝天礼拜，曰供天，又曰燃天。名其烛曰燃天烛。俗传燃天烛以照小儿，可以稀痘。餐曰燃天餐。数日之间，诵经而外，又有早朝、午朝、晚朝、台将、上表、申文、朝幡、请水、散花、拜忏、祭车夫等名。其散道场所焚烧者有簪扛、灵屋、舆马、衣服等纸扎。又必立竿于门外，上悬黄幡，其尾联以布，布下端剪之为尾，凡十数，系以钱。凌风飘扬，布条自结，僧道或指为福寿字，或指为福寿之幡尾无子者窃以佩之，谓可生子。又将死者姓名、住处、卒时年月，并请荐先祖亲戚名姓，以及诵某经若干卷，拜某忏若干轮，书于册，朱验钤印，交与主人，曰经单簿。

二、祭

人民祀先之礼，略如上述，及岁时篇。士民家中必供神龛，大书天地君亲师位，或书某氏昭穆香位，名曰神榜。有力者别建支祠。榜供文武夫子、观音、文昌、财神、王爷。由楚而蜀，则有阴司法官等名。外列神主，下供长生土地牌位。朝夕焚香，朔望则燃香烛焚楮帛以祀之。富者龛雕绘玲珑，陈设美丽，横匾对联，饰以金碧。谓之香火，亦谓之神龛。又有书灶王府君香位，或书五祀之一香位，或供于龛,或供于厨。坛神有二:一曰屋基坛,又曰下坛,刻石为之,上圆下方,供于室西南隅;一曰筑筑坛,又曰上坛,编以竹,糊以色纸,中置鸡卵,供于家龛,由楚入蜀,多有之。

岁时记(附农占)
游戏娱乐

岁时记

正月元日,风兴,肃衣冠、陈茶果、焚香楮、铺柏枝于堂,拜天地,祀祖先。爆竹开门,向历书所载吉方拜喜神、财神,谓之出天行。返室,卑幼拜尊长。首食汤团,俗称元宝,取进财之意,次食挂面,取长久之意。亲族友人互相贺岁,或以名片沿门投送,谓之拜年。机关则于国历元旦集会庆祝,相向鞠躬,谓之团拜。是日俗禁扫地倾水、动针,忌兆财出,忌不祥语。门上贴春联或喜钱,多以红纸或杂彩纸为之。门前红纸书"开门大吉,启户迎祥,出门大吉,对我生财"等吉祥语。按《荆楚岁时记》曰"正月一日是三元日,鸡鸣而起,先于庭前爆竹,以避山臊恶鬼,长幼悉正衣冠,以次拜贺。"盖今俗多仍之也。

元日至初三日,贺年者往来于途,皆盛衣冠,或舆或步。人家往往置酒食,留宾客饮,谓之纳财。多留多醉,习惯成风,客坚持不饮,谓之留财。新妇偕婿归宁,谓之拜新年。幼童至亲友家贺年,归必有所携,谓之杂包。初五谓之破财。

开正十日,人物皆有避忌。《初学记》载,东方朔占书:一日为鸡,二日为狗,三日为猪,四日为羊,五日为牛,六日为马,七日为人,八日为谷,其日晴,所主之物育;阴则灾。①今又相传:九日为豆,十日为麦(或曰棉)。旧说:一日不杀鸡,二日不杀狗,三日不杀猪,四日不杀羊,五日不杀牛,六日不杀马,七日不刑,亦避忌之意也。今俗:十日内取用诸物,各随日而避之。农民十四、十五连夜于先墓上灯,谓之亮灯。

十五为元宵节,俗呼大年。人家皆团米粉作汤圆,即名元宵。入夜,比户燃灯,祀大地、家神及祖先,而分食之,阖家团圆之义也。艰嗣者窃邻居多子家汤圆以啖之,谓之偷元宵汤圆。又或窃其檐灯,糊以红绫,鼓乐灯彩,送艰嗣家,谓之

---
① 唐·徐坚:《初学记》卷四,岁时部下,四库全书本。

送檐灯。文人则为春灯射谜,曰灯虎。矫捷者饰狮子,群拥龙灯,禺然双舞,金鼓满街。周礼方相氏,卒岁大傩,黄金四日,玄衣朱裳,强武伥童,驱逐群厉,狮龙之饰,山鼻电目,大髯长鳞。今仿其意,以化厉疫为吉祥也。其龙狮多于元宵前夜酿金扎成,又有各种灯式。有彩龙、有火龙。彩龙饰以布帛,施以五彩,头角鳞甲,宛然如生。火龙以篾编成,糊以纱或纸,式甚简易。戏者均袒胸露体,红巾覆发,游行通街。市人以鞭炮筒花,聚烧龙灯,元宵夜尤甚,曰闹元宵,谓可驱疫。又有手持竹管,上系铜环,向四肢敲打,节奏成乐,曰唱歌谣。众人和之,俗呼唱连箫。好事者,入菜田窃人菜蔬,主人不得禁,俗呼偷青。新年有耍狮子戏者。狮以彩布为之,长可八尺,一人荷之,沿街游戏。有带笑和尚面具者戏于前,金鼓随其后,其足下接以长四五尺之木杆者,谓之高脚狮子。元宵前数夕,乡人多有此戏。又有用五彩布扎成车形,上悬小灯,以妇孺或因病许愿之男子,着女装坐其中,一人推之,前有小丑,向之调笑,和以笙歌,艳以灯火,抑扬起伏,极态增妍,谓之车车灯。所唱天籁自然,矢口成妙,亦可以考民俗也。民国《巴县志》曰:"岁时记云:正月十五,其夕迎紫姑以卜。刘敬叔《异苑》云:紫姑本人家妾,为大妇所妒,正月十五日感激而死,故世人作其形迎之,捉之觉重,是神来也。《觉轩杂著》云:罐落神者,以木饭匙纸糊之,画头面束于落梁,缚扎如人形,以小儿衣衣之。幼女二人,静夜待于黑地。以炷香烧其面,祝之数四,即摇动而来,落重如石。问事以挥为征,或戏之烦数,即顿立不动。又载新年闹灯时,请茅娘,祝之曰:正月正,特请茅娘来看灯,无娘单足来,有娘双足登。今县俗元宵请饭落神日,七姑娘,祝词首二语与茅娘同,盖皆沿紫姑之遗意云。"北碚亦有此俗也。是夜俗又具香烛,焚门钱,谓之送年。谚云:火烧门前纸,各自寻生理。

正月中,亲友互相晏(宴)请,谓之拜年饭,又曰吃春酒。《岁时记》曰:元旦至于月晦,并为酺聚饮食。玉烛宝典亦同。今之春酒,酺聚之遗也。

立春后五戊为春社日,旧俗礼后土演剧。乡村祭勾芒神。新冢必于社前祭扫,谚云:新坟不过社。取土培覆,谓之垒坟。延道士荐醮,谓之醮坟。三年服除乃止。

三月三日为上巳,士民祓除不祥,间有修禊事者。

寒食节,清明前一日也。《岁时记》云:去冬节一百五日,即有疾风甚雨,谓之寒食。又云:焚火,盖周旧制也。唐开元二十年(732年),饬士庶家许寒食上冢拜扫。今俗上坟垒土,有清明前后十日说。

清明节宜晴,旧俗祭墓。主人备酒馔饷客,客馈冥楮、爆竹、烟火。插竹缥于冢,曰挂青。士女多赴郊野踏青,往来如织。其有邀友好,携酒肴,藉他人夜台席地聚饮者,谓之上野坟。

二月三日,居民择土王用事日,延道士于家讽经,制桃弓柳箭,设衡量刀尺等具,用黄笺书镇宅符贴于壁,谓之谢土。

三月四月,市人醵金,假庙地建道场,祀瘟、火、虫、蝗等神,谓之平安清醮。既毕,道士法冠黄衣,仗剑执符,沿街唱念,金鼓为导,青狮跳舞,以随其后,谓之扫荡。遇火灾后,亦假地建道场,谓之火醮。

四月初八日为浴佛日,相传释迦牟尼生于周昭王二十四年四月八日,从右胁而生,浴于此日。居民多于是日用红纸墨书"佛祖生辰,毛虫远行"等字粘于壁,谓之嫁毛虫。

二十八日俗有药王会。医家皆祀唐孙思邈为药王。考《蜀异志》载:"唐天后朝,思邈修道嵩山。因偕徒讲经祈雨,召思邈飞章,其夕天雨大降,有二老谓:非利济生人,岂得升仙?于是思邈归蜀青城山,撰《千金方》三十卷。既成,而白日冲天。"①俗传思邈成道,殆指此也。是日,医家药铺,皆张灯彩,燃爆竹,开宴庆祝,并受酬焉。

五月五日为端阳节。《初学记》引周处《风土记》言:仲夏端午,烹鹜角黍。风俗通义,以五彩丝系臂,辟兵及鬼,令人不病瘟。《广义》云:五月五日,用朱砂酳避邪毒,各以余酒染指、额、胸、手、足保无虫蝎之患,又以洒墙壁门窗,以远毒蛇。《岁时记》云:五日采艾悬门户,竞采杂药。又云:俗谓是屈原死汨罗日,伤其死所,并命将舟楫拯之。今俗端午,人家黎明至野外采百草为药,午饮雄黄酒,兼洒蒜汁,食粽子、盐蛋,剪彩缝为小胡孙,系香囊,悬小儿肩臂上,悬艾叶菖蒲于门。取郊外百草煎汤澡身,曰避毒。小儿头面涂雄黄,云可避瘟疫,避虫。午前用正方黄纸斜角朱书白字,倒贴柱,谓可避白蚁。午后男女相率赴江岸,观龙舟竞渡,

---

① 唐·李亢:《独异志》卷上,稗海本。

皆沿旧俗也。民国二十六年（1937年），中日战起，北碚令禁划龙舟。二十九年（1940年），陪都新生活运动会提倡竞渡，此禁遂用。三十一年（1942年）以来，管理局每于是日举行水上运动会。各乡镇龙舟咸来竞赛，盛极一时。其舟狭而长，底平，两端像龙首尾，舟身十六七隔，隔左右各坐一人，人持短桨一，龙头立一人，俗呼踩头，指挥舟子。又有执旗及锣手、鼓手各一人，舟尾撑梢一人。与赛者遍谒各乡镇，俗呼拜码头。码头必爆竹相迎，赠以酒食。入供奉屈原大夫神位之室休息，然后竞渡。优胜者发给奖品，薄暮始散。又有乘船游江者，据云可不生癣疥。昔于是日醉鸭纵江，任人竞取者，今此风泯矣。

六月六日，曝书画衣物，未知所出。又《帝王世纪》云：六月六日神禹生。《梦华录》云：镇江王生，舟人治王爷会，即本于此。或云：王爷者，秦蜀守李冰也。

中旬早稻成，民间造饭，以酒肴供祖先。事毕，长幼分食，谓之吃新。

天久不雨，农夫望泽，相率舁神像，排旌旗，鸣金鼓，游通衢以求雨，有应有不应。又或用黄荆树叶扎成龙形，游行郊野，人多蓄水以浇。自顶至踵，淋漓尽致，谓之淋黄荆龙。

七月七日乞巧。《岁时记》云：七夕为牵牛织女之会，妇人结彩缕，穿七孔针，陈瓜果于庭以乞巧。《西京杂记》云：织女渡河，使鹊为桥，故是日人间无鹊。至八日则鹊尾皆秃。旧俗：七日暴盆水庭中，妇女用彩豆芽为巧芽，投水面以观其影，曰乞巧。

十五日为中元节。《岁时记》云：七月十五日，僧尼道俗，悉营盆供诸佛。《大藏经》云：目连以母生饿鬼中，佛令作盂兰盆，以素果素食置盘中供佛，而后母得食。道家则以是日为地官赦罪之辰。旧俗：于中元前数日封楮钱，具酒馔，祭祖宗，曰烧袱子；各寺院或于是日设盂兰会。

立秋五戊为秋社，俗称土地诞。虽僻壤无不陈梨园杂供，视春社有加。清晨用瓷器收百草头上露，磨浓墨治病，曰天灸。入民国，其俗渐废。

八月十五为中秋节，与新年、端阳，俗称三节。按《帝京景物略》云：八月十五日祭月。其祭果饼必圆，家设月光位于月所出方，向月供拜。月饼月果，戚属相馈报。又《熙朝乐事》云：中秋民间以月饼相遗，取团圆之意。是夕人家有赏月之燕（宴），今俗尚沿之。又或插香遍地，遥望一片火红，颇为壮观。妇女相率入园圃探瓜,以为弄璋之兆,曰摸秋,或曰偷瓜。少年取瓜涂五色,鼓乐送银祠者,彻夜交驰,谓之送瓜。昔日之中秋素食及橙子会,今废久矣。

九月九日为重阳节,按《续齐谐记》云,汝南桓景,随费长房游学,谓曰:九月九日,汝家当有大灾厄,急令家人缝绛囊,盛茱萸系臂上,登山饮菊花酒,此祸可消。景如其言,举家登山,夕还,而举家之鸡犬皆暴死。《仙书》云:茱萸为避邪翁,菊为延寿客,假二物以消阳九之厄。《梦华录》亦云:唐时都人出郊登高。今士人九日登高,其遗俗也。民间又多于是日酿酒,曰重阳酒。

是月初一至初九日,民家多斋戒,不饮酒,不茹荤,谓之九皇。间有全家不茹荤者,谓之洗锅斋。

是月初一至十二日,或晴或雨,人辄笔之,以为明年十二月之验,谓之分班雨。本地气候,早冷。九月人多着棉衣,有"九月重阳,提火进房"之谚。

十月朔,俗称寒衣节。《梦华录》云:士庶皆出家上坟。九月下旬,即买冥衣、鞋靴、衣帽,以备十月朔日烧献。土俗裁五色纸作男女衣,并持楮钱焚于墓,谓之送寒衣。本此,亦曰履霜露而凄怆也。

十一月冬至,士庶家建有宗祠者,必择日聚族人,备牲醴、庶馐,以祭祖先,谓之冬至会。中旬,士民家有坛神者,择吉延巫于家,张神案,宰牲具醴,献生献熟,必敬必诚。有撤坛、安坛、放兵、收兵诸法事,谓之庆坛,俗又名之曰庆老爷。无力之家,则于杀年猪时,具牲首酒醴以供,谓之献坛。民家养豕,多于冬至后择日宰之,或祭祖,或还愿(俗曰回神)。届时招集亲友宴饮为乐,谓之吃庖汤。

十二月初八日,释迦佛以是日成道。《山堂肆考》曰:宋东京十二月初八日,都城诸寺作哈佛会,并造七宝五味粥,俗名腊八饭。今俗亦以稻米、糯米、苡仁、核桃仁、枣、粟之属,为腊八粥,祀神及祖先,举家食之。

二十三日夜间,居民备酒果送神,贴灶马于灶门之上,又以坚豆秫马具填灶,疏祭告于厨,燃灶灯,谓之送灶君上天。供必有饴糖,云以胶神唇口,使见上帝不言人家是非也。

二十四日,江西人土占籍于此者,备酒肴,长幼欢饮,俗谓过小年。过此以后,人家皆大扫除,曰打扬尘。阖家祀先,团聚饮食,或邀家属戚友,曰吃团年饭,农民以刀刃果木中干,塞以年饭,曰易接。以物相遗,曰馈岁。

除日,《岁时记》云:岁暮,家家具肴蔌,指宿岁之位,以迎新年,相聚酣饮。《梦华录》云:士庶之家,围炉团坐,达旦不寐,谓之守岁。今俗:除日,画则张灯采,贴门神、楹联、春帖,夜则家人罗拜。少者礼尊长,或亲友卑幼相过,曰辞岁。以钱散置枕畔,曰压岁。深夜祭灶神,曰接灶。古风未尽改也! 民国以来改行阳历,而岁时节序,仍沿农历之旧焉。

(以上杂采民国《合川县志》《巴县志》及个人见闻)

附

农占

老农本世代传说,能以夏历季节及四时景象而预测阴晴风雨及岁之丰歉。是本应入《农业志》,而当代农业家、科学家或多忽之。唯其言多验,又不可不载。姑就人所习知者,附录于此,盖天时地利,亦大有关于民生也。

凡岁正月如元日得辰,为一龙治水,至十二日得辰,为十二龙治水。龙少则勤,主一岁多雨,龙多则互诿而怠,主一岁少雨。如元日得丑,为一牛耕地,至十二日得丑,为十二牛耕地。牛少则劳而岁丰,牛多则牛逸而岁歉。如元日纳音属木,为蚕食一叶,至九日纳音属木,为蚕食九叶。少主贵,多主贱。

鸠鸣有还声为呼妇,主晴;无还声为逐妇,主雨。蚯蚓滚沙主雨。蚁迁高低主雨晴。月晕主风,风起缺在方向。谚云:"四季甲子不宜雨,四季丙寅不宜晴。"盖四时甲子忌雨,丙寅忌晴也。谚云:"久雨逢庚晴,久晴逢戊雨。"又云:"初一不落雨,初二定天晴,初三初四晒煞人。"盖每月朔宜雨也。谚云:"雨落二十五,下月无干土。雨落二十九,雨伞不离手。"盖每月二十五、二十九两日忌雨也。谚云:"天干一把刀,天雨一包糟。"此言山麓黏土有晴则固结,雨则泥泞者也。谚云:"三晴两雨",此言丰年之兆。盖一般农作物,久晴久阴,俱不利也。谚云:"经得起十天雨淋,经不起三个(言三天也)太阳。"此言丘坎或砂岩,其背土薄,吸水少而不能经干也。谚云:"种土(旱地也)不挑沟,等于让贼偷。"盖北碚地形起伏不一,且夏雨急骤,如不为沟,则土根冲刷,必致瘠薄,收成大减也。谚云:"不伤不打,漏眼不发。三年不打,黄鳝眼瞎。"此指山坎砂岩区土根薄而砂之水田而言。在丘陵地带,土区田埂,年打三次,而山坎砂岩区,三年不能打一次。打则生漏洞，不打则茅草丛生，固结甚密，黄鳝无从穿洞，而水可赖以保持也。

正月元旦宜阴，七日宜晴，八日宜明。盖七日为人日，八日为谷日，晴明则人少疾病，禾苗蕃育，阴则为灾也。立春要晴，立夏要雨。立春后忌雪裹雷，谚所谓"正月雷打雪，二月雨不绝。三月无秧水，四月秧上节"也。二月朔忌晴，谚所谓"二月初一晴，山中木叶发两层"也。惊蛰宜阴冷，谚所谓"冻惊蛰，晒清明"也。春分宜小雨，谚云"春分有雨病人稀"也。三月清明宜晴，谷雨宜雨。谚云"清明晴，谷雨淋"也。四月立夏宜雨，谚云"立夏不下，犁耙高挂"也。小满宜雨，谚云"小满不满，芒种不管"也。五月有壬子破日，主大水。端阳节宜雨。十三日为关壮缪生日，是日得雨，俗谓之磨刀水，主岁无疾疫。二十三日忌雨，谚云"五月二十三，大落大干，小落小干，细落细干，不落不干"也。六月朔宜晴，俗谓之地坝生，晴则收获日多，遇晴日，新谷不至霉烂也。三伏日宜晴，谚云"三伏无雨秋天晴"也。七月朔宜晴，谚云"七月初一晴，八月无雨淋，时逢白露候，谷草白如银"也。七夕后天河不见，必数日乃见。俗以出见之早迟，与米价之腾涨有关。早见早涨，迟见迟涨，谓之定米价。八月忌三卯，谚云"八月逢三卯，牛食烂谷草"也。白露宜双日，忌雨，谚云"白露逢双，干谷上仓"也。是日雨，则谓之烂白露。十三日至二十三日，谓之詹天，常多雨，谚云"进詹下雨出詹晴"也。九月朔忌雨，遇雨必连朝不止，俗谓之烂九黄（音近烂韭黄）。重阳日宜晴，谚云"重阳无雨望十三，十三无雨一冬干"也。十月立冬宜晴，谚云"不怕重阳三日雨，只要立冬一天晴"也。十一月、十二月宜雪。谚云，"冬管五，腊管六"，谓两月无雪，来年五六月必旱也。冬至节内雪，杀地中蝗子。雪入地一寸，蝗入地一尺，雪入地一尺，蝗入地一丈，来年无虫灾。

社会生活篇（下）

游戏　娱乐

依于仁,游于艺,圣门所有事也。盖游艺娱乐可以解除工作之疲劳,可以增进人生之兴趣。娱乐方法之良否,与其业务之精进,所关至巨,是以一民族之强弱,可占之于其工作,并可占之于其娱乐之方法。近世欧美,人民康乐,国家富强,其娱乐部门极多,无不有益身心。吾国古来人民娱乐途径,本有多端,良风美俗,载在史策;无如不事振作,甘自堕落,举其法而多废之,而举世诟病之赌博、鸦片、娼妓等事,竟不幸而为世俗娱乐之所寄,呜呼哀矣！兹胪举本局辖境之游艺情况,以见一时习尚。禁止不良娱乐,提倡正当消遣,以收纳民轨物之功者,庶有考焉。其见于岁时记者,不复列云。

本局境内游戏娱乐,可分成人与儿童两种,今分述之。至若学生娱乐消遣,乃体育运动之事,则从略焉。

成人游艺娱乐

一、品茗

南人嗜茶,川省尤甚。各城镇茶馆之多,有如巴黎咖啡馆景象。局境茶馆,到处有之,北碚尤多。盖其地旧日为一场镇,当水陆交通之冲。抗战以后,机关学校迁建于此者极多。言商业交易者、等候车船者、赶场者、游息者,无不集于茶馆。据三十一年(1942年)夏季之调查,北碚有茶庄2家,茶馆14家。盖几于每街市有之。10余家中各设茶桌10余,椅凳数十,有兼营旅馆业者。兼善餐厅草坪之露天茶馆,平民公园之茶座,为知识分子聚集之处,茶资亦稍昂。良辰佳日,座客常满,或品茗围棋,或高谈阔论,上下古今,亦有闲阶级消磨时光之佳地也。

二、吃烟

近人常言:清季咸同以前之人嗜酒,光绪间嗜鸦片烟,清末民国之交嗜赌。然昔人烟盛而赌衰,晚近赌兴而烟未尽革。二十六年(1937年),本区署代办土行,由重庆禁烟局领土,其后又向合川禁烟事务所领土,按月分发各官膏店。二十七年(1938年)有店8家,每月共销官土1600两,共计登记瘾民1198人,四季征收执照费298元6角,每月勒戒烟民15名。兹列其统计表如次:

各官膏店统计表

镇 别	官膏店		月销膏量
	家 数	等 级	两
北碚	1	丙	500
文星	1	丁	224
二岩	1	丁	98
黄桷	2	丁	260
澄江	3	丁	518
统计	8		1600

全区烟民人数统计表

镇别	人数			吸量合计（每日）		应领各种等级戒烟执照人数				赤贫而兼流动者	贫民而兼流动者	以前漏登经此次查明补登者
	男	女	合计	土	膏	甲	乙	丙	赤贫			
北碚	178	36	214	1.9	8.4	1	7	113	72	10	11	
黄桷	272	59	231	0.4	13.4		4	64	230	11	22	
文星	271	75	346	0.32	14.8		4	75	164	73	30	
二岩	156	6	162	0.54	7.2			19	71	52	26	
澄江	130	15	145	0.64	5.8		3	30	52	24	36	
总计	1007	191	1198	3.8	49.6	1	18	301	589	170	119	

全区烟民年龄统计表

年龄		20岁以下	21岁至30岁	31岁至40岁	41岁至50岁	51岁至60岁	60岁以上	总计
人数	男	78	255	297	229	125	23	1007
	女	7	22	61	82	17	2	191
	合计	85	277	358	311	142	25	1198

全区烟民职业统计表

职业		农	工	商	家事	无业	总计
人数	男	141	567	167		132	1007
	女			6	113	72	191
	合计	141	567	173	113	204	1198

全区烟民吸量统计表

应领戒烟执照等级		甲	乙	丙	赤贫	总计
吸量	土		1.3	1.2	1.3	3.8
	膏	0.4	2.8	27.2	19.2	49.6

本局种烟运烟,虽已绝迹,但吸毒者仍不能禁绝。三十二年(1943年)下季,本局调验烟民210人,其内女犯28人,一年之中,破获烟犯63名,已处决者男15人,女4人,计处有期徒刑三年者2人,二年者12人,一年又四月者5人。三十三年(1944年),烟犯共40起。(1、2、3、7、8、9,6个月各2起,4月4起,5月1起,6月15起,11月3起,12月5起。)

鸦片而外,人民吸食纸烟者亦多。嗜食烟叶烟丝者尤众。农工各界,几人手烟杆荷包,工作余暇,吸食为乐。其工具且有来自大足县者。抗战以来,纸烟价昂,亦有改吸国产雪茄者。

三、饮酒

士夫宴会,农工消遣,多饮酒为乐。有渝酒(俗呼花雕)、有烧酒(俗称干酒、曲酒),皆川产也。农忙时有共饮苞谷等酒者,俗呼咂酒,其酿造不与常法同。而饮时即以原醴烫热,群聚以竹管或麦管插坛中咂吸之,干则倾入开水,因复咂焉,其味至甘。苗民今仍盛行此俗也。抗战后政府禁酒,本局亦一度禁止,日久渐弛。三十一年(1942年)夏,北碚有冷酒店7家,市民趋之若鹜。乡人赶场,每于交易毕事后,沽酒饮之。

四、弈①棋

博弈手战,亦人民消遣之一道。其法:用木为方牌,每方尺许,镌刻纵线横线,有用白布朱画,有用皮革描金简者,有用白纸版者。版中画黄河,南北各半。纵九横五,方罫井然。子分红黑各十有六,五卒士、二相、二车、二马、二炮、一将一帅,是为老王。将帅居九位之中,士相卫之,次马、次车,炮低一位边之二卒,又低二间空居之。红先黑后,胜负介在顷刻。旧日铭语颇为新奇,大书"用心寻子路,著手笑颜回"十字。暇日无事,二人为局,子声丁丁然乐甚。旁观者代为周旋。正上劲时,甚恐下错一着,满盘皆输也。尝见奕(弈)者、观者,专心致志,夏日不暑,冬日不寒。汤武征诛一局棋,此游戏之最,足使人不倦者也。昔人名之为"木野狐",此象棋也。又有围棋、军棋等,茶馆有设棋局者。三十三年(1944年)秋,本局社会服务处募捐棋数局,每开放时,座无虚位,亦以见嗜之者众也。

①原稿为"奕",错。今径改。

五、赌博

赌博非正当消遣之道,然世人多嗜之。其道多端,不一而足。清光绪以前,赌之巨者,曰摇宝。每岁春初,招赌之所,暗招赌客,输赢甚巨。因此倾家破产者不知凡几。三十年(1941年),已罕为者矣。以下掷骰子、掷钱、叶子戏、打麻将、推牌九,胜负之数,亦相伯仲。社会病态,多由此构成也。叶子之戏,种类不一:旧数七红,继有花牌,变而十四,有大小二种;过此有宣牌;近日有乱戳。自欧美来者有扑克,皆叶子戏也。徐珂《清稗类钞》云:"淮扬盐贾,盛行此戏。陶文毅尝禁绝之,盐商乃改绘梁山盗宋江貌如陶文毅,并其女公子。粤乱起,军中用以赌酒,增入筒化、索化、万化、天化、王化、东南西北化,盖本太平封号也。行之未几,流入宁波而遂普及。"据此变楮为竹,在太平军兴后矣。骨牌虽尚牌九,而最流行者莫如雀牌,士夫妇孺,下至舆台皆习为之,其风自江浙来。清光绪中,凡弄雀牌者曰:搓麻将。此盖弇州马棹马吊之遗制,而音转义变为麻雀也。

六、斗雀

斗雀之风,事近于赌。荒于禽者,乐此不疲。选择一本《禽经》,豢养一本《禽谱》。黎明即起,洒扫庭除,要内外整洁。即昏便息,关锁门户,必亲自检点。昔贤所用以治家者,今用于雀笼。永朝永夕,关心及鸟。闻有畜美禽者,辄约相斗,黄头之短小精悍,目有怒睛,足有牛筋者,皆善斗。有曰花毛者,则四喜也,俗呼水雅鹊。有曰大毛者,则画眉也。斗与之同,然而此风渐衰矣。

七、斗锣鼓

新年半月,各市鸣锣击鼓,以嬉以游,歌咏太平。昼夜喧闹,彼此角胜,儿童尤多以此为乐。元宵前数日,火树银花,沿街骈行,观玩龙灯,每以六人为组。有叫鼓者,有击钵者,有椎锣者,其余小锣拍合,动极自然,或雨骤风驰,故为之急,或岭断云横,故为之缓。居然可人,洋洋入耳。所尤难者,通系七岁以上十五岁以下之少年,孺子真可教也。成人则纯用大响器大吹大擂,与鞠部不相上下。又有翩翩公子,衣服丽都,人物俊俏,苏锣苏钵,丝竹管弦之声,闻于遐迩,所谓御乐也。人民之有闲阶级,亦多于茶馆为之。

八、观戏剧

旧俗:戏剧皆演于寺观,城乡间皆建万年台。时节庆会,召优伶曰班子,任人自由入场观剧,初无固定剧园。抗战后,北碚民众会场始有演剧售票之举。川戏名班及其他京剧社,每年辄来碚演唱数次,每次辄演数星期之久。北碚平剧社与公教人员,亦常表演平剧、新剧,筹款办理公益事业。二十五年(1936年),实验区署为推行社会教育计,曾由民众教育办事处组设游艺学生班,时常于民众会场排演川戏,至二十九年(1940年)解散。二十八年(1939年),汉剧宣传队第一队来碚表演,演毕赴合川。三十一年(1942年)春,又来此长期排演,后改组为汉剧训练班。训练学生演剧,且售票以资维持,至今不息。此旧剧也。三十年(1941年)秋,中央宣传部成立中央实验剧团于此,每月演剧一次。每剧常连演三天。三十一年(1942年)初夏,重庆疏散人口,中华剧艺社、中央青年剧团、中国万岁剧团,皆迁建于此。话剧风行,一时为盛。案川调呼曰高腔,伶人曼声而歌,后场之人,就其尾声,从而和之,间以锣鼓。谈剧者谓高腔戏,疑即古之所谓曼绰,祝允明所谓趁逐悠扬者是也。汉调即皮黄,导源于黄陂、黄冈二县,亦曰二黄。皮黄者,以二黄为正宗,西皮若或为之辅。盖二黄为汉正调,西皮则行于黄陂一县而已。其后融合为一,亦不可复分。京腔盖弋阳调之支流,《新定十二律京腔谱》凡例谓旧日弋阳腔浅俗猥琐,及行于京师,则几经润色,非复弋阳本调,故谓之为京腔云。又徽人至京者,以多艺名出鄂人上,且多变换音节之处,故以徽调称。其后都人习之而善,徽人遂至绝迹,故南人转谓之京调。秦腔用竹木节乐,俗呼梆子,必间以丝,皆以唱为工者也。新剧则专以说白传情,绝无歌调,声口以动合理趣为贵,以事完首止为佳。描写社会,刺时讽俗,俗倘能善利用之,亦推行社会教育之要务也。绅商富室,嘉宾并坐,且有开放留声机者。

九、耍把戏

把戏,元人语也,演幻术,逞技巧皆是。如吞刀、吐火、眩幻、绳技,皆来自西域。年节庙会,间时一来乡村。一人独演炫弄者有猴戏,祀神祀福者有羊戏,报赛田祖有秧苗戏,有桶桶戏。秧苗戏以木偶装扮,或以人为之。桶桶戏即傀儡戏,设布帷,一人立其中,一手弄诸小木偶,一手鸣诸乐器,而唤哨诸戏角,歌唱虽简而巧。三十四年(1945年),全福国术马戏团来碚表演,观者日可400人。

十、看电影

电影之在北碚,曾数度映放。初因设备不佳,电力不足,影片陈旧,故观者寥寥。其后本局努力电化教育,联络中华教育电影制片场到各乡镇演放,并由民众教育馆与国民教育巡回辅导团巡回各地映放幻灯,每月一二次。三十三年(1944年)秋,本局每月商借英美各大使馆新闻处战事及宣传影片,运碚映放,于是电影乃变为本地市民正当娱乐之一矣。

十一、听评书道情

茶寮评话,乡村花鼓,口伎象声,围鼓道情,亦皆士人消遣之道。评书道情尤为通行,茶社高设一座,有几有案,张桌帏,有惊堂一具。说书者高谈古今,演说三国、列国、水浒、西游并新出小说各书。谈论风生,穷形尽相,抑扬顿挫,各极其妙,听者忘倦。每至山穷水尽,忽然绝处逢生,亦改良社会之一助也。道情二人对唱,杂以竹琴,其器以猪油皮蒙于竹筒,用手敲之,间以简板。词语通畅,亦能吸收听众。

十二、逛公园休沐

本局为迁建区重镇,建设美备,公园则有北温泉公园,有北碚火焰山平民公园,有夏溪口运河公园。风景佳丽,可以游憩。北泉之私立图书馆、火焰山之北碚图书馆,皆富收藏。与火焰山之动物园、惠宇之北碚科学博物馆,均能引起游客兴趣。北泉游泳池,春秋佳日,游人如鲫。

十三、抽花书

好事者以白纸裱糊,折叠如书,中画山水、人物、花木、鸟兽等图,施以彩色,或吉或凶,约计数十张之多。妇女携入城市乡场,僻乡穷壤,藉以糊口。遇有抽者,声价贱甚。席地而谈,按图口唱,词多鄙俚,其腔尤怪。是曰抽花书,或抽数。

此辈多本地村妪,又有来自外县、土人目为河南婆者,并能挑牙虫、看眼虫,更有打莲香之技。皆江湖诓钱之流耳。

十四、赛马

北碚温泉之间,代步有滑竿,有木船,有汽船,有汽车,又有乘马。以乘马为运动消遣者,实繁有徒。三十四年(1945年)3月,又有赛马会之创举。兹录其缘起,以见其旨趣。

北碚赛马会创立缘起

马在中国历史上比其他任何一种动物,是更有其辉煌地位。它曾带来我们最初的文字。它是我们保卫民族,扫荡暴政,有力的战士。它是中西文化的媒介,是国内交通的工具,而它又是具有取消外患作用之边内贸易的主要商品。同时它还为我们耕种食粮。所以不但御马是古代教育的主要科目,各级行政机关,设立马官,又产生许多"相马"的专家。马(而且)成了艺术家、文学家描塑歌诵的主要题材。或者有人不相信马对我们会有上举那么多的贡献,我们可一件一件的举出证据来。

古史上说:"伏羲时,龙马负图出河,遂则其文,以画八卦。"这虽是传疑时代的神话,然而这神话的反面,却显示出一段史实,可以成为我们对文字成立史构想的材料。某部落中有一个天才者,在一方石头上,用其石斧刻画了许多线条为游戏。为求那些线条在位置中对称而有错综变化的趣味起见,于是成了八卦的形式。他有此创作,高兴极了。为免致遗失起见,就把它捆放在他所宝爱的一匹马的背上。有一天,这匹马无意中渡河而去,为对岸另一部落所获,认为这些刻画在八个方向,八组花纹,是代表八个原始的意义,乃袭用以为记录的工具。于是原始的文字创立了,孳生不已,终于成为今日完备的汉字。而马则因其在创立史上具有功劳,遂尊称之为"龙马"。马是古代的战具,其例不胜枚举。保卫民族,如黄帝蚩尤之战,扫荡暴政,如武王与纣之战,《诗经》上形容武王胖纣时"牧野洋洋,檀车煌煌,驷騵彭彭"。浩浩荡荡的骑兵与战车,真是热闹极了。古代战马与战车的比例,从《史记·苏秦传》中,犹可看到"燕车六百乘,骑六千匹,赵车千乘,骑万匹,魏车六百乘,骑五千匹,楚车千乘,骑万匹"。大约一辆战车,其拖车的马和与之配合的骑兵所用的马,共10匹左右。历史上如项王的骓,关公的赤兔,都已成了戏剧与小说上的名角。而成吉思汗、窝阔台以其骑兵纵横两大洲,缔就统一欧亚的大帝国。马的战史,到此可说是空前绝后的一页了。

马的故事最令人神往的莫过于周穆王的八骏了。他带了他的八匹骏马,旅行到中亚细亚临近波斯的母系社会国家,这就是中国关于"西王母"故事的来源。汉代张骞,奉使西域,曾获得波斯马,史家常以之为中西文化沟通的象征。中古末期,中国为削弱异族侵略力量,供给国内军用及交通用役马,于是有"茶马政策"的施行。

在现代交通工具未兴起前,中国运输、旅行和递送公文书信,是完全依赖着驿站制所用的马匹。抗战后,此项驿运制又复起以济现代交通工具的不足。所谓"茶马政策",就是以国内所产茶叶,运往边地销售,换购其马匹。直至现在政府所设中国茶叶公司,还以"边销茶"为其业务项目之一,不过不一定换购马匹罢了。

用马耕作,现在尚有此现象,唯不及古代普遍。《周礼》后附的《考工记》,"国马之辀,深四尺有七寸,田马之辀深四尺"。国马即指战马,田马即指耕马。同时古代耕马一到战时,即变为战马,一如日本的渔船,到战时编为海军一样。可见古代国防与经济,是相互配合的。马对人既有如此之多的贡献,难怪六艺中礼、乐、射、御、书、数,并列为古代教育的重要科目。礼乐是德育,射御是体育,书数是智育,而礼、乐、射、御,又具有群育的作用。可见古代教育与国防也是相互配合的。

古代从皇帝到士大夫阶级,其代步工具是马与车,车也是靠马来拖动的,尤其每一个人,都会骑马。这于他们的身体却有很大的帮助。自从纯用车舆为代步的工具后,整个民族渐失其壮健的体格。我们发起赛马会,不但是提倡正当娱乐会,而且认为可由此以返还民族壮健之路,使体育与群育合一,更进一步希望大家重视马与国防及经济的关系(如推广耕作用马及交通用马等)。因为马的重要,所以古代各级行政机关,都设有马官,而又有"相马"的专家。这些相马的专家,如"伯乐"最为大家所熟悉。伯乐曾对秦穆公说:"臣有所舆九方皋,其于马非臣之比也。"可见九方皋比伯乐相马的本领更强。前汉且有《相马经》一类的专门著作。后汉善相马者,有西门子舆,子舆传西河仪长孺,长孺传茂凌丁君都,君都传成纪杨子阿,子阿传马伏波文渊。可见这项专门学问,自成一教育系统。从北泉图书馆所藏汉墓刻马及唐代陶马(去岁所得)去看,可见古代雕塑家对马的兴趣如何浓厚。杜甫《丹青引》中描写曹霸所画的名马,"玉花却在御榻上,榻上庭前屹相向。至尊含笑催赐金,圉人太仆皆惆怅"。悬在御榻上的画马,与立在庭前的真马,使人无从分别。皇帝看了,含笑催着快些给赏,饲马的官看了噤不能语。从看画的神情中,衬托出所画之马的美马画诗,遂成三绝。李贺的"临时敲瘦骨,犹自带铜声"更进一步以马衬托出一种不受黄金络的卓越品格。此外艺术家、文字家,以马作为描塑歌诵的题材的多到不胜枚举。因为御马是古人每人必习的技术,则赛马之举,自亦随之而产生。我们以为《诗经·鲁颂》中的一篇话是最早记载赛马会之盛况的。"駉駉壮马,在坰之野。薄言駉者,有骊有骓,有骃有黄,有骓有驳,有驿有骐,有骝有骃,有骧有鱼。"他胪列了许多与赛马匹与专名,正如上海跑马厅的马,各有专名一样。形容马速的,如《孔子家语》:"颜回望吴门马,见一匹练。孔子曰:马也,马之光景,长一匹耳。"颜回从远处看马,只见一匹白绸,在跃动前进。孔子告诉他,那是马在跑速时所见的光景。这正如我们在跑马厅看马,当马跑时,并不见马,只见一有色的长条在跃动前进一样。但反映在跑马厅外栏上的,是玩着雀笼的堕落者,与场内以跑马为戏相比,其胸襟的宽大与狭小,景象的伟壮与局促,和对生命力活跃与幽囚的欢悦不同,刚好成一对比。(跑马厅之赌博行为,自为我们所不赞同。)所以,我们即以游戏而论,亦应解放笼中之鸟,驰骋于广阔的原野,以反映我们的人生观。基于上述各种意义,我们在一个新兴都市北碚,发起赛马会的组织,欢迎同道到北碚"春郊试马"!

二十四年(1945年),北碚第一届赛马大会既决定举行,3月17日发起人即开会讨论大会规程,16日又加修定,其义如次:

(一)名称　北碚第一届赛马大会

(二)地点　北碚滑翔机场

(三)时间　以大会时间为标准(吹号报时)

甲、比赛日期,3月25日

乙、预备　上午8时,下午1时

丙、入场　上午8时、下午1时15分

丁、比赛　上午9时、下午1时半

(四)裁判员　由大会聘请体育界专门人员担任之。

(五)参加资格　凡参加者先行登记,经大会裁判员检查合格后,方准入场比赛。

(六)比赛程序　每4匹马为一组,由大会分配,并征得马主之同意。(分组名单,另行公布。)

(七)录取标准　以时间最速为录取标准。

(八)比赛标记　采用号码制。

(九)优胜名额

甲、第一名(头红),录取4匹(两正两副)。

乙、第二名(二红),录取6匹(3正3副)。

丙、第三名(三红),录取8匹(4正4副)。

(十)奖品　由大会筹发。

(十一)医药　由大会筹备。

(十二)骑师　骑师上马比赛时,不得携带任何有碍赛马规定之物品(如木棍、竹鞭、铁针等类)。

(十三)号令　起赛号令,以摇旗和吹哨为号。

(十四)取消资格

甲、比赛时呼号3次不到者,作弃权论。

乙、未遵照规定路线,中途折返3次者,取消比赛资格。

丙、马背无鞍者,取消资格。

(十五)犯规

甲、"摇鞭打爆"者,作犯规论,罚加时5秒。

乙、勒马回头,故意妨碍他马行动者,作犯规论,罚加时1秒。

丙、故意撞击他马者,作犯规论,罚加时1秒。

丁、未遵照规定路线,中途折返1次者,罚加时5秒。

戊、不走外圈1次者,罚加时1秒。

(十六)绕圈标准

甲、绕杆转弯时,应向左转。转错1次者,罚加时1秒。

乙、每马于正式比赛前、游行2圈。

丙、每马必须绕圈6次。

(十七)信号　犯规时,由大会裁判员即时呼号,打锣为标准。打锣一响者,表示罚加时1秒,打锣二响者,表示罚加时5秒。

(十八)抗议　比赛上合法之抗议,由各负责人于该场比赛终了半小时以内,用书面(签名、盖章、注明号数)向裁判委员会正式提出,并缴保证金1000元。经裁判委员会认为无理由者,得没收其保证金。

(十九)本规则如有未尽事宜,随时修正公布之。

各地名马,先后来碚者50余匹,与赛者仅28匹。3月25日正午,即陆续入场。28匹分为7组比赛。一时生龙活虎,竞占鳌头。到场观众万人,盛况空前。决赛结果:雅青花以6分23秒获得冠军,汽划子以6分23秒又1/5获得亚军。赛毕当场公布成绩,分发奖品。获奖名马共18匹,1至4名各发金牌1枚,红绸1幅,5至18名,各奖银牌1枚,并赠奖旗。给奖后,各马在场中复举行自由表演。演毕,拍摄照片,施放鞭炮。大会遂于极热烈空气中闭幕。兹将各得胜马匹及成绩志之如次:

第一等　　正一雅青花6分23秒

　　　　　正二汽划子6分23秒又1/5

　　　　　副一炸弹6分29秒

　　　　　副二大烟囱6分36秒又4/5

第二等　　正一高射炮6分37秒又1/5

　　　　　正二大烟须6分41秒

　　　　　正三披鬃枣泥6分41秒又4/5

　　　　　副　大燕子7分7秒

　　　　　副二扑地虎7分17秒又4/5

　　　　　副三玉顶油团7分30秒又4/5

第三等　正一窝缎青 7 分 33 秒又 4/5

正二独脚红 7 分 36 秒又 3/5

正三枣泥 7 分 37 秒又 2/5

正四红蛮子 7 分 45 秒

副一烟须 7 分 49 秒又 3/5

副二胭须(25 号)7 分 52 秒又 1/5

副三走烟须(16 号)7 分 52 秒又 3/5

副四川棕子 7 分 55 秒又 2/5

儿童游艺娱乐

一、打珠子　大如樱桃子玻璃球,俗呼珠子。7 岁至 15 岁之儿童数人戏之。其法:各以珠子一枚,集置地上所作之小方圈内,每人于其地相当距离之外,持另一珠以拇指盖向方圈弹之。弹中圈内珠子,即为其所有,而续弹之。惟其弹珠之珠,不得留于圈内,否则不能续弹矣。如弹中圈外他人之珠,则珠亦归其所有。而被弹中珠之主人,即丧此次再弹之权矣。

二、打钱　打钱之法与打珠子相似,惟以铜钱代珠子耳。其法:每童先以铜钱一枚或数枚,立置地上,然后每人轮流由远处线外轮流以铜钱击之。击中之钱,即归其所有,至击尽为止。年来铜钱渐少,多有以瓦片等物代之者。此戏近于赌博,戏者多稍长儿童焉。

三、猜钱　猜钱亦曰猜马幕。其法:一童掷钱一枚于桌上,旋转不停,乘势覆以手。钱面曰马,钱背曰幕。彼此互猜,中者以手击彼儿之掌;不中者反是,常以为乐。

四、跳格子　儿童数人,先画一大格子于地上,其中画为 6 格、8 格、10 格不等。先将一石子投入第一格,以双腿跳入之,俯身拾石,然后跳出,惟足不得着地。继又以石子投入第二格,仍以双腿经第一格跳入,拾石后再经第一格跳出,如此类推。凡石子误投格子,或跳时误入他格,或越格跳出,以及二足着地,皆取消其续跳之资格,而由他人跳格。一人跳毕,总计各人所跳格数,最多者胜。

五、耍弹子　儿童以竹木为之，系以橡皮带，以石子或泥丸向鸟弹之，为弹弓然，亦初步射击之法也。

六、扫帚腿　扫帚腿之戏，五六人以上方可为之。其法：一人四肢落地，保护地上之石子一方。余众俯身围之，相机盗取石子。保护石子者，以腿扫之。苟盗者为保护者扫及，则盗者应代保护者之职而续为之。此具有运动性之游戏也。

七、划甘蔗　儿童先于甘蔗摊上，选定完整甘蔗1棵，向摊主议定价钱，然后诸人依次将甘蔗立于地上，用刀自顶直劈而下。刀劈所及，及其处而切断之，归划者所有而食之。轮流划完，其劈划最短者，代付甘蔗钱，此亦具有赌博性者也。

八、踢毽子　垂髫少女，结伴相邀，或六七，或四三，以帛粘式如钱，上绣剪分而四，靪钱之内方使牢，插以雄鸡尾，曰毽子，踢之。巧者划地自限，踢常千百，脚不逾限。彼此计数，得数多者为胜，递小者负之，最少者有罚。年来以毽子仿网球为戏，曰板羽球，学生尤多戏之。

九、放风筝　清明节前，扎美人、蝴蝶、鲢鱼、鹰鹞、八卦等类，缠以篾，糊以纸，绘以彩色，或安三线，或安两线，务匀巧合为结，悬之市肆，栩栩欲飞。儿童购去，续以长线，凌风展放，万里扶摇，咸属目焉。可舒气，可却病，是游戏中最合卫生之道，所应提倡者也。

此外，若抽拖（陀）螺、滚铁环等戏，亦到处风行焉。

宗教信仰（上）

北碚宗教，有道教、有秘教、有回教、有基督教，土人又颇迷信巫觋，今各详其源流因革，著之于篇。

一、道教

道教为吾国固有宗教。神仙之说，盖始于黄帝，而其书不传，古之儒家、法家，皆不出道家范围。刘氏《七略》，判道为一家，而列神仙于方技，此后来道教之所自出也。魏源著《老子本义》曰：有黄老之学，有老庄之学。黄老之学出于上古。至魏晋之世，则不言黄老而言老庄。其言庄也，又不师其无欲，而专排礼法，以济其欲。又曰：无为之道，必自无欲始也。诸子不能无欲，而第慕其无为。于是，阴静坚忍，适以深其机而济其欲。道家无为无欲，两皆失也。庄周述孔颜心斋坐忘，由是以降，寻其枝流余裔，盖自秦汉方士踵起，而服食，房中，衍为二派。逮浮屠入中国，而道家专尚静坐，参以禅说，道之门户益多，后世有天地人三元之说。宋儒遂言性命，则多阴陶佛说，渐染于道士，易而缘饰圣言，以焕其门庭者也。自吕岩传刘海蟾而后，南北分派。南有五祖，北有七真，而多谬于大道。北碚羽流居道观者，以正一、龙门二派为最多，旧北碚有八庙九宫，宫者道人所居。民国以来，寺观改建学校官署，道士多改业，间或于病丧之家，一显其术，以博微利而已。正一派出于天师，龙门派出于邱真人。唐司马承桢事藩师正，为正一派。元成宗授张道陵后裔张兴村为正一教主，历明及清，世袭正一真人。张道陵在汉末客蜀，咒符水疗病，从学者出五斗米，时称为五斗米道，其徒称陵为天师。又刘宋时景平元年（423年），嵩山道士寇谦之修道陵之术，自言尝遇老子降命，谦之继道陵为天师，授以辟谷轻身之术，及《科戒》20卷，使清整道教，又遇神人老子玄孙李谱文，授以《图箓真经》60余卷，刘歆《七略》叙道家为诸子神仙，为方技，其后复有符水禁咒之术。至谦之遂合而为一，至今因之。邱真人为长春真君邱处机，受法于王重阳，著有《蟠溪集》《鸣道集》《大丹直指》《西游记》诸书，载道藏中，今修行人所称北七真之一也。

二、佛教

巴蜀佛法，自明清以来，禅宗而外，多修净土。巴县一带，自圣可祖师后，大抵禅净双修。民国七年（1918年），成都有佛源法师，特弘《楞岩》《起信》及《百法明门论》等。旋来重庆，相与渝中居士，建立佛学社，而为之长，颇倡教乘。其社分为三部：曰事务，曰宏法，曰行持，后益以慈善、妇女、财务、文书为7部。中间宏法部会二，曰研究、曰讲演，流通处，阅报室，属焉。慈善部会三，曰救济、曰布施、曰放生；妇女部会三，曰佛法接引，曰净土修持，曰教理研究。行持部会六：于净土宗曰念佛、曰助念，于密宗曰密乘研究，于律宗曰戒学，于性宗曰参究，于相宗曰唯识学。其后有弟子曰能海，自西藏学法归。及白衣南充王恩洋等自支那内学院学法返川，宜黄邱櫱自江西避难入蜀，渝佛学社及汉藏教理院缁素人士，分请说法,然后治佛乘者,乃知欲通释迦之旨,须先读龙树无著两家之论,尤须先读玄奘窥基两家之书,然后知瑜迦般若,名二实一,性相空有本一非二。恩洋等居渝虽暂,而兴起者颇有其人。

十九年(1930年),太虚上人来蜀宏法,始于北碚缙云山设汉藏教理院。而局境之佛教,即可以此为代表焉。兹就其院特刊及尘空记事,而著其因革本末焉。

汉藏教理院

开创缘起及旨趣

民国十九年(1930年)秋,太虚游化来川,适重庆刘湘督办,拟选派汉僧入藏学,以便沟通汉藏文化,联络汉藏感情。太虚闻其事而善之,遂建议就川设学院,聘请汉藏讲师,招收汉藏青年而教之,以代派僧入藏之举。潘仲三、潘昌猷、何北衡、王旭东等赞其议,乃申请刘湘发起,组织院董会,筹定院址,指划经费,进行一切。是院宗旨:研究汉藏佛理,融洽中华民族,发扬汉藏佛教,增进世界文化。太虚记其缘起,并揭大义曰"汉藏教理院之创设也,旨在陶铸僧材,振兴佛法。研究汉藏教理,融洽中华民族,发扬汉藏文化,增进世界和平,以言振兴佛教也。首在培植人材。人能宏道,得人则兴。培植人材,端赖教育。然而我中华汉族佛教之衰微,已数百年矣,而藏族佛教则以宗喀巴之振兴,光化满蒙,至今犹隆盛不替。经教完备,义学倡明,师资相承,学修有法。故今后欲重昌汉地佛教,有资于藏地佛教,殆为事实所必需,以言融洽国族也。吾国为多种宗族所组织之一大中华民族,汉族以外,藏蒙亦为族之大者。历代治藩,终未深洽。以版图辽阔,道路险阻,风尚不同,民情各异,欲使之融洽为一,共趋一的,以御外侮,固匪易矣。然有道焉:吾人千余年来,即有一共同信仰,则佛教是也。藏人蒙恩佛法,始于唐文成公主之感化,继而延请中印高僧,广建法轮,制造文字,翻译经典。西藏文化,于焉以始。西藏文化,纯佛教义化也。至元代且定西藏佛教为国教,封八思巴为国师。明太祖尤赖佛教以收化导之功,武帝更尊封喃迦巴为炽盛佛宝国师,使统辖乌斯藏地。清世祖、世宗于佛法领悟之深,更为历朝所不及,故能国运昌隆,坐致太平。清季政纲不振,受制列强。西北屏藩,渐趋疏远。光绪末年,新军入藏,引起惶惑疑虑,迄今隔碍未除。今后欲谋感情调融,舍研究佛法,崇敬佛教以顺应其习尚,改转其心理,更无长策。蒙古佛教,藏系佛教也。汉藏蒙三大族,因同一之信仰,而团结一致,则其他边夷各族,闻风归向,自无二心矣。以言发扬文化也,中国文化,儒、释、道之和合也。晚近醉心欧化,亡失故有。欧战再起,信赖彷徨。国人高唱本位文化,西人亦转研究东方文化。欲究东方文化,先设佛道等各种研究会院,以讲习研讨,穷究本源,阐发新义,是又为事实所必需。且当此古今中外镕冶一炉之时代,非创造具有世界性之新文化,不能总承过去,而普发未来。然足为创造世界性新文化因素者,则佛学尚矣!溯佛学之源,发扬印度,历千五百年,而斩,每五百年间,改易一风会。初五百之传,可征之锡兰,次五百年之传,可征之华土,而后五百年之传,则必征之西藏。要之非于锡、华、藏所传为综合之研究,则不能集过往佛教之大成,即无以展将来佛教之全化,此本院之设,有关于寰球佛教之弘布,东方文化之发扬,而全人类所殷殷蕲求之世界和平,亦将肇端于是焉。

筹备经过及人事变更

院董会成立,公推刘自乾为名誉院董,潘文华、李公度、张富安为常务院董,王旭东、孔保滋、王晓西等二十余人为院董,设筹备处于重庆佛学社。先是觉初和尚,愿就华岩寺开办,以因缘未熟,几经周折,始以北碚缙云寺为院址,以寺产为学产。院董会复呈由督署,请省府准予补助,教育经费项下,按月拨款600元为经常费。公推太虚为院长,订立院章,因定名为世界佛学苑汉藏教理院,并由沪闽各地,抽派教师,前来筹备。复由兰文轩居士,赴康定迎请罗桑呼图克图,至渝任汉文教授,延致满智为教务主任,岫庐、遍能自上海至,事务主任超一自西藏拉萨至,于二十年(1931年)4月8日开课。

二十一年(1932年)春,满智、超一两主任到院,聘请教职员,得遍能、慧松、大忍、岫庐、顶青、常冰及土登喇嘛办理教务,并将本院所有山场田地,勘界刻石,清理佃户,改换租约。是冬,超一离院,由会计常恩为事务主任,并改任满智为院务主任,总理院务,由佛学教授遍能升任教务主任。二十三年(1934年)春,满智因病辞职,由遍能法师兼任院务主任。夏间,法尊由藏归来,院长特派其来院任训育主任,并代理院长,遂废院务主任一职。二十四年(1935年)春,遍能辞职,由苇舫接任教务主任。至夏,常恩辞职,由尘空接任事务主任。是秋,法尊二次入藏,近请安东格西及购请藏文大藏,院务由苇舫办理。尘空旋返武昌总苑图书馆,并在武昌成立汉藏教理院丛书出版处,校印《菩提道次第广论》等书事务,转由胜济代理。二十五年(1936年)春,聘密严为事务主任,并贷款添修图书馆及改造堂舍。是冬,法尊由藏返院,举行第一届学生毕业礼。二十六年(1937年)夏,苇舫因事返鄂,教务暂由法尊兼任,继聘严定任之。秋,密严因故离院,事务暂由法尊兼管。二十七年(1938年)春,法舫接任教务主任,并聘圣观为事务主任。二十八年(1939年)夏,圣观离职,改聘北海为事务主任,仍留圣观在院,任院董会秘书,并协理开发产业诸事务。二十九年(1940年)夏,举行普通科第二届及专修科第一届学生毕业礼。秋,教务事务两主任,相继辞职,苇舫返院,复任教务主任,事务则由慧明会计兼代。三十年(1941年)冬,聘海定为事务主任。三十一(1942年)年夏,普通科第三届及专修科第二届同时毕业,并举行本院开创十周年纪念。秋,苇舫辞职,由尘空接任教务主任。本院开创,迄今十有三年,自法尊来院主持学院,基础日臻稳固,而教务、事务两部人员之调动,均经七八次,至于教员职员之去来,已历百余人,始有今日也。

制度沿革及组织系统

十余年来,本一贯宗旨,办理佛教教育设施,随时机所宜,颇有改进,今先述其制度沿革。

班次及学年

初期仅招一班,定额,60名,四年毕业。唯学生多系各县佛教会派送,到院时间,前后参差,程度不齐。至年底分成正班、预班,分堂教授。因管教严格,并加意淘汰,不久两班退学者几半,因仍合成一班。法尊到院后,于二十三年(1934年)冬,添设专修科,选优者为专科生。然不久亦有退学者,或提出服务者。至二十五(1936年)年冬,第一班毕业后,复将高材生留院深造,选入专修科。二十七年(1938年)夏,添招第三届新生,分甲、乙两班,与专修科三班,同时教授。二十

九年(1940年)夏,普通科第二届甲班及专修科第一届同时毕业,乙班升为甲班,又招第四届新生为乙班,并择毕业学生优异者入第二届专修科。专修科原定三年卒业,至是改为二年,成为二四制,而每二年招生一次。甲班与专修科同时毕业,乙班升为甲班,另招新生,以便衔接。三十一年(1942年)夏,普通科第三届与专修科第二届同时毕业后,仅招第五届新生,而专修科则暂停止。一因抗战以来,百物高涨,而教育厅之补助费未有增加,经费困难;二因各方需材孔殷,毕业学生较优者,咸被聘离去,不足开班人数。现据各方要求及事实之需要,仍拟恢复专修科焉。

学生资历

一、二两期,僧俗皆收,国文通顺,略具佛学常识者,即可。更因免费供给膳宿,月有津贴,故本地普通学生,投考者甚众。唯本院为宗教性之特殊专门学术团体,训教极严,故在家学生,皆中途退学,难收效果。至第三、四届时,仅以康藏籍之在家学生为限,不收本地俗人。国民政府西迁后,以辅边需用藏文人材,本院又开此禁,而接受各大中学生之有志习藏文者。出家学生,不分沙弥比丘。近年,东南各省陷区来者日众,已有十余省之籍贯。又因各地佛学院日多,故对出家学生之程度,亦加提高,须曾在普通佛学院毕业,或受教成绩优良欲升学者,方可取录。专修科则限于本院毕业者,以便施以藏文藏语之教授。

训育

本院初期组织,有教务、事务、训育三处。训育主任订有办法十条,及训育大纲,以院训、院规及戒律为训导鹄的。二十七年(1938年)后,行导师制,遂裁去训育主任一职。凡代理院长及教职员,皆负训导之责,而以代院长、教务主任及学监督率之。自代院长以下,皆与学生同堂受食,早晚轮班,领导上殿,以便接近,而收身教之效,并重订简要纲领四条。院长复颁布约法三章,上下共守。依导师制,学生并于教师中,自由选择导师,受其个别指教。各导师组织训导委员会,每月开谈话会一次,讨论训导方案,交换意见。大纲中以坚固对于师僧三宝信仰,及整理僧伽制度,复兴中国佛教之志愿为鹄的。三十二年(1943年)秋,院长复提出以"利众修己"为训导纲领。兹录训导纲领如下:

训导纲领

一、为利众而修己

1. 定义。

2. 最少由父母二人以上,才能生起自己。

3. 最少由亲族社会国家,才能成立自己。

4. 离众的自己,是不久存的,所以为利众,才有修己价值。

5. 离众的自己是虚空的,所以为利众,才有修己意义。

6. 为利众而修己,则己空而烦恼自断,生死自脱。

二、依利众而修己

1. 定义。

2. 依靠学校,以勉成自己的学问。

3. 依靠社团,以励成自己的德业。

4. 离开团体机关,无修学助缘,故要遵从团体规章。

5. 离开民族人类,无成德对象,故要兴办民众利益。

6. 菩萨六度四摄,是利众而修己的实践。

三、习利众而修己

1. 定义。

2. 练习教课,以充实自己的学问。

3. 练习作事,以充实自己的才能。

4. 习于利众而修,则自然胸襟开阔。

5. 习于利众而修,则自然蔽执解除。

6. 菩萨四摄,是习利众而修己之实现。

四、成利众而修己

1. 定义。

2. 成就利益众生的功业,以修己福。

3. 成就利益众生的学德,以修己慧。

4. 成就众生利益,便是流入萨婆若海。

5. 成就众生利益,便是安住大般涅槃。

6. 佛陀两足,是成利众而修己之圆满。

修持 除晦望诵戒,及朔望上供,依内地丛林全堂功课上大殿外,每日早晚仍须全体集合点名,至佛殿举行简单之念诵礼拜仪式,作身心之陶炼,求加持之感应。最初规定,早殿诵大悲咒三遍,接心经,三皈祝韦驮,晚殿念蒙山施食,拜本师释迦佛十二拜,三皈祝伽蓝。二十六年(1937年)春,早殿改诵弥勒上生经,及普皈依,晚殿施食后,加绕弥勒菩萨三匝,归位坐下,止静修禅,观半小时,开静普皈依。后因禅床垫褥土朽坏,无法补充,同时亦觉青年人星夜即起,整日劳心,至晚间一静坐即入昏沉,难收禅思之效,遂废不继行。绕佛归位即普皈依,至今仍之。

体育 初期采用学校集体操练法,并有网球、篮球、乒乓球等设备。嗣以球类戏游,易恣放纵,难收心猿,形成嚣张,有碍僧寺严肃之风,曾屡禁屡开,率以球具等朽坏不再添而止。后改教太极拳,并注重劳作,以代替体育。每日劳作一小时,修路搬柴,有时亦须运水。二十九年(1940年),改为每日早殿后跑步一刻钟,再练习达摩十二手拳法,作集体柔软运动。施行以来,甚为有效。至于劳作,则定为午后课程之一,天晴必行。

待遇 初办四五年间,除完全供给膳宿、书籍、文具外,每月按人发给津贴1元或2元。后因人数增多,固定之津贴费,每人只能摊得七八角。抗战后,院中经费拮据,遂停发津贴。课本亦改归自备。至于伙食,自开办即用桌席。早粥两菜一碟,中饭晚饭则两菜一汤。战前,无所谓丰富。抗战后,亦无可再减,恒保持此淡泊生活之常态,唯为卫生及平均起见。自三十二年(1943年)开学起,每桌每人加发小菜碗一个,到齐即将菜分开各食。教职员,除共同食宿外,最初薪金有高达30元者。抗战后,薪资减低,不得超过28元。嗣以物价高涨,服务久者,必须添制衣履,遂普遍平等加津贴,由40元、60元,渐增至120元、200元。最近最高者,如代理院长、两处主任则为千余元。

课程 除国文藏文与各种常识外,初由院长指定大小乘性相宗各经律论,分期教授。二十五年(1936年),曾拟定各年级课程表,呈省教育厅备案。每班每学期均按照施行。至京、沪、平、津失陷后,各刻经处或遭毁坏,或隔绝不通,而印刷亦渐感困难,不得不就院中所有及内地购得者,斟酌变通教授。今后拟力谋将本院课本,自刊自给。

组织系统表

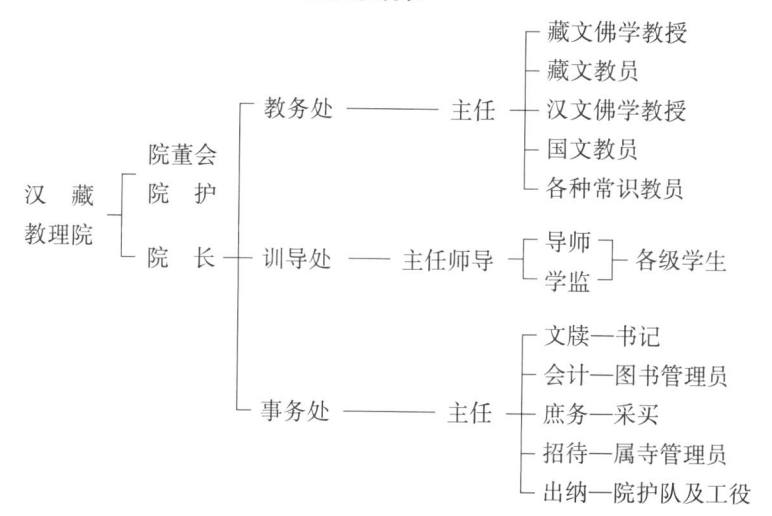

```
                        ┌─ 藏文佛学教授
                        ├─ 藏文教员
         ┌─ 教务处 ─ 主任 ─┼─ 汉文佛学教授
         │              ├─ 国文教员
   ┌ 院董会             └─ 各种常识教员
汉藏 │ 院  护
教理院│ 院  长 ─ 训导处 ─ 主任师导 ┬─ 导师  ┐
         │                      └─ 学监  ┴─ 各级学生
         │              ┌─ 文牍—书记
         │              ├─ 会计—图书管理员
         └─ 事务处 ─ 主任 ─┼─ 庶务—采买
                        ├─ 招待—属寺管理员
                        └─ 出纳—院护队及工役
```

经济状况

本院成立，整理产业，其事如下：

一、原有产业及补助费

1. 本山田产，年收租谷90余石。

2. 本山土租，年收200余元（连原属转龙寺在内）。

3. 渝补助费600元（由二十一军部领）。

4. 省补助费600元（由二十四军驻渝办事处领）。

5. 杂收及院董捐，年收1000余元。

二、增加之属寺产业及接管时期

1. 民国二十六年（1937年）4月6日，接管塔坪寺并其属寺。

2. 二十六年（1937年）春，接管石华寺，并无常产，仅有香火各9石，每年由璧山县经收处拨交，寺宇四周，只有荒山竹林一幅。

3. 二十六年（1937年）5月10日，接管明通寺产业，年收分租14石余。

4. 二十六年（1937年）5月19日，接管禅岩寺产业，及所属西山坪阳侯庙田产，年收分租60余石，土内干租，年收120余元。

5. 二十七年（1938年）秋，接管金剑山，捐助人僧三德已将寺产押去90%，接收时，仅收租谷4石。

三、整理产业之增益额及时间

1.二十九年(1940年)至三十二年(1943年)间,均为整理增益时期。

2.本山田产佃户,略有更动,唯年收租谷额未增加,但以时局改观,只将原押银位更为法币,折合成14000余元。土内干租,改为实物,增收苞谷10余石。

3.塔坪、明通、静居、得龙各属寺财产,原为分租,二十八年(1939年)至三十一年(1942年),将塔坪寺三砦内数十年未收回之房土地租,全部收回,定为苞谷租,计15石余。

4.禅岩寺产业全部,均为分租,迨二十八年(1939年)至三十年(1941年)间,亦改分租为定租,按照原收额增20余石。然该寺田土,概为山地,易遭干旱,近年照定额收,最佳只有7成收益,干土及地租,于三十一年(1942年)至三十二年(1943年),改收实物,年增收苞谷租6石余。该寺所属西山坪,土地幅围虽大,除熟田熟土有此收益外,全部早经捐助人启元师永佃于西部科学院。该寺后山洞坪荒地约200余亩,佃于重庆慈幼院,开垦农场,约定本院得收益净利一成。后因该院农场倒闭,本院提议,改订佃约,限期20年,年收苞谷租2老石。寺侧之熟地,二十八年(1939年)租于赈济委员会第三儿童教养院为院址,约定10年后,一切建筑物,由本院无条件收管,并年收租金150元,除逐年捐助该院儿童书籍费100元外,实收50元。

5.二十七年(1938年)秋,接管金剑山,后拟将大部被抵押产业赎回。二十九年(1940年)后,该寺分出之子孙,叠兴讼争,本院一面御讼,一面加强整理产业,退取刘六合、王世清两大押佃,民刑讼争,复增倍累。至三十一年(1942年)秋,始退去大押,并将全部抵押去之山林及边界失地收复。田内计增租谷80余石,土内增收苞谷20余石。该寺属地干河沟松柏树山一幅,历讼年余,尚未解决。

6.三十年(1941年),绍隆寺以观音堂全部产业,送交本院接管,后经何北衡院护于三十一年(1942年)2月间,在温泉公园邀集各方关系人商决,本院退与绍隆寺暂管,由本院派副住持一人,协助管理寺务,每年于收入内,酌量捐助本院。

四、矿业开发之盈亏

1.金剑山于二十七年(1938年)接收后,本院倡议开设慈航炭厂,年收租炭200挑,并占干股2成。三十年(1941年),经办人不力,遂至倒闭,不但干成无利可收,且应得之租400余挑及该厂买松料款800余元,均未收得。该山租出之矿产,本甚丰饶,原收租仅150余挑,嗣由群策厂购买矿业权。本院力为之助,由该厂酬谢以沙帽顶天灯堡之租借权。三十一年(1942年)秋,本院提议改约,遂定为年收租1800挑。

2.本山所属转龙寺双河口炭厂之租佃,收益约定为11石码门秤,嗣该厂因受运输之限制停闭,本院之收益,亦由三十一年度(1942年)起而停止。

3.本山水码门炭厂倒闭多年,三十一年(1942年)复业,年增收益租360挑。翌年兴记久大厂接收开发,租借路基,增加300挑。

4.三十一年(1942年),本院于凉水井新开炭厂,除增收租煤150挑外,加入成股三分之一,以产量不丰,无所进展。

5.三十二年(1943年),有三圣乡曹润民、罗瑞卿两人,约本院于该地黑石岩沙盔创办矿产事业,自愿将所有矿业权贡献出来,推本院为倡导人,纯依公司法组织之,将红利提2%为本院公益金,本院乃代募参加股金9万元,推定董事长。开业后,经理不得其人,亏折停业。

6.禅岩寺矿产亦丰,唯开发成本费太大,自身亦无矿产权,其河岩磨子石亦丰富,开采有年,年收租金10余元,逮至三十一年(1942年)秋,改定租约,增收米租2石7斗。

附:本院历年收支报告

本院历年收支总数表

起止年度	全年收入总数									全年支出总数								
	百	十	万	千	百	十	元	角	仙	星	百	十	万	千	百	十	元	角	仙	星
自二十一年(1932年)7月—二十二年(1933年)6月			1	1	4	4	1	4	1	4			1	1	2	9	6	3	4	2
自二十二年(1933年)7月—二十三年(1934年)6月			1	0	0	6	6	1	2	3			1	0	0	7	6	3	2	8
自二十三年(1934年)7月—二十四年(1935年)6月			1	0	0	2	1	3	6	1			1	0	0	1	8	5	0	0
自二十四年(1935年)7月—二十五年(1936年)6月			1	0	5	7	7	7	0	0			1	0	5	5	8	9	9	7

续表

起止年度	全年收入总数										全年支出总数									
	百	十	万	千	百	十	元	角	仙	星	百	十	万	千	百	十	元	角	仙	星
自二十五年(1936年)7月—二十六年(1937年)6月				9	8	2	9	9	4	0			1	4	0	3	5	1	1	7
自二十六年(1937年)7月—二十七年(1938年)6月			1	1	9	5	9	2	2	0			1	1	1	2	7	3	2	2
自二十七年(1938年)7月—二十八年(1939年)6月				5	3	7	5	5	1	5				5	3	9	8	6	1	5
自二十八年(1939年)7月—二十九年(1940年)6月			1	6	3	2	0	4	4	0			1	5	1	5	1	4	9	5
自二十九年(1940年)1月1日—12月31日			3	5	7	1	1	2	1	0			3	6	0	8	2	6	4	0
自三十年(1941年)1月1日—12月31日		1	4	7	9	2	1	2	0	0		1	5	5	0	0	8	1	6	0
自三十一年(1942年)1月1日—12月31日		2	7	7	2	7	5	5	7	0		2	9	8	0	1	2	4	1	0
自三十二年(1943年)1月1日—12月31日	1	4	3	3	3	4	6	7	0	9	1	2	2	1	5	2	1	3	2	0
三十三年(1944年)预算	2	3	8	4	4	0	0	0	0	0	2	3	8	4	4	0	0	0	0	0

附业

本院附业，约有七事可述。

甲、立编译处

本院教学目的，为造就沟通汉藏佛教文化之人材。而沟通之道，当以翻译为主，故于二十六年(1937年)10月，成立翻译处，由代理院长法尊主持，专修科学生为助译，以资练习。二十七年(1938年)春，教育部以边疆教育深感教材缺乏，因由部中拨补助费，由本院先编《汉藏合璧初级教科书》。自4月份起，每月拨补助费400元，于是改翻译处为编译处，加强组织，制订章程，预算呈教育部备案，并按月报告工作。编译稿本送部审查,脱稿40余种,已出版者亦10余种。三十三年(1944年),教育部每月增加补助费2万元,仍勉为继续云。

附编译处出书目录:

《菩提道次第广论》　《菩提道次第略论》　《密宗道次第广论》
《密宗道次第略论》　《菩提道次第修法》　《辨了不了义论》
《现观庄严论释》　　《七十空性论释》　　《辨了不了义论释》
《菩萨戒品释》　　　《苾刍学处》　　　　《辨法法性论颂》
《辨法法性论长行》　《现观庄严论》　　　《现观庄严论八品七十义略解》
《精研论释》　　　　《正理庄严论》　　　《入中论颂》
《入中论》　　　　　《入中论大疏》　　　《缘起赞论》
《地道建立论》　　　《密宗地道建立论》　《菩提道次第略论止观》
《菩提道七义论》　　《现代西藏》　　　　《我去过的西藏》
《西藏民族政教史》　《藏文文法》　　　　《汉藏合璧读本》
《汉藏合璧常识读本》《通用藏文小辞典》　《缙云山志》
《大印讲义》　　　　《供师与大手印合修法》《格敦大印释》
《藏传弥勒菩萨修法》《供护法神略仪》　　《太白伞盖经》
《绿度母赞》　　　　《藏传心经》　　　　《极乐愿文》
《极乐愿文合修法》　《极乐愿》　　　　　《初中后善愿文》
《宗喀巴大师传》　　《阿底峡尊者传》

乙、辟陈列室

本院开创时,曾于院后发现古代石造像四尊,陈列院内。二十八年(1939年),太虚院长组织佛教访问团,赴缅、印、锡、暹诸国访问,历时半年。二十九年(1940年)5月归国,携回各国政府法团佛教信众赠品与佛像、经典及贝叶经,并摄取各地文物风景照片数百种。是年6月,在原有图书馆楼下,开辟一室,分类陈列,额曰"佛教访问团法物陈列室"。开辟之后,远近来观者日众。现拟扩充陈列范围,广行搜集佛教古物法器,以备研究佛教历史文化者之参考。且拟陈列缙云山出产标本,是亦接引众生,广宏教理之又一方便也。

丙、流传书刊

二十四年(1935年),在汉口排印《菩提道次第广论》等书,即定名为《世界佛学苑汉藏教理院丛书》，分为第一种、第二种，以后或刊板，或排印，均编定成次第种数。今录已刊未刊目录于下：

已刊者

书名	著者	卷数	价目	备考
佛学概论	太虚 著	1	100元	
佛教各宗派源流	太虚 著	1	120元	
西藏民族政教史	法尊 著	6	240元	
现代西藏	法尊 著		180元	
现观庄严论	法尊 译	4	200元	重庆出版
辨了不了义	法尊 译	5	200元	
菩提道略论	大勇 译	6	200元	
菩提道次第广论		24		
菩提道次第修法		1		
密宗道次第广论		22		北平出版
密宗道次第略论		5		已刊
菩萨戒品释	法尊 译	5	200元	已刊
苾刍学处	法尊 译	4	120元	已刊
入中论释		6		已刊（成都出版）
入中论	法尊 译	1	200元	已刊
藏文读本	法尊 编	8	360元	已刊
藏文文法	法尊 编	1	200元	已刊
缙云山志	尘空 编	1	60元	已刊
中国佛教简史	黄忏华 编		150元	已刊
辨了不了义论释		5		未刊
精研论释		1		未刊
七十空性论释		1		未刊
正理庄严论		15		未刊

注：价目系三十三年（1944年）秋重订。

二十八年(1939年)9月,设立刻经处,先是编译处编就之藏文读本、藏文文法等书,经教育部审定后,催促出版。而各印刷所又无藏文字模,无法付印,因招聘写刻技工,来院刊木板。当时事务主任圣观,对刻经颇有经验,遂提议募集经费,成立刻经处,长期刻印本院丛书及所需之课本。数年来所刻书籍10余种,随刊随印,因附设流通股,所印均为独家经营之书,故销行亦颇畅旺,如青海、西康、丽江,民众学校及边疆政治学校等,均由本院供给藏文课本。而《宗教源流》《苾刍学处》《菩萨戒品》等书,又为各佛学院所采用,至于《山志》及《佛学概论》等通俗书籍,则游山者多争购之,是则宣传佛法之一要道也。

丁、创办学校

办学为同人素志,若仅办僧学,则太专门,摄机不广,但本院系教养兼施,供给膳宿,免除一切杂费,亦无力容纳广大学众。三十一年(1942年)设法就院属寺金箭山筹办大雄中学。先是川东中学吴子诒校长皈依院长,表示愿以佛徒立场为办教育服务。院长拟由重庆市佛教会或中国佛学会开办中学。嗣以事机未成,遂由本院毅然筹办。原由市佛会捐出市区佛陀寺为校址,由本院院务常会诸院职及李子宽、谢铸、陈院董等15人组织校董会,以院长为校董长,并聘吴子诒为校长。开办以来,蒸蒸日上,现有男女学生400余人,而房舍、图书、仪器等亦渐臻完备。又自二十一年(1932年)本院开办时起,即就本院属地山前马鬃岭、山后转龙寺,设义务小学各一所。地僻人少,教师清苦,学生不多。三十年(1941年),复于所属江北塔坪寺,成立民众小学,规模较大,成绩尚好。本院又以山场宽泛,颇有垦种,而高山搬运,在在需人,厨师茶役及冬防警卫,共数10人,类皆山地文盲,每年冬季,组织夜读学校,教以识字,授以公民常识,教师则由职员或同学担任之。

戊、送诊施药

本院藏文教授常光,颇精针灸。二十六年(1937年)以来,开始送诊,远近就医者甚众。二十七年(1938年),圣观主事务后,又添设药铺,并聘弘智任院医,专负送诊施药责任,终以经费无着而止。二十九年(1940年),广坤来院,复发心送诊,院众遂又购置药材,照原价售出。广坤病逝,其事复停。三十一年(1942年),

聘杜焕章送诊售药，不久亦去。仅由常光应诊急症，并送膏丹、救急水等简单药品而已。

己、努力建设

本院一向自种蔬菜。二十六年（1937年），院长又试植果树，唯菜少人多，不敷食用，仍需由街市购买。抗战以后，北碚划为迁建区，人口顿增，菜蔬昂贵，而菜由山下运来，不便甚多。二十九年（1940年），院董李子宽、钟益亭筹款2000元，招工组织垦植处，将附近旱地，收回自种，由李子宽主持其事，大量栽种番薯、洋芋、番茄及四季蔬菜。除自食外，间或售与附近炭窑，或发到街市，以充工友薪资。现有工友七八人，专负其责。山中原系幽邃小道，本院成立，先就附近辟花园、凿水池、平操场、修道路。二十六年（1937年），复率学生开辟上山马路，每日下午劳作一小时，数年之久，始将本院所属地界完全开出，加以整理，已可直接温北马路，游者称便。又本山万木参天，古树夹道，多数百年合抱之木，唯纯系天然林、混杂林，向无人工培植，以致有密集而不堪插足者，有砍伐空疏者，有荆棘纵横、蕨草纠蔓，良木不堪发展者。三十一年（1942年）春，商请农林部中央林业实验所，派员来院讲授森林学常识，并约定每年秋季开课前，由该所派员来山讲授一星期，并领导学生入林实习，以培养出家学生管理名山森林之常识，疏伐剔伐。既培佳木，不伤天然。近来，国立中央大学森林系，又屡次来山实习，且协助测量绘图，划分区域，或为风景林，或为保安林，或为蓝（楠）竹林，或为薪炭林，对于空疏部分，正在设法补植。现派有巡山及专工管理。唯本山全部，以风景林为主。薪炭林仅足自用，虽有少数蓝竹可售，唯以山高路远，不得善价耳。

庚、组合作社

政府为统制物资，平定物价，推广合作机构，凡机关、法团、乡镇、人众聚集之处，均令组织合作社，以合法手续，向统制机关购买平价物资。本院亦于三十二年（1943年）1月，发起组织。会员百余人，股金万余元。先购文具、点心、肥皂等日用品，以应门市。5月，得经济部日用品管理处复函许可，按月备价前往购买物品。6月，又得财政部花纱布管制局复文，准予领布。而社中职员，均由院方供给膳宿，理监事则由教职员义务担任。

附文征

佛教是积极利他的

三十二年(1943年)7月3日,中央党部秘书长吴铁城在本院讲化禅记录。

大师诸君:我因为到北碚温泉参加夏令营讲话,借此机会来山参观贵院与拜访大师。这次和各位见面,真可以说有缘分!尤其是在这炎夏时期,能够在这里休息半天,享这样的清福,真是幸运不浅!这是我应该感谢各位的!我对于佛教无多了解,佛学更多是不知道。觉得对各位说话,使各位得不到多大的益处。不过我对于整个宗教虽然不能说完全懂得,但对于宗教普通的概念,是多少知道一点的。宗教是有利于人群社会的,它促进了现今20世纪的物质文明。因了宗教的力量,得了许多物质文明的幸福。但同时在另一方面也给了人类许多物质文明的害处。我们不能说利多害少,或是害多利少,也不能就此判断世界是进步的,或是退步的,只能说宗教的教义和精神,还没有完全彻底地表扬。

就拿佛教来讲吧:我相信佛教是主张大同社会的,是讲世界主义的,是为大我的,绝不是为小我的。这种真理,没有来实行它,没有来普及它,当然整个的人类民族与民族之间的偏见,地域与地域的界限,发生了你争我夺的不良现象。这就是因为没有完全利用20世纪的物质文明,去增进人类的幸福。反倒利用20世纪的物质文明,去增加人类痛苦的缘故。要知道现在不是闭关自守的时期,不仅是中国不是闭关自守的时期,现在全世界各国,都不是闭关自守的时期。现在是怎么时期?现在是四通八达的时期,是无限的时期。现在交通最发达的,要数航空。你看现在无论从哪一个角落起飞,到任何一个国家,不会超过64小时。就是说至多只要两天多,就可以到达,不能超过3天。譬如说,从前交通没有发达的时候的四川,无论是从四川到上海,或是从四川到香港,都得要经过一两月,你看现在由上海坐飞机到四川,或由香港坐飞机到四川,只需几点钟,就可以到达。由此可见交通是如何的发达!

现在无论哪一个国家,哪一个民族,甚至哪一个地方不安宁,都可以影响到整个的世界。中国哪一个省份的政治不修明,经济不发达,组织不谨慎,物质不文明,设备不完善,都可以影响到整个的中华民国。世界哪一国都是如此,我们在中国,先从中国讲起。

中国的利益,第一要中国富强,首先就得要统一中国。要统一中国四万万五千万人的力量,集中中国四万万五千万人的意志,以中国四万万五千万人的财力,使每个人都能安居乐业,使每个人都有饭吃,使每一个人都能得到幸福。如此中国才可筹富强。我们试问中国现在统一了没有?可以说统一了!假使不统一,就不能抗战,假使没有统一,就不能取消现在的不平等的条约。但是我们必须要坚固统一,使这统一保持得永久!

关于这方面,在贵院研究汉藏教理,就有很大的贡献。我们中华民族的长成,是经中国各地方、各宗族、几千年历史构成的。然现在蒙古、西藏以及回、苗、瑶夷等处言语文化上,总不免稍有点隔膜,但都还是构成中华民族的一份子。不但是构成中华民族的一份子,同时也都是有血统的关系。所以我们现在要坚固统一,就是坚固中华民国团体中的西藏与蒙古,以及其他回教各民族。除了使他们都了解他们是构成中华民族的一份子以外,同时还要使他们知道各民族是一律平等的。关于三民主义的民族主义,有两方面:一方面是对内的,另一方面是对外的。对内须求得国内各民族一律平等。不但是在言论上平等,就是在行为上也是平等。因此贵院将来对以坚固统一中华民族的大团体,一定有很大的贡献。因为贵院的功课,有藏文、汉文、佛学、社会、常识等学科,将来帮助坚固中华民族团体决定有很大的贡献!

其次,讲到关于战后的事情:我敢绝对地相信战争胜利。以后中国决再不是次殖民地的国家了,一定是自由独立平等的国家。我们知道像印度、锡兰、缅甸、暹罗以及安南、朝鲜等国,这些国家民族,都是极信仰佛教的国家民族,我们如果能够到这些国家地方去,多多同他们亲仁邻善,敦睦邦交,互相助益,如此才能安全,才能使民族繁荣。现代在这文明物质最发达的时期,就是我们几个相好的邻国,都是最信仰佛教的。因此现代物质文明,略能增进人类幸福,都在亲仁善邻,敦睦邦交的关系,以后一定还要待诸君的努力!

二十九年(1940年),贵院院长大师到印度、暹罗、锡兰、缅甸等佛教国家去访问,得到各地民族盛大的欢迎与普遍的敬仰,实在是民族历史最杰出、最光荣的一页,所收的效果,比一个政府的使节所收的效果还要来得普遍。这因为什么?因为是佛教的关系,又因为大师是中华佛教的领袖,佛学界中最有权威者。所以贵院诸君,不但对于坚固中华民族一定有很大的贡献,就是对于将来亲仁善邻、敦睦邦交的大同世界,亦有很大的贡献!

各位真正是有幸福的人,幸福的是各位在这很有历史的名山寺院里,又能够得到贵院的院长大师亲自来领导和教诲,你们至少在你们个人,是很值得庆幸的。同时你们将来的任务也是很荣耀的。贵院将来的任务,一定是积极的,不是消极的!

我对于佛学,实在是不知道什么。但是我绝对相信你们的院长大师,创办佛学院他绝不是消极的。他是积极的,他是要把整个的佛教的真理,阐扬到全人类全世界上去的,是要改正社会一般佛教徒对于佛教的一种错误观念的。我们知道佛教传入中国来,已经有了两千年的光荣历史了,但是至今渐渐式微,这因为什么呢?就是因为社会大多的佛教徒,对于佛教的观念弄错了。他们都认为佛教是为个人的自私的,不是为大众的利他的,是消极的,不是积极的。如此错谬的观念,已经失去了佛教的真理!

我相信佛教的真理一定是积极的,不是消极的,是利他的,不是自私的,是为社会的,不是为个人的,是要牺牲自己,去为社会人类服务的。我上面所讲的话或不免有不对的地方,但是我相信道理一定没有错,同时我还相信佛教是信仰的,不是迷信。现在有许多佛教徒,充满了迷信的气味,信仰早已淹蔽了,信仰和迷信是完全不同的,信仰是理智的,是要牺牲自己去为社会大众服务的,是积极利他的。迷信才是自私自利的,甚至是牺牲大众来为个人的!

你们现在在这里受院长大师的教诲,将来毕业以后,一定能在社会上,以身作则,来领导社会,来纠正现在社会一般佛教徒,以及各界人士对于佛教错误的观念。对于坚固中华民国,可以担一份责任。同时对于亲仁善邻、敦睦邦交的世界大同,亦可以负一份责任。这样中国的佛教,可以在贵院长大师领导之下复兴起来!

今天就个人感想得到的拿来同大家谈谈。我很希望你们大家将你们伟大而光荣的任务担负起来。现在正是大家充实自己、准备自己的时候,不久就要到了那正式服务的时候。什么时候才是大家服务的时候呢？我想是在抗战胜利以后，就是各位服务人群的开始。至于要到什么时候才得抗战胜利呢？这已很近很近。现在墨索里尼已经倒台了，这是法西斯国家没落的铁证。在今年的年底，欧战大概可以结束。到明年，就可将远东战争结束。到了明年，日本帝国一定要倒台。诸君努力准备自己，充实自己。到了时候，好去实行佛教的利他主义！

谛三谛辨　性觉

宝积经云："世间智者于实法，不从他闻自然解，所谓世谛及胜义，离此更无第三法！"中论云："诸佛依二谛，为众生说法，一谓世俗谛，二谓胜义谛。"以言诸法唯二谛也。盖有为缘起，为世俗谛，无为性空，为胜义谛，离此更无余法可得，故惟二谛。而天台乃据"因缘所生法，我说即是空，亦名为假名，亦是中道义"之颂文，别立三谛。教义所关，不可不辨。

盖缘起之法，言其体，其体本"空"；语其相，则唯"假名"。然假名而性空，常人易了。性空而假名，愚夫难知。且妄情胶著，闻"空"必执乎冥顽。见假必腻乎常真。以是，乃示性空故假名，假名故性空，假名者性空之假名，性空者假名之性空，空不碍有，故虽空而假名宛然，有不碍空，故虽假而性空寂如；性空假名，假名性空，不落二边，回离断常，故曰"亦是中道义"，"亦是"之言，良可味也！是知空假不二名为"中"，初不言二外谛别有所谓"中"也。

夫缘起实性，绝待离言，既不可以有有，亦不可以无无，不知何以名之，强名之曰"空"。"空"之云者，祛妄情，遣邪执，即遮而显，如此而已矣！论者有昧于此，乃以冥顽之空无视之，遂不安于空而别谋其所谓不空之中道者，以岂龙树之意也者？！"所谓世谛及胜义，离此更无第三法"，圣言俱在，岂容妄置异喙？

重修缙云山观音庙缘起

陶冶公

大士普门示现悲愿宏观深，而于震旦化缘特胜，故虽村媪牧竖，莫不知有观世音菩萨马。丁丑，余以国难，子身入蜀，一心称名，得免苦厄。用是常愿供养，以作依祜。己卯，随中央公务员惩戒委员会自渝迁高台邱，因寄凄缙云山寺。寺为迦叶道场，九峰环翠，万木参天，洵胜地焉。余于禅诵工作之余，时出以选胜寻幽,登临殆遍。见崖壁间多石刻大士像,相好庄严,不减龙门伊阙之胜,尤以马鬃岭观音岩为最。每逢朔望,或大士诞辰,善男女群集于此,瞻仰礼诵,不避风日,私心窃叹其虔诚,而愍其露处野祝,未善为谋。迨庚辰因与山主及当地信士张元才等发起,集资修建小阁于岩下半山中。于是礼诵称便,众情咸悦。今岁暮春,偶偕故人上饶王雄楚,同邑陈耕石,游澄江镇,道经朱家垭口,见有观音庙。庙本堰坎旧刹,以辟黛湖,故移建于此。虽粗具基础,而椽瓦疏落,四壁洞然,莫能避风雨。爰议兴修,以资观感。首由王居士创捐二千金,上虞叶仰欧自助千金。复经募,九江余易麟,江都方少乡各千金,江都吕树芳、盐城何普益各五百金,乃获鸠工。又以云此百十步,地名大岩洞者,亦有观音庙,而年久失修,庙貌渐颓,庄严,不容稍缓,佥拟同时重建,俾垂久远。适值物价飞涨,超出预算甚巨,乃又为之商募,得吴兴沈乙夫、巴县韩能龄各捐三千金;闽候孙哲英、重庆德裕隆各捐二千金;新建余时揆、鄞县钟延生、林玉声、姚江夏致贤、贵溪桂鹄仁、上饶叶璧如、綦江李蕙仙各捐千金;绍兴陈耕石,綦江杨画群、王献乡、王守良、兴国王建煌,各捐五百金;重庆德泰捐四百七十金,之江贺幼云捐三百金,新建余寿民、邱贞慧、武进杭宇生,岳阳李翰墀、巴县游崇光、大兴方素君、南昌王素蓉各捐二百金;苾刍止安、凤城连声海、衡山杨继衡、常德廖元端、湘潭黄经农、应城李子谦、新建余时坦、余时修、武进杭度徐、杭庆福、成都舒次、范舒、普慈、舒继瑜、舒继仁、宋定济、宋定治、巴县王剑潭、刘泽森、江北冯祥庆、吴兴胡崇仁、闽候陈金兰、孙雪峰、孙炳熙、孙锦涛、孙沛霖各捐百金;闽候冯酬志、济南陈雪南、湘潭黄坤道、黄坤宪、荆门范凤五、巴县王焕如各捐五十金;巴县刘乐山捐四十金;巴县徐耀逵、王云发、桐城周云平各捐三十金;山东孙福泉捐十金并存款子金六十元,计收捐款30670元。所有建筑、油漆、造像、工料,各项费用,除捐助实物不计外,共支41454元,收支两抵,不敷10784元,则不再另募,概由余补足之。捐助实物者,则有山主慨施木材、瓦石,且予种种方便,保长洪绍安捐助纸筋,共襄善举。协力经营者,则有汉院法心诸法师,赞助募捐者则有渝州韩梓材等诸居士。圣诞日告成,生佛同欢,龙天起舞,适逢陈真如将军来山,因特躬临拈香,恭敬顶礼。斯庙观成,可谓众缘和合者矣!徒兹佛刹,重兴三宝,常住持名瞻礼者,咸植善根。即此一举,具足普贤十愿、檀那功德,宁有涯量?谨述缘起,并录法华普门重颂,以资信奉。

伏愿大士威神,护国降祥,永销浩劫,一切有情,同成佛道。岂独一方蒙其福利而已哉?

重庆佛学社寄存北碚大沱口禅岩寺经板目录

《华严经》　　　　梵本板全

《普贤行愿品》　　方册板全

《普门品》　　　　方册一种　梵本一种　板全

《楞严经》　　　　梵本板缺

《楞严合辙》　　　方册板全

《楞伽经心印》　　方册板全

《大涅般经》　　　梵本板全

《金刚经》两种　　梵本板全

《金刚经》　　　　方册板全

苏字《金刚经》　　方册板全

《心经纂要》　　　方册板全

《乐师经》　　　　梵本板全

《弥陀经》　　　　方册板全

《净业痛策》　　　方册板全

苏字《法华经》　　梵本板缺

《行赞经》　　　　方册板全

《地藏经》　　　　梵本板全

《盂兰盆经》　　　梵本板全

《大悲忏》　　　　梵本板全

《水忏》　　　　　梵本板全

《因果歌》　　　　方册板全

补刊妙法莲华经缘起

陶冶公

盖闻道待人弘，法仗缘起。此方教体清净，音闻其在像末，尤赖梨枣以续慧命。渝州刘春堂居士，夙植德本，宏法为怀，世业农，幼数随父采药山中，活人甚众。长为贾，设香肆长安寺。民国乙丑初，为姚慈盦居士刻阿弥陀经，因发心续刻方册金刚、般若、观音、普门、普贤、行愿、地藏、本愿及梵册华严、金刚、普门涅槃诸经，功德甚盛。己卯，余寄迹缙云山寺，寺有殿，供佛、菩萨圣像。其虬髯而朱衣者，询之寺僧，则曰药师佛也。有现苾刍相者，曰地藏菩萨也。爰忆髫龄恒侍重闱，礼地藏，遂肃然敬燃灯供养。泊甲申春，以百物腾踊，生事拮据，无已暂停。自惭福薄，耿耿于怀。适故人王雄楚来山闻之，特告余友叶仰欧。叶君纯孝性成，发愿续为供养。回向太夫人仁寿佛殿重光，法喜无量。是夏，适经修山中朱家垭口，大岩洞两观音院，见药师殿中亦供大士像，拟同时庄严金身，计需佛金二千。募诸张君续乔，慨允赞助。叶君闻之，嘱余特商张君，以此功德相让。二君勇于修福，令人钦仰，因驰书以告张君，诸佛同源，法身不二，不必著相泥于一隅，以隙视文。叶君既发愿施助，尚有药师、地藏二殿，年久渐颓，拟为修葺，以壮庙貌请移君所净施，以为之何如？张君欣然可，经髹者估计须万七千余金，即用叶张二君布施。至工人膏火，由汉院资助，余由余随喜补足。鸠工之日，髹者来告，若所称药师佛者过矣，盖古佛燃灯也，乃为恍然。伏维燃灯者，释尊师承生于灯明师，十妙光具见法华经，固余厥角稽首一心皈命者也。时刻经处锓工周仲祥在侧，忽询余曰：君既庄严佛像，亦有刻经之愿乎？叩其故，曰：辛未渝州江北尊德堂，以所藏经板二十余种，全贻重庆佛学社中，有苏东坡居士书金刚、法华，至名贵。国难后，经板移存北碚禅岩寺，其中法华经凡两种：一苏书，一真州陈性真梵册刻本。代远年湮，颇多残缺。春堂居士戊寅间，发愿补刻，唯苏本残缺四十余板，追慕苏公手迹，难得其人，即从完整经板中，缀集排比，以补成之，亦工难费巨，行不易，始待有缘发大心而能成是宏愿者。先以陈刻本嘱仲祥，于广安原籍补刻，已刻三十方余，二十余方未竣，值敌机肆虐，陪都刘肆为毁，吾亦于其时精傭于汉院，遂功亏一篑。已刻者，今存广安吾家，未刻梨木则束诸高阁，冀君其能

续坠绪也！余闻兴起作而曰:有是哉！法华大经诸佛护念,倍劫一遇,妙法难闻,大心丈夫其忍令法宝湮晦而不彰乎？遂兴议。值为二万七千元,促竣其工,爰函征刘君同意,并以筹款事商诸余君寿民,余君即捐一万金,并募其眷属新建余时撰一万金；余时坦、时修、邱贞慧、贞炳、天志,武进杭宇生、庆余、庆福,南昌李正新及岳阳李宝南各一千金；铜山吴钟启二百金；蕲春田叔昉一百金。复得上虞叶嗣修六万金,闽候孙哲英一万五千金,凤城连声海一万一千一百八十金,巴县廖源清一万金,上饶王汉英五千金,闽候孙王氏四千金；常德廖维勋,武进王心如、绍兴陈耕石,凤城连伞、文姒、唐佛恭、黄令宜、陈永宁,闽候陈金兰、孙乐天、乐熙、乐州、乐山,各一千金,共襄斯举。嗣得刘君复书,仍欲独力完成,以满初愿,另施印经纸张费十六万金,遂移余叶诸君捐募之款,备作将来印经之用。议已定,乃锓工,因循至今春,始回里开雕。更以物价倍涨,求增其值,达七万元,刘君复为其请,无难色。先后施助净金,都三十万元,爰于乙酉三月竣工,已八历星霜矣。所刻经板,积五十四方,运归禅岩,由佛性、湛洁、明月、参震、慧忍诸上人综理新旧,而次第之。昔日残佚之法宝,至是得成完璧。自非刘君愿力宏深,曷克臻此？夫以叶张二君庄严佛像之因,终圆满刘君补刻法华之果,而燃灯传承观音随应,又皆宏宣法华经者佛慈加持,是亦大不思议矣！闻二工之言,知有燃灯称名之误。刘君刻经之事,亦因缘功合,得未曾有！是殆诸佛彰云龙天冥示,欲以法华一乘,利乐有情,续佛种性者耶！经云:随喜者获五福,书持者净六根。刘君独成盛举,大愿卓绝,呜呼懋哉！余叶诸君,复能印行流通庄严福慧功德,宁有涯涘也？谨述其颠末,用志缘起云。民国三十四年,岁次乙酉七月十五佛欢喜日。

三、秘教

秘教托鬼神以惑众,其始微,其毕巨。其初但云清修,其终必酿事变。执政者虽严申法禁,终于秘密流传,火断而烟不绝。自元末至今,最盛者曰白莲教。明嘉靖间,四川大足蔡伯贯,师妖人李桐,传习此教,挟众为乱,号大唐。大宝元年(1565年),破合州、大足、铜梁、荣昌、安居、定远、璧山七州县,川抚刘自强讨灭之。清嘉庆元年(1796年),白莲教徒首领林亮功、王光祖、徐添德等扰达州。三年(1798年)9月,突忠州,旁掠长寿,遂至江北厅之悦来场,扰土沱、鸳鸯桥等处,北碚震动。璧山举人刘国辅集团勇防御江北,其徒不敢过江。四年(1799年)正月,教徒又犯江北厅,至静观场。刘国辅督乡勇御之,遂去。其后又扰合州等处,璧山知县张人龙,谕民筑寨练团,制战器,备城守,复铸大炮。刘国辅率徐玉龙、殷义璜及左塽、罗廷飓随等,督乡勇千余人,于澄江口、北碚炭坝、无息溪、马项颈、风垭诸处,日夜轮守,相拒年余,教徒不敢渡江。复造渡船数只,全活北岸难民无算。五年(1800年)正月,通江兰号冉文俦之弟、伪元帅冉添元,东乡白号冷添禄之分股、伪元帅张子聪,奉节线号余党伪先锋陈得俸,太平黄号贼首徐万富及青号徐添德之分股贼首赵麻花、汪瀛等以数万人窥澄江口。知县张人龙,用假炮排列江岸,以真巨炮击之,敌披靡,遂由合州趋定远。七年(1802年),其余党未尽,蹂躏各地。璧山知县董淳,督率乡勇,日夜团练于风垭、澄江口诸隘,严加防御。九年(1804年)八月,匪乱始渐平定。白莲教自嘉庆间大创以后,改仪式,变名称,曰天理、八卦、红灯。在理教亦为白莲教之支流,起于清初。其教祖曰杨莱如,山东即墨人,明万历进士。明亡,从劳山程杨旺学道后,传道燕齐间,遂立在理教。在理者,言在儒释道三教之理,中奉儒教之法,修道教之行,习儒教之理也。不设像,不焚香,戒烟酒,不禁茹荤,多用咒歌偈语。北方颇有信之者,曰理门。在川东亦有其党羽,私相传习,男女自矢,信善清修者,多入其中。有所谓拜灯者,招延信徒,各立佛号,造写经文,雕刻印记。以拜灯为由,谈魔说法,密念妖术符咒。愚民信之,听其重誓,朔望赘馈,崇奉皈依,约集数百人,望坛礼灯,夜聚晓散。红灯教即光绪间之义和团,所念咒语极鄙俚,降神附身,打拳弄棒,以顺清灭洋为宗旨。庚子以后,亦渐解体。此等秘密杂教,局境传染尚轻。清季四川为诸种外道宗教发祥之地,同善社分门别派,盛极一时。又有儒道合流之皇经坛,有三教同源、五教一家之祇园坛、聚仙坛等,名目繁多,各标宗旨。然俱尊奉佛天,诵佛道二教经忏,以太祖六训、关帝十二诫为规范,行春祈秋报之祷告,作谢天谢地之忏悔,以忠孝仁义、五伦、八德为规劝,以扶鸾降乩施术治病相号召。中日战争以来,其势大衰矣。

附

局境寺宇分布表

名称	所在地	僧道人数	创修年代	重修年代	备考
缙云寺	金刚乡	100余人	刘宋永平元年	唐宋元明清代有修葺 清雍正道光	原名相思寺，后改崇教寺、缙云寺，现办汉藏教理院
绍隆寺	澄江镇			明崇祯、清康熙丙午(1666年)、民国二十七年(1938年)	现租办北泉慈幼院，有儿童300余人
温泉寺	澄江镇	3人			现办公园图书馆，僧人居其一部
石华寺	澄江镇	7人		民国二十七年(1938年)	现设译经场，住西藏喇嘛
白云寺		1人			现由管理局接收，办民众小学
大隐寺					现由管理局接收，办大隐农场
复兴寺					现由汉藏教理院接收，改为庄房
转龙寺	澄江镇	1人			
禅岩寺	二岩乡	7人		清康熙丙午(1666年)	
天子庙	二岩乡				
阳侯庙	西山坪				
西方寺	二岩乡	尼2人		民国三十一年(1942年)	
炭坝庙	二岩乡	尼1人			
澄江寺	澄江镇				现设三峡中学
关岳庙	澄江镇				
禹王宫	黄桷镇	4人			
地主宫					
天善宫					
紫云宫					
来云寺					
王爷庙					

续表

名称	所在地	僧道人数	创修年代	重修年代	备考
天台寺					
道明寺					
古佛寺					
金箭山					现设大雄中学
观音庙					
惠民寺					
塔坪寺及属寺					
明通寺					

说明：

1. 除缙云山前后上下各古刹及禅岩寺为纯粹佛教寺庙，其余或为道庙，或为三教合一之庙，及民间社庙、家庙，兴废无常。递变相替，今难详考者。

2. 北碚市区内，旧有九宫八庙，今难详考。

3. 缙云、禅岩、温泉、石华及二三小庙，现尚有僧住持，经理香火。此外多为地方当局接收，或设学校，或办农工事业，已与宗教无关矣！

四、回教

境内回教之民，□□户，来自陕西。回教本名伊斯兰教，自唐以来，回讫奉伊斯兰教者十居八九，遂呼曰回教。伊斯兰者，阿剌伯文之译音，其义曰顺、曰安。顺者，顺乎主者也；安者，顺乎主而获安者也。其教最重五功一念。真功有口念，有心念。口念有时，心念无时。念有十制：曰论辞，曰审义，曰笃行，曰谨守，曰问不讳答，曰求不缓援，曰明主有，曰认主一，曰绝比拟，曰崇至圣。二礼真功，身不清不拜，服不洁不拜，地不净不拜，时不正不拜，向不端不拜。必先沐浴，曰小净，浴曰大净。晨拜以寅，晌拜以午，晡拜以申，昏拜以酉，宵拜以亥。三斋戒功，每年斋戒一次，每次斋戒一月（通常回历在九月），止食色，谨嗜欲，有故废斋或破斋者，计日补之。故破斋者除补外，应连斋60日，以示罚。四捐课功：一曰天课，隆施济以防聚敛，凡拥资财者，约四十而课一。受课者，须一人而兼四格，曰穆民（奉穆罕默德教之民），曰良善，曰生存，曰贫乏。五朝觐功，即新诣麦加朝礼，规定每人终身一朝,疾可不朝。伊斯兰教不食不饮之物,其类虽繁,而其原则要可约之为三:曰性质恶劣也;曰形状窳怪也;曰宰不以礼法也。其最特殊者,不食豚犬,以豚犬食人之秽,又豚性贪惰,日唯眠食,犬性暴狠,见生人必噬,见生犬必噬。凡人饮食,皆知卫生。伊斯兰教不食豚犬,则兼重卫生也。婚礼大端,亦同汉俗,而证婚必以宗教师,则其异也。治丧只宗教师诵回教经典,无贫富皆以白衣冠敛。通常用布,富者或用绸,不杂他殉葬之物,葬期不逾三日,适合落土为安之义。棺作长方形,入土较深,有用石棺者,有用木棺者,有外用石棺,内复用木棺者。惟底不用木石,以原有之土平之。尤简者,就原土掘棺形,盖之以木,又其异也。马邻翼《伊斯兰教概论》,言之极详。

五、基督教

基督教传入中土最早者,为唐代之景教,属聂司脱利宗。景教流行中国,碑称法流十道,寺满百城。其时成都亦有大秦寺(见《能改斋漫录》),盖其教被于四川者最早也!按耶稣教通分为二派:一为旧教,一为新教。旧教即天主教,元时即传入我国,至明,其徒多精天算。至四川者,以法国人梁宏仁、毕天祥等为最早。在清康熙三十五年(1696年),初于定远坊杨家十字建天主堂。咸丰八年(1858年),天津议定法国条约,第十三款内载:凡中国人愿信从天主教而循规蹈矩者,毫无查禁,皆免惩治。十一年(1861年),法国艾副使持恭亲王盖用印文,来川传教,初不过劝人为善,戒人为恶,而恃教为符之徒,渐至违悖教规,欺凌平民。愚民又不谙大义,积愤思泄,于是聚众毁教之案,层见叠出,本境亦所难免。光绪十六年(1890年),重庆定为通商口岸,设立海关贸易,传教航海而来者相络绎。医院林立,教堂棋布,民亦相习而化,不复若前此互相抵牾焉。北碚民教,亦能相安。范若瑟、顾巴德、舒福隆、尚惟善等,皆川东主教之最著者,现有教民×××户。相伯女子中学,多其信徒焉。

新教亦称基督教,清嘉庆时始传入我国。宗门甚繁,又有不限宗门,自成一系者。如内地会(英牧师石琢之于清同治三年成立)、救世军、男女青年会之类,其信徒之结合,多以事业为主,不妨碍其原有信仰。近来教会门户之见渐泯,中华基督教会,即由数种宗门合成者也。北碚有基督教会,兹就林昌年纪事,而述其概略。

教会缘起 民国初年,基督教传入北碚,孙海清等信仰之。中日战起,外省基督徒随同机关学校迁移而来者甚多,以信仰相同,不期会合。乃于二十七年(1938年),以北碚均和路17号(今改称南京路13号)。1.基督徒宅为集会礼拜之处,于门首标其名曰"北碚基督徒会所"。后以参加礼拜人数逐渐增多,乃于公共体育场附近租赁楼三层,正式成立教会。二十九年(1940年)秋,被敌空军炸毁。三十一年(1942年)冬,北碚信徒乃邀请华西基督教灵工团,来碚相助传道事。2.灵工团主持人为英国董笃宜牧师(Re V. Tounithorrnc)及其夫人董英兰,并女道士廖恩荣、胡悦渔等一行数人,即于蔡锷路26号,购地置屋,作为传道人住宅及传道礼拜处所。明年,礼拜堂落成。三十四年(1945年),经常参加礼拜者约200人。迁建北碚之国立复旦大学、国立江苏医学院、国立国术体育专门学校、国立重庆师范学校、国立歌剧学校等基督徒团契组织,亦各有其聚会礼拜。复旦大学且于校内自建礼拜堂焉。

教会组织 本会由各省信仰相同之基督徒自由集合而成,既无教会派别,复无外国差会背影,当事人均为中国信徒。全体信徒,公推执事7人,分任教会事务,不受薪给。张之江、张博和、马金堂、谢硕彦(谢家声之妻)、刘德润、叶润冉、林昌年皆执事也。又有灵工团与布道等组织,进行传道工作。灵工团主领礼拜、查经及培植信徒灵性生命之长进等事工,主其事者,有廖恩荣、胡悦渔。外来名牧师,如贾玉铭、陈崇桂、赵君影、计马可先后在碚讲演、宣道。传道团则对教外人阐扬耶稣基督救人教义,劝人认罪悔改,相信耶稣,得救重生之理。崔可石、赵权、余桂清先后任团长。

工作目标 工作分消极积极二方面。消极方面,以基督之道改良邪风恶俗,破除迷信犯法等罪恶行为。积极方面,以基督之道,劝人悔改,重生,成就光明圣洁高尚人生。

经济来源 教会经费,全由信徒自由乐输奉献,每年募集,约达200万元,亦有由外国信徒捐来者。

宗教信仰（下）

巫觋迷信

四川俗信鬼神，与他省同，而巫觋信仰，尤为普遍，北碚亦然。民国十七年（1928年）9月，内政部公布废除卜筮星相巫觋堪舆办法，11月公布神祠存废标准，十九年（1930年）公布取缔经营迷信物品办法。匡谬正俗，一扫妖妄，以免迷信为进化之障碍。巫觋势力，日益衰微。北碚大巫，多有传授，每年旧历四月初八日佛祖会，必循例聚餐。三十一年（1942年），巫师尚有20人，今日人数益少。操其业者，仅可糊口而已。兹述其事，并及其他迷信与杂忌，以见一时之风尚。修醮谢土等事，已见岁时篇者，从略。

蜀语：男巫曰端公，有装土地者，有装师娘子者，有装四季功曹者，有装灵官者，种种怪诞，悉属不经。多者十余人，少者七八人，通谓之跳端公。《仁怀志》：凡人有疾病，多不信医药，属巫诅焉，曰跳端公。尚鬼信巫，巴俗至今犹然也。《田居蚕食录》云：按端公见元典章，则其称古矣。今民间或疾或祟，即招巫祈赛驱逐之曰禳。其傩必以夜，至冬为盛。盖先时因事许愿，故报赛多在岁晚。谚云："三黄九水腊端公。"黄、牯、水、水牛，皆言其喜走时也。其术名师娘教，所奉之神，制二鬼头：一赤面长须，曰师爷；一女面曰师娘，谓之伏羲女娲。临事，各以一竹承其颈，竹上下两篾圈，衣以衣，倚于案左右。下承以大碗，其右设一小案，上供神曰五猖，亦有小像，巫党椎锣击鼓于此。巫或男装，或女装，男者衣红裙，戴观音七佛冠，以次登坛歌舞，右执者曰神带，左执牛角，或吹或歌或舞，抑扬拜跪，以娱神。曼声徐引，若恋若慕，电旋风转，裙口舒圆。散烧纸钱盘而灰去，听神弦者，盖知堵墙也。至夜深，大巫舞袖挥袂，小巫戴鬼面，随扮土地神者导引，受令而出，曰放五猖。大巫乃踏阈吹角作鬼啸，侧听之，谓时必有应者。不应，仍吹而啸。时掷筊筊，得谓捉得生魂也。时阴气扑人，香寒烛瘦，角声所及之处，其小儿每不令睡，恐其梦中应也。主家亦然，闻有小儿坐立间，无故应人者，父母不觉，常致奄奄而毙。先必斩茅作人，衣祷者衣履。至是歌侑以酒肉，载以茅舟，出门焚之，曰劝茅送茅，谓使替灾难也。事毕，移其神像于案前，令虚立碗中，歌以送之,仆则谓神去。女像每后仆,谓其教率师娘主之,故迎送独难云。考《洞溪山纤志》言:"苗人腊祭曰报草,祭用巫,设女娲伏羲位",则此乃沿苗风也。今士大夫家亦行之。(《遵义府志》)今北碚有小送,有大送。小送只延道士一人,鸣小铙,焚香诵经,数小时即了。大送即如上述,惟事毕,巫持枪至街三呼。人有应者,则将代之病,而病者必愈。巫闻应声,即开枪击之。如无应者,则用鸡卵收鬼。其术以鬼捉坛内,封之,送出户外,埋石板路下,为万人践踏,永不翻身。然后巫返室,以竹篾编一巫于其中,密封两端,以滑竿抬出烧之。巫自火光中爬出,是曰送神。亲友大宴,各以钱豆来赠,以庆祝之。

有信坛神者。蜀语:坛神名主坛罗公,黑面,手持斧吹角,设像于室西北隅,去地尺许。岁暮则割牲延巫歌舞赛之。考《炎徼纪闻》曰:罗罗,本卢鹿而讹为罗罗,有2种,黑罗罗曰乌蛮,白罗罗曰白蛮,俗尚鬼,故曰罗鬼。今市井及乡里古宅在百年前者,往往有之,奉坛神者,其神以径尺之后,高七八寸,置于堂右倚壁,曰坛等。上供坛牌,黏于壁,旁列坛枪,其牌或书罗公仙师,或书镇一元坛赵侯元师郭氏领兵三郎,两旁列称号数十名,皆不可究诘。每岁一祭,杀豕一,招巫跳舞。巫跳舞,歌唱彻夜,谓之庆坛。事毕,张白纸,巫自划其额,沥血点之坛侧。谓应12月之数。或曰:世奉此,可致富;稍忽,致家道不昌。或谓此乃古蛮之祭。或谓赵侯郭氏,盖古开边名将,有功兹地者。

有信四官老,西溪洞中求财打宝,四员官将,乡市间家供此碑,祀之钱马、香烛、酒一瓶,列四杯,内一方曰刀头。世有妄信阳戏,一旦灾病力能祷者,书原帖于神,许酬阳戏。既许,验否必预备羊豕酒,择吉招巫优,即于家歌舞娱神,献熟,必诚必慎。余则诙谐调弄,观者哄堂。至勾愿送神而毕,即以祭物宴乐亲友,时以夜为常。有妄信泰山者,遇疾辄许泰山以祭品,至冬宰豚醅酒,招巫酬愿。某处发见强尸食人,则演青(黄)木连剧48折。伶工能钢义等绝技,与一般伶人不同也。诗礼之上,亦贸然从俗。

居民宅当冲射处,以前门埋石,书"泰山石敢当",以御煞星。亦有于门中立一虎头,书曰"泰山石敢当"五字。或门额中钉一虎头匾,上书"一善"两字,亦谓可以避煞。庾信《小园赋》:镇宅神以埋石。倪璠注:淮南毕万术曰:埋石四隅,家无鬼。《急就篇》曰:石敢当。颜师古注:敢当,言所当无敌也。

疾病服药不效,有用生人死人姓名各十,僧道填写疏文二道,列名于城隍,或东岳神像前,宣读焚之,谓之打十保护。病危而缠绵,则延僧道,于城隍座前讽诵,解冤解厄,或愈或死,不致久延,谓之念解释经。生日多延僧道于家,或假寺观设南斗北斗星牌,燃以灯烛,诵经礼忏而罗拜之,以冀延生,谓之朝斗。最可笑者,富家妇女,希冀来世投生富家,往往延僧道,假地设坛,焚烧楮钱甚夥。妄信某甲子生人,冥间某库管库,生前焚楮,取具合同,预储以备来生之用,谓之寄库。妇女小儿,最信香愿,家有疾病,必烧香许愿,以祈默佑。病愈,或延僧道,或木偶戏,演于神前,谓之还香愿。又有遇疾而药物无效者,必遣妇女,向仙娘家燃香烛,报病者年庚。仙娘上座,瞑目,妄谈吉凶,动以前生冤孽等语,耸人听闻,谓之问仙。又妄言能至冥间,察病者阳寿簿籍,及病者前生善恶,谓之走阴间仙娘。后妇女深信其言,为病者解释冤孽,必延巫于家,悬神案,供娘娘,鸣钲击鼓,蹈舞于室,自昏至旦而后止。其法事有参灶、领牲、回熟、退病。又有自号花娘者,妄言能见民间花树,或枯或茂,借此以卜休咎,谓之观花。或油糊白纸,折叠,杂画人物、花木、鸟兽,施以彩色,或吉或凶,约数十纸。妇女携以糊口,遇有抽者,声价贱甚,席地而谈,按图口唱,词多鄙俚,谓之抽数。

妇人因丈夫、子女有病,必延星士于家,报病者生年月日时,浼星士推算吉凶,值年灾,遇月将,靡不从信,谓之算八字。妇女因小儿有疾,携鸡蛋一枚至仙娘家,报小儿年庚,仙娘燃香烛,将蛋用楮钱包烧,口中念念有词,以祝之。剖蛋视之,或云走魂,或云失魂,无知妇女,因多信之,谓之烧胎。(按《洞溪纤志》,苗人取鸡卵,画墨祝而煮之,剖视吉凶,即其俗也。)红线系小儿颈暨左右手,谓之胎索。小儿忽得暴病,势甚危殆,妇女妄以为遇煞,必延术士,剪雄鸡冠血,涂其面,入室撒米以压,谓之退煞。或小儿受惊、受骇,妇女恐其失魂,必延术士,燃香三炷,对小儿头面作画。妇将生子,必延巫于家,削桃木作符,朱画符号,订(钉)于床头,谓之符,或画符。封水满罂,倒悬梁上,谓之起海水。或信星士言,命犯关煞,招巫悬神案,作法事。设木甑于堂,复置刀,前悬锁,抱小儿由刀经过,从甑上出,请宾开锁,谓之过关,或曰开关。或竖小石碑于三叉(岔)路口,刻左走某处,右走某处,或上走某处,下走某处,上镌弓矢状,以指路,谓之将军箭。小儿夜间多哭,用笺书小儿夜哭,请君念读等字,贴当路多行人处,谓之夜关。或因小儿多疾,则于寺观中,请僧道取一法名,谓之寄名。小儿至12岁时,始蓄发。届期,家属具香烛、白鸡、白犬,携小儿至某庙,换去出家衣服,逐出山门,谓之脱白。小儿易患疮疥,造米餐,备香烛、茶果,供于门侧,谓之还茶婆愿。甚者以面造作白猪、白狗、备香烛、钱楮、米餐、酒肴于三岔路口供之。供毕,弃掷各物,不顾而返,谓之还社。偶患疾病,谵语狂言,妇女信为遇邪,竹筛一具,内铺纸钱,外盛米饭一盂,和以水,备香烛于门外隙地烧之,倾饭以去,谓之送花盘、泼水饭。以巫着病者衣,佯为死,谓之替死。以巫置于板上,用黑纸糊棺材,罩定抬出门外,谓之发阴丧。

民间一应财物,无故丧失,无处清寻,辄延术士于家,持一瓷盘,以香油涂抹,旁燃香烛,用中指细磨盘中。少顷,术士对盘凝神审睇,告以所视人形,或男或女,或老或幼,窃物者何往,失物者疑信参半,谓之磨镜。又有于12时中,任报一时,术士于掌占之,有所谓空亡、流连、赤口、大安、小吉、速喜诸名词,随口拈合,以决失物能寻与否。并可卜病,问行人,谓之掐时。负屈莫白,或因银钱交涉者,均于城隍庙神像前盟誓,谓之赌咒。其甚者,执鸡狗于庙门,令屈者断其颈,谓之砍鸡狗。因小小事故,则只用鸡,或鸡卵,对神砍之,藉此以明曲直,谓凭神。此古之遗俗。《诗》:何人斯出此三物,以诅尔斯。《毛传》:三物,豕、犬、鸡也。民不相信,则盟诅之。君以豕,臣以犬,民以鸡。《周礼·司盟》:郑伯使卒出豭行,出犬鸡,以诅射颍考叔者,①是其征也。《田居蚕食录》云:负屈莫白,力求自明,其神前恶誓者,曰赌咒。其取神像供龛中,或树下,朝暮焚香求报者,曰凭神。今俗有不得直于官府,焚冤状于城隍前,曰冥诉。又有当众空言自誓者,亦曰赌咒,皆此类也。

有信土地者。土地,乡神也。村巷处处奉之。多石室,塑像,长尺许,其须眉皓然,曰土地公,妆髻者曰土地婆。祀之纸烛,肴酒,或雄鸡一。俗言土地灵,则虎豹不入境。又言,乡村长老,生而公直者,死为之。土地之名不一,花园土地亦为灾于小儿,祀之花园者也。有青苗土地,农人所祀。有长生土地,家堂所祀,有栏垭凹土地,庙门土地等,皆随地得名。长生土地,即五祀中霤之神,俗祀之家龛,不别置一龛,题其主曰:后宫瑞庆夫人。以中霤为夫人,其说荒诞不经(《遵义府志》)。

旧历四月初八日,北碚东北百余里华蓥山有驾香会。各场各乡,多有吃斋茹素。半老村妪,手执功果册籍,妄言天堂地狱报应,大士慈航渡尽众生,以煽惑妇

---

① 郑玄注、贾公彦疏:《周礼注疏》,卷三十六,阮元校刻本。

女,妇女亦多迷信之,及时布施,于是邻县若狂。届期,各就本地庙宇,建道场,集募金,定期启行,驾香拜香,莘莘然。每场百十人不等,扶老携幼,裹粮而往。一时士女如云,扮演装台彩亭,穷工极巧。供张之盛,陈设之繁,水陆毕具,诸戏杂陈。卜昼卜夜,至于弥旬,客舍居停,坐客为满。村姁乡女,逐街上下,乐而忘归,到处野宿露处,不以为怪。北碚善男信女,亦多结队步行,前往朝山进香,一路诵经,往返至少需5日。劳民伤财,莫此为甚,而其风近渐衰微矣。

杂忌

《礼》曰:入境问禁,入门问讳。凡人家之有讳,亦学礼所必知也。如正月初一为元旦,忌倾水在地;五戊日忌扫地,农家忌动土,忌挑水,忌出粪。六腊月忌迁移。每月下旬日亦忌移家。触水龙日,忌行船。每月七日忌出门,八日忌归家。每月初五、十四、二十三为杨公忌日,百事不宜。选择家谓新婚出阁,某日值翁,某日值姑,如遇此日,翁姑须远避。妇女信星士言,某日忌入病痛人家,某日忌入孝服人家。跳端公后一日,忌生人入室。新婿周堂,忌孕妇窥见。新婚床榻,忌孕妇坐卧。小儿多病,忌孕妇抚抱。晨起忌说耗子、说鬼、说虎,宿店同室,晨起忌床上立站,忌说白兔,忌说梦。张澍《蜀典》曰:今蜀人忌人清晨与说梦者,唾之,以为不祥,亦讳梦字。孟家店呼为忙家店,余以为其说有自。《王氏闻见录》云:蜀王衍舅徐延琼,累世富盛,于兴义门造宅,宅内有二十余院,皆雕墙峻宇,高台深池。奇花异卉,丛桂小山,山川珍物,靡所不有。有红牡丹一株,取自秦州董城村院者也,植于新第,请少主临幸。少主叹其基构华丽,侔于宫室,遂戏命笔于柱上,大书一"孟"字。时俗谓孟为不堪故也。明年蜀破,孟知祥入成都,据其弟,忽睹楹间有绛纱笼,迫视,乃一"孟"字,孟曰吉祥也,吾无易,孟之有孟,盖先兆也。《青箱杂记》云:盖蜀人谓孟为弱,以戏之。洗魔芋及白苕,忌说麻字,说则手麻。又时书所载逐日灾煞,忌讳尤多。

小儿衣服,忌露夜,云有夜游星经之,儿不利。谚云:女怕花星照,男怕赋星照。宋朱新仲《猗觉寮杂记》云:岭外人家婴儿衣,暮则急收,不可露夜。土人云:有虫名暗夜,见小儿衣,夜必飞毛着其上,儿必病寒热,久则疲,不可疗。其形如蝴蝶。豫章浛阳县多女鸟。《元中记》曰:新阳男子于水际得之,与共居,生二女,悉衣羽而去。豫草（章）养儿不露其衣,言是鸟落尘于儿衣中,令儿病,亦谓之夜游飞女,皆硵俗迷信所本。其云夜游星,则沿而传讹耳。小儿戏火则溺床。夜间镜面不可外向。梦孝服棺材皆吉。梦婚嫁红衣皆凶。梦小儿或蛇者主口舌。鹊噪吉,鸟鸣凶。见蜥蜴不祥。见男女猥亵事不祥。沐盆澡身者,不利。日、月、虹皆不可以手指,否则生疮。被褥之布不可为衣,否则背必生疮。男被女殴者,不利。耗子齿所着衣履,不吉。左目跳,主生财;右目跳,主有灾。目上贴红色小纸条可免。产妇及初生娃,入门不利,必挂红禳之。夫妻同宿人房,大不利主人。谚所谓"宁停一棺,不停一双"也。孕妇不迁居,不定钉,否则生子不利。将生子,母往女家看视,曰催生。子女周岁,先盥沐,着新衣。男则用弓、矢、币、笔,女则用刀、尺、针线,并列饮食物品及珍宝玩物,观其意向所在,以验其贫廉愚智,谓之抓周。儿出痘曰麻子,父母彻夜守视,以香照之,恐其萎也。家人更戒不利语。儿跌于地,或因他事受惊,必以手拊其顶。因惊以致失魂,母燃香,持饭勺,叩门楣,呼其名,曰:回家来,回家来。家人应于门内曰:回来了,回来了。自大门以至内室皆然,谓之收魂。

矿厂忌语甚多,称豆腐曰灰猫。矿工靠山吃饭,敬畏山王,故忌言斗虎也。榨菜,"榨"音近"炸",而曰搁菜。窑洞乱石,人不敢移动,以防塌洞,鼠能由石中运食物济人,工人感其恩,尊称之为窑猪,不敢名耗子也。窑中压毙工人,俗呼大炭,而以大炭呼块子。矿俗:矿工压毙,工人全体立即出窑,至尸移出之翌日,厂方租客,须买肉打牙祭,以慰工人,因是忌言。四日一次之牙祭,而称曰班肉。人或不慎,道及打牙祭,工人即以为吃鬼肉,引为不祥,决不入窑工作也。呼夹石为土。工人入窑工作曰下班,出窑退工曰出路。舟人忌言沉翻（同音等字）,凡说摸曰捞,呼翻曰打掉。河呼灰沟,碗呼莲化,油呼漫水子,钱呼把。铁厂忌语尤多。木曰灰,石曰牛子,目曰二咽噜,油曰清水,铺盖曰麻花,火房曰帽盒,小孩曰马蚁子,火曰亮子。又有精、光、倒、踏四大忌。

大事记[①]

献帝建安六年（201年），安汉赵颖建议分巴为三郡，巴县隶永宁郡，垫江隶巴西郡，既而鱼复蹇胤又白刘璋，改永宁复为巴郡。

十六年（211年），刘备入蜀。

十九年（214年），刘备命诸葛亮等溯江而上，降巴郡。

二十年（217年），曹操曾遣兵分守巴郡，然未能有其地。

季汉

后主初年，李严屯江州，求以五郡置巴州，丞相诸葛亮不许。

晋

武帝咸宁五年（279年），诏益州刺史王濬率巴蜀兵伐吴。

惠帝永兴元年（304年），益州刺史罗尚为李雄所败，东屯巴郡。

怀帝永嘉五年（311年），氐人隗文执巴郡太守黄龛驱掠吏民而降于李雄。

元帝建武元年（317年），李雄于江州阳关置垫江县亦属巴郡。

成帝咸康二年（336年），李寿以李闳为征东将军荆州刺史，移镇巴郡。

五年（339年），晋将伐巴郡，执李闳。

孝武帝宁康元年（373年），前秦陷垫江，至太元中，垫江复属于晋。

孝武帝太元中，桓冲使毛穆之戍巴郡。

安帝元兴二年（403年），桓玄使师寂之戍巴郡，以拒毛璩。

安帝义熙元年（405年），毛璩为其下谯纵所杀。

义熙九年（413年），朱龄石伐谯纵，遂定巴蜀。

南北朝

宋明帝泰始五年（469年），于巴郡置三巴校尉。

南齐武帝永明五年（487年），徙江州县于樊溪口，以江州故治为垫江县，而以

[①]原稿首尾及中段散失，尾数页虫蛀严重，文字多残缺不全。

旧垫江,改属东宕渠郡。

明帝建武元年(494年),割巴县置东阳郡。

梁武帝太清①四年(550年),武陵王纪于巴郡置楚州。

五年②(551年),武陵王纪以侯景之乱,率军东征,次于巴郡。

西魏文帝大统十七年(551年),改楚州为巴州,东宕渠郡为垫江郡,并置合州及石镜县。

周闵帝元年(557年),改巴州为楚州。

明帝武成三年(561),改垫江为巴县。

隋

文帝开皇初,废巴郡,改楚州为渝州,又废垫江郡为合州,寻改合州为涪州。

炀帝大业初,改渝州为巴州,涪州为涪陵郡。

恭帝义宁元年(617年),李渊遣詹俊等徇巴蜀,下之。

唐

高祖武德元年(618年),改巴郡为渝州,涪陵郡为合州。

四年(621年),诏发巴蜀兵征萧铣。

太宗贞观初,分天下为十道,渝、合二州分属山南道。

二十二年(648年),大水,是年,发巴蜀等十三州兵讨松外叛蛮。

玄宗开元二十一年(733年),分天下为十五道,渝、合二州属山南西道。

天宝元年(742年),改渝州为南平郡,合州为巴川郡,至肃宗乾元初复故。

---

①太清,南梁皇帝萧衍年号,自547年4月起,至549年12月,共计2年余,太清三年(549年)五月,简文帝萧纲即位,继续沿用,大宝元年(550年),萧纲改元大宝。据唐·姚思廉《梁书》卷四本纪第四记载:"大宝元年春正月辛亥朔,以国哀不朝会。诏曰:'盖天下者,至公之神器,在昔三五,不获已而临莅之。故帝王之功,圣人之余事。轩冕之华,倘来之一物。太祖文皇帝含光大之量,启西伯之基。高祖武皇帝道洽二仪,智周万物。属齐季荐瘥,彝伦剥丧,同气离入苑之祸,元首怀无厌之欲,乃当乐推之运,因亿兆之心,承彼掎角,雪兹仇耻。事非为己,义实为民。故功成弗居,卑宫菲食,大慈之业普薰,汾阳之诏屡下。于兹四纪,无得而称。朕以寡昧,哀茕孔棘,生灵已尽,志不图全,俛俛视阴,企承鸿绪。悬旌履薄,未足云喻。痛甚愈迟,谅暗弥切。方当玄默在躬,栖心事外。即王道未直,天步犹艰,式凭宰辅,以弘庶政。履端建号,抑惟旧章。可大赦天下,改太清四年为大宝元年。'"此处的太清四年即大宝元年,即公元550年。

②据唐·姚思廉:《梁书》卷四本纪第四记载:"大宝二年,世祖犹称太清五年。"即公元551年。

肃宗至德二年(757年)，置剑南东川节度使，渝合二州隶之，是年又分巴县、江津、万寿三县地置璧山县，隶渝州。

代宗广德二年(764年)，合东川、西川节度使为剑南节度使。

大历二年(767年)，剑南仍分东川、西川二节度使。

昭宗乾宁三年(896年)，荆尚(南)节度使成汭取渝州。

四年(897年)，王建定蜀，取渝、合二州，降其刺使(史)牟宗厚及王仁威。

光化二年(899年)，王建分东川之遂、合、泸、渝、昌五州别为武信军。

天复元年(901年)，昌、普、合三州民乱，王建遣兵讨平之。

五代

后唐庄宗之同光三年(925年)，蜀武信军王守寿以所属五州降。

明宗长兴元年(930年)，孟知祥取渝、合二州。

宋

太祖乾德二年(964年)，定巴蜀诸地。

三年(965年)，改石镜县为石照县。

四年(966年)，蜀人金师雄等为乱，渝、合等十六州应之，寻即平定。

太宗淳化五年(994年)，李顺作乱于蜀中，其党张余攻陷嘉、戎、泸、渝、涪、忠、万、开八州，未几乱平。

仁宗庆历时，提点夔州路刑狱，程师孟奏徙其治所于渝。

英宗治平元年(1064年)，大水。

神宗熙宁四年(1071年)，渝州夷贼李光吉叛，转运使孙构平之。

八年，诏渝州置南平军。

徽宗崇宁元年(1102年)，夷獠赵谂以反逆伏诛，因改渝州为恭州。

高宗绍兴元年(1131年)，宣抚处置使张浚杀责授海州团练副使曲端于恭州。

二十三(1153年)年，大水。

孝宗淳熙十六年(1189年)，升恭州为重庆府。

光宗绍熙二年(1191年)，大水。

理宗绍定四年(1231年),蒙古兵南侵,及于合州,宋师败溃。

嘉熙三年(1239年),蒙古兵攻重庆。

淳祐二年(1242年),余玠为四川安抚制置使兼知重庆府事。

三年(1243年),余玠筑城于钓鱼山,徙合州石照县治其上。

四年(1244年),余玠为华文阁待制,依旧四川安抚制置使,知重庆府兼四川总领财赋夔路转运使。

宝祐元年(1253年),余玠卒。

四年(1256年),蒙古将兀良哈台征阿术,归自嘉定、重庆,会汪德臣等于合州。

六年(1258年),蒙古将纽邻谋锁重庆江,绝吴蜀路,蒙古宪宗自将南侵,明年抵合州。

开庆元年(1259年),蒙古宪宗,自将围合州钓鱼城,州将王坚拒之,自二月至六月不克。七月,蒙古宪宗,殂于城下,合州围解。

景定三年(1262年),蒙古都元帅汪良臣攻重庆。

五年(1264年),四川安抚制置使王坚卒,以夏贵代之,并兼知重庆府。

度宗咸淳二年(1266年),蒙古初于四川置行枢密院,至是,改枢密院为行中书省。

六年(1270年),朱禩孙为四川安抚制置使兼知重庆府,命将修合州城,为蒙古所阻。

恭帝德祐元年(1275年),以合州守将张珏为四川制置副使,知重庆府,时元兵已遍布合州及重庆城外,珏不能南下,仍坚守钓鱼山。

帝罡景炎元年(1276年),张珏自合州入守重庆。

三年(1278年),元兵克重庆,执张珏,不屈,自缢死。元于重庆立重庆路总管府。

帝昺祥兴二年(1279年),宋合州守将王立降于元。

元

世祖至元十六年(1279年),复于重庆路置总管府。

十七年(1280年),立四川行中书省。

二十一年(1284年),升重庆路为上路,以忠、涪二州隶之。

二十二年(1285年),以合州等州隶重庆府,省璧山入巴县,又废南平军。

二十五年(1288年),迁四川行中书省于重庆。

二十七年(1290年),复迁四川行中书省于成都。

顺帝至正十七年(1357年),明玉珍陷重庆据之。

二十二年(1362年),明玉珍据重庆称帝号,国号曰夏,杀元行省左丞完者都及平章郎革歹、参政赵资等。是年,省石照入合州。

二十六年(1366年),明玉珍殂,其子升嗣位,改元开熙,连年和吴(明)信使往还,互通好音。

明

太祖洪武四年(1371年),明夏绝和好,明师溯江西上,直薄重庆,明升出降,四川全省遂皆为明有。重庆路复改为重庆府,属四川布政使司。

六年(1373年),置重庆卫。

宪宗成化十九年(1483年),复分置璧山县。

孝宗弘治二年(1489年),设川东兵备副使,便于达州调重庆、垫、合、巴等卫所(属)州县军快一千名团练防御。

武宗正德十五年(1520年),大水。

世宗嘉靖二十三年(1544年),播州宣尉使杨应龙反,重庆震动。

二十七年(1548年),以李化龙总督川、湖、贵三省军务。

二十七年(1548年),李化龙移节重庆。

二十八年(1549年),李化龙南征播州平定。

嘉宗天启元年(1621年),永宁宣抚使奢崇明应募赴援辽东,行至重庆,与巡抚徐可求争饷,遂鼓众反,杀可求及其僚属多人,转攻合州石砫,宣抚秦良玉率兵进讨。

二年(1622年),秦良玉等复重庆。

五年(1625年),奢崇明乱后,水西宣慰同知安邦彦复反,以四川巡抚朱燮元总督云、贵、川、湖、广军务讨之,燮元进驻重庆。

思宗崇祯七年(1634年),川东北有摇黄贼者,其首曰黄龙摇天动,侵扰合州、巴县。

十七年(1644年),张献忠自忠州溯江上,扰重庆附近,寻陷重庆,未几达州兵备佥事马乾飞兵击贼,复重庆。

清

圣祖康熙十一年(1672年),大水。

十三年(1674年),吴三桂自立于云南,四川全省皆为其所有。

十九年(1680年),清兵复尽取四川。

高宗乾隆二十三年(1758年),分巴县之江北,改为理民督捕同知。

二十四年(1759年),分巴县之江北义礼二里,及仁甲上六甲隶理民同知,又分缙云山西祥里依来乡隶璧山县。

仁宗嘉庆元年(1796年),教民徐添德等扰达州,各州县悉办团练等防御方策。

三年(1798年),教民南扰合州。

五年(1800年),以总督魁伦防剿合州乱不力,革职。

九年(1804年),教乱平定。

十八年(1813年),大旱

十九年(1814年),仍大旱。

文宗咸丰十年(1860年),扰蜀之滇民张国福等自永川进扰璧山、巴县、合州等处。

穆宗同治九年(1870年),大水,北碚全场淹没,屋顶过船。庙咀义昌宫戏台全部冲走,庙侧载有石,上刻"庚午年水涨至此"七字。

十年(1871年),又大水。

宣统三年(1911年),革命军兴,重庆成立军政府,张培爵为都督,夏之时副之,而成都亦立军政府,尹昌衡为都督。

(以下缺1912至1936年)

……为100保,12477户,65284丁口。

实验区署接收中国西部科学院之博物、图书两馆。

5月　开峡区咸菜展览会。

保安队改名为公安队。

实验区署成立乡村设计委员会。

7月　北碚妇女会成立。峡区煤业同业公会成立。

8月　设立小学教师研究会暨义务教师训练班。

9月　发行《工作月刊》,自第五期起改名《北碚月刊》。

10月　双十节举办敬老会,到会老人300余人,泸县132岁老人陈元庆亦应邀参加。川蚕丝管理局设制种场于东阳镇上坝。实验区署举办峡区物产展览会。实验区署调查本年旱灾情形,计受灾户数为3544户,损失粮食为1956石,实收为1902石。三区专署转省府训令,转奉行营令委唐局长瑞五兼军法官,并饬设承审员1人。

11月　民众教育委员会发刊《农民周刊》,办理全区自卫枪炮烙印登记,计有手、步枪1344支,子弹13388发。

12月　成立水利研究班训练水利辅导员,训练期半月。本年峡防局派队清剿江合边境10余次。金刚碑山上开始植桐。

二十六年(1937年)

1月　派水利研究班水利辅导员分赴区内督促兴修塘堰工作,迄2月底止,完成新旧塘堰水库85个。

2月　举行全区壮丁大检阅,参加壮丁3000人。蚕桑改良场川东分场在东阳镇上坝植桑。

3月　青北公路开工。家畜保育所江巴实验区成立峡区畜产改进会。嘉陵江三峡乡村建设实验区禁烟分局成立,卢子英兼任局长。开始推行新度量衡器。

4月　实验区署采集缙云山甜茶备作巴黎万国物产展览会出品。中国植物油料厂调查本区土质气候,以备大量植桐。修筑青北公路于天生桥附近掘出古铜8块,计重百余斤,送科学院考验。

5月　实验区署成立文献委员会。家畜保育所三峡实验区由美国运到约克公猪。北碚大旱灾,全部收成仅十分之三,乡民吃草根、树皮、白泥。

6月　省府拨款2000元振(赈)济本区灾民。中国西部科学院地质研究所调查叙属地质矿产竣事,再赴古兰调查。

7月　嘉陵江大水,水位涨至42尺,北碚、黄桷、澄江三镇水灾损失达5万元。

8月　北碚市包(苞)谷展览会开幕,卢作孚厅长亲临视导。火焰山平民公园在上海募得炉通管子,已运抵北碚,作建动物园鸟楼之用。实验区署组织农业推广会、稻种改良委员会暨义务教育委员会。青北公路路基修竣。

9月　嘉陵江大水,水位涨达73尺。

10月　温泉公园董事会成立。各场成立仓储管理委员会,地政委员会江巴清丈办事处来碚丈量土地。中国科学社生物研究所移碚。

11月　中国西部科学院考察犍为矿产竣事。修理渝合电线。

12月　蚕桑改良场川东分场赠本区农民桑苗20余万株。25日,国府林森主席首次莅碚。区署发动兼中学生下乡作抗敌总动员宣传。

是年,江合边境股匪猖獗,实验区署峡防局派队清剿40余次之多。

民国二十七年(1938年)

1月　实验区署就区内划建北碚新村。南京中山文化教育馆移碚。本区小学教育研究会开会组织战时教材审核委员会。

病虫害防治所陈家祥技师调查本区虫害,螟虫害最多,损失约15%。北碚至温泉马路线开始测量。中央航空委员会油料研究所、清华大学无线电研究室、中央工业实验所等移碚。家畜保育所三峡实验区在区属各镇普遍注射家畜防疫针。文星场八角小学附设民众妇女工学团专门学习打袜子、草鞋、麻鞋。澄江镇公安队修建运河马路。重庆慈幼院创设于本区之禅岩寺。本区举行中医考试。民众博物馆陈列品与合川博物馆交换陈列。中山文化教育馆总馆名贵书籍200余箱运峡。实验区署彻底完成塘堰,藉农隙时间继续监修。

2月　国立第二中学校址决定设北碚。四川稻麦改进所技佐胡世昌检定本区水稻佳种为乌脚粘、须须粘、叶下茂3种。复旦大学迁碚觅定黄桷镇下坝为校址。中央党史编纂委员会迁碚。

实验区署举办合作人员传习所。北碚新村召开地价委员会收买土地,并举行开工典礼。上海大公职业校迁碚。实验区署提倡节粮运动,禁用食米烤酒、熬糖,及以粮食饲养牲畜。本区划为工业区,省外工厂将大部移峡。实验区署前选水稻10种,送稻麦改进所检验,已选定5种作分区实验。经济部应区署之请转商导淮委员会派员来峡指导水利工程。

北碚消费合作社成立。四川蚕桑改良场川东分场运到桑苗15万株,全数分植本区。

实验区署派员指导全区普遍施行盐水选种。三峡染织工厂与常州大成纱厂合组大明纺织公司。

4月　经济部矿冶研究所迁碚。民众图书馆组织巡回文库巡回区内。战区小学教师服务团来峡工作。实验区署设警士队于澄江镇。实验区署举行小麦展览会,邀请省立乡村教育学院参加展出。成都合作委员会派员来峡筹备成立区合作金库。区署调查全区蚕农计175家。

5月　天府、中福两公司合组天府煤矿公司。平民公园慈寿阁,林主席改题清凉亭。北青公路筑成。

7月　第四慈幼院迁峡开拓禅岩寺荒地。双柏树增设派出所并建碉堡。卫生署防疫队在民众会场设临时诊疗所。北碚设乡村邮递站。公共电力厂开业。

8月　市政会决议组织填沟防洪工程处,以所售地皮款移作经费。白庙子观音峡山洪冲击岩石同心岩厂,死伤工人200余,毁民房13家,死30余人。地方联防分路搜索白峡口股匪。嘉陵江水位涨高80余尺,本年类此水灾已达3次。

10月　实验区署举行养猪展览会,参加猪只123只。本区各机关分担募集寒衣2万件。

11月　区署出击风垇一带股匪,毙7名,擒9名。复旦校部分学生在黄桷设民众夜校。本区开江、合、峡联防会议,成立江合峡联防办事处。国立二中师范部助民教馆推行挨户教育。

12月　区署计划大量修建居民住宅,预定3月完成百幢。

民国二十八年(1939年)

2月　区署在邻水、大足、广安、岳池边境剿匪,围攻华蓥山,击溃股匪千余,救出肥主300余人,匪徒自新百余人。

3月　中国地质学会在本区举行年会。扩大新市区沿江上起金刚碑下至毛背沱。区内开始调查房租。全区筹建防空洞。实验区署发放鱼苗。实验区署令各小学组织生产突击队剪除黑穗。

4月　地方医院建筑落成。本区成立卫生所、农业推广所。农推所,在各镇设家畜诊疗处。

5月　21日,敌机一大队27架轰炸北碚,投烧夷弹甚多,烧毁市街三分之一。27日,敌机27架炸碚,死孙寒冰等百余人。

6月　区成立水利工程协会。兴办长沟雷打石水利工程。教育部卫生教育北碚推行委员会成立。

8月　本区志愿军入营。

9月　蓝绍侣捐款优待峡区抗属。传染、重伤两临时医院成立。区新运促进会筹组区精神总动员协会。区举行水稻、苞谷展览会。

10月　双十节,区举办全区事务联合检阅大会,参加皆迁建之中央机关及文化事业,约百余单位。

冬月27日,日机轰炸重庆,过碚,在杜家街投弹一枚。

民国二十九年(1940年)

1月　本区农业推广所积极造林暨改良农艺,今年全区荒地造林三分之一。本区实行新县制。经济部在碚设立嘉陵江燃料管理处。区土地陈报处成立。举行市民大会,改建北碚市场征调民工填筑市街马路。澄温公路全工程约需20万元,蓝绍侣捐6万元,温泉公园捐1万元,地方筹3万元,省府补助10万元。

2月　北碚市区兴建下水道开工。

5月　27日,日机27架轰炸北碚。

6月　6日,日机三批入川,区内澄江、望水垭及天生桥均遭扫射并投手榴弹数枚。21日,日机一大队再炸北碚,投烧夷弹甚多,烧毁北碚市场三分之一。北泉水电厂兴工。北碚被炸后当晚举行紧急会议,清查各货,取缔引火之物,移出市外。灾民伙食集中民众会场散发。增加防空洞。中央赈济委员会散发急赈4000余元。

7月　实验区署发放赈款1500元,并积极募集赈款。三民主义青年团夏令营在北泉举行。本区发现牛炭疽。实验区署设立各保经济文化中心区,筹建保国民学校校舍。嘉陵江水暴涨7丈余,损失尚微。

10月　10日,敌机36架,分三次轰炸实验区署及大明厂,破坏部分房屋、器材。本区举办苞谷、水稻展览会。

11月　6日晚11时3分,发生地震,约5秒钟,房屋动荡如乘舟车。

民国三十年(1941年)

1月　2日,蒋中正首次到碚。地质调查所展览许氏禄恐龙化石。实验区特请川水利局拨款兴建水利工程。

2月　北碚保甲整编完竣,户口普查实验由国府主计处统计局指导办理,全境三天查竣。川水利局贷款9万元,办理本市填沟防洪工程。实验区署奉令劝募军需建设公债10万元。

4月　本区粮食管理委员会实施粮食统销统购办法。北碚青年团发起一角钱运动,捐献青年号滑翔机。

7月　温泉对面禅岩天然喷火。华蓥山匪风复炽。本区粮食管理会呈请粮食部解决本市面粉恐慌。

9月　本区奉令筹组田赋管理处,并在各镇乡设征购粮食办事处。区署召集职员观测全日蚀。澄江镇士绅蓝绍侣、胡汝航等成立三峡中学。

10月　本市各届火炬游行,庆祝湘北二次大捷。区署训练各保干事推进家畜保险。北泉黛湖兴筑堤防,当地士绅组织水利协会。北碚兴建滑翔场。三才生煤矿修筑戴黄铁路。蚕丝改良场本年制蚕种13万张。

11月　华蓥山匪风复炽。实验区署奉令查封本市实验学校。

12月　西部科学院测候所移北碚。澄江附近发现松杉教。实验区署兴工补修檀香山桥。

民国三十一年（1942年）

1月　中国滑翔总会举办滑翔模型展览。中华儿童教育社在碚开第九届年会。

2月　实验区署改设北碚管理局，卢子英为局长。北碚滑翔机场落成。北碚镇改名朝阳镇。

3月　北碚管理局正式成立。兼善中学在毛背沱建新校舍三幢。北碚管理局豁免各镇乡杂捐，以减轻人民负担。

4月　北川铁路火车坠岩。戴黄铁路通车9公里。管理局举办家畜保险，免费诊治猪牛瘟病。

5月　戴黄铁路完成车路12里半。农林部中央农业实验所迁本市天生桥。

6月　司法处成立。

7月　北碚地方行政干部训练所成立。

8月　北碚田赋管理处成立。北碚田赋、财政始由各县划交管理局。本市中山路填沟工程全部完成。北碚临时参议会成立。

9月　管理局保安警察队改组为警察所。管理局开始国民兵普训。江合边境匪风猖獗。试种双季稻。本市发现霍乱，管理局组织防治临时办事处，未久即告扑灭。全国度政学会在北碚开年会。北碚滑翔场扩充机场，新建滑翔台竣工。

11月　社会服务处成立。水利委员会示范工程处第一测量队来碚查勘水利，协助解决本市自来水问题。英国议会访华团来碚参观。国立编译馆全部迁移来碚。

12月　北碚地籍整理办事处成立，开始整理地籍。江、合、峡联防恢复，由赵壁光、李炳奎任正副主任。市场整理委员会计划会龙桥填沟工程开始。

民国三十二年（1943年）

1月　澄江镇筹备水电事业。

2月　农林部成立合作农场办事处，辅导北碚自耕农。北碚管理局会同农民银行办理朝阳镇十九保，扶植自耕农示范区征收土地事宜。

3月　北碚扶植自耕农示范区征收全部土地转发各农户领耕，计每户领田

10亩至20亩。军法监狱建筑完成。

4月　防毒队成立,训练人民防御毒气。中国经济学社年会在碚举行。嘉陵大码头建筑竣工。管理局召集各同业公会,商讨限价议价等事。儿童联谊社成立。三民主义青年团重庆区夏令营在北泉开幕。省府拨款10万,赈济本区旱灾。

9月　各乡镇举行二次烟民总检查。本区举行水稻、苞谷总展览。管理局增设地政科。

10月　自来水工程兴工。

11月　管理局推广造林运动。本市开征地价税。三青团改干事制,卢局长兼干事长,任福履兼代书记。

民国三十三年(1944年)

1月　本市欢送远征军。

2月　米价波动甚烈,炭价黑市甚高,食盐供不应求,杂货价飞涨。管理局举行森林种子展览。本市发动普遍造林。

3月　富源电厂新建两蓄水库。

4月　北碚管理局编修《北碚志》,组织修志委员会,由顾颉刚、杨家骆等任常委。筹募同盟胜利公债,本局派额1517000元。举行春季联合运动会。

5月　北碚田赋管理处预借粮谷,粮额在两钱上者起征,待本年秋收开征时拨还。

6月　管理局开办县政人员训练所。美国副总统华莱士来碚参观,拉铁摩尔、范宣德等同行。

7月　管理局奉令推进乡镇储蓄,定额1000万元。

9月　蒋介石偕同蒋经国、蒋纬国莅碚,驻留三日并游览缙云山。合作农场养猪场成立,开始繁殖约克种猪并推广杂交猪。富源公司试电成功。中国西部科学博物馆成立。

10月　双十节北碚各机关欢送卢作孚先生出席联合国商务会议。

民国三十四年(1945年)

1月　省府转令管理局扶植自耕农,期为全川模范。组织设计考核委员会。西部博物馆增设实验室。

3月　成立儿童救助委员会。裁并军事科成国民兵团部。

4月　高坑岩水利发电摄成教育片。

5月　北碚人民团体80单位,实行集体训练。

6月　北碚成立献金献粮审议会,议献金1600余万元,献粮5200市石。霍乱流行,临时霍乱急诊所成立。

7月　第三区行政专员张清源来碚检查献金献粮事宜,并成立局参议会。嘉陵江水涨高达27尺。农林部中央农业实验所、农业推广委员会、农民银行、北碚管理局合组之北碚农村经济建设实验区开始工作。省赈济会拨款50万元救济本区去年旱灾。中国西部科学博物馆更名北碚科学博物馆。

8月　北碚奉令派募三十三年(1944年)同盟胜利公债370万。9日,日本无条件投降,本市热烈庆祝。北碚各事业机关首长扩大举行交谊会。嘉陵江水暴涨70余尺,损失财产很大。

9月　3日,日本向联合国投降,正式签字。北碚扩大举行庆祝胜利,欢宴迁建事业机关专家、学者及居留人士。

10月　中华自然科学社在碚举行十九届年会。管理局奉令明年免赋一年。管理局选举省参议员,何迺仁当选。龙凤溪高地灌溉工程踏勘竣事。中国善后救济总署拨发水灾赈款百万,救济北碚灾民。

民国三十五年(1946年)

1月　梅花山中心校石屋建筑落成。

本篇重要参考书:

《山海经》	《春秋左氏传》	《史记》	《汉书》	《后汉书》
《三国志》	《华阳国志》	《十六国春秋》	《水经注》	《晋书》
《宋书》	《梁书》	《周书》	《南史》	《北史》

《隋书》　　《旧唐书》　　《新唐书》　　《旧五代史》《新五代史》
《资治通鉴》《太平广记》　《宋史》　　　《舆地纪胜》《舆地广记》
《元丰九域记》《元史》　　《续通鉴》　　《新元史》　《明史》
《清史稿》　《道光……》　《合川县志》　《北碚月刊》《嘉陵江日报》
《北碚管理局工作》……

　　原草稿最后几页虫蛀情况严重，很多地方已无法整理。

　　《北碚志》《北碚大事记》稿于1964年11月29日抄完。这份原稿，民国以前部分缺了两页，即上古到东汉的没有找到。民国以及部分缺民元至民二十四年。原稿对资料的选择很有问题，在立场上既不鲜明，在记事上又是满河捞，并不能突出北碚地区，仅作为资料保存，近期部分很可研究，在原稿上删去的往往是很重要的，就值得仔细的研究。

抄者记

后记

云山苍茫,嘉水流翠。

北碚坐落在绿荫簇拥的青山绿水间。览大江东去,看沧海桑田;书城静谧,藏千年文明,阅世间风云。

80年前,有这样一批人来到北碚,怀揣智慧与梦想,凭着热血和执着,在浩瀚的历史长河里,为北碚这座人文之城留下了珍贵的文化印记。

1944年,杨家骆向卢子英建议编修一部《北碚志》,并亲自起草了《创修北碚志缘起》,经过多方动员,邀集了在碚机关团体59个,旅碚人士41人,地方人士12人,参与编修《北碚志》,并成立了以顾颉刚、杨家骆、卢子英为主的北碚修志委员会,同时聘请修志专家傅振伦担任北碚修志馆馆长。

《北碚志稿》编撰者有国民政府主计处统计局局长吴大钧、中央地质调查所所长李春昱、国立编译馆馆长陈可忠、中国辞典馆馆长杨家骆、中国地理研究所所长黄国璋、中国科学社生物研究所所长钱崇树、国立复旦大学校长章益等。1944年开始编撰,1945年抗战胜利,科研单位及人员"复原"回归,编志工作中断。历经战乱,人员更迭,今天藏于北碚图书馆的《北碚志稿》尤为珍贵。

《北碚志稿》点校版于2019年成功申报重庆《巴渝文库》重点项目。本书共四编,由北碚图书馆古籍文献部4名工作人员历时2年进行点校核对,其中"地理编"由胡涛负责、"政治编"由王珑负责、"经济编"由梁夏夏负责、"文化编"由邓玉兰负责。

在点校、入选《巴渝文库》、出版工作中，我们得到重庆《巴渝文库》办公室及重庆图书馆等单位的高度重视和指导支持。《巴渝文库》牵头人黎小龙（重庆中国三峡博物馆原馆长）到北碚图书馆现场指导，重庆图书馆王志昆、袁佳红及西南大学出版社相关专家等，认真审阅《北碚志稿》书稿，提出了许多具体和宝贵的意见，对书稿修改和核实给予了极大帮助。

在此出版之际，北碚图书馆向对本项目研究做出重要贡献的专家学者以及各方面的同志们表示衷心的感谢！

由于我们学识水平有限，《北碚志稿》的点校和整理肯定有不足或错漏之处，敬请广大读者批评指正。

重庆市北碚图书馆
2022年9月